世纪波
Century Wave

如何成为优秀的财务总监

第 2 版

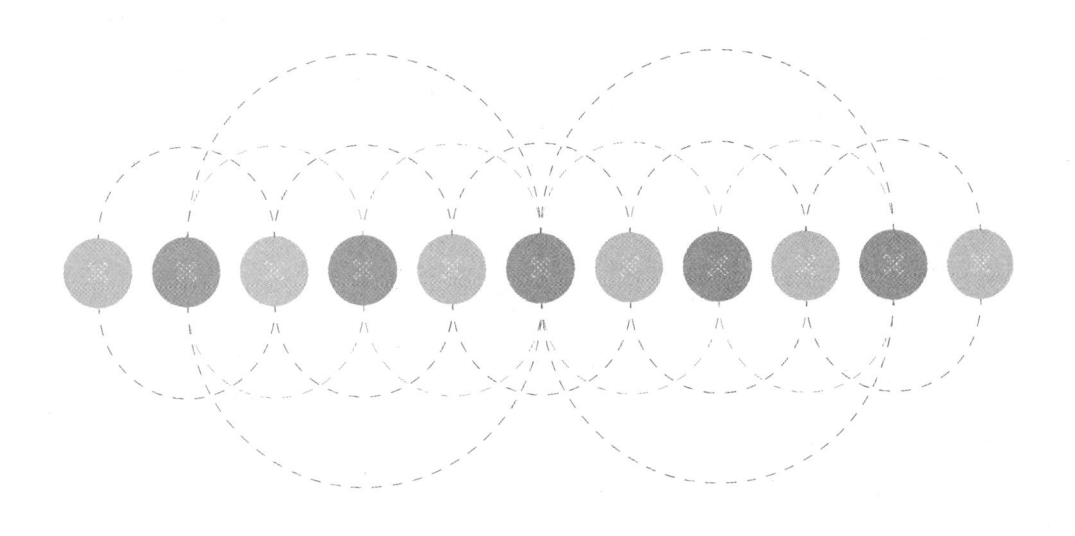

贺志东·著

电子工业出版社
Publishing House of Electronics Industry
北京·BEIJING

未经许可，不得以任何方式复制或抄袭本书之部分或全部内容。
版权所有，侵权必究。

图书在版编目（CIP）数据

如何成为优秀的财务总监 / 贺志东著. —2 版. —北京：电子工业出版社，2020.6
ISBN 978-7-121-38784-5

Ⅰ．①如… Ⅱ．①贺… Ⅲ．①企业管理－财务管理 Ⅳ．①F275

中国版本图书馆 CIP 数据核字（2020）第 043445 号

责任编辑：刘　殊
印　　刷：三河市君旺印务有限公司
装　　订：三河市君旺印务有限公司
出版发行：电子工业出版社
　　　　　北京市海淀区万寿路 173 信箱　邮编 100036
开　　本：787×1 092　1/16　印张：52.5　字数：1512 千字
版　　次：2015 年 7 月第 1 版
　　　　　2020 年 6 月第 2 版
印　　次：2020 年 6 月第 1 次印刷
定　　价：198.00 元

凡所购买电子工业出版社图书有缺损问题，请向购买书店调换。若书店售缺，请与本社发行部联系，联系及邮购电话：(010) 88254888，88258888。
质量投诉请发邮件至 zlts@phei.com.cn，盗版侵权举报请发邮件至 dbqq@phei.com.cn。
本书咨询联系方式：(010) 88254199，sjb@phei.com.cn。

前言

　　财务总监，是现代企业中最重要、最有价值的顶尖管理职位之一，是财会人员在职业生涯中成功的一个象征，不仅意味着高职位、高待遇，而且一直是人才市场上的"抢手货"。许多从事财会工作的人员都将财务总监作为自己的职业发展目标。

　　财务总监是企业治理结构发展到一个新阶段的必然产物。没有财务总监的治理结构不是现代意义上完善的治理结构。从这一层面上看，中国构造治理结构也应设立财务总监之类的职位。当然，从本质上讲，财务总监在现代治理结构中的真正含义，不是其名称的改变、职位的授予，而是其职责权限的取得，在管理中作用的真正发挥。

　　在国外，如美国，财务总监全盘管理公司的财务和会计事务。财务总监的一项重要职责，就是将公司的经营情况和财务结算报告传达给投资人，让投资人了解公司的实际运作情况。因此，财务总监也是公司与投资人沟通的一个"传声筒"。财务总监负责财务、会计、投资、融资、投资关系和法律等事务。公司的财务部门、会计部门、信息服务部门都归财务总监管理。除了负责公司与投资人的公共关系，财务总监要保证公司在发展过程中拥有足够的现金，要保证有足够的办公和生产经营空间，他们可以通过银行贷款，也可以在股市筹钱。此外，公司自身的投资事务和复杂的法律事务，也都由财务总监来统筹管理。

　　国外的财务总监较之中国总会计师的职责、权限要大、要广。公司许多与财务会计活动有关的事项（如法律事务）、部门（如信息部门），均由财务总监直接管理，或者由其拍板决策，而国内的总会计师的管理范围相对小一些，对高层决策则只扮演参与角色，仅起协助作用。所以，将中国的总会计师改称国际通行的财务总监，不符合财务总监的本义，也不能对完善中国治理结构起到实质性的作用。

　　随着财务总监职能的转变和作用的增强，其收入也发生了巨大变化。据报道，通常情况下，财务总监享有的公司股票期权几乎与首席执行官持平。而在美国，价值100亿美元以上的大公司，其首席执行官的薪酬构成比大致为：基本年薪占17%，奖金占11%，福利计划占7%，以股票期权为主的长期激励计划占65%。1999年美国薪酬最高的50位总裁的平均股票收益占总薪酬的94.92%。2000年，许多大型网络公司首席执行官工资的87%由期权代替。在一些人看来，真正意义上的首席执行官是人力资本登上历史舞台的标志，有划时代的意义。所以，让首席执行官、财务总监持有股权，是适应知识经济发展要求、提升人力资本价值的必然产物。为什么给财务总监股权激励会成为一种潮流呢？这与财务总监职权的特殊重要性及其代理人身份有关。财务总监是公司股东的代理人，且从事复杂劳动，人们很难直接观察、计量其劳动的质与量，并据此给予适当的报酬。现代财务总监是适应人力资本要求的新型管理者，扮演着"资本家+企业家"的双重角色。因此，财务总监是拥有人力资本产权的职业经理，没有拥有人力资本产权的财务总监不是真正的财务总监。

　　公司的员工与制衡关系是公司治理中最重要的制度关系。如果董事长、总经理是一个多面手,能够处理众多业务,则不必配备其他的专业副职或部门主管。发挥财务总监在公司治理和经营方面的作用必须合理界定首席执行官、财务总监的职权范围,并要求董事长、首席执行官尊重财务总监的权利边界。在瞬息多变的经济社会中,在错综复杂的经营环境中,首席执行官不须事必躬亲,应该尽可能地发挥各种专业人才的特长,信任他们的能力,赋予他们应有的权利,尊重他们的权利边界,规定他们承担的责任。

为了帮助国内企业培养国际一流水准的财务总监,全国著名财会、审计、税务专家贺志东(教授,资深财务总监,资深中国注册会计师和税务师,曾任 A、B、H 股上市公司副总裁)精心编写了《如何成为优秀的财务总监》一书。此次再版,作者对内容进行了全面修订,吸收了作者近年的最新研究成果。本书共 18 章,涵盖财务总监综合知识、财务总监须知管理会计知识、企业财务治理、企业财务战略、企业财务风险、企业现金流量管理、企业融资管理、企业投资管理、企业分配管理、企业成本控制管理、企业财务预算、企业财务监控管理、企业财务分析、企业绩效评价、企业财务信息管理、企业财务流程再造、企业财务共享服务等内容。

本书主要特色:① 可操作性、实用性强。② 新颖性。依据最新的企业会计准则、企业财务通则、审计准则、内控体系、税法体系等编写。③ 专业性。④ 创造性。⑤ 案例丰富、具体。⑥ 讲解全面、透彻、通俗。⑦ 资料详尽、条理清晰、查阅方便。

本书适用对象:全国广大有志于成为财务总监的财务、会计、职业经理人等人士,以及在职财务总监。

在本书编写过程中,我们参考和借鉴了国内外一些相关文献资料。本书的出版得到了电子工业出版社领导和编辑们以及智董集团、中华第一财税网(又名"智董网",www.tax.org.cn)的大力支持和帮助,在此深表谢意!

囿于学识、科研经费、编写时间等方面原因,书中倘有不足之处,请读者不吝批评指正,以便今后再版时修订(E-mail:jianyi@tax.org.cn)。

有道是"活到老、学到老",有兴趣的读者还可以浏览中华第一财税财务分网(http://www.tax.org.cn/caiwu.html)等。欢迎每一位读者扫描二维码加入中华第一财税网官方微信公众号等获取每日财税资讯汇总快递或赠阅资料、课程优惠券等。

| 微信服务号 | 微信订阅号 | 新浪微博号 | 今日头条号 |

目录

第1章　财务总监综述……………………1
　一、财务总监的概念………………1
　二、财务总监与总会计师…………1
　三、设置财务总监职位的必要性………2
　四、财务总监制度的政治根源……………3
　五、财务总监与公司治理结构……………4
　六、财务总监制度的本质…………5
　七、财务总监的定位………………7
　八、跨国公司中的财务总监………8
　九、财务总监的工作环境…………9
　十、财务总监的战略管理职责……………15
　十一、财务总监的职业道德………20
　十二、财务总监委派制……………22
　十三、财务总监的职业化…………26

第2章　财务管理综述……………………30
　一、财务管理的对象………………30
　二、财务管理的目标………………33
　三、财务管理的环境………………38
　四、财务管理的内容………………56
　五、财务管理的要素………………58
　六、财务管理的观念………………59
　七、财务管理的原则………………70
　八、财务管理的制度………………73
　九、财务管理工作的组织…………88

第3章　财务总监须知管理会计知识……………………116
　第一节　管理会计综述……………116
　　一、管理会计的特点………………116
　　二、管理会计的产生与发展………116
　　三、管理会计的目标………………117
　　四、管理会计的应用主体…………117

　　五、应用管理会计应包括的要素………118
　　六、单位应用管理会计应遵循的原则………119
　　七、相关各方职责及合作…………119
　第二节　管理会计体系……………122
　　一、管理会计理论体系……………122
　　二、管理会计指引体系……………126
　　三、管理会计人才队伍……………131
　　四、管理会计信息系统……………135
　　五、管理会计咨询服务……………138
　　六、管理会计各体系之间的关系………141

第4章　企业财务治理……………………143
　第一节　企业财务治理综述………143
　　一、财务治理的理论基础…………144
　　二、我国公司财务治理的症结………146
　　三、财务治理的原则………………146
　　四、财务治理的范围………………146
　第二节　企业财务治理细述………147
　　一、财务治理权配置的内容………147
　　二、财务治理机制…………………149
　　三、财务治理结构…………………156

第5章　企业财务战略……………………169
　第一节　财务战略综述……………169
　　一、财务战略的特征………………169
　　二、财务战略的地位………………171
　　三、财务战略的目标………………173
　　四、财务战略的类型………………175
　第二节　财务战略管理……………176
　　一、财务战略管理的特征…………176
　　二、财务战略管理的观念…………178
　　三、财务战略管理的基础…………179

四、财务战略的制定⋯⋯⋯⋯⋯ 180
　　五、财务战略的分析⋯⋯⋯⋯⋯ 183
　　六、财务战略的控制⋯⋯⋯⋯⋯ 194
　　七、财务战略的评价⋯⋯⋯⋯⋯ 197
　　八、企业生命周期财务战略⋯⋯ 197
　　九、技术创新财务战略⋯⋯⋯⋯ 203
　　十、资金筹措战略⋯⋯⋯⋯⋯⋯ 214
　　十一、资金投放战略⋯⋯⋯⋯⋯ 218
　　十二、股利战略⋯⋯⋯⋯⋯⋯⋯ 222

第6章　企业财务风险⋯⋯⋯⋯⋯ 228

　第一节　财务风险综述⋯⋯⋯⋯⋯ 228
　　一、财务风险的含义⋯⋯⋯⋯⋯ 228
　　二、财务风险的成因⋯⋯⋯⋯⋯ 228
　　三、财务风险的表现形式⋯⋯⋯ 229
　　四、财务风险的影响因素⋯⋯⋯ 232
　　五、降低财务风险的方法⋯⋯⋯ 233
　第二节　财务风险管理⋯⋯⋯⋯⋯ 234
　　一、企业财务风险管理的目标⋯ 235
　　二、企业财务风险管理体制⋯⋯ 235
　　三、企业财务风险管理原则⋯⋯ 235
　　四、企业财务风险管理策略⋯⋯ 235
　　五、企业财务风险的识别与评估⋯ 236
　　六、企业财务风险控制的主要
　　　　方法⋯⋯⋯⋯⋯⋯⋯⋯⋯⋯ 236
　　七、企业财务管理中的杠杆效应⋯ 238
　　八、金融衍生工具在防范企业
　　　　财务风险中的应用⋯⋯⋯⋯ 255
　第三节　财务危机⋯⋯⋯⋯⋯⋯⋯ 260
　　一、财务危机概述⋯⋯⋯⋯⋯⋯ 260
　　二、财务危机管理⋯⋯⋯⋯⋯⋯ 264
　　三、财务危机处理⋯⋯⋯⋯⋯⋯ 266
　第四节　财务预警⋯⋯⋯⋯⋯⋯⋯ 270
　　一、财务预警综述⋯⋯⋯⋯⋯⋯ 270
　　二、财务预警细述⋯⋯⋯⋯⋯⋯ 272

第7章　企业现金流量管理⋯⋯⋯ 293

　第一节　现金流量相关知识⋯⋯⋯ 293
　　一、现金流量的分类⋯⋯⋯⋯⋯ 293
　　二、现金流量的功用⋯⋯⋯⋯⋯ 295
　　三、现金流量的要素⋯⋯⋯⋯⋯ 295
　　四、影响现金周转的因素⋯⋯⋯ 296

　　五、现金流量的计算方法⋯⋯⋯ 297
　　六、现金流量风险⋯⋯⋯⋯⋯⋯ 297
　第二节　现金流量管理综述⋯⋯⋯ 299
　　一、现金流量管理的目标⋯⋯⋯ 299
　　二、现金流量的管理模式⋯⋯⋯ 300
　　三、现金流量的集中管理⋯⋯⋯ 300
　　四、现金流量自动化管理⋯⋯⋯ 303
　第三节　现金流量管理细述⋯⋯⋯ 303
　　一、现金流量预测⋯⋯⋯⋯⋯⋯ 303
　　二、现金流量分析⋯⋯⋯⋯⋯⋯ 306
　　三、现金流量缺口管理⋯⋯⋯⋯ 310
　　四、现金流量盈余管理⋯⋯⋯⋯ 324
　　五、现金流量内部控制制度⋯⋯ 337
　　六、现金流量管理审计控制⋯⋯ 340

第8章　企业融资管理⋯⋯⋯⋯⋯ 343

　第一节　企业融资决策⋯⋯⋯⋯⋯ 343
　　一、融资决策概述⋯⋯⋯⋯⋯⋯ 343
　　二、融资规划与企业增长管理⋯ 344
　　三、企业融资方式决策⋯⋯⋯⋯ 352
　　四、企业资本结构决策与管理⋯ 359
　第二节　项目融资管理⋯⋯⋯⋯⋯ 363
　　一、项目融资的概念⋯⋯⋯⋯⋯ 363
　　二、项目融资的原则⋯⋯⋯⋯⋯ 364
　　三、项目融资的参与人⋯⋯⋯⋯ 365
　　四、项目融资的主要类型⋯⋯⋯ 366
　　五、项目融资的申请条件⋯⋯⋯ 366
　　六、项目融资的受理条件⋯⋯⋯ 367
　　七、项目融资业务的操作流程⋯ 367
　　八、项目可行性研究与工程规划⋯ 369
　　九、项目融资的风险管理⋯⋯⋯ 373
　　十、项目融资的筹资来源⋯⋯⋯ 377
　　十一、项目融资监督与管理的
　　　　　主要内容⋯⋯⋯⋯⋯⋯⋯ 381
　第三节　融资成本管理⋯⋯⋯⋯⋯ 382
　　一、影响企业融资方式选择的
　　　　成本比较⋯⋯⋯⋯⋯⋯⋯⋯ 383
　　二、融资成本分析⋯⋯⋯⋯⋯⋯ 384
　　三、融资成本控制⋯⋯⋯⋯⋯⋯ 388

第9章　企业投资管理⋯⋯⋯⋯⋯ 395

　第一节　投资综述⋯⋯⋯⋯⋯⋯⋯ 395

一、对外投资的特点……395
二、对外投资的原因……396
三、企业投资的分类……397
四、企业投资环境分析……399
五、企业投资管理的原则……403
六、企业投资规模的确定……404
七、企业投资结构决策的原则……406
八、企业投资的程序……407
九、企业投资的资产组合……407
十、企业财务管理权限……410
十一、投资者的财务管理职责……412
十二、对外直接投资管理……414
十三、对外投资的财务监管……419

第二节 项目投资……420
一、投资项目概述……420
二、项目投资决策评价……421
三、对外投资项目的可行性研究……434
四、投资项目现金流量……435
五、投资项目评价……455

第10章 企业分配管理……469

第一节 收益分配概述……469
一、利润分配的基本原则……469
二、利润分配的内容……470
三、利润分配的影响因素……471
四、利润分配方式和时间的选择……473
五、利润分配程序……476

第二节 利润分配理论……479
一、股利无关论……479
二、股利相关论……480
三、所得税差异理论……480
四、代理理论……481

第三节 利润分配政策……481
一、确定收益分配政策时应考虑的因素……481
二、股利分配政策的种类……484

第四节 年度利润分配……489
一、年度利润分配的影响因素……490
二、年度利润分配的顺序……491
三、法律、行政法规关于利润分配的例外规定……494
四、公司回购股份在利润分配

中的处理……494
五、股利分配方案的确定……495

第五节 职工要素分配……497
一、职工要素分配的特点……497
二、职工要素分配的原则……497
三、职工要素分配的条件……498
四、职工要素分配的要求……498
五、职工要素分配的主要方式……499
六、职工要素分配的一般程序……500
七、职工要素分配的财务处理……501

第六节 股票股利、股票分割和股票回购……501
一、股票股利……501
二、股票分割……504
三、股票回购……505

第七节 股利支付管理……508
一、股利支付的程序……508
二、股利支付的方式……508
三、股利的发放……509

第八节 经营亏损弥补……509
一、企业弥补经营亏损的规定……509
二、企业亏损弥补的程序……510

第11章 企业成本控制管理……512

第一节 成本控制管理综述……512
一、成本控制的特点……512
二、成本控制目标……513
三、成本控制的原则……514
四、成本控制的层次与机制……516
五、成本控制的风险……517
六、成本控制制度……545
七、成本控制的具体要求……547
八、成本管理的监督检查……548

第二节 成本控制管理操作……549
一、成本控制的内容……549
二、成本控制的方法……551
三、成本控制的程序……557
四、成本控制系统……559

第12章 企业财务预算……561

第一节 财务预算概述……561
一、财务预算的目的……561

第13章 企业财务监控管理

二、财务预算的内容 ……………… 561
三、财务预算目标值 ……………… 562
第二节 财务预算编制 ……………… 564
 一、财务预算的编制部门 ………… 564
 二、财务预算的编制原则 ………… 564
 三、财务预算的编制依据 ………… 564
 四、财务预算的编制方法 ………… 564
 五、财务预算的基本步骤 ………… 574
第三节 财务预算管理 ……………… 574
 一、财务预算管理的特点 ………… 574
 二、财务预算管理的作用 ………… 577
 三、财务预算管理的目的 ………… 582
 四、财务预算的管理体制 ………… 582
 五、财务预算管理中的团队合作 … 584
 六、财务预算管理的一般流程 …… 585
第四节 预算表格 …………………… 588
 一、预算报表 ……………………… 588
 二、预算情况说明书 ……………… 631
 三、预算工作总结及改进措施 …… 633

第13章 企业财务监控管理 ………… 634

第一节 财务监督 …………………… 634
 一、财务监督的主体和内容 ……… 634
 二、财务监督的常见分类 ………… 635
 三、影响企业实施有效财务监督
  的主要因素 …………………… 636
 四、财务监督的手段和方法 ……… 637
 五、财务监控的一般程序 ………… 639
 六、内部财务监督 ………………… 641
 七、外部财务监督 ………………… 645
 八、财务监控的检查与评价 ……… 650
 九、法律责任 ……………………… 652
第二节 财务控制 …………………… 659
 一、财务控制的特征 ……………… 659
 二、财务控制的功能 ……………… 659
 三、财务控制的原则 ……………… 660
 四、财务控制的内容 ……………… 661
 五、财务控制的模式 ……………… 667
 六、财务控制权之争 ……………… 668
 七、财务控制的类别 ……………… 669
 八、财务控制的系统 ……………… 675
 九、财务控制有效性评估 ………… 676

第三节 责任中心财务控制 ………… 677
 一、责任中心的特征 ……………… 677
 二、责任中心的类型和考核指标 … 678
 三、责任预算、责任报告与责任
  业绩考核 ……………………… 686
 四、责任结算与核算 ……………… 688

第14章 企业财务分析 ……………… 691

第一节 财务分析综述 ……………… 691
 一、财务分析的主体、目的 ……… 691
 二、财务分析的局限性 …………… 692
 三、财务分析的原则 ……………… 694
 四、财务分析的种类 ……………… 694
 五、财务分析的内容 ……………… 695
 六、财务分析的基础 ……………… 697
 七、财务分析报告 ………………… 704
第二节 财务分析细述 ……………… 706
 一、财务分析的方法 ……………… 706
 二、财务分析的程序 ……………… 712
 三、财务分析体系 ………………… 715

第15章 企业绩效评价 ……………… 721

第一节 绩效评价综述 ……………… 721
 一、绩效评价概述 ………………… 721
 二、绩效评价方法 ………………… 736
 三、公司内部的绩效评价 ………… 751
第二节 财务评价专述 ……………… 760
 一、财务评价的方法 ……………… 760
 二、财务评价的标准 ……………… 761
 三、财务评价的内容及指标体系 … 761
 四、财务评价和评估结果的发布
  形式 …………………………… 763

第16章 企业财务信息管理 ………… 764

第一节 财务信息管理综述 ………… 764
 一、财务信息管理的总目标 ……… 764
 二、财务信息管理的对象 ………… 764
 三、财务信息管理的主体 ………… 764
 四、财务信息管理的原则 ………… 764
 五、财务信息与业务信息一体化
  系统 …………………………… 765
 六、财务信息管理的方法和手段 … 767

七、财务信息的披露……………767
　　八、财务信息内部公开制度………768
　　九、财务信息使用制度……………769
　　十、财务信息的审计………………770
　第二节　财务会计报告管理……………770
　　一、财务报告的目的………………771
　　二、财务报告的局限性……………771
　　三、财务报告的潜在风险…………771
　　四、财务报告的类别、内容………772
　　五、财务报告的编制………………772
　　六、财务报告的表外揭示…………778
　　七、财务报告的阅读与分析………782
　　八、年度财务会计报告抽查制度…786
　　九、财务会计报告审计制度………786
　　十、财务会计报告的对外提供……788

第17章　企业财务流程再造……………790
　第一节　财务流程概述…………………790
　　一、传统企业财务流程的缺陷……790
　　二、财务流程的逻辑基础…………791
　　三、财务流程的基本构造和分类…791
　　四、财务流程优化…………………792
　　五、财务流程分析…………………796
　第二节　财务流程再造…………………801
　　一、财务流程再造的组织理念……801
　　二、财务流程再造的原则…………802
　　三、企业财务流程再造的阻力……805
　　四、企业财务流程再造的实现……806
　　五、企业财务流程再造的程序
　　　　及方法…………………………807
　　六、财务流程价值空间再造………808

第18章　企业财务共享服务……………814
　第一节　财务共享服务概述……………814
　　一、财务共享服务中心的概念……814
　　二、财务共享服务的发展…………816
　　三、企业集团实施财务共享的
　　　　实践……………………………817
　　四、财务共享服务为财务变革
　　　　带来的积极效应………………818
　　五、财务共享服务中心给管理
　　　　会计带来的变化………………820
　　六、建立财务共享服务中心面临
　　　　的风险及防范…………………824
　第二节　财务共享服务实务……………825
　　一、财务共享服务模式的管理
　　　　会计要点………………………825
　　二、财务共享服务中心的处理
　　　　流程……………………………825
　　四、财务共享服务中心的技术
　　　　支撑需求………………………826
　　五、财务共享服务的推进…………827
　　六、财务共享服务中心的常见
　　　　问题……………………………828

第1章

财务总监综述

一、财务总监的概念

财务总监,是指由企业的所有者或全体所有者代表决定的,体现所有者意志的,全面负责对企业的财务、会计活动进行全面监督与管理的高级管理人员。

财务总监制度,是指在企业所有权与经营权分离以及多层次管理的治理结构下,由企业所有者在企业内部所建立的、旨在保障所有者利益和实现公司资本保值增值并由特定专业人员、机构、制度和措施等因素有机组成的财务监督与管理机制的总称。

财务总监不同于一般的会计人员,也不同于一般意义上的财务经理,他必须是公司财务资源调配的第一把关人,特别是对现金和中长期投资握有集中的控制权;必须能主导公司的会计及其组织体系,其工作是相对独立的。

二、财务总监与总会计师

国内目前对总会计师和财务总监的界定和设置尚无统一的规定和一致的做法。总会计师这一提法源于苏联的计划经济体制,当时是一个既对国家负责,又对厂长(经理)负责的职位。进入市场经济以后,我国企业一般都是在"对总经理负责"这一含义上定位总会计师的职责。在对国企实施财务总监委派制的同时,《中华人民共和国会计法》(以下简称《会计法》)又明确规定,国有独资和国有资产占控股地位或主导地位的大、中型企业必须设置总会计师。总会计师制度是中国经济管理的重要制度,中国总会计师在中国社会主义市场经济发展中的地位较高,责任重大。

在完善国有企业治理结构方面,财务总监和总会计师均被摆到了一个重要位置。一般来说,两者的区别如表1-1所示。

表1-1 财务总监与总会计师的区别

比较项目	财务总监	总会计师
来源	西方国家公司制模式	苏联计划经济模式
适用范围	治理结构健全的公司制企业	国有独资或国资占控股或主导地位的大、中型企业
公司治理地位	对董事会负责,一般跻身于董事及高级管理层	对经营层/总经理负责
产生方式	股东/董事会委派或董事会聘任	厂长或总经理任命
设立的基础	财务总监代表出资者,由董事会委派,是董事层高级财务管理人员;财务总监和总经理同属董事会领导,两者之间没有领导与被领导的关系	总会计师代表企业管理当局,是经理级财务管理人员,由总经理任命,对总经理负责

续表

比较项目	财务总监	总会计师
工作报告关系	委派股东或董事会	厂长或总经理
职能	财务总监强调监控，实施更多的是企业外部资本控制，对企业运作则实行过程控制	总会计师强调企业的日常管理，负责企业内部管理控制
职责	兼具所有者监督职责和公司价值创造职责	代表经理层的企业内部财务监督管理职责
工作层面	协调公司治理结构内部及公司外部各利益关联方关系	协调公司内部各利益关联方及与直接影响会计工作的外部关联方
组织结构定位	财务总监是公司财务资源的第一把关人，与公司总经理一起共同为公司的财务安全运行负责	协助厂长或总经理管理公司财务工作，调配企业财务资源
工作侧重点	侧重于价值管理、财务监督和财务审计	侧重于财务管理和会计核算

在同时设置财务总监和总会计师职位并双轨运行的企业，如何协调两者的关系，是有现实意义的。

（1）国有企业财务总监与总会计师行政上不存在领导与被领导的关系，只存在监督与合作的关系。财务总监不能以"上级领导"自居，对总会计师随意发号施令，削弱总会计师的责任和地位。

（2）总会计师是沟通财务总监与企业经营班子之间关系的桥梁或纽带，财务总监需要加强与总会计师的联系与沟通，及时了解企业最新动态和情况，以便对其财务活动做出准确判断。

三、设置财务总监职位的必要性

（一）财务总监与一般会计人员的区别（见表1-2）

表1-2　财务总监与一般会计人员的区别

区别	内容阐释
财务总监与财务经理（或财务主管）的负责对象不同	财务总监对董事会负责，而财务经理主要对企业管理层负责，并在业务上受财务总监领导或指导。 尽管很多国家法律规定，会计人员对企业财务有监管职能，但在实践中，企业会计人员与企业经营者的利益是一致的，往往受企业经营者的制约而无法处理好监管和参与的关系。因此，企业会计人员考虑更多的是企业经营者的利益。 财务总监不受企业经营者的领导，他们站在投资者的立场上，为了维护投资者的利益而对企业实行财务监管。因此，实行财务总监制度，可以强化对企业财务监管的作用
财务总监和企业会计人员在企业经营中所充当的角色不同	企业会计人员直接参与企业的经营管理，执行经营者的指令，对企业财产的完整性和安全性负有直接的责任。财务总监也参与企业的经营管理，但他同时承担的监督角色，决定了他未必全部执行经营者的指令；他侧重于监管企业财务账目的真实性和完整性，监管企业资金流向是否符合董事会决议，对自己向董事会提供的财务报告和其他工作报告的真实性、可靠性负责
企业财务总监制度对监督企业资本保全具有重要作用，这种作用是企业会计人员所无法取代的	企业的会计工作是在经营者的领导下进行的，对企业经营中可能存在的违法违纪、"绕道潜行"的行为，会计人员负有抵制责任，但未必有抵制的权利，这种状况使得企业会计人员处于一种"顶得住的站不住，站得住的顶不住"的尴尬境地。有很多企业的倒闭，并不是因为没有会计人员或会计制度，也都不是一朝一夕就倒闭的，而是在相当长的时间内因投资决策失误所造成的；相反，如果有健全的财务监管制度，在很大程度上是可以避免这种灾难性后果发生的

（二）企业设置财务总监职位的条件

从财务总监与企业一般会计人员所承担角色的差异分析，可以归纳出企业是否设置财务总监职位，主要取决于：是否有利于公司发展战略的制定与贯彻；是否有利于公司始终如一地追求公司价值最大化和股东财富最大化；是否有利于公司决策、控制等管理环节效率的提高；是否能够体现或带来新的管理理念；是否能够按照公司治理的要求对公司内部运行实施有效的监控。

四、财务总监制度的政治根源

有效公司治理结构的本质特征是能均衡安排剩余索取权和剩余控制权。由于委托人与代理人的目标往往不一致，这样在信息不对称情况下，就产生了"道德风险"、"逆向选择"及"内部人控制"现象。为了降低代理成本，所有者要寻找一种符合成本效益原则的财务控制与分层治理机制，以加大对企业会计控制权的争夺力度。为此，股东需要在公司董事会和经理层设置一个能代表所有者利益对管理层实行财务监控的职位。这就是财务总监制度产生的政治根源。

> **小知识**
>
> **分层设计的公司外部会计控制机制**
>
> 分层设计的公司外部会计控制机制如图1-1所示。
>
> 图1-1 分层设计的公司外部会计控制机制
>
> 由图1-1可以看出，在公司治理结构和组织结构中的会计控制，可以分为三个层次。
>
> **1. 出资者对经营者的控制**
>
> 出资者对经营者的控制主要是建立激励与约束机制，包括利益激励机制、职位消费激励机制、精神激励机制和期权激励机制。
>
> （1）利益激励机制首先要确立经营者的独立利益，其次是改变经营者的收入实现形式，使公司经营者享有一定的企业剩余收益。
>
> （2）职位消费激励机制是指经营者除货币报酬外，可按其职位和工作需要享受企业给予的职位消费权限和开支额度。
>
> （3）精神激励机制是指通过传播媒介宣传和塑造企业家精神来激励经营者。
>
> （4）期权激励机制可采用股票期权、绩效股、股票增值权、虚拟股和奖金转股等具体形式。
>
> **2. 出资者的外部控制**
>
> 出资者的外部控制，包括对经营者以及企业内部会计审计系统的控制。我国前些年开始试行的监事会制度和政府委派财务总监制度，都属于出资者外部控制的范畴。
>
> 监事会制度是对稽查特派员制度的进一步完善和规范，也是对出资者会计控制工作的提高和升华。监事会以会计控制为核心，通过查账，对企业财务活动和经营管理进行全面监督，确保国有资产及其权益的保值

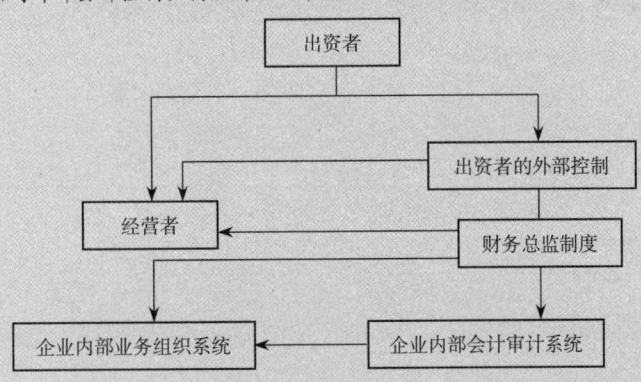

增值。监事会制度具有独立性、专业性、经常性和廉洁性等特征。为保证监事会制度的有效性和独立性，推行政府外派监事会的做法是必需的。

财务总监制度则是国家以所有者身份凭借其对国有企业的控股地位，向国有大中型企业直接派出财务总监的一种财务监督管理制度。财务总监职位在国家持股公司的治理结构中的出现，是顺应解决代理问题、克服"内部人控制"现象的基本需要。财务总监要真正发挥作用，必须具备双重身份：他既是董事会成员，代表所有者，受董事会的委派，首先要对董事会负责；同时又是企业管理层成员，监控并主导企业的会计系统。

3. 企业内部会计审计系统对企业内部业务组织系统的控制

应该明确，这一层次的控制仅仅是日常的会计监督，只是企业内部对其自身活动进行自上而下或自我监督约束的一种内部监督，并不具备监督经营者职能。

财务总监在第二层次和第三层次的会计控制与管理监督中，起到了重要的承上启下的作用。

五、财务总监与公司治理结构

（一）财务总监在董事会中的地位

财务总监是由公司董事会聘任的，对公司财务活动和会计活动进行管理和监控的公司高级管理人员；在公司治理结构中，财务总监履行的主要是监督职责。

财务监控体系是公司法人治理结构的重要组成部分。财务监控体系在公司治理结构和组织结构中的分布形成明显的三个层次：第一层次是监事会在股东会的领导下对董事会的监控；第二层次是财务总监在董事会的领导下对管理层的监控；第三层次则是公司内部的会计系统在财务总监的领导下对公司日常经营管理运作的监控。在第二、第三层次中，还存在着审计委员会作为董事会的常设机构，对公司管理层、财务总监和公司日常运作的监控。

小知识

财务总监履行职责的前提和必要条件

由董事会任命或聘任，并直接对董事会负责，是财务总监履行其职责的前提条件。

在我国，强调由代表企业产权主体的董事会来聘任财务总监是一个非常重要的原则。在传统计划经济时代，企业的总会计师直接由总经理任命，对总经理负责；而在社会主义市场经济条件下，由于投资主体的多元化和利益主体的多元化，企业的产权功能日益突出，而行政隶属关系正日益淡化，由董事会来聘任财务总监符合市场经济的一般原则，符合我国建立现代企业制度的要求。

另外，强调实行财务总监单轨制也是一个非常重要的原则。已经设置财务总监的企业，就不应再设置总会计师岗位或分管财务的副总经理岗位，以避免职能的重复交叉和不必要的矛盾。财务总监制度适应了多元投资主体的公司制企业强化财务监控的需要，其职能是总会计师制度的涵盖和延伸，这既符合《会计法》的精神实质，又较好地体现了《中华人民共和国公司法》（以下简称《公司法》）中对决策、执行、监督三权相互独立又相互制衡的要求。

财务总监履行职责的角色定位是股东代表，因而最好是具有董事身份，直接进入公司董事会，拥有董事的所有权力和责任；即使进入董事会的条件不成熟，财务总监至少也要列席所有的董事会会议，这是财务总监恰当履行其职责的必要条件。

小知识

财务总监的独立性

独立性是确保财务总监制度的一个本质特征，董事会应从制度安排上保证财务总监制度的独立性。

财务总监的独立性如表1-3所示。

表 1-3　财务总监的独立性

独立性	内 容 阐 释
人事关系独立	财务总监由国有企业的产权主体委派，因此在人事关系上，财务总监要独立于企业经营者。总经理、厂长、会计机构负责人的亲属不得担任本企业的财务总监
经济关系独立	一般来说，财务总监应由委派单位支付报酬和福利，或者由派驻单位向委派单位支付（本质上仍是由委派单位支付，派驻单位不能直接向财务总监本人支付报酬），彻底割断财务总监与派驻单位的经济利益关系，其报酬不与派驻单位的经济效益挂钩，不得以任何形式从派驻单位获取任何经济利益，也不得兼任其他职业
职权独立	财务总监具有独立的职权和明确的责任关系与界限，其职权不与总经理或厂长相重叠

（二）财务总监在公司组织结构中的地位

财务总监既是企业法人治理结构的重要一环，也是企业经营管理的一个重要组成部分。财务总监参与企业的日常经营管理，肩负着对企业财务运行进行全过程监控的职责。至此，我们可以将财务总监在公司治理结构和组织结构中的一般地位用图 1-2 表示。

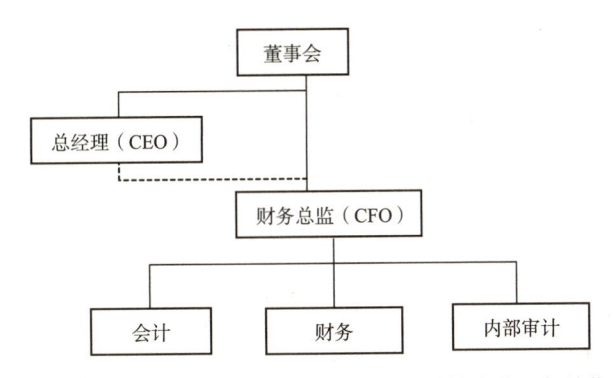

图 1-2　财务总监在公司治理结构和组织结构中的一般地位

在图 1-2 中，财务总监管理和控制企业所有的会计、财务与内部审计职能，并直接向董事会报告。企业的内部审计部门直接向财务总监汇报，但也有一些企业向总经理或直接向董事会报告。由于各个企业的规模和组织不同，每个企业对于上述职能的组织方式也各不相同。

六、财务总监制度的本质

财务总监制度是企业规模经营的必然结果，是公司治理的有机组成部分，本质上代表所有者利益，属于财务监督范畴。这是对财务总监制度最为本质的概括。

（一）财务总监制度本质上代表着所有者利益

所有者有必要对经营者实施适当的监管，包括对经营者的人事选择及对经营者重大经营决策、财务决策的审定和制约。财务总监制度的建立，一方面使财务总监代表所有者利益把好财务监督关，使经营者在企业重大决策和财务收支活动方面最大限度地体现所有者的利益；另一方面为经营者充分施展经营才能、最大限度地实现资产的保值增值提供强有力的保证。

在现行财务报告披露制度下，企业对外披露会计信息是有时间性的，所有者只能从有限的会计信息披露中获取内部人信息。在这种情况下，如果内部人存在着败德行为，所有者也只能在会计报表披露之后才能了解到，这种滞后的监督有时对于所有者来说，在经济上已失去了意义。而实行财务总监委派制，由于制度设计上保证财务总监能够进入企业决策部门，参与制订企业的财务计划，监控企业的财务活动，从而为所有者及时获取企业内部信息创造了便利条件。

（二）财务总监制度属于财务监督范畴

财务总监制度是针对加强财务监督而来的，其工作内容涉及财务监督的主要方面，本质上是对国有大、中型企业总会计师制度和企业内部审计制度关于财务工作组织运行和财务监督上的更高层次的发展与完善，它吸收和集中了总会计师和内部审计中的部分财务管理与监督职能，也弥补了总会计师在企业组织中地位和职责权限上的不足，同时还在很大程度上避免了内部审计监督的滞后性缺陷。

财务总监制度能有效降低所有者的监督成本。监督成本既包括所有者为获取内部人信息所开支的费用（如专设机构经费、专职人员工资及各种福利费），也包括由于监督滞后，内部人的败德行为已给所有者造成的经济损失。在财务总监委派制下，除能提高会计信息的可靠性外，更为重要的是，财务总监能将内部人的败德行为及时向委托人报告，便于委托人采取相应对策，如解除经营者职务、冻结企业资产等，从而避免更大的经济损失。

（三）财务总监制度是企业规模经营的必然结果

在小型企业中，所有者往往就是经营者，财务收支由自己决定，财务监督无存在必要。但是，在一个有很多且分布很广的投资单位或业务项目的企业，或者一个有多层次管理和多元化经营的较大规模的企业，所有者根本无法由自己去实施经营管理，只能聘请经营者去组织具体经营。在这种情况下，为了保证所有者利益，所有者除规定事后考核业绩指标外，还要在组织和机制上采取对经营者进行有效制约的措施。顺应这种要求，财务总监代表所有者并承担起本应属于所有者的部分管理和监督的权责，是所有者职能的传递和延伸。

很多企业在经历成长期后，其组织规模和经营规模日益扩大和复杂，股东需要对整个企业的营运进行有序、有效的财务监管，建立和完善财务总监制度变成企业股东的一种内在需求。

（四）财务总监制度是公司治理的有机组成部分

代表所有者利益的财务总监制度与来自企业外部的社会监督有着本质区别。

1. 尽管财务总监往往由企业所有者委派到企业中，但其职责的履行是与企业的经营活动及经营决策行为紧紧联系在一起的

财务总监制度是构成现代企业内部约束机制的有机部分，在内部约束机制运行中发挥财务监督职能，这种监督具有及时性、有效性、经常性、自觉性的特点。显然，作用于企业内部约束机制的财务总监监督是任何外部监督所无法取代的。

2. 财务总监制度还具有重要的管理职能

这表现在财务总监要在企业资本投入、资金筹集、资产调配、成本费用、利润分配及财务计划、财务考核、会计组织运行等方面承担财务管理和控制职能。在优化和完善企业内部管理机制中，应充分考虑财务总监制度在加强企业管理、提高经济效益中的积极作用，使之成为企业内部管理机制的一个重要组成部分。

七、财务总监的定位

（一）财务总监的角色定位

可以将财务总监的角色简洁地概括为"CFA[①]+CMA[②]+CPA[③]"，意指财务总监兼具特许金融分析师、管理会计师和注册会计师这三种基本角色。财务总监在公司治理和公司管理中承担着财务管理、控制和监督这三种基本职责，其工作可进而归结为价值管理（财务管理）和行为管理（控制和监督）这两个基本方面（见图1-3）。

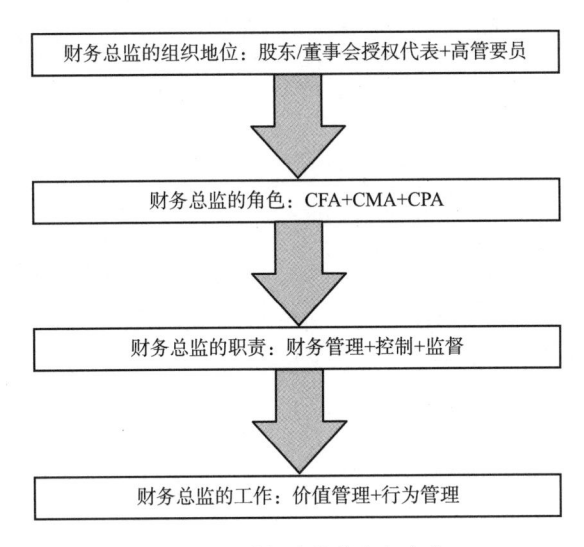

```
┌─────────────────────────────────────────────────┐
│ 财务总监的组织地位：股东/董事会授权代表+高管要员 │
└─────────────────────────────────────────────────┘
                        ↓
┌─────────────────────────────────────────────────┐
│          财务总监的角色：CFA+CMA+CPA            │
└─────────────────────────────────────────────────┘
                        ↓
┌─────────────────────────────────────────────────┐
│       财务总监的职责：财务管理+控制+监督        │
└─────────────────────────────────────────────────┘
                        ↓
┌─────────────────────────────────────────────────┐
│       财务总监的工作：价值管理+行为管理         │
└─────────────────────────────────────────────────┘
```

图1-3 财务总监的角色定位

（二）财务总监的职责定位

财务总监既是企业法人治理结构的重要一环，又是企业经营管理的一个重要组成部分。在公司治理层面，财务总监代表所有者对经营者进行监督，主要履行监督职责；而作为企业管理层的一员，财务总监又必须抓好会计基础构件的建设，承担起企业的价值管理人角色，全面、全过程地参与企业管理控制系统，为增加公司价值和提高股东回报而尽力（见图1-4）。

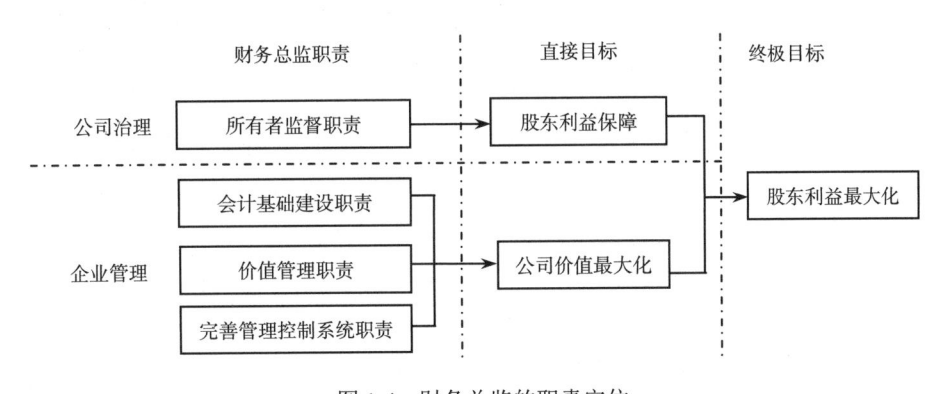

	财务总监职责	直接目标	终极目标
公司治理	所有者监督职责	股东利益保障	股东利益最大化
企业管理	会计基础建设职责 价值管理职责 完善管理控制系统职责	公司价值最大化	

图1-4 财务总监的职责定位

---

① CFA 即特许金融分析师，英文全称 Chartered Financial Analyst。
② CMA 即管理会计师，英文全称 Certified Management Accountant。
③ CPA 即注册会计师，英文全称 Certified Public Accountant。

> **小知识**
>
> **财务总监对会计人员主导权的实施**
>
> 为克服财务总监可能陷入的既代表所有者又代表经营者的两难境地，必须强调从组织上保证财务总监对企业会计人员（包括子公司财务总监或会计负责人）的绝对主导权。
>
> 在公司治理结构中，财务总监与总经理处于平等级别，同样受聘于董事会并对董事会负责。财务总监并没有对总经理负责的义务。这样的制度安排，有利于财务总监履行其监督控制职能，保证其独立性。
>
> 子公司财务总监的工作汇报流程，一般实行"双首长制"。所谓"双首长制"，是指子公司财务总监要同时向子公司总经理和上级财务总监汇报；但对子公司总经理的汇报是虚线汇报；即使子公司总经理对财务总监持有异议，也必须有事实证明且必须征得上级财务总监的同意，才可能进行人事调整。在"双首长制"下，子公司财务总监向上级财务总监负责可以保证其在履行职能方面能独立地贯彻和履行，而同时向总经理汇报又可充分地考察和衡量其服务于所在公司的工作和业绩。
>
> 除集团总部的会计人员外，财务总监对下属单位会计人员主导权的实施方式，要视下属单位组织特征及控制权强弱程度的不同而有所区别。在财务中心体制下，集团公司整合范围内成员企业的财务、会计机构、人员和业务并划归财务中心管理，由财务中心向集团成员企业提供统一的财会服务，财务总监通过中心总经理直接负责财务中心；对于以分公司、事业部形式存在的下属单位，财务总监可以会计委派、会计轮岗及任命会计负责人的直接方式，予以强力控制；而对于以独立法人形式存在的子公司，财务总监则要根据拥有子公司控制权的大小，以提名或推荐的方式，通过子公司董事会任命子公司财务总监。

八、跨国公司中的财务总监

财务总监制度及财务控制权是跨国公司全球管理的主要手段，也是所有大集团运作的主要管理体制手段。

（一）财务总监在跨国公司组织结构中的地位

财务总监在跨国公司组织结构中的地位可用图1-5简单描述。

在跨国公司中，财务总监下属基本部门如图1-6所示。

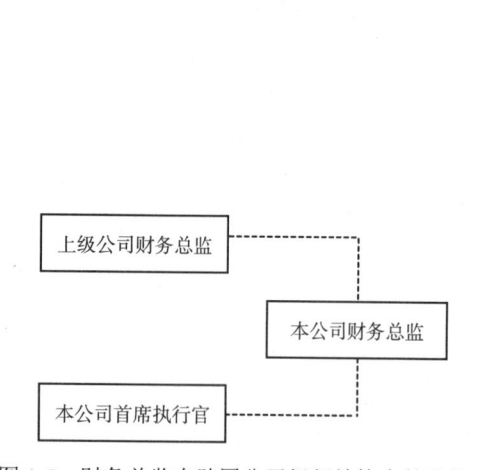

图1-5　财务总监在跨国公司组织结构中的地位

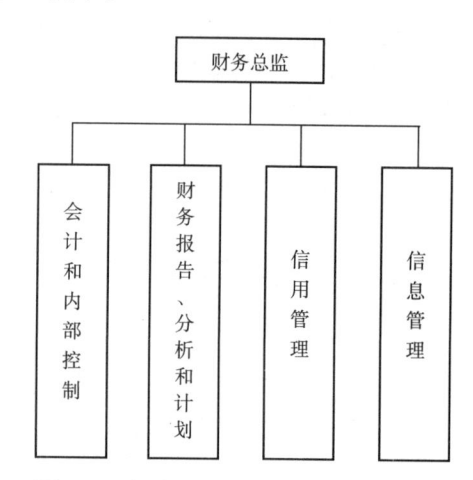

图1-6　跨国公司财务总监下属基本部门

（二）财务总监在跨国公司中的职能

在世界500强企业中，随着这些顶级企业推行跨国战略目标，顶级财务总监也越来越以一种新的姿态积极做好三项工作：一是设计合理的方案使股东财富最大化；二是树立全球化的管理概念，创建世界级的财务管理业务支持系统；三是提出全新的财务理念，更积极、主动、深入地参与决策过程和战略管理。

在这些著名的跨国公司中，财务总监在参与公司战略管理的过程中，为人们提供了这样一些有效的经验：财务总监应参与公司发展战略的设计，并力促公司发展战略与投资者的期望相一致；财务总监始终以追求和实现所有者财富最大化为最高财务管理目标，并将这一目标始终与公司发展战略和日常经营管理活动有机地糅合在一起；财务总监应将自己视为企业家队伍中的一个重要成员；财务总监能够为公司战略管理带来产生重大影响的全新财务理念，能够创建一个足以使公司实现战略目标和获得持续发展能力的财务支持系统。

在国际著名的大型跨国公司中，财务总监将其关注的焦点由交易的过程和控制，转向提供决策支持和更深入地参与制定全球战略。

财务总监在跨国公司中的地位与作用，专业人士做出这样的评价：财务总监正在使公司财务管理的传统地位发生革命性的变化，职责范围不断扩大；财务总监正在参与公司经营的全过程，包括制定公司的发展战略和推动相应战略管理，领导公司进行自身变革和流程重组，并以一种真正的伙伴关系与首席执行官一起进行决策，发挥着非同寻常的作用。

（三）跨国公司中财务总监的工作要点

（1）资产负债结构管理。包括资产负债滚动运作的效率、资产风险和风险防范、负债经营的成本和风险、在经济环境变化中的资产负债成本和风险管理（如通货膨胀、通货紧缩等）。

（2）盈利水平管理。包括现金流量和利润水平比例、运作稳健和风险之间的平衡。

（3）危机管理。主要是提高企业财务体质，以应对突发事件和大环境变化等危机事件。

（4）远期管理。主要是指抓好企业发展与健康的资本结构之间这一永恒的矛盾关系。

在跨国公司中，财务总监对总经理的工作支持可以概括为：及时准确地管理决策信息；严格有效地审批程序，特别是信用审批和投资审批；库存控制；成本计算、分析与控制；对经济形势的了解与分析。

九、财务总监的工作环境

企业的竞争环境及游戏规则正发生着深刻的变化，这些变化可以概括为：全球经济一体化进程加剧，企业间大规模兼并、收购浪潮此起彼伏；以信息技术、生物科学为代表的科技革命催生了新经济和知识社会的来临；以资本市场为代表的金融业的发展促进了全球的经济活动；人文思想、道德观念和社会责任已逐渐为经济学和商业活动所接受并成为它们遵循的一个重要理念。这些变化改变了世界经济和企业管理的本质，企业的经营运作方式也必须顺应这些变化而做出重大变革。

环境对财务总监履行职责的影响是无时不在的。财务总监应具备充分关注企业环境因素的变化趋势，并动态评估这些变化对企业战略、管理和竞争优势所带来的影响（见图1-7）。

（一）新经济时代的变化趋势

1. 信息网络技术改变会计系统

高度发达的数字网络设施从根本上改变了企业传统的会计系统模式，电子商务、计算机联机实时系统等技术的应用，迅速提高了企业会计系统的自动化程度和信息处理能力。会计系统借助于计算机和网络手段而显著增强的反应性，使它们能随时生成各种报告，从本质上提高了管理效率。财务总监及会计师可以灵活地应付管理上对更复杂的产品成本的计算方法的需求。实时管理、在线管理和远程控制使得企业会计管理不再是一个封闭的系统，企业会计信息的使用者也希望企业提供更具个性化的财务报告和全面反映企业经营状况的报告。

```
┌─────────┐ ┌─────────┐ ┌─────────┐ ┌─────────┐ ┌─────────┐
│信息网络技术│ │知识经济诱发│ │技术资产挑战│ │人力资本影响│ │催生众多新型│
│改变会计系统│ │ 财务创新 │ │ 传统会计 │ │ 财务治理 │ │ 管理技术 │
└─────────┘ └─────────┘ └─────────┘ └─────────┘ └─────────┘
```

┌──────────┐ ┌──────┐ ┌──────────────┐ ┌──────────┐
│ 全球并购浪潮 │ │ 新经济 │ │ 金融工程与资本市场 │ │ 人文思想回归 │
└──────────┘ └──────┘ └──────────────┘ └──────────┘

┌──────────────┐
│ 财务总监的工作环境 │
└──────────────┘

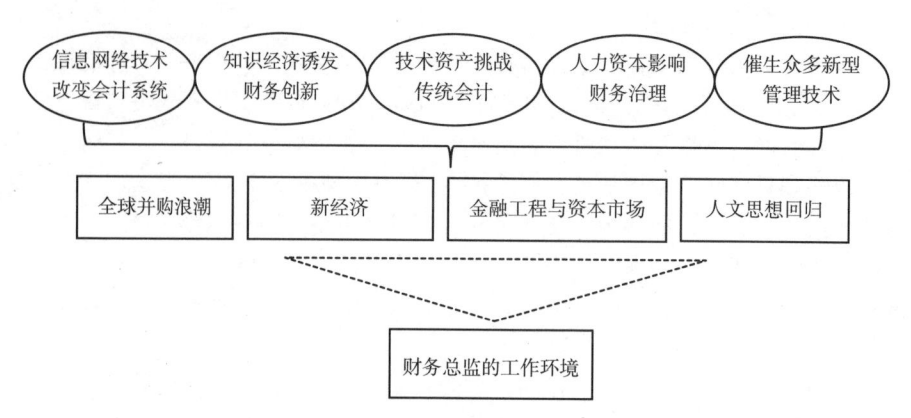

图 1-7　财务总监的工作环境

现代通信技术与计算机网络的迅速发展不但极大地提高了企业会计系统的信息处理效率，而且大大降低了信息处理成本。借助于信息网络技术，会计的管理职能得以充分发挥，财务会计与管理会计将融合成为一个集事前预测决策、事中控制、事后分析评价在内的全面核算与全程管理有机结合的管理核算型会计系统。

2. 知识经济诱发财务创新（见表 1-4）

表 1-4　知识经济诱发财务创新

项目	内容阐释
扩大了财务资源及其配置范围	知识经济改变了企业的资源结构，并丰富了资源的内容，导致了"泛资源"概念的产生。泛资源概念是指"对企业有用或有价值的所有部分的集合"，它是对传统财务资源概念的延伸和拓展。泛财务资源可以分为硬财务资源和软财务资源两大类。其中，硬财务资源是指客观存在的，在一定技术、经济和社会条件下能被企业利用的有形资源，其构成主体是自然资源和传统的财务资源；软财务资源是以智力为基础的、无形的资源，包括知识资源和时间资源等。知识资源通常被划分为市场资源、知识产权、人力资源和组织管理资源四类。 与泛资源的概念相适应，财务所配置的资源应是"泛资源"。随着科技进步和经济发展，硬财务资源在企业发展中的作用和相对价值趋于下降，而软财务资源的作用和相对价值趋于上升。因此，财务总监在企业财务管理中应在尊重硬财务资源在整个泛资源系统中的作用的同时，还要重视软财务资源的战略作用及其对硬资源的调控作用
知识资本进入公司财务管理范围	知识资本比财务资本更具有增值性，企业要将知识资本作为对未来发展起决定性作用的战略资本来培育，这需要财务的有效配合。一方面，企业应将培育知识资本作为财务管理工作的内生性要素来看待；另一方面，财务在运作资金时要有利于知识资本的培育，并将其作为最重要的财务管理战略。财务所筹措的资本，应当既有财务资本，也有知识资本，应尽可能多地吸收外部知识资本来改善企业的软资源环境和结构，并通过传播、扩散、对外投资等方式，最大限度地发挥知识资本的潜能。 知识资本化后，企业应研究知识资本所有者参与收益分配的原则和方法，并且要研究知识资本的价值和运作效率的指标，来构筑一道涵盖泛财务资源的企业财务评价指标体系
催生了战略管理会计	传统管理会计的功能主要强调内部预算和规划控制，且倾向于使用财务会计所提供的信息，依据已发生的事件来预测、解释环境的变化。财务会计与管理会计分别按照各自的核算方法体系，以对外报告和内部管理为目标进行双重核算，两套数据资料之间难以

续表

项　　目	内　容　阐　释
催生了战略管理会计	实现信息共享。知识经济对迄今建立在工业化基础上的旧的会计制度提出了挑战，企业会计系统必须摒弃原有思维方式，建立战略管理会计思维。 　　为适应泛资源和知识资本理念，使这些多元化的信息指标体系纳入会计管理的运作系统，并能达到数据及信息资料的共享，企业要运用战略管理会计思想、方法，融合财务会计和管理会计的功能，在保留传统会计管理的核算内容、方法和技术基础上，通过计算机系统与网络技术建立与供应商、客户、银行等相联系，交易与结算并行的大型的自动化系统，并对整个供应链的物流、资金流入所引起的价值信息进行收集、处理并提供相应的经营、财务状况报告及预测决策模型，及时提供企业外部市场及竞争者信息，以利于企业根据环境的变化及时做出统一、迅速的整体行动和应变策略
强调企业伦理和人本财务观念	伦理、道德和社会责任成为企业商业活动必须遵循的理念。企业伦理目标强调企业行为不仅具有经济价值，还必须具有伦理价值；企业伦理目标的主观动机是利他与利己的统一，实现企业利益与社会利益的协调。不道德融资是无效率的。企业经济目标只有在与伦理目标相辅相成、同时并举时，企业才能真正贡献价值。人本管理是知识经济的必然要求。人本管理是与"以物为中心的管理"相对应的概念，它要求将人作为"社会人"或"文化人"，而不是仅仅作为"经济人"来看待，要理解人、尊重人，充分发挥人的主动性和积极性。企业的每项财务活动都是由人发起、操作和控制的，其成效如何也主要取决于人的知识、智慧和努力程度。贯彻"人本财务观念"要求做到：增加人力资源投资，提高企业领导和职工的知识拥有量；推行分层管理和全员财务管理，实行民主式和参与式财务管理，提高职工对财务工作的参与意识；加大软资源投资力度，为培育企业文化和良好的人际关系创造优良环境
强调企业所有关联方的利益平衡	知识经济时代，泛财务资源的配置主体也从传统意义上的股东而扩大到所有的"利益相关者"。所谓"利益相关者"，是指与企业存在利益关系的个体和群体，包括直接的和间接的。通常将利益相关者区分为第一级和第二级。第一级利益相关者被认为与企业之间拥有正式的、官方的或契约的关系，包括出资人（股东与债权人）、职工和客户；其他的利益相关者，如所在社区、特殊利益团体和社会公众等，都被列入第二级。 　　产生于新经济背景下的新产权理论实现了"股东至上逻辑"向"利益相关者合作逻辑"的转变，其基石就是对人力资本和知识资本的重视，这正是符合知识经济的发展趋势和要求的。企业应将几乎所有的利益相关者都纳入泛财务资源配置的范围；换言之，企业在配置财务资源时，要考虑其全部利益相关者的利益要求。不同的利益相关者对企业有不同的财务利益要求，投资者期望其资本有效增值最大化，职工期望其薪金收入最大化，政府期望企业的社会贡献最大化，公众期望企业的社会经济责任与绩效最大化。企业财务管理应兼顾和均衡各利益相关者的财务利益要求。这样定位财务目标，既考虑了出资人的利益，又兼顾了其他利益相关者的要求和企业的社会责任；既适应了知识经济的要求，又体现了可持续发展财务的特征
利益相关者共同参与公司财务治理	在这种新的目标定位下，利益相关者对企业不仅有财务利益要求，也应有参与企业财务治理的资格和权利。这个原则在实践中的贯彻方法，就是利益相关者共同组成企业财务治理结构，尤其是让职工、债权人等一级利益相关者进入财务治理结构。 　　公司财务应是分层管理的，客观上存在着所有者财务、经营者财务和财务经理财务三个层次，经营者财务应处于财务管理的核心地位。同时，财务还应是分权治理的，财务决策权、财务监督权和财务执行权分而治之，分属于四个彼此独立的财务治理结构，即股东会、董事会、监事会和管理层。让员工、债权人等利益相关者进入财务治理结构，实际上主要是进入财务决策机构和财务监督机构

这些对公司财务治理的全新理念，对于财务总监制度，既是一种有益的补充，同时又不失为一种挑战；在这种利益相关者共同参与公司财务治理的格局下，财务总监应该如何定位及如何履行职责，确实需要适时适地予以调整。

3. 技术资产挑战传统会计

技术创新是主导当代经济发展与增长的关键因素，同时使企业的风险（无论是经营风险还是财务风险）和不确定性水平大大提高，资产的盈利能力和财务状况变得更难估测。技术创新使得传统会计模式所提供的信息不能够再真实、公允地反映企业的财务状况和经营业绩，传统会计下的财务信息逐渐失去了与企业真实财务状况之间的相关性。

传统会计是以企业财富或者说是以体现企业财富的资产为重心的，技术资产的出现对传统会计的计量和报告模式提出了现实的挑战。由于企业商誉、品牌、专利权、特许权、版权、技术诀窍、秘密配方、专营权、交易合同、计算机软件、研发支出、人力资本、客户名单、营销网络等大量资产的取得都不是以有形方式和以市场交易为基础的，它们在以有形资产为基础的传统会计系统中总是得不到合理的计量，大量的技术资产项目要么被完全排除在现有财务报告的框架之外，要么被严重低估，从而使现有的财务报表无从反映企业真实的财务状况、经营风险和盈利能力。与有形资产相比，技术资产有其特殊性，这体现在：技术作为一种资产，是稀缺的，但它的供应不是有限的；技术作为一种资产，是独占的，但它的使用具有非排他性。针对这种特殊性，以有形资产计量和报告为重心的传统会计系统规则已渐渐不适应来势迅猛的现代科学技术革命所带来的冲击。

由此可见，如果主导企业未来发展和社会进步的力量已从资源转向技术，那么传统会计所面临的显然已不是一场和风细雨式的改良，而应当是一场急风暴雨式的革命。

4. 人力资本影响财务治理

行为科学和马斯洛需求理论的出现使管理学由此超越了"经济人"的局限，重新确定了人在经济活动中的地位和作用，将人的行为、需求作为管理的一项重要内容。企业中人的管理历经人事管理、人力资源管理和人力资本管理三个阶段。

人事管理正是在强调人本主义的背景下成为企业管理的一个重要组成部分，它致力于建立、维护和发展企业的雇佣体制框架，包括招聘、选拔、奖励、评估、培训、惩罚、辞退和解雇等环节的工作。人力资源管理的提出标志着管理理念和管理实践的又一次突破，它将人视为诸多生产要素中的一个重要因素。其基本观点是：建立一种有效的管理机制以最大限度地获取人才、培养人才、发挥人才的潜质。人力资源管理强调与职工的交流，重视企业文化和凝聚力，培养职工对公司的责任和认同感。人力资本是一个崭新的概念，它的提出反映了人们对知识经济时代经济增长、价值创造的新认识。德鲁克在他的《后资本主义社会》一书中提出，知识社会本质上是"后资本主义社会"，经济增长的原动力和价值创造的源泉是"知识的运用者和创造者"，而不是传统的"资本家"的投资。

如果说以泰勒为代表的古典管理忽视了企业经济活动中人的因素，以行为科学为基础的人事管理只关注企业的雇佣体制和劳资关系，人力资源管理局限于建立一种能将人的问题与商业问题综合考虑的机制，那么人力资本则提出了更深刻、更尖锐的问题：是谁创造了价值，应当如何分配企业创造的财富？人力资本的提出对企业管理的理念、企业内部资源配置及分配机制产生了重大影响和变革；最基本的推动作用应当是重视知识、重视人才并将这一认识体现在企业管理的制度安排和实践中。

从人力管理的三个阶段来看，企业经营者经历了一个从"财务资本的最大者"向"人力资本的最大者"的演进过程,并且这一过程与从工业经济向知识经济的转变过程是相吻合的;公司控制的发展方向是人力资本的最大者拥有最重要的财务控制权。

5. 催生众多新型管理技术(见表 1-5)

表 1-5 新型管理技术

项　　目	内　容　阐　释
作业成本会计体系	作业成本会计体系第一次将成本支出归集到生产过程中的各项作业上,然后再根据成本发生时的具体情况,运用各种方法最为准确地将成本归集到各种产品的成本中。作业成本会计体系的出现,改变了原来单一的成本归集方法可能扭曲产品成本的状况
基准研究	经济学中的优胜劣汰原则认为成功企业的实践具有可模仿性。基准研究(一种模仿成功企业的生产经营的方法)通过对提供类似的服务或产品的企业中最为成功的企业进行对比研究,从而找到改进企业生产经营的措施,借此为本企业的同类管理提供借鉴
适时制生产	适时制生产系统的关键在于它只在需要时才生产产品。运用适时制生产的工厂在接到客户订单以后才开始生产客户所订购的产品,而非像在传统的生产体系中一样,先生产产品并将其储放在企业中直至销出为止。由于企业只在接到客户订单时才生产这种产品,所以不可能出现由于过量生产而造成浪费或销售不出去的情况。因此,对比运用适时制生产的企业与传统企业,前者存货数量要少许多。 由于生产技术的发展,企业总可以在一定程度上运用适时制生产的理念。例如,现代计算机条形码技术及通信技术的运用可以保证将企业存货的销售情况几乎同步地传送到供应商处,这样企业就只需持有极少量的存货并且供应商也可在需要时及时地取得产品。在计算机生产系统条件下,生产厂商亦可以及时地在需要时调整产品,以适应未预料的需求变化
全面质量管理体系	全面质量管理体系是一种要持续不断地削减成本并且提高企业服务和产品质量的理念,它正取代以往的"可接受质量"的观念。质量是内含于产品的,并由客户对其进行评价。质量管理与企业中每名职工的切身利益息息相关,企业向总体质量管理的转型意味着企业的职工可以凭此不断削减成本并满足客户的需要。 对质量的日益强调也要求企业会计系统能提供有关质量的财务和非财务信息,包括缺陷数目、质量成本报告、质量成本趋势报告和质量成本业绩报等。无论是制造业还是服务业,质量成本的计量和报告都成为现代企业财务管理的本质要求

(二)国有企业的特殊环境

加入世界贸易组织后,我国财务管理环境更为复杂,新的因素大大增加,财务管理的目标、内容、范围、方式方法等都发生了重大变化,财务管理水平和决策水平迫切需要与时俱进;同时,会计作为通用的国际商贸语言,与国际惯例接轨也愈加迫切,对会计信息的真实、客观、透明、公允的要求也会更加严格。

国企财务总监肩负着促进我国国有企业改革的重任,首先要学会适应国有企业的特殊环境,通过自身的不断调整为更好地履行职责创造条件。国有企业财务总监环境的特殊性如图 1-8、表 1-6 所示。

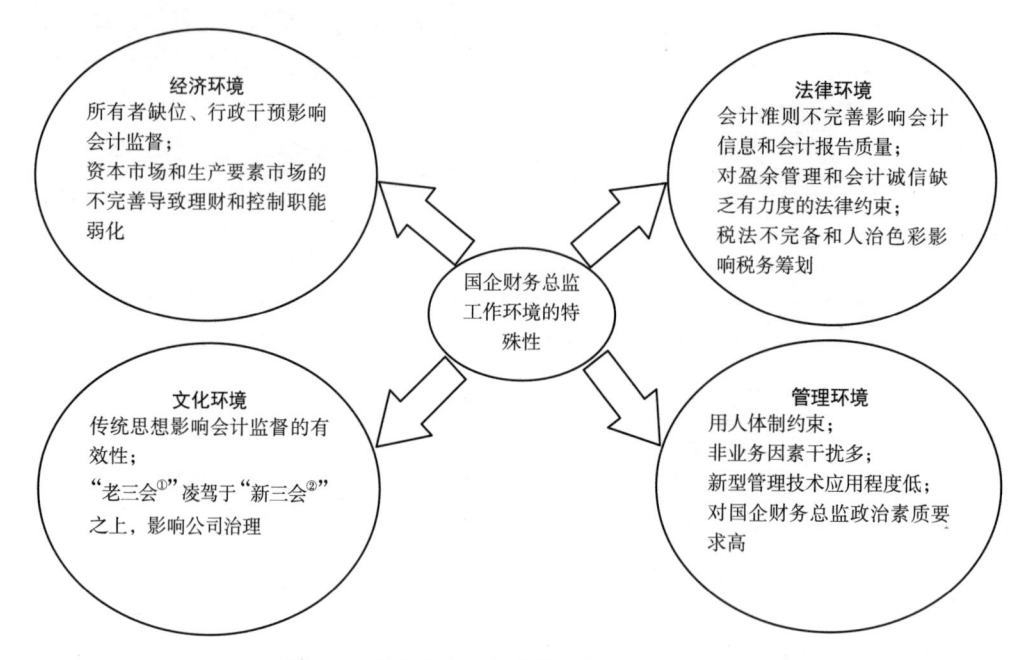

```
                    经济环境                              法律环境
              所有者缺位、行政干预影响                 会计准则不完善影响会计
              会计监督；                           信息和会计报告质量；
              资本市场和生产要素市场的                 对盈余管理和会计诚信缺
              不完善导致理财和控制职能                 乏有力度的法律约束；
              弱化                               税法不完备和人治色彩影
                                               响税务筹划
                            国企财务总监
                            工作环境的
                              特殊性
                    文化环境                              管理环境
              传统思想影响会计监督的有                  用人体制约束；
              效性；                             非业务因素干扰多；
              "老三会①"凌驾于"新三会②"                新型管理技术应用程度低；
              之上，影响公司治理                     对国企财务总监政治素质要
                                               求高
```

图 1-8　国有企业财务总监工作环境的特殊性

表 1-6　国有企业财务总监环境的特殊性

项　目	内　容　阐　释
经济环境	经济环境主要影响财务总监对各种先进管理方法和技术的应用范围、实施质量、方法体系和工作内容等方面。 　　目前国有企业内部的管理模式还难以适应市场经济的要求，由于所有者缺位，不能形成产权归属明晰情况下的委托-代理激励关系。如果企业彻底摆脱行政约束，就会形成企业经营者对企业的实际控制权，难以保证企业以实现股东权益最大化为目标的运行；如果行政干预力度过大，又会降低企业的效率。这种状况既有可能产生对所有者利益的损害，也有可能造成委托人对代理人监督的弱化。企业组织形式是影响会计控制与财务监督的关键要素，这种重大缺陷给财务总监履行其职责造成很大困难。 　　股票市场的发展刚刚开启我国的一场"会计启蒙运动"，资本市场的不完善严重制约了企业的融资能力；生产要素市场的不完善使得经济资源还不能实现高效率的配置；中介服务市场的不完善使得企业预测、决策所需要的资料来源还相当困难。这些情况使得财务总监在应用各种会计技巧和管理技术时，其范围受到很大限制；实务中较多采用侧重于企业内部的管理方法，而面向市场的预测和决策方法应用不普遍，公司财务管理和财务控制的职能还得不到应有的发挥
法律环境	法律环境主要影响财务总监的工作质量，体现在会计信息的质量要求、信息和财务报告的规范化程度、盈余管理的合法性等方面。 　　企业会计系统不可避免地要受到法律的影响，特别是法律模式影响会计信息的加工方式，税法的内容影响会计决策中有关收入、成本、税金等指标的计量。由于我国传统上一直使

---

①　"老三会"是指公司制企业中的党委会、职工代表大会和工会。
②　"老新会"是指公司制企业中的股东会、董事会和监事会。

续表

项 目	内 容 阐 释
法律环境	用法规来规范企业的会计行为，习惯于政府发挥权威作用，因此，鉴于我国会计工作中立法相对滞后的情况，国家和行业协会有必要加速制定财务会计和管理会计的相关准则，为财务总监扩大财务管理和控制技术范围提供理论依据。 国内未臻成熟的商业环境受制于多种微妙力量，财务总监面临着政策法规的滞后与含糊、严格的管制和其他非商业因素的干扰。于是，由此引致的决策风险与实施中的不确定性大大增加了工作的复杂程度
文化环境	文化环境既会影响财务控制权的配置模式，也会影响企业内部责任会计的激励方式，从而影响各种会计技术在企业管理中的应用效率。 文化环境对财务控制系统运行效果的影响也是不容忽视的。我国传统文化中存在着许多不利于实现财务控制初衷的现象：轻商重义，导致人们对财务控制产生偏见；谨慎保守，使得管理者害怕风险，造成企业报酬率偏低；"和为贵"的中庸思想，会导致责任考核中奖惩不明，降低管理效率；传统的自给自足的小农意识，忽视了现代控制和管理技术在企业中的推行和应用；过分强调奉献精神，压制了绩效和薪酬系统的建设。这些不利因素，是财务总监在履行其职责时所必须予以重视的。 企业文化的不同也会导致财务控制效率的不同。在行政利益诱导的企业，企业运行的目标是完成上级规定的各项指标，在管理上长官意志代替一切，"老三会"凌驾于"新三会"之上，财务管理与控制的效率就会降低；同时，这样的企业目标决定了企业只注重眼前指标的完成，往往采取一些短期行为，而忽视企业长远的市场价值。因此，对企业文化的认识和渐进改造，同样是不能忽视的
管理环境	企业内部的管理环境是财务总监开展工作的一个基础，其对财务总监履行职责的影响是潜移默化的，是多环节的、全过程的。 目前，我国劳动力就业市场和社会保障系统尚未完善，国有企业职工的就业、生活、医疗、子女教育等诸多问题都与企业、企业经营者紧紧捆绑在一起，基于传统体制的各种棘手的遗留问题有待化解。国有企业与政府之间关系密切，政府行政过程中又是人治多于法治，这使得财务总监必须了解和把握政府机构的运转机制、人事和人事变动，培养必需的政治家素质，以处理好自己、企业与政府的关系。这种特殊国情容易使财务总监陷入财务管理原则与社会道德相冲突、财务管理原则与社会福利相冲突的两难矛盾。财务总监必须首先熟悉和适应这种状况，妥善处理好与主要经营者的关系，按"法相因则事易成，事有渐则民不惊"的原则，将各种先进会计技术的原理与企业的实际情况结合起来，创造性地运用、发展公司财务管理和财务控制的方法和技巧，温和地推进各项监控、管理工作

十、财务总监的战略管理职责

完整的战略与业务规划过程包括资源管理、战略管理和业务规划，财务总监在战略与业务规划过程的不同阶段，履行的职责有所不同。在资源管理和核心竞争力管理中，财务总监要积极参与，并使之成为公司价值管理的一个有机组成部分；在战略管理阶段，财务总监履行支持性职责，协助董事会或总经理完成公司分析、战略规划和战略实施管理；而在业务规划阶段，财务总监的角色和分量逐渐加大，起着支持甚至主导作用。

作为财务资源的第一把关人和财务系统的主导者，财务总监的战略管理职责可以概括为两方面工作：一方面，努力实现传统管理会计向战略管理会计的升级，建设一个服从和服务于战略管理的会计信息系统和决策支持系统；另一方面，制定并实施与公司战略相配套的财务战略。

（一）审查公司战略，主持财务规划

现代公司治理结构中"强管理者，弱所有者"的游戏规则决定了对公司所有活动承担法律责任的载体是董事会，而不是首席执行官或总经理。首席执行官往往回避与董事会成员讨论公司总体战略问题，因为他们认为这种讨论会限制其行动的自由度。董事会往往只是按照法律的最低要求每年开一次会，董事会成员的意见很少被采用。而对于董事会而言，不能对审查和评价公司战略负责被认为是严重的失职；股东、政府机构和用户正在愈加频繁地对董事们的欺骗、失职、不准确披露信息、懈怠行为而提起法律诉讼，在法律层面给董事会施加的压力正日益增大，这要求董事们更多地、更经常地掌握公司的财务业绩信息。

欧美公司董事会近年来也采取了一些旨在减少诉讼可能性的变革措施，包括在减少董事会总人数的同时增加董事会中外部董事的比例，将董事长与首席执行官的职能分离，要求董事拥有相当数量的公司股票，要求强化财务总监审查公司战略的职责等。

1. 战略审查

财务总监代表董事会，特别是代表外部董事，对公司的战略审查内容包括以下几项。

（1）公司对市场情况是否充分了解？还有哪些信息值得进一步去收集？如何才能得到这些信息？

（2）公司对竞争者的了解如何？公司预测其竞争者对各种情况的反应能力如何？是否存在进行这种竞争态势评价的良好基础？公司是否低估或高估其竞争者？

（3）公司管理人员是否已经充分探讨了各种市场细分方法？公司现行的市场细分方法在何种程度上发挥了企业的优势？

（4）公司是否能比其竞争者更有效地销售产品和服务？其依据是什么？

（5）公司战略所建议采取的各种行动是否会产生协同优势？它们之间的相容性怎样？

（6）被建议采用的战略是否充分涉及了公司目标、财务政策、经营范围、企业组织及一体化问题？

（7）实施战略需要哪些具体资源（人员、技能、信息、设施、技术、财务及关系）？公司是否已具备这些资源？管理层是否已制订了得到这些能够带来长期有效竞争优势的资源及整体生产能力计划？

（8）战略在何种程度上定义了公司独特的和恰当的经济角色？公司的战略与竞争者的战略有何不同？

（9）增长率问题是否被提出？是否有充分的理由证明为实现这一增长而进行的投资是值得的？公司的历史记录是否支持这一结论？

（10）根据已表明的公司对资金进行的有利的再投资能力，公司建议的分红政策是否反映了企业的增长战略？或者它是否只是一个按常规做出的"安全"的折中？

（11）管理部门是否能够有效地实施战略？为什么？

（12）公司战略以何种方式、在何种程度上被传达到了整个企业？它是否以书面的形式被散发？如果竞争者知道了本公司的战略，这将对公司有利还是有害？

（13）为了使战略成为经营决策的准则，需要做出哪些规定？管理层将如何以及在何种程度上利用这些规定？

（14）公司如何保证使企业战略跟上新的形势？企业是否对战略进行定期的审视？多长时

间进行一次？哪些人参加审视？

（15）在战略确定之后，是否制订了一套长期经营计划？是否准备了可能采用的后续战略？

（16）公司战略是否集中于少数真正的关键问题？它是否过于详细？它是否抓住了企业的要害问题？

（17）管理人员在进行战略思考时，是否回避了这样一些简单方法的诱惑（为增长而增长；为多元经营而多元经营；模仿行业领先者；为保证盈利的增长而扩大经营范围；没有客观根据地假设自己的经营要胜过竞争者）？

（18）是否还有其他问题、趋势或可能发生的事件应予以考虑？

2. 财务规划

除战略审查外，作为企业管理层的重要成员之一，财务总监要协助总经理为达到业已制定的战略目标而进行必要的财务规划活动。

围绕着战略管理而展开的财务规划包括：

（1）资源规划与配置。资源配置是战略实施的一项中心活动。在确定了新的战略方案之后，接下来的事情是如何通过计划来分配各种企业资源。

资源规划通常在企业的两个层次上进行：公司层规划和业务层规划。公司层的资源规划主要解决怎样在企业的不同组成部分之间分配资源。这些组成部分可能是企业的职能部门（如财务、营销），也可能是业务分部或地区性分部。业务层资源规划也称为经营资源计划，主要解决企业如何将价值链作为资源需求清单，在不同价值活动之间分配资源的问题。

（2）制定政策。实施公司战略，还要有具体政策来指导日常工作。广义的政策是指具体的准则、方法、程序、规则、形式及支持和鼓励为实现既定目标而努力工作的管理活动。政策使管理者和职工明白公司期望他们做什么，进而提高了成功实施战略的可行性，为管理控制活动提供了基础，并可协调各下属公司、各部门之间的关系。因而，政策是战略实施和目标实现的工具，政策为奖励或惩罚职工行为的各种管理活动设立了边界、约束和极限，明确了在追求公司目标时可以做什么和不可以做什么。

政策在可能的条件下都应当以书面的形式予以陈述，它所涉及的问题往往是很微观和具体的。这些问题可能包括：公司与职工之间承担职工培训成本的分摊比例；招收新职工是借助于人才市场，还是到大学应届毕业生中招聘，或者靠报纸广告；提升本公司职工还是聘用外部职工；提升干部是依据业绩还是依据资历；将财务支出审批权大规模下放还是集中掌握；是否允许加班；反对在工作场合吸烟；反对职工从事第二职业；等等。

（3）建立年度目标，实施财务计划。

1）建立年度目标的重要性。年度目标对于战略实施非常重要，它突出了公司本部、下属公司和各职能部门的工作重点，因而是公司资源配置的基础，是评价管理者业绩的主要尺度，是监测运作过程，使其向实现长期目标方向迈进的工具。

建立年度目标是由企业中所有管理者直接参与的一项将战略分散化的活动。年度目标是激励公司职工并使他们加强自我认知的重要动力，积极参与年度目标的制定可以加强管理者和职工的认同感和责任感。

2）战略实施过程中的财务计划。财务计划的目的是与企业发展战略相配套的，是使公司资产的价值尽可能多地大于公司资产的成本，使公司发展战略的实施服从于追求股东财富最大化的终极目标。

财务计划在战略实施过程中最直接的作用是筹划配套资金和提供预算控制工具。

①成功的战略实施往往需要附加的资金，筹划战略实施的配套资金理所当然地成为财务总

监要考虑的问题。除来自经营利润和变卖资产所得外，企业的两个基本资金来源是举债和发行股票。公司为实施其发展战略，要在资本结构问题上审慎决策。从理论上讲，一家企业在资本结构中应当具有足够的债务，以便获取免税利益来增加企业的价值，但如企业处于低收益时期，过多的债务则会威胁到股东收益甚至企业的生存。当企业的资本结构发生变化时，其满足未来资金需求的灵活性也会发生变化；单调地采用举债或增资中的一种方式，会导致过于僵硬的责任和义务、限制性的契约关系及其他会削弱企业未来进一步融资能力的约束条件。

②财务预算是在编制年度经营计划中所必须运用的、重要的战略实施技术。财务预算可以使企业清晰地考察各种行动和方法的预期结果，因而预测出各种战略实施对企业财务状况所造成的影响。它是企业在特定历史时期如何得到和使用资金的书面文件，详细说明了企业为实施其战略和年度目标必须做什么。因而，财务预算不应被视为限制支出的工具，而应被看作最有效地利用企业资源以获得最大利润的方法。

（二）制定并实施财务战略

与公司战略相配套的财务规划和预算管理尽管是建立在公司战略的基础之上，但它们主要还是以历史实绩作为基础的，采取简单的趋势推断办法加以确定，仍然缺乏对未来环境的深入细致的分析和预测。所以，制定并实施相对独立的财务战略，对于提高企业的计划和应变能力是很有必要的。

1. 财务战略

（1）财务战略与公司战略的关系。尽管公司战略意味着为企业的经营和计划工作规定总的方向，但也不能忽略在其内容构成和程序方面，仍存在着几种基本类型：最重要的当然是全面的、总体的战略和政策，以及一些辅助的或派生的战略和政策，以及一些较次要的战略和政策。此外，考虑到执行战略的预期环境有可能发生变化，大部分战略和政策都具有随机制宜的特性。

因而，公司战略具有多元结构特征，即公司战略不仅包括企业整体意义上的战略，也包括事业部层次和职能层次上的战略，财务战略是企业职能战略的组成内容之一。尽管财务战略与其他职能战略的区分并不绝对化，但它还是具有明显的相对独立性。我们从以下两方面认识财务战略与公司战略，以及与其他职能战略的关系。

（2）财务管理工作的相对独立性决定了财务战略的相对独立性。在现代市场经济条件下，财务管理不再只是企业生产经营过程中的附属职能，而是有其自身的特定内容。

1）在企业的经营管理中，作为财务管理对象的货币，是从商品经营循环中相对独立出来的一个循环系统，企业资金的筹集和循环以及由此派生的其他财务管理活动，都必须以满足资金提供者的利益要求为其准则。同时，由于资金是有限的，企业活动过程中资金的需求与供给永远是一对需要谨慎处理的矛盾，为此，企业既需要确保各项业务活动的资金需求，又必须讲究资金分配和使用的合理性。资金的有限性是财务活动从企业管理活动中独立存在的又一重要原因。

2）现代企业制度中委托-代理关系的存在，使得财务利益备受重视。除融资和投资外，股利分派也成为企业财务中一个十分敏感的领域。不断改善和提高企业的财务绩效，确保委托人财务利益的实现，自然就成了代理人所承担的最重要的任务。

（3）财务战略与其他职能战略之间既相对独立又密切联系。企业财务活动的实际过程总是与企业活动的其他方面是相互联系的。尽管公司战略指的首先是那些全局和长远的方面，但全局与局部总是相对而言的，某些"局部"的职能活动往往事关"全局"且具有长远的特征。因此，企业某一"局部"的战略问题也就不容忽视。

财务活动在相当大的程度上具有这种特性,财务战略作为一种"局部"战略而存在。然而,由于诸如并购等企业活动的许多方面都具有多重属性,我们很难将它们简单地归类于财务或非财务活动。也正是鉴于此,财务战略虽然主要是指对企业总体的长远发展有重大影响的财务活动的指导思想和原则,但又不完全限于此,一些与财务密切相关但具有多种属性的企业活动的财务指导思想和原则也包含于其中。

(4)财务战略的类型及特征。财务战略与公司战略密不可分,同时财务战略又侧重于资金的筹措和使用。因此,财务战略类型也主要从资金筹措与使用特征的角度进行划分。从这一角度出发,可以将企业财务战略划分为快速扩张型财务战略、稳健发展型财务战略和防御收缩型财务战略(见表1-7)。

表1-7 企业财务战略的类型

类　　型	内　容　阐　释
快速扩张型财务战略	快速扩张型财务战略是指以实现企业资产规模的快速扩张为目的的一种财务战略。为了实施这种财务战略,企业往往需要在将绝大部分乃至全部利润留存的同时,大量地进行外部融资,更多地利用负债,以弥补内部积累相对于企业扩张需要的不足;更多地利用负债而不是股权筹资,因为负债筹资既能为企业带来财务杠杆效应,又能防止净资产收益的稀释。企业资产规模的快速扩张,也往往使企业的资产收益率在一个较长时期内表现出相对较低的水平,因为收益的增长相对于资产的增长总是具有一定的滞后效应。总之,快速扩张型财务战略一般会表现出"高负债、低收益、少分配"的特征
稳健发展型财务战略	稳健发展型财务战略是指以实现企业财务绩效的稳定增长和资产规模的平稳扩张为目的的一种财务战略。实施稳健发展型财务战略的企业,一般将尽可能优化现有资源的配置和提高现有资源的使用效率作为首要任务,将利润积累作为实现企业资产规模扩张的基本资金来源。为了防止过重的利息负担,这类企业对利用负债实现企业资产规模和经营规模的扩张往往持十分谨慎的态度。所以,实施这种战略企业的一般财务特征是"低负债、高收益、中分配"。当然,随着企业逐步走向成熟,内部利润积累就会变得越来越不必要,在这种情况下,"少分配"的特征也就越来越趋于不明显,直至消失
防御收缩型财务战略	防御收缩型财务战略是指以预防出现财务危机和求得生存及新的发展为目标的一种财务战略。由于这类企业多在以往的发展过程中遇到挫折,也很可能曾经实施过快扩张型财务战略,因而历史上形成的负债包袱和当前经营上面临的困难,就成为迫使其采取防御收缩型财务战略的重要原因。实施防御收缩型财务战略的企业,一般将尽可能减少现金流出和尽可能增加现金流入作为其首要任务,通过削减分部或精简机构等措施,盘活存量资产,节约成本支出,集中一切可以集中的人力,用于企业的主导业务,以增强企业主导业务的市场竞争力。由于企业缺少发展机会,股东一般要求企业将其手中掌握的现金尽可能分配给股东。"高负债、低收益、多分配"是实施这种财务战略企业的主要财务特征

2. 财务战略管理

财务战略管理是对战略性财务活动的管理,它既是企业战略管理的一个不可或缺的组成部分,也是企业财务管理的一个十分重要的方面。

财务战略管理既要体现企业战略管理的原则要求,又要遵循企业财务活动的基本规律。其基本特征如表1-8所示。

表 1-8 财务战略管理的基本特征

基本特征	内容阐释
逻辑起点	财务战略管理的逻辑起点是企业目标和财务目标的确立	每个企业客观上都应该有一个指导其行为的基本目标及相应的财务目标。企业目标的明确,也就意味着明确了企业的总体发展方向;财务目标的明确,则为财务战略管理提供了具体行为准则。 有了明确的企业目标和财务目标,才可以界定财务战略方案选择的边界,才能排除那些显然偏离企业发展方向和财务目标要求的战略选择。也就是说,只有明确了企业目标和财务目标,才可以将财务战略管理尤其是财务战略形成过程限定在一个合理的框架之内,才能避免漫无目地地探寻财务战略方案的这种劳而无功的做法
重心和难点	环境分析是财务战略管理的重心和难点	任何财务管理都离不开一定的财务分析,不适应环境要求的财务管理很难取得真正成功。对于财务战略管理来说,环境分析有其特殊性。 • 这种特殊性表现在财务战略管理的环境分析是面向未来,且往往需要尽可能延伸至较为长远的未来。 • 财务战略需要保持相对稳定的实施环境,而环境的多变性往往又会迫使企业动态地调整财务战略。如何恰当地处理环境的多变性与财务战略的相对稳定性之间的关系,是财务战略管理环境分析的又一难题。 • 这种环境分析不可能只是单项环境分析,还必须是综合环境分析;不但要分析诸如政治、法律、社会文化、经济等宏观环境,而且要分析产业、供应商、客户、竞争者及企业内部因素等微观环境。 • 这种环境分析要特别强调动态分析。它虽然也关心某一时点的环境特征,但更关心环境因素的动态变化趋势。如果缺乏动态分析,财务战略管理方案的调整就会变得非常被动
构成	财务战略管理既包括财务战略管理方案的制定,也包括其实施与评价	由于财务战略方案的实施过程所需采取的具体手段(包括策略和技术),多与一般的财务管理工作相同或类似,因此,将财务战略管理的研究重点偏重于其制定环节,也就有其适当的理由。相比之下,其评价环节的工作,事实上只是财务战略形成动态过程中的一个必要环节。从这一意义上讲,财务战略管理是一个连续不断的过程

十一、财务总监的职业道德

财务总监的职业道德,是保证这一先进制度的可持续发展和树立这一职业的良好声誉的必然要求。

(一)会计职业道德与财务总监职业道德规范

1. 会计职业道德

会计活动存在一致的会计职业道德,它是指在全球范围内调整会计与投资者、市场主体及会计本身之间的关系的基本行为规范,是会计活动为了生存和发展所必须遵守的一系列行为准则。财务总监首先是会计人员,要遵守会计职业道德。

作为第三种国际通用语言,商业会计语言是支持世界经济共荣和公众利益公正分配的"基础之基础"。会计职业是技术方法与理念并重的职业。与其他纯粹的技术性的职业不同,它大量依靠会计人员的职业判断,时时受到道德水准的影响和制约。尽管职业道德的力量对会计行为没有绝对的约束力,对会计诚信问题的解决也绝非万能,但我们应该看到,一旦会计道德成为会计师的自觉行为,形成无比强大的道德约束和舆论监督力量,其作用是不可估量的。如果会计人员都能遵守职业道德,就可节省大量的监督成本和激励成本。

会计职业道德规范建设的目的是努力培养会计人员"客观公正""不偏不倚"的身份和品质,其重点是正当、真实与公正,这是作为会计应遵守的普遍道德标准。国务院前总理朱镕基强调,"不做假账"是会计从业人员的基本职业道德和行为准则,所有会计人员要恪守"诚信为本,操守为重,坚持准则,不做假账"的十六字箴言,保证会计信息的真实、可靠。诚实、守信是全体会计人员最基本的职业道德。

2. 财务总监职业道德规范

在承认与一般会计人员共性的同时,我们更应注意财务总监职业的个性。财务总监不是一般的会计人员,财务总监的职业经理人性质及其在公司治理结构和内部组织结构中的地位与作用,决定了其职业道德的特殊内涵。

财务总监作为职业经理人,要无条件忠于资本,忠于资本的运作原则和规律。为此,财务总监不但要对他的委派方负责,对董事会负责,而且由于他的服务对象在一定程度上被延伸至企业所有的利益关联方,甚至社会公众,因此财务总监也要担负对所有利益关联方和社会公众的责任。摆脱一般会计人员在企业中的从属性和局限性,强调独立性,强调"公众利益第一""社会责任优先"的从业原则,是这一职业对其从业者的基本要求。

(二) 我国财务总监的职业道德建设

我国财务总监的职业道德建设,既要承继中国传统的道德规范,也要兼具国际会计普遍道德的一致性。财务总监职业道德建设要在承继我国传统美德基础上,形成符合当今发展阶段的职业道德内容,这本身就是中国财务总监职业道德建设鲜明的道德标志。会计职业道德如同会计政策、会计准则一样,都是国际通用的商业语言。

1. 建立财务总监职业道德基本原则

财务总监职业道德的基本原则就是在财务总监履行职责的活动范围内,调整和处理财务总监职业关系的根本准则和总体要求(见表1-9)。

表1-9 财务总监职业道德的基本原则

基本原则	内 容 阐 释
独立性原则	独立性是确保财务总监制度的一个本质特征,应从制度安排上保证财务总监制度的独立性。财务总监的独立性主要体现在三个方面。 • 人事关系独立。财务总监由股东委派或董事会聘任,因此在人事关系上,财务总监要独立于企业经营者。总经理、厂长、会计机构负责人的亲属不得担任本企业的财务总监。 • 经济关系独立。一般来说,财务总监应由股东或董事会支付报酬,不得以任何形式从公司获取经济利益,也不得兼任其他职位。 • 职权独立。财务总监具有独立的职权和明确的责任关系与界限,其职权不与总经理相重叠
社会利益原则	企业是众多利益相关者的利益集合体。从会计目标出发,包括国家在内的投资者、债权人及社会公众的利益实质上就是社会利益。社会利益原则是财务总监调节和处理职业关系的根本准则,它要求财务总监在保证社会利益的前提下,把社会利益、单位利益和个人利益有机结合,得到较高程度的统一

续表

基本原则	内 容 阐 释
会计信息质量原则	会计中衡量会计信息质量由诸多标准组成，可以高度概括为相关性和可靠性。会计职业活动的核心就是通过提供相关的、可靠的会计信息服务于社会。在任何事情上透明都是最重要的，保证会计信息质量最重要的是透明。财务总监应从提高会计信息的透明度入手，追求会计信息质量为根本原则，不断调整和纠正影响会计信息质量的种种会计行为，来维系各种职业关系和会计活动的正常进行
职业谨慎原则	职业谨慎原则是指财务总监在履行职责活动中应具有严谨的精神和保持慎重的态度。财务总监的职业活动中客观地存在着各种风险，必须对这些可能和现实的职业风险予以充分、合理的关注，勤勉发挥自己专业才能，对自身工作和职业判断进行自我审查，始终保持应有的职业谨慎

2. 建立财务总监的道德自律机制

财务总监的道德自律机制是指财务总监在职业活动中，在履行对他人和社会会计义务的过程中形成的一种会计职业道德意识。这种自律机制既是体现在财务总监职业群体中的一种强烈的会计职业道德责任感，又是财务总监职业群体依据一定的会计职业道德准则进行自我评价的能力。市场经济首先必须有自律，然后才有他律。财务总监如不能高度自律，将外在约束转化为内在约束，他律也就无从谈起。

建立财务总监道德自律机制，主要包括以下环节：

（1）倡导诚信原则，为财务总监道德自律机制营造良好的社会氛围。

（2）成立财务总监协会，使其成为财务总监的职业道德自律组织。

（3）结合我国实际情况，参照美国管理会计师协会（IMA）和财务经理协会（FEI）所颁布准则的内容，制定财务总监所应遵循的道德行为标准。

财务总监道德行为标准的内容大致包括：

1）怀有善意，以诚挚的品质和平和的态度公平待人、公正处事。

2）以客观的态度向各利益关联方提供完整、适当的报告、评论及建议等相关信息。

3）遵守国家法律、法规规定，严格遵照相关法规、制度和专业标准完成职责。

4）严格履行国家和公司董事会所赋予的职权职责，为董事会和管理层提供良好的专业支持，在职权范围内向董事会披露所有重大事件。除国家和董事会另有规定要求披露外，禁止泄露工作中获得的机密信息，并且有义务通知下属对其工作中获取的机密文件予以保密，监督他们的活动以确保无泄露。

5）不断学习、补充各种知识和技能，以保持适应其职业要求和职业竞争的专业能力水平。

6）避免实际或明显的利益冲突，避免介入一切有损于职业声誉的行为。

7）恪守应有的审慎原则，强调冷静、理性，以应有的谨慎去履行自身职责。

8）注重妥善的工作方法，尽可能采用自己有理由相信符合公司和股东最佳利益的良好方式。

（4）建立以职业道德、社会责任为主要内容的共同价值观，并以此为核心逐步形成财务总监职业的亚文化，深刻地影响到每名从业者。

十二、财务总监委派制

财务总监委派制，是母公司为维护集团整体利益，强化对子公司经营管理活动的财务控制与监督，由母公司直接对子公司委派财务总监，并纳入母公司财务部门的人员编制，实行统一管理与考核奖罚的财务控制方式。

（一）企业集团财务总监委派制度的产生

以产权明晰、两权分离为核心内容的现代企业制度，不但是企业法人主体地位赖以确立的基本支撑点，而且对于企业集团组织结构的构建及决策与监督机制的塑造有着重要的指引价值。然而在现实生活中，欲真正实现所有权与经营权的有效分离并非一件容易事，在两权关系上一个突出的问题就是所有者主体缺位与经营者行为失控并存。

在一个企业集团中，存在着如何解决子公司所有者主体缺位与经营权失控、子公司经营者滥用职权、谋取私利、独断专行、效率低下、资源损失、浪费严重等问题。这些问题不是单纯的集权或分权所能解决的。总结我国企业集团由集权到分权变革失败的教训可以发现，原因其实并不在于管理模式的选择，更主要的是由于缺乏严格而有效的财务监控体系。也就是说，如果没有一套严格而有效的财务监控体系，无论是采用集权、分权抑或其他何种管理模式，失败都将是不可避免的，只是时间早晚而已。

作为不同法人的联合体，企业集团最核心、最本质的问题就是一个利益问题。在这一问题上可能引发的最大矛盾是子公司局部利益最大化取代集团整体利益最大化，即通常所说的集团管理目标换位或子公司管理目标的逆向选择倾向。产生这一矛盾的根源在于子公司利益的独立性及其与集团整体利益的非完全一致性。随着分权程度的提高，上述矛盾也会呈现出不断扩大的趋势。因此，在分权管理体制下，如何实现资源运用的聚合优势，消除子公司管理目标的逆向选择倾向，确保整体发展战略结构与目标政策贯彻实施的高效率，便成为摆在集团管理总部或母公司面前的一个重大甚至具有决定性影响的问题。

作为企业集团资金运动的控制枢纽，财务管理的地位与作用是毋庸置疑的。能否有一个健全而有效的财务控制体系，对整个企业集团运行机制的优化乃至成败存亡无疑产生着重要的甚至决定性的影响。由此也提醒一个事实：当企业集团发现分权能激发出更大的潜在优势时，在进行权力下放的同时，就越有强化财务控制的必要；否则，一旦财务控制不到位，那么分权的潜在优势越大，潜在的损失也就越严重。正是基于上述考虑，在财务集权制与分权制融汇糅合的过程中，由集团总部或母公司对子公司直接委派财务总监的控制方式——公司财务总监委派制开始出现，并且得到诸多企业集团的认知与采用。

（二）财务总监委派制的分类

依据财务总监的职责范畴，通常可有三种类型：财务监事委派制、财务主管委派制和财务监理委派制。

1. 财务监事委派制

财务监事委派制是指母公司以所有者及控股者身份，对子公司派出财务总监，专司对子公司的财务活动实施财务监督职能的控制方式。在这种意义下，财务总监作为母公司在子公司的监督代表，主要源于母公司对其投出资本——法人财产所有权利益保护的考虑，具有一种财务监督的性质，因此将其称为子公司的财务监事或许更为确切。

作为母公司派出的监督者，财务监事的主要职责是：

（1）检查、监督子公司的经营方针、管理政策，特别是财务政策是否符合母公司的总体政策、目标或章程，是否得到了切实贯彻及财务制度是否健全有效。

（2）对子公司做出的涉及母公司所有权利益及母公司总体战略与政策、目标或章程的重大决策（通过母公司）行使批准或否决权。

（3）如果财务监事确认子公司决策项目存在重大缺陷，有权要求子公司对该决策项目重新论证并进行复议。

（4）对子公司经营者违反法律、法规及母公司政策、目标或章程的行为进行监督，一旦发现子公司经营者的行为损害了子公司或母公司的利益，就有权责令其立即纠正。

（5）行使对子公司重大的例外事件的决策处置权。

（6）行使母公司赋予的其他决策监督权。

财务监事委派制的优点和缺点如下：

（1）优点。财务监事委派制的实施，在较大程度上弥补了在权力下放情况下子公司产权主体缺位及监督机制乏力的缺陷，这对于规范子公司经营者的行为，使之在追求自身局部利益的过程中，切实维护与保障母公司产权利益最大化目标的实现无疑发挥了极其重要的作用。

（2）缺点。

1）作为财务监事，所实施的是母公司对子公司投资所有权的一种监督与约束机制。尽管母公司是子公司的出资人与控股者，但子公司毕竟不同于不具法人地位的分公司概念。在两权分离的现代企业制度下，作为独立的法人主体，子公司不但有着其独立的法人产权，而且有着独立的法人经营权。就此而言，母公司对子公司的财务监督机制显然是无法代替子公司的财务决策机制的。不仅如此，由于子公司与母公司利益的非完全一致性，即子公司期望自身局部利益最大化价值判断与行为偏好的客观存在，不可避免地会对母公司的监督行为及监督代表——财务监事产生不同程度的排斥倾向与防范心理，从而给彼此间信息的沟通与协作设置诸多障碍。因此，单纯的财务监事委派制本身无法从根本上保证子公司财务决策的高效性，还必须借助于母公司作为投资所有者的其他决策监督权（选拔、聘任、解雇、激励），才能对子公司的经营者实施有效的全方位的激励与约束。

2）由于财务监事并非子公司的经营者阶层，不能直接介入子公司的日常决策管理事务，因而对经营者的管理决策后果并不负有直接的行为责任。在这种情况下，母公司要想对财务监事的工作业绩做出合理、准确的考核评价将是相当困难的。同时，鉴于财务监事的个人收入与子公司的经营业绩并不直接挂钩，在母公司对其工作业绩缺乏合理、准确的考核评价标准的条件下，也就很难激励财务监事对子公司实施积极的、卓有成效的监督。

3）财务监事能否卓有成效地发挥其财务监督职能，还与其自身的知识结构、职业品格及素质能力密切相关。因为这不但决定着财务监事能否消除与子公司经营者之间的矛盾或障碍，建立起监督决策各司职责而又彼此协作沟通的工作关系，而且对于能否及时、高效率、高质量地获取子公司的各项财务信息，以期为母公司甚至子公司的管理决策提供信息支持也有着决定性的影响。

准确地讲，财务监事委派制掺杂着相当程度的"人治"而非"法治"性质。这无疑也是产生上述缺陷的根源所在。

2. 财务主管委派制

财务主管委派制是指母公司以总部管理者身份，通过行政任命的方式对子公司派出财务主管人员，在纳入母公司财务部门的人员编制并进行统一管理与考核奖罚的同时，使之总理子公司的财务事务，从而直接介入子公司的管理决策层的控制方式。

较之以监督机制为特征的财务监事委派制，财务主管委派制所体现的主要是一种财务决策机制。作为子公司财务活动的管理者，财务主管相当于子公司的总会计师或专司财务管理的副总经理，是子公司经营者在财务上的助手。作为母公司委派于子公司的财务主管，其职责权限除涵盖单一法人企业总会计师或主管财务工作的副总经理的范畴外，还有一种特殊的身份，即代表母公司实施对子公司的财务决策机制。由此一来，财务主管便同时兼有子公司经营者助手与母公司经营者代表的双重身份与职责。作为子公司经营者的助手（总会计师或主管财务的副总经理），自然要接受子公司经营者的直接领导，在主持子公司日常财务工作、建立健全公司自身财务监控体系的同时，还应积极协助子公司经营者做好各项重大的经营决策与财务决策事宜，并从财务角度对子公司业务部门的活动发挥专业咨询顾问作用。对于例外财务事项，在总部及子公司经营者的授权下，可以对其进行决策和组织管理。而作为母公司经营者的代表，财务主管需要从母公司总体的管理政策、目标与章程出发，对子公司经营者的行为实施控制，并以母公司的名义（或通过母公司授权）对子公司决策项目或决策行为与母公司管理政策、管理目标、制度章程的符合性做出分析与判断。一旦财务主管确认子公司的决策项目或经营者的决策行为存在重大缺陷，偏离、违背甚至损害了母公司的总体管理政策、管理目标与制度章程，就有权要求子公司的经营者对决策项目重新论证并进行复议。对于经营者的不当行为予以制止并责成纠正，以确保母公司管理政策、目标的有效贯彻以及制度章程的严格遵守。

财务主管委派制的优点和缺点如下：

（1）优点。对子公司委派财务主管，使之直接介入其管理决策事务，不但缩短了母公司与子公司信息沟通的时间，提高了信息决策的价值与效率，而且强化了母公司对子公司的财务控制与决策机制，促使母公司管理政策、管理目标及制度章程得以贯彻落实与严格遵守。同时，通过财务主管对子公司决策管理过程的直接介入，充分施展其财务专业特长，实现经营与财务管理的相互结合，这对于提高子公司经营者决策管理的正确性与高效率性也有着积极的作用。此外，由于财务主管直接介入了子公司的决策管理事务，对子公司决策管理的后果负有相当程度的行为责任，因此，也就为母公司对其工作业绩的考核提供了较为合理、准确的依据。

（2）缺点。财务主管作为子公司的决策管理者阶层，是子公司经营者的助手，需要接受并服从子公司经营者的直接领导；而同时作为母公司经营者的代表，又需要站在母公司的角度对子公司经营者的管理决策实施再管理与再决策的职责。在这一方面，无论是对于子公司的经营者抑或对于财务主管都是两难的。一旦把握不好（甚至无法把握），势必出现如下四种情形。

1）双方各执一端，矛盾激化，导致子公司经营管理秩序混乱不堪，失去了财务主管委派制的本来意义。

2）财务主管挟母公司经营者代表的身份迫使子公司经营者屈从，以致子公司经营者成了"傀儡"。在财务主管存在职业品质缺陷或母公司对派出的财务主管缺乏有效的监督措施，或者财务主管与上层关系密切的情况下更是如此。

3）财务主管屈从于子公司经营者的意志而听之任之，甚至不惜损害母公司与子公司的利益而弄虚作假，欺上瞒下，相互庇护，进行个人利益的交换，以致造成子公司"内部人控制"的危局。

4）由于子公司与母公司之间利益的非完全一致性，在实行财务主管（隶属总部而非子公司人员编制）委派制的情况下，一旦子公司业绩不佳，极易为子公司经营者推卸责任提供借口。

本质上，财务主管委派制不属于财务监督范畴，而是一种财务决策机制。因为作为子公司决策管理高层的行为人之一，财务主管不可能对自身的行为实施真正意义上的监督。而对子公司的经营者管理决策的后果，作为其副手，财务主管也有着不可推卸的直接责任。在这种情况下，其监督的有效性显然是值得怀疑的。既然财务主管难以代表母公司以出资人代表的身份对子公司发挥真正意义上的产权监督职能，那么顺此逻辑，期望借助财务主管委派制以达到对子公司同时实施财务决策与产权监督双重机制的构想，也就只不过是一种理论假设而已。

如果财务主管的个人利益与子公司的业绩并不直接挂钩，显然难以充分激发其参与子公司决策管理的积极性与责任感；但倘若直接联系子公司的业绩对财务主管实施考核与奖罚的话，也会出现一个新的问题,即财务主管基于个人利益的考虑而竭力谋求子公司管理目标的最大化,忽略甚至不惜舍弃集团或母公司整体利益,从而导致母公司管理目标换位或子公司管理目标逆向选择等问题。

此外,除受制于财务主管的知识结构、职业品质以及能力水平等基本因素外,财务主管委派制同样存在着自身所固有的"人治"性的缺陷。

3. 财务监理委派制

财务监理委派制就是同时赋予财务总监代表母公司对子公司实施财务监督与财务决策的双重职能,即作为母公司对子公司出资人或投资所有者的监督代表,对子公司实施产权范畴的财务监督职能;作为母公司经营者的代表,并兼以子公司财务主管的身份直接介入子公司的决策管理层,总理子公司的各项财务管理决策事宜。从母公司的主观愿望上讲,财务监理委派制旨在弥补单一形式的财务监事委派制或财务主管委派制各自的缺点,实现财务监督机制与财务决策机制协调统一的目的。但从前面的分析中可以清晰地发现,如果对同一财务总监同时赋予财务监事与财务主管的双重身份,无论是从理论上还是从实践的角度讲都是自相矛盾的;如果对子公司分别委派人员担负财务监事和财务主管职责,从理论上可能是行得通的(姑且不考虑成本费用及母公司人员配置能力等问题),但如何解决财务监事委派制与财务主管委派制各自固有的缺点,以及怎样确定财务监事与财务主管彼此的行为规范与职责界限,消除可能的矛盾抵触,使两者达到既能相互约束制衡,又相互沟通协作等问题,还都有待于进一步的研究和探讨。

十三、财务总监的职业化

(一)财务总监制度实施过程中的问题

我国企业,特别是国有企业,在实施财务总监制度的过程中,也出现了一些有待改进的问题(见表 1-10)。

表 1-10 财务总监制度实施过程中的问题

问　题	内　容　阐　释
职务没到位	财务总监应当是代表所有者利益,全面负责对公司的财务会计活动进行监督与管理的高层人员,但在实践中,财务总监常常与财务部经理、会计主管等职务混为一谈。职务没到位的后果,不但混淆了财务总监的性质,降低了财务总监的地位,而且对我国财务总监制度的建立、健全、规范及实施都将产生十分不利的影响
权责没到位	由于财务总监的"职务没到位",其权责自然不可能与真正意义上的财务总监的权责相同。即使一些由产权代表或董事会确定的财务总监,其权责在实际运行中也常常出现偏差。如有人提出财务总监要对企业总经理行使经济监督权,有权采取措施制止企业总经理滥用职权和决策失误行为;有的集团公司派一名财务总监到企业,单枪匹马事后查账,与真正意义上财务总监的监督与管理活动相去甚远
素质没到位	财务总监作为企业高层次的财务监督及管理人员,必然要求其有较高的专业素质和思想素质。财务总监的任职资格除政治思想和身体、年龄方面有要求外,还应按企业性质、规模情况对学历、职称、专业工作经历及实绩有明确规定。但实际上,不少财务总监的本身素质与其职能和地位的要求相比,明显欠缺,严重影响了财务总监队伍的总体形象和职责发挥
制度没到位	迄今为止,国家还没有出台一份类似《总会计师条例》一样的具有普遍指导性的关于财务总监地位、职权、任职资格的法规条例,使得各地在对国有企业委派财务总监的认识和操作上互不一致,并导致管理体制不顺,财务总监处于一种"大家都可以管,又大家都没管"的局面

(二)财务总监职业化应具备的五要素

作为一种职业,财务总监的职业化之路,必须具有系统的理论、职业权威、行业监督、管理规范和职业文化这五项要素。

1. 系统的理论

职业与非职业职位的一个重要区别是职业工作所依据的基本理论体系。虽然很多非职业工作也可能需要程序性的技术,但那种技术不是建立在系统的理论体系之上的。

财务总监职业的基本理论大致包括会计理论、审计理论、财务理论和管理理论。这些理论经过长期的发展已是枝繁叶茂、博大精深,只不过目前所缺少的工作是将这些理论按照财务总监的职业要求进行适度的整合。

财务总监应该具备的专业理论知识可以分为三类(见表1-11)。

表1-11 财务总监专业理论知识的分类

分 类	内 容 阐 释
组织和企业管理知识	主要包括经济学、数学、数量方法和统计、组织行为、经营管理、营销和国际商务等
信息技术知识	主要包括企业经营管理系统的信息技术概念、计算机系统的内部控制、信息系统的开发标准和实务、信息系统管理及计算机系统的评价
会计和相关知识	主要包括财务会计和报告、管理会计、税收、企业法和商法、注册会计师审计和内部审计、公司财务管理与财务管理职业道德、环境会计和报告等。财务总监必须熟悉并能自觉运用各种会计知识和技能。一般而言,财务总监所必备的会计知识和技能主要有预算编制、成本计算、控制、业绩评估和战略成本管理(含作业成本)

2. 职业权威

(1)组织权威。组织权威主要来自财务总监职位在公司治理结构和企业内部组织结构中的显赫地位。一般情况下,财务总监是董事会成员,受董事会委派、对董事会负责,他是董事层的高级财务管理人员,代行董事会的财务审批和监控职能;同时,他也是公司管理层成员,直接领导并监督公司的财务运行。

(2)个人权威。个人权威,主要来源于财务总监通过正规教育和继续教育所获得的个人综合素质和基础能力。

1)财务总监的综合素质:为人正直,恪守职业道德和价值观,对人和社会价值、人和社会的关系有着比较独到的理解;对历史事件、不同文化和思潮、经济政治社会冲突事件等均有一定程度的了解,具备必要的国际视野;具备人类行为的基本知识,懂得科学、艺术和文学修养;具有独立思考、做出价值判断的经验;具有调查研究、数据分析、抽象逻辑思维和批判思维的基本知识和经验。

2)财务总监的基础能力(见表1-12)。

表1-12 财务总监的基础能力

基础能力	内 容 阐 释
知识与技能	如开展调查研究、抽象逻辑思维、推理等能力
协调能力	如与他人协调、处理和解决冲突的领导能力,行政和人事管理能力,特别是要具备在勇于对总经理和业务经理的想法提出质疑的同时,能保持他们的尊严和自信的能力,以及领导和协调重大交易谈判的能力

续表

基础能力	内 容 阐 释
表达能力	具有准确陈述自己观点、开展辩论的口头表达能力及严谨缜密的书面表达能力
交际能力	待人处事比较得体,有一定的交际范围,信息来源渠道广泛,信息量大,并具备必要的人脉关系和社会资源
IT应用能力	对IT在企业管理中的应用趋势比较了解,善于推动公司会计核算、财务控制和资源管理的IT化
培训能力	乐于也善于培训职工,包括专业知识、从业经验、职业技能、职业道德、企业文化和处世之道的培训

（3）专业权威。专业权威,主要是指财务总监的专业经验和专业能力。

1）财务总监的专业经验。董事会和管理层在进行决策时,要参照财务总监的专业建议。财务总监职位应具备相当的会计和管理知识专长。他是一名财务专家,对公司内部控制和财务管理,有着丰富的经验和独到的理解。

2）财务总监的专业能力（见表1-13）。

表1-13　财务总监的专业能力

专业能力	内 容 阐 释
以变应变的能力	事情的发展总是在我们的预想和控制之外,必须在了解业务需求的基础上找到富有创意的解决方案,不断做新的尝试
眼光向外的能力	必须能够预测到市场和经济的变化,恰当地干预,并找到最佳解决办法和应对工具
洞悉全局的能力	必须了解公司的商业模式,战略性地思考问题,从对公司风险/回报的角度评估问题和及时做出决定
沟通信息的能力	必须能够通过简单有效的方式沟通复杂问题,恰当地在听众面前运用演讲技能,使自己成为易于接近的领导,在提出问题的同时还要准备出拟解决问题的方法
鼓舞士气的能力	要敢于坚持与众不同的观点,及时做出决定,加强承担风险的能力
争做赢家的能力	必须主动提供意见,有激情、有动力、负责任,持之以恒,完成包括财务计划、预算在内的各项工作和实现每季度的财务目标
寻求增长的能力	必须洞悉全部交付成本、价值诉求、投资组合及价格策略,积极寻找令企业实现有机增长的途径

3. 行业监督

财务总监职业的行业监督主要包括建立行业准入制度、继续职业教育和专业能力评价等方面（见表1-14）。

4. 管理规范

从发展方向上来看,财务总监职业的管理应由行业协会自我管理和政府外部管理两部分组成;在现阶段,政府的外部管理将占主导作用。由于财务总监职位在公司治理结构中的特殊地位及其在国企改革中所承担的特殊社会责任,政府和行业协会必须尽快建立起这个职业的管理规范、专业准则和救治措施等一系列制度体系。如果财务总监在工作中没有达到这些规范的要求,他就可能面对着职业声誉损失、职业道德调查和取消从业许可证等一系列问题,甚至要因此承担法律责任。

表1-14 财务总监职业的行业监督内容

监督内容	内 容 阐 释
行业准入制度	例如，上海市委组织部、财政局和国资办联合制定的《上海市国有企业财务总监管理暂行规定》第6条规定："财务总监的任职资格由市委组织部会同财政部门组建专门机构认定。在适当时候，实行资格证书制度。"这一规定提出了推行财务总监行业准入和从业资格管理的初步设想。深圳市也有类似的规定。除必备的政治条件和身体素质外，还要求必须在相应企业担任过总会计师或财务、审计处长，具有8年以上财会专业工龄，有财经专业大学本科以上文化程度。在此基础上进行严格考试和考核，录取率在1%左右。考试和考核合格后，还须报经国资委确认，然后由投资管理公司以国有资产出资人身份委派任命
继续职业教育	坚持终身学习，是财务总监职业所要求的基本素质。飞速发展的金融和技术创新已经成为经济全球化的驱动力，这也要求财务总监必须及时更新知识，特别是会计审计领域的知识。 财务总监的行业组织应为财务总监的继续职业教育提出指导性意见，包括：保持和改善技术知识和专业技能；帮助每名会员运用技术，理解经济发展，评价会计职业和企业管理发展趋势，履行其所担负的责任和社会预期；保障每名会员履行责任所需要的技术知识和职业技能
专业能力评价	国家财政部门或者财务总监的行业组织应定期组织对财务总监的专业能力进行评价，以作为财务总监职业代管理的基本依据。 专业能力评价可以在职业教育结束后、完成一段时期的专业实践后，或者结合年度资格检验来进行。专业能力评价形式应当与评价内容相适应；评价可以采用多种形式，但至少应当包括考试这种形式

5. 职业文化

职业文化的任务是努力创造共同的价值观念体系和共同的行为准则。中国企业的财务总监，其价值观念和行为准则要特别强调人品、道德、心态和意志方面的要求。

在人品和职业道德方面，财务总监应争取做到：为人要真诚，待人要平和，处事要公正，减少功利和世俗；与人为善，不四处树敌；难得糊涂，不睚眦必报；善于放弃，不锱铢必较；要有心胸，自立先立人，敢于起用比自己更为优秀的人才；受人之雇，忠人之事，忠诚度和责任感是立业之本；勤勉敬业，精益求精，追求完美。

良好的、有张力的心态和坚忍不拔的意志有助于财务总监适应环境，成就事业。面对"扶而起之"或"挤而止之"的人际关系环境，要主动去适应，而不是坐等环境来淘汰；不断修炼心态，换位思考是一个较好的办法；淡泊超脱，得意不忘形，失意不丧志，随意不失态；有朝气和活力，保持不断汲取新鲜事物的开放式心态；善于从逆境和挫折中调整自己，永不言败；"什么样的年龄段，完成什么样的事"，明确阶段性目标，不轻言放弃。

总之，建立财务总监职业的共同价值观，并以此为核心逐步形成这个职业的亚文化，是具有一定现实意义的。

第 2 章

财务管理综述

企业财务是指企业在生产经营过程中客观存在的资金运动及其所体现的经济利益关系。前者称为财务活动（表明了企业财务的内容和形式特征），后者称为财务关系（揭示了企业财务的实质）。财务并非简单的资金收付活动，其实质是企业财务关系的体现。财务管理是企业组织财务活动、处理财务关系的一项综合性的管理工作。

一、财务管理的对象

财务管理主要是资金管理，其对象是资金及其流转。资金流转的起点和终点是现金，其他资产都是现金在流转中的转化形式，因此，财务管理的对象也可说是现金及其流转。

（一）现金流转的概念

在建立一个新企业时，必须先要解决两个问题：一是制订规划，明确经营的项目和规模；二是筹集必需的现金，作为最初的资本。没有现金，企业的规模无法实施，企业不能开始运营。企业建立后，现金变为经营用的各种资产，在运营中又陆续变为现金。在生产经营中，现金变为非现金资产，非现金资产又变为现金，这种流转过程称为现金流转。这种流转无始无终，不断循环，称为现金循环或资金循环。

现金循环有多种途径。例如，有的现金用于购买原材料，原材料经过加工成为产成品，产成品出售后又变为现金；有的现金用于购买固定资产，如机器等，在使用中逐渐磨损，价值计入产品成本，通过产品销售变为现金。各种流转途径完成一次循环即从现金开始又回到现金所需的时间不同。购买商品的现金可能几天就可流回，购买机器的现金可能要许多年才能全部返回现金状态。

现金转变为非现金资产，然后又回复到现金，所需时间不超过一年的流转，称为现金的短期循环。短期循环中的资产是短期资产，包括现金本身和企业正常经营周期内可以完全转变为现金的存货、应收账款、交易性金融资产等。

现金转变为非现金资产，然后又回复到现金，所需时间在一年以上的流转，称为现金的长期循环。长期循环中的非现金资产是长期资产，包括固定资产、长期投资、无形资产等。

（二）现金的短期循环

现金的短期循环最基本的形式是：筹备货币→购买物资→生产产品→销售商品→货币收入。

在供应过程中，企业以现金购买劳动对象，形成生产储备，企业的资金由货币形态转化为原材料储备形态。接着，进入生产过程。在生产过程中，工人利用劳动资料对劳动对象进行加工，使劳动对象发生形态或性质上的变化，创造出新的产品。在这一过程中，领用生产储备，同时以货币资金支付工资和其他生产费用，企业的资金由材料储备形态、货币形态转化为生产（在制品、半成品）形态。随着生产的继续进行，在制品、半成品最终转化为完工产品，从而脱离生产过程而成为入库待售的产成品，于是企业的资金由生产形态转化为产品形态。最后，产品通过销售，企业资金由产品形态又转化为货币形态。

现金的短期循环示意图如图 2-1 所示。

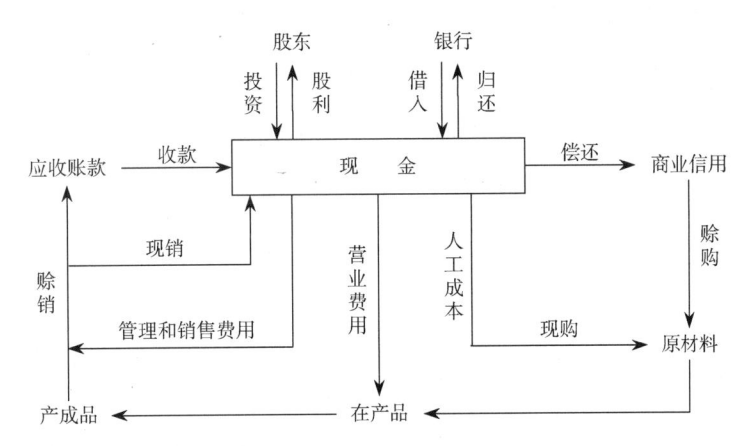

图 2-1　现金的短期循环示意图

（三）现金的长期循环

企业用现金购买固定资产，固定资产的价值在使用中逐步减少，减少的价值称为折旧费。折旧费和人工费、材料费成为产品成本，出售产品时收回现金。作为固定资金实物形态的劳动资料可以在生产中较长期地发挥作用，其价值逐渐地、分次地转移到所生产的产品中，参加流动资金的部分周转过程，共同构成在制品、半成品资金和产品资金的占用形态，随着产品的销售实现为货币形态，直至它不能继续使用，再对它进行实物更新，于是资金又由货币形式还原为实物形式，完成一个固定的循环，同时开始另一个周期的循环，如此周而复始。可见，固定资金的循环所以不同于流动资金，循环周期较长，这一特征是由价值转移的方式不同所引起的。

现金的长期循环示意图如图 2-2 所示。

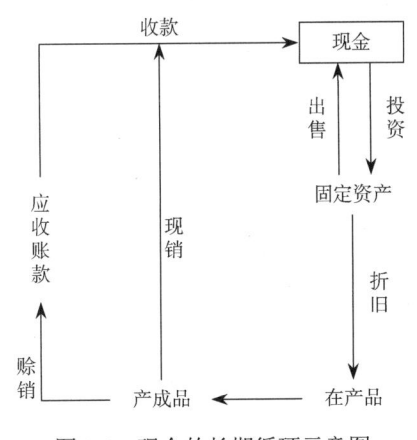

图 2-2　现金的长期循环示意图

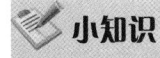

> **小知识**
>
> **长期循环和短期循环的联系**
>
> 现金是长期循环和短期循环的共同起点，在换取非现金资产时分开，分别转化为各种长期资产和短期资

产。它们被使用时,分别记入"在产品"和各种费用账户,又汇合在一起,同步形成"产成品",产品经出售又同步转化为现金。

转化为现金以后,不管它们原来是短期循环还是长期循环,企业可以视需要重新分配。折旧形成的现金可以买材料,原来用于短期循环的现金收回后也可以投资于固定资产。

(四)现金流转不平衡

如果企业的现金流出量与流入量相等,财务管理工作将大大简化。实际上这种情况极少出现,不是收大于支,就是支大于收,企业在一年中会多次遇到现金流出与现金流入不平衡的情况。现金流转不平衡既有企业内部的原因,如盈利、亏损或扩充等,也有企业外部的原因,如市场变化、经济兴衰、企业间竞争等。

1. 影响企业现金流转的外部原因(见表2-1)

表2-1 影响企业现金流转的外部原因

原因	内容阐释
经济的波动	任何国家的经济发展都会有波动,时快时慢。在经济收缩时,销售量下降,进而生产和采购减少,整个短期循环中的现金流出减少了,企业有了过剩的现金。如果预知不景气的时间很长,推迟固定资产的重置,折旧积累的现金也会增加。这种财务状况给人以假象。随着销售额的进一步减少,大量的经营亏损很快会接踵而来,现金将被逐步销蚀掉。当经济"热"起来时,现金需求迅速扩大,积存的过剩现金很快被用尽,不但扩充存货需要大量现金,而且受繁荣时期乐观情绪的鼓舞,企业会对固定资产进行扩充性投资,并且往往要超过提取的折旧。此时,银行和其他贷款人大多也很乐观,愿意为盈利企业提供贷款,筹资不会太困难。但是,经济过热必然造成利率上升,过度扩充的企业背负巨大的利息负担,会首先受到经济收缩的打击
通货膨胀	通货膨胀会使企业遭遇现金短缺的困难。由于原料价格上升,保持存货所需的现金增加,人工和其他费用的现金支付增加,售价提高使应收账款占用的现金也增加。企业唯一的希望是利润也会增加,否则,现金会越来越紧张。提高利润,不外乎是增收节支。增加收入,受到市场竞争的限制。企业若不降低成本,就难以应对通货膨胀造成的财务困难。通货膨胀造成的现金流转不平衡,不能靠短期借款解决,因其不是季节性临时现金短缺,而是现金购买力被永久地"蚕食"了
市场的季节性变化	通常来讲,企业的生产部门力求全年均衡生产,以充分利用设备和人工,但销售总会有季节性变化。因此,企业往往在销售淡季现金不足,销售旺季过后积存过剩现金。企业的采购所需现金流出也有季节性变化,以农产品为原料的企业更是如此。集中采购而均匀耗用,使存货数量周期性变化;采购旺季有大量现金流出,而现金流入不能同步增加。企业人工等费用的开支也会有季节性变化。有的企业集中在年终发放奖金,要用大量现金;有的企业利用节假日加班加点,要加倍付薪;有的企业使用季节性临时工,在此期间人工费大增。财务管理人员要对这些变化事先有所准备,并留有适当余地
竞争	竞争会对企业的现金流转产生不利影响。但是,竞争往往是被迫的,企业经营者不得不采取他们本来不想采取的方针。价格竞争会使企业立即减少现金流入。在竞争中获胜的一方会通过多卖产品挽回其损失,实际是靠牺牲别的企业的利益加快自己的现金流转。失败的一方,不仅蒙受价格下降的损失,还受到销量减少的打击,现金流转可能严重失衡。广告竞争会立即增加企业的现金流出。最好的结果是通过广告促进销售,加速现金流回。但若竞争者也做推销努力,企业广告也只能制止其销售额的下降。有时广告并不能完全阻止销售额下降,只是下降得少一些。增加新产品或售后服务项目,用软办法竞争,也会使企业的现金流出增加

2. 影响企业现金流转的内部原因

（1）扩充企业的现金流转。任何要迅速扩大经营规模的企业，都会遇到相当严重的现金短缺情况。固定资产扩充、存货增加、应收账款增加、销售费用增加等，都会使现金流出扩大。财务管理人员的任务不但是维持当前经营的现金收支平衡，而且要设法满足企业扩大的现金需要，并且力求使企业扩充的现金需求不超过扩充后新的现金流入。首先，应从企业内部寻找扩充项目所需现金，如出售短期证券、减少股利分配、加速收回应收账款等。其次，内部筹集的现金不能满足扩充需要时，可以从外部筹集。从外部筹集的现金，要承担资本成本，将来要还本付息、支付股利等，引起未来的现金流出。企业在借款时就要注意到，将来的还本付息的现金流出不要超过将来的现金流入。如果不是这样，就要借新债还旧债，利息负担会耗费掉扩建形成的现金流入，使项目在经济上失败。

（2）盈利企业的现金流转。盈利企业，如不打算扩充规模，其现金流转一般比较顺畅。它的短期循环中的现金收支大体平衡，税后净利使企业现金多余出来，长期循环中的折旧、摊销等也会积存现金。盈利企业也可能由于抽出过多现金而发生临时流转困难。例如，付出股利、偿还借款、更新设备等。此外，存货变质、财产失窃、坏账损失、出售固定资产损失等，会使企业失去现金，并引起流转的不平衡。

（3）亏损企业的现金流转。从长期的观点看，亏损企业的现金流转是不可能维持的。从短期来看，又分为以下两类：

1）亏损额小于折旧额的企业，在固定资产重置以前可以维持下去。亏损额小于折旧额的企业，虽然收入小于全部成本费用，但大于付现的成本费用，因为折旧和摊销费用不需要支付现金。因此，它们支付日常的开支通常并不困难，甚至还可能把部分补偿折旧费用的现金抽出来移作他用。然而，当计提折旧的固定资产需要重置的时候，灾难就来临了。积蓄起来的现金，不足以重置固定资产，因为亏损时企业的收入是不能足额补偿全部资产价值的。

此时，企业应设法筹款，以购买设备使生产继续下去。这种办法只能解决一时的问题，它增加了以后年度的现金支出，会进一步增加企业的亏损。除非企业扭亏为盈，否则就会变为"亏损额大于折旧额"的企业，并很快破产。这类企业如不能在短期内扭亏为盈，还有一条出路，就是找一家对减低税负有兴趣的盈利企业，被其兼并，因为合并一个账面有亏损的企业，可以减少盈利企业的税负。

2）亏损额大于折旧额的企业，不从外部补充现金将很快破产。亏损额大于折旧额的企业，是濒临破产的企业。这类企业不能以高于付现成本的价格出售产品，更谈不上补偿非现金费用。这类企业必须不断地向短期周转中补充现金，其数额等于现金亏空数。如果要重置固定资产，所需现金只能从外部筹措。一般来说，他们从外部寻找资金来源是很困难的。贷款人看不到偿还贷款的保障，是不会提供贷款的；所有者也不愿冒险投入更多的资金。因此，这类企业如不能在短期内扭亏为盈，不如尽早宣告倒闭。除了企业本身的盈亏和扩充等，外部环境的变化也会影响企业的现金流转。

二、财务管理的目标

财务管理的目标是企业财务管理活动所希望实现的结果。它是评价企业理财活动是否合理有效的基本标准，是企业财务管理工作的行为导向，是财务人员工作实践的出发点和归宿。

（一）财务管理目标的模式

1. 利润最大化目标

利润最大化目标就是假定在投资预期收益确定的情况下，财务管理行为将朝着有利于企业利润最大化的方向发展。这种观点认为，利润代表了企业新创造的财富，利润越多则说明企业的财富增加得越多，越接近企业的目标。

利润最大化作为财务管理的目标，其主要原因有以下三个：

（1）人类从事生产经营活动的目的是创造更多的剩余产品，在商品经济条件下，剩余产品的多少可以用利润这个价值指标来衡量。

（2）在自由竞争的资本市场中，资本的使用权最终属于获利最多的企业。

（3）只有每个企业都最大限度地获得利润，整个社会的财富才可能实现最大化，从而带来社会的进步和发展。

在社会主义市场经济条件下，企业作为自主经营的主体，所创利润是企业在一定期间全部收入和全部费用的差额，是按照收入与费用配比原则加以计算的。它不但可以直接反映企业创造剩余产品的多少，而且从一定程度上反映出企业经济效益的高低和对社会贡献的大小。同时，利润是企业补充资本、扩大经营规模的源泉。因此，以利润最大化为财务管理的目标是有一定道理的。

缺点是没有考虑利润的取得时间，这里的利润是指企业一定时期实现的税后净利润，它没有考虑资金时间价值；没有考虑所获利润和投入资本额的关系；没有考虑获取利润和所承担风险的关系，没有考虑风险因素，高额利润往往要承担过大的风险；片面追求利润最大化，可能导致企业短期行为，与企业发展的战略目标相背离。

2. 每股收益最大化目标

这种观点认为，应当把企业的利润和股东投入的资本联系起来考查，用每股盈余（或权益资本净利率）来概括企业的财务目标，以避免"利润最大化目标"的缺点。

这种模式的优点是所有者作为企业的投资者，其投资目标是取得资本收益，具体表现为净利润与出资额或股份数（普通股）的对比关系，这种关系可以用每股收益这一指标来反映。每股收益是指归属于普通股东的净利润与发行在外的普通股股数的比值，它的大小反映了投资者投入资本获得回报的能力。每股收益最大化的目标将企业实现的利润额同投入的资本或股本数进行对比，能够说明企业的盈利水平，可以在不同资本规模的企业或同一企业不同期间之间进行比较，揭示其盈利水平的差异。

缺点是与利润最大化目标一样，该指标仍然没有考虑资金时间价值和风险因素，也不能避免企业的短期行为，可能导致与企业的战略目标相背离。

3. 企业价值最大化目标（股东财富最大化目标）

这种观点认为，企业价值最大化是财务管理的目标。股东创办企业的目的是扩大财富，他们是企业的所有者，企业价值最大化就是股东财富最大化。

企业的价值，在于它能给所有者带来未来报酬，包括获得股利和出售其股权换取现金。如同商品的价值一样，企业的价值只有投入市场才能通过价格表现出来。

投资者建立企业的重要目的，在于创造尽可能多的财富。这种财富首先表现为企业的价值。企业价值就是企业的市场价值，是企业所能创造的预计未来现金流量的现值，反映了企业潜在的或预期的获利能力和成长能力。未来现金流量的现值这一概念，包含了资金的时间价值和风险价值两个方面的因素。因为未来现金流量的预测包含了不确定性和风险因素，而现金流量的现值是以资金的时间价值为基础对现金流量进行折现计算得出的。其优点主要表现在：该目标考虑了资金的时间价值和风险价值，有利于企业统筹安排长短期规划、合理选择投资方案、有效筹措资金、合理制定股利政策等；该目标反映了对企业资产保值增值的要求，从某种意义上说，股东财富越多，企业市场价值就越大，追求股东财富最大化的结果可促使企业资产保值或增值；该目标有利于克服管理上的片面性和短期行为；该目标有利于社会资源合理配置。

其缺点主要表现在：尽管对于股票上市企业，股票价格的变动在一定程度上揭示了企业价值的变化，但是股价是受多种因素影响的结果，特别是在资本市场效率低下的情况下，股票价格很难反映企业所有者权益的价值；为了控股或稳定购销关系，现代企业不少采用环形持股的方式，相互持股。法人股东对股票市价的敏感程度远不及个人股东，对股票价值的增加没有足够的兴趣；对于非股票上市企业，只有对企业进行专门的评估才能真正确定其价值。而在评估企业的资产时，由于受评估标准和评估方式的影响，这种估价不易做到客观和准确，这也导致企业价值确定困难。

（二）影响财务管理目标的利益主体之间的冲突和协调

1. 影响财务管理目标的利益集团

确立科学的财务管理目标，必须分析会对企业财务管理产生重要影响的利益关系人的构成。与企业有关的利益集团有很多，但不一定都会对企业财务管理产生重要影响。那么，究竟哪些集团会对财务管理目标产生影响呢？一般而言，影响财务管理目标的利益集团应当符合三个标准：①必须对企业有投入，即对企业有资金、劳动或服务方面的投入；②必须分享企业收益，即从企业取得诸如工资、奖金、利息、股利和税收等各种报酬；③必须承担企业风险，即当企业经营不善时，都会承担一定损失。根据这三个标准，影响企业财务管理目标的主要利益集团如表 2-2 所示。

表 2-2　影响企业财务管理目标的主要利益集团

利益集团	内　容　阐　释
所有者	所有者对企业财务管理的影响主要是通过股东大会和董事会来进行的。从理论上来讲，企业重大的财务决策必须经过股东大会或董事会的表决，企业经理和财务经理的任免也由董事会决定，因此，所有者对企业财务管理有重大影响
债权人	债权人把资金借给企业后，一般都会采取一定的保护措施，以便按时收取利息，到期收回本金。因此，债权人必然要求企业按照借款合同规定的用途使用资金，并要求企业保持良好的资本结构和适当的偿债能力。当然，债权人权利的大小在各个国家有所不同
企业职工	企业职工包括一般员工和企业经理人员，他们为企业提供了智力和体力的劳动，必然要求取得合理的报酬。职工是企业财富的创造者，他们有权分享企业收益；职工的利益与企业的利益紧密相连，当企业经营不善时，他们要承担重大风险，有时甚至比股东承担的风险还大。因此，在确立财务管理目标时，必须考虑职工的利益
政府	政府为企业提供了各种公共方面的服务，因此要分享企业收益，要求企业依法纳税，对企业财务决策也会产生影响。当然，在计划经济条件下，政府对企业财务管理的影响很大；而在市场经济条件下，因为实行政企分离，政府对企业财务管理的影响要小些，经常通过政策诱导的方式影响企业财务管理的目标

2. 利益的冲突与协调

所有者和债权人都为企业提供了财务资源，但是他们处在企业之外，只有经营者在企业里直接从事管理工作。所有者、经营者和债权人之间构成了企业最重要的财务关系。企业是所有者即股东的企业，财务管理的目标是指股东的目标。股东委托经营者代表他们管理企业，为实现他们的目标而努力，但经营者与股东的目标并不完全一致。债权人把资金借给企业，并不是为了"股东财富最大化",与股东的目标也不一致。企业必须协调这三方面的利益冲突,才能实现"股东财富最大化"的目标。

(1)所有者(股东)。如果把资本提供者首先或主要地视为"经济人",那么,其所决定的企业终极目标就是实现资本增值最大化。

(2)经营者。

1)经营者的目标。在所有者和经营者分离以后,所有者的目标是使企业财富最大化,千方百计要求经营者以最大的努力去完成这个目标。经营者也是最大合理效用的追求者,其具体行为目标与委托人不一致。他们的目标为:①增加报酬。包括物质和非物质的报酬,如工资、奖金,提高荣誉和社会地位等。②增加闲暇时间。包括较少的工作时间、工作时间里较多的空闲和有效工作时间中较小的劳动强度等。上述两个目标之间有矛盾,增加闲暇时间可能减少当前或将来的报酬,努力增加报酬会牺牲闲暇时间。③避免风险。经营者努力工作可能得不到应有的报酬,他们的行为和结果之间有不确定性,经营者总是力图避免这种风险,希望付出一份劳动便得到一份报酬。

2)所有者与经营者的矛盾与协调。在现代企业中,所有者一般比较分散,经营者一般不拥有占支配权地位的股权,他们只是所有者的代理人,所有者期望经营者代表他们的利益工作,实现所有者财富最大化;而经营者则有其自身的利益考虑。对经营者来讲,他们所得到的利益来自所有者。在西方,这种所有者支付给经营者的利益被称为享受成本。但问题的关键不是享受成本的多少,而是在增加享受成本的同时,是否更多地提高了企业价值。因而,经营者和所有者的主要矛盾就是经营者希望在提高企业价值和股东财富的同时,能更多地增加享受成本;而所有者则希望以较小的享受成本带来更高的企业价值和股东财富。为了解决这一矛盾,应采取让经营者的报酬与绩效相联系的办法,并辅之以一定的监督措施。监督措施包括:①解聘。这是一种通过所有者约束经营者的办法。所有者对经营者予以监督,如果经营者未能使企业价值达到最大,就解聘经营者,经营者害怕被解聘而被迫实现财务管理目标。②接收。这是一种通过市场约束经营者的办法。如果经营者经营决策失误、经营不力,未能采取一切有效措施使企业价值提高,该公司就可能被其他公司强行接收或吞并,相应经营者也会被解聘。为此,经营者为了避免这种接收,必须采取一切措施提高股东财富和企业价值。③激励。这是一种将经营者的报酬与其绩效挂钩,以使经营者自觉采取能提高股东财富和企业价值的方法。激励通常有两种基本方式:股票期权方式和绩效股方式。

(3)债权人。

1)债权人的目标。债权人也是企业物质资本的提供者。债权人与企业之间签订的是借贷合同,这与所有者是不同的。债权人无权参与企业的管理,只能按照合同的规定获得固定的利息收入。因此,债权人的主要目标是资金的安全和获利。债权人希望企业能够保持良好的财务状况,有较强的还本付息能力。

2)所有者与债权人的矛盾与协调。所有者的财务目标可能与债权人期望实现的目标发生矛盾。

首先,所有者可能要求经营者改变举债资金的原定用途,将其用于风险更高的项目,这会增大偿债的风险,债权人的负债价值也必然会实际降低。若高风险的项目一旦成功,额外的利润就会被所有者独享;但若失败,债权人却要与所有者共同负担此而造成的损失。这对债权人来说风险与收益是不对称的。

其次,所有者可能未征得现有债权人同意,而要求经营者发行新债券或举借新债券,致使旧债券或老债券的价值降低(因为相应的偿债风险增加)。

为协调所有者与债权人的上述矛盾，通常可采用以下方式：

①限制性借债，即在借款合同中加入某些限制性条款，如规定借款的用途、借款的担保条款和借款的信用条件等。

②收回借款或停止借款，即当债权人发现公司有侵蚀其债权价值的意图时，债权人有权收回债权和不给予公司增加放款，从而来保护自身的权益。

（4）集团总部、子公司、部门、利益单元等。

1）集团总部、子公司、部门、利益单元各自的财务目标。由于集团内各个成员企业是彼此独立的利益主体，不可避免地会出现谋求企业自身局部利益最大化的倾向，会偏离企业集团整体利益目标。这种局部利益目标与整体利益目标的非完全一致性，以及由此而产生的成员企业经营财务管理活动的过分独立和缺乏协作精神的现象，被称为管理目标换位，或叫目标次优化选择、目标逆向选择。

2）引起目标不一致、产生冲突的原因分析。企业集团是以产权为连接纽带的企业联合体，企业集团与集团内成员企业在法律上有着同等的法人地位且彼此独立，因此，企业集团的财务管理目标与集团内成员企业的财务管理目标密切相关但又有所区别，即企业集团的财务管理目标并不是集团内成员企业财务管理目标的简单相加。

无论是站在集团整体角度抑或个别成员企业立场，都必须以实现市场价值最大化为财务的基本目标。在这层概念上，企业集团与其他企业或营利性组织并无本质的差异。企业集团财务目标的特殊性源自财务主体的多级复合结构。由于成员企业与母公司在法律上有着同等的法人地位，是彼此独立的利益主体，因此各成员企业在财务管理过程中不可避免地会诱发谋求自身局部利益最大化的倾向。对于这种倾向如果不加以引导与规范的话，势必导致成员企业个体财务目标对集团整体财务目标的偏离，即成员企业以自身局部财务目标最大化取代集团整体财务目标最大化。针对这种矛盾，总部在财务管理目标的定位上，必须从集团整体利益最大化出发，依据一体化财务战略与财务政策，对母公司与子公司、母公司与其他成员企业、子公司以及其他成员企业彼此间的利益冲突与财务目标进行统一协调与统一规划，最终在确保集团整体财务目标最大化的前提下，实现成员企业个体财务目标的最大化，从而在整体与个体财务目标之间形成一种依存互动机制。

基于上述分析，企业集团的财务目标在遵循市场价值最大化共性原则的同时，又有着区别于其他企业或营利性组织形式的特殊性，即企业集团的财务目标呈现为成员企业个体财务目标对集团整体财务目标在战略上的统合性。

（5）独立董事。美国基于传统企业单层治理结构的固有缺陷，为保护中小股东与债权人利益及增强投资人对企业的信心，加强对董事及管理层的有效监督，率先建立了独立董事制度。我国根据本国的实际情况引入了独立董事制度，其目的是使我国上市公司内部形成新的更为有效的约束主体，完善董事会领导体制，建立科学治理结构的制衡机制，并有利于增进企业的透明度，促进企业实现所有权和经营权的分离和完善法人治理机制。独立董事除他们的董事身份和董事会中的角色之外，既不在企业中担任其他的实职并领取薪水，也同公司没有任何直接或间接利益关系，具有完全独立意志。因此，一方面从维护全体股东和整个企业的合法利益出发，客观评价企业的经营活动，避免大股东操纵企业，保护中小投资者的权益；另一方面，为董事会提供有利于企业全面健康发展的客观、公正的决策依据，也为防止企业经营管理层与董事会合谋进行违法活动提供了制度保证，督促上市公司规范运作，从而在制度层面上，使独立董事成为影响公司决策的一种强有力的独立的平衡力量。

由于独立董事同样是"经济人"，也存在着物质需求和精神需求。从物质需求来看，他会进行机会成本和机会收益的比较,当参加董事会研究企业这样或那样的报告获得的收益远远低于从事其他劳务的收益时,出现独立董事时常缺席董事会或随便委托个人代理表决的现象就不足为怪了。从精神需求来说,由于独立董事多是学有所成的专家学者,因此他们非常顾及自己的名誉,不会因为报酬或津贴低而不顾原则和立场乱表态。但这种道德层面上的约束毕竟是软约束,作用有限。当独立董事所得到的利益大于道德损失时,他很有可能不顾自己的职责谋取经济上的利益。

(6)公司(股东、经理)与其他利益相关者(一般职工、政府、客户、消费者及社区等)。一般职工(除经理等高级管理人员之外的劳动力资源)的目标为获得相应的工资报酬、劳动安全保障、相关的福利以及人身的自由权力等。政府的角色有两个方面:一方面政府是企业的出资者,那么其目标等同于股东的目标;另一方面政府"作为行使社会管理职能的国家机构",那么其目标在于:

1)如果主要追求宏观经济(粗放式)增长,政府就会通过制定政策诱导企业追求产值。

2)如果主要追求税收增长,政府就会通过制定政策诱导企业主要追求利润,尤其是短期利润。

3)如果认为企业的发展也就是国民经济的发展,从而奉行藏富于企业的政策,政府就会诱导企业追求发展。

另外,政府作为全体民众意志的代表,其根本目标还应在于维护全体民众的利益,保证所有公民(如企业的利益相关者)的权益不受侵害,因此,政府又是企业目标体系的主要协调者。消费者的目标为获得价廉物美的产品或服务,产品的质量(包括售后服务的承诺等)就成为其对企业的首要要求。客户的目标是企业的诚信,以便维持长期的合作和伙伴关系。社区(公众)的目标是希望企业很好地履行其社会责任(企业对一般社会公众承担的责任),如环境保护、平等就业、节约资源、社会救济、教育投入等。

三、财务管理的环境

财务管理环境,又称理财环境,是指对企业财务活动和财务管理产生影响的企业内外各种条件的统称。企业财务活动在相当大程度上受财务管理环境制约,如生产、技术、供销、市场、物价、金融、税收等因素。只有在财务管理环境的各种因素作用下实现财务活动的协调平衡,企业才能生存和发展。研究财务管理环境,有助于正确地制定财务管理策略。

(一)财务管理环境的分类

财务管理环境是一个多层次、多方位的复杂系统,系统内各部分纵横交错、相互制约,对企业财务管理有着重要影响(见表2-3)。

表2-3 财务管理环境的分类

划分标准	类　　别	内　容　阐　释
按与企业的关系分类	企业内部财务管理环境	企业内部影响财务管理的各种因素包括企业的生产情况、技术情况、经营规模、资产结构、生产经营周期等。相对而言,内部环境比较简单,往往有现成资料,具有比较容易把握和加以利用等特点
	企业外部财务管理环境	企业外部影响财务管理的各种因素包括国家政治形势、经济形势、法律制度、企业所面临的市场状况及国际财务管理环境等。外部环境的构成比较复杂,需要认真调查和收集资料,以便分析研究,全面认识

续表

划分标准	类　　别	内　容　阐　释
按变化情况分类	静态财务管理环境	那些处于相对稳定状态的影响财务管理的各种因素，通常指那些相对容易预见、变化性不大的财务环境部分，对财务管理的影响程度也是相对平衡的，起伏不大。因此，认清这些财务管理环境后，一般无须经常予以调整、研究，而是将其作为已知条件来对待。财务管理环境中的地理环境、法律制度等，属于静态财务管理环境
	动态财务管理环境	那些处于不断变化状态的影响财务管理的各种因素，从长远的观点来看，财务管理环境都是发展变化的。所谓的动态财务管理环境，是指变化性强、预见性差的财务管理环境部分。在市场经济体制下，商品市场上的销售数量及销售价格，资金市场上的资金供求状况及利率的高低，都是不断变化的，属动态财务管理环境。在财务管理中，应着重研究、分析动态财务管理环境，并及时采取相应对策，提高对财务管理环境的适应能力和应变能力
按企业对财务管理环境因素的控制性分类	可控制财务管理环境	企业经过努力能够影响、改变或部分改变的环境，企业内部财务管理环境均属企业可控制财务管理环境。 对可控制财务管理环境，我们应当充分利用各种手段与方法，营造有利于企业财务管理目标实现的环境
	不可控制财务管理环境	企业的外部环境很多都属于不可控制环境，如政治政策环境、社会文化环境等。 对不可控制财务管理环境，我们也应当采取一定的方法，识别和利用有助于企业财务管理目标实现的各种环境因素，规避不能控制的、不利于企业财务管理目标实现的因素

（二）宏观财务管理环境

财务管理的宏观环境，是指宏观范围内普遍作用于各个部门、地区的各类企业的财务管理的各种条件。企业是整个社会经济体系的一个基层性的小系统，整个社会是企业财务活动赖以运行的土壤。无论是社会经济的变化、市场的变动，还是经济政策的调整、国际经济形势的变化，对企业财务活动都有着直接或间接的作用，甚至产生严重的影响。所以，宏观环境的研究是财务管理环境研究的重点。

财务管理的宏观环境从经济角度来看主要有以下几个方面。

1. 经济环境

（1）宏观经济发展水平。财务管理的发展和企业所处的经济环境中的经济发展水平密切相关。经济发展水平越高，对财务管理水平的要求也就越高。相反，经济发展水平越低，对财务管理水平的要求也就越低。

发达国家经历了较长时间的资本主义经济发展过程，资本的集中和垄断已达到了相当高的程度，经济发展水平在世界上处于领先地位，这些国家的财务管理水平比较高。

发展中国家的经济水平不是很高，但都处在发展过程中。目前来看，这类国家的经济具有以下特征：基础较为薄弱，发展速度较快，经济政策变更频繁，国际交往日益增多。这类国家的经济特征一般表现为以农业为主要经济部门，工业特别是加工工业很不发达，企业规模小，组织结构简单,这就决定了这些国家的财务管理呈现水平很低、发展较慢、作用不能很好发挥等特征。

(2)宏观经济周期。经济周期是指经济运动沿着复苏、高涨、衰退、萧条这四个阶段周而复始的循环,又叫商业周期。

经济学研究发现,在市场经济条件下,经济发展具有周期性。不同的周期阶段呈现出不同的经济状况,使企业微观的经济活动受到不同影响,从而使企业财务管理在不同的阶段遇到不同的财务管理问题。

经济发展的周期性,将影响企业的财务管理活动。企业财务管理人员应对经济周期有全面的了解,做出科学的预测,预先根据各阶段的特点采取相应的财务政策和措施,以免到某一特定周期阶段真正来临时措手不及,从而导致财务管理被动,甚至受到损害或丧失机会。同时,要有居安思危的思想。例如,要认识到经济高涨本身就孕育着衰退,不要在衰退将至时还进行大规模的投资,如购买设备、材料和聘用工人等,否则,会造成设备闲置、存货积压、工人待工、资金紧缺的困难局面。

(3)宏观经济体制。经济体制是指对有限资源进行配置而制定并执行决策的各种机制。现在世界上典型的经济体制主要有计划经济体制、市场经济体制及介于两者之间的混合经济体制。

计划经济和市场经济都是资源配置的方式。计划经济即政府通过计划渠道配置资源。其机制是:政府计划部门在收集和掌握所需要的供求信息的基础上,做出有关资源配置的决定,并将有关计划指标下达给企业,决定企业生产什么、生产多少、如何生产、为谁生产。市场经济即以市场价格作为调节手段,支配资源的配置和使用。其机制是:生产者和消费者在充分竞争中形成价格,价格调节生产者的竞争性行为和生产什么、生产多少、如何生产、为谁生产等方面的独立决策,从而在市场信号的调节下实现资源在各个生产领域的配置。

在什么条件下实行计划经济体制,在什么条件下实行市场经济体制,主要取决于资源配置效率目标的实现程度。这同调节对象的状况及调节者掌握的供求信息的准确性相联系。如果调节对象(企业)没有独立的利益,或者说,调节对象的利益同社会的利益完全一致,调节者(政府)就能掌握足够的供求信息,这时实行计划经济是最有效的。如果调节对象有独立的利益并自主经营,调节对象就不能掌握足够的供求信息,这时实行市场经济是最有效的。我国在市场经济体制下,企业筹资、投资的权力归企业所有,企业必须根据自身条件和外部环境做出各种各样的财务决策并组织实施。因此,在财务管理的内容上较为丰富,方法上较为复杂,对财务专业的要求也较为严格。

(4)具体的经济因素。除以上几点因素外,一些具体的经济因素发生变化也会对企业财务管理产生重要影响,如表2-4所示。

表2-4 影响财务管理的经济因素

经济因素	内 容 阐 释
通货膨胀	通货膨胀是经济发展中最为棘手的问题。价格不断上涨,不但对消费者极其不利,对企业财务活动的影响更为严重。大规模的通货膨胀会引起资金占用的迅速增加;通货膨胀会引起利率的上升,增加企业的筹资成本;通货膨胀会使有价证券价格不断下降,给筹资带来相当大的困难;通货膨胀会引起利润虚增,造成企业资金流失

续表

经济因素	内 容 阐 释
利率波动	银行贷款利率的波动，以及与此相关的股票和债券价格的波动，既给企业以机会，也是对企业的挑战。 　　在为过剩资金选择投资方案时，利用这种机会可以获得营业以外的额外收益。例如，在购入长期债券后，由于市场利率下降，按固定利率计息的债券价格上涨，企业可以出售债券获得较预期更多的现金流入。当然，如果出现相反的情况，企业会蒙受损失。 　　在选择筹资来源时，情况与此类似。在预期利率将持续上升时，以当前较低的利率发行长期债券，可以节省资本成本。当然，如果后来事实上利率下降了，企业要承担比市场利率更高的资本成本
技术发展	科学技术是第一生产力，是影响企业发展的第一要素。科学技术一日千里地向前发展，新技术、新设备不断出现，设备更新时间日益缩短。这也要求企业财务人员必须适应这种趋势，筹集足够资金，及时更新所需设备
竞争	竞争广泛存在于市场经济之中，任何企业都不可回避。企业之间、各产品之间、现有产品和新产品之间的竞争，涉及设备、技术、人才、营销、管理等各个方面。竞争能促使企业用更好的方法来生产更好的产品，对经济发展起推动作用。但对企业来说，竞争既是机会，也是威胁。为了改善竞争地位，企业往往需要大规模投资，成功之后企业盈利增加，但若投资失败则企业竞争地位更为不利。 　　竞争是"商业战争"，检验了企业的综合实力，经济增长、通货膨胀和利率波动带来的财务问题，以及企业的相应对策都会在竞争中体现出来

2. 金融市场环境

金融市场是指资金供给者和需求者双方通过某种形式融通资金达成交易的场所。而金融市场环境正是基于金融市场的特定规则而构筑的财务环境。

（1）金融市场的基本特征。

1）金融市场是以资金为交易对象的市场。在金融市场上，资金被当作一种"特殊商品"来进行交易。资金供给者直接或者通过中介人把资金让渡给资金需求者，并取得一定的信用工具（票据或有价证券）。财政资金的上划下拨，银行资金的内部调拨，都是无偿的，没有构成交易行为，不属于金融市场的范围。

2）金融市场可以是有形的市场，也可以是无形的市场。前者有固定的场所和工作设备，如银行、证券交易所；后者利用计算机、电传、电话等设施通过经纪人进行资金商品的交易活动，而且可以跨越城市、地区和国界。

（2）金融市场的功能（见表2-5）。

表2-5　金融市场的功能

功　能	内 容 阐 释
资金融通	该功能主要是通过短期资金市场发挥作用的。在短期资金市场上，资金的供给者通过在金融机构的存款或购买短期证券而运用自身闲置的货币资金；而资金的需求者为了解决季节性或临时性资金需求，向金融机构获取贷款或通过发行短期证券以取得资金，实现资金的融通
资金筹措和投放	该功能主要是通过长期资本市场发挥作用的。企业筹措的资金来源主要有两种：一是筹措内部资金，如税后利润用于再投资；二是筹措外部资金，即在资本市场上向资金的供给者筹措资金，如发行股票、债券等。企业也可以是这些交易中的买方，通过购买有价证券进行中长期投资以获取投资收益

续表

功　能	内　容　阐　释
确定金融资产价格	金融资产购销活动的存在，导致了其定价的必要性。通常新发行的金融资产的价格是参照金融市场上的同类金融资产（如到期期限、风险等级、股票的市盈率等）的转售价格制定的。此外，在金融市场交易过程中形成的各种参数，如市场利率、汇率、证券价格和证券指数等，是企业进行决策的前提和基础
分散风险并转售	在金融市场的初级交易过程中，金融资产购买者在获得金融资产出售者（生产性投资者）一部分收益的同时，也有条件分担生产性投资者的一部分风险。这样金融资产购买者本身变成了风险投资者，经济活动中的风险承担者数量的增加，减少了每个投资者所承担的风险量。在期货和期权市场，金融市场参加者还可以通过期货、期权交易进行筹资、投资的风险防范。在金融市场的再次交易过程中，金融资产的购买者可根据需要将未到期的金融资产转售出去，或者用其交换其他金融资产。交易如此不断地进行，资金的筹措和风险的分散功能也在不断地完成。如果没有转售市场，企业就无法筹措到长期资金，所以，转售市场的存在无论对于分散风险还是对于筹措资金都是非常重要的

小知识

金融市场与企业理财

金融市场是企业投资和筹资的场所。金融市场上有许多种筹集资金的方式，并且比较灵活。企业需要资金时，可以到金融市场选择适合自己需要的方式筹资。企业有了剩余的资金，也可灵活选择投资方式，为其资金寻找出路。

企业通过金融市场使长短期资金互相转化。企业持有的股票和债券是长期投资，在金融市场上随时可以转手变现，成为短期资金；远期票据通过贴现，变为现金；大额可转让定期存单，可以在金融市场卖出，成为短期资金。与此相反，短期资金也可以在金融市场上转变为股票、债券等长期资产。

金融市场为企业理财提供有意义的信息。金融市场的利率变动，反映资金的供求状况；有价证券市场的行市反映投资人对企业的经营状况和盈利水平的评价。它们是企业经营和投资的重要依据。

（3）金融市场的分类（见表2-6）。

表2-6　金融市场的分类

划分标准	类　别	内　容　阐　释
按融资期限划分	货币市场和资本市场	凡期限不超过一年的为货币市场，超过一年的为资本市场
按证券发行与流通划分	一级市场和二级市场	二级市场上的证券交易活动虽然并不增加社会的投资资金，但是该市场的存在使证券具有流动性，从而对新证券的发行起到推动作用。不能上市交易的证券对投资者是缺乏吸引力的。证券交易的二级市场的规范、繁荣和发展对一个国家来说是至关重要的
按交易方式划分	现货市场、期货市场和期权市场	在现货市场上买卖的资产通常当场交割，或在几天之内货款两讫，交割完毕。 在期货市场上买卖的资产必须在未来某一特定的时点（如三个月之后）才能交割。交割结算时，不是按照交割时的行情，而是按照当初买卖双方签订期货合同时规定的价格执行

续表

划分标准	类别	内容阐释
按交易方式划分	现货市场、期货市场和期权市场	在期权市场上买卖的是资产交割与否的选择权,对于期权购买方来说,拥有一份在未来某一特定时点或未来某一特定时期,按规定价格交割资产与否的选择权,即期权购买方根据未来资产行情有权选择执行交割或放弃交割特定资产
按交易地区划分	国内市场、地区市场和国际市场	国内市场或地区市场的业务活动限于一个国家或地区的个人、企业和金融机构,以所在国货币结算,不涉及外汇问题,受所在国或地区政府的管理和控制。 国际市场的业务活动由于涉及众多国家,必须具备比较稳定的政局、比较稳定的货币制度、金融管制少、税率低、地理位置便利、具有较高的管理水平与效率等条件。除此之外,汇率的变动是国际市场业务活动中必须考虑的一项重要因素

小知识

资金市场

在金融市场中,与企业财务管理关系密切的是资金市场。按具体交易对象来划分,主要的资金市场形式如表2-7所示。

表2-7 主要的资金市场形式

市场形式	内容阐释
短期借贷市场	取得短期贷款的市场。其期限一般在一年之内。短期借贷主要是为了解决企业临时性或季节性的资金周转需要。对企业提供短期借贷的,主要是商业银行和非银行金融机构,贷款方式有信用贷款和抵押贷款,目前多为信用贷款。在西方,企业与企业之间可以直接或通过经纪人发生借贷关系
短期债券市场	短期债券是指企业为筹集短期资金而发行的期限在一年以内的债券,如短期融资券。企业的债券通常要通过银行或其他金融机构发行
票据承兑市场	目前主要是商业汇票的贴现市场。商业汇票是在商品交易活动中反映债权债务的发生、转移和偿付而使用的信用工具。商业汇票持有者在票据到期前需用资金时,可以凭票据到银行或其他金融机构申请贴现,取得货币资金。金融机构所持的票据,还可以用来向中央银行申请再贴现或者向其他金融机构办理转贴现
长期借贷市场	取得长期贷款的市场,其期限大多在一年以上。贷款利率根据借贷期限长短和资金供求关系确定,分为固定利率和浮动利率两种。长期借贷市场既可满足企业对长期资金的需要,又可平衡短期资金供应不稳定造成的影响
长期债券市场	长期债券是企业为筹集长期资金而发行的债券。此项债券如可上市流通,则企业在资金多余时可向证券交易市场购入自身所发行的债券,清偿债务
股票市场	发行股票是股份有限公司筹集长期资金的重要手段。企业发行股票通常是委托银行和其他金融机构进行的

(4)金融市场的构成要素(见表2-8)。

表 2-8　金融市场的构成要素

构成要素	内　容　阐　释
交易对象	金融市场的交易对象是指金融市场参与者进行交易的标的物，是市场的客体。在金融市场上作为交易对象的就是货币资金。无论是银行的存贷款，还是证券市场的证券交易，实际上都是货币资金的转移。资金需求者希望通过金融市场筹集资金，而资金供给者则希望通过金融市场投资来获得投资收益
交易主体	金融市场的交易主体是指在金融市场上进行金融交易的市场参与者，分为筹资者、投资者、中介机构和监管机构。筹资者一般是企业，其主要目的是通过金融市场筹集生产经营所需资金，如利用向银行借款、发行公司债券、发行股票等方式筹集资金。投资者可以是企业及其他单位，也可以是个人，其主要目的是将闲置的资金使用权转让给资金需求者，以获得一定利息或红利收益。中介机构是为金融交易双方提供中介服务的机构，如银行、证券公司等，其主要目的是通过提供中介服务收取服务费。金融市场的监管机构通常是政府机构，如银监会、证监会等。它保证金融市场正常运行，依法对金融市场的其他参与者进行监督，并通过有关法律手段、经济手段或行政手段对金融市场进行宏观调节，稳定金融市场
交易工具	金融市场的交易工具，或称金融工具，是指在金融市场上资金供需双方进行交易时所使用的信用工具。有了金融工具，资金交易双方的融通资金活动就更加方便和快捷。同时，金融工具作为合法的信用凭证，使交易双方的债权债务关系或产权关系更加清晰，并能得到法律的保护。金融市场上的金融工具多种多样，主要包括各种商业票据、可转让定期存单、股票、债券、期货合约、期权合约等。在金融市场上，资金供需双方就是通过各种金融工具来实现资金融通的
组织方式	金融市场的组织方式是指金融市场上资金供需双方采取的交易形式，主要包括交易所方式、柜台交易方式和中介方式等。交易所方式是在特定的交易所内进行的由买卖双方通过公开竞价实现交易的一种交易方式，如证券交易所等。柜台交易方式是在金融机构的柜台上进行金融交易活动的一种交易方式。中介方式是通过中介人，如经纪人等，进行的一种交易方式

（5）金融机构。在金融市场中，金融机构在资金供给者和需求者之间起着至关重要的中介作用。由于各类金融机构职能上的差异，它们在金融市场上扮演着不同的角色。我国金融市场中的主要机构如表 2-9 所示。

表 2-9　金融市场的主要机构

主要机构	内　容　阐　释
中国人民银行	中国人民银行是我国的中央银行，它代表政府管理全国的金融机构和金融活动，经理国库。其主要职责是制定和实施货币政策，保持货币币值稳定；维护支付和清算系统的正常运行；持有、管理、经营国家外汇储备和黄金储备；代理国库和其他与政府有关的金融业务；代表政府从事有关的国际金融活动
政策性银行	政策性银行是指政府设立，以贯彻国家产业政策、区域发展政策为目的，不以营利为目的的金融机构。政策性银行与商业银行相比，其特点在于：不向公众吸收存款，而以财政拨款和发行政策性金融债券为主要资金来源；其资本主要由政府拨付；不以营利为目的，经营时主要考虑国家的整体利益；其服务领域主要是对国民经济发展和社会稳定有重要意

续表

主要机构	内 容 阐 释
政策性银行	义而商业银行出于营利目的不愿出资的领域；一般不普遍设立分支机构，其业务由商业银行代理。但是，政策性银行的资金并非财政资金，也必须有偿使用，对贷款也要进行严格审查，并要求还本付息、周转使用。我国目前有三家政策性银行：国家开发银行、中国进出口银行和中国农业发展银行
商业银行	商业银行是以经营存款、放款、办理转账结算为主要业务，以营利为主要经营目的的金融企业。商业银行的建立和运行，受《中华人民共和国商业银行法》规范。目前我国的商业银行主要包括中国银行、中国工商银行、中国建设银行、中国农业银行、交通银行、民生银行、光大银行、兴业银行、华夏银行、深圳发展银行、广州发展银行、浦东发展银行、招商银行、各地的商业银行等。目前这些银行许多已经是股份制银行（包括外资入股），甚至是上市公司；有的正在进行股份制改造
非银行金融机构	• 保险公司，主要经营保险业务，包括财产保险、责任保险、保证保险和人身保险。目前，我国保险公司的资金运用被严格限制在银行存款、政府债券和投资基金范围内。 • 信托投资公司，主要是以受托人的身份接受信托和处理信托事务的经营主体。其主要业务有经营资金和财产委托、代理资产保管、金融租赁、经济咨询及投资等。 • 证券机构，是指从事证券业务的机构，包括证券公司、证券交易所、登记结算公司。 • 财务公司，通常类似于投资银行。我国的财务公司是由企业集团内部各成员单位入股，向社会募集中长期资金，为企业技术进步服务的金融股份有限公司。 • 金融租赁公司，是指办理筹资租赁业务的公司组织。其主要业务有动产和不动产的租赁、转租赁、回租租赁

（6）金融资产。金融资产是在金融市场中资金转移所产生的信用凭证和投资证券，实质是一种索偿权（要求权），即提供资金一方对于接受资金一方未来收入和资产的一种"要求权"。货币是最明显的金融资产。除此之外，金融资产还包括债务证券、权益证券和信用凭证。

债务证券包括政府债券、公司债券以及由商业银行发行的可流通清单。权益证券即普通股股票和优先股股票。信用凭证如储蓄者将货币存入金融机构取得的存款凭证，该凭证代表储户对接受存款的金融机构的一种"要求权"。债务证券和权益证券是企业所拥有的金融资产，在公司的资产负债表上表现为负债及股东权益部分。

金融资产具有以下属性：

1) 流动性。流动性是指金融资产能够在短期内不受损失地变为现金的属性。

2) 收益性。收益性是指某项金融资产投资收益率的高低。

3) 风险性。风险性是指某项金融资产不能恢复其原投资价格的可能性。金融资产的风险主要有违约风险和市场风险。违约风险是指由于证券的发行人破产而导致永远不能偿还的风险；市场风险是指由于投资的金融资产的市场价格波动而产生的风险。

上述三种属性相互联系、互相制约。流动性和收益性成反比，收益性和风险性成正比。现金的流动性最高，但持有现金不能获得收益。股票的收益性好，但风险大；政府债券的收益性不如股票，但其风险小。企业在投资时，期望流动性高、风险小而收益高，但实际上很难找到这种机会。

（7）金融工具。金融工具是能够证明债权债务关系或所有权关系并据以进行货币资金交易的合法凭证，它对于交易双方所应承担的义务与享有的权利均具有法律效力。金融工具按期限不同可分为货币市场工具和资本市场工具，前者主要有商业票据、国库券（国债）可转让大额定期存单、回购协议等；后者主要是股票和债券等。

金融工具一般具有期限性、流动性、风险性和收益性四个基本特征。期限性是指金融工具一般规定了偿还期，也就是规定债务人必须全部归还本金之前所经历的时间。流动性是指金融工具在必要时迅速转变为现金而不致遭受损失的能力。风险性是指购买金融工具的本金和预定收益遭受损失的可能性，一般包括信用风险和市场风险两个方面。收益性是指持有金融工具所能够带来的一定收益。

（8）货币市场。货币市场是融通短期资金的市场，包括同业拆借市场、银行承兑汇票市场、商业票据市场可转让定期存单市场等（见表2-10）。

表2-10 货币市场的种类

种　　类	内　容　阐　释
同业拆借市场	同业拆借市场，也称同业拆放市场，是指发生在银行与银行之间、银行与其他金融机构之间相互融通短期资金的一种金融市场。拆借的资金一般是短期的、临时性资金。同业拆借市场的产生，源于银行之间相互调剂，后来是为了轧平票据交换差额。现在，同业拆借已经不再限于这两个目的，各金融机构之间因业务经营需要，暂时短缺资金也进行同业拆借。 同业拆借市场是一个无形市场，没有一个特定的交易场所。交易双方是通过电话、电传等通信设备进行交易的，手续也极为简便，借款方不必提供担保抵押，成交后经双方书面确认后即可拨款。同业拆借的主要交易有两种：头寸拆借和同业借贷。 • 头寸拆借。头寸拆借是指金融同业之间为了轧平头寸，补足存款准备金或减少超额准备进行的短期资金融通活动。"头寸"一词原是旧中国金融业的习惯用语，是指资金或款额的意思。头寸拆借一般为日拆，拆借1天，都是在票据交换清算时进行的。银行在轧平当日票据交换差额时，有的收大于付，出现头寸多余；有的付大于收，出现头寸缺少。多头寸的金融机构要借出多余的资金生息，少头寸的金融机构要借入资金轧平差额。 • 同业借贷。同业借贷，也称同业拆借，是指金融机构之间因临时性或者季节性的资金余缺而相互融通调剂资金所进行的资金借贷活动。同业借贷与头寸拆借的最大区别是融通资金的用途不同。头寸拆借是为了轧平票据交换头寸、补足存款准备金或者减少超额准备的目的；而同业借贷是为了调剂临时性或者季节性的业务经营资金余缺的目的。所以，同业借贷的借贷资金数额较大，拆借期限也比较长，但最长不超过1年。同业拆借的利率有两种情况：一是由拆借双方当事人议定，不通过市场竞价；二是拆借双方借助中介人，即经纪商通过市场公开竞价来确定。但是，无论采用哪种方式，拆借利率都取决于拆借市场利率水平。一般来说，拆借利率低于中央银行的再贴现率，有时也可能低于市场利率
银行承兑汇票市场	银行承兑汇票是商业汇票的一种，它是应购货单位或销货单位的申请，由购货方或销货方签出，经银行在汇票上签章承兑的商业汇票。经过承兑的汇票具有法律效力。付款人到期必须无条件支付票款。汇票经过银行承兑，因银行的资信度比一般的企业好，所以，银行承兑汇票的信用较好，安全性极高。 银行承兑汇票市场是指银行承兑汇票的转让市场，即汇票贴现、转贴现、再贴现和买卖市场。改革开放以前，我国一直否认商业信用的存在，所以不存在票据承兑、贴现市场。从1980年开始，我国才进行票据承兑和贴现的试点。1984年2月，中国人民银行公布了《商业汇票承兑、贴现暂行办法》，决定从1985年4月起在全国开展票据承兑、贴现业务。从此，票据承兑、贴现市场才逐渐得到发展。

续表

种　类	内　容　阐　释
银行承兑汇票市场	贴现是指票据持有人将未到期的票据向银行换取现金，并贴付利息的一种票据转让行为。对于银行来说，票据贴现实际上是一种票据买卖行为。银行以现金买入未到期的票据，等票据到期时，再收回票款，这样就可以获取贴现利息。对于贴现企业来说，将未到期的票据提前兑现，满足了其资金需求，并且贴现率一般低于银行贷款利率，也不需要向银行提供任何抵押品，所以，是一种非常便利的融资方式。 　　贴现票据的银行如果不急需资金，一般都会将贴现的票据持有到期，然后收回票款。如果急需资金，也可将票据进行转贴现或再贴现。转贴现是指银行将已经贴现的、未到期的票据向同业再进行贴现行为。转贴现实际上是同业之间票据的转让。再贴现是银行将已经贴现的、未到期的票据再转让给中央银行的票据转让行为。再贴现是中央银行对商业银行融通短期资金的一种形式，也是中央银行调节市场银根松紧的重要手段。 　　在西方国家，除票据贴现外，还形成了票据买卖市场。银行汇票买卖市场是由汇票持有人、汇票交易商、汇票经纪人和投资者组成的一个票据交易市场，它是货币市场的一个重要组成部分。票据持有人可以直接将未到期的银行承兑汇票拿到票据交易市场上出售，投资者也可以向汇票交易商购买汇票进行投资。在票据交易市场上，汇票的价格不是依据票面计算的贴现价格，而是根据市场汇票供求情况、汇票承兑人的信誉等因素来决定买卖价格
商业票据市场	商业票据，也称短期融资券或短期债券，是由大型工商企业或金融机构所发行的短期无担保本票。商业票据最初是由于商品交易而产生的，是商业信用的一种信用工具。它是以出票人为付款人的本票，由出票人承诺在一定时间、地点，支付给收款人一定金额的票据。它是出票人出具的短期无担保的债务凭证。早期的商业票据是一种双名票据，在票据上列明收款人和付款人的名称，由收款人持有，到期时向付款人收取款项，也可以在到期之前到票据贴现市场贴现取得款项。后来，商业票据已经不再局限于商业信用中使用，与商品交易分离，演变为单名票据，票据上不再列明收款人，出票人就是付款人，并逐渐成为金融市场上筹集资金的一种金融工具，即短期融资券。 　　商业票据的利率一般高于国库券利率。这说明其风险要高于国库券。通常商业票据的利率主要取决于市场利率水平，并受市场上商业票据供需关系的影响。与银行贷款比，商业票据筹资成本较低，所以，较受企业的欢迎。 　　在西方国家，短期融资券市场发展较快。20世纪60年代以后，工商界普遍认为发行短期融资券向金融市场筹集资金比银行借款方便，利率也低，并且不受银行信贷干预，所以，短期融资券市场迅速发展。目前，短期融资券已经成为许多公司融通短期资金的重要方式。我国近几年的短期融资券市场也发展较迅速
可转让定期存单市场	可转让定期存单是由银行发行的可以在货币市场上流通转让的定期存单。它是从普通的银行存单发展而来的，在西方已经成为货币市场上一种重要的金融工具。可转让定期存单既具有定期银行存款的收益，又具有活期银行存款的流动性，所以深受投资者欢迎，但在我国目前并不发达。 　　可转让定期存单市场是指可转让定期存单的发行与转让市场

（9）金融市场上利率的决定因素。在金融市场上，利率是资金使用权的价格。一般说来，金融市场上资金的购买价格，可用下式表示：

$$利率 = 纯粹利率 + 通货膨胀附加率 + 风险附加率$$

金融市场上利率的决定因素如表 2-11 所示。

表 2-11　金融市场上利率的决定因素

因　素	内　容　阐　释
纯粹利率	纯粹利率是指无通货膨胀、无风险情况下的平均利率。例如，在没有通货膨胀时，国库券的利率可以视为纯粹利率。纯粹利率的高低，受平均利润率、资金供求关系和国家调节的影响。 • 利息是利润的一部分，所以利率依存利润率，并受平均利润率的制约。一般说来，利率随平均利润率的提高而提高。利率的最高限不能超过平均利润率，否则，企业无利可图，不会借入款项；利率的最低界限大于零，不能等于或小于零，否则提供资金的人不会拿出资金。至于利率占平均利润率的比重，则决定于金融业和工商业之间的竞争结果。 • 在平均利润率不变的情况下，金融市场上的供求关系决定市场利率水平。在经济高涨时，资金需求量上升，若供应量不变，则利率上升；在经济衰退时正好相反。 • 政府为防止经济过热，通过中央银行减少货币供应量，则资金供应减少，利率上升；政府为刺激经济发展，增加货币发行，则情况相反
通货膨胀附加率	通货膨胀使货币贬值，投资者的真实报酬下降。因此投资者在把资金交给借款人时，会在纯粹利率的水平上再加上通货膨胀附加率，以弥补通货膨胀造成的购买力损失。因此，每次发行国库券的利率随预期的通货膨胀率变化，它近似等于纯粹利率加预期通货膨胀率
风险附加率	投资者除关心通货膨胀率外，还关心资金使用者能否保证他们收回本金并取得一定的收益。这种风险越大，投资人要求的收益率越高。实证研究表明，公司长期债券的风险大于国库券，要求的收益率也高于国库券；普通股票的风险大于公司债券，要求的收益率也高于公司债券；小公司普通股票的风险大于大公司普通股票，要求的收益率也大于大公司普通股票。风险越大，要求的收益率也越高，风险和收益之间存在对应关系。风险附加率是投资者要求的除纯粹利率和通货膨胀外的风险补偿

（10）资本市场。资本市场是融通长期资金的市场，包括中长期信贷市场和证券市场。中长期信贷市场是金融机构与工商企业之间的贷款市场；证券市场是通过证券的发行与交易进行融资的市场，包括债券市场、股票市场、基金市场、保险市场、融资租赁市场等。

1）资本市场的基本功能（见表 2-12）。

表 2-12　资本市场的基本功能

功　能	内　容　阐　释
筹资功能	资本市场的筹资功能是指资本市场为资金需求者筹集资金的功能，这一功能的另一作用是为资金的提供者提供投资对象。在资本市场，尤其是证券市场中交易的任何证券，既是筹资的工具，也是投资的工具。在经济运行过程中，既有资金盈余者，也有资金短缺者。资金盈余者为了使自己的资金价值增值，就必须寻找投资对象。在资本市场，资金盈余者可以通过买入证券进行投资，而资金短缺者为了发展自己的业务，就要向社会寻找资金。为了筹集资金，资金短缺者可以通过发行各种证券来达到筹资的目的
资本定价功能	证券是资本存在的基本形式，所以，证券价格实际上是证券所代表的资本的价格。证券价格是证券市场上证券供求双方共同作用的结果。证券市场的运行形成了证券的需求者竞争和证券供给者竞争的关系，这种竞争的结果是：能产生高投资回报的资本，市场的需求大，其相应的证券价格就高；反之，证券价格就低。因此，资本市场是资本的合理定价机制

续表

功　能	内　容　阐　释
资本配置功能	资本市场的资本配置功能就是通过证券价格引导资本的流动而实现资本的合理配置。在资本市场，证券价格的高低是由该证券所能提供的预期报酬的高低所决定的，证券价格的高低实际上是该证券筹资能力的反映。而能提供高报酬率的证券一般来自那些经营好、发展潜力巨大的企业，或者来自新兴行业的企业。由于这些证券的预期报酬率高，因此其市场价格也就高，其筹资能力就强，这样，资本市场就引导资本流向能产生高报酬率的行业或企业，使资本产生尽可能高的效率，实现资本的合理配置

2）主要资本市场（见表 2-13）。

表 2-13　主要资本市场

类　别	内　容　阐　释
股票市场	• 股票发行市场，也称股票一级市场或初级市场，是组织股份公司发行股票的市场，包括新公司成立发行股票和老公司增资发行股票。股票发行市场是公司筹集资本的场所，公司通过在发行市场上发行股票，可以筹集到生产经营所需资金。股份公司决定发行股票的目的主要有：设立新的股份有限公司；增资扩股，扩大生产经营规模；其他目的，如发放股票股利、改善资本结构、筹资偿还借款等。 • 股票流通市场，也称股票二级市场或次级市场，是对已经发行在外的股票进行买卖交易的场所。股票流通市场对于股东来说是非常重要的，因为股票不能偿还本金，股东只有通过流通市场将股票转让给其他投资者，才能收回本金。所以，股票发行必须以流通为前提，没有股票流通市场，股票市场就不是完整的市场
长期债券市场	• 债券发行市场是债券发行人向投资者出售新债券的市场。债券的发行人主要有政府、金融机构、企业等。债券发行必须符合有关法律规定的发行条件，并按规定的程序发行。债券发行人在确定了债券发行额、债券期限、利率、发行价格及还本付息方式之后，就应当选择一定的方式发行债券。 • 债券流通市场，也称二级市场或次级市场，是指已经发行的债券在投资者之间转让买卖的场所。债券流通市场为债券提供了交易场所，提高了债券的流动性，同时为新的投资者提供了进行债券投资的机会
基金市场	基金市场是基金发行和流通的市场。基金又叫证券投资基金，是一种利益共享、风险共担的集合证券投资方式，即通过发行基金单位，集中投资者的资金，由基金托管者托管，由基金管理人管理和运用资金，从事股票、债券等金融工具投资，并将投资收益按基金投资者的投资比例进行分配的一种间接投资方式。不管是发达国家还是发展中国家，当其金融市场发展到一定程度、金融工具的种类和数量达到一定水平时，基金就会适应市场运行的需要而得到相应的发展。 　　基金可以按多种方式分类。以是否可自由赎回，基金可以分为封闭式基金和开放式基金。封闭式基金是指基金的发起人在设立基金时，限定了基金单位的发行总额，筹集到这个总额后，基金即宣告成立，并进行封闭，在一定时期内不再接受新的投资。封闭式基金通常采取在证券交易所挂牌交易，投资者日后买卖基金单位，都必须通过证券经纪商在二级市场上进行竞价交易，在封闭期内不能赎回。开放式基金是指基金发起人在设立基金时，基金单位的总数是不固定的，可视投资者的需求追加发行。投资者也可以根据市场状况和各自的投资决策，或者要求发行机构按现期净资产值扣除手续费后赎回股份或受益凭证，或者再买入股份或受益凭证，增持基金单位份额。与封闭式基金不同的是，开放式基金投资者可以在首次发行结束一段时间后，随时向基金管理人员或中介机构提出购买申请，买卖方式灵活，除极少数开放式基金在交易所所做名义上市外，通常不上市交易

3）资本市场与企业财务管理。资本市场的发展催生了企业财务管理学科的产生与发展（见表2-14）。

表2-14　资本市场与企业财务管理的关系

关　　系	内　容　阐　释
工业革命的结果改变了传统的家庭作坊式的生产模式，企业生产向机械化、规模化发展	原来独资、合伙式已经不能适应规模化生产要求，公司制组织形式应运而生。公司制企业的最大特点是两权分离和可以募集大量的、单靠传统融资方式难以达到的资金而股东只需承担有限责任。从财务角度讲，企业财务管理重要性提高了，企业财务的角色也从后台走向了前台。每个这样的企业面临发展中的最大问题就是如何筹集资金，可以通过什么方式（是股票、债券，还是其他证券方式）筹集资金，以及如何规范企业的设立、经营、解散和破产等一系列传统财务不可能遇到的财务管理问题
经济危机和证券市场的崩溃进一步促进了企业财务管理的成熟	1929年的资本主义世界经济危机和证券市场的崩盘，造成大量企业倒闭、破产、股价暴跌，而其中企业内部控制混乱、财务管理失控、财务信息虚假被认为主要原因。为此，人们认识到企业财务管理不能仅仅考虑如何募集资金，还需更加关注资金募集后如何使用资金的问题。美国政府在1933年和1943年分别通过《证券法》和《证券交易法》，要求企业公布其财务信息，该财务信息的产生必须遵守公认的会计准则的编制要求，并且要经过注册会计师的审计。同时，还进一步要求公司加强内部控制，确保资金的安全与完整
现代企业财务管理的形成与发展离不开资本市场的推动与发展	随着科学技术的进步，尤其是以信息技术为特征的科技革命，促进了资本市场的国际一体化、网络化。金融工具以及金融衍生工具层出不穷，市场中金融风险加大，企业财务管理中的风险也在增加，风险管理与控制、投资管理与控制得到了企业空前的重视，现代企业财务管理也正是在此背景下形成和发展的。企业财务管理的研究内容向有效市场理论、投资组合理论、资本结构理论、证券估价理论、风险管理理论、市场微观结构理论发展，研究方法由描述性转向分析性，由定性方法向定量方法转变
公司制组织形态发展对资金量的需求，促进了资本市场的发展	市场中存在资金需要者和资金供给者，他们均在为如何筹集资金和运用资金而痛苦。资本市场为他们提供了这样的中介环境，使他们能够通过资本市场实现资金的融通与转让。而且有价证券市场的发展，使以股票为表征的所有权流通与转让比以前任何时候更加便捷与快速，加强了资本市场中资金的流转，促进了资本市场资源配置功能的实现
现代企业财务管理理论的发展有利于资本市场的完善	许多财务学理论是基于理想资本市场环境下存在的，如有效资本市场理论、MM理论等，它为我们指出了资本市场发展的方向，有利于资本市场的完善

3. 税收环境

国家的税收政策也是企业财务管理所必须面对的重要外部环境。税收是国家以政权为依托所进行的一种特殊分配方式，随国家政权的出现而出现。依法纳税是每个企业及公民的义务。由于企业实现的利润有相当一部分被政府以课税的方式拿走，企业财务管理的重要任务之一就是要进行精心筹划，合理避税。正如税差学派的重要代表人物之一的斯塔普里顿所认为的那样，现实的税收环境规定企业和投资者必须分别根据现金流量在利息、股利和留存收益之间的分配而缴纳税收，"正是由于税收差异，而并非不确定性的存在，才最有可能引起资本成本成为财务政策的函数"，"就是因为税收在处理负债和留存收益上存在不同，所以可能造成企业价值决定于企业的财务政策"。可见,税收制度在企业财务决策中扮演着重要角色。例如,是以资本利得的形式纳税还是缴纳企业所得税对企业更为有利,是发行债券以利息抵税还是以股票筹资给股东派现对企业更为有利,是以直线折旧以便使企业报表更"好看"还是用加速折旧以减少企业当前的纳税额,是使用像美国"S公司所得税"政策还是利用像我国的对新建企业"免二减三"的政策,等等,都涉及纳税筹划问题。以下以美国为例,列举对公司所得税有影响的有关因素:折旧;利息支出;股利收益;正常营业损失的递延;资本利得和资本损失;投资减税;公司所得税。

对跨国公司财务管理来说,还面临着各个国家不同的直接税和间接税。直接税有公司所得税、资本利得税,间接税有增值税、关税和预扣税等。此外,还要付财产税、工薪税、印花税和注册登记税、消费税和未分配利润税。

税收制度在西方财务决策中扮演着无处不在的角色,不论个人财务管理或公司财务管理均需将税收的影响考虑在决策之内,所以,成功的财务管理者应清楚地了解税收制度并随时注意税法条文的更替。

> **小知识**
>
> **税收对财务总监决策的影响**
>
> 税收影响公司决策,税收是企业在决策中必须考虑的问题,它涉及企业组织形式的选择、发行证券种类的选择、是购买设备还是租赁设备等。企业在经济活动中涉及的税种很多,处于不同的国家和地区,税法又有所不同。
>
> 公司所得税的存在,对财务总监的决策有着重要影响,其主要表现如表2-15所示。
>
> 表2-15　公司所得税对财务总监决策的影响
>
> | 影　响 | 内　容　阐　释 |
> |---|---|
> | 债务融资享有税收优势 | 由于债务融资中,利息是可抵扣所得税的,而普通股的股息和优先股的股息则不能抵扣所得税,因此债务融资享有税收优势,并且这种债务融资是杠杆收购和财务重组的主要理由 |
> | 公司所得税对股利政策的影响 | 当支付股息给普通股股东时,股东则必须立刻缴纳所得税。如果公司不支付股息,而将利润留存用于企业的再投资,股票价格可能预期增长,股票持有者的税负将递延到股票的出售。这种留存收益递延能力影响了投资者对持有股票获得资本收益还是获得股息产生不同的偏好,而投资者的偏好对公司的股利政策会产生影响 |
> | 资本支出决策受公司所得税的影响 | 为了获得所需资产,资本支出需要税后资金的支出。预期资产所产生的经营收益易受税收的影响,所以企业必须密切注意税法的变化 |
> | 租赁资产还是购买资产的决策常常受到税收的影响 | 由于租金和利息均可抵扣所得税,如果支付的租金(按加速折旧计算)大于提取的折旧,那么租赁资产比购买资产更为合算(此种情况的租赁资产属于使用年限不会很长,而且容易产生技术性贬值的资产) |

4. 法律环境

财务管理的法律环境是指影响财务管理的各种法律因素。法律是体现统治阶级意志,由国家制定或认可,并以国家强制力保证实施的行为规范的总和。广义的法律包括各种法律、规定和制度。财务管理作为一种社会行为,必然要受到法律规范的约束。按照法规对财务管理内容的影响情况,可以把法规分为三类,如表2-16所示。

表 2-16　法规的分类

类　　别	内　容　阐　释
影响企业融资的各种法规	企业融资是在特定的法律约束下进行的。影响企业融资的法规主要有公司法、证券法、金融法、证券交易法、经济合同法、企业财务通则、企业财务制度等。这些法规可以从不同层面规范或制约企业的融资活动
影响企业投资的各种法规	企业在投资时必须遵守有关法规的规定。影响企业投资的法规主要有企业法、公司法、企业财务通则、证券交易法等。这些法规可以从不同方面规范或制约企业的投资活动
影响企业收益分配的各种法规	企业在进行收益分配时必须遵守有关法规的规定。影响企业收益分配的法规主要有税法、公司法、企业法、财务通则、企业财务制度、企业会计准则等。这些法规都从不同方面对企业收益分配进行了规范

小知识

财务管理应遵循的法律规范

企业的财务管理活动，都要和企业外部发生经济关系。在处理这些经济关系时，应当遵循有关的法律规范（见表 2-17）。

表 2-17　财务管理应遵循的法律规范

法律规范	内　容　阐　释
工商企业组织法律规范	企业组织必须依法成立。组建不同的企业，要依照不同的法律规范。它们包括《中华人民共和国公司法》（以下简称《公司法》）、《中华人民共和国证券法》（以下简称《证券法》）等。这些法律规范既是企业的组织法，又是企业的行为法。财务人员至少应当关注这些组织法规及其变更中有关企业的财务制度的相关规定。 例如，《公司法》对企业的设立条件、设立程序、组织机构、组织变更和终止的条件和程序等都做出了规定，包括股东人数、资本筹集方式等。只有按其规定的条件和程序建立的企业，才能称为"公司"。《公司法》还对企业生产经营的主要方面做出了规定，包括股票的发行和交易、债券的发行和转让、利润的分配等。公司一旦成立，其主要活动包括财务管理活动，都要按照《公司法》的规定来进行。因此，《公司法》是企业财务管理最重要的强制性规范，企业的财务管理活动不能违反该法律，企业的自主权不能超出该法律的限制。 又如《证券法》，对企业证券（股票、债券等）的首次发行、再次发行、配股，可转换债券的发行与转换，企业证券的上市交易、退市和关联方关系及其交易等问题也都进行了规定与规范，而这些本身又是现代企业，尤其是上市公司重要的财务管理活动，因此，财务人员应当清楚、了解这些法律法规的内容及其变更等
财务与会计法律规范	财务与会计法律主要是涉及企业具体财务与会计活动的法律规范，主要包括《会计法》、《企业财务报告条例》、《会计准则》和内部控制规范等。企业财务活动应当遵循这些法律规范。 • 会计制度/准则。2006 年 2 月 15 日，财政部宣布与国际会计（审计）准则基本趋同的会计准则体系和审计（独立审计）准则体系已经基本形成，包括一项基本会计准则和 38 项具体会计准则、48 项审计准则；之后又有一些修改、增补。 • 内部控制指引。为了加强企业财务管理，我国在《会计法》之后相继又出台了内部控制指引。这些制度、规范对企业的控制，特别是会计控制、财务控制提出了相应的制度要求

续表

法律规范	内容阐释
金融证券法律规范	在发达的金融市场环境下经营的企业,除必须具备关于利用资本市场的条件外,还应当遵守有关金融市场的规律规范。有关银行业务的法律规范,如《银行结算管理办法》《票据法》《贷款通则》等;有关证券市场交易与管理的法律规范,如《证券法》《上市公司信息披露的内容与格式》等
税务法律法规	任何企业均有依法纳税的义务,而如何在合理合法情况下为企业节税又成为企业财务管理的一项重要课题。企业人员首先应当了解有关的税收法规,如有关企业所得税的法律法规、有关企业流转税的法律法规、有关出口退税的法律法规等。精通税法,对财务人员有重要意义

5. 社会文化环境

社会文化环境包括教育、科学、文学、艺术、新闻出版、广播电视、卫生体育及理想、道德、信念等理念。企业财务管理作为人类的一种社会实践,必然受到社会文化的影响,而社会文化的各个方面,对财务管理的影响程度是不尽相同的,有的具有直接影响,有的可能是间接影响;有的影响比较明显,有的影响微乎其微。

(三) 微观财务管理环境

1. 市场环境

构成市场环境的要素主要有两项:一是参加市场交易的生产者和消费者的数量;二是参加市场交易的商品的差异程度。一般而言,参加市场交易的生产者和消费者的数量越多,竞争越大;反之,竞争越小。参加市场交易的商品的差异程度越小,竞争程度越大;反之,竞争程度越小。

小知识

销售环境

销售环境主要是反映企业商品在销售市场上的竞争程度。企业所处的销售环境,按其竞争程度可分为四类,如表2-18所示。

表2-18 按竞争程度分类的销售环境

类 别	内 容 阐 释
完全竞争市场	这种市场生产者、消费者众多,但都不能控制市场价格,商品差异又不大。对此,企业只能接受市场形成的价格,并要大力做好推销工作
不完全竞争市场	在这种市场中,同一商品有许多厂家生产,但型号、规格,特别是质量档次有较大差异,某些名牌的厂家可以在一定程度上影响销售市场
寡头垄断市场	这是指由少数几个厂家控制的市场,如某些集团公司控制全国70%~80%的市场,这些企业对供应数量、销售价格起着举足轻重的作用
完全垄断市场	又称独占市场,某些关系国计民生或具有战略意义的行业,由政府组建企业或实行专卖,这种独家经营的企业(包括其分支机构)则可以在国家宏观指导下决定商品的数量和价格

销售环境对企业财务管理具有重要的影响。面对完全竞争市场的企业,因价格和销售量容易出现波动,风险较大,利用债务资金要慎重;面对完全垄断市场的企业,产品销售一般不成问题,价格波动也不大,利润稳定,风险较小,资金占用量相对较少,可较多地利用债务资金。而面对不完全竞争市场和寡头垄断市场的企业,重要的是搞出产品特色,创出名牌,加强售后服务,应在开发、科研、宣传、推销上投入较多的资金。

2. 采购环境

采购环境，又称物资供应环境，是指企业在市场上采购物资时涉及采购数量和采购价格的有关条件。企业进行采购工作面临的环境，按物资供应是否充裕，可分为稳定的采购环境和波动的采购环境。前者材料资源相对比较充足，运输条件比较正常，能经常保证生产经营的需要，企业可以少储备物资，不过多占用资金。后者物资相对比较紧缺，运输不很正常，有时不能如期供货，为此企业要设置物资的保险储备，占用较多资金。

采购环境按采购价格的变动趋势，可分为价格可能上升的采购环境、价格平稳的采购环境和价格可能下降的采购环境。对价格看涨的物资，通常企业要提前进货，投放较多资金，而对价格看跌的物资，则可在保证生产需要的情况下推迟采购，节约资金。

3. 生产环境

生产环境主要是指由人力资源、物质资源、技术资源所构成的生产条件和企业产品的寿命周期。就生产条件而言，企业可分为劳动密集型、技术密集型和资源开发型的企业。劳动密集型企业所需工资费用较多，长期资金的占用则较少；技术密集型企业需要使用较多的先进设备，而所用人力较少，企业需要筹集较多的长期资金；资源开发型企业则需投入大量资金用于勘探、开采，资金回收期较长。

产品的寿命周期通常分为投入期（试销期）、成长期、成熟期、衰退期四个阶段。无论是就整个企业而言，还是就个别产品而言，在不同寿命周期的阶段，收入多少、成本高低、收益大小、资金周转快慢，都有很大差别。进行财务决策，不但要针对企业现在所处的阶段采取适当的措施，而且要瞻前顾后，要预见性地进行投资，使企业的生产经营不断更新换代，使企业经常保持旺盛的生命力。

4. 企业类型

企业的类型按不同标准可做不同分类。首先介绍按国际管理的标准划分的三种类型的企业组织形式，然后介绍按其他标准划分的企业类型。

（1）按国际管理的标准划分的三种类型的企业组织形式及其对财务管理的影响，如表2-19所示。

表2-19 不同的企业组织形式

组织形式	内 容 阐 释
独资企业	如果是独资企业，财务管理比较简单，主要利用的是业主自己的资金和供应商提供的商业信用。因为信用有限，独资企业利用借款筹资的能力亦相当有限，银行和其他人都不太愿意借钱给独资企业。独资企业的业主要抽回资金，也比较简单，无任何法律限制
合伙企业	合伙企业的资金来源和信用能力比独资企业有所增加，收益分配也更加复杂，因此，合伙企业的财务管理比独资企业复杂得多
公司	公司引起的财务问题最多。公司不但要争取获得最大利润，而且要争取使公司价值增加。公司的资金来源多种多样，筹资方式也有很多，需要进行认真的分析和选择。公司的盈余分配也不像独资企业和合伙企业那样简单，而是要考虑公司内部和外部的许多因素

（2）按其他标准划分的企业类型及其对财务管理的影响。

1）根据企业所属的部门，可分为工业企业、商业企业、农业企业等。

2）根据企业规模的大小，可分为大型企业、中型企业和小型企业。

3）根据所有权关系，可分为国有企业、集体企业、个体私营企业、外商投资企业、股份制企业等。

4）根据经营方式，可分为承包经营企业和租赁经营企业等。

不同类型的企业，所处的财务管理环境也不同，对财务管理的影响也不一样。例如，我国为吸引外资，对外商投资企业给予了各种优惠，这是其他所有制企业所不具有的；国有企业可以大量吸收国家投资，而其他所有制企业则缺少这个优势；大型企业可以承担比较大的风险，而小型企业承担风险的能力较差；等等。

（四）财务管理环境的调查

为了掌握财务管理环境的过去、现在和未来，需要开展对财务管理环境的调查，包括对财务管理环境信息资料的收集、记录、整理和分析，并要存档保管，以待随时查阅。通过对财务管理环境的调查，系统地积累资料，可以随时据以研究分析，这对于搞好财务决策、及时调整财务策略很有帮助。

财务管理环境的调查是件复杂的工作。财务管理环境的因素不但内容广泛，变化频繁，而且项目很不固定，难以做出规范化的描述。其中，有的可以用数字指标做出定量分析，有的只能提供具体情况做定性分析。所以，要根据环境因素的具体条件来开展工作。总体来说，对财务管理环境的调查要注意做到针对性（有的放矢地而不是漫无边际地收集资料）、时效性、真实性、准确性，还要注意具有保密性，有些信息资料只能由本企业独占，不能与其他企业共享。

财务管理环境调查的工作内容主要有：确定调查项目，拟订调查方案；收集各种信息，进行分类整理；做出调查结论，提出调查报告。

财务管理环境调查的方法有多种多样，主要有询问调查法、实地观察法和资料分析法。询问调查法，又称访问调查法，是一种对财务管理环境直接调查的方法。其特点是，直接接触采访对象，可以进行双向交流，随时向受访者提出问题，形式灵活，易于达到调查的目的。其具体形式主要有：电话查询；寄发征询意见表；登门拜访；召开座谈会。采取这种方法由于要求受访者直接表示意见，所以往往只能用于调查比较公开的信息，受访者一般只能提供易于了解的信息。对访问者来说，则要求能善于发现问题、提出问题，做好引导启发工作。实地观察法也是一种对财务管理环境直接调查的方法，即由调查人员到有关业务活动的现场通过观察收集财务管理环境的信息资料。这种方法的特点是，收集的资料准确性强，可信度高，比较直观，但费时较多，花费较大，且短时间观察难以获得预期的结果。因此要长期坚持，认真分析，从中找出规律性的变化。这种方法最适合用于到证券交易所观察交易情况，了解交易人和中间人的意向、兴趣、成交规模，取得第一手资料。资料分析法则是一种间接调查方法，即由调查人员引用现有的书面资料，摘录有关所需信息，归纳分析，得出结论。书面资料包括报纸、专业刊物、工具书、专业书籍、各种年鉴、广告、上市公司公开披露的财务报告等。资料分析法的特点是，资料来源广泛，信息量大，收集整理的时间和方式灵活，但是在浩瀚的书面资料中要筛选出对财务决策有用的信息，难度较大。在财务管理环境调查中所收集到的信息资料，凡是能够量化的，要用实物数量或金额指标加以表示；凡是能够按项目、状态、等级、比率等标志加以归类的，要加以归类。同时要尽可能以图表方式加以列示，以便积累和查阅。

四、财务管理的内容（见表 2-20）

表 2-20　财务管理的内容

内　　容	内　容　阐　释
制定财务战略，发挥财务职能	财务战略是为了使企业能在较长时期内生存和发展，在充分估计影响企业长期发展的内外环境中各种因素的基础上，为达到财务目标而制定的指导财务活动的总规划和总原则，也就是对企业财务管理所做的长远规划，是围绕财务目标而实施的全局性的行动方案。它由战略思想、战略目标和战略计划三个基本要素构成，具体内容主要可以根据企业财务管理要素确定。作为企业发展战略的组成部分，财务战略可以分为紧缩型战略、稳定型战略和发展型战略三种类型，制约着企业财务活动的基本特征和发展方向。因此，在市场经济条件下，加强财务战略管理，对企业财务管理具有重要意义。 　　财务职能是指利用价值形式来组织财务活动，协调财务关系，为实现企业的发展战略和财务目标服务。发挥企业的财务职能，就是要做好财务预测、决策、预算、控制、分析、监督和考核等工作，充分发挥企业财务管理的组织、协调、配置和平衡的作用，正确处理好企业内部资源条件、外部经济环境和企业目标之间的平衡关系，并从动态平衡中求发展，促使企业顺利实现发展战略和财务目标。实践证明，财务职能越健全的企业，财务管理越有效，企业抵御市场风险的能力和市场竞争力也就越强
控制成本耗费，增加企业收益	企业收益是补偿成本耗费的来源，也是企业向投资者回报、改善职工生产条件和经济待遇，并实现企业扩大再生产所需资本积累的保障。为了实现利润最大化和企业价值最大化的财务目标，企业在市场竞争中需要努力开源节流，一方面要采用适用先进的市场营销策略与手段，尽可能开拓国内、国际市场，扩大各项业务，以增加企业收益的来源；另一方面要开发自主知识产权，提高产品或服务质量，树立企业信誉，创造核心竞争力，以提高企业收益的质量；同时，建立激励与约束机制，调动职工发明创造和增收节支的积极性，控制企业收益流失。 　　企业为了获得各项收入，必然需要支付相关成本、费用，包括材料、人工等直接成本，销售及管理等各项费用及依法缴纳的税金。企业在各项业务收入既定的情况下，成本消耗越少，企业收益越大。同时，相同产品的单位成本消耗越少，意味着其越具有市场竞争优势，更容易实现销售目标。因此，降低成本消耗，是企业财务管理的一项艰巨任务。企业通过革新生产技术，改进工艺流程，采用现代物流管理，实行存货决策控制，盘活各项闲置或者低效的资产，提高劳动生产率，实行必要的成本、费用管理责任制度，都可以降低材料、燃料消耗，减少资产损失和资源浪费，节约成本、费用，从而增加企业收益
合理筹集资金，有效营运资产	资金是企业运行的血液，一旦流量不足，企业就会出现财务危机，生产经营就会面临停顿，甚至导致企业清算。因此，筹集资金，组织资金供应，是企业财务管理的首要任务。企业应当根据自己生产经营和发展战略的需要确定合理的资金需要量，依法、合理地筹集所需要的资金。所谓"依法"，就是要在法律、行政法规和规章允许的范围内筹集资金。企业进行筹资活动，根据不同筹资渠道和方式，需要遵守的法律、行政法规和规章主要有《公司法》《证券法》《外汇管理条例》《贷款通则》等。所谓"合理"，就是要考虑资金成本因素，利用财务杠杆，选择有利的筹资渠道和可行的筹资方式，以尽可能低的资金成本及时筹集所需要的资金。

续表

内　容	内　容　阐　释
合理筹集资金，有效营运资产	企业资金利用效果取决于资产是否有效营运。资产营运过程也是资源配置过程，主要包括现金流量管理与投资管理。企业对筹集的资金实行统一集中管理，按不同环节、不同业务的合理需要调度资金，有计划地安排现金流量，防止现金收支脱节。在组织财务活动中，注意开展资产结构动态管理，保持资产与负债的适配性，结合生产经营的特点，合理安排采购业务，积极控制存货规模，及时回收应收款项，避免盲目投资，提高固定资产利用效能，推进科技成果产业化，实现知识产权的经济价值，从而不断调整和改善资产结构，提高资产质量，实现资源优化配置的效益
规范收益分配，增强企业活力	企业既是投资者获得投资回报的载体，又是经营者和其他职工提供劳动、创造价值并取得报酬的载体，还是依法缴纳税费的义务人。理顺企业与国家、投资者、经营者和其他职工之间的分配关系，建立有效的激励机制，对调动各方面的积极性，改善企业财务管理的内部微观环境，增强企业竞争能力和发展能力，具有重要意义。 现实生活中，一些企业虚盈实亏，满足了经营者和其他职工业绩考核和收入增长的需要，内部分配过分向个人倾斜，却侵蚀了投资者的权益。一些企业对拥有杰出管理能力的经营者和核心技术开发人员缺乏激励措施，导致企业人才流失，创新能力不足，市场竞争能力缺乏。一些企业虚亏实盈，实际控制人截留、隐瞒企业收益，任意支付奖励、提成、佣金等，中饱私囊，侵蚀国家税基，损害企业和普通职工的利益。一些经营者借企业改革之机，擅自实行股权激励，私分或者贱卖企业资产，或者随意拖欠、扣发职工劳动报酬，损害其他相关利益主体的权益。凡此种种，导致财务关系混乱，最终恶化企业经营环境，损害了企业长远发展的利益，应当依法予以理顺
规范重组清算财务行为，妥善处理各方权益	企业重组清算，是在市场经济条件下实施扩张经营、战略收缩或者增强内力而进行的资本运作措施。这是企业适应市场变化而采取的行动。在扩张经营情况下，企业资本聚集，资产和经营的规模增加，现金流量增大，业务部门或者分支机构增加，财务风险和管理难度也随之倍增。在战略收缩情况下，企业资本减少，资产和经营规模萎缩，现金流量变小，还可能关闭、出售所属机构或者业务部门，甚至对所属企业实施清算，以退出某一市场领域。在增强内力情况下，企业对内部的业务流程进行再造，对内部机构和人员重新调整，对内部经济资源重新配置，以形成并提高企业整体竞争能力。 企业重组清算，不论是主动的，还是被动的，都必然产生一系列财务问题，引起现有利益格局的调整。因此，企业为了顺利实施重组清算，有效控制财务风险，应当妥善处理各项财务事项，维护国家、投资者、债权人和企业职工各方的合法权益
加强财务监督，实施财务控制	财务监督，是根据法律、法规和国家财经纪律以及企业内部财务管理制度，对企业生产经营活动和财务收支的合理性、合法性、有效性进行调节和检查，以确保企业遵守法地实现发展战略和财务目标。由于企业的生产经营活动必须借助价值形式才能进行，因此运用现金收支和财务指标实施监督，可以及时发现和反映企业在经营活动和财务活动出现的问题。财务监督为实施财务控制、改进财务管理、提高经济效益提供了保障，是企业财务管理的一项保障性手段。 财务控制，是以财务预算和制度规定为依据，按照一定的程序和方式，对企业财务活动进行约束和调节，确保企业及其内部机构和人员全面落实财务预算。其特征是以价值形式为控制手段，以不同岗位、部门和层次的不同经济业务为综合控制对象，以控制日常现金流量为主要内容。财务控制是企业落实财务预算、开展财务管理的重要环节

续表

内容	内容阐释
加强财务信息工作，提高财务管理水平	财务信息管理是国家综合经济管理部门和企业经营者运用现代信息技术和管理手段，对企业财务信息进行收集、整理、分析、预测和监督的活动。在企业财务管理中加强财务信息管理，就要将计算机科学、信息科学和财务管理科学结合起来，对企业而言，在整合各项业务流程的基础上，对企业物流、资金流、信息流进行一体化管理和集成运作，从而加强财务管理的及时性、有效性和规范性，提高企业整体决策水平；对国家综合经济管理部门而言，可以加快企业财务信息收集、整理、分析过程，提高信息处理能力，及时监测企业经济运行状况，评估企业内部财务控制的有效性，更好地服务于国家宏观经济管理，并促进企业进一步改善财务管理状况，实现和谐健康发展。 　　财务信息管理，从计算机在财务中的运用，到建立财务业务一体化的信息处理系统，再到实现统筹企业资源计划，存在循序渐进的过程，需要具备一定的内外部条件。企业可以结合自身经营特点和所具备的客观条件，逐步推行信息化财务管理。主管财政机关要逐步完善企业财务信息体系，加强对企业经济运行情况的分析，探索建立企业财务预警制度，增强企业财务信息为宏观经济管理和决策的服务功能

五、财务管理的要素（见表2-21）

表2-21　财务管理的要素

要素	内容阐释
资金筹集	筹集资金是企业生存和发展的必要条件，任何企业的诞生、存在和发展都是以筹集与生产规模相适应的资金为前提条件的。筹资的过程包括：首先根据企业投资规模和时机确定筹资数额；其次根据企业经营策略、资金成本和风险确定资本结构；再次根据筹资数额和资本结构确定资金来源；最后以合理和经济的方式、渠道取得资金。企业筹资必须遵循"规模适当、筹措及时、来源合理、方式经济"等基本原则
资产营运	资产营运是企业为了实现企业价值最大化而进行的资产配置和经营运作的活动。资产的营运问题，在进行资产结构动态管理的前提下，开展现金流量管理、资产合理利用、资源优化配置、资产规范处置与资产安全控制等。具体内容包括企业资金调度管理、销售合同的财务审核，以及应收款项管理、存货管理、固定资产管理、对外投资管理、无形资产管理、对外担保和对外捐赠管理、高风险业务管理、代理业务管理、资产损失或减值准备管理、资产损失与资产处理管理、关联交易管理等
成本控制	成本直接影响企业的利润大小、职工的权益和福利，间接影响企业的社会责任和社会经济秩序。例如，管理者将企业的成本费用用于个人的不合理消费，就将减少企业的盈利，损害企业所有者的利益，逃避税收，损害国家的利益等。成本控制是借助科学的方法，保障必需的支出，控制不合理的支出。具体内容包括产品成本控制、期间费用管理、研发费用管理、社会责任的承担、业务费用的支付、薪酬管理办法的制定、职工劳动保护与职工奖励政策的制定、职工社会保险及其他福利的保障、政府性基金的缴纳等
收益分配	企业的净利润主要是分配给投资者和用于再投资两个方面。如何在这两者之间进行分配，构成了企业收益分配的基本内容。一个企业的利润分配不但影响其筹资、投资决策，而且涉及国家、投资者、经营者和其他职工等多方面的利益关系，涉及企业长远利益与近期利益、整体利益与局部利益等关系问题。收益分配的具体内容包括企业收入的范围、股权转让收益管理、年度亏损弥补办法、利润分配项目和顺序、其他要素参与分配的财务处理

续表

要　素	内　容　阐　释
信息管理	财务信息既反映财务管理的结果，又为财务管理提供依据，实行信息化管理还可以提高财务管理的效能。信息管理可以通过评价企业的经营业绩、财务状况和现金流量，发现财务活动中存在的矛盾和问题，为改善经营管理提供线索；检查企业的预算完成情况，考核经营者的经营业绩，为制定合理的激励机制提供帮助；预测企业未来的风险和报酬，为投资者、经营者、债权人和政府部门的正确决策提供信息支持。因此，信息管理涉及企业财务信息管理手段、财务信息对内公开与对外披露、企业财务预警、财务评价等
财务监督	财务监督是企业财务活动有效开展的制度保障。它主要借助会计核算资料，检查企业经济活动和财务收支的合理性、合法性和有效性，及时发现和制止企业财务活动中的违法违规行为，保证法律、法规和财务规章及企业内部财务制度的贯彻执行，维护财务秩序；及时发现并纠正预算执行的偏差，保障企业财务活动按照经营规划和财务目标进行；同时，监督经营者、投资者的财务行为，保护企业相关利益主体的合法权益，维护社会经济稳定

　　需要说明的是，重组清算是市场经济条件下企业财务管理的重要内容之一，虽然可归入资产营运范畴，但是企业重组清算往往是企业非持续经营状态下发生的，因此应当将其作为特殊财务事项加以规范。可以说，财务管理六大要素与会计六大要素（资产、负债、所有者权益、收入、费用、利润）既有明显不同，也有一定联系：财务管理要素对会计要素的确认、计量、记录和报告产生影响，而会计要素的变动则量化反映着财务管理要素的状况。

六、财务管理的观念

（一）效益观念

　　取得和不断提高经济效益是市场经济对现代企业的最基本要求。对现代企业来说，取得效益将意味着必须以低于社会必要劳动时间的劳动耗费来完成其生产经营活动过程；而经济效益的提高，则需要依赖于劳动时间的耗费与社会必要劳动时间对比关系的进一步好转。可见，没有劳动时间的节约，就不可能有经济效益的产生和提高。从某种意义上讲，社会发展的动力来自劳动时间的节约，而劳动时间的节约是通过对人力、物力、财力的合理而节约的使用来实现的，即是通过有效的财务管理来实现的，因此在财务管理方面必须牢固确立效益的观念。效益观念的确立，有助于现代企业在符合市场需求的前提下，独立地做出有关决策，建立明确的财务目标，并通过市场竞争得以实现，自觉地增强企业自我改造、自我完善、自我发展的能力。效益观念的确立，要求企业必须做到：筹集足额资金，保证企业生产经营活动的需要；合理分配资金，节约资金占用，加速资金周转；开源节流，增收节支，处理好对企业生产经营活动的服务与管理的关系；强化机会成本观念，努力消灭各种闲置；努力保持目前经济效益与长远经济效益的统一；重视资金成本，合理确定负债结构，控制财务风险；创造条件计量各种潜在的损失并提前反映与补偿；利用发达的金融市场，力所能及地开展货币商品经营；树立企业良好的财务形象，保持企业优越的外部环境；注意研究税法，合理避税，推迟纳税时间；等等。

（二）风险报酬的理念

　　从财务的角度来看，风险主要是指无法达到预期报酬的可能性。由于投资者对意外损失的关注，一般要比对意外收益强烈得多，因而人们研究风险时侧重减少损失，经常把风险看成不利事件发生的可能性，要求规避风险。

　　如果设定预计报酬率相同的两个投资方案，一个风险大而一个风险小，那投资者必然愿意选择风险小的项目投资。所有的投资者都是厌恶风险,并力求回避风险的。为什么还有人愿意进行风险投资呢?这是因为风险大的项目,可能带来较大的损失,也可能带来很高的额外报酬,这种报酬就称为"风险报酬"。所以,风险报酬是投资者因冒风险进行投资而获取的超过货币时间价值的那部分额外的报酬,有时也称为"风险价值"。风险报酬在一般情况下用风险报酬率来表示,即将风险投资获取的超过货币时间价值的那部分风险报酬额除以原投资额所得的比率。投资报酬率就是无风险的货币时间价值率与风险报酬率之和。当然,其前提是通货膨胀率为零。

风险和报酬犹如影和形的关系,它们是相伴而生的,要取得报酬就会有风险,要求的报酬越高,风险就越大。企业必须在财务管理中树立风险观念,通过风险回避、风险接受、风险转嫁、风险分散等手段,对企业财务活动的风险加以控制,以正确有效地实施财务决策。

(三) 收益性与流动性相统一的观念

收益性与流动性是一对相互依赖、相互矛盾的概念,也是财务管理实践中必须树立的核心观念。从长期来看,两者是相统一的,要想取得长远的经济效益,就必须保持理想的流动性,以保证企业在动态的发展中不断清偿到期债务,只有如此,才能保持企业的长期收益性。但从目前来看,两者又是相互矛盾的,要想取得较强的收益性,则必须大量使用流动负债,大量形成流动性较低的长期资产,这样企业必然表现为资产流动性较低,偿债力较弱;反之,想要维持较高的流动性,企业必须保持较多的流动资产,或者维持较高的自有资本比率或较多的长期负债,超过合理的速动资产的闲置和资金成本较高的资金来源,必然降低企业的收益性。如何保持理想的收益性和流动性,是市场经济条件下企业必须认真权衡的理财问题。建立正确的收益性与流动性观念,就是要求企业首先具备有关收益性与流动性及其两者关系的正确观念,在此观念的指导下,正确处理企业的资产结构、资本结构及其两者的对称结构问题,以保持企业理想的收益性与流动性,实现收益性与流动性的统一,满足企业追求所有者权益最大化这一企业目标的要求。

(四) 机会成本的理念

机会成本是一种假设成本,是指一项经济资源用于某一项目而丧失的该项资源用于其他某一项目可能获得的收益。

企业理财活动中处处存在着机会成本。例如,企业为了扩大销售而采取相应的信用政策,这就意味着有一部分销货款不能及时收回,要相应为客户垫付一笔相当数量的资金,这笔资金也就丧失了投资获利的机会,便产生了应收账款的机会成本。在日常理财活动中,企业持有现金也会产生机会成本。这是指企业持有现金有时虽可获得很小一部分利息收入,但若企业将这份现金进行投资,则可能像企业其他资产一样获得大致相同的利润率,若对外贷款也可获得按当时资本市场利率计算的利息收入。而企业选择了置存资金,即放弃了这些投资行为,便放弃了这些获利机会。此时置存现金的代价就是持有现金的机会成本。一般可用投资收益率来表示。一般认为,现金持有额越大,机会成本也越高。

如果企业在筹资过程中,把其自身的留存利润作为一种资金来源,那么也会产生相应的机会成本。另外,由于原来土地在我国不计价,因而企业利用其原占有的土地建设项目不会发生实际现金流量。但是,如果用这种土地使用权作为投资投入其他单位,如组建中外合资经营企业,就会形成该企业的无形资产投资,投资企业就可取得相应的报酬——税后利润。所以,在确定项目现金流量时,在特殊情况下应考虑这类不计价资产的机会成本。

因此,我们应牢牢树立机会成本理念。树立这一理念,要求我们在决策时不仅要考虑一项资源投资于某项目所能获得的收益,同时还要考虑该项资源如果用于其他项目可能获得的收益

（机会成本），并把这种丧失的收益作为运用资源的代价。只有考虑了机会成本后的净收益才能作为方案选择的依据。也只有在这一理念指导下，企业才能更合理有效地运用资源，才能不断提高自身经济效益，并使社会资源能达到最优配置。

（五）战略管理理念

1. 现金流量理念

现金流量和自由现金流量在公司战略管理中具有重要地位。已有大量的证据显示，按财务报告披露的利润所分配的收益与股票价格变动之间缺乏联系，而一些国际大公司的股价与其现金流量之间却存在着显著的高度相关性。欧洲的一项研究显示，股价变动与每股收益的相关度为-0.01，而与资本现金回报率的相关度则是 0.77。因此，欧美国家的投资者对公司的评价更多的是基于所报告的现金流量，而非盈利情况。这一趋势在日本也已出现。有人甚至提出"现金流量至尊"之理念。许多跨国公司将其经营重心转向那些其带来的现金流量回报超过其资本成本的投资组合。可以看出，基于现金流量的投资回报已经成为与股东财富或公司价值密切相关的新概念，并已成为公司发展战略和财务战略的战略规划结合点。

2. 价值创造理念

确保公司内部每个层面的决策过程都与股东财富最大化的原则相吻合，是一流财务管理人员必须具备的技能。从成功的经验来看，当股东财富最大化成为公司追求的目标之后，以价值为基础的管理（Value Based Management，VBM）已经成为财务管理人员必须具备的财务理念。因为 VBM 涉及对自由现金流量、风险和时间的调整与分析，可以促使公司的财务管理从短期的利润视角到长期的价值创造之观念更新；可以引导公司管理当局直接面向股东，从而对整个公司的财务支持系统之运作产生深刻的影响。其关键之处在于：它能够帮助人们清晰地把握价值动因，即股东财富的价值＝公司价值－负债，而公司价值＝未来自由现金流量×加权平均资本成本贴现率；发现价值增减的动因；进行以价值为基础的决策。

可见，VBM 将公司及其设计者——财务管理人员引入了一个完全不同的境界，促使公司的财务管理发生了质的变化，初步形成了面向 21 世纪的财务管理模型：从增量评估转变到以价值为基础的战略评价；从追求单一的利润目标转变到与股东财富价值和公司价值有关的每一价值动因的目标；从对传统的职能结构进行管理转变为以价值为中心进行管理；促使会计工作从提供历史成本的信息转变为提供价值预测的报告。

3. 成本领先理念

企业经营范围广泛，为多个产业部门服务，甚至可能经营属于其他有关产业的生产。企业的经营面往往对其成本优势举足轻重。成本优势的来源因产业结构不同而异。它们可以包括追求规模经济、专利技术、自动化组装、原材料的优惠待遇、低成本设计、有利于分摊研制费用的销售规模、低的管理费用、廉价的劳动力和其他因素。追求低成本的生产企业地位不仅需要向下移动学习曲线，而且必须寻找和探索成本优势的一切来源。典型的低成本生产厂商生产标准化或实惠的产品，并且要在强调从一切来源中获得规模经济的成本优势或绝对成本优势上大做文章。

成本领先理念是企业最普遍最通用的竞争战略之一。

成本领先理念一般要求企业成为行业内的成本领先者，而不是争夺这个位置的众多企业中的一员。如果实行该理念未能认识到这一点，那么在理念上将铸成大错。渴望成为成本领先的企业绝对不止一家，他们之间的竞争通常是极其激烈的，因为每个百分点的市场占有率都被企业认为至关重要的。

成本领先理念的关键在于，凭借其成本上的领先地位来取得竞争优势，这与在市场销售上采取的低盈利低价格的策略是截然不同的。成本领先理念的成功取决于企业日复一日地实施该理念的技能，还取于管理层对它的注意程度。实行成本领先理念时，我们常常要注意一些错误的导向（见表2-22）。

表 2-22　错误的导向

导　向	内　容　阐　释
重视生产成本而忽视其他	成本的降低使人首先联想到的就是生产成本的降低，但多数时候生产成本只是总成本的一部分。在重视降低生产成本的同时，我们还需要认真地审视一下产品的整个成本链，这往往成为成本降低的重要步骤
将采购视为次要的部分	采购是成本降低过程的最重要环节之一，所以视采购为次要的职能，也不要将采购分析限制于某些重要方面
忽视间接的及小的活动	在实行成本领先理念时，不要将眼光放在能够产生大的降低或直接反应的方面上，而忽视占成本小部分或只有间接关系的部分，要知道小的降低能够累积为大的领先
对成本驱动因素的错误理解	企业常常会错误地判断他们的成本驱动因素，如全国占有率最高而又是成本最低的企业，而错误地理解为市场的占有率能够推动成本的降低。错误的理解导致错误的行动
成本领先与产品特色的取舍	如果企业的产品在客户面前表现为具有特色的产品，那么在实行成本领先理念时就必须充分地考虑这一点。在某些时候，成本的降低可能影响产品的某些特色，降低成本还是让产品保持特色，这时需要深思熟虑

（六）全方位、多层次理财观念

财务管理不只是财务部门的工作，而是由各部门、各单位和全体员工广泛参与的工作，是全方位的管理。企业内部的理财基本上可分为三个层次（见表2-23）。

表 2-23　企业的理财层次

层　次	内　容　阐　释
主管层理财	这一层次包括公司董事长、总经理、财务副总经理和其他副总经理。该层次理财的常设办事机构是企业总部的财务部。这一层次是企业理财的领导层，担负着确定企业财务组织机构设置、内部财务管理体制制定、财务总体目标决定、财务战略决策、财务调控的组织和财务考核与奖罚等职责。该层次理财活动主要由企业总经理与财务副总经理负责组织领导
分管层理财	分管层理财是指企业采购、生产、营销、动力、人事等职能部门的理财。这一层次是企业理财的中间层，介于主管层和基础层之间，担负着对分管部门财务组织机构（或专门核算人员）的设置、分管财务管理制度的制定、分管财务目标的分解与监控等职责。该层次管理活动由分管部门经理负责，其办事机构（或人员）为分管部门的财务机构（或专职人员）
基础层理财	基础层理财是指企业具体进行生产经营活动的基层单位（如车间、采购组、库房、营销组等）的理财。这一层次是企业理财的基础，担负着基层财务专职或兼职人员的设置、财务考核目标的具体落实与组织实现，以及基层财务制度的制定等职责

企业理财的三个层次，从纵向看是财务管理总目标与分目标的层层分解、落实与组织实施，从横向看是各分管部门或各基层单位之间围绕财务管理总目标实现的分工合作关系。三个理财

层次紧密联系、相互依存、相互制约，构成企业完整的理财体系，这要求企业各级领导与员工树立整体理财意识。

（七）市场竞争观念

市场经济是通过竞争实现资源优化配置的经济。竞争是市场经济的基础法则，竞争促使现代企业在价值规律的作用下寻求更有效的经营方式和更有利的经营方法。就现代企业财务管理而言，竞争为其创造种种机会，也形成种种威胁。在市场经济体制环境下，价值规律和市场机制对现代企业经营活动的导向作用不断强化，无情地执行着优胜劣汰的原则。市场供求关系的变化、价格的波动，时时会给现代企业带来冲击。市场竞争观念要求财务管理活动中要一切从市场的要求出发，一切考虑市场的评价效应，一切服务于市场和忠诚于市场，财务管理活动要"从市场中来，到市场中去"。具体要做到：在政府的有关财务方针政策符合市场规则的前提下，企业财务管理活动必须遵循市场管理规则，即遵循政府的方针政策；企业要研究金融市场，熟悉金融市场，以便从金融市场中筹措资金；企业的资金结构安排要考虑市场评价的效应；企业的股利分配政策要考虑对股市的影响；企业财务状况和经营成果的好坏，由市场来评价；为提高和保持企业的市场竞争能力，必须贯彻财务信息"公开性和保密性并重"的原则；从市场中培养财务形象，以良好的财务形象取信于市场；等等。总之，要在进行充分的市场调查和市场预测的基础上，强化财务管理在资金筹集、资金投放、资金营运及收益分配中的决策作用，并在市场竞争中增强承受和消化冲击的应变能力，不断增强自身的竞争实力。同时根据对外开放的基本国策，要进一步吸收外资和吸收外国先进的管理方法和先进技术，有选择地借鉴国外财务管理中的科学、合理的经验，掌握现代化的财务管理手段和方法，通过参与国际竞争来求效益、求发展。

（八）资金时间价值观念

一定量的资金在不同的时点上具有不同的价值。今天一定量的资金大于未来同量的资金，资金在周转使用中由于时间因素而形成的差额价值，我们称为资金的时间价值。

资金时间价值观念要求企业高层与中层管理人员在筹资时要考虑资金成本的高低，要尽可能选择资金成本较低的筹资渠道去筹资。一般而言，应以银行贷款利率或国债利率为参照，不宜偏离过多。在投资时，必须采用净现值、现值指数、内部报酬率等指标进行可行性分析，要求投资收益率大于资金成本率，否则会造成公司的严重亏损。如果预期投资收益率比银行贷款利率还低，意味着企业如果以贷款资金进行投资，将来收益不足以支付银行利息，这种投资方案应该否决。用这种观念指导理财，就是处处要从提高经济效益出发去考虑生产经营活动的进行，不可盲目扩大生产经营规模，片面追求产值，要把企业发展速度与效益很好地统一起来。要提高效益，就要敢于参加市场竞争，采取正确的经营战略，在竞争中不断取得胜利。

在财务管理活动中，树立正确的资金时间价值观念，要求我们必须做到以下几点：节约资金使用，加速资金周转，以减少闲置资金的时间价值损失；以现值观念来研究未来资金流量；以资金时间价值或资金利润率来研究各种闲置资产的机会成本；以资金时间价值为基础来研究资金成本和投资收益率的组成；以资金时间价值来研究资金成本和投资收益率的高低；必须十分重视资金成本的计量的利用；等等。

（九）预算观念

现代化大生产与大经营，要求严密的分工与合作，加强内部控制，从而需要预算作为控制的标准。现代市场经济社会中企业经营的复杂性和多变性，给企业造成了各种各样的风险，预算管理是预防和应付风险的重要方法，也是提高企业管理水平的重要环节。市场经济越发达，企业对管理水平提高的要求越强烈，预算管理将越得到重视。从一定程度上说，一个企业预算水平的高低决定了一个企业管理水平的高低，预算管理水平集中代表了企业的管理水平。所谓预算观念，就是要求企业在任何的经营活动和理财活动开始之前，都要编制详尽的预算，编制的各种各样的预算要全面和相互联系，编制预算的方法要科学合理，根据企业在每一时期的实际情况，要突出预算编制的重点。

（十）资本价值管理

以金融市场为主导和以现代企业制度为主体的现代市场经济的完善和发展，导致企业目标由追求利润最大化发展到追求综合程度更高的企业资本价值（企业价值）最大化。企业价值最大化是通过企业合理经营，采用最优的财务决策，在考虑货币时间价值和风险报酬的前提下，使得企业整体价值最大化，进而使股东财富最大化。资本价值管理成为占主导地位的公司理财新理念和新模式。

1. 现代经营环境下的"资本"观念

（1）资本保全观念。资本保全是计量企业经营成果必须遵循的财务原则。树立资本保全观念，就是要求企业收益的计量都应以不侵蚀投入资本为前提，只有在原始资本得到维持、保全和成本得已弥补的情况下才能确认收益。在市场经济条件下，资本风险的收集、加工、处理系统的建立，风险控制防范系统的建立，资本风险的转嫁、回避乃至消灭，均已成为企业理财理论和实践的重要内容。

（2）资本增值观念。资本增值是在资本保全的基础上实现的，它是指在充分考虑了资本保全与资本保值基础上的资本增值观念。

资本增值也叫净收益，是指企业净资产减去投入资本的差额，用公式表示如下：

$$资本增值 = 资本公积 + 盈余公积 + 未分配利润$$

$$本期资本增值额 = 期末所有者权益额 - 本期新增净投资 - 期初所有者权益$$

$$本期资本增值率 = 本期资本增值额 / [(期初所有者权益 + 期末所有者权益) / 2]$$

资本增值的核心是努力提高企业的经营效益，企业经营效益是资本保值的基础和资本增值的源泉。为此，在日常财务管理中，应将企业经营业绩标准确立为资本价值的最大化，即实现资本价值的不断增值。

（3）资本经营观念。任何企业都必须拥有资本，必须有资本才能实现某一具体的生产活动或经营活动，生产经营只是资本经营的实现手段，企业经营的目的就是要追求资本价值的最大化。资本经营以价值管理为特征，通过企业全部资本和生产要素的优化配置和产业结构的动态调整，对企业的全部资本进行综合有效的运营。

资本经营包括两个层次的含义：一方面是通过市场对资本进行买卖；另一方面是通过对资本使用价值的使用，实现资本的增值。从这两个层次的剖析可以看出，第一个层次偏重于"重组"，第二个层次则偏重于"经营"。

企业在其资本经营活动中，必须抓好四个方面的工作（见表2-24）。

（4）资本价值观念。树立资本价值观念，就是要求在企业管理工作中以"资本价值"为中心。广义的资本价值概括了所有可以价值化的企业资源；狭义的资本价值是指企业资本要在企业管理中发挥人力资本的作用，充分利用企业的各项资源，都将其转化为可以带来增值的价值资本，激励员工在资本经营与商品经营中实现最大限度的资本增值。

资本经营观念对于我国国有企业的财务总监来说，其最重要的应用价值就是要树立国有资本的价值化管理观念。

表 2-24 企业资本经营活动内容

项 目	内 容 阐 释
强化对资本的使用和管理	在使用和管理资本方面,既要考虑存量资本的转向问题,又不能忽视增量资本的投向和投量问题;必须按市场经济的规律来解决资本的投向和资本集中问题,企业的一切生产经营活动都应围绕着企业的法人财产权开展营运。换言之,在现代企业制度中,企业法人财产组织制度的建立,是企业资本管理的重要实现形式。因而,必须确立企业的产权管理制度,包括资本的投向和投量,优化资本结构,处理好资本的投入产出关系及其相应的资产经营考核指标体系和监督约束等内容的制度建设
有效地对资本进行营运	企业对其法人财产权的营运,是要做到以最小的投入获取最大的产出,提高营运质量。资本营运的核心是资金的运行,而资金的运行速度在相当大的程度上决定着资本的增值状况。对于政府来说,要提高对资本市场的驾驭能力,要通过与产业政策配套的财政政策、货币政策、收入政策、消费政策等去引导企业通过联合、并购等方式实现资本的更大规模,以增强整体的经济实力
着力于资本运行质量的提高	提高资本运行的质量,主要包括两个方面的含义:一是资本结构要合理,二是资本有机构成要提高。资本结构的优化,既有宏观方面的要求,也有微观方面的需要:从宏观上看,是整个社会资本的调动和运用;从微观上看,主要是债务资本与权益资本的关系。资本结构问题,是理财决策的一个重要内容。资本有机构成的提高,主要是要求资本的技术含量要扩大,企业的劳动效率要提高
重视资本的组织与来源	企业对资本的组织,包括企业要选择资本的来源,要有吸纳资本的能力,要确定聚集资本的方式,进而还存在着资本结构的决策问题,不断使企业资本得到扩张和实现资本效益的最大化

2. 新的理财模式——资本价值管理

(1) 强调资本价值观念的作用。资本价值管理所体现的是一种以财务管理为中心的内在要求,或者说,强化企业资本价值管理就是要在企业商品或资本经营中围绕资本价值实施科学管理。

对于企业来说,强调资本价值观念所起的作用如下:

1) 资本价值管理具有广阔的包容性。它使企业财务管理所涉及的范围得到扩大,使企业的财务管理与企业其他各项管理工作相互融合。企业的整个经营活动过程本身就是资本价值的运作过程,资本价值管理活动就是要对以物质形态体现的资金运行过程进行管理,其最终目的是要实现资本价值增值和企业价值的最大化。

2) 资本价值管理扩展了财务管理的对象,使其不再局限于传统的资金运动,而是转向企业的整个价值管理活动,并涉及资本市场、金融等领域。

3) 资本价值概括了所有可以价值化的资源,促进了企业综合管理水平和资源利用能力的提高。

(2) 资本价值管理的主要特征。

1) 在管理核心上,强调以现金流量管理为中心。资本价值管理作为企业财务管理中心论的集中体现,在于它极为关注企业的现金流量;筹措并有效使用资金,合理控制现金流量,实现企业资本价值最大化,是资本价值管理的中心内容。

围绕现金流转中营利性与流动性相统一的原则,现金流量管理的核心地位与作用如表 2-25 所示。

表 2-25　现金流量管理的核心地位与作用

项　　目	内　容　阐　释
现金流量与投资决策	实施资本价值管理，企业需要采用多种不同的资本运作方式，如资本的组合与裂变、多元化经营、优化资本结构等，都是以资本经营为主线，通过用足资本、用活资本来提高绩效、提高价值的。为此，在投资决策中，不仅要考虑资本总额、成本、利润等指标，而且要考虑时间价值、风险价值、财务政策等多方面因素，需要加强对现金流量的预测，并将其作为投资决策可行与否的评判标准
现金流量与融资决策	在资本价值管理条件下，企业资本的增值在一定程度上取决于资本结构的调整和优化。融资决策决定着企业的资本结构，这就不可避免地涉及资本成本等因素，需要权衡现金流入量和流出量
现金流量与股利分配	股利支付决策需要确定股利的支付比率，即发放股利的现金与留用现金的比例关系，本质上仍然是现金流量问题
现金流量与现金预算	现金预算是现金流量管理的主要内容，企业的资金运用具体表现为资金的筹集、运用和分配，现金流入和流出则是其综合表现形式
现金流量与资金控制	资金控制是对企业资金的取得、投放、使用和分配等环节的控制。以资金控制为主要内容的企业财务控制，应以现金流量管理为基础，通过保持合理的现金流量，以足够的现金流出量去获得现金流入量，将多余的现金流入量转化为现金流出量。如此循环往复，最终实现资本价值最大化的目标

2）在具体管理工作上，要求以成本管理为基础。以成本管理为基础，就是要求在具体的企业管理工作中，必须合理组织和管理生产成本，努力降低成本消耗。降低成本的基本途径包括抓增产降成本、抓科技进步降成本、抓节能降成本和抓内部管理降成本等。

企业成本管理应达到三个目标：努力降低成本，它应以不影响整个企业的收入为前提；充分发挥成本的效能，在成本管理中要尽可能避免无效的成本耗费，使成本的效用得以最大限度的实现；以增加相应收益为前提，适度地、有针对性地增加某些成本。

3）在管理理念上，坚持以人为本，强调激励功能在企业管理中的运用。

人本管理要求将对人、对物、对事的管理紧密集合起来。在资本价值管理条件下，企业的各项价值管理工作需要借助于具体指标的分解，并落实到各个车间、班组、职能部门以及个人才能实现，由此可见，人本管理与资本价值管理是密不可分的。

激励是人本管理的主导方式，它主要由目标、领导、情感、榜样、奖惩、物质等要素构成，办好企业的根本就是要充分调动人的积极性，注重激励在人本管理中的作用。

（3）资本价值管理的主要内容。与上述特征相适应，资本价值管理的主要内容如表 2-26 所示。

以上内容，使集团各企业之间经营活动的边界比较清晰，责任和权利比较明确，以此来硬性化财务约束，理顺财务关系，便于对各企业执行业绩考核、评价和奖惩。

（4）企业创造价值的基本途径。波士顿咨询公司分析了企业创造价值的三条途径（见表 2-27）。

表 2-26　资本价值管理的主要内容

项　　目	内　容　阐　释
在资金管理权限上，实行适度集权的模式	一般来说，若管理对象结构复杂，布局分散，管理者本身控制能力弱，宜采取集权型管理；反之，则采取分权型管理。对于我国大多数国有企业而言，一方面，集团企业规模较大，业务领域较宽，分支机构数量和层级多，地域分布广，内部经济关系较为复杂；另一方面，管理者的素质不高，对财务控制机理的熟悉和重视程度不够，控制手段和方法较为原始，控制机制相对比较薄弱。在这种情况下，宜采用集权模式配置资金权力。 资金集权化管理的基本思路是集中财权，强化管理。其具体操作是将一些重大的财权包括资金调度权、资产处置权、投资权、收益分配权和财务人员的任免权等按现代公司治理结构的要求进行配置，特别是在经理层要处理好总经理和财务总监的财务支出联签问题。在一个独立的企业内部，尤其是集团公司，资金的集中管理不仅必要而且十分重要，它是提高企业资金效益、实现资本价值管理的有效手段。 为适应财务集中的管理模式，要尽可能减少管理层次，精简下属企业，原则上不应再设置三级企业或更低层级的公司，彻底改变财权被多次分割散布于各层级企业的状况，实现企业资源在集团公司范围内得到整体调整和配置，确保集团总体战略的有效实施，有效控制下属企业的次优化目标和"绕道潜行"等违规行为的发生
在管理内容上，实行全面预算管理	预算管理是一项重要的财务控制工具。资本价值管理下的财务预算要克服以往分块制定、各自实施的缺乏完整性和全面性的计划管理缺陷，必须从企业的战略目标出发，全面均衡地考虑公司预算体系，考虑总预算与各分预算之间的衔接和平衡，建立一套系统编制相互协调的全面预算管理体系。 从系统的观点看，企业财务预算是由销售、生产、现金流量等各个单项预算组成的财务责任指标体系，它是以企业年度利润目标为出发点，以销售预测为编制基础，综合考虑市场和企业经营管理的各项因素，按照目标明确、权责清晰的原则，由企业预算管理委员会讨论通过的企业未来一定期间经营决策和目标规划的财务数量说明和责任约束依据。 在财务预算的编制方式上，要推广各种先进的预算编制方式，根据强化企业内部远期管理的要求，推行滚动编制和零基预算方式，坚持全面预算与项目预算、责任预算相结合，坚持项目预算与责任预算的可控性原则，坚持对预算差异进行及时的、有针对性的反映和控制。 在预算编制内容上，应强化资金预算编制，特别是现金预算的编制，以预先规定企业计划期内由于经营管理及投资活动所引起的现金流入与流出，将现金预算作为强化现金流转的计划控制工具
在管理手段上，强化财务激励与约束机制	为了使下属企业和各责任中心的经理人员理解和配合公司加强财务集中与监管的做法，建立相应的激励机制是必要的。 激励的主要方式是目标激励。目标管理是一种以考核最终成果为核心的企业管理方式，主要处理好三个环节： • 目标的设定要科学合理，不仅要有效益目标，而且要有资产质量目标和管理目标，目标既要有实现的可行性，也要有一定的挑战性。 • 目标的执行、检查和考核要有刚性。 • 奖惩措施要及时到位，目标执行结果应严格地与企业的主要经营者、各责任中心的经理人员的个人报酬、职位升降等挂钩

续表

项　目	内　容　阐　释
在管理手段上，强化财务激励与约束机制	以上三个环节是环环相扣的，任何一个环节出问题都会导致目标管理的失败。为确保激励机制有效运行，在企业资本价值管理中必须理顺财务关系，硬化财务约束，包括： • 正确处理权责关系，各个企业和经营者所享有的权利和所承担的义务必须对等，这是硬化财务约束的一个基础。 • 要坚持按市场经济规律和游戏规则来处理集团内部各企业之间、各企业与集团总部之间的关联交易，这种内部调节主要依托于市场机制和经济约束方法，而不能依托于行政命令。 • 要按照诚信原则理顺内部关系，重点要清理历史原因形成的权益和产权纠纷，清理往来债权债务，并在必要时开展内部信用评级工作，对不同信用级别的企业实行不同的信用政策

表2-27　企业创造价值的途径

途　径	内　容　阐　释
现金流量管理	现金流量管理包括提高可支配现金流入量的一切活动，如成本管理和价格政策
资产管理	资产管理包括通过有效的资源分配以加快物资周转的一切措施，如提高仓储智能管理能力，更好地利用设备
实现增长	实现增长是指盈利明显高于资本成本的投资，其方法可以是将公司核心业务运用于新的领域，或者在地理上开发新的市场

通过投资实现的增长所创造的企业价值比重组要大得多；通过重组创造价值来得快，但从长远来看只有增长才创造价值。

投资增长中最重要的是要集中力量发展最擅长的核心领域，不断摆脱较弱的业务。

（十一）边际与弹性的理念

1. 边际的理念

边际的概念是指企业每增加一个单位的产量所增加的成本或收入，相应地形成边际成本或边际收入的概念。与其相关的是边际成本递增和边际收入递减的规律。这两个规律告诉我们，企业生产经营和财务活动在量上都有一定界限，小于或超过这一界限就不可能使企业利润最大化，只会使企业经营得不偿失。通常我们把这一界限称为损益分界点或损益平衡点，这一界限的确定在财务管理中称为边际分析。在企业理财活动中，运用边际收入、边际成本、目标边际收入或目标边际利润进行分析，可以有效地确定企业生产经营和财务活动的规模与结构。而且，在企业筹资过程中，边际资本成本是比较选择筹资方案的重要依据。一般而言，边际资本成本低的筹资方案为优。

2. 弹性的理念

企业都面对着不断变化的市场，每个企业的财务管理环境都不断更新，这就要求企业生产经营和理财活动必须保持灵活的适应能力或可调整性，我们称之为弹性或可调性。弹性理念要求企业在进行各项生产经营和理财活动中，必须注意到市场变化，留有调整余地，以便企业可以随时、自动地适应市场变化而进行调整。例如，在企业投资过程中，企业投资规模一旦确定之后，就不应当一成不变地控制指标。由于企业投资活动面对众多不确定因素，而且这些因素经常处于变动状态，因此企业投资规模也应随之做出相应调整。由于理财活动中需要人的预测，而人的预测能力又有一定局限性，因此企业投资规模的确定应具有弹性，以便调整。再如，企业利润分配的方式和数额往往要适应市场利率、汇率等因素的变动。总之，在理财活动中，以不变应万变的方案是不存在的，财务管理人员在做出各项决策之前应充分预测市场变化对其决策的影响并适当留有余地，而在决策执行中则应注意市场变化对各决策的影响，并做出适当调适。

（十二）国际化理财观念

随着我国加入 WTO，我国企业财务管理环境发生了重大变化。国际市场一体化，国内市场国际化，实行最惠国条款与国民待遇，外国公司走进来，我国公司走出去，使我国企业财务管理从国内理财走向国际理财，从而要求企业高层管理人员树立国际化理财观念，认真做好以下几个主要方面的工作。

1. 国际化理财战略的选择

（1）按国内与国际宏观经济周期选择财务战略。一般而言，经济周期与财务战略存在如下匹配关系：

经济周期： 高涨 → 萧条 → 危机 → 复苏 → 高涨 ……

财务战略： 扩张型　　紧缩型　　稳定型　　扩张型

企业在选择财务战略时，要根据自身的筹资、投资与收益分配活动国际化程度的高低，以及受国际性经济周期影响的大小来恰当地进行财务战略决策。

（2）按企业主导产品生命周期选择财务战略。主导产品生命周期与企业财务战略也存在一定的匹配关系：

生命周期： 诞生 → 上升 → 高峰 → 滑坡 → 消亡

财务战略： 稳定型　　扩张型　　　　紧缩型

企业在选择财务战略时，对自己主导产品的生命周期不仅要看国内市场中所处的阶段，也要看国际市场中所处的阶段来进行财务战略决策。

2. 国际纳税筹划

国际纳税筹划是企业在遵守东道国税法和有关法律的前提下，通过定性定量分析和纳税安排，使企业总体税负水平最小化的一项财务管理工作。搞好国际纳税筹划，要求企业高层管理人员充分了解东道国的税法和相关法律精神，将东道国的税收导向和企业的生产与销售产品结构尽可能协调好，多出口东道国征税税种少、税率低的产品与服务，少出口东道国征税税种多、税率高的产品与服务，尤其要重视对方有减免税照顾的产品与服务的出口，从而使总体税负水平降低，提高企业经济效益。

3. 人力资本估价

我国企业跨国经营，必然要求大量引进国内外优秀人才，使人力资本估价成为一项紧迫的工作。企业高层管理人员要根据引进人才自身的再生产费用、为企业带来未来收益的多少、国际国内市场同类型人才的价格等因素进行综合分析，运用收益现值法、市价法等进行人力资本估价，从而恰当地确定引进人才的报酬和有关代价，做到引进人才带来的收益大于所付出的成本，提高企业本金利润率水平。

除上述工作外,企业高层管理人员还应做好网络财务管理、财务信用管理和跨国财务风险控制等国际化理财工作,使企业在国际竞争中立于不败之地,为实现企业财务管理目标做出贡献。

七、财务管理的原则

财务管理的原则是企业组织财务活动、处理财务关系的准则,是从企业财务管理的实践经验中概括出来的、体现理财活动规律性的行为规范,是对财务管理的基本要求。

(一)收益风险均衡原则

在市场经济的激烈竞争中,进行财务活动不可避免地要遇到风险。财务活动中的风险是指获得预期财务成果的不确定性。企业要想获得收益,就不能回避风险,可以说,风险中包含收益,挑战中存在机遇。收益风险均衡原则,要求企业不能只顾追求收益,不考虑发生损失的可能,要求企业进行财务管理必须对每项具体的财务活动,全面分析其收益性和安全性,按照收益和风险适当均衡的要求来决定采取何种行动方案,同时在实践中趋利避害,争取获得较多的收益。

在财务活动中,低风险只能获得低收益,高风险则可能得到高收益。例如,在流动资产管理方面,持有较多的现金,可以提高企业偿债能力,减少债务风险,但是银行存款的利息很低,而库存现金则完全没有收益;在筹资方面,发行债券与发行股票相比,由于利率固定且利息可在成本费用中列支,对企业留用利润影响很少,可以提高自有资金的利润率,但是企业要按期还本付息,需承担较大的风险。无论是对投资者还是对受资者来说,都要求收益与风险相适应,风险越大,则要求的收益也越高。只是不同的经营者对风险的态度有所不同,有人宁愿收益稳妥一些,而不愿冒较大的风险,有人则甘愿冒较大的风险,以便利用机遇谋求巨额利润。无论市场的状况是繁荣还是衰落,无论人们的心理状态是稳健还是进取,都应当对决策项目的风险和收益做出全面的分析和权衡,以便选择最有利的方案,特别是要注意把风险大、收益高的项目,同风险小、收益低的项目,适当地搭配起来,分散风险,使风险与收益平衡,做到既降低风险,又能得到较高的收益。另外,要尽可能回避风险,化风险为机遇,在危急中找对策,以提高企业的经济效益。

(二)利益关系协调原则

企业财务管理要组织资金的活动,因而同各方面的经济利益有非常密切的联系。在财务管理中,应当协调国家、投资者、债权人、经营者、劳动者的经济利益,维护有关各方的合法权益,还要处理好企业内部各部门、各单位之间的经济利益关系,以调动他们的积极性,使他们步调一致地为实现企业财务目标而努力。企业内部和外部经济利益的调整在很大程度上都是通过财务活动来实现的。企业对投资者要做到资本保全,并合理安排红利分配与盈余公积提取的关系,在各种投资者之间合理分配红利;对债权人要按期还本付息;企业与企业之间要实行等价交换原则,并且通过折扣、罚金和赔款等形式来促使各方认真履行经济合同,维护各方的物质利益;在企业内部,厂部对于生产经营经济效果好的车间、科室,给予必要的物质奖励,并且运用各种结算手段划清各单位的经济责任和经济利益;在企业同职工之间,实行按劳分配原则,把职工的收入和劳动成果联系起来,所有这些都要通过财务管理来实现。在财务管理中,应当正确运用价格、股利、利息、奖金、罚款等经济手段,启动激励机制和约束机制,合理补偿,奖优罚劣,处理好各方面的经济利益关系,以保障企业生产经营顺利、高效地运行。处理各种经济利益关系,要遵守国家法律,认真执行政策,保障有关各方应得的利益,防止搞优质不优价、同股不同利之类的不正当做法。

在经济生活中，个人利益和集体利益、局部利益和全局利益、眼前利益和长远利益也会发生矛盾，而这些矛盾往往是不可能完全靠经济利益的调节来解决的。在处理物质利益关系的时候，一定要加强思想政治工作，提倡照顾全局利益，防止本位主义、极端个人主义。

（三）分级分权管理原则

在规模较大的现代化企业中，对财务活动必须在统一领导的前提下实行分级分权管理。统一领导下的分级分权管理，是民主集中制在财务管理中的具体运用。

以工业企业为例，企业通常分为厂部、车间、班组等三级，厂部和车间又设立若干职能机构或职能人员。在财务管理上实行统一领导、分级分权管理，就是要按照管理物资同管理资金相结合、使用资金同管理资金相结合、管理责任同管理权限相结合的要求，合理安排企业内部各单位在资金、成本、收入等管理上的权责关系。厂部是企业行政工作的指挥中心，企业财务管理的主要权力集中在厂级。同时，要对车间、班组、仓库、生活福利等单位给予一定的权限，建立财务分级管理责任制。企业的各项经济指标要逐级分解落实到各级单位，各单位要核算其直接费用、资金占用等经济指标，定期进行考核，对经济效益好的单位给予物质奖励。财务部门是组织和推动全厂财务管理工作的主管部门，而供产销等部门则直接负责组织各项生产经营活动，使用各项资金和物资，发生各项生产耗费，参与创造和实现生产成果。要在加强财务部门集中管理的同时，实行各职能部门的分口管理，按其业务范围规定财务管理的职责和权限，核定经济指标，定期进行考核。这样，就可以调动各级各部门管理财务活动的积极性。

统一领导下的分级分权管理，包含专业管理和群众管理相结合的要求。企业财务部门是专职财务管理部门，而供产销等部门的管理则带有群众管理的性质。通常在厂部、车间两级设有专职财务人员，而在班组、仓库则由广大工人直接参加财务管理。统一领导下的分级分权管理，从某种意义来说，就是在财务管理中实行民主管理。

（四）资金合理配置原则

企业财务管理是对企业全部资金的管理，而资金运用的结果则形成企业各种各样的物质资源。各种物质资源总是要有一定比例关系的。所谓资金合理配置，就是要通过资金活动的组织和调节来保证各项物质资源具有最优化的结构比例关系。

企业物质资源的配置情况是资金运用的结果，同时它又是通过资金结构表现出来的。从一定时点的静态来看，企业有各种各样的资金结构。在资金占用方面，有对外投资和对内投资的构成比例；有固定资产和流动资产的构成比例；有有形固定资产和无形固定资产的构成比例；有货币性资金和非货币性资金的构成比例；有材料、在产品、产成品的构成比例；等等。在资金来源方面，有负债资金和主权资金的构成比例；有长期负债和短期负债的构成比例；等等。按照系统论的观点，组成系统的各个要素的构成比例，是决定一个系统功能状况的最基本条件。系统的组成要素之间存在着一定的内在联系，系统的结构一旦形成就会对环境产生整体效应，或者有效地改变环境，或者产生不利的影响。在财务活动这个系统中也是如此，资金配置合理，从而资源构成比例适当，就能保证生产经营活动顺畅运行，并由此取得最佳的经济效益；否则就会危及购、产、销活动的协调，甚至影响企业的兴衰。因此，资金合理配置是企业持续、高效经营必不可少的条件。

马克思曾深刻地分析了各种资金形态并存性和继起性的规律问题。他指出："资本作为整体是同时地、在空间上并列地处在它的各个不同阶段上。但是，每个部分都不断地依次由一个阶段过渡到另一个阶段，由一种职能形式过渡到另一种职能形式，从而依次在一切阶段和一切职能形式中执行职能。因此，这些形式都是流动的形式，它们的同时并列，是由于它们的相继进行而引起的。"社会主义企业的资金也是这样的。只有把企业的资金按合理的比例配置在生产经营的各个阶段上，才能保证资金活动的继起和各种形态资金占用的适度，才能保证生产经营活动的顺畅运行。如果企业库存产品长期积压、应收账款迟迟不能收回，而又未能采取有力的调节措施，则生产经营必然发生困难；如果企业不优先保证内部业务的资金需要，而把资金大量用于对外长期投资，则企业主营业务的开拓和发展必然受到影响。因此，通过合理运用资金实现企业资源的优化配置，是对企业财务管理的一项基本要求。

（五）收支积极平衡原则

在财务管理中，不仅要保持各种资金存量的协调平衡，而且要经常关注资金流量的协调平衡。

企业取得资金收入，意味着一次资金循环的终结，而企业发生资金支出，则意味着另一次资金循环的开始，所以资金的收支是资金周转的纽带。要保证资金周转顺利进行，就要求资金收支不仅在一定期间总量上求得平衡，而且在每个时点上协调平衡。收不抵支，固然会导致资金周转的中断或停滞，但若全月收支总额可以平衡，而支出大部分发生在先、收入大部分形成在后，也必然要妨碍资金的顺利周转。资金收支在每一时点上的平衡性，是资金循环过程得以周而复始进行的条件。

资金收支的平衡，归根结底取决于购产销活动的平衡。企业既要搞好生产过程的组织管理工作，又要抓好生产资料的采购和产品的销售，要购、产、销一起抓，克服任何一种片面性。只有坚持生产和流通的统一，使企业的购、产、销三个环节互相衔接，保持平衡，企业资金的周转才能正常进行，并取得应有的经济效益。资金收支平衡不能采用消极的办法来实现，而要采用积极的办法解决收支中存在的矛盾。要做到收支平衡，首先要开源节流，增收节支。节支是要节约那些应该压缩、可以压缩的费用，而对那些在创收上有决定作用的支出则必须全力保证；增收是要增加那些能带来较高经济效益的营业收入，至于采取拼设备、拼人力，不惜工本、不顾质量而一味追求暂时收入的做法则是不可取的。其次，在发达的金融市场条件下，还应当通过短期筹资和投资来调剂资金的余缺。在一定时期内，资金收入不敷支出时，应及时采取办理借款、发行短期债券等方式融通融资金；而当资金收入比较充裕时，则可适时归还债务，进行短期证券投资。总之，在组织资金收支平衡问题上，既要量入为出，根据现有的财力来安排各项开支；又要量出为入，对于关键性的生产经营支出则要开辟财源积极予以支持。这样，才能取得理想的经济效益。

（六）成本效益原则

在企业财务管理中，既要关心资金的存量和流量，更要关心资金的增量。企业资金的增量即资金的增值额，是由营业利润或投资收益形成的。因此，对于形成资金增量的成本与收益这两方面的因素必须认真进行分析和权衡。成本效益原则，就是要对经济活动中的所费与所得进行分析比较，对经济行为的得失进行衡量，使成本与收益得到最优的结合，以求获取最多的盈利。

我们知道，讲求经济效益，要求以尽可能少的劳动垫支和劳动消耗，创造出尽可能多和尽可能好的劳动成果，以满足社会不断增长的物质和文化生活需要。在社会主义市场经济条件下，这种劳动占用、劳动消耗和劳动成果的计算和比较，是通过以货币表现的财务指标来进行的。从总体上来看，劳动占用和劳动消耗的货币表现是资金占用和成本费用，劳动成果的货币表现是营业收入和利润。所以，实行成本效益原则，能够提高企业经济效益，使投资者权益最大化，这是由企业的理财目标决定的。

企业在筹资活动中，有资金成本率和息税前资金利润率的对比分析问题；在投资决策中，有投资额与各期投资收益额的对此分析问题；在日常经营活动中，有营业成本与营业收入的对比分析问题；其他如劳务供应、设备修理、材料采购、人员培训等，无不有经济得失的对比分析问题。企业的一切成本、费用的发生，最终都是为了取得收益，都可以联系相应的收益进行比较。进行各方面的财务决策，都应当按成本效益的原则做出周密的分析。因此，成本效益原则在各种财务活动中广为运用。

八、财务管理的制度

财务管理的制度，又称财务制度，是指财务工作应遵循的规则、方法、程序和标准等的总称。

（一）财务制度的特点（见表 2-28）

表 2-28 财务制度的特点

特 点	内 容 阐 释
财务制度的本质是财务管理者意志的体现	表现了财务主体在财务管理上的能动性，是处理财务关系、约束财务活动的基本原则与规范
财务制度可分为正式约束制度和非正式约束制度	正式约束制度是人们有意识创造的一系列行为法则，如在财务领域的《企业财务通则》以及有关的财务法规就是一种正式的约束制度。而非正式约束制度是人们在长期交往中无意识中形成的，具有持久的生命力，如财务人员在处理财务活动和协调财务关系中所形成的职业道德等
财务制度与人的动机、行为有着内在的联系	任何制度都是人的利益及其选择的结果，所有的人都是在现实制度所赋予的制度条件中活动的，人们的任何社会经济活动都离不开制度，财务活动也不例外。不管是融资活动还是投资活动，都必须受一定的制度约束
财务制度反映一种合约关系	无论这种关系是正式的还是非正式的，是显性的还是隐性的，是自愿履行的还是强制履行的，财务制度的合约关系都规定了每个人在财务行为中的权利与义务，界定了人们在财务行为中可以做什么与不可以做什么，违反了这些规则应受到什么样的惩罚，遵循了这些规则应得到什么样的补偿，以及如何衡量人们是否违反了这些规则的标准
财务制度总是与特定的条件和时间相联系	它只能在一定的时间和空间范围内发挥作用，也就是说，它具有变迁性
财务制度随财务管理环境的变化而发展	面对多变的客观环境，财务制度的设计和选择对理财主体具有决定性的意义

（二）财务制度的构成

1. 企业财务通则

企业财务通则是设立在我国境内各类企业财务活动必须遵循的基本原则和规范，是财务规范体系中的基本法规，在财务法规制度体系中起着主导作用。财务通则的制定与实施是我国市场经济发展的需要，也是我国财务制度与国际通行财务制度相衔接的需要。

企业财务通则是财务法规的一个重要组成部分，是企业财务工作的统一依据。财务通则对全国的财务工作、全国范围内的财务行为具有行政或法律上的约束力，是连接国家财经法规、财务政策与企业财务活动的中介。

财务通则是制定企业财务制度的根据。各企业内部财务制度要在财务通则确定的共同原则与规范的基础上，结合行业与企业特点，制定出企业内部财务制度，从而保证财务制度的科学性和逻辑性。

2. 企业财务制度

企业财务制度是由企业管理当局制定的用来规范企业内部财务行为、处理企业内部财务关系的具体规则，在财务法规制度体系中起着基础作用。

对以上财务制度的两个层次按制定主体不同有广义财务制度和狭义财务制度之分。

（1）广义的财务制度是由国家权力机构和有关政府部门以及企业内部制定的用来规范企业同各方面经济关系的法律、法规、准则、办法及其企业内部财务规范的总称。这一内涵的内容是：

1）财务制度制定的主体有国家和企业，相应地按制定主体有宏观财务制度（如《企业财务通则》《金融企业财务规则》等）与微观财务制度（企业内部财务制度）。不同层次的财务制度体现的是不同主体的利益。

2）财务制度的本质是财务管理者意志的体现，表现了财务主体在财务管理上的能动性，是处理财务关系、约束自身财务活动的基本原则与规范。

3）财务制度总是与特定的条件和时间相联系，因此，它只能在一定的空间和时间范围内发挥作用。

4）财务制度随财务管理环境的变化而发展。面对多变的外部环境，财务制度的设计与选择对理财主体就越具有决定性意义。

（2）狭义的财务制度，又称为企业财务制度。这一内涵的内容如表2-29所示。

表2-29 狭义的财务制度

项 目	内 容 阐 释
明确财务主体的具体范围	既要明确企业内部财务管理的层次，明确企业内部各经营单位之间及其与企业财务部门的关系，又要明确企业与联营单位、投资与被投资单位、内部承包单位等的财务管理关系
划分内部财务管理的岗位，明确相应责任	具体包括财务管理体制的确立，财务机构的设置，财务管理岗位的设立、内部分工，各岗位责权及其相互衔接关系
财务管理内容与方法的选择	具体包括货币资金、存货、固定资产、销货与收款、工资、筹资、投资收益分配等的管理与牵制办法与程序，以及折旧方法、存货计价方法、费用提取标准等的选择
规定财务管理与内部责任单位的相互衔接关系	包括责任单位的划分、责任核算、责任控制、责任奖惩等
规定财务规划与财务评价的方法与程序	具体包括企业进行财务规划和财务评价的程序、方法、时间，各经营单位在规划和评价中的任务和责任等

（三）财务制度的功能

财务制度的功能是指财务制度本身所具有的内在职能。借鉴现代制度功能，我们认为财务制度的功能如表2-30所示。

表 2-30　财务制度的功能

功　　能	内　容　阐　释
提供激励与约束相容的机制	在财务制度中，激励的目的是调动代理人的积极性，鼓励其采取符合委托人最大利益的行为，以减少偷懒和"搭便车"的现象。财务运行有其目标，但目标仅仅表明财务活动的方向，如何达到财务目标还有赖于财务激励机制的推动。财务的激励机制就是利用一定的财务手段，如所有者根据企业利润或股价提高的幅度给管理人员以现金或股票奖励，以激发管理人员采取维护所有者权益的财务管理行为动机。从企业内部来看，每个劳动者和责任单位都是一个利益主体，它们有共同的利益追求，也存在着利益差别，从而在共同利益基础上，形成以群体利益和个体利益、长远利益和现实利益、全局利益和局部利益，以及企业利益和社会利益之间矛盾统一的利益结构，形成现实和潜在的物质利益动力。财务管理利用财务手段，通过财务分配加以激励，使物质动力变为经营和财务活动的现实积极性，是激励机制发挥作用的主要表现形式。 激励机制固然重要，但激励机制与约束机制二者相辅相成，不可偏废，否则就不可能形成激励与约束相容的机制。如果只有激励机制，没有相应的约束机制与之相配合，就难起到应有的效果。如果企业的财务活动不是受制于财务制度，而是直接受制于管理人员的随意控制，管理人员能够随意地操纵财务，方便地"公款消费"，甚至将企业的资财转移，据为己有，那么，较正常的合约规定的激励就不会发生作用。财务约束机制分为正式的和非正式的约束。正式的约束包括财务法规、财务治理结构的约束等。财务的法规约束是指通过一系列立法或制定一系列规章制度，使财务行为合理化。而财务治理机制的约束是指通过明确合约规定各方的权力、责任、义务，并采取一定的监督措施使各自按合约的有关规定进行运作。非正式约束主要是指道德约束，即依靠社会舆论的力量，依靠人的信念、习惯、传统和教育的力量，引导人们使用善与恶、公正与偏见、诚实与虚伪等道德观念来评价企业财务行为，这是一种无形的力量
减少道德风险和逆向选择，降低代理成本	建立科学而可行的财务制度的目的在于通过制度安排来约束代理人的行为，降低代理成本，使代理人的效应函数与委托人的效应函数趋于一致。现代企业理论认为，企业是一系列契约的组合，但由于信息的不完全性和未来的不确定性，导致了合约的不完全，即难以表明合约人的行为方式和结果。由于信息在合约各方的分配往往是不对称的、风险的分布也不均等，再加上监督的不完全，拥有和支配更多信息但尽量规避风险的代理人就可以通过减少自己的要素投入，或者采取机会主义行为来实现自身利益最大化。这种由于代理人采用机会主义行为给委托人所带来的风险就称为道德风险。逆向选择是指在委托人无法识别潜在代理人的条件时，越是劣质的潜在代理人越容易成为现实的代理人，最终导致"劣币驱逐良币"的现象出现。例如，企业负债规模本应与企业的盈利能力正相关，但在信息不对称的情况下，当利率高时，盈利企业会停止贷款，依靠内部的积累补充资本，只有那些盈利率差、偿还可能性低的企业才会向银行申请贷款。所以在借贷市场上形成一种怪圈，越是效益好的企业贷款数额越低，而越是效益差的企业贷款数额越多。正是由于代理人的道德风险和逆向选择，如何保证委托人的利益，避免委托代理关系层次上的脱节，使代理人利益最大化目标统一于委托人利益最大化目标之下，就需要通过一系列制度安排来得以实现，而财务制度是所有制度中最基本的和最重要的制度之一
财务制度的协调功能	制度是人们在社会分工与协作过程中经过多次博弈而达成的一系列契约的总和。制度的功能就是为实现合约各方的合作创造条件，保证合作的顺利进行。在两权分离的情况下，会产生所有者与经营者、所有者与债权人之间的矛盾。而企业的运作既不能脱离所有者和债权人提供的资本，也不可脱离经营者的有效管理，也就是说，企业不能脱离各要素而孤立存在，它是各种要素的有机组合。所以，要使企业正常运作就必须使各要素进行通力合作，而制度就是各要素合作的桥梁。所以，财务制度的基本功能之一就是规范所有者、债权人、经营者之间的财务关系，并在财务的治理结构中设计一套有效的信息沟通制度，以减少信息的成本与不确定性，把阻碍合作得以进行的因素减少到最低限度

（四）公司财务制度的内容

1. 综合财务管理制度

综合财务管理制度是对公司重大的、综合的财务事项所制定的行为规范，属内部财务制度体系的最高层次。其主要内容如表 2-31 所示。

表 2-31　综合财务管理制度

项　目	内　容　阐　释
公司财务治理机构设置制度	包括：财务治理机构设置原则；各级机构财责、财权的划分；各级机构工作质量标准的内容及评估办法；各机构之间纵向管理与横向联系的制度和办法；等等
授权与任免制度	包括：各层次财务管理主体之间财责、财权的界定及其在各主要成员之间的分割；权、责分配的方式与程序；经营班子及各主要成员的能力评判方式与程序；公司主要财务负责人任免的能力标准与业绩标准，以及任免的办法与程序；等等
激励制度	包括：对经营班子经营业绩评定的内容、方法和程序；经营班子及各主要成员的薪酬标准、计算办法及支付方式；等等
重大财务信息传递与监控制度	包括：财务信息重要性的界定标准；事前控制信息（如目标、预算等）制定及指令的方式与程序；事中重大差异信息反馈的方式与程序；事后财务业绩信息报告的方式与程序；各级财务监控主体的构建及各主体的监控职责权限；各监控主体的工作标准及监控质量评估标准；等等
投融资管理制度	包括：投融资方案申请的方式及组织程序；投资方案可行性研究的内容、要求及组织程序；投资决策的权限归属与组织方式；投资预算跟踪控制的办法与程序；投资方案决算的管理办法及工作程序；投资项目经营效益评估的内容、办法和工作程序；融资决策的权限归属和组织方式；日常融资管理制度的内容、要求及工作组织；等等
资本运作管理制度	包括：增减注册资本方案制定及执行的组织制度与工作程序；配股送股方案制定及执行的组织制度与工作程序；公司合并、分立、改制等方案制定及执行的组织制度与工作程序；债券发行方案制定及执行的组织制度与工作程序；等等
收益分配管理制度	包括：收益分配原则；收益分配方案制定及执行的组织制度与工作程序；收益分配决策的权限归属与组织方式；等等
公司预算与重大财务收支管理制度	包括：公司预算管理的组织制度与工作程序；重大财务收支共审与联签的办法和程序；等等

2. 日常财务管理制度

日常财务管理制度是针对公司具体财务事项和日常财务运作所制定的财务行为规范，其主要内容如表 2-32 所示。

表 2-32　日常财务管理制度

项　目	内　容　阐　释
收入管理制度	包括：主营业务收入计划制订与分解的管理办法；主营业务收入计划执行的跟踪控制办法；主营业务收入计划调整的管理办法；主营业务收入计划执行结果的分析、考核办法；其他业务收入（如处置多余材料收入、出租包装物及固定资产收入等）的管理办法；营业外收入（如报废固定资产的残值收入、出售固定资产收入、在建工程中的变价收入、三废治理收入等）的管理办法；对外投资收益的管理办法；等等

续表

项　目	内　容　阐　释
资金收支结算制度	包括：库存现金限额管理办法；银行账号管理办法；银行资金收支监控办法；资金收支预算跟踪控制办法；资金收支预算的调整办法；资金收支预算执行情况的分析、评价及考核办法；资金收支结算的管理办法；资金结算的账务处理办法；等等
费用开支管理制度	包括：费用责任指标的分解和归口管理办法；费用预算执行的跟踪控制办法；费用预算调整办法；费用总额控制办法；借支管理办法；费用报销的管理办法；费用预算执行情况的分析、评价及考核办法；等等
工资及福利费管理制度	包括：工资方案的制定办法；工效挂钩办法；工资结算的管理办法；职工福利费使用的管理办法；工资及福利费预算执行的跟踪控制办法；工资及福利费预算调整的管理办法；工资及福利费预算执行情况的分析、考核办法；等等
存货管理制度	包括：存货分类及责任归口办法；存货资金定额管理办法；存货资金占用的跟踪控制办法；采购批量管理办法；存货盘存管理办法；存货资金占用的分析、评价及考核办法；存货盈亏报批处理的管理办法；等等
固定资产管理制度	包括：固定资产分类及归口管理办法；固定资产维修管理办法；折旧基金管理办法；固定资产更新改造管理办法；固定资产利用效率评估办法；固定资产清查的管理办法；固定资产盈亏报批处理的管理办法；固定资产报废清理的管理办法；等等
在建工程管理制度	包括：工程预算管理办法；工程资金结算管理办法；工程决算管理办法；工程完工结转固定资产的管理办法；工程损失核销的管理办法；等等
应收账款及应收票据管理制度	包括：应收账款目标管理办法；应收账款催收的管理办法；客户信用评估办法；账龄分析制度或办法；坏账计提或核销的管理办法；应收账款管理目标执行的跟踪控制办法；应收账款管理目标完成情况的分析、考核办法；商业汇票的备查登记与实物管理办法；应收票据贴现管理办法；等等

3. 成本控制制度

成本控制该制度是针对公司内部各级生产经营单位的成本管理所制定的行为规范。其主要内容如下。

（1）采购成本控制制度。包括：材料物资计划成本管理办法；材料物资采购费用控制办法；材料物资计划成本执行情况的跟踪控制办法；材料物资成本差异的分析与考核办法；外购材料物资损耗的处理办法；等等。

（2）生产成本控制制度（见表2-33）。

表2-33　生产成本控制制度

项　目	内　容　阐　释
生成成本核算制度	包括：成本核算的组织形式；成本核算的基本原则；成本核算科目的设置与运用；成本计算的方法与程序；成本报表的种类及格式；报表报送的程序及基本要求；等等
材料物资消耗控制制度	包括：领退料制度及相应的凭证手续；材料费用的分配办法；材料物资消耗的计量办法；材料物资消耗定额的制定与修正办法；消耗定额执行情况跟踪控制的办法；消耗定额执行情况的分析与考核办法；等等
工资费用控制制度	包括：工时消耗定额的制定与修订办法；人工效率评估办法；工时消耗定额执行情况的跟踪控制办法；工时消耗定额执行情况的分析与考核办法；职工福利费的计提办法；小时工资率的核定与修订办法；工资及福利费的差异分析办法；等等

续表

项 目	内 容 阐 释
制造费用控制制度	包括：制造费用分类办法；制造费用预算管理办法；制造费用预算执行情况跟踪控制的办法与程序；制造费用差异的分析与考核办法；责任转账管理办法；制造费用分配办法；等等
废品损失控制制度	包括：废品分类及认定办法；废品损失构成及计算办法；废品损失的责任转账办法；等等
在产品及自制半成品管理制度	包括：在产品及自制半成品统计制度或办法；在产品及自制半成品内部转移的计量、验收制度或办法；在产品及自制半成品盘存的管理办法；在产品及自制半成品盘盈盘亏报批处理的管理办法；等等

（3）产品销售成本控制制度。包括：产成品销售发出的计量、验收制度或办法；产品销售成本的构成及计算办法；产成品盘存的管理办法；产成品盘点盈亏处理的管理办法；等等。

（五）财务管理制度的制定

1. 财务制度制定的种类（见表2-34）

表2-34 财务制度制定的种类

项 目	内 容 阐 释
全面性财务制度制定	它是对企业财务工作所应遵守的一切规范行为制度的制定。通过制定，构成企业财务制度的基本框架，并产生一套完整的企业财务制度体系。由于全面性财务制度制定的内容复杂，涉及面广，制定难度大，制定质量要求高，头绪比较多，因此制定时应由总体制定到具体制定。总体制定是要对制定的企业财务制度内容和范围进行的总体规划；具体制定是在总体制定的基础之上，采用具体的程序和方法来完成总体制定的要求，用文字、表格等形式做出详细具体的规定。总体制定和具体制定是两个紧密联系的环节，可以说，总体制定是"纲"，具体制定是"目"。不进行总体制定，就无法具体勾画出企业财务制度的"蓝图"；不进行具体制定，就无法将"蓝图"变为现实，就不能形成企业财务制度
局部性财务制度制定	它是对财务工作的部分规范进行的制度制定。制定内容一般是原有财务制度中不具有的。其原因多是经营规模的扩大、经营范围的拓宽、经营方式的转变和管理要求的提高等
企业修订性财务制度制定	它是对原有财务制度加以修改而进行的制定，如固定资产的直线折旧法变为加速折旧法，坏账损失的直接核销法变为备抵法等。通过制定，可以更新财务制度的部分内容。 局部性制定和修订性制定，一般制定面较小，制定内容较简单，因此主要是搞具体制定。但在制定时，必须与原有财务制度制定的内容协调配套

2. 财务制度制定的假设条件

科学理论和科学研究中，常常包含着一定的潜在理论假设。它们常常成为某个系统理论的逻辑支撑或逻辑起点。制度领域事实上也存在着关于人的特性、权力的特质、理性的限度等各种潜在假设，只是它们没有被鲜明地、理论化地归纳提炼出来。我们认为，财务制度制定是有一系列潜在假设条件的（见表2-35）。

表 2-35　财务制度制定的假设条件

项　目	内　容　阐　释
"无赖原则"假设	英国哲学家、历史学家和经济学家大卫·休谟提出了一条著名的原则——"无赖原则"。该原则认为，人们在考虑制度安排时，必须持定"人人应当被假定为无赖"，在权力问题上不要奢谈对人的信任，而要用制度的锁链来约束他们不做坏事。 财务制度制定要达到的目的，就是不论人多么自私，必须通过完善的制度机制的钳制功能，使人"规规矩矩"地服务于企业。财务制度制定要达到的效果，就是不仅要对"无赖"行径实施有效的钳制，而且要能防止和遏止人们萌发各种损公利己的"无赖"冲动
非"天使统治"假设	如果说英国学者休谟的"无赖原则"是以一种"是什么"的判断方式，对人与制度的相关关系提供了逻辑结论，那么美国宪政学家詹姆斯·麦迪逊则以一种"不是什么"的方式，从另一角度对人与制度的相关关系提供了逻辑结论。他在《联邦党人文集》一书中说："如果人都是天使，就不需要政府了。如果是天使统治人，就不需要对政府有任何外来的或内在的控制了。在组织一个人统治人的政府时，最大的困难在于必须首先使政府能管理被统治者，然后再使政府管理自身。毫无疑问，依靠人民是对政府的主要控制；但是经验教导人们，必须有辅助性的预防措施。" 麦迪逊这一论断告诉我们：人不是天使，由人组成的企业也不是天使，人的本性也是企业的本性。人必须有外在的制约，企业更必须有外在的控制。在企业财务管理活动中，管理者作为企业的代理人，其管理本质在于任何意义上都绝不是一种"天使般的管理"，不可能只行善不行恶。在麦迪逊看来，纯粹的"善"只能是"天使"之为，人类做不到。需要对管理者和被管理者实施外在的和内在的控制，寻求辅助性的财务制度预防措施，保证权力体系内部有分权制衡机制
"局限存在物"假设	18 世纪法国启蒙运动思想家、法学家和哲学家孟德斯鸠在被伏尔泰誉为"理性和自由的法典"的著作《论法的精神》一书中，做了一个具有普遍性的理论假设："人，作为一个'物理的存在物'来说，是和一切物体一样，受不变的规律的支配的。作为一个'智能的存在物'来说，……他是一个有局限性的存在物；他和一切'有局限性的智灵'一样，不能免于无知与错误；他甚至连自己微薄的知识也失掉了。作为有感觉的动物，他受到千百种情欲的支配。……这样一个存在物，就能够随时忘掉他自己；哲学家们通过道德的规律劝告了他。他生来就是要过社会生活的；但是他在社会里却可能把其他人忘掉；立法者通过政治的和民事的法律使他们尽他们的责任。" 孟德斯鸠的这一论断对人的特质已注入了社会性的内容，强调了人的"社会生活"的特征，并提出人需要通过"道德"和"法律"的规范，才能介入社会生活。这一假设首先揭示了人类具有局限性这一重大事实：人类作为"物理的存在物"，受到客观规律的制约；作为一个"智能的存在物"，人类是一个感性的存在，受到种种不定因素的影响，"无知与错误"是必然的。其次，揭示出"局限存在物"必然的逻辑结论——人类的这一缺陷，只有通过社会生活外在的东西，一是"道德"，一是"政治的和民事的法律"予以补偿和纠正。特别指出的是，人类只有"通过政治的和民事的法律使他们尽他们的责任"这一历史性结论，必然使法律制度处于崇高的无可或缺的地位。因此，在企业财务管理活动中设计和制定各种制度和规则，便是理所当然的了
权力无"休止界限"假设	孟德斯鸠还做过另一个经典的、对人类政治生活具有重大揭示意义和认识价值的理论假设，这就是人们所熟知的他对权力的特质所做的一个著名的言简意赅的判断："一切有权力的人都容易滥用权力，这是万古不易的一条经验。有权力的人使用权力一直到遇有界限

续表

项　目	内　容　阐　释
权力无"休止界限"假设	的地方才休止。"这就是权力或权力者的特质。由此，孟德斯鸠给出具有公理性的结论便是："从事物的性质来说，要防止滥用权力，就必须以权力制约权力。" 权力的这一内在特性，决定了制度化外在制约的必要性。权力是一种物质力量，对于权力的制约和监督，不能仅靠精神的道德的力量，而必须有相应的物质力量。所以在企业财务制度制定中，对于权力边界的设置，只能以另一个权力的存在为逻辑前提
"有限理性"假设	企业管理归根结底是决策行为，决策具有对理性追求的倾向。按对理性作用的不同认识，决策理论分为三类：绝对理性选择理论，排斥理性的非理性决策理论，以及美国行政学家、管理学家和经济学家西蒙为代表的"有限理性"决策理论。西蒙在《管理决策新科学》一书中从人的意识、决策环境与人的能力等方面否定了"完全理性"的假设，提出了著名的"有限理性"假设。 西蒙认为："理性就是要用评价行为后果的某个价值体系，去选择令人满意的备选行为方案。"由于人的智能的局限，不可能收集到和充分分析处理决策中所需要的大量信息。行政机构只能接受不圆满的决策，不可能实现最佳决策。在企业财务管理活动中，人的"有限理性"体现于两方面： 一是环境是复杂的。在非个人交易活动中，由于参与者众多，同一项交易很少进行，所以人们面临的是一个复杂的、不确定的世界。而且交易越多，不确定性越大，信息越不完全。 二是人对环境的计算能力和认识能力是有限的。由此得出的结论是：必须通过制度制定与制度创新，设定一系列规则，减少环境的不确定性，提高人们认识环境的能力，并规范人自身的决策行为
"诺思悖论"假设	诺思认为，由国家来界定和保护产权可以产生规模效益，但是国家并不是中立的，竞争与交易费用的双重约束，往往引导国家选择无效或低效的产权结构。也就是说，国家权力是有效产权安排和经济发展的一个必要条件，同时又是对个人财产权利的限制和侵害，导致无效的产权安排和经济的衰落。这就是著名的"诺思悖论"。按照"诺思悖论"逻辑，企业各种财务制度安排，并不完全取决于效率的或经济的原则，而在很大程度上，它是不同规模、不同地位的利益集团与统治者相互博弈以及各集团之间相互博弈的结果。这一"悖论"的实质，反映了企业行为的内在冲突：有效率的财务制度的确立与利益相关者的利益最大化之间的矛盾。要协调好矛盾，只能以外在制约机制，促使企业行为的内在冲突减至最小限度，尽可能确立公正的、合乎理性的行为规则。制度在一定程度上可以减缓这种冲突。因为企业制度在一个企业中的主要作用是通过建立一个人们相互作用的稳定的结构来减少不确定的。为此，具有一个好的财务行为规则对一个企业来说是至关重要的。……实际上要想取得交易成本低的经济市场，也需要这种诚实的、合乎理性的、好的行为规则

3. 财务制度的制定模式

财务制度的制定虽然有大致相同的过程，但由于指导思想和思维方法不同，呈现出不同的模式。财务制度的制定模式是对不同思路和风格的概括。财务制度制定的模式可以分成两大类：第一类是从财务制度所要达到的理想或目标的角度来分析的目标模式；第二类是从构成财务制度的主体的角度来分析的构成模式。

（1）目标模式。目标模式分为理性模式、渐进模式和综合模式。

理性模式追求财务制度制定的理性化和理想化，试图制订出最佳方案，以最小的成本获得最大的收益。理性模式的意义在于：它努力使财务决策符合理性。该模式对决策理论的影响表明，通过对达到目标产生影响的成本、收益的资料的收集、加工等简单的活动，使决策更加合理。

渐进模式的核心是改良。该模式认为，最佳化的决策理想是不现实的，为了选择最佳决策而竭尽全力地去追求极限，通常得不偿失。比较现实的选择不是最佳，而是"满意"，是能够达到目标水平的可以不断改善的企业财务制度。

综合模式的特点则是试图在两者之间追求最优化。

（2）构成模式。构成模式中包括团体模式、精英模式、规章模式和系统模式。

团体模式强调财务制度是团体压力和团体间的利益均衡的结果。财务制度研究的一个重要课题是，众多财务问题中，哪些问题应受到企业的重视而被列入财务制度议程？企业为什么注意到了某些问题而忽视其他问题？团体模式对此做了回答。

精英模式强调少数人对财务制度有较大的影响。精英模式对财务制度制定的启示在于：随着社会发展的加快和财务问题的复杂化，对财务制度的制定者提出了更高的专业化要求。精英模式可以保证决策过程在专业化的基础上完成。

规章模式关注"形式"对"内容"的影响。合理的体制和决策过程对财务制度制定起着保证作用和促进作用，而不健全的体制则会妨碍财务制度制定的有效性。它特别关心的是如何通过改进体制来改进财务制度划定过程。

系统模式认为，财务制度是行政系统的产物，它注意财务制度划定的适应性、整体性和动态运动。

不同的财务制度模式适于不同的财务制度对象、不同的财务制度期望，因此，不存在哪种模式最好的问题，它需要根据实际要求进行选择和综合。

4. 财务制度的制定机制

与工厂里的生产工艺对其产品质量和成本有重要影响一样，财务制度的质量也受到制定程序、制定机制的重要影响。因此，完善财务制度制定机制是提高财务制度质量的一个主要手段。财务制度制定机制不只是简单起草和颁发，而是指"企业财务制度目标确定、企业财务制度诞生、企业财务制度完善"整个财务制度的制定过程及其运行方式。不同的财务制度的具体制定机制应该是有区别的，但是从最一般的意义上来说，财务制度的制定机制应包含六大环节（见图 2-3、表 2-36）。

制度目标 → 制度准备 → 制度效应预审 → 制度效应试验 → 制度生效 → 制度反馈

图 2-3　财务制度制定机制的六大环节

表 2-36　财务制度制定机制六大环节的具体内容

项　目	内　容　阐　释
制度目标	财务制度目标是制定财务制度的前提。选择财务制度目标是一项高度创造性的工作，是制定财务制度的起点，应该根据客观事物发展的实际情况，分析制定财务制度的必要性、可行性和重大效果，研究解决问题的多种方案，提出制订具体财务制度的计划
制度准备	财务制度准备主要是根据财务制度目标进行充分的调查研究，了解相关的财务制度，深入分析财务制度对象的现实情况，论证解决矛盾的多种方法，广泛征求有关专家、行家的意见，提出财务制度的具体内容，形成财务制度草案

续表

项　目	内　容　阐　释
制度效应预审	财务制度效应主要是指财务制度调节对象遵循或偏离财务制度要求的程度。为了达到预期的财务制度效果，就必须对财务制度（草案）可能产生的财务制度效应进行全方位的论证，根据财务制度质量要素即唯一性、客观性、封闭性等原则审查财务制度（草案）的水平，评估财务制度的质量，并结合具体财务制度要求和实际情况反复修正财务制度。财务制度效应预审是提高财务制度质量不可缺少的一个重要环节，是增加财务制度制定工作严肃性、科学性的一个重要措施
制度效应试验	财务制度效应试验是指财务制度正式颁发前进行小规模的实地施行试验或模拟施行试验，以检验对财务制度的主观预期和实际财务制度效应的偏差，最终形成成熟的财务制度。对于重大财务制度的施行试验可以是区域性的；对于一般财务制度来说，试验可以是模拟性的，即采用适当的方式获取对策效应的估计。财务制度效应试验是财务制度制定机制中一个主客观信息交流的重要环节，也是制定一项好的财务制度，避免财务制度失误的重要环节
制度生效	经过财务制度试验后，财务制度批准机构在对财务制度制定的全过程和财务制度本身进行审核后正式予以颁发
制度反馈	一项财务制度虽然经过严格的程序后予以生效，但在实际执行过程中，必然会出现事先未能预见的新问题、新矛盾，出现种种对策和发现财务制度本身的问题。因此，完整的财务制度制定机制必要为在财务制度生效后不断分析财务制度的正负效应，并根据财务制度目标适时地修正财务制度，补充财务制度或制定新的配套财务制度。通过反馈这一环节，使财务制度制定机制形成一个开放的对外做功的封闭回路。封闭原理是现代管理中的一项重要原理。财务制度制定机制不封闭就不可能是完善有效的。严格意义上来说，财务制度出现不适之处和出现对策是正常的，关键是制定者要真正对正在实施的财务制度的有效性和财务制度的质量负责，不断修正财务制度，没有反馈校正机制就不可能有最终成熟高效的好的财务制度

5. 财务制度制定的基本原则

财务制度制定是财务管理的一项基本建设，其质量直接影响财务功能的发挥，因此在制度制定时，必须以一定的原则做指导（见表2-37）。

表2-37　财务制度制定的基本原则

项　目	内　容　阐　释
财务管理与财务规律相结合的原则	一方面，财务管理活动贯穿于生产经营的全过程，它管理的各个方面是有机联系、共同制约和共同影响的，其对象具有系统性的特征。另一方面，财务管理行为要受到客观条件和客观规律的制约。因此，财务制度的制定应注重财务管理的系统性和财务管理的规律性，使财务制度用系统的观点来考察财务活动，并体现财务管理者的意志、愿望、目的和动机与特定的社会经济条件的有机结合，使财务管理能充分认识、掌握和驾驭财务规律
权责利相结合的原则	财务活动涉及面宽，对生产经营活动影响大。财务活动组织得是否合理，财务关系处理得是否恰当，直接关系到企业的发展和经济效益的提高。因此，财务制度的制定体现财务管理权责利的结合，即首先赋予企业应有的财务管理权限，并按照履行财务责任的情况给予应有的物质利益

续表

项　目	内　容　阐　释
原则性与灵活性相结合的原则	在市场经济条件下，国家为了确保整个国民经济的持续、高速、协调发展，并为每个企业不断发展创造良好、公平的竞争环境，必然制定相应的宏观财务法规政策。这些宏观法规政策，既体现了社会主义市场经济发展的方向，又反映了宏观上管理市场经济的要求。置身于市场经济大环境之中的企业管理，属于宏观管理调控、指导下的微观管理。而作为企业管理重要组成部分的财务管理，理所当然地要在国家财经法规政策的指导下进行。因此，国家的财经法规是企业必须遵守的原则规定，也是企业制定财务制度的制约、导向因素之一，企业在制定财务制度时必须坚持其原则性。但企业人、财、物、信息各因素，供、产、销各过程，筹资、投资、用资、收回与分配资金各环节，交错形成多个变量，综合发挥作用，因此财务制度制定要有利于根据其目标、任务、财务管理环境、人员素质的高低等因素的变动而具有灵活性
适应企业特点和管理要求的原则	财务制度制定既要遵循国家的统一规定，又要充分考虑企业本身的生产经营特点和管理要求，使其具有较强的可操作性。特别是国家赋予企业的理财自主权，企业应在其财务制度中具体化，凡是可由企业进行选择的财务事项，企业应根据国家统一规定并结合自身的生产规模、经营方式、组织形式等方面的实际情况做出具体规定。特别应指出的是，在制定财务制度时，切忌盲目照抄照搬。由于各企业的生产经营规模、经营范围、生产经营过程和管理要求等方面存在差异，各企业的财务制度只能借鉴吸收而不能简单模仿。如果不注意这一点，制定的财务制度必然适应性弱、指导性差，甚至将企业的财务工作引入歧途，导致事倍功半
稳定性和连续性相结合的原则	一般来讲，制度要具有稳定性与连续性，不能朝令夕改，但它有一个更重要、更突出的特征，即要由实践来检验。凡被实践证明是正确的，就必须坚持，就具有稳定性和连续性；凡被实践证明不能实施的，就必须修订甚至抛弃，不能笼统地看待稳定性和连续性
效益性原则	财务制度制定的目的就是规范财务行为，保证财务目标的实现，但不能因规范财务行为就不讲运行质量和工作效率，而应该在满足财务管理要求的前提条件下使财务制度制定更简洁明了，更具有操作性。为此，在进行财务制度制定时，要考虑其制定和运行成本与效益的关系，实现成本与效益的最佳组合。为了提高运行效率，在制定财务制度时，要考虑应用现代科学技术和方法、手段，以节约运行成本，取得更佳的效益

6. 财务制度制定的科学依据

制度并不研究客观事物的发展过程，但是制度要正确，就必须依据客观规律和客观条件，绝不能主观臆断，闭门造车。财务制度制定的依据可分为理论依据和实践依据。现实中执行的各项制度，从根本上说都是理论与实践相结合的产物。因此财务制度的制定要依赖于财务理论的指导。财务制度要解决的是一系列复杂而重要的企业经济关系问题。由于各企业的经营管理特点和观念不同，因此解决问题的途径、方式、方法和采取的制度亦不同。无论什么样的企业要解决财务管理问题都要依赖理论的指导，只有在正确的理论指导下，才能真正发现问题，科学地认识、了解和把握问题的全貌和本质，进而制定出正确和有效的解决问题的制度。同时只有按照现代财务理论的指导思想，运用当代财务科学所阐明的基本原理及基本方法，才能实现财务制度制定的科学化、民主化要求，这就是财务理论对于制度制定的极端重要性。要体现客观条件的要求，如表 2-38 所示。

表 2-38　财务制度制定的客观条件的要求

项　目	内　容　阐　释
企业的生产经营特点、管理要求，是财务制度制定的前提和基础	不同的企业，生产规模、经营方式、组织形式不同，其财务活动的方式和财务管理人员的素质也不可能完全一致。因此只有在充分考虑其生产经营特点和管理要求的基础上制定的财务制度才能具有可操作性，才能将国家赋予的理财自主权落到实处
企业的根本利益、财务管理的目标，是财务制度制定的出发点和归宿	财务制度制定的目的是顺利执行财务工作，实现财务目标，进而实现企业目标。企业财务目标是财务管理实践所期望的结果，是构建财务运行机制的方向和标识，是人们赖以选择各种理财手段的依据和标准。因此财务制度的制定必须体现有利于财务目标实现这一基本的要求，否则，财务制度就会失去其生命力
系统的调查研究、科学的分析，是财务制度制定的中心环节	通过调查研究，掌握大量的事实材料，并对事实材料进行认真的、科学的研究、分析、综合、判断，弄清问题的主要矛盾、关键环节，以及同其他有关问题的有机联系和相互依存关系，进而揭示和掌握问题的本质及发展变化规律，并在此基础上制定的财务制度才具有实用性。可见，面对问题的事实材料进行科学的研究分析是制定财务制度的中心环节

7. 财务制度制定的方式

根据企业财务人员的业务素质、知识水平情况，财务制度的制定可以采用自行制定、委托制定和联合制定等方式（见表 2-39）。

表 2-39　财务制度制定的方式

方　式	内　容　阐　释
自行制定	自行制定是由本企业的财务人员组织和独立进行制定的，从长远角度看，这是财务制度制定的主要方式。其优点是：企业财务人员了解企业各方面的情况，熟悉企业供产销各种业务和人财物各种要素，容易得到企业各职能部门和有关人员的支持和配合，而且能够节省制定时间和节约制定费用，便于财务制度的落实和贯彻。其缺点是：制定人员容易受传统习惯的影响，不利于大胆革新、借鉴吸收新知识、新经验和新做法。如果制定人员的学识水平达不到要求，就难以提高财务制度的质量
委托制定	委托制定是制定财务制度的企业委托社会上的财务咨询服务机构为企业制定财务制度。无论是国内还是国外，无论是现代还是将来，为企业制定财务制度都是财务咨询服务机构的一项重要业务。其优点是：制定人员业务水平高，知识面宽，革新精神强，便于通过制度的制定促进企业的财务工作。其缺点是：不易得到企业各方人员的配合，对企业的了解较少，难免使制度的某些内容脱离企业的实际，从而削弱财务制度的指导作用
联合制定	联合制定是以企业的财务人员为基础，聘请制定财务制度的专家指导，共同制定企业的财务制度。这样有利于充分发挥自行制定和委托制定的优点，克服各自的缺点，相互配合，取长补短，使财务制度更加科学完善，把财务发展的最新动向和相关知识、企业的实际情况充分体现在财务制度制定之中

8. 财务制度制定的方法

制度制定的方法，就是制定制度的机构和人员所采用的应对或解决面临的制度问题的途径和方式。其基本方法如表 2-40 所示。

表 2-40　财务制度制定的方法

方　法	内　容　阐　释
系统分析法	系统分析法是把系统论、信息论和控制论的现代理论、技术、手段，运用于财务制度制定的一种方法。财务制度制定的系统分析的基本要求和基本特征表现在：首先，要把财务管理作为一个"控制中心"，其活动的最终目的就是保证企业经济效益的提高，达到提高目的的主要机制就是发挥财务管理的主导作用。其次，财务管理系统的结构由母系统和各子（分）系统所组成（通过划分责任确立），各子系统之间与母系统之间都是相互联系、相互作用的，但又各有相对的独立性。因而财务制度制定就必须体现出总制度与各项具体制度的区别与联系，必须从整体的、长远的目标出发制定总制度，又需要从全局出发制定各项具体制度，并正确处理它们之间的各项关系。最后，财务管理系统所包含的多个子系统，不仅表现为横向的结构性，而且表现为纵向的层次性，这就是企业与企业、企业与国家、企业与内部各部门和职工个人之间的关系。制度制定就必须从这些客观实际出发，注重上下、左右协调，达到制度制定和执行的科学性、可行性和协调稳定性
定性分析和定量分析相结合的方法	财务制度制定的定性分析是区别财务管理对象的不同性质及其发展变化，并由此决定不同的制度及其发展变化的方法。它以已有的实践经验为基础，研究新的任务和条件，判断制度的正确性、可行性和有效性，以调动财务管理人员的积极性。财务制度制定的定量分析法也是一种选优的方法，具体就是在收集、整理、分析大量的资料和信息的基础之上，就制度的目标选择、方案制订、效果预测、标准确定和模型建立提出意见，并进行计算机模拟，然后选择最优的制度。定性分析在我国普遍采用，但往往主观随意性大。定量分析可以为制度制定提供可靠的数据，提高制度制定的科学性和操作性，但工作烦琐，且有的影响因素不能量化。因此，在财务制度制定时，应将定性分析和定量分析恰当地结合起来，以定性分析为基础，进行定量分析，使定量服务于定性
比较分析法	比较分析法的基本要求在于：对不同国家和地区的财务制度进行比较，对不同时代和时期的财务制度进行比较，通过对财务制度的比较研究，探索制度的本质和发展规律，并在此基础上进行财务制度的制定。其优点是：可以做到洋为中用、古为今用、取长补短，并有利于制度的实用性
社会实验法	一项新的制度的制定和实施，往往要先做实验，取得经验，再全面推广。财务制度制定的社会实验，其基本要求和基本特征表现在： 首先，要通过系统而周密的调查，确立制度实验的对象，选择制度实验的模式，制定制度实验的方案和措施，并预测其发展和变化。 其次，在整个制度的实验过程中都要始终进行目标管理，紧紧围绕财务制度的总目标，及时总结经验，捕捉信息，发现问题，及时修正，以求得制度的有效性和可靠性。由于财务制度所要解决的问题具有不同的性质范围，进行制度制定的具体要求、条件、形式、方法各有不同，因此应当因地、因时、因事而异

9. 财务制度制定的程序

制定合理的财务制度，不仅要有科学的依据，而且要有科学的决策程序。科学的决策程序是使财务制度具有科学性的重要保证。一般而言，制定一项财务制度，应从问题的分析或重新认定开始。财务问题的提出有各种渠道，并不一定是财务制度制定者所为，但是要为解决某一企业财务问题而去研究财务制度方案时，财务制度制定者须首先对问题进行澄清、界定或限制，使之更明确,更符合客观事实;其次应该确定解决问题要达到的目标或价值;再次寻找、研拟各种可行方案;接下去是对确定方案进行分析、评估,预测可能的后果;最后由决策者做出抉择,确定一个要实施的财务制度方案。

财务制度制定是一个系统工程,它不仅是企业财务部门和财务人员的任务,而且是在企业厂长(经理)领导下,吸收生产经营管理各方面人员参加,由财务部门具体操作共同完成的。制定时应按如表2-41所示程序进行。

表2-41 财务制度制定的程序

步 骤	内 容 阐 释
准备阶段	准备阶段主要是确定制定的内容,落实、培训制定的人员,安排制定的进度,收集、整理资料。 首先,确定财务制度制定的范围,是进行全面制定、局部制定,还是修订制定,并在此基础上确定需要制定的具体内容。 其次,确定制定方式和人员,是进行自行制定、委托制定,还是联合制定。财务制度制定人员一般由财务管理人员、其他管理人员组成,并聘请有关专家指导。 对财务制度制定人员的业务水平要求:要全面了解企业财务实物,深谙财务理论,通晓财务管理方法,熟悉相关政策、法令和财经纪律,并对制定单位的业务知识也有较深的了解;安排制定工作进度,并编制工作进程,制定的时间既要力求节约,尽快完成制定任务,又要考虑周密,使新制定的制度行之有效,有利于提高财务工作效率。 最后,根据财务制度制定类型确定调查对象,主要调查与制定项目有关的业务活动,并收集相关资料,使制定人员做到心中有数
制定草案	制定草案阶段主要是确定制订方案和进行初步制定。首先,根据调查的结果,由财务部门的负责人主持,结合生产经营特点和管理要求对规划的财务制度制订方案进行分析,对准备制定的范围、内容、形式做初步界定。然后在制订方案确定以后,按制度制定分工落实具体的制定人员和完成时间,进行具体的起草工作
修改完善	修改完善阶段主要是进行试运行和局部修订。财务制度起草完毕后,要广泛征求意见,并在此基础上进行一段时间的试运行,在实践中检验其可行性和有效性,并在此基础上对缺乏可操作性和不符合实际情况的条款进行修改完善
发布实施	发布实施阶段主要包括正式定稿和发布执行。首先,在制定的财务制度经过一段时间试行修订后,表明其已达到预定的制定要求,就正式定稿。然后由企业法人代表签署,确定发布方式和正式执行的时间

10. 财务制度制定应考虑的问题

财务制度制定要充分考虑到员工可能对其做出的反应,他们的反应可能受到制度制定的方式、在财务制度制定中的参与程度、沟通交流的方式、财务制度的表述形式及财务制度实施的方式等各方面的影响(见表2-42)。

表2-42 财务制度制定应考虑的问题

问 题	内 容 阐 释
认知	人的认知能力是存在差别的,对于同样一件事物,不同的人可能有不同的理解。在财务制度制定中,可能存在员工对目标理解及政策认识的差别。因此要求在财务制度的制定与实施过程中要充分考虑到人的这种认知能力的差别,进行广泛沟通与交流,以使对财务制度的认知误差风险提前释放,保证全体员工对财务制度的理解一致

续表

问 题	内 容 阐 释
个人目标	每个行为主体个人都是社会环境下的"复杂社会人",他们都具有各自的个人目标。这要求管理体系除制定财务制度外,还要建立相应的激励与约束机制,或改变行为主体的目标函数,或改变行为主体实现目标最大化过程中的约束条件,促使各行为主体个人目标和财务制度目标的一致
参与	参与原则是一个被财务制度制定者经常忽略的原则。人总是存在一定程度的逆反心理,对于那些本应参与财务制度制定但事实上并没有能够允许作为财务制度制定者的人来说,他们很可能取消他们对财务制度的通力合作和支持,而相反地,会进行一些消极的抵触。所以,财务制度的制定应当让尽可能多的人参与进来,以保证财务制度制定的效率
愿望层次与目标	财务制度功能的实现被视为成功,而财务制度功能未实现则被视为失败。这可能影响到激励和士气。从目标的一般性上看,激励是通过提高行为主体的动机力量来实现的。动机力量是指动机的强度,即调动行为主体积极性和激发行为主体内在潜力的力度。因此,财务制度制定在设定目标时,要仔细斟酌,不能太高,也不能太低,力争使动机力量最大化
借口	在财务制度的实施中一定要注意实事求是,认真对待财务制度的每个批评。如果确实是财务制度的问题,则要对财务制度进行调整;如果不是财务制度的问题,而是行事者的行为出现了偏差,则一定要对该行为主体进行惩罚,以保证财务制度的权威性
强加	如果管理当局"自上而下"地强加财务制度,那么"在下面工作"的人员可能抵触它们,不给予支持,或根本没有热情。因此,要在制度下达执行过程中做好动员与解释工作,避免简单粗暴的工作作风,以减少制度推行的阻力

(六)财务制度控制

1. 财务制度控制的原则

(1)确保制度的适应性。

1)财务制度对国家统一财务制度的适应性,即财务制度应是依据国家统一财务制度制定的,能体现统一财务制度规范的要求,避免出现与统一财务制度相矛盾或相抵触的条款。

2)财务制度对公司管理特点及管理要求的适应性,即财务制度的制定应体现公司在内部组织结构、管理层次等方面的特点以及优化财务管理的客观要求,防止形式化。

(2)确保制度的完整性和系统性。财务制度的完整性是指所制定的财务制度应涵盖所有财务行为,使每项财务行为都能找到相应的制度予以规范。系统性是指所制定的财务制度应在纵向上具有层次性,在横向上体现协调性。纵向层次性是指财务制度在层次上应体现从综合到具体的逻辑关系(这种逻辑关系对一般性公司而言,如图2-4所示)。横向协调性是指同一层次上的财务制度应是相互独立,而又相互衔接、相互吻合的,避免相互交叉或重复,特别应防止出现同一财务行为存在多个相互矛盾或相互抵触的制度条款的现象。

(3)确保制度的严肃性。

1)各级财务人员在行使财务行为时,应严格按财务制度的规定执行,没有合理理由,不得违反制度规定。这里的"合理理由",主要指制度本身存在缺陷(如制度条款之间相互矛盾、制度明显有失公平等),或因公司内外环境变化而使制度规定不再适用。而无论何种理由,均应由制度的制定机构予以认定。

2)当行为主体违反制度规定而又没有合理理由时,应严格执行惩罚措施,包括经济惩罚和行政处罚等。

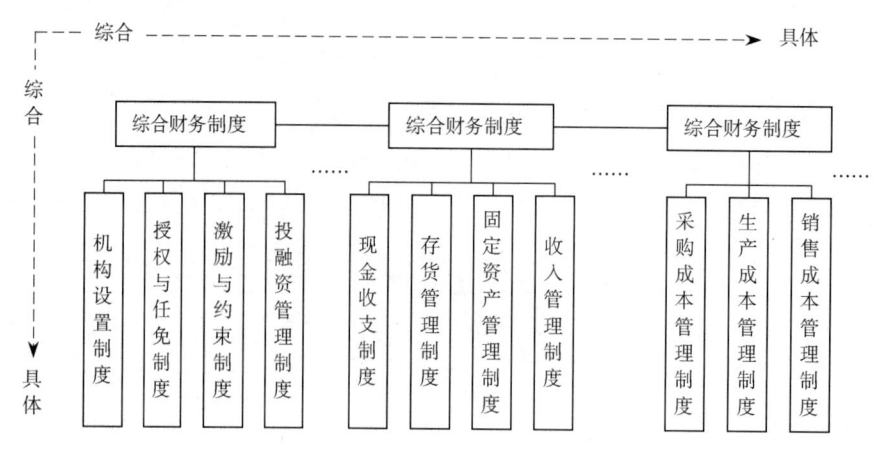

图 2-4 财务制度纵向层次性的关系逻辑

2. 财务制度控制的程序（见表2-43）

表 2-43 财务制度控制的程序

步骤	内容阐释
制定和颁布财务制度	原则上综合财务管理制度由董事会根据国家统一财务制度制定，由监事会审阅，在经股东大会审议批准后颁布实施；日常财务管理制度、成本管理制度则由经理班子根据国家统一财务制度及公司综合财务制度制定，由内部审计机构及财务总监审阅，在报公司董事会批准后颁布实施。对于规模较大、内部管理层次多的一些大型集团公司，还应分层次制定财务制度，如集团所属分（子）公司根据总公司颁布的财务制度制定与本单位经营特征及管理要求相适应的日常财务管理制度和成本管理制度，生产厂或营业部根据分（子）公司的财务制度制定内部成本管理制度或费用控制制度等
执行财务制度	执行财务制度是各级财务行为主体以财务制度为依据，实施自我约束和调节的行为过程，从控制性质上看，它是一种行为控制；从控制时间上看，它是一种事中控制。要确保财务制度的有效执行，必须具备一些基本的前提条件：加强对财务制度的宣传教育，使各级财务行为主体熟悉财务制度；强化财务行为主体的法规意识和职业道德修养，使他们能够自觉依法按规行事；有完善的奖惩办法和严格的奖惩程序，使各级财务行为主体具有依法按规行事的内在动力和外在压力
检查制度执行情况	要使财务制度有效执行，有赖于建立健全严格的检查、监督制度并执行相应的程序。财务制度执行情况的检查监督原则上应由公司内部审计机构组织有关人员进行，检查时间可采取定期检查和适时检查相结合。在制度执行情况的检查中，对偏离制度的行为应进行客观分析，明确是制度本身的问题还是执行行为的问题。若属于制度本身问题，应及时修正和完善制度；若是执行问题，则严格执行奖惩程序，以维护制度的严肃性

九、财务管理工作的组织

企业是市场经济的主体，企业组织形式的不同类型决定着企业的财务结构、财务关系、财务风险和所采用的财务管理方式的差异。企业财务管理必须立足企业的组织形式。

企业会计机构的设置受制于企业的治理结构、会计人员管理体制、企业会计系统的职责和财务总监的地位。建立混合所有制体制、股权结构日趋分散是我国企业改革的大方向，资本意志越来越迫切地要求在企业治理中的话语权，财务控制权的争夺也日渐敏感和激烈。与此相适应，"董事会领导下的财务总监制度"和"财务总监领导下的会计人员委派制度"构成企业会计体制的核心内容，成为企业设置会计机构的主要指导原则。

要搞好企业财务管理，顺利地实现财务管理目标，必须合理有效地组织财务管理工作。

（一）企业财务管理体制、权责、层级管理

1. 企业财务管理体制

企业财务管理体制，是协调企业利益相关主体之间财务关系的基本规则和制度安排，是构建企业财务管理制度的基础和框架。企业财务管理体制的确定过程，是企业财权的分配调整过程，直接决定了财务管理机制、具体财务制度的构建。

《企业财务通则》第二章为企业财务管理体制，其中，第八条明确指出："企业实行资本权属清晰、财务关系明确、符合法人治理结构要求的财务管理体制。""企业应当按照国家有关规定建立有效的内部财务管理级次。企业集团公司自行决定集团内部财务管理体制。"

《企业财务通则》第三条规定："国有及国有控股企业应当确定内部财务管理体制，建立健全财务管理制度，控制财务风险。企业财务管理应当按照制定的财务战略，合理筹集资金，有效营运资产，控制成本费用，规范收益分配及重组清算财务行为，加强财务监督和财务信息管理。"

（1）企业财务管理体制的分类。

1）按企业财务管理体制的权限，可分为集权式财务管理体制，完全分权式财务管理体制，资金集权、成本分权相结合的综合式财务管理体制（见表2-44）。

表2-44 企业财务管理体制按权限的分类

类别	内容阐释
集权式财务管理体制	它是一种高度集中的财务管理体制，将企业资金、成本和利润及其分配的控制权限高度集中在公司最高管理层，公司的中下层没有任何决策、支配及控制的权力，只有有限的管理权限。这种责、权、利不对称的管理体制不利于调动中下层管理者的积极性。对企业规模小，品种单一，生产步骤少的中小型企业较为适用。然而在网络经济时代，出现了一种新的趋势，即集中管理的财务模式成为众多大中型、多层级集团企业追捧的对象。其原因在于计算机网络缩短了企业在空间和时间上的距离，使无论多么分散的空间距离和多么复杂的管理问题，都能迅速转换为及时信息，并在瞬间完成其传递，故企业中实施集权式财务管理更有利于管理效率和控制质量的提高
完全分权式财务管理体制	它有利于调动企业内部各级管理者和各责任单位的积极性，便于把企业内部各部门、各单位的资金、成本同其工作业绩直接挂钩，便于实现责、权、利的统一。但这种模式对涉及全局的重大决策难以协调，不利于企业统一处理对外关系和统一研究战略规划
资金集权、成本分权的财务管理体制	它是一种较为理想的管理体制，它按照集权和分权相结合的管理思想，把财务（主要是资金）大权统一掌握在企业管理当局，便于统一调动、统一融通、统一使用资金，有利于提高资金的利用效率，同时对成本管理实行分级管理，分口把关，把成本管理和成本控制变成全企业的共同行动，这就抓住了成本管理的要害。某企业介绍的企业财务管理体制实行"集中一贯管理"思想，就是纵向集中主要管理权限和管理业务，实行管理功能的高度集中，横向对企业从项目投资、材料采购到产品销售收入的实现实行"以一贯之"的管理，其特点就是长期资金集中一贯管理，成本以生产为导向管理

2）按财务管理体制涉及的范围，可分为宏观财务管理体制和微观财务管理体制。

①宏观财务管理体制。它是协调财政部门与企业之间财务关系的基本规则和制度安排，主要由国家以法律法规、规章、规范性文件等形式予以确立，旨在对企业符合市场需求的行为予以引导和扶持。

②微观财务管理体制。即企业内部财务管理体制，它是规定企业内部财务关系的基本规则和制度安排，主要由投资者和经营者通过企业章程、内部财务制度等正式或非正式的契约确立。

3）按财务管理的内容，可分为资金管理体制、成本管理体制、利润分配管理体制。

企业财务管理的对象是企业资金及其运动规律，企业的生产经营过程实际上也是资金持续不断的运动过程，对企业资金筹措、使用、分配是企业财务管理的主要职能，因而资金管理体制和利润分配体制是企业财务管理体制中的主要部分。

成本管理则是对企业资金耗费的管理。西方财务管理中往往不包括成本管理。然而从我国财务管理的传统习惯和企业管理的实践看，应该将成本管理包括在内。从表层上理解，资金及利润分配管理要向企业外部提供财务信息，成本管理的结果只向企业内部管理当局提供信息，且有关信息属于企业的商业秘密，两者的管理、服务对象均有所不同。其实，从广义上看，财务管理包括资金筹集管理、资金营运管理、成本费用管理、销售收入管理、企业纯收入管理、财务收支管理。财务管理利用资金、成本、收入等价值指标来组织企业中价值的形成、实现和分配，并处理这种价值运动中的经济关系。所以，从广义的财务管理观点出发，企业财务管理体制包括资金管理体制、成本管理体制和利润分配管理体制。

（2）企业内部财务管理体制的主要内容。企业内部财务管理体制的主要责任是在特定经济环境下正确处理企业同内外各方面的经济利益关系，因而它的主要内容如表 2-45 所示。

表 2-45　企业内部财务管理体制的主要内容

项　目	内　容　阐　释
确定与企业内部经营组织形式相关的财务管理体制类型	企业的生产技术特点和经营规模的大小不尽相同，因而各企业内部的经营组织形式也就有所不同，不同的企业内部经营组织形式决定不同的内部财务管理体制
确定与企业内部各财务管理单位的经济责任相适应的财务责任	企业内部各财务单位所承担的经济责任不同，其财务责任也应有所区别。因此，对于完全独立生产经营的成员企业，在财务上应该承担自负盈亏的责任；而对于独立生产经营的内部单位，应根据其是否具有相对独立的生产经营能力分别确定财务责任，并以指标分解的形式落实。例如，在资金管理方面，要为企业内部各部门、各层级核定流动资金占用额、利用效果和费用定额指标。车间、仓库对占用的流动资金要承担一定的经济责任并定期进行考核，对超计划占用的流动资金应支付相应的利息。同时，应为各部门核定收入和支出的指标，使收入对比支出，确定经营成果，并将成本或费用指标分解落实到各车间和部门，作为支出的计划指标。各车间生产的产品和半成品以及各部门提供的劳务均应按照内部结算价格结算支付，作为车间和各部门的收入指标。在利润管理方面，应将企业利润分解以确定内部利润，使车间、部门利润与企业利润相挂钩
确定与企业内部财务管理单位财务责任大小相一致的财务权限	由于部分内部成员企业能够承担自负盈亏的责任，因此应该给予独立进行筹资、投资、成本费用开支与收益分配的财权；对于相对独立的企业内部各部门则分别给予投资决策权、内部利润取得与分配权以及成本费用的开支与控制权

续表

项　目	内　容　阐　释
根据内部结算价格计价结算，确认各单位履行职责的好坏	企业内部的材料和半成品的领用、使用劳务、半成品和成品的转移等都要按照实际数量和内部转移价格进行结算，并且采用一定的结算凭证办理相关手续，以划清各自的收支，分清经济责任，便于奖惩。因此，要求企业制定完善的内部价格以及内部结算办法并建立内部结算中心
根据承担的财务责任的大小以及履行情况确定物质利益的多少	对承担自负盈亏的内部成员企业，其工资总额应由该成员企业控制使用，税后利润除向企业集团缴纳一定管理费用外，应由成员企业按国家规定自主分配；而相对独立的内部单位，其工资总额由企业总部控制，与各单位完成责任指标挂钩的工资，可分别交由这些单位掌握使用，企业税后利润分配应统一由企业总部进行

（3）建立企业财务管理体制的基本原则。

1）资本权属清晰。即通常所说的企业产权明晰。企业产权是投资者通过向企业注入资本以及资本增值获得的企业所有权，在账面上体现为企业的所有者权益。企业产权明晰，就是要明确所有者权益的归属。例如，国有及国有控股企业应当取得国有资产产权登记证，明确其占有的国有资本金额及主管部门；公司制企业应当通过公司章程、出资证明书、发行记名或不记名股票等方式，明确其股东及出资额。企业产权明晰后，投资者"以本求利，将本负亏"也才成为可能。企业财务管理体制作为一项基础性的企业制度安排，首先应当明晰企业的资本权属。资本权属不清晰导致的恶果，一个典型例子就是集体企业。集体经济属于公有制经济的组成部分，根据《乡镇企业法》《城镇集体所有制企业条例》等规定，集体企业财产属于劳动群众集体所有。但是由于集体企业发展沿革长，投资来源模糊，作为资产所有者的"集体职工"缺位甚至无法界定，产权纠纷不断，一方面导致集体资产流失严重，另一方面大大制约了集体企业的发展。许多个体工商户或私营企业通过承包或者挂靠，集体企业戴"红帽子"的现象，使企业资本权属更加混乱。集体企业从20世纪90年代以后，无论是数量、规模，还是盈利能力，都呈严重下降趋势。正是意识到产权明晰的重要性，党的十六届三中全会明确提出，要"以明晰产权为重点深化集体企业改革"。

2）财务关系明确。即企业与财政部门的财务隶属关系，应当是清楚的。除各级人民政府及其部门、机构出资的企业外的其他内资企业，包括集体所有制企业、私营企业和非国有控股的混合所有制企业，以及外商投资企业，一般按属地原则确定财务关系。即与企业工商注册的行政管理机关同一级次的财政部门，作为其主管财政机关。主管财政机关也可根据实际需要，授权下级财政机关行使财务管理职责。

3）符合法人治理结构要求。企业财务管理体制是法人治理结构的重要组成内容，因此其设计应符合法人治理结构要求。法人治理结构是指明确划分投资者如股东会（包括股东）、董事会（包括董事）和经营者之间权力、责任和利益以及明确相互制衡关系的一整套制度安排。由于现代企业制度下所有权和经营权的分离，因此设计合理、实施有效的法人治理结构，成为确保企业有效运作、各方权益不受侵害的关键所在。构建法人治理结构，应遵从法定、职责明确、协调运作、有效制衡等原则。企业在法律法规等国家规定的制度框架内，享有一定的弹性。

国际上公司治理结构采取的模式不尽相同，如美国一般不设监事会，而德国和日本在董事会之外单独设立监事会，监督对象除经营者外，还涉及董事。我国《公司法》确立的公司治理结构模式与德日类似，即"股东会（权力机构）—董事会（决策机构）—经理（执行机构）"三个层次，外加监事会（监督机构）。但并非所有的企业法人都采用这样的模式，例如，全民所有制企业中的厂长（经理）办公会兼任投资者和经营者的角色，职工代表大会兼有权力机构、决策机构和监督机构的特点。外商投资企业主体法中，要求企业设立董事会或者联合管理机构，不要求设立股东会或者投资人会议，甚至不要求设立监事会。从企业的董事会或联合管理机构的权限来看，它们实际上行使着权力机构和执行机构的双重职能。由于公司制企业是现代企业的典型，也是我国企业改革、发展的方向，因此《企业财务通则》中设计的财务管理体制，主要以《公司法》确立的法人治理结构为蓝本。同时，为了增加制度的灵活性和适应性，《企业财务通则》以财务管理主体为主线，明确投资者和经营者各自的财务管理职责，至于其通过何种机构行使职权，则由企业根据自身的组织形式及实际管理需要进一步自行确定。

（4）影响企业财务管理体制的因素和条件。

1）宏观因素和条件。企业财务管理体制受众多宏观因素的影响和制约，对财务管理体制的形成具有决定性影响的宏观因素和条件主要有经济体制、经营机制、市场体系。财政、信用和保险体系的建立与完善，法制的健全和财务中介机构的完善对财务管理体制也具有一定的影响和作用。

经济体制是指在一定区域内（通常为一个国家）制定并执行经济决策的各种机制的总和。在市场经济体制下，通过供求关系安排和调节社会资源的配置，企业失去了对政府的依赖性，在市场竞争中求生存、求发展，客观上要求企业建立一套科学严密的财务管理体制，组织企业财务活动，增强企业的经济实力、竞争能力和盈利能力。

经营机制是经济体制的重要组成部分，是企业生产经营活动中各要素之间相互联系、相互作用、相互制约的内在方式。这种机制既体现了企业内在的经济关系，又显示这种内在经济关系与企业机体外部所必然发生的经济关系。经营机制主要包括企业的人事组织活动、科学技术活动、生产经营活动、财务活动、会计活动及经济管理活动六个主要方面。这六个方面在机制运行中既相对独立，又在作用于目标的过程中协同一致，形成科学的机制运行体系。随着经济体制的变革，经营机制也会发生相应转换。市场经济体制下的经营机制，要求企业自主经营、自负盈亏、自我约束、自我发展、自我完善。经营者的责权利相统一，迫切要求建立充满生机和活力的财务管理体制，合理组织财务活动，实现财务管理目标。

完善的市场体系应当包括：①生产资料市场、资金市场、产权交易市场、商品市场、劳动力市场等各种市场。②市场应打破地区、行业限制，为各种生产要素跨地区、跨行业的流动提供可能。③比价结构合理，能正确、灵活地反映产品价值变化、供求变化，向企业提供真实信息，引导生产要素的合理配置。④健全的市场规则、秩序，有全面、具体的经济活动的法律规范，法律执行机关及监督机关具有相应的能力与权力，以保证市场正常、有序运转。健全的市场体系为产权的转让、资产的流动与重组、原材料的供应及产品的销售提供了良好的条件，市场的有序和规律也有利于经济正常和稳定的发展。

2）微观因素和条件。影响财务管理体制的微观因素和条件主要有现代企业制度的建立和完善，经营者知识结构的合理化，企业内部供、产、销各部门的密切配合和协调运行等。

现代企业制度使企业建立科学的财务管理体制成为可能，现代企业制度的基本特征是"产权清晰、权责明确、政企分开、管理科学"。产权清晰是要明确企业的产权关系，明确投资主体，将所有者和经营者分开。权责明确是要明确有经济利益关系各方的责任、权力和利益关系，责任大小要有相应的权力做保障，尽义务和享有利益相匹配，从而构建一套以效益为终极目标，以明确的责任关系为纽带的责权利体系。政企分开是指国有企业的终极所有权属于国家，国家作为投资者，只获取投资收益，而不参与企业的经营管理，将责权利关系落到实处，层层有目标、处处有措施，计划（预算）和控制兼用，激励与约束并重，考核与奖惩结合，以实现企业价值最大化。管理科学是指企业组织合理化，核心是激励和约束机制。

经营者的知识结构是与经济发展阶段、生产力的发展水平有关的。在集约型的经济增长方式下，强调挖掘内部潜力，加强管理。因此，主要管理者的选聘应转向懂经济、精通市场营销和资本管理的人员。

企业内部存在三条流动线（物资流—资本流—信息流），只有供产销等部门的密切配合，才能保证物资和资本在各个不同阶段的连续运转，才能保证生产的顺利进行。同时，也可以减少资金占用时间，加速资金周转，提高效益。信息流起到了及时为各项管理决策提供依据的重要作用。

（5）企业内部财务管理体制的常见类型。按照企业生产技术特点与经营规模大小来划分，企业内部经营组织形式一般有集中管理、分散管理以及集中与分散相结合管理三种类型。因此，相应地，企业内部财务管理体制也可按照其权限划分为集权型财务管理体制、分权型财务管理体制以及集权与分权相结合的混合型财务管理体制三种类型（见表2-46）。

表2-46　企业内部财务管理体制的类型

项　目	内　容　阐　释
集权型财务管理体制	集权型财务管理体制是一种高度集中的财务管理体制，它将企业的各种财务权限集中在企业的最高管理层，企业的中层、下层没有任何决策权、支配权以及控制权，只有有限的管理权限。因此有利于企业集中财权，充分利用财力，发挥整体效益。这种财务管理模式对品种单一、规模小、生产步骤少的中小企业比较适用，但是由于它是一种责、权、利不对称的管理体制，因此不利于调动中层、下层管理者的积极性，对下属单位的问题不能及时发现，解决问题的效率也不高，大型企业一般不采用。但是，在信息高度发展的今天，计算机网络缩短了企业在空间和时间上的距离，这种集中管理的财务管理体制也逐渐为众多大中型、多层级的企业所青睐
分权型财务管理体制	分权型财务管理体制是一种统一领导、分口分级管理的体制。具体来说，是在企业统一领导下，由财务部门负责将企业各项财务指标分解为小指标，逐级落实到各部门、各车间，并为各单位规定完成指标的权与利。这种体制的优点是：由于部门负责人有权对影响经营成果的因素进行控制，加之身在基层，了解情况，有利于针对企业问题及时做出有效决策，因地制宜地搞好各项业务，也有利于分散经营风险，促进部门管理人员及财务人员的成长。它的缺点是：各部门大多从本位利益出发安排财务活动，缺乏全局观念和整体意识，从而导致资金管理分散，资金成本增大，费用失控，利润分配无序
混合型财务管理体制	混合型财务管理体制是集权与分权各取所长，合二为一的一种财务管理体制，它采用的是资金集权、成本分权的体制。它按照集权与分权相结合的管理思想，资金大权统一掌握在企业管理当局手中，以便统一调动、融通和使用资金，从而提高资金的使用效率，而对成本实行分级管理，把成本管理和控制变成全企业共同的事情。这种体制有利于搞好整个企业的经营和发展，增强企业的竞争实力和应变能力；避免以放代管的消极作用；下属部门有相对独立的自主经营权，能够充分调动其积极性并实现自我约束，因此，这是一种较理想的企业内部财务管理体制

（6）企业内部财务管理体制的选择。由于企业内部财务管理体制是构建企业财务运行机制的基础和前提，因此如何合理选择企业内部财务管理体制就显得很重要。《企业财务通则》第八条要求："企业实行资本权属清晰、财务关系明确、符合法人治理结构要求的财务管理体制。企

业应当按照国家有关规定建立有效的内部财务管理级次。企业集团公司自行决定集团内部财务管理体制。"因此企业财务管理体制选择是否恰当主要根据一些标准来判断（见表 2-47）。

表 2-47　企业财务管理体制选择是否恰当的标准

项　目	内　容　阐　释
是否有利于促进企业经济效益的提高	经济效益是衡量企业管理好坏的标志，是判断一种体制优劣的根本，而且企业内部财务管理体制构建的目的是为企业管理服务并有利于经济效益的提高。因此，企业内部财务管理体制构建的成功与否，也只能用企业经济效益来衡量
是否有利于调动企业经营者、管理者的积极性、主动性、创造性	财务管理是企业管理的一部分，因此企业能否成功地构建其内部财务管理体制，很大程度上取决于是否把各级经营者、管理者的积极性调动起来，使企业内部各级管理者、经营者出于对自身利益的追求，自觉地把个人利益与企业利益、个人目标与企业目标有效地结合起来，从而形成一股强大的凝聚力
是否有利于企业建立稳健高效的财务管理运行机制	反映现代企业制度的企业内部财务管理体制的构建，目的在于引导企业建立"自主经营、自负盈亏、自我发展、自我约束"的财务运行机制，从而形成一套完整的自我控制、自我适应的系统。由于财务机制是财务管理体制最直接、最灵敏的反映，其有效运行是财务体制构建的重要目标，因此，在构建财务管理体制时，关键是看其是否有利于财务管理机制的有效运行
是否有利于加强企业的内部管理	财务管理是企业管理各项工作的综合反映，它与企业管理的各项工作密切相关，它们之间相互制约、相互促进。同时，财务管理本质上是处理企业同企业内外各种经济利益的关系，因此成功地构建企业内部财务管理体制能够强化企业内部管理

2. 企业财务管理权限

（1）资本权属与企业财务管理权限。《企业财务通则》第二章第八条规定："企业实行资本权属清晰、财务关系明确、符合法人治理结构要求的财务管理体制。"

在我国社会主义市场经济条件下，企业资金来源包括两大类：一类是所有者投资，形成企业的自有资金；另一类是通过金融市场的不同筹资渠道所形成的借入资金。自有资金的提供不仅满足了企业的基本资金需求，更重要的是，由此界定了企业的产权归属；借入资金的提供不仅保证了企业的临时性资金需求，并使企业有了一定的扩张能力。在金融市场上，企业的筹资方式多种多样，有的企业采取发行股票和发行债券的方式筹集自有资金和借入资金；有的企业采取吸收直接投资筹集自有资金，又采取从金融机构借款的方式筹集借入资金。无论是何种形式获得的资金，企业都需要为筹资付出相应的代价。借入资金需要定期还本付息，自有资金需要支付股息、红利。因此，在资金进入企业形成资金周转起点的同时，企业就必须承担相应的经济责任。

企业的所有者是法定的主权资本投资人，企业所有者向企业投入主权资本，从而形成了履行义务，承担终极风险，享受投资收益分配的经济关系。由此可见，资本权属体现了资本提供者与企业之间的产权关系，企业实行资本权属清晰，就是要保证企业的产权关系清晰。

企业财务管理体制是企业财务管理内部环境的主导因素。企业财务管理体制的核心在于财权的配置，由此形成了财权配置不同的财务管理体制。在企业界，决定财务管理体制的既有客观因素，也有主观因素。从客观因素分析，不同的企业组织形式往往决定着不同的管理体制，不同的企业规模和行业领域也决定着不同的管理体制；从主观因素分析，不同的管理观念决定着不同的管理体制，不同的人才素质结构也决定着管理体制的选择。

在计划经济时期，我国对国有企业实行高度集权的财务管理体制，财政部门直接控制着企业的财务活动和财务关系，企业几乎没有财务自主权。改革开放以后，尤其是现代企业制度建立之后，国有企业和国有控股企业的财权诉求也随之增长。建立符合现代企业法人治理结构要求的企业财务管理体制已经迫在眉睫。《企业财务通则》将实行资本权属清晰、财务关系明确、符合法人治理结构要求的财务管理体制，作为财权配置的原则，使企业财务管理权限的配置和行使，符合社会经济发展的客观要求。

（2）法人治理结构与企业内部分级次财务管理权限。《企业财务通则》第二章第八条还补充规定："企业应当按照国家有关规定建立有效的内部财务管理级次。"在这里，我们必须明确的是：第一，企业内部财务管理的权力是分级次的；第二，这种分级次的财务管理权限应当符合法人治理结构的要求。

1）公司内部治理结构分析。

①股东大会。股东大会是公司内部治理机构之一，它是公司的最高权力机构，掌握着公司的最终控制权。股东大会由公司全体股东组成，股东可以是自然人，也可以是法人。股东有优先股股东和普通股股东之分，优先股股东在股利分配和对公司清算财产的请求权方面具有优先权。但是，一般情况下只有普通股股东才享有公司的经营管理权。

股东大会的决议一般采取多数通过的议事规则。在一般情况下，股东本人需要亲自参加股东大会，但由于时间、距离、不熟悉公司事务或其他原因的限制，导致某一股东不能参加股东大会的，可以委托他人参加并代理行使投票权。由股东委托代理人投票称为"表决权的委托代理"，由公司法上指定的受托人投票则称为"表决权的信托代理"。

②董事会。董事会是股份公司的核心领导层和最高决策者，它受托于股东大会，执行股东大会的各项决议。对于拥有众多股东的公司而言，显然不可能通过所有股东的定期集会来决策和管理公司的具体事务，需要股东们推选出能够代表自己的、有能力的、值得信赖的少数代表组成一个小型机构来管理公司，这个机构就是董事会。

董事会的基本组成模式主要分为两种：单层制董事会，即董事会成员分为执行董事和非执行董事，这种董事会模式是股东导向型的；双层制董事会，即由一个地位相对较高的监事会监管一个代表相关利益者的执行董事会，这种董事会模式是社会导向型的。

从20世纪70年代以来，西方国家的企业为了有效解决公司治理上的问题，董事会中引入了独立董事制度，以减轻内部人控制所带来的问题。我国现在也引入了独立董事制度。

2）分级次财务管理权限。

①投资者财权。公司是股东发起并投资建立起来的，公司股东拥有公司的产权，并借此控制公司的经营活动、财务活动和经济利益导向。但是，除一人公司外，公司的股东群体的经济利益导向并非完全一致，股东群体的权利也并非均等。只有能够确保充分行使股东共益权的股东，才是公司财务管理的主体，也才真正具有公司的终极财权。

由此可见，财权的取得并独立化是一个组织能否成为财务主体的根本条件。没有财权的财务不能称为真正的财务，也就不可能形成财务主体。这就是说，产权与财权并不保持比例关系，每个公司股东按照投资的产权比例享有相同比例的公司财权是难以想象的神话，这个神话的最大危害就是将公司的财务搞乱。由此可见，公司财权起源于产权并且又独立于产权。

小知识

金融企业投资者的财务管理职权

金融企业投资者凭借对金融企业资本的所有权，依法对金融企业进行财务管理，主要手段是利用对若干重大事项的控制权，约束经营者的财务行为，以确保金融企业资本的安全和增值，最终实现投资者自身的利益（见表2-48）。

表2-48 金融企业投资者的财务管理职权

项目	内容阐释
基本管理事项决策权	投资者的基本管理事项，主要包括审议批准金融企业内部财务管理制度、决定财务管理职能部门、决定会计政策、审议批准金融企业财务计划和财务预算。金融企业内部财务管理制度及财务管理部门设置规定了金融企业内部不同管理层次、不同部门的财务管理权限及责任，明确互相配合、互相制衡的管理关系，其实质是将法人治理结构要求以金融企业内部契约的形式固定下来，为金融企业日后的财务行为提供支持和约束。金融企业财务计划和财务预算，是保证金融企业总体战略和财务目标在长期和短期内都能得到贯彻实现的基本手段。这几个事项都是投资者掌握财务控制权的基本体现，因此，其最终决定权必须由投资者行使
重大财务事项决策权	这些重大事项包括筹资、投资、处置重大资产，以及依法提供除主营担保业务范围外的担保、捐赠、重组、经营者报酬、利润分配等。判断一个财务事项是否"重大"，除看涉及金额相对于金融企业资产的比例高低之外，更重要的是，看它是否容易导致投资者权益受损。金融企业法人财产权决定了金融企业拥有自主经营权，投资者不能直接干预金融企业的经营。自主经营权的行使主体是经营者，理论上，当经营者与投资者制订的财务计划和目标保持一致，勤勉尽责时，投资者与经营者的利益是一致的。但是由于逆向选择、道德风险、内部人控制等诸多问题，经营者的决策很可能不利于金融企业长远发展，损害投资者利益。尽管如此，无论是从金融企业法人治理结构还是从成本效益原则看，投资者不可能因为两者之间可能的利益冲突，而取代经营者做出每一项决策。因此，投资者只能对一些重大财务事项掌握最终决策权
财务监督	财务监督就是根据法律、法规和国家财经纪律以及金融企业内部财务管理制度，对金融企业生产经营活动和财务收支的合理性、合法性、有效性进行调节和检查，以确保金融企业遵纪守法地实现发展战略和财务目标。 财务监督是金融企业财务管理的一项保障性手段。投资者一方面可通过内部审计部门等机构，对经营者实施内部财务监督，另一方面可通过社会中介机构的审计和资产评估对经营者实施外部财务监督。在实施财务监督时，由投资者聘用或者解聘会计师事务所、资产评估事务所等社会中介机构，对保护投资者利益有重要意义。因为投资者主要依赖财务会计报告来了解经营者的工作成果，独立第三方即社会中介机构实施的报表审计和资产评估等活动，是保证和增强财务会计报告真实性的主要途径。如果由经营者聘用中介机构，就有可能影响中介机构的独立性，从而削弱相关财务信息的可信度。《公司法》第一百七十条规定，公司聘用、解聘承办公司审计业务的会计师事务所，依照公司章程的规定，由股东会、股东大会或者董事会决定，也体现了保护投资者利益的立法精神
财务考核	投资者通过一定的考核制度和办法，对经营者财务业绩做出客观、正确的评价，为经营者的任免、职务调整和薪酬激励等提供依据
决定财务负责人	按照《公司法》的规定，金融企业财务负责人的聘任或解聘由投资者决定。金融企业的财务负责人是指金融企业分管财务工作的高管人员、副总经理（副总裁、副行长）或财务总监，这与金融企业财务管理职能部门的负责人是有区别的

小知识

金融企业投资者的财务管理授权

投资者可以通过制度规范、章程约定等方式，将投资者财务管理职权全部或部分授予经营者。《金融企业财务规则》的这一规定，包含以下三方面的意义：

A.《金融企业财务规则》以保护投资者利益为出发点，规定对投资者权益有重大影响的财务决策权归投资者行使，但在现实情况中，由于金融企业规模大、业务复杂、所有权结构分散、投资者管理能力和精力不允许等多种因素，投资者往往无法履行赋予的全部财务管理职权。在这种情况下，投资者可以授权经营者行使部分财务管理职权，从而形成一种委托代理关系。

　　B. 经济学上的委托代理关系不限于法律所说的契约关系，还应从经济利益的角度，将风险的承担与决策权的使用等问题包含在内。投资者对经营者的授权，除采取合同约定的方式外，还可以通过金融企业章程、金融企业内部财务管理制度等有效方式进行。但是，这种职责履行权的转移不会导致风险的转移，即原来由投资者承担的风险责任在授权后仍应由投资者承担，如经营者在授权范围内做出了错误的对外投资决策，导致的损失不应由经营者承担，而应进入金融企业的利润表，即最终由投资者来承担，这也是委托代理关系的一个重要特征。

　　C. 投资者对经营者的授权应该是有限的，不可能也不应该将所有的财务管理职权都委托经营者行使，否则就失去了对金融企业的实际控制权。例如财务监督和财务考核，以及重大财务决策中的经营者报酬、利润分配等事项，应当由投资者或者财政部门做出决定。

📝 小知识

金融企业投资者及其财务管理职权的行使

　　金融企业投资者通过向金融企业出资建立了正式的投资与被投资关系，他们对金融企业的净资产享有所有权，对金融企业经营成果享有分配权。金融企业投资者是金融企业权益性资本的持有者，在金融企业法人治理结构中处于决定性地位，其财务管理围绕资本投入、运营、收益来进行，核心要求是资本安全与投资回报。投资者可以是自然人，也可以是法人，或者其他组织。对于国有及国有控股金融企业而言，投资者可以是各级人民政府及其部门、机构，还可以是国有企业、事业单位。投资者对金融企业财务进行管理时，应当根据金融企业组织形式的不同，依照《公司法》等市场主体法律、行政法规，通过股东会、股东大会或者董事会或者其他形式的金融企业内部治理机构进行，否则将影响金融企业法人治理结构的运作，引起金融企业财务管理秩序混乱。

　　根据《公司法》的规定，股东会、股东大会是金融企业的权力机构，它由全体股东组成，行使投资者的职权。董事会成员由股东会、股东大会选举，但职工董事由金融企业职工代表大会、职工大会或者其他形式民主选举产生，股份有限公司还应当聘请独立董事。因此，董事会是介于投资者与经营者之间的决策机构，对于没有设立股东会、股东大会的金融企业，除国有独资公司以外，投资者一般可以通过董事会行使财务管理职权。国有独资公司根据《公司法》的规定不设股东会，由国有资产监督管理机构代表国家履行出资人职责，行使股东会职权。

　　金融企业总经理（总裁、行长）办公会是经营层面的执行机构，总经理由董事会决定聘任，对董事会负责，董事会成员可以兼任总经理。但是，一些金融企业没有设立股东大会，也没有设立董事会，其经营班子成员由主管部门任命、选派，因而具有投资者与经营者的双重身份。即按照国家有关文件的规定，金融企业投资者将财务管理职权全部或部分授予经营者。在这种情况下，一般由金融企业总经理（总裁、行长）办公会履行《金融企业财务规则》规定的投资者财务管理职权，重大财务事项应当报经财政部门批准，除非法律、行政法规以及国家其他规章另有规定。

　　②董事会财权。根据我国《公司法》的规定，董事会由股东大会选举产生。从董事会的职权上看，公司董事会持有公司最高层次的财务控制权。现代企业的代理关系，将董事会赋予一定的权力期限，股东大会对董事会的制约，使充分行使共益权的股东有比较充分的自由，选择、变换董事会成员，以维护股东的自益权。

　　董事会在代理关系中的最高层次的代理人地位，使其享有企业最高层次财务控制权和最大的经济责任。随着企业多层次代理关系的产生和运行，最高层次财务控制权也将被不同的经理人分解。

　　③经理人财权。董事会将董事会的群体责任通过人事任命具体落实在任期内的总经理头上，

总经理也通过公司人事权力，将财务控制权分解。由此可见，董事会的最高层次财务控制权的授权和分解授权，与人事权力相配合，并且越来越集中于个人。这一方面认证了个人能力和诚信的重要性，另一方面揭示了财务控制权在行使中容易产生的不确定性。只有对掌握一定财务控制权的人实施必要的监督，并将这种监督与日常工作制度结合起来，股东的利益以及企业利益相关者的正当利益才有望得到保障。

> **小知识**
>
> ### 金融企业经营者的财务管理职权
>
> 根据《公司法》的规定，金融企业经营者负责拟订投资者决策财务事项的预案，经投资者议定后具体组织实施，同时负责财务信息的编报，配合有关机构依法实施的审计、评估和监督检查等活动。
>
> 在金融企业正常经营情况下，经营者（包括金融企业总裁、行长、总经理或者实际负责经营管理的其他领导成员）直接掌握金融企业财务的控制权。围绕金融企业价值最大化的财务目标，经营者的财务管理职责表现如表2-49所示。
>
> 表2-49 经营者的财务管理职责
>
> | 项　目 | 内　容　阐　释 |
> | --- | --- |
> | 遵守国家统一的规定 | 根据国家有关金融企业财务管理的规章制度，拟定金融企业内部财务管理制度；编制并向财政部门和投资者提供金融企业财务会计报告，如实反映财务信息和有关情况；依法缴纳税费；配合有关机构依法做好审计、评估、财务监督等工作 |
> | 执行投资者的重大决策，实施财务控制 | 按照金融企业章程和投资者的决策，组织实施金融企业筹资、投资、处置重大资产、担保、捐赠、重组和利润分配等等财务方案；拟订金融企业的财务计划，编制财务预算；组织财务预测和财务分析；统筹运用金融企业资金，对金融企业各项资源的配置实施财务控制 |
> | 保障债权人合法权益 | 诚信履行金融企业偿债责任，不得拖延履行甚至逃废债务偿付义务，维护金融企业的良好信用形象 |
> | 保障职工合法权益 | 执行国家有关职工劳动报酬和劳动保护的政策规定，依法缴纳社会保险费、住房公积金等；按规定应由职工（代表）大会审议或者听取职工意见的事项，应当严格履行相关程序 |

> **小知识**
>
> ### 金融企业经营者及其财务管理职权的行使
>
> 经营者通过向金融企业提供人力资本与金融企业建立正式的劳动合同关系或者人事管理关系，他们对金融企业享有一定的控制权以及从经营成果中获得薪酬的权利。在金融企业法人治理结构中，经营者把投资者的意图转化为金融企业的生产经营活动，发挥着承上启下的中坚作用。经营者对金融企业实施财务管理，主要围绕金融企业经营过程中的资金运动进行，其目的是实现金融企业持续发展和资本增值，同时维护自身的各项权益。
>
> 经营者包括金融企业总裁、行长、总经理或者实际负责经营管理的其他领导成员。经营者组织金融企业财务活动、处理金融企业财务关系时，一是要遵守《公司法》等市场主体法律对经营者职权和行为的规定；二是要执行国家有关法律、行政法规对金融企业生产经营活动管理的规定；三是要贯彻《金融企业财务规则》的规定；四是要依照金融企业章程履行对金融企业和投资者的承诺。

分层次的公司财权主要解决的是控制权的授权问题。具有终极财权的股东大会，将资金的筹措权和使用权委托给董事会代理，董事会承担的是代理人责任，并不能取代股东的责任，由此形成利益关系的不一致。股东对董事会实施资金使用权和筹措权的监督是必要的。而将利益分配决策权放在股东大会，是行使共益权的股东直接掌管财权的体现。分层次的公司财权的配置，既体现了委托代理关系的确立，也体现了由于委托人与代理人利益关系的不一致所做出的权力安排。

> **小知识**
>
> **公司内部财务决策权力分层安排**
>
> 由于公司内部治理的权力系统是由股东大会、董事会、监事会和经理层组成的，并依此形成了相应的决策分工形式和决策权分配格局，因此公司财务决策机制实际上是层级制决策。这种层级制决策是与公司内部决策者的职责分工与权力分立相联系的。层级制决策活动分工的产生与有限理性假设有关，其表现有两方面：一方面，作为层级组织中高层决策者的决策活动能力有限；另一方面，限于每个决策者的决策活动能力的有限性，应将不同决策能力的决策者有效地分配于不同的用途，以达到节约使用决策活动能力这种稀缺资源的目的。
>
> 财务层级制决策的产生在公司治理中还应被看成权力的分立与制衡的结果。公司法人治理结构在股东大会、董事会、经理层之间形成不同的权力边界，并使得每一权力主体被赋予不同的财务决策权。财务决策机制设计应满足三个主要特征：
>
> A. 存在一个核心决策者。无论公司存在多少层次，决策权如何分解，必须存在一个核心决策者。
>
> B. 权力边界清晰。每一决策层都应清楚其权力范围，知道有权对什么财务问题做出决策，无权对什么财务问题做出决策，权力边界清晰是层级组织决策机制运行的基础。
>
> C. 下级服从上级，下级决策者的行为是上级决策者行为的分解。
>
> 一个有效的决策机制一定是适度的授权和监控的层级制决策体系。在公司治理层面，第一层次的决策是股东大会的决策，这是公司最高权力机构的决策，属于出资者财务范畴；第二层次是董事会决策，是公司常设决策机构的决策；经理层是第三层次的决策主体，是公司决策的执行者，后两者都属于经营者财务范畴。在这三层决策主体之间又存在多个授权关系：首先是股东大会对董事会的授权，将企业的经营决策权授权给董事会；其次是董事会对董事长的授权，授权董事长在董事会闭会期间，执行一定金额内的决策事项；再次是董事会对专业委员会的授权，董事会根据决策事项的性质和专业素质要求不同，将不同的决策建议权和初审权或者决定权授权给专业委员会；最后是董事会对以总经理为代表的经理层的授权，主要是对公司营运业务的决策权。
>
> 在这三级决策主体中，董事会是核心决策主体。因为在实践经营中，股东大会不可能真正发挥决策主体的决策管理作用。首先，从股东大会这一组织形式和实现方式来看，由其来作为公司实际的决策机构有其局限性和非效率性。股东大会的召集成本很高，表决程序复杂，而且召集次数有限，存在严重的时滞性。其次，公司的经营管理决策属于企业管理事项，需要有一定的专业知识和企业家才能，两权分离的本来目的就是为了把资本委托给专业人才进行管理，股东过多的干预会影响公司经营的效率，故将股东大会作为决策机构不合理。

3. 企业财务管理职责

（1）投资者的财务管理职责。企业是股东投资创办的，是投资人的企业，投资者才是企业真正的法律意义上的主人。只有投资者管理企业的职能不缺位，管理企业的职责才能真正落实到位。投资者履行财务管理职责是企业内部财务管理职责最重要的组成部分，这是《企业财务通则》创新财务管理体制的又一个闪光点，这个闪光点照亮整部《企业财务通则》，成为《企业财务通则》中加强财务监管的一条主线。原《企业财务通则》对此没有做出这么明确的规定，这是新形势下产生的新规定。

《企业财务通则》第五条明确规定了"各级人民政府及其部门、机构，企业法人、其他组织或者自然人等企业投资者，企业经理、厂长或者实际负责经营管理的其他领导成员，依照法律、法规、本通则和企业章程的规定，履行企业内部财务管理职责""各级人民政府及其部门、机构出资的企业,其财务关系隶属同级财政机关"。

政府可能具有双重身份。作为政府出面的宏观管理者,应当负责制定企业财务规章制度并对此加强监管;作为股东出面的微观投资者,还应当同企业的经理、厂长或者实际负责经营管理的其他领导成员一起履行企业内部财务管理职责。

按照我国《公司法》的规定,投资者可以是政府以及相关的机构,也可以是企业等法人实体,还可以是自然人。《公司法》还明确规定:"公司股东依法享有资产收益、参与重大决策和选择管理者等权利。"只要是企业的股东(投资者),就应当按照《企业财务通则》第十二条的规定,切实履行投资者的管理职能。投资者的财务管理职责主要包括以下几条:审议批准企业内部财务管理制度,企业财务战略、财务规划和财务预算。决定企业的筹资、投资、担保、捐赠、重组、经营者报酬、利润分配等重大财务事项。决定企业聘请或者解聘会计师事务所、资产评估机构等中介机构事项。对经营者实施财务监督和财务考核。按照规定向全资或者控股企业委派或者推荐财务总监。

此外,企业在改制、产权转让、合并、分立、托管等重组活动中,对涉及资本权益的事项,应当由投资者或者授权机构进行可行性研究,履行内部财务决策程序。

对于上述管理职责的履行,投资者一方面应当通过股东会、股东大会、董事会、监事会或监事,或者其他形式的内部机构履行财务管理职责;另一方面可以通过企业章程、内部制度、合同约定等方式将部分财务管理职责授予经营者,通过对经营者的授权、约束、管理、激励、解聘等措施来达到履行财务管理职责的目的。金融企业按规定可以向其控股的企业委派或者推荐财务总监。《企业财务通则》第七十条规定,如果"经营者在经营过程中违反本通则有关规定的,投资者可以依法追究经营者的责任"。

现以有限责任公司为例,介绍有关股东会、董事会、监事会或监事的职权,供制定公司章程或有关文件参考。

1)股东会的职权。有限责任公司股东会由全体股东组成。股东会是公司的权力机构,依照《公司法》行使下列职权:

①决定公司的经营方针和投资计划;
②选举和更换非由职工代表担任的董事、监事,决定有关董事、监事的报酬事项;
③审议批准董事会的报告;
④审议批准监事会或者监事的报告;
⑤审议批准公司的年度财务预算方案、决算方案;
⑥审议批准公司的利润分配方案和弥补亏损方案;
⑦对公司增加或者减少注册资本做出决议;
⑧对发行公司债券做出决议;
⑨对公司合并、分立、解散、清算或者变更公司形式做出决议;
⑩修改公司章程;
⑪公司章程规定的其他职权。

2)董事会的职权。有限责任公司董事会为常设机构,是由股东会选举产生的3~13名董事组成的公司经营决策及业务执行机构,对外代表公司。

董事会设立董事长1人,须由董事担任,为公司的法定代表人;副董事长1~2人。股东人数较少和规模较小的公司可不设董事会,而只设1名执行董事,该执行董事为公司的法定代表人,可兼任公司经理。董事会对股东会负责,行使下列职权:

①召集股东会会议,并向股东会报告工作;

②执行股东会的决议；
③决定公司的经营计划和投资方案；
④制订公司的年度财务预算方案、决算方案；
⑤制订公司的利润分配方案和弥补亏损方案；
⑥制订公司增加或者减少注册资本以及发行公司债券的方案；
⑦制订公司合并、分立、解散或者变更公司形式的方案；
⑧决定公司内部管理机构的设置；
⑨决定聘任或者解聘公司经理及其报酬事项，并根据经理的提名决定聘任或者解聘公司副经理、财务负责人及其报酬事项；
⑩制定公司的基本管理制度；
⑪公司章程规定的其他职权。

董事任期由公司章程规定，但每届任期不得超过3年。董事任期届满，连选可以连任。股东会不得在董事任期届满前无故解除其职务。

3）监事会或监事的职权。监事会或监事为公司常设的监督机构。

有限责任公司设监事会，其成员不得少于3人。股东人数较少或者规模较小的有限责任公司，可以设1~2名监事，不设监事会。

监事会应当包括股东代表和适当比例的公司职工代表，其中职工代表的比例不得低于1/3，具体比例由公司章程规定。监事会中的职工代表由公司职工通过职工代表大会、职工大会或者其他形式民主选举产生。

监事会设主席1人，由全体监事过半数选举产生。监事会主席召集和主持监事会会议。监事会主席不能履行职务或者不履行职务的，由半数以上监事共同推举1名监事召集和主持监事会会议。

董事、高级管理人员不得兼任监事。监事的任期每届为3年。监事任期届满，连选可以连任。监事任期届满未及时改选，或者监事在任期内辞职导致监事会成员低于法定人数的，在改选出的监事就任前，原监事仍应当依照法律、行政法规和公司章程的规定，履行监事职务。监事会、不设监事会的公司的监事行使下列职权：

①检查公司财务；
②对董事、高级管理人员执行公司职务的行为进行监督，对违反法律、行政法规、公司章程或者股东会决议的董事、高级管理人员提出罢免的建议；
③当董事、高级管理人员的行为损害公司的利益时，要求董事、高级管理人员予以纠正；
④提议召开临时股东会会议，在董事会不履行公司法规定的召集和主持股东会会议职责时召集和主持股东会会议；
⑤向股东会会议提出提案；
⑥依照公司法有关规定，对董事、高级管理人员提起诉讼；
⑦公司章程规定的其他职权。

监事可以列席董事会会议，并对董事会决议事项提出质询或者建议。监事会、不设监事会的公司的监事发现公司经营情况异常，可以进行调查，必要时，可以聘请会计师事务所等协助其工作，费用由公司承担。监事会每年度至少召开一次会议，监事可以提议召开临时监事会会议。

（2）经营者的财务管理职责。《企业财务通则》第十三条规定，经营者的财务管理职责主要包括：拟订企业内部财务管理制度、财务战略、财务规划，编制财务预算。

组织实施企业筹资、投资、担保、捐赠、重组和利润分配等财务方案，诚信履行企业偿债义务。执行国家有关职工劳动报酬和劳动保护的规定，依法缴纳社会保险费、住房公积金等，保障职工合法权益。组织财务预测和财务分析，实施财务控制。编制并提供企业财务会计报告，如实反映财务信息和有关情况。配合有关机构依法进行审计、评估、财务监督等工作。

经营者凭借企业法人财产的经营权行使财务管理职责。因此，明确经营者的财务管理权限分配尤为重要，它在企业内部控制中起着基础性的作用。分配权限时，投资者既要赋予经营者充分的自主经营权，又要对经营者的权力有适当的制衡。

1）经营者财务管理职责内容。在企业正常经营情况下，经营者（包括企业经理、厂长以及实际负责经营管理的其他领导成员）直接掌握企业财务的控制权。围绕企业价值最大化的财务目标，经营者的财务管理职责如表 2-50 所示。

表2-50　经营者的财务管理职责

项　　目	内　容　阐　释
执行投资者的重大决策，实施财务控制	按照企业章程和投资者的决策，组织实施企业筹资、投资、担保、捐赠、重组和利润分配等财务方案；拟订企业的财务战略、财务规划，编制财务预算；组织财务预测和财务分析；统筹运用企业资金，对企业各项资源的配置实施财务控制
保障债权人合法权益	诚信履行企业偿债责任，不得拖延履行甚至逃废债务偿付义务，维护企业的良好信用形象
保障职工合法权益	执行国家有关职工劳动报酬和劳动保护的政策规定，依法缴纳社会保险费、住房公积金等；按规定应由职工（代表）大会审议或者听取职工意见的事项，应当严格履行相关程序
遵守国家统一规定	根据国家有关企业财务管理的规章制度，拟订企业内部财务管理制度；编制并向主管财政机关和投资者提供企业财务会计报告，如实反映财务信息和有关情况；依法缴纳税费；配合有关机构依法做好审计、评估、财务监督等工作

2）履行经营者职责的主体。

①公司的董事会和经理。《公司法》第四十六条规定，董事会行使的职权包括拟订企业财务战略、财务规划，编制财务预算，组织实施重大财务方案，实施财务控制等；第四十九条规定，经理行使的职权包括拟订企业内部财务管理制度，组织实施重大财务方案，执行国家有关职工劳动报酬和劳动保护的规定，保障职工合法权益，组织财务预测和财务分析，实施财务控制，如实披露信息，配合有关机构依法进行的审计、评估、财务监督等工作。

②全民所有制企业的厂长。根据《全民所有制工业企业法》的规定，全民所有制企业的厂长由政府主管部门委任或者招聘，或者由企业职工代表大会选举。厂长领导企业的生产经营管理工作，在企业生产经营中处于中心地位。企业设立管理委员会或者通过其他形式，协助厂长决定企业的重大问题，如经营方针，长远规划和年度计划，基本建设方案和重大技术改造方案，职工培训计划，工资调整方案，企业人员编制和机构的设置和调整，制订、修改和废除重要规章制度的方案等。

可以看出，公司中的董事会和全民所有制企业的厂长及其管理委员会（现实中大多为厂长办公会或经理办公会）相似，都同时承担了投资者和经营者的财务管理职责。

> 📋 **小知识**
>
> **公司董事、监事、高级管理人员的资格和义务**
>
> **1. 公司董事、监事、高级管理人员的资格**
>
> 有下列情形之一的,不得担任公司的董事、监事、高级管理人员:
>
> (1) 无民事行为能力或者限制民事行为能力。
>
> (2) 因贪污、贿赂、侵占财产、挪用财产或者破坏社会主义市场经济秩序,被判处刑罚,执行期满未逾5年,或者因犯罪被剥夺政治权利,执行期满未逾5年。
>
> (3) 担任破产清算的公司、企业的董事或者厂长、经理,对该公司、企业的破产负有个人责任的,自该公司、企业破产清算完结之日起未逾3年。
>
> (4) 担任因违法被吊销营业执照、责令关闭的公司、企业的法定代表人,并负有个人责任的,自该公司、企业被吊销营业执照之日起未逾3年。
>
> (5) 个人所负数额较大的债务到期未清偿。
>
> 公司违反上述规定选举、委派董事、监事或者聘任高级管理人员的,该选举、委派或者聘任无效。
>
> 董事、监事、高级管理人员在任职期间出现上述情形的,公司应当解除其职务。
>
> **2. 公司董事、监事、高级管理人员的义务**
>
> 董事、监事、高级管理人员应当遵守法律、行政法规和公司章程,对公司负有忠实义务和勤勉义务。
>
> 董事、监事、高级管理人员不得利用职权收受贿赂或者其他非法收入,不得侵占公司的财产。董事、监事、高级管理人员违反前款规定所得的收入应当归公司所有。
>
> 董事、监事、高级管理人员执行公司职务时违反法律、行政法规或者公司章程的规定,给公司造成损失的,应当承担赔偿责任。
>
> 股东会、股东大会要求董事、监事、高级管理人员列席会议的,董事、监事、高级管理人员应当列席并接受股东的质询。
>
> 董事、高级管理人员应当如实向监事会或者不设监事会的有限责任公司的监事提供有关情况和资料,不得妨碍监事会或者监事行使职权。
>
> 《公司法》对公司董事、监事、高级管理人员的监督举措是多方面的。例如,上市公司在一年内购买、出售重大资产或者担保金额超过公司资产总额30%的,应当由股东大会做出决议,并经出席会议的股东所持表决权的2/3以上通过。为了维护公平的交易秩序,《公司法》还增加了一些技术安排。例如,法律赋予股东查阅公司账簿的职责,这是为了扩大股东的知情权,也是保护中小股东的一个非常重要的条款。赋予股东查账权以后,股东对高级管理人员的监督就加强了。
>
> 《公司法》对有关企业决策层和管理层的职权进行了划分,《企业财务通则》对企业投资者、经营者不同的财务管理职权也进行了划分,并明确了各自的财务责任。以上这些规范要求的制定,有助于企业完善内部治理结构,按照"激励规范、约束有效"的原则构建企业财务运行机制,体现企业不同利益主体的财务诉求,从而促进企业持续稳定地增长与发展。

(3) 财政部门的财务管理职责。

1) 财政部门负责加强对企业财务的指导、管理与监督。创新财务管理制度是《企业财务通则》的一大亮点,其中,规范财政部门在企业财务管理中的职责尤其耀眼。

在市场经济中,政府管财务既不能越位,也不能缺位。在新的形势下发布《企业财务通则》,一方面是为了解决国家代替企业制定大一统的财务制度,以及过多地直接管理企业财务事项等原有财务体制下的"越位"行为;另一方面是为了解决在市场经济体制下对企业财务制度的指导和服务存在的"缺位"行为等问题。

所谓"越位"行为,是指政府规定企业能做什么、该做什么,以及什么时候做和怎么做的行为。随着我国市场经济改革的不断深入,政府显然已不宜管得那么具体,也难以详尽地为企业统一制定标准化的财务管理制度,更不宜过多地采取直接方式管理企业的内部事务。换个角度看,如果政府(即使作为投资者)真的把企业的"大事小事、该管不该管的都管了",这也是一种管理学上的"越权行为"。

所谓"缺位"行为,是指政府作为企业的股东,尤其是控股股东,该管的还是要管,特别应当对国有及国有控股企业"施加合理的约束",但目前来看这种约束有时稍显不足。"缺位行为"还表现在政府应兼顾的履行社会管理者职能有待完善。有专家指出,政府应该为企业在经济活动中涉及的财务行为提供指导与帮助,如随着资本市场不断深化,金融产品创新迭出,企业面临的财务环境日益复杂,以及各种身怀"财技"者也不断窥探企业的钱袋,如此等等究竟如何应对,政府因为"站得高,看得远",应当为企业提供指导性的意见。

当然,还应当看到,目前企业也存在某种程度上的"越位"和"缺位",在有些国有企业还表现得非常严重,在经营过程中存在投资者和经营者职责范围不清、管理不严等问题。有些国有企业在重组中,由经营者单独说了算,擅自把企业改掉、卖掉,这就属于经营者的越权行为。而更多的企业财务管理不到位,管理制度形同虚设,管理人员与管理职责存在严重"缺位"的情况,已经引起政府的高度重视。

上述企业"越位"行为与"缺位"行为可能都与政府"缺位"有关。而《公司法》作为基本法,很难对企业的财务管理内容进行规范或对具体的钻财务空子的行为进行界定,而不少"财技高超人士"不断钻管理漏洞的空子,玩弄所谓"资本运作""资产经营""企业并购"的花样,将企业的财产转移到个人腰包里,政府理应对此加强职责范围内的有效监管。

《企业财务通则》将政府赋予财政部门的职责转化为行政规章,将财政政策、财政资金、财务监督纳入企业财务制度体系,明确了财政部门与企业之间的财务管理关系,将有效地扭转企业财务管理无章可循、职责不清的局面,从源头上整治企业财务秩序,化解财政风险。原《企业财务通则》对此没有做出规定,这是新形势下产生的新政策。

《金融企业财务规则》第四条明确规定:"财政部门依法指导、管理和监督本级金融企业的财务管理工作。省级以上人民政府财政部门的派出机构,应当在规定职责范围内依法履行指导、管理和监督金融企业财务管理工作的职责。金融企业在完成工商登记后30日内,应当向同级财政部门提交设立批准证书、营业执照、验资证明、章程等文件的复印件。金融企业发生分立、合并、设立分支机构,以及主要工商登记事项发生变更时,在依法完成工商变更登记后30日内,应当向同级财政部门提交有关的变更文件复印件。"

《企业财务通则》第四条明确规定财政部应当负责制定企业财务规章制度。各级财政部门(以下通称主管财政机关)应当加强对企业财务的指导、管理、监督,其主要职责包括:

①监督执行企业财务规章制度,按照财务关系指导企业建立健全内部财务制度。
②制定促进企业改革发展的财政财务政策,建立健全支持企业发展的财政资金管理制度。
③建立健全企业年度财务会计报告审计制度,检查企业财务会计报告质量。
④实施企业财务评价,监测企业财务运行状况。
⑤研究、拟订企业国有资本收益分配和国有资本经营预算的制度。
⑥参与审核属于本级人民政府及其有关部门、机构出资的企业重要改革、改制方案。
⑦根据企业财务管理的需要提供必要的帮助、服务。

《企业财务通则》和《金融企业财务规则》还明文规定了财政部门依法处罚的权力。

财政部门在依法实施财务监督中,对不属于本部门职责范围的事项,应当依法移送相关管理部门。财政部门工作人员在履行财务管理职责过程中滥用职权、玩忽职守、徇私舞弊,或者泄露国家秘密、商业秘密的,依法进行处理。

2）地方财政部门对企业日常财务会计方面的监管工作。企业财务会计方面的监管工作应当由地方财政部门负责。监管的内容如表2-51所示。

表2-51 监管的内容

项 目	内 容 阐 释
会计人员要持证上岗	会计人员是企业财务管理工作的执行者，企业财务管理工作的好坏与会计人员素质的高低关系密切。所以，企业的会计人员必须具备一定的会计知识和熟悉相关的财经法规。 国家对会计人员实行持证上岗制度，《会计法》要求会计人员必须取得会计从业资格证书才能担任会计工作，这是对会计人员最基本的要求。所以财政部门要对会计人员是否持证上岗进行监督，没有取得会计从业资格证书的人员一律不得在企业从事会计工作
依法建账，规范企业的会计核算行为	《会计法》规定，各单位必须依法设置会计账簿，并保证其真实、完整。地方财政部门根据《会计法》的要求，对企业是否依法建立各项会计账簿，以及会计核算行为是否规范进行监管，对不依法建账、会计核算行为不规范的企业应按《会计法》有关规定严肃处理
建立健全财务管理制度和内部控制制度	企业建立健全财务管理制度和内部控制制度，是搞好企业财务管理、规范财务核算行为的制度保证。国家对企业的财务会计工作制定了许多相应的法规，但由于每个企业大小不同，经营项目不同，环境不同，管理要求不同，所以企业要根据自身情况和管理要求，按照国家有关法规的要求，制定适合本企业的财务管理制度和内部管理制度，以保证财务管理工作和内部控制工作有章可循。 有条件或具备一定规模的企业要充分发挥董事会、监事会、股东大会、职代会的监督作用，保证各项财务管理制度和内部控制制度的实施。财政部门应监督和帮助企业搞好财务管理制度和内部控制制度建设，促使企业规范财务工作
加强业务培训和职业道德教育	财政部门可以定期或不定期地对会计人员进行业务培训，开展后续教育，进行会计职业道德教育，提高会计人员道德素质

3）积极创新财政社会管理职责。积极创新财政社会管理职责与相应的制度，是我国社会主义经济大发展和公共财政改革的要求。目前，政府正在积极研究建立与财政社会管理职能相适应，有利于规范全社会各类企业财务关系，监督企业经济运行，促进各类企业公平竞争和健康发展的新型的企业财务制度体系。

> **小知识**
>
> **企业财务管理的分层管理**
>
> 　　财务的分层管理是针对公司制企业而言的，这主要是因为在独资或合伙的企业组织形式下，所有权主体和经营权主体基本是合二为一的，具有不可分性，企业的财权自然也具有不可分性。而在公司制的企业组织形式下，股东大会、董事会、总经理和财务经理就瓜分了企业的全部财权，也就是说，企业的财权就分属于不同的财务主体，而每个财务主体为维护其自身利益，必然要行使其自身的管理权利，这也就是企业财务的分层管理。具体分为出资者财务、经营者财务和财务经理财务管理。
>
> 　　A. 出资者财务。即出资者以股东及股东大会决议的名义直接行使的对公司财务事项的管理，主要包括几个方面：
>
> 　　a. 履行出资人的基本义务，按期足额缴入资本；
>
> 　　b. 根据《公司章程》规定，享有下列权利：依其所持有的股份份额领取股利和其他形式的利益分配；参加或委派代理人参加股东大会，并行使表决权；对公司的业务经营活动进行监督管理，提出建议或质询；

依照法律、法规及公司章程的规定转让股份；依公司章程的规定获得有关信息；通过财务激励与约束机制，确保经营管理者财务责任的落实；

  c. 以出资者行使所有权监督审计；
  d. 对经营者的筹资活动和偏离投资方向的投资行为进行约束；
  e. 对董事会提出的分红方案进行最终决策；
  f. 对其他重大事项进行最终决策。

  出资者财务管理的目的：基于防止稀释所有者权益的需要；基于保护出资人财产的需要；基于保护出资人权益不受损失的需要；基于保护出资人财产利益，出资人对涉及资本变动的企业合并、分立、撤销、清算等的财务问题做出决策；基于追求资本增值的需要，出资人必须对企业的利益分配做出决策；等等。

  B. 经营者财务。企业法人财产权的建立，使企业依法享有法人财产的占用、使用、处分和相应的收益权利，并以其全部法人财产自主经营、自负盈亏，对出资者承担资本保值和增值的责任。经营者财务作为企业的法人财产权的财务管理主体，其对象是全部法人财产，是对企业全部财务责任，包括出资人资本保值增值责任和债务人债务还本付息责任的综合考察。因此，经营者财务的主要着眼点是财务决策、组织和财务协调。从财务决策上看，这种决策主要是企业宏观方面、战略方面的，如融资决策、投资决策和股利政策等。从协调上看，经营者财务主要侧重两个协调：一是外部协调，即协调企业与股东、债权人、政府部门、关联企业、社会监督部门、中介机构等错综复杂的关系，目的在于树立企业良好的财务形象；二是内部协调，即协调企业内部各部门、单位之间工作、业务上的关系，目的在于减少内部摩擦，使各项工作有序和谐，提高运行效率。可见，经营者财务的内容是：具体的财务战略；合理的财务组织；有效的预算控制；动态地协调；聘任和解聘财务经理。

  C. 财务经理财务管理。财务经理财务管理是经营者财务的操作性财务，注重日常财务管理。其主要管理对象是现金流转。财务经理的职责可规定为如下几项：规划公司现金流转计划和其他财务计划；监督与落实上述计划；具体负责日常的财务预算；信用管理；负责财务预测、财务计划和财务分析工作。

小知识

企业的内部财务管理级次

  企业法人的一个重要财务特征是独立核算，但这并不排除企业内部存在多级核算主体的可能性。相反，由于规模、分布区域、部门、产品等原因，企业往往需要在内部划分不同级次，分级进行责任主体认定、预算分解、业务核算、资金结算、业绩考核等财务管理活动。在具有总—分公司、事业部、项目组、多工厂（车间）等组织结构的大中型企业中，一般都采用多级次的内部财务管理体制，分级核算、逐级汇总。内部级次设置的有效性，直接决定企业财务管理的效率和有效性，因此，《企业财务通则》对企业内部财务管理级次的有效性提出了要求。

  衡量一个企业的内部财务管理级次是否有效，往往需要考虑的因素如表2-52所示。

表2-52 衡量企业内部财务管理级次有效性的因素

项　目	内　容　阐　释
同一级次各单位的权责是否能清楚界定	权责清晰，各单位各司其职，各负其责，才能保证体制顺利运行
财务目标是否能够明确分解到各级次单位，是否有利于成本归集和利润核算	企业整体目标必须能够逐级分解到各单位，以便事中控制和事后的财务考核、分析。例如，智董公司有三个主要产品，相应设置了三个事业部，每个事业部都有采购、广告和销售职能。企业可以将事业部作为二级核算单位，事业部中负责采购、广告、销售职能的科室作为三级核算单位。三级核算单位分别对采购成本、广告费用、销售收入和费用负责，二级核算单位对产品利润负责

续表

项 目	内 容 阐 释
是否符合企业生产流程或者商业模式的需要	对制造企业来说，财务管理级次一般要结合生产流程特点确定。对商业企业来说，则要结合商业模式确定。例如，商场一般按照卖场—楼层—商品部—柜组分级进行管理，因此，商场在划分财务管理级次时，可在商场—卖场—楼层—商品部—柜组五级单位中选择
是否在财务信息量的增加与财务信息取得成本的增加之间取得平衡	级次设置过少，会导致财务信息量不足以及财务人员负荷加重等问题，造成粗放式管理。级次设置过多，又会带来财务目标逐级分解和财务结果逐级汇总的工作量过大，企业的时间成本（反应速度减慢）和人工成本负担加重（财务人员增加）等问题

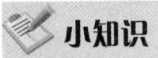

小知识

对企业集团财务级次的要求

集团财务级次的确定是财务管理体制的重要内容。所谓"一级企业一级财务"，母公司所属独立核算的企业法人有多少级，财务管理级次就应当延伸到最底层的企业法人。集团内部财务管理级次应当控制在"有效"范围，指企业能逐级实现对下属企业的有效控制，不会出现"鞭长莫及"的情况，这也是企业控制财务风险的必然要求。2006年1月1日开始施行的新《公司法》取消了原来对公司累计对外投资总额不得超过本公司净资产50%的限制，这增加了公司财务决策自由度，不过也大大增加了公司通过对外投资转移资产或提高集团公司整体财务风险的可能性，是一把"双刃剑"。"德隆系"事件就是这样一个典型的反面例子，过长投资链条和庞大产业背后隐藏的非法融资及财务风险，一旦爆发，就会给整个集团公司带来毁灭性打击。实践证明，企业通过限制财务级次，可以有效降低上述风险。

国务院办公厅转发的《关于推进国有资本调整和国有企业重组的指导意见》（国办发〔2006〕97号）明确提出，国有大型企业要"对层级过多的下属企业进行清理、整合，通过关闭、破产、撤销、合并、取消企业法人资格等措施，原则上将管理层次控制在三级以内"。除特大型企业集团外，企业集团财务级次一般应限定在三个层次以内，即企业集团的投资链条一般只延伸到孙公司。这样既可以促进企业集团管理的扁平化，降低母公司和政府的监管成本，又能够避免企业财务级次过多后，下属企业利用投资转移企业资产、投资效率低下、偏离集团发展战略、企业财务风险增加等不良后果。

（二）几种典型的财务管理模式

1. 传统分工型（见图2-5）

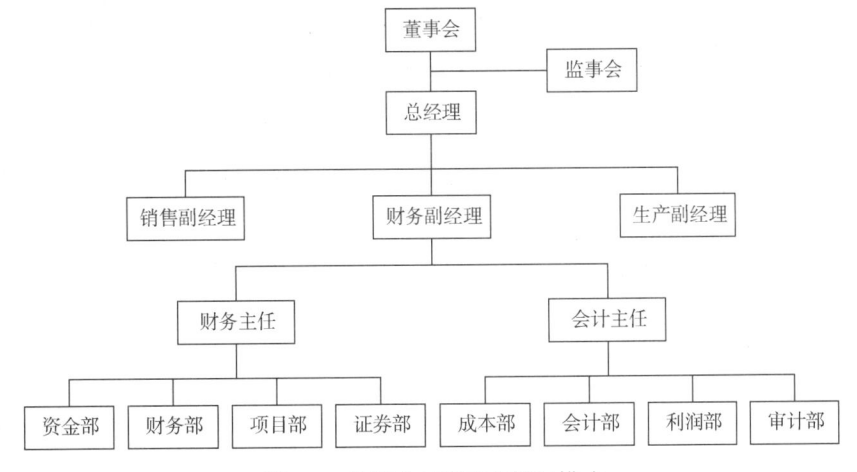

图2-5 传统分工型财务管理模式

它是以完成传统的财务管理职能为目标的一种模式，其财务管理的工作和职责分工一般按照职能来划分：资金部负责资金的筹集和调配；财务部负责日常的财务决策和管理；项目部负责投资项目资金的安排和使用；证券部负责债券、股票的投资与经营管理；成本核算部负责生产经营成本的核算；会计部负责财务报表的编制和日常会计核算的管理；利润部负责利润的分配和税金的解缴；审计部负责企业内部的审计工作。

2. 责任中心型（见图2-6）

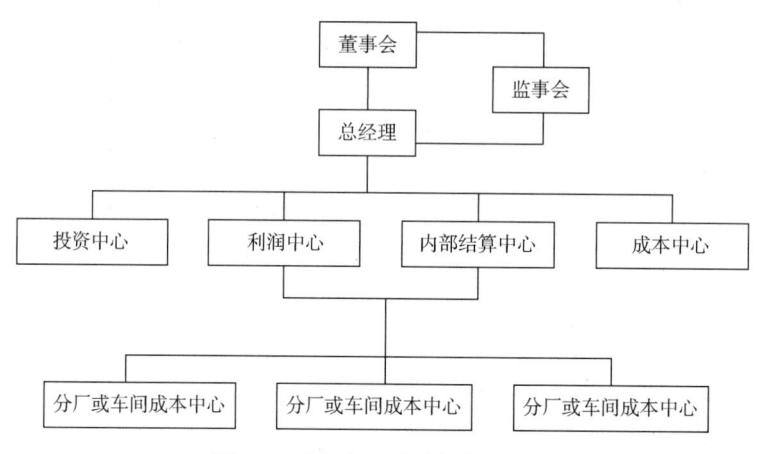

图2-6 责任中心型财务管理模式

它是以某一经济责任的履行为目标来进行经营理财活动的一种模式。建立一个财务管理责任中心，要求这个责任中心所承担的经济责任要能够比较容易地区别、划分或鉴定，并且有条件进行单独的经济核算，实现责权利的紧密结合。责任中心通常是在企业原有组织的基础上建立的。一般来说，管理层次较高的组织，如分厂、车间、职能部门等可作为一个财务管理责任中心，一些相对独立的班组也可以作为一个责任中心。没有独立的经济责任并难以独立开展经济核算就不能建立责任中心。目前，比较常见的做法是建立成本中心、利润中心、内部结算中心、投资中心等。凡是其生产成本或费用可以准确计量并且可以通过自己的行为加以调节和控制的分厂、车间、班组或某一管理部门，都可以作为一个成本中心来管理，以降低成本为主要目标来管理。凡是能够实行收入和成本自行控制、能够自负盈亏的分厂、车间或部门，都可以看作一个利润中心，以实现利润目标来管理。利润中心通常是能够取得产品销售收入或者不能直接取得产品销售收入但能够以内部结算价格计算出成本利润的经济单位。内部结算中心是以资金的周转和占用情况为主要考核目标、以资金的内部调动和分配为主要手段的资金管理中心。投资中心是以项目的建设、投产、收益为目标的项目管理中心。

3. 控股公司型

控股公司是以控制和经营其他公司股权为主要目的的企业，是在企业产权所有者的角度，对其所拥有的资产或资本进行经营管理的公司。

按照控股公司调控的对象，控股公司的主要工作可以分为存量资产的保值增值和增量资产的分配和使用两部分。控股公司一般设有存量资产经营管理部、增量资产投资规划与发展部、财务审计部、对外经济合作部、人事考核部、经理办公室等职能部门，而财务审计部向其他各部提供管理与决策的基本依据（见图2-7）。

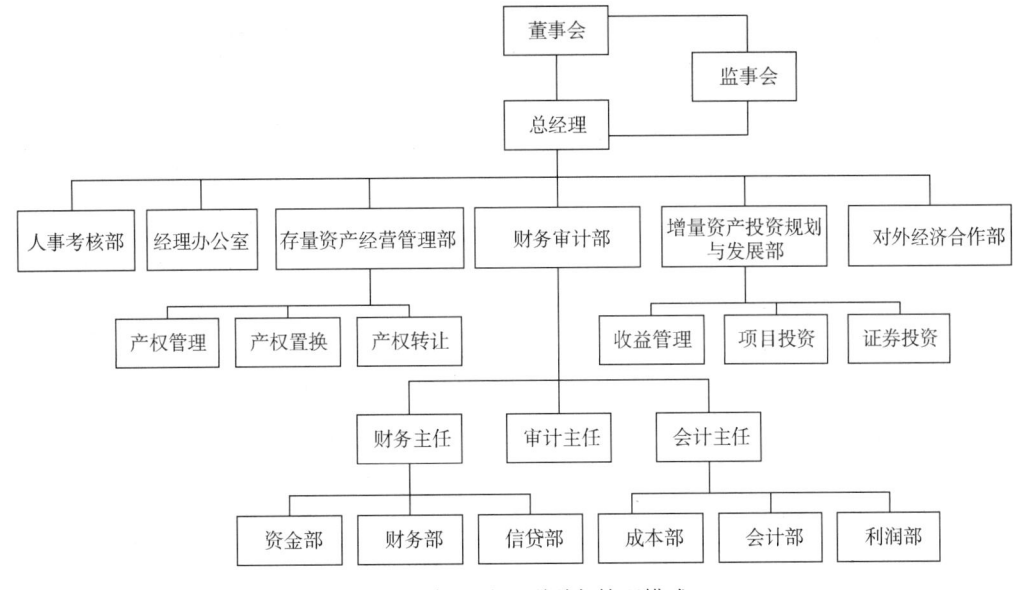

图 2-7　控股公司型财务管理模式

4. 集团公司型

集团公司是指以实力雄厚的核心企业为基础，以产权、产品、技术等为纽带，把多个企业、事业单位连接在一起的法人联合体（见图 2-8）。

集团公司的理财组织有的实行责任中心型，有的实行控股公司型，而更多的是在传统财务管理型组织的基础上，增加一些其他职能部门，即集团公司财务部门除设有资金部、财务部、信贷部、证券部、成本部、会计部、利润部之外，还设有股权管理部、规划部、资产经营部、审计部等。一些大型集团公司还设有独立的结算中心。

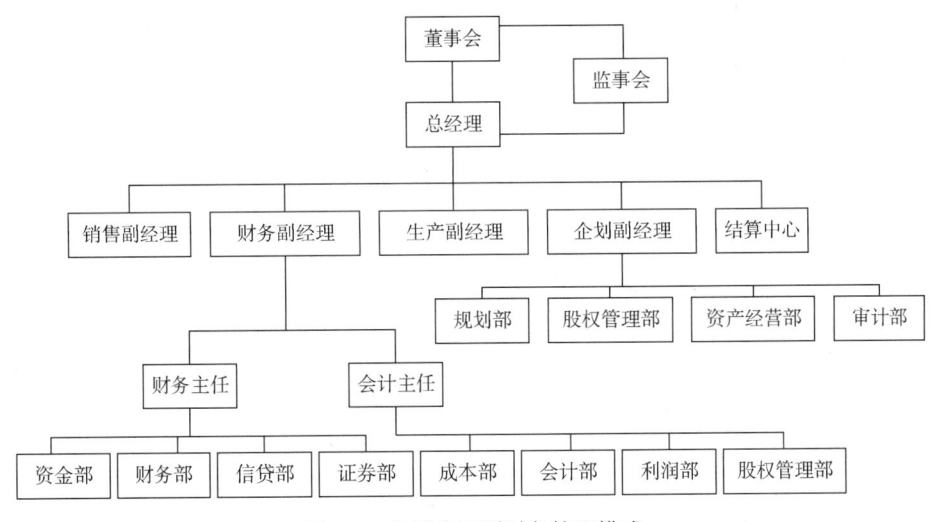

图 2-8　集团公司型财务管理模式

5. 跨国公司型

跨国公司是指以一国公司为总部或母公司、在一个以上国家设立分公司或分支机构、从事跨国界经营的公司。跨国公司的经营有多种形式，有的是不直接控制国外子公司，进行控股、参股型的经营，有的是在母公司设立国外事业分部来独立经营管理国外的公司，有的是从全球角度来协调整个跨国公司的经营管理,统一安排资金和分配利润。我们这里所讲的是集中经营管理型跨国公司(见图2-9)。

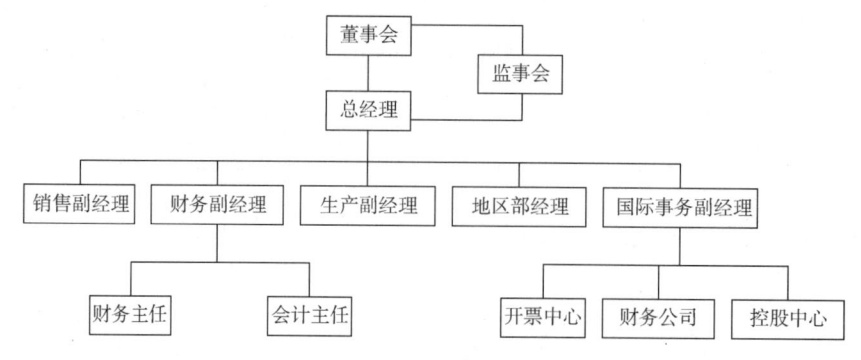

图 2-9 跨国公司型财务管理模式

集中经营管理型跨国公司的财务管理,在与国内母公司财务管理相结合的基础上,增加一些处理国际事务的组织机构,主要包括开票中心、财务公司和控股中心等机构。开票中心一般设在低税率国家或地区,负责跨国公司子公司之间贸易的财务结算,它集中进行控股公司各子公司的外汇经营和交易,集中进行子公司之间的商业信用(票据和账款)的管理,以此来控制各子公司之间的资金流动。财务公司一般设在国际金融中心或避税港,主要利用国际资本市场,进行国际间的投融资活动,以执行跨国公司的经营理财战略。控股中心以集中管理跨国公司各子公司的利润分配和收取,执行跨国公司的再投资政策,通常设在税收条件比较优惠的国家。

我国的大中型企业主要实行的是传统分工型财务管理模式,新组建的国有资产经营公司一般设置控股公司型理财组织。责任中心型财务管理模式在国外曾流行过一段时期,但褒贬不一,国内目前也不多见。集团公司型财务管理模式在进行国有资产授权经营的企业比较常见。而国外大的跨国公司大多数都选择跨国公司型财务管理模式。企业应当根据自身的具体情况来设计和选择适宜的财务管理模式。

(三)企业组织形式及其财务特征

1. 公司制企业

这是以营利为目的,依法登记成立的社团法人。这种社团法人是一种具有人格的社会组织体,也就是由法律赋予权利能力的组织体。公司制企业可以分为股份有限公司、有限责任公司等。

(1)股份有限公司。股份有限公司是指全部注册资本由等额股份构成并通过发行股票筹集资本的企业法人。股份有限公司一般简称为股份公司,在英国、美国称为公众公司,在日本称为株式会社。

1)股份公司的特征(见表2-53)。

表 2-53 股份公司的特征

特　　征	内　容　阐　释
股份公司是最典型的合资公司	在股份公司中股东的人身性质没有任何意义。股东仅仅是股票的持有者。他的所有权利都体现在股票上并随股票的转移而转移,任何持有股票的人便是股东。股份公司必须预先确定资本总额,然后再着手募集资本。任何愿意出资的人都可以成为股东,没有资格限制

续表

特　征	内　容　阐　释
股份公司将其资本总额分为等额股份	资本平均分为股份，每股金额相等，这是股份公司的一个突出特点
股份公司设立程序复杂，法律要求严格	我国《公司法》规定，股份公司的设立要经过国务院授权的部门或者省级人民政府批准，不得自行设立。股份公司的重要文件，如公司章程、股东名录、股东大会会议记录、财务会计报告必须公开，以供股东和债权人查询。股份公司每年还必须公布公司的财务报表

2）股份公司在财务上有许多优势：

①它通过向社会发行股票，可以广泛吸收社会资本，迅速扩大企业规模，提高企业的市场竞争能力。

②大股东可以通过股份公司控制更多的社会资本，增强企业在市场中的有利地位。

③由于股票可以在市场上自由流动，所以股东流动性极大。因此，在企业经营不善、面临亏损或破产危险时，股东可以迅速出售股票，转而投资到有利的企业中。同时，这也能对企业经理人员形成压力，迫使其提高经营管理水平。

当然，股份公司也有一些劣势。这主要是由于股东的流动性太大，不易控制掌握。股东对于公司缺乏责任感，因为股东购买股票的目的就是为了取得红利，而不是为了办好企业，往往当公司经营业绩欠佳时，股东就会转让、出售股票。

（2）有限责任公司。有限责任公司是指由一个或一个以上股东共同出资，每个股东以其所认缴的出资额对公司承担有限责任，公司以其全部资产对其债务承担责任的企业法人。有限责任公司一般简称为有限公司。

有限公司的特征如表2-54所示。

表2-54　有限公司的特征

项　目	内　容　阐　释
有限公司的设立程序要比股份公司简便得多	在我国，设立有限公司，除法律、法规另有规定外，不需要任何政府部门的批准，可以直接向公司登记机关申请登记。有限公司不必发布公告，也不必公开其账目，公司的资产负债表一般不予公开
有限公司不公开发行股票	有限公司的股东虽然也有各自的份额以及股权证书，但它只是一种记名证券，而不像股票那样属于有价证券。而且，各股东的股份由股东协商确定，并不要求等额，可以有多有少
有限公司的股份不能自由买卖	由于有限公司股东持有的股权证书不是股票，所以这种股权证书只能在股东之间相互转让。在向股东以外的人转让股份时，必须经过全体股东过半数同意，并且，经同意转让的股份，其他股东在同等条件下可以优先购买
有限公司的内部管辖机构设置灵活	股东人数较少和规模较小的有限公司，可以不设立董事会，只设1名执行董事，执行董事可以兼任公司经理，而且，这类公司也可以不设立监事会，只设1~2名监事执行监督的权利

2. 独资企业

这是指由单个自然人独自出资、独自经营、独自享受权益、独自承担经营责任的企业。独资企业的规模一般都很小，其组织结构也十分简单，几乎没有任何内部管理机构。

（1）独资企业的财务优势。

1）由于企业主个人对企业的债务承担无限责任，法律对这类企业的管理就比较松，设立企业的条件不高，程序简单、方便。

2）所有权能够自由转让。

3）所有者与经营者合为一体，经营方式灵活，财务决策迅速。

（2）独资企业的财务劣势。

1）企业规模小，企业主个人由于财力有限，并由于受到还债能力的限制，筹资较困难，对债权人缺少吸引力，取得贷款的能力也比较差，因此难以投资经营一些资金密集、适用于规模生产经营的行业。

2）企业存续期短。一旦企业主死亡、丧失民事行为能力或不愿意继续经营，企业的生产经营活动就只能终止。

3）由于受到业主数量、人员素质、资金规模的影响，独资企业抵御财务风险、经营风险的能力较低。

3. 合伙企业

这是由两人或两人以上合资经营的企业。除业主不止一个人以外，合伙企业其他方面均类同于独资企业。特别是当合伙企业破产时，一个合伙人无能力偿还他分担的债务，那么其他合伙人要负连带责任。

（1）与独资企业相比较，合伙企业的财务优势是：

1）由于每个合伙人既是合伙企业的所有者，又是合伙企业的经营者，这就可以发挥每个合伙人的专长，提高合伙企业的决策水平和管理水平。

2）由于可以由众多的人共同筹措资金，提高了筹资能力，扩大了企业规模。同时，也由于各合伙人共同负责偿还债务，这就降低了向合伙企业提供贷款的机构的风险，有利于合伙企业取得贷款。

3）由于合伙人对合伙企业的债务承担无限连带责任，因此有助于增强合伙人的责任心，提高合伙企业的信誉。

（2）合伙企业也注定了自身的财务劣势：

1）合伙企业财务不稳定性比较大。由于合伙企业以人身相互信任为基础，合伙企业中任何一个合伙人发生变化（如原合伙人丧失民事行为能力、死亡、退出合伙，或者新合伙人加入等）都将改变原合伙关系，建立新的合伙企业，因此合伙企业的存续期限是很不稳定的。

2）合伙企业投资风险大。由于各合伙人对合伙企业债务负连带责任，因此合伙人承担的经营、风险极大，使合伙企业难以发展壮大。

3）合伙企业由于在重大财务决策问题上必须经过全体合伙人一致同意后才能行动，因此合伙企业的财务管理机制就不能适应快速多变的社会的要求。

企业组织形式的差异导致财务管理组织形式的差异。在独资和合伙的企业组织形式下，企业的所有权与经营权合二为一，或者说企业的所有者同时是企业的经营者，他们享有财务管理的所有权利，并与其所享有的财务管理的权利相适应，这两种企业的所有者必须承担一切财务风险或责任。而企业一旦采取公司的组织形式，所有权主体和经营权主体就发生分离。这时，公司的财务管理权也相应分属于所有者和经营者两个方面。通常情况下，企业的所有者不直接对企业的生产经营活动进行决策或参与决策，他们参与和做出的财务决策是企业的重大决策，归结起来一般是有关所有者权益或资本权益变动的财务决策；而经营者则是对企业的日常生产经营活动做出决策,包括企业一般的财务决策。因此,在公司这种企业组织形式中,所有者不像独资和合伙那样承担无限责任,他们只以自己的出资额为限承担有限责任,即只要他们对公司缴足了注册资本的份额,对公司或公司的债权人就无须再更多地支付。

(四)企业内部组织结构

一元化结构制、事业部制和控股公司制是企业内部组织结构常见的三种形式(见表2-55)。

表2-55 企业内部组织结构的形式

结 构	内 容 阐 释
一元化结构制	一元化结构制是集中的、按职能划分下属部门的组织制度。这种形式高度集权于最高领导层,内部按职能划分为若干部门,各部门的相对独立性和权力较小
事业部制	事业部制是按产品、业务地区划分成若干事业部,实行集中指导下的事业部分散经营的组织制度。每个事业部都是实现企业战略目标的基本经营单位,实行独立核算、独立经营、自负盈亏、统一管理其产品、业务或地区的产、供、销等全部活动
控股公司制	控股公司制是指拥有其他公司的股份或证券、有能力控制其他公司决策的公司组织形式。控股公司有两种形式:一种为纯粹控股公司,另一种为混合控股公司。纯粹控股公司只从事股票控制而不经营实业;混合控股公司既从事股票控制又经营具体的实际业务。控股公司通过收购掌握一个主要股份公司股权,并以其为"母公司"去掌握和控制众多的"子公司""孙公司",从而形成以"母公司"为核心的金字塔式控制体系

📖 小知识

预算管理的内部组织结构(见表2-56)

表2-56 预算管理的内部组织结构

组织结构	内 容 阐 释
企业法定代表人	对企业财务预算管理工作负总责;企业法定代表人可以由董事长、执行董事或者经理、厂长担任;具体财务预算管理事宜,由企业及职责董事会或者经理办公会负责,董事会或者经理办公会也可以根据情况设立财务预算委员会或指定财务管理部门负责
财务预算委员会(没有设立财务预算委员会的,即企业财务管理部门,下同)	主要拟订财务预算的目标、政策,制定财务预算管理的具体措施和办法,审议、平衡财务预算方案,组织下达财务预算,协调解决财务预算编制和执行中的问题,组织审计、考核财务预算的执行情况,督促企业完成财务预算目标
企业财务管理部门	在财务预算委员会或者企业法定代表人的领导下,具体负责组织企业财务预算的编制、审查、汇总、上报、下达、报告等具体工作,跟踪监督财务预算的执行情况,分析财务预算与实际执行的差异及原因,提出改进管理的措施和建议
企业内部生产、投资、物资、人力资源、市场营销等职能部门	具体负责本部门业务涉及的财务预算的编制、执行、分析、控制等工作,并配合财务预算委员会做好企业总预算的综合平衡、协调、分析、控制、考核等工作。其主要负责人参与企业财务预算委员会的工作,并对本部门财务预算执行结果承担责任
企业所属基层单位	企业主要的财务预算执行单位,在企业财务管理部门的指导下,负责本单位现金流量、经营成果和各项成本费用预算的编制、控制、分析工作,接受企业的检查、考核。其主要负责人对本单位财务预算的执行结果承担责任

（五）企业财务管理机构

企业财务管理机构的设置，因企业规模大小不同而有差异，同时它同经济发展水平和经济管理体制有更密切的联系。

在过去高度集中的计划经济体制下，我国国有企业中都是将财务机构和会计机构合并设置在一起的。在大中型企业中，在厂长（经理）领导下，由总会计师来领导财务会计部门，在小型企业中，不设总会计师，由一名副厂长（副经理）领导财务会计部门。这种财务与会计机构合并设置的模式是同传统的管理体制相适应的。在过去的经济体制和财政体制下，国有企业的自主经营、自负盈亏流于形式，企业财务管理主要从属于国家财政，企业财务管理的主要职能如筹集资金、投资、利润分配等都由国家财政部门和企业主管部门包揽。企业只是按规定收收付付，没有财务管理的决策权，不能自主筹资和投资，财务管理似乎无足轻重，一些财务活动业务手续在进行会计核算工作中可顺便完成。因此，财务管理机构可以不必单独设置。

改革开放以后，企业的财务活动发生了深刻的变化。企业的筹资渠道和筹资方式越来越多样化，企业投资的规模和去向日益增多，利润分配涉及的方面更加广泛，企业要处理的财务关系由于经济行为的多种多样也更加复杂。在这种形势下，财务管理的独立地位越来越突出，财务与会计的职责不明的弊病也越来越明显，所以，就产生了财务机构同会计机构分别设置的需要。

根据西方发达国家的经验，在企业总经理领导下可设置财务副经理来主管财务与会计工作。在财务副经理下面可分设财务处和会计处，分别由财务主任和主计长担任主管人员，其下再根据工作内容设置若干专业科。企业财务与会计机构的设置如图2-10所示。

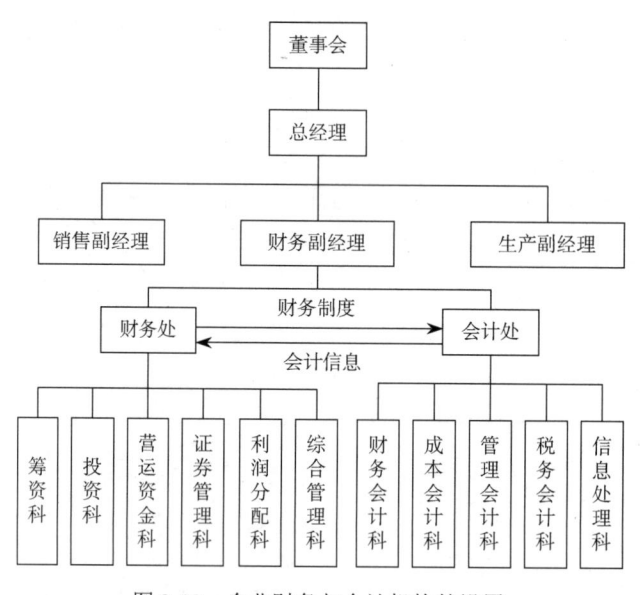

图2-10　企业财务与会计机构的设置

根据国外经验，结合我国具体情况，企业财务处的主要职责可规定为如下几项：筹集资金；负责固定资产投资；负责营运资金管理；负责证券的投资与管理；负责利润的分配；负责财务预测、财务计划和财务分析工作。

企业会计处的主要职责可规定为如下几项：按照企业会计准则的要求编制对外会计报表；按照内部管理的要求编制内部会计报表；进行成本核算工作；负责纳税的计算和申报；执行内部控制制度，保护企业财产；办理审核报销等其他有关会计核算工作。

这样，就可以对财务工作和会计工作的范围做一个大致的划分。财务机构和会计机构分别设置、分别规定职责范围，才能明确财务工作和会计工作各自的主攻方向，各司其职，而不致顾此失彼，削弱任何一个方面的工作。

财务机构同会计机构分别设置后，两者还必须为了提高企业经济效益这一共同目标而相互配合、密切协作。会计处要及时地向财务处提供真实可靠的会计信息，并利用其所掌握的会计信息参与企业的财务计划和财务分析工作，对企业财务活动进行监督，为经营决策服务。财务处则要充分利用会计处提供的会计信息和其他有关资料搞好财务预测、财务计划和财务分析工作，依据日常核算资料及时调度资金。财务处预测、计划所确定的具体财务指标要及时提供给会计处，作为其日常控制监督的依据。在财务副经理统一管辖下，财务机构和会计机构加强联系、互相支持，则能协调一致地为实现企业的总体目标而发挥各自的作用。

第 3 章

财务总监须知管理会计知识

第一节　管理会计综述

管理会计是会计的重要分支，主要服务于单位（包括企业和行政事业单位，下同）内部的管理需要，是通过利用相关信息，有机融合财务与业务活动，在单位规划、决策、控制和评价等方面发挥重要作用的管理活动。

一、管理会计的特点

与财务会计相比，管理会计有三个特点（见表3-1）。

表 3-1　管理会计的特点

项　目	内　容　阐　释
在服务对象方面	管理会计主要是为强化单位内部经营管理、提高经济效益服务，属于"对内报告会计"；而财务会计主要侧重于对外部相关单位和人员提供财务信息，属于"对外报告会计"
在职能定位方面	管理会计侧重于"创造价值"，其职能是解析过去、控制现在与筹划未来的有机结合；而财务会计侧重于"记录价值"，通过确认、计量、记录和报告等程序提供并解释历史信息
在程序与方法方面	管理会计采用的程序与方法灵活多样，具有较大的可选择性；而财务会计有填制凭证、登记账簿、编制报表等较固定的程序与方法

二、管理会计的产生与发展

在西方，管理会计萌芽于20世纪初，随着经济社会环境、企业生产经营模式以及管理科学和科技水平的不断发展而逐步演进，至今大致经历了三个阶段（见表3-2）。

表 3-2　管理会计三个阶段

阶　段	内　容　阐　释
20世纪20—50年代的成本决策与财务控制阶段	20世纪初，生产专业化、社会化程度的提高以及竞争的日益激烈，使得企业强烈地意识到，要想在竞争中生存和发展，必须加强内部管理，提高生产效率，以降低成本、费用，获取最大限度的利润。适应该阶段社会经济发展的客观要求，产生了泰罗的科学管理理论。1921年，美国《预算与会计法案》的颁布，推动了"预算控制"被引入管理会计；1922年，奎因坦斯在其《管理会计:财务管理入门》一书中首次提出"管理会计"的名称

续表

阶 段	内 容 阐 释
20世纪50—80年代的管理控制与决策阶段	随着信息经济学、交易成本理论和不确定性理论被广泛引进管理会计领域，加上新技术如电子计算机大量应用于企业流程管理，管理会计向着精密的数量化技术方法方向发展。一批计划决策模型得到发展，流程分析、战略成本管理等理论与方法体系纷纷建立，极大地推动了管理会计在企业的有效应用，管理会计职能转向为内部管理人员提供企业计划和控制信息。但管理会计对高新技术发展重视不足，且依旧局限于传统责任范围。为改变这一状况，管理会计学者对新的企业经营环境下管理会计发展进行了探索，质量成本管理、作业成本法、价值链分析以及战略成本管理等创新的管理会计方法层出不穷，初步形成了一套新的成本管理控制体系。管理会计完成了从"为产品定价提供信息"到"为企业经营管理决策提供信息"的转变，由成本计算、标准成本制度、预算控制发展到管理控制与决策阶段
20世纪90年代至今的强调价值创造阶段	随着经济全球化和知识经济的发展，世界各国经济联系和依赖的程度日益增强，企业之间分工合作日趋频繁，准确把握市场定位、客户需求等尤为重要。在此背景下，管理会计越来越容易受到外部信息以及非财务信息对决策相关性的冲击，企业内部组织结构的变化也迫使管理会计在管理控制方面要有新的突破，需要从战略、经营决策、商业运营等各个层面掌握并有效利用所需的管理信息。因此，管理会计以强调价值创造为核心，发展了一系列新的决策工具和管理工具。一些国家也尝试将管理会计引入公共部门管理之中，并随着新公共管理运动的兴起在全世界范围推广

在我国，虽然管理会计相关理论引入较晚，但我国实践早已有之，不乏成功探索和有益尝试。例如，中华人民共和国成立之初，以成本为核心的内部责任会计，包括班组核算、经济活动分析和资金成本归口分级管理等；20世纪70年代末到80年代末的以企业内部经济责任制为基础的责任会计体系；20世纪90年代后的成本性态分析、盈亏临界点与本量利依存关系、经营决策经济效益的分析评价等，都属于管理会计的范畴。某公司实行的"模拟市场，成本否决"可谓成本管理在我国企业应用的典范。某集团于1993年起推行标准成本制度，历经多年探索，不断完善，在增强员工成本意识、控制成本、支持决策等方面发挥了重要作用。如今，包括全面预算管理、平衡计分卡等绩效评价方法，作业成本法、标准成本法等成本管理方法在内的管理会计工具方法陆续在我国企业中得到运用，单位对管理会计的应用意识有所增强，应用水平有所提高。国家开发银行、中国电信、北汽福田、三一重工等一批企业专门设置了管理会计机构或岗位，积极开展管理会计工作，取得了较好成效。同时，管理会计在行政事业单位预算编制、执行、决算分析和评价等工作中也得到了一定应用。一些行政事业单位建立了适应单位内部财务和业务部门畅通联系的信息平台，及时掌控预算执行和项目进度，深入开展决算分析与评价，及时发现预算执行中存在的问题并提出改进意见和建议，财政财务管理水平和资金使用效益不断提高。

三、管理会计的目标

管理会计的目标是通过运用管理会计工具方法，参与单位规划、决策、控制、评价活动并为之提供有用信息，推动单位实现战略规划。

四、管理会计的应用主体

管理会计的应用主体视管理决策主体确定，可以是单位整体，也可以是单位内部的责任中心。

五、应用管理会计应包括的要素

（一）管理会计应用环境

单位应用管理会计，应充分了解和分析其应用环境。管理会计应用环境，是单位应用管理会计的基础，包括内外部环境。内部环境主要包括与管理会计建设和实施相关的价值创造模式、组织架构、管理模式、资源保障、信息系统等因素。外部环境主要包括国内外经济、市场、法律、行业等因素。

单位应准确分析和把握价值创造模式，推动财务与业务等的有机融合。单位应根据组织架构特点，建立健全能够满足管理会计活动所需的由财务、业务等相关人员组成的管理会计组织体系。有条件的单位可以设置管理会计机构，组织开展管理会计工作。单位应根据管理模式确定责任主体，明确各层级以及各层级内的部门、岗位之间的管理会计责任权限，制订管理会计实施方案，以落实管理会计责任。单位应从人力、财力、物力等方面做好资源保障工作，加强资源整合，提高资源利用效率效果，确保管理会计工作的顺利开展。单位应注重管理会计理念、知识培训，加强管理会计人才培养。单位应将管理会计信息化需求纳入信息系统规划，通过信息系统整合、改造或新建等途径，及时、高效地提供和管理相关信息，推进管理会计实施。

（二）管理会计活动

管理会计活动是单位利用管理会计信息，运用管理会计工具方法，在规划、决策、控制、评价等方面服务于单位管理需要的相关活动。

单位应用管理会计，应做好相关信息支持，参与战略规划拟定，从支持其定位、目标设定、实施方案选择等方面，为单位合理制定战略规划提供支撑。单位应用管理会计，应融合财务和业务等活动，及时充分提供和利用相关信息，支持单位各层级根据战略规划做出决策。单位应用管理会计，应设定定量定性标准，强化分析、沟通、协调、反馈等控制机制，支持和引导单位持续高质高效地实施单位战略规划。单位应用管理会计，应合理设计评价体系，基于管理会计信息等，评价单位战略规划实施情况，并以此为基础进行考核，完善激励机制；同时，对管理会计活动进行评估和完善，以持续改进管理会计应用。

（三）管理会计工具方法

管理会计工具方法是实现管理会计目标的具体手段。管理会计工具方法是单位应用管理会计时所采用的战略地图、滚动预算管理、作业成本管理、本量利分析、平衡计分卡等模型、技术、流程的统称。管理会计工具方法具有开放性，随着实践发展不断丰富完善。

管理会计工具方法主要应用于战略管理、预算管理、成本管理、营运管理、投融资管理、绩效管理、风险管理等领域。

（1）战略管理领域应用的管理会计工具方法包括但不限于战略地图、价值链管理等。

（2）预算管理领域应用的管理会计工具方法包括但不限于全面预算管理、滚动预算管理、作业预算管理、零基预算管理、弹性预算管理等。

（3）成本管理领域应用的管理会计工具方法包括但不限于目标成本管理、标准成本管理、变动成本管理、作业成本管理、生命周期成本管理等。

（4）营运管理领域应用的管理会计工具方法包括但不限于本量利分析、敏感性分析、边际分析、标杆管理等。

（5）投融资管理领域应用的管理会计工具方法包括但不限于贴现现金流法、项目管理、资本成本分析等。

（6）绩效管理领域应用的管理会计工具方法包括但不限于关键指标法、经济增加值、平衡计分卡等。

（7）风险管理领域应用的管理会计工具方法包括但不限于单位风险管理框架、风险矩阵模型等。

单位应用管理会计，应结合自身实际情况，根据管理特点和实践需要选择适用的管理会计工具方法，并加强管理会计工具方法的系统化、集成化应用。

（四）管理会计信息与报告

管理会计信息包括管理会计应用过程中所使用和生成的财务信息和非财务信息。单位应充分利用内外部各种渠道，通过采集、转换等多种方式，获得相关、可靠的管理会计基础信息。单位应有效利用现代信息技术，对管理会计基础信息进行加工、整理、分析和传递，以满足管理会计应用需要。单位生成的管理会计信息应相关、可靠、及时、可理解。管理会计报告是管理会计活动成果的重要表现形式，旨在为报告使用者提供满足管理需要的信息。

管理会计报告按期间可以分为定期报告和不定期报告，按内容可以分为综合性报告和专项报告等类别。单位可以根据管理需要和管理会计活动性质设定报告期间。一般应以公历期间作为报告期间，也可以根据特定需要设定报告期间。

六、单位应用管理会计应遵循的原则（见表3-3）

表3-3　单位应用管理会计应遵循的原则

原　则	内　容　阐　释
战略导向原则	管理会计的应用应以战略规划为导向，以持续创造价值为核心，促进单位可持续发展
融合性原则	管理会计应嵌入单位相关领域、层次、环节，以业务流程为基础，利用管理会计工具方法，将财务和业务等有机融合
适应性原则	管理会计的应用应与单位应用环境和自身特征相适应。单位自身特征包括单位性质、规模、发展阶段、管理模式、治理水平等
成本效益原则	管理会计的应用应权衡实施成本和预期效益，合理、有效地推进管理会计应用

七、相关各方职责及合作

全面推进管理会计体系建设，推动单位（包括企业和行政事业单位，下同）实现管理升级，增强核心竞争力和价值创造力，进而促进经济转型升级，推动建立现代财政制度，推进国家治理体系和治理能力现代化，推动中国会计工作转型升级，是一项系统工程，涉及财政部门和其他相关监管部门、单位、科研院校、有关会计团体、会计服务机构和广大会计人员等相关各方，是各方的共同使命。因此，需要在财政部门牵头指导下，明确职责、齐心协力、多方联动，共同推动管理会计发展。

（一）单位要发挥主体作用

管理会计主要服务于单位内部管理需要，在单位规划、决策、控制和评价等方面发挥重要作用。因此，单位是管理会计的应用主体，要在主观上正确认识开展管理会计工作的必要性，在客观上立足单位发展，不断提升管理会计实践能力。

（1）要从单位高管到全体员工，深入学习、认真领会《财政部关于全面推进管理会计体系建设的指导意见》（简称《指导意见》）精神，充分认识管理会计的重要性，树立管理会计理念，培养管理会计思维，增强实施管理会计的主动性。

（2）要将管理会计工作纳入本单位整体战略，周密部署，积极稳妥推进。

（3）要切实加强组织机构等方面的基础建设，把管理会计嵌入单位自身管理和发展中，增强实施管理会计的内动力。

（4）要重视管理会计人才培养和任用，紧密结合工作实际，加强本单位会计人员对管理会计知识、技能的学习和应用，确保本单位管理会计工作落到实处。

（5）要将管理会计信息化需求纳入单位信息化规划，结合单位实际，采取新建或整合、改造现有系统等恰当方式，加强面向管理会计的信息系统建设，以信息化为手段，实现会计与业务、管理活动的有机融合，推动管理会计功能的有效发挥。

（6）要及时跟踪、梳理本单位管理会计工作开展情况，积极配合财政部门做好案例总结、经验介绍等管理会计相关工作，同时学习其他单位先进经验做法，做好分析评价和总结提高，不断提升本单位管理会计应用水平。

（二）会计人员要增强主观能动性

会计人员是管理会计工作的主要践行者。管理会计的大发展为广大会计人员提出了新的挑战，更带来了新的机遇，因此，会计人员要增强主观能动性，积极投身管理会计改革与发展，将管理会计工作落到实处。

（1）要立足本职工作，通过会计人员继续教育、单位内部培训、主动学习等多种方式，不断学习管理会计新理论、新知识，拓展知识领域，丰富知识结构。

（2）要学以致用，将管理会计理论知识与本单位实际相结合、与工作岗位相结合，积极主动地将管理会计理念和工具方法运用到单位实际工作中，不断提升管理会计专业能力水平，推动单位管理会计发展。

（3）要勇于创新，勤于思索，注重总结、提炼实践经验，探索客观规律，推动管理会计实践创新。

（4）单位的总会计师、财务总监等高级会计人才、会计工作负责人，还要在尽快提高素质的同时，发挥好引导、带动、组织、培养作用，结合单位实际情况，有计划、有目的地为本单位会计人员创造管理会计理论和实践的学习和锻炼机会，通过不断提升本单位会计人员的管理会计专业能力，为单位创造价值，为会计人员创造更加良好的职业发展路径。

管理会计体系建设必须依靠相关各方紧密联动、加强配合、集中智慧、密切合作，才能确保我国管理会计各项事业又好又快的发展。

小知识

财政部门发挥主导作用

党的十八届四中全会明确要求，要依法全面履行政府职能，坚持"法定职责必须为、法无授权不可为"，勇于负责，敢于担当。《会计法》明确规定，"国务院财政部门主管全国的会计工作"。管理会计是会计的重要分支，管理会计体系建设是会计改革与发展的重要方向，是财政部的法定职责所在，是财政部贯彻落实《中共中央关于全面推进依法治国若干重要问题的决定》精神的必然要求。因此，在管理会计体系建设中，财政部门应当切实履行主导职责，从加强服务、节约社会资源等考虑出发，充分发挥支持、引导、鼓励、推动等作用，立足行业管理职能，做好贯彻落实《指导意见》的组织和协调工作。

A. 各级财政部门要充分认识、高度重视全面推进管理会计体系建设的重要性和紧迫性，加强组织领导工作，将管理会计工作纳入会计改革与发展规划。

B. 各级财政部门要更好地发挥牵头单位的职责作用，进一步加强和改善与相关监管部门、企事业单位、科研院所、会计团体的联系和沟通，通过与国资、税务、审计、工信、证监、银监、保监等相关部门建立或加强已有联合工作机制等方式，发挥其监管优势，将管理会计送到"千家万户"，共同推动管理会计在单位的广泛应用。

C. 财政部要在系列课题研究、组织研讨、听取管理会计咨询专家建议、公开征求意见等工作基础上，尽快发布管理会计基本指引、应用指引和一批配套案例，并随实践发展不断丰富完善，为单位有效开展管理会计工作提供指导示范。

D. 财政部要尽快发布管理会计人才能力框架，编制管理会计系列辅导材料，制订具体的管理会计人才培养方案，推动会计专业技术资格和注册会计师考试内容改革，抓紧培养一批适应实务需要的管理会计人才。

E. 各级财政部门要充分利用各种网络、电视、广播、报纸、刊物等多种媒体，以征文、评论文章、论坛、宣传报道、经验交流等多种形式开展对《指导意见》的宣传和学习活动，营造良好的舆论氛围和社会环境。

F. 各级财政部门要积极培育管理会计咨询服务市场，有条件的可以采取政府购买服务等有效方式，推动会计服务产业转型升级。

G. 各级财政部门要及时跟踪了解管理会计工作推进情况，做好信息交流和经验共享。

H. 各级财政部门要加强管理会计建设经验、人才交流等方面的国际交流与合作，提升我国管理会计的国际影响力和话语权。

小知识

科研院校发挥智库作用

科研院校集中了大批专家学者，能够利用其在研究力量、研究方法、知识结构等方面的优势，对管理会计的一些新情况、新问题进行创新研究。因此，在管理会计体系建设中，科研院校应当积极发挥智库作用。

A. 要围绕实务发展需要，切实总结、提炼、升华实务中的有效经验，有效利用已有理论研究成果和国际先进经验，形成符合我国国情的、能够有效指导和推动实践发展的中国特色管理会计理论体系。

B. 要加大科研力量投入，探索建立管理会计研究基地，积极承担管理会计体系建设重大研究任务，提高管理会计研究能力，试点应用管理会计新的工具方法，为管理会计的推广应用提供参考。

C. 要与实务界密切合作，采取产学研联盟等有效形式，对实务界中的典型案例进行实地调研、深入分析、总结提炼、归纳规律，不断提高管理会计理论研究的实用性和成果转化价值。

D. 要切实履行人才培养职能，加强管理会计课程体系和师资队伍建设，加强管理会计专业方向建设和管理会计人才培养。

E. 要积极与企业合作建立管理会计人才实践培训基地，提高学生管理会计实践应用能力，不断优化管理会计人才培养模式。

F. 国家会计学院还要积极发挥在管理会计培训工作中的主渠道作用，系统设计培训计划，不断加强培训师资队伍建设，做好相关培训工作。

小知识

有关会计团体发挥助手作用

会计学会等有关会计团体是管理会计体系建设的重要参与者，应当按照财政部门统一部署，通过多种途径融入管理会计体系建设，发挥好助手作用。

A. 要准确定位，抓住关键，立足服务单位发展，发挥好联系政府部门与理论界、实务界的桥梁纽带作用，推动会计理论、实务和政策之间的相互促进和同步发展。

B. 要进一步增强服务意识，提高服务水平和效能，培育优质服务品牌，不断提高自身社会公信力和影响力，以优质高效的服务，吸引会员、团结会员、发展会员，组织会员之间开展管理会计经验交流，通过凝聚广大会员的智慧和力量，为管理会计改革与发展服务。

C. 要按照财政部门统一部署，紧密围绕管理会计改革与发展，通过在杂志开辟专栏、开展课题研究、进行学术研讨等方式，大力开展管理会计理论研究、宣传培训、人才培养等工作，提升会计人员的管理会计专业能力，推动会计由核算向参与管理决策拓展，促进管理会计领域的良性发展。

> **小知识**
>
> **会计服务机构发挥参谋作用**
>
> 管理会计咨询公司、注册会计师行业、会计软件公司等管理会计咨询服务机构是管理会计咨询服务的提供方，能够利用自身专业优势，帮助单位解决管理会计应用中的问题，因此，在管理会计体系建设中，会计服务机构应当积极发挥参谋作用。
>
> A. 要以《指导意见》为契机，抓住机遇，乘势而上，顺势而为，服务单位发展，深入了解客户情况，快速响应市场需求，科学及时地提供高质量的管理会计解决方案，形成新的经济增长点，同时注重加强本机构的管理会计工作。
>
> B. 要加强专业能力建设，加大管理会计研发投入力度，注重管理会计咨询团队培养，不断提升专业水平和服务质量，打造核心竞争力，积极培育具有国际竞争力的咨询服务品牌，增强会计服务社会经济发展的能力，推动会计服务业转型升级和可持续发展。
>
> C. 要切实加强自身职业道德建设，诚信经营，严格自律，严格遵守市场规则，公平竞争，保守客户商业秘密，自觉维护社会主义市场经济秩序。

第二节 管理会计体系

一、管理会计理论体系

管理会计理论是对管理会计实务的概念化、逻辑化，推动加强管理会计基本理论、概念框架、工具方法等研究，构建与时俱进、系统科学的中国特色管理会计理论体系，必将推动管理会计实务的进一步发展。

（一）推进管理会计理论体系建设的必要性

1. 发挥理论先导作用需要推进理论体系建设

理论是行动的先导，只有以科学的理论为基础，一切行动才能把握正确方向，才能取得良好效果。我国社会主义建设过程历来注重理论建设，也正是在马克思列宁主义、毛泽东思想、邓小平理论、"三个代表"重要思想、科学发展观、习近平总书记系列重要讲话等理论的光辉指引下，中国特色社会主义各项建设事业才取得了举世瞩目的成绩。

我国会计工作也历来强调理论建设。实践证明，改革开放以来，特别是市场经济体制建立以来，我国会计准则、内部控制规范、会计信息化、会计人才队伍建设、注册会计师行业建设等各项会计改革与发展之所以能够取得显著成绩，会计理论建设在其中均发挥了重要的先导作用，取得了积极成效。例如，在企业会计准则体系建设中，会计理论界注重会计准则研究，将准则相关理论问题作为重点研究课题，形成了一大批优秀科研成果，为我国企业会计准则体系的建立和不断健全完善提供了理论支撑，发挥了重要指导和促进作用。

因此，作为会计的重要分支，作为会计改革与发展的重要方向，要发展好管理会计必须遵循事物发展的一般规律，大力推进理论体系建设，切实发挥理论先导作用。

2. 管理会计实践发展需要推进理论体系建设

从管理会计发展历程看，管理会计理论是随着经济社会环境、企业生产经营模式以及管理科学和科技水平的不断发展而逐步发展起来的，又反作用于实践，推动实践的发展。纵观西方发达经济体的管理会计发展历史，泰罗的科学管理学说、彼得·德鲁克的现代管理学、肯尼斯·西蒙兹的战略成本管理、迈克尔·波特的价值链分析、卡普兰的作业成本法和平衡计分卡，以及公共管理领域广泛应用的新公共管理思想等，管理会计理论的每一次重大创新都是在实践基础上产生和升华的，成为指导企业、政府开展管理活动的重要行动指南，推动实务界乃至整个社会经济发生重大革新。

可见，要想实现管理会计大发展，就要有一套科学的理论作为指导。在我国，管理会计已有不少实践，但总体而言，管理会计仍呈现各自探索的局面，各单位的做法不够系统、不够完善；虽然有一些总结、提炼，如20世纪70年代大庆油田的内部经济核算制度等，但仍然停留在经验总结的层次，没有上升到理论，没有产生具有普遍性的指导理论，影响了实践的进一步发展。单位普遍反映，迫切需要一套系统科学的理论为指导，总结先进理念，形成系统理论，为实践把握方向，确保实践工作少走弯路，稳步发展。

值得注意的是，管理会计理论体系应当是中国特色的理论体系。这是因为，理论建设不可能超越国情，各国政治、经济、文化等国情不同，管理会计实践特点也会不同，管理会计理论体系建设必须从本国实践出发，并且在满足实践需要的基础上才能取得发展。因此，建设中国特色管理会计理论体系，既不能照搬西方理论，也不能纯粹地就理论谈理论，而必须立足于我国国情和单位实际，切实推动管理会计经验做法上升到理论，推动管理会计理论研究成果转化为实践，才能为引领和推动管理会计实务有效开展提供有力的理论支撑，为我国管理会计体系的建立和发展提供完备的理论基础。

3. 理论研究滞后于实践需要要求加快推进理论体系建设

当前，国际经济竞争加剧，我国经济也正处于加快经济发展方式转变的重要时期，迫切需要加快管理会计发展，推动企业建立、完善现代企业制度，实现管理升级，增强核心竞争力和价值创造力，进而促进经济转型升级；推进行政事业单位加强预算绩效管理、决算分析和评价工作，提高政府管理效能。但是，我国管理会计目前发展仍相对滞后，为单位发展提供规划、决策、控制和评价等方面的作用尚未得到充分有效发挥。因此，经济社会发展到当前阶段，中国特色会计体系要实现自我超越和自我完善，就必然要求全面推进管理会计体系建设，理论体系建设作为管理会计体系建设的基础，更要加快推进。

改革开放以来，即从20世纪70年代末期开始，我国会计理论界在大量引进西方财务会计的同时，也开始注重引进西方管理会计理论，相继出版了一些管理会计教材，对于普及管理会计理论与工具方法起到了重要推动作用。20世纪80年代，适应企业从70年代末开始建立、深化经济责任制的需要，管理会计理论发展较为活跃，成本管理是这一阶段研究的主要内容。20世纪90年代以来，随着社会主义市场经济体制目标的确立，我国会计理论界关于西方管理会计在我国的借鉴和应用意义展开了广泛讨论，在借鉴和跟踪国外管理会计研究成果的基础上，取得了一定的成果。例如，1994年余绪缨教授主持了国家自然科学基金项目——"以高科技为基础，同作业成本紧密结合的新会计体系研究"，在成本管理领域创新了管理会计理论，获得了理论界的一致好评。21世纪以来，随着经济全球化发展，理论界研究重点逐渐转向战略成本管理、风险管理、绩效管理、预算管理、战略管理、价值链管理等研究内容。

但是，总体而言，我国管理会计理论研究尽管不断向前推进，却仍处于本身研究不足的阶段，理论研究滞后于实践需要。在研究内容上，引进西方管理会计理论较多，研究我国实际较少，缺乏能够切实指导中国实践的理论研究；在研究队伍上，关注财务会计的研究人才较多，关注管理会计的研究人才不足；在研究方式上，重概念辨析，轻实务分析，一定程度上存在着理论脱离实际的问题。至今，我国管理会计理论建设步伐较慢，尚未形成管理会计理论体系。因此，推进管理会计体系建设，首先要夯实理论基础，充分发挥理论的先导作用，指导指引、人才、信息化等管理会计其他体系建设的有效开展。

管理会计理论界应以此为契机，在百家争鸣、百花齐放、思想交流碰撞的基础上，引导研究问题本土化、研究方法国际化，通过 5~10 年的努力，基本形成中国特色的管理会计理论体系。

（二）整合优势资源，推动形成管理会计产学研联盟

管理会计产学研联盟中，"产"是指产业，具体来说就是各单位；"学"是指高校，具体来说就是具备管理会计研究能力的高校；"研"是指研究机构，具体来说就是从事管理会计相关理论研究的科研院所。

当今世界，随着智力因素及高科技成果在经济增长进程中的作用不断扩大，科技创新的重要性日益增加。在此背景下，建立产学研联盟，通过产学研优势资源的紧密结合，将研究成果尽快转化为产业优势，从而推动经济增长，已成为顺应科技经济一体化趋势的必然要求和世界各国的广泛共识。通过建立管理会计产学研联盟，单位、高校和科研院所能够基于管理会计研究实践和创新要求，优势互补、平等互利、共同发展，将管理会计的理论创新、实践应用和经验传播等紧密结合，集合优势资源，推动管理会计理论研究和其他各项工作加快发展。

产学研联盟在我国已有一些实践，取得了较好效果。例如，广东省与教育部、科技部合作，推动区域内的行业骨干企业、核心企业与国内相关领域优势高校、科研机构等按市场经济规则联合组建产学研创新联盟，有效地促进了广东省科研与生产的紧密衔接，推动了创新成果的快速产业化，提升了产业核心竞争力。在会计领域，我国也相继建成了一些产学研联盟，在推动会计事业发展中发挥了积极作用，取得了一定成绩。例如，上海财经大学与"四大"会计师事务所进行长期战略合作，北京交通大学与交通运输企业合作，通过建立实验室、组织专项调研、共同开发课程等方式，加强会计专业学位研究生培养。但在管理会计领域，尽管也有如海尔管理会计研究中心等产学研联盟，但是总体而言，管理会计产学研联盟的数量、规模和实力与推动管理会计创新发展的要求相比仍远远不足。推动建立管理会计产学研联盟，就是希望充分发挥各方优势，实现资源优化配置，加强管理会计理论与实践互动，支持管理会计理论研究和成果转化，同时促进高校教学与实践发展同步，为科研院所指明研究方向。

高校、科研院所和单位等相关各方要在平等自愿的基础上，形成管理会计产学研联盟，结合我国会计发展实际和单位管理实践，共同开展管理会计体系建设研究工作。在管理会计产学研联盟构建过程中，相关各方应当结合各自优势和需求，积极投入、优势互补，整合优势资源。单位应发挥其在业务实践、方法应用等方面的优势，对管理会计实践中的难点、重点、基本问题进行挖掘；高校和科研院所应该利用其知识结构、科研方法等方面优势，对相关问题进行严密论证，通过协同创新，实现实践与理论的良性互动。管理会计产学研联盟要科学规范地开展建设和运作，组织成员之间开展多种形式、多方面内容的交流合作，形成强大的管理会计研究、开发、成果转化一体化的先进系统，并在运行过程中不断发挥综合优势；要坚持从实践中来、到实践中去的基本思路，以市场为导向，切实解决管理会计领域的重点、难点问题，合理确定管理会计研究成果的使用方法和使用范围，不断加快创新和成果转化步伐，实现自身长效发展。

（三）鼓励建立管理会计研究基地，发挥综合示范作用

研究基地是科研创新的重要平台，是聚集和培养优秀学术人才的新型科研组织。建立研究基地，在财政工作中已有一定实践基础。从 2012 年起，财政部与中央财经大学等 6 家高校搭建了共建平台，至今已完成课题研究 30 余项，为进一步夯实财经教育和人才培养基础，促进财经高教事业创新，推动财政改革发展发挥了积极作用。湖南、上海、广东等省（市）先后建立了各具特色的会计研究基地，"中国企业营运资金管理研究中心"以及上海财经大学与财政部人事教育司、会计司等 15 家协同单位共同组建的"会计改革与发展协同创新中心"等会计研究平台相继成立。这些研究基地关注会计管理等领域的重大问题，为会计工作积极建言献策，为推动会计改革与发展发挥了积极作用。

针对我国当前管理会计发展滞后的现状，设立管理会计研究基地显得尤为必要。建立管理会计研究基地，可以集中力量，承担管理会计体系建设重大研究任务，对新现象、新问题、新观点，探本求源、去伪存真，形成具有重大应用价值的成果，为经济社会发展提供强有力的理论支持；可以在管理会计的新工具、新方法引入之前，进行先行试点，为管理会计的推广应用提供参考；可以提供良好的国际、国内合作与交流平台，通过广泛的国际合作，促进中国管理会计的跨越式发展。

有条件的科研院校以及国家会计学院等科研教学力量应当设立若干管理会计重点研究基地。在定位上，管理会计研究基地应为理论联系实际的平台，着力解决我国管理会计改革与发展中的重大需求；在组织形式上，可以借鉴其他会计研究基地构建模式，采取单独建设或多家协作构建的方式；在运行模式上，要科学设计运作机制，汇聚资源，把自身建设成一个协同创新的开放型平台，增强自身可持续发展能力；在工作内容设计上，要系统整合理论研究资源、总结提炼实践做法经验、宣传推广管理会计理论和先进做法等，辐射、带动管理会计理论及实践水平的全面提升。

（四）推动改进现行会计科研成果评价方法

会计科研成果评价应当是对会计科研成果的工作质量、学术水平、实际应用和成熟程度等予以客观的、具体的、恰当的评价。但是，当前我国会计科研成果评价在一定程度上存在着唯文章导向的倾向，而且随着理论研究从重规范研究向重实证研究转变，发表文章时，实证文章易于发表，其他文章则难以发表。管理会计主要服务于单位内部管理需要，从性质上决定了管理会计研究需要获得单位内部数据，而这些数据很难从公开资本市场上获得，也没有商业化的研究数据库，只能采用实地调研、调查问卷等方式获得。这样的数据获取方式不但成本高、周期长、难度大，而且数据样本小、质量容易受到质疑，很难形成实证文章。相比之下，财务会计可以相对容易地从已有数据库等渠道获得大量数据，开展实证研究，发表研究成果。因此，在当前会计科研成果评价体系下，选择研究管理会计，就必然意味着要面对取得数据难、发表文章难、完成科研考核难、评教授难的艰难处境，从而大大影响了高校学者，尤其是年轻学者从事管理会计研究的积极性，影响了管理会计发展，亟待加以改进。

要改进现行会计科研成果评价方法，切实加强管理会计理论和实务研究。会计科研成果评价要坚持为会计发展服务的原则，提高评价体系的科学性，而不是拘泥于条条框框，唯文章导向。同时，鼓励《会计研究》《财务与会计》等相关专业报刊，尤其是权威学术期刊发挥导向和引领作用，通过开辟管理会计专栏或在遴选论文时适当提高管理会文章比重等方式，配合会计改革重点工作，刊登管理会计理论成果，调动理论界研究管理会计的积极性，推动管理会计理论研究加速发展。

广大会计理论研究工作者，应当抓住机遇，本着发挥优势、讲究方法、放眼世界、多出成果的原则，既立足当前，又着眼长远，开展科学严谨、与时俱进的研究；既要学习和借鉴西方先进理念和方法，取长补短、加速发展，更要结合中国管理会计实际，超越单纯"就管理会计论管理会计"的局限，融合多重主题、多重背景、多重理论，开展跨学科的管理会计研究，形成中国特色管理会计理论体系。有关会计团体也要积极发挥在管理会计理论体系建设中应有的具体组织、推动等作用，力争尽快把我国管理会计理论研究水平提升到国际层次，不断扩大中国管理会计理论研究在国际会计界的影响力。

二、管理会计指引体系

管理会计指引体系建设是管理会计体系建设的重要组成部分。

（一）建设管理会计指引体系的必要性

1. 满足单位加强管理会计工作的需要

管理会计作为会计的一个分支，在我国单位实践中已经得到了一定应用。遗憾的是，尽管我国在管理会计领域不乏积极探索和有益尝试，但总体发展仍相对滞后。大部分单位仍处于"不知在做"的阶段，即虽然在实践中运用了管理会计的工具方法，但不知道管理会计是什么，也缺乏系统运用管理会计的意识，甚至还有一些单位尚未应用管理会计的相关工具方法；只有少部分单位属于"已知在做"，即知道管理会计是什么，并在实践中不断探索运用。这些"已知在做"的单位最具有活力和创新意识，走在了我国管理会计实践发展最前沿，但他们目前也只是运用了管理会计的部分职能，系统性、针对性和有效性还有待进一步提升。总体而言，我国管理会计实践仍处于自发状态，较多单位还停留在总结经验阶段，影响了整体管理水平的提升。单位迫切希望政府出台一套统一规范、系统科学、能够贯穿单位活动始终的管理会计标准，以便单位学习使用。

2. 借鉴西方国家推行管理会计的做法经验

美、英等西方国家在管理会计领域做了大量探索，形成了诸多有益经验。其中，重视管理会计标准建设指导管理会计实践这一做法，极大地推动了管理会计应用，促进了管理会计发展。例如，美国管理会计师协会先后出版了领导力与道德、技术应用、战略成本管理、企业绩效管理等四辑六大类管理会计公告，还将根据实务需要发布新的管理会计公告。英国皇家特许管理会计师公会尽管没有发布管理会计公告，但陆续发布了管理会计系列研究资料，为企业应用管理会计工具方法提供了一定的参考，2014年10月，还与美国注册会计师协会联合推出了《全球管理会计原则》。

这些会计组织发布的公告、原则、研究资料等，都是指导性的，与会计准则不同，这在一定程度上也体现了管理会计的差异化特征。

3. 财政部门主导指引体系建设是现实选择

立足国情，是管理会计体系建设的一项基本原则。我国管理会计指引体系由财政部建立，而不像美、英等国由会计组织建立，这正体现了一切从中国国情出发的基本原则。

根据《中华人民共和国会计法》，国务院财政部主管全国的会计工作，建立管理会计指引体系，是财政部推进管理会计体系建设的重要抓手，也是财政部法定职责所在。同时，由财政部制定发布管理会计指引体系，有利于整合各方力量，节约社会资源，花小钱办大事；有利于妥善协调各方意见，体现权威性，便捷高效推行应用管理会计。在公开征求意见过程中，社会各界都支持由财政部负责建立指引体系。因此，我国不能像美、英等西方国家那样，由会计组织制定会计标准,而应由政府部门来制定。

(二) 管理会计指引体系的框架设计

管理会计指引体系是在管理会计理论研究成果的基础上,形成的可操作性的系列标准,对实践具有指导作用。我国要形成以管理会计基本指引为统领、以管理会计应用指引为具体指导、以管理会计案例示范为补充的管理会计指引体系。

管理会计指引体系中,基本指引是对管理会计普遍规律的总结提炼,解决对管理会计的基本认识问题。管理会计既有普遍规律,又具差异化特点,需要考虑不同性质、特殊行业等的需求,因此,有必要形成应用指引,依据基本指引,明确管理会计的多种工具方法,具体指导实务操作。管理会计为单位内部管理服务,制定案例标准,建立管理会计案例库,大量总结实践中好的经验、做法,提炼为典型案例,更好地为单位提供具体示范。

管理会计指引体系包括基本指引、应用指引和案例库,用以指导单位管理会计实践。

(三) 管理会计基本指引

管理会计基本指引是将管理会计普遍规律上升到标准,是对管理会计基本概念、基本原则、基本方法、基本目标等内容的总结、提炼。在我国当前管理会计实践中,虽然尚无基本指引,但是对于基本指引中涉及的概念、原则、目标等,理论界和实务界已有很多论述,只是这些观点不统一。学术求异,管理求同,有必要形成统一的管理会计基本指引,以统一大家的思想认识,形成指导单位应用管理会计的共同话语基础。

管理会计基本指引也是制定应用指引和案例库的基础,对应用指引、案例库起到统驭作用。但是,不同于企业会计准则基本准则,管理会计基本指引只是对管理会计普遍规律和基本认识的总结升华,并不对应用指引中未做出描述的新问题提供处理依据。

为确保管理会计基本指引的质量,财政部将从课题研究起步,充分利用咨询专家机制,深入开展相关研究,在课题研究、组织研讨、听取专家建议、公开征求意见等工作基础上,发布管理会计基本指引,指导管理会计实践应用。

1. 制定目的和依据

为促进单位加强管理会计工作,提升内部管理水平,促进经济转型升级,根据《中华人民共和国会计法》《财政部关于全面推进管理会计体系建设的指导意见》(财会〔2014〕27号,简称《指导意见》)等,制定管理会计基本指引。

2. 基本指引发布的意义

《管理会计基本指引》是我国管理会计发展进程中的重要文件,其发布具有重要意义(见表3-4)。

表3-4 《管理会计基本指引》发布的意义

意 义	内 容 阐 释
有利于加强管理会计指引体系建设	推进管理会计体系建设的"4+1"体系,即理论体系建设、指引体系建设、人才队伍建设、信息系统建设加咨询服务市场建设。指引体系建设是其中确定的重要任务之一,制定基本指引是指引体系建设的重要内容,对制定应用指引和案例示范起统领作用,应用指引的框架设计、案例库的体系搭建等都将根据《管理会计基本指引》展开
有利于加强单位管理会计工作	基本指引在管理会计应用实践基础上总结、提炼形成普遍适用的指导性标准,明确了管理会计的目标、原则和要素,为单位全面准确理解管理会计、科学系统应用管理会计提供了基本框架和方向

续表

意 义	内 容 阐 释
有利于推动管理会计理论发展	基本指引构建了管理会计概念框架，统一了各方认识，协调了各方意见，为引导会计理论界加强管理会计理论研究，建设中国特色管理会计理论体系提供了有力的制度保障

3.《管理会计基本指引》的框架和主要内容

目前，国际国内尚无成形的管理会计基本指引可供借鉴、参考。为保证《管理会计基本指引》框架结构及其核心内容的严密性和科学性，我国对国内外管理会计、财务会计、内部控制的体系或规范等的概念框架以及相关著作等做了系统比较和梳理，并广泛听取了高校、研究机构、企业、行政事业单位、咨询服务机构、国外管理会计专业团体、管理会计咨询专家、管理会计课题组等各方意见。

在深入研究和吸收各方意见的基础上，在《管理会计基本指引》中形成了涵盖目标、原则、要素等的基本框架，并以要素为主线铺陈章节。第一章为总则，包括《管理会计基本指引》的制定依据、适用范围、管理会计目标、原则、要素等内容；第二章至第五章分别对总则中提出的应用环境、管理会计活动、工具方法、信息与报告这四个管理会计要素进行了展开；第六章为附则，包括《管理会计基本指引》的解释权限和施行日期等内容。从公开反馈意见来看，各方普遍认可《管理会计基本指引》的框架和主要内容的，认为其逻辑清晰完整，内容科学务实，重点明确突出，对单位系统应用管理会计具有指导意义。

基本指引旨在指导单位应用管理会计，不要求强制执行，理由在于：管理会计主要服务单位内部管理需要，是单位内部的事情，管理会计应用更多需要依靠单位发挥主观能动性，财政部发布指引主要起推动作用，引导单位系统应用管理会计，优化资源配置，提升价值创造能力；同时，管理会计个性化特点鲜明，单位所处的行业不同、规模不同、发展阶段不同，管理会计的具体应用也相应不同，需要单位根据自身情况因地制宜，《管理会计基本指引》是对管理会计应用普遍规律的总结、提炼，对单位应用管理会计起指导作用，而不是做出限制性规定，制约单位灵活应用。

之所以由政府制定发布包括基本指引在内的指引体系，一方面是政府主动服务市场需求的重要举措；另一方面是为了充分发挥政府优势，协调各方意见，整合各方力量，节约社会资源，便捷高效地推动管理会计应用。

4. 施行日期和解释部门

《管理会计基本指引》自印发之日（2016年6月22日）起施行。《管理会计基本指引》由财政部负责解释。

（四）管理会计应用指引

实践中，管理会计工具方法已经在一些单位得到了一定应用。例如，兵器装备集团公司系统导入全面预算管理、内部管理报告、平衡计分卡等十项管理会计工具，建设价值创造型管理会计体系。但是，总体而言，有些单位对管理会计工具方法的应用不够系统，有些单位也对不同情况下如何选择应用适当的管理会计工具方法存在困惑。

因此，制定管理会计应用指引，就是要对管理会计各项工具方法进行系统梳理，清晰明确地告诉单位这些工具方法是什么、怎么用、有哪些优缺点、运用环境如何、如何选择、预计效果等内容，以便单位结合自身情况选择运用适合的管理会计工具方法。

在管理会计指引体系中，应用指引居于主体地位，是对单位管理会计工作的具体指导。为切实提高科学性和可操作性，管理会计应用指引既要遵循基本指引，也要体现实践特点；既要形成一批普遍适用、具有广泛指导意义的基本工具方法，如经济增加值、本量利分析、平衡计分卡、作业成本法等，也要针对一些在管理会计方面可能存在独特要求的行业和部门，研究制定特殊行业的应用指引；既要考虑企业的情况，也要考虑行政事业单位的情况；在企业层面，还要兼顾不同行业、不同规模、不同发展阶段等特征，坚持广泛的代表性和适用性。

应用指引是开放性的，随实践发展而不断发展完善。应用指引的实施更重指导性，由各单位根据管理特点和实践需要选择相应的工具方法。财政部将在充分征求意见基础上，组织开展系列课题研究，科学总结我国先进企业管理会计实务，充分借鉴发达市场经济国家或地区的有效做法，研究确定一系列应用指引，本着先急后缓、先一般业务后特殊业务、"成熟一批，发布一批"等原则，逐步发布系列管理会计应用指引，并随着实践的发展而不断丰富完善。

1. 应用指引出台的意义

应用指引是我国管理会计指引体系建设的主体内容，是对单位管理会计工作的具体指导，其制定和发布具有重要意义（见表 3-5）。

表 3-5 应用指引出台的意义

意 义	内 容 阐 释
贯彻落实财政部《指导意见》的需要	根据《指导意见》有关建立包括基本指引、应用指引和案例库在内的管理会计指引体系的要求，财政部于 2016 年 6 月 22 日，发布了《管理会计基本指引》，为单位加强管理会计工作提供指导。该基本指引作为应用指引的统领，为应用指引的制定规定了原则和框架。应用指引作为管理会计指引体系的一个重要组成部分，是贯彻落实指导意见和基本指引的具体体现，其制定将为单位如何正确、有效地选择和应用管理会计工具方法提供借鉴或参考
推动我国管理会计理论与实践发展的需要	虽然管理会计理论引入我国较晚，但有关管理会计理念在我国单位的实践却早已有之，也不乏成功探索和有益尝试。在市场竞争不断加剧、人力资源和环境成本双重挤压的今天，通过制定应用指引，以系统地提炼总结我国管理会计理论和实践的宝贵经验，对拓展我国管理会计研究领域、提升管理会计应用水平，并进而增强我国企业综合实力和竞争优势都具有极其重要的现实意义
推动我国管理会计走向世界的需要	纵览国际管理会计应用发展历程，国际会计师联合会和美、英等西方国家做了大量探索，例如，国际会计师联合会所属国际工商业界职业会计师委员会陆续发布了 8 项管理会计国际最佳实践指南；美国管理会计师协会先后出版了领导力与道德、技术应用等管理会计公告；英国皇家特许管理会计师公会发布了管理会计系列研究资料。上述成果虽然为单位应用管理会计工具方法提供了一定的参考，但并未能在管理会计应用领域形成系统、完整的体系架构。我国的管理会计应用指引体系是一套立足于管理会计实践、服务单位管理会计应用的指导性文件，该体系通过分领域、分工具方法构建，注重指导性、应用性、开放性、操作性，这在全球管理会计领域具有开创性。应用指引的制定，将提升我国在全球管理会计领域的话语权和影响力

2. 应用指引的基本框架

（1）总体框架。根据《管理会计基本指引》，将管理会计工具方法按战略管理、预算管理、成本管理、营运管理、投融资管理、绩效管理和其他等不同应用领域予以介绍，其中，概括性指引以"100""200""300"等标示，主要介绍该领域的相关管理程序，风险管理领域的概括性指引即 700 号，其他领域没有概括性应用指引；具体应用指引以"101""201""202""301""302"

等标示,主要介绍管理会计工具方法。这样既便于单位在同一领域选择适用的工具方法,又体现了开放性的特点,随工具方法在实践中的完善而予以补充。我国首批印发的22项应用指引包括6项概况性指引和16项具体应用指引。

(2)应用指引框架。概况性指引主要介绍该领域的相关管理程序,概括总结本领域内相关管理会计工具方法的共性内容,一般由总则、应用程序和附则等组成。每领域下的具体应用指引一般由总则、应用环境、应用程序、工具方法评价和附则等组成。其中,总则主要介绍应用相关工具方法的目标、基本定义、原则等;应用环境主要介绍应用相关工具方法所需要的内、外部环境;应用程序主要介绍应用相关工具方法的应用流程;工具方法评价主要介绍应用相关工具方法的优缺点。

> **小知识**
>
> **第1批22项管理会计应用指引基本框架**
>
> 22项管理会计应用指引由6项概括性指引和16项工具方法指引组成,内容涉及战略管理、预算管理、成本管理、营运管理、投融资管理、绩效管理和其他领域。其中,战略管理领域包括1项概括性指引和1项工具方法指引;预算管理领域包括1项概括性指引和1项工具方法指引;成本管理领域包括1项概括性指引和4项工具方法指引;营运管理领域包括1项概括性指引和3项具体工具方法指引;投融资管理领域包括1项概括性指引和2项工具方法指引;绩效管理领域包括1项概括性指引和3项工具方法指引;其他领域包括2项工具方法指引。

> **小知识**
>
> **第2批7项管理会计应用指引基本框架**
>
> 7项管理会计应用指引内容涉及预算管理、营运管理、投融资管理、绩效管理、风险管理等领域。在第一批22项管理会计应用指引基础上,预算管理领域新增了零基预算、弹性预算2项具体应用指引,营运管理领域新增了约束资源优化1项具体应用指引,投融资管理领域新增了情景分析1项具体应用指引,绩效管理领域新增了绩效棱柱模型1项具体应用指引;新增了风险管理领域及该领域下的1项概括性指引——风险管理和1项具体应用指引——风险矩阵。

3. 应用指引的特点(见表3-6)

表3-6 应用指引的特点

特 点	内 容 阐 释
注重指导性	管理会计属于内部报告会计,主要为企业内部管理决策提供信息支持,而企业内部管理既具共性,又个性鲜明,因此应用指引采用指导性文件方式印发,既有利于普遍推广,又有利于灵活应用,从而发挥制度效应,同时,也是贯彻落实财政部部长肖捷同志关于"财政部门应切实履行'领导、引导、指导、督导'职责,锐意进取,通过抓典型案例、定业务规范、建框架结构,加快构建中国特色管理会计体系"要求,在管理会计领域履行财政部门职责的充分体现
注重应用性	管理会计工具方法只有与企业管理实践相结合,才能创造价值。企业管理领域不同,适用的管理会计工具方法亦不尽相同。一般而言,企业管理可分为战略管理、预算管理、成本管理、营运管理、投融资管理、绩效管理、风险管理等七大领域,每一领域在实践中形成了各自适用的管理会计工具方法。因此,管理会计应用指引本着"管理会计在管理中的应用"这一设计理念,注重在管理中的应用性,围绕七大管理领域,系统阐述管理会计工具方法在相关管理领域中的应用

续表

特　　点	内　容　阐　释
注重开放性	管理会计的应用领域具有开放性，不仅限于上述七大领域，随着管理会计实践的发展其应用领域也将不断拓展。每一领域下的管理会计工具方法不是一成不变的，而是随着实践发展不断丰富和完善的。每项管理会计工具方法的应用领域也具有一定的开放性，即某一领域下的某项工具方法也可应用于其他领域。例如，绩效管理领域的平衡计分卡也常常用于战略管理领域
注重操作性	为了提高管理会计应用指引的可操作性，每一领域的应用指引按照"概括性指引和工具方法指引相结合"的思路构建。其中，概括性指引一般由总则、应用程序和附则等组成，概要阐述本领域常用工具方法种类，以及这些工具方法应用的共性要求。工具方法指引一般由总则、应用环境、应用程序、应用评价和附则等组成，内容围绕管理会计应用展开，从而增强操作性

（五）管理会计案例库

案例库是对国内外管理会计经验的总结提炼，是对如何运用管理会计应用指引的实例示范。建立管理会计案例库，为单位提供直观的参考借鉴，是管理会计指引体系指导实践的重要内容和有效途径，也是管理会计体系建设区别于企业会计准则体系建设的一大特色。

在国外，管理会计在发展过程中历来强调案例的重要示范作用。例如，美国管理会计师协会发布的管理会计公告中，就包含了系列案例，为企业应用该公告提供了借鉴。在我国，总结实践经验，形成典型案例，予以宣传推广，是推动管理会计应用的有效方式。例如，20 世纪 90 年代，我国总结邯钢在成本控制方面的做法，提炼升华为邯钢经验并予以学习、推广，有力地促进了企业成本管理水平的提高。将单位的成功经验上升为案例并嵌入指引体系，能够帮助单位更好地理解和掌握应用指引，增强管理会计指引体系的应用效果，达到提升单位价值创造力的目标。

案例库建设将坚持典型性和广泛性相结合的原则，在统一框架结构、基本要素、质量特征等案例标准，形成案例规范格式文本的基础上，分别不同性质、不同行业、不同规模、不同发展阶段等情况，逐步提炼若干管理会计案例，并不断予以丰富和完善；同时，既提炼总结管理会计整体应用案例；也针对管理会计的某些领域和应用指引中的相关工具方法提炼专项应用案例。争取通过 5～10 年的时间，通过经验交流、调研座谈、案例单位自主梳理等有效方式，总结、提炼一批覆盖多领域、多行业、多种工具方法的案例，构建内容丰富、示范性强的管理会计案例库。

管理会计指引体系是管理会计体系建设的重要保障，为单位应用管理会计提供有力的指导示范。各单位情况不同，在具体运用管理会计指引时，应根据单位经营特点、管理要求等具体情况，结合管理会计指引，建立健全适用于本单位的管理会计应用手册，真正把管理会计指引用活用足，从而达到提升单位价值创造力的目的。

三、管理会计人才队伍

加强管理会计人才队伍建设是适应加强会计人才队伍建设、单位加强管理会计工作、管理会计发展的需要。

(一)推动建立管理会计人才能力框架,改革会计专业技术资格考试和注册会计师考试内容

1. 目前会计相关考试基本情况

人才能力框架是对要成为合格人才应具备什么能力、什么知识结构所做的系统梳理和科学概括。建立人才能力框架,是通过开展会计相关考试等方式,系统提升会计人才能力,并对人才进行水平测试和评价的基础。在国际上,市场经济发达国家早在20世纪60年代就开始了这方面的工作。从1967年美国注册会计师协会的"职业知识框架",到2003年国际会计师联合会的"成为胜任的职业会计师",再到美国管理会计师协会和英国皇家特许管理会计师公会的管理会计人才能力框架,世界上一些国家和地区,在涉及注册会计师、管理会计师、财务分析师、内部审计师等多个职业领域时,都对职业能力框架做了大量的研究和实施工作,为其进行相应的认证考试大纲设计、考查等级设定、考试教材编写、会员后续教育等人才培养工作,提供了基础。

在会计职称领域,我国在对不同级次会计人员能力框架进行系统完善的基础上,构建了会计初级、中级、高级会计专业技术资格等不同级次的会计人才评价制度。其中,初级会计专业技术资格被设定为能够独立处理一般会计业务的能力水平,要求较为系统地掌握会计实务原理和专业知识,熟悉财务管理的基本原理以及基本的财经法律制度等,考试包括初级会计实务和经济法基础两门科目。中级会计专业技术资格被设定为能够独立负责并组织开展某一领域会计工作的能力水平,要求较为系统地掌握最新的会计准则制度,熟悉并能正确执行有关会计等财经法律制度,熟悉财务管理理论和方法等,考试包括中级会计实务、经济法、财务管理三门科目。高级会计专业技术资格被设定为能够胜任大中型企业的总会计师或财务总监,能够独立领导和组织开展本单位财务会计工作的能力水平,要求系统掌握经济、财务会计理论和专业知识,熟悉并能正确组织执行财经法律制度,具有较高的政策水平和丰富的财务会计工作经验等,考试包括战略制定、资金管理、成本管理、预算管理、业绩评价、内部控制、企业合并、金融工具等内容。在注册会计师领域,我国在对注册会计师能力框架进行系统研究的基础上,根据《中华人民共和国注册会计师法》构建了注册会计师考试制度,作为取得中国注册会计师执业资格的必备条件。注册会计师考试分为专业阶段考试和综合阶段考试。专业阶段考试主要测试专业知识能力,要求具备注册会计师执业所需的会计、审计、财务、税务、相关法律、组织和企业、信息技术以及其他相关知识,考试包括会计、审计、税法、经济法、财务成本管理、公司战略与风险管理六门科目。综合阶段主要测试考生是否具备在职业环境中运用专业知识,保持职业价值观、职业道德与态度,有效解决实务问题的能力。其中,包括在国际环境下运用英语进行业务处理的能力,考试分成试卷一和试卷二,各50分,试卷一以鉴证业务为重点,内容涉及会计、审计和税法等专业领域,试卷二以管理咨询和业务分析为重点,内容涉及财务成本管理、公司战略与风险管理和经济法等专业领域。

2. 推动建立管理会计人才能力框架并改革相关考试内容

通过上述考试、测评等方式,我国对会计人员、注册会计师能力进行了较为有效的评价,培养和选拔了一大批专业人才。自1992年设立以来至2013年年底,会计专业技术资格考试已培养初级会计师326万人,中级会计师146万人,高级会计师近12万人。自1991年正式创立到2014年6月30日,注册会计师全国统一考试已培养注册会计师超过20万人,其中,在会计师事务所执业的注册会计师达到98 927人,约占总人数的49.45%。

但是,已有考试和人才能力框架中,财务会计内容相对较多,管理会计内容相对不足,没

有通过考试把管理会计能力完整地体现出来，没有把大批合格的管理会计人才培养出来，不能满足单位对管理会计人才的急切渴求，不能满足拓展管理会计咨询服务对管理会计咨询服务人才的大量需求，有必要对管理会计人才能力框架进行专门研究，为管理会计人才培养奠定科学基础，有必要健全和完善现行考试内容，提升会计人员综合素质。因此，我国要建立管理会计人才能力框架，完善现行会计人才评价体系，改革会计专业技术资格考试和注册会计师考试内容，适当增加管理会计专业知识的比重，要从管理会计人才能力框架出发，系统研究合格的管理会计人才所需的能力和知识结构，为下一步管理会计人才培养提供方向指引，考虑到会计专业技术资格考试和注册会计师考试在我国已运行多年，相对比较成熟，因此选择改革现行考试这一更具操作性的现实路径和可行选择，以尽快达到培养一批管理会计人才的目的。

不同层级的会计人员对管理会计的需求有所不同。对于总会计师层面而言，更关注战略决策、全面预算、风险管理等内容；对于会计经理层面而言，更关注信息分析、成本管理、绩效评价等内容；对于一般会计人员而言，更关注管理会计工具方法的具体应用。这些不同的诉求应在各类会计考试中有所体现。初级会计资格考试侧重于成本核算、成本管理等；中级会计资格考试侧重于管理会计工具方法的应用；高级会计资格考试侧重于考核战略决策能力等管理会计综合应用能力；注册会计师考试侧重于为单位提供管理会计咨询服务所需能力的考查。初、中、高级会计资格考试和注册会计师考试全面布局，分层设计，有助于提高考生专业能力和会计管理工作胜任能力，培养能够为单位创造价值的合格会计人才。

（二）将管理会计知识纳入相关工作

会计人员和注册会计师继续教育是为保持和提升专业素质、执业能力和职业道德水平等，对持有会计从业人员（会计人员）和注册会计师的继续教育，内容主要包括会计及审计理论、政策法规、业务知识、技能训练和职业道德等。经济业务的不断创新，要求会计人员和注册会计师不断更新知识和能力，继续教育是会计人员和注册会计师更新知识、加强学习的重要手段。管理会计重在实务应用，管理会计人员更需要在工作中不断充电，积极主动地适应实务发展需要。因此，将管理会计知识纳入会计人员和注册会计师继续教育，就是要保障其管理会计知识更新和能力提升，持续发挥会计在单位价值创造中的应有作用。

大中型企事业单位总会计师素质提升工程，是财政部为提升大中型企事业单位总会计师（含行使总会计师职责的财务总监）的能力素质，促进我国大中型企事业单位进一步提高现代化经营管理水平和国际竞争力，从2013年起对相关人员实施的一项大型培训工程。会计领军（后备）人才培养工程是财政部于2005年开始在全国范围内严格选拔、培养会计领军人才的一项重要工作，是《会计行业中长期人才发展规划（2010—2020年）》所列的会计人才队伍建设重大工程之一。总会计师是单位行政领导成员，组织领导本单位的财务管理、成本管理、预算管理、会计核算和会计监督等方面的工作，参与本单位重要经济问题的分析和决策；会计领军人才是高级会计人才中能够发挥引领和辐射作用的高端会计人才。他们是管理会计工作在单位得以有效实施的中坚力量。我国将管理会计知识纳入大中型企事业单位总会计师素质提升工程和会计领军（后备）人才培养体系，先急后缓，逐步推动管理会计人才能力框架的全面贯彻落实，力争在3~5年内在全国培养出一批管理会计人才。

（三）鼓励高校加强管理会计人才培养

目前，我国会计人才培养模式主要包括学历教育、资格考试和在职培训三个层面。高校作为会计人才培养的重要力量，应当积极秉承教育为经济社会发展服务的宗旨，将教育活动与实践需求对接，适应单位对管理会计人才的迫切需要，加大管理会计人才培养力度。

当前，高校在管理会计人才培养方面做了一些工作，有一些积极尝试。例如，中央财经大学在本科阶段即专门建立了管理会计系，每年招收学生50余人，通过专业培养、组织学生到实习基地参加实践教学等形式，目前已培养了管理会计专业的本科生200余人。上海财经大学等一批高校加强管理会计课程开发，将管理会计作为会计教学的重要内容，并在研究生阶段设置了管理会计研究方向，向学生传授管理会计知识，在一定程度上为单位提供了管理会计人才储备。但是，总体而言，目前我国高校中有的管理会计研究比较薄弱，已建立的在师资力量等方面也相对薄弱，掌握管理会计知识和技能的学生供给不足，无法满足单位对管理会计人才的大量需求，培养的管理会计学生距离合格的管理会计人才也还有一定差距。

因此，我国鼓励高校加强管理会计人才培养，作为培养管理会计人才的重要组成部分。各相关高校应按照管理会计人才能力框架，为高校管理会计人才培养设定合理正确的培养目标与方向，设计能够真正培养管理会计人才的课程，并逐步加大管理会计课程的比重，推动形成管理会计课程体系；应探索和完善管理会计教学内容与教学方法，并通过外部引进、内部培养等多种方式，加强管理会计学术人才的培养，打造专业精湛、联系实际的管理会计师资队伍和研究团队。我国鼓励高校在研究生阶段设置管理会计方向，有条件的还可以在本阶段即开设管理会计专业，从而推动管理会计学科体系建设，更为系统地培养管理会计人才。我国鼓励高校与企业合作建立管理会计人才实践培训基地，为高校学生提供实践培训机会，使高校培养的管理会计学生更好地满足单位实际需要的同时，也为单位提供大量潜在管理会计人才，帮助单位提升管理会计工作水平，实现管理会计人才供需双赢。

（四）探索管理会计人才培养的其他途径

探索管理会计人才培养的其他途径，目的在于为未来管理会计人才培养拓展预留空间。社会各界对于当前是否应当建立我国的管理会计师考试认证制度，意见不一。多数意见认为，在国外，美、英等国通过推行注册管理会计师考试认证，培养了一批管理会计人才，为单位加强管理会计应用，提高价值创造力做出了重要贡献，得到了业界的广泛认可，我国也应建立专门的管理会计专业组织，推行管理会计师考试认证制度，以更加系统地培养和选拔管理会计人才。也有意见提出，目前会计人员相对于其他专业人员而言考试负担已经较重，不建议单独设置管理会计师考试认证制度，仅在现有考试中增加管理会计相关内容即可。

我国财政部对此进行了认真研究，认为目前是否建立我国的管理会计师考试认证制度，应当基于对未来和现实的综合考量。从长远来看，推行管理会计师考试认证制度值得研究探索，但是，考虑到国务院清理职业资格许可和认定，取消国务院部门设置的没有法律、法规或国务院决定作为依据的准入类职业资格，取消国务院部门和全国性行业协会、学会自行设置的水平评价类职业资格，确有必要保留的，经国务院人力资源社会保障部门批准后纳入国家统一规划管理。为提高稳妥性和可行性，我国既为未来发展留出空间，又充分考虑现实情况，从改革现行考试内容等入手，将管理会计与现有会计专业技术资格体系和注册会计师考试进行有序衔接，并提出探索管理会计人才培养的其他途径。

（五）加强国际交流与合作

随着世界经济全球化的发展，各国之间的依存度不断提高，中国扩大对外开放、实施走出去战略，都需要深化国际交流与合作。立足国情、借鉴国际，是会计工作取得成功的一条宝贵经验。在管理会计领域，国际上一些市场经济发达国家在管理会计理论研究、标准建设、实践应用、人才培养等方面积累了一些好的经验和做法，也值得我们吸收借鉴。

因此，在管理会计体系建设中，相关各方不能"闭门造车"，而应当以开放的胸襟和国际视野，积极拓展管理会计对外交流的平台和载体，广泛参与管理会计国际交流与合作；既要学习借鉴国际先进理念和方法，取长补短，为我所用，也要通过交流宣传中国管理会计发展，提升我国在世界管理会计界的话语权和影响力，采取引进来与走出去相结合的方式，大力推动管理会计人员、学术、实践经验、理念、工具方法、信息化应用、咨询服务模式等方面的全面交流与合作。

四、管理会计信息系统

随着以计算机技术和现代网络技术为代表的信息革命向经济和社会生活的深度和广度渗透，尤其是随着近年来云计算、大数据、移动互联网等新兴技术的快速发展，单位越来越重视通过信息化推动和加强本单位管理会计等各项工作。

（一）信息化是管理会计体系建设的重要支撑

"工欲善其事，必先利其器"。在信息时代，单位要有效开展管理会计工作，必然要打造利器，这个"器"就是信息技术。信息化是支持管理会计理念与方法落地，支撑管理会计功能发挥和价值实现的重要手段和推动力量。

要加强管理会计应用，帮助单位在瞬息万变的市场经济中基业长青，一方面需要信息具有很强的及时性，甚至要求做到实时性，使决策者能够随时掌握企业当前的状况；另一方面需要信息具有集中度，能够有效整合和科学分析大量的财务和非财务信息。这就必然需要通过信息化才能有效实现。

随着大数据和互联网的发展，信息资源进一步开放和共享，单位与外部环境之间、单位内部各部门之间的信息沟通更加广泛和快捷，业务信息与会计信息之间融合加快，为单位运用管理会计提供了更多可能。同时，意味着管理会计要想真正发挥作用，必须在海量的数据中寻找和挖掘到有价值的信息，并予以整合分析，这一过程不借助信息化很难实现。因此，以坚实的大数据为基础，推进管理会计信息系统建设，是保障全面预算管理、资金集中管理、成本控制、绩效评价等更加高效、顺畅地运行和开展，有效支撑管理会计应用的时代要求。

（二）管理会计信息化发展历史和现状

我国在管理会计信息化领域发展较晚。2000年起，我国少数已经应用管理会计工具方法的单位开始认识到，信息化在加强单位会计工作中的重要性并开始建设，主要领域为成本核算和预算管理。这期间，一些国外管理会计软件厂商逐渐进驻我国，在一定程度上推动了我国管理会计信息化的发展。

2008年金融危机的爆发使越来越多的中国企业开始谋求从粗放式管理向精益化管理转型，多维度、精细化、全过程的管理数据成为企业提升管理能力的基础信息。在市场推动下，理论界、企业界、咨询界以及学术团体中越来越多人士提高了对管理会计信息化的重视程度，并投入资源加大推广力度，尤其是在预算管理方面，一些企业打造了多维度的全面预算信息系统，获得了管理的较大提升。同时，一部分单位开始实施作业成本系统和管理会计报告与分析系统。但是，在这一时期，多数企业基本局限于对单个管理会计工具或单独一项管理会计系统的应用，未能将管理会计信息与业务信息、客户信息、财务信息披露等有效结合起来，未能在战略决策、营销支持、绩效考核等方面进行综合应用，管理会计信息化发展较为缓慢。同时，部分单位开始在一定程度上尝试自主开发管理会计信息化系统，并取得了较好的实践效果。

2013年，在中国经济转型的背景下，越来越多的企业开始采用预算管理软件、作业成本软件、管理会计报告和分析软件来加强自身管理会计工具方法的应用，同时部分企业开始提出建立"管理会计信息化体系"的概念,将整合的信息有效运用于战略决策、经营分析、运营管理等方面,以支持企业利用更加全面、更加可靠的基础信息,做出更加及时、有效的决策。同时,越来越多的单位意识到自主研发管理会计系统的重要性和必要性。

截至目前,我国管理会计信息化尽管已有一定发展,但总体而言仍处于低水平状态,管理会计信息系统建设亟待大力推进。国内单位采用的会计软件仅有部分管理功能,而且大部分单位也只应用了会计软件中的核算功能。同时,由于管理会计信息系统建设花费较大、人才培养难度较高等原因,单位对建立和完善管理信息系统的主动性不强。

(三)将管理会计信息化需求纳入单位信息化规划

信息化是当今世界发展的必然趋势,是推动我国现代化建设和经济社会变革的技术手段和基础性工程。全面推进面向管理会计的信息系统建设,推动单位系统梳理并有效满足自身信息化需求,是支撑单位加强管理会计应用的现实需要,是加强会计信息化工作的必然要求,也是贯彻落实国家信息化发展战略的重要举措。实践中,自2009年4月出台《财政部关于全面推进我国会计信息化工作的指导意见》(财会〔2009〕6号)等系列文件以来,财政部按照"标准先行"的思路,多措并举,着力推进会计信息化标准建设,在推进会计信息化工作方面取得了重大成效。但是,与财务会计领域的信息化相比,单位在管理会计领域的信息化还相对薄弱。在继续做好财务会计信息化的同时,也需要顺应会计改革与发展需要,将管理会计信息化作为重点工作予以加快推进,切实提高单位信息化建设的效率效果。

由于管理会计贯穿于单位运营全过程,因此管理会计信息系统建设应重在适合单位需要,将管理会计信息化需求纳入单位整体信息化规划,以免造成信息系统与单位财务、业务活动需要相脱节的现象。要在单位长期发展战略的指导下,在理解单位战略目标与业务规划的基础上,诊断、分析、评估单位管理会计和信息化工作现状,优化单位业务流程,结合所属行业管理会计信息化方面的实践经验和对最新信息技术发展趋势的掌握,提出单位管理会计信息化建设的远景、战略、具体目标、所需功能等具体需求,系统指导单位面向管理会计的信息系统建设工作。

(四)做好系统整合、改造或新建,推动管理会计的有效应用

在当今信息社会,信息技术的应用已经使得信息化不单纯是会计工作的工具,更是会计工作的环境,与组织架构、内部文化、业务领域等因素相互作用,共同推进会计工作模式的发展变化。通过系统整合、改造或新建,形成面向管理会计的信息系统,就是要利用管理会计的基本原理和工具方法对企业活动进行规划、决策、控制、评价,是信息技术在管理会计领域的集中体现。

管理会计信息系统包括预算系统、平衡计分卡系统、经济增加值系统、作业成本管理系统等。这些系统工具已经在不同程度上应用于各单位,尤其是具有一定规模的单位的实际管理之中。例如,我国一些单位已经在运用企业资源计划系统进行资源管理,运用作业成本系统进行成本管理,运用全面预算管理系统进行预算管理等。但是,多数单位仍处于各个管理会计工具方法单独信息化阶段,信息平台之间彼此孤立,未得到有效整合,即形成了一个个"信息孤岛"。各信息平台相互之间在功能上不关联互通,在信息上不共享互换,信息与业务流程和应用相互脱节,导致管理会计无法及时获得和整合相关信息,决策支持功能难以得到有效发挥。

因此,我们要以信息化手段为支撑,实现会计与业务活动的有机融合,从源头上防止出现"信息孤岛"。鼓励单位做好组织和人力保障,通过有效方式,推动管理会计在本单位的有效应用。对于在管理会计不同领域均已经建立了子信息系统,且这些子信息系统适应单位实际、能

够有效发挥作用的单位，应当侧重于统一各子信息系统之间底层数据的标准，为打破"信息孤岛"奠定基础，同时加强各子信息系统之间的互联互通和数据共享，实现信息系统的整合应用。管理会计信息系统与单位实际结合不够紧密，或者不适应单位业务发展新需求的，应当侧重对原有系统进行改造，使之切实符合单位管理需要。没有建立管理会计信息系统的，应当筹划着手新建管理会计信息系统，加强管理会计工作的信息化支撑。

（五）鼓励大型企业和企业集团的单位建立财务共享服务中心

财务共享是指企业（集团）将下属单位相同的财务职能予以集中，由一个相对独立的财务机构来行使，即各单位共享一个机构的财务服务。财务共享促进会计人员形成了更为明细的专业化分工，让各类会计人员能够将更多时间集中在各自擅长的领域，提升了会计人员的专业水平。同时，财务共享将会计核算工作从企业财务部门中相对剥离，使财务部门有更多时间和精力发挥会计的管理职能。

自 20 世纪 80 年代以来，财务共享的理念与实践经过多年的发展，已经在全球范围内各行各业得到了一定的应用。目前，《财富》100 强企业中，已有超过 80%建立了财务共享服务中心。我国不少单位，如中国移动、国家开发银行、中兴通信等，也都在应用财务共享方面取得了积极成效。

因此，我国鼓励大型企业和企业集团充分利用专业化分工和信息技术优势，建立财务共享服务中心，加快会计职能转变和管理会计工作的有效开展。但是，是否有必要建立财务共享服务中心，各单位应依据本单位实际情况确定，同时，财务共享服务中心并不等同于管理会计信息系统。

（六）鼓励会计软件公司和有关中介服务机构拓展管理会计信息化服务领域

管理会计信息化服务，是指向客户提供支持其管理会计应用的信息化产品或管理会计信息系统建设方面的解决方案。在推进面向管理会计的信息系统建设中，通过重视发挥会计软件公司和有关中介服务的技术支持作用，可以促进形成一个能够满足管理会计信息化发展需要的会计信息化服务产业，增加有效供给，推动管理会计信息化水平提升。

当前，我国单位应用的管理会计软件仍以国外软件居多。这些国外管理会计信息软件不仅成本高，而且多是根据国外企业实践经验总结设计而出的，容易在设计理念和使用习惯上对我国实际考虑不足，且我国单位难以根据自身情况进行调整。因此，单位在应用信息系统软件时往往面临一方面部分管理功能无法通过软件实现，另一方面只应用了购买软件中的部分功能的尴尬局面，资源浪费严重。

因此，我国鼓励会计软件公司和有关中介服务机构拓展管理会计信息化服务领域。会计软件公司应当紧紧抓住当前管理会计发展的大好机遇，深入挖掘单位管理会计信息系统建设需求，既要合理借鉴国外单位管理会计信息系统建设经验，更要充分考虑我国企业信息化实际特点；既要总结管理会计一般功能和流程，研究开发通用管理会计信息系统软件，也要为客户根据自身实际情况改造留好接口；既要符合当前单位管理会计工作需要，也要随实践发展不断进行系统升级维护，打造真正适合我国实际需要的管理会计信息系统品牌。有关中介服务机构要充分发挥自身管理会计优势，加强与单位的沟通，详细了解各单位需求，同时，与会计软件公司密切合作，共同为单位开发、设计出切合需要的管理会计信息系统。

（七）面向管理会计信息系统建设中要注意的信息安全

管理会计不但分析过去，还与控制现在和筹划未来有机结合，使用的大量数据都是"对内"的，不但对单位加强管理起着至关重要的作用，也蕴含着企业战略投资、行政事业单位涉密信息等相关的大量数据，一旦发生泄密，将造成不可估量的损失。因此，信息安全是面向管理会计的信息系统建设中不容忽视的重要方面。要确保信息安全，必须将相关信息按性质分类，并根据信息安全的要求主要做到"五性"（见表 3-7）。

表 3-7　确保信息安全的"五性"

项　　目	内　容　阐　释
保密性	严密控制各个可能泄密的环节，使信息在产生、传输、处理和存储的各个环节中不泄露给非授权者
完整性	信息在存储和传输过程中，不被非法修改和破坏，以确保信息的真实性
可用性	授权者可以根据需要，及时获得所需的信息
可控性	信息和信息系统时刻处于合法所有者或使用者的有效掌握与控制之下
不可否认性	保证所有信息行为人都不可能否认或抵赖曾经完成的操作

管理会计工作的有效开展离不开信息化的支撑，当前的大数据、互联网对管理会计既是挑战，更带来了机遇。单位应当从自身实际情况出发，加强面向管理会计的信息系统建设，充分运用信息技术，推动管理会计加快发展，有效提升单位管理效率和价值创造能力。

五、管理会计咨询服务

管理会计咨询服务作为现代服务体系的重要组成部分，是管理会计"4+1"体系中确保其他四大任务顺利实施推进的外部支持。

（一）会计服务是现代服务体系的重要组成部分

现代服务体系是以现代科学技术特别是信息网络技术为主要支撑，建立在新的商业模式、服务方式和管理方法基础上的服务产业的统称。它既包括随着技术发展而产生的新兴服务业态，也包括运用现代技术对传统服务业的改造和提升。现代服务业是国民经济的重要组成部分，现代服务业的发展水平是衡量现代社会经济发达程度的重要标志。党中央、国务院历来高度重视现代服务业发展。1997 年 9 月，党的十五大报告中就已经提到了"现代服务业"。2008 年，国务院专门发布了《关于加快发展服务业若干政策措施的实施意见》（国办发〔2008〕11 号），并制定实施了一系列配套政策和措施。十八大进一步强调，要着力培育开放型经济发展新优势，使经济发展更多依靠现代服务业和战略性新兴产业带动，推动服务业特别是现代服务业发展壮大。《国务院关于印发服务业发展"十二五"规划的通知》（国发〔2012〕62 号）中，更是对如何推进包括现代服务业在内的服务业发展做出了具体部署。十八届三中全会进一步把推进服务业领域有序开放、放宽投资准入作为构建开放型经济新体制的重要内容，为大力发展现代服务业提供了有利的战略指引、政策支持和市场环境。

资金是经济活动的血液。国际资本市场、跨国并购和战略联盟等资本活动，成为推动经济活动全球化的重要力量。会计服务业作为市场经济体系的"基础设施"，作为国际通用商业语言，是投资者比较不同投资机会的重要依据，财务报表事实上已成为一种全球化资源分配的决策依据，引导资金流动的指挥棒。因此，会计服务不仅是现代服务体系的重要组成部分，而且会计服务发展对于推动整个服务贸易的发展、对于引导和服务资本在全球范围内合理流动与有效配置、对于促进全球经济的稳定增长，具有不可替代的作用。中国会计服务发展和会计服务业的国际化推进，对中国市场经济的发展和市场经济的规范，对增强国内外投资者的信心，对提供透明、公开、便利的投资环境，对提高中国对外开放水平，对服务中国企业"走出去"，发挥了重要的促进和保障作用。会计服务业成为我国服务业中标准化、专业化、国际化程度最高的行业之一，探索和积累了发展会计服务贸易的有益经验，获得了长足发展。同时，各会计师事务所积极走强强合并之路，市场规模化发展趋势明显。

（二）管理会计咨询服务是会计服务转型升级的重要方向

经济社会发展到当前阶段，经济需要实现转型升级，单位迫切需要提升管理水平，增强价值创造能力。会计服务也必须及时跟进，拓展服务领域，提升服务水平，实现转型升级。管理会计咨询服务主要服务于单位内部管理需要，将会计与业务相融合，能够为单位加强管理、提高效益提供有力支持，正是会计服务适应经济社会发展需要、实现转型升级的重要方向，值得大力发展。各单位性质、行业特点、规模大小、发展阶段等情况不同，适用的管理会计工具方法不能"千篇一律"，需要结合单位自身特点和管理需要进行"私人定制"。管理会计咨询公司、注册会计师行业、会计软件公司等作为管理会计咨询服务提供机构，凭借其对管理会计有较为系统全面知识储备的专业优势，以及多年工作积累对行业情况的熟悉等，通过为单位提供管理会计咨询服务，有助于推动提升单位应用管理会计的效率效果。因此，大力发展管理会计咨询服务市场，鼓励会计服务机构将服务重点从提供会计核算、审计等向提供管理会计咨询拓展，充分发挥这些机构的服务作用和专业优势，有助于打造我国会计服务业的"升级版"，更加充分地发挥会计服务经济社会发展的职能作用。

我国管理会计咨询服务市场是随着单位对管理会计需求日渐增加而逐渐形成和发展的。随着生产自动化程度的日益提高以及产品种类的日益复杂，2000年之前，以注册会计师行业为代表的咨询机构就已经开始为企事业单位提供传统管理会计中的全面预算、成本控制等方面的咨询服务。自2000年起，以核算模块实施为主线的管理会计系统实施咨询服务市场逐渐兴起。SAP、Oracle、用友、金蝶等一批软件公司开始通过为企业提供企业资源计划系统中的成本模块，帮助企业提高成本核算水平。2004年以后，随着企业对预算的信息化需求的提高和预算管理软件的发展，咨询服务开始与信息化系统实施服务相结合，并形成了三种服务模式，即单一的咨询服务模式、单一的信息化实施服务模式以及咨询+信息化实施的服务模式。

2008年，受金融危机影响，经济增速放缓，竞争加剧。一些单位对管理会计需求日渐兴盛，管理会计咨询服务业务有所增加。2013年以来，随着移动互联网与大数据时代扑面而来，基于大数据信息系统的管理会计分析咨询服务市场开始在我国迅速发展，国内外厂商纷纷推出相应的分析系统。同时，以移动终端为载体的新型报告展示工具崭露头角，并呈现迅速发展的趋势。

目前，我国管理会计咨询服务市场取得了一定的发展，注册会计师行业、专业化管理会计咨询服务公司、综合性管理咨询公司、会计软件公司等会计咨询服务机构均已开展了一些管理会计咨询服务，在推动单位加强管理会计应用等方面发挥了重要作用。但是，与传统的审计、财务会计咨询等业务相比，管理会计咨询服务在会计服务中的比重较低，管理会计咨询服务质量参差不齐，总体处于初级发展阶段，在助力单位提升管理会计水平，提高管理质量和经营活动效率效果等方面的重要作用尚未得到有效发挥，需要大力加以发展。

（三）大力支持管理会计咨询服务市场发展

当今世界，现代服务业已成为推动世界经济增长的重要动力和新亮点，各国政府均积极采取措施，大力支持现代服务业发展。例如，在国外，美国芝加哥政府于1989年提出"以服务业为中心的多元化经济"，大力推动区域高技术产业发展，吸引企业集聚；英国曼彻斯特市政府于2006年提出以巩固服务经济、迈入知识经济时代为首要目标的经济加速战略，大力推动商务、文化等现代服务业发展，着力构建产业适宜的发展环境，并努力协助现代服务企业培育人才；

日本政府于 2006 年颁布"新经济增长战略",提出服务业与制造业双引擎带动日本经济实现可持续发展的新战略;"9·11"之后,美国纽约为振兴曼哈顿下城商务服务业等现代服务业发展,提出对曼哈顿下城符合条件的商务楼宇,给予房地产税和商业租税的减免优惠;韩国政府支持服务业企业进驻产业园区,对服务业企业的财产税和综合土地税给予减免 50%。在我国,国务院先后发布了《关于加快发展服务业的若干意见》《关于加快发展服务业若干政策措施的实施意见》《服务业发展"十二五"规划》等文件,从优化发展结构、调整发展布局、扩大开放领域、放宽市场准入、实行财税优惠、拓展投融资渠道、提高用地比例等方面出台了支持现代服务业发展的系列支持政策。2009 年 10 月 3 日,国务院办公厅转发了财政部《关于加快发展我国注册会计师行业的若干意见》(国办发〔2009〕56 号),要求财政部要会同有关部门进一步建立健全促进注册会计师行业加快发展的支持政策,在优秀人才引进与合理流动、从业人员培养培训、外事外汇、税收政策、规范执业收费、优化发展环境等方面给予支持。作为会计服务转型升级的重要方向,管理会计咨询服务要实现加速发展,也离不开政府、有关会计团体、单位等相关各方的大力支持(见表 3-8)。

表 3-8　管理会计咨询服务市场发展的条件

条　件	内　容　阐　释
要积极培育管理会计咨询服务市场需求	单位对管理会计的需求是管理会计咨询服务市场发展的最大驱动力。财政部门、有关会计团体等应大力宣传管理会计,同时,加强管理会计示范推广,推动越来越多的单位重视和应用管理会计,积极培育管理会计咨询服务市场。要促进管理会计咨询服务供需交流,通过推动形成管理会计供需交流平台、举办管理会计论坛等方式,引导单位和管理会计咨询服务机构加强信息交流和沟通,将管理会计咨询服务的潜在需求有效转变为巨大的现实市场空间
要将管理会计咨询服务纳入现代会计服务市场体系整体推进	财政部门要会同有关部门,把管理会计咨询服务作为发展现代服务业的重要内容来抓,推动建立促进管理会计咨询服务产业加快发展的相关支持政策,突出工作重点,更好地发挥其在经济社会发展中的服务职能,鼓励有条件的行政事业单位立足实际,积极探索开展向社会力量购买管理会计咨询服务
要支持优化管理会计咨询服务业发展结构	要推动有规模、有影响力的本土管理会计咨询服务机构做强做优,积极参与国内外服务贸易竞争,快速缩短与国际性知名同行的差距,不断增强国际竞争力,打造"中国服务"品牌;推动中、小服务机构发挥自身优势,聚焦细分市场,激发市场活力;推动大、中、小服务机构共同努力,逐步形成中国管理会计咨询服务市场的合理局面
要紧紧围绕管理会计咨询服务市场发展需求,建立健全重要支撑体系	鼓励高等院校、会计服务机构通过课程教育、培训培养等方式,抓紧培养一批适应市场需求的管理会计咨询服务技能型人才,加大管理会计咨询服务人才培养力度,推动开展管理会计咨询服务业理论、商业模式、关键技术等方面的研究,提高管理会计咨询服务创新发展能力

(四)促进管理会计咨询服务市场健康发展

促进管理会计咨询服务市场健康持续发展,首先要求会计服务机构"打铁先得自身硬",要不断提升自身服务质量和职业道德水平。包括注册会计师行业在内的会计服务机构要以促进产业转型升级为重点,不断提高专业化服务水平,积极发展管理会计咨询服务,拓展会计服务领域,提升会计服务层次;要加强多样化的交流与合作,加强自身能力建设和管理会计研发投入力度，切实转变重要素投入、轻技术革新，重传统业务、轻增值服务的原有发展模式，提升咨询服务专业化、规模化、网络化水平，促进和推动管理会计咨询服务产业向集约式、内涵式转型；要创新发展模式，加快咨询、信息服务等业务渗透与融合，为单位提供一揽子管理解决方案，促进管理会计咨询服务市场健康发展；要正确处理政府与市场的关系。财政部门作为全国会计工作主管部门，要依法全面履行政府职能，勇于负责，敢于担当，为管理会计咨询服务市场建章立制，加强管理会计咨询服务业宏观管理，支持管理会计咨询服务市场行业组织建设，加强对管理会计咨询服务市场需求的引导和培育，不断拓展管理会计咨询服务发展的新空间。

有关会计团体要积极引导加强管理会计咨询服务市场自律建设，通过提炼职业道德内涵、形成职业道德建设长效机制、开展行业职业道德教育等多种方式，加强管理会计咨询服务市场诚信治理的职业道德约束；要探索建立以行业自律为基础的信用管理体系，引导管理会计咨询服务机构注重品牌培育和形象建设，努力营造诚以为人、诚以立业、诚以报国的行业发展氛围，打造良好的管理会计咨询服务市场环境。

六、管理会计各体系之间的关系

管理会计"4+1"体系既各有侧重、自成一体，又相辅相成、相互促进，共同构成有机整体。其中，理论建设是基础，指引体系是保障，人才培养是关键，信息化建设是支撑，咨询服务是外部支持（见表3-9）。

表3-9 管理会计各体系之间的关系

项　目	内　容　阐　释
理论建设 是基础	构建与时俱进、中国特色的现代管理会计理论体系，解决目前对管理会计认识不一、缺乏公认的定义和框架等问题，是管理会计体系建设的基础。 通过推进管理会计理论体系建设，强化理论创新和应用转化，能够有效引领和指导管理会计实践应用；能够对管理会计的基本概念、框架、工具方法等进行系统总结，为形成和丰富完善指引体系提供参考；能够不断提供新的理念和知识内容，为管理会计人才培养提供知识储备，为设计管理会计咨询服务方案提供系统的工具方法体系和先进理念支撑
标准建设 是保障	我国要加强管理会计标准建设，形成以管理会计基本指引为统领、以管理会计应用指引为具体指导、以管理会计案例示范为补充的管理会计指引体系，为单位提供有力的抓手，确保管理会计工具方法在单位中的应用效果，达到提升单位价值创造力的目标。 该体系将重点介绍管理会计的工具方法，说明各种工具方法应用的环境、具体操作及各自的优缺点、预期达到的效果等，为单位系统了解和应用管理会计提供指引，以推动管理会计在单位的广泛应用。同时，该体系将结合应用指引的工具方法和我国实务，提供案例示范，作为单位实施、应用相应工具方法的参考，以促进单位发挥能动性，应用并开发适用的管理会计工具方法
人才培养 是关键	国以才立、政以才治、业以才兴。当前，我国正处于进一步发展的重要战略机遇期，时代呼唤人才，发展渴求人才，进步依托人才。会计人才是国家人才体系的重要组成部分。管理会计人才队伍作为管理会计体系中发挥主观能动性的核心，是体现"坚持人才带动，整体推进"原则的重点。 我国财政部以提高单位持续价值创造力为导向，以提升管理会计实务能力为重点，推动研究发布管理会计人才能力框架；积极探索和优化管理会计人才的多种培养模式；加强管理会计人才培养国际交流与合作，打造更多符合市场和单位需要的高端管理会计人才，为管理会计在我国的深入应用打下坚实的人才基础，为我国管理会计发展建立人才储备

续表

项　　目	内　容　阐　释
信息化建设是支撑	我国要推进面向管理会计的信息系统建设，指导单位建立面向管理会计的信息系统，以信息化手段为支撑，实现会计与业务活动的有机融合。 　　管理会计信息系统以坚实的大数据为基础，通过充分利用信息技术优势，结合管理需要、经营业务和会计要求，灵活运用管理会计工具方法，加快会计职能从重核算向重管理决策的拓展，使得全面预算管理、资金集中管理、成本控制、绩效评价等能够更加高效、顺畅地运行和开展，是管理会计应用和发展的有效支撑，有助于充分实现会计和业务的有机融合，最终实现单位价值创造的目标
咨询服务是外部支持	要积极培育管理会计咨询服务市场，支持、指导、规范包括注册会计师行业在内的会计服务机构开展管理会计咨询服务业务，将其纳入现代会计服务市场体系整体推进。开展管理会计咨询服务，是保证其他四大任务顺利实施推进的外部支持，为单位提供更为科学、规范的管理会计实务解决方案。 　　管理会计咨询服务是现代会计服务市场体系的重要组成部分，是促进管理会计理论发展的重要参与者，是管理会计指引体系的重要实践者，是管理会计人才长袖善舞的重要平台。管理会计咨询公司、注册会计师行业、会计软件公司等会计服务机构通过加强自身建设和管理会计研发投入力度，拓展会计服务领域，提升会计服务层次，以满足市场对管理会计咨询服务的需要，同时，营造良好的管理会计咨询服务市场环境

第4章

企业财务治理

第一节 企业财务治理综述

财务治理是指公司的所有者、经营者和其他相关利益主体之间的财务及其相应的责任与义务的制度安排。

公司财务治理有狭义和广义之分。狭义的财务治理,一般是指企业财务的内部治理,强调的是通过财务治理结构安排,由企业股东大会、董事会、经理层、监事会等权力机构对企业财权进行合理分配,以确定一种科学决策机制及由此形成激励约束和均衡控制关系,是对有关公司所有者、经营者和财务经理等各方面的财务制度的设计及优化。广义的财务治理,一般是指企业财务的共同治理,包括内部治理和外部治理,即企业内外部利益相关者共同对企业财务进行治理,强调的是利益相关者对企业有财务利益要求,并相应承担一定财务风险,因而应参与企业财务治理。财务治理结构应由利益相关者组成,并不局限于企业股东大会、董事会等权力机构,企业员工、债权人等利益相关者也应在财务治理结构中占有一定位置。

> **小知识**
>
> 财务治理与财务管理的区别如表4-1所示。
>
> 表4-1 财务治理与财务管理的区别
>
> | 项 目 | 内 容 阐 释 |
> |---|---|
> | 主体不同 | 从财务分层理论看,企业财务分为所有者财务、经营者财务和财务经理财务。所有者必然要从资本保全和资本增值的角度进行财务决策和控制;经营者为了履行出资者的委托责任,必须做到以最小的投入获得最大的产出;财务部门为了执行经营者财务决策,必须组织现金的流入、流出,并降低资金占用,减少资金成本,增加资金收益。财务治理主体是指拥有财权并参与配置财权的自然人和法人。而财务管理主体是财务活动的参与者与执行者。当然,基于财务二重性,股东大会、董事会和经理层等既是财务管理主体,又是财务治理主体;监事会由于不从事具体的财务活动,因此只能是财务治理主体而不是财务管理主体 |
> | 机制不同 | 财务治理的目标,是协调公司各利益相关者之间的利益冲突,解决信息不对称问题,是一种制衡机制,是从处理利益相关者之间的财务冲突的角度来研究财务理论的。它规定了整个企业财务运作的基本框架,是企业财富创造的基础和保障。由于公司面临的内外部环境是不断变化的,因此只有动态的财务治理才能连续不断地发现和修复公司治理中的缺陷。财务管理是一种运行机制,基于实现企业价值最大化目标,它所关注的是企业内部财务效率的提高,其视角更多地局限于具体的财务经营活动,从数量层面分析财务活动,关注企业以资本运作为中心的资本筹集、资本运用和资本收益分配,通常是在既定的治理模式下,为实现财务目标而采取的行动,是财富创造的源泉和动力 |

续表

项　目	内　容　阐　释
侧重点不同	财务治理是一个以产权中的财权为基本纽带，以融资结构为基础，侧重于研究财权在公司内部的合理分配，形成一组联系各利益相关主体的合约安排，以及责权利的相互制衡机制，从而提高财务活动的效率。财权表现为某一主体对财力所拥有的支配权，随着产权的分离，财权的部分权能也发生了让渡或分离。因此在现代财务治理理论中，财权便成为现代财务治理理论的核心与研究的逻辑起点。而财务管理是关于资金的筹集、投放和分配的管理工作，侧重于从资金运动的数量层面、价值层面来分析研究财务问题，以价值形态综合反映企业的再生产过程，研究如何通过优化资源配置以创造出最大的财富

　　尽管财务管理和财务治理存在不同，但二者并不是严格对立的。实践中，财务管理和财务治理之间处于一种水乳交融的状态：在资源配置的同时进行着财权配置，在财权有效配置的同时实现了资源配置的优化。

　　财务治理的根本目的在于试图通过这种制度安排，协调各利益相关者的利益冲突，解决信息不对称所带来的主体利益次优化的问题，以达到相关利益主体之间的权利、责任和利益的相互制衡，实现效率与公平的合理统一。

一、财务治理的理论基础

　　西方对财权和财务治理的研究突出表现在新财务思想对资本结构的非数量性研究上。他们抛开了对最佳资本结构的具体求证，着重分析资本结构对公司财权的安排和对财务治理结构的影响。例如，资本结构的代理成本理论认为，资本结构影响经营者的工作努力水平和其他行为选择，从而影响企业的市场价值。该理论强调融资结构与经营者行为之间的关系。1976年，詹森和麦克林开创了资本结构的契约理论，从公司治理的角度，建立了强调资本结构和经营者行为之间关系的代理成本模型，认为代理成本的存在源于经营者不是企业的完全所有者这一事实。因此，均衡的企业所有权结构是由股权代理成本和债权代理成本之间的平衡关系决定的，企业的最优资本结构是使两种融资方式的边际代理成本相等从而使总成本最小。信号传递理论认为，在非对称信息条件下，不同的资本结构会向资本市场传递有关企业真实价值的不同信号。罗斯（1977）认为，投资者把具有较高债务水平当成一种高质量的讯号，即管理层预期会有更好的业绩。债务水平越高，同时，企业内部人持股比例越高，企业的质量也越高。控制权理论认为，资本结构的选择也就是企业控制权在不同证券所有人之间分配的选择。由于未来是不确定的，因此契约也就不可能完备，剩余选择权的分配也就变得很重要。当契约不完备时，谁拥有剩余控制权，谁就对企业效率有重要影响。上述研究为财务治理的研究奠定了坚实的理论基础（见表4-2）。

表4-2　坚实的理论基础

项目	内　容　阐　释
公司治理理论	公司治理理论是企业理论的重要组成部分。公司治理理论对财务治理理论的指导是最为直接的、重要的。由于财务治理构成了公司治理的核心部分，因此，财务治理理论的不断充实、发展也必将促进公司治理理论的不断拓展、完善。应当说，公司治理理论对财务治理理论的指导是全方位的
现代企业理论	现代企业理论一般又称为企业的契约理论，是关于企业的性质、企业内部组织结构问题等方面的研究学科。现代企业理论认为，企业是一系列契约的连接，是要素所有者之间交易产

续表

项目	内 容 阐 释
现代企业理论	权的一种方式，而不是物质资产简单的聚合。现代企业理论主要探讨企业的本质与边界、企业内部层级制度、企业所有权与控制权分离等内容。从企业理论角度，公司治理结构只是企业所有权安排的具体化，企业所有权安排是公司治理的本质核心。由于财务治理是公司治理最重要的部分和本质体现，遵循企业理论—公司治理理论—财务治理理论的逻辑主线，对财务治理的核心问题——财权配置的理解和理论支持，直接来源于企业理论的有关企业所有权部分的研究成果，企业理论对财务治理理论的指导与经济学铺垫是密不可分的
财务契约理论	从经济学的角度看，公司治理就是各种索取权人保障其权益的经济激励与约束机制。各种索取权人之间的基本关系、利益冲突及其治理机制是由财务契约确定的。这些契约主要包括股权契约、信贷契约和报酬契约，它们构成了公司治理的结构基础和机制基础。因此，财务契约理论是公司治理，尤其是财务治理的理论基础。 • 股权契约是股东之间就设立企业相关问题签订的契约，用以协调股东内部的利益关系，尤其是大股东与小股东之间的关系。 • 信贷契约是债权人与股东和管理者之间就债务融资相关问题签订的契约。由于债权人与股东、债权人与管理者之间有潜在的利益冲突，所以，信贷契约需要一些额外的保护条款。 • 报酬契约是股东与企业高层管理者之间签订的关于高层管理者权利和义务的契约。管理者与股东之间的利益冲突与处于控制地位的大股东与小股东之间的利益冲突相似。在股权高度分散的情况下，管理者能够运用大股东侵占小股东利益的方式侵占所有股东的利益。所以，报酬契约也需要一些保护性条款。 在公司治理层次，股东、债权人和高层管理者等经济主体之间存在错综复杂的利益冲突。股权契约、信贷契约和报酬契约等财务契约为控制这些利益冲突提供了有效的治理机制。在这些治理机制的基础上，投资者要保护自身的权益，还必须对公司实施财务控制。由于股权契约的本质特征和股权的分散性，股东为了有效地实施财务控制，需要构造一个包括股东会、董事会、监事会以及高层管理者的公司治理结构
利益相关者财务理论	利益相关者理论的萌芽始于多德，但其成为一个独立的理论分支则得益于弗里曼的开创性研究。与传统的股东至上理论不同的是，利益相关者理论认为公司是一个责任主体，在一定程度上还必须承担社会的责任，企业的追求不能仅仅局限于最大化股东利益，也要考虑其社会价值方面。尽管这一理论在发展过程中产生了许多流派，但都认为在公司治理中应该考虑到相关者的位置。 利益相关者财务理论依据现代产权理论、企业理论的新发展，从企业财务到所有者财务再到利益相关者财务，对财务领域进行了新的拓展。利益相关者财务理论认为，"企业的利益相关者都是企业'专用性资本'的供给者，财务学在注重财务资本的同时，还应将非财务性资本的其他'专用性资本'纳入财务学范围""在利益相关者合作逻辑下，财务学体系可以分解为'利益相关者财务学'和'经营者财务学'两大分支体系"。利益相关者财务理论认为，企业本质是利益相关者缔结的一组合约，企业的每个利益相关者都对企业剩余做出了贡献，并应当享有剩余索取权。遵循这一"共同治理"逻辑，利益相关者财务理论提出了财务管理主体、目标多元化和确立"财务资本与智力资本"并重的理财新概念等观点，拓展了财务理论研究的视野。利益相关者共同治理理论关注利益相关者（特别是人力资本所有者）的利益，希望改善公司治理结构，这是应该充分肯定的。该理论指出了公司治理结构演变的方向，也在一定程度上引导着现实中公司治理结构的完善。但是，利益相关者共同治理理论无论在逻辑上还是在实践上都存在着很大问题

二、我国公司财务治理的症结

在我国,由于股权结构上一股独大的现象未得到根本性改善,体现出"内部人控制"、董事会软弱、监事会虚挂、信息披露不透明、激励与约束机制不完善、外部监管不力、绩效评价走过场、决策授权不清晰等诸多症状(见图4-1)。

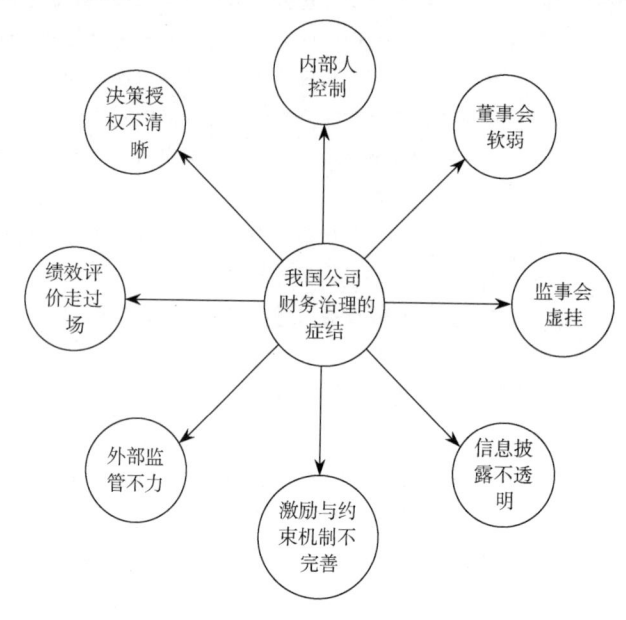

图 4-1 我国公司财务治理的症结

三、财务治理的原则

(1)企业剩余控制权安排给企业经营者。
(2)企业剩余索取权安排给股东与企业经营者共同享有。
(3)企业剩余索取权的安排要满足经营者的参与约束和激励约束。

四、财务治理的范围

在我国,财务治理的目标不仅是为了得到有效的财务控制权力制衡,而且重点是在股东大会、董事会和经理层之间确立一种有效的财务科学决策机制。

财务治理遵循的基本原则是财务决策权的分享,为此必须解决决策权在各治理主体之间的分层管理。世界大多数国家,包括我国现行的公司治理结构是以董事会为中心构建的。董事会对外代表公司进行各项主要活动,对内管理公司的财务和经营,因此董事会应该具有实际财务决策权;经理层所具有的是实现财务决策权,即执行财务决策权,是在董事会授权范围内的执行财务决策权,如表4-3所示。

表 4-3 财务治理的决策权安排

治理主体	治理对象	治理目标	治理特征	治理权限	治理途径
股东大会	董事会	严格决策程序	重点控制	最终财务决策权	监事会、独立董事制度
董事会	经理层	防范决策失误	全面控制	实际财务决策权	独立董事制度、专业委员会

续表

治理主体	治理对象	治理目标	治理特征	治理权限	治理途径
经理层	执行部门	严格操作程序，提供准确信息	具体控制	执行财务决策权	企业规章、操作程序

决策权虽然有执行、实际和最终三层法律意义上的含义，但在企业实践中，最具体的表现就是某一项或者某一类事务的审批权最终在哪一级。因此在股东大会、董事会、经理层和监督机构之间必须确立一种财务科学决策机制，对公司的所有者、经营者及其相关利益主体之间的财务决策权力与其相应的责任和义务进行制度安排，保证公司重大财务决策的准确性和成功率。该决策机制包括五个方面的具体内容（见表4-4）。

表4-4 财务科学决策机制的具体内容

项 目	内 容 阐 释	备 注
财务决策权力	在公司治理的基础上，财务决策权力根据决策内容、性质，由股东大会、董事会、经理层分享	涉及财务治理结构方面的问题
财务决策组织	由股东大会授权批准，董事会的成员中必须有一定比例的非执行董事和独立董事，董事会下设参与决策过程的专业委员会	
财务决策监督	由股东大会授权监事会按照规定的权力和组织安排，全面监督决策程序、决策执行情况	
财务决策程序	财务决策必须经过董事会、专业委员会的专门议程，重大财务决策由股东大会审议批准	关系到财务治理机制方面的问题
财务决策执行	由经理层具体执行决策和决策执行环节中的有关事项，控制决策执行过程，对执行信息质量负责	

第二节 企业财务治理细述

一、财务治理权配置的内容

财务治理的核心内容是财务决策权、财务执行权和财务监控权的配置。财务治理在于构建一个激励和约束机制，以保障利益相关者的权益。财务治理权配置合理与否是影响财务资源配置效率的关键因素，也是财务治理的核心内容。

财务治理权配置是根据公司治理结构的需要和生产经营活动特征而设计的，用于维持公司治理结构中相关利益主体相互制衡的一种制度安排，包括内部治理权配置和外部治理权配置。其主要功能是限制委托人和代理人之间财务信息的不对称性、财务契约的不完全性和财务责任的不对等性，分散委托人的风险，维护委托人的监督权，以及管理者的控制权，解决对代理人的激励问题。

根据委托—代理理论，财务治理权配置的具体目标主要有以下四个方面：

（1）降低投资者和经营者之间关于企业财务信息的不对称性，确保经营者受托责任信息的可靠性。

（2）监督重大财务决策的执行过程，确保企业财务活动不偏离投资者预定的轨道。

（3）对因财务环境的变化而产生的不确定性因素及时做出处理，维护企业财务战略的适应性。

(4) 对企业管理者进行激励。

从企业内部看,财务治理权配置主要是建立健全财务控制体系,通过各种规则、规定和预算,以及职业技术规范和各种惯例实现剩余索取权的分割;从外部看,财务治理权配置主要是建立和完善以市场竞争机制为基础的企业外部控制机制,以保障企业资产所有权的有效配置和合理流动,避免资产所有者之间的监督缺位现象。我国目前已建立了比较完善的证券市场体系,对企业而言它主要发挥了融资功能,但其控制功能尚未充分发挥,因此,政府应该制定有关企业外部控制行为的法规,以规范证券市场中的企业控制行为。

(一) 财务治理权配置的主要内容 (见表 4-5)

表 4-5 财务治理权配置的主要内容

项 目	内 容 阐 释
财务治理权配置的主体	参与财务治理的主体是企业的利益相关者,即利益与企业整体利益密切相关的个人或团体,因公司组织结构不同而不同。在英、美两国的单层董事会体制下,财务治理的主体是股东会、董事会、总经理和财务经理,而在德、日两国双层董事会体制下,财务治理主体是股东会、董事会、监事会、总经理和财务经理。中国的公司组织结构类似于双层董事会体制,财务治理结构也是基于这种体制设立的,财务治理权配置的主体除包括股东、债权人、经营者等外,还包括外部的审计、税收、中介机构等部门。 从企业发展的角度看,财务治理的参与主体首先是股东。正是股东的投资使得企业与股东之间产生了相应的关系,使股东拥有了企业的决策权和监督权。伴随企业的发展,现代企业制度的建立,经营者有权力决定企业的财务决策,对企业的生产经营活动负责,他们也成为财务治理的参与者。与此同时,企业的发展和资金的短缺,必然涉及外部融资问题,使得债权人也成为与企业财务治理相关的主体。每个财务治理主体都具有扩大自身财权的内在冲动,因此,仅依靠治理主体进行自我约束是远远不够的,财务治理主体之间需要一定的制衡,承担相应的责任,并给予其一定的利益回报,这就是财权配置中的责权利相统一的思想。 对于财务治理主体的理解应抓住两个方面:拥有财权(表现为财务治理权)和参与配置财权。首先,没有财务治理权的肯定不能叫财务治理主体。例如,为了保证企业的自主经营,履行行政职能的政府是不拥有企业财务治理权的,因此政府不是财务治理主体。其次,仅仅拥有财权,而没有参与配置财权的也不应该是财务治理主体。例如,企业员工虽拥有一定的财权(主要指少部分财务执行权和财务监督权),但由于其处于委托—代理链的底层,其权力相对于其他主体而言非常弱小,因此员工就不是财务治理主体,而只是财权配置对象
财务治理权配置的客体	财务治理权配置的客体是剩余索取权和控制权的配置,即财务治理权配置主体的利益关系,也就是财务活动以及与之相关的财务关系。利益相关者组成企业,目的是获取一种个人单独生产所无法达到的合作收益或剩余,对这部分收益的要求权,即剩余索取权构成了利益相关者之间的利益关系。同时,为了确保合作关系的稳定和发展,每个利益相关者必须有监督、约束对方的权力,必须分享企业财务的决策权,这些权力就是控制权
财务治理权配置的手段	财务治理权配置的手段包括控制和激励两方面。一方面,内部财务治理权配置主要是通过建立健全的财务控制体系,以及建立健全的财务监督制度,保证财务信息的真实可靠性,弥补财务契约的不完全性和财务责任的不对等性。另一方面,通过建立和完善以市场竞争机制为基础的企业外部控制机制,保障企业资产所有权的有效配置和合理流动,避免资产所有者之间监督缺位的现象

（二）财务治理权的优化

财务治理权配置是一个复杂的过程，它涉及许多利益主体，而且包括许多财务核算的内容。近年来从实践中看，中国资本市场发生的大股东侵占挪用上市公司资金、大股东欺诈小股东、上市公司虚假陈述、信息披露违规误导等违法违纪现象，严重阻碍了资本市场的发展，损害了投资者的权益。造成这种现象的原因在于，公司缺乏有效的投资者利益保护机制，公司财务治理失控。因此，优化财务治理权配置有重要意义。

1. 有助于协调利益相关者之间的关系

财务治理权配置是有关企业利益主体之间的财务责、权、利关系的制度组合。一方面，它通过发挥其在公司不同层次上的核心作用，可以协调出资者和经营者之间以及股东和员工之间的利益和行为，达到相关利益主体之间责权利的相互制衡，实现效率和公平的合理统一；另一方面，通过优化企业财务管理的方式强化企业管理，加强企业财务制度的研究，完善企业的各项财务规章制度。

2. 消除信息不对称所带来的不良后果

委托—代理理论指出，企业的出资者和经营者的信息不对称，使财务治理权配置的主要目的就是消除信息不对称带来的后果。在财务治理权配置中加强信息配置功能，来完善有关企业信息披露的各项制度。

二、财务治理机制

（一）财务激励机制

1. 激励机制设计的原则

企业的战略目标、对风险的规避程度、成长发展的特点等往往是不同的，但在设计激励机制时，其基本原则是一致的（见表4-6）。

表4-6 激励机制设计的原则

原　　则	内　容　阐　释
激励性原则	一般而言，报酬是业绩的函数。一项有效的报酬制度必须具有激励功能。报酬计划不仅能够充分调动经营者、员工现时的积极性，还能够提升企业的获利能力和未来价值
公正性原则	只有经营者认为激励机制是公正的，评价业绩与奖励原则是公正的，他才会将其作为行动的准绳去遵守。报酬计划按照责任、风险、收入相一致的原则，要求经营者的收入要与所承担的责任与风险相一致
客观性原则	经营者的报酬必须以考核为基础。这种考核不仅要包括企业财务上的指标（主要是利润、收入、成本、投资回报等），而且要考虑经营者在非财务方面的贡献和业绩，如企业文化建设、市场占有率和研究开发等方面
依法操作原则	我国《公司法》规定，董事、监事及管理者报酬的制定和批准者的确定应遵循下面的思路： （1）董事会成员以及监事会成员的报酬由其各自提出报酬方案，并由股东大会进行审查和批准。 （2）总经理、其他高层管理者的报酬方案由董事会提出并批准，并参考监事会意见，经理人员的总体报酬方案还要由股东大会审批。 （3）员工的报酬方案由总经理提出方案，并参考监事会意见，由董事会批准

2. 激励方式选择

对经营者的激励报酬主要包括薪金激励、职位消费激励、期权激励和声誉激励四种方式。激励机制不到位，经营者的收入与企业的规模和经营业绩脱节，水平偏低，就会使企业经营者的积极性难以得到充分发挥。激励制度的具体安排因企业而异，在操作细节上稍加变化，就可以变化出很多模式，但一般对企业经营者的激励机制是以上四种方式的有机结合。

企业的激励机制要发挥作用，取决于两个要素：一个是采用的业绩评价标准合理、公正、可衡量；另一个是薪酬方式恰当。业绩评价标准中最基本的标准就是净收益和股票价格。但是，无论是以净收益还是股票价格作为单一的业绩衡量标准都不是最有效的，应当根据企业的不同特性，灵活运用二者。激励模式有多种，这里简单介绍一些典型的模式，很多现行模式都是从这些基本模式变化而来或者结合使用的（见表4-7）。

表4-7 典型的激励模式

模 式	内 容 阐 释
年薪制	年薪制本身既有激励作用，又有约束作用。对于股份制企业，年薪制的激励对象是董事长和总经理。由于董事长主要负责资产的保值增值，总经理主要负责利润的增长，所以董事长的年薪主要根据净资产变动指标来确定，总经理的年薪主要根据利润变动指标来确定。不过，由于年薪制是以一个生产经营周期，即以年度为单位确定经营者报酬的收入分配制度，也就容易使经营者在任期到期时采取短期化措施，以获取高额报酬；同时，年薪制的业绩指标容易受到宏观经济波动、市场环境等不可控因素的影响，造成经营者报酬计算的偏差。另外，经营者的年薪、津贴和奖金都是以现金形式发放的，年薪与津贴按规定应列入企业成本，奖金则从税后利润中支取，这也相应降低了企业资产利润率和股东权益
业绩股票	业绩股票是指在年初确定一个较为合理的业绩目标，如果激励对象到年末时达到预定的目标，则公司授予其一定数量的股票或提取一定的奖励基金购买公司股票。业绩股票的流通变现通常有时间和数量限制。另一种与业绩股票在操作和作用上相类似的长期激励方式是业绩单位，它和业绩股票的区别在于，业绩股票是授予股票，而业绩单位是授予现金
股票期权	股票期权是指公司授予激励对象的一种权利，激励对象可以在规定的时期内以事先确定的价格购买一定数量的本公司流通股票，也可以放弃这种权利。股票期权的行权也有时间和数量限制，而且需激励对象行权时支出现金
虚拟股票	虚拟股票是指公司授予激励对象的一种虚拟的股票。激励对象可以据此享受一定数量的分红权和股价升值收益，但没有所有权，没有表决权，不能转让和出售，在离开企业时自动失效
股票增值权	股票增值权是指公司授予激励对象的一种权利。如果公司股价上升，激励对象可通过行权获得相应数量的股价升值收益，激励对象不用为行权付出现金，行权后可获得现金或等值的公司股票
限制性股票	限制性股票是指事先授予激励对象一定数量的公司股票，但对股票的来源、抛售等有一些特殊限制。一般只有当激励对象完成特定目标（如扭亏为盈）后，激励对象才可抛售限制性股票，并从中获益
延期支付	延期支付是指公司为激励对象设计一揽子薪酬收入计划，其中有一部分属于股权激励收入，股权激励收入不在当年发放，而是按公司股票公平市价折算成股票数量，在一定期限后以公司股票形式或根据届时股票市值以现金方式支付给激励对象

3. 薪酬委员会

美国上市公司高级管理人员薪酬的数额和结构，一般由其董事会下设的薪酬委员会来制定。按照我国《上市公司治理准则》规定，薪酬委员会负责：研究董事与经理人员考核标准，进行考核并提出建议；研究和审查董事、高级管理人员的薪酬政策与方案。薪酬委员会监督核实公司高级管理人员（有的也扩展到其他员工）的薪酬。例如，英特尔公司的薪酬委员会监管公司的股票期权计划，包括对计划进行审查，根据现行的股票期权计划向所有合乎要求的员工发放股票期权，审查和批准向经理层发放的工资等报酬。一般要求薪酬委员会应当有非独立董事一名以上，本身要具备很强的专业性，并且为了提高薪酬评价机制的科学性，还可以邀请一些战略咨询顾问、人员测评顾问或专业薪酬顾问。薪酬委员会支付高级管理人员的薪酬一般包括固定薪金和短期、中期、长期的激励报酬。总体的薪酬数额和结构还要参照高级管理人员的个人能力评估和市场平均价格。

（二）财务决策机制

1. 财务决策机制安排

财务决策机制安排涉及财务决策权力分层安排和财务决策权力分类安排两个层面的问题。

（1）财务决策权力分层安排。公司财务决策机制关注的是决策权力在公司内部（各权力机关及组成部分）之间的分配格局，其理论基础是决策活动分工和层级制决策。由于公司内部治理的权力系统是由股东大会、董事会、监事会和经理层组成的，并依此形成了相应的决策分工形式和决策权分配格局，因此公司财务决策机制实际上是层级制决策。这种层级制决策与公司内部决策者的职责分工与权力分立相联系。层级制决策活动分工的产生与有限理性假设有关，其表现有两方面：一方面层级组织中最高层决策者的决策活动能力有限；另一方面每个决策者的决策活动能力有限，因此应将不同决策能力的决策者有效地分配于不同的用途，以达到节约使用决策活动能力这种稀缺资源的目的。财务层级制决策的产生在公司治理中还被看成权力的分立与制衡的结果。因此，财务决策机制设计应满足三个主要特征：

1）存在一个核心决策者，无论公司存在多少层次，决策权如何分解，必须存在一个核心决策者。

2）权力边界清晰，每一决策层都应清楚其权力范围，知道有权对什么财务问题做出决策，无权对什么财务问题做出决策，权力边界清晰是层级组织决策机制运行的基础。

3）下级服从上级，下级决策者的行为是上级决策者行为的分解。

一个有效的决策机制一定是适度的授权和监控的层级制决策体系。在公司治理层面，第一层次决策是股东大会决策，是公司最高权力机构的决策，属于出资者财务范畴。第二层次决策是董事会决策，是公司常设决策机构的决策。第三层次决策是经理层决策，是公司决策的执行者。在这三层决策主体之间又存在多个授权关系：首先是股东大会对董事会的授权；其次是董事会对董事长的授权；再次是董事会对专业委员会的授权；最后是董事会对以总经理为代表的经理层授权，主要是对公司营运业务的决策权。

在这三级决策主体中，董事会是核心决策主体。首先，从股东大会这一组织形式和实现方式来看，由其来作为公司实际的决策机构就有其局限性和非效率性，并存在严重的时滞性；其次，公司的经营管理决策属于企业管理事项，两权分离的本来目的就是为了把资本委托给专业人才进行管理，股东更多的干预会影响公司经营的效率，故将股东大会作为决策机构不合理。此外，有观点认为应该借鉴美国的CEO运作经验，将总经理作为公司的核心决策主体，将董事会的职能侧重于对总经理的监督，即关注公司的财务报告和经理人员的考核评价。依据我国《公司法》及内部人控制的严重现象，我国公司只能通过董事会这样一个中间层来作为核心决策主体，可以有效地避免一股独大和内部人控制带来的问题，其前提是强化董事个人及整个董事会的责任，增强董事会的独立性。因此，将董事会作为核心决策主体，是基于我国目前外部市场对公司治理制约作用不强条件下的一个现实选择。

（2）财务决策权力分类安排。按一般的专业理财（财务经理财务）范畴，财务决策分为筹资决策、投资决策和分配决策（股利决策）。从经营者理财来看，梅耶斯（Myers，1977）把企业资产分为当前业务和增长机会，董事会对企业增长机会负责，经理层对当前业务负责。

影响企业增长机会的决策权力包括企业的战略调整、控制性资本收支决策事项、批准财务预算和会计制度等，这些决策权力必须掌握在董事会手中。董事会作为一个战略管理层负责公司的战略调整，其责任是从股东的角度、公司未来盈利能力增长的角度，对公司现行战略与发展提出疑问。如果市场环境发生变化，董事会能够对现有战略的有效性进行评价，并能够对已选择战略方向的结果和其他能够减少风险增加未来持续盈利能力的战略方案进行比较，及时调整战略，这样的董事会才能够正确地发挥战略决策层的职能。资本性收支变化决策权具体表现为对内投资、对外投资和资产处置、出售对外投资等资本运作行为，这些投资行为形成的相应资产表现为企业未来的增长机会；企业要基于增长管理的考虑决定企业的资本结构，合理安排投资所需的资金，包括抵押贷款、发行新债、增发新股。从理论上讲，这些权力绝对不属于经理层。如果需要强调决策的及时性，也应该由董事会将部分决策权授权董事长，由董事长代行董事会的资本性收支决策权。投资决策成为公司治理层面最重要、最关键的决策内容。

相应地，董事会将与当期业务盈利相关的具体管理事项授权经理层，这些影响企业当前业务的事项主要是经理层在既定的战略下对企业资产具体周转效率的管理和销售的拓展。这样以经理层为核心的企业管理系统就主要为企业当期业务的盈利能力负责，在行业风险和市场竞争没有巨大变化时，当期业务的盈利能力应该呈稳步增长，因此董事会可以以一个当期业务为单元，作为对经理层进行评价、考核和续聘的依据。

2. 投资决策授权安排

投资决策特别是长期投资决策属于企业战略规划，决定企业未来的增长和回报，是财务决策中的重要内容。投资决策权在各级财务治理主体之间的权力分配和决策程序安排如下：首先，财务投资决策权力应该在公司治理的基础上，根据投资决策内容、性质，由股东大会、董事会、经理层和监事会分享；其次，可以在股东大会批准后，董事会下设投资决策委员会，或者在董事会成员中安排一定比例的独立董事，以提高投资决策效率，平衡股东之间在投资决策上的分歧。

（1）股东大会授权董事会。为了提高公司的决策效率，股东大会给董事会一定形式的授权，如一定金额内的投资决策权、企业重组权、增资扩股权等。这种授权如果运用得当，那么可提高上市公司的决策效率，提高公司应对瞬息万变的市场竞争环境的能力。但如果用得不妥，那么也会给公司经营带来极大风险。

（2）董事会下属的投资战略委员会。为了提高投资决策的科学有效，许多公司设立了负责投资方面的委员会，一般可以是投资战略委员会、战略管理委员会，还有的公司把投资、战略、预算相结合，设立战略预算委员会。无论哪种设置方式，都是对董事会负责的非常设议事机构，在董事会领导下开展工作，主要研制重大发展战略与投资项目。该委员会的提案交由董事会审议决定。从目前我国上市公司已经设立的投资战略委员会的功能与性质上分析，投资战略委员会的定位大致有两种类型。

1）咨询顾问型投资委员会。具体而言，即按照公司治理结构的制度设计，董事会下设的投资战略委员会是对董事会负责、对出资人负责的咨询性质机构,不是决策性质机构。最终决策要由董事会或者股东大会做出,而不是由投资战略委员会做出。

2)顾问与决策结合型投资委员会。相对于单纯的智囊议事机构,这种战略投资委员会显著的特点是,通过一定的授权制度,合理配置公司长期投资决策权限,使得董事会的工作效率大大提高。

(3)董事会授权总经理。在投资决策过程中,总经理负有更多的事前审议和事后执行决策、监督报告的职责。公司投资项目决策应建立可行性研究制度;公司投资管理部门将项目可行性报告等有关资料提交公司经理办公会审议,并提出意见,经总经理办公会审议后即可实施,否则提交董事会审议通过后实施;投资项目通过后,总经理应负责确定项目执行人和项目监督人,并执行和跟踪检查项目实施情况;在实施过程中,总经理应当根据董事会或者监事会的要求,及时报告相关重大事项,即公司生产经营条件或环境发生重大变化、公司投资项目执行及资金运用情况、投资项目实施过程中可能引发重大诉讼和仲裁事项;项目完工后,还要负责按有关规定进行项目审计。

3. 投资决策程序控制

由于投资具有相当大的风险,一旦决策失误,就会严重影响企业的财务状况和现金流量,甚至会使企业走向破产,因此,投资决策必须从公司战略方向、项目风险、投资回报率、公司自身能力与资源分配等方面加以综合评估,筛选出成功可能性最大的项目,并制订实施计划。重大投资决策的基本程序如表4-8所示。

表4-8 重大投资决策的基本程序

步 骤	内 容 阐 释
投资项目的提出	应该以公司总体战略为出发点对公司的投资战略进行规划。依据公司的投资战略对各投资机会进行初步分析。一般而言,企业的股东、董事、经营者都可提出新的投资项目。企业高层提出的投资,多数是大规模的战略性投资,其方案一般由生产、市场、财务等各方面专家组成的专门小组拟订;基层或中层提出的主要是战术性投资项目,其方案由主管部门组织人员拟订;新的投资项目首先要经过经理层审批通过,如果经理层通过了该项目,则进入投资项目的论证阶段
投资项目的论证	投资项目的论证主要涉及如下几项工作:首先是把提出的投资项目进行分类,为分析评价做好准备;其次是计算有关项目的预计收入和成本,预测投资项目的现金流量;再次是运用各种投资评价指标,把各项投资按可行性的顺序进行排队;最后是编制项目可行性报告。项目正式立项后,项目小组负责对项目进行进一步可行性分析。通过对以下方面的评估确定项目的可行性: • 相关政策、法规是否对该业务已有或有潜在的限制。 • 行业投资回报率。 • 公司能否获取与行业成功要素相应的关键能力。 • 公司能否筹集项目投资所需资源。 如项目不可行,通报相关人员并解释原因;如可行,则向董事会或项目管理委员会递交可行性分析报告。如董事会通过了投资项目的可行性分析报告,则投资管理部应聘请顾问公司对投资项目的实施进行进一步的论证,并开始投资项目的商洽以确定其实际可行性。项目小组确认项目的可行性以后,编制项目计划书提交总经理保留参考并指导项目实施

续表

步　　骤	内　容　阐　释
投资项目的评估与决策	这一阶段主要是综合论证投资项目在技术上的先进性、可行性和经济上的合理性、营利性。项目评估一般是委托建设单位或投资单位以外的中介机构，对可行性报告再进行评价，作为项目决策的最后依据。项目评估以后，将项目投资建议书报有关权力部门审议批准。从决策主体来看，投资额较小的项目有时由中层决策；投资额较大的项目一般由董事会决策，总经理办公会议在提供项目背景资料和项目建议书的基础上对项目实施最后决策；投资额特别大的项目，要由董事会甚至股东大会投票表决。投资项目一经批准，也就正式做出了投资决策，进入项目的实施阶段
投资项目的实施与评价	在投资项目的实施过程中和实施后都要对项目的效果进行评价，以检查项目是否按照原先的计划进行，是否取得了预期的经济效益，是否符合公司总体战略和公司的投资战略规划

（三）财务监督机制

从世界范围来看，财务监督模式包括监事会模式和审计委员会模式，但不混合采用。根据我国国情，我国上市公司选择了"监事会+审计委员会"模式。作为独立董事财务监督职能具体实现形式的审计委员会的引入，必将导致上市公司重构内部财务监督体系，形成分工明确的监事会、审计委员会、内部审计部门和财务部门与会计部门四个层次的完整体系。

随着经济全球化，国际资本市场交流日趋活跃，我国一些公司到纽约、东京、新加坡、中国香港等地的交易所上市。我国公司到这些交易所上市，就必须按照这些交易所的规定设立独立董事和审计委员会。

1. 监事会

我国《公司法》确定了公司组织结构的四个层次：股东大会——公司的权力机关；董事会——公司的业务执行和经营决策机关；经理——负责日常经营管理工作；监事会——监督机关。在这个结构中，监事会与董事会是平行关系。监事会的职责侧重于检查公司的财务决策，即公司的资金调度、安排、利润分配、薪酬等方面。

2. 独立董事制度

独立董事制度是指在董事会中设立独立董事，以形成权力制衡与监督的一种制度。独立董事是指不在公司担任除董事外的其他职务，并与其所受聘的上市公司及其主要股东不存在可能妨碍其进行独立客观判断的关系的董事。

独立董事对上市公司及全体股东负责。

3. 审计委员会

（1）我国上市公司审计委员会的制度要求。我国上市公司董事会下设委员会的制度建立始于2002年，当年年初中国证监会、国家经贸委发布了《中国上市公司治理准则》。该准则适用于我国境内的上市公司，它要求上市公司董事会按照股东大会的有关决议，设立战略决策、审计、提名、薪酬与考核等专门委员会。审计委员会、薪酬与考核委员会中独立董事应占多数并担任负责人，审计委员会中至少应有一名独立董事是会计专业人士。随后，中国证监会发布了《董事会专门委员会实施细则指引》。其中明确要求，审计委员会是董事会按照股东大会决议设立的专门工作机构，主要负责公司内、外部审计的沟通、监督和核查工作。审计委员会成员由3~7名董事组成，独立董事占多数。审计委员会的主要职责是：

1）提议聘请或更换外部审计机构。
2）监督公司的内部审计制度及其实施。
3）负责内部审计和外部审计的沟通。
4）检查公司会计政策、财务状况和财务报告程序。
5）对公司的内部控制进行考核，对重大关联交易进行审计。
6）对公司内财务部门、审计部门包括其负责人的工作进行评价。
7）公司董事会授予的其他事宜。

审计委员会对董事会负责，审计委员会的提案提交董事会审议决定。

（2）美国《萨班斯—奥克斯利法案》对审计委员会职责的新规定。安然公司、世通公司舞弊欺诈案件暴露后，美国时任总统布什在2002年7月签署了国会以压倒多数通过的《萨班斯—奥克斯利法案》。其中，第301节对审计委员会做出了规定：法案要求美国证监会在法案自2002年7月30日生效之后的270天内制定新的法规，要求所有在美上市的公司设立一个完全由独立董事所组成，并至少包括一名"财务专家"的审计委员会。对于达不到下列要求的公司将禁止其上市：

1）上市公司审计委员会的每位委员必须具有"独立"资格性质。
2）审计委员会必须直接承担派任、留任、报酬和监督那些为上市公司执行和认证发行审计报告的会计师事务所的责任，而这些会计师事务所必须直接向审计委员会报告。
3）审计委员会必须建立一定的程序系统，来完成与会计处理、内部会计控制、内部审计、员工匿名举报可疑的会计问题及审计处理等相关申诉事项的受理、执行和保留记录等任务。
4）审计委员会必须被授权，在执行任务需要时，可聘请独立咨询顾问和其他顾问，并赋予审计委员会更多任用和解雇会计师的权限。
5）上市公司必须负责提供审计委员会合适的财务和资金保证。

关于审计委员会的独立性，新规定有几点说明：
1）该委员会除职务收入外，不得收受来自上市公司及其子公司的顾问、咨询或者其他报酬。
2）该委员会成员不得担任上市公司及其子公司的任何职务。
3）该委员会隶属董事会，由独立董事组成，有权独立聘请或解聘审计机构，不受高级管理人员的干预，而董事会也必须听取该委员会的意见。

（3）审计委员会在公司监督机制中的作用（见表4-9）。

表4-9 审计委员会在公司监督机制中的作用

作　用	内　容　阐　释
审计委员会与独立会计师的关系	审计委员会可以避免会计师事务所与管理层之间的利益冲突，减少管理层对外部审计师活动的影响和干扰，提高注册会计师审计的独立性，为注册会计师公正执业创造有利的条件，充分发挥外部审计的独立鉴证功能。首先，审计委员会对会计师事务所是否具备独立性做出评价，且向公司管理当局及审计部征询对注册会计师独立性的看法，以与注册会计师的答复做双向比较；其次，负责审计费用的支付，同意有关审计收费的协议，并确信审计费用足以确保公司获得完整而全面的审计服务；最后，审计委员会应当站在公正的立场上，支持注册会计师提出的正确建议，积极与注册会计师就审计中的如重大的审计调整、与管理当局的不同意见、执行审计业务过程遭遇的困难及在审计中所发现的不法行为等重大事项进行协调

作　用	内　容　阐　释
审计委员会与内部审计的关系	我国新修订的《审计署关于内部审计的规定》中指出，设立内部审计机构的单位，可以根据需要设立审计委员会。审计委员会设立以后，审计部隶属于审计委员会，形成审计委员会对审计部的一种监督关系，即对审计部的组织章程、工作计划、审计结果等进行复核；审计部直接向审计委员会报告，对审计中发现的一些问题，除及时给予纠正以外，对一些难以解决和严重违规的共性和个性问题，定期进行归纳、整理，并提交公司审计委员会讨论，由审计委员会通过下达审计意见书和决定书的形式，做出最终处理。审计部的工作评价和报酬支付由审计委员会决定。这种模式提高了审计部的独立性和权威性，使其工作范围不受管理当局的限制，并确保其审计结果受到足够的重视，提高审计部的效率
审计委员会与监事会的关系	审计委员会隶属于董事会，监事会则是与董事会保持平行地位的机构，由股东代表和职工代表组成。审计委员会的主要监督对象是管理层，也就是所谓的经理层。监事会向全体股东负责，有检查公司财务、监督和检查董事、经理及其他高级管理人员的行为等职责；监事会不参与决策过程，侧重于事后监督。审计委员会则要参与决策过程，更侧重于事前监督

三、财务治理结构

财务治理结构是内含于公司治理结构中的一个关于企业财权配置的制度安排。这种制度安排合理与否是企业绩效最重要的决定因素之一。具体地说，它以财权为基本纽带，以融资结构为基础，并在以股东为中心的共同治理理念的指导下，期望通过财权的合理配置，形成有效的财务激励与约束机制，实现相关者利益最大化和企业决策科学化的一套制度安排。狭义地讲，它是对有关企业内部所有者、经营者和财务经理等方面的财务制度的设计和优化。广义地讲，它是对社会再生产过程中经济组织与各利益相关方在本金投入和收益过程中的财务责任、权力和利益进行协调和处理的一整套财务法律法规、观念和制度安排。

（一）财务治理结构的目标

作为公司治理结构的一个组成部分，财务治理结构与公司治理结构的目标是一致的，即维护出资者利益，激励和约束经营者的经营行为。

（二）财务治理结构的主要功能

财务治理结构的主要功能是配置责、权、利。其中，财权配置是前提，即在公司的权利结构中，财权是一种最基本的、最主要的权利。这是因为，以财权配置为中心构建财务治理结构，可以提高企业财务治理的控制力和控制范围，设立有效的约束机制，遏制代理人的机会主义行为，最终决定企业财务绩效的高低。

（三）财务治理的财权安排对企业治理的影响

财务治理的财权安排主要从两方面影响企业治理：一是形成特定的财务结构；二是形成一种财务激励与约束机制。其中，资本结构是财务治理结构的基础，激励与约束机制是财务治理结构的内核。资本结构的选择在很大程度上决定着企业财务治理效率的高低。概括地说，财务治理结构主要研究企业的财务利益机制和财务管理机制问题。从财务利益机制的角度看，公司财务治理所要回答的，是如何保证外部投资者的合法财务权益不被企业"内部人"（经理层和占有控股权的大股东）侵占的问题。属于这方面的有：企业的融资结构和股权结构问题；企业财务信息披露问题；企业财务责、权、利的制度安排问题；企业经理层的财务激励及约束机制问题；企业控制权市场（兼并与反兼并）的财务管理问题；经理与董事的人力资源市场的财务有效性问题；等等。从财务管理机制的角度看，企业财务治理结构要研究的是，应当如何构架企业内部的财务活动领导体系，以确保企业的关键财务人事安排和重大财务决策的正确有效。属于这一类的财务治理问题大体有：财务机构的衰亡过程与原因；核心财务人事安排（总裁、董事、高层财务管理人员的选拔；高层财务领导班子的构成；总裁、董事、高层财务管理人员及财务经理的评估和撤换程序）；企业财务决策体制的设置；等等。

（四）财务治理的重要问题

财务治理的重要问题是解决委托人与代理人的信息不对称。现实中，存在经理层通过手中的权力，直接影响财务信息的生成质量和呈报方式，而所有者则只能被动地接受所生成的财务信息的情况。完善财务治理，就是要改变这种现状，即要通过企业内部财权的合理配置，借助其外部的市场力量，对企业内部各财权持有人员的工作态度和工作质量进行有效的市场制约，在企业内外铸成一道制度性的铁壁铜墙，来迫使经理层执行制度，报告真实的财务信息。与此同时，投资者也应积极地行动起来，除要求尽快颁布有关保护所有者财富的法律条款外，还应主动地提升公司治理水平。

（五）公司财务分层管理架构

1. 公司财务分层管理架构概述

从公司法人治理结构看，公司财务管理是分层的，管理主体及相对应的职责权利是不同的，公司财务已突破传统财务部门财务的概念，从管理上升到治理层面，并且互相融合、互相促进。这种分层管理关系有利于明确权责，同时从决策权、执行权和监督权三权分立的有效管理模式看，有利于公司财务内部约束机制的有效形成，具体表现为出资者财务、经营者财务和财务经理财务（见表4-10）。

表4-10 公司财务内部的约束机制

项目	内容阐释
出资者财务	出资者以股东大会和董事会决议的方式，依法行使公司重大财务事项决议权和监督权。在现代企业制度下，资本出资者与企业经营者出现分离，并日趋明显，而经营者作为独立的理财主体，排斥包括所有者在内的任意干扰，因此所有者作为企业出资者，主要行使一种监控权力，其主要职责是约束经营者财务行为，以保证资本安全和增值
经营者财务	经营者指以董事会、经理层为代表的高管层，依据公司章程和授权条款，行使对公司重大财务事项的决策权。董事会作为公司的最高决策机构享有广泛的权力，在财务上表现为：对公司经营方针和投资方案有决定权；对公司的年度财务预算方案、决算方案、公司的利润分配方案和弥补亏损方案、公司增减注册资本以及发行公司债券的方案具有制定权；有公司合并、分立、解散方案的拟订权；对公司高管层享有任免权等。 企业法人财产权的建立使企业依法享有法人财产的占用、使用、处分和相应的收益权利，并以其全部法人财产自主经营、自负盈亏，对出资者承担资本保值和增值的责任。经营者（以董事长、总经理为代表）财务作为企业的法人财产权的理财主体，其对象是全部法人财产，是对企业全部财务的责任，包括出资人资本保值增值责任和债务人债务还本付息责任的综合考察。因此，经营者财务的主要着眼点是财务决策、组织和财务协调。从财务决策上看，这种决策主要是企业宏观方面、战略方面的

续表

项目	内 容 阐 释
财务经理财务	财务经理的职责定位于公司财务决策的日常执行上，它行使日常财务管理权，以现金流转为其管理对象。以CFO为代表的财务审计团队行使对公司财务决策的执行权，主要负责日常财务管理活动及执行统一的财务制度，这属于专业理财。为保证董事和经理正当和诚信地履行职责，公司治理结构中还专设了监事会，其主要职责是监督董事和财务经理人员的活动，如检查公司的财务，对董事和财务经理人员执行公司职务时违反法律、法规和公司章程的行为进行监督等

财务治理研究的关键在于，如何在出资者层面、经营者层面构建合理、定位清晰、权责明确、相互牵制的财务决策机制。其中，最重要的就是经营者理财的权力安排和流程，如图4-2所示。

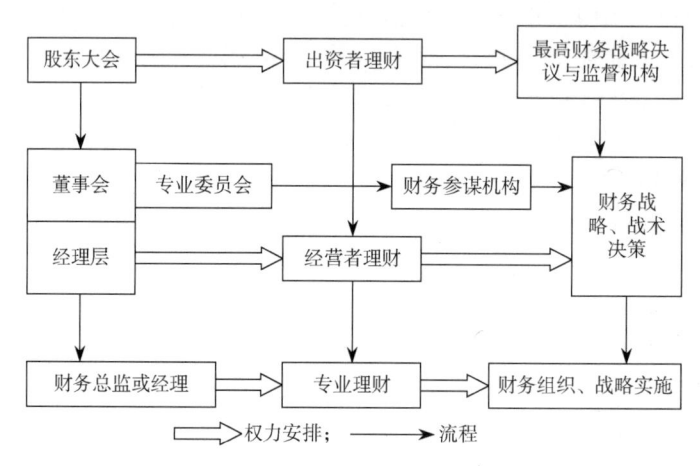

图4-2 分层次理财的权力安排与流程

2. 出资者财务

依照《公司法》等有关法律的规定，出资者以现金、实物资本或者无形资产等多种出资方式，投入或者组建股份有限公司，出资者与公司之间是股东与公司的关系，出资者享有股东的固有权利。法律保护程度不同，股东享有的权利不完全一致，一般而言包括表4-11所示的几个方面。

表4-11 股东享有的权利

权 利	内 容 阐 释
股东的收益权	收益权是指股东对其在公司投资中获得回报的权利，主要是获得股息和红利的权利。作为自益权的股东收益权，股东个人可依章程或股东会的决议而行使
股东的表决权	表决权属于股东的固有权，是股东与债权人区别的标志，更是保障股东投资预期利益实现的基础性权利
股东的知情权	知情权是股东知晓公司经营活动和经营业绩真实性情况的权利，是股东享有的基础性权利
股权转让权	股权转让权是指股东有权将自己在公司中的权益转让给其他人的权利，主要是指出资和股份的转让权
股份优先购买权	优先权是指股东基于股东资格优先于非股东获得公司某种利益的权利，股东的优先权具有维系公司稳定和连续的作用。优先权具体包括：

续表

权　利	内　容　阐　释
股份优先购买权	①公司发行新股的优先购买权。 ②公司增资的优先出资权。 ③其他股东股份转让的优先购买权
诉讼权	股东的诉讼权是指股东在其利益受到直接或间接侵害时，依法向国家司法机关寻求救济的权利。从财务决策的角度来看，股东权利有三项：选择经营者、重大决策和资本收益。具体来看，这三项权利又可以细化为多个决策事项，如资本投入、增资扩股、股权转让；合并、分立、兼并、收购、清算、关闭、破产；业绩考核、评价、激励、约束；重大投融资、对外担保；委派股东代表、选聘董事和监事；审计、监督；利润分配

3. 经营者财务

（1）经营者的财务责任和权力。对经营者的界定应当依据实质重于形式的原则，即经营者应当是指对企业经营发挥关键性作用，并实质参与重大决策的高层管理人员。基于这种认识，CEO 一般被认为经营者。从国际上公司治理机制演化的角度来看，董事会的职责和权力不断趋于强化，董事会已经成为经营者阵营的主体之一。

1）董事会职责。《OECD 公司治理原则草案》中强调，董事会应履行以下职能：

①制定公司战略、经营计划、经营目标、风险政策、年度预算，监督业务发展和公司业绩，审核主要资本开支、购并和分拆活动。

②任命、监督高层管理人员，在有必要时，撤换高层管理人员。

③审核高层管理人员的薪酬。

④监督和管理董事会成员、管理层及股东在关联交易、资产处置等方面的潜在利益冲突。

⑤通过外部审计、风险监控、财务控制等措施来保证公司会计和财务报表的完整性及可信性。

⑥监督公司治理结构在实践中的有效性，在有必要时进行改进。

⑦监督信息披露过程。

《OECD 公司治理原则草案》还指出，保证董事会对公司进行战略指导和有效监控，同时保证董事会对公司和股东承担应尽的责任。

我国《公司法》规定，董事会对股东会负责行使下列职权：

①负责召集股东会，并向股东会报告工作。

②执行股东会的决议。

③决定公司的经营计划和投资方案。

④制订公司的年度财务预算方案、决算方案。

⑤制订公司的利润分配方案和弥补亏损方案。

⑥制订公司增加或者减少注册资本的方案。

⑦拟订公司合并、分立、变更公司形式、解散的方案。

⑧决定公司内部管理机构的设置。

⑨聘任或者解聘公司经理（总经理），根据经理的提名，聘任或者解聘公司副经理、财务负责人，决定其报酬事项。

⑩制定公司的基本管理制度。

2）经理层职责。依据我国《公司法》规定，有限责任公司设经理，由董事会聘任或者解聘。

经理对董事会负责，行使下列职权：主持公司的生产经营管理工作，组织实施董事会决议；组织实施公司年度经营计划和投资方案；拟订公司内部管理机构设置方案；拟订公司的基本管理制度；制定公司的具体规章；提请聘任或者解聘公司副经理、财务负责人；聘任或者解聘除应由董事会聘任或者解聘以外的负责管理人员；公司章程和董事会授予的其他职权。《上市公司章程指引》在此之外，还增加了两条：

①拟订公司职工的工资、福利、奖惩，决定公司职工的聘用和解聘。

②提议召开董事会临时会议。

各上市公司根据公司的经营特点和需要制定公司章程，确定本公司的总经理职责。总经理主持公司日常生产经营和管理工作，组织实施董事会决议，对董事会负责。公司设总经理一名、副总经理若干名，总经理、副总经理由董事会聘任。总经理、副总经理任期为三年，可连聘连任。公司可解聘总经理、副总经理。解聘总经理应由公司董事会按法定程序决定；解聘副总经理，应由总经理提出解聘提案，董事会按法定程序决定。

（2）董事会的类型。

1）根据功能对董事会分为如下四类：

①底限董事会，仅仅为了满足法律上的程序要求而存在。

②形式董事会，仅具有象征性或名义上的作用，是比较典型的橡皮图章机构。

③监督董事会，检查计划、政策、战略的制定、执行情况，评价经理人员的业绩。

④决策董事会，参与公司战略目标、计划的制订，并在授权经理人员实施公司战略的时候按照自身的偏好进行干预。

2）根据公司的演化对董事会分为立宪董事会、咨询董事会、社团董事会、公共董事会四类。对一个公司而言，具体董事会类型的选择受制于占统治地位的社会环境，而社会环境又是社会政治经济力量共同作用的结果。表4-12从董事会起因、董事会特征、授权形式、决策者、决策参与形式和使用公司类型等方面对四种董事会类型进行了比较。

表4-12 董事会类型对比

项目	立宪董事会	咨询董事会	社团董事会	公共董事会
董事会起因	只是遵循公司法要求而成立董事会	随着公司规模扩大和经营复杂程度提高而聘请外部专家形成的董事会结构	对于股权分散化、公众化的上市公司，内部形成不同的利益集团，其决策意见常常通过少数服从多数的投票机制	董事会成员包括政治利益集团代表
董事会特征	满足法律程序，仅起"橡皮图章"作用	战略决策、评估权	经营管理过程监督控制权	经营业绩评估
授权形式	自动	寡头	技术人员	行政人员
决策者	CEO	CEO或董事会	董事会	上级主管部门
决策参与形式	接受	咨询	限定	适应
使用公司类型	小规模企业	大型或特大型企业	上市公司	国有独资或大型混合所有制企业

3）管理型公司模式和治理型公司模式下的董事会分类。公司管理强调的是权力，由此而产生了一种所谓的"管理型公司"治理模式。在这种模式中，高层管理人员负责领导和决策。董事会的职能是聘用高层管理人员，监督他们，并在他们无所作为时解雇他们。股东的唯一作用是在公司经营不善时撤换董事会。而与这种模式相对应的则称为"治理型公司"治理模式，它把公司治理方程式的两个关键组成部分（股东和董事会成员）与决策过程重新联系在一起。建立在此模式基础上的改革并不以权力转移为核心，而是以角色和行为为核心。两者的比较如表4-13所示。

表4-13 管理型公司模式和治理型公司模式的比较

项 目	管理型公司模式	治理型公司模式
董事会的作用	雇用、监督和在必要时撤换管理层	支持有效决策和纠正错误
董事会的特征	拥有足够的权力控制 CEO 和考核过程； 有独立性，以保证 CEO 得到公正的考核并且董事不会因为利益冲突而妥协或被管理层收买； 拥有能够使外部董事公正有效地考核经理的董事会程序	拥有足够的专业知识以使董事会能够为决策过程增加价值； 有激励，以保证董事会投身于公司价值的创造； 拥有支持公开讨论和使董事会成员获得信息和适应股东需要的程序
董事会政策	CEO 和董事会主席职务分离； 董事会会议没有 CEO 参加； 由独立董事组成的委员会负责考核 CEO； 外部董事有独立的财务顾问和法律顾问； CEO 的绩效有明确的判断标准	董事会必须有所需要的专业才能； 25 天的最少投入时间； 为董事提供较高的股票期权报酬； 指定代表质疑新的政策建议 与大股东定期开会； 董事会成员可以自由地向任何雇员了解信息

4）根据董事会扮演的角色分类。按照董事会参与战略管理的程度不同，可以把董事会扮演的角色分为两种比较极端的"理想类型"："看门人"型和"领航人"型。当董事会只起"看门人"作用时，战略管理的大部分职能转移给经理层，董事会起到的只是审批和事后控制的保障作用。董事会发挥"领航人"作用时，战略管理的核心职能由董事会主导，经理层只部分参与到战略方向的确定和方案拟订中，并主要负责战略实施工作。尽管这两种类型肯定都有各自的适用性，但近年来的公司实践更多地肯定和倾向于董事会发挥"领航人"的作用。在这两种基本类型基础上，依据董事会对经理层之间的管理控制程度大小，董事会可分为三种类型，如表4-14所示。

表4-14 董事会按管理控制程度大小分类

类 型	看 守 型	包 办 型	分 工 型
特点	符合股东大会最低要求，符合经理层最高要求，成败关键被股东大会误认为"不干工作"	不符合股东长远利益，但符合股东短期利益，最可能得到股东信赖，经理层最为反对	一种理想型，但最大问题是董事会和经理层之间的权力划分模糊、易变

续表

类　型	看　守　型	包　办　型	分　工　型
董事会与经理层控制与合作关系	放手式合作，人事权控制	全面控制，以控制代替合作	分工合作，合理控制
董事会权力	权力最小	权力最大	权力边界不明确
适用环境	适用于经济稳定增长及长期合作相互了解的情况	适用于经济不稳定增长及初次合作共事	适用于一切时期及各种条件，但最难把握

（3）董事会的构成。高效董事会的根本基础是董事会成员的利益趋同，从而理念趋同。董事会的决策过程依赖于一个可选择的组织形式，包括非委员会制和委员会制。

1）非委员会制是低级形式、初级阶段，一般适用于人数少于 7 人的董事会；委员会制是高级形式、高级阶段，一般适用于人数多于 7 人的董事会，这种委员会也被视为董事会中的董事会。非委员会制是指董事会决策某一方面的事务（如投资、预算、人力资源等）时，是由每个董事都参与决策的决策机制。委员会制是从董事会成员中挑选一部分人，成立一个专门的委员会，经董事长授权，专门处理某一方面的问题。

2）在董事会下设立各个专职的委员会，利弊互见。设立下属委员会的优势在于：节约决策成本，缩短决策时间；提高决策的专业化程度，使更多董事只参与自己擅长领域的事务决策；董事会内部减少了独裁化程度。设立下属委员会的缺陷在于：要求董事会具有较多的董事人数，这会导致机构臃肿，降低决策效率；在独立董事较少的情况下，下属委员会很难改变公司内部人控制的特征；设立董事会下属委员会，要求董事会中有较多的各个领域的专才。

由于存在上述各项优势和缺陷，所以是否要在董事会下设立专业的委员会和设立多少个委员会，往往因各国制度、各团体观点和各公司规模大小而异。

3）常见的专门委员会有审计委员会、提名委员会、薪酬委员会、投资委员会、预算委员会、技术委员会、战略委员会、高级管理人员评估（人力资源）委员会等。其中，最重要也最常见的是审计委员会、薪酬委员会、提名委员会。有的公司设立了专门的治理委员会，如英特尔公司设立的公司治理委员会负责对公司治理问题及董事会、股东、经理层在决定公司方向和作为时的关系进行审查，向董事会提交有关报告，适度地审查和发布公司治理的指引和建议。其他没有设立公司治理委员会的公司，大多通过执行委员会或董事事务委员会来解决这类问题，如通用汽车公司由董事事务委员会负责定期审议该公司的公司治理原则，并提出建议。

4）我国上市公司董事会专门委员会制度始建于 2002 年年初，中国证监会、国家经贸委发布了《中国上市公司治理准则》，随后中国证监会发布了《董事会专门委员会实施细则指引》。目前，我国上市公司越来越多地采用委员会制。

4. 财务经理财务

财务经理财务是经营者财务的操作性财务，注重日常财务管理。

（1）财务经理的职责。财务经理的职责一般为：处理与银行的关系；现金管理；筹资；信用管理；负责利润的分配；负责财务预测、财务计划和财务分析工作。由此可见，可见财务经理财务的主要管理特征偏重于日常管理、执行决策与预算、财务控制等。

（2）财务总监的职责。在总经理和财务经理之间，不少单位还设置财务总监或首席财务官。

财务总监的基本职责包括:

1) 制定整个公司统一会计制度、财务制度与内部审计制度的实施细则。

2) 组织领导集团财务管理、会计核算与内部审计工作。

3) 参与拟订集团投资战略、重大经营计划、公司与被投资企业的业绩合同、全面预算管理方案。

4) 审核公司的财务报告。

5) 及时发现并制止公司、被投资企业违反国家法律、法规和公司财务、会计、审计制度的行为,对违纪事项及时向总裁、董事长报告。

6) 定期向公司董事长、总裁、总裁办公会报告公司资金运作状况和财务情况,并接受质询。

7) 监督检查被投资企业的财务运作和资金收支情况。

8) 负责集团所属各公司的财务、会计、审计队伍建设。

9) 经董事长同意,可以列席集团董事会。

10) 定期与银行、税务、工商等相关机构联络沟通。

(3) 建立财务总监和董事长、总裁联签制度。财务总监与董事长或总裁联签批准授权限额内的企业项目开发、融资、对外投资、资产购置、资金往来、担保、资产抵押、提取现金、转账结算、资产处置等主要事项。即由董事会授权董事长或总裁直接决定的上述事项,必须由董事长或总裁与财务总监共同签署才能生效。财务总监有权对董事长、总裁越权的开支事项拒绝签字。

可以说,财务总监制度使公司财务管理的功能、职责和方法得到提升与整合。美国托马斯·沃尔瑟等所著的《再造财务总裁》一书形象地概括了当今企业财务总裁的职责。该书从财务总裁办公室架构的实验中,总结出财务总裁办公室"房式"图,如图4-3所示。

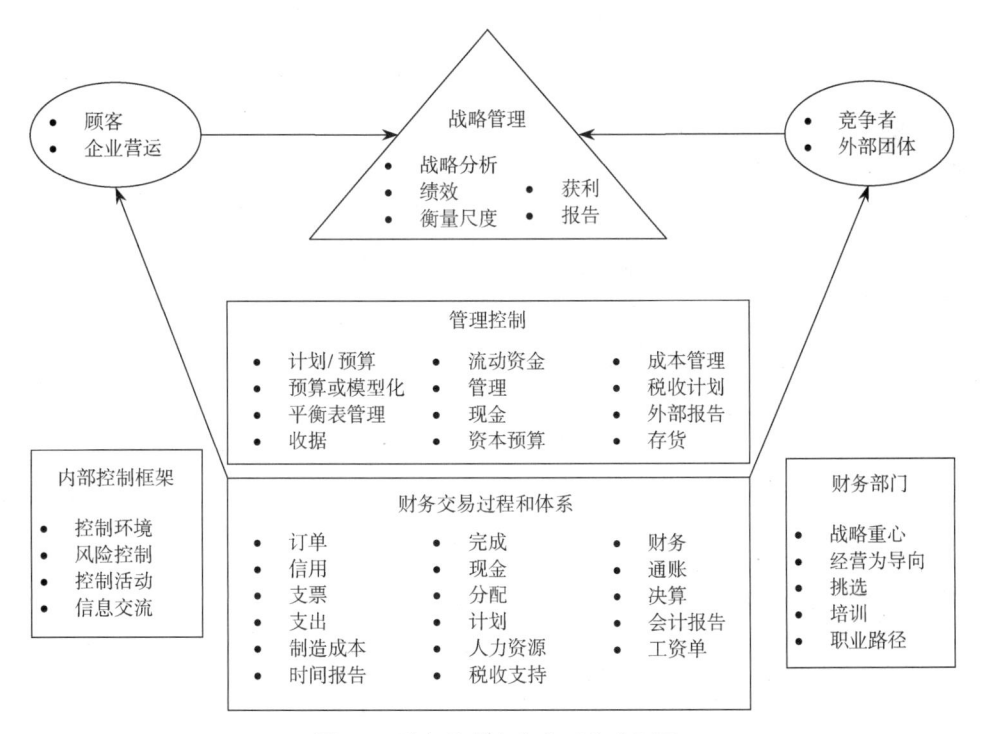

图 4-3 财务总裁办公室"房式"图

> 小知识

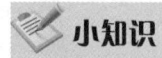

公司财务的分层治理

体现"协调""约束"的现代企业财务治理,必须相应地建立多层次的会计控制体制,才能使各项措施在制度上、程序化上得到保证。层次化的公司财务治理是平衡各利益关联方的权利和不同意见来实现的,使得所有利益群体和员工的行为都处于监督和控制之下,避免出现会计控制的"真空地带"和"控制盲点"。分层控制是现代企业会计管理与控制的有效形式。

公司财务治理的分层控制包括所有者对经营者的控制、财务总监行使会计控制权利和公司内部的会计控制这三个层次,大致如图4-4所示。

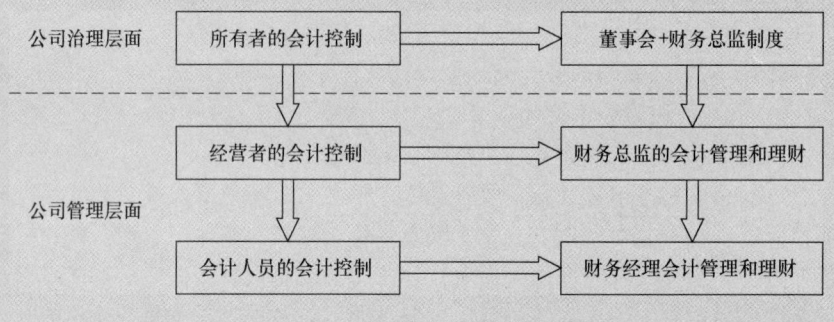

图4-4 公司财务的分层治理

1. 所有者对经营者的控制

出资者对经营者的控制是公司财务治理的第一个层次。出资者将其资本投入企业后,其资本就与债权资本结合在一起构成了企业的资本,形成企业的法人财产,出资者失去了对法人财产权的直接控制权;出资者为了实现其资本保值增值目标,只能通过控制其资本的方式操纵法人财产。控制资本既是产权控制的重要内容,也是财务控制的前提和基础。具体控制措施是通过由所有者委派财务总监制度实现的。

应强调董事会在企业财务控制中的主体地位。财务控制首先绝不只是财务总监或财务部门的事情,也不只是企业经营者的职责,而是出资者对企业财务进行的综合、全面的管理。一个健全的财务管理体系,实际上是完善的法人治理结构的体现;反过来,财务控制的创新和深化,也将促进企业制度的建立和治理结构的完善。

在这一层次上体现两个控制主体相互制衡的关系:所有者通过激励和约束来控制经营者,保障自身获取最大化的经营获利;经营者通过正确决策和有效经营,在履行受托经济责任的同时获得制度化的、约定的经济利益。

2. 财务总监行使会计控制权利

财务总监行使会计控制权利是公司财务治理的第二个层次,实质上代表着经营者会计控制与理财。经营者财务控制的对象是企业法人财产。

财务总监是由所有者委派的,是所有者利益的维护者,并具体监督和指导企业会计控制过程。财务总监控制作用的发挥首先通过对企业会计部门和会计人员的领导和控制,掌握企业会计系统的运行,对于企业重大的交易、资产变动等拥有审批权;其次通过主持定期及非定期的企业外部审计,及时发现企业经营和会计方面已经发生的或潜在的问题,并采取相应的措施。

3. 公司内部的会计控制

第三个层次是企业会计部门及会计人员的会计控制责任,即直接面向经营者及经营实体,贯彻企业的财务和会计方面的控制制度。在这一控制层次上,不能将会计控制体制与企业行政管理体制混为一谈。在这一层次上,行使会计控制权利和责任的是企业的会计人员,作用方向是会计人员作用于企业经理层及各部门,而监督和评价会计人员履行控制责任的,却是上一层次代表所有者利益的财务总监。由此可见,会计人员对经理人员的会计控制与经理人员对会计人员的行政领导,是不同的管理过程。

表4-15列示了这三个层次财务治理的比较。

表4-15　出资者财务、经营者财务和财务经理财务的比较

项　目	管理主体	管理对象	管理目标	管理特征
出资者财务	所有者/财务总监	资本	资本保值与增值	间接控制
经营者财务	经营者/财务总监	法人财产	法人资本的有效配置	决策控制
财务经理财务	财务经理	现金流转	现金收益的提高	短期经营

小知识

财务控制权的分层配置

与公司财务的分层治理相适应，公司财务控制权也需要分层配置，分为财务决策权的分层配置和财务监督权的分层配置两个方面。

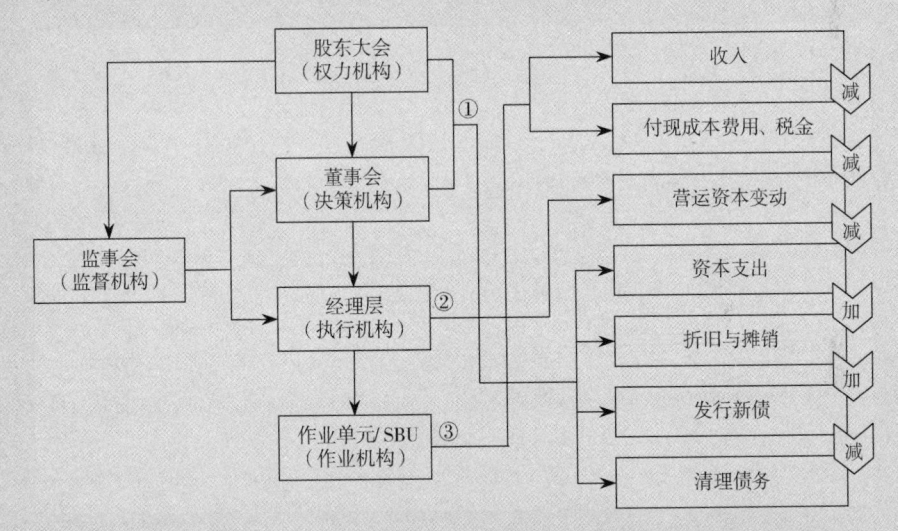

1. 财务决策权的分层配置

财务决策权的分层配置大致遵循这些规则：公司股东会或董事会决定公司的重大融资事项；经营层决定公司的营运资本管理；作业单元则主要负责公司的营业性收入和支出事项（见图4-5）。

图4-5　财务决策权的分层配置

注：流程①代表出资者的会计控制与理财，意指公司的资本支出、折旧与摊销、发行新债和清理债务等重大投融资事项，由公司股东大会或董事会批准。

流程②代表经营者的会计控制与理财，意指公司作业单元的营运资本增减事项，由公司经理层批准。

流程③代表业务单元财务经理的会计控制与理财，意指公司作业单元的收入、以现金形式支付的经营成本、费用和相应税金，由作业单元控制。

2. 财务监督权的分层配置

特别针对国有企业，我国在公司不同层次的财务监督方面做过许多改革探索，包括财务总监制度、"会计楼"制度、会计人员委派制度、监事会制度、稽查特派员制度等（见图4-6）。

可以看出，不同财务监督方式在公司治理结构和财务治理中所处层次不同，所起的作用也不同。从实践情况来看，按照总经理和财务总监共同向董事会负责的双轨制思路，以"董事会委派财务总监和财务总监主导公司会计审计系统相结合"为核心内容的财务总监制度，取得的财务监督效果最为显著。

```
         ┌─────────────┐
         │   股东大会   │
         │ (权力机构)  │
         └──────┬──────┘
                │
      ┌─────────┼──────────────────┐
      ▼         ▼                  ▼
┌─────────┐ ┌─────────┐      ┌─────────┐
│  董事会  │ │稽查特派 │      │ 监事会  │
│(决策机构)│ │员制度   │      │  制度   │
└────┬────┘ └─────────┘      └─────────┘
     │
┌────┴────┐
│财务总监 │──▶
│  制度   │
└─────────┘
     ▼
┌─────────┐         ┌─────────┐
│  经理层  │         │"会计楼" │
│(执行机构)│         │  制度   │
└────┬────┘         └─────────┘
     │
┌────┴────┐
│会计人员 │──▶
│委派制度 │
└─────────┘
     ▼
┌─────────┐
│作业单元 │
│  /SBU   │
│(作业机构)│
└─────────┘
```

图 4-6 财务监督权的分层配置

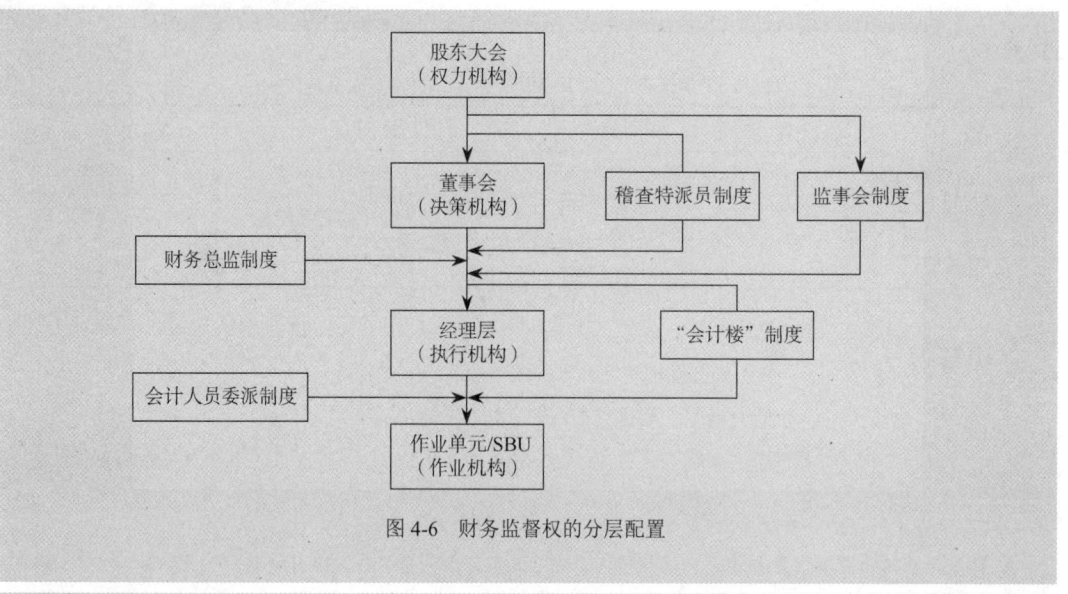

小知识

会计控制权之争

1. 公司治理结构中的会计控制权之争

经济学中的委托—代理关系，是泛指任何一种涉及非对称信息的交易。交易中有信息优势的一方称为代理人，另一方称为委托人。用代理制取代出资者直接控制是企业制度的一大进步，但它也存在着难以克服的困难。

对出资者来说，他最关心的是其投入资本的安全性和收益性，即实现资本保值、增值目标，而这一目标的实现必须有有效的会计控制来保证。委托—代理关系作为一种契约关系，它的基本内容是规定代理人为了委托人的利益应采取何种行动，委托人应相应地向代理人支付何种报酬。由此形成的委托—代理制与现代产权制度密切相关，产权制度不同，委托—代理制的形式、内容及反映的经济关系亦不相同，对资源配置效率产生的影响也有明显的差异。所有权与经营权分离是生产力发展的必然趋势，委托—代理制就是与现代企业制度相适应的体现资本所有者与经营权分离与整合程度的组织机制。

在现代企业的委托—代理关系中，对代理人的监督，随着代理人控制权的增强而有不断弱化的趋势。代理人是负责生产经营决策的人力资本的所有者，一般在初始时，代理人需要与委托人及其他环境因素磨合，人力资本的显示信号可能是比较弱的；但随着时间的推移，其信号显示会因代理人边干边学而由弱变强，代理人由此不断提高其谈判地位，甚至会逐步争取一部分所有权。

非人力资本与所有者的可分离性，意味着在代理人控制下非人力资本易受到"不公正待遇"，股权比较分散的公司尤其如此。因代理人不承担其行动的全部经济后果，很可能将这些资源配置到那些并非能使公司价值最大化的用途上，所以需要订立契约和设置监护主体。而人力资本与所有者的不可分离，又意味着人力资本所有者容易滋生惰性，而会计则是委托人观察代理人的一个窗口，通过从这个"窗口"观察到的信息可以判断代理人执行契约的努力程度和效果。

因此，对会计系统的控制权在这场利益博弈中显得具有特殊意义；作为会计企业会计系统的主导者，财务总监的立场取向将备受所有者的关注。

2. 我国国有企业的外部控制

（1）解决国企代理问题的主要思路是建立外部控制系统。在企业所有者和经营者公有的企业控制权方面，如何协调权力的进退关系，除制度规定外，更主要取决于建立在职业经理个人财产担保和职业声誉基础之上的信任。因此，在完全市场经济的环境下，企业所有者与经营者之间存在一种天然的"默契"。

对于处在转型期的我国国有企业来说，由于制度的不够明确和缺乏必要的沟通环节，这种"默契"是不存在的。另外，政府官员既没有适当的动力去监督企业经营者，也没有足够的信息去监督企业，这种尴尬境地只能导致代理问题愈演愈烈。比较常见的情况是，很多事情对真正股东非常重要但在政府股东看来却微不足道，而对于真正股东微不足道的事情但在政府股东看来却又非常重要，由此产生的高昂代理成本确实让人感到无奈。

政府应寻求一种有效的方式来降低代理成本，保证自己应得的剩余收益；针对经营者建立一个有效的外部会计控制机制成为必然选择。

（2）国有企业的外部会计控制机制。会计控制实质上是控制主体意志的体现，即控制主体通过各种措施将自己的目标、要求、期望传达给被控制者，使之用于规范和指导其行为。对于出资者，他希望通过经营获利使资产增值，实现企业价值最大化。从委托—代理的角度进行分析，会计控制是以一定的市场经济博弈规则来约束和规范企业行为的，这个博弈规则就是市场经济参与者共同遵守和不断创新的代理合约；所有者不能直接进行经营和管理，但可以通过会计"窗口"和人事手段间接地对经营者进行控制。

在国有企业的会计管理中，外部会计控制机制的有效性取决于四个因素：国有资产流失对有关部门和人员带来的好处；市场对这些部门和人员舞弊行为的处罚措施；国有资产监管部门的能力，以及社会中介机构的公正性和独立性；有关机构和人员的监管责任。

如果市场对舞弊行为反应越强烈，监管部门的能力越强，法律赋予会计控制人员的责任越大，那么有关部门与人员的作弊动机就越小，就越可能客观、全面地履行受托责任。反之，如果有关部门和人员通过舞弊行为可以获得明显的受益，而且市场对种种违规行为很漠视，相关中介机构承担的鉴证风险又很小，那么有关部门和人员就极有可能做假，甚至串通会计控制人员共同作弊。

在委托—代理条件下，作为导致市场失灵的两大体制性缺陷——逆向选择和道德风险，只能依靠非市场机制加以妥善解决。出资者将资本授予经营者经营后，必须辅之以严格的监督，才能实现预期目标。

3. 我国国有企业的外部会计控制系统设计

分层设计的国有企业外部会计控制机制如图4-7所示。

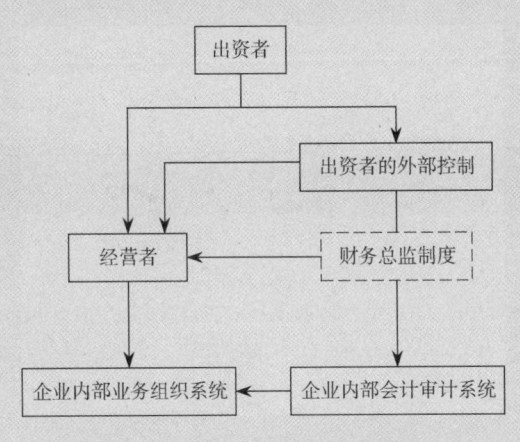

图4-7 国有企业外部会计控制机制

由图4-7可以看出，在公司治理结构和组织机构中的会计控制，可以分为三个层次（见表4-16）。

表4-16 会计控制的三个层次

层　　次	内　容　阐　释
出资者对经营者的控制	主要是建立激励与约束机制，包括利益激励机制、职位消费激励机制、精神激励机制和期权激励机制。 • 利益激励机制首要要确立经营者的独立利益，其次是改变经营者的收入实现形式，使国有企业经营者享有一定的企业剩余收益。 • 职位消费激励机制是指经营者除货币报酬外，可按其职位享受企业所给予的职位消费的权限。

续表

层 次	内 容 阐 释
出资者对经营者的控制	• 精神激励机制是指通过传播媒介宣传和塑造企业家精神来激励经营者。 • 期权激励机制可采用股票期权、绩效股、股票增值权、虚拟股和奖金转股等具体形式
出资者的外部控制	包括对经营者,以及企业内部会计审计系统的控制,如监事会制度和财务总监制度。 • 监事会制度是对稽察特派员制的进一步完善和规范,也是对出资者会计控制工作的提高和升华。监事会以会计控制为核心,通过查账,对企业财务活动和经营管理进行全面监督,确保国有资产及其权益的保值增值。监事会制度具有独立性、专业性、经常性和廉洁性等特征。为保证监事会制度的有效性和独立性,推行政府外派监事会的做法是必需的。 • 财务总监制度则是国家以所有者身份凭借其对国有企业的控股地位,向国有大中型企业直接派出财务总监的一种财务监督管理制度。财务总监职位在国家控股公司的治理结构中的出现,是顺应解决代理问题、克服"内部人控制"现象的基本需要。财务总监要真正发挥作用,必须具备双重身份:他既是董事会成员,代表所有者,受董事会的委派,首先要对董事会负责;又是企业管理层成员,监控并管理企业的会计系统
会计审计系统对企业业务组织系统的控制	应该明确,这一层次的控制仅仅是日常的会计监督,只是企业内部对其自身活动进行自上而下或自我监督约束的一种内部监督,并不具备监督经营者职能。 财务总监在第二层次和第三层次的会计控制与管理监督中,起到了重要的承上启下的作用

第 5 章

企业财务战略

第一节　财务战略综述

财务战略是对企业总体和长远发展有重大影响的财务活动的指导思想和原则。

一、财务战略的特征（见表 5-1）

表 5-1　财务战略的特征

特　征	内　容　阐　释
综合性	财务战略的制定要综合考虑影响企业财务活动的各种因素，包括财务的和非财务的，主观的和客观的。企业财务战略不能就财务论财务，只有综合这些因素，才能全面支持企业财务战略，实现企业财务战略所要达到的目标
全局性	财务战略以全局及整体经营活动中企业资金运动的总体发展规律为研究对象，根据企业财务的长远发展趋势而制定，从全局上规定着企业财务的总体行为，使之与企业的整体行动相一致，追求企业财务的总体竞争实力，谋求企业良好的财务状况和财务成果。总体上说，它是指导企业一切财务活动的纲领性谋划。所以，凡是关系到企业全局的财务问题，如资本结构、投资方案、财务政策等都是财务战略研究的重要问题。企业财务战略的全局性还表现在财务战略应该与其他企业职能战略相结合，共同构成企业的整体战略，企业各职能部门必须协调一致才能最大限度地实现企业的总体战略目标
全员性	任何可行的财务战略都是在公司最高管理层与相关职能部门之间、总部与事业部之间、事业部总经理和三级财务管理人员之间，进行交流后选择决策的。 财务战略的全员性体现在： • 从纵向看，财务战略制定与实施是集团公司高层主管（如财务副总裁）、总部财务部门主管、事业部财务及下属各子公司或分厂财务多位一体的管理过程。 • 从横向看，财务战略必须与其他职能战略相配合，并循着公司（集团公司）的发展阶段与发展方向来体现各职能战略管理的主次，财务战略意识要渗透到横向职能的各个层次，并最终由总部负责协调。 财务战略的全员性意味着财务战略管理应以经营战略为主导、以财务职能战略管理为核心、以其他部门的协调为依托进行的全员管理
长期性	财务战略的着眼点不是企业的当前，也不是为了维持企业的现状，而是面向未来，为了谋求企业的长远发展。因此，在制定财务战略时，不应当急功近利，而要从企业长期生存和发展的观点出发，有计划、有步骤地处理基本矛盾，这是战略管理要解决的根本问题

续表

特　征	内　容　阐　释
风险性	企业财务管理环境变化不定，以及国内外政治经济形势变动的影响，使得企业财务战略制定必须考虑企业在不确定环境下的适应能力和发展能力，注重企业发展过程中的各种风险因素，对各种可能发生的风险做到心中有数，准备好应对策略，以便抓住机遇，规避风险。从财务战略的角度看，研究经营风险和财务风险的目的应着眼于企业的筹资及所筹资本的投资上。财务风险和经营风险可以产生多种组合模式，以供不同类型的企业进行理性的财务战略选择
系统性	企业财务战略是把企业资本运营当作一个系统来对待的，所注重的是它与企业整体战略、与企业内外环境之间的关系，以及其自身各要素之间的关系，并且试图从整体的、系统的角度来协调这种关系。从财务战略自身的系统而言，协调性是自然应该具有的；从财务部门与企业内部其他各部门的关系而言，企业是一个整体，财务战略必然要在与其他各部门形成协调性的基础上来实施
从属性	这里所谓的财务战略的从属性，主要是指它是企业战略的一个组成部分而言，并非是指它简单地服从于企业战略。制定财务战略的出发点应该是为了从财务方面对企业整体战略给予支持。因此，财务战略不是独立于企业战略之外的，一方面，财务战略是企业战略的执行和保障体系；另一方面，何种企业整体战略决定何种财务战略
差异性	对所有企业而言，它们既不能不追求尽可能大的盈利或资本增值，又不能一味地追求盈利而忽视其他目标。这种既统一又对立的关系，使得不同企业的整体财务战略不尽相同。例如，日本企业与美国企业就存在着比较显著的财务战略差异。日本企业的经营者把实现发展目标放在一切工作的首位，一切财务工作考虑的宗旨就是为了实现企业发展目标。为此，日本企业宁愿牺牲近期利润，宁愿冒更大的风险大举借债。而美国企业则比较注意近期利润，尽管它们也不放松对企业发展的追求
支持性	财务战略支持性表现在它是经营战略的执行战略。经营战略是全局性的决策战略，侧重通过分析竞争者来确定自己的经营定位，为其职能战略的制定提供依据；财务战略则是局部性的、执行性的，它从财务角度对涉及经营的所有财务事项提出自己的目标。因此，财务战略必须目标明确，行动上具备可操作性
外向性	现代企业经营的实质就是在复杂多变的内外环境条件下，解决企业外部环境、内部条件和经营目标三者之间的动态平衡问题。财务战略把企业与外部环境融为一体，观察分析外部环境的变化为企业财务管理活动可能带来的机会与威胁，增强了对外部环境的应变性，从而大大提高了企业的市场竞争能力
互逆性	尽管财务战略对公司战略的支持在不同时期有不同的支持力度与作用方式，但从战略角度看，投资者总是期望公司在风险一定情况下保持经济的持续增长和收益的提高。因此，财务战略随着公司经营风险的变动而进行互逆性调整。这种互逆性是财务战略作为一极与经营战略作为另一极相互匹配的结果
动态性	财务战略必须保持动态的调整。尽管战略立足于长期规划，具有一定的前瞻性，但战略又是环境分析的结果。环境变动的经常性使得战略的作用必须以变制变。这种以变制变的结果表现为：当环境出现较小变动时，公司一切行动必须按既定战略行事，体现战略对行动的指导性；当环境出现较大变动并影响全局时，经营战略必须做出调整，财务战略也随之调整

二、财务战略的地位

企业财务战略的目标是谋求企业资本的均衡和有效流动,以及实现企业总体战略。

企业战略是企业总体战略的一个有机组成部分,财务战略是企业战略中的一个特殊的综合性的子战略,在企业战略管理体系中处于相对独立的基础地位,是企业战略的中坚,它既从属于企业战略,又制约和支持企业战略的实现,两者是辩证统一的关系。同时,财务战略与企业战略的其他子战略,如生产战略、营销战略等存在着相互影响、相互制约的关系,与其他职能战略之间既相互区别又相互联系。可以说,财务战略渗透在企业的全部战略之中,与企业战略之间也不是一种简单的无条件服从的关系。

(一)财务战略从属于企业战略

无论从生存方面还是从发展方面考虑,企业战略对一个企业而言都是至关重要的。企业总体战略决定了企业经营的领域、产品的发展方向和技术水平,规定了企业投资的方向。企业必须在总体战略规定的范围内进行投资活动,并保证资金及时、足额到位。

作为企业战略的一个子战略,财务战略不是独立于企业战略的,而是服务于、从属于企业战略的。企业战略是财务战略的一个基本决定因素,是整个企业进行生产经营活动的指导方针,也是协调各种经营活动的主旋律。企业战略居于主导地位,对财务战略具有指导作用。财务战略应该与企业战略协调一致,从资金上支持和保证企业总体战略目标的实现;通过保证企业战略实施对资金的需求,安排企业的财务资源规模、期限与结构,提高资金运转效率,为企业战略实施提供良好的财务保障。在企业财务战略管理过程中,首先要对企业外部财务环境及自身内部资源条件进行分析,在此基础上,综合考虑企业总体战略和生产营销战略的制约作用,从而制定出符合客观情况的财务战略。

(二)财务战略是企业战略中最具综合性的子战略

企业财务战略的谋划对象是企业的资金流动以及在资金流动时所产生的财务关系。正是由于资金是企业生存发展最为重要的因素,企业总体战略与其他职能战略的实施也离不开资金,因此财务战略可以看成企业战略的一种货币表现形式。财务战略在一定条件下,决定着企业总体战略的制定、部属和实施,在各种战略层次上处于主体地位。

当然,财务战略不是详细的、具体的资本运营实施计划,而是用来指导企业在一定时期内各种资本运营活动的一种纲领性谋划,规定着资本运营的总方向、总目标和总方针等重要内容,是制订各种具体资本运营计划和措施的依据。财务战略一经制定,就成为指导企业具体资本运作和财务管理行为的行动指南。因此,财务战略是企业战略管理系统中最具有综合性的子战略,对企业各层次战略的实现具有重要的意义和影响。企业需要根据其竞争能力、经营能力、产品生命周期、资金需求等对企业生存和发展有着全局影响的关键,制定并选择相应的财务战略,以动态地保持企业的持续竞争优势。

(三)财务战略对企业战略的其他子战略起着重要的支持和促进作用

财务战略的一个基本问题是如何优化配置资源,优化资本结构,促进资本快速流动和最大增值获利。财务战略除贯彻企业战略的总体要求外,还必须考虑其他子战略与各职能部门战略的一致性。只有这样,财务战略才会对企业战略的其他子战略的成功起到支持和促进作用。财务战略不同于其他子战略,它是企业战略管理系统中最具有综合性的子战略,对企业各层次战略的实现具有重要的意义和影响。这是因为,无论企业战略本身,还是市场营销战略、生产战略和技术创新战略等的实施均离不开资金的支持。这些战略一经制定,就会对资金产生需求。

因此，制定企业战略的其他子战略时必须注意它们与财务战略目标的协调性。

许多企业在正式确定财务战略之前，要在各部门之间经过多次反复讨论。这一过程的重要目的之一，就是要对各项子战略从资金方面予以审核，根据资金的可供量和资本增值效益等方面的考虑，对各项子战略进行综合平衡，并使它们逐步协调一致起来。也就是说，企业各级战略的制定和实施必须接受财务的检验。企业做出战略选择的重要标准是可行性，可行性的首要条件就是该战略是否有资金支持。

由此可见，财务战略作为企业战略的重要组成部分，在其制定过程中，既要坚持其与企业战略的一致性，又要保持其自身的独特性。它们之间是一种相互影响、相互印证、相互协调的动态关系。同时，财务战略也是协调企业其他子战略之间关系的工具。不管是处于最高层的企业战略，还是市场营销战略、生产战略等子战略，它们的实施均离不开财务的配合。

（四）财务战略制约企业战略的实现

企业战略解决的是企业在其总体目标的指引下，整个经营范围的问题以及怎样分配资源给各个经营单位的问题；财务战略则以维持企业长期盈利能力为目的，解决财务职能如何为其他子战略服务的问题。财务战略的选择，决定着企业财务资源配置的模式，影响着企业各项活动的效率。正确的财务战略能够指引企业通过采取适当的方式筹集资金并且有效管理资金，其主要目标是增加价值。财务战略通过资金这条主线，利用综合的财务信息将企业各个层次的战略有机地联结在一起，成为协调企业纵向战略、横向战略以及纵横战略之间关系的桥梁和纽带。财务战略影响到企业战略的方方面面，包括投入的资金是否均衡有效、金融市场对资金筹集的约束和要求，资金来源的结构是否与企业所承担的风险与收益相匹配等。在企业战略管理实践中，很难将企业各层次的不同战略准确地区分为哪些是财务战略，哪些是非财务战略。

对于一个成长性的企业而言，从金融市场上筹集外部资金几乎是必需的。金融市场的特点、惯例和标准，以及由此产生的企业内部资金管理的特点等，都会对企业其他方面的运作产生重要影响。因此，在企业战略的制定过程中，或在其投入实施之前，必须检验其在资金上的可行性。如果企业战略所需资金无法得到满足，则该项战略就必须考虑修订。

一个成功的企业战略，必须有相应的财务战略与之相配合。财务对于一个企业来说是十分关键的。任何项目的事前预算、事中控制及事后考评都离不开财务。如果企业能够正确制定和实施有效的财务战略，它就能增加股东价值，否则，就会对企业经营产生致命的影响。企业及其他战略在制定时，需要考虑资本运动规律的要求，使资金能够保持均衡、有效的流动。

小知识

财务战略与企业战略的联系和区别

财务战略与企业战略的联系如表 5-2 所示。

表 5-2　财务战略与企业战略的联系

联　系	内　容　阐　释
企业战略与财务战略之间是整体与局部的关系	财务战略是企业战略的一部分，是企业战略的职能战略之一。资金在企业中的重要作用，决定了财务战略必定成为企业战略的核心战略
企业战略对财务战略具有指导作用	财务战略的目标必须与企业战略的目标协调一致，财务战略的制定与实施必须服从并贯彻企业战略的总体要求，来支持和完成企业总体战略。企业战略对财务战略具有指导作用，财务战略与企业战略在内容上应体现一致性原则，这是企业战略获得成功的基本要求

联　系	内　容　阐　释
财务战略对企业战略及其子战略起支持作用	无论是企业总体战略，还是营销战略、人才开发战略、技术开发战略和发展战略等职能子战略，它们的实施都离不开资金上的筹集与投放。制定财务战略时，必须确保财务战略与各职能部门之间战略的一致性，从这种意义上来看，财务战略就是企业战略

企业战略与财务战略之间的区别主要表现在以下几个方面。

A. 企业战略虽然居于主导地位，但财务战略对企业战略及其职能子战略具有制约作用。这是因为：

a. 企业的资金具有有限性。所谓资金的有限性，有两层含义。第一，从全社会来看，金融市场所能提供的资金总量总是有限的；第二，就某一个特定的企业而言，从金融市场上获得的资金总量总是有限的。由于资金的有限性，要求企业在制定企业战略及其职能子战略的过程中需要对资金的可得性进行研究，企业既要确保各项业务活动的资金需要，又要合理地分配和利用资金。资金的有限性是财务战略相对独立的一个重要原因。

b. 货币资金的独立性。随着金融资本从产业资本中分离出来，企业资金的筹集与运用及收益分配等其他财务活动的管理都必须以满足资金提供者的利益要求为基本前提。因此，货币资金的独立性又是财务战略相对独立的一个重要原因。

B. 企业财务战略关注的重点是营业现金流的状况，而企业制定战略时首先要考虑营业收入和利润的规模。从长远来看，获取利润对每个企业都是必要和重要的，因此，企业制定战略时首先要考虑营业收入和利润的规模。但企业的利润有时确实难以消除泡沫，有利润没有现金流入的状况随时可能出现。一个企业如果没有足够的现金满足企业发展或生产经营的需要，即便有利可图，也可能因现金状况出现危机而使整个企业发生危机。因为不论是偿还银行贷款，还是上缴政府税款，都需要企业有实实在在的现金而不是账面上漂浮的收益。因此，企业制定财务战略时应该追求利润，但更应该重视营业现金流量。

C. 企业战略制定时侧重于企业整体目标，而财务战略制定时侧重于企业的财务目标。一般企业的财务目标是实现企业价值最大化，实现了企业价值最大化，才可能实现股东财富最大化。因此，制定企业战略时必须考虑到它与财务战略目标的协调性，企业战略目标必须涵盖有关企业资金使用效益及现金流量方面的目标。

企业战略与财务战略之间呈现为一种辩证关系：一方面，企业战略居于主导地位，对财务战略有指导作用；另一方面，财务战略又具有一定的相对独立性，对企业战略起着制约和支持作用。

三、财务战略的目标

（一）财务战略总目标

财务战略总目标不仅影响财务战略的制定，而且指导财务战略的实施。能否正确确定财务战略总目标，对财务战略的制定和实施是至关重要的。按现代经济学的观点，企业实质上是"一系列契约的连接"，各要素持有者各有其连接企业的必要性和可能性，它们对企业的存在是必不可少的。从企业长远发展来看，不能只强调某一集团的利益，而置其他利益于不顾。在一定意义上讲，企业各相关利益集团的目标都可折中为企业长期稳定的发展和企业总价值（财富）的不断增长，各个利益集团都可以借此来实现它们的最终目的。因此，财务战略总目标就是股东财富最大化或企业价值最大化。

（二）财务战略具体目标

财务战略具体目标是为实现总目标而制定的目标，是财务战略总目标的具体化。它既规定财务战略行动的方向，又是制定理财策略的依据，在财务战略中居于核心地位。

财务战略具体目标包括投资战略目标、融资战略目标和收益分配目标（见表 5-3）。它是在战略分析的基础上确定的，是采取具体财务战略行动的指南。

表 5-3 财务战略具体目标

具体目标	内 容 阐 释
融资战略目标	通常,企业在确定融资战略目标时,需考虑以下两点:一是融资战略的首要目标是解决满足投资所需的资金。这是推动企业低成本扩张,不断提高市场份额的关键。二是使综合资本成本最小。企业在筹措资金时,要注意权益资本和债务资本的合理配置,优化资本结构,力争使企业综合资本成本最小
投资战略目标	投资战略目标是由财务战略总目标决定的。不同的企业在不同的投资运营项目上会有不同的追求,即使同一企业,选择的经营战略类型不同,其投资战略目标也不尽相同。企业在制定投资战略目标时必须充分考虑市场占有率、现金流量、投资报酬率等问题
收益分配目标	企业采取何种收益分配战略,要根据企业的内外部因素的分析及投融资的要求来确定。例如,在企业采取竞争战略的情况下,收益分配战略的首要目标是满足筹资的需要,追求的是企业的长远利益。而资本利得目标要符合企业的根本利益,无论是采取竞争战略,还是采取稳定战略的企业,通过收益分配都期望达到这一目标,它符合企业财务战略总目标的要求

为实现企业财务战略具体目标的要求,必须有相应的战略重点、战略阶段及其战略对策等为之服务。其中,战略重点是指在实现财务战略具体目标的过程中,必须予以解决的重大而又薄弱的环节和问题;战略阶段是为实现战略目标而划分的阶段;战略对策是保证战略目标实现的一整套重要方针、措施的总称,是保证战略实现的手段。具体来说,一方面,企业在制定财务战略具体目标时,一般都要充分利用其外部的机会和内部的优势,但也不能完全回避外部威胁和内部劣势所潜伏的威胁性影响,明确战略重点。另一方面,为使财务战略方案能被有序执行,必须分期规定各阶段的具体任务和目标,才能保证届时实现财务战略目标。因此,在制定财务战略时,企业必须根据现有条件和对财务管理环境的变化和发展趋势的分析,划分战略阶段,提出各战略的时间、任务、目标及措施,明确各战略阶段的重点,使财务战略趋于完整。另外,在研究制定财务战略对策时,企业还必须以其财务状况和盈利能力为分析基础。

不同企业的未来发展前景不同,使得它们所确定的财务战略具体目标也不尽相同,加之企业将来要面对的财务环境以及可能拥有的财务资源也存在差异,所以我们很难描述一种通用的或唯一的可以使企业获得成功的财务战略。

此外,根据现代管理理论"结构追随战略"的观点,企业为实现战略目标必然要求企业组织结构符合企业战略的根本要求,而作为企业组织结构重要组成部分的公司治理结构的完善与否同企业战略目标的实现息息相关。通常,现代的竞争环境、现代的竞争方式和现代的竞争战略都要求现代企业制度和公司治理结构作为根本的制度保障。就财务战略而言,企业财务管理体制和内部会计控制结构必须有助于财务战略的贯彻实施。没有现代的公司治理结构和内部控制制度,将导致严重的经济后果或出现致命的财务危机。公司治理结构、内部控制的组织形态或结构形式要服从、受制于企业战略与财务战略,它们必须为实现企业战略目标服务。内部控制系统与战略绩效控制系统相互交叉、相互渗透、相互补充,共同负责财务战略的贯彻实施。

四、财务战略的类型

（一）按资金筹措与使用特征划分（见表 5-4）

表 5-4 按资金筹措与使用特征划分的财务战略

类　型	内　容　阐　释
扩张型财务战略	扩张型财务战略是以实现企业资产规模的快速扩张为目的的一种财务战略。为实施这种财务战略，企业往往需要将大部分利润乃至全部利润留存，同时，还要大量进行外部融资，更多地利用负债，以弥补内部积累相对于企业扩张需要的不足。同时，更多地利用负债而不是股权筹资，是因为负债筹资既能给企业带来财务杠杆效应，又能防止净资产收益率和每股收益的稀释。随着企业资产规模的扩张，企业的资产收益率在一个较长时期内表现出相对较低的水平，其显著特征表现为高负债、低收益、少分配
稳健发展型财务战略	稳健发展型财务战略是指以实现企业财务绩效的稳定增长和资产规模的平稳扩张为目的的一种财务战略。实施稳健发展型财务战略的企业，一般将尽可能优化现有资源的配置和提高现有资源的使用效率及效益作为首要任务，将利润积累作为实现企业资产规模扩张的基本资金来源。为了防止过重的利息负担，这类企业对利用负债实现企业资产规模从而促进经营规模扩张往往持十分谨慎的态度。所以，实施稳健发展型财务战略的企业的一般财务特征是低负债、高收益、中分配
防御收缩型财务战略	防御收缩型财务战略是指以预防出现财务危机和求得生存及新的发展为目的的一种财务战略。实施防御收缩型财务战略的企业，一般将尽可能减少现金流出和尽可能增加现金流入作为首要任务，通过采取削减分部和精简机构等措施，盘活存量资产，节约成本支出，集中一切可以集中的资源用于企业的主导业务，以增强企业主导业务的市场竞争力。高负债、低收益、少分配是实施这种财务战略企业的基本财务特征

随着企业经营环境的日益复杂，组织形式的变化、金融工具的创新、企业自身发展所处阶段的不同，从不同的角度分析，企业呈现的总体财务战略可以是以上三种中的任意一种，也可以是某一种局部修正或者创新。

（二）按财务管理的内容/对象划分（见表 5-5）

表 5-5 按财务管理的内容/对象划分的财务战略

类　型	内　容　阐　释
筹资战略	筹资战略是根据企业的内外环境的现状与发展趋势，适应企业总体战略与投资战略的要求，对企业的筹资目标、原则、结构、渠道与方式等重大问题进行长期的、系统的谋划。 筹资目标是企业在一定的战略期间内所要完成的筹资总任务，是筹资工作的行动指南。它既涵盖筹资数量的要求，更关注筹资质量。筹资原则是企业筹资应遵循的基本要求，包括低成本原则、稳定性原则、可得性原则、提高竞争力原则等。企业还应根据战略需求不断拓宽融资渠道，对筹资进行合理搭配，采用不同的筹资方式进行最佳组合，以构筑既体现战略要求又适应外部环境变化的筹资战略
投资战略	投资战略是在市场经济和竞争条件下，根据企业使命和目标的要求，对在一定时期内为获得预期收益，而运用企业资源购买实际资产或金融资产行为的根本性谋划。 投资战略主要解决战略期间内投资的目标、原则、规模、方式等重大问题。投资目标包括收益性目标、发展性目标、公益性目标等。投资原则主要有集中性原则、准确性原则、权变性原则。在投资战略中还要对投资规模和投资方式做出恰当的安排

续表

类　型	内　容　阐　释
收益分配战略	分配战略是根据筹资战略、投资战略的需要，制定企业的股利（收益分配）政策，共同作用于企业的筹资、投资管理目标，使企业实现股东价值最大化。 　　企业的收益应在其利益相关者之间进行分配，包括债权人、企业员工、国家与股东。然而，前三者对收益的分配大多比较固定，只有股东对收益的分配富有弹性，所以股利政策也就成为收益分配战略的重点。 　　股利政策要解决的主要问题是确定股利战略目标、是否发放股利、发放多少股利以及何时发放股利等重大问题。从战略角度考虑，股利政策的目标为：促进企业长远发展；保障股东权益；稳定股价，保证企业股价在较长时期内基本稳定。企业应根据股利政策目标的要求，通过制定恰当的股利政策来确定其是否发放股利、发放多少股利以及何时发放股利等重大方针政策问题。 　　分配战略是从属性的，但有时也是主动性的。从属性是指分配管理在很大程度是筹资管理的补充；主动性，是因为当企业分配政策有利于协调生产经营时，企业发展的速度就快，反之则相反

（三）按企业生命周期划分

生命周期是指从引入到退出经济活动所经历的时间。企业生命周期分析须借助于行业生命周期来考虑。一般认为，行业生命周期分为幼稚期、成长期、成熟期和衰退期四个阶段。行业生命周期在很大程度上决定了企业的生命周期。与行业生命周期一样，企业的生命周期也分为四个阶段，即初创期、成长期、成熟期和衰退期。处于不同阶段的企业有不同战略重点，从而有着不同的财务战略。从财务战略对经营战略的支持性及经营风险与财务风险的互逆性看，各个时期的财务战略肯定是不同的。

基于此，财务战略可分为初创期的财务战略、成长期的财务战略、成熟期的财务战略和衰退期的财务战略四种类型。

第二节　财务战略管理

　　财务战略管理，或称战略财务管理，是指运用企业战略管理的思想，从战略角度对财务战略的制定和组织实施方面的管理，是企业财务管理的关键。财务战略管理既要体现企业战略管理的原则要求，从战略管理的角度来规划企业的财务行为，使之与企业的总体战略相一致，以保证企业经营目标的实现，又要遵循企业财务活动的基本规律。

一、财务战略管理的特征（见表5-6）

表5-6　财务战略管理的特征

特　征	内　容　阐　释
关注企业核心竞争力的创造	财务战略的目标之一就是企业在激烈的市场竞争中是否具有核心竞争力，并将其看作企业是否能够保持优势的关键。企业有了核心竞争力，就可以根据市场的变化不断调整完善自身的经营策略。企业的核心竞争力通常包括财务核心竞争力和技术核心竞争力。技术核心竞争力的创造来自正确的研发决策和技术更新决策。财务核心竞争力就是企业盈利能力的可持续增长，其培养来源于合理正确的投资决策、资本结构决策、营运资金决策等。企业的核心竞争力通常体现为一个企业的本身具备的综合实力

续表

特 征	内 容 阐 释
财务战略管理的逻辑起点应该是企业目标和财务目标的确立	这是因为，每个企业客观上都应该有一个指导其行为的基本目标以及相应的财务目标。企业目标的明确，也就意味着明确了企业的总体发展方向；财务目标的明确，则为财务战略管理提供了具体行为准则。有了明确的企业目标和财务目标，才可以界定财务战略方案选择的边界，才能排除那些显然偏离企业发展方向和财务目标要求的战略选择。也就是说，只有明确了企业目标和财务目标，才可以将财务战略管理尤其是财务战略形成过程限定在一个合理的框架之内，才能避免漫无目的地探寻财务战略方案这种劳而无功的做法
关注企业的长远发展	每个企业都应该有一个明确的经营目标以及与之相应的财务目标，以此来明确企业未来的发展方向，为企业的财务管理提供具体的行为准则。只有明确了企业经营目标和财务目标才可以界定财务战略方案选择的边界，选择适合企业自身的财务战略。财务战略管理应具有战略视野，关注企业长远的、整体的发展，重视企业在市场竞争中的地位，以扩大市场份额，实现长期获利，打造企业核心竞争力为目标
重视环境的动态变化	企业制定战略以外部经营环境的不确定性为前提，企业必须关注外部环境的变化。根据变化调整战略部署，或采取有效的战略方案，充分利用有限的经济资源，保证企业在动态的环境中生存和发展。换句话说，财务战略管理就是要用一种动态的眼光去分析问题，它关心的不只是某一特定时刻的环境特征，还包括这些因素的动态变化趋势，关注这些环境特征的未来情形及其对企业可能产生的影响
广泛收集财务及非财务信息	在竞争环境下，衡量竞争优势的不仅有财务指标，还有大量的非财务指标。许多非财务指标尽管不能直接反映企业的经营业绩，但对企业的长远发展起着至关重要的作用，如目标市场的占有率、客户满意度等。因此，财务战略管理不仅应充分了解竞争者的财务信息，还应尽可能收集竞争者的一些非财务信息

小知识

财务战略管理对传统财务管理的挑战（见表 5-7）

表 5-7 财务战略管理对传统财务管理的挑战

挑 战	内 容 阐 释
对财务管理假设的挑战	传统财务管理包括财务主体、持续经营、货币计量、有效市场等假设，但财务战略管理对此产生了冲击。例如，财务主体假设要求财务提供的信息限定在某一特定主体范围内，而财务战略管理要求提供宏观经济情况和整个市场的信息以及竞争者的信息，传统财务主体假设已不复存在。再如，货币计量假设要求财务管理以货币为统一的计量尺度，提供财务信息，而财务战略管理不仅要求提供财务信息，而且要求提供大量如市场需求量、市场占有率、产品质量等非财务信息。财务分期假设要求按年度划分期间，财务战略管理虽不排斥按照年度分期，但其财务分期可能更长
对财务管理对象的挑战	传统财务管理的对象是资金运动。资金运动就是价值运动，在市场经济条件下，价值是以货币来计量的。但财务战略管理的计量尺度不再是唯一的尺度，其对象也不仅限于资金运动

续表

挑　　战	内　容　阐　释
对财务管理目标的挑战	尽管理论界对财务管理目标还存在争议，但较为普遍的观点认为财务管理的目标是股东财富最大化或企业价值最大化。企业应将这些目标贯穿到财务预测、决策、计划和预算管理之中。而财务战略管理更具有战略眼光，它关注企业未来的发展，重视企业在市场竞争中的地位，以扩大市场份额、取得竞争优势为目标。虽然从长远看二者并不矛盾，但在短期内，二者很难做到统一和协调。这是因为，财务战略管理的导向强调的是长期发展，而且以产品的市场地位、获利能力等全面衡量企业的发展状况，追求的是能够伴随企业良好发展的适度的利润率，而不是以短期的销售量来获取利润
对财务管理业绩评价方法的挑战	传统财务管理的业绩评价指标一般采用投资报酬率指标，只重结果，不重过程，忽略相对竞争地位在业绩评价中的作用。而财务战略管理主要从提高竞争地位的角度来评价企业业绩，将企业业绩评价指标与企业财务战略管理相结合，根据不同的战略，确定不同的评价标准，而且要求在财务业绩和非财务业绩之间求得平衡，既重视内部业绩的改进，又重视利用外部标准衡量企业的竞争能力

二、财务战略管理的观念

（一）传统理财观念

传统理财观念是随着商品经济的发展而形成的，主要包括的类型如表 5-8 所示。

表 5-8　传统理财观念类型

类型	内　容　阐　释
经济效益观念	实现最佳经济效益是企业经营的基本目标。企业进行理财活动，必须树立正确的经济效益观念。这就要求企业在进行经营的过程中，必须处理好企业所费与所得之间的关系，最大限度地发挥财务管理在企业经营中的职能作用，在遵循资本运动规律的前提下，承担企业筹资、投资、成本费用管理及其收益分配方面的职能；要研究经营理财活动的规律，强化资金管理，重视优化资本结构，降低资本成本，合理负债经营，控制财务风险。在开展日常生产经营活动的同时，利用发达的金融、资本市场开展货币商品经营，保持良好的财务形象
财务风险观念	财务风险观念是在市场经济条件下，从资金需求出发，考虑资本市场评价效益，并成功实现风险决策的观念。树立财务风险观念要重视金融、资本市场的动向，以便从金融市场筹集所需要的资金；要优化资本结构，正确核算资本成本和投资收益率；要正确对待和全面分析财务风险，研究引起财务风险的一系列不确定性因素，研究防范财务风险应采取的具体措施和方法
货币时间价值观念	货币时间价值观念要求企业在进行理财决策时要充分认识不同时点货币价值的差异，创造良好的资金投放回收条件，加速资金周转，以减少闲置资金的损失；要采用科学方法研究未来的现金流量、各种闲置资产的机会成本，以及资本成本和投资收益率的组成及投资收益率的高低等。在投资决策中，既要考虑投资项目在寿命期内能实现的利润总和或现金净流量总和，也要重视利润和现金净流量在各个时期的分布情况，以确定最佳决策方案；在筹资决策中既要考虑资本成本，也要注重资本成本的支付方式和支付时间，以避免资本成本测算失误
资本成本观念	资本成本是指企业因筹集和使用资金而付出的代价。在市场经济条件下，由于资本所有权和资本使用权的分离，企业在筹资过程中必须考虑资本成本，研究资本成本对筹资决策的影响。例如，资本成本既存在于利息、股息等方面，也存在于企业购销活动中的应付款及预收款之中。因此，必须认识资本成本存在的广泛性，做出正确的筹资决策

（二）资本经营理财观念

企业资本运营的过程就是要对企业所拥有的各种资本要素进行合理的配置，促成其高效流动，使其资本结构优化。资本经营理财观念类型如表 5-9 所示。

表 5-9 资本经营理财观念类型

类　型	内　容　阐　释
理财效益观念	理财效益观念是指要树立理财的根本动因是实现资本的最大增值和最大利润的观念。在资本投资决策前，要重视成本预测和决策，注重市场调研，投资要与企业发展和市场需要相适应。要重视资金与物资运营的相结合，加强成本、费用、资金的有效控制，挖掘现有资本的潜力，提高资本使用效率
机会成本观念	在经营理财活动中引入机会成本观念，有助于全面考虑各种可能采取的方案，通过比较权衡，选择最经济、最优化的资本运营方案
边际资本成本观念	应用边际资本成本分析观念制定财务决策，就是要把它作为寻求最优解的工具，以决定某项财务活动究竟应该进行到何种程度才是最合算的

三、财务战略管理的基础

从配合企业战略实现的要求出发，必须着力做好一些工作（见表 5-10），以形成企业财务战略管理的基础。

表 5-10 形成财务战略管理的基础工作

工　作	内　容　阐　释
转变财务管理部门的工作重心	这种转变是基于财务管理本身完全可以为企业战略制定提供最重要的决策支持信息。实现这种转变，财务管理部门把自己的工作重心放在反映企业的资金流向、完整记录企业的历史信息，以及给决策部门提供财务信息是不行的，而必须放在服务于企业的决策制定和经营运作上，要将更多的时间和精力投入到支持企业发展的信息服务工作中，协助企业其他职能部门更敏捷地应对市场的变化，统筹安排企业资源，进行风险管理
建立多维的财务信息资源获取体系	借鉴现代理论研究成果，应该把企业财务分解成出资人财务（或所有者财务）和经营者财务。其中，出资人投资的目标是追求资本的保值和增值，出资人关注的财务问题主要包括投资收益、内部信息对称以及激励和约束等。因此，财务战略管理的制度安排、业绩评价指标等应充分体现出资人所关注的问题，财务管理体系主要应包括现金流量管理、制度管理、人员管理、预算管理、会计信息管理和内外部审计管理等。经营者财务管理的目标，主要在于：保持良好的经营能力、盈利能力和偿债能力；权衡负债的风险和收益，维持理想的资本结构；提高企业资产的利用效率和效益等方面。经营者关注的问题主要包括现金流量、成本控制、市场拓展、产品研发等。由此，经营者财务管理体系应涵盖现金流量管理、营运资本管理、投融资管理、经营者预算管理、税收管理、盈余管理、财务战略管理和风险管理等。实践中，财务管理部门应根据已经产生的基础财务信息，分别计算、分析上述两类指标，为不同财务信息主体提供其所需要的信息，实现财务部门的经营决策支持功能
切实体现财务部门的战略执行功能	财务战略管理最重要的职责，仍然是通过和其他职能部门有效配合，来促进企业战略的顺利执行和有效实现。要想充分发挥其职能，最简单的办法就是深刻理解企业现阶段所制定战略的内涵、背景及其实现的优势和障碍，在此基础上根据企业战略来定位自己应思考和解决问题的战略导向。与传统财务管理活动有区别的是，财务战略管理是主动型的，主要是根据企业战略规划的总目标，安排财务部门的工作。通常，在制定战略的时候，企业财务部门已经做了大量的信息收集、分析工作，可以帮助制定适当的企业战略

这里要特别强调的是，现代企业战略规划已经延伸到了企业外部，企业间的战略联盟和供应链的构架，成为实施财务战略管理的企业发展到一定阶段的必然选择。与之相配合，这一阶段的财务管理部门信息处理的着眼点，就是要扩展到企业外部，涉及供应链或企业战略联盟中的其他企业。这使得供应链成本核算、利润核算、利益协调等，日益成为现阶段财务理论研究的热点问题。

四、财务战略的制定

（一）财务战略制定需考虑的因素

1. 企业的经营战略

财务战略作为企业战略的组成部分，与企业战略是全局与局部的关系，是企业战略的执行战略，必须根据企业不同发展阶段来确定。在不同的发展阶段，企业必须有不同的财务战略实施策略。例如，在企业初创期，由于产品产量规模不是很大，规模效益还没发挥出来，市场认知与了解不深，企业的财务实力相对较弱，在需要大规模扩张时，面临着融资环境相对不利的问题，为更好地聚合资源并发挥财务整合优势，初创期企业的财务战略定位应采用稳健原则和一体化经营战略，将企业的投资决策权全部集中在母公司（所有子公司不具有投资决策权），多采用股权资本筹资方式，尽量少用负债筹资方式，采用零股利分配政策或主要考虑股票股利方式。

2. 资本结构

根据企业的不同生命周期、产品市场和资本市场的情况，财务总监要提出企业最合理的资产、负债结构，确保企业快速健康发展。实践证明，企业的快速发展需要一个最优的资本结构，否则企业将陷入困境。大量的企业破产案件表明，企业破产的重要原因就是企业大量举债，财务风险过高，最终走向破产。

3. 战略实施与成本管理的关系

财务战略规划实际上是对价值链、战略定位进行分析。对价值链分析所得出的信息对制定战略以消除成本劣势和创造成本优势起着非常重要的作用。战略定位分析主要解决如何将成本管理与企业战略相结合的问题，因为在确定企业的战略定位以后，实际上也就确定了企业资源的配置方式及相应的管理运行机制。通过价值链分析和战略定位分析，企业就能够确定其应采取的成本管理战略，其基本思想是将资源、成本因素同企业的竞争地位联系起来，寻求企业竞争力提高与成本持续降低的最佳路径。

因此，财务战略实施必须正确处理好与成本管理的关系，也就是战略成本管理问题。我们通过图 5-1 来说明这一问题。

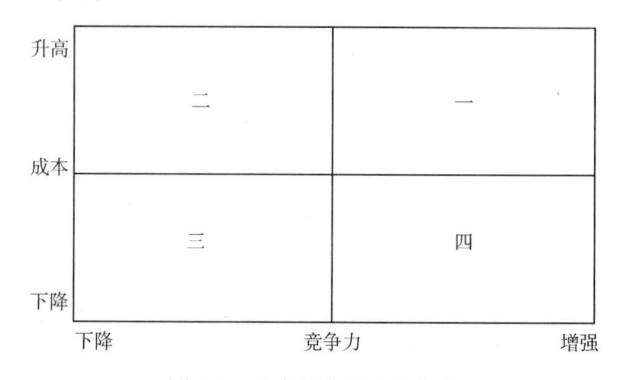

图 5-1　成本与竞争力的关系

图中第一象限的区域表明，伴随特定战略方案的实施，企业的竞争力增强，同时成本升高。也就是说，战略方案的实施能够使企业获取竞争优势，但要付出成本升高的代价。从战略成本管理的角度讲，这时就需要进行一定的成本决策分析，看企业战略是否符合成本效益原则。如果成本在短期内有一定程度的升高，但从长期来看，它能够使企业竞争力得到较大程度的提升，增强企业的长期盈利能力，这对企业来说，该战略无疑是可取的。例如，企业在员工培训方面加大资金投入，虽然在短期内会导致企业成本上升，但从企业的长远发展来看，这有助于企业形成自身的人才竞争优势，因此是能够接受的。

图中第二象限的区域表明，伴随战略方案的实施，企业成本升高，竞争力反而下降。对于此类战略方案，不管从哪个角度来分析，都是不可行的。企业如果实施这类战略方案，必然会导致生产经营能力的下降，并丧失已有的市场份额。

图中第三象限的区域表明，伴随战略方案的实施，企业成本下降，而且竞争力下降。这也就是说，尽管企业战略方案的实施要求的成本很低，但缺乏竞争力，不利于企业的长期发展。例如，有的企业为了追求成本的降低，放弃产品的质量要求，在生产过程中不按规定的投料标准和操作规程进行生产，最终引起客户的不满，影响了市场的进一步扩大，使得企业竞争力下降。企业此类成本的降低是以牺牲竞争力为代价的，从战略成本管理的角度来看，这类战略方案一般是不能接受的。

图中第四象限的区域表明，伴随战略方案的实施，企业成本下降，竞争力提高。企业能够在提高竞争力的同时实现成本的下降，无疑是最为理想的状态。例如，有的企业通过技术创新，采用新设备、新工艺，不但降低了产品成本，也使产品质量得到了提高，实现了价格与成本的双赢，给企业带来了丰厚的利润回报，大大增强了企业的竞争力。因此，这类战略方案正是企业应该积极采用的。

由此不难看出，财务战略的管理重点应集中在第一象限和第四象限区域，通过财务战略的支持与配合，使企业的战略成本管理能有利于企业竞争优势的培育、维持和提高，有利于选择最佳的战略方案，提高企业竞争地位和竞争优势。

4. 资本市场

"巧妇难为无米之炊"，资本市场是财务战略制定和实施的前提之一。实践证明，我国资本市场的快速发展，给我国企业，特别是国有企业的发展提供了资金来源，促进了我国经济的快速健康发展。在一定程度上，离开资本市场所制定的财务战略无异于"无源之水，无本之木"。财务总监在制定财务战略时需十分重视资本市场这一因素，加以研究，才能使企业的财务战略与现实相符。

5. 法律法规政策规定（见表 5-11）

表 5-11 法律法规政策规定

项　目	内　容　阐　释
资本的限制	我国《公司法》对公司的法定资本金、资本金筹集的方式、对外投资的规模、利润分配原则都有明确规定。 公司向其他有限责任公司、股份有限公司投资，除国务院规定的投资公司和控股公司外，所累计投资额不得超过本公司净资产的 50%，在投资后，接受被投资公司以利润转增的资本，其增加额不包括在内。 我国《企业财务通则》还规定，资本金按照投资主体分为国家资本金、法人资本金、个人资本金和外商资本金等。与此相适应，股份制企业的股份划分为国家股、法人股、个人股和外资股

续表

项　目	内　容　阐　释
留存收益的规定	企业年度净利润，除法律、行政法规另有规定外，按照以下顺序分配： • 弥补以前年度亏损。 • 提取10%法定公积金。法定公积金累计额达到注册资本50%以后，可以不再提取。 • 提取任意公积金。任意公积金提取比例由投资者决议。 • 向投资者分配利润。企业以前年度未分配的利润，并入本年度利润，在充分考虑现金流量状况后，向投资者分配。属于各级人民政府及其部门、机构出资的企业，应当将应付国有利润上缴财政。 国有企业可以将任意公积金与法定公积金合并提取。股份有限公司依法回购后暂未转让或者注销的股份，不得参与利润分配；以回购股份对经营者及其他职工实施股权激励的，在拟订利润分配方案时，应当预留回购股份所需利润
外资并购的限制	利用外资参与国有企业的改制改组，要依照《利用外资改组国有企业暂行规定》要求操作，外资对上市公司的并购还要遵守《上市公司并购条例》《关于向外商转让上市公司国有股和法人股有关问题的通知》等相关规定

（二）财务战略制定的依据（见表5-12）

表5-12　财务战略制定的依据

依　据	内　容　阐　释
管理者的风险态度	财务战略的制定与实施需要高层管理者介入。在对待战略管理问题上，始终存在着管理者的意识，尤其是风险意识问题。从风险意识上区分管理者，有三种类型，即风险厌恶者、风险中性者和风险偏好者。不同风险意识的管理者会以不同的方式来制定与实施财务战略。一般认为，风险厌恶型管理者会选择稳健型的财务战略，风险偏好型管理者比较乐意选择更具激进型的财务战略，如较多的债务与较小的股本并存、大胆对外兼并等。风险中性管理者会选择前两者之间的战略
企业管理文化	企业发展到一定规模与层次后，应该有自己的企业文化。其中，财务意识的树立是构建企业管理文化非常重要的一个环节。战略管理要求全员上下都围绕企业战略，处理好长期利益与短期利益、部门利益与整体利益、企业利益与社会利益等的关系。未来管理正在淡化"被管理者"的概念，每个参与者都是主动的、有激励的。财务战略的制定与实施离不开组织体制的保障，也离不开维持组织高效运转的企业文化
公司治理结构	不同的公司治理有着不同的战略决策。这是因为：不同的公司治理机制会产生不同的战略决策与选择程序；不同的公司治理结构会产生不同的战略导向
资本市场	资本市场对财务战略制定与实施的影响主要表现在以下三个方面： • 资本市场为财务战略的制定，尤其是筹资战略的制定提供了前提。资本市场是企业筹资的主要场所，制定财务战略时不仅要考虑资本市场所提供的资本能否在数量上予以保障，而且要考虑在筹资速度与质量上是否符合财务战略的要求。 • 资本市场为财务战略的实施提供依据。财务战略的实施需要各种各样的手段，如购并、股票回购等，它们都需要有适宜的市场环境与操作规则。 • 资本市场在某种程度上是在向公司提供市场信号。这种信号作用表明，财务战略的制定与实施，离不开对市场信号这一环境因素的分析。只有将资本市场作为战略制定的环境因素来考虑，趋利避害，才能使财务战略符合现实

五、财务战略的分析

(一) 财务战略环境分析

财务战略环境是指影响财务战略管理的内外部各种因素。财务战略环境的影响具有整体性、复杂性、不确定性特点。财务战略环境分析是指在确定企业财务管理目标的前提下,分析企业财务工作所处的外部环境、内部环境,识别、分析内外部环境对实现企业财务管理目标的优势、威胁,从而为通过路径选择来实现利用优势、化解威胁进而实现企业价值目标打好基础。

1. 财务战略环境因素识别

财务战略是指通过选择最佳的财务资源配置路径,实现企业价值目标。财务战略制定过程中的环境因素识别,是指在制定财务战略过程中应考虑哪些内外部环境因素,并判断这些因素对财务战略可能造成的影响。

(1) 外部环境因素识别。由于财务战略的目标是有效配置财务资源,包括融资管理、投资管理、收益管理、成本费用管理、信息披露管理和财务风险管理等涉及的财务资源,因此,制定财务战略所应识别的外部环境因素如表 5-13 所示。

表 5-13 制定财务战略所应识别的外部环境因素

因　　素	内　容　阐　释
经济环境	经济环境因素包括经济发展阶段、经济发展特征、市场特征和经济政策。 • 经济发展阶段是指企业所在特定区域的经济处于一个什么样的发展阶段,是高速增长,还是平稳缓慢增长,还是经济衰退。在不同的经济发展阶段,企业所应采取的财务战略是不一样的。因此,经济发展阶段影响着财务战略的制定。 • 经济发展特征是指外部经济发展的周期性规律。财务战略是相对稳定并相对时间较长的,因此,制定财务战略必须考虑经济发展特征。 • 市场特征是指企业所处市场的开放程度、自由竞争程度。不同的市场特征意味着企业不同的资源配置方式,也必然影响到企业的财务战略。 • 经济政策是指企业所处区域所采取的特定经济政策。经济政策对财务战略制定的影响是非常明显的
金融环境	金融环境因素主要包括金融机构、资本市场、货币政策等。从广义上说,金融环境可以归入经济环境中。但是,对制定财务战略而言,金融环境特别重要,因此,有必要将其单独列出进行分析。 　　财务战略的主要内容是融资战略、投资战略和收益管理战略等,这些内容与金融环境密切相关。金融机构的分布、功能决定了企业外部融资、投资渠道,从某种意义上也决定了企业的融资成本、投资收益,资本市场的发达程度则决定了企业财务资源配置的自由度。此外,货币政策将对企业的运营效益产生直接影响
政治法律环境	政治法律环境因素主要包括法律进程、法律完善程度和企业自由权程度。 • 法律进程是指企业所处特定区域下立法的进度,如税收方面的可能立法、反垄断方面的可能立法等,企业制定财务战略应予以高度关注。 • 法律完善程度是指涉及企业运营的商事法律、金融法律等的完善程度。企业制定财务战略时应全面分析已有法律的影响,同时,对未立法规范的行为要评估风险。 • 企业自由权程度是指在特定政治法律环境下,企业行为权力的范围及限制。企业制定财务战略时,应重点分析企业融资权力、投资权力和收益管理权力等,以明确企业未来的行动以及限制。 　　政治法律环境因素中,企业应重点关注经济、商事方面的法律、政治因素

续表

因 素	内 容 阐 释
技术环境	技术环境是指与企业财务资源配置相关的各类技术及其未来发展，包括财务信息产生及披露技术、资本市场交易技术、内部控制技术等。随着互联网技术的发展，财务资源配置的技术环境正发生着革命性的变化。因此，企业在制定财务战略时，必须充分评估技术环境，同时预测未来技术发展前景，以增加财务战略的适宜性、可操作性
行业环境	行业环境是指企业所处的行业现状及其未来发展。行业环境很大程度上决定了企业总体战略。对制定财务战略而言，同样必须关注行业环境。在财务战略制定过程中，必须关注行业的各项财务指标、行业的主要融资方式、主要投资方向以及收益管理所采取的主要政策
社会文化环境	社会文化环境是指企业所处特定区域的人文环境、文化传统和社会文化发展进程等。社会文化环境的变化必然影响到整个社会资金的积蓄、分配和运用方式，并最终反映到企业中，对企业资金流动产生各种各样的影响
经济全球化环境	经济全球化已经是大势所趋。对制定财务战略而言，经济全球化意味着财务资源的配置是全球化的，如国际资本市场融资、全球的投资等。因此，经济全球化给财务战略的制定带来了非常广阔的思维空间，也使财务战略的制定必须考虑更多、更复杂的因素
会计准则环境	会计准则是有经济后果的，这也意味着会计准则的变化影响着企业价值目标的实现。因此，在财务战略制定过程中，必须分析所采用的会计准则，全面判断准则的影响

（2）内部环境因素识别。在财务战略规划过程中，内部环境因素的识别也是至关重要的。内部环境因素是指企业内部可以配置的财务资源或影响企业内部财务资源配置的因素，主要包括企业总体战略、企业所处的发展阶段、企业所提供的产品（服务）特征、企业内部治理结构、企业内部控制和企业现有的资产资源等（见表5-14）。

表5-14 制定财务战略所应识别的内部环境因素

因 素	内 容 阐 释
企业总体战略	财务战略必须服务、服从于企业总体战略。在企业战略框架中，财务战略应是企业总体战略下的一个子系统。战略管理大师迈克尔·波特认为，战略就是在企业的各项运营活动之间建立一种配称。企业总体战略可以区分为业务层战略与企业层战略两个层面。业务层战略一般区分为低成本战略、差异化战略和集中化战略，而企业层战略一般有多元化、国际化等。因此，财务战略必须在企业总体战略格局下确定
企业所处的发展阶段	任何企业都有其自身的生命周期。企业的生命周期一般可以划分为初创期、发展期、成熟期和调整期四个阶段。处于不同生命周期阶段的企业，其自身所能产生提供的资源及发展所需要的资源是不一样的，由此也决定了处于不同生命周期阶段的企业所采取的财务战略是不一样的。制定财务战略时，必须考虑企业所处的不同生命周期阶段，分析所处阶段企业自身所能产生提供的资源及所需要的资源
企业所提供的产品（服务）特征	企业所提供的产品（服务）特征决定了企业自身的盈利能力，也就是企业自身产生提供资源的能力。同样，企业所提供的产品（服务）特征也决定了企业为生产、提供产品（服务）所需要的资源
企业内部治理结构	企业内部治理结构事实上决定了企业内部的权力分配及其相互牵制。良好的内部治理结构意味着财务战略能够得到良好的实施。因此，制定财务战略时，必须考虑企业内部治理结构能否保证财务战略得到有效执行

续表

因　素	内　容　阐　释
企业内部控制	良好的企业内部控制可以有效降低企业经营风险、财务风险。企业制定财务战略的一个目的是降低企业预期的财务风险。因此，制定财务战略必须考虑企业内部控制的完善性、有效性
企业现有的资产资源	财务战略是企业为达到设定的未来目标而确定的资源配置路径。其基本思路是：现有资源如何配置、未来如何配置资源。因此，制定财务战略时必须对企业现有的资产资源进行详细分析，包括静态的企业已经拥有或控制的资产、动态的企业通过运营活动或政策途径可能取得的资产等

内部环境状况是决定财务战略的内因，脱离一定的内部环境，要制定一个良好的财务战略并加以实施是不可能的。研究分析财务战略内部环境就是要搞清楚这些因素对企业资金流动的影响，同时发现企业自身的长处与短处，分析造成这些情况的原因，以充分挖掘潜力，发挥优势，结合外部环境制定企业的财务战略。

2. 财务战略环境分析的程序

财务战略环境影响企业财务战略管理的各个环节：在战略的制定阶段，企业需要对现有环境进行扫描，寻找机会与威胁，并对未来环境进行预测，以制定科学、合理、正确的财务战略；在战略的执行阶段，有利的财务战略环境能强化财务战略的有效执行，而不利的财务战略环境将制约、阻碍财务战略的有效执行，从而弱化财务战略的绩效；在战略的控制阶段，各环境要素将对控制标准的确定及财务战略实际执行情况的衡量产生影响，从而影响财务战略控制效率及效果；在战略的修订阶段，现行战略环境及未来的财务战略环境的预测将影响修订行为及方案的选择。

财务战略环境分析的程序如表 5-15 所示。

表 5-15　财务战略环境分析的程序

步　骤	内　容　阐　释
收集企业财务战略环境的信息	可通过建立情报研究、战略研究等部门安排专门人员收集信息，也可以通过组织外部社会调查、情报研究等专业机构进行。信息的主要来源包括广播、电视、报纸、杂志、政府公报、国家法律法规文件等。另外，互联网已成为重要的信息渠道
分析环境因素对企业资金流动的影响	在掌握大量环境因素并对其趋势进行预测分析的基础上，要进一步分析各环境因素对企业资金流动可能造成的影响，估计影响的性质、大小和发生的时间，从而明确企业未来在资金流动方面受到的威胁和可能利用的机会
归纳环境分析的结果	将各种资料和数据进行归纳和整理，编写环境分析报告书。这一步应包括：企业今后将面临什么样的财务环境，各种环境因素会如何变化，对企业资金流动造成什么影响，未来财务环境对企业资金流动来说存在哪些机会和威胁，以及它们出现的可能性有多大

（二）财务战略决策分析

企业的生产经营受各个方面因素的影响，主要包括政治法律、经济环境、社会文化环境、技术环境等多个方面的影响。企业只有从不同角度运用多种决策分析方法，深入分析和认识外部环境，结合企业自身特点，才能在财务战略问题上做出最佳的选择。

（1）宏观政策导向分析法。经济体制是一定经济制度所采取的具体组织形式和管理制度，属于生产关系的具体实现形式。我国社会主义市场经济体制的基本结构主要由三个部分构成，包括现代企业制度、市场经济的培育和发展、完善的宏观调控系统。社会经济结构是指一个国家经济中各产业的比例构成情况，其中行业结构对企业财务战略的制定最具影响力。一般而言，国家通过税收、财政补贴、优惠政策等方面的政策引导产业的调整，企业应当保持对政策的敏感性，及时收集、整理相关信息，形成报告分析程序，评价国家新出台的相关经济政策对企业自身的影响，尤其是对企业所在行业空间的变化、未来盈利能力等做出评估，指导具体财务战略的决策。

（2）经济周期分析法。经济周期是总体经济活动的一种波动过程，是经济运行的规律性反映，它通常分为繁荣、衰退、萧条和复苏四个阶段。表 5-16 为西方财务学界总结的经济周期各阶段企业的一般财务战略决策。

表 5-16 经济周期各阶段的企业财务战略决策

阶　　段	繁　　荣	衰　　退	萧　　条	复　　苏
战略决策	扩充厂房、设备；继续建立存货；提高价格；开展营销规划；增加劳动力	停止扩张；出售多余设备；转让一些产品；停产不利产品；停止长期采购；削减存货；停止招聘雇员	建立投资标准；保持市场份额；缩减管理费用；放弃次要利益；削减存货；裁减雇员	增加厂房设备；实行长期租赁；建立存货；引入新产品；增加劳动力

需要说明的是，经济发展的周期波动不仅有短程周期、中程周期和长程周期之别，而且有总量周期波动与产业及行业周期波动之异。所以，表 5-27 中经济周期各个阶段应采取的财务战略的实施时间选择、力度以及持续的时间安排，还应以具体经济周期特征分析为前提。

（3）标杆法。标杆法是许多世界著名企业经常使用的竞争者分析方法，也是企业培养竞争优势的有效方法之一。标杆法起源于 20 世纪 70 年代末 80 年代初，在美国企业学习日本公司的运动中，首先开辟标杆管理先河的是施乐公司。标杆法的使用范围已从最初度量制造部门的绩效，发展到不同的业务职能部门，其被西方企业认为改善企业经营绩效、提高全球竞争力最有效的一种管理工具。

1）标杆法主要分为战略性和操作性两种。

①战略性标杆法。在与同业最优秀的企业进行比较的基础上，从总体上关注企业如何竞争发展，明确和改进企业战略，提高企业战略运作水平。战略性标杆法是跨越行业界限寻求绩优企业成功的战略和优胜竞争模式。战略性标杆法需要收集各竞争者的财务、市场状况进行相关分析，提出自己的最佳战略。

②操作性标杆法。一种注重企业整体或某个环节的具体运作，找出达到同行最好的运作方法。从内容上，操作性标杆法可分为流程标杆法和业务标杆法。流程标杆法是从具有类似流程的企业中发掘最有效的操作程序，使企业通过改进核心过程提高业绩；业务标杆法是通过比较产品和服务来评估自身的竞争地位。

2）标杆法的基本程序。

①标杆法的基本业务流程。确定标杆的内容是什么；确定把谁作为标杆；建立标杆企业的信息采集分析系统；对本企业关心的方面做研究；寻找与标杆企业的差异，并进行分析做出企业自身的战略决策。

②在这一流程中,最重要的一步工作就是建立标杆企业的信息采集分析系统。其步骤如下:

第一步,建立标杆企业信息采集分析系统。信息系统的内容包括很多方面,不同的企业应当根据企业自身的实际情况进行设计和操作。在资料收集过程中,对手资料范围也可以根据实际情况给予增加或减少,每个方面的资料和数据内容可以进行细化,并加以初步分析。分析的结果可以是从资料中直接获得的数据或证据,也可以是根据基本资料做出的判断。

第二步,利用标杆企业信息资料进行财务战略决策。企业应当通过对标杆企业产品分析、市场营销策略和国际化经营的规模和范围等因素,以及最终对财务指标的影响,来进一步分析企业自身的相应现状,做出相应的决策。当然,标杆企业成功运用的经验并不一定适用于特定企业,因此在采用标杆法时,一定要审慎。如果是同一国家内同行业的标杆企业,又是企业的竞争者,那么有时通过对竞争者的全方位分析,在投资战略上可以采取相反的策略。

(4) SWOT矩阵分析法。SWOT(优势-弱点-机会-威胁,strengths-weaknesses-opportunities-threats)矩阵分析法是帮助管理者制定如下四类战略的重要匹配工具:优势-机会(SO)战略、弱点-机会(WO)战略、优势-威胁(ST)战略、弱点-威胁(WT)战略。其中,优势-机会战略,是一种发挥企业内部优势而利用企业外部机会的战略。企业通常首先采用WO、ST或WT战略,而达到能够采用SO战略的状况;弱点-机会战略的目标是,通过利用外部机会来弥补内部弱点,适用于这一战略的基本情况是,存在一些外部机会,但企业有一些内部的弱点妨碍它利用这些外部机会;优势-威胁战略,是利用本企业的优势回避或减轻外部威胁的影响;弱点-威胁战略,是一种旨在减少内部弱点同时回避外部环境威胁的防御性技术。具体示例见表5-17。

表5-17 某经营良好公司的SWOT矩阵分析

	优势(S) • 流动比率增长到2.52% • 盈利率上升到6.94% • 员工士气高涨 • 拥有新的计算机信息系统 • 市场份额提高到24%	弱点(W) • 存在待决法律诉讼 • 设备利用率下降到74% • 缺少战略管理系统 • 研发支出增长了31% • 对经销商的激励不够有效
机会(O) • 西欧的联合 • 用户选购商品时对健康的关注 • 亚洲自由市场的兴起 • 对汤料的需求年增长率为10% • 美国与墨西哥自由贸易协定	SO战略 • 收购欧洲的食品公司($S_1/S_5/O_1$) • 在墨西哥新建分厂($S_2/S_5/O_5$) • 开发新的健康汤料(S_3/O_2) • 组建在亚洲销售汤料的合资企业($S_1/S_5/O_3$)	WO战略 • 建立在欧洲销售汤料的合资企业(W_3/O_1) • 开发新的产品($W_1/O_2/O_4$)
威胁(T) • 食品销售收入每年仅增长1% • 竞争者以27.4%的市场份额居于领先地位 • 不稳定的亚洲经济 • 罐头盒不能被生物降解 • 美元贬值	ST战略 • 开发新的产品($S_1/S_3/T_2$) • 开发新的可生物降解的汤料包装(S_1/T_4)	WT战略 • 停止在欧洲的不利经营业务($W_3/T_3/T_5$) • 多元化经营,进入非汤料食品市场(W_5/T_1)

建立SWOT矩阵的过程包括如下步骤:列出公司的关键外部机会;列出公司的关键外部威

胁；列出公司的关键内部优势；列出公司的关键内部弱点；将内部优势与外部机会相匹配，记录作为结果的 SO 战略；将内部弱点与外部机会相匹配，记录作为结果的 WO 战略；将内部优势与外部威胁相匹配，记录作为结果的 ST 战略；将内部弱点与外部威胁相匹配，记录作为结果的 WT 战略。

（5）企业生命周期分析法。每个企业的发展都要经过一定的发展阶段。最典型的企业一般要经过初创期、发展期、成熟期和衰退期四个阶段。不同的发展阶段应该有不同的财务战略与之相适应。企业应当分析所处的发展阶段采取相应的财务战略。

1）企业初创期的财务战略。企业生命周期初始阶段的经营风险是最高的，从经营风险与财务风险的互逆关系分析，较高的经营风险必须辅以较低的财务风险，因此要求采用稳健财务战略，如表 5-18 所示。

表 5-18　稳健财务战略的内容

战　　略	内　容　阐　释
一体化投资战略	企业组建初期基于各种因素考虑，应当实施一体化投资战略。即投资决策权全部集中在集团总部，所有子公司不具有投资决策权，母公司提出未来投资发展的方向。它类似于产业政策，由母公司对未来将要投资的领域提出优先级，以给子公司在项目选择时提供战略上的指导；对于子公司提出的投资项目及所需的资本，在经过管理总部审批确认后，由总部负责资金的分配；项目所需资金的分配必须严格按照项目资本预算的数额确定，由母公司负责预算的审批与资本的拨付
权益资本筹资策略	对创业企业而言，其投资价值是由未来预期现金流量的现值创造的，这种现金流量来自产品的成功开发、投放和成长。此时，债权人要求以较高的风险报酬为前提，因此初创期企业采用权益资本筹资策略。在权益资本筹资过程中，由于这一时期企业的收益能力不高、不确定性很强，因此风险投资在其中起了很大作用
零股利分配政策	新设立的高风险企业如欲新募集权益资本，必然面临着非常高的交易成本，如法律费用、手续费用和咨询费用等，通过筹集新的权益资金来分配股利显然是不合逻辑的。因此在初创阶段，企业应采用零股利分配政策

2）企业发展期的财务战略。对大多数企业而言，进入发展期后所有竞争战略的执行都需要企业相当大的投资，而这些要求在财务上的可行性有赖于对未来销售增长的预期，因此企业经营风险的程度依然很高。企业必须采用适当的融资渠道将财务风险控制在低水平，这就意味着需要继续使用权益资金。在高速发展期，基于完全合理的利润水平之上的高销售额将产生比初创期更充裕的现金流，这最终导致股利支付率保持在低水平上。

①权益筹资战略。当企业对资金的需求远大于企业的供给能力时（可容忍的负债极限能力），负债筹资不能成为企业集团发展期的首选融资方式（由于高经营风险所带来的外显式高资本成本）。因此资本不足的矛盾主要通过两条途径来解决：一是企业向现有股东增发新股；二是将大多数收益留在企业。这种权益筹资战略，尤其是留存收益再投资战略是企业发展壮大的基石。这种战略要求企业：第一，确定合理的利益分配与留存比例，最好采用不分股利政策；第二，如果是集团公司，应该明确对外筹资的集权性管理，统一调度资金，利用盘活内部资金等。

②适度分权的投资战略。企业应当采取适度分权的投资战略（总部集权重大项目决策、严格中小项目审批）；投资所需资本采取集中供应与自主筹措相结合；合理测定集团增长速度，防范过度经营；强化立项审批制度，合理投资规划，严格项目法人责任制与项目责任人负责制。

3）企业成熟期的财务战略。一旦产业稳定，销售情况良好而稳定且利润空间合理的成熟期开始出现,企业将呈现这些财务特征:市场增长潜力不大,产品均衡价格形成,竞争转向成本效率;账款不断收回,形成较大现金净流量;股东报酬期望高;等等。在这个阶段,企业将采取以下财务战略:

①激进型筹资策略。进入成熟期,意味着企业高盈利水平和低资本性支出时期的到来,企业此时选择激进型筹资策略,更多地运用债务融资是较佳选择。首先利用债务融资可获取增加潜在税收的期望现值;其次在经营中所涉及的资产这时处于价值最大化的时期,此时企业财务状况良好,债务融资成本较低;再次经营风险的降低能通过举债带来的财务风险增加来平衡,运用负债手段可以放大资本杠杆所产生的正效应,进一步增加股东价值。

②以技术改造与资产更新为重点的投资战略。

③以强化成本管理为核心的内部财务管理战略。

④高支付率股利分配政策。

4)企业衰退期的财务战略。除非企业能创造巨大的市场,并能无限制地持续下去,但它在成熟期创造的正现金流量不可能永远持续下去,因为市场对产品的需求最终将逐渐衰退,原有行业已成夕阳,需要进行大幅度市场结构与经营结构的调整。在这一阶段,企业应当考虑以合适的价格出售某些分部,退出这一行业并集中财务资源,投资已确定要进入的领域与行业。如果衰退期得到的高现金流量并没有新的投资战略,可以实行高支付率股利分配战略。

小知识

财务战略执行分析

1. 财务战略执行的管理控制系统

管理控制系统的目的在于贯彻财务战略。不同的企业,控制与战略之间关系有所不同。建立管理控制系统应当考虑如下几个方面:

(1) 不同的战略在不同的组织体系中运行,可以使用的财务战略手段不同。

(2) 为了更有效地执行企业总体战略,不同的战略需要不同的优先顺序、按照不同的关键性成功因素、不同的技巧来行动。但由于企业目标通常表现为财务结果,因此企业总体战略的核心是某财务业绩的实现,财务部门在保证财务业绩实现方面要发挥主要作用,财务战略在设计管理控制系统时是其中的主要方面,管理控制系统必须便于财务战略的执行。

(3) 控制系统有别于控制手段的根本点是战略控制系统产生行为的导向作用,影响被评价员工行为,从而使全部员工行为趋向企业的战略,这通过具体的战略执行方法得以实现。

(4) 在对实现企业战略包括财务战略的管理控制系统进行设计和通盘考虑时,必须始终关心该管理控制系统下诱发的行为是什么。

综上所述,战略执行的方式取决于企业对战略执行的管理控制系统的选择。关于现代企业组织结构与战略关系的研究,可直接追溯到古尔德(Goold)和坎贝尔(Campbell)等人的模式研究。他们将管理控制模式分为战略计划型、战略控制型和财务控制型三种。这三种不同模式可用表5-19概括描述。

表5-19 三种不同的管理控制模式

项 目	战略计划型	战略控制型	财务控制型
行业类型	高速变化、快速增长或竞争激烈	成熟产业、稳定的竞争环境	多种产业
总部任务	高度介入业务单位的计划和决策的制定,方向明确	业务单位制订计划,总部检查、评估和监督	强调由业务单位制定所有决策

续表

项　目	战略计划型	战略控制型	财务控制型
业务单位任务	经营计划要征得总部和其业务单位的同意（符合战略目标）	有责任制订决策、计划	独立经济体，有时相互合作，追求共同利益
组织结构	强大的中心功能部门，共享服务部门	权力下放，重点是单个业务单位表现，总部作为战略控制者	总部人员最少，总部的工作重心是支持和财务控制
计划程序	按长期战略要求分配资源，总部对计划的影响很大	财务和战略目标相结合，总部对计划的影响程度中等	无正式战略计划，管理程序注重业务单位的年度预算和财务指标，总部对计划影响小
控制程序	不看重对月度财务结果的监督，总部的管理较灵活	依据计划，定期监督实际的财务和非财务指标，总部进行战略控制	只关注财务指标和结果（约定的），总部的控制仅仅是财务上的
价值创造重心	为了长远经济发展创立新的业务单位	业务单位的长期战略和目标（促进+协调）	运营改善和财务控制

这三种模式的区别在于：总部控制与管理下属单位的程度不同，影响下级单位的程度也不同。在不同的战略、管理组织与管理结构下，企业财务战略的执行过程和权力层级也会相应不同。

2. 财务战略的执行过程

一般而言，企业总体战略目标往往非常概括、抽象，财务战略只是企业财务方面的因素，那么如何使得财务战略和其他职能战略相互配合，共同实现企业的整体战略？平衡计分卡为企业经营战略实施计划的诊断和事后结果的评估提供了一套系统化的思路，是对企业高层关注的战略管理问题与基层关注的运营控制问题的一个对接和整合。其流程如图5-2所示。

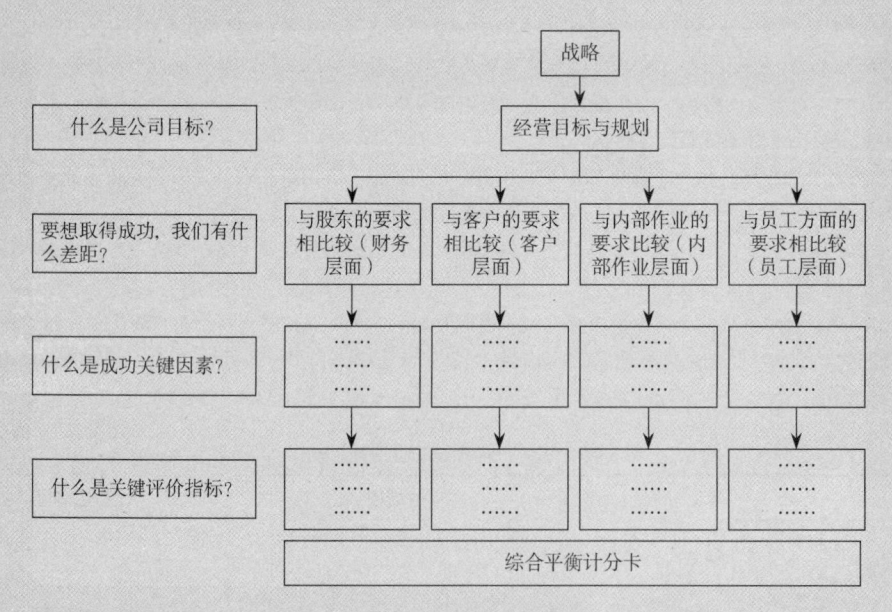

图5-2　平衡计分卡的流程

（1）平衡计分卡。平衡计分卡是由美国著名管理大师罗伯特·卡普兰和复兴方案国际咨询企业总裁戴维·诺顿在总结了12家大型企业业绩评价体系的成功经验基础上，提出的战略管理工具。平衡计分卡把企业的使命和战略转变为可衡量的目标和方法,这些目标和方法分为四个方面:财务、客户、内部作业、创新与学习(见表5-20)。各方面又被细化为若干指标。通过这个全面的衡量框架,平衡计分卡能帮助企业分析哪些是完成企业使命的成功关键因素,哪些是评价这些成功关键因素的指标,促使企业员工完成目标。

同许多传统业绩管理方式相比,平衡计分卡确实具有一些突出的优点,如平衡计分卡能够始终将企业整体的战略目标作为核心目标等;但平衡计分卡这种"多元化的目标管理方法"在继承了传统目标管理方法优点的同时,也继承了目标管理方法的缺点,如在应用平衡计分卡技术的过程中,企业总体战略目标以及通过逐层分解得到的员工个人目标的设定本身就是一个难以解决的问题。

表5-20 目标和方法的四个方面

方面	内容阐释
财务	平衡计分卡的财务绩效衡量方面显示企业的战略及其实施和执行是否正在为最终经营结果的改善做出贡献。常见的指标包括资产负债率、流动比率、速动比率、应收账款周转率、存货周转率、资本金利润率、销售利税率等
客户	平衡计分卡的客户方面衡量包括客户的满意程度、对客户的挽留、获取新的客户、获利能力和在目标市场上所占的份额
内部作业	内部作业衡量方法所重视的是对客户满意程度和实现组织财务目标影响最大的那些内部过程。平衡计分卡把革新过程引入内部经营过程之中,要求企业创造全新的产品和服务,以满足现有和未来目标客户的需求。这些过程能够创造未来企业的价值,推动未来企业的财务绩效
创新与学习	组织的创新与学习有三个主要来源:人才、系统和组织程序。平衡计分卡能揭示人才、系统和程序的现有能力和实现突破性绩效所必需的能力之间的巨大差距,从而改进投资

(2)战略执行图。一般而言,设计平衡计分卡的首要任务就是将组织总体战略目标分解为更为具体的、可执行的、易于衡量的具体行动目标。平衡计分卡所提供的分析框架就是从财务、客户、内部作业及创新与学习四个角度将总体战略进行分解,而由卡普兰和诺顿所倡导的以企业战略执行图为基础的分析框架则更具操作性和逻辑性。所谓战略执行图,就是全面、明确勾勒出企业战略目标与日常经营活动目标之间逻辑关系的一个框架图,它是一种自上而下的战略描述方式,不同的企业应根据自己的战略或目标来绘制相应的执行图,以明确企业各项活动之间及与目标之间的逻辑关系。该战略执行图的基本逻辑是企业的基本目标是为股东创造更多的价值,企业为股东增值的两个基本战略就是增加收入和提高生产效率。企业在这四个方面均衡增长,财务战略贯穿在这四个方面,如信息系统的投资建设是对企业创新与学习方面的支持。

(3)CSF及KPI。成功关键因素(CSF)是对公司擅长的、对成功起决定作用的某个战略要素的定性描述。CSF由关键绩效指标(KPI)进行定量计算和测量。使用CSF和KPI,使得战略目标得以分解,压力逐层传递,同时得以监控战略目标的实现过程。

KPI包括财务性业绩指标和非财务指标。财务指标一般选用能够代表公司或部门获利能力的指标,是对公司战略和经营策略的概括性衡量。低于预期水平的利润,表明公司的战略或策略没有实现预计的结果,因而有可能是不合适的。非财务指标,如质量,不仅解释了目前的销售水平,还可以用于预测未来的销售水平。

KPI能够把企业的注意力集中到问题的关键,即迫使组织成员都可以集中认识并思考对组织来说成功的含义是什么,日常的运营最终对财务指标的影响结果是什么。这一过程同样要结合企业的组织形式和特定情况进行分析。企业要将战略落实到具体的KPI上,最终形成企业的目标指标体系,通过将指标体系的目标下达到业绩合同中,激励经营者努力实现业绩目标,从而保障战略的实现。战略年度指标体系如表5-21所示。

表 5-21 战略年度指标体系

指标	历史1	历史2	历史3	战略年度 20××			战略年度 20××			战略年度 20××			战略年度 20××			战略年度 20××			备注
				O	P	ML	O	P	ML	O	P	ML	O	P	ML	O	P	ML	
营业收入																			
其中：境内																			
境外																			
其中：产品1																			
产品2																			
产品3																			
产品4																			
产品5																			
研发费用																			
培训费用																			
广告费用																			
财务费用																			
EBITDA																			
EBIT																			
税前利润																			
净利润																			
其中：产品1																			
产品2																			
产品3																			
产品4																			
产品5																			
新增固定资产投资规模																			
新增现金性股权投资																			
新增营运资金																			
新增有息负债																			
净资产																			
资产负债率																			
投资回报率																			
净资产报酬率																			
经营现金流量																			
FCF																			

注：①O＝乐观；P＝悲观；ML＝最可能；

②按照会计口径，而非统计口径。

小知识

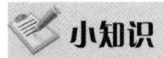

财务战略实施的保障体系

为更有效地实施财务战略,必须做好一些关键工作(见表5-22)。

表5-22 实施财务战略的关键工作

关 键 工 作	内 容 阐 释
强化竞争观念,确立战略意识	企业发展到一定规模与层次,应该有自己的管理文化与价值观,其中树立财务意识是构建管理文化非常重要的一个环节。财务意识并不是一种具体的管理方法,而是一种观念,它影响着人们特别是基层管理者的行动。战略管理意识要求企业上下必须遵循谋求竞争优势宗旨,围绕战略管理核心,处理好长期利益与短期利益、企业整体利益与分部局部利益、企业利益与社会利益等的关系,以服务于战略管理需要。企业文化是财务战略目标顺利实施的重要条件,企业文化决定了企业的凝聚力、竞争力,塑造良好的文化环境有助于战略目标的推进
建立业务与财务一体化的规划流程,增强财务战略的执行力度	业务规划是基础,财务规划是保障。在战略规划的制定过程中,必须将两者有机地结合起来。在财务规划的制定过程中,要把财务预算与经营计划紧密联系起来,经营计划是实现财务指标的具体步骤和方法,经营计划制定得是否合理是财务战略是否具有执行力的关键。建立业务与财务一体化的规划流程,有利于整体战略和财务战略的制定与执行
实施预算控制,提高资源配置效率	战略是目标与方向,政策是推进战略贯彻实施的行为规范与判断取向标准,预算控制则是将战略目标与政策规范落实为具体的行动方案,并使之实现的保障条件与基础。三者相辅相成、依存互动,构成了企业管理与控制的主线条。预算控制之所以能够发挥如此重要的作用,是因为它以企业战略规划、政策导向为依托,制定企业整体的经营管理目标,并分解落实为各阶层责任单位直至个人的责任目标。应改进传统预算模式,保证预算制定的过程能够适应不断变化的经营环境,从而采用高水平的财务模型来拓展年度预算的框架,建立以价值增值和可持续发展为目标的预算程序,进而监督企业的价值创造活动的全过程,建立起预算与战略计划之间的联系
建立与企业规模、组织结构相适应的财务体制和财务政策	企业内部组织结构是复杂多样的,采取何种财务体制应视企业组织结构和规模而定,关键在于是否有利于企业发展战略的实现。完善的财务体制应有利于建立准确高效的财务预测系统,制定并实施正确的财务决策,使企业财务在筹资、投资、用资、收益等方面避免盲目性,并对财务风险加以控制。有章可循,财务活动才能按章办事,财务管理才能有序而高效地推进。没有财务政策的规范与监督,企业资金运行就将陷于紊乱、低效的状态,财务战略也就无法有序地实施,各职能部门的财务行为也就可能偏离高效整体战略目标。财务政策不仅指引着企业各层面理财行为遵循的目标轨迹,也限定了财务活动的有效领域、运作的基本方式、权责关系的准则以及必须达到的财务质量标准与财务数量标准,它是财务战略遵循与贯彻实施的核心保障
建立可持续绩效评价和激励制度	企业要建立可持续绩效评价和激励制度,一方面通过财务评价对企业的各种活动、运营过程进行透彻了解和准确把握,并为企业战略规划、战略管理服务,建立具有战略性、整体性、行为导向性的战略绩效评价指标体系,为经营决策提供标杆;另一方面通过有效的绩效评价体系,反映经营者、员工等的努力对于实现企业目标做出的贡献,并以此决定奖惩,完善激励制度,从而激励经营者、全体员工为实现企业价值最大化和可持续发展的目标而努力

六、财务战略的控制

(一) 财务战略控制的特征（见表 5-23）

表 5-23　财务战略控制的特征

特　征	内　容　阐　释
调节整体利益和局部利益、长期利益和短期利益的不一致性	企业的整体是由局部构成的。从理论上讲，整体利益和局部利益是一致的，但在具体问题上，整体利益和局部利益可能存在着一定的不一致性。财务战略控制就是要对这些冲突进行调节。如果把战略控制仅仅看作一种单纯的技术、管理业务工作，就不可能取得预期的控制效果
保证适宜性	判断并保证企业财务战略是适宜的，首先要求这个战略具有实现既定的财务和其他目标的良好前景。因此，适宜的战略应处于企业希望经营的领域，必须具有与之相协调的文化，如果可能的话，必须建立在企业优势的基础上，或者以某种可能确认的方式弥补企业现有的缺陷
保证可行性	可行性是指企业一旦选定了财务战略，就必须认真考虑企业能否成功地实施，企业是否有足够的财力、人力或者其他资源、技能、技术、诀窍和组织优势，换言之，企业是否有有效实施财务战略的核心能力。如果在可行性上存在疑问，就需要将战略研究的范围扩大
保证可接受性	可接受性强调的问题是：与企业利害相关的人员，是否对财务战略满意，并且给予支持。一般来说，企业越大，与其有利害关系的人员就越多。要保证得到所有的利害相关者的支持是不可能的，但是，财务战略必须经过最主要的利害相关者的同意，在财务战略被采纳之前，必须充分考虑其他利害相关者的反对意见
保持弹性和伸缩性	战略控制中如果过度控制，频繁干预，就容易引起消极反应。因此，针对各种矛盾和问题，财务战略控制有时需要认真处理，严格控制，有时则需要适度的、弹性的控制。财务战略控制中只要能保持正确的战略方向，应尽可能地减少干预实施过程中的问题，尽可能多地授权下属在自己的范围内解决问题，反而能够取得有效的控制
适应多样性和不确定性	财务战略是一个方向，其目的是某一点，其过程具有多样性。同时，虽然财务战略是明确的、稳定的且是具有权威的，但在实施过程中由于环境变化，战略必须适时地调整和修正，因此也必须因时因地地提出具体控制措施，也就是说，财务战略控制具有适应多样性和不确定性的特征

(二) 财务战略控制的内容和实施条件

1. 财务战略控制的内容

在制定和实施财务战略的过程中，必须充分考虑定量分析因素、信息上的缺陷因素、不确定性因素、不可知因素以及人类心理等因素。在这些因素中，有一些是企业的内部特点，正是这些特点才使同一行业中的各个企业有所差异；有一些由于受到行业性质和环境的制约，则使一个行业中的企业战略较为相似。无论何种行业，尽管各种因素的影响力度不同，但影响财务战略控制的因素都包括需求和市场、资源和能力、组织和文化。针对企业财务战略的影响因素，财务战略控制的主要内容如表 5-24 所示。

表 5-24　财务战略控制的主要内容

主 要 内 容	内 容 阐 释
设定绩效标准	根据企业财务战略目标，结合企业内部人力、物力、财力及信息等具体条件，确定企业绩效标准，作为战略控制的参照系
绩效监控与偏差评估	通过一定的测量方式、手段、方法，监测企业的实际绩效，并将企业的实际绩效与标准绩效对比，进行偏差分析与评估
设计并采取纠正偏差的措施	以顺应变化着的条件，保证企业财务战略的圆满实施
监控外部环境的关键因素	外部环境的关键因素是企业财务战略赖以存在的基础，这些外部环境的关键因素的变化意味着战略前提条件的变动，必须给予充分的注意
激励战略控制的执行主体	以调动其自控制与自评价的积极性，保证企业战略实施的切实有效

2. 财务战略控制的实施条件（见表 5-25）

表 5-25　财务战略控制的实施条件

实 施 条 件	内 容 阐 释
财务战略规划和实施计划	财务战略控制是以企业的财务战略规划为依据的，战略规划和实施计划越明确、完整和全面，其控制的效果就有可能越好
健全的组织机构	组织机构是战略实施的载体，它具有能够具体地执行战略、衡量绩效、评估及纠正偏差、监测外部环境的变化等职能，因此组织结构越合理、明确、全面、完整，控制的效果就有可能越好
得力的领导者	高层管理者是执行财务战略控制的主体，又是财务战略控制的对象，因此要选择和培训能够胜任新战略实施的得力的企业领导人
优良的企业文化	企业文化的影响根深蒂固，如果有优良的企业文化能够加以利用和诱导，这对于财务战略实施的控制是最为理想的，当然，这也是财务战略控制的一个难点

（三）财务战略控制的方式

1. 控制主体方面

从控制主体的状态来看，财务战略控制的方式有：

（1）避免型控制。即采用适当的手段，使不适当的行为没有产生的机会，从而达到不需要控制的目的。

（2）开关型控制。在财务战略实施的过程中，按照既定的标准检查战略行动，确定行与不行，类似于开关的开与止。开关型控制的具体操作方式有多种：直接领导，管理者对财务战略活动进行直接领导和指挥，发现差错及时纠正，使其行为符合既定标准；自我调节，执行者通过非正式的、平等的沟通，按照既定的标准自行调节自己的行为，以便配合默契；共同愿景，组织成员对目标、战略宗旨认识一致，在战略行动中表现出一定的方向性、使命感，从而达到殊途同归、和谐一致、实现目标。

2. 控制的切入点方面

从控制的切入点来看，财务战略控制的方式如表 5-26 所示。

表 5-26　财务战略控制的方式

方式	内　容　阐　释
财务控制	这种控制方式覆盖面广,是用途极广的非常重要的控制方式,包括预算控制和比率控制
生产控制	对企业产品品种、数量、质量、成本、交货期及服务等方面的控制,可以分为产前控制、过程控制及产后控制等
销售规模控制	销售规模太小会影响经济效益,太大会占用较多的资金,也影响经济效益,为此要对销售规模进行控制
质量控制	包括对企业工作质量和产品质量的控制。质量控制的范围包括生产过程和非生产过程的其他一切控制过程,质量控制是动态的,着眼于事前和未来的质量控制,其难点在于全员质量意识的形成
成本控制	通过成本控制使各项费用降低到最低水平,达到提高经济效益的目的。成本控制不仅包括对生产、销售、设计、储备等有形费用的控制,而且包括对会议、领导、时间等无形费用的控制。成本控制的难点在于企业中大多数部门和单位是非独立核算的,因此缺乏成本意识

3. 控制时间方面

从控制时间来看,财务战略控制的方式如表 5-27 所示。

表 5-27　财务战略控制的方式

方式	内　容　阐　释
事前控制	在财务战略实施之前,要设计好正确有效的战略计划,该计划要得到企业高层领导者的批准后才能执行,所批准的内容往往也就成为考核财务活动绩效的控制标准。这种控制多用于重大问题的控制。 由于事前控制是在战略行动成果尚未实现之前,通过预测发现财务战略行动的结果可能偏离既定的标准,因此,管理者必须对预测因素进行分析与研究。预测因素一般有:投入因素,即财务战略实施时投入资源的种类、数量和质量;早期成果因素,即财务战略实施的早期成果;外部环境和内部条件的变化
事后控制	这种控制方式发生在企业的财务活动之后,把财务活动的结果与控制标准相比较。这种控制方式工作的重点是要明确财务战略控制的程序和标准,把日常的控制工作交由相关人员去做,即在财务战略计划部分实施之后,将实施结果与原计划标准相比较,由相关人员定期地将战略实施结果向高层领导者汇报,由其决定是否有必要采取纠正措施。 事后控制的具体操作方法主要有联系行为和目标导向等形式。联系行为即对战略实施行为的评价与控制直接同被评价者的工作行为联系挂钩,使其行动导向和企业财务战略导向接轨;同时,通过行动评价的反馈信息修正战略实施行动,使之更加符合财务战略的要求;通过行动评价,实行合理的分配,从而强化员工的战略意识。目标导向即让被评价者参与
事后控制	财务战略行动目标的制定和工作业绩的评价,既可以看到个人行为对实现战略目标的作用和意义,又可以从工作业绩的评价中看到成绩与不足,从中得到肯定和鼓励,为战略推进增添动力

续表

方　式	内　容　阐　释
随时控制	即过程控制，企业高层领导者控制企业财务战略实施中的关键性的过程或全过程，随时采取控制措施，纠正实施中产生的偏差，引导企业沿着战略的方向前行。这种控制方式主要是对关键性的战略措施进行随时控制

七、财务战略的评价

财务战略评价是通过评价企业的经营业绩，审视财务战略的科学性和有效性。

在阶段性地推进财务战略实施之后，管理者需要了解该财务战略是否在企业得到了有效实施，以及该财务战略本身是否需要调整。财务战略调整就是根据企业情况的发展变化，即参照实际的经营事实、变化的经营环境、新的思维和新的机会，及时对所制定的财务战略进行调整，以保证财务战略对企业经营管理进行指导的有效性，包括调整公司的财务战略展望、公司的长期发展方向、公司的目标体系、公司的财务战略以及公司财务战略的执行等内容。其活动主要包括：

（1）在评价之前，重新审视内部与外部因素，这是考评现行财务战略是否合理实行的基础。
（2）度量企业业绩，并进行绩效考核。
（3）采取纠正措施，调整下一期的财务战略决策分析。

八、企业生命周期财务战略

企业生命周期财务战略（Corporate Life Cycle-Financial Strategies，CLC-FS）最初出现于20世纪70年代，并于90年代成为国际上流行的财务战略管理模式。企业生命周期财务战略管理是指针对企业生命周期各阶段的不同特点及其对财务管理的影响，制定出适应各阶段发展的相应的财务战略，并以此来指导战略周期中各阶段财务活动的一种管理活动。在企业生命周期的不同阶段，企业面临的风险是不断变化的，要求企业通过制定和选择富有弹性的财务战略，来适应生命周期不同阶段的变化。

（一）初创期企业的财务战略管理

1. 初创期财务战略定位

初创期企业的财务实力相对较为脆弱，为了更好地聚合资源并发挥财务整合优势，客观上要求企业必须采取一体化的财务战略。另外，从经营风险与财务风险的互逆关系看，较高的经营风险必须以较低的财务风险与之相配合，从而在财务战略上保持稳健原则。初创期财务战略管理的特性主要表现为稳健与一体化（见表5-28）。

表5-28　初创期财务战略

财务战略	内　容　阐　释
权益资本型筹资战略	在企业初创期，负债筹资的风险很大，债权人借贷资本要以较高的风险溢价为前提条件，从而导致企业的筹资成本很高，因此最好的办法不是负债筹资，而是采用权益资本筹资方式。对于权益资本筹资，投资者之所以愿意将资本投资于企业，不是看到它现在的负收益，而是看到其未来的高增长。从财务上考虑，由于这一阶段企业并无或者只有很少的应税收益，因此，即使利用负债经营也不能从中得到任何税收上的好处（无节税功能）。从稳健策略考虑，初创期权益资本的筹措应当强调一体化管理的原则，这意味着，企业应在相对较长时间内确定合理的资产负债率，以此作为企业负债融资控制的最高限

续表

财务战略	内　容　阐　释
权益资本型筹资战略	制；任何内部经营单位不具有对外负债的权利，由企业统一对外负债。这样做的原因有两条：一是利用贷款规模优势来降低负债成本；二是限制经营单位的融资权利，从而保证企业整体融资管理的有序与一体化
一体化集权型投资战略	企业组建初期，往往因为资本的匮乏而无力对外扩张，也没有足够的财务实力与心理基础来承受投资失败的风险，更重要的是，项目选择的成败将直接影响着企业未来的发展。因此，基于各种因素考虑，初创期的企业应当实施一体化的投资战略
无股利政策	由于企业在初创期收益不高，并且为稳健考虑需要进行大量积累，因此，这时的分配政策应是零股利，若非发放股利不可，也应主要考虑股票股利方式

2．初创期的经营风险与财务特征

初创期的企业往往面临着很大的经营风险与财务特征，主要表现为：

（1）企业产品产量规模不是很大，规模效益还没有完全发挥出来，单位产品分担的规定成本较高；

（2）企业的核心能力还没有完全培育成熟，核心产品不能为企业提供大量的现金流；

（3）在需要大规模扩张时，面临着融资环境相对不利的问题；

（4）初创期企业没有规模优势，市场缺乏对企业产品的认知与了解，其市场份额的确定缺乏依据与理性；

（5）企业的未来发展没有完整的规划，战略管理处于较低的层次，投资项目的选择有时显得无序，甚至出现较大的管理失误和投资失败；

（6）企业的管理水平还没有提升到一个较高的层次，因此管理的无序要求强化集权。

3．初创期财务战略的实施重点

从总的原则看，初创期财务战略的实施应遵循以下原则：

（1）全方位落实财务战略意图。企业高层管理者应当让股东和投资者甚至员工都充分认同企业财务战略意向与内容，并达成共识，付诸行动。

（2）制定财务战略实施阶段性财务规划。在企业战略发展规划基础上，确定近期与未来三年的资本支出项目计划。指标支出规划是企业战略发展规划的重要内容，主要包括投资时间、资本支出额及财务可行性研究等。针对资本支出规划，确定企业的融资规划，包括何时融资、融资方式选择及融资金额量的大小。慎重对待股利发放，企业的发展离不开内部积累，唯有积累才能使企业具有后劲与实力，因此不主张发放股利。

（二）成长期企业的财务战略管理

伴随着企业经营实力的增强，企业取得了一定的发展，并形成了自己的主导产品。与初创期相比，企业的发展速度加快，生产规模开始扩大，产品销量增加，销售收入提高，企业的所有权和经营权逐渐分离，大多采用财务分权的治理模式。企业的现有业务项目的规模和质量已经扩展到一定程度，或者在满足现有业务的需要外还有剩余资源。此时，企业应选择一体化经营战略，延长企业的价值链，扩大企业经营规模。企业的经营风险会有所下降，基于完全合理的利润水平之上的高销售额将产生相对充裕的现金流。但由于企业必须在总体市场开发和市场占有两方面同时投入大量资金，结果导致经营过程中产生的现金重新投入经营中。另外，存货和应收账款占用的资金量增加，使企业的发展资金依然紧张，自由现金流量远远不能满足经营发展的需求，最终导致股利支付率保持在低水平上，投资者所预期的回报只有通过股价上涨来实现。

从筹资战略看，由于风险投资者要求在短期内获得冒风险投资成功而带来的高回报，如果企业原始资本中存在风险资本，则企业必须找到其他适宜的外部筹资来源将其取代，并为企业下一阶段的发展提供资金储备。同时，由于企业的产品已经经受了市场的考验，新投资者较之风险投资者承担的风险要低，企业可能从广泛的潜在投资群体中搜寻新的权益资本。如果这两种筹资途径都不能解决企业发展所需资金的问题，最后可考虑采用负债筹资方式。

从投资战略看，企业适宜采取一体化投资战略，即通过企业外部扩张或自身扩展等途径获得发展。

从收益分配战略看，企业成长期收益水平有所提高，但现金流量不稳定，企业拥有较多有利可图的投资机会，需要大量资金。为此，企业不宜大量支付现金股利，而应采取高比例留存、低股利支付的政策，在支付方式上也应该以股票股利为主导。这一时期，企业财务战略管理的目标应是实现企业的发展壮大，提高盈利水平和风险管理水平，扩大企业规模；财务战略管理的重点应是严密监控企业利润的变化，并以之为基础进行市场份额的预测与规划。同时，重视对企业成本和费用的控制，以利润为目标，对企业各部门进行必要的业绩考核。这一阶段企业需选择出售证券的最优价格和时间，不断观察环境的变化，修正产品的现金流量估计，并且要严格控制运营资金，尽量减少存货资产和应收账款对资金的占用，保证较快增长的应收账款收回。成长企业还可以更多地采用负债筹资方式，获得财务杠杆效应。

此外，处于成长期的企业还应制定人才稳定和人才吸引战略，在人才引进和培养上增加投入，将人力资本投资纳入投资战略。将学习和成长能力的提高作为业绩考核的标准，不断提升员工处理和解决问题的能力，加强企业信息系统的建设，为企业长期的财务增长打下基础。

（三）成熟期企业的财务战略管理

1. 成熟期财务战略定位

竞争者之间具有挑衅性的价格竞争的出现，标志着成长期的结束，这时，销售量大且利润空间合理的成熟期开始出现，经营风险会再次降低。在此期间，战略重点转移到保持现有的市场份额和提高效率。此外，正的净现金流量使得借款和还款成为可能。伴随着较高的盈利现金比率，股利支付率必然提高。与上述经营风险和财务特征相对应，此阶段的财务战略主要如表 5-29 所示。

表 5-29 成熟期财务战略

财务战略	内 容 阐 释
激进的筹资战略	激进是相对于保守而言的，此阶段的激进是对前两个阶段保守战略的"能量"释放。可采用相对较高的负债率，以有效利用财务杠杆，给企业较高的权益回报
多样化的投资战略	成熟期是企业日子最好过也是最难过的阶段。好过，就在于它有优势的核心业务和核心竞争力，有较为雄厚的营业现金净流量甚至自由现金流量做保障，所在行业或业务领域没有更大的市场竞争压力及投资与经营风险；难过，是由于对企业的未来走向需要从现在开始考虑，未来不确定因素需要管理者进行分析并决策，以推动企业走向更高层次，拓展更大的发展空间。它决定了成熟期企业一方面必须关注既有核心业务竞争优势的继续保持、巩固及现有生产能力的不断挖潜，并以既有核心能力为依托，走出一条一元"核心编造"下的项目投资与业务经营多样化的发展道路；另一方面需要前瞻性地为未来战略发展结构的优化，调整探索新的业务领域及市场空间，并努力培养新的核心竞争力

续表

财务战略	内 容 阐 释
现金性、高比率股利政策	投资者的投资冲动来自收益预期，而收益预期的实现反过来又推动新的投资热情。成熟期企业现金流量充足，投资者的收益期望强烈，因此适时制定高股利支付率分配战略，利大于弊。这一时期是股东收益期望的兑现期，如果不能在此时满足股东期望，则资本投资收益永远也不会得到满足。如果是这样，股东对企业的投资积极性将受到影响，必然影响企业未来再筹资能力

2. 成熟期的经营风险与财务特征

成熟期的基本标志是企业的市场份额较大，在市场中的地位相对稳固，因此经营风险相对较低。与此相应的财务特征一般表现为以下几个方面：

（1）成熟期的市场增长潜力不大，产品的均衡价格也已经形成，市场竞争不再是企业间的价格战。这是因为在几个稳定的前提下实现盈利的唯一途径是降低成本，因此成本管理成为成熟期财务管理的核心。

（2）成熟期的企业现金流入增长快速，相反，固定资产等资本性新增项目通常不多或增长不太显著，而且固定资产所需资本支出主要是为了更新所需，基本上能通过折旧的留存方式来满足其需要，故该期间企业现金流出相对较小，从而形成较大的现金净流入量。

（3）成熟期资产收益水平较高，加之现金净流入量较大，因此财务风险抗御能力较强，有足够的实力进行负债融资，以便充分利用负债杠杆作用达到节税与提高权益资本报酬率的目的。

（4）成熟期企业的权益资本或股票价值可能被高估。

（5）成熟期股东或出资者对企业具有较高的收益回报期望，因此高股利成为这一时期的必然。

3. 成熟期财务战略的实施重点

步入成熟期的企业，不仅因为其在市场上所占份额相对稳定，而且由于其管理技术日臻成熟，因此，财务战略实施的重点不是让管理者去关心具体操作与实施，而是让他们对集团目前所采取的战略在管理意识上保持认同。这是因为其市场占有额相对稳定，其管理技术也日臻成熟，因此，在实施过程中，首要问题是解决管理者的忧患意识。对此，要做好的工作如表5-30所示。

表5-30 成熟期财务战略的实施重点

实 施 重 点	内 容 阐 释
完善企业治理结构，强化对管理者的奖励与约束机制	任何战略的实施都要靠人来实现，尤其是管理者自身。国外研究表明，当企业发展到成熟期，由于存在大量的现金流量，最容易出现的问题是管理者资源的无效投资与使用，其表现形式是：不顾企业整体发展战略，将资本投入于与未来要发展产业或行业不相关的领域，或者投资于达不到企业所设定的必要报酬水平的领域，这类投资都可称为无效投资。其后果是降低了企业资产的总体收益水平，增加了劣质资产的总量
强化成本控制，保持成本领先优势	企业步入成熟期，企业产品的价格趋于稳定，在市场价格一定的条件下，企业只能借助于内部成本管理来实现盈利的目的。内部成本管理主要强调目标成本管理，即在价格一定的情况下，根据投资额及目标利润预期来倒推出成本目标，并分级、分岗位落实到人。成本管理不单是某一部门的责任，而是全员式的。成本管理及成本战略思想是企业财务战略乃至整体战略的主要方面，也是实现成本领先战略、差异化战略等产品竞争战略的重要手段

续表

实施重点	内容阐释
规划制度，控制风险	成熟期企业财务战略整体趋于激进型，财务杠杆利用率较高，财务风险也较大。为了抓住机遇，加速发展，既要充分发挥财务杠杆作用，又要规避财务风险，此时最重要的在于建立一系列有关财务战略实施的审批制度

（四）衰退期企业的财务战略管理

企业一旦进入衰退期，其营业收入和净利润会同时出现滑坡现象。这时，企业会在经营过程中遇到相当大的困难且短时间内不易解决。企业存在的重大风险是，在有利可图的前提下，经营还能维持多久？此时，企业早期的债务逐个到期，企业存在着还款的压力。总体上看，企业为应对衰退，防止出现财务危机，会尽可能减少再投资，并不可避免地选择紧缩经营战略。当然，企业实施紧缩经营战略，并不是全面的退缩，而是果断地结束那些对企业发展不利的、没落的业务项目，积累力量来寻找新的发展机会，力图从那些难以获利、竞争激烈的行业或产品中退出，根据市场变化寻找新的投资方向。

衰退期企业的财务战略管理重点应放在财务战略的整合、财务组织制度的创新与调整、新产品开发的资金投入、人员的合理分流与素质的提高等方面。应对未来市场的产业状况进行正确预期，通过并购等方式寻求协同效应，寻找新的财务资源增长点，实现战略上的转移；应通过资产变现、压缩开支等方式保持现金流转正常进行；通过实施资产重组、优化长期资产组合，提高资产收益率。

从筹资战略看，这一时期筹资战略的决策依据是资金偿还风险的大小。尽管衰退期企业生产经营中的现金流入开始减少，但市场的萎缩以及对产品技术改造动力不足造成的现金需求下降，使经营活动中产生的现金基本可以满足企业正常生产所需。因此，衰退期企业除非有大的资本运作，几乎不需要从外部筹集资金，企业主要依靠自身力量进行内源融资，但也不排除采取较高负债的可能性。因为，一方面，衰退期既是企业的"夕阳"期，也是企业新活力的孕育期，在资本市场相对发达的情况下，如果新进行业的增长性及市场潜力巨大，理性投资者会甘愿冒险；如果新进行业并不理想，投资者会对未来投资进行自我判断，因为理性投资者及债权人完全有能力通过对企业未来前景的评价，来判断其资产清算价值是否超过其债务面值，所以这种市场环境为企业采用高负债筹资创造了客观条件。另一方面，衰退期的企业具有一定的财务实力，以其现有产业作为后盾，高负债筹资战略对企业自身而言是可行的。

在投资管理方面，衰退期企业应集中一切资源用于有发展前途的核心业务上，增强核心业务的竞争力。如果企业核心业务已是"夕阳"产业，应尽可能多地收回投资，将资金用于寻找新的财务增长点上，实现战略转型。在收益分配管理方面，衰退期企业应在不断降低成本和经常性支出的前提下，争取较高的利润，并以财务指标作为评价标准，以现金流和利润的增长和维持为尺度，以资金回收和债务清偿能力的提高为目标，以财务制度创新和财务流程再造为手段，谋求企业新的发展。这一时期，一般企业不想扩大投资规模或者缺少好的投资项目，因此可以通过利用较高的自由现金流量实施高现金股利支付政策以回报投资者。

总之，企业作为一种生命机体，要经历从初创、成长、成熟到衰退的发展过程，企业的发展轨迹及其在市场中的地位和作用，决定了其具有不同的财务特征和财务战略目标，从而导致企业财务战略管理方法应依据企业生命周期的变动而采取动态的形式。

另外，经济周期性波动是现代经济总体发展中不可避免的现象，是经济系统存在和发展的表现形式。经济的周期性波动要求企业顺应经济周期的变化制定和选择财务战略，来抵御经济大起大落产生的震荡,特别是要设法减少经济周期对财务活动产生的负效应。例如,在经济初创期应采取扩张型财务战略,在经济发展期应采取扩张型和稳健型相结合的财务战略,在经济衰退期,应采取防御收缩型财务战略。

文案范本

企业不同生命周期的筹资战略(见表5-31)

表5-31 企业不同生命周期的筹资战略

企业生命周期	财务战略	具体财务管理重点
初创期	股权资本型筹资战略	制定企业中期财务规划,保证企业生产与开发资金需要
发展期	稳健型筹资战略	研究、拓宽企业的融资渠道
成熟期	激进型筹资战略	充分利用财务杠杆作用
调整期	高负债率型筹资战略	项目可行性研究制度的完善

文案范本

企业不同生命周期的投资战略(见表5-32)

表5-32 企业不同生命周期的投资战略

企业生命周期	财务战略	具体财务管理重点
初创期	一体化	投资方向的研究与支持
发展期	购并(收购与兼并)	制定购并目标公司的财务标准;做好现金流的规划;购并陷阱的防范
成熟期	出售、分立、主辅分离	资本结构的调整;技术改造方案的测评以及成本管理,配合企业成本领先、差异化的战略实现
调整期	适度多元化	建立健全企业对外投资咨询、决策、监管机制,完善公司治理

文案范本

企业不同生命周期分配战略(见表5-33)

表5-33 企业不同生命周期分配战略

企业生命周期	财务战略	具体财务管理重点
初创期	无股利政策	企业经营战略的宣传与贯彻
发展期	无股利或剩余股利政策	股票分配政策对企业资本结构的影响
成熟期	高股利政策	加强投资人关系管理
调整期	高支付率的分配政策	财务风险的预警与避免;财务风险化解策略研究

九、技术创新财务战略

(一)关于技术战略

技术创造商机。在当今这个千变万化的世界中,正是技术使得企业成为一台盈利的机器,并保持长盛不衰,而市场和经营方式所产生的影响已经退居第二位。企业战略的制定必须直面技术这一重要课题。

如何利用技术赚取利润?最为可靠的途径便是实施"技术杠杆"企业战略。实施这一战略,就是在企业的经营活动中利用技术优势,使企业的财务业绩上升到新高度,并在激烈的竞争中脱颖而出。技术杠杆能帮助企业更为有效地运用技术,从而加速自身的发展壮大,提高盈利能力和增值能力。"技术杠杆"这一术语所要表达的是这样一种企业形象,即用技术能将销售和盈利水平推上一个更高的台阶,而采用其他手段却无法达到这一目标。

应用"技术杠杆"时必须明确:要想靠技术赚钱,就必须利用它解决实际问题。技术应用谱——TAS 图所表达的是一项技术在应用以后,随着时间的推移,从独家研制而成为新奇产品,在走上特色化以至于最后商品化的必由之路。在这一过程中,产品带来的毛利收益率不可避免地会不断下降。这一发展模式对于每家企业都具有重要的意义。如何从一个阶段跨入下一个阶段或者防止跨入下一个阶段,这决定了企业是否能保持长期的成功抑或走向衰亡。

TAS 图对企业利用技术获得战略优势具有重大意义,它描述了产品开发的四个阶段,或者说是将技术应用过程划分为四个区域,即独家研制期、新奇产品期、特色化生产期、商品化生产期(见表 5-34)。这些不同的区域既反映了该技术被市场接受的程度,又与产品的生产规模一一对应。

表 5-34 产品开发的四个阶段

阶 段	内 容 阐 释
独家研制期	技术应用的方式是前所未有的,它所具备的特点和规格是其他产品所没有的,通常是根据要求定制的。所谓研制意味着一种早期产品刚刚问世,然而这种产品必定会得到广泛的应用
新奇产品期	一种技术的应用仍然处于早期,尚未投入批量生产。不过,同独家研制期相比,在这一阶段新技术已经更为广泛地被市场所接受。如果继续扩大生产量,它将成为一种特色产品
特色化生产期	产品已大量生产,并受到了市场的普遍接受,因此得以迅速发展。只要不断地采用新技术对产品进行改进,特色化产品就能在相当长时间里逗留在这个区域中
商品化生产期	产品不但已大量生产,而且渗入了市场的每个角落,企业步入成熟期。根据商品化的一般定义,这些产品在很大程度上已经难以与同类产品相区分。哪怕这种产品再有用,与同类产品相比,它为客户带来的增值幅度也不会太大

TAS 图的精髓是有关增值的论点:一项技术被应用以后,逐一地经过图上的每个区域,用毛利来衡量的收益也由多到少以至枯竭。一项技术的应用一旦步入成熟期,大多数企业的管理者都会发现自己已面临一场代价高昂的市场争夺战,为了追逐自然下降的利润,必须投入越来越多的资金,这就是紧紧着眼于营销战略和管理战略带来的问题。这种战略推崇为争夺市场份额而战,结果便形成了 TAS 图上低利润区的下降曲线,然而技术战略可以改变这一状况。

(二)技术杠杆的作用机理

技术作为一种工具被应用到企业中,其魅力就在于它能使竞争的格局发生彻底的改变,同时改变了竞争的条件。

1. 技术杠杆的机理

杠杆效应来自企业对技术的应用，而将技术融入企业的目的是要为企业的财务业绩寻找某种推动力。如果说技术杠杆是企业在应用技术以后获得的一种推动力，那么它在实践中又是如何发挥作用的呢？图 5-3 是技术杠杆的示意图。

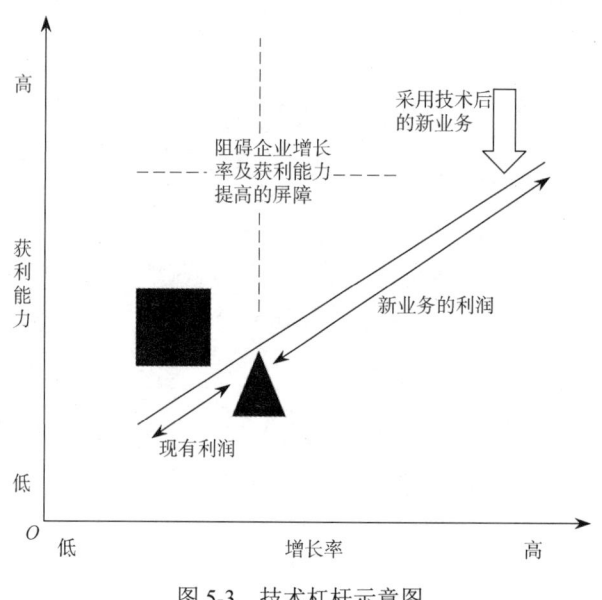

图 5-3 技术杠杆示意图

图 5-3 中分别以企业的增长率和获利能力为横坐标和纵坐标，杠杆的支点代表企业的资产，矩形阴影区代表企业收益的情况，右上方的垂直箭头代表采用技术后得以开辟出来的新业务所取得的增长率、生产规模和收益率。杠杆本身代表毛利。总之，采用技术的目的是提高收益率、扩大生产规模和加速企业的增长（这也是所谓的企业业绩）。这一切都要依靠新业务领域内相对较高的毛利和相对较快的增长率才能实现。

拥有较高资产收益率的企业揭示了这种杠杆的实质：支点右侧的杠杆部分代表技术带来的新业务为企业赢得的毛利，支点左侧的杠杆部分代表企业原有的、相对老化的主营业务收益。由于新业务的收益明显较高，因此代表新业务的杠杆部分也比较长。具有高收益回报的新业务使企业的各项绩效指标都有所提高，这有助于克服各种妨碍企业发展的阻力。图 5-3 生动地展现了技术杠杆的应用。

不妨再在数学上看一看技术杠杆是如何用一种非常简单的模式发生作用的。表 5-54 列出的各项指标源于一家公司，这家公司具有中等规模，收益水平一般，公司依靠技术的应用开发了一项新业务。在不改变主营业务的前提下，公司开拓了一项新业务，其规模只占主营业务的 1/10。但新业务所取得的高额利润推动了整个公司的发展，使公司纯利润上升了 60%。由于规模相对较小的业务使一家大公司的绩效得到了大幅度提升，这也是把这一过程称为技术杠杆的原因。

图 5-11 和表 5-35 反映了一种基本数学原理，它说明技术杠杆最主要的作用就是利用新的高利润业务有力推动现存的低利润业务，使其收益有所提高。可以采用的方法有两种：首先让杠杆的右臂——支点右侧较长线段尽可能延长；其次为企业创造尽可能多的机遇。要做到这两点，必须坚定不移地开拓高利润的业务领域，必要时还要放弃低效益的业务。放弃低效益的业务，将资产投入高利润的业务中，这将带来双重的杠杆效应。一是缩减了现存的低利润业务；二是不必为发展新业务而扩大资产规模。

表 5-35　技术杠杆对公司财务的影响

项　目	主营业务	新业务	总　计	增　幅
收益	20 万元	2 万元	22 万元	10%
纯利润	1 万元	0.6 万元	1.6 万元	60%
销售收益率	5%	30%	—	—

2. 运用技术杠杆的程序

不同行业的技术型公司运作企业的基本方式是相同的，在运用技术杠杆时遵循如下程序：

（1）把自身拥有的核心技术当作企业增值的主要源泉，给予充分的重视。

（2）为了进一步提高某种技术，始终坚持在这方面的投资。

（3）四处发掘新的市场以便充分发挥其生产能力，不断开发新的应用，让手中的技术更有用武之地。

（4）将目标瞄准市场，尤其是那些能够让企业技术大显身手的市场，以便获取最高的增长率和经济效益。

（5）无论在市场上、应用上还是在技术上，都试图在其影响力所及范围内占据主导地位。

（6）目标是销售系列产品和完整系统，并不断地为自己的技术和产品开拓新的应用领域。

（7）在为产品定价时，不但精于计算而且敢作敢为。定价的依据是产品的价值而不是成本，这样售价便提高了，尤其是在一项技术被应用的早期。当这种产品的价值下降以后，又会相应地降低价格。

（8）一旦时机成熟，便会放弃低利润、低增长的技术和相关市场。当自己不再具备独家生产高价值产品的能力时，或当产品价格已经为竞争者所左右时，企业便急流勇退。

这一系列做法为立足于技术的战略——技术杠杆打下了基础。通过企业战略的重塑，技术杠杆将指引所有的管理者去获取更高的收益和利润。实施技术战略以后，企业将获得增值和前进的动力，而这一切都是所有将技术作为管理工具的企业所应得的回报。

（三）探索战略

一项富于灵感的技术战略，其核心内容就在于始终不渝地为企业探索技术应用的最佳形式。要想让技术杠杆充分发挥功效，就必须不断地为所掌握的技术开拓新的应用领域，使之能在未来的一段时期内解决问题，提高效益，生产出与众不同的产品从而赢得客户，并创造高额的利润。"探索战略"是一种系统的方法，可用来识别正确的技术应用模式及其相关的产品市场。为技术寻找新的应用方向是技术战略最为重要的组成部分。

图 5-4 中毛利收益率呈现出逐渐下降的趋势，因此企业必须不断地寻求新的技术应用方式。当一项技术在某个领域内被广泛应用以后，它的盈利能力难免会有所回落，这主要表现为毛利率的下降。一旦发生这种情况，大多数企业就会陷入一种怪圈。尽管面对的是低而又低的利润，它们仍不惜加大资金的投入，希望通过降低各个生产环节的成本来维持原有的收益率。之所以这么做，主要是因为它们相信已别无选择。其实获得新的技术应用领域将提供很大的选择空间，使企业摆脱这种低利润、低增值的状况。

如果将企业的核心技术比喻为一棵大树的树干，那么技术的应用方式则为树干两侧伸出的枝条。核心技术指的是那些保证企业长期立于不败之地的技术知识和工程知识。技术的各种应用方式有的正处于成长期，有的正逐渐步入成熟期，有的则早已消亡，它们平行地从树干上伸出，形成了许多枝条。产品的生命周期较短，不过一项核心技术的生存期却可以长达数十年，特别是那些应用领域十分广泛的技术。

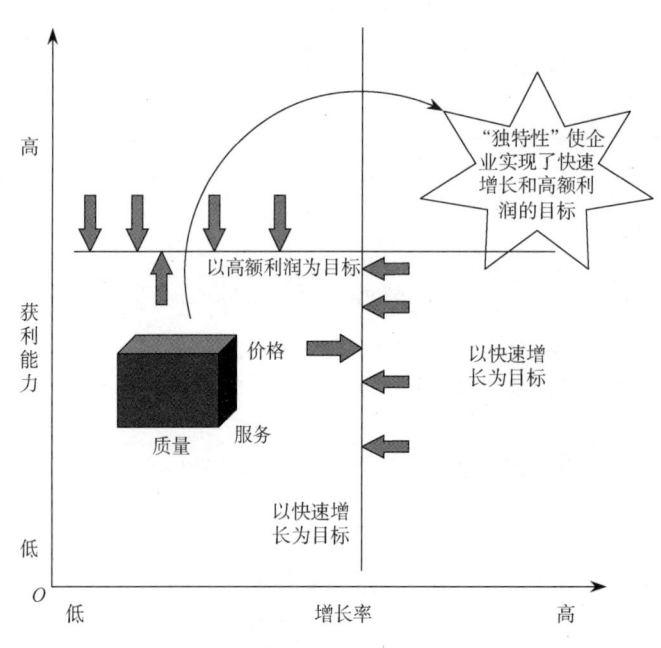

图 5-4　技术：冲破阻力的法宝

探索战略是将技术应用的范围扩大到相关的生产领域中。最好的探索战略应完成三大目标：改进、取代和比较。制定探索战略必须把握主动，主动地去寻找、去发现、去创造，把握主动意味着必须抛弃司空见惯的产品开发手段。在寻求技术应用的新方式时，企业必须将目标瞄准图 5-12 中的某个阶段。企业必须在独家研制区、新奇产品区、特色产品区或者商品化产品区中做出选择，这种定位必须与自身的企业文化、生产能力及其掌握的技术种类相适应。管理者还应创造出一套健全的体制以便为企业找到新的发展方向，如此方能与那些促使利润滑坡的力量相抗衡。这正是有效地探索战略的核心。

探索战略的三大步骤是考察、分析和评估（见表 5-36）。

表 5-36　探索战略的三大步骤

步骤	内　容　阐　释
考察	知己知彼，把握全局。考察的目的是要为企业找到合适的发展方向，这种方向对企业应能产生重大的影响。企业也有条件加以利用。认真考察应该是一种正规的、多角度的、不间断的信息收集过程。考察并不需要耗费很多资金，但它带来的效益将远远超过在这方面的投入。这种效益表现为，它能使决策者看清机遇、避免失误
分析	充分利用收集到的信息。通过考察获得了大量信息，接下来就应当充分利用所收集的这些信息。分析是将大的事物分解为若干简单成分的过程，这有助于企业尽可能地把事物看得更加细致、透彻。在开拓新的业务领域时，分析是一种几近完美的工具，可以用来帮助发现机遇。分析可以让新的技术应用领域内的探索工作成为可能，帮助开发人员发现并填补空白，尽可能地为企业的核心技术开发出更为广阔的应用领域。分析可以提供更为详细的信息资料，为企业拓展业务打下坚实的基础。作为分析的第一步，可以问一问"缺了什么"。要发现在所有的信息中还缺少什么，尤其是那些希望获得但没有获得的信息。只有认真地寻找过，才能确定自己的确没有得到这方面的信息，并发现为什么没有得到这方面的信息。分析还有另一种方法——"连锁"，即将现有的技术应用模式与相关的业务领域联系起来。只有发现了自己的不足，才能看到面前的机遇。运用这种方法，可以在现有的技术应用基础上开发出更为广泛的应用领域

续表

步骤	内 容 阐 释
评估	跨越障碍。对于新的机遇必须进行考察，最好的办法就是做对照性评估。这时讨论投资收益率、最低预期资本回收率以及其他一些抽象问题，还为时过早。对照性评估能充分顾及业务的复杂性和管理者知识的局限性。为技术寻找新应用领域的三大目标之一便是比较。要在各种潜在的技术应用方式之间以及它们与现有的应用方式之间做些比较。这便是对照性评估的任务所在。评估市场是评估工作中最为复杂、蕴涵风险最大的一个环节，在此过程中可能过于乐观。采用由上而下的市场评估方法，往往导致对市场规模的过高估计。由上而下的计算方法总是先从国内的经济状况或者从全国的家庭总数入手，然后在此基础上主观地加一个百分比数字。此时有的管理者开始设想，其中的百分之多少将成为他们的客户。事实上，这只是一厢情愿而已，他们并没有理解进行决策的基础是什么。由下而上的市场评估方法则会得出比较恰如其分的结果。由下而上的方法大致模拟了那些潜在用户的决策过程。 估算新产品投入市场所需的时间也是一项十分繁复的工作。许多技术性产品真正被推向市场的时间都晚于原定的日期。其中同时存在着经营艺术和科学合理两方面的问题：负责规划的管理者在领导企业实现宏伟目标时要讲求经营的艺术，而在实际操作过程中又必须讲究科学合理性。最好的解决办法是建立一些小型的跨职能部门工作小组，这些工作小组能为管理层提供可靠的信息来源，以便确切地估算出新产品投入市场的最佳时机

（四）完善财务监控机制

好的财务管理制度是合理技术战略的本质特征。因此在奉行技术杠杆战略的过程中，企业的财务经理以及具备专业财务知识的各部门经理应当发挥重要的作用。这要求企业实施一种特殊的财务管理制度。例如，在这类企业中，债务在财务结构中所起的作用已经变得越来越次要；此外，将战术性研发资金和战略性研发资金分开结算，就能更清楚地了解每一笔投资所取得的回报。

企业的财务人员有责任提醒工程技术人员：在重视技术的同时，还要关注其他一些重要的问题，如企业的财务状况。在财务经理的指导下，企业要学会识别和选择最佳的发展机遇，寻找潜在的投资伙伴，制定有效的金融战略，确定合理的产品价格，并在股东和投资商之中建立良好的企业声誉。科学的财务管理是决定技术型企业取得良好业绩的关键因素。技术杠杆型企业的财务经理应当对企业各项业绩的指标和财务状况给予特别的关注。以下说明各项财务指标在技术杠杆中的作用。

1. 毛利率

在技术型企业的各项财务业绩指标中最重要的是毛利率，毛利的多少是衡量由技术增值的最佳标准。企业的毛利率（产品的销售额减去成本除以销售额）越高，其所获得的相对增值也越大。毛利率高（特别当毛利率达到50%以上时），说明客户在购买产品时愿意支付的资金远远超过了产品的生产成本。两者之间的差额就是所取得的折算为资金的增值。技术杠杆的战略就是运用技术来增值。利率纯粹是衡量企业业绩的一个指标，一般不易产生很大的偏差，因为其数值是由三方面因素共同作用的结果。销售总量决定于企业与其客户之间的关系；实际购买的客户已经认同产品的销售价格。成本总量决定于企业与其供应商和员工之间的关系；供应商和员工为企业提供原材料及劳动的价格也是确定的。管理者则将所有的投入综合起来，从中获取最大的价值。这种买卖的过程主要是通过市场交易来完成的，不会受到财务计算的影响。

毛利率一般不会被人为地提高或降低，因此是一个十分可信的财务指标。技术杠杆型企业应当重视毛利率指标的作用,将毛利率的目标设定得高一些。因为为了获取较高的毛利而努力是值得的,只要能在一小块产品领域内取得高水平的毛利率,尤其当该产品的市场尚处于不断增长的过程中时,整个企业的效益就会得到极大的增长。

2. 毛利率的变化趋势

一种技术的应用逐步地从独创、新奇、特色等阶段迈入商品化阶段。在此过程中,毛利率变化的趋势显示出企业增值滑坡的轨迹。当某种应用的毛利率越来越低时,企业就必须在技术上开发出更加新颖、价值更高的应用。这些新技术所反映的毛利率较高,它将有助于整个企业经营业绩的上升。当然,企业在利用新技术提高毛利率的同时,还必须从现有的技术中获取最大的价值,两者不可偏废,否则企业会很快步入低利润的商品化区域。对于高水平毛利率的追求有利于企业把握正确的发展方向,即着眼于高价值的新应用,放弃低价值的旧产品。

许多技术型企业的管理者认为,只要降低销售费用、日常开支和行政费用,毛利率下降导致的损失就能得到补偿。也许这是一种简易的办法,但充其量只是短期内有效的一种权宜之计。用缩减成本的战术去抵销毛利率下降所引起的损失,这种方法不会为客户创造任何发展和增值的机会。在客户看来,供应商毛利率的下降意味着他们所购买的产品已经失去了增值的功效。

3. 营业毛利率

如果说毛利率是衡量企业增值效率的标准,那么营业毛利率则是衡量企业为客户增值效率的标准。将一种应用推向市场,各种各样的营业开支(包括销售费用、日常开支和行政费用)都是必不可少的。为了找到并留住感到满意的客户,企业势必要花费一定的代价,但这种营业成本越低越好。

营业毛利率代表着企业营运扣除资本成本和税金后的总收益率。营业毛利率决定了企业将有多少现金投入再生产,要从自身营业中获得进一步投资的资金(这应该是根本目标),就必须有较高的营业毛利率。如果经营利润很低,处于发展中的企业就要发行股票筹资或者向银行借贷资金(由于要支付利息而使净收益减少),否则其增长速度就会减缓,会削弱领先的优势,或限制销售的增长。因此经营利润对企业的发展是至关重要的。对于一家处于增长阶段的技术型企业来说,低水平的营业毛利率将严重威胁其生存。

毛利率较高但营业毛利率很低的企业,虽然可以在创造价值方面胜人一筹,但在销售方面却陷于困境,这样的情况通常是由于企业的高级技术人员不善经营所致的。造成这种毛利与营业毛利互不协调的潜在原因有很多,如对销售人员疏于指导和管理,市场营销缺乏力度,销售成本过高,研发费用太大,管理机构庞大,管理层对于发生的情况没有引起足够的重视等。为解决这个问题,企业的最高管理层应当在考察不同部门的工作业绩时采用以下方法:将每个部门的营业毛利率除以该部门的毛利率,根据这一计算结果就能对各个部门创造价值的情况进行比较。这样就有了一个相对的指标可用来衡量各个部门在将生产过程中所创造的毛利转变为营业毛利时的工作效率究竟有多高。

4. 净利润

无论是技术型企业还是非技术型企业,净利润的多少具有同样重要的意义。净利润是计算许多指标所涉及的分数中都要用到的分子,同时它还是技术型企业之间进行对比的一个理想指标。

5. 市场增长率及收益增长率

技术市场增长率表明了客户对那种应用带来的增值有了更大的需求。市场的需要是所有参与竞争的企业谋求增长的动力。如果该应用的发展方向十分广泛,既有实用的价值又有一定复杂性，就需要一大批各式各样的企业参与竞争，以满足不同客户的需求。凡能够在高增长的市场中增值的企业总会通过最大努力采用有关的技术。当然，要决定本企业应该追求怎样的技术市场并不简单。对于任何一家企业来说，无论经营何种产品，收益增长率总反映着产品或服务是不是具有吸引力，开拓市场的手段是不是有效，售后服务是不是到位。

6. 资产周转率

负债和权益的目的是扩大资产，资产则被用来扩大销售。因此一家拥有一定资产的企业能否维持一定水平的销售额，这是十分重要的。技术杠杆着眼于收益的快速增长，资产周转率就是反映企业管理水平的一个重要指标。既然技术含量高的产品寿命往往短暂且难以预测，资产投入就应当尽量减少。这种缩减资产投入的做法应当作为企业经营管理的一项原则。

资产周转率（计算方法是将公司一段时期内的销售额除以同时期内的平均资产）所反映的是资产使用效率。在其他条件相同的情况下，资产周转率大于 2 的企业可以将其一半的资金用于债务偿还和股东分红，另一半资金则用来扩大再生产。表 5-37 列举了两家规模相当的公司，两者具有同样的盈利能力和发展前景，但使用资金的战略却截然不同。公司 A 严格限制其资产规模，而公司 B 采用了更为传统的经营手段。在股东的眼里，公司 A 的运作方式更加合理。由于公司 B 需要大量的外部资金，因此公司 B 的股东面临的将是利润的滑坡、增长速度的减缓和股权的稀释。

表 5-37 资产周转率不同的两家公司的对比结果

指　　标	公司 A（百万美元）	公司 B（百万美元）
销售额	10	10
平均资产	2.5	8
平均资产周转率	4	1.25
净利润	1	1
增长幅度	40%	12%

资产周转率如同毛利率一样，很少受到人为因素的影响，资产周转率的变化趋势所反映的信息是很有价值的。资产周转率减慢，说明管理者在某些方面使用资产不当。也许在很短时间内投入了大量资金，即投资的速度太快、数量太大，也许是获取资产的方式不对，或者是未能根据投资的情况相应地扩大销售。总之，入不敷出，失大于得。

资产周转率对大型企业来说具有十分重要的意义。在为一家新兴的技术型企业注入大量资金时，过多的资金会降低企业成功的概率。许多大型企业一旦发现其产品具有一定的商业竞争力，便设立子公司建造许多厂房，将大量资金用于企业管理，雇用大批员工。有的公司甚至在其产品前景尚不明朗的情况下就进行诸如此类的投资。这种盲目的投资会严重危及新公司的生存。其实，企业在制定销售规划时应当留出一段酝酿期，在这段酝酿期中，应当严格限制对新项目的资金投入。

资产周转率是可以控制的。财务部门可以根据资产周转率的大小限制生产部门和销售部门滥用资金的行为。对融资和扩容的规模也要做强制性的规定，因为在利润下滑的技术型业务中加大投资是一种危险的举动，很少有企业能够通过这种方式获得成功。

7. 债务与销售量之比

债务与销售量之比反映了企业自筹资金的能力有多大。成功地运用技术杠杆的企业自筹资金能力强，因此这些企业在资产负债表上的债务额相当小。许多金融分析师在对债务进行分析时，十分重视资产负债比和偿债系数这两个反映企业偿债能力的指标。这些做法表明，在一定程度上债务和金融的杠杆是必要的。其原因在于：企业的运作需要资金，而通过向银行借贷获得资金的方式比向客户销售产品获得资金的方式更易于操作，因此企业应当尽可能地多借钱。但对于技术型企业来说，情况就有所不同了。当股东对一家技术型企业投资以后，企业首先要尽量利用内部筹措的资金来维持企业的发展。有了技术杠杆，企业并不需要借很多钱。在奉行技术杠杆战略的时候，额外的债务是无益的。因为在技术战略中，金融杠杆并非总是行之有效的。具体地说，技术杠杆的目标不一定是扩大规模，而是提高利润率和降低风险。金融杠杆则旨在规模的扩大，在帮助企业取得经营杠杆效应的过程中可以起到很大作用。经营杠杆要求以固定资产取代可变成本，以便通过产量的提高增加营业收入。金融杠杆则要求以长期债务的方式增加固定资产。如此，长期债务便成了增加出来的固定资产所必需的不变的固有成本。

技术杠杆是巧妙地运用技术创造价值和获取高额利润的一种方法，而大量的固定资产以及与之相关的债务可能阻碍技术杠杆充分发挥其作用。对大多数公司来说，运用技术战略应当避免生产产量虽高、利润却很低的商品，因为这需要大量的固定资产。相反，技术杠杆的目标是利用短期资产，使企业的产品重新返回高利润、高价值的区域。这是创新型企业的特征。有能力不断创新的企业基本不需要借贷长期债务。对于发展迅速的技术型企业而言，过多的债务和过于庞大的固定资产无疑是一种沉重的包袱。

财务杠杆虽然能增加收益，但也增大了亏损的可能性。根据经验，技术总是存在风险和不确定因素，因此多数技术型公司都避免举债。如果一定要利用举债的方式获得启动资金，就应该尽快偿还这笔债务。总之，技术杠杆对于任何规模的企业均适用，无论是技术型企业还是非技术型企业，这是它们开拓高价值、高收益业务并走向繁荣兴旺的必由之路。一旦企业走上正轨，举债就不那么必要了。

8. 人均收入和人均利润

追求高效经营的企业总会根据销售和利润情况尽可能减少员工的人数。它们重视员工的才能、创造力、精力和献身的精神（这些都是创造价值的必备素质），而不是员工人数的多少。它们会利用一切可以利用的创造性手段帮助员工提高工作绩效。它们力求缩减本企业"人力资产的基数"，提高这种资产的"周转率"。如果能严格控制企业的员工数，就有可能凭借自身的资产，不管是人力资产还是实物资产，创造出高价值。

人均利润很小的企业，如同实物资产过大的企业一样，也是很不稳定的。由于人浮于事，大量的人力资源遭到浪费。随着员工人数的增加，员工素质却在不断地下降。管理层的注意力无法集中在特殊产品的生产上，因此也无法对员工提出严格的要求。才能出众、富于创新意识、精力充沛和有献身精神的员工需要配备一流的管理队伍才能创造出非凡的业绩。

在评估企业人力资源的利用状况时，人均收益和人均利润是十分重要的指标。这两项指标如果呈现下降趋势，就说明企业已处于衰退的境地，其解决办法可不像人们想象得那么简单。在20世纪80年代晚期和90年代早期，美国曾经掀起过一阵规模缩减和外购零部件的浪潮。缩减规模和降低成本只能在短期内提高企业收益。如果大多数企业都能充分地利用其人力资源使其实现更多的增值，情况就会得到根本的改善。为了做到这一点，一种办法是战略性地增加资产，提高员工的生产率，如适当裁员、采用更多的先进技术、更新生产流程、起用非常投入的管理人员等。

9. 相对于同等企业的市场资本化与销售额之比

这个指标用来衡量企业的价值是多少。对于技术型企业来说，在各种各样的财务问题中，始终困扰企业的问题是:"企业到底值多少钱?""以股票价格乘以未偿还股数,这是一个公正、合理并值得关注的指标吗?"此外,还有其他一些问题:"我们会不会高估某些高价值、快增长的企业?""多年来,这些企业的管理者从多方面促进了企业的发展,他们的这种能力具有多大的价值?""他们的技能、精力、创造力和团队精神又怎样估价?""企业产品渗透到客户公司的经营过程、业务活动和企业规划之中,这其中蕴涵着多大的价值?""我们会不会低估这种价值?""怎样才能建立一种正确的价值评估体系?"

假如用每股收益来衡量企业价值,那么将得到一个完全不同的数据,其波动幅度很大。企业收益是所有收入的总和,任何误差都会对之产生重大的影响。如果在评估企业价值时,将许多临时性的收入或支出计算在内,那么算出的价值不是高得惊人,就是低得可怜。但实际上企业的价值并没有产生如此剧烈的变化。因此在计算企业价值时,要找到另一种指标取代收入,成为衡量企业价值的标准。这一指标首先不应受各种意外因素的影响,同时要在一定程度上反映企业在不同环境中的经营业绩,可以将营业收入作为衡量企业价值的基础。

营业收入受到客户和竞争者的影响。营业收入受各种因素的影响相对来说比较小。将企业的营业收入与其市场资本化的程度相联系,然后再与一组类似的企业相对照,这一对照组可以由8~12家企业组成,这样就找到了一个很好的衡量企业价值的指标。与对照组在单位销售额市场资本化程度方面做比较,就可以看清楚企业的价值有没有提高,企业的真实价值究竟是多少,这种价值体现在哪些方面,企业的发展将得到怎样的回报,对照组中的企业有哪些优点是可以学习的,为了改变竞争的形势应当再投入多少资金,等等。

在确定对照组时,应当从技术杠杆的角度挑选那些条件与本企业相仿的企业,还应当在其他行业中选择一部分企业作为比较的对象,其规模要与本企业相当,增值的方式相似,具有同等的领先地位,增长速度也相近。华尔街在选择对照组时就充分应用了技术杠杆的理论,尽管入选的部分企业技术含量并不是很大。市场对企业在保持高利润和坚持利用技术来增值的同时所取得的快速增长是十分看重的。

有效的技术战略提高了企业股票的价值。一家普通公司1元的营业收入相当于0.8~1.5元的股票价值,而对于采用技术战略的企业来说,1元的营业收入却相当于3元、4元甚至5元的股票价值。企业采用了有效的战略,投资者就会愿意加大投资的力度。这样企业在营业收入、收益和价值方面保持持续增长的可能性就更大了。将营业收入、多种指标、增长率和利润率紧密地联系起来,并与同等企业进行比较,财务经理便能为企业找到一条创造大量价值的捷径。

坚持创新和将产品推向市场具有重要性。近期开发的新产品在企业的销售额和利润额中所占的比例是评价企业活力很好的内在指标。然而,公开这一数值的企业相对较少。这一数值对于企业未来的成功和增长具有很大的预示作用。新产品在销售额中所占的比例低,意味着企业的产品开发效率不高,营销措施不力,或者对企业的发展不够重视。销售额高但利润额低,说明产品的创新程度不够,销售成本太高,企业奉行的是"花钱买增长"的战略,或者说明企业在其他方面经营不善。只有当新产品在销售额和利润额中所占的比例都很高时,才能说明企业的管理是积极进取的。财务经理应当审时度势,密切关注企业的发展状况,排除一切无效的企业行为。

(五)研发工作的回报

有关研发资金的问题深深困扰着技术型企业的管理者。在研发方面投入多少资金才算合理?这些钱应该怎么用?研发工作应当怎样做?研发工作的回报如何体现?对这些问题的回答构成财务经理管理研发工作的主要内容。但这并不是指要裁减研发工作的预算,而是帮助企业明确研发工作的目的和手段,并积极评估研发工作为企业所带来的回报。管理研发资金的会计部门首先应将研发资金划分为战术性研发资金和战略性研发资金两部分。

战术性研发工作的目的是改进现有产品,提高其档次,从而解决来自客户和生产过程中的问题。属于这类战术性研发工作的有:采用新的生产工艺,使现有产品小型化、快速化、洁净化和优质化。战术性研发工作的资金应当来自企业的各个营业单位或部门。可以采用项目管理软件或类似的工具对战术性研发支出实施有效的监控。战术性研发工作带来的收益主要表现为销售额的提高和利润额的增长。这种增长通常在企业的系列产品获利能力报告中有所反映。

战略性研发工作旨在取得突破性进展,开发出具有商业竞争力的全新应用或生产工艺。为了使战略性研发工作有所回报,可以采取的措施之一便是推出高收益的独家研制的产品。当然,要做到这一点并非易事。这种研发工作的资金应当来自企业基金,必要时还可以动用企业经营资金以外的资金储备。虽然这些资金是被用来提高企业销售额和利润额的,但是由于开发周期很长,要在短期内获得显著成效,通常是不可能的。

战术性研发和战略性研发的资金来源应当分开,其管理方式也互不相同。大多数公司都有一定的研发资金,它们将这种研发资金看作一种管理费用或间接费用,认为应该由公司根据各部门的效益进行分配。多数企业并没有一套严格的评估标准用以衡量其研发工作是否有效,即便有这类标准,也十分模糊。事实上,许多企业把研发预算看作一种义务,有的甚至拒绝为此拨款。一旦尽到义务它们就开始等待好运的来临,并且不会再多给一分钱。就像对任何一笔费用一样,企业管理越严格,其潜在的收益就越大。

小知识

技术型企业的目标

首先考察企业在经营指标方面希望达到怎样的水平,然后再对两家具体公司的有关数据做一比较和分析。表 5-38 所列出的各项经营指标只是理论指标,但企业只要采用适当的技术战略,这些指标还是有望实现的。而非技术型企业就很难做到了。不过,通过了解这些指标,非技术型企业也可以知道哪些指标是可能实现的,并且用这些指标来衡量本企业应用技术的现状。同时将两家技术型公司公开的 1997 年年报数据总结在表 5-39 中,它们分别是惠普公司和科格尼克斯公司,后者是一家生产机器视觉系统的"龙头企业"。无论从哪个方面来说,这两家公司都算不上最优秀的企业。之所以要对它们的经营业绩进行归纳总结,主要是想借用那些高价值、高利润的公司作为一个实际例子。这类企业掌握了技术杠杆的要领,它们创造了高价值,因为它们拥有引人注目的毛利率和营业毛利。这是评价其他经营业绩的前提。从技术角度来说,这些公司的客户愿意出高价购买其产品。从金融角度来说,任何公司都能通过自筹资金的方式为本公司的运营和发展提供必要的资金,不需要借贷大笔的债务。

表 5-38 技术型企业的经营指标

指 标	目 标
毛利率	50%以上
毛利率变化趋势	稳中有升
营业毛利率	20%以上
净利润率	10%以上
净收入波动幅度	越小越好;不能呈负值
市场增长率	主要市场为8%以上,次要市场则更高
收益年增长率	15%~20%
资金周转率	每年2次以上

续表

指　标	目　标
负债对销售额比（债务相当于几周的企业收入）	6周以下
人均收益	250000美元以上
人均净收入	250000美元以上
相当于同等企业的市场资本化与销售额之比	根据情况的变化而变化
净资产收益率	18%以上

表 5-39 中的两家公司在反映财务业绩的各项指标上均达到了较高的水平，其所经营的业务种类倒并不十分重要，但它们的成功经验表明：要从技术杠杆中获益，企业必须紧紧地围绕这些业绩指标，建立一种财务监控和激励的机制。遗憾的是，这种只重视一两项指标的做法会对企业的行为产生不良后果，削弱企业在其他方面的努力。举例来说，如果企业将收入的增长率视作唯一的目标，那么销售人员就会不惜以降价的方式"花钱买增长"，这样利润便受到影响；要是目标定在企业的总收益上，他们就不愿做这样的买卖了。如果企业单纯重视营业收入的话，那么质量和服务就可能倒退，其营业收入也不可能达到较高的水平。如果企业注重的仅仅是人均收益，就会进行盲目的裁员和加大资金的投入。

表 5-39　两家技术型公司财务指标比较

指　标	惠普公司（百万美元）	科格尼克斯公司（百万美元）
总收入	42895	155
毛利率	34%	73%
毛利率变化趋势	轻度滑坡	平稳
营业毛利率	13.7%	13.5%
净利润率	7.3%	26.1%
净收入波动幅度	近8年内盈利	近5年内盈利
市场增长率		
收益年增长率	18%	27.5%
资金周转率	每年2.07次	每年2.66次
负债对销售额比（债务相当于企业几周的收入）	5.5周	0周
人均收益	351900	384406
人均净收入	25587	100248
相对于同等企业市场资本化与销售额比	根据不同的参照对象而有所不同	根据不同的参照对象而有所不同
净资产收益率	19.3%	17%

财务经理应当促使管理层重视多项业绩的指标，让他们认识到每一项关键指标都具有十分重要的意义。财务经理还要帮助管理层其他成员了解企业的发展方向，同时他们必须负责检查和协调管理监控系统的运作，以保证员工都受到这一系统的约束。他们要以各项业绩指标为基础，建立一种激励机制从而促进业务的开展。创造价值、依据产品价值确定产品价格、控制成本、降低资产水平、减少员工人数、缩减债务，这些都是财务经理肩负的重任。因此奉行技术杠杆的战略，财务管理人员理所当然地要扮演开路先锋的角色。

十、资金筹措战略

（一）资金筹措战略方案类型

按照企业选择的主要筹资渠道与方式的不同，企业资金筹措战略方案可分为内部型、金融型、证券型、联合型和结构型等几种基本类型（见表 5-40），不同类型的战略方案适用于不同的企业，需要不同的实施措施。

表 5-40　五种资金筹措战略方案

类　型	内　容　阐　释
内部型资金筹措战略	内部型资金筹措战略，也称经营型筹资战略，是指主要从企业内部开辟资金来源，筹措所需资金。这一战略主要的资金来源包括：留存盈余或利润留成，包括从利润中提取而形成的一般盈余公积金等；从销售收入中回收的折旧、摊销等无须用现金支付的费用等。企业利用内部资金方便、可靠，无须支付筹资费用，所以内部型资金筹措战略可为许多企业广泛采用。目前内部资金已成为企业长期资金的重要来源。该种资金筹措战略特别适用于下列情况下的企业：企业外部资金来源渠道匮乏；内部资金来源丰富、充裕，足以满足现阶段资金需要的企业；企业战略要求采用内部型筹资战略的企业等。 采用内部型资金筹措战略必须采取切实有效的实施措施才有可能获得成功。这些措施主要有： • 适应市场环境的变化。 • 加强内部管理，节约各项费用。 • 降低利润分配率，提高留存盈余的水平，把大部分利润留存于企业用于生产和发展。 • 合理制定和利用折旧计划等，以增加积累，减少税收支出。 • 减少资金占用，加速资金周转。 • 加强企业内部资金的调度，避免资金闲置
金融型资金筹措战略	金融型资金筹措战略主要是指企业通过与金融机构建立密切的协作关系，有效地利用这些金融机构的信贷资金，以保证随时获得长期稳定贷款的筹资战略。这是一种从企业外部以间接金融方式筹集资金的战略。金融机构信贷资金主要有以下几项具体来源： • 政策性银行信贷资金； • 商业银行信贷资金； • 非银行金融机构的信贷资金； • 租赁公司。 金融型资金筹措战略具有广泛的适用性。它可供资金规模大、筹集方便、形式灵活等企业运用，对于内部资金不足，发展迅速或暂时有资金困难的企业更为适用
证券型资金筹措战略	证券型资金筹措战略是指主要依靠社会资金来源，通过发行各种有价证券，特别是发行股票和债券等方式来筹集资金的战略。企业通过在证券市场上公开发行股票和债券可以直接吸纳家庭和个人的待用和结余资金。另外，某些金融机构也常常大量投资于有价证券，其他企业和某些公共团体由于种种考虑也会将一部分资金投入证券市场，因此发行有价证券筹资面对的是异常广阔和雄厚的资金来源。证券型筹资战略可以为企业筹集到大规模的长期限可用资金。随着证券市场的发展和股份制经济的推广，这一资金筹措战略的作用会越来越大

续表

类　　型	内　容　阐　释
联合型资金筹措战略	联合型资金筹措战略是指主要依靠企业间的联合，通过企业间信用、吸收、合并、收买、投资等方式，充分利用其他企业的资金力量和金融力量进行筹资的战略。这种战略的主要形式有： • 通过企业间信用筹资。企业间信用筹资主要包括应付账款、应付票据等。 • 通过企业的联合突破单一企业筹措资金的能力界限，从而取得金融机构的贷款或者政府的资金援助。 • 通过吸收、合并、收买等方式，一方面利用对方企业的资金力量或金融力量，另一方面通过合并来扩大销售额和利润，以此来增强企业的资金筹措能力。 • 通过举办合资企业、合营企业和补偿贸易等方式利用外商资金，以此来解决资金不足问题。 企业是金融市场上一个重要的资金供给者，通过企业联合筹资是一种适用范围很广的筹资战略。实施这一战略的关键是选择好联合的形式与联合的伙伴，以便优势互补，克服劣势
结构型资金筹措战略	结构型资金筹措战略是指企业多种筹资渠道与筹资方式并重，不存在单一的重点筹资渠道与方式。这种战略实际上是一种综合性的筹资战略，它是上述四种不同筹资战略的某种组合。对于大多数企业而言，为了获取足够的资金或保持稳定的资金来源与优良的资金结构，常常需要采取前述四种筹资战略的某种合理组合进行筹资。组合的不同，构成的结构型筹资战略也就不同

上述五种情况是企业资金筹措战略方案一般的和基本的类型。企业在具体开展资金筹措战略时，要根据企业自身的能力及企业所处的金融环境等，选择合理的资金筹措渠道与方式战略，采取适合自身状况与环境的具体实施方案与措施。

（二）资金筹措能力分析及开发

资金筹措能力是指企业从各种资金来源获得资金的本领。它集中表现为在一定时期内，企业能够筹集到的资金的数量和质量。资金是一种具有稀缺性的重要经济资源，企业之间为筹集所需资金的竞争往往非常激烈，因此，资金筹措能力对于企业十分重要。

1. 资金筹措能力分析

企业可以从多种资金来源渠道，用不同的筹资工具或方式筹措所需资金。从不同来源筹集资金的能力受不同因素的影响。所以，分析、评价企业的资金筹措能力，首先应该分析企业从不同资金来源获取资金的能力，然后再将它们综合起来分析，才能得到比较准确的结果。企业的资金来源可以分为企业内部资金来源与企业外部资金来源两大类。企业内部资金来源是指企业通过自身生产经营成果的积累而形成的可用资金；企业外部资金来源则是企业通过不同筹资方式从企业外部所获得的可用资金。企业外部资金来源又有两种主要的来源，一是筹集负债资金，即以借债的方式获得经营发展资金；二是筹集权益资金，即通过增加股权资本的方式获得经营发展资金。企业从这三条主渠道筹集资金的能力构成了企业资金筹措能力的主要内容，即内部资金筹措能力、负债资金筹措能力和权益资金筹措能力。这三种能力分别受到众多因素的影响，通过分析有关的因素，可大致确定企业从这三种来源获得资金的能力，从而对企业资金筹措能力有一个比较清楚的认识。

（1）内部资金筹措能力的一般估计。企业内部资金来源就是企业在其所获得的收入和利润中重新投入到企业生产经营过程中，参加资金再循环的那部分资金。

所以企业内部资金筹措能力主要决定于企业的收入水平、盈利能力及有关财务政策（如股利政策、折旧政策）等因素。

企业内部资金筹措能力可大致估计如下：

$$\begin{pmatrix} 预计未来 \\ 几年内的 \\ 收入水平 \end{pmatrix} \times \begin{pmatrix} 税后目 \\ 标销售 \\ 利润率 \end{pmatrix} - \begin{pmatrix} 现金 \\ 股利 \end{pmatrix} + \begin{pmatrix} 固定资 \\ 产折旧 \end{pmatrix} - \begin{pmatrix} 银行贷款和 \\ 长期负债 \\ 还款总计 \end{pmatrix}$$

$$= \begin{pmatrix} 税\ 后 \\ 净利益 \end{pmatrix} - \begin{pmatrix} 现金 \\ 股利 \end{pmatrix} + \begin{pmatrix} 固定资 \\ 产折旧 \end{pmatrix} - \begin{pmatrix} 银行贷款和长期 \\ 负债还款总计 \end{pmatrix}$$

= 留存收益 + 固定资产折旧 − 银行贷款和长期负债还款总计

= 经营产生的全部内部资金 − 银行贷款和长期负债还款总计

= 净内部资金来源总额

对上述估计简要解释如下：企业首先根据对未来若干年内市场状况的预测和企业战略计划，预测出企业未来几年内的收入水平，并估计、确定相应的税后目标销售利润率，这两者的乘积就是企业未来若干年的税后净收益。企业的税后净收益要用来给股东分派股利。企业分红派息的方式有现金股利、股票股利两种，但只有以现金股利方式对财务成果进行分配，才导致资金脱离企业，流至企业外部。因此用税后净收益减去预计的现金股利部分，就是企业净收益中重新投入企业资金循环的部分，即留存收益。留存收益是构成企业内部资金来源的一个重要组成部分。另外，企业在成本、费用中，有一部分是不需要实际发生现金支出的，其中主要是固定资产折旧。但这部分费用仍计入当期的销货成本或期间成本中，随着收入的发生而收回，并继续参加企业下一轮的资金循环。因此这部分已收回的成本或费用构成了企业内部另一个可用的资金来源。用留存盈余加上固定资产折旧，就是企业生产经营过程中产生的全部内部资金来源。再用它减去企业预期要偿还的银行贷款和其他长期负债的本息总额，就是企业通过生产经营可提供的净内部资金来源总额。

（2）负债资金筹措能力的一般估计。企业负债资金来源，就是企业通过借债的方式所能获得的资金。企业的负债资金筹措能力，主要取决于企业的盈利水平与资金来源结构。一定的盈利水平是企业偿还借款本息的保证，而资金来源的结构（主要是负债资金与权益资金之比）则反映了企业财务风险的大小。一般情况下，只有这两方面的情况良好，潜在的债权人才会有信心把资金借贷给企业，企业才能以合理的利率和条件得到所需的借款。现在假设企业的盈利能力是有保证的，则企业的负债资金能力可大致估计如下：

$$\begin{pmatrix} 目前的 \\ 股东权益 \end{pmatrix} + \begin{pmatrix} 预期新的 \\ 股东权益 \end{pmatrix} + \begin{pmatrix} 税后 \\ 净收益 \end{pmatrix} - 股利 \end{pmatrix} \times \frac{行业平均负债}{股东权益} - \begin{pmatrix} 现有 \\ 总负债 \end{pmatrix}$$

= 估计的未来股东权益总数 × 行业平均负债/股东权益 − 现有总负债

= 总负债能力 − 现有总负债

= 企业可利用的新负债能力

对上述估计要解释如下：股东权益是企业所能承担的责任的限度，并且是企业最终风险的承担者。因此，一定的股东权益是企业负债的基础。负债/权益比率反映了企业的信誉状况和财务风险。对于不同的行业来说，因企业经营的性质和现金流转的稳定程度等不同，负债/权益比率也不相同。一般而言，行业平均负债/权益比率在一定程度上反映了债权人对该行业可以接受的财务风险程度，是企业筹集负债资金的一个外部限制。所以用企业总的股东权益乘以行业平均负债/权益比率，就是企业总的负债能力。再用总的负债能力减去现有的总负债（已占用的负债能力），就是企业可以利用的新的以负债方式筹集资金的能力。

（3）权益资金筹措能力的一般估计。权益资金来源，即企业通过发行新股或以其他方式增资获得资金的能力。股东或潜在的股东们投资于某一企业，主要目的是期望得到较高的利益回报。因此权益资金筹措能力主要决定于企业的盈利能力及给股东的回报。股东一般总是很关心其每股盈余（EPS）的高低。当企业准备发行新股时，股东一般并不希望EPS被新股"稀释"，使其降低。如果预期新股发行会导致这样的结果，他们就会表示反对并向董事会施加压力以求改变。所以企业要想增加新的股权资金，在可能的情况下应选择经营情况和金融市场状况最好的年份发行新股。力求在这一年里使企业的利润和EPS有一个较大幅度的增长，为新股发行提供基础，使之不会使现有股东的EPS因被"稀释"而降低。根据以上论述，企业权益资金筹措能力可分三步，大致估计如下：

1）估计额外净收益（Δ净收益）。

额外净收益（Δ净收益）= 净收益（最好增长年份）- 净收益（正常增长年份）

2）估计新股股数。

潜在的可发行新股数 = 额外净收益（Δ净收益）÷ EPS（正常预期水平）

3）估计发行新股可得资金。

发行新股可得资金 = 潜在的可发行新股数 × 预期股票发行价格 - 估计发行成本

（4）资金筹措能力的综合分析。企业总的资金筹措能力是其内部资金筹措能力、负债资金筹措能力和权益资金筹措能力的总和，但不能视为上述三个估计的简单算术和。这是因为，首先上述三种能力之间是互相联系、互相影响的。例如，增加内部资金来源和权益资金来源的比例，就会为企业筹集负债资金提供新的基础，使其能力得到提高。其次，资金筹措能力还受到企业多方面其他因素的影响，具体可分为内部因素和外部因素，从而上述估计只能看作一种大致的预测。所以，企业要分析、预测自身的筹资能力，还必须在上述预测、估计的基础上，结合其他重要影响因素进行综合分析，并据此对上述估计的结果进行必要的调整，从而更加全面、准确地认识自身的资金筹措能力。

影响企业资金筹措能力的重要内部因素通常有以下这些：企业规模的大小；企业创办时间的长短；企业组织形式；利润的稳定程度及其增长趋势；企业的信誉与公共关系状况；企业领导与管理人员的素质、知识结构与能力；企业领导对风险的态度；企业资产的性质。

其外部因素主要包括金融、经济、政治、行业等方面的因素。企业只有全面分析预测上述各种内外因素对企业资金筹措的影响之后，才能比较准确地把握企业资金筹措能力有多大，从而有效地制定和实施资金筹措战略。

2. 资金筹措能力开发

从一定意义上说，资金筹措能力是企业自己可以控制的，即可以通过自身有意识、有成效的努力而在一定程度上予以加强。这说明资金筹措能力具有可开发性。开发企业的资金筹措能力，一般可从几个方面进行，如表5-41所示。

表5-41 开发企业的资金筹措能力

项 目	内 容 阐 释
提高盈利能力，改善资金结构	这是提高企业资金筹措能力的一项根本性措施。首先，企业的留存盈余等内部积累本身是企业资金来源的一条重要渠道，而盈利能力强、资金结构合理的企业，其留存盈余就可望大大提高，从而增强企业的内部筹资能力。其次，如果企业盈利能力高，资金结构健康，那么投资者可望获得的投资报酬率就高，而财务风险相对较

续表

项目	内容阐释
提高盈利能力，改善资金结构	小，对潜在投资者、债权人等的吸引力就较大，从而使企业的外部筹资能力大大加强。最后，良好的盈利能力和资金结构还会改善企业的信誉状况，扩大企业的影响，从而使企业的外部筹资能力得到加强
加强与金融机构的联系	企业从外部筹资的很大比重来自金融机构的贷款。因此，加强与金融机构的联系十分重要，它能在很大程度上影响和决定企业获取贷款的能力。具体应从以下三个方面进行：充分了解金融机构的贷款政策与方针；选择贷款政策合理的金融机构；与金融机构保持良好的关系
增强企业领导和资金筹措人员不断开发利用新的融资渠道和工具的能力	资金筹措是由企业领导和资金筹措人员决定和进行的。他们是否具备良好的素质和知识，是否具有开拓能力，是否具有与金融机构和投资者洽谈的能力等都对企业筹资能力具有重要影响。因此，企业应努力增强企业领导及资金筹措人员的素质和能力
扩大企业影响，提高企业信誉	企业为了能以较为有利的条件稳定地获得所需资金，还应努力提高社会知名度，扩大企业影响，提高企业信誉。企业社会影响大，信誉高，资金供给者就比较放心，乐意以较有利的条件为企业提供资金，这有利于企业开发利用多种融资渠道和工具，增加筹资能力，改善融资环境
促进产融结合	工业资本与金融资本的相互融合是经济发展到一定阶段的必然产物，而且对增强企业筹资能力具有重大影响。产融结合有助于企业得到金融方面的支持，当企业面临困难时更是如此。例如，日本的丰田公司在20世纪50年代初曾经面临破产的境地，但它依靠一些银行的大力支持，得到了极为宝贵的贷款，从而闯过了难关，发展成为今天举世闻名的大公司
制定有效的企业战略	有效的企业战略可以增强企业在产品市场上的竞争和发展能力，提高企业产品成功的可能性，从而增强企业在金融市场上获得资金的能力。另外，良好的企业战略可以使潜在的投资者明确企业资金投放的方向和长期效果，从而提高投资者对企业的信心，使之愿意把资金的使用权让渡给企业，并要求较低的资金成本

十一、资金投放战略

在分析确定了企业资金投放战略之后，必须编制、设计具体的资金投放战略方案，然后采用科学的方法从中筛选出最佳方案并投入实施，才能保证资金投放战略的顺利实现。

资金投放战略方案即符合资金投放战略要求并有助于其实现的各种资金投放项目。资金投放战略方案是企业资金投放战略的具体化，也是其基本的实现途径。

（一）资金投放战略方案的设计依据（见表5-42）

表5-42 资金投放战略方案的设计依据

设计依据	内容阐释
资金投放战略	资金投放战略方案的设计是为了实现资金投放战略，因此在设计方案时需以资金投放战略为指导，在其规定的框架内进行，具体方案应与战略保持一致
资金投放的盈利与增值水平	追求尽可能多的投放收益和实现尽可能大的投资增值是每个投资项目都不可忽视的重要目标。设计投资项目时，对其盈利与增值水平的考虑是重要的设计思想之一

续表

设计依据	内容阐释
资金投放风险	资金投放与风险共存,多数投资项目都有不能获得预期收益的可能性,因此设计投资方案时,分析投资风险,考虑如何利用或避免风险是不可或缺的一个重要内容
资金投放成本	资金投放是将本求利的过程。因此设计资金投放项目,不仅要考虑其产出因素,还要考虑其投入因素,即投资成本。这一因素决定了企业在财力上能否承受这一投资项目,同时是对投资项目进行评价、选择的基础。资金投放成本主要包括前期费用、实际投资额、资金成本、投资回收费用等
投资管理和经营控制能力	没有良好的管理与控制,再好的投资项目亦不能达到预期目的,因此资金投放项目的设计还要考虑企业的投资管理和经营控制能力
筹资能力	任何资金投放项目都要求企业能及时、足额、低成本地筹集到投资所需资金。如果企业资金短缺,筹资能力又较弱,势必会影响到资金投放方案的选择
资金投放环境	设计资金投放方案时,必须熟知资金投放环境,预知资金投放环境的发展变化,重视其影响作用,不断增强对投资环境的适应能力,根据投资环境的发展变化,设计相应的投资方案

(二) DCF 法与资金投放战略方案的评价

从理论上讲,贴现的现金流量法(Discounted Cash Flow Method,DCF 法)被认为评价投资方案优劣的比较成熟和科学的方法之一。但是,很少有企业把这种方法应用于战略性投资项目的评价与选择。其主要原因有三个:对 DCF 法的运用不适当,如对通货膨胀因素处理不当,使用不切实际的高贴现率等;人们认识上的一些偏见,一些人通常认为,任何数量化的方法都不可避免地是短视的,DCF 法也不例外;DCF 法本身所具有的局限性。

因此,通过纠正 DCF 法的一些误用,进一步完善 DCF 法,消除它的局限性,这种工具是可以用于资金投放战略方案的评价与选择的。

(三) 建立适应资金投放战略方案评价的 DCF 法

与一般投资方案相比,资金投放战略方案的重要特点是具有长期性和全局性。这导致它的不确定性和影响的深远性都远远超过了一般性的战术性资本支出项目。

因此,在将 DCF 法运用于资本投放战略方案的决策分析时,要注意几点(见表 5-43)。

表 5-43 将 DCF 法运用于资金投放战略方案的决策分析时的注意点

注意点	内容阐释
在资本支出预算程序上,应采用上下结合、由上至下、由下至上的过程	首先应由企业最高管理层通过战略规划过程确定企业的战略方向、目标和资金投放备选方案等,再将战略方案分别下达到企业各战略中心进行讨论、补充和完善,并由其负责提出有关战略投资备选方案的初步资本支出预算分析,再报送企业最高管理层和战略规划部门进行审核、协调
合理确定现金流量	合理确定资金投放战略方案的现金流量应特别注意以下几点: • 需要对环境做出特别的假定。 • 估计现金流量时,不能只计算该方案本身的情况,还要计算实施战略方案与不实施该战略方案之间的差别现金流量。 • 预测资金投放战略方案的现金流量,应该采取内外结合,即企业内部有关方面和企业外部有关专家、机构共同进行的方法

注意点	内容阐释
正确处理风险因素	一个投资方案的风险程度可以定义为它的实际现金流量偏离其预期现金流量的差异程度。偏差越大，该投资方案的风险越大。目前，在把 DCF 法用于风险投资的经济评价时，最常用的办法是按风险调整贴现率法。这种方法是将项目因承担风险而要求的，与投资项目的风险程度相适应的风险报酬，计入资金成本或要求达到的收益率，构成按风险调整的贴现率，并据以进行投资决策分析
正确排定资金配置的优先次序	在运用 DCF 法对资金投放战略方案进行评价选择时，应以使投资方案组合的总净现值最大作为资金配置的标准和目的。这样更有利于企业注重战略发展，使企业的长期利益达到最优化

（四）正确处理通货膨胀因素的影响

通货膨胀对投资项目的现金流量有重要影响，它使不同时间现金流量的货币购买力不再相同，并随着时间的推移而下跌。显然，在通货膨胀条件下，现金流量可以以两种不同的方式加以计量。一种是以名义货币计量的名义现金流量（以 NA 表示），另一种是消除通货膨胀因素影响后，以不变购买力货币计量的实际现金流量（以 RA 表示）。假设未来若干年内平均每年的通货膨胀率均为 j，第 t 年的名义现金流量为 NA，则其实际现金流量应为：

$$RA_t = \frac{NA_t}{(1+j)^t}$$

通货膨胀对贴现率同样会产生影响。在通货膨胀条件下，投资者所要求的贴现率除了无风险报酬率外，还包括通货膨胀补偿率。因此这时贴现率也可分为名义贴现率（包含通货膨胀补偿率的名义报酬率）和实际贴现率（消除通货膨胀补偿之后的实际报酬率）两种。设以 r 代表名义贴现率，i 代表实际贴现率，j 代表通货膨胀率，则它们之间具有以下关系：

$$(1+r) = (1+j)(1+i)$$

现以净现值指标为例，来说明 DCF 法中如何正确处理通货膨胀的影响。

在通货膨胀条件下，现金流量和贴现率都具有名义量和实际量两种表达方式。那么，此时净现值应根据哪一种量进行计算呢？从正确、客观地评价投资项目真正能够取得的经济成果出发，应使用实际现金流量与实际贴现率进行计算。由此可得投资项目的净现值为：

$$NPV = \sum_{t=1}^{n} \frac{RA_t}{(1+i)^t} - A_0 = \sum_{t=1}^{n} \left[\frac{NA_t}{(1+j)^t} \bigg/ \left(\frac{1+r}{1+j} \right)^t \right] - A_0 = \sum_{t=1}^{n} \frac{NA_t}{(1+r)^t} - A_0$$

由上式可见，在这种情况下，净现值用实际量进行计算和用名义量进行计算，其结果是一致的，但前提条件是，此时现金流量与贴现率的口径必须一致，即两者要么都是按名义值计量的，要么都是按实际值计量。未能一贯地严格执行这条明显的、简单的规则，是投资评价中常见的错误之一。

由以上论述可见，在通货膨胀条件下把 DCF 法用于对战略投资方案评价时，有关指标的计算一定要在口径一致的基础上进行，其中尤其要注意现金流量的估计是否考虑了通货膨胀因素。

（五）运用 DCF 法对资金投放战略方案评价选择时应注意的问题

资金投放战略方案一般涉及的时间均很长，且金额巨大，因此，在运用 DCF 法对资金投放战略方案进行评价选择时，必须注意以下三点：

（1）DCF 法作为一种投资评价工具，其逻辑是严谨合理的，因此它输出结果的合理性主要取决于该模型输入数据的合理性。

（2）资金投放战略方案的特性，使得各有关指标预测、分析的难度空前加大，各种数据的不确定程度亦会有很大提高，导致 DCF 模型中输入数据很难准确确定。因此这时 DCF 法的评价结果中必然包含较大可能的随机错误，故其作用应该是说服性的和参考性的，而决不能将其理解为结论性的。

（3）为了保证正确评价与选择资金投放战略方案，应采用定量与定性相结合的方法，即既应该使用 DCF 法，还应仔细考虑一些关键战略因素对资金投放战略方案的影响，并综合考虑两方面的结果对资金投放战略方案做出正确的抉择。

（六）资金投放战略实施的一般步骤

资金投放战略的实施是把制定的资金投放战略及设计好的方案付之于行动，步骤如表 5-44 所示。

表5-44　资金投放战略的实施步骤

步　　骤	内　容　阐　释
分析战略变化	资金投放战略实施的第一步是对新老资金投放战略进行对比，从而明确地了解要使新的资金投放战略实施成功组织需要在哪些方面及多大程度上做出变化
分析组织结构	组织结构代表着管理层规定的各种资源之间的关系。因为资金投放战略实际上代表着企业资金这种关键资源在企业组织中的重新配置，所以其必然会影响到组织内部的资源关系，即影响到组织结构，要求其在形式、规模、结构等方面做出相应调整
分析组织文化	组织文化不仅影响资金投放战略的制定，而且影响资金投放战略的实施，它包括组织成员的共同信念、价值观等
选择战略实施方式	资金投放战略的实施方式是指组织、管理投资项目实施活动的形式。一个投资项目经审慎决策和计划被批准之后，如何尽快完成实施任务，一个重要问题是如何选择合理的实施形式，如自营方式、承发包方式或综合方式等
资金投放战略实施与控制	在这个阶段中，管理者的职责是具体组织实施工作，首先要对资金投放战略进行空间和时间上的分解，形成执行目标；其次要有效地分配任务、时间和其他资源，建立内部经济责任制；最后要利用多种管理技能激励员工，克服困难，保证任务的有效完成。在整个实施过程中，管理者还必须对其实行有效的控制才能保证资金投放战略的顺利完成

（七）资金投放战略控制

合理的企业资金投放战略控制是该战略顺利实现的可靠保证。按照控制活动发生的时间，管理控制可以分为事前控制、事中控制和事后控制。为保证资金投放战略的成功实现，这三类控制都是必要的，但事前控制起着关键作用。因为资金，特别是长期性资金一旦投入使用后，其使用的方向、规模等在短期内将很难进行调整或改变，这种现象叫作"资金的固定化"。因此，如果资金投放发生失误，不仅后果相当严重，而且任何事后的努力也将难以很快改变这种被动局面。这说明，事前采取有效的控制措施，确保资金实际投放能符合战略的要求，是资金投放战略成功的关键。因此，我们将着重论述资金投放战略的事前控制措施。

为了确保资金的实际投放符合战略的要求，至少应从业务性控制、政策性控制、程序性控制和时机性控制等方面采取相应的事前控制措施（见表 5-45）。

表 5-45　事前控制措施

措　　施	内　容　阐　释
业务性控制	业务性控制是指企业应该根据企业战略的要求,把企业的业务划分为旧业务与新业务,或经营性业务与发展性业务两部分,相应地把资金划分成经营资金和战略资金两部分。这种业务性控制具有以下优点: • 可以保证新业务开发的必要资金。 • 安排今天能够盈利的业务与准备明天的工作这两个任务可以齐头并进。 • 经理人员不能依靠削减战略开支来给日常经营装门面,避免了老业务挤新业务的一贯弊端
政策性控制	资金投放政策是企业根据企业战略指导资金配置的具体指南。它可以明确资金投放的优先次序,指出资金投放的重点方向,限制资金流向不需要投资的领域,减少资金实际投放过程中的不确定性,增强企业内部对资金投放的共识,从而有助于保证资金投向符合企业全局和长期利益需要的项目上。一些重要的资金投放政策常常包括以下方面的内容: • 关于资金投放优先次序的政策; • 关于资金投放与企业战略相联系的政策; • 关于资金投放的限制性政策; • 关于鼓励长期行为的奖惩政策; • 关于可由下级人员自由做主的资金投放的授权政策
程序性控制	程序性控制是指企业应该通过合理、有效的资金投放程序而对资金的投放或配置进行调控。广义而言,企业目前的资金投放程序主要有两种:自下而上和自上而下。自下而上这种程序首先由下级单位提出投资建议或资金需要计划,然后逐级上报批准、分配后再执行。自上而下的方法则由高层管理人员直接提出具体的资金支出方案,然后交由基层人员执行。对资金投放战略的有效控制,需要综合运用自上而下和自下而上两种程序
时机性控制	在资金投放战略的实施中,一个非常重要的问题是资金投放时机的恰当把握。时机选择不当,投入资金的时间过早或过迟,都可能使原本良好的战略大打折扣。根据不同情况,资金投放时机可以有三种不同的选择: • 抢先一步,先发制人。这是指企业在竞争中一经发现市场机会,就迅速集中资金,抢在他人之前进行投资,率先占领市场,牢牢地把握竞争的主动权。 • 引而不发,静待时机。这是要求企业密切注视机会的发展变化,积极准备资金,创造条件,静待时机成熟。一旦时机成熟,再把资金"准时"投入运用,使有限的资金充分发挥效力。 • 以迂为直,后发制人。这种战略要求企业在对市场机会没有一定把握,或自身资金力不够雄厚,难于独立承担开拓市场的高昂费用时,要等待别人先投入资金,自己则密切研究市场的发展变化,研究先进入者的经验教训。这样自己的资金投入虽然迟些,但能更好地利用市场机会,使投放的资金达到事半功倍的效果

十二、股利战略

股利战略,就是依据企业战略的要求和内、外环境的状况,对股利分配所进行的全局性和长期性谋划。

与通常所说的股利决策或股利政策相比,股利战略具有两个特点:一是股利战略不是从单纯的财务观点出发决定企业的股利分配，它是从企业的全局出发，从企业战略的整体要求出发来决定股利分配的。二是股利战略在决定股利分配时，是从长期效果着眼的，它不过分计较股票价格的短期涨落，而是关注于股利分配对企业长期发展的影响。

> **小知识**
>
> **股利决策与企业战略的关系**
>
> 为搞清楚股利决策与企业战略之间的关系，首先要考察股利决策对企业战略的影响。股利决策将从以下两个方面对企业战略产生影响。
>
> A. 股利决策事实上也是一项筹资决策，它关系到企业内部资金来源数量的多寡。如果企业不发股利，其内部资金来源就等于其现金净流量，即：
>
> 内部资金来源＝现金净流量＝净收益+折旧
>
> 如果企业发放股利，那么：
>
> 内部资金来源＝留存收益+折旧
>
> 留存收益＝净收益－股利
>
> 一般来说，留存收益在企业全部资金来源中所占的比重很大，是企业的基本资金来源。不仅如此，股利决策还对企业外部筹资有着重要影响。股利支付率越高，企业从外部依靠举债或发行新股筹资的需要就越多。所以，在研究股利决策时，必须同时考虑筹措资金决策。
>
> B. 股利决策是企业影响与改善其外部环境，特别是外部金融环境的重要方式。
>
> 股利发放过程及股利水平是投资者及其他利益关系集团评价企业状况时的重要依据之一，这种评价将直接影响他们对于企业的看法和行为。同时，股利发放过程可以传达一些重要的信息给投资者。例如，股利增发可以传达下列信号给投资者：管理层预期公司未来收益将获得改善。相反，股利减发所传达给投资者的信息则是公司的未来收益较目前的收益差。这些信息毫无疑问会影响投资者及其他关系人对企业的态度。所以，股利决策是否正确，对于企业能否与其外部环境，特别是金融环境之间形成和保持一种良好的、相互协调的状态具有很大关系。
>
> 由上述分析可知，股利决策的正确与否，对于企业战略的顺利实施和最终成功有很大的影响。所以，企业必须重视和审慎地制定股利决策。为确保企业战略的实现，关键在于股利决策应服从企业战略的总体要求，保证战略实施所需资金，并力求为企业战略的实施创造和保持一个良好的外部金融环境。

（一）股利战略的内容

股利战略要处理的内容主要包括三个方面（见表 5-46）。

表 5-46 股利战略要处理的内容

内　　容	内　容　阐　释
股利支付率	确定股利在净收益中所占的比重，也就是股利与留存收益之间的比例为何。这是股利战略上一个最重要也是最困难的问题
股利的稳定性	决定股利发放是采用稳定不变的政策或者变动的政策
信息内容	决定希望通过股利分配传达何种信息给投资者

以上内容，都要根据企业内外环境状况和企业战略的要求做出决定。在做出上述决定的基础上，企业还应进一步就股利支付的具体方式进行设计与策划，并确定股利发放的程序。

派息分红是股东权益的具体体现，也是股份公司有关权益分配和资金运作方面的重要决策。其战略目标如表 5-47 所示。

表 5-47 派息分红的战略目标

目 标	内 容 阐 释
保障股东权益，平衡股东间利益关系	公司股利政策必须通过创造实实在在的高效益以回报投资者，提高回报率。根据现代股份公司股权的分散性和股东的复杂性，股东可分为控股股东、关联股东和零星股东。控股股东和关联股东侧重于公司的长远发展，零星股东倾向于近期收益。例如，分配政策仅限于满足控股者和关联股东利益，则会使零星股东产生不满，他们会行使"用脚投票"的权力，使股价下跌，严重时将导致法律诉讼事件，影响公司声誉
促进公司长期发展	如前所说，股利战略实质上就是探寻股利与留存收益之间的比例关系，也是公司有关权益分配和资金运作方面的重要决策。股利战略的基本任务之一是通过股利分配这种途径，为增强公司发展后劲，保证公司扩大再生产的进行，提供足够的资金，促进公司长期稳定发展
稳定股票价格（股价）	一般而言，公司股票在市场上股价过高或过低都不利于公司的正常经营和稳定发展。股价过低，必然影响公司声誉，不利于今后增资扩股或负债经营，也可能引起被收购兼并事件；股价过高，会影响股票流动性，并将留下股价急骤下降的隐患；股价时高时低，波动剧烈，将动摇投资者的信心，成为投机者的投资对象。所以，保证股价稳定必然成为股利分配政策的目标。 稳定股价，具有以下含义： • 在一个较长时期内公司股价稳定并呈上升态势； • 在整个股市动荡中，公司股票市价波动幅度相对较小； • 均衡公司股价短期稳定与长期稳定的关系

以上三个方面既相联系，又相排斥，综合反映了股利分配是收益—风险—权益的矛盾统一，说明了短期消费与长远发展的资金分配关系，也体现了公司—股东—市场以及公司内部需要与外部市场形象的制衡关系。综合来说，就是要保证股东投资收益高额、持续、稳定，使企业股票市价上涨，使企业未来发展的基础扎实、资金雄厚。

（二）股利战略的制定

根据前述讨论中所提出的股利战略的基本思想，我们认为股利战略应根据图 5-5 所示的模式来制定。

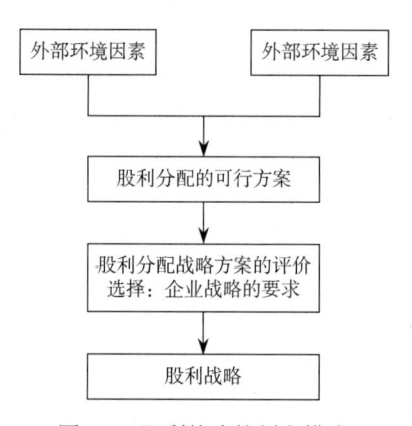

图 5-5 股利战略的制定模式

在现实世界中，企业的股利分配要受企业内、外多种因素的影响，正是这些因素的作用，决定了企业股利分配的全部可行方案。所以，制定股利战略必须首先分析和弄清楚这些因素对股利分配的制约和影响。

1. 影响股利分配的外部因素

（1）债务（合同）条款因素。债务，特别是长期债务合同，通常包括限制企业现金股利支付权力的一些条款。限制内容通常包括：

1）营运资金（流动资产减流动负债）低于某一水平，企业不得支付股利。

2）企业只有在新增利润的条件下才可进行股利分配。

3）企业只有先满足累计优先股股利后才可进行普通股股利分配。

这些条件在一定程度上保护了债权人和优先股东的利益。

（2）所有权者因素。企业的股利分配最终要由董事会来确定。董事会是股东们的代表，在制定股利战略时，必须尊重股东们的意见。股东类型不同，其意见也不尽相同。具体如表 5-48 所示。

表 5-48 股东对企业股利分配的意见类型

类　　型	内　容　阐　释
为保证控制权而限制股利支付	有些企业的控制权为少数股东控制。如果企业增发股利，在企业需要资金时再发行股票筹资，就会使股权分散，影响现有股东对企业的控制权。因此，这些股东往往倾向于限制股利支付，较多地保留盈余
为避税的目的而限制股利支付	很多国家的税法规定，所得税税率一般均高于资本利得（资本收益）税率。所以，对于那些收入较高的股东来说，倾向于限制股利支付，较多地保留盈余，以便使股票的价格上涨，通过转让股票实现资本收益来减少纳税
为取得收益而要求支付股利	很多股东（往往是小股东）是靠股利收入来维持生活的，他们要求企业在一定期间内要维持较固定的股利支付额，不希望将税后利润全部或大部分地积累起来
为回避风险而要求支付股利	大多数股东认为，企业经营是在不确定的环境中进行的，目前能得到的股利收益是确定的，而通过增加保留盈余，引起股价上涨获得的资本收益是不确定的。为了回避这种风险收益，股东们往往倾向于宁可现在获得股利也不愿将来获得更多的资本收益，因此要求高股利支付率、低保留盈余
不同的心理偏好和金融传统	例如，对于美国的股东们来说，获取股利是投资的一个主要目的。他们之所以购买股票，除希望从股票升值中得到好处外，还期望分得较多的红利，对股利的多少并不认为是小事一桩。因此，美国企业的股利支付率一般较高。而在日本，股东们已习惯于较低的股利，企业象征性地发放股利无非是使股东知道企业的经营还行，尽可放心。通常，分配股利的比例不超过面值的一成

（3）法律因素。各国对企业股利支付制定了很多法规，股利分配面临着多种法律限制。尽管每个国家的法规不尽相同，但归纳起来主要有几点如表 5-49 所示。

表 5-49 股利分配的法律限制

法律限制	内　容　阐　释
资本限制	资本限制是指企业支付股利不能减少资本（包括资本金和资本公积金）。这一限制是为了保证企业持有足够的权益资本，以维护债权人的利益

续表

法律限制	内 容 阐 释
偿债能力限制	如果一个企业的经济能力已降到无力偿付债务或因支付股利将使企业丧失偿债能力，则企业不能支付股利。这一限制也是为了保护债权人
内部积累限制	有些法律规定禁止企业过度地保留盈余。如果一个企业的保留盈余超过了目前和未来的投资很多，则被看作过度的内部积累，要受到法律上的限制。这是因为有些企业为了保护高收入股东的利益，故意压低股利的支付，多留利少分配，用增加保留盈余的办法来提高企业股票的市场价格，使股东逃税。所以税法规定对企业过度增加保留盈余征收附加税作为处罚

（4）经济因素。宏观经济环境的状况与趋势会影响企业的股利分配。例如通货膨胀的状况，在持续通货膨胀时期，投资者往往要求支付更高的股利，以抵销通货膨胀的影响，所以通货膨胀时期股利支付率一般应稍高些。

2. 影响股利分配的内部因素（见表5-50）

表5-50 影响股利分配的内部因素

内部因素	内 容 阐 释
现金流量	企业的现金流量是影响股利分配的重要因素。如果一个企业的流动性较高，即持有大量的现金和其他流动资产，现金充裕，其支付股利的能力就强。如果一个企业的流动性较低，或因扩充资产、偿还债务等原因已消耗了大量的现金，再用现金大量支付股利显然是不明智的。在确定股利战略时，决不能因支付股利而危及企业的支付能力
筹资能力	如果一个企业的筹资能力很强，能随时筹集到经营所需的资金，它就有较强的支付股利的能力。反之，如果企业外部筹资能力较弱，不能随时筹集到所需资金，或虽能筹集到但代价太高，那么应采用限制股利支付，以大量保留盈余作为企业的重要筹资方式
投资机会	股利战略的确定在很大程度上还要受企业投资机会因素的左右。一般来说，如果一个企业有较多的有利可图的投资机会，需要大量资金，那么经常会采用高保留盈余、低股利支付的方案。反之，如果企业的投资机会较少，资金积累较多，那么可以采用高股利支付的方案
公司加权资金成本	股利分配对公司加权资金成本有重大影响。这种影响是通过以下四个方面来实现的： • 股利分配的区别必然影响留存收益的多少，留存收益的实际资金成本为零。 • 股利的信号作用。股利的大小变化必然影响公司股价。 • 投资者对股利风险以及对资本增加值的风险的看法。 • 资本结构的弹性。 公司债务与股东权益之间应当有一个最优的比例（最优资本结构）。在这个最优的比例上，公司价值最大，或它的平均资本成本最低，平均资本成曲线的形状，很大程度上说明公司资本结构的弹性有多大。如果平均资本成本曲线弯度较大，说明债务比率的变化对资本成本影响很大，资本结构的弹性就小，股利分配在资本结构弹性小的公司，比弹性大的公司要重要得多
股利分配的惯性	要考虑企业历年连续采取的股利分配的连续性和稳定性。一旦决定做重大调整，就应该充分地估计到这些调整在企业声誉、企业股票价格、负债能力、信用等方面带来的一系列后果

综合以上各种因素对股利分配的影响，企业就可以拟定出可行的股利分配的备选方案。它通常有多种，是客观条件上允许企业采取的方案。此后，企业还需按照企业战略的要求对这些方案进行分析、评价，从中选出与企业战略协调一致的股利分配方案，确定为企业在未来战略期间内的股利战略并予以实施。

企业战略对股利分配的要求主要体现在以下几个方面：

（1）股利分配方案应优先满足企业战略实施所需的资金，并与企业战略预期的现金流量状况保持协调一致。

（2）股利分配方案应能传达管理部门想要传达的信息，尽力创造并维持一个企业战略所需的良好环境。

（3）股利分配方案必须把股东们的短期利益——支付股利，与长期利益——增加内部积累很好地结合起来。

第 6 章

企业财务风险

第一节 财务风险综述

财务风险是在企业的各项财务活动中,因企业内外部环境及各种难以预计或无法控制的因素影响,在一定时期内,企业的实际财务结果与预期财务结果发生偏离,从而蒙受损失的可能性。

财务风险是从企业财务活动的全过程来界定的,因为在市场经济条件下,财务风险贯穿于企业各个财务环节,是各种风险因素在企业财务上的集中体现。但习惯上,有时财务风险也特指债务筹资风险。

一、财务风险的含义

狭义的财务风险,是指由于企业举债筹资而给股东收益带来的不确定性,甚至导致企业破产的可能性。在这里,财务风险与负债有关,若没有债务,企业则不存在财务风险。该定义是与企业财务目标为"股东财富最大化"相一致的。

广义的财务风险,是指企业财务活动中由于各种不确定性因素的影响,导致企业价值增加或减少的可能性,从而使各利益相关者的财务收益与期望收益发生偏离。广义财务风险的定义是与企业财务目标为"企业价值最大化"和"相关者利益最大化"相一致的。

二、财务风险的成因

我国企业产生财务风险的原因有很多,既有企业外部的原因,也有企业自身的原因,而且不同的财务风险形成的具体原因也不尽相同(见表 6-1)。

表 6-1 财务风险的成因

原　　因	内　容　阐　释
企业财务管理系统不能适应复杂多变的宏观环境	企业财务管理的宏观环境复杂多变是企业产生财务风险的外部原因。财务管理的宏观环境包括经济环境、法律环境、市场环境、社会文化环境、资源环境等因素。这些因素存在于企业之外,但对企业财务管理产生重大的影响。宏观环境的变化对企业来说,是难以准确预见和无法改变的。宏观环境的不利变化必然给企业带来财务风险。例如,世界原油价格上涨导致成品油价格上涨,使运输企业增加了营运成本,减少了利润,无法实现预期的财务收益。财务管理的环境具有复杂性和多变性,外部环境变化可能为企业带来某种机会,也可能使企业面临某种威胁。财务管理系统如果不能适应复杂而多变的外部环境,必然会给企业理财带来困难。目前,由于机构设置不尽合理、管理人员素质不高、财务管理规章制度不够健全、管理基础工作不够完善等原因,我国许多企业建立的财务管理系统缺乏对外部环境变化的适应能力和应变能力。具体表现在对外部环境的不利变化不能进行科学的预见,反应滞后,措施不力,由此产生财务风险

续表

原　因	内　容　阐　释
企业财务管理人员对财务风险的客观性认识不足	财务风险是客观存在的，只要有财务活动，就必然存在着财务风险。在现实工作中，我国许多企业的财务管理人员缺乏风险意识，认为只要管好用好资金就不会产生财务风险。风险意识淡薄是财务风险产生的重要原因之一
财务决策缺乏科学性导致决策失误	财务决策失误是产生财务风险的又一重要原因。避免财务决策失误的前提是实现财务决策的科学化。目前，我国企业的财务决策普遍存在着经验决策及主观决策现象，由此而导致的决策失误经常发生，从而产生财务风险
企业内部财务关系混乱	我国企业与内部各部门之间及企业与上级企业之间，在资金管理及使用、利益分配等方面存在权责不明、管理混乱的现象，造成资金使用效率低下，资金流失严重，资金的安全性、完整性无法得到保证
资本结构不合理	根据资产负债表可以把财务状况分为三种类型：第一类是流动资产的购置大部分由流动负债筹集资金，小部分由长期负债筹集；固定资产由长期自有资金和大部分长期负债筹集。也就是流动负债全部用来筹集流动资产，自有资本全部用来筹措固定资产。这是正常的资本结构类型。第二类是资产负债表中累计结余是红字，表明一部分自有资本被亏损吃掉，从而总资本中自有资本比重下降，说明出现财务危机。第三类是亏损侵蚀了全部自有资本，而且也吃掉了负债的一部分，这种情况属于资不抵债，必须采取有效措施以防范这种情况出现

三、财务风险的表现形式

（一）流动性风险

流动性风险是指企业资产不能正常和确定性地转移为现金，或企业债务和付现责任不能正常履行的可能性。因此，企业的流动性风险包括两层含义：前一层含义称为变现力风险，后一层含义主要指企业支付能力和偿债能力发生的问题，又称为现金不足及现金不能清偿风险。变现力风险是引发现金不足及现金不能清偿风险的根源，而后一种风险又会直接促使企业破产。

具体来说，可从企业资产的变现力和偿付能力两方面来分析与评价企业的流动性风险，原因主要有以下几个方面：

（1）经营上亏损，不能产生营业现金流量，直接侵蚀资产，丧失偿付股利和债务的基础。

（2）流动资产结构不合理，流动资产中表现为大量积压的存货和收不回来的应收账款，减弱资产变现能力。

（3）管理不善，现金利用效率不高，依赖外部资金严重，一旦外部融资条件变化，则易发生偿付危机。

（4）筹资结构不合理，流动负债过多，以流动负债去支持长期投资，以至短期内产生偿债的紧迫性，一旦现金流量不足或融资市场利率变动，将导致企业发生偿付困难甚至破产。

（二）经营风险

经营风险又称营业风险，是指在企业的生产经营过程中，供、产、销各个环节不确定性因素的影响所导致企业资金运动的迟滞，产生企业价值的变动。经营风险又包括采购风险、生产风险、存货变现风险及应收账款变现风险等（见表6-2）。

表 6-2 经营风险的类别

项 目	内 容 阐 释
采购风险	由于原材料市场供应商的变动而产生的供应不足的可能,以及由于信用条件与付款方式的变动而导致实际付款期限与平均付款期的偏离等
生产风险	由于信息、能源、技术和人员的变动而导致生产工艺流程的变化,以及由于库存不足所导致的停工待料或销售迟滞的可能
存货变现风险	由于产品市场变动而导致产品销售受阻的可能,以及由于产品质量低劣、售价过高而导致的库存积压的可能
应收账款变现风险	由于赊销业务过多导致应收账款管理成本增大的可能,以及由于赊销政策的改变导致实际回收期与预期回收期的偏离等

(三) 筹资风险

筹资风险是指企业筹资时存在的不确定性因素而给企业价值以至利益相关者带来损失的可能性。具体风险如表 6-3 所示。

表 6-3 筹资风险的类别

项 目	内 容 阐 释
利率风险	由于金融市场金融资产价格的波动而导致筹资成本的变动
再融资风险	一方面由于金融市场上金融工具品种、融资方式的变动导致企业再次融资产生不确定性,另一方面是由于企业本身筹资结构的不合理导致再融资产生困难
财务杠杆效应	由于企业使用杠杆融资而给利益相关者的收益带来不确定性
汇率风险	一方面由于货币汇率变动而给企业带来损益的可能性,另一方面会给筹资成本带来影响
购买力风险	购买力风险即通货膨胀风险,由于币值的变动而给筹资带来的影响。一般来说,发生通货膨胀有利于筹资成本的降低

(四) 投资风险

投资风险是指投资项目不能达到预期效益,从而影响企业盈利水平和偿债能力的风险。

企业投资风险主要有三种:一是投资项目不能按期投产,不能盈利;或虽已投产,但出现亏损,导致企业盈利能力和偿债能力降低。二是投资项目并无亏损,但盈利水平很低,利润率低于银行存款利率。三是投资项目既没有亏损,利润率也高于银行存款利率,但低于企业目前的资金利润率水平。

(五) 其他财务风险表现形式

例如,灾害风险、企业责任风险、内部控制风险及政治风险所导致的纯粹财产损失等。

> **小知识**
>
> **财务风险的类别**
>
> 财务活动贯穿于资本运动的全过程,资本循环运动过程就是财务风险转移和积聚的过程。以货币形态为起点和终点的资本循环一般运动过程如图 6-1 所示。

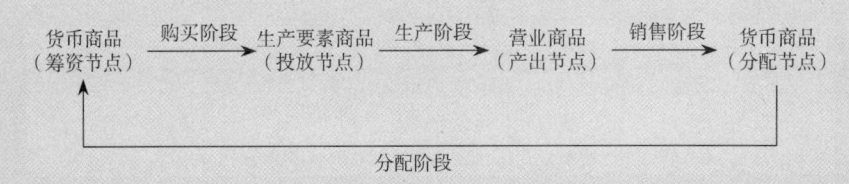

```
货币商品      购买阶段   生产要素商品   生产阶段   营业商品     销售阶段   货币商品
(筹资节点)  ─────────▶ (投放节点)  ─────────▶ (产出节点) ─────────▶ (分配节点)
    ▲                                                                    │
    │                              分配阶段                                │
    └────────────────────────────────────────────────────────────────────┘
```

图 6-1　货币资本的循环运动过程

按资本运动阶段的逻辑顺序分析，用以揭示各阶段进程中所产生的风险类别，着重说明随着阶段递进而将转移到下一阶段的风险。资本运动经历了三个循环阶段和一个复归阶段，相应存在五种风险类别（见表 6-4）。

表 6-4　资本运动逻辑顺序的五种风险类别

项　目	内　容　阐　释
资本配置风险	资本配置风险，即无法得到期望的生产要素及组合状态的可能性。资本配置风险产生于购买阶段，即货币商品到生产要素商品的循环阶段。购买阶段要求取得必备的生产要素，并使生产要素处于可以立即投入生产的准备状态。购买不到有用的生产要素、生产要素的价值构成不协调、生产要素的结合手段不合理，都是资本配置风险的具体表现
资本消耗风险和资本产出风险	资本消耗风险是资本垫支消耗量超过社会平均消耗量的可能性，即出现资本耗费超过产品社会成本价值、预付资本量可能无法收回的风险。资本产出风险是产品使用价值得不到社会认可的可能性，即产品完全无法销售出去的风险，也可称为商品有用性风险。资本消耗风险和资本产出风险产生于生产阶段，即生产要素商品到营业商品的循环阶段。对商品市场的预计、生产要素的技术水平、生产要素的结合方法等，都是引发资本消耗风险和资本产出风险的原因
资本复原风险	资本复原风险，即资本无法还原到原始出发点形态的可能性。在以货币为起点的资本运动的一般形式下，资本复原风险直接表现为无法收回货币的收款信用风险。资本复原风险产生于销售阶段，即营业商品到货币商品的循环阶段。销售阶段虽然存在着产品无法销售出去的销售风险，但这种风险是前导阶段即生产阶段的产物，不是销售阶段本身所引发的
资本清偿风险	资本清偿风险，即无法满足资本所有者的权益要求的可能性，包括债务资本偿债风险和权益资本清算风险。资本支付风险产生于分配阶段，即终点货币重新回到起点货币的复归阶段
资本市场风险	资本市场风险，即由于外部资本市场环境因素而引起资本商品市场价值波动的可能性。资本价值存在于各种职能形态之中，资本市场风险不是某一个资本运动阶段所独有的，外部市场环境因素对每一阶段的资本职能形态都会产生影响，如货币形态的购买力风险、实物形态的价格风险等

按资本运动环节的存在形态分析，着重揭示上一阶段向本阶段风险转移的结果，用以说明各环节节点的实物载体上所积聚的风险性质，表现为无法向下一阶段转化的可能性。资本运动在四个流通节点上停留，积聚着四种风险类别（见表 6-5）。

表 6-5　资本运动存在形态的四种风险类别

项　目	内　容　阐　释
筹资风险	筹资风险，即到期无法收还本金和偿付资本成本的可能性。筹资风险积聚在作为资本运动起点的货币形态筹资节点上，它是上一次资本循环所有风险的后果，特别是前次循环的营业风险和收益分配风险对筹资风险有直接的影响。筹资风险，是资本价值经营所有财务风险的启动点
投资风险	投资风险，即无法取得期望投资报酬的可能性。投资风险积聚在作为生产要素的商品形态投放节点上，它是本次资本循环所有风险的主导，制约着其他类型财务风险的发生及程度。投资风险，概括反映了购买阶段的资本配置风险、生产阶段的资本消耗风险和资本产出风险

续表

项 目	内 容 阐 释
营业风险	营业风险，即无法卖出产品并收回垫支本金的可能性。营业风险积聚在作为生产经营结果的营业商品形态产出节点上，包括销售风险和收款的信用风险。销售风险反映出生产阶段的资本消耗风险和资本产出风险，收款的信用风险反映出销售阶段的资本复原风险。经营风险，概括反映了生产要素商品投放节点上的投资风险和销售阶段的资本复原风险，是资本价值经营所有财务风险的最终表现
收益分配风险	收益分配风险，即由于收益取得和分配而对资本价值产生影响的可能性。收益分配风险积聚在作为资本运动终点的货币形态上，概括反映了营业商品产出节点上的经营风险和分配阶段的资本支付风险。收益分配风险，是下次循环资本垫支价值的资金来源，制约着资本价值的规模，是资本价值经营所有财务风险的释放

按资本运动阶段所归类的财务风险具有相对独立性，能清晰地说明各种财务风险的形成机理。因为这些财务风险的性质各不相同，是比较纯粹单一的。按资本运动环节所归类的财务风险，具有相对综合性，能明确反映出财务风险的凸现程度。因为越是处于后面的节点，财务风险越集中，也越容易爆发。

四、财务风险的影响因素

（一）外部环境因素（见表6-6）

表6-6　财务风险的外部环境因素

项 目	内 容 阐 释
市场的波动	由于经济的周期性、通货膨胀（紧缩）行业内竞争状况加上投资者的心理预期，都会导致产品市场、资本市场等市场资产价值的波动，从而形成系统性风险，给企业价值的变动造成影响
企业经营对外部环境的敏感度	企业经营对外部环境的敏感度，如企业生产对产品市场变动的敏感性，企业产品售价对原材料市场、能源市场、劳动力市场变动的敏感性等。如果一个企业在经营过程中无法做到满足客户需求和迎接不断变化的技术进步、不可预期的竞争者行为以及其他外部环境变化的挑战，那么企业的竞争能力和生存能力将受到严重影响
不可预料的灾害	不可预料的灾害，如战争、恐怖活动、火灾、地震、严重的天气灾害、洪水等不可控的灾难，以及环境污染、健康与安全的受损、巨额诉讼费、欺诈与被盗、衍生证券带来的巨大损失等突发事件。这些都可造成企业无法维持经营、无法提供必要的产品和服务，或者无法补偿经营成本，而可能导致企业价值的巨大损失
国际、国内政治和法律、法规因素	政治是经济的保障，一国及国际政局的稳定与否、政策的变动状况，均会使企业经营与资金运动受到有利与不利的影响。而公司法、证券法及税法等法规的变动则直接对企业的组织结构、盈利及现金流转产生直接影响

（二）内部管理因素（见表6-7）

表6-7　财务风险的内部管理因素

项 目	内 容 阐 释
企业是否建立了健全的内部控制制度	健全的内部控制制度，应保证业务活动的有效进行；保证资产的安全完整；防止、发现、纠正错误与舞弊；保证会计资料的真实、合法、完整。没有健全的内部控制将引发纯粹风险

续表

项　　目	内　容　阐　释
企业管理者素质	管理者是否是职业经理，管理者是否有较高的学历，管理者是否有良好的业绩记录，管理层是否有年龄、性格、专业知识的合理搭配等
企业的现金流量状况	它直接反映企业的流动性风险
供、产、销环节控制是否合理	供、产、销环节控制是否合理，例如对供应商的选择是否过于集中、对原材料、能源、技术，以及人员的临时短缺是否有事先应对计划，砍价能力是否受限制，生产流程环节是否过多而导致存货周转时间过长，是否有过高废品率、销售渠道是否单一，是否全部委托销售代理、客户是否稳定，是否有即将到期的专利以及是否有太多的诉讼、担保等或有事项
企业的资产结构状况	企业的资产结构状况，即企业利用的经营杠杆程度，可反映由此带来的经营风险
企业的财务结构状况	财务结构包括负债结构与资本结构。负债结构是指流动负债与长期债务的比例，资本结构是指权益资本与债务资本的比例，两者的合理与否都会最终影响到企业是否会发生财务危机，这也是狭义财务风险主要的影响因素
资产结构与财务结构是否合理配比	一方面资产负债的配比，本身就是一种财务风险的规避手段；另一方面，资产结构与财务结构若不能合理配比，则又会导致财务风险的发生
投资决策状况	投资决策状况包括投资项目选择、项目评价是否合理、投资组合状况、项目投资的选择权状况及资产风险准备等

五、降低财务风险的方法

（一）结合实际采取适当的风险防范策略

在建立了风险预警指标体系后，企业对风险信号（如产品积压、质量下降、应收账款增加、成本上升等），要根据其形成原因及过程，制定相应的风险管理策略，降低危害程度。面对财务风险通常采用回避风险、控制风险、接受风险和分散风险等策略。其中，控制风险策略可进一步分类，按控制目的分为预防性控制和抑制性控制。前者指预先确定可能发生的损失，提出相应措施，防止损失的实际发生；后者是对可能发生的损失采取措施，尽量降低损失程度。在市场经济中，利用财务杠杆作用筹集资金进行负债经营是企业发展的有效途径。从大量的企业负债经营实例分析，企业经营决策失误、盲目投资、没有进行事前周密的财务分析和市场调研是造成负债经营失误的原因。

（二）加强财务活动的风险管理

在市场经济条件下，筹资活动是一个企业生产经营活动的起点，管理措施失当会使筹集资金的使用效益具有很大的不确定性，由此产生筹资风险。企业筹集资金渠道有两类：一是所有者投资，如增资扩股、税后利润分配的再投资；二是借入资金。对于所有者投资而言，不存在还本付息问题，资金可长期使用、自由支配，其风险只存在于使用效益的不确定性上。而对于借入资金而言，企业在取得财务杠杆利益时，实行负债经营而借入资金，将给企业带来丧失偿债能力的可能性和收益的不确定性。

企业通过筹资活动取得资金后进行投资的类型有三种：一是投资生产项目，二是投资证券市场，三是投资商贸活动。然而，投资项目并不都能产生预期收益，从而引起企业盈利能力和偿债能力降低的不确定性。例如，出现投资项目不能按期投产，无法取得收益；或虽投产但不能盈利，反而出现亏损，导致企业整体盈利能力和偿债能力下降；或虽没有出现亏损，但盈利水平很低，利润率低于银行同期存款利率；或利润率虽高于银行存款利率，但低于企业目前的资金利润率水平。在进行投资风险决策时，其重要原则是，既要敢于进行风险投资以获取超额利润，又要克服盲目乐观和冒险主义，尽可能避免或降低投资风险。在决策中要追求收益性、风险性、稳健性的最佳组合，或在收益和风险中间体现稳健性原则的平衡器作用。

企业财务活动的第三个环节是资金回收。应收账款是造成资金回收风险的重要方面，有必要降低它的成本，包括机会成本（常用有价证券利息收入表示）、应收账款管理成本、坏账损失成本。应收账款加速现金流出，它虽使企业产生利润，然而并未使企业的现金增加，反而使企业运用有限的流动资金垫付未实现的利税开支，加速现金流出。因此，对于应收账款管理，应建立稳定的信用政策，确定客户的资信等级并评估企业的偿债能力，确定合理的应收账款比例，建立销售责任制。

（三）制定财务分析指标体系，建立长期财务预警系统

对企业而言，获利是企业经营的最终目标，也是企业生存与发展的前提。建立长期财务预警系统，其中获利能力、偿债能力、经济效率、发展潜力等指标最具有代表性。资产获利能力指标有总资产报酬率和成本费用利润率。前者表示每一元资本的获利水平，反映企业运用资产的获利水平；后者反映每耗费一元支出所得的利润，该指标越高，企业的获利能力越强。偿债能力指标有流动比率和资产负债率。如果流动比率过高，会使流动资金丧失再投资机会，一般生产性企业流动比率为2左右；资产负债率一般为40%~60%，在投资报酬率大于借款利率时，借款越多，利润越多，同时财务风险越大。资产获利能力和偿债能力两类指标是企业财务评价的两大部分。经济效率的高低直接体现企业的经营管理水平。其中，反映资产运营能力的指标有应收账款周转率及产销平衡率。

企业发展潜力指标有销售增长率和资本保值增值率，运用德尔菲法等确定各个指标权数，用加权算术平均或者加权几何平均得到的平均数即综合功效系数，用此方法可以量化企业财务状况。

从长远观点看，一个企业要远离财务危机，必须具备良好的盈利能力。盈利能力越强，企业的对外筹资能力和清偿债务能力越强。其相关指标有总资产净现率、销售净现率、股东权益收益率。虽然上述指标可以预测财务危机，但从根本上讲，企业发生风险是由于举债导致的，一个全部用自有资本从事经营的企业只有经营风险而没有财务风险。因此，要权衡举债经营的财务风险来确定债务比率，应将负债经营资产收益率与债务资本成本率进行对比，只有前者大于后者，才能保证本息到期归还，实现财务杠杆收益。同时还要考虑债务清偿能力和债务资本在各项目之间配置的合理程度。考核指标有长期负债与营运资金比、资产留存收益率及债务股权比率。

第二节　财务风险管理

企业财务风险管理是指企业在充分认识其所面临的财务风险的基础上，采取各种科学、有效的手段和方法，对各类风险加以预测、识别、预防、控制和处理，以最低成本确保企业资金运动的连续性、稳定性和效益性的一项理财活动。

一、企业财务风险管理的目标

企业财务风险管理的目标在于：了解风险的来源和特征，正确预测、衡量财务风险，进行适当的控制和防范，健全风险管理机制，将损失降至最低程度，为企业创造最大的收益。

二、企业财务风险管理体制

企业财务风险管理体制包括财务风险管理的组织系统、信息系统、预警系统和监控系统四个子系统。

企业风险管理组织系统的设置可以随企业的规模和组织结构不同而不同，如大型企业可以在董事会下设专门的风险管理委员会，而中小型企业可由专职人员承担风险管理的任务，因此《企业财务通则》只做了原则性规定，即"明确经营者、投资者及其他相关人员的管理权限和责任"。财务风险管理的信息系统是在企业的风险管理过程中，以实现企业内部各部门及外部各企业之间的双向交流为目的，对风险管理信息进行收集、筛选、整理、分析、报告和反馈的专门系统。财务风险管理的预警系统是按一定的指标体系，分析企业财务活动和财务管理环境，对潜在的财务风险进行预测，并在发现财务风险信号后提醒决策者及时采取防范和化解措施。财务风险管理的监控系统，是专门对企业所承受的财务风险动态情况进行监督和跟踪控制的系统，对可能或者已经出现的财务风险及时做出反应，并采取相应防范和化解措施。

三、企业财务风险管理原则

（一）不相容职务分离原则

引发财务风险的因素除来自外部市场外，还源于企业内部。加强企业内部控制，特别是强调不相容职务相分离，能够在制度设计上有效避免决策和执行"一言堂""一支笔"等现象及其引发的财务风险。

（二）风险与收益均衡原则

高风险、高收益是市场经济的一个基本规则，企业必须为追求较高收益而承担较大的风险，或者为减少风险而接受较低的收益。在市场机会既定的情况下，对一个企业而言，风险与收益均衡意味着：一是收益相同或接近的项目，应选择风险最低的；风险相同或接近的项目，应选择收益最高的；二是收益和风险不同的若干项目，收益最高的项目不一定最好，因为其风险往往也最高，应当以企业能承受相应风险为前提，再按前两点要求选择项目。

四、企业财务风险管理策略（见表6-8）

表6-8 企业财务风险管理策略

策　略	内　容　阐　释
预防风险	当财务风险客观存在、无法规避时，企业可以事先从制度、决策、组织和控制等方面提高自身抵御风险的能力。例如，企业销售产品形成的应收账款占流动资产比重较高的，应对客户信用进行评级，确定其信用期限和信用额度，从而降低坏账发生率。风险一旦爆发，企业将蒙受较大损失的，应进行预测分析，预先制订一套自保风险计划，平时分期提取专项的风险补偿金，如风险基金和坏账准备金，以补偿将来可能出现的损失
规避风险	一是决策时，事先预测风险发生的可能性及其影响程度，尽可能选择风险较小或无风险的备选方案，对超过企业风险承受能力、难以掌控的财务活动予以回避；二是实施方案过程中，发现不利的情况时，及时中止或调整方案。例如，如果企业投资另一家企业只是为

续表

策　略	内　容　阐　释
规避风险	了获得一定收益，并不是为了达到控制被投资企业的目的，而债权投资就能实现预期的投资收益，那么即使股权投资将带来更多的投资收益，企业也应当采用债权投资，因为其投资风险大大低于股权投资的风险
分散风险	财务风险分散是企业通过多元化经营、多方投资、多方筹资、外汇资产多元化、吸引多方供应商、争取多方客户等措施分散相应风险。以多元化经营为例，这是企业分散风险的通常做法。它指一家企业同时介入多个基本互无关联的产业部门、产品市场等。多元化经营之所以能分散风险，是由于不同产业、产品的市场环境是独立或不完全相关的，从概率统计原理来看，经营多种产业或者多种产品，其在时间、空间、利润等因素上相互补充抵销，可以减少企业利润风险。因此，企业在突出主业的前提下，可以结合自身的人力、财力与技术研制和开发能力，适度涉足多元化经营，分散财务风险
转移风险	财务风险转移是企业通过保险、签订合同、转包等形式把财务风险部分或者全部转嫁给其他单位，但同时往往需要付出一定代价，如保险费、履约保证金、手续费、收益分成等。 　　转移风险通常有多种形式，如购买保险、签订远期合同、开展期货交易、转包等。 　　企业应当能够通过适当的财务风险管理体制，识别与评估不同财务活动面临的财务风险，并在此基础上，对可能发生的财务风险采取适当的风险管理策略，既要控制财务风险发生的可能性，又要控制财务风险发生后的影响，以达到风险与收益的均衡。这样，才能保证企业稳健地成长

五、企业财务风险的识别与评估

企业财务风险识别是财务风险管理的第一步，其基本方法包括现场观察法、财务报表分析法、案例分析法、集合意见法、专家调查法、情景分析法、业务流程分析法等。企业财务风险评估是在风险识别的基础上，量化估计财务风险发生的概率和预期造成的损失，评估方法包括方差法、β系数与资本资产定价模型法、风险价值评估模型法、综合风险指数模型评估法等。

六、企业财务风险控制的主要方法

企业财务风险控制的方法主要包括指标分析法、报表分析法、专家意见法等。

（一）指标分析法

指标分析法是指根据企业财务核算、统计核算、业务核算资料和其他方面（如企业信息情报部门收集的、市场调查获取的、从有关政府主管部门得到的）提供的数据，对企业财务风险的相关指标数值进行计算、对比和分析，并从分析的结果中寻找、识别和发现财务风险的技术方法。这一方法可与报表分析法一起使用，也可以单独使用，但是用该方法前必须对有关指标设定一个临界值，或拟定一条风险警戒线，即某一项指标值达到什么样的水平才对企业生产经营和财务管理形成威胁，才能判定为财务风险因素。例如，企业的资产负债率在多少水准上是适宜的，超过此幅度的负债为企业所无法承受而且无力控制，也就是构成了财务风险。

这一标准的确定可以采用目前通行的惯例，也可以采用企业以前遭受风险袭击的临界值，还可以采用同类企业或者中外企业所用的标准，还可以用经验判断法和集体评判法加以确定。

对财务风险分析指标的选择和设计，不同行业、部门和地区、不同的企业和事业单位有不同的考虑，但对于相关指标选择的要求是基本一样的（见表6-9）。

表 6-9　相关指标选择的要求

项　　目	内　容　阐　释
指标的来源和采集的多样性	要求所分析的指标来自企业生产经营和财务管理活动的各个方面，因为财务风险的来源是广泛的，没有特定的一成不变的内容和形式，广泛采集能够更多地覆盖企业经营活动的各个方面，在更广泛的领域发现财务风险的生长点，尽早发现财务风险的滋生膨胀
指标内容的动态性	管理人员期望找到一个无所不适的财务风险是不现实的，财务风险的识别需要管理者根据经营环境和风险项目，因地制宜地选择科学、有效的指标内容
指标尺度的弹性	指标分析中所采用的标准值应该有一定弹性，有张有弛，在不同的经营环境中做出不同的选择和调整，对所使用的指标合理掌握宽严度，既不因指标过松而忽略了形形色色的财务风险，也不因指标过严弄得草木皆兵，分散管理精力，浪费宝贵的人力物力资源

（二）报表分析法

报表分析法是根据一定标准，通过企业各类报表资料对其财务风险进行搜索、寻找、辨别的分析方法，具有操作简便、易行、可靠性强、符合企业经营管理人员的思维和工作习惯等特点，单人和多人操作均可使用，在企业财务风险管理中广泛使用。

企业生产经营中并存有三种类型的核算，即会计核算、统计核算和业务核算，所以也就相应存在三种核算报表：财务报表、统计报表和业务报表。这三种报表互相联系、相辅相成，在揭示企业生产经营业务中发挥着极其重要的作用。报表分析的主要内容如表 6-10 所示。

表 6-10　报表分析的主要内容

项　　目	内　容　阐　释
分析评价盈利能力及其稳定性	管理人员通过将若干期报表进行对照分析，发现企业持续稳定的获利水平和创造能力，发现企业盈利能力及其稳定性，进而给企业进行最基本的风险诊断
分析评价偿债能力及其可靠性	分析和评价企业的短期偿债能力是企业风险检查的重要方面，特别是对于保护债权人利益，维持企业正常的经济关系和债务关系，保持企业健康发展具有重要意义
分析评价资本结构及其稳定性	企业要进行正常的生产经营活动必须拥有一定资本金，并通过最初资本金的运用获得盈利和积累，以扩大和增强企业的实力。企业的资本金不仅要有稳定的来源，同时要有合理的构成，并且符合国家有关方针、政策和法律法规的规定，符合企业发展的方向，体现稳健经营、减少风险的原则；反之，如果企业资金来源和构成混乱，企业肌体的内部功能便会减弱，各种财务风险"病毒"便会滋生、蔓延
分析评价资金分布及其合理性	企业经营资金总是分布在生产经营过程的各个环节之中。企业经营的好坏，并不仅仅决定于是否有能力筹集所需要的资金，更主要的是对其掌握的资金是否合理地分布于生产经营各阶段，而且是否予以充分而有效的利用。一般来说，资金周转的快慢反映企业是否充分和有效利用了了现有资金。也就是说，企业资金分布合理，就周转得快，周转快就能以较少的资金取得更多的收入，取得更多的收入也就有更多的资金投入生产经营活动，因而企业能在一个更高层次上得到发展，应付财务风险便具有更强的经济基础

通过报表检查分析，有些问题的性质、成因及其危害性可以一目了然，显露出财务风险的真面目；也有些问题仅能揭露出表面现象，财务风险识别工作未能完成，还需要管理人员对其

进行更深一步剖析,以发现问题的内在联系及其风险特征,找到问题的症结所在,通过判断揭示其不易被人发现和认识的隐患所在。报表分析最直接的作用,可以省去一部分烦琐的资料收集工作,进而提高风险管理的工作效率;可以提高报表本身的编制质量,直接分析由此可能引起的财务风险;同时有助于了解企业的理财活动过程和所面临的市场形势,发现企业存在的隐患和现实危机。另外,报表分析的作用不仅表现在财务风险的识别,还体现在风险的测定和衡量、风险管理项目的决策、管理效果的预测等方面,可以说,报表分析法作为风险管理的方法,能够运用于整个经营风险管理的基本过程。

(三)专家意见法

专家意见法也叫定性分析法、经验分析法。它是指企业组织相关领域的专家,利用专家的经验、知识和能力,根据预测对象的外界环境,通过直观的归纳,找出预测对象变动、变化、发展的规律,从而进行风险识别和分析判断的方法。其最大的优点是在缺乏足够统计数据和原始资料的情况下,可以做出定量估计和得到报表上还未反映的信息。专家意见法的实施程序如下。

(1)在调查研究法的基础之上,充分占有财务风险方面的资料信息,根据企业理财特点、资金来源和使用分布、股权构成和股利政策等,划分轻重缓急,选择对企业生产经营活动有严重影响和制约的、较为复杂的关键的风险项目,作为专家意见法分析的对象。

(2)选择和聘请有关领域的专家参加风险分析工作,专家人数一般不少于六人,各位专家彼此之间暂不发生联系,其名单和构成由该项工作的负责人掌握,专家与项目负责人单独以书面形式联系。

(3)向各位专家提供有关财务风险分析的背景材料,并以书面形式向其提出有关财务风险识别的问题。

(4)企业管理人员收回各位专家的意见后,对之进行加工管理,并将其按照一定形式排列起来,然后将各种不同的意见及其理由反馈给各位专家,让其提出进一步的看法。

(5)专家第二次提出意见时显然要参考第一次意见汇总的结果,以做出改变或者调整自己的观点,或者坚持自己看法的选择,然后将第二轮结果汇总至企业管理负责人处。

(6)将上述(4)(5)步骤的工作反复进行,这种反复肯定使得所得结果分布收敛,由此直至得出比较一致的结果为止。

七、企业财务管理中的杠杆效应

财务管理中的杠杆效应有三种形式,即经营杠杆、财务杠杆和复合杠杆,要了解这些杠杆的原理,需要首先了解成本习性、边际贡献和息税前利润等相关术语的含义。

(一)成本习性、边际贡献与息税前利润

1. 成本习性及分类

所谓成本习性,是指成本总额与业务量之间在数量上的依存关系。成本按习性可划分为固定成本、变动成本和混合成本三类。

(1)固定成本。固定成本,是指其总额在一定时期和一定业务量范围内不随业务量发生任何变动的那部分成本。随着产量的增加,它将分配给更多数量的产品,也就是说,单位固定成本将随产量的增加而逐渐变小。属于固定成本的主要有按直线法计提的折旧费、保险费、管理人员工资、办公费等。

固定成本还可进一步区分为约束性固定成本和酌量性固定成本两类。

1）约束性固定成本。属于企业"经营能力"成本，是企业为维持一定的业务量所必须负担的最低成本，如厂房、机器设备折旧费、长期租赁费等。企业的经营能力一旦形成，在短期内很难有重大改变，因而这部分成本具有很大的约束性，管理当局的决策行动不能轻易改变其数额。要想降低约束性固定成本，只能从合理利用经营能力入手。

2）酌量性固定成本。属于企业"经营方针"成本，是企业根据经营方针确定的一定时期（通常为一年）的成本，如广告费、研究与开发费、职工培训费等。这部分成本的发生，可以随企业经营方针和财务状况的变化，斟酌其开支情况。因此，要降低酌量性固定成本，就要在预算时精打细算，合理确定这部分成本的数额。

应当指出的是，固定成本总额只是在一定时期和业务量的一定范围内保持不变。这里所说的一定范围，通常为相关范围。超过了相关范围，固定成本也会发生变动。因此，固定成本必须和一定时期、一定业务量联系起来进行分析。从较长时间来看，所有的成本都在变化，没有绝对不变的固定成本。

（2）变动成本。变动成本是指总额随着业务量成正比例变动的那部分成本。直接材料、直接人工等都属于变动成本，但从产品单位成本来看，则恰恰相反，产品单位成本中的直接材料、直接人工将保持不变。

与固定成本相同，变动成本也存在相关范围，即只有在一定范围之内，产量和成本才能完全成同比例变化，即完全的线性关系，超过了一定的范围，这种关系就不存在了。例如，当一种新产品还是小批量生产时，由于生产还处于不熟练阶段，直接材料和直接人工耗费可能较多，随着产量的增加，工人对生产过程逐渐熟练，可使单位产品的材料和人工费用降低。在这一阶段，变动成本不一定与产量完全成同比例变化，而是表现为小于产量增减幅度。在这以后，生产过程比较稳定，变动成本与产量成同比例变动，再大幅度增产可能出现一些新的不利因素，使成本的增长幅度大于产量的增长幅度。

（3）混合成本。有些成本虽然也随业务量的变动而变动，但不成同比例变动，不能简单地归入变动成本或固定成本，这类成本称为混合成本。混合成本按其与业务量的关系又可分为半变动成本和半固定成本，如图6-2、图6-3所示。

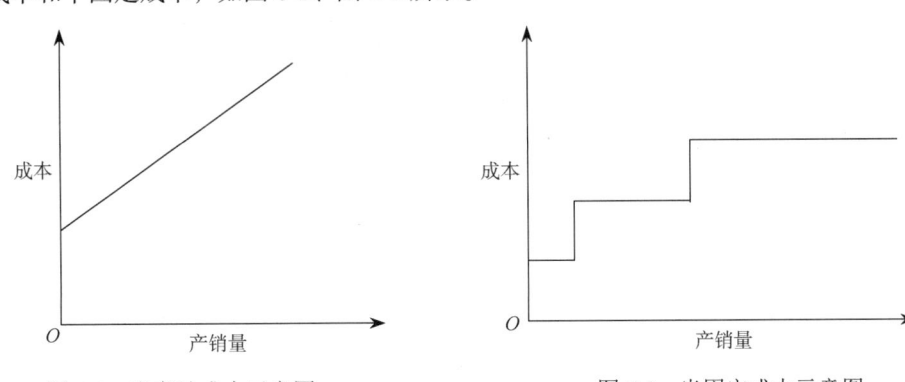

图6-2　半变动成本示意图　　　　图6-3　半固定成本示意图

1）半变动成本。它通常有一个初始量，类似于固定成本，在这个初始量的基础上随产量的增长而增长，又类似于变动成本。例如，在租用机器设备时，有的租约规定租金同时按两种标准计算：每年支付一定租金数额（固定部分）；每运转一小时支付一定租金数额（变动部分）。又如，企业的电话费也属于半变动成本。

2）半固定成本。这类成本随产量的变化而呈阶梯形增长，产量在一定限度内，这种成本不变，当产量增长到一定限度后，这种成本就跳跃到一个新水平。化验员、质量检查人员的工资属于这类成本。

（4）总成本习性模型。从以上分析我们知道，成本按习性可分为变动成本、固定成本和混合成本三类，但混合成本又可以按一定方法分解成变动部分和固定部分。总成本习性模型可以表示为：

$$y = a + bx$$

式中，y 代表总成本，a 代表固定成本，b 代表单位变动成本，x 代表业务量（如产销量，这里假定产量与销量相等，下同）。

显然，若能求出公式中 a 和 b 的值，就可以利用这个直线方程来进行成本预测、成本决策和其他短期决策。

2. 边际贡献及其计算

边际贡献是指销售收入减去变动成本以后的差额。其计算公式为：

$$\begin{aligned}边际贡献 &= 销售收入 - 变动成本\\&=（销售单价 - 单位变动成本）\times 产销量\\&= 单位边际贡献 \times 产销量\end{aligned}$$

若以 M 表示边际贡献，p 表示销售单价，b 表示单位变动成本，x 表示产销量，m 表示单位边际贡献，则上式可表示为：

$$M = px - bx =（p - b）x = mx$$

3. 息税前利润及其计算

息税前利润是指企业支付利息和缴纳所得税前的利润。其计算公式为：

$$\begin{aligned}息税前利润 &= 销售收入总额 - 变动成本总额 - 固定成本\\&=（销售单价 - 单位变动成本）\times 产销量 - 固定成本\\&= 边际贡献总额 - 固定成本\end{aligned}$$

若以 EBIT 表示息税前利润，a 表示固定成本，则上式可表示为：

$$EBIT = px - bx - a =（p - b）x - a = M - a$$

显然，不论利息费用的习性如何，上式的固定成本和变动成本中不应包括利息费用因素。息税前利润也可以用利润总额加上利息费用求得。

【例 6-1】智董公司当年年底的所有者权益总额为 1 000 万元，普通股 600 万股。目前的资本结构为长期负债占 60%，所有者权益占 40%，没有流动负债。该公司的所得税税率为 33%，预计继续增加长期债务不会改变目前 11% 的平均利率水平。董事会在讨论明年资金安排时提出：

（1）计划年度分配现金股利 0.05 元/股；
（2）拟为新的投资项目筹集 200 万元的资金；
（3）计划年度维持目前的资本结构，并且不增发新股。

要求：测算实现董事会上述要求所需要的息税前利润。

解答：

（1）因为计划年度维持目前的资本结构，所以计划年度增加的所有者权益为 200 × 40% = 80（万元）。

因为计划年度不增发新股，所以，增加的所有者权益全部来源于计划年度分配现金股利之后剩余的净利润。

因为发放现金股利所需税后利润 = 0.05 × 600 = 30（万元），所以，计划年度的税后利润 = 30 + 80 = 110（万元）。

$$计划年度的税前利润 = \frac{110}{1-33\%} = 164.18（万元）$$

（2）因为计划年度维持目前的资本结构，所以需要增加的长期负债 = 200×60% = 120（万元）。

（3）因为原来的所有者权益总额为 1 000 万元，资本结构为所有者权益占 40%，所以原来的资金总额 = $\frac{1\,000}{40\%}$ = 2 500（万元），因为资本结构中长期负债占 60%，所以，原来的长期负债 = 2 500×60% = 1 500（万元）。

（4）因为计划年度维持目前的资本结构，所以计划年度不存在流动负债，计划年度借款利息 = 长期负债利息 = （原长期负债 + 新增长期负债）× 利率 = （1 500 + 120）× 11% = 178.2（万元）。

（5）因为息税前利润 = 税前利润 + 利息，所以计划年度息税前利润 = 164.18 + 178.2 = 342.38（万元）。

（二）经营杠杆

1. 经营风险

企业经营面临各种风险，可划分为经营风险和财务风险。经营风险是指由于经营上的原因导致的风险，即未来的息税前利润（EBIT）的不确定性。经营风险因具体行业、具体企业及具体时期而异。市场需求、销售价格、成本水平、对价格的调整能力、固定成本等因素的不确定性影响经营风险。

2. 经营杠杆的含义

企业的经营风险部分取决于其利用固定成本的程度。在其他条件不变的情况下，产销量的增加虽然不会改变固定成本总额，但会降低单位固定成本，从而提高单位利润，使息税前利润的增长率大于产销量的增长率。反之，产销量的减少会提高单位固定成本，降低单位利润，使息税前利润下降率也大于产销量下降率。如果不存在固定成本，所有成本都是变动的，边际贡献就是息税前利润，这时的息税前利润变动率就同产销量变动率完全一致。这种由于固定成本的存在而导致息税前利润变动率大于产销量变动率的杠杆效应，称为经营杠杆。由于经营杠杆对经营风险的影响最为综合，因此，常被用来衡量经营风险的大小。

3. 经营杠杆的计量

只要企业存在固定成本，就存在经营杠杆效应的作用。对经营杠杆的计量最常用的指标是经营杠杆系数或经营杠杆度。经营杠杆系数（DOL），是指息税前利润变动率相当于产销业务量变动率的倍数。计算公式为：

$$经营杠杆系数 = \frac{息税前利润变动率}{产销量变动率}$$

经营杠杆系数的简化公式为：

$$经营杠杆系数 = \frac{基期边际贡献}{基期息税前利润}$$

【例 6-2】 智董公司有关资料如表 6-11 所示，试计算该企业 20×6 年的经营杠杆系数。

解答：根据公式得

$$经营杠杆系数 = \frac{80/200}{200/1\,000} = \frac{40\%}{20\%} = 2$$

表 6-11　智董公司有关资料　　　　金额单位：万元

项　目	20×5 年	20×6 年	变 动 额	变动率（%）
销售额	1 000	1 200	200	20
变动成本	600	720	120	20
边际贡献	400	480	80	20
固定成本	200	200	0	—
息税前利润	200	280	80	40

上述计算是按经营杠杆的理论公式计算的。利用该公式，必须以已知变动前后的有关资料为前提，比较麻烦，而且无法预测未来（如 20×7 年）的经营杠杆系数。按简化公式计算如下：

按表 6-11 中 20×5 年的资料可求得 20×6 年的经营杠杆系数：

$$经营杠杆系数 = \frac{400}{200} = 2$$

计算结果表明，两个公式计算出的 20×6 年经营杠杆系数是完全相同的。

同理，可按 20×6 年的资料求得 20×7 年的经营杠杆系数：

$$经营杠杆系数 = \frac{480}{280} = 1.71$$

4. 经营杠杆与经营风险的关系

引起企业经营风险的主要原因是市场需求和成本等因素的不确定性，经营杠杆本身并不是利润不稳定的根源。但是，经营杠杆扩大了市场和生产等不确定性因素对利润变动的影响。而且，经营杠杆系数越高，利润变动越剧烈，企业的经营风险就越大。一般来说，在其他因素一定的情况下，固定成本越高，经营杠杆系数越大，企业经营风险也就越大。其关系可表示为：

$$经营杠杆系数 = \frac{基期边际贡献}{基期边际贡献 - 基期固定成本}$$

或

$$经营杠杆系数 = \frac{\left(基期销售单价 - 基期单位变动成本\right) \times 基期产销量}{\left(基期销售单价 - 基期单位变动成本\right) \times 基期产销量 - 基期固定成本}$$

从上式可以看出，影响经营杠杆系数的因素包括产品销售数量、产品销售价格、单位变动成本和固定成本总额等因素。经营杠杆系数将随固定成本的变化呈同方向变化，即在其他因素一定的情况下，固定成本越高，经营杠杆系数越大。同理，固定成本越高，企业经营风险也越大；如果固定成本为零，则经营杠杆系数等于 1。

在影响经营杠杆系数的因素发生变动的情况下，经营杠杆系数一般也会发生变动，从而产生不同程度的经营杠杆和经营风险。由于经营杠杆系数影响着企业的息税前利润，从而也就制约着企业的筹资能力和资本结构。因此，经营杠杆系数是资本结构决策的一个重要因素。

控制经营风险的方法有增加销售额、降低产品单位变动成本、降低固定成本比重。

【例 6-3】 智董、贵琛两家公司的有关资料如表 6-12 所示。试比较两家公司的经营风险。

解答：为了计算两家公司风险的大小，先计算两家公司最有可能的经营杠杆系数。

智董公司的期望边际贡献：

$$\overline{M}_A = 480 \times 0.2 + 400 \times 0.6 + 320 \times 0.2 = 400（万元）$$

表 6-12　智董、贵琛两家公司的有关资料　　　　　金额单位：万元

企业名称	经济状况	概率	销售量（件）	单价	销售额	单位变动成本	变动成本总额	边际贡献	固定成本	息税前利润
智董	好	0.20	120	10	1 200	6	720	480	200	280
	中	0.60	100	10	1 000	6	600	400	200	200
	差	0.20	80	10	800	66	480	320	200	120
贵琛	好	0.20	120	10	1 200	4	480	720	400	320
	中	0.60	100	10	1 000	4	400	600	400	200
	差	0.20	80	10	800	4	320	480	400	80

智董公司的期望息税前利润：

$$\overline{\text{EBIT}_A} = 280 \times 0.2 + 200 \times 0.6 + 120 \times 0.2 = 200（万元）$$

智董公司最有可能的经营杠杆系数为：

$$\text{DOL}_{\text{智董}} = \frac{\overline{M_A}}{\overline{\text{EBIT}_A}} = \frac{400}{200} = 2$$

贵琛公司的期望边际贡献：

$$\overline{M_B} = 720 \times 0.2 + 600 \times 0.6 + 480 \times 0.2 = 600（万元）$$

贵琛公司的期望息税前利润：

$$\overline{\text{EBIT}_B} = 320 \times 0.2 + 200 \times 0.6 + 80 \times 0.2 = 200（万元）$$

贵琛公司最有可能的经营杠杆系数为：

$$\text{DOL}_{\text{贵琛}} = \frac{\overline{M_B}}{\overline{\text{EBIT}_B}} = \frac{600}{200} = 3$$

从上述计算可知，贵琛公司的经营杠杆系数比智董公司大。为了说明经营杠杆对风险程度的影响，下面计算两家企业息税前利润的标准差。

智董公司息税前利润的标准差 =

$$\sqrt{(280-200)^2 \times 0.2 + (200-200)^2 \times 0.6 + (120-200)^2 \times 0.2} \approx 50.6（万元）$$

贵琛公司息税前利润的标准差 =

$$\sqrt{(320-200)^2 \times 0.2 + (200-200)^2 \times 0.6 + (80-200)^2 \times 0.2} \approx 75.9（万元）$$

计算结果表明，虽然智董、贵琛两家企业的希望息税前利润相同，但贵琛公司息税前利润的标准离差大，说明贵琛公司的经营风险更大。也就是说，固定成本高，经营杠杆系数大，则经营风险大。

（三）财务杠杆

1. 财务杠杆的概念

在资本总额及其结构既定的情况下，企业需要从息税前利润中支付的债务利息通常都是固定的。当息税前利润增大时，每一元盈余所负担的固定财务费用（如利息、融资租赁租金等）就会相对减少，就能给普通股股东带来更多的盈余；反之，每一元盈余所负担的固定财务费用就会相对增加，就会大幅度减少普通股的盈余。这种由于固定财务费用的存在而导致普通股每股收益变动率大于息税前利润变动率的杠杆效应，称作财务杠杆。现用表 6-13 加以说明。

在表 6-13 中，智董公司、贵琛公司两个公司的资金总额相等，息税前利润相等，息税前利润的增长率也相同，不同的只是资本结构。智董公司全部资金都是普通股，贵琛公司的资金中

普通股和债券各占一半。在智董公司、贵琛公司息税前利润均增长20%的情况下，智董公司每股收益增长20%，贵琛公司却增长了33.3%，这就是财务杠杆效应。当然，如果息税前利润下降，贵琛公司每股收益的下降幅度要大于智董公司每股收益的下降幅度。

表6-13 智董公司、贵琛公司的资本结构与普通股利润表

年份	项目	智董公司	贵琛公司	备注
20×3	普通股发行在外股数（股）	2 000	1 000	（1）已知
	普通股股本（每股面值100）	200 000	100 000	（2）已知
	债务（年利率8%）	0	100 000	（3）已知
	资金总额	200 000	200 000	（4）=（2）+（3）
	息税前利润	20 000	20 000	（5）已知
	债务利息	0	8 000	（6）=（3）×8%
	利润总额	20 000	12 000	（7）=（5）−（6）
	所得税（税率33%）	6 600	3 960	（8）=（7）×33%
	净利润	13 400	8 040	（9）=（7）−（8）
	每股收益	6.7	8.04	（10）=（9）÷（1）
20×4	息税前利润增长率	20%	20%	（11）已知
	增长后的息税前利润	24 000	24 000	（12）=（5）×[1+（11）]
	债务利息	0	8 000	（13）=（6）
	利润总额	24 000	16 000	（14）=（12）−（13）
	所得税（税率33%）	7 920	5 280	（15）=（14）×33%
	净利润	16 080	10 720	（16）=（14）−（15）
	每股收益	8.04	10.72	（17）=（16）÷（1）
	每股收益增加额	1.34	2.68	（18）=（17）−（10）
	普通股每股收益增长率	20%	33.3%	（19）=（18）÷（10）

2. 财务杠杆的计量

只要在企业的筹资方式中有固定财务费用支出的债务，就会存在财务杠杆效应。但不同企业财务杠杆的作用程度是不完全一致的，为此，需要对财务杠杆进行计量。对财务杠杆计量的主要指标是财务杠杆系数。财务杠杆系数是指普通股每股收益的变动率相当于息税前利润变动率的倍数，计算公式为：

$$财务杠杆系数 = \frac{普通股每股收益变动率}{息税前利润变动率} = \frac{基期息税前利润}{基期息税前利润 - 基期利息}$$

影响企业财务杠杆系数的因素包括息税前利润、企业资金规模、企业的资本结构、固定财务费用水平等多个因素。财务杠杆系数将随固定财务费用的变化呈同方向变化，即在其他因素一定的情况下，固定财务费用越高，财务杠杆系数越大。同理，固定财务费用越高，企业财务风险也越大；如果企业固定财务费用为零，则财务杠杆系数为1。

将表6-13中20×3年的有关资料代入上式，可求得智董公司、贵琛公司两公司20×4年的财务杠杆系数。

$$智董公司财务杠杆系数 = \frac{20\ 000}{20\ 000 - 0} = 1$$

$$贵琛公司财务杠杆系数 = \frac{20\,000}{20\,000 - 8\,000} \approx 1.67$$

这说明，在利润增长时，贵琛公司每股收益的增长幅度大于智董公司的增长幅度；当然，当利润减少时，贵琛公司每股收益减少的也更快。因此，公司息税前利润较多，增长幅度较大时，适当地利用负债性资金发挥财务杠杆的作用，可增加每股收益，使股票价格上涨，增加企业价值。

同理，按表 6-13 中 20×4 年资料，可求出两公司 20×5 年财务杠杆系数分别为 1 和 1.5。

【例 6-4】 智董公司 20×6 年的净利润为 670 万元，所得税税率假设为 33%，估计下年的财务杠杆系数为 2。该公司全年固定成本总额为 1 500 万元，公司年初发行了一种债券，数量为 10 万张，每张面值为 1 000 元，发行价格为 1 100 元，债券票面利率为 10%，发行费用占发行价格的 2%。假设公司无其他债务资本。

要求：
（1）计算 20×6 年的利润总额；
（2）计算 20×6 年的利息总额；
（3）计算 20×6 年的息税前利润总额；
（4）计算 20×7 年的经营杠杆系数；
（5）计算 20×6 年的债券筹资成本（计算结果保留两位小数）。

解答：

（1）利润总额 $= \dfrac{670}{1-33\%} = 1\,000$（万元）

（2）20×6 年利息总额 $= 10 \times 1\,000 \times 10\% = 1\,000$（万元）

（3）$\dfrac{\text{EBIT}}{\text{EBIT} - 1\,000} = 2$

$\text{EBIT} = 2\,000$（万元）

即息税前利润总额为 2 000 万元。

（4）经营杠杆系数 $= \dfrac{1\,500 + 2\,000}{2\,000} = 1.75$

（5）债券筹资成本 $= \dfrac{1\,000 \times 10\% \times (1-33\%)}{1\,100 \times (1-2\%)} \times 100\% = 6.22\%$

3. 财务杠杆与财务风险的关系

由于财务杠杆的作用，当息税前利润下降时，税后利润下降得更快，从而给企业股权资本所有者造成财务风险。财务杠杆会加大财务风险，企业举债比重越大，财务杠杆效应越强，财务风险越大。财务杠杆与财务风险的关系，可通过计算分析不同资本结构下普通股每股收益及其标准离差和标准离差率来进行测试。

控制财务风险的方法有控制负债比率，即通过合理安排资本结构，适度负债使财务杠杆利益抵销风险增大所带来的不利影响。

【例 6-5】 更升公司 20×3—20×5 年的息税前利润分别为 400 万元、240 万元和 160 万元，每年的债务利息都是 150 万元，公司所得税税率为 33%。该公司的财务风险测算如表 6-14 所示。

由表 6-14 可知，更升公司 20×3—20×5 每年的债务利息均为 150 万元保持不变，但随着息税前利润的下降，税后利润以更快的速度下降。与 20×4 年相比，20×5 年息税前利润的降幅为 33%，同期税后利润的降幅达 89%。可知，由于更升公司没有有效地利用财务杠杆，从而导致了财务风险,即税后利润的降低幅度高于息税前利润的降低幅度。

表 6-14 更升公司财务风险测算表　　　　　　　　　　金额单位:万元

年 份	息税前利润	息税前利润增长率(%)	债务利息	所得税(33%)	税后利润	税后利润增长率(%)
20×3	400		150	82.5	167.5	
20×4	240	−40	150	29.7	60.3	−64
20×5	160	−33	150	3.3	6.7	−89

【例 6-6】 智董公司、贵琛公司资本结构及获利水平等资料如表 6-15 所示。

表 6-15 智董公司、贵琛公司资本结构与财务风险　　　　金额单位:万元

项 目	智董公司	贵琛公司	备 注
普通股股本	20 000	10 000	(1)已知
公司债券(年利率8%)	0	10 000	(2)已知
资金总额	20 000	20 000	(3)=(1)+(2)
计划息税前利润	2 000	2 000	(4)已知
实际息税前利润	600	600	(5)已知
借款利息	0	800	(6)=(2)×8%
利润总额	600	−200	(7)=(5)−(6)

从表 6-15 可以看出,智董公司没有负债,就没有财务风险;贵琛公司有负债,当息税前利润比计划减少时,就有了较大的财务风险,如果不能及时扭亏为盈,可能导致破产。

下面结合每股收益标准离差和标准离差率的计算,来说明财务杠杆与财务风险的关系。

【例 6-7】 智董公司、贵琛公司、映兰公司三家企业的资本构成情况如表 6-16 所示。其他有关情况三家企业完全一致。试计算每股收益、财务杠杆系数、每股收益的标准离差和标准离差率。

表 6-16 三家企业的资本构成情况　　　　　　　　　　单位:万元

项 目	智董公司	贵琛公司	映兰公司
资金总额	2 000	2 000	2 000
普通股 A	2 000	1 000	1 000
负债 B	0	1 000	1 000
负债利息	0	60	120

(1)普通股面值均为 10 元/股,智董公司发行在外 200 万股,贵琛公司、映兰公司发行在外各 100 万股。

(2)贵琛公司负债的年利率为 6%,映兰公司负债的年利率为 12%。

根据以上资料,可通过表 6-17 计算每股收益等指标。

解答:根据表 6-17 资料计算的三家企业的期望每股收益、每股收益的标准离差率和财务杠杆系数分别为:

(1)计算三家企业的期望每股收益。

　　智董公司的期望每股收益 = 0.20 × 1.072 × 0.60 × 0.67 + 0.20 × 0.268 = 0.67(元)

表 6-17 计算每股收益等指标　　　　　　　　　　金额单位：万元

企业名称	经济情况	概率	息税前利润	利息	利润总额	所得税（33%）	净利润	普通股股数（万股）	每股收益（元）
智董公司	好	0.20	320	0	320	105.6	214.4	200	1.072
	中	0.60	200	0	200	66	134	200	0.67
	差	0.20	80	0	80	26.4	53.6	200	0.268
贵琛公司	好	0.20	320	60	260	85.8	174.2	100	1.742
	中	0.60	200	60	140	46.2	93.8	100	0.938
	差	0.20	80	60	20	6.6	13.4	100	0.134
映兰公司	好	0.20	320	120	200	66	134	100	1.34
	中	0.60	200	120	80	26.4	53.6	100	0.536
	差	0.20	80	120	-40	0	-40	100	-0.4

贵琛公司的期望每股收益 = 0.20 × 1.742 + 0.60 × 0.938 + 0.20 × 0.134 = 0.938（元）

映兰公司的期望每股收益 = 0.20 × 1.34 + 0.60 × 0.536 + 0.20 ×（-0.4）= 0.5096（元）

（2）计算三家企业每股收益的标准离差。

智董公司每股收益的标准离差

$= \sqrt{(1.072-0.67)^2 \times 0.2 + (0.67-0.67)^2 \times 0.6 + (0.268-0.67)^2 \times 0.2}$

≈ 0.254（元）

贵琛公司每股收益的标准离差

$= \sqrt{(1.742-0.938)^2 \times 0.2 + (0.938-0.938)^2 \times 0.6 + (0.134-0.938)^2 \times 0.2}$

≈ 0.508（元）

映兰公司每股收益的标准离差

$= \sqrt{(1.34-0.5096)^2 \times 0.2 + (0.536-0.5096)^2 \times 0.6 + (-0.4-0.5096)^2 \times 0.2}$

≈ 0.551（元）

（3）计算三家企业每股收益的标准离差率。

$$智董公司每股收益的标准离差率 = \frac{0.254}{0.67} \approx 0.379$$

$$贵琛公司每股收益的标准离差率 = \frac{0.508}{0.938} \approx 0.542$$

$$映兰公司每股收益的标准离差率 = \frac{0.551}{0.5096} \approx 1.081$$

（4）计算三家企业的财务杠杆系数。

计算智董公司、贵琛公司、映兰公司三家企业的期望息税前利润：

期望息税前利润 = 0.20 × 320 + 0.60 × 200 + 0.20 × 80 = 200（万元）

则

$$智董公司财务杠杆系数 = \frac{200}{200-0} = 1$$

$$贵琛公司财务杠杆系数 = \frac{200}{200-60} \approx 1.43$$

$$映兰公司财务杠杆系数 = \frac{200}{200-120} \approx 2.5$$

从以上分析可知，智董公司全部靠自有资金经营，其期望每股收益为 0.67 元，财务杠杆系数为 1，标准离差率为 0.379。贵琛公司利用了利率为 6%的负债 1 000 万元，自有资金与负债资金的比率为 1∶1，负债比率为 50%，则贵琛公司的期望每股收益上升到 0.938 元，财务杠杆系数上升到 1.43，标准离差率上升到 0.542。企业期望每股收益上升，说明应用财务杠杆取得了比较好的效益，当然，随之也加大了财务风险。映兰公司利用了利率为 12%的负债 1 000 万元，负债比率也为 50%，但映兰公司的期望每股收益下降到 0.5096 元，财务杠杆系数上升到 2.5，标准离差率为 1.081。说明此时只能加大企业财务风险，而不能取得财务杠杆效益。这就是说，企业利用财务杠杆，可能产生好的效果，也可能产生坏的效果。

【例 6-8】智董公司目前的资本来源包括每股面值为 1 元的普通股 800 万股和平均利率为 10%的 3 000 万元债务。该公司现在拟投产一个新产品，该项目需要投资 4 000 万元，预期投产后每年可增加营业利润（息税前利润）400 万元。该项目备选的筹资方案有两个：

（1）按 11%的利率发行债券；

（2）按 20 元/股的价格增发普通股。

该公司目前的息税前利润为 1 600 万元；公司适用的所得税税率为 40%；证券发行费可忽略不计。

要求：

（1）计算不同方案筹资后的普通股每股收益；

（2）计算增发普通股和债券筹资的每股收益无差别点；

（3）计算筹资前的财务杠杆系数和按两个方案筹资后的财务杠杆系数；

（4）根据以上计算结果分析，该公司应当选择哪一种筹资方式？理由是什么？

（5）如果新产品可提供 1 000 万元的新增息税前利润，在不考虑财务风险的情况下，公司应选择哪一种筹资方式？

解答：

（1）普通股每股收益计算结果见表 6-18。

表 6-18 普通股每股收益计算结果 金额单位：万元

筹资方案	发行债券	增发普通股
EBIT	2 000	2 000
现有债务利息	300	300
新增债务利息	440	
税前利润	1 260	1 700
所得税	504	680
普通股收益	756	1 020
股数（万股）	800	1 000
每股收益（元）	0.95	1.02

（2）$\dfrac{(\overline{EBIT}-300-400)\times(1-40\%)}{800} = \dfrac{(\overline{EBIT}-300)\times(1-40\%)}{800+200}$

EBIT = 1 000（万元）

（3）筹资前的财务杠杆系数 = $\dfrac{1\,600}{1\,600-300}$ = 1.23

$$发行债券的财务杠杆系数 = \frac{2\,000}{2\,000-740} = \frac{2\,000}{1\,260} = 1.59$$

$$增发普通股的财务杠杆系数 = \frac{2\,000}{2\,000-300} = 1.18$$

（4）由于增发普通股每股收益（1.02元）大于债券筹资方案，且其财务杠杆系数（1.18）小于债务筹资方案，即增发普通股方案2收益性高且风险低，所以方案2为较优方案。

（5）当项目新增息税前利润为1 000万元时应选择债务筹资方案。

（四）复合杠杆

1. 复合杠杆的概念

由于存在固定成本，产生经营杠杆的效应，使销售量变动对息税前利润有扩大作用；同样，由于存在固定财务费用，产生财务杠杆的效应，使息税前利润对普通股每股收益有扩大作用。如果两种杠杆共同起作用，那么，销售额的细微变动就会使每股收益产生更大变动。

复合杠杆是指由于固定生产经营成本和固定财务费用的共同存在而导致的普通股每股收益变动率大于产销量变动率的杠杆效应。

2. 复合杠杆的计量

经营杠杆通过扩大销售影响息税前盈余，而财务杠杆通过扩大息税前盈余影响收益。如果两种杠杆共同起作用，那么销售稍有变动就会使每股收益产生更大的变动。通常把这两种杠杆的连锁作用称为复合杠杆作用。

复合杠杆作用的程度，可用复合杠杆系数（DTL）表示，它是经营杠杆系数和财务杠杆系数的乘积。其计算公式为：

$$DTL = DOL \times DFL = \frac{Q(P-V)}{Q(P-V)-F-I}$$

或

$$= \frac{S-VC}{S-VC-F-I}$$

例如，智董公司的经营杠杆系数为2，财务杠杆系数为1.5，复合杠杆系数：

$$2 \times 1.5 = 3$$

复合杠杆系数的意义，首先，在于能够估计出销售变动对每股收益造成的影响。其次，它使我们看到了经营杠杆与财务杠杆之间的相互关系，即为了达到某一复合杠杆系数，经营杠杆和财务杠杆可以有很多不同的组合。例如，经营杠杆系数较高的公司可以在较低的程度上使用财务杠杆；经营杠杆系数较低的公司可以在较高的程度上使用财务杠杆，等等。这有待公司在考虑了各有关的具体因素之后做出选择。

【例6-9】智董公司有关资料如表6-19所示，要求分析复合杠杆效应并计算复合杠杆系数。

表6-19　智董公司相关资料　　　　　　　　　　金额单位：万元

项　　目	20×3	20×4	变动率
销售收入（单位售价10元）	1 000	1 200	+20%
变动成本（单位变动成本4元）	400	480	+20%
边际贡献	600	720	+20%
固定成本	400	400	0
息税前利润（EBIT）	200	320	+60%
利息	80	80	0

续表

项　　目	20×3	20×4	变动率
利润总额	120	240	+100%
所得税（所得税税率33%）	39.6	79.2	+100%
净利润	80.4	160.8	+100%
普通股发行在外股数（万股）	100	100	0
每股收益（EPS，元）	0.804	1.608	+100%

从表 6-19 中看到，在复合杠杆的作用下，业务量增加 20%，每股收益便增长 100%。当然，如果业务量下降 20%，企业的每股收益也会下降 100%。

将表 6-19 中 20×3 年数据代入上式，可求得 20×4 年的复合杠杆系数：

$$DTL = \frac{600}{200-80} = 5$$

这就是说，在本例中，企业的产销量每增减 1%，每股收益就会相应增减 5%。

同理，可利用 20×4 年数据算出 20×5 年的复合杠杆系数：

$$DTL = \frac{720}{320-80} = 3$$

【例 6-10】 智董公司年销售额为 1 000 万元，变动成本率 60%，息税前利润为 250 万元，全部资本 500 万元，负债比率 40%，负债平均利率 10%。

要求：

（1）计算智董公司的经营杠杆系数、财务杠杆系数和复合杠杆系数。

（2）如果预测期智董公司的销售额将增长 10%，计算息税前利润及每股收益的增长幅度。

解答：

（1）计算智董公司的经营杠杆系数、财务杠杆系数和复合杠杆系数：

$$经营杠杆系数 = \frac{1\,000 - 1\,000 \times 60\%}{250} = 1.6$$

$$财务杠杆系数 = \frac{250}{250 - 500 \times 40\% \times 10\%} = 1.087$$

$$复合杠杆系数 = 1.6 \times 1.087 = 1.739\,2$$

（2）计算息税前利润及每股收益的增长幅度：

$$息税前利润增长幅度 = 1.6 \times 10\% = 16\%$$

$$每股收益增长幅度 = 1.739\,2 \times 10\% = 17.39\%$$

【例 6-11】 智董公司只生产和销售甲产品，其总成本习性模型为 $y = 10\,000 + 3x$。假定该企业 20×6 年度甲产品销售量为 10 000 件，每件售价为 5 元；按市场预测 20×7 年甲产品的销售数量将增长 10%。

要求：

（1）计算 20×6 年该企业的边际贡献总额；

（2）计算 20×6 年该企业的息税前利润；

（3）计算 20×7 年的经营杠杆系数；

（4）计算 20×7 年息税前利润增长率；

（5）假定企业 20×6 年发生负债利息 5 000 元，且无融资租赁租金，计算 20×7 年复合杠杆系数。

解答：计算过程如下。

（1）20×6年企业的边际贡献总额 $= S - V = 10\,000 \times 5 - 10\,000 \times 3 = 20\,000$（元）

或　　　　＝销售收入总额－变动成本总额＝ $10\,000 \times 5 - 10\,000 \times 3 = 20\,000$（元）

或　　　　＝（单位售价－单位变动成本）×销售量＝ $(5-3) \times 10\,000 = 20\,000$（元）

（2）20×6年企业的息税前利润＝边际贡献总额－固定成本＝ $20\,000 - 10\,000 = 10\,000$（元）

或　　　　　　　　　　＝ $10\,000 \times (5-3) - 10\,000 = 10\,000$（元）

（3）销售量为10 000件时的经营杠杆系数＝边际贡献总额÷息税前利润总额＝ $\dfrac{20\,000}{10\,000} = 2$

（4）20×7年息税前利润增长率＝ $2 \times 10\% = 20\%$

或　　　　$= \dfrac{10\,000 \times (1+10\%) \times (5-3) - 10\,000 - 10\,000}{10\,000} = 20\%$

或　　　　20×7年销售量＝ $10\,000 \times (1+10\%) = 11\,000$（件）

20×7年销售额＝ $11\,000 \times 5 = 55\,000$（元）

20×7年息税前利润＝ $55\,000 - 11\,000 \times 3 - 10\,000 = 12\,000$（元）

20×7年息税前利润增长率＝ $\dfrac{12\,000 - 10\,000}{10\,000} \times 100\% = 20\%$

或　　　　20×7年息税前利润＝ $10\,000 \times (1+10\%) \times (5-3) - 10\,000$

$= 12\,000$（元）

20×7年息税前利润增长率＝ $\dfrac{12\,000 - 10\,000}{10\,000} \times 100\% = 20\%$

或　　　　20×7年息税前利润＝ $10\,000 \times (1+10\%) \times 5 - [10\,000 + 10\,000 -$

$10\,000 \times (1+10\%) \times 3] = 12\,000$（元）

20×7年息税前利润增长率＝ $\left(\dfrac{12\,000}{10\,000} - 1\right) \times 100\% = 20\%$

（5）复合杠杆系数＝ $\dfrac{(5-3) \times 10\,000}{(5-3) \times 10\,000 - 10\,000 - 5\,000} = 4$

或　　　　$= DFL \times DOL = \dfrac{10\,000}{10\,000 - 5\,000} \times 2 = 4$

或　　　　$= \dfrac{20\,000}{10\,000 - 5\,000} = 4$

或　　　　20×6年企业财务杠杆系数＝ $\dfrac{10\,000}{10\,000 - 5\,000} = 2$

复合杠杆系数＝财务杠杆系数×经营杠杆系数＝ $2 \times 2 = 4$

【例6-12】 智董公司年销售额100万元，变动成本率70%，全部固定成本和费用20万元，总资产50万元，资产负债率40%，负债的平均利率8%，假设所得税税率为40%。

该公司拟改变经营计划，追加投资40万元，每年固定成本增加5万元，可以使销售额增加20%，并使变动成本率下降至60%。

该公司以提高权益净利率同时降低复合杠杆系数作为改进经营计划的标准。

要求：

（1）所需资金以追加实收资本取得，计算权益净利率、经营杠杆系数、财务杠杆系数和复合杠杆系数，判断应否改变经营计划。

（2）所需资金以10%的利率借入，计算权益净利率、经营杠杆系数、财务杠杆系数和复合杠杆系数，判断应否改变经营计划。

解答：计算过程如下。

目前情况：

$$权益净利率 = \frac{(100 \times 30\% - 20) \times (1 - 40\%)}{50 \times (1 - 40\%)} = 20\%$$

$$经营杠杆系数 = \frac{100 \times 30\%}{100 \times 30\% - (20 - 50 \times 40\% \times 8\%)} = \frac{30}{11.6} = 2.59$$

$$财务杠杆系数 = \frac{11.6}{11.6 - 1.6} = 1.16$$

$$复合杠杆系数 = 2.59 \times 1.16 = 3$$

或

$$复合杠杆系数 = \frac{100 \times 30\%}{100 \times 30\% - 20} = 3$$

（1）增资方案。

$$权益净利率 = \frac{[100 \times 120\% \times (1 - 60\%) - (20 + 5)] \times (1 - 40\%)}{50 \times (1 - 40\%) + 40} = 19.71\%$$

$$经营杠杆系数 = \frac{120 \times (1 - 60\%)}{120 \times (1 - 60\%) - (20 + 5 - 1.6)} = \frac{48}{48 - 23.4} = 1.95$$

$$财务杠杆系数 = \frac{24.6}{24.6 - 1.6} = 1.07$$

$$复合杠杆系数 = 1.95 \times 1.07 = 2.09$$

或

$$复合杠杆系数 = \frac{120 \times 40\%}{120 \times 40\% - (20 + 5)} = 2.09$$

因此，不应改变经营计划。

（2）借入资金方案。

$$权益净利率 = \frac{[100 \times 120\% \times (1 - 60\%) - (20 + 5 + 4)] \times (1 - 40\%)}{50 \times (1 - 40\%)} = 38\%$$

$$经营杠杆系数 = \frac{120 \times 40\%}{120 \times 40\% - (20 + 5 - 1.6)} = 2.09 = 1.95$$

$$财务杠杆系数 = \frac{24.6}{24.6 - (4 + 1.6)} = 1.29$$

$$复合杠杆系数 = 1.95 \times 1.29 = 2.52$$

或

$$复合杠杆系数 = \frac{120 \times 40\%}{120 \times 40\% - (20 + 5 + 4)} = 2.52$$

因此，应当采纳借入资金的经营计划。

3. 复合杠杆与企业风险的关系

企业复合杠杆系数越大，每股收益的波动幅度越大。由于复合杠杆作用使普通股每股收益大幅度波动而造成的风险，称为复合风险。复合风险直接反映企业的整体风险。在其他因素不变的情况下，复合杠杆系数越大，复合风险越大；复合杠杆系数越小，复合风险越小。通过计算分析复合杠杆系数及普通股每股收益的标准离差和标准离差率，可以揭示复合杠杆与复合风险的内在联系。

【例 6-13】 智董、贵琛、鑫裕三家企业的有关资料如表 6-20 所示，试计算三家企业的期望复合杠杆及每股收益的标准离差和标准离差率。

表 6-20　智董、贵琛、鑫裕三家企业的有关资料　　　　　　　金额单位：万元

企业名称	经济情况	概率	销售量（件）	单价	销售额	单位变动成本	变动成本总额	边际贡献	固定成本	息税前利润	利息	利润总额	所得税	净利润	普通股股数	每股收益
智董	好	0.20	120	10	1 200	8	960	240	0	240	0	240	79.2	160.8	200	0.804
	中	0.60	100	10	1 000	8	800	200	0	200	0	200	66	134	200	0.67
	差	0.20	80	10	800	8	640	160	0	160	0	160	52.8	107.2	200	0.536
贵琛	好	0.20	120	10	1 200	4	480	720	400	320	0	320	105.6	214.4	100	1.072
	中	0.60	100	10	1 000	4	400	600	400	200	0	200	66	134	100	0.67
	差	0.20	80	10	800	4	320	480	400	80	0	80	26.4	53.6	100	0.268
鑫裕	好	0.20	120	10	1 200	4	480	720	400	320	60	260	85.8	174.2	100	1.742
	中	0.60	100	10	1 000	4	400	600	400	200	60	140	46.2	93.8	100	0.938
	差	0.20	80	10	800	4	320	480	400	80	60	20	6.6	13.4	100	0.134

说明：

①三家企业适用的所得税税率假设为 33%。

②三家企业的资金总额均为 20 007 万元，智董、贵琛两家企业无负债，发行普通股 200 万股，每股面值 10 元；鑫裕公司利用了年利率为 6% 的负债 1 000 万元，利用普通股筹资 1 000 万元，普通股股数为 100 万股。

解答：

（1）计算三家企业的复合杠杆。

三家企业期望销售量均为：$0.20 \times 120 + 0.60 \times 100 + 0.20 \times 80 = 100$（件）

根据资料，计算三家企业的复合杠杆系数：

$$智董公司复合杠杆系数 = \frac{(10-8) \times 100}{(10-8) \times 100 - 0 - 0} = \frac{200}{200 - 0} = 1$$

$$贵琛公司复合杠杆系数 = \frac{(10-4) \times 100}{(10-4) \times 100 - 400 - 0} = \frac{600}{200 - 0} = 3$$

$$鑫裕公司复合杠杆系数 = \frac{(10-4) \times 100}{(10-4) \times 100 - 400 - 60} = \frac{600}{200 - 60} \approx 4.3$$

（2）计算三家企业的期望每股收益。

智董公司的期望每股收益 = $0.20 \times 0.804 + 0.60 \times 0.67 + 0.20 \times 0.536 = 0.67$（元）

贵琛公司的期望每股收益 = $0.20 \times 1.072 + 0.60 \times 0.67 + 0.20 \times 0.268 = 0.67$（元）

鑫裕公司的期望每股收益 = $0.20 \times 1.742 + 0.60 \times 0.938 + 0.20 \times 0.134 = 0.938$（元）

（3）计算三家企业每股收益的标准离差。

智董公司每股收益的标准离差

$$= \sqrt{(0.804 - 0.67)^2 \times 0.2 + (0.67 - 0.67)^2 \times 0.6 + (0.536 - 0.67)^2 \times 0.2}$$

$$\approx 0.085（元）$$

贵琛公司每股收益的标准离差

$$= \sqrt{(1.072 - 0.67)^2 \times 0.2 + (0.67 - 0.67)^2 \times 0.6 + (0.268 - 0.67)^2 \times 0.2}$$

$$\approx 0.254（元）$$

鑫裕公司每股收益的标准离差

$$= \sqrt{(1.742-0.938)^2 \times 0.2 + (0.938-0.938)^2 \times 0.6 + (0.134-0.938)^2 \times 0.2}$$
$$\approx 0.508（元）$$

（4）计算三家企业每股收益的标准离差率。

$$智董公司每股收益的标准离差率 = \frac{0.085}{0.67} \approx 0.127$$

$$贵琛公司每股收益的标准离差率 = \frac{0.254}{0.67} \approx 0.379$$

$$鑫裕公司每股收益的标准离差率 = \frac{0.508}{0.938} \approx 0.542$$

从以上计算可知，复合杠杆越大，每股收益的标准离差率越高，企业风险越大。

【例6-14】 智董公司是一个生产和销售通信器材的股份有限公司。假设该公司适用的所得税税率为40%。对于明年的预算出现三种意见。

方案一：维持目前的生产和财务政策。预计销售45 000件，售价为240元/件，单位变动成本为200元，固定成本为120万元。公司的资本结构为：400万元负债（利率5%），普通股20万股。

方案二：更新设备并用负债筹资。预计更新设备需投资600万元，生产和销售量不会变化，但单位变动成本将降低至180元/件，固定成本将增加至150万元。借款筹资600万元，预计新增借款的利率为6.25%。

方案三：更新设备并用股权筹资。更新设备的情况与第二方案相同，不同的只是用发行新的普通股筹资。预计新股发行价为每股30元，需要发行20万股，以筹集600万元资金。

要求：

（1）分别计算三个方案的每股收益、经营杠杆系数、财务杠杆系数和复合杠杆系数。

（2）计算方案二和方案三每股收益相等的销售量。

（3）分别计算三个方案每股收益为零的销售量。

（4）根据上述结果分析：哪个方案的风险最大？哪个方案的报酬最高？如果公司销售量下降至30 000件，方案二和方案三哪个更好些？请分别说明理由。

解答：

（1）方案一：

$$每股收益 = \frac{[45\,000 \times (240-200) - 1\,200\,000 - 4\,000\,000 \times 5\%] \times (1-40\%)}{200\,000} = 1.2（元/股）$$

$$DOL = \frac{45\,000 \times (240-200)}{45\,000 \times (240-200) - 1\,200\,000} = 3$$

$$DOL = \frac{45\,000 \times (240-200) - 1\,200\,000}{45\,000 \times (240-200) - 1\,200\,000 - 4\,000\,000 \times 5\%} = 1.5$$

$$DCL = 3 \times 1.5 = 4.5$$

方案二：

每股收益

$$= \frac{45\,000 \times (240-180) - 1\,00\,000 - 4\,00\,000 \times 5\% - 6\,000\,000 \times 6.25\%] \times (1-40\%)}{200\,000}$$

$$= 1.88（元/股）$$

$$DOL = \frac{45\,000 \times (240-180)}{45\,000 \times (240-180) - 1\,500\,000} = 2.25$$

$$DFL = \frac{45\,000 \times (240-180) - 1\,500\,000}{45\,000 \times (240-180) - 1\,500\,000 - 4\,000\,000 \times 5\% - 6\,000\,000 \times 6.25\%} = 1.92$$

$$DCL = 2.25 \times 1.92 = 4.32$$

方案三：

$$每股收益 = \frac{[45\,000 \times (240-180) - 1\,500\,000 - 4\,000\,000 \times 5\%] \times (1-40\%)}{200\,000 + 200\,000} = 1.5\,（元/股）$$

$$DOL = \frac{45\,000 \times (240-180)}{45\,000 \times (240-180) - 1\,500\,000} = 2.25$$

$$DFL = \frac{45\,000 \times (240-180) - 1\,500\,000}{45\,000 \times (240-180) - 1\,500\,000 - 4\,000\,000 \times 5\%} = 1.2$$

$$DCL = 2.25 \times 1.2 = 2.7$$

（2）令方案二、方案三每股收益相等时的销售量为 Q：

$$\frac{[(240-150) \times Q - 1\,500\,000 - 4\,000\,000 \times 5\% - 6\,000\,000 \times 6.25\%] \times (1-40\%)}{200\,000}$$

$$= \frac{[(240-150) \times Q - 1\,500\,000 - 4\,000\,000 \times 5\%] \times (1-40\%)}{400\,000}$$

$$Q = 40\,834\,（件）$$

（3）令每股收益为零时的销量为 Q：

方案一：

$$\frac{[(240-200) \times Q - 1\,200\,000 - 4\,000\,000 \times 5\%] \times (1-40\%)}{200\,000} = 0$$

$$Q = 35\,000\,（件）$$

方案二：

$$\frac{[(240-180) \times Q - 1\,500\,000 - 4\,000\,000 \times 5\% - 6\,000\,000 \times 6.25\%] \times (1-40\%)}{200\,000} = 0$$

$$Q = 35\,584\,（件）$$

方案三：

$$\frac{[(240-180) \times Q - 1\,500\,000 - 4\,000\,000 \times 5\%] \times (1-40\%)}{400\,000} = 0$$

$$Q = 28\,334\,（件）$$

（4）结果分析如下：

1）方案一风险最大，理由：方案一的复合杠杆系数最大。

2）方案二的报酬最高，理由：方案二的每股收益最高。

3）若销量下降至 30 000 件时，方案三更好些，理由：若销量下降至 30 000 件时，采用方案三还有利润，而采用方案二则企业处于亏损状态，因此，应选择方案三。

八、金融衍生工具在防范企业财务风险中的应用

金融衍生工具，是以货币、债券、股票等基本金融工具为基础而创新出来的金融工具。它以另一些金融工具的存在为前提，以这些金融工具为买卖对象，价格也由这些金融工具决定。

金融衍生工具包括远期、期货、互换或期权合约，或具有相似特征的其他金融工具。

（一）金融衍生工具的特点（见表6-21）

表6-21 金融衍生工具的特点

特 点	内 容 阐 释
衍生工具的价值受制于基础工具	金融衍生工具或者衍生产品是由传统金融产品派生出来的，由于它是衍生物，不能独立存在，其价值在相当程度上受制于相应的传统金融工具。这类能够产生衍生物的传统产品又称为基础工具。根据目前的发展，金融基础工具主要有三大类：外汇汇率；债务或利率工具；股票和股票指数等。 虽然基础工具种类不多，但是借助各种技术在此基础上都可以设计出品种繁多、特性不一的创新工具。 由于是在基础工具上派生出来的产品，因此金融衍生工具的价值主要受基础工具价值变动的影响，股票指数的变动影响股票指数期货的价格，认股证跟随股价波动，这是衍生工具最为独到之处，也是其具有避险作用的原因所在
衍生工具具有规避风险的职能	金融创新能够衍生出大量新型的金融产品和服务投放在金融市场上，强有力地促进了整个金融市场的发展。传统的金融工具滞后于现代金融工具，表现在其body带有原始发行这些金融工具的企业本身的财务风险。而且，在这些传统的金融工具中，所有的财务风险都是捆绑在一起的，处理分解难度相当大。随着把这些财务风险松绑分解，进而再通过金融市场上的交易使风险分散化并能科学地重新组合，来达到收益和风险的权衡
衍生工具构造具有复杂性	相对于基础工具而言，金融衍生工具特性显得较为复杂。这是因为，一方面金融衍生工具如对期权、互换的理解和运作已经不易；另一方面由于采用多种组合技术，使得衍生工具特性更为复杂，所以说，衍生工具构造具有复杂性。这种情况导致金融产品的设计要求高深的数学方法，大量采用现代决策科学方法和计算机科学技术，它能够仿真模拟金融市场运作，在开发、设计金融衍生工具时，采用人工智能和自动化技术。同时导致大量金融衍生新产品难为一般投资者所理解，难以明确风险所在，更不容易完全正确地运用
衍生工具设计具有灵活性	金融衍生工具在设计和创新上具有很强的灵活性，这是因为可以通过对基础工具和金融衍生工具的各种组合，创造出大量的特性各异的金融产品。机构与个人参与衍生工具的目的有三类：一是买卖衍生工具为了保值；二是利用市场价格波动风险进行投机牟取暴利；三是利用市场供求关系的暂时不平衡套取无风险的额外利润。出于各种复杂的经营目的，就要有各种复杂的经营品种，以适应不同市场参与者的需要。所以，衍生工具的设计可根据各种参与者所要求的时间、杠杆比率、风险等级、价格等参数的不同进行设计、组合。因此相对其他金融工具而言，衍生工具的设计具有更大的灵活性
衍生工具运作具有杠杆性	金融衍生工具在运作时多采用财务杠杆方式，即采用缴纳保证金的方式进入市场交易。这样市场的参与者只需动用少量资金，即可控制资金量巨大的交易合约。期货交易的保证金和期权交易中的期权费即这种情况。财务杠杆作用无疑可显著提高资金利用率和经济效益，但是也不可避免地带来巨大风险。近年来，一些国际大机构在衍生工具的交易方面失利，很大程度上与这种杠杆"放大"作用有关
衍生工具交易具有特殊性	金融衍生工具交易的特殊性主要表现在两个方面：一是集中性，从交易中介机构看，主要集中在大型投资银行等机构。美国目前占了全球金融衍生产品交易的相当比重，但是在美国3 000多个金融机构中，只有300多个从事衍生工具交易，而且其中10家大型机构即占了交易量的90%，可见交易的集中性。二是灵活性，从市场分布看，部分交易活动是通过场外交易方式进行的，即用户主要通过投资银行作为中介方参与衍生工具交易，投资银行代为寻找对家或直接作为交易对手个别进行，这些交易是非标准化的，这说明金融衍生工具具有很强的灵活性

（二）企业财务风险的期权管理策略

企业的财务活动包括三个最基本的方面，即融资活动、投资活动（包括企业内部资金配置和外部资金投放）和收入分配活动。三者是相互联系、相互制约、相互独立的，构成了企业全部财务管理工作的主线。企业的财务风险按照财务活动的主要环节可以划分为融资风险、投资风险和收入分配风险。虽然外汇风险实质上是融资风险、投资风险和收入分配风险的一部分，但为了突出外汇风险的重要性，这里将其从融资风险、投资风险和收入分配风险中分离出来，单独进行阐述。

1. 企业融资风险的期权管理策略

（1）发行具有隐含期权特性的固定收入债券。具有隐含期权特性的固定收入债券主要有可提前赎回债券、可提前回售债券和可转换债券。可提前赎回债券的持有者在购买债券的同时，实际上向发行者出售了一份利率看跌期权。企业发行可提前赎回债券的主要目的是避免市场利率下调所导致的损失。可提前回售债券的持有者不但购买了债券本身，而且购买了一份利率看涨期权。企业发行可提前回售债券的动因主要在于：可提前回售债券的提前回售条款增加了债券的吸引力，便于企业融资成功，缓解资金紧缺的压力。另外，具有回售条款债券的票面利率较低，可以降低企业的融资成本。如果股市低迷，企业股价被低估，此时以直接发行股票的方式融资是不恰当的，因为股本的扩张不仅稀释每股收益，导致股价进一步下跌，而且此时股权融资尤为艰难，即便融资成功，筹集一定数量的资金需要发行更多的股票，同时高额的发行费用对企业也极为不利。企业若发行可转换债券，利用隐含其中的转换期权吸引投资者，不仅可以获得利息成本较低的资金，而且可以将股票推迟到市场行情好转时发行。

（2）利用利率期权控制企业的融资成本。利率保证实质上是以一份远期利率协议为标的资产的看涨期权，在期权到期时，如果市场利率高于远期利率协议的协议利率，企业就可以行使看涨期权并通过远期利率协议将融资成本确定。相反，如果市场利率低于远期利率协议的协议利率，企业将让期权失效，并直接以市场利率融资。一份利率上限实质上是一系列基于某种利率指标的欧式看涨期权的总和。企业通过买入利率上限可以在市场利率超过执行利率时将融资成本锁定在执行利率上，而当市场利率低于执行价格时，又可以得到相应的利息成本节约的收益。一份利率下限实质上是基于利率的一系列看跌期权。对于主要以不可提前赎回的固定利率债券筹集长期资金的企业来说，如果市场利率上升，企业可以获得因利息节约所带来的收益，但如果市场利率下降，企业就要承担利息成本过高的压力，从而面临市场利率下跌的风险。在这种情况下，企业通过买入利率下限，就可以在市场利率下跌时通过利率下限的收益来降低固定利率债券的利息负担。利率双限由利率上限多头和利率下限空头组合而成，它是在买入一份利率上限的同时卖出一份利率下限，用出售利率下限的收益来降低利率上限的全部或部分成本。对于融资者而言，与利率上限类似，利率双限为防止因利率上升所导致的损失提供了保证，但与此同时，利率双限把融资者因利率下降而可能获得的最大收益固定在下限的水平上。在构造利率双限时，如果利率上限和利率下限的执行利率相等，合约持有者的借款利率将被固定在执行利率上，这实质上相当于一份利率互换合约。利率互换期权是基于利率互换合约的期权，支付方互换期权（支付固定利率、收取浮动利率）实质上是一份利率看涨期权，而收取方互换期权（收取固定利率、支付浮动利率）实质上相当于一份利率看跌期权。在高利率的市场环境中，通过买入利率互换期权，企业既可以锁定融资成本，又可以获取市场利率下跌所带来的收益。在低利率的市场环境中，通过卖出利率互换期权，企业可以用出售的期权费来冲减市场利率上升所增加的融资成本。对于发行可提前赎回债券的企业，由于投资者通常低估可赎回债券中隐含的利率看跌期权的价值,因此企业还可以通过卖出一份定价合理的收取方互换期权将隐含利率看跌期权的价值提前货币化,从而降低企业的融资成本。

2. 企业投资风险的期权管理策略

(1)股票投资风险的期权管理策略。股票投资风险的期权管理策略主要有以下两种。

1)单一股票投资风险的期权管理策略。对于单一股票投资的风险,其最基本的期权管理策略主要是卖出保护性股票看涨期权和买入保护性股票看跌期权。在拥有股票的情况下卖出看涨期权,当股票价格上涨时,看涨期权空头虽然限制了股票多头的收益,但其自身的潜在风险已被消除,当期权被要求执行时,期权的卖方交割股票即可;当股票价格下跌时,股票多头将要承受损失,但出售看涨期权的期权费对其损失将有所缓冲。单纯从期权的角度来看,由于有股票多头的保护,看涨期权空头实际上不存在风险。有保护的看跌期权所起的作用如同对股票办理了保险,当股票价格下跌时,股票多头的损失会被执行看跌期权获得的收益所冲减;当股票价格上涨时,看跌期权不会被执行,但股票多头的盈利会由于期权费的支付而有所减少。两种策略各有利弊,投资策略的选择主要取决于投资者对股票价格走势的预期。如果投资者预期股票价格会走强,则应选择有保护的看跌期权;如果投资者预期股票价格将走弱,则应选择有保护的看涨期权。

2)股票投资组合风险的期权管理策略。高度分散投资能消除投资组合的非系统风险,但不能消除系统风险。对于投资组合的系统风险,投资组合的管理者要么自己承担,要么采取措施将其转移。股票投资组合的管理者通常是以直接购买股票指数看跌期权或者自己构造合成股票指数看跌期权的方式来转移投资组合的系统风险。直接购买股票指数看跌期权的策略就是在持有多种股票投资组合的同时,买入某种股票指数的看跌期权。如果看跌期权的执行价格等于投资组合管理者事先确定的投资组合价值水平,那么投资组合价值低于这一水平的损失就可以通过看跌期权的收益得到弥补,看跌期权从而为投资组合的价值确定了一个下限。但如果期权市场不具有足够大的容量来吸收投资组合管理者进行的大笔交易,或者投资组合管理者需要购买的看跌期权的执行价格和到期时间与期权市场可交易合约的规定不相符,在这种情况下投资组合管理者为了得到需要的看跌期权,可以通过卖出看跌期权标的资产并将所得投资于无风险资产的方式来合成这一看跌期权。

(2)债券投资风险的期权管理策略。债券投资的风险是指市场利率的不确定性变动所导致的债券价格波动的风险。对于投资长期固定利息收入债券的投资者来说,主要面临的是市场利率上升的风险;而对于投资短期浮动利率债券的投资者来说,主要面临的是债券到期时市场利率下降所导致的再投资利率风险。一般来说,债券投资风险的期权管理策略如表 6-22 所示。

表 6-22 债券投资风险的期权管理策略

策　略	内　容　阐　释
买入保护性利率看涨期权	投资者经常需要对长期固定利息收入债券的多头头寸进行套期保值,购买保护性利率看涨期权就是一种有效的套期保值策略。购买的利率看涨期权既可以是利率现货期权,也可以是利率期货期权,无论是利率现货看涨期权,还是利率期货看涨期权,都能转移利率上升债券价格下跌的风险,从而为投资者的债券价值确定一个下限
卖出保护性利率看跌期权	卖出保护性利率看跌期权是指在持有债券多头头寸的情况下卖出虚值利率看跌期权。如果债券投资者预期未来的市场利率不会低于当前的利率水平,投资者卖出虚值利率看跌期权的期权费收入在市场利率上涨债券价格下跌时提供了一定的保护作用。当然,卖出利率看跌期权策略不能像买入利率看涨期权策略那样完全转移市场利率上

策　略	内　容　阐　释
卖出保护性利率看跌期权	涨的风险，但其获得的期权费至少抵销了市场利率上涨所带来的部分损失。如果市场利率的变化与投资者的预期相反，当市场利率下跌并超过利率看跌期权的执行价格时，利率看跌期权的空头寸要发生损失，其损失将抵销债券价格上涨的部分收益。利率看跌期权从而为投资者的债券价值设定了一个上限
利用利率上限、利率下限和利率双限	利率上限、利率下限和利率双限不仅被广泛应用于企业的融资风险管理，而且可以用来防范债券的投资风险。如果投资者持有长期固定利率债券，为了防范市场利率上涨债券价格下跌的风险，投资者可以买入利率上限。如果投资者持有短期债券或其他浮动利率债券，为了防范债券到期时再投资利率下跌的风险，通过买入利率下限可以为短期债券的再投资利率或其他浮动利率债券的利息收益确定一个下限水平。正如在企业融资风险的管理中企业可以通过卖出利率下限来降低利率上限的成本，浮动利率债券的投资者也可以通过卖出利率上限来降低利率下限的购入成本，这种利率双限策略虽然降低了浮动利率债券的套期保值成本，但同时放弃了市场利率上涨到利率上限执行利率以上的收益

3. 企业收入分配风险的期权管理策略

　　狭义的收入分配，实质上就是利润分配，是指企业按照国家有关法规和公司章程的规定将当期实现的净利润在提取各种公积金后向企业的股东进行分配。而广义的收入分配，是指企业的收入在支付各项成本、费用（不包括人工成本及费用）以后在经营者和生产工人投入的人力资本和股东投入的物质资本之间进行分配。普遍认为在企业的收入分配环节不存在风险，但我们认为在广义的收入分配概念下，如果企业的收入分配政策不合理，薪酬制度不能起到有效的激励作用，也会存在企业经营业绩下降的风险。这是因为：在企业所有权和经营权分离的情况下，企业所有者与经营者之间实质上是一种委托代理的关系。由于信息的不对称，合约不完备，企业的经营者往往做出有利于自身利益最大化的决策，其经营目标可能和所有者的企业价值最大化的目标不一致，从而使所有者面临道德风险。道德风险的存在，可能使企业坐失良好的发展机遇，增加不必要的非生产性支出以及盲目无效地扩大生产规模，由此所导致的损失可能对企业的经营业绩和财务状况构成重大的不利影响。

4. 企业外汇风险的期权管理策略

　　在企业的外汇风险管理中，企业通常采用的期权管理策略如表 6-23 所示。

表 6-23　期权管理策略

策　略	内　容　阐　释
购买货币看涨期权	若企业需要在未来某一时期支付一定数量的某种外币，为了防止该种外币升值所导致的损失，同时又能获取该种外币贬值所带来的潜在收益，企业可以购买该种外币的看涨期权来对外币空头头寸进行套期保值。相反，若企业预期在未来某一时期要收到一定数量的某种外币，为了防止该种外币贬值所导致的损失，同时又能获取该种外币升值所带来的潜在收益，企业可以购买本币的看涨期权来对外币多头头寸进行套期保值。企业在决定所看涨期权的执行价格时，只能根据自己的套期保值目标在看涨期权提供的保护程度与所需的成本之间求得一种均衡，这是因为深度实值看涨期权虽然能提供更多的保护，但保值成本更高，而虚值看涨期权虽然价格便宜，但保值效果也相对较差

续表

策　　略	内　容　阐　释
构造双限货币期权、分享式远期合约、比率远期合约和回廊式货币期权等打包期权	企业在购买货币看涨期权进行套期保值时总是要面临一种两难选择。一方面，公司不想购买实值程度很深的看涨期权，因为看涨期权的实值程度越深，其期权费也越高；另一方面，公司也不想购买虚值程度很深的看涨期权，因为看涨期权的虚值程度越深，其保护作用就越小。在实际中，企业解决这一问题的通常办法是只对一定范围内的汇率波动提供保护从而节约保值成本。具体的策略主要有两种，一种是通过卖出看跌期权来降低所需购入的看涨期权的成本，如双限货币期权、分享式远期合约及比率远期合约；另一种是通过卖出执行价格更高的看涨期权来降低执行价格较低看涨期权的购入成本，如回廊式货币期权
购买远期反转货币期权	如果企业已经签订了一份外汇远期合约，但市场汇率的走势与企业的预期相反，此时企业就不可能获得在市场汇率有利变动时的潜在收益。远期反转期权就是金融中介机构为解决这一问题而设计出来的一种复合衍生金融产品。远期反转期权是指在金融中介机构与客户签订远期合约的同时，卖给客户一份可以将远期交易反转的期权，但并不收取直接的期权费，而是将期权费及其融资成本直接计入远期汇率中。客户在买入反转期权后，在市场汇率的变动与预期不一致时有权中途停止或退出远期交易
购买亚式货币期权、障碍货币期权和复合货币期权等新型货币期权	亚式货币期权包括平均汇率货币期权和平均执行价格货币期权，其中平均汇率货币期权的应用更为普遍。亚式货币期权适用于对与一定时期内发生的一系列交易有关而不是与某项交易有关的外汇风险暴露进行套期保值。障碍货币期权包括敲出货币期权和敲入货币期权。障碍货币期权之所以具有吸引力，是因为它们要比普通的货币期权便宜。障碍货币期权最适用于对或有事项的套期保值，障碍货币期权的障碍水平设置在或有事项发生的触发点上，当或有事项发生时，敲入或敲出货币期权也将同时发挥作用。复合货币期权有四种基本的组合，即看涨期权的看涨期权，看跌期权的看涨期权，看涨期权的看跌期权及看跌期权的看跌期权。套期保值者购买复合货币期权的原因主要在于它能在不能确定是否会存在风险暴露的情况下，为公司提供一种更灵活的套期保值措施

以上每一种期权管理策略都有其内在的优点和缺陷，都具有最适用于自己的应用范围。对于企业的外汇风险管理来说，没有绝对理想或绝对不理想的套期保值策略，期权套期保值策略的选择主要取决于套期保值成本的大小、企业的风险偏好及其对市场汇率变动的预期。

第三节　财务危机

一、财务危机概述

财务危机是财务状况恶化的经济现象，是由于企业现金流量不足，无力偿还到期债务而被迫采取非常措施的一种状况，其表现为不同的轻重程度。这种经济现象的出现可能最终导致财务关系破裂，从而对企业的持续经营形成潜在或实际的威胁。

企业财务危机迹象包括：无法偿还到期债务；无法偿还到期且难以展期的借款；无法继续履行借款合同中的有关条款；存在大额的逾期未缴税金；累计经营性亏损数额巨大；过度依赖短期借款筹资；无法获得供应商的正常商业信用；资不抵债；运营资金出现负数；经营活动产

生的现金流量净额为负数；大股东长期占用巨额资金；重要子公司无法持续经营且未进行处理；存在大量长期未做处理的不良资产；存在因对外巨额担保等或有事项引发的或有负债。

在国外文献中，与财务危机相关的概念有企业失败、财务失败、企业破产、财务困境等，这些概念并不作严格区分。在我国 Financial Distress 通常被译为财务危机、财务困境、财务恶化。学者主要是以企业是否具有持续经营能力为界定财务危机的基础。

（一）财务危机的特征（见表 6-24）

表 6-24　财务危机的特征

特　　征	内　容　阐　释
财务危机具有突发性	财务管理受企业经营环境的多样化、经营过程的多样化及财务行为方式多样化的影响。其中，有些因素是可以把握和控制的，但更多因素是爆发性的、意外性的，有的甚至是急转直下的。例如，A 公司经营状况很好，但在事先没有察觉的情况下，由于一个长期贸易伙伴的突然宣布倒闭，造成数额巨大的应收账款不能预期收回，使企业陷入困境。在突变性这一特征显时，若在企业承担短期风险的控制能力范围内，企业则可安然度过风险；相反，若超过企业承担短期风险的最高限度，那么，企业就将陷入危机
财务危机具有必然性	财务危机的发生有其必然性，因为财务危机是企业生产经营中长期财务矛盾日积月累形成的。因此，财务管理者只要遇事多留心，多问几个为什么，采取有效的财务控制手段和一套系统的财务危机预测方法，就不难发现财务危机的苗头，提前控制和化解企业的财务危机
财务危机具有多样性	财务危机的多样性具体表现在三个方面： • 财务危机是受多方因素综合影响形成的，既包括经营管理方面的因素，也包括财务管理自身的因素。诱发财务危机的经营管理因素、财务管理因素包括许多方面，经营管理活动的任何失误都可能导致企业发生财务危机。 • 财务危机的表现形式具有多样性，从国内外学者对财务危机的描述中我们不难看出财务危机存在许多表现形式，包括变现拍卖、无力支付短期债务、无力支付债券利息、无力支付债券本金、无力支付优先股股息、重整及法定破产等。 • 财务危机的多样性也表现在，可供选择的财务危机应对措施有许多，而且随着实务的发展不断丰富。由于其诱因及表现形式的多样性，决定了解决财务危机的措施繁多，既有财务手段，还有非财务手段；既有常规策略，还有非常规策略
财务危机具有积累性	一个企业的财务状况是对企业一定时期内企业各项经营管理活动结果的反映，财务危机作为财务状况恶化的动态过程，体现了一定时期内企业各项经营管理活动中问题的积累。例如，在筹资、投资决策方面，由于筹资渠道不畅通，不能保证投资计划顺利实施，以至投资效益不能如期实现，或投资决策失误，造成资金回收困难，或筹资结构与投资结构配比不当，造成还款期过于集中；在生产管理方面，由于管理不善，造成生产成本增加，形成亏损，或由于产品质量不达标，造成产品积压；在营销管理方面，由于市场定位不准，或促销手段落后或售后服务跟不上，以至于造成产品滞销等，由于诸多因素的综合作用，造成企业在一定时期内现金流出量大于现金流入量，以至于企业不能按时偿还到期债务而引发了财务危机。财务危机是各种活动行为失误所积累的综合反映。 此外，财务危机的积累性意味着财务危机的动态发展，特别是对于财务危机的极端情况——破产清算而言，绝非是由于一个错误、一时错误造成的，必然是一系列的错误没有得到及时、有效的更正，导致企业积重难返、无力回天。例如，高速成长的企业常常

续表

特　征	内　容　阐　释
财务危机具有积累性	为了扩大规模而盲目投资，四处投资建厂房、成立新公司，背负大量的债务。新上项目建成运行后，如不能立即实现盈利，营运金周转出现困难，甚至入不敷出。维持日常经营尚且困难，更何况要偿付债务，在无路可退的情况下，只能选择破产清算。韩国大宇、郑州亚细亚、德隆集团都是最好的例证
财务危机具有二重性	财务危机的双重性源于危机内涵危险和转机的意思，"祸兮福所倚，福兮祸所伏"辩证地反映出危机的双重性。财务危机的危害不言自喻，不管是资金管理技术失败，还是企业破产，或者介于两者之间的任何一种情况的发生都会给企业带来灾难性的损失。财务危机最终的结果不一定就是企业破产清算，如果企业抓住了危机中出现的有利因素施以正确的应对措施，不仅能减少危机损失，还能借此契机革除企业存在已久的各种弊端，使企业转危为安。成功应对财务危机，不仅能增强企业危机意识，更能增强企业应对风险的能力

（二）财务危机的分类（见表 6-25）

表 6-25　财务危机的分类

划分标准	项　目	内　容　阐　释
按财务危机的外在表现特征划分	亏损型财务危机	亏损型财务危机是指企业出现数额巨大的经营亏损或持续发生亏损（两年及两年以上）的状况。亏损数额巨大是一个相对概念，与企业规模大小相关，一般是指它对企业现有净资产的侵蚀程度。亏损意味着企业的经营收入不足以补偿其发生的成本费，巨额或持续亏损使所有者权益受到侵蚀，终将影响到企业的偿债能力
	偿付困难型财务危机	偿付困难型财务危机是以企业履行债务义务受阻，无力支付到期债务和费用或需付出极大努力才能支付到期债务和费用为主要表现形式的财务危机。无力支付或无力偿还，是指企业只是暂时缺乏支付费用和偿还债务的现金，该现象并不持久，通过一定努力可以缓解或消除；企业尚有一定的信用，可以直接或间接地融集资金；企业资产负债率很高，但还未到资不抵债的地步
	破产型财务危机	破产型财务危机也是财务危机的极端情况，包括会计破产和技术性破产两类。会计破产，是指企业由于资不抵债，即账面净资产出现负数而导致的企业破产。企业资不抵债是企业发生严重亏损或持续亏损，除将企业投资者所享有的净资产（包括原始投资和投资后的内部积累）全部侵蚀外，还侵蚀了债权者的部分权益。债权人为维护自身的权益和减少损失，会被迫申请债务人企业破产或采取其他措施解决债务清偿问题。技术性破产，是指企业由于财务管理技术失败（企业无法偿还到期债务）而导致的破产。"不能清偿到期债务"也是一些国家破产法中界定的企业破产标准，我国《企业破产法》（2006年）实质上是以此为企业破产界限
按照引发财务危机诱因划分	系统性财务危机	系统性财务危机通常由企业外部环境中的宏观或中观因素所造成。例如，宏观环境中的政治因素、法律因素、社会人文因素、经济因素、自然因素，中观环境中的产业周期、产业政策、产业结构调整，等等。这些因素对市场经济中的所有企业或某一类企业都产生影响，企业自身是无法控制的。例如，经济大萧条时期，几乎所有企业都将遭到冲击，不同程度地出现财务危机；美国次贷危机引发的国际金融危机时期，其波及范围内的企业几乎都无法幸免

续表

划分标准	项　目	内　容　阐　释
按照引发财务危机诱因划分	非系统性财务危机	由企业微观环境因素引发的财务危机，称为非系统性财务危机。企业微观环境除用户、供应商、竞争者、服务关联企业等因素外，还包括企业内部的诸多因素，如企业战略决策、公司治理结构、组织构架、营运能力、管理经验等经营因素，其中一种或多种因素交织，就会造成企业管理效率低下，竞争力不强。非系统性财务危机的诱发因素大多是企业可控的，这类财务危机的积累性非常突出，从危机发生到爆发通常会经过一段较长的时期。因此，非系统性财务危机可以通过企业内部调整，纠正偏差，从而达到防止非系统性财务危机爆发或恶化的目的。美国的一项研究表明，90%以上的企业失败应归因于管理上的无能，而地震、水灾、火灾等不测事件致使企业失败的仅有0.5%。管理上的无能主要体现在特定经营行业缺乏经验，或者在生产、销售、人事、技术等方面管理经验不平衡，致使企业竞争力不足
按财务危机的发展速度划分	渐进型财务危机	渐进型财务危机通常是一个循序渐进的过程，体现为企业财务状况的不断恶化。从形成的时间段看，渐进型财务危机可分为四个阶段：第一阶段为财务危机潜伏期，特征是企业盲目扩张、市场营销无效、疏于风险管理、缺乏有效的管理制度、企业资源配置不当、无视环境的变化。第二阶段为财务危机发作期，特征是自有资金不足、过分依赖外部资金、利息负担重、缺乏会计的预警作用、拖延债务偿付。第三阶段为财务危机恶化期，特征是经营者无心经营业务和专心财务周转、资金周转困难、债务到期违约不支付。第四阶段为财务危机实现期，特征是负债超过资产、完全丧失偿付能力、宣布破产。所以，渐进型财务危机是一个动态持续、逐步递进的过程，且具有经常性的特点。 　　渐进型财务危机的可预测性使得企业能够对其可能发生的财务危机进行事前的防范。防范的重点在于调查企业内部存在的管理问题，寻找将要导致财务危机的主要根源，对症下药，改善企业的财务状况。当然，如果企业的事前防范失败，陷入财务危机时，仍然可以进行事中和事后的控制，采取与企业现状相适应的经营策略和财务策略，提高盈利能力，增加现金流量，使企业逐步走出财务危机
	突发型财务危机	突发型财务危机的形成具有瞬间爆发的特点，没有一个较长时间持续演化的过程，具有偶然性、突发性、瞬间性和不可预见性。突发型财务危机可以发生于企业生命周期中的任何阶段，它可能与企业原来所处的经营状况和财务状况完全不相关。 　　突发型财务危机从产生的原因看，可以分为两种情况：一是来源于自然灾害，即企业本身处于良好的经营状态，完全由于自然灾害等不可抗的外部因素所造成的财务危机；二是虽然财务危机的直接原因是外部突发事件，但产生的根源仍来自企业的内部管理不善，如污水排放超标、产品质量不合格等。不论是何种情况，突发型财务危机产生的原因相比渐进型财务危机更单一、更明显、更直接。突发型财务危机具有的偶然性和不可预见性，使得事前的防范非常困难，但仍然可以进行一定的风险防范。对突发型财务危机的防范重点还是在于事后控制，即当意外事件发生后，财务危机已成为必然时，采取迅速的应急措施和策略安排，防止财务危机的进一步发展，尽可能降低企业所遭受的损失

二、财务危机管理

企业财务危机管理,是指组织或个人在财务运作过程中通过危机监督、危机预控、危机决策和危机处理等手段,达到避免和减少危机产生的危害,直至将危机转化为机会的过程。

财务危机管理是以危机信息分析、危机应对计划、危机应对组织、危机应对领导和危机应对控制在内的动态过程,它们交替循环,构成了财务危机管理工作(见表6-26)。

表6-26 财务危机管理工作

项目	内容阐释
危机信息分析	成因、征兆、机会
危机应对计划	危机风险识别与控制、危机预警系统、危机反应与恢复计划
危机应对组织	危机应对的职能组织、危机演习、危机培训、管理变革与改善
危机应对领导	领导者素质、危机管理者的能力、危机应对的决策、有效的危机应对控制
危机应对控制	危机应对的控制方法

财务危机管理有着自己独立的体系,它由危机预处理、危机总结和危机恢复等部分构成,其基本职能是事前的预防和事后的处理,最终目标是加强防范,未雨绸缪,将危机限制在潜在阶段,尽可能减少危机对企业经营的负面影响。

(一)企业危机管理理论(见表6-27)

表6-27 企业危机管理理论

理论	内容阐释
系统论	企业危机管理的系统论是将企业作为一个有机的营运实体,将企业自身的组织环境视为内部环境,将企业实体赖以生存的环境视为外部环境。企业必须适应市场中环境的变化,才能获得健康、持续的发展,并且企业通过优化内部环境提升企业危机处理能力,通过和外部环境的良性互动保持企业自身的稳定状态。当内部环境因某些危机因子与外部环境不和谐时,加上内、外环境间的信息通道不畅或内部环境的信息传输受阻、决策反应迟缓、机制不完善,企业危机就有可能发生。系统论认为,企业管理者从检测环境的变化(规避风险)、优化内部环境(完善组织结构)、构建通畅环境信息渠道等方面来实施危机管理策略。采用系统论的观点来认知企业危机管理有利于企业的管理者以双重身份(当事人和旁观者)的角色来预防、处理企业危机
结构论	该理论着重强调:企业如何采取积极的反应,来应对外部环境的变化压力,以达到规避风险与危机的目的。企业危机的来源主要锁定于企业所处的外部环境之中,而企业危机管理的重心不再只是注重内部效率性的规范管理。企业危机管理结构论的主要贡献在于从总体的角度(或旁观者的角度)观察并详细剖析了企业所处的外部环境的变化,使企业可以从战略管理层面来实施应对环境威胁的管理策略。可以说,该理论将企业危机管理纳入了战略管理范畴,提升了其在企业管理中的地位
生命周期论	生命周期理论研究认为,危机是多因子动态发展的结果,并且在动态与互动的发展过程中趋向于结构性变化,使得管理层越发对其难以把握。危机爆发期、扩散期(产生涟漪效应)与处理期是危机因子质变完成并给企业造成损失的三个阶段。因此,该理论强调管理者在危机酝酿期应畅通信息渠道,采取迅速、有效的措施(如有早期的危机预警机制则效果可能更好)来控制并消除危机对企业造成的负面影响。若措施得力,则企业不但能转危

续表

理　论	内　容　阐　释
生命周期论	为安，并且可能获得变革的机遇；若措施不力，则势必给企业带来后遗症使危机影响进入危机处理结果与后遗症期。该理论强调在处理结果与后遗症期，危机的负面影响不但会持续，危机可能不经酝酿期就会再次发生
扩散论	企业危机管理的扩散理论是研究危机管理的新方向，是整合了危机理论、经济学、大众传媒理论、公共关系、社会心理学等理论体系的结合体。该理论的假设前提是企业事前未能化解危机，也未能在危机爆发后有效地处理危机。因此，危机扩散理论期望企业能迅速有效地处理危机，以免发生的一系列严重侵蚀企业肌体的危机涟漪效应

（二）财务危机管理职能

财务危机管理有两大基本职能，即事前的预防职能和事后的处理职能。

1. 预防职能

财务危机管理的事前预防主要从以下两个方面进行：一是通过加强企业内部控制制度的建设来提高自身适应外部环境变化、抵御风险、防范财务危机的能力。完善的内部控制，对于防范财务危机的发生有着重要的意义。二是经常做分析、诊断，加强危机预警，及时发现财务危机的征兆，以便及时采取措施。财务危机并非是一朝一夕形成的，而是有一个较长的潜伏期，因此，有必要建立财务预警系统，在财务危机的萌芽状态预先发出危机警报，使管理层及时采取有效对策，改善管理，防止企业陷入破产境地。

2. 处理职能

财务危机管理的事后处理包括：财务危机处理预案是指企业为防止财务危机全面爆发和减少危机带来的损失，事先制订的危机应对和处理方案；财务危机沟通是化解风险、争取机会的过程，是财务危机处理的关键。财务危机沟通主要通过媒体发布与对话、谈判协商、组织协调等具体方式，梳理、调节、缓和或化解以财务关系为主要内容的各种关系，以达到化解危机、转危为安的目的。

（三）财务危机管理系统

企业财务危机管理系统由财务危机预处理方案系统、财务危机总结系统和财务危机恢复系统等子系统构成（见表6-28）。

表6-28　企业财务危机管理系统

系　统	内　容　阐　释
财务危机预处理方案系统	财务危机预处理方案系统是指对企业各方面的风险、威胁和危险进行识别和分析，并对每一种风险进行分类管理，预测企业所面临的各种风险和机遇，预先制定应对财务危机的预处理方案的系统。财务危机预处理方案系统的设置在整个财务危机管理中尤为重要，它涉及财务危机管理的最重要的财务危机预警、财务危机预控、财务危机处理三个子系统，在企业危机的预防、控制和处理中发挥很大的作用
财务危机总结系统	财务危机的发生必然会给企业带来损失，其教训是深刻的，因而对财务危机的总结尤为重要。事实上对财务危机的总结正是对财务危机的全面剖析，以便于今后应对财务危机。一般总结系统的工作内容反映有两个方面：一是深入调查财务危机事件及财务危机管理；二是根据财务危机暴露的缺点提出整改的方案和建议

系 统	内 容 阐 释
恢复系统	在财务危机过后，如何恢复企业正常运转，纠正企业运作与内外环境中不协调的地方，加强财务危机显现的薄弱环节，促使企业走上正常的发展轨道，是财务危机恢复系统的首要任务。由于企业运作的复杂性，一般情况下是难以发现企业的薄弱环节，因此，财务危机过后正是企业"亡羊补牢"的时机。此外，财务危机恢复工作还包括重新树立企业形象的工作，这对受到财务危机重创的企业尤为重要。重树企业形象不仅可以赢得社会的再度承认，重新获得良好的信用评价，还能增强员工的士气

（四）财务危机管理过程

财务危机管理过程从管理危机的视角和角度来看，主要有时间维、策略维、制度维三个方面（见表6-29）。

表6-29 财务危机管理过程

项 目	内 容 阐 释
时间维	从时间维来看，财务危机管理可分为财务危机事前控制、财务危机事中控制、财务危机事后控制三个过程。事前预控主要是为防止财务危机发生而采取的措施，如对主要风险的分析、监控等；事中控制是在财务危机发生时，对财务危机的识别、确认和管理，目的是尽早识别危机，采取有效的措施遏制财务危机的恶化，减少企业遭受的损失；事后控制主要是为企业财务状况的恢复所做的努力。企业经历财务危机之后，抵御风险的能力非常低下，这也是财务危机卷土重来的最佳时机。因此，必须细心经营，逐步恢复企业活力，改善财务状况，并在总结、学习基础上，做出长远规划，改善企业薄弱环节，增强企业危机应对能力。这三个过程相互联系又相互独立，构成了财务危机管理三个方面
策略维	策略维是基于财务危机诱因和传导机制所做出的危机管理策略选择。根据不同的危机处理方法，财务危机管理策略划分为中止策略、隔离策略、清除策略和利用策略。中止策略是指中止导致财务危机的相关行为和活动；隔离策略是对部分财务危机或者诱因实施隔离，避免损失的进一步扩大；清除策略是指清除财务危机的行为及带来的后果；利用策略是借财务危机诱因的名义，创造某些财务危机管理的契机
制度维	制度维则是为企业的动态危机管理提供有效的制度保证。企业制度包括高层决策、中层管理和信息系统、基层运营层和企业文化层四个层面，不同层面的制度和机制，分别为不同层面的财务危机管理提供制度保障

三、财务危机处理

财务危机处理是在财务危机已发生的情况下采取的化解对策，它要处理的是高偏警情。与财务风险的日常监控不同，它需要有一个快速的反应机制，以最大限度地减少和降低财务危机给企业带来的危害，使其免于走向财务危机的终点——破产（企业失败）。

（一）危机处理机制的构建

1. 危机处理机制的构建原则（见表 6-30）

表 6-30　危机处理机制的构建原则

原　　则	内　容　阐　释
完整性原则	财务危机处理包含了危机的分析、决策和处理三个方面。这三个方面是财务危机处理机制的有机组成部分，缺一不可，同时还要保证各个方面的协调与统一
及时性原则	财务危机从产生到扩大，其速度非常快，时间拖延得越长，企业的损失就越大。因此，要在危机警报发出后的第一时间迅速做出反应，及时采取防范措施
组织性原则	从管理学的角度看，任何一项管理活动的实施者都是个人或组织。财务危机处理同样需要实施者，在财务危机处理体系中建立相应的组织机构保障，顺利达成财务危机的处理目标
有效性原则	应根据不同的财务危机采取不同的危机处理方法，这些方法应当能够帮助企业转危为安

2. 危机处理机制的体系结构设计

按照上述原则，构建的危机处理机制体系结构及运行示意图如图 6-4 所示。

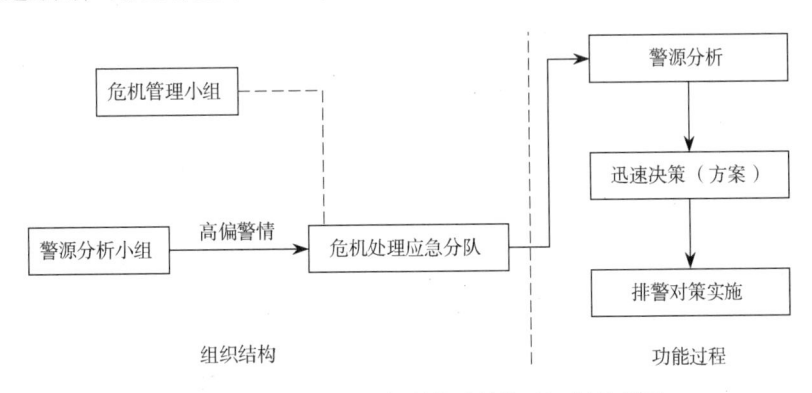

图 6-4　财务危机处理机制体系结构及运行示意图

（1）组织机构。财务危机处理机制的执行组织是危机处理应急分队，由专门人员组成，向上对危机管理小组负责。它的职能主要是分析财务危机产生的原因，迅速决策，做出应变计划，实施这一计划下的排警对策。其信息来源是预警分析小组的高偏警情预报。这里需要注意的是，并不是建立了财务危机处理应急分队就能够迅速地做出反应，还需要构成这一分队的成员具有强烈的危机意识和先进的危机理念。企业要从战略高度上树立强烈的危机意识和先进的危机理念，并将其根植于企业文化之中，使得企业上下均能铭记于心。

（2）功能过程。这一部分其实是危机处理应急分队处理财务危机需要做的各项工作的先后顺序，具体包含三项工作：

1）对产生财务危机的警源进行分析，找出出现问题的部门、环节和症结，从而确定处理该财务危机的切入点；

2）以此为依据，迅速起草应急方案，提出应对措施；

3）实施排警对策，这些对策是在深入分析警源的情况下提出的，它能够有效地化解财务危机。

有效化解财务危机后,并不意味着财务危机处理的结束,而应该在此基础上总结经验和教训,针对容易发生风险和危机的环节、因素加强预防和控制,以防其再次发生。即使同一危机再次发生,因为有现成的方案,可以省略前两项工作,直接实施原有方案,为迅速化解财务危机赢得宝贵的时间。因此,做好危机处理总结是不可缺少的。

(二)危机处理机制的实施

发生财务危机后,处理危机刻不容缓,企业必须果断行动,力求在危机损害扩大之前控制住危机。企业必须事前有一套制度化、系统化的危机处理组织和业务流程。危机处理组织应该时刻对危机有充足的准备,一旦发生财务危机,可以冷静应对、及时处理,最终化解危机。其业务流程如表 6-31 所示。

表 6-31　危机处理流程

步　　骤	内 容 阐 释
立即启动财务危机应急分队	一方面,该分队成员必须具备较宽的知识面、良好的心理素质和较强的观察、分析和决策能力,并且要有很强的责任感和很高的忠诚度;另一方面,该分队必须独立于其他机构,具有较强的独立性。该分队主要负责财务危机的产生原因分析、应急方案的起草决策处理和损失评估等工作
迅速开展统一、公开的信息发布活动	企业组织应在危机事件出现后尽快召开新闻发布会,使企业内外部了解事件的真相以及企业所正在采取的补救措施,使新闻媒体能够及时、准确地进行报道
迅速调查财务危机事件,对财务危机进行积极应对	这是财务危机处理中最关键的一步。企业首先应通过应急机制在一定程度上缓解内外压力,然后立即深入调查财务危机发生的根本原因和暴露出的深层次问题,从而采取相应的策略以控制事态的发展
财务危机善后处理	企业应在较短时间内做出相应的人事、组织调整,追究相关责任人的责任、改变相关政策或方法。同时开展公关活动,以恢复企业形象、重塑企业信誉、挽回公众信心
财务危机总结	财务危机总结是危机处理的最后环节,"失败是成功之母",人不能在同一个地方跌倒两次。财务危机所造成的巨大损失会给企业带来必要的教训,所以,对危机处理进行认真而系统的总结不可忽视。危机总结一般包含以下三方面内容: • 调查。对财务危机发生的原因和相关预防和处理的措施进行系统的调查。 • 评价。对财务危机处理工作进行全面的评价,包括对预警系统的组织和工作内容、危机应变计划、危机决策和处理等各方面的评价,要详尽地列出财务危机处理工作中存在的各种问题。 • 整改。对财务危机处理中存在的各种问题综合归类,分别提出整改措施,并责成相关部门逐项落实。财务危机并不等同于企业失败,它只是企业在其发展进程中遭遇的挫折,其中往往孕育着新的希望与转机。企业应将财务危机导致的巨大压力转化为强大的动力,促使自己不断谋求技术、市场、管理和组织制度等方面的创新,实现企业的持续、健康发展

（三）财务危机处理策略

1. 亏损型财务危机处理策略

从会计路径来讲，企业亏损产生的主要原因是收入降低导致利润基础空间降低；费用水平居高不下导致企业利润下降；投资过度导致企业资金效用低下。因此，相应的应对措施包括以下几个方面：

（1）常规策略。所谓常规策略是在不改变企业组织形式、股权关系的情况下，针对发生亏损不利局面的原因，从企业内部经营管理入手，整合和挖掘企业现有的各种资源，提升产品的竞争能力，扩大销售、降低成本、减少费用和损失，以达到转亏为盈目标的各种策略和措施。这些手段看似平常，但当这些常规策略作为扭转败局的手段使用时，如果运用得适当，将比平时更加具有针对性且更加有效。

（2）非常规策略。扭转亏损的非常规策略是指从改变企业的基本架构、产权结构等入手，重新进行资源配置或资源组合，以重塑企业的盈利能力，扭转企业亏损局面所采取的措施或策略。其主要方式有三种：一是资产剥离，另立公司；二是资产置换，优化资产结构；三是脱胎换骨，产业转移。同时，也可以采用流程再造、组织机构扁平化、公司业务外包等管理手段，提升企业盈利能力。

常规策略是在原企业组织的框架内，从改善企业经营管理着手，充分调动、整合企业内外资源，通过提升和改善企业的盈利能力、资产营运能力达到扭亏为盈的目标。非常规策略则是从打破企业现存的基本布局着手，通过企业内外部的资产重组，重塑企业的盈利能力，迅速扭转企业的亏损局面。

2. 偿付困难型财务危机处理策略

偿付困难型财务危机是以企业与各有关债权人之间的债权债务关系紧张，且涉及债务数额巨大为主要特征的财务危机。因此，偿付困难型财务危机处理，主要是从改善企业与有关债权人之间的关系入手，采取相应的处理措施，化解企业与有关债权人之间的利益冲突、平衡各方利益的过程。其处理过程应该调动和利用企业内、外部可资利用的一切资源，有计划、分步骤偿还债务。

（1）对间接融资的第三方可采取的策略。在激烈竞争的市场中，企业为了保证持续经营，必须选择一家或多家银行与其建立良好的银企关系，以备不时之需。在发生偿付危机的情况下，企业可以向银行申请展期，或将短期贷款变为长期贷款，也可以借新债偿还旧债。当然采取这些措施的前提条件是银行对企业的资信等级没有下降，或者企业可以获得其他企业的贷款担保。

（2）对直接融资的第三方可采取的策略。目前，在我国企业与企业之间的债权债务主要是由于经营活动产生的应收、应付。无法偿付其他企业债务时，取得债权人同意后可以采取以非现金资产偿还债务，包括存货、短期投资、固定资产、长期债券、无形资产等。此外，在应对偿付财务危机时，还可以在企业财务状况尚好时就采取预防措施，例如，与长期供应商结成联盟，在企业发生财务危机时为保证企业日常经营而提供特别信用支持，甚至与供应商形成利益共同体，在财务危机时共同进退。

针对以上两类债权人，企业还可以采取债务转移、债务剥离、债转股、申请债务豁免、资产变卖或裁减员工等。债务转移是在与受让方协商一致的前提下取得债权人同意，将企业到期或已逾期未还的债务转移到受让单位，通常主要是通过债权债务等额置换的方式进行；债务剥离是在整体资产剥离方式下将其连带债务一起剥离出去；债转股是将债权转为股权，既能解除债务压力也能扩充企业资本；在迫不得已情况下还可以通过资产变卖获得现金以偿付债务，裁减员工、减少开支以缓解资金需求的压力。

（3）提升企业偿债能力的策略。以上提及的策略都只能救一时之需，解燃眉之急，但不能从根本改善企业的偿债能力。要改善偿债能力，企业可以进行债务重整，也可以在日常经营中采用一些方法控制企业的债务扩张，如采用售后回购、租赁等方式购置资产。当然提高偿债能力的根本之道在于增强企业的盈利质量。

3. 破产型财务危机处理策略

破产是企业由于种种原因不能清偿到期债务，通过重整、和解或清算等法律程序调整债权债务关系，使债权人公平受偿的行为。作为一种市场经济条件下的客观经济现象，破产要经历一个由破产申请到破产财产分配的全过程，重整与和解程序及破产清算程序是现代破产制度的基本程序。

（1）破产重整与和解。债务人在不能清偿到期债务，并且资产不足以清偿全部债务或者明显缺乏清偿能力，债权人在债务人不能清偿到期债务的情状下，可以向人民法院提出重整、和解或破产申请。重整是对破产或者有可能出现破产的债务人制订重整计划，进行生产经营上的整顿，以使债务人摆脱困境、恢复生机；和解是债权人会议就企业延期清偿债务、减免债务数额等问题解决达成协议。重整与和解的制度安排为破产性财务危机提供了起死回生的机会。进入破产程序后，如果能充分调动债权人、所有股东、政府主管部门和战略投资者的积极性，进行资产重组、财务重整等措施，使企业能反败为胜，摆脱原来的泥潭，步入新的天地。

（2）破产性财务危机的终结——破产清算。由债权人或企业自己提出破产申请，通过立法程序处理财务危机，但是，进入破产清算程序的破产企业，各自的状况是不一样的，有一些尚具有整体生产经营能力或一定利用潜力的企业，可以对主体资产进行整体拍卖，由实力强的企业进行兼并，以实现其整体价值，并在新的经济实体中获得新生；而对那些不具整体资产拍卖条件的破产企业，也应尽可能收回和处理破产资产、清理债权，公平、合理、有序地清偿债务，妥善处理职工失业救济和安置事宜，使破产企业顺利地"消亡"。

第四节 财务预警

一、财务预警综述

企业财务预警，就是从财务角度对企业进行预警。它是架构在企业预警理论之上，通过对企业财务报表及相关经营资料的分析，利用及时的财务数据和相应的数据化管理方式，预先告知企业所面临的危险情况，同时分析企业发生财务危机的原因，发现企业财务运营体系隐藏的问题，以提早做好防范措施并提出相应的预警对策的财务分析系统。

《企业财务通则》在第六十三条明确规定："企业应当建立财务预警机制，自行确定财务危机警戒标准，重点监测经营活动的净现金流量与到期债务、企业资产与负债的适配性，及时沟通企业有关财务危机预警的信息，提出解决财务危机的措施和方案。"

（一）财务预警的功能（见表 6-32）

表 6-32 财务预警的功能

项　　目	内　容　阐　释
监测功能	监测即跟踪企业的生产经营过程,将企业生产经营的实际情况同企业预定的目标、计划、标准进行对比,对企业营运状况做出预测,找出偏差,进行核算、考核,从而发现产生偏差的原因或存在的问题。当危害企业的财务关键因素出现时,可以提出警告,让企业经营者早日寻求对策,以减少财务损失

续表

项 目	内 容 阐 释
诊断功能	诊断是预警体系的重要功能之一。根据跟踪、监测的结果对比分析,运用现代化企业管理技术、企业诊断技术对企业营运状况之优劣做出判断,找出企业运行中的弊端及其病根之所在
治疗功能	通过监测、诊断,判断企业存在的弊病,找出病根后,应对症下药,更正企业营运中的偏差或过失,使企业恢复到正常运转的轨道。一旦发现财务危机,经营者既要阻止财务危机继续恶化下去,也要寻求内部资金的创造渠道,还要积极寻求外部财源
健身功能	通过预警分析,企业能系统而详细地记录财务危机发生的原因、处理经过、解除危机的措施、处理结果及改进的建议,作为未来类似情况的前车之鉴。这样做可以将企业纠正偏差与过失的一些经验、教训转化成企业管理活动的规范,以免重犯类似的错误,不断增强企业的免疫能力

(二)财务预警的方法

1. 定性预警方法

定性预警方法的特点是分析人员根据自己的经验对企业财务危机的原因进行分析,以判断财务危机发生的可能性。比较典型的有四阶段症状分析法,即将财务危机区分为潜伏期、发作期、恶化期、实现期四个阶段,通过财务分析进行判断,如表6-33所示。此外,还常用专家调查法、管理评分法等。这类方法相对简单,但受分析人员的分析方法及其经验等主观因素的影响较大。

表6-33 四阶段症状分析法

财务危机潜伏期	财务危机发作期	财务危机恶化期	财务危机实现期
销售额下降 销售额上升,利润额下降	自有资本不足 过分依赖外部资金,利息负担过重	经营者无心经营业务,专心于财务周转	负债超过资产,丧失偿付能力
企业资产流动性差	缺乏财务的预警作用	资金周转困难	宣布倒闭
资本结构不合理	债务到期不支付	债务拖延偿付	
财务信誉持续降低			
财务经营秩序混乱			

2. 定量预警方法

(1)单变量分析方法。即运用单一变量、用个别财务比率来预测财务危机的方法。主要有以下三种:

1)比率分析法。不同学者采用的比率不同。其典型是1966年美国学者威廉·比弗根据79对样本公司研究的结果认为,预测财务危机能力最强的比率是:首先是现金流量与总负债之比;其次是净收益与总资产之比;最后是总负债与总资产之比。

2)利息及票据贴现费用判别分析法。这是日本经营咨询诊断专家田边升一提出的方法。该方法根据企业贷款利息和票据贴现费用占其销售额的百分比来判断企业的财务状况。不同企业其标准不一样,具体判断标准如表6-34所示。

表 6-34 企业状况变动表

利息及票据贴现费用占销售额的百分比	制造业	3%	5%	7%	10%
	批发业	1%	3%	5%	7%
企业状况		健康型	维持现状型	缩小均衡型	倒闭型

3）安全率分析法。即通过分析经营安全率和资金安全率来判断企业的财务状况。其计算公式为：

经营安全率 =（现有或预计销售额 − 保本销售额）/ 现有或预计销售额

资金安全率 = 资产变现率 − 资产负债率

资产变现率 = 资产变现金额 / 资产账面价值

该方法根据经营安全率、资金安全率是大于 0 还是小于 0，来判断企业的财务状况。具体方法如表 6-35 所示。

表 6-35 安全率分析法

安全率情况		经营安全率	
		大于 0	小于 0
资金安全率	大于 0	经营状况、财务状况良好	财务状况良好，但经营状况已存在问题。若不能及时改善经营状况，将影响企业未来的财务状况
	小于 0	经营状况良好，但财务状况已存在问题。若不能及时改善财务状况，将影响企业的经营状况	企业随时可能发生财务危机

单变量分析尽管有效，但存在局限性。哪些是最重要的指标，不同的人分析结论不同；尽管对较长一段时期进行的单变量比率分析能说明企业正处于或将处于财务危机，但不能证明企业可能或何时破产；得出的结论可能受到通货膨胀因素的影响；企业针对所分析变量，能够较容易地通过造假账等手段掩盖其实际财务状况。

（2）多变量分析方法。这类方法是通过建立多元函数来分析预测企业的财务危机。典型的有 1968 年美国学爱德华·奥特曼提出的"Z 计分法"。它是基于会计数据和市场价值的信用风险模型，用以计量企业破产的可能性。其判别函数为：

$$Z = 0.012X_1 + 0.014X_2 + 0.033X_3 + 0.006X_4 + 0.999X_5$$

式中，X_1 为运营资本/资产总额；X_2 为留存收益/资产总额；X_3 为息税前收益/总资产总额；X_4 为权益的市场价值/负债的价值总额；X_5 为销售额/资产总额。

奥特曼提出的判断标准是，Z 值如果大于 2.675，则企业发生破产的可能性较小；如果小于 1.81，则企业存在很大的破产危险；如果处于 1.81 ~ 2.675，企业的财务状况是极不稳定的，称为"灰色地带"。

二、财务预警细述

（一）内部舞弊行为的预警信号

1. 组织结构和行业层面的预警信号

组织结构和行业层面的预警信号与一个企业的治理机构、治理机制以及其所处行业的外部环境有着一定的关联度，其主要表现形式如下：

（1）组织机构过于复杂或机构重叠或机构混乱；
（2）主要子公司或分支机构地域分布广泛，且缺乏有效的沟通和控制；
（3）缺乏内部审计机构或审计人员配备严重不足；
（4）董事会成员主要由内部人士组成或董事会形同虚设；
（5）董事会的作用过于被动，受制于高级管理层；
（6）未设立审计委员会，或审计委员会缺乏独立性和专业胜任能力；
（7）信息系统薄弱或IT人员配备不足；
（8）所在行业对资产、负债、收入和成本的确认高度依赖于主观的估计和判断；
（9）所在行业处于明显的成熟或衰退阶段；
（10）所在行业技术进步迅猛，企业的产品和技术具有很高的陈旧风险；
（11）所在行业一片萧条时，公司的经营业绩一枝独秀；
（12）所在行业竞争加剧，企业的经营失败与日俱增；
（13）企业已遭受巨额经营损失，面临破产、被恶意收购或其他严重后果；等等。

2. 管理层面的预警信号

管理层面出现舞弊的情况可能十分复杂，其预警信号也错综复杂，常见的情况如下：
（1）高级管理人员有舞弊或违反法律、法规的不良记录；
（2）高级管理层或董事会频繁改组或频繁换人；
（3）高级管理人员或董事会成员离职率居高不下；
（4）关键高级管理人员的个人财富与公司的经营业绩和股价表现的联系过于密切；
（5）高级管理人员处于盈利预期或其他财务预期的高压下；
（6）高级管理人员对不切实际的财务目标做出承诺；
（7）高级管理人员的报酬主要以财务业绩为基础（如奖金、股票期权和销售佣金）；
（8）高级管理人员的决策受制于债务契约，且违规成本高昂；
（9）高级管理人员过分热衷于维护或提升股票价格；
（10）高级管理人员过分热衷于税务筹划；
（11）重大决策由极少数关键人物（如公司创始人）所左右，且逾越决策程序的独裁现象司空见惯；
（12）高级管理层对于倡导正直诚信的文化氛围缺乏兴趣；
（13）高级管理人员经常向下属经营班子下达激进的财务目标或过于严厉的支出预算；
（14）高级管理层过多地介入专业性很强的会计政策选择、会计估计和会计判断；
（15）高级管理层频繁接受媒体的采访、宣传且对沽名钓誉的活动乐此不疲；等等。

3. 财务结果和经营层面的预警信号

财务结果和经营层面的预警信号是多方面的，不胜枚举，其主要反映在以下方面：
（1）报表项目余额和金额变动幅度异常惊人；
（2）收入和费用比例严重失调或者出现严重波动或严重失衡；
（3）报表项目的余额或金额源于一笔或少数几笔重大交易；
（4）会计期末发生"形式重于实质"的重大交易，对当期经营业绩产生重大影响；
（5）经营业绩与财务分析师的预测惊人接近；
（6）在连年报告净利润的同时，经营活动产生的现金流量持续入不敷出；

（7）高度依赖于持续不断的再融资（包括股票和债务融资）才得以持续经营；

（8）对外报告的资产、负债、收入和费用主要建立在高度主观的估计和判断的基础上，且财务状况和经营业绩很可能随着估计和判断基础的变化而严重恶化；

（9）对外报告的盈利能力以远高于竞争者的速度迅猛增长；

（10）主要成本费用率等指标明显不合理，或大大低于其竞争者；

（11）会计报表附注或连篇累牍、晦涩难懂，或简单扼要得使人看不懂；

（12）会计报表被注册会计师发表"不干净"意见；

（13）连续多年依靠非经营性收益才得以保持盈利记录；

（14）经营业绩与其所处的行业地位不相称，显失公允；

（15）经营成功与否所高度倚重的产品或服务面临着市场竞争、技术进步、消费偏好或替代品的严峻挑战；

（16）财务杠杆高，财务风险大，处于违反债务契约的边缘；

（17）对外报告的经营业绩与内部预算或计划总是保持高度一致；

（18）因经营业绩不佳而导致股票交易持续低迷，面临着被交易所终止交易的风险；等等。

4. 关系层面的预警信号

通过观察公司在处理与金融机构、关联公司、注册会计师、律师、投资者和监管机构的关系时是否存在异常情况，也可以对公司是否存在内部舞弊做出判断。这些关系层面的预警信号主要包括：

（1）贷款或其他债务契约的限制对公司的经营或财务决策构成重大问题；

（2）银企关系异常（如与异地的金融机构关系过于密切、开设的银行账户众多）；

（3）高级管理人员或董事会成员与主办银行的高层关系过于密切；

（4）频繁更换为之服务的金融机构；

（5）缺乏正当的商业理由，将主要银行账户、子公司或经营业务设置在"避税天堂"；

（6）向金融机构借入高风险贷款并以关键资产作抵押；

（7）经营模式缺乏独立性，原材料采购和产品销售主要通过关联公司进行；

（8）经常在会计期末发生数额巨大的关联交易事项；

（9）当期的收入或利润主要来自罕见的重大关联交易；

（10）关联交易明显缺乏正当的商业理由；

（11）对关联方的应收或应付款居高不下；

（12）公司与其聘请的会计师事务所关系高度紧张或关系过于密切；

（13）频繁更换会计师事务所或拒绝更换信誉不佳的会计师事务所；

（14）高级管理人员在审计时间或审计范围等问题上向注册会计师提出不合理要求；

（15）高级管理人员对注册会计师审计过程中需要询问的人员或需要获取的信息施加了正式或非正式限制；

（16）经常变更为之服务的律师事务所或法律顾问；

（17）频繁卷入诉讼官司；

（18）高级管理层与股东之间的关系紧张；

（19）频繁发行或增发新股、债券，导致投资者抱怨或抵制；

（20）高级管理层与投资银行或证券分析师关系过于密切或紧张；

（21）高级管理层与证券监管机构关系紧张；

（22）高级管理人员或董事会成员在财务报告和信息披露方面受到证券监管机构的处罚或

批评；

（23）企业与税务机关的税务纠纷不断或官司缠身；等等。

（二）信息披露的预警信号

1. 负债预警信号

（1）期后事项分析表明，在下一会计期间支付的金额属于资产负债表目前已存在的负债，但未加以记录；

（2）存货盘点数大大超过存货会计记录数；

（3）仓库进出记录表明，期末有验收入库的存货，但采购部门未能提供采购发票；

（4）供货商发货声明上载明的金额未体现在会计记录中；

（5）采购金额、数量和条件与询证函之间存在重大差异，且未能调节一致；

（6）发现大量存货被归属于错误会计期间；

（7）未能提供员工薪酬个人所得税代扣证明；

（8）有贷款但没有相应的利息支出，或有利息支出但未发现贷款；

（9）有租赁办公场所，但没有相应的租金支出；

（10）增加销售收入、减少预收货款的重分类调整缺乏相应的依据；

（11）收入会计记录与客户函证存在重大差异；

（12）产品担保支出大大超过担保负债；

（13）客户的回函表明公司与客户签订了回购协议；

（14）银行回函上载明的贷款没有在会计记录中反映；

（15）有租金支出，但没有租赁负债；

（16）银行对账单上出现巨额贷项；

（17）董事会会议记录讨论的预计负债、或有负债没有反映在相关的会计信息中；

（18）律师函表明公司可能卷入重大法律诉讼，监管部门的公函表明公司可能存在重大违法违规行为，但公司既未确认或有负债，也未有附注披露；

（19）公司设立了众多特殊目的实体，且资金往来频繁；

（20）公司与关联方的资金往来频繁，委托付款或委托收款现象突出；

（21）对注册会计师要求提供的重要负债和费用相关信息拖延、搪塞、不配合；

（22）高级管理层对注册会计师就重要负债和费用提出的质疑做出行为失常的举动；

（23）已经接到知情者对重要负债和费用不实的暗示或举报；等等。

2. 成本预警信号

（1）对外报告的销售成本太低或降幅太大，购买退回或购货折扣太高，期末存货余额太高或增幅太大；

（2）与存货和销售成本相关的交易没有完整和及时地加以记录，或者在交易金额、会计期间和分类方面记录明显不当；

（3）记录的存货和销售成本缺乏凭证支持或与之相关的交易未获恰当授权；

（4）期末的存货和销售成本调整对当期的经营成果产生重大影响；

（5）存货和销售成本缺乏证据或出现关键凭证"丢失"的情况；

（6）未能提供存货和销售成本的原始凭证，或只能提供复印件；

（7）与销售成本有关的会计记录（如购货、销售、现金支付日记账）明显不存在钩稽关系；

（8）存货和销售成本的会计记录与佐证证据（如存货实物盘存记录）存在异常差异；

（9）存货盘点数与存货记录数存在系统性差异，并且说不清原因；

（10）存货收入报告与存货实收数存在差异，且可能发生舞弊情况；

（11）采购订单、采购发票、存货收入报告和存货记录之间存在着不一致现象；

（12）存货供应商没有出现在经过批准的卖主清单上；

（13）存货丢失或盘亏数量巨大；

（14）采购订单或发票号码被复制；

（15）供应商的身份难以通过信用调查机构或其他渠道予以证实；

（16）高级管理层逾越存货和销售成本循环的内部控制，直接干预相关业务；

（17）新的或异常的供货商未遵循正常的审批程序；

（18）存货实物盘点制度薄弱或内部控制制度形同虚设；

（19）高级管理层或相关人员对存货和销售成本的解释前后矛盾、含混不清或难以置信；

（20）存在着禁止注册会计师接触相关设施、人员、记录、客户、供应商等有助于获取存货和销售成本证据的行为；

（21）高级管理层对注册会计师解决复杂的存货和销售成本问题施加不合理的时间压力；

（22）对注册会计师要求提供的存货和销售成本相关信息拖延、搪塞、不配合；

（23）高级管理层对注册会计师就存货和销售成本提出的质询做出行为失常的举动；

（24）已经接到知情者关于存货和销售成本不实的暗示或举报；等等。

3. 收入预警信号

（1）对外报告的收入太高，销售退回和销售折扣过低，坏账准备的计提明显不足；

（2）在对外报告的收入中，已收回现金的比例明显偏低；

（3）销售收入与经营活动产生的现金流入呈背离趋势；

（4）应收账款的增幅明显高于收入的增幅，而且增加的幅度惊人；

（5）在经营规模不断扩大的情况下，存货呈急剧下降或上升趋势；

（6）当期确认的应收账款坏账准备占过去几年销售收入的比重明显偏高；

（7）本期发生的退货占前期销售收入的比重明显偏高；

（8）与收入相关的交易没有完整和及时地加以记录，或者在交易金额、会计期间和分类方面记录明显不当；

（9）记录的收入缺乏凭证支持或销售交易未获恰当授权；

（10）资产负债表日后的收入调整极大地改善了当期的经营业绩；

（11）销售交易循环中的证据不足或关键凭证"丢失"；

（12）未能提供收入的原始凭证，或以复印件代替原件的现象屡见不鲜；

（13）未能对银行存款往来调节表或其他调节表上的重大差异项目做出合理解释；

（14）销售收入和现金日记账存在明显的差异；

（15）与收入相关的记录（如应收款记录）与询证证据（如函证回函）存在异常差异；

（16）高级管理层逾越销售交易循环的内部控制，直接干预销售业务；

（17）新客户、异常客户或大客户未遵循惯常的客户审批程序；

（18）高级管理层或相关雇员对收入或收入异常现象的解释前后矛盾、含混不清或难以置信；

（19）存在着禁止注册会计师接触相关设施、人员、记录、客户、供应商等有助于获取收入证据的行为；

（20）高级管理层在收入确认上对注册会计师施加了过分的压力；

（21）对注册会计师要求提供的收入相关信息拖延、搪塞或不配合；

（22）高级管理层对注册会计师就收入提出的质询做出行为失常的举动（如勃然大怒、威胁利诱等）；

（23）已经接到客户、雇员、竞争者关于收入失实的暗示或投诉；等等。

4. 资产预警信号

（1）缺乏正当理由对固定资产进行评估并将评估增减值调整入账；

（2）频繁进行非货币性资产置换、债务重组或重大资产剥离；

（3）在某个会计期间计提了巨额的资产减值准备且缺乏依据；

（4）注销的资产价值大大超过以前年度计提的减值准备；

（5）固定资产、在建工程和无形资产中包含了研究开发费用或广告促销费用；

（6）固定资产和在建工程当期增加额与经过批准的资本支出预算存在重大差异，且未能合理解释；

（7）随意调整合并范围，将亏损子公司排除在合并报表之外且缺乏正当理由；

（8）采用成本法反映亏损的被投资单位；

（9）经常将长期投资转让给关联方或与关联方置换；

（10）频繁与关联方发生经常性资产的买卖行为；

（11）固定资产和无形资产的折旧或摊销政策显失稳健；

（12）未能提供重要固定资产和土地资源有效的产权凭证；

（13）重大资产的购置或处置未经恰当的决策程序和授权批准程序；

（14）未建立有效的固定资产盘点制度，出现账情不清的情况；

（15）高级管理层或相关雇员对重大资产的解释前后矛盾、含混不清或难以置信；

（16）存在着禁止注册会计师接触相关设施、人员、记录、供应商等有助于获取重大资产证据的行为；

（17）高级管理层对注册会计师解决复杂的资产计价问题施加不合理的压力；

（18）对注册会计师要求提供的重要资产相关信息拖延、搪塞、不配合；

（19）高级管理层对注册会计师就重要资产提出的质询做出行为失常的举动；

（20）已经接到知情者对重要资产不实的暗示或举报；等等。

5. 报表披露预警信号

（1）因信息披露原因受到证券监管部门或证券交易所的处罚或警告；

（2）披露程度历来只达到监管部门的最低要求，鲜有额外的自愿性披露；

（3）会计政策披露晦涩难懂，对重大会计调整不做任何说明；

（4）对收购兼并、或有事项等重大事项的披露过于简明扼要；

（5）对重大经营和非经营损失的解释有避重就轻之嫌；

（6）财务信息的披露与经营活动的总结或相关报告相互矛盾；

（7）财务信息的披露与公司的对外宣传或新闻媒体的相关报道存在严重不一致现象；

（8）财务信息披露与董事会会议记录存在重大差异；等等。

以上几个方面的现象列举仅为沧海一粟，但对建立与完善财务预警系统很有帮助。

（三）财务预警机制

财务预警机制是企业选择重点监测财务指标，确定财务危机警戒标准，监测和发现财务危机，及时警示有关负责人员，并分析企业发生财务危机的原因、企业财务运行潜在的问题，提出防范措施的一种制度安排。它兼有监测、诊断和治疗功能。

1. 财务预警机制的功能（见表6-36）

表6-36 财务预警机制的功能

功 能	内 容 阐 释
收集信息	财务预警机制通过收集企业自身的各类财务和生产经营状况信息，收集与企业经营相关的产业政策、市场竞争状况信息等，并对这些信息进行归类分析，以判断企业经营状况是否异常。这些信息类别多且量大，不仅可供财务预警使用，也可为企业经营决策所用
预知危机	财务预警机制具有对企业财务与经营行为进行监测、识别、诊断并发出警报的功能。经过对所收集信息的分析，当出现可能危害企业财务状况的关键因素时，财务预警机制能预先发出警告，提醒经营者早做准备，避免潜在的风险演变成现实的损失，起到未雨绸缪、防患于未然的作用
控制危机	财务预警机制具有对企业管理失误和管理波动进行控制和纠错的功能。当企业发生潜在危机时，财务预警机制可以及时通过各类指标的分解寻找危机根源，使经营者有的放矢、对症下药，制定有效的应对措施
避免危机	财务预警机制具有对同类、同性质的失误行为和管理波动局势进行预测或迅速识别并实施有效对策的功能。有效的预警机制不仅能及时预知和控制企业危机，还能详细地记录其发生缘由和所采取的应对措施，及时提出改进建议，以弥补企业现有经营管理上的缺陷，避免类似危机再次发生

2. 财务预警机制的基本范畴

企业要建立一个有特定管理目标的财务预警机制，应该明确关于评价、预测、预警和预警系统等基本范畴的联系和区别，才能统一相关人员的指导思想和行为规范，从而提高该项制度的管理效用（见表6-37）。

表6-37 财务预警机制基本范畴的联系和区别

项 目	内 容 阐 释
评价	评价，是对当前和历史的企业经营业绩做出定性与定量的判断，以表明资产保值增值状况的优劣。根据评价，可以判断企业当前战略和经营策略是否合适，并可以作为业绩考核的主要依据。评价是事后的，评价没有预见性
预测	预测，是在假设经济环境和企业经营持续性的前提下，基于企业运行的经营数据，运用时间序列、统计分析等方法来判断企业经营业绩的走势。预测对于编制预算和制定战略极其重要，但是预测结果受到很多因素的影响，具有不确定性，企业也不能预测未来经营的风险程度
预警	预警，是度量某种状态偏离预警线的强弱程度，发出预警信号的过程，是在承认评价和预测的基础上，利用先行指标预测未来状况，度量未来风险强弱程度，并通知决策机构及时采取应对措施，以规避风险、减少损失的过程
预警系统	预警系统，是应用预警理论和信号数据处理工具、预测模型等完成特定预警功能的理论和方法体系。预警系统的结构应该由预警指标体系、预警信息及反馈系统、预警结果评价系统以及预警信号显示模型等组成

预警要有评价和预测等大量前提工作做基础，并大量采用定性与定量分析相结合的方法。

3. 财务预警机制的要素

财务预警机制的要素有很多，如警源、警兆、警素、警度、警限等。"警"是指经济增长为零或负增长，经济运行出现紊乱；"预警"是指提前报警，预先报告企业经济运行在未来可能出现的情况（见表 6-38）。

表 6-38 财务预警机制的要素

要 素	内 容 阐 释
警源	警源是警情（预警情况）产生的根源。从警源的生成机制看，警源可以分为外生警源与内生警源两部分。外生警源一般是由自然经济灾害或社会经济环境变化所引起的；内生警源主要是由企业内部财务机制不健全或管理不完善等引起的
警兆	警兆是警情的先导指标，是指警素发生异常变化时的先兆。一般而言，当影响因素发生异常变化导致警情爆发之前，总有一定的先兆。警兆的确定可以从警源入手，也可以从经验分析入手
警素	警素是指构成警情的指标。对企业财务预警而言，选择预警指标要遵循以下三点：一是重要性，即所选的多个指标的综合必须反映企业经济运行的主要矛盾现象；二是一致性或先行性，即标特征量要与企业实际运作状况大体一致或略有超前，对企业逆境现象的发生或发展具有动向敏感性；三是在统计上要具备准确性
警度和警限	警度是指警情的程度。对警度的预报是预警的目的。关于警度，通常可分为五个等级，即无警、轻警、中警、重警和巨警。这五个警度分别与警兆指标的数量变化区间相对应，因此相应地也有五个警限：无警警限、轻警警限、中警警限、重警警限和巨警警限。预报警度的主要方法有两种：一是建立警素的普通模型，先做出预测，然后根据警限转化为警度；二是建立关于警素的警度模型，直接由警兆预测警素的警度

4. 建立财务预警机制的原则（见表 6-39）

表 6-39 财务预警机制的原则

原 则	内 容 阐 释
实用性	企业财务预警机制的建立应基于实用性，将预警理论与企业实际紧密结合，达到对现有监督资源的最充分利用。实用性一般包含以下三方面的含义： • 成本—效益估算。实施财务预警机制的成本要小于其收益，否则就没有应用价值。 • 机制框架设计简洁明了，能直观地反映企业经营活动的潜在危机，便于使用者理解和掌握。 • 预警信号要明确。通过信号反映出的结果应是企业经营活动过程中最敏感的问题，这样才能起到警示作用
系统性	系统性原则要求财务预警机制把企业作为一个整体来考虑，而不能割裂地去分析企业经营活动或财务运行中的某一个或几个方面的问题。这要求企业的各责任部门要相互协调配合，使各种信息流动和工作流程形成顺畅的闭环
预测性	预测性原则要求预警机制必须具有预测功能，能够依据企业经营活动中所形成的历史数据来分析预测未来可能发生的情况，而不是对企业过去生产经营成果的简单总结和考评
动态性	动态性原则要求财务预警机制能实时监控企业的经营状况，分析企业的经营趋势。其主要体现为以下两个方面：

续表

原则	内容阐释
动态性	• 预警机制要实现动态跟踪，反映企业的动态趋势。企业经营活动本身就是一个动态的过程，所以不能仅仅站在某一时点上去判断企业的财务状况、经营成果和现金流量等。 • 预警机制自身的动态发展。构建预警机制往往采用企业过去经营活动的资料，无法充分考虑宏观经济环境和微观经济环境的影响，因此，预警机制有一定的时效性，需要不断改进，与时俱进
及时性	预警是一种警报，即在企业发生危机或经营失败之前及时地给予警示。这就要求预警机制能及时发现企业经营过程中存在的潜在问题，在及时发布预警信号的同时能处理得果断及时，使监督工作在"第一时间"到位

5. 财务预警机制的实施过程

任何风险最终导致危机或失败往往是由于财务状况的不断恶化，由于管理上的种种疏漏而造成的。有些问题开始时并不很严重，但由于没有及时解决，逐渐积累，最终酿成大祸。正所谓"千里之堤，溃于蚁穴"。因此，在企业理财时，一定要注意那些可能导致财务恶化的早期信号，积极寻求对策，将那些可能危及企业获利能力甚至生存的问题及早解决好。

财务预警通常分为明确警情、寻找警源、分析警兆、预报警度四个阶段，最后拟订排警对策（见表6-40）。其中，明确警情是前提，是预警管理的基础；而寻找警源、分析警兆属于对警情的因素分析；预报警度则是预警的最终的目。

表6-40 财务预警的各个阶段

阶段	内容阐释
明确警情	警情是指财务监测和预警的对象，它一般由若干警素构成。不同的警素对应不同的警兆，有些警兆与警素直接相关，有些则与之间接相关
寻找警源	寻找警源，可以分别从外部警源和内部警源两方面入手。 从外部警源入手，是指寻找与警情相关的外部经济或市场环境等。例如，国家产业政策的调整可能导致企业在重大经营政策上做出调整，进而影响企业的正常运作，严重的可能导致企业巨额亏损。此时，外部警源就是"政策调整"。 从内部警源入手，是指寻找企业内部财务机制不完善和不协调而产生的问题。例如，由于投资失误而导致无法归还借入的银行贷款，出现运营资金不足，使企业陷入财务困境。此时，投资失误就是企业预警的内部警源
分析警兆	分析警兆是企业预警机制的关键。从警源到警兆有一个发展过程：警源孕育警情，警情发展扩大导致警兆出现，然后警情爆发。企业预警机制建立的目的就是在警情爆发前，分析警兆、控制警源，将警情的影响控制在最小范围内
预报警度	要确定警度，首先分析警兆指标的不同数值对企业经营活动的影响程度，其次根据警兆指标的大小划分警限区域，最后根据不同的警限区域确定相应级别的警度。例如，为了监测企业负债程度及其变动情况，可以将资产负债率设为警兆指标。设置的警限区域可以分为：资产负债率小于40%为无警；40%～60%为轻警；60%～80%为中警；80%～90%为重警；90%以上则为巨警。当企业的资产负债率为85%时，就说明发生了重警
拟定排警对策	预警的目的就是要在警情扩大或爆发之前采取适当的对策。排警对策建立在前面四个步骤的基础上，只有通过前面的有效分析，才能得到有效的对策

(四)财务预警系统

财务预警系统就是指用一定的方法对财务危机进行监测,并发出警示,提示管理者及早采取措施加以防范的体系。财务预警系统具备预知性、及时性、完备性、实用性等特点。

1. 企业财务预警系统的功能

财务预警系统在公司财务管理中扮演着多种角色,它作为一种风险控制形式,是与整个公司的命运息息相关的;它作为一种内部控制形式,几乎与公司各方面管理密不可分;它作为一种激励方式,可以促使各部门提高工作效率,创造最佳财务业绩,以避免成为被监控的重点。财务预警系统的功能基本如表6-41所示。

表6-41 财务预警系统的功能

功 能	内 容 阐 释
信息收集功能	财务预警的过程也是一个收集信息的过程,它通过收集与企业经营相关的产业政策、市场竞争状况、企业本身的各类财务和经营状况的信息,进行分析比较开展预警。信息收集是一个贯穿财务预警始终的活动
监测功能	监测即跟踪企业的生产经营过程,将企业生产经营的实际情况同企业预定的目标、计划、标准进行对比,对企业营运状况做出预测,找出偏差,进行核算、考核,从而发现产生偏差的原因或存在的问题。当危害企业的财务关键因素出现时,可以提出警告,让企业经营者早日寻求对策,以减少财务损失
诊断功能	根据跟踪、监测发现的异常情况,运用现代化企业管理技术、企业诊断技术进行分析判断,确定经济运行中存在的弊端及其根源所在,以达到把有限的企业资源用于最需要或最能产生经营成果的地方的目的
预防功能	通过财务预警系统,能系统而敏锐地发现企业潜在的危机,从而有效地避免和防范类似财务危机的发生。财务预警系统能够详细记录危机的发生、处理和解决过程,作为前车之鉴,增强企业的免疫能力
治疗功能	通过监测、诊断、判断企业存在的弊病,找出病根后,应对症下药,纠正企业营运的偏差或过失,使企业恢复到正常运转的轨道。一旦发现财务危机,经营者既要阻止财务危机继续恶化下去,也要寻求内部资金的创造渠道,还要积极寻求外部财源
健身功能	通过预警分析,企业能系统而详细地记录财务危机发生的缘由、处理经过、解除危机的措施、处理结果及改进的建议,作为未来类似情况的前车之鉴。这样,将企业纠正偏差与过失的一些经验、教训转化成企业管理活动的规范,以免重犯类似的错误,不断增强企业的免疫能力

2. 企业财务预警系统的三个子系统

(1) 基本监测系统。该系统主要对宏观经济状况、行业及公司的现状及其变化进行分析,包括国家经济发展速度的预测分析、公司适用税收政策的预测分析、利率变化趋势的预测分析、同行业公司财务状况的预测分析和公司经营目标变动的预测分析。掌握这些资料有助于正确评价公司财务现状。例如,宏观环境比较好时,公司可以采取更加积极主动的财务政策,如提高负债的比率;而宏观环境不利时,采取同样的政策可能使公司陷入困境。

基本监测系统的操作程序为:

1) 收集与企业有关的宏观经济的变化情况;

2) 在会计年度之初上报本年度的生产经营目标及财务预算,企业采取的重大财务政策及财

务政策的变化;

3) 对财务预算的数据进行审核,区分出长远影响企业的部分;

4) 分析财务预算的实施及财务政策的变化对企业的远期影响,并对可能出现的不利影响发出预警。

(2) 适时监测系统。该系统是对公司的财务状况进行适时监测,主要包括对企业的现金流量、应收账款、存货、成本费用、获利能力、资产营运能力、销售收入等指标进行监测。通过对企业的具体情况与某些外在特征的分析来加以判断。例如,在财务危机潜伏期,企业可能出现过度大规模扩张导致支付能力下降;无效市场营销使销售下降;疏于风险管理;缺乏有效的管理制度,企业资源分配不当,短期资金大量挪作长期用途;无视外部环境的重大变化,未能对本企业做出相应调整等症状。在财务危机发作期企业可能出现自有资金不足,对负债的保障程度下降;过度依赖贷款,利息负担重,资金周转失调;债务拖延支付等症状。在财务危机恶化期,企业可能出现经营者无心经营业务,专心致力于财务周转;资金周转困难;债务到期时违约不支付;财务报表不能及时公开等症状。到了财务危机实现期,企业可能出现负债超过资产,无力偿还到期债务的状况,最终宣告破产。一旦发生上述情况,企业要尽快查清病因,采取相应措施,以摆脱财务危机,恢复财务正常运作。

适时监测系统的操作程序包括:

1) 定期上报真实财务数据;

2) 对企业上报的财务数据进行即时分析;

3) 发现出现异常情况则需要进行综合分析;

4) 通过综合分析找到引起异常情况的原因;

5) 根据产生异常情况的原因,决定今后是否采取定期追踪。

(3) 跟踪监测系统。跟踪监控系统是企业主管部门及财务管理人员对企业长远发展有影响的重要财务指标进行监测,其目的是尽早发现引起企业财务状况恶化的潜在趋势。企业财务状况恶化一般是一个渐进的过程,有一些财务决策可能一时并没有给企业带来不利影响,却是企业以后财务状况恶化的根源。因此,这种长期的跟踪监控非常重要。跟踪监控系统的操作程序为:

1) 本会计年度结束后上报经审计无误的财务数据;

2) 将企业上报的财务数据代入模型;

3) 计算判断函数并针对临界值进行判断;

4) 结果正常则结束;

5) 结果异常则发出警报,同时采取相应措施。

3. 企业财务预警系统的五个智能库

现代预警信息系统的优越性还表现在智能化功能上,在日常预警过程中可以对一些难以量化、没有标准临界值或者指标标准模糊的预警个案,实施模糊对待或者提交决策人员处理,同时将处理结果作为经验知识自动形成系统知识库的一部分,以便日后遇到相同或相似案例依据经验做出初步反应。这就要求建立五个智能库。

(1) 预警信息库。预警信息库是原始警源信息向警示信息转换的结果,该数据库的来源包括交易处理系统(TPS)、管理信息系统(MIS)、决策支持系统(DSS)、执行信息系统(EIS)、财务信息系统(FIS)等系统的输出信息。预警信息库是预警信息系统的基础,对该库进行及时、有效的维护与更新非常关键。

(2) 预测模型和方法库。预测模型和方法库是较常用的企业财务预警模型定量分析方法,主要针对一个样本群组,寻找一个可与之配对比较的对照组,然后利用统计方法,界定出最具

区别力的变量组合,形成一个预警模型。具体如下:

1)单变量判定模型。此模型由威廉·比弗提出,是通过单个财务比率的恶化程度来预测财务风险。他认为预测财务失败的比率有债务保障率(现金流量÷债务总额)、资产收益率(净收益÷资产总额)、资产负债率(负债总额÷资产总额)、资金安全率(资产变现率-资产负债率),其中"资产变现率=资产变现金额÷资产账面金额"。比弗认为,债务保障率能够最好地判定企业的财务状况(误判率最低),其次是资产负债率,并且离失败日越近,误判率越低。良好的现金流量、净收益和债务状况可以表现出企业长期的、稳定的发展态势。企业应特别注意上述比率的变化趋势,当这些指标达到经营者设立的警戒值,预警系统便发出警示,提请经营者注意。企业的风险是各项目风险的整合,不同比率的变化趋势必然表示出企业风险的趋势。但单变量模型并没有区别不同比率因素对整体的作用,也不能很好地反映企业各比率正反交替变化的情况。当一个比率变好而另一个比率变坏时,便很难做出准确的预警。

2)多变量判定模型。多变量判定模型的思路是运用多种财务指标加权汇总产生的总判断值来预测财务风险,即建立一个多元线性函数模型来综合反映企业风险。

多元线性判定模型是由爱德华·阿尔曼在20世纪60年代中期提出的一个经验模型,根据大量破产企业的财务报表,用统计方法建立。它对五个财务比率分别给出一定的权数,计算其加权平均值,这个值称为Z值。

$$Z = a_1X_1 + a_2X_2 + a_3X_3 + a_4X_4 + a_5X_5$$

式中:X_1 = 营运资金÷资产总额×100%;X_2 = 留存收益÷资产总额×100%;X_3 = 息税前利润÷资产总额×100%;X_4 = 股份市值÷负债账面价值总额×100%;X_5 = 产品销售收入÷资产总额×100%;a_1, a_2, a_3, a_4, a_5为权数,其总和为1。

该模型通过五个变量将反映企业偿债能力的指标(X_1, X_4)、获利能力的指标(X_2, X_3)以及营运能力的指标(X_5)有机联系起来,进行综合分析之后预测企业风险,较之单变量预警模型更为科学。一般而言,如Z值大于2.675,则表明企业的财务状况良好,发生财务危机的可能性较小;如Z值小于1.81,则认为企业存在财务危机的可能性很大,与破产企业有共同特征;如Z值介于1.81~2.675之间,则可视为企业进入"灰色地带",财务状况极不稳定,风险较大。由此可以看出,增加营运资金、留存收益、息税前利润、销售收入和提高企业市值,或者减少负债、节约资产占用,都可以减少破产可能性。这种模式给企业一个定量的标准,从总体角度检查企业财务状况,有利于不同时期财务状况的比较。但由于企业规模、行业、地域等诸多差异,使得Z值不具有横向可比性。

(3)预警指标库。预警指标库根据不同类型的企业,设置不同的预警指标体系,其中最重要的是选择重点预警指标和敏感性较高的指标,以便预警指标体系能真正全面地反映企业所面临的财务风险或财务危机的真实现状,预警指标体系的建立和完善是现代预警信息系统的关键核心之一。

财务预警指标的选择应遵循灵敏性、超前性、稳定性和互斥性原则,按照以下标准进行选择:一是企业财务预警指标要综合反映企业的财务状况、经营成果、现金流量的状况和发展潜力;二是指标数值要易于计算;三是选择指标的警戒线要易于取得。

(4)预警标准库。预警标准是判别和评价财务风险,决定是否发出预警提示的临界标准,包括定量预警标准、定性预警标准、定性与定量相结合的预警标准、误警与漏警筛查标准几种类型。

(5)预警对策库。预警对策库是事前准备的在各种风险条件下的应急对策集合,预警信息系统一旦发出风险预警,则根据预警信息类型、性质和警报的程度自动采用相应对策。预警对策库中的对策大多是思路性、提示性的,目的在于预警系统警报发出时,企业可按照预警对策系统的提示,根据企业的具体情况去寻求更为实用、有效的实施方案。

4. 全面预算管理预警系统

全面预算管理的目的之一是建立有效的预算预警系统,通过该系统及时发现预算执行过程中偏离企业战略目标的异常现象,解决预算执行过程中出现的经营问题,将非正常业务活动和风险控制在萌芽状态,为企业减少不必要的损失,确保经营活动按照预算目标顺利进行。

一般而言,全面预算管理的预警系统应包括四种功能(见表 6-42)。

表 6-42 全面预算管理预警系统的功能

功　能	内　容　阐　释
预算内事项预警	它是指预算内事项在其实际发生额接近预算额度时出具的预警提示。它主要是通过财务核算的实际与预算进行比较后,系统自动发出的警告,它提醒有关人员注意预算的执行情况,看其是否将超出预算并确定应该采取何种措施
超预算事项预警	它是指预算内事项实际发生数已经或将要超出预算额度时出具的预警提示。它主要是通过财务核算的实际与预算进行比较后,系统自动发出的警告,或通过预算管理的授权控制系统发出警告,以提醒有关人员进行必要的判断,并确定相应的预算弥补措施
预算外事项预警	它是指预算方案中没有但执行过程中即将发生某项工作事项时而出具的预警提示。它是通过预算管理中的授权控制系统发生作用,提醒有关人员按照授权制度进行分析和审核,以确定是否应该发生
反常事项预警	它是指针对某些反常经济现象而发生的预警

预算预警的理论基础是系统非优理论和企业预警理论。系统非优理论认为,系统的一切状态可以用"优"和"非优"的组合表示。"优"状态包括最优和相对优,指成功的过程和结果;"非优"包括失败和可接受的不好结果。全面预算管理预警根据系统非优理论的思想将企业预算管理活动分为"优"和"非优"两种状态,并对处于"非优"状态的企业预算管理活动发出警报,提示管理者进行必要的控制。设计预警系统的关键是预警指标的选择、指标权重的确定等。下面将以平衡计分卡(BSC)为工具探讨全面预算管理的预警功能设计。

(1)预警指标的选择。全面预算管理的风险预警指标是对企业应该随时警惕的风险因素的衡量,必须覆盖影响企业竞争优势的各种风险。根据 BSC 原理,应从财务、客户(市场)、内部业务流程、学习与成长(人力资源)四个维度设计预警指标,并对这些指标设置警戒值来预示预算执行中的风险程度。当然,不同的企业或处于不同时期的同一企业,指标的选择及其警戒值的设置需要考虑的因素都是存在差异的。以处于成熟期的商品制造企业为例,全面预算管理的关键预警指标如表 6-43 所示。

表 6-43 全面预算管理的关键预警指标

项　目	内　容　阐　释
财务维度(A)	财务指标的价值在于总结已开展的经营活动的结果,企业可以从流动性、效益性、结构性三个角度反映财务危机发生的可能性,可分别选择经营活动现金流量净额与债务总额比率(A_1)、净资产收益率(A_2)、资产负债率(A_3)三个关键的财务预警指标

续表

项　　目	内　容　阐　释
客户维度（B）	这类指标用来衡量因企业战略制定和较好地执行而带来的成功结果，一般用市场份额（B_1）、客户忠诚度（B_2）等核心指标来衡量，其权重根据各单品收入占总收入的比重来确定。客户忠诚度又可以分解为客户回头率（B_{021}）、新客户比率（B_{022}）等二级指标
内部业务流程维度（C）	如果企业要实现长期的财务成功，就要求企业创造能够满足客户现在和将来需要的全新产品和服务，为此企业必须创新业务流程。BSC的内部业务流程既包含长期革新周期的目标和衡量标准，又包含短期运营周期的目标和衡量标准，通常用创新过程（C_1）、经营过程（C_2）、售后服务过程（C_3）等核心指标来衡量创新过程的二级指标主要包括新产品销售收入比率（C_{11}）等；经营过程的二级指标主要包括准时交货率（C_{021}）、产销绝对偏差系数（C_{022}）等；售后服务过程的二级指标主要包括服务成本优势（C_{031}）、服务响应时间优势（C_{032}）等
学习与成长维度（D）	员工学习与成长是企业保持长期价值增长的前提条件。财务、客户、内部业务流程维度的预算目标一般会反映企业人力、组织程序现有能力和实现突破性业绩所要求的能力之间的差距。为了缩小这种差距，企业必须在培训员工和理顺组织的程序、日常工作及文化建设等方面投资。企业在学习与成长方面衡量的核心指标有员工状况（D_1）、管理与文化（D_2）等。其中，员工状况的二级指标有员工忠诚度（D_{11}）、员工能力（D_{12}）；管理与文化的二级指标有战略观念（D_{021}）、文化兼容性（D_{022}）等二级指标可以通过调查由专家评分计量

（2）指标权重的确定。全面预算管理系统生成的综合预警信号来源于各个预警指标的变动，这些指标对于综合预警信号的重要性是通过设置不同的权重加以区分的。基于BSC四个维度的预警指标，可以根据全面预算管理对预警信号的精确度要求选择不同层级的指标，因此，采用层次分析法确定各个指标的权重是比较合适的。层次分析法的主要观念是把复杂系统中的各种因素，通过划分为相互联系的有序层次使之条理化，并根据一定的客观现实判断，利用数学方法确定每一层次中各元素相对重要的权重。层次分析法能够较好地实现定性和定量的结合，它不需要同时对系统中的各个因素、部门进行排序，只需要确定两种因素或两个部门的相对重要程度，显然两个因素的重要性对比与多个因素的重要性对比，前者更容易操作。

按照层次分析法的原理，企业根据实际情况可以比较容易地确定各个因素、各个目标的相对重要程度，可以按照以下步骤进行：

1）构建层次分析结构模型。根据总目标并按照因素之间的相互关联以及隶属关系，将问题分解为不同的组成因素以及不同层次的集合，形成一个多层次的分析结构模型。层次分析结构模型一般分为企业战略目标层、准则层（对应BSC的四个维度）、方法层（对应BSC四个维度的具体指标）。由于综合预警信号是对企业实现战略目标不确定性的反映，因此，战略目标层的权重是准则层四个维度的权重之和，一般设定为100%。

2）确定构造判断矩阵的标度。通过相关数据来表示不同因素的重要程度，如表6-44所示。

表6-44　不同因素重要性标度

相对重要程度	定　　义
1	两因素相比，一样重要
3	两因素相比，一个因素比另一个因素稍微重要
5	两因素相比，一个因素比另一个因素明显重要

续表

相对重要程度	定 义
7	两因素相比,一个因素比另一个因素强烈重要
9	两因素相比,一个因素比另一个因素极端重要
2, 4, 6, 8	上述两相邻判断的居中值
倒数	因素 i 与因素 j 比较,$A_{ij} = 1/A_{ji}$

3)给准则层四个维度分配权重。首先,运用两两比较法,对各相关指标进行两两比较评分,形成两两对比矩阵。例如,专家对 BSC 的四个维度进行成对比较后形成的结果如以下矩阵所示:

$$\begin{pmatrix} A/A & A/B & A/C & A/D \\ B/A & B/B & B/C & B/D \\ C/A & C/B & C/C & C/D \\ D/A & D/B & D/C & D/D \end{pmatrix}$$

以上矩阵的各相对比较元素根据专家的判断按表 6-46 所定义的相对重要程度赋值。通常情况下,需要运用德尔菲法。首先,由若干位专家分别提出若干个两两对比矩阵;其次计算出各个两两对比矩阵对应元素的几何平均值,得到一个综合的判断矩阵;最后,计算出该矩阵的特征向量即 BSC 四个维度的权重向量:$(W_A W_B W_C W_D)^T$。必要时,还可进行一致性检验。同样,可以计算出四个维度中各个具体指标在每个维度内的权重。

(3)警戒值的设置。BSC 预警指标按照其性质可以分为成长性指标、稳定性指标和制约性指标,警戒值的设置因预警指标的性质而异。成长性指标是指其数值越大越好的指标,如员工满意度、资产报酬率等,这类指标的数值通常不设置上限,只设置下限。稳定性指标的数值则是在某一区间内最好有一个最优值,这类指标的数值具有上限、下限或者最优值。例如,资产负债率这一指标不是越小越好,也并非越大越好,而要控制在一定的区间内。制约性指标是指其数值越小越好的指标,如客户投诉率等指标,这类指标的数值一般只设置上限,不设置下限。

企业应该采用系统化的方法,即按照多数原则、半数原则、平均数原则等并列的客观原则进行研究,根据自身的历史情况及所处行业的整体表现进行综合,以获得较为合理的警戒值(见表 6-45)。

表 6-45 警戒值系统化的原则

项 目	内 容 阐 释
多数原则	根据这项原则,在某个行业的大多数企业应该是处于无警戒状态的,即人们对大多数企业的整体状况持基本肯定态度,而事实也是如此。按照多数原则,可以获取来自同一行业的一定数量企业的某一指标数据,并由大到小排序。对于成长性指标,从最大值向后选总项数的 2/3 处止,以该点的这个数值作为无警警限,对余下的 1/3 区间再划分其他警度的临界值;对于制约性指标,从小到大选 2/3 的数据项区间为无警警限,对余下的 1/3 区间再划分其他警度的临界值;对于稳定性指标,则从均值往两边选
半数原则	这项原则与其并列的多数原则稍有区别。它认为在某行业的企业中至少有一半是处于无警状态的,除非该行业在市场中没有正常发展。因此,无警与有警的分界线可取中位数所对应的指标数值
平均数原则	按照这项原则,应该取总平均数作为无警警限的下限。因为总平均数是整个行业平均水平的代表,若企业的某项指标数值低于该行业的平均数就会产生警情。应注意的是,在计算均值时要去掉最高与最低的特殊情况值,以免影响最终的结果

考虑到各个企业的发展既有共性也有特性,在确定全面预算管理的预警功能时对警戒值的设置应做一些必要的调整。例如,考察目标企业所处的细分市场、历史发展等情况,结合按以上三项并列的原则所确定的警限进行综合调整,以确定更加可靠的警戒值。

(4)预警计分模型的构建。预警信号来源于预警指标计分系统,计分的依据是全面预算执行过程中预警指标的实际值与警戒值的比较,通常采用百分制。为此,每个预警区间都应该赋予对应的分数区间。计分问题是通过预警指标指数化来解决的,即对于每个指标的实际值,根据其在不同预警区间中的相对位置,将具体的指标数值映射为相应的分数值。指标的实际警级越高,其表现出的指数则越高,相应的计分也越高。值得注意的是,预警区间是区别于其对应的分数区间的不同概念,每个预警指标的实际值必定处于某个预警区间内,而一个预警区间又对应一个分数区间。预警指标的计分具体分为以下五种情况。

第一种情况,如果指标本身存在一个最优值,则某指标值偏离最优值越远,其指数就越大,计分也越高。在计分过程中还要区分以下几种类型。

1)当某项指标值处于最优值所在区间,则:

某指标值指数 =(指标实际值 − 该指标的最优值)÷(该指标所处预警区间下限 − 该指标的最优值)× 100%

2)当某项指标不处于最优值所在区间,但低于最优值,则:

某指标值指数 =(指标实际值 − 该指标所处预警区间下限)÷(该指标值所处预警区间上限 − 该指标值所处预警区间下限)× 100%

3)当某项指标值不处于最优值所在区间,但高于最优值,则:

某指标值指数 =(指标实际值 − 该指标所处预警区间上限)÷(该指标值所处预警区间下限 − 该指标值所处预警区间上限)× 100%

针对这三种类型,某项预警指标的指数按以下公式换算为分数:

某项指标值得分 = 某项指标值指数 ×(该指标值对应分数区间的下限 − 对应分数区间的上限)+ 对应分数区间的上限

第二种情况,若某指标越小越好,则:

某指标值指数 =(指标实际值 − 该指标所处预警区间上限)÷(该指标值所处预警区间下限 − 该指标值所处预警区间上限)× 100%

预警指标的指数按以下公式换算为分数:

某指标值得分 = 某指标值指数 ×(该指标值对应的分数区间的下限 − 对应分数区间的上限)+ 对应分数区间的上限

第三种情况,若某指标越大越好,则:

某指标值指数 =(指标实际值 − 该指标所处预警区间下限)÷(该指标值所处预警区间上限 − 该指标值所处预警区间下限)× 100%

预警指标的指数按以下公式换算为分数:

某指标值得分 = 某指标值指数 ×(该指标值对应的分数区间的下限 − 对应分数区间的上限)+ 对应分数区间的上限

第四种情况,若指标值所在的预警区间没有下限,则:

某指标值指数 =(指标实际值 − 该指标所处预警区间上限)÷(相邻预警区间下限 − 相邻预警区间上限)× 100%

预警指标的指数按以下公式换算为分数:

某指标值得分 = Min{某指标值指数 ×(该指标值对应分数区间的下限 − 对应的上限)+ 对

应的上限,对应分数区间的下限}

第五种情况,若指标值所在的预警区间没有上限,则:

某指标值指数 = 指标实际值÷(相邻预警区间下限 - 相邻预警区间上限)×100%

预警指标的指数按以下公式换算为分数:

某指标值得分 = Max{某指标值指数×(该指标值对应分数区间的下限 - 对应的上限) + 对应的上限,对应分数区间的下限}

当然,全面预算管理的综合预警级别是根据综合得分的分布来区分的,为此还要将各类指标值得分换算为综合得分。基于BSC的预警综合计分,其计算过程如下:

①各维度分数的计算。财务维度分值(F_A) = $\sum F_{AJ} \times W_{AJ}$。其中,$F_{AJ}$、$W_{AJ}$分别表示财务维度各指标值的得分及相应的权重。用相同的方法可以计算出客户维度的分值F_B、内部业务流程维度的分值F_C、学习与成长维度的分值F_D。

②综合得分的计算。即对各维度得分的加权平均,目标企业的综合警情得分(或称综合预警指数) = $F_A \times W_A + F_B \times W_B + F_C \times W_C + F_D \times W_D$。其中,$W_A + W_B + W_C + W_D = 1$。

(5)预警信号灯的使用。为了对全面预算执行过程中的综合风险状况进行预报,有必要描述不同时期综合预警指数所属的信号区域。因此,同样需要采用系统化的方法来确定综合预警指数的临界值,这项工作需要执行人员具有丰富的经验。通常,将基于BSC的综合预警指数划分为五个区间,即$[0, x_1]$、$[x_1, x_2]$、$[x_2, x_3]$、$[x_3, x_4]$、$[x_4, 100]$,每个区间赋予一个信号灯,分别是绿灯、黄灯、橙灯、紫灯和红灯。其中:绿灯代表无警,表示全面预算运行正常;黄灯代表轻警,表示全面预算整体运行较好,但是某些方面需要予以关注;橙灯代表中警,表示存在隐患,应寻找原因;紫灯代表重警,表示存在重大隐患,亟须寻找原因并采取措施;红灯代表巨警,表示实际经营与预算差异极大,并将陷入困境,存在重大危机。

5. 财务预警系统分析模式

(1)定性预警分析模式(见表6-46)。

表6-46 定性预警分析模式

项 目	内 容 阐 释
标准化调查法	标准化调查法,又称风险分析调查法,即通过专业人员、咨询公司、调查公司、协会等对其可能遇到的各种问题加以详细调查与分析,形成报告文件供企业经营管理者参考、使用。称其标准化调查法是因为所分析的问题具有共性,对所有企业或组织都有意义并且普遍适用,但是该方法无法解决特定企业所遇到的特定问题
"四阶段症状"分析法	一般情况下,企业财务运营情况不佳甚至出现危机,肯定有特定的症状,并且该症状应该是逐步加剧的,我们的目标就是及早发现各个阶段的症状,"对症下药"。可以把企业财务运营危机的病症大体分为四个阶段,各阶段病症如图6-5所示。如果企业运营中出现相应情况,一定要找出病因,采取有效措施,摆脱财务困境,恢复财务正常运作
三个月资金周转表分析法	该方法的实质是企业面临变幻无穷的财务管理环境,所以需要准备好安全度较高的资金周转表。是否制作资金周转的三个月计划表,是否经常检查结转下月余额对总收入的比率,以及销售额对付款票据兑现额的比率及考虑资金周转问题,这对维持企业的生存极为重要。 这种方法的判断标准是:A.如果企业制定不出三个月的资金周转表,这本身就已经是一个问题了;B.倘若已经制好了表,就要查明转入下一个月的结转额是否占总收入的20%以上,付款票据的支付额是否在销售额的60%以下(批发商)或40%以下(制造业)

续表

项 目	内 容 阐 释
流程图分析法	这是一种动态分析方法，分析企业的动态流程图，找出关键点，防范风险。该方法的关键是我们要识别企业生产经营和财务活动的关键点，图6-6是企业财务流程的基本图示。每个企业都有其财务控制关键点，企业应该在关键点处采取防范措施，才能降低风险
管理评分法	管理评分法的理论基础是：管理不善导致企业灾难，其管理不善的种种表现比财务反应提前若干年就可以发现。这种管理评分法试图把定性分析判断定量化。这一过程需要进行认真的分析，深入企业及其车间，细致地对企业高层管理人员进行调查，全面了解企业管理的各个方面，才能对企业的管理进行客观的评价。这种方法的原理即对企业的经营缺陷、错误和征兆对比打分，然后根据他们对破产过程产生影响的大小程度作加权处理，得到一个总分数，以总分数的高低判断企业的财务状况。从一定意义上说，这种方法具备了定量分析中的多元线性函数的思想

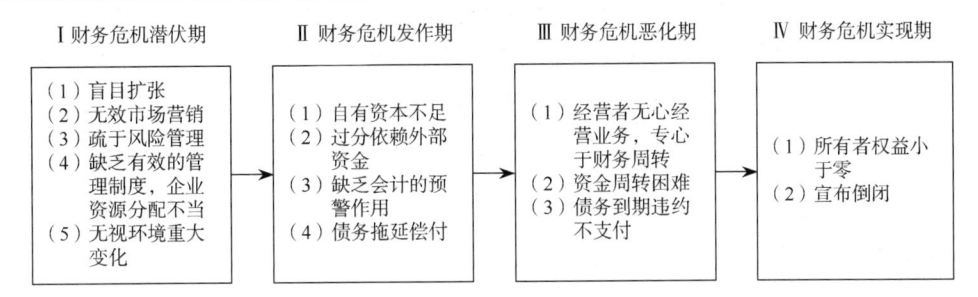

Ⅰ 财务危机潜伏期
（1）盲目扩张
（2）无效市场营销
（3）疏于风险管理
（4）缺乏有效的管理制度，企业资源分配不当
（5）无视环境重大变化

Ⅱ 财务危机发作期
（1）自有资本不足
（2）过分依赖外部资金
（3）缺乏会计的预警作用
（4）债务拖延偿付

Ⅲ 财务危机恶化期
（1）经营者无心经营业务，专心于财务周转
（2）资金周转困难
（3）债务到期违约不支付

Ⅳ 财务危机实现期
（1）所有者权益小于零
（2）宣布倒闭

图6-5 财务运营危机的四个阶段

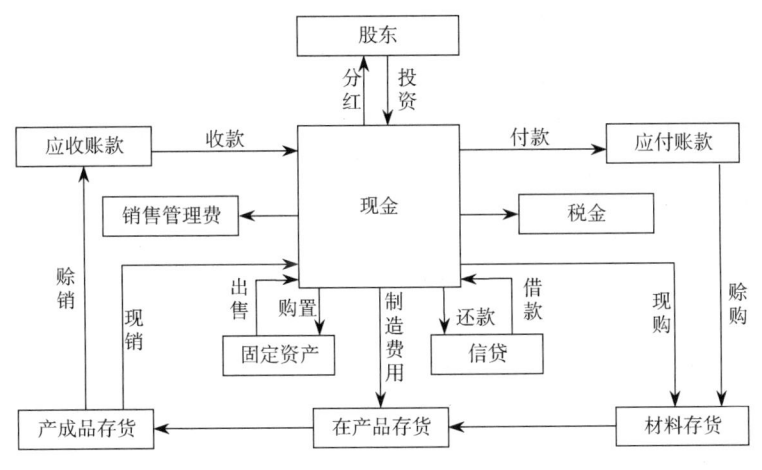

图6-6 企业财务流程

（2）定量预警分析模式。

1）单变量模式。单变量模式是指运用单一变数，用个别财务比率来预测财务危机的方法。菲茨帕特里克（Fitzpatrick）于1932年最早进行了单变量破产预测研究，他以19家公司作为样本，发现判别能力最高的是净利润/股东权益和股东权益/负债这两个比率。而1966年美国的比佛则是最早运用统计方法来研究公司失败问题的人。他仅仅狭义地将财务失败界定为破产，以及"债券拖欠不履行、银行超支、不能支付优先股股利等"。他首先以单变量模式发展出财务危机预测模型，使用五个财务比率对158家公司进行一元判定预测。他分别将这五个财务比率作

为变量对 79 家经营未失败公司和 79 家经营失败公司进行一元判定预测，发现债务保障率财务预测效果最好，资产收益率次之，资产负债率再次。其公式分别为：

$$债务保障率 = \frac{现金流量}{债务总额} \times 100\%$$

$$资产收益率 = \frac{净收益}{资产总额} \times 100\%$$

$$资产负债率 = \frac{负债总额}{资产总额} \times 100\%$$

跟踪考察企业时，应对这些比率的变化趋势予以特别关注。一般来说，陷入财务危机的企业，这三个比率一般都具有"低于行业平均水平且不断下降"的长期趋势。该方法在企业失败前五年就可达到 70%以上的预测能力，失败前一年可达 87%的判别能力。

单变量模式虽然简单，但因不同财务比率的预测方向与能力经常有相当大的差异，有时会出现对于同一企业使用不同比率预测出不同结果的现象，因此受到了很多人的批判。再者，尽管对较长时期进行的单变量比率分析可能说明企业正处于困境或未来可能处境艰难，但这不能具体证明企业可能破产以及何时会破产。而且，它还会受到企业外部环境（如通货膨胀或紧缩）的影响。这些局限性的存在，使得单变量模式逐渐被多变量模式所取代。

2）多变量模式。多变量模式就是运用多个财务指标或现金流量指标来综合反映企业的财务状况，并在此基础上建立预计模型，进行财务预测。

①企业安全率模式。企业安全率经营安全率与资金安全率由两个因素构成。此法可以了解企业财务结构现状，并以寻求企业财务状态改善的方向。

经营安全率 = 安全边际率 – 安全销售额 / 现有或预计销售额

资金安全率 = 资金变现率 – 资产负债率

= 资产变现率 – 资产负债率

=（资产变现金额 – 负债账面金额）/ 资产账面金额

在计算资金安全率时，所谓的"资产变现金额"，就是企业立即处置其所有资产后可以变成现金的总数。在计算资产变现值之际，要以资产负债表所列的各项资产一一加以估算加总而得。例如，资产负债表上的现金和银行存款可用账面金额、应收款项扣除坏账准备外，还需要扣除一些催收账款费用；存货必须把账面金额减掉一些其他损失；房屋及土地则可用市场同类可比价格作价。

在企业的预警分析中，可将资金安全率与安全边际率结合起来，判断企业的经营情况和财务状况是否良好，如图 6-7 所示。

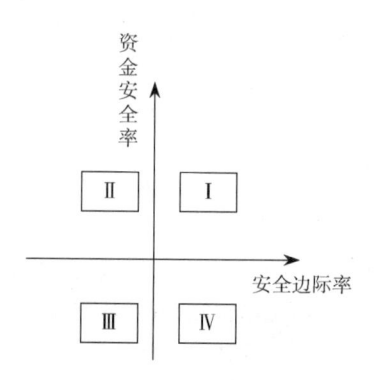

图 6-7　企业安全率判断图

判断标准是：当两个指标共同确定的企业安全率落在第Ⅰ象限，表示企业经营状况良好，应该采取有计划经营扩张策略。

企业安全率落在第Ⅱ象限，表示企业经营状况尚好，但是市场销售能力明显不足，应全盘研究对策，以加强企业总体销售实力，创造企业应有利润。

企业安全率落在第Ⅲ象限，表示企业经营已陷入经营不善的境地，随时有倒闭的危机，经营者应下决心立即采取措施，进行有效的重整。

企业安全率落在第Ⅳ象限，表示企业财务状况已露出险兆，经营者应将改善财务结构列为首要任务，要求企业全员有总体现金观念，提高自有资金比例，并积极进行开源节流。此时对市场营销应采用适度的成长策略，并且要求营销部门对客户做必要的筛选，提高信用政策的标准，以防止不良销售损失，避免加速企业财务状况的恶化。

②多元线性函数模型。此方式是从总体宏观角度，检查企业财务状况有无呈现不稳定的现象，未雨绸缪，做好财务危机的规避或延缓危机的发生。多元线性函数模型在财务管理文献上有数种之多。

爱德华·奥特曼的 Z 分数模型是运用五种财务比率，进行加权汇总产生的总判别分（称为 Z 值）来预测财务危机的模型。该模型的一般方程为：

$$Z = V_1X_1 + V_2X_2 + V_3X_3 + V_4X_4 + V_5X_5$$

式中，V_1, V_2, V_3, V_4, V_5 是权数；X_1, X_2, X_3, X_4, X_5 是各种财务比率；Z 值为判别分。

X_1 = 营运资金 / 资产总额，用于衡量企业流动资产净额相对资产总额的比例。

X_2 = 留存收益 / 资产总额，用于衡量企业一段时间内的累计获利能力，其中"留存收益"数字来自资产负债表。

X_3 = 息税前收益 / 资产总额，该比率剔除税收和杠杆因素的影响，用于衡量企业资产的生产能力。

X_4 = 股东的权益资产 / 负债总额，测定的是财务结构，其中权益由全部股份（优先股及普通股）的价值（最好取市值）构成，而债务则包括流动负债及长期负债。

X_5 = 销售额 / 资产总额，即总资产周转率，企业总资产的运营能力集中反映在总资产的经营水平上，因此，总资产周转率可以用来分析企业全部的使用效率。如果企业总资产周转率高，说明企业利用全部资产进行经营的成果好，效率高；反之，如果总资产周转率低，则说明企业利用全部资产进行经营活动的成果差，效率低，最终将影响企业的获利能力。如果总资产周转率长期处于较低的状态，企业就应当采取措施提高各项资产的利用程度，对那些确实无法提高利用率的多余、闲置资产应当及时进行处理，加速资产周转速度。它的分子"销售额"应该为销售收入净额，即销售收入扣除销售折扣、销售折让、销售退回等后的金额。

Z 分数模型中的财务比率 X_1, X_2, X_3, X_4, X_5 以绝对百分率表示，例如，当"营运资金/资产总额"为30%时，X_1 则表示30。

按照这一模式，Z 值越低，企业就越可能破产。通过计算某个企业连续若干年的 Z 值就能发现企业发生财务危机的先兆。回归分析结果表明：当 $Z<1.20$ 时，企业属于破产之列；当 $Z>2.90$ 时，企业属于不会破产之列；当 $1.20<Z<2.90$ 时，企业属于"灰色区域"或"未知区域"之列，也就是说难以简单地得出是否肯定破产的结论。

③多元逻辑模型。多元逻辑模型的目标在于寻求观察对象的条件概率，从而据以判断观察对象的财务状况和经营风险。它是建立在累计概率函数的基础上，不需要自变量服从正态分布和两组协方差相等的假设条件。多元逻辑模型假设企业的破产概率为 p（破产取1，非破产取0），并假设 $\ln[p/(1-p)]$ 可以用财务比率线性解释。首先假定 $\ln[p/(1-p)] = a+bX$，

然后根据推导可以得出 $p=\exp(a+bX)/[1+\exp(a+bX)]$，从而计算出企业破产的概率。其判别方法和其他的模型一样，先根据多元线性函数模型确定企业破产的 Z 值，$Z=a+bX$，然后推导出企业破产的条件概率。其判别规则是：如果 $p>0.5$，则表明企业破产的概率比较大，那么判定企业为即将破产类型；如果 $p<0.5$，则表明企业财务正常的概率比较大，判定企业为财务正常。

多元逻辑模型最大的优点就在于不需要严格的假设条件，克服了线性方程受统计假设约束的局限性，从而具有广泛的适用范围。目前这种方法的应用也较为普遍，但是其计算过程比较复杂，而且在计算的过程中有很多的近似处理，不可避免地影响到预测精度。

④人工神经网络模型。人工神经网络模型就是将神经网络的分类方法应用于财务预警分析。而人工神经网络是一种平行分散处理方式，其构建原理是基于对人类大脑神经运作的模拟。它具有动态性，可克服统计方法的限制，是解决区隔问题的一个重要工具。它通常由输入层、输出层和隐藏层组成，其信息处理分为前向传播和后向学习两步进行。网络学习是一种误差从输出层到输入层向后传播并修正数值的过程，学习的目的是使网络的实际输出逼近某个特定的期望输出。根据最后的期望输出得出企业的期望值，然后根据学习得出的判别规则对样本进行分类。

人工神经网络模型不仅具有较好的模式识别能力，而且具有学习能力，可随时依据新数据资料进行自我学习、训练，并调整其内部的储存权重参数以应对多变的企业环境，这是传统方法所无法比拟的。因为它具有良好的性质和能力，故而可以作为解决分类为题的一个重要工具。

人工神经网络模型具有良好的纠错能力，因此能够更好地进行预测。然而，由于其理论基础比较抽象，对人体大脑神经模拟的科学性、准确性还有待进一步加强，因此其适用性也大打折扣。

第 7 章

企业现金流量管理

第一节 现金流量相关知识

现金流量是英文"Cash Flow"的直译,就是在一段时间内的现金净收入。或者说,某期间内的现金流量就等于该期间内的现金总收入减去现金总支出。和企业的净利润一样,现金流量是一个速率变量,也就是说,现金流量只在某一段时间内,如一年、一个月才有意义,而在某个时刻点上并无意义。严格地讲,这里的现金还包括现金等价物。

一、现金流量的分类

(一)筹资现金流量

筹资现金流量是期内企业从外部筹集现金的净值,包括借新债(现金收入)、还老债(现金支出)、发行股票(现金收入)、回购股票(现金支出)、支付股东红利(现金支出)等活动。但依照国际上通行的原则,从成本/效益原则出发,会计处理上把负债利息支出计入运营现金流量,而不计入筹资现金流量。我国财政部规定利息计入筹资现金流量,这与国际不接轨。筹资现金流量可正、可负。正值表明筹集了现金,增加了负债或权益;负值表明偿还了现金,减少了负债或权益。

(二)投资现金流量

投资现金流量是企业在期内投资活动的净支出(一般的现金流量为负值),包括固定资产投资、无形资产和递延资产投资、长期投资等支出,减去固定资产等处置收入和长期投资收入。

涉及投资现金流量的科目可能较少,尤其在企业增长时,投资现金流量数额很大。

(三)运营现金流量

运营现金流量又称为经营现金流量,是期内企业运营活动所赚取的现金净收入。我们知道,由于现行会计制度是权责发生制而不是现金收付制,一般地说,会计净利润不等于运营现金流量。这不仅仅是折旧在净利润之外构成的现金来源,正如流动资产或流动负债的变化都影响运营现金流量一样。例如,某公司当年利润为 100 元,但存货年末比年初增加了 100 元,而其他流动资产和流动负债并未发生变化,那么,这 100 元的净利润则都由存货的增加占用了。

下面我们导出运营现金流量的一般公式。

按照现金流量的定义,运营现金流量等于运营现金收入减去运营现金支出,或用公式表示:

$$CF = CF_{in} - CF_{out} \tag{7.1}$$

其中,运营现金收入 CF 并不等于会计上的销售收入(净值),而应是销售收入减去应收账款的增量:

$$CF_{in} = S - \Delta AR \tag{7.2}$$

式中，S 为期内销售收入（净值），ΔAR 表示期末与期初相比应收账款的增量，即 $\Delta AR = AR_\text{末} - AR_\text{初}$。同理运营现金支出 CF_out 为：

$$CF_\text{out} = C + I + \Delta INV - \Delta AP - \Delta EP - \Delta TP - \cdots + TAX \tag{7.3}$$

式中，I 为期内利息，C 为期内除利息外的其他现金支出的费用，TAX 为税款。以上三项均是损益报告中的概念，即按权责发生制下的数据。Δ 表示期末与期初相比的增加量（可正、可负），ΔINV 为库存增量，ΔAP 为应付账款增量，ΔEP 为应付费用增量，ΔTP 为应付税款增量……要注意 Δ 前的正负号。

设所得税税率为 T，则会计上税前利润 EBT 为：

$$EBT = S - C - I - D \tag{7.4}$$

而所得税 TAX 为：

$$TAX = (S - C - I - D) \times T \tag{7.5}$$

净利润 π 为：

$$\pi = (S - C - I - D) \times (1 - T) \tag{7.6}$$

式中，D 为当期折旧和分摊。于是便得出运营现金流量：

$$\begin{aligned}CF &= CF_\text{in} - CF_\text{out}\\ &= S - C - I - TAX - \Delta AR - \Delta INV - \cdots + \Delta AP + \Delta EP + \Delta TP + \cdots\\ &= (S - C - I - D) - (S - C - I - D) \times T + D - \Delta AR - \Delta INV - \cdots + \Delta AP + \Delta EP + \Delta TP + \cdots\\ &= \pi + D - \Delta AR - \Delta INV - \cdots + \Delta AP + \Delta EP + \Delta TP + \cdots \end{aligned} \tag{7.7}$$

即

$$CF = \pi + D - \Delta(\text{除现金外的流动资产}) + \Delta(\text{流动负债}) \tag{7.8}$$

换句话说，运营现金流量等于会计利润，加折旧、分摊，减去一部分流动资产增量，加一部分流动负债增量。

随后，我们会定义流动资产减去流动负债为运营资本（Working Capital），用 WC 表示。于是：

$$CF = \pi + D - \Delta WC \tag{7.9}$$

即运营现金流量等于净利润加折旧分摊再减去除现金以外的运营资本增量。这部分运营资本涉及的流动资产和流动负债或者企业运营自动发生的或者短期筹资活动的科目，如短期借款等。

公式（7.9）是计算运营现金流量的基本公式。

在推导该公式时，我们假设了企业只有主营收入，实际上当企业还有其他收入时，公式（7.9）仍然正确。

我们从净利润的定义知道，若折旧、分摊 D 增加，则净利润减少；但现金流量究竟是增加还是减少呢？从式（7.9）一时还看不明白。

我们把公式（7.7）稍加变形，事情就清楚了：

$$CF = (S - C - I) \times (1 - T) + T \times D - \Delta WC \tag{7.10}$$

从公式（7.10）知道，尽管折旧越多利润越少，但折旧越多会导致运营现金流量越多：计提折旧 D，会使现金流量在不计提折旧的基础上增加 $T \times D$，其中 T 为所得税税率。

因此，我们注意到一个十分重要的事实，在有所得税的情形下，折旧、分摊会使运营现金流量增加 $T \times D$，这就是折旧税值（Tax Shield）。

由此可见，当其他因素不变时，销售收入上升，则运营现金流量上升；成本、费用上升，则运营现金流量下降；折旧、分摊上升，则运营现金流量上升；税率上升，则运营现金流量下降；运营资本增加，则运营现金流量下降。

流动负债中的短期借款计入运营现金流量。实际上对待短期借款和应付票据等也有不同的处理方式，也有归入筹资现金流量的。不管如何处理都是不影响最终结果的。

二、现金流量的功用（见表 7-1）

表 7-1 现金流量的功用

功　用	内　容　阐　释
实现企业的流动性	一个企业的流动性，表明企业资源运作的效率，决定着企业成败；而丧失流动性的企业，就意味着企业生命即将终结。现金流量是企业提高流动性的基础，改善现金流量就可以增强企业资源的流动性，从而提升公司的竞争力
赋予企业发展能力	企业发展首先取决于能否具有自我积累的能力。自我积累能力的高低，集中表现在经营过程结束后现金净流量的大小。经营活动现金净流量越大，企业投资扩张培植未来竞争优势的能力就越强
调控经营行为	现金流量过去发生的各种情形，可以为企业规划未来提供极好的指导。虽然长期以来，会计利润指标成为企业经营活动关注的主要内容，但由于会计利润在确认与计量方面容易受实务操纵的致命弱点，使得比较客观的现金流量指标，在反映企业过去业务情况与预见未来盈利能力方面，比会计利润指标更为实务界所接受。此外，企业现金流量的状况，直接决定公司的财务支付能力。企业一旦在财务支付方面出现问题，则对企业未来的影响极可能是灾难性的。现金流量较好地表明了企业支付能力的大小，为各种经营措施的执行指明了方向

三、现金流量的要素（见表 7-2）

表 7-2 现金流量的要素

要　素	内　容　阐　释
流量	流量包括流入量、流出量及其流入与流出的差额（净流量）。流量综合反映企业每一项财务收支的现金盈余，是企业经济效益的最直观体现。分析企业现金流量构成及其盈余状况，能对企业核心能力及其获利能力做出较为客观的评价
流程	涉及现金流量的组织、岗位、授权以及办理现金收支业务的手续程序。企业的现金流量几乎是与生产经营活动同步实现的，而生产经营活动一般是由分散在多部门、多层次甚至是不同地点的企业员工分别进行的，具有分散性特点，因此现金流量的分布也必然是分散的。现金流量的组织必须与企业组织结构相适应。企业应把现金流量按其生成、流出的方向，确定相应的业务、管理及控制岗位，以使现金流量的组织具有严密的内部控制制度，确保在现金流量这一企业"生命源头"领域少出差错、杜绝舞弊。为此应赋予各现金流量业务管理、控制岗位以相应的职权，保障其充分有效地履行职责。同时规定，任何一次现金收支业务的办理必须履行申请、审批、记录、支付、检查等必要手续才能完成，以确保现金收支的合法合理。总之，现金流程决定现金流量的安全性
流向	现金流量流向表示企业现金流量的趋势。总体来看，现金流量向分为流入量与流出量两方面。流入表明企业现金流量入量的主要来源，可以对企业竞争能力的构成及未来走向做出大致判断。流出表明现金支付的主要用途，可以综合反映企业经营战略及未来创造价值的能力。现金流量向主要解决现金流量中的平衡问题，主要包括流入与流出数量、时间及币种三个方面的全面平衡。对一个特定企业而言，现金流量向会存在一个相对恰当的标准结构，这种标准结构是现金流量管理非常有用的工具，成为调控企业现金流量向的有效手段

要　素	内　容　阐　释
流速	对于某一具体的现金业务而言，流速是指从支付现金到收回现金所需时间的长短；对于整个企业而言，流速是指资本投入到回收的速度。在实际工作中，衡量流速一般采用周转率指标，从而产生了全部资产周转率、流动资产周转率、应收账款周转率、存货周转率等具有不同功用的多类周转率指标。从国际趋势来看，由开始全面关注这些周转率指标，逐步锁定为重点关注"应收账款"与"存货"两个周转率指标，随着社会信用及银行结算监督制度的高度发达，西方企业开始只考评"存货周转率"指标。在我国由于社会信用与银行结算监督制度尚未完善，应收账款周转率还绝对有必要纳入考评流速的指标之中。存货与应收账款的周转速度，综合反映了企业经营效率和流动资产质量，对企业未来发展具有决定性影响

考察评价企业的现金流量，必须全面、客观、深入地分析其现金流量的四个基本要素后，才能得出较为恰当的结论并实施行之有效的管理。

四、影响现金周转的因素（见表7-3）

表7-3　影响现金周转的因素

因　素	内　容　阐　释
企业盈利状况	利润是企业的一项重要资金来源，也是企业借款得以按时偿还的根本保证。盈利企业若不是在积极扩充时，会有现金不断积累的趋势，财务管理人员的责任是为这些多余的现金寻找出路。 企业可能决定增加股利的支付，偿还借款，投资购买有价证券或兼并企业。这些现象在一些成熟行业是屡见不鲜的。但企业若是处于亏损状态时，财务管理人员的日子就不会好过了。如果企业所处行业是资本密集度高的行业，如航空业、铁路业等，企业虽然亏损，但短期内其现金余额不会衰减，因为这些企业有着特别多的折旧和摊销费用，这些都能构成现金来源。但若企业长期不能扭亏为盈，终有一天会面临固定资产需要重置却无足够资金的困境。这种情况的不断延续最终将只会使企业破产。对于那些不能以高于补偿现金支付的费用的价格出售其商品的亏损企业，其命运将更为悲惨。它们的财务管理人员会发现他们无法筹集到足够资金来维持企业生存，因为隐性的贷款人看不出企业如何能从经营中取得现金来偿还他们的贷款，而企业主也不愿冒风险投入更多资金
企业的流动资产、流动负债变化情况	企业有的时候盈利很多，但仍能出现现金困难。原因之一，就是把盈利变成了流动资产，如增加存货、增加应收账款等，也可能是把盈利用作减少流动负债等。要注意，流动资产的增加或流动负债的减少都会占用现金；而流动资产的减少和流动负债的增加都会使现金增多
企业扩充速度	即使对于盈利较好的企业，如果企业扩充速度过快，也会出现企业现金周转困难的情况。随着企业经营规模的迅速扩大，不仅企业的存货、应收账款、销售费用增加，而且伴随着固定资产扩大，往往是大宗的现金开支。这些都激化了企业扩充阶段的现金需要，并加重了财务管理人员所面临的任务。他不仅要继续维持企业目前经营收支的平衡，同时还需筹集资金满足项目扩充的需要，并努力使这种需要控制在他曾预计的生产销售水平下可获得的现金水平内。 对于迅速扩充企业，财务管理人员可能要求股东增资，建议减少股利支付，增加长期贷款，力图削减存货水平，加速应收账款回收等

因　素	内　容　阐　释
企业经营的季节性波动	这种波动可能是销售的季节性波动或者原材料采购的季节性波动。企业销售呈季节性波动时，在销售淡季，因销货少，相应存货和应收款也减少，企业的现金周转水平下降；在销售旺季，因为存货和应收款的快速增长，企业可能出现现金不足，但随着货款的回收，在旺季过后又会积累过剩现金。 有些行业的企业采购属于季节性模式。例如，卷烟公司需要在几个月内购进足够全年使用的烟叶，这使得企业原材料存货大幅上升，现金余额减少。随着销售的进行，现金余额会不断增长

五、现金流量的计算方法

现金流量的计算有两种方法，即直接法和间接法。直接法提供的现金流量表直接按照经营活动、投资活动和筹资活动以及每类活动的具体业务类型反映现金的流入、流出和净流量。间接法的基础是会计恒等式：净收益 = 收入 − 费用。通过检查各项收入和费用，剔除那些非现金的收入或费用，以及那些不是由经营活动导致的收入或费用，即：

$$经营活动现金净流量 = CR - CE = 净收益 + NCE - NCR$$

式中，CR 代表经营活动产生的现金收入；NCR 代表非现金的收入或非经营活动现金流量的收入；CE 代表经营活动产生的现金费用；NCE 代表非现金费用或包括在费用中的非经营活动现金流量。

在我国，财务会计准则要求使用直接法提供现金流量表，但应以间接法制作附表。调查显示，97% ~ 99%的美国公司使用间接法来报告经营活动产生的现金流量。由此可见，当公司投资于海外市场时，只能得到根据间接法提供的现金流量表。然而间接法提供的经营活动现金流量仅反映了现金流量的净额，并不能很好地满足具体分析的要求。人们并不仅仅对现金流量的金额本身感兴趣，而是从中反映出各项公司活动（包括经营活动、筹资活动和投资活动这三大类经济业务，以及每大类经济业务中的具体业务类型）中可能存在的潜在问题。这些问题将影响公司未来现金流量和价值，这才是现金流量信息的价值所在。所以有必要将按照间接法提供的经营活动现金净流量，还原成经营活动现金流量的各个组成部分。其方法主要是利用利润表上经营活动和事项的信息，以及间接法提供的现金流量表上关于账户余额变动的信息来进行调整。

六、现金流量风险

作为一种具有复杂的母子公司结构的企业组织形式，企业集团具有不同于普通企业的财务风险，因此，财务风险的监控与危机的预警已成为企业集团财务管理的一项重要内容。在我国，一些企业集团往往侧重于规模的扩张和市场的开拓，缺乏统一协调的财务管理组织和方法，积累了大量的财务风险。因此，建立一套适合我国企业集团的财务危机预警体系，及早预警并予以防范，对于促进我国企业集团的健康发展，减少破产风险，具有重要的理论和现实意义。从企业集团的风险特征与危机生成过程来考察，按照指标的显示前后及与财务危机形成的关系程度，财务危机预警体系可以从以下四个方面进行指标设计：从集团经营过程考察；从筹资风险与资本结构角度考察；从集团的投资及收益指标考察；从现金流量方面考察。

由于现金流量指标是企业集团财务风险大小最敏感、反映最直接的指标，一般要在投资、筹资及经营过程中进行综合考察。但鉴于财务失败都直接源于现金流量不足的事实，故应专门作为一个风险测度项目进行考核,使现金流量预警体系成为财务危机预警体系的核心。

(一)现金流量预警指标的设计

总结国内外企业财务管理实践经验,本书分别针对投资、筹资、经营及收益的质量来设计现金流量预警指标,以反映和考察公司现金流量满足生产经营、投资与偿债需要的程度。

1. 现金偿还债务能力分析

(1)现金流量与当期债务比。

$$现金流量与当期债务比 = \frac{经营活动现金净流量}{流动负债}$$

它反映现金流量对当期债务偿还满足程度的指标。该指标越高,现金流量对当期债务清偿的保障越强,表明企业的流动性越好。

(2)现金债务保障率(现金债务总额比)。

$$现金债务保障率 = \frac{经营现金净流量}{债务总额} \times 100\%$$

它反映企业现金流量对全部债务偿还满足程度的指标。该指标越高,企业承担债务的能力越强。

2. 获取现金能力分析

(1)每元销售现金净流入。

$$每元销售现金净流入 = \frac{经营现金净流量}{销售收入净额}$$

它反映每元销售得到的净现金,其数值越大越好。

(2)每股经营现金流量。

$$每股经营现金流量 = \frac{经营活动现金净流量 - 优先股股利}{发行在外的普通股股数}$$

它反映每股经营现金净流量,该指标越大越好。

(3)全部资产现金回收率。

$$全部资产现金回收率 = \frac{经营活动现金净流量}{全部资产} \times 100\%$$

它反映资产投资的回收程度,该指标越大越好。

3. 财务弹性分析

(1)现金流量适合比率。

$$现金流量适合比率 = \frac{近5年经营活动现金净流量}{近5年资本支出+存货增加+现金股利} \times 100\%$$

该指标越大,说明现金自给率越高,达到1时,说明企业可以用经营获取的现金满足扩充所需资金;小于1时,则说明企业要靠外部融资来补充资金。

(2)现金再投资比率。

$$现金再投资比率 = \frac{经营活动现金净流量-现金股利-利息支出}{固定资产原值+对外投资资产+其他资产+营运资金} \times 100\%$$

该指标说明有多少现金留下来并投入公司用于资产更新与企业发展。

(3)现金股利保障倍数。

$$现金股利保障倍数 = \frac{每股经营现金净流量}{每股现金股利}$$

该指标越大,说明支付现金股利的能力越强。

4. 收益质量分析

$$现金营运指数 = \frac{经营活动现金净流量}{经营净收益 + 经营非付现费用}$$

它用来分析收益的质量,特别是针对"黑字破产"而言。

(二) 综合评分预警表设计

在上述各指标设计的基础上,可设计综合评分预警表,如表 7-4 所示。综合评分越高,反映企业财务风险越小;反之,财务风险越大。

表 7-4 综合评分预警表

指标类别	现金流量比率	比重 ①	标准比率 ②	实际比率 ③	相对比率 ④=③÷①	评 分 ⑤=④×①
现金偿还债务能力分析	现金流量与当期债务比	10				
	现金债务保障率	15				
获取现金能力分析	每元销售现金净流入	10				
	每股经营现金流量	5				
	全部资产现金回收率	10				
财务弹性分析	现金流量适合比率	10				
	现金再投资比率	10				
	现金股利保障倍数	5				
收益质量分析	现金营运指数	25				
合 计						

注:①关于比重的确定。比重的确定非常关键,权数的分配将直接影响最后的评分结果,所以要注意以下几点:首先,权数在现金偿还债务能力、获取现金能力、财务弹性及收益质量四个方面平均分配,即各占25%;其次,就每个项目而言,按重要性程度将权数分配到具体的指标上;最后,权数并不是一成不变的,其分配依据不同时期、不同企业集团性质等具体因素的影响。因此,需要实时调整权重,保证预警系统的先进性和实用性。

②关于标准比率的确定,按行业平均水平计算确定。

第二节 现金流量管理综述

现金流量管理的重要性不只体现在公司营运这个层面,更应被提升到战略高度;无论是从企业的当期营运价值来看,还是从企业的未来成长价值来看,现金流量管理都会产生决定性影响。

一、现金流量管理的目标

现金很重要,但使现金均衡有效地流动更为重要。实现现金流量的均衡性和有效性是企业现金流量管理的核心目标。"均衡有效的现金流量"是指,现金的流入和流出必须在金额和时间节点上保持适当的配合;当企业必须发生现金流出时,一定要有足够的现金流入与之配合;当企业产生现金流入时,除维持日常所需外,剩余资金必须找到有利的投资机会。

现金流量管理的具体目标为：
（1）经营活动产生的现金流量应有盈余；
（2）不能过度投资于营运资金；
（3）盈余现金应进行投资；
（4）长期投资及融资计划应与企业经营性现金流量的创造能力相适应。

二、现金流量的管理模式

企业因规模、管理结构、地域范围以及企业与供应商关系的不同而采用不同的现金流量管理模式（见表 7-5）。

表 7-5 现金流量的管理模式

管理模式	内 容 阐 释
拨付备用金管理模式	企业发展到一定规模，为了减轻财务人员的工作量，同时提高整个企业财务活动的效率，可以采用拨付备用金的管理模式，即向企业下属部门或公司拨付一定金额的备用金，以增加经营的灵活性。在这种模式下，企业财务部门相当于报销中心，工作量依然很大
统收统支管理模式	中小企业因为经营权和所有权高度集中，现金流量管理模式也为集权模式，即统收统支现金流量管理模式。在这种管理模式下，所有现金流入、流出业务都要通过企业的财务部门，财务总监的工作量极大，只能关注算账和报账工作，根本无法从日常事务中解脱出来，更不能对现金流量进行预测和控制
现金池管理模式	进入 21 世纪以来，全球经济一体化，电子化手段不断被应用，并且随着一些企业集团内外部财务集成的实现，财务共享成为可能，现金池这种现金流量管理模式被一些大型企业集团应用。 现金池管理模式是指集团总部与商业银行签订协议，以公司总部的名义设立集团现金池账户。每个工作日内，各子公司根据内部管理制度进行正常的收、付款，每日终了，如果各子公司账户有现金盈余，所有现金盈余将划拨到集团现金池账户，如果某一家子公司账户出现透支，集团现金池账户将转入现金补平。如果集团现金池账户也出现赤字，那么企业集团将集中向银行借款；如果集团现金池账户有盈余现金，企业可将其用于投资。现金池管理模式简化了集团的现金管理，使集团做到现金集中管理，也使得集团内部各子公司之间能够互相融通资金，最大限度地满足集团内部各公司的资金需求，同时降低了融资费用。 在考虑现金池管理模式时，企业集团的财务总监还要注意两个问题。其一，集团内部各子公司所有的参与者都必须在同一家银行开设账户，企业所选银行的机构网点、银行服务特色应能与企业现金管理的需求相适应，签约银行应能够为企业量身定制现金池架构，随时随地为企业提供个性化现金管理服务。其二，建立外币现金池，必须先获得国家外汇管理局的批准

三、现金流量的集中管理

现金管理的核心目标是保持"均衡有效的现金流量"，现金流入和现金流出必须在金额和时间节点上严格匹配，企业才能健康运行。公司要强调现金管理的内部控制和现金集中管理。

（一）现金集中管理的好处

与集权式财务管理体制相适应，鉴于现金流量控制对公司运作的重要性，集团总部必须对

现金进行集中控制。一般而言,现金集中管理会有以下好处:

(1)从整个集团角度来说,可以优化借款比例而使利息成本更低。

(2)集团中一个部门的现金盈余可调配到现金短缺的其他部门,从而避免透支现象或不必要的向外筹资。

(3)盈余现金可以集中起来进行大规模投资,以获取更高的收益率。

(二)现金集中管理的组织模式

集团公司可采用报账中心模式、结算中心和内部银行模式、财务公司或区域财务中心等模式集中管理成员企业的现金流量(见表7-6)。

表7-6 现金集中管理的组织模式

组织模式	内 容 阐 释
报账中心模式	现金管理高度集中,一切现金收付活动都集中在母公司财务部。母公司财务部通过报账中心,解决统一报账、统一收支问题。报账中心模式又可分为统收统支和拨付备用金两种形式。 在统收统支情况下,成员企业不单独设立账号,所有现金收入必须集中到总部,所有现金支出都由母公司财务部执行,现金支出的批准权高度集中。 拨付备用金是指集团总部按一定期限拨给成员企业一定金额的现金,备其使用。在这种情况下,成员企业的所有现金收入必须集中到集团财务部门,发生的现金支出必须持有关凭证到总部的财务部门报销以补足备用金。成员企业在总部规定的现金支出范围和支出标准内,可以对拨付的备用金的使用行使决策权。 统收统支和拨付备用金均属高度集权的现金管理模式,仅适用于集团总部管理同城或相距不远的非独立核算的分支机构
结算中心和内部银行模式	母公司在其财务部内部设立结算中心,集中管理成员企业的现金收入,核定成员企业的日常备用现金余额,统一拨付并监控成员企业的现金支出,统一对外筹资和办理结算。 内部银行则是将一种模拟的银企关系引入集团内部的资金管理中,母子公司是借贷关系,内部银行充当结算中心、货币发行中心、贷款中心和监管中心的角色
财务公司	财务公司是集团内部承担集团资金募集、资金供应和投资职能、具有法人资格的非银行金融机构。财务公司模式是将一种完全市场化的银企关系引入集团内部的资金管理中。成员企业具有相对独立的财权
区域财务中心	区域财务中心是集团公司分区域设置的、对该区域内成员企业的会计机构、人员和业务进行集中管理控制的超级职能机构。区域内成员企业的现金收付由区域财务中心进行集中管理

(三)现金集中控制流程

在集权式财务管理体制中,投融资权集中于公司总部,投资性和融资性现金流量也相应由集团总部统一控制。经营性现金流量的集中控制,主要是如何分配经营性收付款项的权限,既要利于集团总部控制风险,又要考虑子公司自主开展经营活动的相对独立性。

经营性收付款项的权力分配,常见的有两种模式:集团总部负责所有支付及现金余额管理;集团总部负责大额付款及现金盈余管理。

1. 集团总部负责所有支付及现金余额管理

集团总部负责所有支付及现金余额管理如图 7-1 所示。在这种框架下,现金流量的职责分别由子公司和总部承担，即子公司负责收款，总部负责付款。集团控制的每个子公司在总部都有一个银行账户。子公司可以给客户开票并将款项存入账户。然而，子公司账户的付款权力则由总部财务总监行使。供应商将发票交给子公司确认，确认后将发票送交总部，由总部从子公司账户中支付。

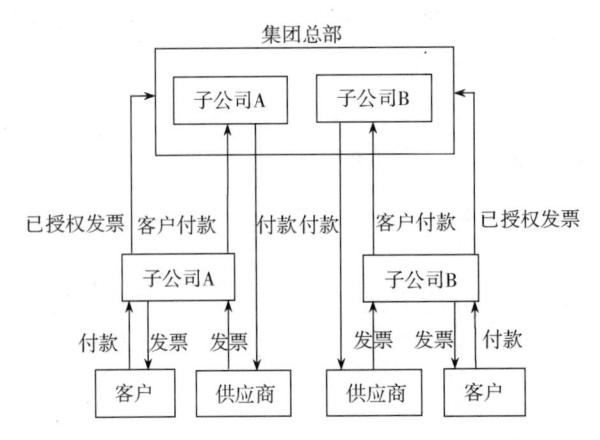

图 7-1 集团总部负责所有支付及现金余额管理

2. 集团总部负责大额付款及现金盈余管理

集团总部负责大额付款及现金盈余管理如图 7-2 所示。这种框架允许子公司在特定支出限额内从各自账户中付款。从客户处收到的款项存入子公司账户，但现金盈余应转入总部账户，以便进行大额支付。子公司负责收款和分期付款，总部控制大额支出。

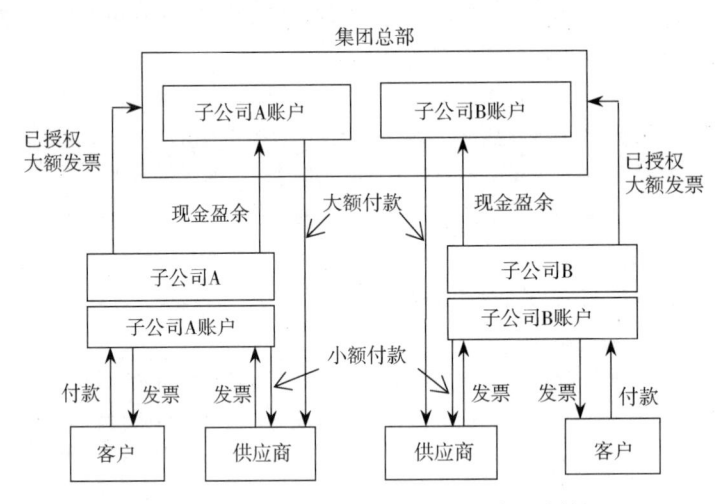

图 7-2 集团总部负责大额付款及现金盈余管理

（四）现金集中管理策略

（1）财务中心或财务管理总部对集团的整体现金流量和流动性进行管理，制定统一的政策。

（2）与 1~2 家银行建立良好的关系以便进行现金处理和转账活动是极其重要的。银行一经选定，不要轻易更换。

（3）采用适当的资金筹划方式。

1）账户合并方式。账户合并是将企业集团几个不同账户的现金余额并入一个账户，该账户通常被称为"现金池"。账户合并可以更有效地运用资金，通过大额投资获取更高收益，消除透支。合并筹划可以是自动进行的，企业要求银行在每天结束后将特定账户余额转入一个账户。

2）净额结算方式。净额结算可以在集团各子公司经常进行交易的情况下运作，各子公司仅收取或支付交易净额而不必按发票金额支付。

四、现金流量自动化管理

大型企业，特别是企业集团更需要有效的自动化现金流量管理系统。现金管理自动化系统会根据使用目的和设计不同而变化。其中一些自动化系统在企业内部建立，而另一些则由银行向其客户提供。

（1）企业可以在内部建立自动现金管理系统，以提高现金管理的速度和灵活性。

例如，建立在电算化模型上的现金预测。企业可以使用一个与企业分类账直接连接的在线支付系统，开具支票或银行转账支付的要求可以从一个遥远的终端输入中央计算机。每个要求都应被确认以便确保该交易由已获得授权的人员办理且支付手续完整。之后，相关的经理人员会对付款进行在线授权，由系统自动打印支票，或发送银行转账指令。

（2）电子银行系统的优点来自它的速度和信息的有效性，并且以更低的成本获得更高的准确性，同时银行提供专业理财服务，可以帮助企业对现金进行更好的决策和控制。

电子银行系统所花费的成本应小于该系统带来的收益。除偶然情况外，对于那些现金流量均能够较好地预测的企业来说，余额信息与当日交易信息可以在每天较早的时间通过电话从银行处取得。这是获取全部所需信息的一种成本较低的方法。

（3）银行向大中型企业提供自助银行服务系统，可以使企业财务人员通过自己办公室的个人计算机终端进入电算化信息系统及银行的支付系统。

各银行系统的特色会有所不同，并且所提供的服务可以根据企业的需求与规模定制。电子银行系统主要提供余额报告与交易报告、资金划转、决策支持等服务。

第三节 现金流量管理细述

一、现金流量预测

（一）现金流量预测的种类

所有的企业都应该对未来的现金状况进行预测。预测必须有目的性，并且预测所提供的信息也必须有使用价值。如果没有目的和用途，编制预测就没有任何意义。根据环境的不同，现金预算的目的也各不相同。如果预测为赤字，企业可以据此做出筹资安排；如果预测为盈余，企业可以对如何应用盈余现金做出计划。

1. 现金赤字的预测

现金预算的重要性在于保证企业在需要的时候，以可接受的成本筹集到足够的现金。现金预算也可以通过估计以下四个方面的因素，对所存在的流动性问题做出早期预测，即需要多少现金、什么时候需要、需要多长时间，以及是否可以从期望的来源获得现金。现金流量的时间与它的数量一样重要，因为这是企业决定何时安排筹资、安排多个长期限筹资的依据。

（1）企业必须为预测到的现金赤字进行筹资。如果企业不能够弥补现金赤字，包括不能重新安排已到期的债务，那么它就面临破产的危险。现金预算可使管理层有时间与银行协商筹资计划。如果企业已经事先做好了计划，就可以在需要借款时比较从容地做出决策，甚至还可能获得一个较低的利率。如果企业是为了避免现金危机而匆忙采取应急措施，此时，企业的信用等级可能已经急剧降低,信用风险提高,要想获得额外的资金非常困难。在有些情况下,银行会对资金使用进行限制并提高利率,甚至出现任何的利率水平都无法筹到资金的情况。

(2)因为现金预测将对筹资决策产生影响,预测应该尽可能地准确。但是要使预测完全准确也极为困难,因而一个企业应该拥有自己的或有资金筹资渠道。对非银行企业来说,用于满足或有资金需求的渠道可以是盈余现金余额、短期投资或者银行信用额度。由于不同企业的现金循环周期不同,现金流量规划所使用的方法不同,每个企业所需的或有资金的额度也各不相同。对于银行来说,或有资金应该是可以从其他银行或央行获得的资金,尽管要为此付出一定的费用。

2. 现金盈余的预测

如果预测有现金盈余,并知道盈余的数额和持续时间,将有助于对现金盈余做出最佳投资决策、规划合理的资金使用组合,并及时地把握各种有利的投资机会。如果企业能够准确地预测未来现金净流入,并合理地规划这些现金流量的使用、预测相应的收益,当把这些信息提供给证券市场上的分析师和投资者时,将对公司股票的市场反应起到积极作用。

(二)编制现金流量预算的基本要素

管理层必须为现金预算的编制建立一个组织结构和方针。虽然制定各种类型预算的方针在一定程度上各不相同,但应考虑的基本要素如表 7-7 所示。

表 7-7 编制现金流量预算的基本要素

基本要素	内 容 阐 释
预算的密度	现金预算的密度包括三个方面的内容。 • 时间跨度,是指预算能涵盖多长时间。 • 间隔时间,是指多长时间编制一次现金预算,可以是日现金预算、周现金预算、月现金预算、季度现金预算、年度现金预算。通常预算的时间跨度越长,预算的时间间隔就越长。 • 预算的空间范围。当企业的经营业务领域在两个以上不同的国家投资时,可以分别编制一个经营单位的现金预算、集团的合并现金预算,或者一个币种的现金预算等。企业之间现金预算的密度不同,它取决于管理层认为需要什么样的信息。影响因素可以是企业规模大小、地理范围、经营币种的数量、现金管理集权的程度以及现金流量的大小和规划周期等
准确性与假设条件	在现金预算中总存在一些收入或支出的要素比其他要素更易被预测,这些要素根据企业的情况不同而各不相同。然而,即使是收入与支出中的可预测项目通常也不可能被完全准确地预计出来,因此,任何预测都必须能明确预测编制所依据的基础。通过一个明确说明的假设,可以对预测数值进行仔细的验证,如果假设是模糊不清的,则应该尝试其他的可选假设。这样当现金预算与实际现金流量存在差距时,企业就可以更容易地找到原因。实际现金流量总是不可避免地与预算存在差距,管理层应该可以确认什么时候实际现金流量与预算产生了差距、产生差距的原因,以及需采取什么样的措施来保证企业现金的流动性。企业为保证预算的准确性、相关性与及时性,应该对预算进行修订。例如,每月对下三个月的预算进行修订,或在临近预算年度的期末时每月或每季对预算进行修订。经过修订的预算,更有利于进行差距分析,从而寻求原因和解决办法
现金预算模式	企业常见的做法是以电算化模式编制现金预算。对一个大型企业来说,已选定的软件应是整个财务系统软件包的一部分,这样能够取得共享的信息基础。而小型企业通常仅建立一个电子表格模型。显然前者在灵活性、可选假设的验证、实际现金流量与预算的差异比较与分析,以及修订现金预算或编制新的滚动预算等方面,具有更多的优势;但是后者对于小型企业而言可能更经济实用。当然对电算化模式和手工模式来说,现金预算的原则都是相同的

（三）现金流量预测的方法

现金预测可分为以现金流量为基础的预测、以资产负债表为基础的预测、及以利润为基础的预测三大类（见表 7-8）。

表 7-8　现金流量预测的方法

方　　法	内　容　阐　释
以资产负债表为基础的预测更适合作为战略预算	在为资产负债表的其他项目做出预算之后，现金盈余或赤字就是它们的余额。战略现金预算涵盖一个较长的时期，但是战略经营规划仍然应以量化方式而不是定性化的方式来编制，从而描述企业或集团在采纳了特定的战略之后其未来资产负债表的表现形式。战略规则应考虑为实现特定的战略所需资金数额、所需资金的来源（包括内部产生的现金流量）战略对流动性和资本结构的潜在影响。此外，它还可以被用来检验以现金流量为基础的预测可行性。将资产负债表预测中的估计因素考虑进去后，预测资产负债表应与现金预算中的净现金变动大体相等。也就是说，现金流量的预算应当符合战略规划的基本要求。 基于资产负债表的预测有以下几点局限性。首先，由于必要假设的相关范围有限并且预测的时期过长，它们的精确性受到限制，通常它们只能粗略地估计出未来的筹资需求和现金盈余；其次，与基于现金流量的预算不同，它不能用于操作和控制；最后，跨国集团很难编制这种预测。集团的资产负债表可以根据各个分部的资产负债表来编制，但当涉及若干个国家的货币时编制集团的资产负债表就很困难，因为分部和总部所使用的记账货币之间的汇率不能确定。对集团中不同国家的分部或子公司之间现金划转的预测也存在困难。如果预计有盈余现金的分部或子公司不愿把盈余现金转入总部以帮助集团的其他分部，那资金缺口可能就会比预期的大
以利润为基础的预测也很适合 1~2 年期的战略规划	用年度利润的估计数，估算预算期内现金流量变化的大概情况。在这种方法下，现金预测以息税前利润（EBIT）预测为基础，将经营利润预测转化为付现支出预测。方法之一是将每年的非付现费用加回去，再扣除其他（非经营性）现金流量，包括利息支出、股息和资本性支出，并根据预期的负债变动（如偿还到期债务或到期债券）进行调整。据此，企业管理层可以大略地估计出未来现金流量是否能满足今后需要
以现金流量为基础的预测	它是指对预测所覆盖的每个时期的现金流入、流出、净现金流量以及现金余额变动的数额和期间做出预测。以现金流量为基础的预测包括涵盖一年或更短时期的现金预算和仅涵盖几天的短期预测。 以现金流量为基础的现金预算说明了预算期内的现金流入与流出情况。现金流入可以来自现金销售、应收账款的回款、固定资产的处置、新股或债券的发行以及外部投资的股息和利息的收取。现金流出可能是为了购买股票、支付工资或其他费用、资本性支出以及支付利息、股息和税款。编制时应当考虑到并非所有的支出都是损益账户项目，如购置固定资产或支付税款。现金流入与流出和销售收入与成本也并不相等，因为损益账户中的一些成本不是现金支出项目，而是会计惯例中规定的成本，如处理固定资产的收益和损失、固定资产折旧。同时，现金流入与流出的时间与损益账户中相关收入和成本入账的时间并不一致。为编制现金预算，应逐个考虑现金流入与流出中的项目，并为每个项目编制现金预算。由此可见，以现金流量为基础的预测更适用于对具体经济业务类型进行分析和控制

(四)现金流量预测用于管理控制

因为现金是很关键的资源,为实现现金流量管理,现金目标也是业绩目标的一个部分。这个现金目标是企业整体现金预算的结果,用于明确经理们所负责的领域应该怎样增加现金流量,并通过实际现金流量与预测值的差异,分析目标是否能被实现及其原因在哪里。实现现金目标的责任应该交给处于控制现金流量最佳位置的经理。现金目标的一个好处,就是所有负责实现现金目标的分部经理与总经理同样会更多地意识到现金及其管理的重要性。作为现金意识管理文化的一部分,所有经理都应该完全理解现金流量与流动性之间的联系以及企业对流动性的需要。有人甚至认为,企业应该将现金流量业绩作为年度红利计划的基础,并应该根据经理为企业所带来的或节约的现金来发放红利,而不是根据太过抽象的利润。

现金目标必须是可计量的,这样实际完成情况才能与目标进行比较。通常为各经营部门或分部设定的现金目标如表 7-9 所示。

表 7-9 现金目标

目 标	内 容 阐 释
每期的净现金流量	现金流量目标既强调要求管理层控制流动性,也强调要求创造利润。对分部或子公司来说,净现金流量的目标在很大程度上与利润目标是相同的。如果分部创造出利润,那么也会从中创造出盈余现金。造成现金流量与收益不同的原因包括:资本性支出;计入损益却不是现金支付项目的折旧;营运资金中的额外现金支出(占用)。通常,业务的持续获利能力依赖于持续的资金投入,如果仅强调利润指标,可能对持续发展能力造成不利的影响。此时,企业可以通过设定包含对资本性支出和营运资金进行控制的现金目标来提醒管理层注意,目标中既包括对资本性支出的控制责任,也包括对营运资金的控制责任
月末的现金余额	企业应该逐月建立净现金流量目标,或者为截至每个预测期末的现金余额设定目标,如截止到每个月末。这种方法提供了年度内的累积目标,通过这种方法,各月间的波动、预算与实际现金流量之间的差异有望在一年的进程中得到平衡
向总部转入资金的目标	在一个大集团中,包括跨国公司,很大部分的现金管理可以授权给子公司。但是通常同时订立向总部转入资金的目标,即一定的期间内或在一定日期前须将目标数额的资金转入总部。在每个子公司中,管理层负有确保目标得以实现的责任,实现目标的手段要符合企业的限制条件。例如,不允许子公司为了实现向总部转入资金的目标向当地银行贷款
平均盈余资金或未使用的贷款余额	盈余资金或未使用贷款余额的目标属于流动性目标。它们有别于每月净现金流量目标或月末现金余额目标,因为它们还涉及了企业的筹资水平。这些目标更适用于负责筹集额外资金或投资盈余现金的管理。例如,可以为月末的盈余现金或未使用的贷款余额设定一个最小目标额,以确保能够借助应急资金避免潜在的流动性危机
利息费用目标	对于过度借款企业的分公司来说,设定最高利息费用目标非常有用。例如,可以将目标设定为利息费用不能超过贷款总额的一定比例。如果企业利用外币贷款来进行国内投资,那么币种间的汇率波动所带来的任何利得或损失都应该包括在内
浮游期目标	企业收到客户付款与该笔款项实际进入企业银行账户之间的时间差为浮游期。企业应该为此设定目标。在大多数情况下,这一目标被用作应收账款部门的业绩目标

二、现金流量分析

不同的信息使用者进行现金流量分析的目的不同。外部人对企业的评价机制将对内部行为起到导向作用,因此那些受到外部人关注和分析的指标,也将成为内部人关注和着力改善的目标。

在这里主要介绍出于证券分析目的而进行的现金流量分析，它用于评价和预测对企业价值有重要影响的现金流量情况，其中很多分析和计算思路都能够用于公司内部的现金流量管理。同时，将介绍公司内部用于分析现金流转情况的方法，其中有些分析方法的基础是公司外部无法获得的信息。

（一）现金流量表中各项目分析

直接法提供的信息更加符合现金流量分析的需要，间接法提供的信息也需要还原成经营活动的各具体类型的现金流量信息才有助于现金流量分析。

1. 对筹资活动现金流量的分析

经营活动产生的净现金流量减去投资活动使用的净现金流量再减去现金余额的增加，决定了筹资活动产生的净现金流量。筹资活动产生的现金流量的构成仍具有很高的相关性。

（1）对于债务融资决策的分析，现金流量分析师通常希望判断公司在债务融资上的增长是否可取。

（2）债务融资的动因可能有多种。

（3）债务的构成也是现金流量分析应当关注的内容，包括长短期债务的组合情况、债务的利率、本息支付计划的安排是否合理。

（4）对于权益融资，现金流量分析师应检查发行的权益是引起债务与权益比率脱离还是移向最优水平。

（5）大多数人都认为现金股利的支付是一个重要信号机制。

当现金股利增加时，管理层暗示其预期未来现金流量较好，因此能发放较高水平的股利。当公司减少其现金股利时，市场把它解释为有关未来现金流量的不利信号，未来现金流量预计不能够负担现有水平的现金股利。

2. 对投资活动现金流量的分析

在投资活动现金流量项目下，公司披露在资本支出、公司收购、金融工具上的投资、对未合并子公司的投资等每项投资活动也可能有反向的投资活动。具体项目分析如下：

（1）现金流量分析师应调查研究公司在会计期间的资本支出及固定资产的报废。

（2）公司在其未来的扩张上，除通过资本支出实现内部扩张外，还可以通过收购来投资于其他企业的现有业务。

（3）现金流量分析师应该检查对未合并子公司（公司拥有其50%股票的公司）的追加投资、对联营企业的投资，以及对其他金融工具的投资，分析投资的理由，并评价这些投资的潜在未来现金流量后果。

（4）虽然现金流量表的编制准则已经逐步完善，但是报告要求仍然存在模糊的地方，这导致了实践中会有不同的处理方法。

（5）大多数情况下不仅要关注交易的现金部分，还要关注非现金部分和未来可能形成的现金部分。

3. 对经营活动现金流量的分析

（1）经营活动现金净流量。经营活动产生的净流量意味着公司能够从持续经营活动中产生的，或者需要花费的现金数。最理想的情况是，公司在每一期间，都能从经营活动中产生现金。现实中，许多财务状况良好的公司在大多数期间能从营业活动中产生现金，但对于某一些特殊的时期，其经营活动现金也可能出现净流出的现象。为此，首先，要考虑企业所处的生命周期；

其次，应当考虑企业生产和销售的季节性；最后，就是生产长期合同产品的制造商，必须在生产初期投入资金进行机械改进以适应新产品的生产，并购进存货。但是无论如何，从长期来看经营活动产生的净现金流量还应该是正的，所以如果经营活动产生的现金流量长期为负，则现金流量分析者应予以仔细审查。

（2）经营活动现金流量构成。在这一分析过程中，应收账款、存货等对于流动性影响较大的项目应成为重点，因为它们将直接影响经营活动的现金流入量、流出量和时间。同时应当区分可持续的项目和意外项目，这对于预测未来的现金流量极为重要。具体分析如下：首先，实际现金流入主要来源于应收账款的现金收回，因此，企业收回应收账款的难易程度是其财务灵活性的重要决定因素；其次，如果发现现金净流量的减少是因为支付给职工和供应商的现金大幅上升，已经超出了来自客户的现金流入增加的比例，那么现金流量分析师应查明公司是否处于不良的经营形势；再次，存货周转率降低也是引起现金净流量减少的重要因素，其原因可能是企业的产品不是客户所需要的，或者产品本身没有问题，而是销售方式出了问题，或者其生产成本可能相对而言远远高于同行业；最后，对于关心预测未来现金流量的分析师来说，他可能还应该仔细检查其他经营现金流量是否在未来继续存在。

（二）基于现金流量的财务分析

企业进行现金流量管理的目标是获得最大的现金流量，并最有效地使用这些现金盈余，因此，基于现金流量财务分析的目的是在现金管理过程中，寻找需要注意或者采取控制措施的经济活动领域，而不是简单地为了提供几个事后分析的数字。这些现金流量的分析能够体现企业的现金循环周期、流动性、偿债能力、再投资能力及收益能力等方面的情况。

1. 现金循环周期分析

（1）现金循环周期与现金流量管理的关系。现金循环周期反映经营活动现金流量的时间流程。现金循环周期将直接影响营运资金的占用，营运资金是指一个企业维持日常经营所需的资金，即：

$$营运资金 = 流动资产 - 流动负债 = 现金 + 存货 + 应收账款 - 应付账款$$

与现金流量循环密切相关的概念是交易循环，交易循环是指从购买原材料到销售产成品之间的时间长度，现金循环是指从第一笔现金支出到最后的销售收入收取之间的时间长度，二者在时间上相互重叠。不同类型的企业都有自己交易循环和现金循环的特点，制造企业以最简单清晰的方式展示了这一流程。由于交易循环各项目持续时间不同，现金循环的流程也随之发生变化。现金循环周期的变化会直接影响所需营运资金的数额。存货在使用或出售前库存时间的延长、生产周期的延长、客户付款时间的延长，以及向供应商付款时间的缩短都会导致现金循环周期的延长。

任何缩减现金循环周期的措施都可以在现金流量方面产生巨大利益，假设某公司每年有 1 亿元的销售收入，年利率为 10%，只要缩减一个星期的现金循环周期，就能使年利润增加 19 万元（1 亿元 ÷ 52 × 10%）。但缩短后的现金周转期应确保在可预见的未来具有可持续性，不会破坏企业的经营效率。如果企业通过减少存货或增加对供应商的欠款等手段来缩短现金周转期，那么缩短后的现金周转期可能无法持续或对经营产生不利影响，最终将因不得不重新延长现金周转期而丧失所有的现金流量收益。而当现金周转期再次延长后，如果企业没有现金或无法获得商业信用，它将面临流动性危机并可能被迫退出交易。

（2）现金循环周期的计算。现金循环周期的计算方法有抽样测试计算和比率计算两种。

1）抽样测试计算是一种很耗时的方法，但在计算应收账款与应付账款的周期时可以得出比较准确的信息。通过抽取应收账款的样本，可以得出平均收款期，这一收款期可以是针对所有客户的，也可以是针对不同类别的客户组的。同理，通过对供应商付款抽取样本进行测试，则可以得到从收款到发票到支付货款的平均周期。这些抽样可以根据供应商的特征分为不同的组，如分为供应商要求在开发票后 10 日内付款、在 30 日内付款等。

2）比率计算是计算分析现金循环周期的一种更快捷的方法，通过对资产负债表和利润表进行比率分析得到，包括存货周转期、应收账款的平均回收期、应付账款的平均付款期。虽然计算的结果是个近似值，但对于分析和控制经营活动的现金流量而言，其精确性已经足够了。假设一年为 365 天，且已知销售收入和销售成本，比率计算公式如下：

$$存货周转期 = 存货平均余额 / 年销售成本 \times 365 \text{ 天}$$

$$应收账款回收期 = 应收账款平均余额 / 年销售收入 \times 365 \text{ 天}$$

$$应付账款付款期 = 应付账款平均余额 / 年销售成本 \times 365 \text{ 天}$$

存货、应收账款、应付账款的平均余额可以由它们的期初和期末余额的平均值来估计，期初和期末余额则可以从资产负债表中得到。根据企业的类型和经营的季节性，一年中会存在季节性的波动。制造企业的存货周转期可以分为以下三个方面：

$$存货周转期 = 原材料周转期（原材料库存年平均余额 / 年销售成本 \times 365 \text{ 天}）+$$
$$在产品周期（在产品库存年平均余额 / 年销售成本 \times 365 \text{ 天}）+$$
$$产成品周转期（产成品库存年平均余额 / 年销售成本 \times 365 \text{ 天}） \quad (7.8)$$

在计算存货周转期和应付账款的平均收款期时都用到了年销售成本。这是因为销售成本可以很容易地从企业年报中得到。如果可以从企业的内部管理报告中得到更详细的数据，那么更精确的计算公式如下：

$$原材料周转期 = 原材料库存平均余额 / 本期购买的原材料成本 \times 365 \text{ 天}$$

$$生产周期 = 在产品平均余额 / 本期的生产成本 \times 365 \text{ 天}$$

$$应付账款付款期 = 应付账款平均余额 \times 本期赊购成本 \times 365 \text{ 天}$$

比率计算是一种对平均值的估算，仅能提供一个对特定现金循环的估计值。单独的计算现金循环周期并不能解决任何关键的管理问题，但是如果持续使用同样的计算方法和口径，那么在比较分析各年间的变化趋势方面，这些信息是很可靠的。据此管理人员判断现金循环周期是否过长，是否应该缩短现金循环周期以减少投入的营运资金；或者现金循环周期是否过短而且不稳定，是否意味着需要在未来增加营运资金的投资。

（3）基于现金循环周转期分析的经营活动管理。通过计算现金循环周转期，可以分析评价企业提供商品和劳务全过程的效率，从而形成有效的促动。为了合理地缩短现金循环周转期，就必须从整个交易循环中可能影响现金流转速度的因素着手，包括加强存货管理、加快供货速度、确定合理的信用政策和高效的信用审批程序、优化开单和收款过程、规范付款程序等。从这些方面获得的效率提高，代表着企业在经营活动过程中竞争能力的提高，而其对于企业经济效益的影响可通过对现金循环周转期的影响来计算和评价。

2. 现金流量结构分析

现金流量结构分析可以借助三张内部报表来完成，每张报表都有自己反映的侧重点（见表 7-10）。

这三张内部报表的编制与下文将要提及的现金流量预测的三种方法相对应，对它们的分析对于现金流量的预测具有非常重要的作用。

表 7-10 现金流量结构分析

项目	内容阐释
现金收支平衡表	现金收支平衡表用于将一定周期内（一年或者一个月）的现金（包括银行存款）收支情况，按照收入、支出的类别进行分类和统计，目的在于调整资金缺口、把握资金周转情况。关于现金收支平衡表的样式，并没有明确的规定，只要符合公司自身的经营特点和战略发展计划即可。通过编制现金收支平衡表，可以一目了然地了解公司的资金平衡情况。该表侧重的是经常性项目的收支情况，可以用于分析应收账款的回收情况和应付账款的周转情况，还提醒分析人员注意存货的规模是否得到合理的规划和控制，而投资计划则必须根据现金收支情况慎重选择
资金运用表	资金运用表是将前期资产负债表和本期资产负债表进行对照，将各科目金额增减情况，从资金运用与资金筹集两个方面体现出来的一张定期（通常为一年）资金流动情况的报表。现金收支平衡表能够直接表示出资金收支情况，却不能体现资金运用与资金筹集的基本资金结构。资金运用表能够反映企业近期的偿付能力，这一点可以从资产负债表的示意图中表现出来。在对资金运用表进行分析时，首先应当着重考察那些长期资本项目的收支情况，因为这些长期资本项目的收支如果存在缺口，就意味着需要用营运资金进行补足，企业的资金营运就会非常困难。因此，分析时应当注意支付的税款和红利是否在纳税前本期利润范围内、设备投资是否在"保留盈余＋折旧＋长期贷款＋增资"范围内，以及偿还长期贷款是否在"保留盈余＋折旧"范围内。同时要分析销售债权和存货是否异常增加，短期贷款以及贴现票据等增减原因等
资金变动表	资金变动表利用前期期末与本期期末两期资产负债表，以及本期利润表编制。它可以弥补现金收支平衡表和资金运用表的缺点，显示资金的整体结构及资金流动的整体情况，也将企业的利润表和现金流量动结合起来，在分析时能够明确盈利能力与实际取得现金之间的关系。同时可以看出各项目的收支缺口，便于分析各项目的收支是否控制在合理的范围内。特别应当强调的是，在该表中经常性收支比率，即经常收入比经常支出应当大于 1。如果该比率出现小于 1 的情况，应当分析是暂时的、短期的还是经常性的现象，如果是经常性现象则应引起特别注意

三、现金流量缺口管理

（一）制定现金流量缺口应对措施

企业要在现金流量出现缺口的情况下，制定应对措施来保证企业顺利发展。

1. 迅速找出原因

企业所处环境是千变万化的，各种各样的原因都会造成某一环节上的资金积压或者资金短缺（见表 7-11）。

表 7-11 资金积压或者资金短缺的原因

原因	内容阐释
资本不足及盲目投资	随着社会的发展和市场竞争的日益激烈化，企业为了扩大规模、增强竞争力、占领市场等原因，会采取多方投资、新建项目、扩大经营等措施。在企业资本不足的情况下，这些做法必然导致企业短期资金紧张，急需大量资金投入

续表

原　因	内　容　阐　释
经营管理不善	一些企业在发展过程中只注重开拓外部市场，忽视了企业内部管理，造成企业内部库存商品粗放管理、赊销政策不当、费用无预算或执行不力、缺少对突发事件的资金准备等多种隐患，这些因素都将导致企业现实的和潜在的资金短缺
经营方式转变	很多企业在实现经营方式转变时，由于没有充足的资金来源或者投资额过大，造成固定投入不足，没有达到预期的经营目的；或者即使固定投入足够，但由于挤占了大量流动资金，造成周转困难，效益下降
忽视企业的发展周期	许多企业在创立期和成长期，通常会出现"成长病"，即过分地扩大规模，从而导致企业力不从心，许多产品线无法经营好。由于公司层次的战略调整无法在短时间内完成，因此在一段时间内，公司会出现资金紧张的局面

2．分析企业现金状况

企业出现"现金荒"时，要对企业的现金使用和结存情况做出分析。采用数据分析的办法有助于问题的解决，数据分析法是通过针对具体的现金流量进行分析，准确地识别企业经营的核心盈利点，然后对它进行量化（见表7-12）。

表7-12　企业现金状况分析

分析内容	内　容　阐　释
确定当前可利用的现金	估计可利用的现金，应当采取保守的方法，其中包括那些能够立即变现的有价证券和现金，但是不应包括库存和不确定的应收账款。通过对现金等流动资产以及固定资产的存量进行确认使企业做到"心中有数"、量力而行
确定资金的流向	企业为了能够有效地确定资金的流向，可采取"分类账分析法"，即先寻找所有记录现金流动的账户，并把它们按照现金支出的数额由大到小进行排列，然后，对现金的进出方式、进出的起始点和参与人员进行审查，以查找与财务制度不符之处
成本收益趋势分析	根据企业所从事的不同业务领域来计算销售百分比，并分别进行成本趋势分析。这些趋势要具有很高的代表性，其中很多能够显示出相应成本发生变化的"拐点"。通过对不同业务的成本收益分析，去除不能盈利的业务，并为确定盈利所需的财务计划的制订提供基础
设计新的财务制度	在明确了现金的来源及其流向之后，针对当前的财务状况及业务状况，设计新的财务标准，并对现金进行预算。例如，在降低成本方面，重新规定人员、材料和其他直接成本、制造费用以及销售费用等；在营运资金管理方面，包括对订单处理、账单编制、应收账款、应付账款、付款方式、存货处理和现金的管理等做出新规定，其目的是使资金迅速回笼，减少资金的流出，发挥资金的使用效率

3．实施脱困计划

分析出现"现金荒"状况产生的原因后，就要制订包含最坏情况的应急计划，计划的内容不仅包括新的财务预算及规定，更主要的是要把相关利益者都考虑进来，制订出与他们进行交涉、协商的计划。我们从交涉对象方面来阐述各个方案的执行及控制（见表7-13）。

表 7-13 交涉对象

交涉对象	内 容 阐 释
与贷款人交涉	事实上,很多贷款人都不会采取极端措施,因为破产对于他们而言不是一个有吸引力的结果。所以,有必要对贷款人的实力、心理和态度进行必要的事前了解。因此,首先,企业应在专家的帮助下,通过对问题的诊断分析,制订一个包括最好情况和最坏情况的脱困计划,用脱困计划向贷款方表明其有能力偿还贷款。其次,企业应为贷款人提供必要的抵押品或担保。再次,采取"无赖"策略,以破产作为砝码向贷款人施压,但是采用这一招要选好对象。一般来说,小银行或低利润的银行贷款人,其承受损失的能力是有限的,可以对其"要无赖";而对于有实力的银行贷款人来说,这样做反而会弄巧成拙
与购销债权人交涉	企业在无法获得贷款的情况下,为了维持下去,稳住购销债权人,并且从购销债权人处获得进一步的赊销,是非常关键的一步。与购销债权人交涉,首先,要了解对方的真实心理和砍价能力,并在此基础上,制订脱困方案。提供脱困计划是为让购销债权人明白,如果购销债权人允许企业继续经营,那么购销债权人将获得比破产更为有利的结果。其次,交涉的主攻方向是主要的供应商,因为主要的供应商已提供赊销的货物使其遭受"套牢"的威胁更大,从而继续合作的可能性也更大
与债务人协商	陷于现金困难的企业可以考虑与债务人协商或交涉,如要求提前还款、催收货款,必要时可从债务人处获得充物进行抵押、变卖。总之,企业尽可能回笼资金,哪怕给予债务人一定的优惠条件,如折扣等。此外,与债务人积极对话,寻求共渡危机的办法,可以争取债务人担保或者提供其他帮助
内部人员的协商	企业内部人员的协商涉及企业内部人员的利益分配问题。例如,减少工资、降低福利待遇等。企业通过与企业内部员工的协商,减少用于人员开销的资金或者解雇人员,这在困难时期常常能起到立竿见影的效果。另外,调动企业员工的资金也是一些企业内部协商经常使用的做法。例如,在员工内部进行集资。对于小企业来说,内部集资常常是有效的,而对于大企业来说,往往是杯水车薪,但是,它在一定程度上把个人利益与集体利益紧密地联系在一起,从而有利于发挥员工的能动性和工作的积极性
处理现有资产	当企业面临现金危机,而又不可能获取银行贷款时,唯一能够变现的就是现有资产。企业的资产可以用于抵押贷款、拍卖或直接用来充抵债务,流动债权可以用来贴现,存货可以用来贱卖。通常情况下,企业应当把握以下的原则:首先处理流动资产优先,而其中又以对非存货的处理优先考虑,除非企业不再经营此种产品,对存货的处理应当以原材料和半成品为先;其次是资产的抵押贷款;最后是固定资产的拍卖和贱卖

4. 制订外部筹资计划

解决企业资金短缺的办法可以归纳为两种:一是从外部筹资,从外部筹资要根据企业的自身条件选择不同的方式,主要有发行新股、发行债券、信贷筹资、抵押贷款等;二是从内部寻找所需要的资金,如加快存货的周转、加速收回应收账款、合理利用信用资金等。企业内部资金是有限的,并且需要较长周期才能集中起来,而企业发行股票和债券,一方面需要政府政策的许可,另一方面也需要较长时间才能融入资金。所以,在企业面临短期资金缺口的情况下,可以通过信贷、抵押、应收账款等进行短期筹资。企业在进行外部筹资时,要综合考虑筹资规模、筹资成本、筹资渠道、筹资期限、筹资时机、筹资风险和筹资政策等多种因素。

5. 立即组建团队

企业要立即组建一支跨职能部门的危机处理团队,其任务是迅速诊断出原因,而后制订应急计划,并且监督、保障和协助计划的实施。危机处理团队人员应当是各部门的领导层中的成员,以便确保对各部门信息的完全掌握。这是应对企业出现现金流量缺口的组织保证。

总之,企业在出现现金流量缺口时,一方面要制定紧急应对措施,挖掘企业内外部资源,缓解资金压力;另一方面要积极拓展外部筹资渠道,保证企业有足够的现金流入满足现金支出的需要。

(二)预测短期筹资规模

企业出现现金流量缺口时,需要筹集资金。而所需资金规模是筹集资金的数量依据,必须科学合理地加以预测。通过一定的预测方法,对企业所需资金科学估算,使企业既能满足资金支出的需要,又不至于融入冗余资金、增加筹资成本。

1. 销售比率法

销售比率法是根据销售额与资产负债表和利润表有关项目之间的比例和敏感关系,预测各项目短期资金需要量的方法。销售比率法能为现金流量管理提供短期预计的财务报表,以适应外部筹资的需要,且易于使用。其缺点是若有关销售百分比的假定与实际不符,据以进行预测就会得出错误的结果。因此,在有关因素的关系发生变动的情况下,必须相应地调整原有的销售百分比。

运用销售比率法,一般是借助于预计利润表和预计资产负债表。通过预计利润表预测企业留用利润这种内部资金来源的增加额;通过预计资产负债表预测企业资金需要总额和外部筹资的增加额。

(1)编制预计利润表,预测留用利润。预计利润表与实际利润表的内容、格式相同。通过编制预计利润表,可预测留用利润这种内部筹资的数额,也可为编制预计资产负债表预测外部筹资数额提供依据。

现将编制预计利润表的主要步骤归纳如下:

①收集基年实际利润表资料,计算利润表各项目占销售额的百分比数。

②取得预测年度销售额预计数,用此数乘以基年实际利润表各项目占实际销售额的比率,计算预测年度预计利润表各项目的预计数,并编制预测年度预计利润表。

③利用预测年度税后利润预计数和预定的留用比例,测算留用利润的数额。

(2)编制预计资产负债表,预测外部筹资额。预计资产负债表与实际资产负债表的内容、格式相同。通过编制预计资产负债表,可预测资产、负债和留用利润等有关项目的数额,进而预测企业需要外部筹资的数额。

运用销售比率法要选定与销售额有稳定比率关系的项目,这种项目称为敏感项目。敏感资产项目通常包括现金、应收账款、存货、固定资产净值等项目,敏感负债项目通常包括应付账款、应付费用等项目。这里包括固定资产净值指标是假定折旧产生的现金即用于更新资产,同时其资金占用额与销售额有较密切的联系。对外投资、短期借款、长期负债和实收资本通常与销售额的多少没有直接的联系,不属于在短期内的敏感项目,留用利润也不宜列为敏感项目。

【例 7-1】 智董公司 2×16 年实际销售收入 15 000 000 元,2×17 年预计销售收入为 18 000 000 元。试预计 2×17 年资产负债表并预测外部筹资额。

根据上列资料,编制该企业 2×17 年预计资产负债表,如表 7-14 所示。

现将编制预计资产负债表的主要步骤归纳如下:

①取得基年资产负债表资料,计算其敏感项目与销售额的百分比,并列在上表的第(1)(2)栏中。

表 7-14　2×17 年预计资产负债表　　　　　　　　　　　　单位：元

项　　目	2×16 年实际数（1）	2×16 年销售比例（%）（2）	2×17 年预计数（3）
资产：			
现金	75 000	0.5	90 000
应收账款	2 400 000	16.0	2 880 000
存货	2 610 000	17.4	3 132 000
预付费用	10 000	—	10 000
固定资产净值	285 000	1.9	342 000
资产总额	5 380 000	35.8	6 454 000
负债及所有者权益：			
短期借款	500 000	—	500 000
应付账款	2 640 000	17.6	3 168 000
应付费用	105 000	0.7	126 000
长期负债	55 000	—	55 000
负债合计	3 300 000	18.3	3 849 000
实收资本	250 000	—	250 000
留用利润	1 830 000	—	1 992 000
所有者权益合计	2 080 000	—	2 242 000
追加外部筹资额	363 000	—	—
负债及所有者权益总额	5 380 000	—	6 454 000

②用 2×17 年预计销售收入 18 000 000 元，乘以第（2）栏所列的比率，求得上表第（3）栏所列示的敏感项目金额。

第（3）栏的非敏感项目按第（1）栏数额填列。

至此，确定了第（3）栏中除留用利润以外的各个项目的金额。

③确定 2×17 年留用利润增加额及资产负债表中的留用利润累计额。留用利润增加额可根据利润额、所得税税率和留用利润比例来确定。2×17 年累计留用利润，等于 2×16 年累计留用利润加上 2×17 年留用利润增加额。若 2×17 年的利润额为 540 000 元，所得税税率为 40 010，税后利润留用比例为 50%，则 2×17 年留用利润增加额为：

$$540\ 000 \times (1 - 40\%) \times 50\% = 162\ 000（元）$$

2×17 年累计留用利润为：

$$1\ 830\ 000 + 162\ 000 = 1\ 992\ 000（元）$$

从需要的筹资总额［第一步得到的（6 454 000 - 3 849 000）-（5 380 000 - 3 300 000）= 525 000 元］中减去内部筹资额 162 000 元，可求得需要的外部筹资额 363 000 元。

④加总预计资产负债表的两方：2×17 年预计资产总额为 6 454 000 元，负债及所有者权益总额为 6 091 000 元，其差额为 363 000 元。它既是使资产负债表两方相等的平衡数，也是需要的外部筹资额。

2. 线性回归分析法

线性回归分析法是假定资金需要量与营业业务量之间存在着线性关系，在建立数学模型后，根据有关历史资料，用回归直线方程确定参数来预测资金需要量的方法。其预测模型为：

$$y = a + bx$$

式中，y 为资金需要量；a 为不变资金；b 为单位业务量所需要的变动资金；x 为业务量。

不变资金是指在一定的营业规模内，不随业务量增减的资金，主要包括为维持营业而需要的最低数额的现金、原材料的保险储备、必要的成品或商品储备以及固定资产占用的资金。变动资金是指随着业务量变动而同比例变动的资金，包括在最低储备以外的现金、存货、应收账款等所占用的资金。

利用历史资料通过该预测模型确定出 a、b 的数值以后，即可预测一定业务量 x 所需要的资金数量 y。

【例 7-2】 贵琛公司 2×05—2×09 年的产销量和资金需要数量如表 7-15 所示。假定 2×10 年预计产销数量为 78 000 件。试预测 2×10 年资金需要总量。

表 7-15 产销量与资金需要量表

年　　度	产销量 x（万件）	资金需要量 y（万元）
2×05	6.0	500
2×06	5.5	475
2×07	5.0	450
2×08	6.5	520
2×09	7.0	550

预测过程如下：

（1）根据表 7-16 的资料，计算整理出表 7-16 的数据。

表 7-16 回归直线方程数据计算表

年　　度	产销量 x（万件）	资金需要量 y（万元）	xy	x^2
2×05	6.0	500	3 000	36.00
2×06	5.5	475	2 612.5	30.25
2×07	5.0	450	2 250	25.00
2×08	6.5	520	3 380	42.25
2×09	7.0	550	3 850	49.00
$n = 5$	$\sum x = 30$	$\sum y = 2\ 495$	$\sum xy = 15\ 092.5$	$\sum x^2 = 182.50$

（2）将表 7-16 的数据代入下列联立方程组：

$$\begin{cases} \sum y = na + b \sum x \\ \sum xy = a \sum x + b \sum x^2 \end{cases}$$

得到：

$$\begin{cases} 2495 = 5a + 30b \\ 15092.5 = 30a + 182.5b \end{cases}$$

求得：$a = 2\,050\,000$ 元，$b = 49$

（3）将 $a = 2\,050\,000$，$b = 49$ 代入 $y = a + bx$ 中，得：

$$y = 2\,050\,000 + 49x$$

（4）将 2×10 年预计产销量 78 000 件代入上式中，测得资金需要量为：

$$2\,050\,000 + 49 \times 78\,000 = 5\,872\,000（元）$$

通过销售比率法和线性回归法对企业短期所需筹资规模进行预测，使企业融入合理资金，既不会因为多融入资金而使企业负担更多成本，又不会使企业缺少资金陷入支付困境。

（三）运用银行信贷进行缺口管理

企业通过筹资补偿现金流量缺口时，除商业信贷之外，银行信贷也是企业获得短期筹资的重要渠道。随着市场经济的日益发展，企业向银行借款成为一种广泛使用的筹资方式。

1. 银行信贷的优缺点

企业向银行短期借款可以随企业的需要安排，灵活使用，且取得较简便。但其突出的缺点是短期内要归还，特别是在带有诸多附加条件的情况下更使风险加剧（见表 7-17）。

表 7-17　银行信贷优缺点

项　目		内　容　阐　释
银行借款的优点	筹资速度快	企业发行证券筹集资金所需时间一般较长。而银行借款与发行证券相比，一般所需时间较短，可以迅速地获取资金
	筹资成本低	利用银行借款所支付的利息比发行债券所支付的利息要低，另外，也无须支付大量的发行费用
	借款弹性好	企业与银行可以直接接触，可通过当面商谈，确定借款的时间、数额和利率。在借款期间，如果企业情况发生变化，也可与银行进行协商，修改借款的数量和条件。借款到期后，如有正当理由，还可延期归还
银行借款的缺点	财务风险较大	企业向银行借款，必须定期还本付息，在经营不利的情况下，可能产生不能偿付的风险，甚至导致破产
	限制条件较多	企业与银行签订的借款合同中，一般都有一些限制条款，如不准改变借款用途、限制企业借入其他长期资金等，这些条款可能妨碍企业的筹资、投资活动

银行机构遍布全国各地，吸收了大量企业、个人和单位的存款，资金充裕，因此成为企业所需资金的重要来源。通过银行信贷筹集企业资金，成为弥补企业现金流量缺口的重要方式。

2. 短期借款的种类

短期借款是企业向银行和其他非银行金融机构借入的期限在一年以内的借款，一般是向商业银行借款。银行在信用基础上贷款给企业，企业借款要遵守信誉，到期偿还，并支付一定的利息。按照贷款有无担保，银行信贷可分为信用贷款和担保贷款。

（1）信用贷款，是指以借款人的信誉或保证人的信用为依据而获得的贷款，企业取得这种贷款，无须以财产做抵押。对于这种贷款，由于风险较高，银行通常要收取较高的利息，往往还附加一定的限制条件。

（2）担保贷款，包括保证贷款、质押贷款和抵押贷款。保证贷款是指按《中华人民共和国担保法》(简称《担保法》)规定的保证方式,以第三人承诺在借款人不能偿还借款时,按约定承担一定保证责任或连带责任而取得的贷款。质押贷款是指按《担保法》规定的质押方式,以借款人或第三人的动产或权利作为质押物而取得的贷款。抵押贷款是指按《担保法》规定的抵押方式,以借款人或第三人的财产作为抵押物而取得的贷款。如果贷款到期借款企业不能或不愿偿还贷款时,银行可取消企业对抵押品的赎回权,并有权处理抵押品。

3. 借款的信用条件

向银行借款往往需要附带一些信用条件,如表 7-18 所示。

表 7-18 信用条件

项 目	内 容 阐 释
信贷额度	信贷额度亦贷款限额,是借款企业与银行在协议中规定的可得到的最高借款限额。通常在信贷额度内,企业可以随时按需支用借款。但是企业如果超过规定限额继续向银行借款,银行则停止办理。此外,如果企业信誉恶化,即使银行曾经同意按信贷限额提供贷款,企业也可能得不到借款。这时,银行不承担法律责任
周转信贷协定	周转信贷协定是银行具有法律义务地承诺提供不超过最高限额的贷款协定。在协定的有效期内,只要企业借款总额未超过最高限额,银行必须满足企业任何时候提出的借款要求。企业享用周转协定,通常要对贷款限额的未使用部分付给银行一笔承诺费用。承诺费用一般按未使用的信用额度的一定比率(如 2%)计算
补偿性余额	补偿性余额是银行要求借款企业在银行中保持按贷款限额或实际借用额一定百分比(通常为 10%~20%)计算的最低存款余额。补偿性余额虽然有助于银行降低贷款风险,补偿其可能遭受的风险,但对借款企业来说,补偿性余额则提高了借款的实际利率,加重了企业负担
按贴现法计息	银行借款利息的支付方式一般为利随本清法,又称收款法,即在借款到期时向银行支付利息的方法。但有时银行则规定采用贴现法,即银行向企业发放贷款时,先从本金中扣除利息,而到期时借款企业再偿还全部本金的一种计息方法。采用这种方法,企业可利用的贷款额只有本金扣除利息后的差额部分,因此其实际利率高于名义利率
借款抵押	银行向财务风险较大的企业或对其信誉不很有把握的企业发放贷款时,有时需要有抵押品担保,以减少自己蒙受损失的风险。短期借款的抵押品经常是借款企业的应收账款、存货、股票、债券等
分期等额偿还	贷款的偿还有到期一次偿还和在贷款期内定期(每月、季)等额偿还两种方式。一般来讲,企业不希望采用后一种偿还方式,因为这会提高借款的实际利率。而银行不希望采用前一种偿还方式,是因为这会加重企业的财务负担,增加企业的拒付风险,同时会降低实际贷款利率

除上述信用条件外,银行往往还要制定一些限制条款,如企业定期向银行提供财务报告、保持适当的资产流动性、禁止应收账款的转让等。如企业违背承诺,银行可要求企业立即偿还全部贷款。因此,企业要熟悉各种信用条件,选择适合企业需求的信用条件。

4. 计算实际筹资成本

由于不同的借款具有不同的信用条件,企业实际承担的利率将与名义利率有所差别。企业借款的筹资成本应是企业实际支付的利息,其相对数则是实际利率。计算公式如下:

实际利率 = 借款人实际支付的利息 / 借款人所得的借款

在不同信用条件下，实际利率计算方法也不同。

（1）按复利计息。如复利按年计算，名义利率为 i，借款期限为 n，则实际利率的换算公式为：

$$k = [(1+i)^n - 1] / n$$

【例 7-3】 名义利率为 8%，借款年限为 5 年，按复利计算，则实际单利利率为：$[(1+8\%)^5 - 1] / 5 = 9.4\%$。

（2）一年内分次计算利息的复利。如年利率为 i，一年分 m 次计息，借款期限为 n，则实际年利率为 k：

$$k = \left[\left(1 + \frac{i}{m}\right)^{m \cdot n} - 1\right] / n$$

【例 7-4】 名义利率为 8%，借款年限为 2 年，分季按复利计算，则实际单利为：$[(1+8\%/4)^8 - 1] / 2 = 8.6\%$。

（3）贴现率。设贴现率为 i，则实际利率为：$k = i / (1-i)$。

【例 7-5】 智董公司从银行借款 200 万元，期限为 1 年，名义利率为 8%，利息或 16 万元，按贴现法付息，则该项贷款的实际利率为：$8\% / (1-8\%) \approx 8.7\%$，或 $16 / (200-16) \approx 8.7\%$。

（4）单利贷款，要求补偿性余额。由于企业在银行中保留补偿性余额，则实际可利用的借款相应减少。设补偿性余额为 r，名义利率为 i，则实际利率的计算公式如下：

$$k = I / (1-r)$$

【例 7-6】 智董公司向银行借款 400 万元，名义利率为 8%，补偿性余额的比例为 10%，则实际利率为：$8\% / (1-10\%) \approx 8.89\%$。

（5）周转信贷协定。设周转信贷额度为 p，年度内已使用借款额为 g，承诺费率为 r，应支付的承诺费为 R，则计算公式为：

$$R = (p-q)r$$

【例 7-7】 智董公司与银行商定的周转信贷额度为 4 000 万元，年度内实际使用了 2 800 万元，承诺费率为 1.5%，企业应向银行支付的承诺费为：$(4\,000 - 2\,800) \times 1.5\% = 18$（万元）。

由于实际利率和名义利率的差别，企业在融入所需资金时，要选择那些实际利率低的信贷。

（四）运用商业信贷进行缺口管理

运用商业信贷融入资金是企业短期筹资的重要方式。商业信用产生于商品交换中，由于延期付款或预收货款而形成的企业之间的借贷关系，是一种所谓的"自发性筹资"，在短期筹资中占有相当大的比重。商业信用的具体形式有应付账款、商业汇票、票据贴现、预收账款等。

1. 商业汇票

商业汇票是在企业之间根据购销合同进行延期付款的商品交易时开具的反映债权债务关系的票据，是现行的一种商业票据。商业汇票可由销货企业签发，也可由购货企业签发，到期日由销货企业要求付款。商业汇票必须经过承兑，需要经过有关各方在汇票上签章，表示承认到期付款。

汇票承兑期限由交易双方商定，一般为 1~6 个月，最长不超过 9 个月，遇有特殊情况可以适当延长。如属分期付款，应一次签发若干不同期限的汇票。汇票经承兑后，承兑人即付款人有到期无条件交付票款的责任。

商业汇票是一种期票，是反映应付账款或应收账款的书面凭证，在财务上作为应付票据或应收票据处理。对于购买单位来说，它也是一种短期筹资的方式。采用商业汇票可以起到约期结算、防止拖欠的作用,由于汇票到期要通过银行转账结算,这种商业信用便纳入银行信用的轨道。

商业汇票根据承兑人不同,可分为商业承兑汇票和银行承兑汇票两种。商业承兑汇票,是指由销货单位或购货单位开出,由购货单位承兑的汇票。银行承兑汇票,是指由销货单位或购货单位开出,由购货单位请求其开户银行承兑的汇票。这两种承兑汇票在同城、异地均可使用。

商业汇票根据是否附息,可分为无息票据和有息票据两种。如果是无息票据,则属于免费信用。如果开出的是有息票据,则所承担的票据利息就是应付票据的筹资成本。其利率一般比银行借款的利率低,且不用保持相应的补偿余额和支付协议费,所以商业汇票的筹资成本低于银行借款成本。但是商业汇票到期必须归还,如若延期就要交付罚金,因而风险较大。

2. 票据贴现

票据贴现是持票人把未到期的商业票据转让给银行,贴付一定的利息以取得银行资金的一种借贷行为。它是商业信用发展的产物,实为一种银行信用。银行在贴现商业票据时,所付金额要低于票面金额,其差额为贴现息。银行通过贴现把款项贷给销货单位,到期向购货单位收款,所以要收利息。采用票据贴现形式,企业一方面给予购买单位以临时资金融通,另一方面在本身需用资金时又可及时得到资金。这有利于企业把业务经营搞活,把资金用活。

【例7-8】 2×17年10月1日,智董公司因销售商品收到面值为100万元、4个月期限、年利率为6%的商业承兑汇票。如果11月1日将此应收票据贴现,贴现率为8%,则:

到期值 = 本金 + 利息 = 100 + 100×(6%/12)×4 = 100 + 2 = 102(万元)

贴现利息 = 到期值×贴现率×贴现期限 = 102×(8%/12)×3 = 2.04(万元)

贴现所得金额 = 到期值 − 贴现利息 = 102 − 2.04 = 99.96(万元)

银行付给企业99.96万元,银行到期可以获得2.04万元的贴现利息。

3. 应付账款

应付账款即赊购商品,是一种典型的商业信用形式,是企业购买货物暂未付款而欠对方的账款,即卖方允许买方在购货后一定时期内支付货款的一种形式。卖方利用这种方式促销,而对买方来说延期付款则等于向卖方借用资金购进商品,可以满足短期的资金需要。

(1)灵活掌握信用条件。为了促使购买单位按期付款、提前付款,销售单位往往规定一定的信用条件。如规定"2/10,n/30",表示购买单位如在10天内付款,可以减免货款2%;全部货款必须在30天内付清。换句话说,购买单位如要延期20天付款,需要多支付2%的货款。应付账款按其利用信用条件的方式,可分为免费信用、有代价信用和展期信用三种(见表7-19)。

表7-19 应付账款信用条件

信用条件	内 容 阐 释
免费信用	免费信用是指企业无须付出任何代价而取得的信用,即买方企业在规定的折扣期内享受折扣而获得的信用,一般包括法定付款期限和销售者允许的折扣期限。前者如银行结算办法规定允许有三天的付款期限,即付款人可从收到付款通知的三天内享受免费信用;后者为一定信用条件的折扣期内购买者可享受免费信用。这两种免费信用都是有时间限制的。免费信用相当于企业获得一笔无息贷款
有代价信用	有代价信用是指企业需要付出一定代价而取得的信用,即买方企业放弃折扣代价而获得的信用。如在有折扣销售的方式下,企业购买者如欲取得商业信用,则需放弃折扣,而所放弃的折扣就是取得此种信用的代价。如"2/10,n/30"信用条件,购买者要在取得20天延期付款的情况下,多付2%的货款。对于此种有代价信用,企业应认真分析其资金成本的高低,以便决定取舍。

续表

信用条件	内 容 阐 释
有代价信用	放弃现金折扣的商业信用的资金成本可按下列公式计算：$$商业信用资金成本率 = \frac{CD}{1-CD} \times \frac{360}{N} \times 100\%$$ 式中，CD 为现金折扣的百分比，N 为放弃现金折扣延期付款天数
展期信用	展期信用是指企业在销售者提供的信用期限届满后以拖延付款的方式强制取得的信用。 展期信用虽不付出代价，但不同于一般免费信用，它是明显地违反结算制度的行为，且会影响企业信誉，是不可取的

（2）合理利用信用条件。在附有信用条件的情况下，因为获得不同信用要付出不同的代价，买方企业要在利用哪种信用之间做出决策。一般来说：

①企业如果能以低于放弃折扣的隐含利息成本（实质是一种机会成本）的利率借入资金，便应在现金折扣期内，用借入的资金支付货款，享受现金折扣。

②企业如果在折扣期内将应付账款用于短期投资，所得的投资收益率高于放弃折扣的隐含利息成本，则应放弃折扣而去追求更高的收益。当然，即使企业放弃折扣优惠，也应将付款日推迟至信用期内的最后一天，以降低放弃折扣的成本。

③企业如果因缺乏资金而欲展延付款期，则须在放弃折扣成本与展延付款带来的损失之间进行选择。展延付款带来的损失主要是指因企业信誉恶化而丧失供应商乃至其他贷款人的信用，或日后招致苛刻的信用条件。

④企业如果面对两家以上提供不同信用条件的卖方，应通过衡量放弃折扣成本的大小，选择信用成本最小（或所获利益最大）的一家。

4. 预收账款

预收账款是指销货单位按照合同和协议规定，在付出商品之前向购货单位预先收取部分或全部货物价款的信用行为。它等于向购买单位先借一笔款项，然后用商品归还，这是另一种典型的商业信用形式。对于卖方来讲，预收账款相当于向买方借用资金后用货物抵偿。对于买方来讲，相当于买入期货。预收账款一般用于生产周期长、资金需要量大的货物销售，如飞机、轮船等，生产者经常要向订货者分次预收货款，以缓和本企业资金占用过多的矛盾。

此外，企业往往还存在一些在非商品交易中产生但也是自发性筹资的应付费用，如应付职工薪酬－工资、应付水电费、应交税费、其他应付款等。应付费用使企业受益在前、费用支付在后，而且支付期晚于结算期，相当于享用了一笔借款，在一定程度上缓解了企业的资金缺口。应付费用的期限具有强制性，不能由企业自由斟酌使用，但通常不需付出代价。

企业通过商业信用在商品交易活动中吸收利用外部资金，可以有效地缓解资金紧张的局面，弥补企业现金流量的缺口，防范支付危机的发生。

（五）运用创新工具进行缺口管理

企业在管理现金流量缺口时，可以通过多种短期筹资方式加以弥补。既可以通过现有资产的抵押贷款，又可以通过现有资产让售等获得筹资。如果把现有资产产生的未来现金流量以证券的形式出售，那么企业就可以提前获得资金，这个过程就是资产证券化。作为一种新型创新筹资工具，资产证券化大大增强了企业资产的流动性，为企业管理现金流量缺口提供了工具。

1. 了解资产证券化的内涵

资产证券化（Asset Backed-Securitization，ABS），通常是指将一组流动性较差的资产经过一定的组合，使这组资产能产生可预计且稳定的现金流量收益，再通过一定的中介机构的信用加强，把这些资产的收益权转变为可在金融市场上流动的、信用等级较高的债券型证券的过程。其实质是筹资者将被证券化的资产的未来现金收益权转让给投资者，而资产的所有权则不一定转让。可以作为资产证券化的标的资产非常广泛，包括房地产抵押贷款、信用卡贷款、汽车贷款、设备租赁、消费贷款、基础设施收费、出口应收款等。资产证券化具有以资产收入为导向和成本低等特点。据有关资料显示，资产证券化交易的中介机构收取的总费用率比其他筹资方式的费用率要低。

资产证券化既可以进行长期筹资，也可以进行短期筹资，作为短期的资产证券化的一个品种是资产支持商业票据（Assets Backed-Commercial Paper，ABCP），它的基础资产一般为贸易应收款，发行的证券期限为 90~180 天，证券的偿付来源是被聚合的应收款在未来的回收。

2. 掌握资产证券化的运作流程

ABS 的运作程序如表 7-20 所示。

表 7-20　ABS 的运作程序

项　目	内　容　阐　释
确定要证券化的资产，组成资产池	企业要首先分析自身的筹资需求，然后根据筹资需求确定证券化的目标
组建特设机构，实现真实出售	一般由这些资产的原始权益人设立一个独立的实体——特设机构（Special Purpose Vehicle，SPV），然后将资产池中的资产以真实出售的方式卖给这个特设机构。SPV 是指能获得权威性资信评估机构授予较高资信等级（AAA 或 AA 级）的投资银行或其他独立法人机构，组建 SPV 是 ABS 成功运作的基本条件和关键因素
完善交易结构，进行预先评级	首先，特设机构必须与银行、券商等达成一系列协议与合同以完善交易结构。其次，请信用评级机构对交易结构进行预先的评级，也就是内部评级。特设机构根据内部评级的结果来采取相应的措施，加以改进。只要投资项目所依附的资产在未来一定时期内能带来现金收入，便可以进行 ABS 筹资
信用评级，发行评级	在完成初次评级以后，为了吸引更多的投资者，改善发行条件，降低筹资成本，就要提升所要发行证券的信用等级，即"信用增级"。信用增级完成后，再次聘请专业信用评级机构进行正式的发行评级，并将评级结果公告。接下来，将具体的发行工作交由专门的证券承销商，承销商根据评级结果和当时市场的状况来安排证券发行
获得证券发行收入，向原权益人支付购买价款	特设机构从证券承销商那里获得证券发行收入，再按资产买卖合同规定的购买价格，把发行收入的大部分支付给权益企业，从而使企业的筹资目的得以实现
实行资产管理，建立投资者应收积累金	企业的筹资目的实现以后并不意味着证券化的完成，这时还要组建一个资产管理小组对资产池进行管理
到期还本付息，对聘用机构付费	到了规定的期限后，托管行将积累金拨入付款账户，对投资者还本付息。然后还要向聘用的各类中介机构支付专业服务费。这些由资产池产生的收入在还本付息、支付了各项费用之后，若有剩余，则按协议在原权益企业与特设机构之间进行分配。至此，一个完整的资产证券化过程才算结束

资产证券化流程如图 7-3 所示。

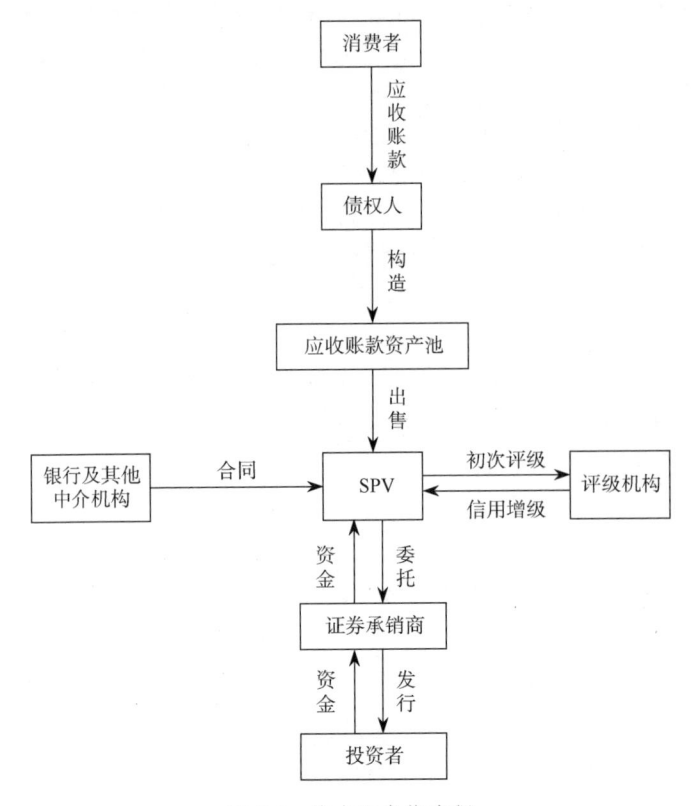

图 7-3 资产证券化流程

通过资产证券化，企业既获得了所需要的资金，又增强了资产的流动性，可谓一举两得。资产证券化已逐渐成为企业融入资金的一种新型工具。

（六）制定筹资政策进行缺口管理

随着经济的发展，一些新的筹资方式应运而生，使得筹资渠道纷繁复杂。对于企业而言，选择何种筹资方式及组合，怎样把握筹资规模以及各种筹资方式的利用时机、条件、成本和风险，这些问题都需要企业在筹资之前进行认真分析和研究。因此，企业制定最佳筹资政策需要考虑以下几个方面。

1. 企业筹资要量力而行

企业筹资需要付出成本。因此企业在筹集资金时，首先要确定企业的筹资规模。筹资过多，或者造成资金的闲置浪费，增加筹资成本；或者导致企业负债过多，无法承受偿债压力，增加经营风险。而如果企业筹资不足，则又会影响企业资金周转、投资计划及其他业务的正常开展。因此，企业在进行筹资决策之初，要根据企业对资金的需要、企业自身的实际条件以及筹资的难易程度和成本情况，来确定企业合理的筹资规模。

2. 合理确定企业筹资规模

企业在确定筹资规模时，首先要根据企业内部筹资与外部筹资的不同性质，优先考虑企业自有资金，然后再考虑外部筹资。此外，企业筹资数额多少，通常要考虑企业自身规模大小、实力强弱以及企业处于哪一个发展阶段，再结合不同筹资方式的特点，来选择适合本企业发展的筹资方式。确定企业筹资规模可以通过财务分析法和历史经验法进行计算。

3. 选择最佳筹资机会

合适的筹资机会是企业制定筹资政策的重要因素。筹资机会是指由有利于企业筹资的一系列因素所构成的筹资环境和时机。企业选择筹资机会的过程，就是企业寻求与企业内部条件和外部环境相适应的过程。有利的筹资机会能大大降低企业的筹资成本。因此，有必要对企业筹资所涉及的各种可能影响因素作综合的具体分析。

一般来说，要充分考虑以下几个方面：

（1）适应外部筹资环境，把握时机。由于企业筹资机会是在某一特定时间出现的一种客观环境，虽然企业本身也会对筹资活动产生重要影响，但与企业外部环境相比较，企业本身对整个筹资环境的影响是有限的。在大多数情况下，企业只能适应外部筹资环境而无法左右外部环境，这就要求企业必须充分发挥主动性，积极地寻求并及时把握住各种有利时机，确保筹资获得成功。

（2）由于外部筹资环境复杂多变，企业筹资决策要有预见性。为此，企业要能够及时掌握国内和国外利率、汇率等金融市场的各种信息，了解国内外宏观经济形势、国家货币与财政政策以及国内外政治环境等各种外部环境因素，合理分析和预测能够影响企业筹资的各种有利和不利条件以及可能出现的各种变化趋势，以便寻求最佳筹资时机，果断决策。

（3）企业在分析筹资机会时，必须考虑具体的筹资方式所具有的特点，并结合本企业自身的实际情况，适时制定出合理的筹资政策。

4. 寻求最佳资本结构

企业寻求最佳资本结构的关键点如表 7-21 所示。

表 7-21　企业寻求最佳资本结构的关键点

项　目	内　容　阐　释
企业筹资时，必须高度重视筹资风险的控制，尽可能选择风险较小的筹资方式	企业高额负债，必然要承受偿还的高风险。在企业筹资过程中，选择不同的筹资方式和筹资条件，企业所承受的风险大不一样。例如，企业采用变动利率计息的方式贷款筹资时，如果市场利率上升，则企业需要支付的利息额增大，这时企业需要承受市场利率风险。因此，企业筹资时应认真分析市场利率的变化，如果目前市场利率较高，而预测市场利率将呈下降趋势，这时企业贷款适宜按浮动利率计息；如果预测市场利率将呈上升趋势，则适宜按固定利率计息，这样既可减少筹资风险，又可降低筹资成本。对各种不同的筹资方式，企业承担的还本付息风险从小到大的顺序一般为：股票筹资—财政筹资—商业筹资—债券筹资—银行筹资
为了减少筹资风险，企业应采取各种筹资方式的合理组合	企业要制定一个相对更能规避风险的筹资组合策略，同时还要注意不同筹资方式之间的转换能力。例如，对于短期筹资来说，其期限短、风险大，但转换能力强
寻找风险和收益的最佳结合	企业在筹措资金时，常常会面临财务上的提高收益与降低风险之间的两难选择。那么，通常该如何进行选择呢？财务杠杆和财务风险是企业在筹措资金时通常要考虑的两个重要问题，而且企业常常会在利用财务杠杆作用与避免财务风险之间处于一种两难处境：企业既要尽力加大债务资本在企业资本总额中的比重，以充分享受财务杠杆利益，又要避免由于债务资本在企业资本总额中所占比重过大而给企业带来相应的财务风险。因此，企业在进行筹资决策时，应当在控制筹资风险与谋求最大收益之间寻求一种均衡，即寻求企业的最佳资本结构

项　　目	内　容　阐　释
寻求最佳资本结构的具体决策程序	首先，当一家企业为筹措一笔资金面临几种筹资方案时，企业可以分别计算出各个筹资方案的加权平均资本成本率，然后选择其中加权平均资本成本率最低的一种。 其次，被选中的加权平均资本成本率最低的那种筹资方案只是诸多方案中最佳的，并不意味着它已经形成了最佳资本结构。这时，企业要考虑投资者对贷出款项的要求等情况，根据财务判断分析资本结构的合理性，同时企业财务人员可利用一些财务分析方法对资本结构进行更详尽的分析。 最后，根据分析结果，在企业进一步的筹资决策中改进其资本结构

5．筹资总收益大于筹资总成本

筹资是企业财务管理的一个重要方面。企业在进行筹资之前，首先应该考虑的问题是：企业必须筹资吗？筹资后的收益如何？因为筹资则意味着付出成本，筹资成本包括既有资金的利息成本，还有可能是昂贵的筹资费用和不确定的风险成本。因此，企业需要经过深入的分析，确信利用筹集的资金所预期的总收益要大于筹资的总成本时，才有必要考虑如何筹资。这是企业制定最佳筹资政策的首要前提。

6．尽可能降低企业筹资成本

筹资成本是制定筹资政策所要考虑的重要因素之一。一般来说，在不考虑筹资风险成本时，筹资成本是指企业为筹措资金而支出的一切费用。它主要包括筹资过程中的组织管理费用、筹资后的资金占用费用以及筹资时支付的其他费用。

企业筹资成本是决定企业筹资效率的决定性因素。由于筹资成本的计算要涉及很多因素，具体运用时有一定的难度。一般情况下，按照筹资来源划分的各种主要筹资方式、筹资成本的排列顺序依次为财政筹资、商业筹资、内部筹资、银行筹资、债券筹资、股票筹资。这些仅是不同筹资方式筹资成本的大致顺序，具体分析时还要根据具体情况而定。例如，财政筹资中的财政拨款不仅没有成本而且有净收益，而政策性银行低息贷款则有较少的利息成本。对于商业筹资，如果企业在现金折扣期内使用商业信用，则没有资金成本；如果放弃现金折扣，那么，资金成本就会很高。

企业通过制定最佳筹资策略，以合理的成本获得了企业所需要的资金，解决企业现金流量不足的困难，为企业的长期发展奠定基础。

四、现金流量盈余管理

（一）确立现金流量盈余管理目标

在企业的日常经营过程中，企业会有使用现金购买原材料、股票、债券，支付股利和偿还债务本息等现金支出行为；同时，企业也会有销售商品、分得股利股息和举借外债等现金流入行为。短时间里，现金支出流和收入流一般是不平衡的，当收入流超过支出流时，就形成了现金流量盈余。现金流量盈余并不是越多越好，企业应对盈余部分进行科学的管理。企业首先要做的是确定管理目标。

保持现金流量流动性、收益性和安全性之间的平衡是现金流量盈余管理的重要目标（见表 7-22）。

表 7-22 现金流量盈余管理的重要目标

项 目	内 容 阐 释
收益性	收益性是对现金盈余管理的主要目标。企业在对盈余现金进行管理时,要通过投资于不同的有价证券获得收益。由于投资于不同的有价证券,获得的回报是不同的,因此,企业需要把现金投放到收益回报高的有价证券中去,以获得短期利润的增加。一般说来,流动性强的资产收益性低,收益性高的资产流动性差,企业在对盈余现金进行管理时,要在流动性和收益性之间做出选择,以获取最大的长期利润。到期日是影响收益性的一个重要指标
流动性	流动性又称为变现性,反映了企业把一种有价证券顺利地变成现金而不对本身价格造成重大影响的可能性。企业在对盈余现金管理时,要考虑各种有价证券的变现能力,用来支付企业经营过程中预期到和没有预期到的现金支出,防范财务风险的发生
安全性	安全性是指收回初始投资金额的可能性。安全性一般是通过与同期政府国债相比较而言的,因为国债风险较低、信用度高,到期都能还本付息。当企业把盈余现金投资于各种有价证券时,如果到期不能收回,或者收回的本息之和大大低于国债水平,则被视为存在不安全因素;如果到期能收回,而且收回的本息之和高于国债水平,则被视为是相对安全的

企业在对盈余现金进行管理时,要综合考虑自身状况。当企业盈余现金数量较多和企业未来预期现金支出较少时,可以把收益性放在首位,兼顾流动性和安全性。而当企业盈余现金不多,并且未来预期有各种现金支出时,则要把流动性和安全性放在首位,兼顾收益性。总之,企业要权衡营利性、流动性和安全性利弊,这是对现金流量盈余管理确立的目标。

(二)合理划分现金流量盈余

企业在产生现金流量盈余时,可以划分为几个不同部分,来满足现金支付的需要。企业在日常经营活动中,会有诸如缴税、付息等各种各样的支出需要,根据其属性的不同可以分为交易性需求、预防性需求和投资性需求。企业根据支付需求的不同,将盈余现金划分为三个部分(见表 7-23)。

表 7-23 盈余现金的划分

项 目	内 容 阐 释
预防性资金	预防性资金是企业为预防发生意想不到的临时性支出而持有的一部分资金。现金流量的不确定性越大,用于预防性现金的数额也就越大;反之,企业现金流量的可预测性强,用于预防性现金的数额则可以小些。另外,企业的借款能力也是影响预防性现金数额大小的重要因素。如果企业的借款能力强,则可以减少预防性现金的数额;反之,则要扩大预防性现金数额。由于这部分现金支出需求具有不可测预性,因此对这部分盈余资金管理时,首先要考虑其流动性,保证随时能够变现,用于支付其他款项。政府短期债券是安全性最好和流动性最强的货币市场工具,因此成为企业作为预防性资金的首选目标。此外,期限短、质量高的回购协议也是可选对象
交易性资金	企业为满足日常业务正常进行而持有的资金为交易性资金,这种支出需要是企业可以控制的、能够预期到的。例如,企业每季的股利支付和税收支付,还有即将到期的贷款和利息支付等。由于这部分支出需求需要企业到期支付,有着明确的支付期限,因此对这部分盈余资金管理时,在保证到期能够变现的基础上,重点考虑收益性。对这部分而言,政府债券、大额可转让定期存单、商业票据、回购协议、银行承兑汇票和资本市场优先股都是值得考虑的投资目标

续表

项　目	内　容　阐　释
投资性资金	投资性资金是企业为了获得较高的回报而进行购买有价证券等短期投资性活动而持有的一部分资金。这部分资金同预防性资金一样，没有明确的现金支出日期，从而也就没有迅速转化为现金的迫切需要，因此收益性是对这部分资金进行管理的最重要因素。一般投资于期限较长、风险较高而且流动性较低的证券上，可获得较高收益

对盈余资金的不同支出需求进行合理划分，可以在满足企业各种支出需要的同时，又能给企业带来短期收益，取得良好的经济效益。在对企业盈余资金进行划分时，首先划分出交易性资金，用来满足企业正常发展的需要；其次划分出预防性资金，用来保证企业突发性和临时性的资金需要；最后划分出投资性资金，用来获取较高的投资回报。另外，由于预防性所需资金具有突然性和数额不确定性，因此，在这种突发性现金支出数额超过预防性资金时，企业须先把投资性资金收回，或者进行短期借款，用于预防性资金需求。

企业盈余资金经过划分后的三个部分，如图7-4所示。

图7-4　企业盈余资金划分

对企业未来面对的各种资金需求进行分类，对企业的现金流量盈余部分进行合理划分，建立起相应的资金保障机制，使企业做到有备无患，从而在与同行业的竞争中处于更加主动的地位。

（三）保持最佳现金持有量

现金是非营利性资产，现金持有量过大，表明资源处于闲置状态。因此，企业必须采用一定的方法确定比较合理的现金持有量，即最佳现金持有量。成本分析模式和存货模式是确定最佳现金持有量的两种比较简便易行的方法，它们是根据现金的有关成本，分析并预测其总成本最低时现金持有量的方法。

1. 存货模式

存货模式是将存货经济订货批量模型用于确定最佳现金持有量的一种计算方法，当持有现金的机会成本与证券变现的交易成本相等时，现金管理的总成本最低，此时的现金持有量为最佳现金持有量。存货模式适用于现金流出量稳定不变的情况。

（1）公司持有现金的成本。根据存货模式计算方法，公司持有现金的成本可以分为持有成本和交易成本两类（见表7-24）。

（2）确定最佳现金持有量。通过上述分析可知，各种成本与现金持有量存在不同的比例关系，因此可以通过一张二维图来确定它们之间的关系，如图7-5所示。

表 7-24　存货模式下公司持有现金的成本

项　目	内　容　阐　释
持有成本	由于持有现金，从而放弃了短期投资，获得较高利息收益而产生的机会成本。 $$持有成本 = \frac{Q}{2} \times K$$ 式中，Q 代表现金持有量，或每次转换的现金量；K 为有价证券利率。为降低持有成本，Q 越低越好
交易成本	有价证券与现金相互转换而发生的交易费用。它仅与交易次数有关，而与交易金额无关，即： $$交易成本 = \frac{T}{Q} \times F$$ 式中，r 为一定时期内的现金需要总量；F 为每次证券交易的固定费用。为降低转换成本，Q 越大越好
现金管理总成本	现金管理总成本包括持有成本和交易成本之和，用公式表示为： 总成本 = 持有成本 + 交易成本 $$TC = \frac{Q}{2} \times K + \frac{T}{Q} \times F$$ 式中，TC 为总成本

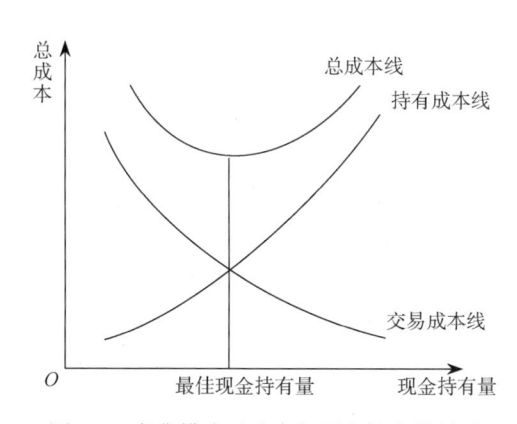

图 7-5　存货模式下成本与现金持有量关系

现金的机会成本和交易成本是两条随现金持有量不同而向不同方向发展的曲线，与两条曲线交叉点相应的现金持有量，即总成本最低的现金持有量，可以通过现金持有量存货模式求出。

（3）运用存货模型法确定最佳现金持有量的计算步骤。最佳现金持有量的确定方法：根据图 7-5 可知，交易成本线和机会成本线的交叉点即最小成本点和最佳现金持有量的组合点。因此

$$\frac{T}{Q} \times F = \frac{Q}{2} \times K$$

$$Q^* = \sqrt{2TF/K}$$

Q^* 即最佳现金持有量。

计算步骤：

①确定一定时期内的现金需要总量 T，每次证券交易的固定费用 F，有价证券利率 K；

②把 T、F、K 数值带入公式 $Q^* = \sqrt{2TF/K}$ 中；

③根据公式计算出最佳现金持有量 Q^*。

例如，智董公司现金收支状况比较稳定，预计 2×16 年全年需要的现金 5 200 000 元，现金与有价证券的交易成本每次为 1 000 元，有价证券的年利率为 10%，计算最佳现金持有量。

根据题意可知：

$$T = 5\,200\,000 \text{ 元}, F = 1\,000 \text{ 元}, K = 10\%$$

带入公式 $Q^* = \sqrt{2TF/K}$ 中；

计算出 Q^* 为 322 490 元；

即最佳现金持有量为 322 490 元。

2. 成本分析模式

成本分析模式是通过对持有现金成本的分析，来确定最佳现金持有量的一种方法。

（1）公司持有现金的成本。公司持有现金的成本一般包括机会成本、管理成本和短缺成本三类（见表 7-25）。

表 7-25　成本分析模式下公司持有现金的成本

项　　目	内　容　阐　释
机会成本	机会成本是公司把一定的资金投放在现金资产上所付出的代价。这个代价实际上就是放弃有更高报酬率的投资机会而形成的损失。现金持有量越大，机会成本越高，因此机会成本与现金持有量是成正比的。 假定智董公司年均持有 50 万元现金，一年期银行储蓄存款利率 1.98%，一年期国债收益率 2.35%。企业可以把持有的 50 万元现金存放在银行一年，可得到 0.99 万元（50 万×1.98%，税前）的利息收入，也可以购买一年期国债，可获得 1.175 万元（50 万×2.35%）的国债利息收入。所以，企业因由于持有 50 万元现金而放弃可能取得的更多回报的国债利息收入 1.175 万元，则该企业每年持有现金的机会成本为 1.175 万元
管理成本	管理成本是对企业置存的现金资产进行管理而支付的代价，包括建立、执行、监督、考核现金管理内部控制制度的成本，编制执行现金预算的成本以及相应的安全装置购买、维护成本等。管理成本是一种固定成本，与现金持有量之间没有明显的比例关系
短缺成本	短缺成本是指企业由于缺乏必要的现金资产而无法应付各种必要的开支或由于失去宝贵的投资机会而造成的损失。现金的短缺成本随现金持有量的增加而下降，随现金持有量的减少而上升，即与现金持有量呈反比

（2）确定最佳现金持有量。通过上述分析可知，各种成本与现金持有量存在不同的比例关系，因此可以通过一张二维图来确定它们之间的关系，如图 7-6 所示。

从图 7-6 可以看出，各种成本线与现金持有量之间呈现不同关系，总成本线是各种成本线之和，因此总成本线是呈抛物线型，抛物线的最低点，即成本最低点，该点所对应的现金持有量即最佳现金持有量。

（3）运用成本分析模式计算最佳现金持有量的步骤。

①根据不同现金持有量测算并确定有关成本数据；

②按照不同现金持有量及有关成本资料编制最佳现金持有量测算表；

③在测算表中找出总成本最低的现金持有量，即最佳现金持有量。

【例 7-9】　智董公司有四种现金持有方案，如表 7-26 所示。

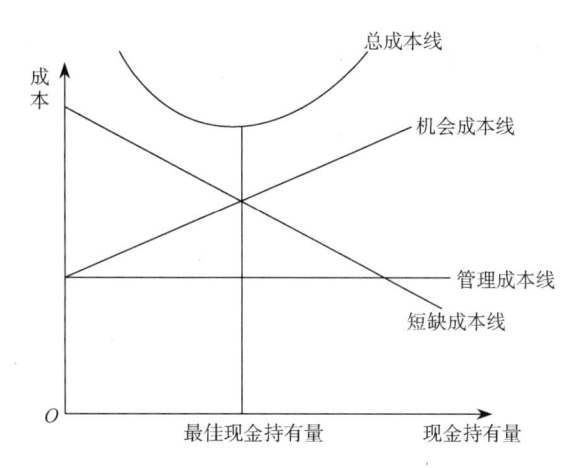

图 7-6　成本分析模式下成本与现金持有量关系

表 7-26　现金持有方案　　　　　　　　　　　　　　　　　　　单位：元

项　目	A	B	C	D
现金持有量	25 000	50 000	75 000	100 000
机会成本	2 500	5 000	7 500	10 000
管理成本	10 000	10 000	10 000	10 000
短缺成本	12 000	6 750	2 500	500

这四种方案的总成本计算结果如表 7-27 所示。

表 7-27　现金持有总成本　　　　　　　　　　　　　　　　　　单位：元

项　目	A	B	C	D
机会成本	2 500	5 000	7 500	10 000
管理成本	10 000	10 000	10 000	10 000
短缺成本	12 000	6 750	2 500	500
总成本	24 500	21 750	20 000	20 500

总成本＝机会成本＋管理成本＋短缺成本

通过对以上各方案总成本进行比较可知，C 方案总成本最低，即企业持有 75 000 元现金时，总代价最低，对企业最合适。75 000 元是该企业的最佳现金持有量。

总之，通过成本分析模式和存货模式计算出企业所需最佳现金持有量水平，既能满足企业日常业务的需要，又能最大限度地减少因持有现金而丧失的潜在收益，是企业管理现金流量盈余的有力工具。

（四）运用债券进行盈余管理

当企业盈余现金经过合理划分和保留最佳现金流量之后，需要进行短期投资，以实现资金保值增值的目的。短期投资是企业管理现金流量盈余的一个重要方面，债券作为短期投资的一个重要工具，具有自己的特点。

1. 选择债券种类

债券是债务人向债权人出具的，承诺按照约定条件支付利息、偿还本金的一种债权债务凭证，具有流动性强、安全性高和收益性高于银行存款等特点。目前债券市场主要有四种类型债券（见表7-28）。

表7-28 债券市场的四种类型债券

项　目	内　容　阐　释
记账式国债	记账式国债是由财政部通过无纸化方式发行的以计算机记账方式记录债权，并可以上市交易的债券。它具有以下特点：收益率比较高，利息收入可以免交利息税；流动性强，在国债投资期间，如果需要资金，随时可以变现，而持有期间的利息收入全部归投资者所有；品种多样，可选择性强，目前交易所交易的国债共有20个品种，投资者可以根据自身资金的期限要求，选择合理的品种，实现收益最大化
企业债券	企业债券通常又称为公司债券，是企业依照法定程序发行，约定在一定期限内还本付息的债券。其特点和国债极其类似，最大的不同就是企业债券的利息收入需要缴纳20%的利息税。但是扣除这方面的因素，其收益率仍然要高于类似的国债，是中小资金投资者的理想选择
可转换债券	可转换债券即可按一定的条件转换成股票的债券。它身兼股票和债券两个特点，所以既能获得股票上涨带来的较高的收益，又能在股票下跌的过程中避免股票的风险，获得债券稳定的收益，体现债券的稳定性。它是想投资股票又怕承担股票风险的投资者的首选类型
回购	回购是交易双方进行的以债券为权利质押的一种短期资金融通业务。它是指资金融入方（正回购方）在将债券出质给资金融出方（逆回购方）融入资金的同时，双方约定在将来某一日期由正回购方按约定回购利率计算的资金额向逆回购方返还资金，逆回购方向正回购方返还原出质债券的融资行为。 回购交易实质上是一种以债券为抵押品拆借资金的信用行为。对于资金拆出方，由于有足额的债券作为抵押，基本不存在风险，而收益又高于同期银行存款，是无风险投资的最佳选择

除以上债券种类外，就期限结构而言，有3个月、半年、1年、2年、3年、5年及8年等类型；就其类型结构而言，还有"凭证式""无记名式"国债；就付息方式而言，还可划分为贴现债券与附息债券等。投资者可以根据债券特性和投资目的等需要，合理选择债券类型。

2. 确定投资策略

债券投资过程中可以运用组合投资理论来进行分散化投资，将不同期限或不同种类的债券进行组合，从而降低风险，提高收益；也可以根据投资者对风险和收益的偏好不同，找到风险和收益的最佳组合方式。比较典型的有以下几种方式。

（1）完全主动投资。完全主动投资即投资者投资债券的目的是获取市场波动引起价格波动带来的收益。这类投资适合那些对债券和市场有较深的认识并且具有比较专业背景的投资者。他们对市场和个券走势有较强的预测能力，其投资方法是在对市场和个券做出判断和预测后，采取"低买高卖"的手法进行债券买卖。如预计未来债券价格（净价，下同）上涨，则买入债券等到价格上涨后卖出；如预计未来债券价格下跌，则将手中持有的该债券出售，并在价格下跌时再购入债券。这种投资方法债券的投资收益较高，但也面临较高的波动性风险。

实行主动型投资策略时，投资者应注意市场利率变化和发行债券主体资信状况等因素，因为利率是债券市场价格波动的主导因素。债券市场收益率的变化与利率变化呈相同方向,与价格呈反方向。简言之,利率调高,债券价格降低,收益率提高;反之,利率降低,债券价格提高,收益率降低。发债主体资信状况是影响债券风险的重要因素,资信等级越高的债券发行者所发行的债券风险就越小,对投资者来说收益就越有保证;资信等级越低的债券发行者所发行的债券风险就越大,利率也会相对高一点。

(2)完全被动投资。完全被动投资即投资者购买债券的目的是储蓄,获取较稳定的投资利息。这类投资适合那些缺少时间对债券投资进行分析和关注或者对债券和市场缺乏认识的投资者。投资方法就是购买一定的债券,并一直持有到期,获得定期支付的利息收入。适合这类投资的债券有凭证式国债、记账式国债和资信较好的企业债。这类投资者最好购买容易变现的记账式国债和在交易所上市交易的企业债券。这种投资方法风险较小,收益率波动性较小。

实行被动型投资策略时,投资者应注意根据投资者资金的使用状况来选择适当期限的债券,一般情况下,期限越长的债券,其收益率也就越高。但是期限越长,对投资资金锁定的时间也就越长,因此最好根据投资者可投资资金的时间长短来选择债券,使债券的到期日与投资者需要资金的日期相近。

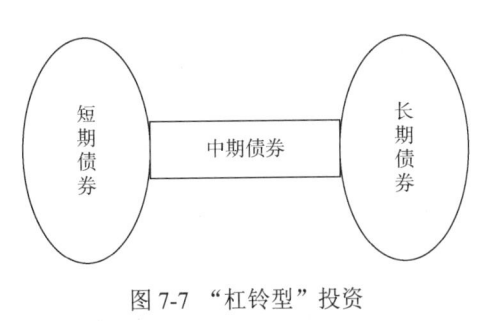

(3)杠铃型投资。这种投资模型是将资金集中投资于债券的三个极端:为了保证债券的流动性而投资于短期债券;为确保债券的收益性而持有长期债券;不买或少买中期债券。这种两头大、中间小的投资组合方式好像一个杠铃,因此称为"杠铃型"组合,如图7-7所示。

图7-7 "杠铃型"投资

投资者可根据自己的流动性要求确定长期、短期债券的持有比例。对流动性的要求高,可提高短期债券的合理比例;对流动性的要求低,则降低短期债券的持有比率。投资者也可以根据市场利率水平的变化而改变更长、短期债券的持有比例。当市场利率水平上升时,可提高长期债券的持有比率;利率水平下降时,可降低长期债券的持有比例。

(4)梯子型投资。这种模式的出发点是确保一定的流动性,并使各年的收益基本稳定。其操作方法是:均等地持有从长期到短期的各种债券,使债券不断保持一种梯子型的期限结构。假定有从1年期到5年期的债券共5种,投资者可将资金分为均等的五份,把这五份资金分别投入到1年期到5年期的债券上,使得每种债券均占投资总额的20%。当1年期债券到期收回本金后,再按20%的比例买进一种5年期的债券,如此反复,这个投资者每年都有20%的债券到期。无论何时的投资结构都是相同的,收益也基本相等。初始投资比例如表7-29所示。

表7-29 初始投资比例表

投资比率(%)	投资期限(年)
20	1
20	2
20	3
20	4
20	5

投资收益分布如图7-8所示。

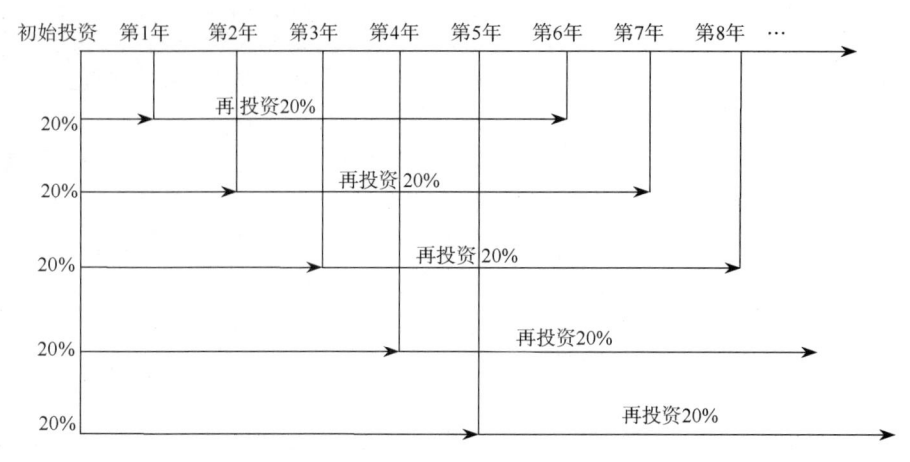

图 7-8 投资收益分布图

这里只是提供一个参考，具体的债券期限和投资时间间隔及投资比率可以根据投资者的实际情况来确定。

（5）中性投资。中性投资即部分主动和部分消极相结合的投资。投资者购买债券的目的主要是为了获取利息，所以他们通过把握价格波动的机会来获取收益。

（五）运用股票进行盈余管理

股票具有不可返还性、高风险性、潜在高收益性和可流通性等特点，这是股票区别于其他投资工具的显著特点。股票按照股东拥有的权利和承担义务的大小可以分为普通股和优先股。

普通股是股份有限公司最重要、最基本的一种股份，是构成股份公司股东的基础。优先股是指股份有限公司在筹集资本时给予认购者某些优先条件的股票。两者区别如表 7-30 所示。

表 7-30 普通股与优先股的区别

权利义务	股票种类	
	普 通 股	优 先 股
经营权利	参与经营，选举表决	无经营参与和选举权
收益分配	收益与经营状况挂钩	不与经营状况挂钩
分配顺序	优先股的盈利分配顺序先于普通股	
剩余资产分配权	优先股先于普通股分配剩余资产	
认股顺序	普通股先于优先股认购新增发的股票	

1. 确定选股策略

根据股票特性的不同，采取不同的投资策略，包括以下几种：

（1）成长股投资策略。所谓成长股，是指迅速发展中的公司所发行的具有较高报酬成长率的股票。投资收益的成长率越大，股价上扬的可能性也就越大。投资成长股的策略是：

①要在众多的股票中准确地选择出适合投资的成长股。成长股的选择：一是要注意选择属于成长型的行业；二是要选择资本额较小的公司，因为较大的公司要维持一个迅速扩张的速度将是越来越困难的，一个资本额由 5 000 万元变为 1 亿元的企业增资扩股要比一个由 5 亿元变为 10 亿元的企业容易得多；三是要注意选择过去一两年成长率较高的股票，成长股的盈利增长

速度要大大快于大多数其他股票。

②要确定好买卖时机。由于成长股的价格往往因公司的经营状况变化而涨落，其上涨幅度较之其他股票更大，在熊市阶段，成长股的价格跌幅较大。因此，可采取在经济衰退、股价跌幅较大时购进成长股，而在经济繁荣、股价预示快达到顶点时予以卖出。由于成长股在熊市时跌幅较大，而在牛市时股价较高，成长型公司股票比较适合积极进取型的投资者。

（2）迅速发展型股票选择策略。迅速发展型公司是指公司设立时规模比较小，但活力强，资本规模年均增长率很高的公司。投资者如果选择恰当，可获得几倍甚至十几倍的投资收益。

投资者购买迅速发展型公司的股票，关键是要认真了解该公司在哪些方面能够持续发展，能否保持较快的增长速度，要关注寻找资产负债情况良好、获利丰盈的公司。简而言之，只要是迅速发展型公司，而且仍在继续发展，其股票就有利可图。但要注意，迅速发展的公司不会永远迅速发展，关键在于要发现这些公司何时停止发展、什么原因停止发展，这在选择中有重要的参考意义。

当然，投资迅速发展型企业的股票也有很大的风险，尤其是那些发展欲望强烈但资金不足的年轻企业，有时会面临破产的威胁。当公司出现近期的营业情况令人失望、公司高级行政人员相继离开或重要雇员转入与之相竞争的公司和股票的市盈率较高但最近两年内其收益增长率较低等情况下，其股票价格就会出现下跌，应考虑抛出股票。

（3）特大规模公司股票投资策略。公司规模大小对投资者购买股票所获股息多少有重要影响。大公司的股票连续大幅上涨比较困难，但是这并不意味着大公司的生意不好，只是投资者对大公司的增长速度不宜期望过高，它适合比较稳健的投资者进行投资。对特大规模公司的投资应注意国家的产业政策、公司所处的产业或行业、公司产品的市场占有率和历年的分红派息情况，应选择受到产业政策支持的、市场占有率较高并且历年分红派息比较稳定的上市公司股票。

（4）蓝筹股投资策略。蓝筹股是指那些在行业内占有支配性地位、业绩优良、成交活跃、红利优厚的大公司股票。蓝筹股的特点是：投资报酬率相当优厚稳定，股价波幅变动不大，当多头市场来临时蓝筹股一般不会领先上涨。经常的情况是其他股票已经连续上涨一截，蓝筹股才会缓慢攀升；而当空头市场到来，投机股率先崩溃，其他股票大幅滑落时，蓝筹股往往仍能坚守阵地，不至于从原先的价位上过分滑降。

对应蓝筹股的投资策略是：一旦在较适合的价位上购进蓝筹股后，不宜再频繁出入股市，而应将其作为中长期投资的对象。虽然持有蓝筹股在短期内可能在股票差价上获利不丰，但以这类股票作为投资目标，不论市况如何，都无须为股市涨落提心吊胆。而且一旦机遇来临，也能获得丰厚收益。长期投资这类股票，即使不考虑股价变化，单就分红配股，往往也能获得可观的收益。对于缺乏股票投资经验且愿意做长线投资的中小投资者来讲，投资蓝筹股不失为一种理想的选择。

2. 选择投资期策略

股票投资期限选择策略是投资者根据各种市场因素和投资期望值来合理确定持股时间长短的策略和方法。

股票作为一种永久性的有价证券是没有期限可言的。这里所讲的股票投资期限是指投资者持有某种股票的时间长短，可将投资分为长期（线）投资、短期（线）投资和中期（线）投资。

长期（线）投资是指投资者在买进股票后，在短期内不转售，以便享受优厚的股东权益，只是在适当的时机才转售求利。长期投资者持有的股票时间有的半年，有的长达几年、十几年甚至更长，长期投资经常能够给投资者带来较好的利润回报。

投资者在进行长期投资时，最主要的是要熟悉企业的历史与现状，尤其是企业的盈利能力及其派息情况。比较适合进行长线投资的股票应是该种股票发行公司的经营情况比较稳定和正常，预计在相当长时间内不会发生大的起落，且公司的派息情况大致匀称，股票的市场价格波动不大，大体走向是稳中有升。

短期（线）投资在很大程度上是一种投机买卖，投资者所持股票的时间往往只有几天，甚至有时只有一两天。投资者进行短期投资主要是利用股价差额来转售获利。短期投资的主要对象是市场价格不稳定且变化幅度较大的活跃型股票。由于短线投资是一种投机性很强和风险较大的投资活动，初涉股市的投资者最好不要采取这种方式。

中期（线）投资则是介于长短线投资之间的一种投资，一般持股时间在几个月以内。中期投资特别要注意选择时机，当政治经济环境较好，预计股票市场有中期上涨行情时，可考虑中期投资。具体到个股，如果预计某家公司在几个月内有好消息出现，那么这家公司的股票就是进行中期投资的最好选择。

对于某一个具体的投资者来讲，到底是选择长期投资还是选择中期或短期投资，则要依据投资者的预期目标和市场因素进行综合分析。

3. 掌握解套策略

解套策略，也称反套牢策略，是指股票投资者在高价套牢后所寻求的解脱方法。所谓套牢，指的是投资者原本预期股价上涨，但买进股票后股价却一路下跌，使买进股票的成本已高出目前市价的状况。任何涉足股市的投资者，不论其经验多么丰富，都存在着被股市套牢的可能性。投资者一旦被高位套牢，则应根据套牢情况，积极寻求解脱策略。

通常的解套策略如表 7-31 所示。

表 7-31　解套策略

项　目	内　容　阐　释
弃弱择强，换股操作	这是指忍痛将手中弱势股抛出，并换进市场中刚刚发动的强势股，以期通过强势股的涨升获利，来弥补自身套牢中所受的损失。这种解套策略适合在发现所持股票已成为明显弱势股，短期内难有翻身机会时采用
以快刀斩乱麻的方式止损了结	这是指将所持股票全盘卖出，以免股价继续下跌而遭受更大的损失。采取这种解套策略主要适用于以投机为目的的短期投资者，或是持有劣质股票的投资者。因为处于跌势的空头市场中，持有品质较差的股票的时间越长，给投资者带来的损失也将越大
采取以不变应万变的"不卖不赔"的方法	在股票被套后，只要尚未脱手，就不能认定投资者已亏血本。如果手中所持股票均为品质良好的绩优股，且整体投资环境尚未恶化，股市走势仍未脱离多头市场，则大可不必为一时套牢而惊慌失措。此时应采取的方法不是将套牢股票和盘卖出，而是持有股票以不变应万变静待股价回升解套之时。 值得注意的是，股票被套牢的现象多种多样，投资者在运用解套策略时，必须谨慎选择，灵活运用
采用拔档子的方式进行操作	这种操作是先止损了结，然后在较低的价位补进，以减轻或轧平上档解套的损失。例如，某投资者以每股 18 元买进某股，当市价跌至每股 16 元时，他预测市价还会下跌，即以每股 16 元赔钱了结。而当股价跌至 14 元时又予以补进，并待今后股价上升时予以卖出。这样，不仅能减少和避免套牢损失，有时还能反亏为盈

续表

项　　目	内　容　阐　释
采用向下摊平的操作方法	这种操作是随股价下挫幅度扩大时加码买进，从而摊低购股成本，以待股价回升获利。但采取此项做法，必须以确认整体环境尚未变坏，股市并无由多头市场转入空头市场的情况发生为前提，否则，极易陷入愈套愈多的窘境

总之，如果企业有较为丰富的现金流量盈余，可以成立相应的证券部门，纵身于股海之中，在高风险的浪潮中去搏击高收益的回报。

（六）运用证券组合进行盈余管理

企业在管理现金流量盈余时，往往采用证券组合投资的方式进行管理，以达到分散风险、收益最大化的目的。证券组合是依据投资者对证券投资的目的和要求，从资本增值方面研究如何进行证券组合，制定相应的投资策略和计划并加以实施的过程。运用证券组合管理盈余资金需要遵循以下几个步骤。

1. 采用证券组合策略

证券组合策略是为了实现投资管理的目标而制订的投资方案。在充分估计投资者对风险承受力的基础上，按照对投资收益偏好是本期收益还是资本利得（资本增长）的标准划分，证券投资组合策略的基本类型如表 7-32 所示。

表 7-32　证券投资组合策略的基本类型

项　　目	内　容　阐　释
收入型证券组合策略	收入型证券组合策略的目标在于追求稳定和规则性的本期收入的最大化而不强调资本利得和增长。满足这一目标的证券组合，应强调本金安全和当期收入。 根据这一要求，收入型证券组合所选择的证券注重具有较高本期收益率、安全性较好且有一定增长潜力的证券，如政府债券、免税的市政债券、信用等级较高的公司债券、优先股票以及具有高股息和赢利稳定的普通股票等。为了兼顾本期收入的最大化、稳定性和规则性，建立收入型组合时常常将防守型证券（债券）和进取型证券（股票）按一定构成比例融合起来，这样可以照顾到风险和收益的平衡
增长型证券组合策略	增长型证券组合策略的基本目标是使投资组合的将来价值尽量增大。它强调的是投资资金的增长或资本利得，而较少地考虑经常收入。增长型证券组合的当前收入并不一定很高，但组合的总收益期望值必须高于市场平均水平。 在各种证券中，普通股票最适合体现增长型组合的目标，可以作为主要的选择对象。同时，分散原则不应忽视，要适当选择组合的证券数目，如果证券组合的种类太少，会造成风险过高，但数量太多，则难以提供满意的收益。 在确定了证券数量后，投资者可以从增长（升值）潜力大的证券（主要是普通股票）中选择服从增长目标的证券。选择的标准大致有以下几条：具有较大的盈利或股息增长的潜力；盈利增长率很稳定；发放股息水平较低；预期收益率较高；预期收益的变动（风险）较低。具备这些特点的证券通常在未来时期内其市场价格会趋于上升，从而给投资者带来资本利得与经常收入增长的好处，特别是一些虽不知名但资信状况良好、有发展潜力的公司的普通股票

续表

项　目	内　容　阐　释
收入增长混合型组合策略	收入增长混合型证券组合策略是一种介于收入型和增长型之间的投资管理策略。这种策略既强调本期收入，又希望资本增长，因此需要在收入和增长之间进行权衡。选择混合型证券投资对象可以采取灵活兼顾的策略，既可以是收入型证券与增长型证券的综合，也可以是兼有收入和增长潜力的证券。 　　在这种混合型证券组合策略中，可以依据市场状况以及证券风险的不同，采取偏增长型或者偏收入型的策略。例如，当前组合的一些证券潜在风险加大，可以转向偏收入型的策略；而在当前组合的一些证券潜在风险较小，未来收益却有增加时，可以转向偏增长型的策略。投资者可以因地制宜、因时制宜，采用最佳策略

2．证券组合管理操作

证券投资组合的管理操作就是实施既定的证券投资组合策略和实现该策略的基本目标的具体过程。这一过程从两个方面展开，一是证券投资时机的选择，二是不同期限证券组合的协调方式。

（1）证券投资时机的选择。买入或卖出证券的时机选择的基本原则是：当证券价格被低估时，买入证券；而当证券价格被高估时，就卖出证券。具体的买卖时机的选择方法有以下几种：

①趋势投资法。趋势投资法主要关心证券市场上价格上升或下降的趋势或长期趋势，其基本理论前提是：一种趋势一经建立，便将持续一个相当长的时期。投资者可以在趋势出现和转变时，选择买入、卖出时机；而在趋势持续发展阶段，则要继续保持投资地位的不变，直到某种信号产生，表示趋势已经发生转变时，投资者才能改变投资策略。趋势投资法以长期趋势为基础进行投资，以期获得长期收益，而不是像投机者那样关心短期价格波动，靠短期价格差来获利。

②目标价格法。这种投资方法是针对短期证券市场行市变动走势，通过预先确定每种证券波动的目标价格而选择买入或卖出证券的方法。例如，当某证券市价跌到既定的价格水平时就购入此证券，并确定卖出的目标价格和持有期长短，当证券价格达到目标价格水平时即行卖出，如此反复以获取资本利得。其优点是简便易行，无须太多确定投资时间，因此常被使用；但缺点是容易坐失良机，把一个可以长期获利的机会丧失掉，因此，这一方法不适用于趋势变动频繁的情况。

③市价平均法。这种方法也称"均损法"，当投资者所购证券价格下跌或上升而又无法准确预测行市变动的长期趋势的情况下，通过再次购入（或卖出）该种下跌（或上升）的证券以平均证券购买（或出售）价格的方法。这种多次买入或卖出同一种证券的方法可以使平均购买价格或出售价格更为接近证券的实际内在价值，避免因高估或低估所带来的更多的投资损失。

【例 7-10】　某投资者准备以 4 000 元购买智董公司股票，他既可以一次购买，也可以分若干次购买，按照市价平均法的投资过程，如表 7-33 所示。

表 7-33　市价平均法

次　　数	股　　数	每股价格（元）	金额（元）
第一次	200	12	2 400
第二次	200	8	1 600
合计	400	10	4 000

从表 7-34 看出，分次购买的平均股价比第一次购买的价格要低，这样就会避免因一次购买价格过高而带来的潜在损失。

④等额投资成本平均法。这是一种比较简单实用的平均投资方法。即当选定某种具有长期投资价值而其市场价格又波动较大的证券后，在一定的投资期内无论证券市价如何变动，都以等额资金定期地买入证券的投资方法。这种方法可以使投资的平均成本低于市场的平均价格。

【例 7-11】某投资者连续三个月每月买入金额为 100 000 元的某种股票，股票价格分别为 5 元、4 元、10 元，则每次购入股数分别为 20 000 股、25 000 股和 10 000 股。于是：

$$每股平均成本 = \frac{投资总额}{累计购入股数} = \frac{300\,000}{55\,000} \approx 5.455（元）$$

$$市场平均价格 = \frac{5+4+10}{3} \approx 6.333（元）$$

显然每股平均成本低于市场平均价格。

这种方法优缺点都有。优点是不必刻意选择购买时机，它会促使投资者制订全面完善的投资计划而不致凭直觉任意一次买进。缺点是有条件限制：价格要有较大波动但不能是长期下跌趋势；投资时期要足够长；需要一笔较多资金且每期支付，从而使交易费用增加；计划必须严格执行；等等。

⑤公式计划法。这种方法被用来简化投资过程，避免不适时地买卖证券。这种方法在使用时不必考虑投资的时间，也不用预测来指导，而是按照一定的公式遵循自动买入卖出活动的计划，迫使投资者在价跌时买入，价涨时卖出，在证券市场的周期性波动中获利。

（2）证券投资的期限组合协调管理。证券组合中的期限组合是根据投资组合的策略目标，对不同期限的证券在证券组合中的比重进行调整，以达到有效协调收益与风险的组合。常用的证券组合的期限组合协调方式有如下几种。

①期限分散化。期限分散化就是用投资资金购买多种期限的证券，使不同期限因而具有不同收益的证券构成组合，取得较好的收益，而又尽量使各期都有足够的到期回收的资金，满足流动性要求。

期限分散化的最典型方式是"梯形期限"。其做法是：将全部投资资金均匀地分布在各种期限的证券上，从而持有的各种期限的资产数量相等，当期限最短的证券到期收回资金后，再把它投到期限最长的证券上。如此循环往复，始终保持各期限上的等量状态，恰似一个等边阶梯。

②期限分离组合协调方式。与期限分散法相反，期限分离组合协调方式则是在投资者充分分析市场状况和证券价格变动趋势的前提下，把几乎全部资金投向一种期限的证券上。这是一种"孤注一掷"式的投资组合方式，风险很大，若所持证券行市上涨则获利丰厚，反之则损失惨重。

另外，投资者还可以采用期限灵活调整的组合方式，即不拘泥于某一特定组合方式，主动、灵活地分布资金，并不断根据需要，灵活调整期限构成。

总之，企业在运用证券组合进行投资时，一方面要考虑到投资目标和投资策略的条件随时都可能发生变化，另一方面也要考虑市场环境等外在因素的不确定性。因此，证券组合投资管理是一个不断调整的过程。

五、现金流量内部控制制度

现金流量循环管理的实施是需要组织保证和制度规范的。企业需要建立一套完整的现金流量内部控制体系来保证现金流量的正常流动，不仅要保证经济业务的合法性和合规性，而且应当保证现金流量动的合理性和高效性。

（一）组织架构建立

公司制是现代企业制度的一种有效组织形式，公司法人治理结构是公司制的核心。法人治理结构包括现代企业所应具备的科学化、规范化的企业组织制度和管理制度。科学化、规范化的企业组织制度又包括股东会、董事会和监事会。股东会是由全体出资人（公司股东）组成的公司最高权力机构；董事会是由股东会选举产生的代表全体股东利益的公司常设权力机构，向股东会负责；监事会是由股东会选举产生的代表股东利益并对董事会及其成员以及高层经营管理人员进行监督的机构。

现金流量内部控制组织架构是在公司法人治理结构下建立的。其组织结构如图 7-9 所示。

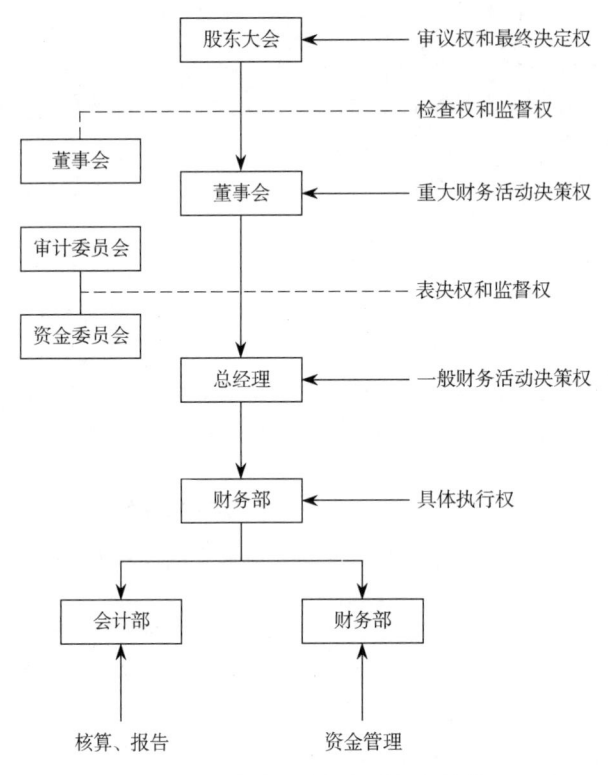

```
                股东大会 ← 审议权和最终决定权
                   │
          ┌────────┼──── 检查权和监督权
          │        │
        董事会    董事会 ← 重大财务活动决策权
                   │
        审计委员会  │
                   │──── 表决权和监督权
        资金委员会  │
                   │
                 总经理 ← 一般财务活动决策权
                   │
                 财务部 ← 具体执行权
                   │
              ┌────┴────┐
            会计部     财务部
              │          │
            核算、报告  资金管理
```

图 7-9 现金流量内部控制组织结构

（二）现金支出控制制度

现金流量管理重在支出管理，建立有效的支出控制是进行现金流量内部控制制度的重点。

1. 预算管理模式

典型的管理模式是预算管理模式，对于现金支出应建立严格的授权批准制度，明确审批人对货币资金业务的授权批准方式、权限、程序、责任和相关控制措施，规定经办人办理货币资金业务的职责范围和工作要求。

在预算管理模式下，将支出分为预算内支出和预算外支出。对预算内支出，由费用发生的各分公司、分部门经理签字，大额支出必须同时经财务经理或总经理签字，即所谓联签制；对预算外支出，遵循例外管理原则，报经决策机构批准之后，由决策者或部门经理签字。支出审批程序如图 7-10 所示。

审批人应当根据授权批准制度的规定,在授权范围内进行审批,不得超越审批权限。对于重要现金支付业务,应当实行集体决策和审批,并建立责任追究制度,防范贪污、侵占、挪用货币资金等行为。

对于预算外现金支付,金额较小的,为提高工作效率,可由上一级主管经理审批;对于较大金额的支出,应经过一定的决策机构如董事局会议、经理联席会等批准。预算管理模式将支付审批与预算管理相结合,既下放了一定权限,又通过预算控制,防止了支付的随意性。

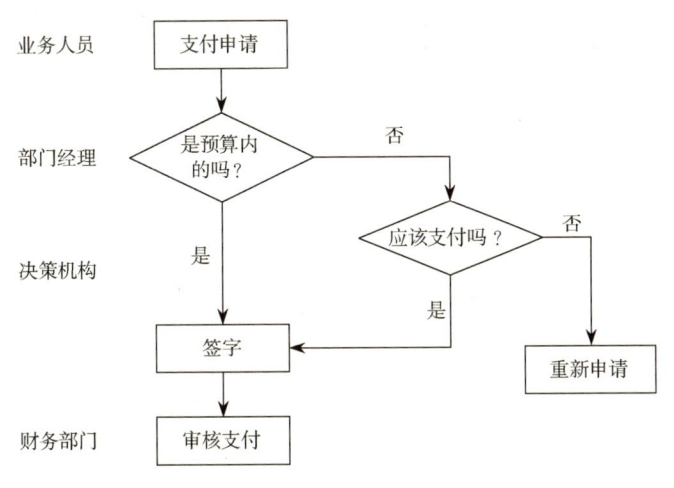

图 7-10 支出审批程序

2. 现金支出控制应采取的措施

(1)企业发生的一切有关现金支出的业务,必须将有关领导签字的"付款凭证"(还须附有原始凭证)送交会计部门。

(2)企业会计部门核定付款凭证后送交出纳部门。

(3)出纳部门核对无误后,将现金或支票交收款人。出纳员要在付款凭证上加盖"现金付讫"或"银行付讫"戳记,而后送交会计部门。

(4)会计部门根据已付款的凭证做有关会计分录,并据以入账。

(5)月末,会计部门根据银行送来的对账单与会计记录进行核对。

现金支出流程如图 7-11 所示。

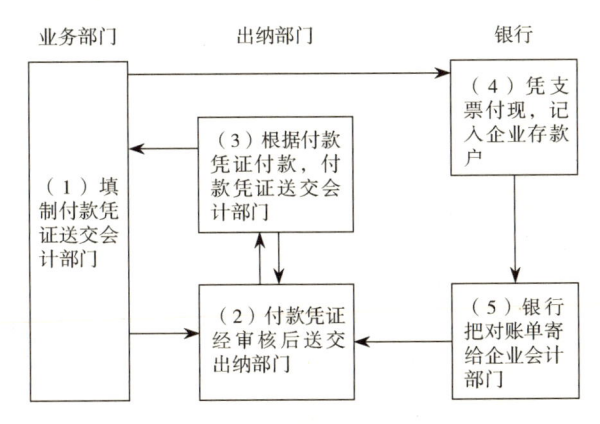

图 7-11 现金支出流程

（三）现金收入控制制度

企业经营性现金收入是销售商品、提供劳务收到的现金，具体包括现销收到的现金和应收账款回收收到的现金。现金收入控制的目的在于加速资金流转和加强内部控制。

现金收入的控制，应采取如下措施：

（1）销售商品收到的现金，均由收款人点清，并填写"收款凭证"或"收款清单"，连同现金或支票送交出纳部门，并将"收款凭证"副本送交企业会计部门；

（2）出纳部门收入款项时，除与收款清单核对外，还应将现金或支票送存其开户银行，并将开户银行的回单送交会计部门；

（3）会计部门根据收款人交来的有关"收款清单"和出纳员交来的银行存款回单加以核对，核对无误后登记现金日记账、银行存款日记账；

（4）月末会计部门要将银行存款日记账与银行送来的对账单逐笔核对，并编制银行存款余额调节表。

建立现金流量的内部控制制度，使企业在有效的组织架构下保证现金流出和流入的安全性、合理性和高效性，从制度上保证现金流量的畅通运行。

六、现金流量管理审计控制

现金流量管理审计分为以下四个步骤。

（一）设立审计小组

企业可以自己设立内部审计小组，也可以聘请一家外部审计公司或者将二者结合起来。外部审计公司的优势在于它们在证据收集和分析方面更专业化，也更有经验，同时它们对已建立的可供选择的系统也更加熟悉。内部审计小组的优点是他们对企业的经营有一个全面的了解，并且有一种长期的延续性。

（二）查找证据

证据查找的目的很简单，即描述现金管理系统是怎样运行的，企业中现金流量和平均现金余额是多少以及它们由谁来控制，并了解现金回款的速度有多快。审计应该涵盖现金筹划、现金预算、预算管理及现金运作的其他系统。

证据查找的过程中应恰当地结合实地考察和问卷调查两种方法。实地考察是一种很花费时间的方法，因此在数量上受限制。然而，审计人员应用这种方法的好处在于，可以在面对面的询问和系统运行过程的实地考察中进行深入的分析并获得高质量的数据。

与实地考察不同的是，由于问卷调查可以在被调查者认为方便的时候（需要时，甚至可以跨越几天）完成，所以它不会打断被调查者的工作。

大型的企业组织倾向于使用大量问卷调查和较少的实地考察。不过，任何证据查找的方法都存在这样的风险，即所收集的数据不正确或不完整。审计小组可能曲解这些信息或忽略某些重要细节。

（三）分析数据

审计人员应该对实地考察和问卷调查所获取的信息进行分析，以确认潜在的薄弱和低效环节。分析的关键环节在于现金回款（应收账款）、现金付款（应付账款）、银行存款余额和银行手续费几个方面。分析者应该着重注意现金活动和它们所花费的时间是否合理。

1. 应收账款

对于现金应收款,审计人员应该重视这一项目的波动,如从销售到客户付款所花费的时间的波动。在实施日常审计的企业中,审计小组应该将目前所需要的时间与前期进行比较以评估这一状况是改善还是恶化了。需检查的项目包括:

(1) 从销售到开具发票之间花费的时间,是否有不必要的延误发生;

(2) 客户对发票细节质疑的次数,或者由于发票和订货单设计不佳或不清楚而造成错误的支付;

(3) 向客户提供的信用条件;

(4) 客户付款的积极程度;

(5) 需要催收的逾期应收账款占应收账款总额的比例;

(6) 为催收逾期应收账款而与客户联系的积极程度;

(7) 客户对提前付款折扣的利用情况及其数量;

(8) 银行收取现金的过程;

(9) 发票日期。(如果企业要求客户在开具发票后规定时间内付款,那么发票上就应该明确地注明日期和信用条件。)

2. 应付账款

现金应付款中潜在的一个主要弱点是在到期之前提前付款。另一个弱点是在提前付款折扣方面的决策可能是高成本的,即在不利的信用条件下提前付款或在有利的信用条件下拒绝提前付款。需检查的项目:

(1) 供货方提供的信用条件;

(2) 催收账款的意愿;

(3) 需要支付的逾期应付账款占应付账款总额的比例;

(4) 信用条件的利用情况及其数量;

(5) 银行支付现金的过程。

虽然向供应商逾期付款是不是一种好的现金管理方法仍值得商榷,但是这样的策略可能损坏与供应商的关系,使得他们不愿意向企业延展信用期。

3. 银行存款余额与银行手续费

企业应该对银行手续费的准确性进行检查。这是因为银行之间的手续费各不相同,而且银行偶尔也会出错。为满足多种业务的需要,企业应开发出一些现成的软件包来监督检查银行利息和手续费及其计算过程。

收到大额款项就直接借记账户的企业应该对银行收款的速度进行检查。收款偶尔也会发生拖延,这会导致企业产生不必要的透支费用或存款利息的损失。

企业还应该对现金余额及应收款存入银行所产生利息的用途进行检查。审计人员还应考虑银行在收到企业已经入账的款项后到提供这一已转账的资金所需的时间。

(四) 提出改进建议

在确认了现有系统所存在的薄弱环节后,现金管理审计小组应该提出改进建议。企业可以考虑一些可选的方式,如账户合并、净额结算、重开发票以及不同的付款方式或者利用本国银行的外币账户、国外银行账户。每一条建议都应该形成文件,计算成本,并对其进行成本效益分析。另外,还应该绘制一张现金流量图,用来显示如果这些方案被采纳所带来的现金流量。如果这些备选方案比现行方案好,那么企业就可以编制实施改进的计划。

在计划这些改进方案时,企业应该到现在的开户银行咨询,但也需要与其他拥有良好技术、软件和地理位置的银行联系。尽管新方案最初是由总公司发起的,但与地方分部进行协商以获得他们的支持也是很必要的。最终,改进建议会以报告的形式提交给董事会审批。

通过对企业的现金管理系统的正式调查,确定不足和需要改进的领域,优化当前现金管理系统,从而有助于现金的流转,缩短现金流量循环的周期。

第 8 章

企业融资管理

第一节 企业融资决策

一、融资决策概述

企业融资决策的重点在于疏通融资渠道，搞好融资战略评判，明确融资决策权限及决策规则，处理好与投资者的关系等。

（一）融资渠道

融资渠道是指资本的来源或通道，如银行信贷资金、非银行金融机构资金、个人闲置资金、企业自留资金、国家财政资金、境外资金等，它从资本供应方角度以明确资本的真正来源。随着金融改革深化和资本市场发展完善，金融机构信贷资金、资本市场所集聚的社会资本等已成为企业融资的重要来源。

（二）企业融资战略评判

企业融资战略是否合理、恰当，有三个基本评判维度（见表 8-1）。

表 8-1 企业融资战略评判维度

项　　目	内　容　阐　释
融资成本降低	不同融资方式、融资时机、融资结构安排等都会体现出不同的融资成本，而降低融资成本将直接提升项目投资价值。基于此，融资战略、财务决策应将融资成本作为评价融资效率效果的核心财务标准
风险可控	企业融资规模、资本结构安排等必须充分考虑企业运营的安全性、价值增值的可持续性。从企业风险看，多数企业管理者都存在做大企业规模的冲动，如果企业投资项目过多（假定均为有价值的项目）投资需求较大，而企业内部财务资源（主要指内源资本）又相对不足，在这种情况下，向银行借款几乎成为企业投资扩张的主要融资方式，但是过度借款将使企业面临较大偿付风险。因此，合理的融资战略并非一味地从属于企业投资战略及投资规划，它要求从企业整体上把握财务风险的"可控性"和企业发展的可持续性。企业是否事先确定其"可容忍"的财务风险水平，并以此制约投资规模的过度扩张，是评价融资战略恰当与否的重要标准
与企业战略相匹配并支持企业投资增长	企业融资并非是一种独立的财务活动，而是支撑企业战略、驱动投资增长所需财务资源的保障机制，体现其在企业战略管理中的从属性

(三) 企业融资权限及决策规则

根据企业战略、公司治理规则、投融资决策程序及企业财务管理体制等，企业融资战略及决策应当遵循一定的规则和程序。

企业融资决策可分为日常融资事项决策、重大融资事项决策两类。两者的区分在于融资决策的"重要性"程度，这里的"融资决策的重要性程度"测试标准则取决于融资规模、融资属性两方面。从融资规模看，大额融资应列入企业年度融资计划，并与年度投资计划相匹配，并由公司股东大会或授权董事会审批；从融资属性看，企业不同融资方式因涉及控制权配置、股东权益变更、信息披露制度执行、企业在资本市场上的财务形象等，因此对权益类融资、债券发行等融资方式，均应列入企业重大融资决策范围之内。企业重大融资决策应依据公司治理规则、决策程序及内部控制等相关规则要求，必要时应制定相关制度（如《企业融资管理制度》）并付诸实施。

企业集团融资决策事关集团战略落实、总部对下属子公司的控制权配置、集团财务安全及可持续增长要求等重大问题，因此多数企业集团将重大融资决策权限集中于集团总部，而将日常融资事项的决策权、总部重大融资决策结果的执行权等，授予给下属子公司（企业集团下属的上市公司除外）。

(四) 企业融资与投资者关系管理

随着证券市场发展完善，企业借股票、债券等融资方式进行外部市场融资，谋求"资本市场—企业财务融资"间的良性互动与价值增值，已成为促进企业可持续增长、落实资产证券化、强化市场化业绩评价与价值管理等的核心内容。企业在资本市场融资过程中，不仅要完善信息披露制度取信于市场、建立并落实现金分红计划向股东提供必要回报以取悦于市场，而且需要通过各种渠道方式，积极与市场保持良好的沟通互动，以维护企业融资渠道的通畅。所有这些都要求企业强化投资者关系管理。

投资者关系管理本质上是企业的财务营销管理。它是指企业（尤其是上市公司）通过开展各种形式的投资者关系活动，加强与投资者、潜在投资者之间的信息沟通与互信，以增进投资者深入了解企业的一系列管理行为。从投资者关系管理行为及其所体现的财务营销理念看，它要求企业管理者将企业当作市场上的"产品"来运营，尊重该产品"消费者"（各类投资者）的现行选择，秉承"投资者主权"理念并切实保护投资者权益。投资者关系管理涉及的内容十分广泛，为引导和强化投资者关系管理，我国相关证券交易机构发布了《上市公司投资者关系管理指引》，从投资者关系管理负责人、自愿性信息披露、投资者关系活动、相关机构与个人责任等各方面提出了具体管理意见。

企业通过投资者关系管理，提高了企业的信息透明度，强化了企业与市场间的互信关系，在拓宽融资渠道、扩大融资规模等同时，有助于降低融资成本、提升企业价值。

二、融资规划与企业增长管理

从企业发展角度，没有投资及经营增长就没有融资需要。企业融资战略要求实施融资规划，以使其与企业投资战略、财务风险控制及可持续增长目标等相匹配。融资规划有长、短期之分。长期融资规划是指在企业战略引导下，结合未来盈利及价值增值目标、投资需求拉动、财务资源可得性及财务风险考量等多种因素，对未来中长期（如3~5年）融资量需要量、融资时机、融资方式等进行预判与筹划。短期融资规划是指为满足未来年度（如1~2年）经营与投资增长需求而对企业外部融资需要量进行估计与规划。不论是中长期规划还是短期计划，依据企业增长预期以预测企业未来"外部融资需要量",是企业融资规划的核心。

(一)单一企业外部融资需要量预测

企业外部融资以满足企业增长所需投资为基本目标。单一企业外部融资需要量预测,通常包括企业未来年度销售增长预测、未来投资净增加额判断、预计现金股利支付额,以及企业内部留存融资量测算、外部融资需要量测定等步骤。上述步骤所涉及的数量关系用公式表示如下:

外部融资需要量=满足企业增长所需的净增投资额-内部融资量
=(资产新增需要量-负债新增融资量)-预计销售收入×销售净利率×
（1-现金股利支付率）

上述公式即企业融资规划的基本模型。企业利用该模型进行融资规划须依据以下基本假定。

(1)市场预测合理假定,即假定企业根据市场分析与环境判断所得出的销售及增长预测,已涵盖涉及未来年度市场变动风险的所有因素,因此其预测结果相对合理、恰当。

(2)经营稳定假定,即假设企业现有盈利模式稳定、企业资产周转效率也保持不变,因此,企业资产、负债等要素与销售收入间的比例关系在规划期内将保持不变。

(3)融资优序假定,即假定企业融资按照以下先后顺序进行:先内部融资—后债务融资—最后权益融资。

企业外部融资需要量的规划方法有销售百分比法、公式法两种。由于两种方法所依据的财务逻辑相同,因此规划结果一致。

1. 销售百分比法

【例8-1】 鑫裕公司是一家大型电器生产商。鑫裕公司2×18年销售收入总额为40亿元。公司营销等相关部门通过市场预测后认为,2×19年度因受各项利好政策影响,电器产品市场将有较大增长,且销售收入增长率有望达到30%。根据历史数据及基本经验,公司财务经理认为,收入增长将要求公司追加新的资本投入,并经综合测算后认定,公司所有资产、负债项目增长将与销售收入直接相关(见表8-2)。同时,财务经理认为在保持现有盈利模式、资产周转水平等状态下,公司的预期销售净利润率(税后净利/销售收入)为5%,且董事会设定的公司2×19年的现金股利支付率这一分红政策将不做调整,即维持2×18年50%的支付水平。

表8-2 鑫裕公司资产负债表及销售百分比(2×18年) 单位:万元

项 目	金 额		
	2×18年 (实际)	占销售收入(%) (销售收入400 000万元)	2×19年销售预计为520 000 万元以下各项目的预计数
资产:			
流动资产	60 000	15%	78 000
非流动资产	140 000	35%	182 000
资产合计	200 000	50%	260 000
负债及权益:			
短期借款	30 000	7.5%	39 000
应付款项	20 000	5%	26 000
长期借款	80 000	20%	104 000
负债合计	130 000	32.5%	169 000
实收资本	40 000	不变	40 000

续表

项　　目	金　　额		
	2×18年（实际）	占销售收入（%）（销售收入400 000万元）	2×19年销售预计为520 000万元以下各项目的预计数
资本公积	20 000	不变	20 000
留存收益	10 000	取决于净收益	10 000 + 13 000
所有者权益	70 000		70 000 + 13 000
负债及权益	200 000		252 000
2×19年所需追加外部融资额			8 000

通过上述资料可测算得知：鑫裕公司2×19年预计销售收入将达到52亿元；在维持公司销售收入与资产、负债结构间比例关系不变情况下，公司为满足销售增长而所需新增资产、负债额等预测如下（测算数据见表8-2的第四栏）：

（1）2×19年度资产需要量。

预计流动资产总额 = 预计销售收入 × 流动资产销售百分比 = 520 000 × 15% = 78 000（万元）

预计非流动资产总额 = 预计销售收入 × 非流动资产销售百分比 = 520 000 × 35%
= 182 000（万元）

因此，公司2×19年度预计总资产为260 000万元。

（2）2×19年度的负债融资量。

预计短期借款额 = 预计销售收入 × 短期借款销售百分比 = 520 000 × 7.5% = 39 000（万元）

预计应付账款项 = 预计销售收入 × 应付账款销售百分比 = 520 000 × 5% = 26 000（万元）

预计长期借款额 = 预计销售收入 × 长期借款销售百分比 = 520 000 × 20% = 104 000（万元）

因此，公司2×19年度预计负债融资量为169 000万元。

（3）2×19年度内部融资额。

由于内部融资增加额 = 预计销售收入 × 销售净利率 ×（1 - 现金股利支付率），据此可计算出公司2×19年度的内部融资增加额及年末留存收益总额。

预计内部融资增加额 = 520 000 × 5% ×（1 - 50%）= 13 000（万元）

相应可测算出：

2×19年预计留存收益总额 = 10 000 + 13 000 = 23 000（万元）

公司所有者权益总额为83 000万元（60 000 + 23 000）。

（4）测算外部融资需要量。

鑫裕公司报表及预测数表明，由销售增长而导致的资产总额为260 000万元，而负债和所有者权益的合计数为252 000万元（169 000 + 83 000），因此，需要追加的外部融资额 = 260 000 - 169 000 - 83 000 = 8 000（万元）。

上述计算表明，鑫裕公司为完成2×19年52亿元的销售目标，所需新增资产投入额预计为60 000万元（260 000 - 200 000），其中，负债增长将提供39 000万元（169 000 - 130 000），留存收益提供13 000万元，额外的外部融资需要量为8 000万元（60 000 - 39 000 - 13 000）。

需要说明的是，上述外部融资需要量（8 000万元）可以通过权益融资方式来满足，也可以通过负债融资方式来满足。但通过负债方式来满足，将意味着公司资产负债率的大幅提升。

2. 公式法

以销售收入增长额为输入变量，借助销售百分比和既定现金股利支付政策等来预测公司未来外部融资需求。计算公式为：

外部融资需要量 =（销售增长额 × 资产占销售百分比）-（负债占销售百分比 × 销售增长额）-［预计销售总额 × 销售净利率 ×（1 - 现金股利支付率）］
$= (A \times S_0 \times g) - (B \times S_0 \times g) - P \times S_0 \times (1+g) \times (1-d)$

式中，A、B 分别为资产、负债项目占基期销售收入的百分比；S_0 为基期销售收入额；g 为预测期的销售增长率；P 为销售净利率；d 为现金股利支付率。

承例 8-1。由于 2×19 年度的销售增长额 = 400 000 × 30% = 120 000（万元），由此公司外部融资需要量 =（50% × 120 000）-（32.5% × 120 000）-［520 000 × 5% ×（1 - 50%）］= 8 000（万元）。

需要注意的是：

（1）在本例中，资产、负债项目的销售百分比是依据"2×18 年度"数据确定的。如果公司盈利模式稳定且外部市场变化不大，则不论是上一年度还是上几个年度的销售百分比平均数，在规划时都被认为是可行的。而当公司盈利模式发生根本变化时，资产、负债项目的销售百分比则需要由营销、财务、生产等各部门综合考虑各种因素后确定，而不能单纯依据过去的"经验值"。

（2）本例中将所有的资产、负债项目按统一的销售百分比规则来确定其习性变化关系，那是因为鑫裕公司财务经理认为"公司所有资产和负债项目增长都与销售收入直接相关"，这意味着该公司销售增长将引起所有资产、负债项目的相应增长。其实这是一种相当简化的做法，在公司运营过程中会发现，并非所有资产项目都会随销售增长而增长。比如，只有当现有产能不能满足销售增长需要时，才可能增加固定资产投资，从而产生新增固定资产需求量；同样，也并非所有负债项目都会随销售增长而自发增长（应付账款等自然筹资形式除外），银行借款（无论期限长短）等是企业需要事先进行筹划的融资方式，它们并非随销售增长而从银行自动贷得。因此，在进行财务规划时，要依据不同公司、不同条件具体测定。

（二）销售增长、融资缺口与债务融资策略下的资产负债率

企业增长可以体现为销售收入增长、利润（或净利润、每股收益等）增长，也可以体现为总资产增长（投资规模增长）等。在总资产周转效率不变情况下，总资产增长与销售收入增长间应该是同步的（如例 8-1 中两者均为 30%）；同样道理，如果公司产品结构及盈利模式没有实质性改变（从而使销售净利率等保持不变），则销售收入增加与公司利润增长也应当是同步的（如例 8-1 中的鑫裕公司，其利润增长也为 30%）。销售收入增长可被视为企业增长的主要标志。

销售收入增长需要投资拉动进而引发外部融资需要量的增加。但销售收入增长率与外部融资需要量增加率并非完全同步，原因在于：

（1）销售收入增长会带来内部融资的增长；

（2）企业将负债融资作为一个独立的决策事项由管理层决策，而不是假定随销售增长而自发增长。

【例 8-2】怡平公司是一家小型家具制造商。已知该公司 20×5 年销售收入 2 000 万元，销售净利润率为 5%，现金股利支付率为 50%。公司预计 20×6 年销售收入将增长 20%。公司财务部门认为，公司负债是一项独立的筹资决策事项，它不应随预计销售增长而增长，而应考虑新增投资及内部留存融资不足后，由管理层来考虑如何通过负债融资方式来弥补这一外部融资"缺口"。怡平公司 20×5 年简化资产负债表如表 8-3 所示。

表 8-3 怡平公司资产负债表（简化）

20×5 年 12 月 31 日　　　　　　　　　　　　　　　　　　单位：万元

资　产	金　额	销售百分比	负债与股东权益	金　额
流动资产	700	35%	负债	550
固定资产	300	15%	股东权益	450
资产总额	1 000	50%	负债与股东权益	1 000

由于怡平公司销售增长率为 20%，其预计资产负债表如表 8-4 所示。

表 8-4 怡平公司预计资产负债表（简化）

20×6 年 12 月 31 日　　　　　　　　　　　　　　　　　　单位：万元

资　产	金　额	销售百分比	负债与权益项	金　额
流动资产	840	35%	负债	550 + 140 = 690
固定资产	360	15%	所有者权益	450 + 60 = 510
资产总额	1 200	50%	负债与所有者权益	1 200

在表 8-4 中，由于预计内部融资量 = 2 000 × (1 + 20%) × 5% × (1 − 50%) = 60（万元），因此，预计满足销售增长的外部融资缺口 = 新增资产额 − 内部融资量 = (1 200 − 1 000) − 60 = 140（万元）。在这种情况下，如果公司管理层认为该融资缺口将全部由负债融资来满足，则公司债务总额将增长至 690 万元。

上述数据表明，当怡平公司销售收入增长 20%且仅用举债融资来弥补其外部融资缺口时，举债之后的公司资产负债率将由原来 55%（550 ÷ 1 000）提高到 57.5%（690 ÷ 1 200）。

上述原理可用于公司不同销售增长率下的外部资本需求量、债务融资策略下的预计资产负债率等的测算。测算结果如表 8-5 所示。

表 8-5 怡平公司销售增长率、外部融资需求及资产负债率

销售收入 增长率（%）	预测资产 增量（万元）	预测内部留存 融资增量（万元）	外部融资 缺口（万元）	预计资产 负债率（%）
0	0	50	−50	50.0
5	50	52.5	−2.5	52.1
10	100	55	45	54.1
15	150	57.5	92.5	55.9
20	200	60	140	57.5
25	250	62.5	187.5	59.0
30	300	65	235	60.4
35	350	67.5	282.5	61.7

伴随销售增长，预计资产增长速度将高于预计内部融资量的增长速度，两者差额即构成"满足增长条件下"的外部融资需求量（融资缺口）。如图 8-1 所示，当销售增长率低于 5%时其外部融资需求为负，它表明由增加的留存收益足以满足新增资产需求；而当销售增长率大于 5%之后，公司若欲继续扩大市场份额以追求增长，将不得不借助于对外融资。

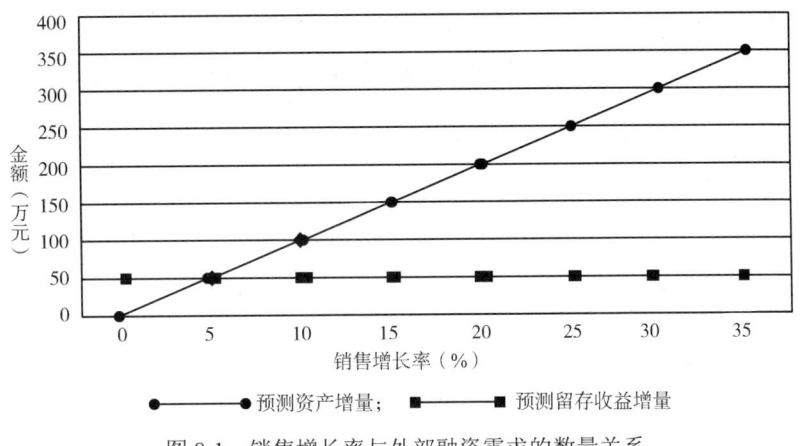

图 8-1　销售增长率与外部融资需求的数量关系

（三）融资规划与企业增长率预测

从企业增长、内部留存融资量与外部融资需要量的关系上可看出，企业增长一方面依赖于内部留存融资增长，另一方面依赖于外部融资（尤其是负债融资）。企业管理者将提出这样的问题：假定企业单纯依靠内部留存融资，则企业增长率有多大？更进一步，如果企业保持资本结构不变，即在有内部留存融资及相配套的负债融资情况下（不发行新股或追加新的权益资本投入），公司的极限增长速度到底是多少？这就涉及融资规划中的内部增长率、可持续增长率预测及管理问题。

1. 内部增长率

公司在没有任何"对外"融资（包括负债和权益融资）情况下的预期最大增长率，即公司完全依靠内部留存融资所能产生的最高增长极限。根据公式预测法下外部融资需要量的公式，且假定外部融资需求量、负债融资为零，即

$$外部融资需求 = (A \times S_0 \times g) - [P \times S_0 \times (1+g) \times (1-d)] = 0$$

则变换后可得

$$g（内部增长率）= \frac{P(1-d)}{A - P(1-d)}$$

将上式的分子、分母同乘销售收入，并同除资产总额即可得到求内部增长率的另一个常用公式，即

$$g（内部增长率）= \frac{ROA(1-d)}{1 - ROA(1-d)}$$

式中，ROA 为公司总资产报酬率（税后净利/总资产）。

【例 8-3】 承例 8-2。根据上述两个公式分别测算怡平公司的内部增长率。

由于 $P = 5\%$，$d = 50\%$，$A = 50\%$，因此

$$g（内部增长率）= \frac{5\% \times (1-50\%)}{50\% - 5\%(1-50\%)} = 5.26\%$$

或

$$g（内部增长率）= \frac{\frac{2\,000 \times 5\%}{1\,000} \times (1-50\%)}{1 - \frac{2\,000 \times 5\%}{1\,000} \times (1-50\%)} = 5.26\%$$

本例中，5.26% 是怡平公司 20×6 年在不对外融资情况下的销售增长率极限。

2. 可持续增长率

可持续增长率是企业在维持某一目标或最佳债务/权益比率前提下，不对外发行新股等权益融资时的最高增长率。可持续增长率的计算公式可通过如下步骤进行推导。

（1）销售增长将带来新增的内部留存融资额，它等于 $S_0(1+g) \times P \times (1-d)$，且该部分留存收益直接增加股东权益总额。在增加留存收益情况下，如果不相应追加负债融资额，将不可能使公司资本结构保持在目标水平，或者说，它将使公司资产负债率趋于降低。

（2）为维持目标资本结构，允许公司追加部分负债融资额，以使其与销售增长带来的留存收益额增加保持数量上匹配。从数量上：

相应新增的负债融资额 = 新增内部留存融资 × 目标债务/权益比率

= 预计销售收入 × 销售净利润率 × （1 - 现金股利支付率）×
目标债务/权益比率

= $S_0(1+g)P(1-d)D/E$

（3）在不考虑新股发行或新增权益融资下，上述两项资本来源应等于销售增长对资产的增量需求（资产占销售百分比 × 增量销售 = AS_0g）。

由此得到：

$$S_0(1+g)P \times (1-d) + S_0(1+g)P(1-d)D/E = AS_0g$$

变换上述等式即可求得可持续增长率：

$$g(可持续增长率) = \frac{P(1-d)+(1+D/E)}{A-P(1-d)(1+D/E)}$$

同样，将上式的分子、分母同乘基期销售收入，并同除基期权益资本总额，则得到可持续增长率的另一表达公式，即

$$g(可持续增长率) = \frac{ROE(1-d)}{1-ROE(1-d)}$$

式中，ROE 为净资产收益率（税后净利/所有者权益总额）。

【例 8-4】 承例 8-3。可测算怡平公司 20×6 年度的可持续增长率。

由于 $P=5\%$，$d=50\%$，$A=50\%$，且最佳债务权益比（D/E）= 550/450 = 1.222，因此

$$g（可持续增长率）= \frac{5\%(1-50\%)(1+1.2222)}{50\%-5\%(1-50\%)(1+1.2222)} = 12.5\%$$

或

$$g（可持续增长率）= \frac{\frac{2\,000 \times 5\%}{450} \times (1-50\%)}{1-\frac{2\,000 \times 5\%}{450} \times (1-50\%)} = 12.5\%$$

上述结果表明，为维持目标资本结构，怡平公司在不进行权益融资情况下的增长极限是 12.5%。

（四）融资规划、企业可持续增长与增长管理策略

从可持续增长率公式可以看出，降低现金股利发放率（d）、提高销售净利率水平（P）、加速资产周转能力等，都是提高公司增长速度的主要驱动因素。而驱动因素一旦受限，则将成为制约公司增长的关键因素。这就说明，企业管理者在确定未来预期增长目标时（如选择内部增长、维持性增长还是"超常增长"，即通过权益融资来推动公司增长），应仔细审视公司既定的财务政策和现有财务资源条件，努力维持公司健康、有序增长。

从管理角度，由于企业增长受限于可持续增长率，因此，当企业实际增长率超过可持续增长率时，将面临资本需要和融资压力；而当企业实际增长低于可持续增长时，表明市场萎缩，企业应调整自身经营战略。图 8-2 列出了各种不同情形下的融资规划与财务管理策略，它为公司增长管理提供了一个可行的框架。

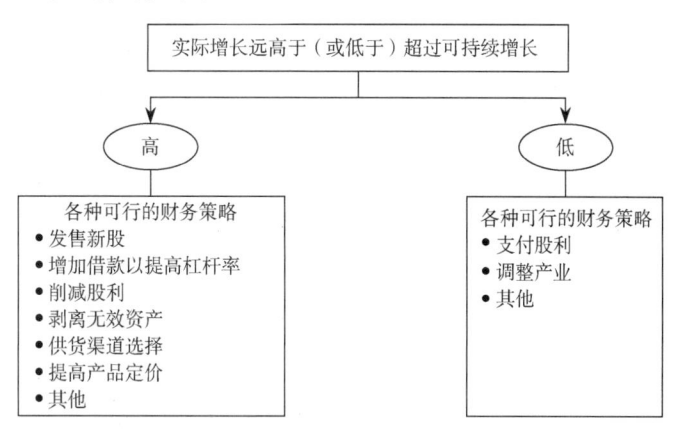

图 8-2 增长管理框架

（五）企业集团融资规划

单一企业融资规划是企业集团融资规划的基础，但企业集团融资规划并不等于下属各子公司外部融资需要量之和，原因在于：

1. 企业集团资金集中管理和统一信贷

企业集团总部作为财务资源调配中心，需要考虑下属各公司因业务增长而带来的投资需求，也需要考虑各公司内部留存融资的自我"补充"功能，并在此基础之上，借助资金集中管理这一平台，再考虑集团整体的外部融资总额。

2. "固定资产折旧"因素

从现金流角度，折旧作为"非付现成本"是企业内源资本"提供者"，在确定企业外部融资需要量时，应考虑这一因素对企业集团内部资金调配的影响。

企业集团外部融资需要量将根据下述公式测算：

企业集团外部融资需要量 = ∑集团下属各子公司的新增投资需求 −
∑集团下属各子公司的新增内部留存额 −
∑集团下属各企业的年度折旧额

【例 8-5】 赓升公司（集团）拥有 A1、A2、A3 三家全资子公司。集团总部在下发的各子公司融资规划测算表中（见表 8-6），要求各子公司统一按表格中的相关内容编制融资规划（表 8-6 中的数据即 A1 公司的融资规划结果）。

表 8-6 A1 公司的融资规划

测 算 项 目	销售预测	
	销售收入增长 10% （20 亿～22 亿元）	融资规划 所依据的假设
1. 新增投资	3	（1）资产、负债项目占销售百分比不变。
（1）补充流动资产	0.6	（2）销售净利润率为 10%，保持不变。
（2）新增固定资产投资	2.4	（3）现金股利支付率为 50%

续表

测算项目	销售预测	
	销售收入增长10% （20亿~22亿元）	融资规划 所依据的假设
2. 新增贷款额	1.6	（1）资产、负债项目占销售百分比不变。 （2）销售净利润率为10%，保持不变。 （3）现金股利支付率为50%
（1）短期负债	1	
（2）长期负债	0.6	
3. 融资缺口	1.4	
4. 内部留存	1.1	
5. 外部融资缺口	0.3	

集团财务部经过汇总各子公司的融资规划表，编制出集团未来年度的外部融资需求规划表，如表8-7所示。

表8-7 集团外部融资需求规划表　　　　　　　　　　单位：亿元

融资规划项目子公司及集团合并	新增投资（含固定资产）（a）	内部留存（b）	新增贷款额（c）	外部融资缺口（d = a–b–c）	已知计提折旧（e）	净融资缺口（f = d–e）	外部融资总额（h = c + f 或 h = a–b–e）
1. A1子公司	3	1.1	1.6	0.3	0.2	0.1	1.7
2. A2子公司	2	1.0	0.2	0.8	0.5	0.3	0.5
3. A3子公司	0.8	0.9	0	(0.1)	0.2	(0.3)	(0.3)
集团合计	5.8	3	1.8	1.0	0.9	0.1	1.9

本例中，通过表8-7的集团融资规划过程不难看出：

（1）如果不考虑集团资金集中管理，则A1、A2两家公司"新增贷款额"将达1.8亿元，"外部融资缺口"将达1.1亿元，"外部融资总额"将高达2.2亿元。

（2）在不考虑其折旧情况下，如果将三家子公司的资金进行集中调配，则A3（现金流相对富余的子公司）将作为资本提供者能为集团内部提供0.1亿元的资本，从而使整个集团的外部融资额下降到2.1亿元（2.2 - 0.1）。

（3）如果将各子公司当年计提的折旧因素计入其中（折旧所产生的"现金流"也集中在集团总部进行统一管理），则向集团内部提供的内源资本总额为0.3亿元。在综合上述因素后，该企业集团最终"外部融资总额"仅为1.8亿元（2.1 - 0.3）。

可见，强调企业集团内部各子公司的融资规划，搞好企业集团资金集中配置等，是提高企业集团财务竞争力的重要举措。

三、企业融资方式决策

融资方式是企业融入资本所采用的具体形式，如吸收直接投资、发行股票、发行债券、银行借款、融资租赁等多种形式，都是从资本需求方角度以明确企业取得资本的具体行为和方式。

从社会资本配置及融资交易活动角度，企业融资方式大体可分为直接融资、间接融资两类。

直接融资是指资本需求方与资本供应方直接进行融资的交易方式。在这一模式下，企业（作为资本需求方）直接通过发行股票、债券等从资本供应方手中融入资本，且大多在金融中间人（如投资银行）协助下完成双方交易。

间接融资是指资本需求方和供应方不直接进行融资交易的方式。在这一模式下，金融中介机构（如商业银行、非银行金融机构等）既吸收资本又贷出资本，专门从事资本流动和融通，从而成为企业融资交易的实现平台。

这两种融资交易模式分别如图8-3和图8-4所示。

不论是直接融资还是间接融资，目的都是实现资本在社会上合理流动和优化配置。

大多数国家的金融系统都包含这两类交易模式，只不过有的以直接融资交易为主（如美国），而有的以间接融资交易为主（如德国）。

目前，我国企业融资主要以商业银行贷款为主，部分企业也积极利用资本市场，通过股票、公司债券、短期融资券等多种融资方式进行直接融资。加大直接融资比重将是我国融资体制改革的基本方向。

图8-3 直接融资交易模式

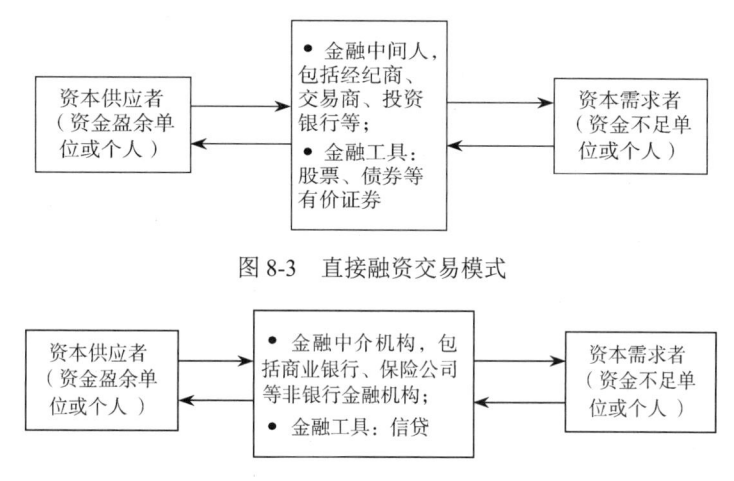

图8-4 间接融资交易模式

（一）权益融资方式

企业权益融资是通过发行股票或接受投资者直接投资等而获得资本的一种方式。其中，战略投资者引入、权益再融资（如增发、配股）等将成为公司融资管理的重点。

1. 吸收直接投资与引入战略投资者

吸收直接投资是企业权益融资的主要方式。其中，战略投资者的引入则是吸收直接投资的管理决策所关注的重点。

在我国，企业在新股发行之前、之中均可引入战略投资者，允许战略投资者在公司新股发行中参与配售。其中，战略投资者是指符合国家法律、法规和规定要求，与发行人具有合作关系或合作意向和潜力并愿意按照发行人配售要求与发行人签署战略投资配售协议的法人。从引入战略投资者角度，战略投资者即具有资本、技术、管理、市场、人才等各方资源优势，能够促进企业的产业结构升级、增强企业核心竞争力和创新能力、拓展企业产品市场占有率，并致力于与企业的长期投资合作，以谋求其长期利益回报和企业可持续发展的境内外投资者。

企业在引入战略投资者时，应特别关注其与公司的"资源互补""长期合作""可持续增长与回报"等各类投资属性。具体地说，只有符合特征的投资者才是合格的战略投资者（见表8-8）。

引入战略投资者对于提升公司形象、优化股权结构、规范公司治理、提高公司资源整合能力、捕捉上市时机等都具有重大意义。但也应该看到，企业在引入战略投资者时需要对其进行全方位评估，尤其要考虑它与企业自身在治理规则、战略管理观念、企业资源整合、运营与管理方法、企业文化契合等各方面的互补性,以避免"引狼入室"。

表 8-8 合格战略投资者的特征

特 征	内 容 阐 释
长期合作	战略投资者因其投资量大而成为公司的重要股东,有能力、意愿和时间等积极参与公司治理,寻求与企业在优势领域的合作
资源互补	投资双方处于相同或相近产业,或者双方的经营活动具有一定的互补性,且投资者在行业中有很高的声誉和实力,足以帮助被投资企业提高竞争力和综合实力,能够形成规模经营效应或互补效应,或通过业务组合规避不可预测的各种经营风险
可持续增长和长期回报	战略投资者因长期稳定持有公司股份,而与被投资企业共同追求可持续增长,并以此取得长期战略利益与长期回报,而非通过短期市场套利而取得回报

2. 股权再融资

上市公司通过配股、增发等方式在证券市场上进行的直接融资。

(1)配股。向原普通股股东按其持股比例、以低于市价的某一特定价格配售一定数量新发行股票的融资行为。比如,智董公司已发行了1亿股股票,并希望再发行2000万股新股,这样它就必须按5∶1的比率(1亿∶2000万)向现有股东配售。每个股东都有资格按所持有的每5股认购1股的比例优先购买新股。

配股使得原普通股股东拥有优先购买新发售股票的权利,凡是在股权登记日前拥有公司股票的普通股股东均享有配股权,此时股票的市场价格中含有配股权的价格。

通常配股股权登记日后要对股票进行除权处理。除权后股票的理论除权基准价格为:

$$配股除权价格 = \frac{配股前股票市值 + 配股价格 \times 配股数量}{配股前股数 + 配股数量}$$

$$= \frac{配股前每股价格 + 配股价格 \times 股份变动比例}{1 + 股份变动比例}$$

应注意两点:一是当所有股东都参与配股时,此时股份变动比例(实际配售比例)等于拟配售比例;二是除权价只是作为计算除权日股价涨跌幅度的基准,提供的只是一个基准参考价。如果除权后股票交易市价高于该除权基准价格,这种情形使得参与配股的股东财富较配股前有所增加,一般称为"填权";反之,股价低于除权基准价格则会减少参与配股股东的财富,一般称为"贴权"。

老股东可以以低于配股前股票市场的价格购买所配发的股票,即配股权的执行价格低于当前股票价格,此时配股权是实值期权,因此配股权具有价值。利用除权后股票的价值可以估计配股权价值,其配股权价值为:

$$配股权价值 = \frac{配股后股票价格 - 配股价格}{购买一股新股所需的配股权数}$$

【例 8-6】 继来公司拟采用配股的方式进行融资。假定20×3年3月25日为配股除权登记日,现以公司20×2年12月31日总股本5亿股为基数,拟每5股配1股。配股价格为配股说明书公布前20个交易日公司股票收盘价平均值(每股10元)的80%,即配股价格为每股8元。在所有股东均参与配股的情况下,配股后每股价格和每份优先配股权的价值如下:

$$配股后每股价格 = \frac{50\,000 \times 10 + 8 \times 10\,000}{50\,000 + 10\,000} = 9.667(元)$$

$$每份配股权价值 = (9.667 - 8) \div 5 = 0.333(元)$$

如果某股东拥有 5 000 万股继来公司股票，在该股东行使配股权并参与配股的情况下：该股东配股后拥有股票总价值 5.8 亿元（9.667×6 000 万股），而配股前拥有股票总价值 5 亿元（10×5 000 万股）。可见，该股东花费 8 000 万元（8×1 000 万股）参与配股，持有股票价值增加了 8 000 万元，其财富没有变化。

如果该股东不参与配股，则配股后股票的参考价格每股 9.6949 元［(5 亿股×10 元+9 000 万股×8 元)/(5 亿股+9 000 万股)］，该股东配股后持有 5 000 万股的股票价值为 4.847 45 亿元（9.694 9 元/股×5 000 万股），因未行权而造成的财富损失了 1 525.5 万元(5 亿元－4.847 45 亿元)。

（2）增发。已上市公司通过向指定投资者（如大股东或机构投资者）或全部投资者额外发行股份募集权益资本的融资方式，发行价格一般为发行前某一阶段的平均价的某一比例。增发分为公开增发、定向增发两类，前者需要满足证券监管部门所设定的盈利状况、分红要求等各项条件，而后者只针对特定对象（如大股东或大机构投资者），以不存在严重损害其他股东合法权益为前提。

公开增发新股的认购方式通常为现金；而定向增发新股的认购方式往往是以重大资产重组或者引进长期战略投资为目的，不限于现金，还包括权益、债券、无形资产、固定资产等非现金资产。

（二）债务融资

债务融资是指企业利用银行借款、发行债券、融资租赁、商业信用等方式向银行、其他金融机构、其他企业单位等融入资金。相对于银行借款、发行债券、融资租赁、商业信用等传统方式而言，新型债务融资方式日益受到关注。

1. 集团授信贷款

拟授信的商业银行把与该公司有投资关联的所有公司（如分公司、子公司或控股公司）视为一个公司进行综合评估，以确定一个贷款规模的贷款方式。

集团授信贷款主要针对集团客户。集团客户是指具有以下特征的企事业法人授信对象：

（1）在股权上或者经营决策上直接或间接控制其他企事业法人或被其他企事业法人控制的；

（2）共同被第三方企事业法人所控制的；

（3）主要投资者个人、关键管理人员或与其近亲属共同直接控制或间接控制的；

（4）存在其他关联关系，可能不按公允价格原则转移资产和利润，银行视同其为集团客户并进行授信管理。

从商业银行角度，集团授信贷款的管理重点在于四点（见表 8-9）。

表 8-9　集团授信贷款的管理重点

项　目	内　容　阐　释
确立授信业务范围	确立授信业务范围主要包括贷款、拆借、贸易融资、票据承兑和贴现、透支、保理、担保、贷款承诺、开立信用证等
明确集团授信额度	授信额度是指授予各个集团成员（包括提供给不同的子公司和分支机构）授信额度的总和
要求提供相关信息资料	集团客户应提供真实、完整的信息资料，包括集团客户各成员的名称、法定代表人、实际控制人、注册地、注册资本、主营业务、股权结构、高级管理人员情况、财务状况、重大资产项目、担保情况和重要诉讼情况等

续表

项　目	内　容　阐　释
贷款提前收回	如果集团客户违反贷款合同中的约定条款，贷款人有权单方决定停止支付借款人尚未使用的贷款，并提前收回部分或全部贷款本息

对企业集团来说，获得商业银行的集团统一授信具有以下好处。

（1）通过集团统一授信，实现集团客户对成员公司资金的集中调控和统一管理，增强集团财务控制力。

（2）便于集团客户集中控制信用风险，防止因信用分散、分公司、子公司失去集团控制而各行其是，从而有效控制集团整体财务风险。

（3）通过集团授信，依靠集团整体实力取得多家银行的优惠授信条件，降低融资成本。

（4）有利于成员企业借助集团资信取得银行授信支持，提高融资能力。集团授信已成为我国企业贷款融资的主要方式。

2. 可转换债券

由于资本市场的发展及各种衍生金融工具的出现，公司融资方式也越来越多样化。可转换债券即一种具有期权性质的新型融资工具。企业所发行的可转换债券，除债券期限等普通债券具备的基本要素外，还具有基准股票、转换期、转换价格、赎回条款、强制性转股条款和回售条款等基本要素。

（1）基准股票。它是可转换债券可以转换成的普通股股票。基准股票一般为发债公司自身的股票，也可以是从属于发债公司的上市子公司股票。

（2）转换期。它是可转换债券转换为股票的起始日至结束日的期限。转换期可以等于或短于债券期限。在债券发行一定期限之后开始的转换期，称为递延转换期。

（3）转换价格。它是可转换债券转换为每股股份所对应的价格。股价是影响转换价格高低的最重要因素。发债公司一般是以发行前一段时期的股价的均价为基础，上浮一定幅度作为转换价格。如果智董公司先发行可转换债券，后发行股票，一定以拟发行股票的价格为基础，折扣一定比例作为转股价格。

转换价格应随公司股份或股东权益发生变化（因送红股、转增股本、增发新股、配股和派息等情况）时做出相应的调整。为了保护可转换债券投资人的利益并促进转股，一般在可转换债券募集说明书中规定转换价格的向下修正条款。当股价持续低迷，符合修正条款的基本条件时，公司可以向下调整转股价格。每份可转换债券可以转换的普通股股数称为转换比率，其计算公式为：

$$转换比率 = 债券面值 \div 转换价格$$

如果智董公司每份可转换债券面值为 1 000 元，转换价格为每股 20 元，那么转换比率即 50，即每份可转换债券可以转换 50 股普通股。转换价格越高，转换比率就会越低。如果转换价格上升至 25 元，转换比率就会降至 40。

（4）转换价值。在转换期内，债券投资者在面临是否应转换为股票时，应了解券的转换价值。转换价值，是可转换债券可以转换的普通股股票的总价值。每份转换债券的转换价值计算公式为：

$$转换价值 = 转换比率 \times 股票市价$$

假定可转债的转换比率为 50，股价为 30 元，那么每份债券的转换价值为 1 500 元。如果股价上涨至 32 元，转换价值为 1 600 元。可见，转换价值越高，转股的可能性就越大。

（5）赎回条款。赎回条款是指允许公司在债券发行一段时间后，无条件或有条件地在赎回期内提前购回可转换债券的条款。有条件赎回下，赎回条件通常为股价在一段时间持续高于转股价格所设定的某一幅度。可转换债券的赎回价格一般高于面值，超出的部分称为赎回溢价，计算公式为：

$$赎回溢价 = 赎回价格 - 债券面值$$

赎回条款是有利于发债公司的条款，主要作用是加速转股过程。一般来说，在股价走势向好时，发债公司发出赎回通知，要求债券持有人在转股或赎回债券之间做出选择。如果赎回价格远低于转债售价或转股价值，债券投资者更愿意卖出债券或转股。所以，赎回条款实际上起到了强制转股的作用，最终减轻了发债公司的还本付息压力。

【例8-7】 惠勤上市公司A股从2×18年1月31日起收盘价连续20个交易日高于H转债当期转股价格每股6.15元的30%，即每股8元，达到H转债赎回条件，公司决定以101.8元的赎回价格赎回H转债。当时H转债的交易价格为149.05元，每份债券的转换价值超过了130元（100÷6.15×8），赎回转债的收益远低于出售转债或转股的收益。所以，该公司真正赎回转债的可能性很小，其行使赎回权的意图是告诫转债持有人尽快转股，以免遭受损失。如果在公司利润大幅上升时赎回其可转换债券，也会限制债券持有人对公司利润的分享。

（6）强制性转股条款。它要求债券投资者在一定条件下必须将其持有的可转换债券转换为股票。设有该条款的发行公司大多数为非上市公司，这些公司通常将发行可转换债券作为权益融资的手段，并不打算到期还本。强制性转股的类型包括到期无条件强制性转股、转换期内有条件强制性转股等。

（7）回售条款。可转换债券的回售条款是指允许债券持有人在约定回售期内享有按约定条件将债券卖给（回售）发债公司的权利，且发债公司应无条件接受可转换债券。约定的回售条件通常为股价在一段时间内持续低于转股价格达到一定幅度时，也可以是诸如公司股票未达到上市目的等其他条件。回售价格一般为债券面值加上一定的回售利率。

【例8-8】 北京智董股份有限公司（简称"智董公司"）在2×16年12月16日按面值平价发行每份面值100元人民币、期限5年、票面利率为1.5%的可转换公司债券。该债券发行数量为2 000万份，发行总额为人民币20亿元，从2×16年12月16日开始计息，每年付息一次。2×16年12月31日该债券在深圳证券交易所上市，债券名称为Z转债（证券代码125 959）。Z转债的基准股票是智董公司的普通股。转换期从2×17年6月16日至2×21年12月16日，即自发行之日起6个月后的第一个交易日至债券到期日止的期间。

Z转债以公布募集说明书前30个交易日智董公司A股股票的收盘价的算术平均值为基础，上浮0.1%，确定初始转股价格为5.76元。2×16年智董公司因实行每股0.3元（含税）的派息方案，对初始转股价5.76元做了除权调整，调整后的转股价为5.46元。自2×18年12月30日至2×19年2月8日的20个交易日中，智董公司A股股票的收盘价格持续低于转股价格的90%，符合转股价格修正条款的基本条件，董事会研究决定将转股价格由3.63元（截至2×18年8月调整后的转股价格）调整至3.27元，下调幅度为10%。

Z转债的赎回期为发行之日起24个月后至Z转债到期日为止。可赎回第一年、第二年和第三年的赎回条件分别是：相应期间内，智董公司A股股票任意连续30个交易日内有20个交易日的收盘价分别高于当期转换价格的150%、140%和130%。赎回价格是债券面值的105%（含当期利息）。

在Z转债到期日前一个计息年度内，如果智董公司股票任意连续30个交易日中至少20个交易日的收盘价低于当期转换价格的80%，Z转债持有人有权将持有的Z转债按面值的107%

回售给智董公司；智董公司募集资金使用发生变更后，公司可转债持有人有权将持有的全部或部分可转债以面值105%（含当期利息）回售给智董公司。

可转换债券本质上是一种混合债券，它将直接债券与认股权证相互融合，兼具债权、股权和期权的特征。其债权特征表现为：可转换债券有规定的利率和期限，对于未转换为股票的债券，发债公司需要定期支付利息，到期偿还本金。其股权特征表现为：可转换债券在转股后，债权人变成了股东，可参与公司的经营决策和股利分配。其期权特征表现为可转换债券给予债券持有人在特定期间按约定条件将债券转换为股票的选择权。

相对于发行其他类型证券融资，可转换债券对投资者的吸引力体现在两个方面：一是使投资者获得固定收益，二是为投资者提供转股选择权，使其拥有分享公司利润的机会。从公司融资角度看，可转换债券发行有助于公司筹集资本，且因可转换债券票面利率一般低于普通债券票面利率，在转换为股票时公司无须支付额外的融资费用，从而有助于公司降低筹资成本。但是，可转换债券转换为股票后，公司仍需承担较高的权益融资成本。

（三）企业集团分拆上市与整体上市

1. 集团分拆上市

分拆上市是指对集团业务进行分拆重组并设立子公司进行上市的。从分拆类型看，它主要包括以下类型：

（1）集团总部将尚未上市的子公司从集团整体中分拆出来进行上市；

（2）集团总部对下属成员单位的相关业务进行分拆、资产重组并经过整合后（它可能涉及多个子公司的部分业务）独立上市；

（3）对已上市公司（包括母公司或下属子公司），将其中部分业务单独分拆出来后独立上市等。

分拆上市使集团总体上能创造出多个融资平台，从而提升集团整体的融资能力和发展潜能。分拆上市对完善集团治理、提升集团融资能力等具有重要作用（见表8-10）。

表8-10　上市对完善集团治理、提升集团融资能力的作用

项　目	内　容　阐　释
集团多渠道融资及融资能力	分拆出去的子公司可以从外部筹集资本，资本来源将不再仅限于母公司这一渠道，即不再完全依赖母公司其他业务的收益所产生的现金流的支持。这对于需要在短期内获得大量长期资金支持的高科技子公司尤为重要，因为分拆上市可以使子公司获得长期性权益资本，并且可以根据需要随时增发。因此，企业集团下属多家子公司的上市，往往可以增强集团整体的股权融资能力
解决投资不足的问题	通过分拆上市，增强分拆后的子公司的资本实力，改善公司在分拆之前因母公司资源限制而产生的投资不足问题
形成对子公司管理层的有效激励和约束	通过分拆上市，子公司通过进入资本市场，直接受到资本市场的监督与约束，同时对于子公司管理者的业绩评价也有了强制性市场标准，从而为子公司管理人员激励与约束机制的建立奠定了客观基础
使母、子公司的价值得以正确评判	当集团进行多元化经营时，盈利水平及发展前景优于企业平均水平的子公司或业务单元，有时会被隐藏在集团多业务之中，由于信息不对称等因素，使这部分业务单元的潜在价值无法被市场发现。因此将子公司分拆出去，使得市场对于母公司和子公司更容易进行公正的价值评价。另外，由于分拆使公司专注于某一专业细分领域并取得竞争优势，因此在增加了投资者投资选择的同时，也有利于提升各子公司的投资价值

分拆上市的股权融资模式也存在一些弊端，主要表现在：
（1）市场"圈钱"嫌疑，从而影响集团财务形象；
（2）集团治理及财务管控难度增加。

分拆后的上市公司均要保持其"独立性"，从而可能产生更为复杂的集团治理关系，并因多层代理而增加集团财务管控的难度。

2. 集团整体上市

整体上市就是企业集团将其全部资产证券化的过程。整体上市后，集团公司将改制为上市的股份有限公司。由于我国企业集团大多由集团公司总部及控股上市子公司（一般看来，其规模占集团比重的很大）、非上市公司等构成，因此整体上市作为企业集团股权融资战略，有利于构建一个超大且统一的整体融资平台。

从我国企业集团整体上市实践看，整体上市往往采用三种模式（见表8-11）。

表8-11 整体上市的三种模式

项 目	内 容 阐 释
定向增发与反向收购	增发与反向收购是由集团下属的上市子公司增发相应股份，然后反向收购集团公司资产，进而达到集团公司整体上市的目的。这种增发一般采取定向增发、公募增发相结合的方式。典型案例包括鞍钢、武钢等
集团首次公开发行上市	对于主业明确又集中的集团公司来说，可以先对少量非经营性资产和不良资产进行适当处置，并进行投资主体多元化的股份制改造，然后将集团直接上市公开募股。例如，中国石化、中国人寿等特大型国有企业集团海外上市，大多采用这种方式。 集团整体上市以集团整体优势为基础，构建一个股权融资的大平台。集团在进行股权融资平台搭建时，除要考虑多平台融资或单一平台融资的融资规模、融资潜力外，还要考虑战略、管理、外部环境等其他因素
换股合并	换股合并是将流通股股东所持上市公司股票按一定换股比例折换成上市后集团公司的流通股票。换股完成后，原上市公司退市，注销法人资格，其所有者权益、债务由集团公司承担，即集团公司整体上市。例如，TCL集团上市就采用了这种方式

四、企业资本结构决策与管理

尽管理论上认为完善市场条件下公司资本结构与公司价值无关，但在现实经济生活中，没有哪一家公司不在意资本结构安排与决策。作为企业融资战略核心内容，企业资本结构决策的本质在于如何权衡债务融资之利息节税"所得"与过度负债之风险"所失"。从理论与实务管理上，公司资本结构决策的目标都定位于：通过合理安排资本结构，在有效控制财务风险的前提下降低企业融资成本、提高企业整体价值。

在企业财务管理实践中，资本结构决策有 EBIT-EPS（或 ROE）分析法、资本成本比较分析法等基本方法。

（一）EBIT-EPS（或 ROE）分析法

公司财务目标是使股东财富或公司价值最大化，每股收益（EPS）可以作为衡量股东财富的主要替代变量（非上市公司则以净资产收益率 ROE 来替代），被认为是影响公司股票股价的重要指针。

公司每股收益＝（EBIT－利息）×（1－所得税税率）/发行在外普通股股数

企业在融资决策过程中，假定未来项目的预期投资收益（EBIT）存在变动性，因此可以通过比较不同融资方式对 EPS 影响的大小来进行优化选择。这就是 EBIT-EPS 分析法。

EBIT-EPS 分析法进行融资决策包括以下基本步骤：
（1）预计拟投资项目的预期 EBIT 水平；
（2）判断预期 EBIT 值的变动性；
（3）分别测算债务、权益两种融资方式下的 EBIT-EPS 无差异点；
（4）根据企业愿意承担的风险程度来判断分析 EBIT 的变动状况，并决定项目融资方案。

1. 项目预期息税前利润确定性下的融资决策

【例 8-9】 怡昌祥公司总资产 80 000 万元，举债 20 000 万元，债务利率 10%，所得税税率为 25%。怡昌祥公司发行在外普通股数为 6 000 万股，以 10 元/股发行价格募集资本 60 000 万元。公司拟于下一年度投资某新项目，投资总额达 40 000 万元。现有两种融资方案：
（1）增发普通股 4 000 万股（发行价不变）；
（2）向银行借款 40 000 万元，且新增债务利率因资产负债率提高而升到 12%。

假定新项目预计的息税前利润为 15 000 万元，则两种不同融资方式下的利息及发行在外股数分别如表 8-12 所示。

表 8-12 不同融资方案下的利息支出与普通股股数

融资方案	方案 1	方案 2
利息费用（万元）	20 000×10%＝2 000	2 000＋40 000×12%＝6 800
在外发行普通股股数（万股）	6 000＋4 000＝10 000	6 000

两种融资方案下使 EPS 相等的 EBIT 值（融资无差异点）可测算为：

$$\frac{(EBIT-2\,000)\times(1-25\%)}{10\,000}=\frac{(EBIT-6\,800)\times(1-25\%)}{6\,000}$$

$$EBIT=14\,000（万元）$$

由于项目预计 EBIT（15 000 万元）大于所测算后的两平点，因此债务融资是最佳的。

或者，也可以用在项目预计 EBIT 为 15 000 万元的情况下来比较两种融资方案下的 EPS。

方案 1（发行股票）：

$$EPS=\frac{(15\,000-2\,000)\times(1-25\%)}{10\,000}=0.975（元）$$

方案 2（举债融资）：

$$EPS=\frac{(15\,000-6\,800)\times(1-25\%)}{6\,000}=1.025（元）$$

可见，两者的决策结果不同。

EBIT-EPS 两平点分析法可以用图 8-5 来表示。当项目预计 EBIT 低于两平点（14 000 万元）时，权益融资是合理的；而当项目预计 EBIT 高于两平点时，债务融资更为可取。

2. 项目预期息税前利润不确定下的融资决策

如果项目预期 EBIT 不确定，则企业首先需要确定项目预期 EBIT 的变动性，然后分析企业管理者所乐意承担的风险的大小。

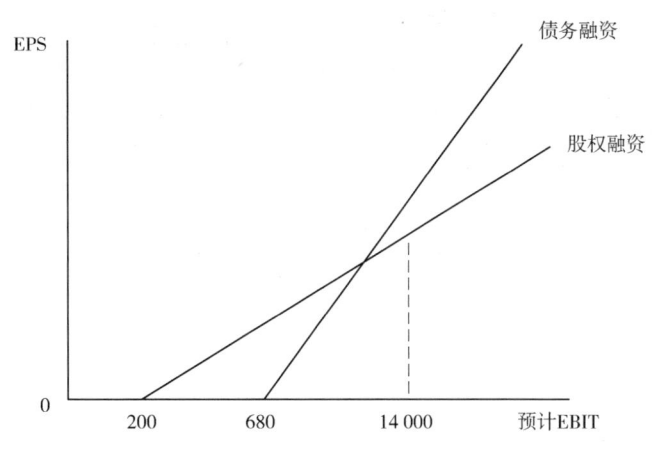

图 8-5 不同融资方案下 EBIT-EPS 的关系

【例 8-10】承例 8-9。且假定项目的预期 EBIT 水平为不确定,则企业管理者如何进行决策判断。根据过去经验及其他因素综合考虑,企业管理者认为在正常经营环境下项目预期 EBIT 为 15 000 万元。但是,企业管理者根据过去业绩及公司所在的行业周期性,预估出该项目 EBIT 的标准差为 1 000 万元(本例假定 EBIT 的变动服从正态分布)。在这种情况下,企业是否采用债务融资或权益融资,则完全取决于对项目收益的风险判断,以及所乐意承担的风险大小。

本例的相关决策如下:

(1)假定企业管理者认为项目预期 EBIT 低于无差异点 14 000 万元的概率为 25%是可容忍的。

(2)由于 EBIT 预期值为 15 000 元,而标准差 = 1 000 万元,则统计值 $Z = -1.0$ [(14 000−15 000) = 11 000],查正态分布表即得到项目预计 EBIT≤14 000 的概率为 15.87%,低于公司 25%的可容忍极限。

(3)得出结论:在收益变动的这种风险度下,采用债务融资是企业管理者能接受的。

可见,在项目收益的不确定性下,通常要求企业对自身的风险承受力进行自我评估,而不能单纯依据 EBIT-EPS 的两平点分析法,即以每股收益额最高为唯一标准来选择资本结构。

(二)资本成本比较分析法

通常情况下,企业将公司价值最高、资本成本最低时的资本结构视为"最佳"资本结构。由此,企业管理者可借助对不同资本结构下的公司价值总额、加权平均资本成本等的比较,来判断公司最佳资本安排。

【例 8-11】惠勤公司的年息税前利润 30 000 万元,且假定惠勤公司的资本全部来源于权益融资。公司所得税税率为 25%。公司管理层认为,这一结构并未利用杠杆并享受利息抵税功能,因此决定通过举债方式来调整其资本结构。经过市场分析并在中介机构帮助下对相关参数进行合理测算,不同举债额度下的债务成本和股票 β 值如表 8-13 所示。无风险报酬率为 6%,平均风险溢酬为 6%。

本例的决策过程如下:

(1)按资本资产定价模型(CAPM)测算出不同举债额下的公司权益资本成本。以负债额是 20 000 万元为例,此时公司权益资本成本为 13.2%(6% + 6% × 1.2)。

(2)测算公司权益价值总额及公司价值总额,以负债额为 20 000 万元为例,其分别为:

表 8-13 不同举债额下的债务成本和股票 β 值

举债额（万元）	税前债务成本	股票 β 值
0	0	1.1
20 000	8%	1.2
40 000	9%	1.3
60 000	10%	1.5
80 000	12%	1.8
100 000	14%	2.2

$$权益价值（E）=\frac{(EBIT-1)\times(1-T)}{K_e}=\frac{(30\,000-20\,000\times8\%)\times(1-25\%)}{13.2\%}=161\,400（万元）$$

$$公司价值（V_L）=B+E=20\,000+161\,400=181\,400（万元）$$

（3）测算公司加权平均资本成本（以负债额为 20 000 万元为例），结果为：

$$公司加权平均资本成本=8\%\times(1-25\%)\times\frac{2\,000}{181\,400}+13.2\%\times\frac{161\,400}{181\,400}=12.57\%$$

根据上述步骤，可分别测算出不同资本结构下的公司价值、加权平均资本成本，从而确定最佳资本结构。测算结果如表 8-14 所示。

表 8-14 资本结构、公司价值与加权平均资本成本

举债额（万元）	权益资本成本（%）	权益价值（万元）	公司价值（万元）	加权平均资本成本（%）
0	12.6	178 600	178 600	12.60
20 000	13.2	161 400	181 400	12.41
40 000	13.8	143 500	183 500	12.26
60 000	15.0	120 000	180 000	12.50
80 000	16.8	91 100	171 100	13.15
100 000	19.2	62 500	162 500	13.85

从表 8-14 中可以看出，当公司举债 40 000 万元时，公司价值达到最高（183 500 万元），加权平均资本成本则为最低（12.26%）。因此，公司的最佳负债比率为 27.9%（40 000÷143 500）。

企业在进行资本结构决策时，重点要考虑公司偿债能力和风险承受能力。公司偿债能力将取决企业的借新还旧能力、其他融资资源的可得性（如新股发行可能性）、现有资产的变现能力等。在通常情况下，企业保持必要的融资能力储备、维护资本结构"弹性"，对抵御未预期财务风险具有重要意义。

（三）资本结构调整的管理框架

理论界并没有给出普适性的资本结构决策模型，现实中的企业也大都依据于其融资环境及相关因素确定"最佳"资本结构。根据财务弹性要求，即使最佳资本结构也不应当是一个常数点，而是一个有效区间，如要求企业资产负债率为 65%~70%。

资本结构调整不但必须，而且是一种常态，它是一个动态的过程。但在企业管理实践中，企业资本结构调整及管理，仍然有其内在的管理框架。

第二节 项目融资管理

一、项目融资的概念

项目融资是为某一特定工程项目而发放的贷款，它是银行中长期贷款的一种形式。

在这种业务中，项目承办人为该项目筹资和经营成立的一家公司，以项目公司的现金流量和收益作为还款来源，项目公司的资产作为贷款安全的保障。它是金融市场推出一种新型的借贷方式，是大型工程项目筹措资金的一种新形式。该融资方式一般应用于现金流量稳定的发电、道路、铁路、机场、桥梁等大规模的基本建设项目，且应用领域逐渐扩大。

项目融资是指符合以下特征的贷款：

（1）贷款用途通常是用于建造一个或一组大型生产装置、基础设施、房地产项目或其他项目，包括对在建或已建项目的再融资。

（2）借款人通常是为建设、经营该项目或为该项目融资而专门组建的企（事）业法人，包括主要从事该项目建设、经营或融资的既有企（事）业法人。

（3）还款资金来源主要依赖该项目产生的销售收入、补贴收入或其他收入，一般不具备其他还款来源。

进行项目融资的主要担保是该工程项目预期的经济收益和其他参与人对工程停建、不能营运、收益不足以还债等风险所承担的义务，而主办单位的财力与信誉并不是贷款的主要担保对象。

项目融资与"与项目相结合的贷款"是不同的，其区别主要表现在三个方面（见表8-15）。

表8-15 项目融资和"与项目相结合的贷款"的区别

项　　目	内　容　阐　释
对象不同	项目融资贷给为经营某项目而成立的承办单位，与项目相结合的贷款，则一般都贷给项目的主办单位
根据不同	发放项目贷款所依据的项目一定保证要有盈利，项目完成后其产品有人买，有人使用，收入多；而发放与项目相结合的贷款所依据的项目，不一定有盈利，如世界银行向我国提供的2亿美元的教育贷款，项目本身无盈利收入
保证不同	项目融资根据项目的经济效益可行性、项目有关方面的直接或间接的信誉以及通过它们的契约责任来保证，与项目相结合的贷款则以借款人的直接信誉，借款人从他们今后项目投资的收益中，也可以从其他收入来源来偿还

由此可见，项目融资是贷款人根据工程主办单位的信誉和资产状况，附之以有关单位（如中央银行）的担保而发放贷款。但是，随着自然资源的大力开发，交通、运输工程的兴建扩展，所需资金的数额非常巨大，单靠工程的主办单位的自身力量很难从资本市场筹得资金，同时单靠一种借款方式也很难满足项目本身的资金需要。

大型工程项目的发展要求一种新的贷款方式出现，这种贷款方式的特点如下。

（1）贷款人不是凭主办单位的资产与信誉作为发放贷款的考虑原则，而是根据为营建某一工程项目组成的承办单位的资产状况及该项目完工后所创造出来的经济收益作为发放贷款的原则，因为项目所创造的经济收益是偿还贷款的基础。传统的贷款方式是向主办单位发放贷款，而项目贷款是向承办单位发放贷款。

（2）不是一两个单位对该项贷款进行担保，而是与工程项目有利害关系的更多单位对贷可能发生的风险进行担保，以保证该工程按计划完工、营运，有足够的资金偿还贷款。

（3）工程所需的资金来源多样化，除从上述来源取得贷款外，还要求外国政府、国际组织给予援助，参与资金融通。

（4）项目融资的贷款人收益在很大程度上取决项目本身的可行性，从这一角度来看，项目导向是项目融资的一大特点，同时通过与金融机构和法律、保险等中介组织的协商在项目参与主体之间实现了令人满意的项目风险分配，项目的不同运行阶段中的各种性质的风险都有可能通过合理的融资结构设计而被分散。

（5）项目融资的参与者包括项目投资者（项目发起人，有可能是单一的公司也可能是多家公司组成的联合体）、贷款人（提供融资的银行和其他金融组织）和项目建筑承包公司、保险公司、项目购买者、原材料供应商及项目完工后的运营商等。项目融资的参与主体非常复杂，相关经济利益与法律责任的协调界定难度很大，这既是项目融资的一大特点，同时是项目风险形成的诱因之一。

项目融资与固定资产贷款的异同点如下：

项目融资是指对已建和在建项目进行融资，还款单一项目主体，以经营风险为主建设风险为次，建造一个或一组大型设施设备，有抵（质）押（工程、房产、收益权、股权、商业保险金请求权等），多家金融机构参加，具有复杂融资的担保结构。

固定资产贷款是指对新建项目的贷款，建设风险经营风险并重，还款多元化，对单个项目的贷款、新建项目无抵质押担保，一般由一家银行受理融资担保关系，相对简单，是一般配套流动资金贷款。

二、项目融资的原则

项目融资涉及多方面的利益主体，是一个复杂的系统工程，贷款人、借款人必须首先确定好设计原则，然后才可以根据这些原则的指导，顺利完成项目融资。项目融资的原则，也即商业银行发放项目贷款的基本要求，如表 8-16 所示。

表 8-16 项目融资的原则

项　　目	内　容　阐　释
计划性	项目融资属固定资产投资，借款人的固定资产投资计划必须经国家批准并纳入国家计划。除此以外，根据借用外汇资金的来源和还款方式的不同，其外汇收付要列入国家的利用外资计划和外汇收支计划，项目单位的人民币配套资金要列入国家的人民币信贷计划
合法性	贷款人提供项目融资的项目，应当符合国家产业、土地、环保和投资管理等相关政策
效益性	指用最少的投资取得最大的效益。融资项目事先要评估分析，包括国民经济效益、企业经济效益、社会效益和财务效益分析等。借款人投资的通常是资金密集型产业，投资周期长，回收慢，这些不利情况决定了借款人必须严格控制成本。在开发项目时尽可能与国家产业政策相吻合；在遵守税法条件下，合理避税；在选择融资渠道时，要综合考虑本企业及项目的特点，尽量达成对自己有利的贷款安排；在选择承包商时要仔细考虑其技术实力和资信程度等因素；在原材料采购时要与供应商签订战略合作协议，实行集体采购，充分利用电子商务平台交易减少各项成本，提高项目的经济效益

续表

项 目	内 容 阐 释
安全性	融资项目所生产的产品必须是市场适销的、国民经济所需要的。有的项目虽不增加产量,但其目的在于提高质量、更新技术、节约原材料或消除污染等,对国民经济也是有贡献的。在借款人、贷款人及承包商、原材料供应商之间合理分担项目风险,使项目开发商的风险最小化,是融资结构的核心问题。例如,在项目建设中项目开发商要承担全部风险,但在项目完工投入使用后,借款人就只承担一定范围内的风险,其余风险则由提供贷款人承担,有限追索是分散风险的有力手段,在有限追索条件下,贷款人只在某特定时间或规定范围内有权对借款人进行追索活动,贷款人对于追索形式和程度的选择依据是项目本身的风险(包括投资规模、投资结构、开发商财务状况、行业经验、管理能力等因素)。借款人争取有限追索的条件是审慎考虑项目收益,设计出合理完善的融资结构
物资保证性	建设项目所需的物资,如设备、建材等,要从国家全局考虑,能有多少物资从再生产过程中抽出,用于固定资产投资。借用外资的项目,还款时还要以出口物资换来的外汇抵付外债,因此最终仍需以国内物资作保证
偿还性	项目融资是要还本付息的。一般用项目单位新增的利润或提取的折旧基金归还。凡有限追索权的项目融资,还须评价有关参与方所提供的担保是否可靠

三、项目融资的参与人

项目融资具有多方面的参与人,参与人的有关担保,对贷款的取得和项目的完工起着关键作用。项目贷款的参与人如表 8-17 所示。

表 8-17 项目贷款的参与人

项 目	内 容 阐 释
主办单位	主办单位即项目的主管单位和部门,它从组织上负有督导该项目计划落实的责任。贷款虽非根据主办单位的保证而发放,但如发生意外的情况,导致项目所创造的收入不足以偿付债务时,主办单位在法律上负有拿出差额资金,用以偿债的责任。所以贷款人发放贷款时,对主办单位的资信情况也十分关注
承办单位	承办单位也称项目单位,是为工程项目筹措资金并经营该工程的独立组织。承办单位有独资的,也有合资的
合伙人	承办单位选择一个资力雄厚、信用卓著、经营能力强的合伙人的好处在于: • 可利用合伙人入股的产权基金; • 合伙人有可能对该项目另外提供贷款; • 合伙人可协助该工程项目从国外市场融通资金。外国合伙人的资信状况是贷款人提供贷款的重要考虑因素
贷款人	根据工程项目的具体情况,国内外的信贷机构、各国政府和国际金融组织均可成为工程项目的贷款人
设备供应人	项目设备的供应人在保证项目按时竣工中起着重要作用。贷款人关心运输机械设备、电力、原材料等供应商的资信与经营作风,这是他们考虑是否发放贷款的因素之一。争取以延期付款方式向供应商支付货款,是承办单位获得贷款的一条渠道

续表

项　　目	内　容　阐　释
工程产品的购买人或工程设施的用户	偿还项目贷款的资金来源主要依靠项目产品销售或设施使用后的收入，因此，购买人（或用户）承担的购买产品（或使用设施）的合同义务，为贷款的偿还提供了可靠的保证。购买人（或设施用户）有时是一个，有时是几个，他们的资信状况是能否取得贷款的最重要因素
工程师和承包公司	工程师和承包公司是工程技术成败的关键因素，他们的技术水平和声誉是能否取得贷款的因素之一
外国政府官方保险机构	银行等私人信贷机构向工程项目提供贷款，常常以能否取得外国政府官方信贷保险机构的信贷保险为先决条件，这些机构也是项目贷款的主要参与人
托管人	在大型工程项目的资金筹措中，往往有托管人介入。他的主要职责是直接保管从工程产品购买人（或设施用户）处所收取的款项，用以偿还对贷款人的欠款。托管人保证在贷款债务未清偿前，承办单位只能按规定的原则提取和动用部分该笔款项

四、项目融资的主要类型

（一）无追索权项目融资

无追索权项目融资也称为纯粹的项目融资，是指贷款人对项目的主办单位没有任何追索权，只能依靠项目所产生的收益作为还本付息的来源，并可在该项目的资产上设立担保权益。此外，项目主办单位不再提供任何信用担保。如果该项目中途停建或经营失败，其资产或收益不足以清偿全部贷款，贷款人也无权向主办单位追偿。在这种融资方式下，贷款的还本付息完全依靠项目的经营效益。同时，贷款人为保障自身的利益，必须从该项目拥有的资产取得物权担保。如果该项目由于种种原因未能建成或经营失败，其资产或受益不足以清偿全部的贷款时，贷款人无权向该项目的主办人追索。这种类型的项目融资对贷款人的风险很大，一般很少采用。

（二）有限追索权的项目融资

这是普遍采用的一种项目融资形式。在这种形式下，贷款人除依赖贷款项目的经营收益作为还债来源和取得物权担保外，贷款人还要求有项目实体以外的与项目完工有利害关系的第三方当事人提供各种担保。贷款人有权向第三方担保人追索，但担保人承担债务的责任，以他们各自提供的担保金额为限，所以称为有限追索权的项目融资。第三方当事人包括设备供应人、项目产品的买主或设施的用户、承包商等。当项目不能完工或经营失败，从而项目本身资产或收益不足以清偿债务时，贷款人有权向上述各担保人追索，但各担保人对项目债务所负的责任，仅以各自所提供的担保金额或按有关协议所承担的义务为限。通常所说的项目融资，均指这种有限追索权的项目融资。

由于提供融资的机构对项目的发起人没有完全追索权，这是设计项目融资要达成的一个重大目的。具体来说，融资协议中追索的形式和程度取决于贷款人对项目风险的评级和项目融资结构的安排，同时与项目发起人的财务状况、资信等级、技术经验、管理能力等因素有密切关系。这意味着借款人的风险和可能损失得到一定的控制，但同时对贷款人而言就不太有利。

五、项目融资的申请条件

（1）项目本身已经经过政府部门批准立项。

（2）项目可行性研究报告和项目设计预算已经政府有关部门审查批准。

（3）引进国外技术、设备、专利等已经政府经贸部门批准，并办妥了相关手续。
（4）项目产品的技术、设备先进适用，配套完整，有明确的技术保证。
（5）项目的生产规模合理。
（6）项目产品经预测有良好的市场前景和发展潜力，盈利能力较强。
（7）项目投资的成本以及各项费用预测较为合理。
（8）项目生产所需的原材料有稳定的来源，并已经签订供货合同或意向书。
（9）项目建设地点及建设用地已经落实。
（10）项目建设以及生产所需的水、电、通信等配套设施已经落实。
（11）项目有较好的经济效益和社会效益。
（12）其他与项目有关的建设条件已经落实。

六、项目融资的受理条件

对贷款人来说，项目融资是高风险的资产业务，因此，贷款人从事项目融资业务，应当具备对所从事项目的风险识别和管理能力，配备业务开展所需要的专业人员，建立完善的操作流程和风险管理机制。贷款人可以根据需要，委托或者要求借款人委托具备相关资质的独立中介机构为项目提供法律、税务、保险、技术、环保和监理等方面的专业意见或服务。

七、项目融资业务的操作流程

项目融资的周期长，影响项目按期完工的因素多，情况复杂，因此发放贷款的机构都对项目融资设有严格的管理程序。项目融资业务除按固定资产贷款业务的操作流程进行操作外，还应注意如下事项。

（一）借款人申请项目融资的流程

借款人完成项目融资要先后经历投资决策、融资决策、融资模式与结构安排、融资双方协商谈判和执行融资协议这五个阶段（见表8-18）。

表8-18　借款人完成项目融资的五个阶段

项　目	内　容　阐　释
投资决策	确定投资决策时要考虑该项目所处行业特点和发展前景，及项目市场环境和自然环境的基本情况，比如，对项目所在区域气候水利地质生态环境的分析。同时，还必须对宏观经济的整体形势做出判断，如果国民经济快速发展，人民收入水平不断提高，项目的建设、销售、运营都有良好的前景
融资决策	借款人进行融资决策时，必须决定采用何种融资模式。在项目融资实践中，项目开发商一般须聘请具有专业经验和雄厚实力的融资顾问参与设计规划具体的融资活动，虽然开发商须付出一定成本来获得咨询或建议，但考虑到融资计划的复杂性及对项目成功的重大影响，借款人仍然会不惜重金寻找专业融资团队的帮助
融资模式与结构安排	关于融资结构的设计，通常由投资公司或商业银行中的项目融资部门与借款人项目部联手确定设计出最有利的融资结构；所谓"最有利"的含义，包括：采用这种融资结构会使项目风险最小化；使项目参与各方的收益都得到充分的保证；制定这样的融资结构必须对项目的债务承受能力做出准确判断和估计；并设计出稳健合理的融资和担保方案。这个过程要求与融资顾问有良好的沟通渠道，双方优势能有效互补，观点分歧要迅速解决
融资双方协商谈判	当融资方案已确定后，借款人与贷款人开始就融资协议的细节进行漫长的谈判，融资顾问要发挥协调双方利益，控制谈判节奏的作用，促成融资合同文本的签署

续表

项　　目	内　容　阐　释
执行融资协议	借款人与贷款人达成项目融资的正式文件后，项目所需资金开始到位，借款人要组织建筑承包商、原材料供应商、项目工程监理等正式投入项目建设运营中去。贷款人也要派出专家组，对项目的建设进度、工程质量和资金使用情况进行监督、调查，以确保项目按计划顺利施工

总体而言，项目融资的重中之重是要做好项目评价和风险分析工作，只有以实事求是的态度和细致入微的调查，项目的发起人才能有效地控制并化解各类风险，获得预期收益。

借款人申请项目融资时，应参照固定资产贷款的要求向贷款人提出申请。

（二）贷款人办理项目融资的流程

贷款人收到借款人项目融资的申请时，应按初选、评估、审批、发放与支付、回收、考核六个阶段进行处理（见表 8-19）。

表 8-19　贷款人办理项目融资的流程

项　　目	内　容　阐　释
初选	初选是贷款人根据贷款计划和国家的产业政策，经初步调查协商，从有关项目单位呈交的规划中初选一批符合上述条件的项目，作为备选项目。初选时主要依据项目单位呈交的项目建议书和项目规划进行审查，着重研究项目完工对国民经济的作用和建设的必要性，并初步研究项目的可行性
评估	评估就是对项目可行性研究报告进行各方面的审查评估。贷款人在项目可行性研究过程中，要收集有关资料，细致分析，因为从国家有关部门批准可行性研究报告，到贷款人考虑是否发放贷款，其间有一个过程，在此过程中原来的数据或情况可能有所变化，故贷款人应细致分析。初选阶段审查重点是项目建设的必要性，评估阶段审查重点是项目的可行性
审批	审批是贷款人内部进行最后审查，批准贷款条件、贷款程序、提款办法等，并签署贷款合同的过程包括： • 贷款金额的确定。贷款人应当按照国家关于固定资产投资项目资本金制度的有关规定，综合考虑项目风险水平和自身风险承受能力等因素，合理确定贷款金额。 • 贷款期限的确定。贷款人应当根据项目预测现金流和投资回收期等因素，合理确定贷款期限和还款计划。 • 贷款利率的确定。贷款人应当按照中国人民银行关于利率管理的有关规定，根据风险收益匹配原则，综合考虑项目风险、风险缓释措施等因素，合理确定贷款利率。贷款人可以根据项目融资在不同阶段的风险特征和水平，采用不同的贷款利率
发放与支付	根据融资协议、年度投资计划和年度贷款计划，按照采购合同、施工合同和建设进度，及时供应资金，并监督资金合理使用，以保证项目顺利完成，及时发挥投资效益。贷款人应当按照《固定资产贷款管理暂行办法》的有关规定，恰当设计账户管理、贷款资金支付、借款人承诺、财务指标控制、重大违约事项等项目融资合同条款，促进项目正常建设和运营，有效控制项目融资风险。 贷款人应当根据项目的实际进度和资金需求，按照合同约定的条件发放贷款资金。贷款发放前，贷款人应当确认与拟发放贷款同比例的项目资本金足额到位，并与贷款配套使用。 贷款人应当按照《固定资产贷款管理暂行办法》关于贷款发放与支付的有关规定，对贷款资金的支付实施管理和控制，必要时可以与借款人在借款合同中约定专门的贷款发放账户。

续表

项　目	内　容　阐　释
发放与支付	采用贷款人受托支付方式的，贷款人在必要时可以要求借款人、独立中介机构和承包商等共同检查设备建造或者工程建设进度，并根据出具的、符合合同约定条件的共同签证单，进行贷款支付
回收	融资项目投产后，要按照年度还本付息计划，审查借款人财务报表，核实新增利润和折旧以及外汇收入，督促借款人按期还本付息。贷款人应当与借款人约定专门的项目收入账户，并要求所有项目收入进入约定账户，按照事先约定的条件和方式对外支付。贷款人应当对项目收入账户进行动态监测，当账户资金流动出现异常时，应当及时查明原因并采取相应措施
考核	在融资项目建成投产后，还款期结束前后，贷款人要对融资项目进行全面总结，考核效益情况，检查工作质量，从中总结经验，吸取教训，改进今后工作。在这个环节尤应防范风险。在贷款存续期间，贷款人应当持续监测项目的建设和经营情况，根据贷款担保、市场环境、宏观经济变动等因素，定期对项目风险进行评价，并建立贷款质量监控制度和风险预警体系。出现可能影响贷款安全情形的，应当及时采取相应措施

八、项目可行性研究与工程规划

贷款人从事项目融资业务，应当以偿债能力分析为核心，重点从项目技术可行性、财务可行性和还款来源可靠性等方面评估项目风险，充分考虑政策变化、市场波动等不确定因素对项目的影响，审慎预测项目的未来收益和现金流。

工程项目的上马应建立在周密、审慎、健全的可行性研究与规划的基础上。它是提出兴建工程项目的先决条件。承办单位要聘请各方面的专家进行高质量的可行性研究，制定确保工程完工并对其存在的问题提出解决办法的全面规划，按规划进行施工、管理组织、筹资、营运。贷款人在决定对项目提供贷款前必须审慎地研究该项目的可行性与规划，以确保贷款的安全。

（一）项目可行性研究的概念

项目的可行性研究是项目参与主体分析、计算和评价投资项目的技术方案、开发方案和经营方案的经济效果，研究项目开发的必要性和可能性，进行开发方案选择和投资方案决策的科学分析方法。项目可行性研究的目的就是确保投资决策的科学性、合理性和可行性，使贷款人同意为项目提供资金，达到投资收益最大化。

（二）项目可行性研究的内容

一般来讲，项目可行性研究要回答三个问题，即投资开发该项目的原因、实施该项目的最佳方案和具体办法，以及该投资项目的预期现金流及预期收益额。项目可行性研究的具体内容如表 8-20 所示。

表 8-20　项目可行性研究的具体内容

项　目	内　容　阐　释
市场需求和发展趋势	可行性报告应对市场的需求特点、供求状况及正在发生和可能出现的变化等因素进行深入探索和研究
项目建设地点和周边环境	项目可行性报告必须分析该项目所处地块的交通情况、公共设施、生态环境等因素。对于借款人来说，很多项目的收益和核心竞争力都取决于建设地点的选择

续表

项　　目	内　容　阐　释
建筑材料供应情况	在项目开发中，工程质量优劣很大程度上取决于建筑材料、设备的质量，同时，建筑材料的成本高低也直接影响着项目的未来收益。因此进行项目融资前开发商应该对建材市场的供求状况、产品质量、销售渠道等做全面细致的调查，保证项目质量
选择合适建筑方案	例如，房地产项目融资中，房型、面积、容积率、绿化率、室内装修水平等因素都是建筑方案的组成部分
选择工程承包商	借款人要明确筹建项目要求的施工技术水平，并且熟悉工程承包市场的供求状况、质量信誉等情况，结合自身资金实力和项目特点，选择经验丰富、技术优良、在业内口碑不错的公司（工程承包商）
预测现金流量和未来收益，并分析其可靠性，选择融资方案	借款人的项目可行性报告中，财务经济效益是核心和关键。只有在取得合意的经济效益情况下，项目融资才有现实可能性和必要性。通过对于现金流、收益、负债的定性和定量分析，借款人即可对项目潜在风险做出估计和判断，避免融资、建设、运营等环节中的决策失误

（三）项目可行性研究的程序

通常来说，项目可行性研究可分成三个阶段，即投资前、投资、生产阶段。可行性研究分析主要集中在投资前时期，大致分析进度可划分为：

（1）初步可行性研究，属于过渡性研究，只不过在研究结果精度和分析深度上有所提高；

（2）机会可行性研究，即以资源条件和原始数据为基础，建议投资方向，选择投资项目，寻找有利的投资机会。这个阶段的工作主要是对项目进行粗略估计，允许较大误差。

可行性研究是，在收集、占有和分析大量原始数据和资料的基础上对待投资的项目进行全面技术经济论证，研究问题涉及市场调研、环境分析规划选择、进度安排、项目成本估算、财务分析、经济收益估算评价和社会环境效益评价等。由此可见，项目可行性研究是项目融资活动前期工作的重点，在分析市场需求的过程中对待融资项目建设的必要性和经济社会效益的合理性做出预测，为贷款人决策依据的准确性提供了保证，也为从借款人获得融资支持，取得政府相关部门的理解和鼓励，发挥重要的指导作用。科学合理的可行性报告为项目保质保量，按时完工提供了必要的指导依据。

（四）经济技术的可行性

在经济可行性研究中：一要根据大量数据，衡量该工程项目总的效益与全面合理性；二要根据经济发展战略要求，衡量该项目与国家的各项计划相衔接的程度；三要对该项目的潜在市场进行充分详尽的分析。

根据市场信息与条件，核算项目的成本与费用，并对市场的价格趋势做出科学的预测与分析。通过分析说明该工程所生产的产品（或设施提供的劳务）在国内外市场与其他供应者相比，具有不可抗拒的竞争性。只有销售市场得以保证，才能确保项目的收入和贷款的偿还。这是经济可行性研究中最主要的一项。

（五）财务效益的可行性

1. 短期偿债能力比率

短期偿债能力一般也称支付能力，是指企业支付一年内随时可能到期债务的能力。借款人短期偿债能力的强弱,意味着贷款人短期贷款的本金与利息能否按时收回,也是衡量即将到期的长期债务能否收回的指标。借款人的短期偿债能力大小,要看其流动资产和流动负债的数量多少和流动资产的质量状况。判断借款人短期偿债能力强弱的指标如表 8-21 所示。

表 8-21　判断借款人短期偿债能力强弱的指标

项　目	内　容　阐　释
营运资本	营运资本是指流动资产总额减流动负债总额后的剩余部分,也称净营运资本。其计算公式为: 营运资本 = 流动资产 - 流动负债
现金比率	现金比率是现金类资产与流动负债的比值。现金类资产是指货币资金和短期投资净额。现金比率的计算公式为: 现金比率 =(货币资金 + 短期投资净额)÷ 流动负债
流动比率	流动比率是流动资产与流动负债之比,表示每元流动负债有多少流动资产可用于清偿。它是考察企业短期偿债能力的一个最基本、最通用的指标。其计算公式为: 流动比率 = 流动资产 ÷ 流动负债
速动比率	速动比率是速动资产与流动负债之比,表明每元流动负债有多少速动资产用作保障。其计算公式为: 速动比率 = 速动资产 ÷ 流动负债 式中,速动资产 = 流动资产 - 存货 - 预付账款 - 待处理流动资产损失

2. 长期偿债能力比率

企业偿还长期债务的能力,它表明企业对债务的承受能力和偿还债务的保障程度。长期偿债能力的强弱是反映借款人财务状况稳定与否与以及安全程度的重要标志。

分析借款人的长期偿债能力,主要是为了确定该借款人偿还债务本金和支付债务利息的能力。从偿还债务的资金来源来看,应是借款人的经营利润,可通过资产负债表和利润表提供的数据进行分析。

衡量企业长期偿债能力的比率称为杠杆性比率,又称偿付能力比率,具体包括如表 8-22 所示的内容。

表 8-22　衡量企业长期偿债能力的比率

项　目	内　容　阐　释
资产负债率	资产负债率又称负债比率,是负债总额与资产总额之比。其计算公式为: 资产负债率 =(负债总额 ÷ 资产总额)× 100%
债务股权比率	债务股权比率是负债总额与股东权益总额之间的比率,也称产权比率或负债权益比率,用来表示股东权益对债权人利益的保障程度。其计算公式为: 债务股权比率 =(负债总额 ÷ 股东权益总额)× 100%
有形净值债务率	有形净值债务率是企业负债总额与有形净值的百分比。有形净值是股东权益减去无形资产净值后的净值,即股东具有所有权的有形资产的净值。其计算公式为: 有形净值债务率 = 负债总额 ÷(股东权益 - 无形资产净值)× 100%
股东权益比率与权益乘数	股东权益比率是企业的股东权益总额与资产总额对比所确定的比率。其计算公式为: 股东权益比率 =(股东权益总额 ÷ 资产总额)× 100% 权益乘数是资产总额与股东权益之比,其计算公式为: 权益乘数 = 资产总额 ÷ 股东权益总额

续表

项 目	内 容 阐 释
已获利息倍数	已获利息倍数，又称利息保障倍数，是指企业经营业务收益与利息费用的比率，用以衡量企业偿付债务利息的能力。其计算公式为： 已获利息倍数 = 息税前利润 ÷ 利息费用 式中，息税前利润是指利润表中未扣除利息费用和所得税之前的利润，它可以用利润总额加利息费用来测算；利息费用是指本期发生的全部应付利息，不仅包括财务费用中的利息费用，还应包括计入固定资产成本中的资本化利息

3. 项目财务效益分析预测

在财务效益分析中，首先应对投资成本、项目建设期内投资支出及其来源、销售收入、税金和产品成本（包括固定成本和可变成本）利润、贷款的还本付息（按规定利润和折旧费等资金归还项目贷款本息）等方面进行预测；其次，以预测出的数据为依据，以静态法和现值法分析项目的财务效益，从而判断项目的盈利能力；最后，说明项目的财务效益是可行的，反映财务效益的主要指标有正常年度利润、贷款偿还期、整个项目生命期的收益额和收益率以及影响收益额和收益率的有关因素等。

（六）销售安排

销售安排中要确定推销该工程产品的方法，如果产品向为数不多的客户出售，则应随着工程的完工和投产而安排好预销合同。由于产品销售具有合同保证，减缓了贷款到期不能归还的风险。这对贷款人的资金安全、便于承办单位对外筹资都有重要作用。

（七）原材料和基础设备的安排

原材料供应要可靠，要有计划，并且制定长期供应合同，合同条件要与该工程的经济要求相适应。如果项目属于能源开发，就必须使贷款人确信项目资源储藏量是足够整个贷款期内开发的。对于运输、水电、排水等基础辅助设施必须做好安排，其建设进度及所需资金应与工程本身的规划协调一致。基础工程的材料供应条件也要做好安排。

（八）费用估计

对于工程项目费用的正确估计是十分重要的。它对工程项目经济效益的发挥、产品销售的竞争力，以及工程本身的财务状况及还债能力都具有重大的影响。对工程费用的估计要实事求是，尽可能精确，要考虑到建设期间的利息和投资后的流动资金需求、偶然事件和超支问题，并应充分考虑通货膨胀的发展趋势对费用的影响。

估算费用开支时，应安排一定数额的不可预见费用和应急资金，用以弥补由于意外原因而造成的延期竣工、超预计的通货膨胀率，以及受其他突发事件影响而增加的费用开支。

（九）环境规划

选定项目建设的地域，要适应项目本身的发展，项目对周围环境的影响要为该地区所容许。如果考虑不周，或违反环境保护法，常常导致工程建设时间的推迟，甚至废弃。

（十）货币规划

工程项目在建造与营运阶段的各个环节均发生货币收支，规划中要安排好不同货币之间的衔接，最大限度地防止汇率风险。如果以硬币筹资，而产品销售均为软币，在偿还贷款时就要蒙受汇率损失，收支脱节的不衔接情况更应极力避免。

（十一）财务规划

根据工程的设计要求和规模，确定总的筹资总额；根据工程项目的结构特点与性质，确定筹措资金的来源与渠道；根据工程建设时间的长短，确定建设阶段与营运阶段分别筹资的安排；根据主办单位与合伙人的资财情况，确定以产权和借款方式筹措资金的总额，并对各具体筹资渠道、借款期限与条件等提出建议。

九、项目融资的风险管理

贷款人可以以要求借款人签订长期供销合同、使用金融衍生工具或者发起人提供资金缺口担保等方式，有效地分散经营期风险。贷款人从事项目融资业务，应当充分识别和评估融资项目中存在的建设期风险和经营期风险，包括政策风险、筹资风险、完工风险、产品市场风险、超支风险、原材料风险、营运风险、汇率风险、环保风险和其他相关风险。

做好项目规划与可行性研究是取得项目融资的前提，但更重要的是规避风险。项目单位要向贷款人提供各种担保：项目单位按期还本付息的担保；在项目营建的过程中由于不可预计的原因，费用超支，如无人垫付这部分超支费用，项目就不能及时完工，从而影响贷款偿还，对此也可提出担保；项目虽可按时完工，但由于种种原因，完工时开工不足，收益不足，从而影响贷款的偿还，对此也要提出担保。只有通过各种担保形式，将贷款不能偿还的各种风险消除，项目单位取得项目融资才能实现。贷款人应当要求将符合抵质押条件的项目资产和/或项目预期收益等权利为贷款设定担保，并可以根据需要，将项目发起人持有的项目公司股权为贷款设定质押担保。贷款人应当要求成为项目所投保商业保险的第一顺位保险金请求权人，或采取其他措施有效控制保险赔款权益。贷款人应当采取措施有效降低和分散融资项目在建设期和经营期的各类风险。贷款人应当以要求借款人或者通过借款人要求项目相关方签订总承包合同、投保商业保险、建立完工保证金、提供完工担保和履约保函等方式，最大限度降低建设期风险。贷款人可以通过为项目提供财务顾问服务，为项目设计综合金融服务方案，组合运用各种融资工具，拓宽项目资金来源渠道，有效分散风险。对于项目融资，由于其依赖项目本身的现金流偿还贷款，应以项目的偿债能力为核心全面评价，重点是项目产品市场，以及技术和财务的可行性分析。

（一）项目融资的担保

项目担保人一般由三方面主体构成，即项目投资者、项目利益相关者和商业担保人。借款人是项目融资过程中最主要的担保人，一般在贷款人给开发商发放贷款时，都要求其提供项目之外的担保作为附加的债权保证。这种担保可以是直接担保项目开发所贷的款项，也可以是间接预防不可预见因素。第三方担保人是指在项目开发商以外，寻找与项目经济利益有关的机构，为项目建设运营提供担保。这类担保行为在一定程度上分散了项目风险，形成了稳定有力的项目融资结构，可以吸引广大投资者参加该项目。一般提供第三方担保的机构包括政府、项目的相关主体、国际金融机构。其中，政府出于发展经济、改善居民生活条件、提高就业水平、稳定投资者的信心的目的而为大型项目出面担保。政府担保的优越性非常明显，项目的相关政策风险会大大降低，贷款人的贷款安全系数得到提高，借款人更有信心进行项目建设运营。项目相关利益主体，出于各自不同的获利动机会对项目的各环节提供担保，承包商为了获得项目建设合同，愿意提供项目担保。例如，有时工程承包商愿意接受完工担保；原材料和机械设备供应商为拓展市场，愿意为采购使用其产品的项目提供担保。另外，项目的客户（公司或消费者）愿意为项目提供担保，这样可以保障项目的顺利完工和运营。部分项目可以吸引到世界银行等国际性金融机构的担保,此类担保常常出于促进发展中国家经济、提高人民居住水平、改善生活环境的公益目的。所谓商业担保人,是指提供担保作为盈利手段,以承担项目的风险为代价收取担保费用的机构。一般以商业担保为经营业务的组织有银行、保险公司等。商业银行一般承担借款人在项目建设和融资过程中所须履行义务的担保,而保险公司专门提供银行、项目开发商不愿或无力承担的风险的担保。

工程项目融资中,要向贷款人提供的项目担保的主要类型按其在项目融资中承担的不同经济责任,可分为五种类型,而具体的担保形式又多种多样,现介绍如下。

1. 直接担保

担保人为项目单位(借款人)按期还本付息而向贷款人提供的直接保证。其具体形式如表 8-23 所示。

表 8-23 直接担保的具体形式

项 目	内 容 阐 释
责任担保	在项目贷款中常常由主办单位提供直接担保,一旦借款人(项目单位)违约,则担保人承担连带责任
银行和其他金融机构的担保	担保人的主要义务是,"如借款人未按期还本付息,则由担保人承担支付义务"。担保书中其他内容大都是保护贷款人利益的保护性条款
购买协议	购买协议即主办单位与贷款人之间的协议。协议一般约定,"如项目不能按期完工,从而影响项目贷款的偿还,则由主办单位买下所有贷款款项"

总之,直接担保是指担保主体的责任主要针对担保金额或担保的时间限制,在项目融资中,所需资金额较大,如项目建设中途资金供应链断裂,就会导致项目失败。为避免这种情况出现,贷款人要求开发商承担建设费用的超支风险并为其提供担保。另一种常见的直接担保是指"完工担保",即对项目保质保量在规定时间内完成的有限责任担保。这种担保可预防由于项目拖延导致的投资成本增加和不能如期归还银行贷款的情况。

2. 间接担保

间接担保是指担保人不以直接财务担保形式为项目提供一种财务支持,而为贷款本息的偿还而向贷款人提供的间接保证。这种担保往往表现为商业合同和政府特许权协议的形式。

间接保证的主要形式如表 8-24 所示。

表 8-24 间接保证的主要形式

项 目	内 容 阐 释
货物是否收取均须付款	(1)货物是否收取均须付款合同的概念。买方(常为主办单位)和卖方(项目单位)达成协议,买方承担按期根据规定的价格向卖方支付最低数量项目产品货款金额的义务,而不管事实上买方是否收到合同项下的产品。 (2)货物是否收取均须付款合同的性质。项目单位作为项目产品的卖方与买方签订的这项合同实质上为贷款人收回项目贷款提供了间接保证。 (3)货物是否收取均须付款合同的特点。 ①买方必须定期支付。 ②买方的每次支付不得少于某一固定的最低金额,这一固定金额一般与项目单位分期偿还贷款的金额相衔接。

续表

项　目	内　容　阐　释
货物是否收取均须付款	③买方在合同项下的支付义务是无条件的和不可撤销的，即使买方未收到合同项下的产品，仍须履行支付义务。这就为项目单位分期偿还贷款奠定了基础。 （4）货物是否收取均须付款合同对主办单位的好处。 ①如主办单位无力或不愿意提供直接担保，货物是否收取均须付款合同是国际银团可以接受的一种担保方式。 ②主办单位作为买方，在货物是否收取均须付款合同项下的义务不直接反映在该单位的资产负债表上，不影响其资信及继续融资的能力。 （5）货物是否收取均须付款合同的支付方式。根据贷款人的要求，买方的支付一般交予信托人，由信托人以买方交付的资金分期清偿项目融资项下的本息。设置信托人的目的，在于避免买方应付金额直接支付卖方，如卖方丧失清偿能力或破产，该笔付款无法为贷款人所得
设施（或劳务）是否使用均须付款	项目设施的用户对项目设施的使用量无论是否达到合同预定的标准，都必须无条件地支付某一固定最低金额的使用费。设施（或劳务）是否使用均须付款合同为基础设施项目提供了有保证的收入来源，从而为取得项目贷款奠定了基础
取得货物付款	取得货物付款合同与货物是否收取均须付款合同的共同点是，买方根据合同规定按固定价格，定期支付某一最低数量的产品或劳务的价款；而不同点在于取得货物付款合同项下的支付义务是有条件的，即只有在项目产品交付或劳务实际提供的情况下，买方才有支付义务。由于取得货物付款合同的有条件性，所以银团贷款不愿接受这种合同，但是此种间接担保合同与强有力的项目经营人的其他保证，以及项目经营人各种经营风险防范措施的落实，在一定情况下也可从贷款人处取得贷款
按固定价格与数量供应原材料合同	项目单位与原材料供应商之间签订的一种间接担保合同。合同规定，供应商在规定时间按约定的数量、规格并以固定的价格向项目单位提供原材料，如供应商未能按合同规定提供该项原材料，则由项目单位自行从其他渠道采购，但供应商承担由此而引起的价格损失。按固定价格与数量供应原材料合同的签订，是为防止项目完工前或完工后原材料价格的波动。这种波动会增加项目成本，降低项目单位的经济效益，从而削弱项目单位向贷款人偿还贷款的基础。合同的签订与执行，也视为项目单位向贷款人提供的一种间接担保

3. 有限担保

有限担保是担保人在时间、金额上，或同时在时间和金额上提供的有限担保。在项目融资的担保中一般均为有限担保。

（1）在金额和时间上的有限担保。在项目融资中，在金额和时间上有限担保主要可分为完工前费用超支的风险担保和完工后收益不足的风险担保。

1）完工前费用超支风险及其担保形式。由于建造费用、通货膨胀、环境和技术方面产生的问题，或由于政府的新规定或币值波动，工程建造的实际费用超出原来的估计数字，如不解决超支资金的来源，工程项目会因资金缺乏导致半途而废，贷款的归还也要落空。为了解除贷款人的后顾之忧，对可能发生超支所需的资金，必须通过签订合同的方式予以担保：由发起人担保提供超支资金，并签订不规定限额的承担超支资金协定；由贷款人提供一定数额的超支资金；由国家银行提供一定金额的备用信贷；由项目产品的购买者（或设施用户）提供；由希望工程完工的政府提供。

上述担保提供费用超支资金的合同，限定在完工前的营造阶段，限定在超支的具体金额上，所以是在时间与金额上的有限担保。

2）完工后收益不足及其担保形式。与其他贷款形式不同，项目融资的最大特点是以项目产品（劳务提供）的收益作为贷款的担保，即由产品购买人（或设施用户）通过合同义务以购买产品（使用设施）所应支付的款项来偿付贷款。充分利用产品购买人（或设施用户）的信誉与资产实力以偿付贷款是项目融资的最大优点。但是在营运阶段，由于不可预计的原因，如出现工程停工或开工不足，则会导致项目停产或产品不足，无法按合同向产品购买人（或设施用户）提供产品和服务，后者当然不支付或少支付货款，从而使偿还贷款的资金来源中断或不足，贷款人因此而蒙受损失。为防止贷款人因工程停止或开工不足而蒙受上述风险，一般需要签订下述担保合同加以保证：

①货物取得与否均须付款；

②差额支付协议即由工程项目的东道国、中央银行或跨国公司参与对贷款偿付的担保；它们与承办单位签订差额支付协议，对工程所得的收益与债务偿还额之间的不足部分，承担支付义务，因为它们常与工程项目的完成有着共同的利害关系。

（2）在时间上的有限担保。担保人把担保限定在一特定时间，如限定按期完工担保，完工后担保解除。为满足贷款人的要求，项目单位常把完工担保条件纳入承包商的承建合同中。

4. 抵押担保

项目单位将项目设施及其他财产抵押给贷款人，以此作为担保。在项目融资的实践中，有时贷款人还要求项目单位向其转让项目合同项下的权利和权益，如货物取得与否须付款合同项下的收益，保险赔偿金的收益和承建合同项下的索赔收益等，以免与项目有关的收益为他人所得，从而为贷款人收回本息提供一定的保证。

5. 默示担保

由项目主办单位或当地政府，根据贷款人或项目单位的要求而签发的一种表示对项目支持的信函，也叫见证书。这种默示担保仅是一种道义承诺，无法律后果。这是有些单位不愿对项目单位承担直接担保或间接担保责任而采取的一种变通办法。默示担保的主要内容有：

（1）发信人已知该项目交易情况；

（2）发信人承诺并监督项目单位或项目单位的管理情况；

（3）发信人支持该项目或项目单位。

如果默示担保的信函由项目所在地政府发出，这种信函虽无法律约束力，但有道义责任；国际银团认为当地政府既然认可批准该项目，就可避免日后当地政府放弃该项目的情况发生。

（二）项目融资的风险因素及控制手段

项目开发周期长，投入资金大，涉及合作方等多方面的复杂环节，而且具备明显的地域特征。从市场研究到投资决策、项目策划、规划设计、市场营销、建设施工、原材料采购、广告推广、销售服务等一系列因素都孕育着风险，而且开发过程涉及发改委、规划局、消防局、环保局等多个政府工作部门，这就使得项目周期拉长，成本上升，有可能影响预期盈利（见表8-25）。

表 8-25 项目融资的风险因素及控制手段

项　目	内　容　阐　释
完工风险	所谓完工风险，是指可能出现无法按时保质保量将项目投入生产运营中的情况。在项目开发过程中，包括勘察、设计、施工、材料、监理等诸多环节，如果借款人以出包方式委托建筑商完成工作，就会由其负责赔偿事宜，在出现问题的情况下，可能对借款人产生不良影响，因此贷款人经常要求工程承包商提供完工担保或履约保函，并为建筑设备等购买保险。另外，开发商还必须注意建立有效的监控制度，保证材料采购和招标选择及施工监理等事项的妥善安排
原材料和能源供应的风险	建筑原材料的价格水平波动和供应渠道的通畅对项目的顺利实施会产生重大的影响，所以开发商与工程承包商要尽可能选择最有实力的供应商并签订有约束力的协议，使供货价格和数量能稳定在合理的水平上
市场需求风险	个人购买者的偏好日益多样化，增加了借款人的开发难度和销售费用。开发商要想避免出现需求不旺、产品积压滞销的局面，要尽可能做好前期的项目广告宣传活动，不断开发新品种，注意学习国外优质项目的设计经验并结合我国的建筑风格，摸清潜在目标客户的消费心理
利率与汇率风险	项目的借款成本和采购进口建筑材料成本受利率和汇率影响很大。借款人应争取签署灵活的贷款协议，或通过利率互换等金融工具化解风险。汇率风险亦可委托投资机构在外汇期货市场中实现锁定成本的目标
土地风险	对房地产项目来说，土地储备是房地产开发企业的生存基础，也好似不可缺少的非再生资源。土地成本对房地产开发商来说非常重要，获得土地的价格受国家宏观经济形势、土地政策、供求关系及所处位置的直接影响。国家有关部门对土地以公开市场拍卖、招标等形式出让，这给房地产企业带来很大的资金压力，而且政策变更对公司已有储备土地也带来很大的不确定性，因为土地储备过多，占用资金量太大，影响企业的资金周转率和利润率。假如不能及时开发储备土地，企业还要缴纳闲置费。因此房地产开发商要加强对土地市场的政策研究，尽可能降低土地价格的波动性，对已有土地的开发要有计划、有步骤地进行
行业风险	项目融资中，项目开发商要注意所在行业的特性带来的风险防范。借款人在项目建设过程中，要加强与贷款人的沟通，建立长久的战略合作伙伴关系，在筹集资金时要采取直接融资与间接融资相结合的手段，在原材料这方面要选择实力强大的战略供应商并实施有计划的集中采购，只有这样才能有效化解行业依存度高的风险
其他风险	其他风险，比如政府政策法规的变化导致的风险，包括财政政策和货币政策、环保要求和税率水平的变动等因素造成的风险。这些属于不可预见和控制的风险

十、项目融资的筹资来源

可行性研究与规划的制定，各种项目担保合同的落实，为项目资金的筹措奠定了有力的基础。一个大的项目所需的资金来源有两条大的渠道，一为股本投资，二为借贷款。股本投资是由工程项目的主办单位和合伙人（如采取合资经营方式）以现金（外汇或本币）或实物投入。主办单位和政府常以承担可行性研究、初步工程、提供水的使用权、矿产开采特权或其他实质性资产作为实物投资，合伙商则以提供专利、先进技术、设备和专有技术等形式作为实物投资。工程项目取得资金来源的另一条主要渠道则为借款。在现代工程项目融资中，借款所占的比重要大大高于股本投资。

（一）政府间双边贷款

政府间双边贷款是工程项目融资的一个来源。政府贷款分为两种形式，一种为无偿赠予，另一种为低息长期贷款。

（1）政府贷款的优点：低息或无息，并且费用低。

（2）政府贷款的缺点：一是贷款的政治性强，受两国外交关系及贷款国预算与国内政策的影响大，一旦政治气候变化，贷款常会中断；二是所得贷款或援助限于从发放贷款与援助的国家购买商品或劳务，承办单位不能利用投标竞争或就地生产，以降低工程成本。

（二）出口信贷

从发达国家的出口信贷机构取得出口信贷也是工程项目融资的主要来源。

1. 出口信贷的优点

（1）利率固定；

（2）利率水平低于市场利率；

（3）所得贷款可用于资本货物的购买；

（4）出口国竞争激烈，承办单位可选择最有利的出口信贷方案。

2. 出口信贷的缺点

（1）货价与低利因素抵销后，因所得贷款限于在贷款国使用，购进设备的质量不一定是最好的，并且价格可能高于直接从第三国购买或招标的；

（2）出口信贷的利率不因借款货币软硬的不同而变化，增加承办单位对币种变换因素的考虑；

（3）出口信贷通常为中期而非长期，并不能用于支付全部工程费用。

（三）世界银行及其附属机构——国际开发协会的贷款

这部分贷款是项目融资的主要来源，用于项目有关的基础工程建设及其他项目内容。

1. 国际开发协会的贷款的优点

（1）利率固定，低于市场利率，并根据工程项目的需要定出较为有利的宽限期与偿还办法；

（2）世界银行与国际开发协会对工程项目所提供的贷款要在广泛的国际厂商中进行竞争性的招标，这样就可最大限度地压低项目建设成本，保证项目建设的技术最为先进；

（3）该组织以资金支持的项目其基础是扎实的，工程都能按计划完成；

（4）该组织提供资金支持的项目带有一定的技术援助成分。

2. 国际开发协会的贷款的缺点

（1）手续繁杂，项目从设计到投产所需时间较长；

（2）贷款资金的取得在较大程度上取决于该组织对项目的评价；

（3）该组织所坚持的项目实施条件，如项目收费标准与构成、项目的管理方法、项目的组织机构等，与东道国传统的做法不一致，东道国有时要被迫接受；

（4）该组织对工程项目发放的贷款，直接给予工程项目中标的外国厂商，借款国在取得贷款时，无法知道这一贷款对其本国货币或项目的核算货币所带来的影响，不易事先进行费用的核算比较。

（四）世界银行与其他信贷机构的混合贷款

从世界银行与私人资本市场共筹资金，取得混合贷款，供同一工程项目使用。

1. 混合贷款的优点

（1）世界银行为国际金融机构，世界银行和其他信贷机构参与筹资，其风险自然减少，否则私人资本市场不敢贸然向同一工程项目贷款；

（2）由于有世界银行的参与，资金安全有保证，私人贷款的利率可能较低。

2. 混合贷款的缺点

混合贷款谈判所需时间更长，手续更复杂。

（五）联合国有关组织的捐赠与援助

联合国开发计划署、联合国天然资源开发循环基金对工程项目提供用于可行性研究的资金，并提供技术援助。从这些来源取得资金既可用于可行性研究，也可用于工程准备工作。但是取得这种资金的手续比较复杂，并须归还。

（六）商业银行贷款

可从国内和国外商业银行为工程项目取得贷款。多家银行业金融机构参与同一项目融资的，原则上应当采用银团贷款方式。

1. 商业银行贷款的优点

（1）与上述各种形式相比，从商业银行取得贷款易于谈判，手续简单，所需时间短；

（2）商业银行贷款无须经该国政府或国会批准，并可随时取现；

（3）使用商业银行贷款没有任何限制，可用于向第三国购买资本货物、商品、劳务，工程承办单位可以在国际间招标购买工程设备，降低工程成本；

（4）与上述贷款形式相比，商业银行的贷款协定条款，对工程施工与工程收益的使用、限制较少；

（5）从商业银行贷款，可以借取各种货币，便于事先估计货币风险，加强工程成本核算。

2. 商业银行贷款的缺点

（1）贷款利息按市场利率收取，高于上述各种形式的利率；

（2）多数采用浮动利率，难以精确计算工程成本；

（3）除收取利息外，还收取其他费用，如承担费、管理费、安排费、代理费、杂费等，并规定在该行保有最低存款额等，从而提高了总的借款费用；

（4）商业银行提供资金虽无一定限额，但有时出于对国际及借款国家总的政治风险的估计，也会限制其发放贷款的额度。

（七）银团贷款

在贷款业务中，贷款人通常会面对一些特大型企业或企业集团，或者一些特大的重点项目，如果由某一家银行向其提供贷款支持，可能在贷款规模上不能满足其要求，贷款风险也相对比较集中，在这种情况下，采取银团贷款就是一种比较好的解决方式。

银团贷款是由获准经营贷款业务的多家银行或非银行金融机构，采用同一贷款协议，按商定的期限和条件向同一借款人提供资金的贷款方式。

1. 银团贷款的参加者

按规定，国内银团贷款的参加者为境内中资银行和非银行金融机构。此外，境内获准从事人民币业务的外资银行也可以参加国内银团贷款。银团贷款的参加者由牵头行、代理行与成员行组成，其相互之间是平等的权利义务主体（见表8-26）。

表 8-26　银团贷款的参加者

项　目	内　容　阐　释
牵头行	银团贷款的组织者或安排者称为牵头行。牵头行原则上由借款人的主要贷款行或基本账户行担任，它所占银团贷款的份额一般最大。牵头行的职责主要是接受借款申请书，认定银团贷款总额及贷款种类，向相关金融机构发送组团邀请及借款申请书（副本）和有关材料，规定反馈期限，并集中其反馈意见，负责贷款协议的协商、起草、签署等工作，组织召开银团会议，协商确定代理行及其他需要共同商定的问题或事项
代理行	代理行是银团贷款协议签订后的贷款管理人。代理行一般由借款人的牵头行担任，也可由银团各成员行共同协商产生。其权利义务主要是严格执行银团贷款协议，并按照协议保证银团贷款各成员行之间的利益；不得利用代理行的地位损害其他成员行的合法权益；严格按照贷款协议的有关规定，发放和收回协议项下的全部贷款本金和利息；对审定同意发放的银团贷款总额及各成员行分担的贷款金额，逐笔进行登记，收回时亦同；办理银团贷款担保手续，设立企业银团贷款专户，将借款人支付的利息和归还的本金，按比例及时归还成员行；收集有关银团贷款的实施情况，并定期向银团贷款成员行通报银团贷款的使用和管理情况；办理银团成员行委托办理的有关银团贷款的其他事项
成员行	参与银团贷款的金融机构均为银团贷款的成员行。成员行的权利义务主要是：有权要求借款人提供所需评审材料；有权自主决定是否发放贷款；有义务严格按照贷款协议的规定，及时足额划付贷款款项

2. 银团贷款的借款人

银团贷款的主要对象是国有大中型企业、企业集团和列入国家计划的重点建设项目。此外，银团贷款的借款人还必须符合有关借款人的各项基本条件和要求。

（1）银团贷款的申请对象。

1）银团贷款根据国家的产业政策和地方政府经济发展计划，重点支持能源、交通、高科技工业以及地方重点工程项目。

2）银团贷款的对象是符合有关规定，在中国境内注册成立的法人或借款人认可的其他经济组织（以下简称借款人）。

（2）银团贷款的申请条件。借款人申请银团贷款，除应当具备产品有市场、生产经营有效益、不挪用贷款资金、恪守信用等基本条件外，还应当符合以下要求。

1）有按期还本付息的能力，原应付贷款利息和到期贷款已经清偿；没有清偿的，已经做了借款人认可的偿还计划。

2）除不需要经过工商部门核准登记的事业法人外，借款人应当经过工商部门办理年检手续。

3）已经在中国的商业银行开立基本账户或一般结算账户，且存款结算业务比例符合贷款人的要求。

4）除国务院规定外，有限责任公司和股份有限公司对外股本权益投资累计额不超过其净资产总额的 50%。

5）借款人的资产负债比率应当符合贷款人的要求。

6）申请中长期贷款的，新建项目的企业法人所有者权益与项目所需投资比例不低于国家规定的投资项目资金比例。

7）借款人须持有中国人民银行核发的在有效期内的贷款卡。

8）借款人应当拥有固定的营业场所和一定的自有流动资金，并能每年按规定比例补充自有流动资金。

9）除外商投资企业以外的借款人，对外资银行的借款部分，应当办妥国家外汇管理局批准借外债手续。

3. 银团贷款的程序

银团贷款采取"认定总额、各成员分担"的方式办理，其程序主要是：

（1）借款人向有关贷款人提出筹组银团贷款，双方协商同意后，借款人向有关贷款人提出正式书面委托，有关贷款人凭书面委托向同业发出组团邀请。

（2）由牵头行或者由银团各成员行对银团贷款项目进行评审。

（3）银团贷款成员共同与借款人、保证人签订银团贷款协议，各成员行按"自愿认贷，协商确定"的原则对银团贷款的金额进行分担。

（4）代理行通过专门账户统一办理贷款的发放和本息收回。

（八）发行债券

在国内外市场发行债券也是工程项目融资的一种形式。发行债券利率固定、期限长，并且由于债券投资人分散、广泛，资金使用不受其控制，但是受市场利率与供求关系的影响，债券发行是否能筹集到预计数额的资金，并无准确把握，而且发行债券的利率比银行的利率高，贷款期限也较前者短。债券发行后还要设立专门机构，配备专门人员，注视该债券在市场的动态并进行管理。

（九）供应商提供的信贷

工程项目的大供应商所提供的金额较大的设备，允许承办单位以延期付款的方式支付贷款资金。这实际上是向工程项目提供了资金。采用这种方式，供应商会抬高设备的货价，增大项目的成本，实质上是高价筹资。

可见，项目融资的渠道较多、形式多样。根据工程结构的不同，主体工程、附属工程完工期限长短的不同，项目各组成部分对资金要求的特点不同，承办单位可以从上述各个渠道筹措资金，将不同来源的资金组成一个综合整体，以发挥资金的最大经济效益，降低项目的造价。由于项目融资工作手续复杂、接触面广、专业知识强，承办单位常委托财务代理人负责融资和管理。

制定筹措资金规划谈判中，应考虑贷款的利率、其他费用负担、币种、汇率变化、贷款期限、偿付方法诸问题，从总体上考虑多元筹资方式的利害得失，并要做到贷款借入和偿还期限与工程本身建造和营运阶段的财务状况相一致。

十一、项目融资监督与管理的主要内容

在项目融资程序的管理工作中，贷款人还须进行一定的监督，只有在监督中发现问题，才能及时督促帮助项目单位加以解决，从而达到管理的目的。监督的内容很多，现主要对项目准备时期、项目执行时期和项目投产时期的监督。

（一）项目准备时期

自列为备选项目起到签订贷款合同止的时期。监督管理的主要内容如表 8-27 所示。

（二）项目执行时期

项目执行时期即融资项目建设期，自签订借款合同起至项目建成投产止。这是对融资项目进行监督的最主要时期，主要内容如下。

表 8-27　监督管理的主要内容

项　目	内　容　阐　释
帮助建立和调整项目管理机构	健全的管理是执行好项目的重要前提，同时，还应按不同的施工方式落实项目的施工机构。这是进入项目执行期前必须完成的准备工作
对初步设计和概算的审查分析	项目正式批准后，督促借款人做好项目初步设计，并进行审查，同时审查概算，防止超过原批准投资总额
对技术设备采购的督促检查	重点是对引进技术和设备前期工作的督促和帮助。督促借款人及时询价、考察，做好招标、比价的准备工作，以便合同签订后，引进和采购工作能尽快进行。对设备的采购也应开始订货，落实生产厂家
对融资合同的监督审查	督促项目单位与贷款人签订贷款合同，并审查融资合同生效的先决条件是否具备、还款资金是否有来源、担保文书是否落实等

（1）对融资合同中规定的支款前提条件是否已经满足进行审查，否则不能支款。

（2）对技术设备及其价款结算和支付的监督。重点是对引进技术和进口设备的监督。一是督促帮助项目单位及时做好各项采购工作，取得符合技术要求、价格适宜的设备；二是对技术设备价款的结算和支付进行事前检查，促使项目单位按计划采购并节约资金。

（3）对工程施工及价款结算和支付的监督。一是督促项目单位组织好建筑安装工程施工，并帮助解决存在的问题；二是对工程价款和其他费用的结算和支付进行事前检查，促使其按计划、进度节约用款。

（4）对项目执行和资金使用等情况的检查和问题的处理。

（5）在竣工验收时的检查监督。主要在工程接近完工阶段，对设备试车情况和工程收尾情况进行检查，帮助解决影响工程收尾的问题，以促使工程竣工投产。

（三）项目投产期

项目投产期是指从融资项目投产起至还清全部贷款本息止。这一时期内监督管理的主要内容如表 8-28 所示。

表 8-28　项目投产期内监督管理的主要内容

项　目	内　容　阐　释
对生产经营情况的检查	对生产经营情况的检查主要通过报表分析和现场检查，了解项目投产后能否达到设计生产能力，经营是否盈利，是否完成出口创汇计划等。如存在问题，应帮助分析原因，督促改进
对还本付息情况的检查	对还本付息情况的检查主要检查是否按计划、按合同规定还本付息。发现问题，要督促借款人尽早设法偿还
项目结束后的事后评价	这是对融资项目建设、投产工作和贷款管理工作的全面总结，由借款人和贷款人从不同角度进行。既总结项目的经验教训，又分析贷款人工作的得失，通过反馈，改进贷款人的贷款工作

第三节　融资成本管理

融资成本就是指融资主体为筹集和使用资金而付出的代价，包括融资费用和资金使用费两部分。融资费用是指在资金筹集过程中支付的各项费用，一般属一次性支出。资金使用费是指企业因使用资金而向其提供者支付的报酬，如股票融资向股东支付股息、红利，发行债券和借款支付的利息，以及借用资产支付的租金等。

需要指出的是，上述融资成本的含义只是企业融资的财务成本，或称显性成本。除财务成本外，企业融资还存在机会成本或隐性成本。机会成本是经济学的一个重要概念，它是指把某种资源用于某种特定用途而放弃的其他各种用途中的最高收益。在分析企业融资成本时，机会成本是一个必须考虑的因素，特别是在分析企业自有资金的使用时，机会成本非常关键。因为，企业使用自有资金一般是无偿的，它无须对外支付融资成本。但是，如果从社会各种投资或资本所取得平均收益的角度看，自有资金也应在使用后取得相应的报酬，这和其他融资方式应该是没有区别的，所不同的只是自有资金不须对外支付，而其他融资方式必须对外支付。

一、影响企业融资方式选择的成本比较

（一）债务融资成本

债务融资成本的构成包括利息成本、公司财务恶化或破产成本、举债人代理成本，与内源融资相比，后两项是债务融资的额外成本。

根据 MM（莫迪亚尼-米勒）理论，由于存在节税利益，当公司全部采用负债融资时，公司的市场价值最大。但随着公司债务的增加，公司陷入财务亏空的概率也在增加，这给公司融资带来了额外成本，使公司的市场价值下降。因此，公司应该选择因财务风险和代理成本上升而带来企业价值最大化时的负债比例，如图 8-6 所示。

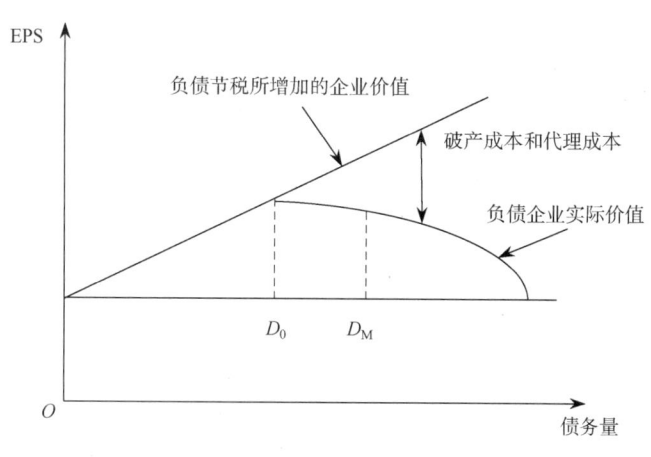

图 8-6　企业价值与债务量最佳点

从图 8-6 可看出，当债务量达到 D_0 之前时，破产成本和代理成本极小，此时，企业的负债节税效应会增大企业的市场价值。超过 D_0 点之后，企业的破产成本和代理成本开始增加，抵销了一部分节税收益。但只要节税收益大于融资成本，企业的市场价值还会上升。当债务量达到企业负债 D_M 时，负债节税收益和负债的边际成本相等，企业的市场价值达到最大。超过此点之后，破产成本和代理成本的增加将超过节税收益，企业的市场价值开始下降。可见，在 D_M 点才是企业市场价值达到最大的债务融资量。

从上面的分析可以发现适当的债务融资，发挥财务杠杆作用是可以谋求企业价值最大化的。

（二）内源融资成本

在不考虑税收的条件下，企业内部融资成本实际上是一种机会成本，即如果企业的内部留存盈利不进行投资，则可以转作其他用途，如分配给股东、存入银行、购买国债或转借给其他

企业等。因此,它的成本是资本市场所要求的税后利润率,这种税后利润率既可能是向股东支付的股息率,也可能是资本市场的利率。由于内源融资仅是公司内部资金的划拨,不涉及其他的费用成本,因而从融资理论来看,内源融资的成本是最低的。随着我国资金供给制度的变迁,原来属于政府支配的企业内部资金逐步转为企业自主积累。企业的财权逐步扩大,企业留利的数量和比例也有了一定的提高。但是,就目前企业的资本结构来看,企业自有资金的比率仍然很低。国有企业的资本金近年来虽略有提高,但占企业资产总额的比率仍不到30%,这意味着企业内源融资资源匮乏,这不仅使企业扩大再生产所需的资金主要依靠外源融资,加重了企业的融资成本,而且压抑了企业自我积累机制的形成,阻碍了企业的内源融资。由于内源融资资源匮乏,内源融资在我国目前还无法成为公司融资的主要渠道。

(三) 股权融资成本

股权融资成本包括股息成本、股票发行的交易成本、发行股票的负动力成本和发行股票的信息不对称成本(见表8-29)。我国上市公司大多是国企,国有股的所有者是广大人民,但在实际中人民无法行使所有权,因而在实际中形成了所有者主体的缺位,这使我国的股权融资成本出现了特殊的情况。

表 8-29 股权融资成本

项 目	内 容 阐 释
股息成本	股息亦即分红,分红的多少通常与上市公司的股利分配政策相关,具体表现为股息率。股息率的水平一般应该高于债券利率或银行存款利率,因为股票投资是一种风险投资。但实际上,上市公司分红很少。该项成本是构成上市公司流通股筹资的成本
股票发行的交易成本	股票发行的交易成本亦即股票发行的有关费用,主要指的是承销费。国内发行新股一般是通过上网发行,只有极少一部分认购资金能够中签。认购过程中需要把巨额认购资金冻结一段时间,在很多情况下这部分资金所产生的利息收入足以抵销发行股票的交易成本并有节余。从这点意义上看,该项成本可忽略不计
发行股票的负动力成本	所谓的负动力成本是就债务融资而言的。从理论上讲,债务融资会对公司产生一系列好处。西方企业融资理论认为,破产概率的存在迫使经营者更加努力工作,减少不必要的奢侈消费,降低了代理人成本,这些都可看作债务融资的收益。从这种意义上来说,股票融资的成本相对要增加。然而,发达国家的融资方式对我国的现实状况并不具有指导意义。对现阶段的国有股东法人缺位的上市公司来说,无论是债务融资还是股票融资,经营者的动力没有明显的区别。因为经营者基本上不持有企业的股权,债务融资对经营者的促进作用也不大。从这个角度讲,发行股票的负动力成本是可以忽略不计的
发行股票的信息不对称成本	在西方发达国家中,认为经营者与外部投资者之间存在着信息不对称,因此外部投资者通常会把新股票发行看成企业质量恶化的信号,相应地低估企业的市场价值。而在我国,对上市公司的评价都比较高,在投资者意识中,好企业才会运用股权融资。但正是由于信息披露制度的不完善使信息不对称,投资者对企业经营状况不了解,上市公司的价值通常都被高估。因此,这项成本几乎可以忽略不计

综上所述,构成上市公司股权融资成本的只有股息这一项。除去红利支付之外,上市公司基本上无须付出额外成本。

二、融资成本分析

在市场经济情况下,融资成本的不同必然影响集团企业的投资策略,进而影响企业发展。

融资成本包括筹资费用和用资费用。筹资费用即在筹资过程中发生的手续费、股票、债券的发行费用等，用资费用则是体现资金的时间价值的利息、股利等。

$$资金成本率K = 每年的用资费用D / (筹资数额P - 筹资费用F)$$
$$= \frac{用资费用率i}{1-筹资费用率f}$$

如果考虑用资费用税前支付，则分子乘以（1－所得税税率T），即：

$$K = I(1-T)/(1-f)$$

（一）内部融资成本

一般认为，银行借款需支付利息费用，发行股票融资需支付股利，而利用内部资金的成本为零，所以内部融资对企业来说是成本最低的融资方式。但是这种观点是错误的，因为利用内部资金进行固定资产投资时将存在机会成本，即损失了在金融市场上进行投资而获得的收益；此外，负债的利息是在税前支付的，具有减税的作用，所以不能忽视债务资金这个有利之处。

（二）债务融资成本

银行借款资金成本的计算是利息，且在税前支付。如果一个公司向银行借款1 000万元，利率10%，借款手续费1万元，所得税税率33%，则融资成本率为：

$$K = \frac{1\,000 \times 10\% \times (1-33\%)}{1\,000 - 1} \times 100\% = 6.707\%$$

债券融资成本计算与银行借款资金成本基本类似，但是筹资费用包括发行债券的手续费、注册费、印刷费、债券销售费用等。

（三）股权融资成本

中国目前只能发行普通股，不能发行优先股，而普通股的计算方法有多种，如果每年股利固定不变，则与资金成本一般公式类似：

$$K = \frac{每年固定股利D}{普通股发行价格P_0 \times (1 - 普通股资费率f)} \times 100\% = 6.707\%$$

如果每年股利每年增加，每年增长为g，则与资金成本公式：

$$K = \frac{第一年末股利D_1}{P_0 \times (1-f)} + g$$

（四）资本的加权平均成本（WACC）

通常情况下，企业可以同时使用多种融资方式，则综合的资金成本可以通过加权平均得到：

$$WACC = W_1K_1 + W_2K_2 + \cdots W_nK_n = \sum_1^n W_iK_i$$

式中，$W_1 + W_2 + \cdots + W_n = 1$；$W_i$为第i种资金所占比重；$K_i$为第i种资金成本。

上式的含义是：以各种资本占全部资本的比重为权数，对个别资本成本进行加权平均。

（五）资金的边际成本

企业不可能以某一个固定的资金成本来筹措无限量的资金，当筹集的资金超过一定限度后，原来的资金成本就会增加。在企业追加筹资时需要清楚筹资额在多大数额上会引起资本成本怎样的变化。为此，引入了资金边际成本的概念。资金的边际成本是指资金每增加一个单位而增加的成本。资金的边际成本也是按加权平均方法计算的，是追加投资时使用的加权平均成本。

由于集团企业的筹资活动是一个动态的过程，引入资金边际成本概念的目的是解决在不同融资规模时，确定合理的资金结构，做出合理的融资计划。

筹资活动的过程如图 8-7 所示。

```
计算目前的资金结构
      ↓
确定各种融资方式资金成本及限额
      ↓
确定筹资总额分界点
      ↓
确定各筹资范围内的各边际资金成本
      ↓
根据投资机会实际筹资
```

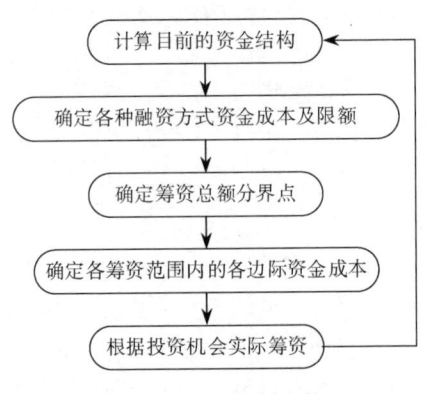

图 8-7 筹资活动的过程

1. 计算目前的资本结构

【例 8-12】智董公司拥有长期资金 800 万元，其中，长期借款 120 万元，资金成本 3%；长期债券 200 万元，资金成本 10%；普通股 480 万元，资金成本 13%。

经过计算目前的资本结构如表 8-30 所示。

表 8-30 资本结构计算示例

资金种类	资金额（万元）	资金结构	资金成本
长期借款	120	15%	3%
长期债券	200	25%	10%
普通股	480	60%	13%

加权平均资金成本 WACC = 15% × 3% + 25% × 10% + 60% × 13% = 10.75%。

现由于扩大经营规模的需要，拟筹集新资金。经分析认为筹集新资金后仍应保持目前的资金结构。

2. 确定各种融资方式资金成本及限额

经调查分析，各种融资方式资金成本及限额如表 8-31 所示。

表 8-31 各种融资方式资金成本及限额

资金种类	筹资额（元）	资金成本
长期借款	45 000 以内	3%
	45 000~90 000	5%
	90 000 以上	7%
长期债券	200 000 以内	10%
	200 000~400 000	11%
	40 000 以上	12%
普通股	300 000 以内	13%
	300 000~600 000	14%
	600 000 以上	15%

3. 确定筹资总额分界点

筹资分界点 = 该类筹资该成本下的限额 / 该类资金的目标结构比率

【例 8-13】 在以 3% 的资金成本取得长期借款的筹资限额为 45 000 元，长期借款的目标结构比例为 15%，所以其筹资总额分界点：

$$45\ 000 \div 15\% = 300\ 000（元）$$

在以 5% 的资金成本取得长期借款的筹资限额为 90 000 元，长期借款的目标结构比例为 15%，所以其筹资总额分界点：

$$90\ 000 \div 15\% = 600\ 000（元）$$

以此类推，如表 8-32 所示。

表 8-32　筹资总额分界点　　　　　　　　　　　　　　　　　单位：元

资金种类	目标资本结构	筹资额	资金成本	筹资分界点
长期借款	15%	45 000 以内	3%	300 000
		45 000~90 000	5%	600 000
		90 000 以上	7%	
长期债券	25%	200 000 以内	10%	800 000
		200 000~400 000	11%	1 600 000
		400 000 以上	12%	
普通股	60%	300 000 以内	13%	500 000
		300 000~600 000	14%	1 000 000
		600 000 以上	15%	

4. 确定各筹资额范围内的各边际资金成本

根据计算出的筹资分界点排序，可以得到 7 组筹资总额范围（单位：元）：

$$<300\ 000$$
$$300\ 000 \sim 500\ 000$$
$$500\ 000 \sim 600\ 000$$
$$600\ 000 \sim 800\ 000$$
$$800\ 000 \sim 1\ 000\ 000$$
$$1\ 000\ 000 \sim 1\ 600\ 000$$
$$>1\ 600\ 000$$

在以上 7 组筹资总额范围内分别计算加权平均资金成本得到各种筹资总额范围内的边际资金成本如表 8-33 所示。

表 8-33　各种筹资总额范围内的边际资金成本

筹资总额范围（元）	资金种类	资本结构	资金成本	加权资金成本
<300 000	长期借款	15%	3%	3% × 15% = 0.45%
	长期债券	25%	10%	10% × 25% = 2.5%
	普通股	60%	13%	13% × 60% = 7.8%

续表

筹资总额范围（元）	资金种类	资本结构	资金成本	加权资金成本
	WACC			10.75%
300 000~500 000	长期借款	15%	5%	5%×15%=0.75%
	长期债券	25%	10%	10%×25%=2.5%
	普通股	60%	13%	13%×60%=7.8%
	WACC			11.05%
500 000~600 000	长期借款	15%	5%	5%×15%=0.75%
	长期债券	25%	10%	10%×25%=2.596
	普通股	60%	14%	14%×60%=8.4%
	WACC			11.65%
600 000~800 000	长期借款	15%	7%	7%×15%=1.05%
	长期债券	25%	10%	1 096×25%=2.5%
	普通股	60%	14%	14%×60%=8.4%
	WACC			11.95%
800 000~1 000 000	长期借款	15%	7%	7%×15%=1.05%
	长期债券	25%	11%	11%×25%=2.75%
	普通股	60%	14%	14%×60%=8.4%
	WACC			12.20%
1 000 000~1 600 000	长期借款	15%	7%	7%×15%=1.05%
	长期债券	25%	11%	11%×25%=2.75%
	普通股	60%	15%	15%×60%=9%
	WACC			12.80%
>1 600 000	长期借款	15%	7%	7%×15%=1.05%
	长期债券	25%	12%	12%×25%=3%
	普通股	60%	15%	15%×60%=9%
	WACC			13.05%

5. 根据投资机会实际筹资

根据以上各筹资范围的加权资金成本即边际资金成本与目前的投资机会作图，可以清晰地看出企业应有的筹资规划（见图8-8）。

如果有 6 个投资机会，分别以 A、B、C、D、E、F 代表。资金成本与投资机会的交叉点 80 万元是适当的筹资规划，企业筹集资金用于 A、B、C 三个项目，它们的内涵报酬率高于相应的边际资金成本。D 项目的内涵报酬率虽然高于目前的资本成本，但是低于为其筹资所需要的资本成本，应该放弃。

三、融资成本控制

融资成本的控制是完成企业战略目标实现的基础，控制好融资成本、降低企业融资负担都是应对行业风险行之有效的办法。

（一）融资成本控制的原则

企业融资成本是决定企业融资效率的决定性因素，对于企业来说，选择哪种融资方式有着重要意义。优选顺序对融资成本的高低起着重要的作用，一般认为的优选顺序如下。

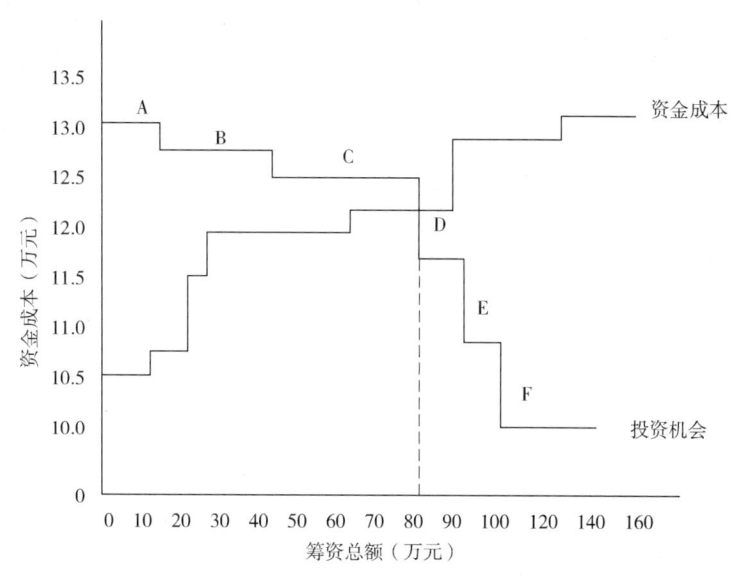

图 8-8　企业应有的筹资规划

（1）企业自筹资金。如企业投资较小，优先考虑从存款账户提取现金；其次，考虑短期投资变现。

（2）企业自有资金不足时，一般优先考虑调低发放股利。

（3）外部融资。企业首先考虑银行贷款，其次是发行债券；最后是发行股票。

一般来讲，融资成本控制的原则主要有：

（1）企业对外融资本着效益优先的原则，以降低成本；

（2）对不同融资方案本着综合权衡，择优选择的原则；

（3）企业经营过程中本着适度负债，防范风险的原则，从企业的整体经济效益出发，以合理、需要、节约为指导，严格控制融资规模。

（二）企业融资成本控制方式

1. 设计科学融资方案

设计科学的融资方案，需要从以下几方面入手：编制项目的资金筹措计划方案；进行资金结构分析；进行融资风险分析。

（1）编制项目的资金筹措计划方案。项目的融资方案研究，需要充分调查项目的运行和投融资环境基础，需要向政府、各种可能的投资方、融资方征询意见，不断修改完善项目的融资方案，最终拟定出一套或几套可行的融资方案。最终提出的融资方案应当是能够保证公平性、融资效率、风险可接受、可行的融资方案。项目的资金筹措方案应当以分年投资计划为基础，应满足项目投资使用的要求。一般应先安排使用资本金，后使用债务资金。

完整的资金筹措方案内容包括：

1）项目资本金及债务融资资金来源的构成，及每一项目资金来源条件详尽描述；

2）与分年投资计划表相结合，编制分年投资计划与资金筹措表。

完善的资金筹措步骤如下：

1）编制项目资金来源计划表；

2）进行资金来源可靠性分析。

首先，进行既有项目法人内部融资的可靠性分析。调查了解既有企业资产负债结构、现金流量状况和盈利能力，分析企业的财务状况，可能筹集到并用于拟建项目的现金数额及其可靠性；调查了解既有企业资产结构现状及其与拟建项目的关联性，分析企业可能用于拟建项目的非现金资产数额及其可靠性。

其次，进行项目资本金的可靠性分析。既有法人融资方式的项目，应分析原有股东增资扩股和吸收新股东投资的数额及可靠性；新设法人融资方式的项目，应分析各投资者认缴的股本金数额及可靠性。

最后，进行项目债务资金的可靠性分析。采用债务融资的项目，应分析其能否获得国家有关主管部门的批准；用银行贷款的项目，分析其能否取得银行的贷款承诺；采用外国政府贷款或国际金融组织贷款的项目，核实项目是否列入利用外资备选项目。

3）编制投资使用与资金筹措计划表。这是投资估算、融资方案两部分的衔接，用于平衡投资使用及资金筹措计划。项目的投资使用与资金筹措计划表编制时应注意：各年度的资金平衡-资金来源应略大于资金使用额，满足投资使用的要求；建设期利息和筹资费用，安排当年借款。

（2）进行资金结构分析。将不同渠道取得的资金与一定的资金结构进行结合，是项目融资方案设计的主要任务。资金结构的合理性由公平性、风险性、资金成本等多方面决定。资金结构分析包括以下内容。

1）资本金结构，包括投资产权结构和资本金比例结构。对一些基础设施项目，既可引入商业资本来减轻政府的财政负担，也可以发售社会公众股来加强公司监管、提高企业透明度。

2）资本金与债务融资比例，称为项目的资本结构。资本金比例越高，贷款的风险越低，贷款的利率越低；反之，贷款利率越高。直接向公众发行债券，其利率要低于银行贷款利率。

3）债务资金结构。债务资金结构分析中需要分析各种债务资金的占比，包括负债的方式及债务期限的配比。

确定项目债务资金结构的要求主要包括：

①据债权人提供债务资金的条件（利率、宽限期、偿还期、担保方式）合理确定各类借款和债券比例。

②债务期限配比——短期借款合理搭配。短期借款利率低于长期借款，适当的短期融资可以降低总的融资成本，但过多短期融资，会使项目公司的财务流动性不足，财务稳定性下降。大型基础设施应以长期借款为主。

③汇币种选择。一是选择可自由兑换货币；二是付款用软货币，收款用硬货币。

④偿债顺序安排。先偿还利率高的债务，后偿还利率低的债务；先偿还硬货币的债务，后偿还软货币的债务。

⑤确定利率结构。当资本市场利率水平相对较低，且有上升趋势时，尽量借固定利率贷款；当资本市场利率水平相对较高，且有下降趋势时，尽量借浮动利率贷款。

（3）融资风险分析。融资方案的设计中需要考虑融资风险。项目融资可能由于预定的投资人或贷款人没有按预定方案出资而使融资计划失败。这可能是因为预定的出资人没有足够的出资能力，也可能是对于预定的出资人来说，项目没有足够的吸引力或者风险过高。项目融资方案中需要设计项目的补充融资计划，即在项目出现融资缺口时，及时取得补充融资的计划及能力。

融资风险分析主要从三方面进行（见表8-34）。

表 8-34　融资风险分析

项　　目	内　容　阐　释
资金供应风险	导致资金不落实的原因很多，主要包括： • 已承诺出资的股本投资者由于出资能力有限（或者由于拟建项目的投资效益缺乏足够的吸引力）而未能兑现承诺； • 原定发行股票、债券计划不能实现； • 既有企业法人由于经营状况恶化，无力按原定计划出资
汇率风险	各国货币的比价在时刻变动，这种变动称为汇率变动。软货币的汇率风险低，但有较高利率
利率风险	利率是不断变动的，资金成本的不确定性，无论采取浮动利率贷款或固定利率贷款都会存在利率风险

2. 选择合理的融资渠道

企业要发展，必须有资金的支持，除通过自身积累外，借助金融市场进行外部融资是必经之路。企业融资是为了满足企业战略调整、产业扩张、资金周转等方面的需要。企业通过融资行为改变资本结构，使资金得以形成、集中、积累、组合，同时形成相应的产权关系和权利、责任、利益格局。企业融资渠道及融资方式如表 8-35 所示。

表 8-35　主要融资渠道及融资方式

融资渠道		融资方式	资金性质
内源融资		留存收益	自有资金
		折旧基金	
		资产变现	
外源融资	直接融资	股权融资	借入资金
		债券融资	
		风险投资	
		民间借贷	
		商业信用	
		项目融资	
	间接融资	银行贷款	
		融资租赁	

内源融资是指公司经营活动结果产生的资金，即公司内部融通的资金，它主要由留存收益、折旧基金和资产变现构成。内源融资对企业的资本形成具有原始性、自主性、低成本和抗风险的特点，是企业生存与发展不可或缺的重要组成部分。外源融资是指吸收其他经济主体的储蓄，以转化为自己投资的过程。随着技术的进步和生产规模的扩大，单纯依靠内源融资已很难满足企业的资金需求，外源融资已逐渐成为企业获得资金的重要方式。外源融资包括直接融资和间接融资。

直接融资是指资金供给者与资金需求者通过一定的金融工具直接形成债权债务关系的金融行为。金融媒介的作用是帮助资金供给者与资金需求者形成债权债务关系。在这个过程中，金融媒介并不因此与资金供给者或者资金需求者之间形成债权债务关系。间接融资是指资金供给者与资金需求者通过金融中介机构间接实现资金融通的行为。在间接融资中，资金的供求双方不直接形成债权债务关系，而是由金融中介机构分别与资金供求双方形成两个各自独立的债权债务关系。对资金的供给方来说，中介机构是债务人，对资金的需求方来说，中介机构是债权人。

上述各种筹资渠道实际可分为资本金和负债两类。资本结构的变动和构成主要取决于长期负债与资本的比例构成。负债比率是否合理是判定资本结构是否优化的关键。因为负债比率大，意味着企业经营风险很大，但税前扣除额较大，因而节税效果明显。所以，选择何种筹资渠道，构成怎样的资本结构，限定多高的负债比率是一种风险与利润的权衡取舍。在筹资渠道的筹划过程中必须充分考虑企业自身的特点及风险承受能力。在实际操作中，多种筹资渠道的交叉结合运用往往能解决多重经济问题，降低经营风险。

3. 控制贷款成本。

（1）贷款成本的构成。按照作业成本法的基本原理和财务成本管理中成本相关性的要求，可以将贷款的成本划分为资金成本、管理成本、风险成本、税负成本（见表8-36）。

表8-36　贷款的成本分类

项　目	内　容　阐　释
资金成本	资金成本主要指银行吸收存款过程中支付给客户的存款利息、资金组织过程中的人工成本（包括各级机关人员的办公费用、人工成本、固定资产折旧等支出的分摊）、资金组织过程中的宣传费、资金运营过程中需保留的现金和备付金等资金占用的机会成本等。从成本形态分析，支付给客户的存款利息是变动成本，随着存款的增加而增加，同时该项成本在很大程度上受国家宏观经济控制的影响；资金组织过程中的人工成本、资金组织过程中的宣传费用、资金运营过程中必须保留的现金、备付金等资金占用的机会成本等可以粗略地划分为固定成本，其增长不随资金总量的变化而变化
管理成本	管理成本主要包括各级管理和经营的办公机具的折旧费用、贷款前的调查费用、贷款时的审查费用、贷款后检查的人工成本
风险成本	风险成本主要指贷款因企业履约能力、履约意愿、自然灾害影响、市场变化等因素形成的潜在或事实上的贷款本息不能按期收回的金额，在会计核算上反映为呆账准备金的计提和呆账核销，前者是潜在损失的反映，后者是实际损失的反映
税负成本	税负成本是指银行在贷款经营过程中，按照国家税法规定应该缴纳的城市建设维护税、教育费附加、所得税等。该部分构成银行经营现金的流出，是重要的成本支出项目

（2）实施贷款成本控制的途径（见表8-37）。

表8-37　实施贷款成本控制的途径

项　目	内　容　阐　释
经营银行应不断调整负债结构，有效降低资金成本，提高产品的边际贡献	银行经营的资金来源主要是存款，存款的利息支出是变动成本，银行实施成本控制的首要环节就是要控制好负债结构。作为成本控制的核心，可以通过产品的综合贡献、企业内部指标考核的变化等措施，有效改善负债结构，降低资金成本。 • 加强银行业务的渠道建设，逐步提高低成本资金的占比。银行的业务渠道主要分为柜台渠道、自助机具渠道、电子银行渠道。柜台渠道作为传统的业务渠道，被企业所接受，而自助机具渠道和电子银行渠道是新型渠道，是依靠科技和网络实现的。加强渠道建设，应大力推广网上银行、电子银行和各种银行卡业务，这是降低资金成本的必然选择。 • 通过代理保险产品的销售、基金销售、国库券业务等中间业务的开展，转化企业储蓄存款，逐步降低储蓄存款在银行资金来源中的占比

续表

项 目	内 容 阐 释
实行人工成本包干制度，按照目标成本进行管理	从内部管理看，对从事贷款业务的员工管理上也存在相当大的难度，特别是业务推进和费用管理的矛盾比较尖锐，如果按照传统的人员管理办法，很难促进贷款业务的发展。实行费用包干制度，可以有效协调这个矛盾，管理层可以在分析贷款业务成本构成的基础上，根据管理层确定的目标利润和相应成本项目发生的实际情况，合理确定每万元贷款应付出的人工工资、差旅费、产品营销费用等。最好先确定一个指标值范围，然后由各经营部门根据这个指标考虑管理层的激励政策、经营部的人均工资收入、经营的覆盖面积等具体因素，确定每万元贷款人工成本标准值，按照这个标准值计算客户经理的工资和报销差旅费和产品营销费用。同时，要建立风险保证金制度，对客户经理经办的贷款的本金利息的收回进行考核，可以在按照一定的标准将客户经理每月工资收入的一部分统筹起来，并按年进行考核。如果客户经理管理的贷款达到了管理层的考核目标，将统筹部分工资全额发放给客户经理；如果没有达到相应目标的，将统筹工资部分或全部扣回，冲减当期的工资支出
减少管理层次，精简机关工作人员，减少管理成本	目前，银行系统已经全面通过计算机对成本核算、业务营销、办公管理、柜台服务进行管理，缩短了上传下达的时间，提高了管理层的政策传导效率，为机构的精简创造了条件

总之，企业的创立、生存和发展，必须以一次次融资、投资、再融资、再投资为前提。资本是企业的血脉，是企业经济活动的第一推动力和持续推动力。对于企业而言，如何选择融资方式，怎样把握融资规模以及各种融资方式的利用时机、条件、成本和风险，这些问题都是企业在融资之前就已经进行认真分析和研究的。

（3）融资规模与融资方式的选择（见表8-38）。

表8-38 融资规模与融资方式的选择

项 目	内 容 阐 释
融资总收益应大于融资总成本	随着企业的发展，融资已成为企业急需解决的问题。在进行融资之前，企业先不要把目光直接投向各种融资途径，更不要草率地做出融资决策。首先应该考虑的是，企业是否必须融资，融资后的投资收益如何。因为融资是需要成本的，既有资金的利息成本，还有不确定的风险成本，因此，只有经过深入分析，确信利用筹集的资金所预期的总收益要大于融资的总成本时，才有必要考虑如何融资。这是企业进行融资决策的首要前提
企业融资规模要量力而行	由于企业融资需要付出成本，因此在筹集资金时，要确定企业的融资规模。融资过多，可能造成资金闲置浪费而增加融资成本；或者可能导致企业负债过多，使其无法承受，偿还困难，增加经营风险。而如果企业融资不足，又会影响企业投融资计划及其他业务的正常开展。因此，企业在进行融资决策之初，要根据企业对资金的需要、企业自身的实际条件以及融资的难易程度和成本情况，量力而行来确定企业合理的融资规模

续表

项　　目	内　容　阐　释
企业要选择最佳融资机会	融资机会是指由有利于企业融资的一系列因素所构成的有利的融资环境和时机。一般来说，要充分考虑以下几个方面。 　　• 由于企业融资机会是在某一特定时间所出现的一种客观环境，虽然企业本身也会对融资活动产生重要影响，但与企业外部环境相比较，企业本身对整个融资环境的影响是有限的。在大多数情况下，企业实际上只能适应外部融资环境而无法左右外部环境，这就要求企业必须充分发挥主动性，积极地寻求并及时把握住各种有利时机，确保融资获得成功。 　　• 由于外部融资环境复杂多变，企业融资决策要有超前预见性，合理分析和预测能够影响企业融资的各种有利和不利条件，以及可能出现的各种变化趋势，以便寻求最佳融资时机，果断决策。 　　• 企业在分析融资机会时，必须考虑具体的融资方式所具有的特点，并结合企业自身的实际情况，适时制定出合理的融资决策。 　　• 要尽可能降低企业融资成本。由于融资成本的计算涉及很多因素，具体运用时有一定的难度。一般情况下，按照融资来源划分的各种主要融资方式融资成本的排序依次为财政融资、商业融资、内部融资、银行融资、债券融资、股票融资

第 9 章

企业投资管理

第一节 投资综述

为了加强企业对外投资管理,规范对外投资行为,防范对外投资风险,保证对外投资的安全,提高对外投资的效益,应当根据国家有关法律、法规、规范,结合部门或系统的对外投资的特点,建立适合本企业业务特点和管理要求的对外投资内部控制制度,明确对外投资决策、执行、处置等环节的控制方法、措施和程序。

企业对外投资应当遵守法律和国家有关政策的规定,符合企业发展战略的要求,做好可行性研究,由企业履行内部决策程序,报经投资者审议批准,并落实项目决策者和实施者的经济责任。企业对外投资应当签订合同、协议,明确企业投资权益。依据合同、协议划拨投资款项,应当按照企业内部授权审批制度执行,向境外投资须遵守国家外汇管理等有关规定。企业对股权投资项目应当实施财务监管,并以出资额为限承担有限责任。

一、对外投资的特点

企业对外投资的种类繁多、形式多样。与对内投资相比,对外投资在投资收益、投资风险、投资的变现能力等各方面都有很大差异(见表 9-1)。

表 9-1 对外投资的特点

项 目	内 容 阐 释
对外投资的对象比较复杂	凡是把资金投向企业外部,以谋求投资收益的活动,均属于对外投资。对外投资包括直接投资和间接投资两大类。直接投资就是把资金直接投向某一个企业,并参与其经营管理的投资。间接投资又称证券投资,是指通过购买各种证券所进行的投资。直接投资又可以分为对外合作投资、对外合资投资、对外合并投资等。间接投资又可分为国库券投资、企业股票投资、企业债券投资、短期融资券投资等。对外投资对象上的这种多样性和复杂性,造成了对外投资在其他许多方面与对内投资有明显差异
对外投资的回收时间长短不一	企业的对外投资,有的属长期性投资,需几年甚至几十年才能收回,如对外直接投资中的合资投资,对外证券投资中的股票长期投资,等等。但对外投资中,也有些属于短期性投资,只需几个月甚至几天就能收回,如短期融资券投资
对外投资的变现能力差别很大	企业的对外投资,有的变现能力极强,随时都能变现,如国库券投资、公开上市的股票投资等。但有的变现能力比较差,如对外直接投资的变现能力一般都比较差,即使是对外证券投资,有些变现能力也比较差,例如,购买没有公开上市的股票、购买企业发行的短期融资券,变现能力都比较差

续表

项　目	内　容　阐　释
对外投资的风险较大、收益较高	从总体上来看，企业进行对外投资的风险要大于对内投资的风险。因为把资金投向外部，存在的不确定性因素较多。与较大的风险相联系，企业对外投资所获得的报酬一般较高，这符合风险与报酬同增的规律。当然，这是从整体上来说的，就某一项具体投资而言，可能风险并不大，报酬并不高，如国库券投资。正是因为企业对外投资具有高风险、高报酬的特点，这就要求在对外投资时必须进行认真的分析和研究，从多方面调查和收集资料，进行论证，以保证取得较好的效益

二、对外投资的原因（见表9-2）

表9-2　对外投资的原因

项　目	内　容　阐　释
分散资金投向，降低投资风险	现代企业资产管理的一项重要原则是使资产分散化，降低风险，或把风险控制在一定限度内。所谓资产分散化，是指企业不是将全部资金投资于单一项目上，而是同时经营几个项目。这样做的结果是，当某个项目由于某种原因而不景气，利润下降时，其他项目可能获取较高的收益，这样几个项目的盈利与亏损相互抵销，企业可以避免损失。企业进行对外投资为企业实现经营多角化开辟了道路。企业的资金可以分成两大部分，一部分用于企业的内部经营，另一部分是企业将其闲置的资金用于对外投资。在对外投资时也同样可采用分散化的原则，这样就能达到降低风险、减少资金损失的目的。企业对外投资与对内投资相比，具有选择面宽、投资渠道广的特点。一般说来，企业由于由其经营范围和生产设备限制，它的对内投资渠道较为单一。对外投资，特别是证券投资则不然，它既不受地区、经营范围的限制，也不受投资数额的限制，投资面非常广。因此，对外投资特别是证券投资，在分散企业投资风险方面能发挥重要作用
充分利用闲置资金，增加企业收益	企业在生产经营过程中，有时会出现资金短缺，但有时也会出现资金闲置。例如，有些企业现金结余过多，有些企业有很多闲置不用的厂房或机器设备，这时就要认真寻找对外投资机会，以避免资金闲置，不断增加企业收益，使企业的总价值达到最大。 　　企业对外投资的收益主要来源于利润、利息、股利和证券的升值。利润收入是企业进行对外直接投资时，按出资比例或合同的规定从被投资单位分得的利润。利息收入是企业购买债券后，按债券发行时确定的利率从债券发行人那里取得的收入。股利收入是企业购买其他企业股票后，从发行股票的企业那里领取的收入。证券增值收入即资本增值的收入，是指证券市场价格上升，企业将购买的证券在市场上出售时，出售价高于购买价的差额
保持资产的流动性，增强企业的偿债能力	保持企业资产的流动性是增强企业偿债能力的一条重要途径，也是现代企业经营的一项重要原则。流动性的强弱是衡量企业安全性主要指标之一。在企业的资产中，除现金外，企业证券投资的流动性最强。企业的各项固定资产、无形资产往往在其经济生命完结时才能收回它的全部投资，如要变卖这些资产也会发生各项损失。为应付债权人的偿债需要，企业要保持应有的储备。现金可列为一级储备，可直接用于支付，而各项有价证券投资则可称为二级储备。企业在遇到特殊情况，需大量支付现金时，首先动用一级储备，即用现金支付；如现金不足，则将有价证券变为现金来满足资金需要

续表

项 目	内 容 阐 释
稳定与客户的关系，保证企业正常的生产经营	在社会主义市场经济体制条件下，企业面对的是竞争日益激烈的市场环境。在资源短缺的情况下，企业为有稳定的原材料来源，必须与原材料供应客户保持一种良好的业务关系。有时企业根据经营需要购买原材料供应单位的股票或投入一部分资金，对其经营活动施加影响。对特别重要的原材料供应单位，也可采取控股方式，对其经营活动进行控制。企业有稳定的原材料供应是保证其生产经营持续进行的一个重要条件。有时企业为稳住销售网点，扩大产品销量，也向产品的经销单位投入一定数量的资金或购入其有价证券，以维护良好的合作关系

三、企业投资的分类（见表 9-3）

表 9-3　投资按不同标准的分类

划分标准	类 别	内 容 阐 释
按照投资目的分类	短期投资	短期投资，是指可以在一年或者一个营业周期以内收回的投资，主要包括现金、有价证券、应收账款、存货等流动资产。短期投资亦称为流动资产投资。 流动资产的投资与长期投资相比，其特点是：需要资金数量较小，不会对企业的财力及财务状况造成大的影响；回收时间短，通常可一年内通过销售收回；变现能力较强，如果企业在短期内急需资金，可以通过转让、贴现、变卖等手段将投资在有价证券、应收票据、存货等方面的资金变为现金，以解燃眉之急；投资发生次数频繁，企业通常在一个月内就发生数次；短期投资波动较大，短期投资会随企业经营情况的变化而变化，时高时低；风险较小，短期投资一般在一年内即可收回。人们对短期预测的准确程度远远高于长期预测的准确程度。 短期投资的以上特点决定其程序也比较简单，一般不用考虑资金的时间价值因素和风险因素，也不需要花很大的人力、物力对每笔投资进行周密的调查、分析、研究。一般说来，应按以下程序进行短期投资管理。 • 由基层管理人员根据营业需要提出投资方案。 • 由企业 CFO 对投资的成本和收益进行分析，如果收益大于成本支出，可接受投资方案，进行投资；如果成本大于收益，则应拒绝该投资方案。 • 投资方案实施后，对投资结果做出评价，为企业今后的短期投资决策积累经验
	长期投资	长期投资是指短期投资以外的投资。这种投资在很大程度上是为了积累整笔资金，以供特定用途之需，或为了达到控制其他单位或对其他单位实施重大影响，或出于其他长期性质的目的而进行的投资。长期投资主要包括长期股权投资和持有至到期投资
按照投资行为的介入程度	直接投资	直接投资是指由投资人直接介入投资行为，即将货币资金直接投入投资项目，形成实物资产或者购买现有企业资产的一种投资。其特点是，投资行为可以直接将投资者与投资对象联系在一起
	间接投资	间接投资是指投资者以其资本购买公债、公司债券、金融债券或公司股票等，以预期获取一定收益的投资，也称为证券投资

续表

划分标准	类别	内容阐释
按照投入的领域不同	生产性投资	生产性投资是指将资金投入生产、建设等物质生产领域中，并能够形成生产能力或可以产出生产资料的一种投资，又称为生产资料投资。这种投资的最终成果将形成各种生产性资产，包括固定资产投资、无形资产投资、其他资产投资和流动资金投资。其中，前三项属于垫支资本投资，后者属于周转资本投资
	非生产性投资	非生产性投资是指将资金投入非物质生产领域中，不能形成生产能力，但能形成社会消费或服务能力，满足人民的物质文化生活需要的一种投资。这种投资的最终成果是形成各种非生产性资产
按照投资的方向不同	对内投资	从企业的角度来看，对内投资就是项目投资，是指企业将资金投放于为取得供本企业生产经营使用的固定资产、无形资产、其他资产和垫支流动资金而形成的一种投资
	对外投资	对外投资是指企业为购买国家及其他企业发行的有价证券或其他金融产品（包括期货与期权、信托、保险），或以货币资金、实物资产、无形资产向其他企业（如联营企业、子公司等）注入资金而发生的投资
按投资对象的表现形态	实体性投资	实体性投资的对象是经营资产。经营资产是直接为企业产品经营服务的实质性生产要素，如固定资产、流动资产、无形资产等，它们往往是一种服务能力递减的递耗性资产
	金融性投资	金融性投资的对象是金融资产。金融资产是一种以凭证形式存在的信用权益，如股票债券、期货期权等。金融资产一般能直接作为商品在资本市场上交易，是一种依据资产所代表的权利能直接取得资产收益的资本性资产
根据投资在再生产过程中的作用	初创投资	初创投资是在建立新企业时所进行的各种投资。它的特点是投入的资金通过建设形成企业的原始资产，为企业的生产、经营创造必备的条件
	后续投资	后续投资是指为巩固和发展企业再生产所进行的各种投资，主要包括为维持企业简单再生产所进行的更新性投资，为实现扩大再生产所进行的追加性投资，为调整生产经营方向所进行的转移性投资等
按对未来的影响程度	战略性投资	战略性投资是指对企业全局及未来有重大影响的投资，如对新产品投资、转产投资、建立分公司，等等。这种投资往往要求投资数量大、回收时间长、风险程度高，因此，要求从方案的提出、分析、决策到实施都要按严格的程序进行。这种投资并不是 CFO 一个人能够完全决定得了的
	战术性投资	战术性投资是指不影响企业全局和前途的投资，如更新设备，改善工作环境，提高生产效率等的投资。这种投资额一般投资量不大、风险较低、见效较快，而且发生次数比较频繁。因此，一般由企业的部门经理经过研究分析后提出，经过 CFO 批准即可实施，不必花很多的研究、分析费用。对于此类投资，作为企业的 CFO 有权直接进行决策
按投资的风险程度投资	确定性投资	确定性投资是指风险小、未来收益可以预测得比较准确的投资。在进行这种投资决策时，可以基本不考虑风险问题
	风险性投资	风险性投资是指风险较大，未来收益难以准确预测的投资。大多数战略性投资属于风险性投资，在进行决策时，应考虑投资的风险问题，采用科学的分析方法，以做出正确的投资决策

四、企业投资环境分析

（一）分析投资环境的意义

投资环境，又称投资气候，是指影响企业投资效果的各种外部因素的总和。

认真分析投资环境，是做好投资决策的基本前提。分析投资环境的重要意义如表 9-4 所示。

（二）投资环境的基本内容

投资环境包括的内容十分广泛，国内外的政治、经济、军事、法律、文化教育、科学技术等都会对投资有重大影响（见表 9-5）。

表 9-4　分析投资环境的意义

项　目	内　容　阐　释
进行投资环境研究，可以使投资决策有坚实的基础，保证投资决策的正确性	通过对投资环境研究，可以使企业充分了解市场的供求状况、国家的经济政策、资源的供应情况，以及国内外政治、经济和技术发展的动向。只有了解这些因素，才能保证投资决策正确无误
进行投资环境研究，可以使企业及时了解环境的变化，保证投资决策的及时性	不断地进行投资环境的研究，才能及时掌握投资环境的变化情况。在出现有利条件时，要及时进行投资，以获得良好的投资效果。当出现不利于企业的因素时，要及时采取对策，以避免客观环境的不利影响
进行投资环境研究，可以预计到未来投资环境可能出现的新情况，提高投资决策的预见性	投资环境是不断变化的，企业必须适应这种变化，但如果跟在环境后面被动地变化，也难取得好的效果。决策者应站得高、看得远，预见未来投资环境可能出现的新情况，做出符合长远发展趋势的决策。显然，这只有在认真研究投资环境的基础上才能做到

表 9-5　投资环境的基本内容

项　目		内　容　阐　释
投资的一般环境	政治形势	政治形势主要包括：政局是否稳定，有没有战争或发生战争的风险，有没有国家政权和社会制度变革的风险，有没有重大政策的变化。要预测好政治形势，必须认真学习和了解国家的有关政策、方针、法律、规定、规划等
	经济形势	经济形势主要包括经济发展状况、经济发展水平、经济增长的稳定性、劳动生产率、国民经济结构和国家产业政策等。经济形势常常决定着企业投资的类型和规模
	文化状况	文化状况主要指不同地区居民的教育程度、文化水平、宗教、风俗习惯等，这些因素也会对投资产生重大影响
投资的相关环境	相关市场	市场是一切商品买卖行为或商品交换关系的总和，各种商品的供求状况和发展趋势，都会在市场上得到反映。企业在进行某项投资之前，必须对该项投资所生产的产品在市场上的供求状况进行预测。只有市场上有容量，产品能顺利售出，才能进行投资
	相关资源	原材料、燃料等各种资源对企业来说，如同食物对人的生存一样重要。企业投资是否能取得良好经济效益，与原材料等各种资源的供应状况关系甚大。因此，企业在投资之前，必须对所需各种资源的供应状况、供应价格做出准确预测

续表

项 目		内 容 阐 释
投资的相关环境	相关科学技术	相关科学技术包括与特定投资项目有关的产品、材料、制造工艺、技术装备等相关的科学技术水平、发展趋势和发展速度等。做好这方面预测对降低产品成本，提高技术水平具有重要意义
	相关地理环境	相关地理环境包括与特定投资项目有关的地理位置、气候条件、自然特色等
	相关基础设施	相关基础设施包括与特定投资项目有关的交通运输、通信设备、生活条件等
	相关政策优惠	相关政策优惠包括与特定投资项目有关的税收、进出口许可、市场购销等方面的优惠

（三）投资环境分析的主要方法

分析投资环境的方法很多，各种行业、各个企业的分析方法也不尽相同。国际上常用的评价投资环境的方法主要有投资环境等级评分法、国别冷热比较法、动态分析法。下面结合我国具体情况，介绍最常见的几种方法。

1. 调查判断法

它是一种定性分析法，主要是借助有关专业人员的知识技能、实践经验和综合分析能力，在调查研究的基础上，对投资环境的好坏做出评价。这种方法主要有以下几个步骤。

（1）调查。为正确预测有关投资环境，必须认真进行调查，收集有关信息资料。调查可分直接调查和间接调查。直接调查是指调查人员直接与被调查单位接触，由调查人员通过当面采访、询问、观看、记录等方式获取有关资料的一种方法。直接调查又分全面调查、重点调查、典型调查和抽样调查四种。直接调查能保证收集资料的准确性和及时性，但若得不到被调查单位的合作，则会使调查资料不完整。间接调查是以有关单位保存的各种数据资料为基础，通过加工整理获得投资信息的一种方法。间接调查的资料来源主要包括：

1）各种书籍、杂志、报纸；
2）各种统计报告；
3）各种财务报表；
4）各类银行、投资公司的调查报告；
5）其他，如财税部门、工商管理部门、消费者协会等掌握的各种资料。

（2）汇总。通过各种调查得到的信息是大量的、杂乱无章的，还不能直接为投资决策所利用，必须对这些信息进行加工、整理和汇总。在进行整理、汇总时，要注意剔除其中的虚假成分和偶然性因素，进行由此及彼、由表及里、去粗取精、去伪存真的分析，以便提高信息质量，抓住事物本质。

（3）判断。根据调查和汇总后的信息，对投资环境的好坏做出判断。从事判断的人员主要由工业经济专家、市场分析专家、精通与投资项目有关的技术专家、财务管理专家、生产管理专家、机械设备专家，以及建筑工程技术专家。除以上人员外，还可根据需要，邀请其他部分专家协助判断。在判断时，一般先对构成投资环境的每个因素都评出好、中、差三种情况，然后综合判断投资环境的好坏。

2. 加权评分法

先对影响投资环境的一系列因素进行评分,然后进行加权平均,得出综合分数的一种预测方法。其基本计算公式如下:

$$y = w_1x_1 + w_2x_2 + \cdots + w_nx_n = \sum_{i=1}^{n} w_i x_i$$

式中,y 为投资环境评分;w_i 为事先拟定的对第 i 种因素进行加权的权数 $\left(\sum_{i=1}^{n} w_i = 1\right)$;$x_i$ 为第 i 种因素的评分。

【例 9-1】 现以信达利计算机公司进行某项投资为例来说明加权评分法,如表 9-6 所示。

在表 9-6 中,第一栏是与投资环境有关的各项因素,在实际预测时,还应列出更多的因素;第二栏是根据收集到的资料经过分析评定的;第三栏是由预测人员根据第二栏的数字确定的;第四栏是由预测人员根据各因素的重要程度事先规定的。

表 9-6 投资环境的加权评分法

有关因素 (1)	有关因素状况 (2)	分数(x_i)0~100 (3)	预计权数(w_i) (4)	加权平均分数(w_ix_i) (5) = (3) × (4)
一般环境	良好	90	0.20	18.0
相关市场	畅销	90	0.25	22.5
资源供应	充足	90	0.25	22.5
地理环境	较差	50	0.20	10.0
基础设施	一般	70	0.10	7.0
合　计	—	—	1.00	80.0

在采用加权评分法进行分析时,加权平均分数在 80 分以上的,说明投资环境良好;加权平均分数在 60~80 分的,说明投资环境一般;加权平均分数在 60 分以下的,说明投资环境较差。

3. 汇总评分法

这种方法先根据各因素的重要程度确定每个因素的满分分数,然后再按每个因素的具体情况进行评分,最后把各因素的分数汇总,作为对投资环境的总体评价分数。在采用此法时,总分越高,表示投资环境越好。

【例 9-2】 本例根据国外资料举例说明评分标准的制定方法,如表 9-7 所示。

表 9-7 投资环境汇总评分法

投资环境因素	评分(分)
一、政治稳定性	0~10
长期稳定	10
稳定但因人而易	8
存在一些不稳定因素	6
国内外有强大的反对力量	4
可能发生动乱	2
极有可能发生动乱	0
二、经济发展状况	0~10

续表

投资环境因素	评分（分）
长期稳定发展	10
发展较快但不稳定	8
发展速度不快且不稳定	6
经济处于停滞状况	4
经济出现负增长	2
存在严重的经济危机	0
三、产品销售状况	0～20
产品十分畅销且有广阔市场	20
产品销售一般但潜力很大	16
产品畅销但市场容量有限	12
产品销售状况一般且无潜力	8
产品销售量开始下降	4
产品滞销，属于淘汰产品	0
四、资源供应情况	0～20
有充分的廉价资源	20
资源充分价格一般	16
资源充分但价格较贵	12
资源供应不太充分	8
资源供应有限	4
资源供应十分有限	0
五、基础设施	0～16
基础设施很好	16
基础设施较好	12
基础设施一般	8
基础设施较差	4
基础设施很差	0
六、近5年的通货膨胀率	0～8
<1%	8
1%～5%	6
5%～10%	4
10%～20%	2
20%以上	0
七、政策优惠	0～8
国家非常支持发展的产业	8
国家支持发展的产业	6
国家不支持也不限制的产业	4

续表

投资环境因素	评分（分）
国家限制发展的产业	2
国家不准发展的产业	0
八、其他因素	0~8
其他因素很好	8
其他因素较好	6
其他因素一般	4
其他因素较差	2
其他因素很差	0
总　　计	0~100

五、企业投资管理的原则（见表9-8）

表9-8　企业投资管理的原则

项　目	内　容　阐　释
认真进行市场调查，及时捕捉投资机会	捕捉投资机会是企业投资活动的起点，也是企业投资决策的关键。在商品经济条件下，投资机会是不断变化的，而且受到诸多因素的影响，最主要的是受市场需求变化的影响。企业在投资之前，必须认真进行市场调查和市场分析，寻找最有利的投资机会。市场是不断变化的、发展的，对于市场和投资机会的关系，也应从动态的角度加以把握。正是由于市场不断变化和发展，才有可能产生一个又一个新的投资机会。随着经济不断发展，人民收入水平不断增加，人们对消费的需求也就发生很大变化，无数的投资机会正是在这种变化中产生的
建立科学的投资决策程序，认真进行投资项目的可行性分析	在市场经济条件下，企业的投资决策都会面临一定的风险。为了保证投资决策的正确有效，必须按科学的投资决策程序，认真进行投资项目的可行性分析。投资项目可行性分析的主要任务是，对投资项目技术上的可行性和经济上的有效性进行论证，运用各种方法计算出有关指标，以便合理确定不同项目的优劣。财务部门是对企业的资金进行规划和控制的部门，财务人员必须参与投资项目的可行性分析
及时足额地筹集资金，保证投资项目的资金供应	企业的投资项目，特别是大型投资项目，建设工期长，所需资金多，一旦开工，就必须有足够的资金供应。否则，就会使工程建设中途下马，出现"半截子工程"，造成很大的损失。因此，在投资项目上马之前，必须科学预测投资所需资金的数量和时间，采用适当的方法筹措资金，保证投资项目顺利完成，尽快产生投资效益
认真分析风险和收益的关系，适当控制企业的投资风险	收益与风险是共存的。一般而言，收益越大，风险也越大，收益的增加是以风险的增大为代价的，而风险的增加将引起企业价值的下降，不利于财务目标的实现。企业在进行投资时，必须在考虑收益的同时认真考虑风险情况，只有在收益和风险达到比较好的均衡时，才有可能不断增加企业价值，实现财务管理的目标

六、企业投资规模的确定

(一) 企业在确定投资规模时必须遵循的原则 (见表 9-9)

表 9-9　企业在确定投资规模时必须遵循的原则

项　目	内　容　阐　释
与资产规模相适应的原则	企业资产规模是指企业所有固定资产、债券、股票、企业名称、商标等各种有形资产和无形资产的价值总量,既包括实物存量也包括价值存量。企业现有固定资产规模是企业实力的硬性指标,它反映了企业投资规模存量。债券、股票等有价证券以及企业无形资产也是企业实力的基本指标。在确定企业投资规模时,常常要考察这两大指标。原则上,企业投资规模的最大值不得超过企业上述的资产规模
规模经济原则	每个行业都有不同的投资规模界限,如果企业投资达不到这个规模,或者超出了企业现有管理能力和资产实力,投资即使有效益,这种投资效益也小于投资达到那个界限时实际应该获得的投资效益,或者说存在生产浪费
与发展战略一致的原则	企业发展战略规划确定了企业未来发展的走向和这一战略目标在不同阶段的资源投入次序、总量分布和结构安排。企业投资规模既要满足战略目标的要求,也要与企业投资计划相一致
清偿力原则	负债经营基本上是现代企业经营管理的一个必然策略。企业为实现其发展目标,除自有积累资金外,还通过银行贷款、企业内部集资、发行企业债券等方法筹集资金,这些资金构成企业投资的来源。除自有资金外,所有负债都必须到期还本付息,这就涉及企业的资产偿债能力。所以企业的规划投资规模一般不得超过企业资产偿债能力。否则会由于投资占款过多导致现金流动不足或收益不能如期收回,并因无法偿还到期债务引发破产风险
弹性原则	企业面对的是日益多变的市场环境,再精确的政策设计也会由于变化而发生与现实大小不等的偏差。故一个企业投资规模的确定应预留一个控制区域,以保证企业投资规模能够随着投资环境、投资目标与项目设计的变化而变化

(二) 企业投资规模决策的具体内容

与最基本的商品需求供给相同的是,企业投资规模的决策也从需求、供给两个角度来具体分析,即企业投资规模决策应确定企业投资需要量和企业投资供给量。

1. 确定企业投资需要量

投资需要量包括年度内新投资项目投资需要量和以前投资项目在计划年度的投资需要量,即企业年度投资需求规模。企业投资规模可以分解为企业投资项目数量和企业投资价值总量。

企业投资项目数量或生产能力,是企业投资的实物规模,它主要取决于市场需求量,同时取决于企业所投资产业、产品流向的主体项目和配套项目的内在联系。

企业投资价值总量就是需要多少资金,它由企业投资实物总量和单位生产能力初始投资成本两个因素来决定。

2. 确定企业投资供给量

确定企业投资供给量,就是确定企业投资项目所需资本的供给数量,即企业投资项目的资本需要量。企业投资供给量的大小取决于许多因素,其中最主要的是企业投资的来源及各来源的资本成本。当企业积累到一定程度时,企业投资供给量的大小取决于企业积累中可用于企业投资的份额。当企业内部资本供应量一定时,企业投资供给量便取决于企业所用的筹资方式为资本所有者提供的投资回报的大小和相应的筹资成本。

因此,企业投资供给量的确定应充分注意以下几个方面。

(1) 严格遵守投资不损害企业现行生产的原则。

(2) 满足企业投资需求,保证资本供应,使企业投资目标顺利实现。

(3) 严格区分企业资本公积金、盈余公积金、股东权益的界限,在不损害补偿性支出、消费性支出和股东权益支出的前提下,确定合理的企业积累规模,保证企业投资的内部供给具有可行性。

(4) 认真权衡不同筹资方式的利弊及成本,选择恰当的筹资方式,以保证企业投资的外部供给。

(三)确定投资规模的基本方法

1. 搞好市场调查

市场调查的主要目的是摸清产品的市场容量,了解产品的市场前景,为确定投资与否及投资规模提供依据。

2. 进行投资经济和财务分析

分析的具体步骤是,首先确定企业投资规模的下限,其次确定企业投资规模的上限,最后根据企业的总体实力、偿债能力、战略目标等确定适当的企业投资规模。具体方法如表 9-10 所示。

表 9-10 投资经济和财务分析方法

项目	内容阐释
盈亏平衡点分析法	盈亏平衡点分析法又称"量本利"分析法。它是根据投资项目在正常年份的产品产销量、成本费用、产品销售单价及销售税金等数据,计算并分析产量、成本和盈利之间的关系,从中发现三者之间内在的规律,并确定项目成本和收益相等时的盈亏平衡点的一种分析方法
成本效益分析法	产品成本与企业规模有关。企业规模扩大,单位产品成本降低;当企业规模扩大到超过一定限度时,单位产品成本开始上升。成本效益分析法是以投资项目的总收入相对最大、总成本相对最低、利润最高为目标,寻找企业最优生产规模的方法
横向经验分析比较法	这是通过同行业、同技术水平的企业不同投资规模的比较,确定企业投资规模的一种方法。这种方法特别强调同种技术水平生产同种产品的不同规模的比较,这使投资决策者清楚什么投资规模是合理的。采用这种方法确定企业投资规模,必须进行大量的调查研究。一是要对尽可能多的具有代表性的同类企业,包括规模最大、最小和中等水平的企业进行分析比较;二是要对这些企业的生产组织、经营管理、产品成本及其他技术经济指标等进行全面的分析对比;三是根据市场竞争情况、市场需求量确定企业投资规模
线性规划法	线性规划由目标函数和约束条件两部分组成。目标函数可以是利润和成本等;约束条件则是实现目标的条件,如资源、资本、设备、原材料、工艺等

从实践来看,企业实际投资规模一般会低于理论上的最大投资规模。这是因为企业可能设定了最低的投资收益率水平,从而放弃一些投资收益率低于设定的最低投资收益率的投资项目;也可能因企业管理能力的制约,从风险控制角度考虑,主动放弃一些有利可图的投资项目;还可能因企业筹资能力的限制,被迫放弃一些有利可图的投资项目;等等。这是协调企业决策的

固定性与市场环境的变化性之间动态联系的一种经典的方法。

七、企业投资结构决策的原则

企业投资的使用结构是指用于厂房、机器设备及更新住宅、职工福利设施、证券等方面的投资比例关系。它是企业投资结构的主要内容，也就是狭义上的企业投资结构。

企业在进行投资时，不仅要看项目技术的先进性、经济上的可能性，更应注重投资资金结构的合理性。企业投资结构也就是企业投资总量中各个分量之间的比例关系。它包括投资资金的来源结构，投资的产品结构，投资的使用结构，投资的时间结构，投资的空间结构。

投资结构的均衡性直接影响到资产使用效率的高低，资产使用效率的高低又直接影响风险水平和收益水平，因此，企业投资中需注意的一个重要问题就是如何恰当地组合资产结构。一般而言，它由企业所处行业、生产经营特征以及管理思想等因素所决定。比如，一个技术密集型企业，投资于固定资产、无形资产的比重就会高于一个劳动密集型企业；一个控股企业的长期投资占总资产的比重会大大高于一般生产性企业。

根据国内外的经验，一般几十亿元的投资项目，资本结构应当含有 20%～40%的自有资本金。也就是说，在投资当中，首先自筹资金（权益资金）不可缺少，然后可利用合作、集资入股、预售等方式筹集部分资金，最后再从银行贷款，且贷款比例不能太高。只有这样，企业的投资行为才能实现，企业的投资才会得到预期的收益。

（一）正确处理企业固定资产投资和流动资产投资的比例关系

在企业再生产过程中，固定资产和流动资产具有内在的依存关系和质与量的适应性，二者不可分割。没有适当规模的流动资产投资，则企业固定资产投资难以发挥作用；相反，没有固定资产投资形成的综合固定资产体系，企业也难以或无法正常进行生产。决定企业固定资产投资与流动资产投资比例关系的主要因素是企业所在行业、企业投资项目的特点、性质、经营策略，以及企业的融资能力等要素。

（二）正确处理新建和更新改造投资的关系

企业在一定时期内的新建投资和更新改造投资的关系，不是可以随意确定的，它取决于许多因素。

（1）新建投资和更新改造投资比例关系的形成，受企业积累资金增长数量的制约。

（2）新建投资和更新改造投资各以多大幅度增长，还受制于企业能支配的物质要素的数量和质量及社会劳动力资源的状况。

（3）新建投资和更新改造投资的比例关系也受到企业竞争战略、决策者偏好的影响。

（三）正确处理积极投资与消极投资的关系

正确处理积极投资与消极投资的关系的实质是指企业必须重视机器设备投资，即在企业投资配置上，应坚持机器设备投资为主，建筑安装工程投资和其他投资为辅；在企业投资配置的轻重缓急安排上，应优先保证机器设备投资，并使机器设备投资、建筑安装工程投资和其他投资相互协调。这样，才能保证企业投资目标的实现。

（四）正确处理有形资产投资和无形资产投资的比例关系

在市场经济条件下，市场在资源配置中基础作用的充分发挥，迫使企业必须在竞争中生存和发展。企业能否在竞争中发展壮大，关键在于企业拥有多少无形资产。而无形资产的数量在其他条件不变时，取决于企业无形资产投资的水平。因此，企业必须重视无形资产投资，合理安排有形资产投资和无形资产投资的比例关系。科学技术应用到生产过程能改进、扩展劳动手段、劳动对象，提高劳动者素质。因此，企业重视无形资产投资就是要重视科学研究试验、产品开发、职工教育、商标注册、专利权的获得、人才培养等方面的投资，以促进企业劳动生产效率的提高，增强企业的竞争能力。

总之，企业进行投资时，要以科学的态度、正确的方法进行可行性论证，正确判断投资行为的可行性、优劣性，并且还要注意落实投资资金及正确确定资金的来源与构成。

八、企业投资的程序

企业投资的程序如表 9-11 所示。

表 9-11 企业投资的程序

项　目	内　容　阐　释
提出投资领域和投资对象	这需要在把握良好投资机会的情况下，根据企业的长远发展战略、中长期投资计划和投资环境的变化来确定
评价投资方案的财务可行性	在分析和评价特定投资方案经济、技术可行性的基础上，需要进一步评价其是否具备财务可行性
投资方案比较与选择	在财务可行性评价的基础上，对可供选择的多个投资方案进行比较和选择
投资方案的执行	投资方案的执行即投资行为的具体实施
投资方案的再评价	在投资方案的执行过程中，应注意原来做出的投资决策是否合理、是否正确。一旦出现新的情况，就要随时根据变化的情况做出新的评价和调整

九、企业投资的资产组合

企业资产总额中流动资产和非流动资产所占的比例，称为企业的资产组合。不同的资产组合，会给企业带来不同的风险和收益，企业在进行投资时，必须对资产组合进行合理安排。为了简化分析过程，下面以固定资产代表非流动资产。

（一）影响资产组合的因素

在企业全部资产中，固定资产和流动资产的比例安排需要考虑如下因素，以做出最优决策。

1. 风险与收益

持有大量的流动资产可以降低企业的风险，因为当企业出现不能及时清偿债务时，流动资产可以迅速地转化为现金，而固定资产则不能。因而，在筹资组合不变的情况下，较多地投资于流动资产，可以减少企业的风险。但是，如果流动资产太多，把大部分资金投放在流动资产上，以致造成积压呆滞，就会降低企业的投资收益率。这就要求财务人员对风险和收益进行认真权衡，选择最佳的资产组合。

2. 企业所属的行业

不同的行业经营范围不同，资产组合情况会有较大的差异。

流动资产中大部分是应收账款和存货，这两种资产的占用水平主要取决于生产经营所处的行业。

3. 经营规模对资产组合的影响

企业规模的大小对资产组合也有重要影响。

一般来说，随着企业规模的扩大，流动资产在总资产中所占的比重相对下降，这是因为：

（1）大企业与小企业相比，有较强的筹资能力，当企业出现不能偿付的风险时，可以迅速筹集资金，因而能承担较大风险。所以，可以只使用较少的流动资产而使用更多的固定资产。

（2）大企业因实力雄厚，机械设备的自动化水平较高，故应在固定资产上进行比较多的投资。

4. 利率的变化

在利率比较高的情况下，企业为了减少利息支出，会千方百计地减少对流动资产的投资，这便会减少流动资产在总资产中的比重；反之，当利率下降时，则会呈相反方向变化。

（二）企业资产组合的策略

1. 保守的资产组合

有的企业在安排流动资产数量时，在正常生产经营需要量和正常保险储备量的基础上，再加上一部分额外的储备量，以便降低企业的风险，这便属于保守的资产组合策略，如图 9-1 中的 A 资产组合策略。在适中的资产组合策略中，销售额为 100 万元，流动资产是 40 万元；而在保守的资产组合策略中，销售额是 100 万元，流动资产则是 50 万元。在采用保守的资产组合策略时，企业的投资收益率一般较低，风险也较小。不愿冒险、偏好安全的财务经理都喜欢采用此种策略。

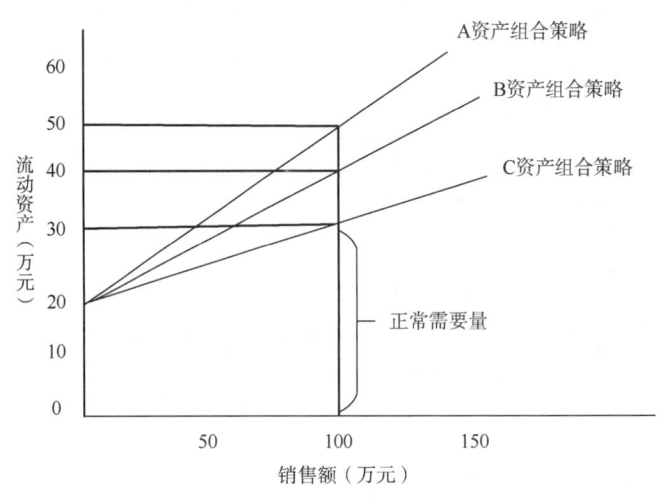

图 9-1 企业资产组合策略

2. 适中的资产组合

企业流动资产的数量按其功能可以分为两大部分。

（1）正常需要量，是指为满足正常的生产经营需要而占用的流动资产。

（2）保险储备量，是指为应付意外情况的发生，在正常生产经营需要量以外而储备的流动资产。

适中的资产组合策略，就是对流动资产在保证正常需要的情况下，再适当地留有一定保险储备，以防不测。如图 9-1 中的 B 资产组合策略便属于适中的资产组合策略。

在图 9-1 中，假设该企业根据以往经营经验，流动资产的正常需要量一般占销售额的 30%，正常的保险储备量占销售额的 10%，所以适中的组合策略应是流动资产占销售额的 40%，当销售额为 100 万元时，流动资产应为 40 万元。

在销售额一定的情况下，企业应尽量减少流动资产，因为此时增加流动资产不能带来额外利润，却会带来筹资成本和利息支出，因而会减少企业收益。当然，流动资产太少也会带来生产过程中断、无力偿债等风险。在采用适中的资产组合策略时，企业的收益一般，风险一般，正常情况下企业都采用此种策略。

3. 冒险的资产组合

有的企业在安排流动资产数量时，只安排正常生产经营需要量，而不安排或只安排很少的保险储备量，以便提高企业的投资收益率。这便属于冒险的资产组合策略，如图 9-2 中的 C 资产组合策略。在适中的资产组合策略中，销售额为 100 万元，流动资产为 40 万元；而在冒险的组合策略中，销售额为 100 万元，流动资产仅为 30 万元。采用冒险的策略时，企业的投资收益率较高，但风险比较大。敢于冒险、偏好收益的财务经理一般都采用此种组合策略。

（三）不同的资产组合对企业收益和风险的影响

企业的固定资产和流动资产，对企业的风险和收益有不同的影响。

我们知道，较多地投资于流动资产可能降低企业的财务风险。当企业需要及时偿付债务时，流动资产可以迅速地转化为现金。但如果流动资产投资过多，造成流动资产的相对闲置，而固定资产又相对不足，就会使企业生产能力减少，从而降低企业盈利能力。

总之，在资产总额和筹资组合都保持不变的情况下，如果固定资产减少而流动资产增加，就会减少企业的风险，同时会减少企业盈利；反之，如果固定资产增加，流动资产减少，则会增加企业的风险和盈利。所以，在确定资产组合时，我们依然要面临风险和收益的权衡。

【例 9-3】 鑫裕制造公司目前的资产组合、筹资组合如表 9-12 所示。鑫裕制造公司现在的年销售量为 2 000 件，销售收入为 200 000 元，实现净利润 20 000 元。现根据市场预测，今后每年可销售 2 400 件，销售收入为 240 000 元，实现净利润为 24 000 元。但要生产 2 400 件产品，必须追加 10 000 元固定资产投资。现鑫裕制造公司决定，在资产总额不变的情况下，减少流动资产投资 10 000 元，相应增加固定资产投资 10 000 元。假设筹资组合不变，那么，不同的资产组合对企业风险和收益的影响如表 9-13 所示。

表 9-12 鑫裕制造公司资产组合与筹资组合　　　　　　　　　　　单位：元

资　产　组　合		筹　资　组　合	
流动资产	40 000	流动负债	20 000
固定资产	60 000	长期资金	80 000
合　计	100 000	合　计	100 000

表 9-13 资产组合对风险和收益的影响　　　　　　　　　　　　单位：元

项　　目	现在情况（保守的组合）	计划变动情况（冒险的组合）
资产组合：		
流动资产	40 000	30 000
固定资产	60 000	70 000
资产总计	100 000	100 000
净利润	20 000	24 000
主要财务比率：		
投资收益率	20 000 ÷ 100 000 = 20%	24 000 ÷ 100 000 = 24%
流动资产 / 总资产	40 000 ÷ 100 000 = 40%	30 000 ÷ 100 000 = 30%
流动比率	40 000 ÷ 20 000 = 2	30 000 ÷ 20 000 = 1.5

从表 9-14 中可以看到，由于采用了比较冒险的资产组合，企业的投资收益率由 20% 上升到 24%。但是流动资产占总资产的比重却从 40% 下降到 30%，流动比率也由 2 下降到 1.5。这表明企业的投资收益有所增加，而财务风险也相应增大。因此，企业在进行各种投资时必须在风险和收益之间进行认真的权衡，选取最优的资产组合策略。

十、企业财务管理权限

（一）资本权属与企业财务管理权限

企业实行资本权属清晰、财务关系明确、符合法人治理结构要求的财务管理体制，需要搞清楚的是：何谓资本权属？何谓企业财务管理体制？

在我国社会主义市场经济条件下，企业资金来源包括两大类：一类是所有者投资，形成企业的自有资金；另一类是通过金融市场的不同筹资渠道所形成的借入资金。自有资金不仅满足了企业的基本资金需求，更重要的是由此界定了企业的产权归属；借入资金的提供不仅保证了企业的临时性资金需求，并使企业有了一定的扩张能力。在金融市场上，企业的筹资方式多种多样，有的企业采取发行股票和发行债券的方式筹集自有资金和借入资金；有的企业采取吸收直接投资筹集自有资金，又采取从金融机构借款的方式筹集借入资金。无论是何种形式获得的资金，企业都需要为筹资付出相应的代价。借入资金需要定期还本付息，自有资金需要支付股息、红利。因此，在资金进入企业形成资金周转起点的同时，企业就必须承担相应的经济责任。

企业的所有者是法定的主权资本投资人，企业所有者向企业投入主权资本，从而形成了履行义务、承担终极风险、享受投资收益分配的经济关系。由此可见，资本权属体现了资本提供者与企业之间的产权关系，企业实行资本权属清晰，就是要保证企业的产权关系清晰。

企业财务管理体制是企业财务管理内部环境的主导因素。企业财务管理体制的核心在于财权的配置，由此形成了财权配置不同的财务管理体制。在企业界，决定财务管理体制的既有客观因素，也有主观因素。从客观因素分析，不同的企业组织形式往往决定着不同的管理体制，不同的企业规模和行业领域也决定着不同的管理体制；从主观上分析，不同的管理观念决定着不同的管理体制，不同的人才素质结构也决定着管理体制的选择。

在计划经济时期，我国对国有企业实行高度集权的财务管理体制，财政部门直接控制着企业的财务活动和财务关系，企业几乎没有财务自主权。改革开放以后，尤其是现代企业制度建立之后，国有企业和国有控股企业的财权诉求也随之增长。建立符合现代企业法人治理结构要求的企业财务管理体制已经迫在眉睫。《企业财务通则》将实行资本权属清晰、财务关系明确、符合法人治理结构要求的财务管理体制，作为财权配置的原则，使企业财务管理权限的配置和行使，符合社会经济发展的客观要求。

（二）法人治理结构与企业内部分层次财务管理权限

企业应当按照国家有关规定建立有效的内部财务管理级次。在这里，我们必须明确的是：第一，企业内部财务管理的权力是分级次的；第二，这种分级次的财务管理权限应当符合法人治理结构的要求。

1. 公司内部治理结构分析

（1）股东大会。股东大会是公司内部治理机构之一，是公司的最高权力机构，掌握着公司的最终控制权。股东大会由公司全体股东组成，股东可以是自然人，也可以是法人。股东有优先股股东和普通股股东之分，优先股股东在股利分配和对公司清算财产的请求权方面具有优先权。但是，一般情况下只有普通股股东才享有公司的经营管理权。

股东大会的决议一般采取多数通过的议事规则,在一般情况下,股东本人需要亲自参加股东大会,但由于时间、距离、不熟悉公司事务或其他原因的限制,导致某一股东不能参加股东大会的,可以委托他人参加并代理行使投票权。由股东委托代理人投票称为"表决权委托代理",由公司法上指定的受托人投票则称为"表决权的信托代理"。

(2)董事会。董事会是股份公司的核心领导层和最高决策者,它受托于股东大会,执行股东大会的各项决议。对于拥有众多股东的公司而言,显然不可能通过所有股东的定期集会来决策和管理公司的具体事务,需要股东们推选出能够代表自己的、有能力的、值得信赖的少数代表组成一个小型机构来管理公司,这个机构就是董事会。

董事会的基本组成模式主要分为两种。

1)单层式董事会,即董事会成员分为执行董事和非执行董事,这种董事会模式是股东导向型的;

2)双层制董事会,即由一个地位相对较高的监事会监管一个代表相关利益者的执行董事会,这种董事会模式是社会导向型的。

从20世纪70年代以来,西方国家的企业为了有效解决公司治理上的问题,董事会中引入独立董事制度,以减轻内部人控制所带来的问题。我国现在也引入了独立董事制度。

2. 分层次财务管理权限(见表9-14)

表9-14 分层次财务管理权限

项 目	内 容 阐 释
投资者财权	公司是股东发起并投资建立起来的,公司股东拥有公司的产权,并借此控制公司的经营活动、财务活动和经济利益导向。但是,除一人公司之外,公司的股东群体的经济利益导向并非完全一致,股东群体的权利也并非均等。只有能够确保充分行使股东共益权的股东,才是公司财务管理的主体,也才真正具有公司的终极财权。 由此可见,财权的取得并独立化是一个组织能否成为财务主体的根本条件。没有财权的财务不能称为真正的财务,也就不可能形成财务主体。这就是说,产权与财权并不保持比例关系,每个公司股东按照投资的产权比例享有相同比例的公司财权是难以想象的神话,这个神话的最大危害就是将公司的财务搞乱。由此可见,公司财权起源于产权并且又独立于产权之外
董事会财权	根据我国《公司法》的规定,董事会由股东大会选举产生。从董事会的职权上看,公司董事会持有公司最高层次的财务控制权。现代企业的代理关系,将董事会赋予一定的权力期限,股东大会对董事会的制约,使充分行使共益权的股东有比较充分的自由,选择、变换董事会成员,以维护股东的自益权。 董事会在代理关系中的最高层次的代理人地位,使其享有企业最高层次财务控制权和最大的经济责任,随着企业多层次代理关系的产生和运行,最高层次财务控制权也将被不同的经理人分解
经理人财权	董事会将董事会的群体责任通过人事任命具体落实在任期内的总经理头上,总经理也通过公司人事权力,将财务控制权分解。由此可见,董事会的最高层次财务控制权的授权和分解授权,与人事权力相配合,并且越来越集中于个人权力。这一方面认证了个人能力和诚信的重要性,也揭示了财务控制权在行使中容易产生的不确定性。只有对掌握一定财务控制权的人实施必要的监督,并将这种监督与日常工作制度结合起来,股东的利益以及企业利益相关者的正当利益才有望得到保障

由此可见，分层次的公司财权主要解决的是控制权的授权问题。具有终极财权的股东大会，将资金的筹措权和使用权委托给董事会代理，董事会承担的是代理人责任，并不能取代股东的责任，由此形成利益关系的不一致。股东对董事会实施资金使用权和筹措权的监督是必要的。而将利益分配决策权放在股东大会，是行使共益权的股东直接掌管财权的体现。分层级的公司财权的配置，既体现了委托代理关系的确立，也体现了由于委托人与代理人利益关系的不一致所做出的权力安排。

十一、投资者的财务管理职责

《企业财务通则》第十二条规定："投资者的财务管理职责主要包括：
（一）审议批准企业内部财务管理制度、企业财务战略、财务规划和财务预算。
（二）决定企业的筹资、投资、担保、捐赠、重组、经营者报酬、利润分配等重大财务事项。
（三）决定企业聘请或者解聘会计师事务所、资产评估机构等中介机构事项。
（四）对经营者实施财务监督和财务考核。
（五）按照规定向全资或者控股企业委派或者推荐财务总监。

投资者应当通过股东会、股东大会、董事会或者其他形式的内部机构履行财务管理职责，可以通过企业章程、内部制度、合同约定等方式将部分财务管理职责授予经营者。"

投资者凭借对企业资本的所有权，对企业进行财务管理，主要手段是利用对若干重大事项的控制权，约束经营者财务行为，以确保企业资本的安全和增值，最终实现投资者自身的利益（见表9-15）。

表9-15 投资者对企业资本的权利

项　目	内　容　阐　释
基本管理事项决策权	投资者的基本管理事项，主要包括审议批准企业内部财务管理制度、企业财务战略、财务规划和财务预算。企业内部财务管理制度规定企业内部不同管理层次、不同部门的财务管理权限及责任，明确互相配合、互相制衡的管理关系，其实质是将法人治理结构要求以企业内部契约的形式固定下来，为企业日后的财务行为提供支持和约束。企业财务战略、财务规划和财务预算，是保证企业总体战略和财务目标在长期和短期内都能得到贯彻实现的基本手段。这四个事项都是投资者掌握财务控制权的基本体现，因此，其最终决定权必须由投资者行使
重大财务事项决策权	这些重大事项包括筹资、投资、担保、捐赠、重组、经营者报酬、利润分配等。判断一个财务事项是否"重大"，除看涉及金额相对于企业资产的比例高低之外，更重要的是看它是否容易导致投资者权益受损。企业法人财产权决定了企业拥有自主经营权，投资者不能直接干预企业的经营。自主经营权的行使主体是经营者，理论上，当经营者与投资者制定的财务战略和目标保持一致，勤勉尽责时，投资者与经营者的利益是一致的。但是由于逆向选择、道德风险、内部人控制等诸多问题，经营者的决策往往不利于企业长远发展，损害投资者利益。尽管如此，无论是从企业法人治理结构，还是从成本效益原则看，投资者不可能因为两者之间可能的利益冲突，而取代经营者做出每一项决策。因此，投资者只能对一些重大财务事项，掌握最终决策权
财务监督	财务监督，就是根据法律、法规和国家财经纪律以及企业内部财务管理制度，对企业生产经营活动和财务收支的合理性、合法性、有效性进行调节和检查，以确保企业遵纪守法地实现发展战略和财务目标。财务监督是企业财务管理的一项保障性手段。投资者

续表

项　目	内　容　阐　释
财务监督	一方面可通过监事会、内部审计部门等机构，对经营者实施内部财务监督，另一方面可通过社会中介机构的审计和评估对经营者实施外部财务监督。在实施财务监督时，由投资者聘请或者解聘会计师事务所、资产评估事务所等中介机构，对保护投资者利益有重要意义。因为投资者主要依赖财务会计报告来了解经营者的工作成果，独立第三方即社会中介机构实施的报表审计和资产评估等活动，是保证和增强财务会计报告真实性的主要途径，如果由经营者聘用中介机构，就有可能影响中介机构的独立性，从而削弱相关财务信息的可信度。《公司法》第一百七十条规定："公司聘用、解聘承办公司审计业务的会计师事务所，依照公司章程的规定：由股东会、股东大会或者董事会决定。"也体现了保护投资者利益的立法精神
财务考核	投资者通过一定的考核制度和办法，对经营者财务业绩做出客观、正确的评价，为经营者的任免、职务调整和薪酬激励等提供依据
财务总监的委派或者推荐	财务总监制度是在企业所有权与经营权相分离、组织规模和生产经营规模扩大化和复杂化、财务管理体制级次增多的情况下，投资者为了保障自身利益，按照一定程序向其全资或者控股的企业派出特定人员或机构，代表投资者进行财务监督而形成的制度，是企业法人治理结构的有机组成部分
履行职责方式	按照企业法人治理结构要求，投资者履行财务职责，应当按照法律法规、企业章程等，通过一定的企业内部机构进行，如通过股东会、股东大会、董事会进行表决，或通过厂长（经理）办公会、职工代表大会、联合管理委员会做出决议。 根据《公司法》第三十八条规定，股东会、股东大会行使的职权包括审议批准企业财务战略、财务规划和财务预算，决定筹资、投资、担保、捐赠、重组、利润分配等重大财务事项，决定聘请或者解聘中介机构，委托或者委派财务总监等。根据《公司法》第四十七条规定，董事会行使的职权包括审议批准企业内部财务管理制度，决定筹资、投资、担保、捐赠、经营者报酬等重大财务事项，决定聘请或者解聘中介机构，对经营者实施财务监督和考核，委托或者委派财务总监等。 根据《全民所有制工业企业法》《全民所有制工业企业转换经营机制条例》，企业实行厂长（经理）负责制，厂长（经理）通过办公会履行大部分投资者财务管理职责。国家作为投资者，一般只在企业设立、合并、分立、任命厂长（经理）等极少数情况下，履行审批职责，直接涉足企业财务管理。职工代表大会享有厂长（经理）的选举和罢免权，审查同意或者否决企业的工资调整方案、奖金分配方案、劳动保护措施、奖惩办法以及其他重要规章制度的权利，评议、监督企业领导干部并提出奖惩和任免建议的权利等。 按照《中外合资经营企业法》及其实施条例，合营企业虽然均采取有限责任公司的形式，但其董事会是合营企业的最高权力机构，决定合营企业的一切重大问题。因此，合营企业中投资者的财务管理职责和部分经营者的财务管理职责都由董事会履行。董事会有权聘任总经理、副总经理（厂长），负责企业的日常经营管理工作，但要求正副总经理（或正副厂长）由合营各方分别担任。因此，合营企业的投资者对财务活动的参与度非常高。按照《中外合作经营企业法》及其实施细则，有法人资格的合作企业均采取有限责任公司的形式，应设立董事会或者联合管理委员会作为企业的权力机构，决定企业的重大问题，并可以任命或者聘请总经理负责合作企业的日常经营管理工作。按照《外资企业法》及其实施细则，有法人资格的外资企业可以采取有限责任公司的形式或者经批准的其他形式，但对其公司治理结构没有特殊要求

续表

项目	内容阐释
投资者的管理授权	在一定条件下，投资者可以通过一定方式将某些财务管理职责授权给经营者。《企业财务通则》的规定，包含以下三层意思。 • 《企业财务通则》以保护投资者利益为出发点，规定对投资者权益有重大影响的财务决策权归投资者行使。但在现实情况中，由于企业规模大、业务复杂、所有权结构分散、投资者管理能力和精力不允许等多种因素，投资者往往无法履行《企业财务通则》赋予的全部财务管理职责。在这种情况下，投资者可以授权经营者行使部分财务管理职责，从而形成一种委托代理关系。 • 经济学上的委托代理关系不限于法律所说的契约关系，还应从经济利益的角度，将风险的承担与决策权的使用等问题包含在内。投资者对经营者的授权，除采取合同约定的方式以外，还可以通过企业章程、企业内部财务制度等有效方式进行。但是，这种职责履行权的转移不会导致风险的转移，即原来由投资者承担的风险责任在授权后仍应由投资者承担，如经营者在授权范围内做出了错误的对外投资决策，导致的损失不应由经营者承担，而应进入企业的利润表，即最终由投资者来承担，这也是委托代理关系的一个重要特征。 • 投资者经营者的授权应该是有限的，不可能也不应该将所有的财务管理职责都委托经营者行使，否则就失去了对企业的实际控制权

十二、对外直接投资管理

企业以货币资产、实物资产、无形资产对其他企业进行直接投资，是企业重要的投资方式。企业对外进行直接投资，有利于充分利用企业资产，提高企业发展速度，增加企业投资报酬，降低企业经营风险，因而，对实现财务管理目标具有重要意义。

（一）企业对外直接投资应考虑的因素

企业对外直接投资具有时间长、风险大、投资数额多、不能任意抽回等特点。投资的成败对企业当前及未来的财务状况影响很大，企业在投资时必须认真考虑如表9-16所示的因素。

表9-16 企业对外直接投资应考虑的因素

项目	内容阐释
企业资产的利用情况	企业总是希望将其各项资产用在收益最高的项目上。如果企业本身经营状况良好、生产任务饱满、产品销售顺畅、收益水平高、资产没有闲置，且企业自身尚有发展的余地，则一般不必对外进行直接投资。但如果企业经营发展受到限制、产品销路不畅、资产大量闲置，在此种情况下就需要向外寻找有利的投资机会，以提高企业资产的总体盈利水平
企业经营的需要情况	企业自身的经营状况及其发展的需要，对于直接投资项目和时机的选择也有重要影响。如果企业自身的某种名牌产品在竞争中处于优势，在市场上有较高的知名度，那么，为了扩大销售量，进一步占领市场，就要寻找与自己产品相配套的合作伙伴，进行合作投资，形成以本企业为核心，以自身名牌产品为龙头，以资金为纽带的经济实体
投资项目的获利水平	企业对外投资，总是希望获得比自己经营更加丰厚的收益。如果投资项目获利水平较高，且能稳定增长，风险较小，就可以作为直接投资的备选对象，否则就可能排除在外。当然，这也不能一概而论，有的项目虽然收益不高，但对企业的购销活动或今后发展有利，企业也可考虑进行投资，以谋求整体和长远的利益

（二）企业对外直接投资的方式

对外直接投资方式是企业进行对外投资时采用的具体形式。通常有三种：对外合作投资、对外合资投资、对外合并投资。现根据惯例，介绍各种投资方式的特点（见表9-17）。

表9-17　投资方式的特点

项　目	内　容　阐　释
对外合作投资	对外合作投资是指投资者通过与其他企业组建合作经营企业所进行的投资。这里的合作经营企业又称契约式的合营企业，是指投资者与其他投资者通过签订合同、协议等形式来规定各方面的责任、权利、义务而组建的企业。合作经营企业具有以下特点。 • 合作经营企业的投资者根据合作企业合同的规定享受权利和承担义务，而不是根据出资比例。合作各方所投入的资产一般也不必作价和折成具体的股份。 • 合作企业在法律形式上可以是法人，也可以不是法人。因此，在进行合作投资时，投资者可以根据合作企业的经营特点、生产规模等情况自主选择是否取得法人资格。 • 合作企业的组织机构一般比较灵活、简便，可以只设董事会，也可以只设联合管理机构，或委托他人进行管理。从上述特征可以看出，对外合作投资是一种比较灵活、适应面较广，资本回收较快的投资方式。但这种投资所形成的合作企业不像合资企业那样规范，合作企业在合作过程中容易对合同中的条款发生争议，影响合作企业的正常发展
对外合资投资	对外合资投资是指投资者通过与其他企业组建合资经营企业所进行的投资。这里的合资经营企业通常是指由投资者按共同投资、共同经营、共享利润、共担风险的原则而设立的企业。合资经营企业一般具有如下特点。 • 合资经营企业是由两个或两个以上的投资者共同出资设立的。 • 合资经营企业的法律形式是有限责任公司，企业拥有独立的法人地位，以企业的全部财产作为企业从事经营活动的经济担保，合资各方对企业债务的责任仅以其出资额为限。 • 合资经营企业是一种"股权式的合营企业"，合营各方的出资均折成相应的股份，合营者根据各自出资额在整个注册资本中所占的股权比例对合资经营企业享受权利和承担义务。 进行对外合资投资的优点是由合资各方共同分摊风险，投资者只承担有限责任。对外合资投资的缺点是所需时间比较长，一般来说，进行合资投资必须寻找合适的投资伙伴，而且要经过长时间的谈判和协商
对外合并投资	对外合并投资是指通过合并一家企业而进行的投资。随着我国经济体制改革的深化，产权转让越来越多，进行对外合并性投资已成为企业的一种重要的对外投资方式

在上述三种对外直接投资方式中，对外合资投资是最常见、最普遍的形式。

（三）对外直接投资决策

企业对内投资的一些基本方法，在进行对外投资中也是适用的，但在进行对外投资时，还有一些特殊的问题需要考虑，在这些问题中，最主要的问题就是评价主体问题。在对一个对外投资项目进行评价时，是以投资项目为主体进行评价，还是以总公司为主体进行评价，评价的主体不一样，评价的结果可能就不一样。这是因为：

（1）由于地区、行业的不同，总公司与对外投资项目所享受的税收优惠等政策的不同，税率可能不完全一致；

（2）许可证费、专利权使用费等，对总公司来说是收益，但对投资项目来说是费用；

(3) 由于总公司的资金来源和项目的资金来源不完全相同，因此，在进行评价时，所使用的资金成本也不完全一致。

关于如何确定对外投资项目的评价主体，理论界和实物界都存在不同观点。从理论上来看，主要有以下三种观点。

(1) 应以总公司为评价主体。持这种观点的人认为，企业进行对外投资，归根结底是为了总公司股东的利益。

(2) 应以对外投资的项目作为评价主体。这种观点认为，许多企业在进行对外投资时都制定了长期的而不是短期的投资目标，投资项目创造的利润倾向在当地进行再投资，而不是汇回总公司，基于这种考虑，从项目的角度来进行评价也是适当的。

(3) 应以项目为主体和以总公司为主体分别进行评价。这种观点认为，财务管理的目标是多元的、复杂的，因而，对投资项目的评价也应是全方位的。

从实践上来看，财务经理们对对外投资评价的主体问题也存在很多分歧。有人对美国的156家企业进行调查表明，在回答的公司中，21%的企业强调应以总公司为主体进行评价；42%的企业强调以项目为主体进行评价；37%的企业强调应以总公司和项目为主体进行双重评价。

根据企业财务目标的多元性和层次性，在进行对外投资决策时，应分别以总公司和项目为主体进行双重评价。

【例9-4】 北京怡平电子公司与上海赓升电子公司拟合资组建一个新企业——继来电子公司。继来公司准备生产新型电子计算机，项目分析评价小组已收集到如下材料。

(1) 为组建该合资企业，共需固定资产投资12 000万元，另需垫支营运资金3 000万元，采用直线法计提折旧，双方商定合资期限为5年，5年后固定资产残值为2 000万元。5年中每年销售收入为8 000万元，付现成本第1年为3 000万元，以后随设备陈旧，逐年将增加修理费400万元。

(2) 为完成该项目所需的12 000万元固定资产投资，由双方共同出资，每家出资比例为50%，垫支的营运资金3 000万元拟通过银行借款解决。根据分析小组测算，继来公司的加权平均资本成本为10%，怡平公司的加权平均资本成本为8%，赓升公司加权平均的资本成本为12%。

(3) 预计继来公司实现的利润有20%以公积金等的方式留归继来公司使用，其余全部进行分配，怡平公司和赓升公司各得50%。但提取出的折旧不能分配，只能留在继来公司以补充资金需求。

(4) 怡平公司每年可以从继来公司获得800万元的技术转让收入，但要为此支付200万元的有关费用。赓升公司每年可向继来公司销售1 000万元的零配件，其销售利润预计为300万元，另外，赓升公司每年还可从继来公司获得300万元的技术转让收入，但要为此支付100万元的有关费用。

(5) 设怡平公司、赓升公司和继来公司的所得税税率均为30%，假设从子公司分得的股利不再缴纳所得税，但其他有关收益要按30%的所得税税率依法纳税。

(6) 投资项目在第5年年底出售给当地投资者经营，设备残值、累计折旧及提取的公积金等估计售价为10 000万元，扣除税金和有关费用后预计净现金流量为6 000万元。该笔现金流量怡平公司和赓升公司各分50%，假设分回母公司后不再纳税。

试根据以上资料分别以继来公司、怡平公司、赓升公司为主体对投资的可行性进行评价。

1. 以继来公司为主体进行评价

(1) 计算该投资项目的营业现金流量，如表9-18所示。

表 9-18 投资项目的营业现金流量计算表　　　　　　　单位：万元

项　目	第1年	第2年	第3年	第4年	第5年
销售收入（1）	8 000	8 000	8 000	8 000	8 000
付现成本（2）	3 000	3 400	3 800	4 200	4 600
折旧（3）	2 000	2 000	2 000	2 000	2 000
税前净利（4）=（1）−（2）+（3）	3 000	2 600	2 200	1 800	1 400
所得税（5）=（4）×30%	900	780	660	540	420
税后净利（6）=（4）−（5）	2 100	1 820	1 540	1 260	980
现金流量（7）=（1）−（2）−（5）=（3）+（6）	4 100	3 820	3 540	3 260	2 980

（2）计算该项目的全部现金流量，如表 9-19 所示。

表 9-19 投资项目现金流量计算表　　　　　　　单位：万元

项　目	第0年	第1年	第2年	第3年	第4年	第5年
固定资产投资	−12 000					
营运资金垫支	−3 000					
营业现金流量		4 100	3 820	3 540	3 260	2 980
终结现金流量						6 000
现金流量合计	−15 000	4 100	3 820	3 540	3 260	8 980

（3）计算该项目的净现值，如表 9-20 所示。

表 9-20 投资项目净现值计算表　　　　　　　单位：万元

年	现金流量	$PVIF_{10\%, n}$	现　值
第0年	−15 000	1.000	−15 000
第1年	4 100	0.909	3 727
第2年	3 820	0.826	3 155
第3年	3 540	0.751	2 659
第4年	3 260	0.683	2 227
第5年	8 980	0.621	5 577
净现值			2 345

最后，以继来公司为主体进行评价。该投资项目有净现值 2 345 万元，说明是一个比较好的投资项目，可以进行投资。

2. 以怡平公司为主体进行评价

（1）计算技术转让费收入而带来的现金净流量，如表 9-21 所示。

表 9-21 投资项目营业现金流量计算表　　　　　　　单位：万元

项　目	第1年	第2年	第3年	第4年	第5年
销售收入	800	800	800	800	800
付现成本	200	200	200	200	200
税前净利	600	600	600	600	600
所得税	180	180	180	180	180
税后净现金流量	420	420	420	420	420

（2）计算进行该项投资的全部现金流量，如表 9-22 所示。

表 9-22　投资项目现金流量计算表　　　　　　　　　　　单位：万元

项　　目	第 0 年	第 1 年	第 2 年	第 3 年	第 4 年	第 5 年
初始投资	−6 000					
技术转让费净现金流量		420	420	420	420	420
股利收入净现金流量		840	728	616	504	392
终结现金流量						3 000
现金流量合计	−6 000	1 260	1 148	1 036	924	3 812

在表 9-22 中，股利收入净现金流量是根据继来公司各年的净利，扣除 20% 以后，除以 2 得到的。

（3）计算进行该项投资的净现值，如表 9-23 所示。

表 9-23　投资的净现值　　　　　　　　　　　单位：万元

年	各年现金流量	PVIF$_{8\%, n}$	现　　值
第 0 年	−6 000	1.000	−6 000
第 1 年	1 260	0.926	1 166
第 2 年	1 148	0.873	984
第 3 年	1 036	0.816	823
第 4 年	924	0.763	679
第 5 年	3 812	0.713	2 596
净现值			248

最后，以怡平公司为主体进行评价。该投资项目有净现值 248 万元，说明可以进行投资。

3. 以赓升公司为主体进行评价

（1）计算增加销售收入和技术转让费而带来的净现金流量，如表 9-24 所示。

表 9-24　净现金流量　　　　　　　　　　　单位：万元

项　　目	第 1 年	第 2 年	第 3 年	第 4 年	第 5 年
销售利润	300	300	300	300	300
技术转让利润	200	200	200	200	200
税前利润合计	500	500	500	500	500
所得税	150	150	150	150	150
税后净现金流量	350	350	350	350	350

（2）计算进行该项投资的全部现金流量，如表 9-25 所示。

表 9-25　全部现金流量　　　　　　　　　　　单位：万元

项　　目	第 0 年	第 1 年	第 2 年	第 3 年	第 4 年	第 5 年
初始投资	−6 000					
销售和技术转让						
净现金流量		350	350	350	350	350

续表

项　目	第0年	第1年	第2年	第3年	第4年	第5年
股利现金流量		840	728	616	504	392
终结现金流量						3 000
现金流量合计	−6 000	1 190	1 078	969	854	3 642

（3）计算进行该项投资的净现值，如表9-26所示。

表9-26　净现值　　　　　　　　　　　　　　　　　单位：万元

年	各年现金流量	$PVIF_{12\%, n}$	现　值
第0年	−6 000	1.000	−6 000
第1年	1 190	0.893	1 062
第2年	1 078	0.797	859
第3年	969	0.712	690
第4年	854	0.636	543
第5年	3 642	0.567	2 065
净现值			−790

最后，以赓升公司为主体进行评价。该投资项目的净现值为−790万元，故不能进行投资。

十三、对外投资的财务监管

企业对外投资项目实施后，财务部门应当依据投资协议支付款项，办理相关资产的转移手续，正确核算对外投资，并对投资执行情况进行检查和评价。企业应当做好的财务监管的主要工作如表9-27所示。

表9-27　对外投资的财务监管工作

项　目	内　容　阐　释
落实职责分工	不相容职务互相分离、互相制约，是落实职责分工、建立对外投资财务管理机制的要求。例如，投资实施计划编制人员与审批人员相分离；负责投资业务处理人员与会计记录人员相分离；证券保管人员与会计记录人员相分离；参与投资交易活动的人员与负责证券盘点工作的人员相分离等
对目标企业的管理	对于股权投资，应当针对具体情况，决定参与项目管理的方式和参与程度。例如，是否参加董事会，委派财务总监或者派人员出任总经理（或副总经理）、财务部经理等
投资业务文件记录的控制	企业对外投资凭证有股票（股权证明）债券、国库券等多种形式。为及时、完整地反映对外投资情况及其变动状况，应当妥善保管投资协议、审批文件、投资凭证等，设立对外投资台账、明细账、总账，定期或不定期地进行对账，确保投资业务文件的完整性和会计记录的正确性
对外投资转让的控制	为确保企业对外投资的安全，对外投资的转让行为必须严格履行审批手续，转让所得资金必须及时入账
投资项目的检查和评价	企业应当检查和评价对外投资项目的实施情况，重点检查各项资产是否按照投资方案投出；投资持有期间获得的投资收益是否及时进行处理；投资权益证书和有关凭证的保管与记录情况是否完备；对外投资的转让、处置是否经过集体决策并符合授权批准程序；投资所得收入是否及时入账

第二节 项目投资

一、投资项目概述

（一）投资项目的分类

投资项目的分类很多，可按不同的标志做不同的分类（见表9-28）。

表9-28 投资项目的分类

划分标准	类 别	内 容 阐 释	备 注
按投资项目未来各年净现金流量的特征分类	常规项目	是指在建设和生产经营年限内各年的净现金流量在开始年份出现负数，以后各年出现正数，正、负符号只改变一次的项目	
	非常规项目	非常规项目即常规项目的对称，是指在建设和生产经营年限内各年的净现金流量在开始年份出现负数，以后各年有时出现正数，有时出现负数，正、负符号的改变超过一次的投资项目	
投资项目按对企业前途的影响分类	战术性投资项目	战术性投资项目是指不涉及整个企业前途的投资，例如，为提高劳动生产率、改善工作环境而进行的投资项目	
	战略性投资项目	战略性投资项目是指对企业全局有重大影响的投资项目，如企业转产投资等。战略性投资项目一般具有所需资金多、回收时间长、风险大等特点	
按投资项目之间的相互关系分类	相关性投资项目	如果一个项目的采纳或放弃可以显著地影响另一项目，则称这两个项目在经济上是相关的	
	非相关性投资项目	采纳或放弃某一项目并不显著地影响另一项目，则称这两个项目在经济上是不相关的。例如，企业对生产设备的投资与办公设施的投资是不相关的，但对油田及输油管道的投资便属于相关投资	投资项目的相互关系是指采纳或放弃某一项目是否显著地影响另一项目的采纳或放弃
按增加利润的途径分类	扩大收入投资项目	扩大收入投资项目是指通过扩大企业生产经营规模，以便增加利润的投资项目	企业增加利润的途径有两条：一是扩大收入，取得规模；二是降低成本。这两方面均有可能需要企业投入更多的投资。因此，企业投资项目按利润增加途径的分类，可分为扩大收入投资项目和降低成本投资项目
	降低成本投资项目	降低成本投资项目是指通过降低生产经营中的各种耗费以便增加利润的投资项目	

续表

划分标准	类别	内容阐释	备注
从决策角度分类	独立投资项目	独立投资是指决定是否投资于某一项目的投资	
	互斥选择投资项目	互斥选择投资是指两个或两个以上的项目中只能选择其中之一的投资	
按投资项目的具体内容不同分类	金融资产投资项目	金融性投资项目，主要是指股票、债券、票据等求偿权的投资，又称为证券投资。 这些投资的决策，主要依靠证券分析，从证券市场中选出所要投资的股票和债券，并组成投资组合，并不需要自选创造投资方案	
	生产性资产投资项目	生产性投资主要包括以下几个方面。 • 重置性投资。这种投资的目的是维持企业现有生产经营能力或者为了降低生产成本如更换已报废或已损坏的生产设备；用高效率的新设备更换可用但已陈旧的生产设备。 • 扩充型投资。这类投资的主要目的是增加企业产品销路，扩大企业的生产规模等。例如，生产新产品、开辟新市场、扩大老产品的销售渠道所做的投资。 • 强制性或非营利性的投资。这类投资与工业安全和环保有关的，如为达到排污性法规要求更换和处理设备所做的投资。 • 其他投资决策。生产性投资决策，对企业而言，一般有多种可供选择的投资方案，然后利用投资决策方法从中选择出经济效益最优的方案	

（二）筹集固定资产投资项目资金的政策规定

企业筹集资金用于固定资产投资项目的，应当遵循国家产业政策和行业规划，避免重复建设和无序发展。主要政策规定包括：

（1）国家每年公布鼓励类和限制类产业，同时淘汰落后生产能力，从安全生产、节约能耗和保护资源角度，决定关停达不到安全生产或达不到规模效应的小企业；

（2）国家特别强调企业进行固定资产投资的自有资金比例，提高固定资产投资准入条件。

二、项目投资决策评价

（一）项目投资决策评价指标及其计算

1. 投资决策评价指标及其类型

投资决策评价指标，是指用于衡量和比较投资项目可行性，以便据以进行方案决策的定量化标准与尺度。从财务评价的角度，投资决策评价指标主要包括静态投资回收期、投资收益率、净现值、净现值率、获利指数、内部收益率。

评价指标可以按以下标准进行分类。

(1) 按照是否考虑资金价值分类，可分为静态评价指标和动态评价指标。前者是指在计算过程中不考虑资金时间价值因素的指标，又称为静态指标，包括投资收益率和静态投资回收期；后者是指在指标计算过程中充分考虑和利用资金时间价值的指标。

(2) 按指标性质不同，可分为在一定范围内越大越好的正指标和越小越好的反指标两大类。只有静态投资回收期属于反指标。

(3) 按指标在决策中的重要性分类，可分为主要指标、次要指标和辅助指标。净现值、内部收益率等为主要指标；静态投资回收期为次要指标；投资收益率为辅助指标。

2. 静态评价指标的含义、计算方法及特点

(1) 静态投资回收期。静态投资回收期（简称回收期），是指以投资项目经营净现金流量抵偿原始总投资所需要的全部时间。它有"包括建设期的投资回收期（记作 PP）"和"不包括建设期的投资回收期（记作 PP'）"两种形式。

确定静态投资回收期指标可分别采取公式法和列表法。

1) 公式法。如果某一项目的投资均集中发生在建设期内，投产后一定期间内每年经营净现金流量相等，且其合计大于或等于原始投资额，可按以下简化公式直接求出不包括建设期的投资回收期：

$$\text{不包括建设期的投资回收期} = \frac{\text{原始投资合计}}{\text{投产后前若干每年相等的净现金流量}}$$

$$\text{包括建设期的投资回收期} = \text{不包括建设期的投资回收期} + \text{建设期}$$

公式法所要求的应用条件比较特殊，包括：项目投产后开头的若干年内每年的净现金流量必须相等；这些年内的经营净现金流量之和应大于或等于原始总投资。如果不能满足上述条件，就无法采用这种方法，而必须采用列表法。

2) 列表法。通过列表计算"累计净现金流量"的方式，来确定包括建设期的投资回收期，进而再推算出不包括建设期的投资回收期的方法。因为不论在什么情况下，都可以通过这种方法来确定静态投资回收期，所以此法又称为一般方法。

该法的原理是：按照回收期的定义，包括建设期的投资回收期（PP）满足以下关系式，即：

$$\sum_{t=0}^{PP} \text{NCF}_t = 0$$

这表明在财务现金流量表的"累计净现金流量"一栏中，包括建设期的投资回收期恰好是累计净现金流量为零的年限。

如果无法在"累计净现金流量"栏上找到零，必须按下式计算包括建设期的投资回收期：

$$\text{包括建设期的投资回收期} = \text{最后一项为负值的累计净现金流量对应的年数} + \frac{\text{最后一项为负值的累计净现金流量绝对值}}{\text{下年净现金流量}}$$

或

$$= \text{累计净现金流量第一次出现正值的年份} - 1 + \frac{\text{该年年初尚未回收的投资}}{\text{该年净现金流量}}$$

静态投资回收期的优点是能直观地反映原始总投资的返本期限，便于理解，结算也比较简单，可以直接利用回收期之前的净现金流量信息。缺点是没有考虑资金时间价值因素和回收期满后继续发生的现金流量，不能正确反映投资方式不同对项目的影响。

只有静态投资回收期指标小于或等于基准投资回收期的投资项目才具有财务可行性。

（2）投资收益率。投资收益率，又称投资报酬率（记作 ROI），是指达产期正常年份的年息税前利润或运营期年均息税前利润占项目总投资的百分比。

投资收益率的计算公式为：

$$\text{ROI} = \frac{\text{年息税前利润或前均息税前利润}}{\text{项目总投资}} \times 100\%$$

投资收益率的优点是计算公式简单；缺点是没有考虑资金时间价值因素，不能正确反映建设期长短及投资方式不同和回收额的有无对项目的影响，分子、分母计算口径的可比性较差，无法直接利用净现金流量信息。

只有投资收益率指标大于或等于无风险投资收益率的投资项目才具有财务可行性。

3. 动态评价指标

（1）净现值。净现值（记作 NPV），是指在项目计算期内，按设定折现率或基准收益率计算的各年净现金流量现值的代数和。其理论计算公式为：

$$\text{NPV} = \sum_{t=0}^{n}（\text{第 } t \text{ 年的净现金流量} \times \text{第 } t \text{ 年的复利现值系数}）$$

计算净现值指标可以通过一般方法、特殊方法和插入函数法三种方法来完成。

1）净现值指标计算的一般方法具体包括公式法和列表法两种形式。

①公式法。根据净现值的定义，直接利用理论计算公式来完成该指标计算的方法。

②列表法。通过在现金流量表计算净现值指标的方法，即在现金流量表上，根据已知的各年净现金流量，分别乘以各年的复利现值系数，从而计算出各年折现的净现金流量，最后求出项目计算期内折现的净现金流量的代数和，就是所求的净现值指标。

2）净现值指标计算的特殊方法是指在特殊条件下，当项目投产后净现金流量表现为普通年金或递延年金时，可以利用计算年金现值或递延年金现值的技巧直接计算出项目净现值的方法，又称简化方法。

由于项目各年的净现金流量 NCF_t（$t = 0, 1, \cdots, n$）属于系列款项，所以当项目的全部投资均于建设期投入，运营期不再追加投资，投产后的经营净现金流量表现为普通年金或递延年金的形式时，就可视情况不同分别按不同的简化公式计算净现值指标。

特殊方法一：当建设期为零，投产后的净现金流量表现为普通年金形式时，公式为：

$$\text{NPV} = \text{NCF}_0 + \text{NCF}_{1\sim n} \cdot (P/A, i_c, n)$$

3）净现值指标计算的插入函数法是指在 Windows 系统的 Excel 环境下，通过插入财务函数"NPV"，并根据计算机系统的提示正确地输入已知的基准折现率和电子表格中的净现金流量，来直接求得净现值指标的方法。

Excel 系统的设计者将项目建设期内发生的第一次投资定义为第一年年末，即该系统只承认第 $1 \sim n$ 期的 NCF_t，而不承认第 $0 \sim n$ 期的 NCF_t。在 NCF_0 不等于零的情况下，该系统自动将 $\text{NCF}_{0 \sim n}$ 按照 $\text{NCF}_{1 \sim n+1}$ 来处理。在这种情况下，按插入函数法求得的净现值并不是所求的第零年价值，而是第零年的前一年（第 $0 \sim 1$ 年）的价值，两者之间差一年，必须进行调整。

因此，在建设起点发生投资的情况下，必须在按插入函数法求得的净现值的基础上进行调整，才能计算出正确的净现值指标。调整公式为：

$$\text{调整后的净现值} = \text{按插入法求得的净现值} \times (1 + i_c)$$

如果建设起点不发生任何投资，则按本法计算的净现值就是所求的项目净现值，不需要应用上式调整。

在上述介绍的各种计算方法中，按公式法展开计算其过程太麻烦，列表法相对要简单一些；

特殊方法虽然比一般方法简单，但要求的前提条件比较苛刻，需要记忆的公式也比较多；在计算机环境下插入函数最省事，但有时需要进行调整。

净现值指标的优点是综合考虑了资金时间价值、项目计算期内的全部净现金流量和投资风险；缺点是无法从动态的角度直接反映投资项目的实际收益率水平，而且计算比较烦琐。

只有净现值指标大于或等于零的投资项目才具有财务可行性。

（2）净现值率。净现值率（记作 NPVR），是指投资项目的净现值占原始投资现值总和的比率，亦可将其理解为单位原始投资的现值所创造的净现值。

净现值率的计算公式为：

$$NPVR = \frac{项目的净现值}{原始投资的现值合计}$$

净现值率指标的优点是可以从动态的角度反映项目投资的资金投入与净产出之间的关系，计算过程比较简单；缺点是无法直接反映投资项目的实际收益率。

只有净现值率指标大于或等于零的投资项目才具有财务可行性。

（3）获利指数。获利指数（记作 PI），是指投产后按基准收益率或设定折现率折算的各年净现金流量的现值合计与原始投资的现值合计之比。

获利指数指标的计算公式为：

$$PI = \frac{投产后各年净现金流量的现值合计}{原始投资的现值合计}$$

或

$$= 1 + 净现值率$$

获利指数指标的优点是可以从动态的角度反映项目投资的资金投入与总产出之间的关系；缺点是除无法直接反映投资项目的实际收益率外，计算也相对复杂。

只有获利指数指标大于或等于 1 的投资项目才具有财务可行性。

（4）内部收益率。内部收益率（记作 IRR），是指项目投资实际可望达到的收益率。实质上，它是能使项目的净现值等于零时的折现率。IRR 满足下列等式：

$$\sum_{t=0}^{n} [NCF_t (P/F, IRR, t)] = 0$$

计算内部收益率指标可以通过特殊方法、一般方法和插入函数法三种方法来完成。

1）内部收益率指标计算的特殊方法。当项目投产后的净现金流量表现为普通年金的形式时，可以直接利用年金现值系数计算内部收益率的方法，又称为简便算法。

该法所要求的充分而必要的条件是：项目的全部投资均于建设起点一次投入，建设期为零，建设起点第 0 期净现金流量等于原始投资的负值，即 $NCF_0 = -I$；投产后每年净现金流量相等，第 1~n 期每期净现金流量取得了普通年金的形式。

应用本法的条件十分苛刻，只有当项目投产后的净现金流量表现为普通年金的形式时才可以直接利用年金现值系数计算内部收益率，在此法下，内部收益率（IRR）可按下式确定：

$$(P/A, IRR, n) = \frac{I}{NCF}$$

式中，I 为在建设起点一次投入的原始投资；$(P/A, IRR, n)$ 是第 n 期、设定折现率为 IRR 的年金现值系数；NCF 为投产后第 1~n 年每年相等的净现金流量（$NCF_1 = NCF_2 = \cdots = NCF_n = NCF$，NCF 为一常数，$NCF \geq 0$）。

特殊方法的具体程序如下：

①按上式计算 $(P/A, IRR, n)$ 的值，假定该值为 C，则 C 值必然等于该方案不包括建设期

的回收期;

②根据计算出来的年金现值系数 C,查第 n 年的年金现值系数表;

③若在第 n 年系数表上恰好能找到等于上述数值 C 的年金现值系数 $(P/A, r_m, n)$,则该系数所对应的折现率 r_m 即所求的内部收益率;

④若在系数表上找不到事先计算出来的系数值 C,则需要找到系数表上同期略大及略小于该数值的两个临界值 C_m 和 C_{m+1} 及相对应的两个折现率 r_m 和 r_{m+1},然后应用内插法计算近似的内部收益率。即,如果以下关系成立:

$$(P/A, r_m, n) = C_m > C$$
$$(P/A, r_{m+1}, n) = C_{m+1} < C$$

就可按下列具体公式计算内部收益率:

$$\text{IRR} = r_m + \frac{C_m - C}{C_m - C_{m+1}} \cdot (r_{m+1} - r_m)$$

为缩小误差,按照有关规定,r_{m+1} 与 r_m 之间的差不得大于 5%。

【例 9-5】 某投资项目在建设起点一次性投资 254 580 元,当年完工并投产,投产后每年可获净现金流量 50 000 元,经营期为 15 年。

我们先来判断能否按特殊方法计算该项目的内部收益率。如果可以,我们来计算该指标。

∵ $\text{NCF}_0 = -1$,$\text{NCF}_1 - 15 = 50\,000$

∴此题可采用特殊方法计算该项目的内部收益率

$$(P/A, \text{IRR}, 15) = \frac{254\,580}{50\,000} = 5.091\,6$$

查 15 年的年金现值系数表:

∵ $(P/A, 18\%, 15) = 5.091\,6$

∴ $\text{IRR} = 18\%$

2)内部收益率指标计算的一般方法。通过计算项目不同设定折现率的净现值,然后根据内部收益率的定义所揭示的净现值与设定折现率的关系,采用一定技巧,最终设法找到能使净现值等于零的折现率——内部收益率 IRR 的方法,又称为逐次测试逼近法(简称逐次测试法)。若项目不符合直接应用简便算法的条件,必须按此法计算内部收益率。

一般方法的具体应用步骤如下:

①先自行设定一个折现率 r_1,代入计算净现值的公式,求出按 r_1 为折现率的净现值 NPV_1,并进行下面的判断。

②若净现值 $\text{NPV}_1 = 0$,则内部收益率 $\text{IRR} = r_1$,计算结束;若净现值 $\text{NPV}_1 > 0$,则内部收益率 $\text{IRR} > r_1$,应重新设定 $r_2 > r_1$,再将 r_2 代入有关计算净现值的公式,求出净现值 NPV_2,继续进行下一轮的判断;若净现值 $\text{NPV}_1 < 0$,则内部收益率 $\text{IRR} < r_1$,应重新设定 $r_2 < r_1$,再将 r_2 代入有关计算净现值的公式,求出 r_2 为折现率的净现值 NPV_2,继续进行下一轮的判断。

③经过逐次测试判断,有可能找到内部收益率 IRR。每一轮判断的原则相同。若设 r_j 为第 j 次测试的折现率,NPV_j 为按 r_j 计算的净现值,则有:

当 $\text{NPV}_j > 0$ 时,$\text{IRR} > r_j$,继续测试;

当 $\text{NPV}_j < 0$ 时,$\text{IRR} < r_j$,继续测试;

当 $\text{NPV}_j = 0$ 时,$\text{IRR} = r_j$,测试完成。

④若经过有限次测试,已无法继续利用有关货币时间价值系数表,仍未求得内部收益率 IRR,则可利用最为接近零的两个净现值正负临界值 NPV_m 和 NPV_{m+1},以及相应的折现率 r_m

和 r_{m+1}，应用内插法计算近似的内部收益率。即如果以下关系成立：

$$NPV_m > 0$$
$$NPV_{m+1} < 0$$
$$r_m < r_{m+1}$$
$$r_{m+1} - r_m \leq d \ (2\% \leq d < 5\%)$$

就可按下列具体公式计算内部收益率：

$$IRR = r_m + \frac{NPV_m - 0}{NPV_m - NPV_{m+1}} \cdot (r_{m+1} - r_m)$$

【例 9-6】 某投资项目只能用一般方法计算内部收益率。按照逐次测试逼近法的要求，自行设定折现率并计算净现值，据此判断调整折现率。经过 5 次测试，得到的数据如表 9-29 所示（计算过程略）。

表 9-29 计算数据

测试次数 j	设定折现率 r_j	净现值 NPV_j（按 r_j 计算）
1	10%	+918.383 9
2	30%	−192.799 1
3	20%	+217.312 8
4	24%	+39.317 7
5	26%	−30.190 7

我们来计算该项目的内部收益率。

∵ $NPV_m = +319.317 > NPV_{m+1} = -30.190\ 7$

$r_m = 24\% < r_m + 1 = 26\%$

$26\% - 24\% = 2\% < 5\%$

∴ $24\% < IRR < 26\%$

应用内插法：

$$IRR = 24\% + \frac{39.317\ 7 - 0}{39.317\ 7 - (-30.190\ 7)} \times (26\% - 24\%) \approx 25.13\%$$

上面介绍的计算内部收益率的两种方法中，都设计到内插法的应用技巧，尽管具体应用条件不同，公式也存在差别，但该法的基本原理是一致的，即假定自变量在较小变动区间内，它与因变量之间的关系可以用线性模型来表示，因而可以采取近似计算的方法进行处理。

3）内部收益率指标计算的插入函数法。在 Windows 系统的 Excel 环境下，通过插入财务函数"IRR"，并根据计算机系统的提示正确地输入已知的电子表格中的净现金流量，来直接求得内部收益率指标的方法。

我们知道，由于 Excel 系统的设计者将项目建设期内发生的第一次投资定义为第一年年末，即该系统只承认第 $1 \sim n$ 期的 NCF_t，而不承认第 $0 \sim n$ 期的 NCF_t。在 NCF_0 不等于零的情况下，该系统自动将 $NCF_{0 \sim n}$ 按照 $NCF_{1 \sim n+1}$ 来处理，就相当于该项目无论投资还是生产经营都比原来晚了一年。在这种情况下，按插入函数法求得的内部收益率一定会小于项目的真实内部收益率，但在项目计算期不短于 2 年的情况下，误差通常会小于 1 个百分点。

与按插入函数法计算净现值不同，由于内部收益率指标本身计算上的特殊性，即使在建设起点发生投资的情况下，也无法将按插入函数法求得的内部收益率调整为项目的真实内部收益率。但这并不会妨碍应用内部收益率进行投资决策。因为内部收益率是一个正指标，如果根据计算数值较低的内部收益率都可以做出该投资项目具有财务可行性的判断的话，那么根据计算数值较高的真实内部收益率也一定能得出同样的结论。

如果建设起点不发生任何投资，则按本法计算的内部收益率就是所求的项目真实内部收益率。

内部收益率指标的优点是既可以从动态的角度直接反映投资项目的实际收益水平，又不受基准收益率高低的影响，比较客观；缺点是计算过程复杂，尤其当经营期大量追加投资时，又有可能导致多个内部收益率出现，或偏高或偏低，缺乏实际意义。

只有内部收益率指标大于或等于基准收益率或资金成本的投资项目才具有财务可行性。

（5）动态指标之间的关系。净现值（NPV）、净现值率（NPVR）、获利指数（PI）和内部收益率（IRR）指标之间存在以下数量关系，即：

当 NPV > 0 时，NPVR > 0，PI > 1，IRR > i_c；
当 NPV = 0 时，NPVR = 0，PI = 1，IRR = i_c；
当 NPV < 0 时，NPVR < 0，PI < 1，IRR < i_c。

此外，NPVR 的计算需要在已知 NPV 的基础上进行，IRR 的计算也需要利用 NPV。这些指标都会受到建设期的长短、投资方式，以及各年净现金流量的数量特征的影响。所不同的是，NPV 为绝对量指标，其余为相对数指标，计算 NPV、NPVR 和 PI 所依据的折现率都是事先已知的 i_c，而 IRR 的计算本身与 i_c 的高低无关。

（二）项目投资决策评价指标的运用

项目投资决策的关键，就是合理选择适当的决策方法，利用投资决策评价指标作为决策的标准，做出最终的投资决策。

1. 独立方案的财务可行性评价及投资决策

（1）独立方案的含义。在财务管理中，将一组互相分离、互不排斥的方案称为独立方案。在独立方案中，选择某一方案并不排斥选择另一方案。就一组完全独立的方案而言，其存在的前提条件是：

1）投资资金来源无限制；
2）投资资金无优先使用的排列；
3）各投资方案所需的人力、物力均能得到满足；
4）不考虑地区、行业之间的相互关系及其影响；
5）每一投资方案是否可行，仅取决于本方案的经济效益，与其他方案无关。

符合上述前提条件的方案即独立方案。例如，智董公司拟进行几项投资活动，这一组投资方案有：扩建某生产车间；购置一辆运输汽车；新建办公楼；等等。这一组投资方案中各个方案之间没有什么关联，互相独立，并不存在相互比较和选择的问题。企业既可以全部不接受，也可以接受其中一个，接受多个或全部接受。

（2）独立方案的财务可行性评价与投资决策的关系。对于独立方案而言，评价其财务可行性也就是对其做出最终决策的过程。因为对于一组独立方案中的任何一个方案，都存在着"接受"或"拒绝"的选择。只有完全具备或基本具备财务可行性的方案，才可以接受；完全不具备或基本不具备财务可行性的方案，只能选择"拒绝"，从而"拒绝"本身也是一种方案，一般称为 0 方案。因此，任何一个独立方案都要与 0 方案进行比较决策。

（3）评价方案财务可行性的要点。

1）判断方案是否完全具备财务可行性的条件。如果某一投资方案的所有评价指标均处于可行区间，即同时满足以下条件时，则可以断定该投资方案无论从哪个方面看都具备财务可行性，或完全具备可行性。这些条件是：

①NPV≥0；

②NPVR≥0；

③PI≥1；

④IRR≥i_c；

⑤PP≤$\dfrac{n}{2}$（项目计算期的一半）；

⑥PP′≤$\dfrac{p}{2}$（运营期的一半）；

⑦ROI≥i（事先给定）。

2）判断方案是否完全不具备财务可行性的条件。如果某一投资项目的评价指标均处于不可行区间，即同时满足以下条件时，则可以断定该投资项目无论从哪个方面看都不具备财务可行性，或完全不具备可行性，应当彻底放弃该投资方案。

这些条件是：

①NPV < 0；

②NPVR < 0；

③PI < 1；

④IRR < i_c；

⑤PP > $\dfrac{n}{2}$；

⑥PP′ > $\dfrac{p}{2}$；

⑦ROI < i。

3）判断方案是否基本具备财务可行性的条件。如果在评价过程中发现某项目的主要指标处于可行区间（如 NPV≥0，NPVR>0，PI≥1，IRR≥i_c），但次要或辅助指标处于不可行区间（如 PP > $\dfrac{n}{2}$，PP′ > $\dfrac{p}{2}$ 或 ROI < i），则可以断定该项目基本上具有财务可行性。

4）判断方案是否基本不具备财务可行性的条件。如果在评价过程中发现某项目出现 NPV < 0，NPVR < 0，PI < 1，IRR < i_c，的情况，即使有 PP≤$\dfrac{n}{2}$，PP′≤$\dfrac{p}{2}$ 或 ROI≥i 发生，也可断定该项目基本上不具有财务可行性。

（4）其他应当注意的问题。在对独立方案进行财务可行性评价过程中，除要熟练掌握和运用上述判定条件外，还必须明确以下两点。

1）主要评价指标在评价财务可行性的过程中起主导作用。在对独立项目进行财务可行性评价和投资决策的过程中，当静态投资回收期（次要指标）或投资收益率（辅助指标）的评价结论与净现值等主要指标的评价结论发生矛盾时，应当以主要指标的结论为准。

2）利用动态指标对同一个投资项目进行评价和决策，会得出完全相同的结论。在对同一个投资项目进行财务可行性评价时，净现值、净现值率、获利指数和内部收益率指标的评价结论是一致的。

【例 9-7】某固定资产投资项目只有一个方案，其原始投资为 1 000 万元，项目计算期为 11 年（其中生产经营期为 10 年），基准投资收益率为 9.5%，行业基准折现率为 10%，有关投资决策评价指标如下：ROI = 10%，PP = 6 年，PP′ = 5 年，NPV 为 + 162.65 万元，NPVR = 17.04%，PI = 1.170 4，IRR = 12.73%。

我们来评价该项目的财务可行性。

∵ ROI = 10% > i = 9.5%，PP′ = 5 年 = $\dfrac{p}{2}$，NPV = + 162.65（万元）> 0

NPVR = 17.04% > 0，PI = 1.170 4 > 1，IRR = 12.73% > i_c = 10%

∴ 该方案基本上具有财务可行性 [尽管 PP = 6（年）> $\dfrac{n}{2}$ = 5.5 年，超过基准回收期]

因为该方案各项主要评价指标均达到或超过相应标准，所以基本上具有财务可行性，但是包括建设期的投资回收期较长，有一定风险。如果条件允许，可实施投资。

2．多个互斥方案的比较决策

互斥方案是指互相关联、互相排斥的方案，即一组方案中的各个方案彼此可以相互代替，采纳方案组中的某一方案，就会自动排斥这组方案中的其他方案。因此，互斥方案具有排他性。

多个互斥方案比较决策是指在每个入选方案已具备财务可行性的前提下，利用具体决策方法比较各个方案的优劣，利用评价指标从各个备选方案中最终选出一个最优方案的过程。

项目投资多方案比较决策的方法是指利用特定评价指标作为决策标准或依据的各种方法统称，主要包括净现值法、净现值率法、差额投资内部收益率法、年等额净回收额法和计算期统一法等具体方法。

（1）净现值法。通过比较所有已具备财务可行性投资方案的净现值指标的大小来选择最优方案的方法。该法适用于原始投资相同且项目计算期相等的多方案比较决策。

在此法下，净现值最大的方案为优。

【例 9-8】 某个固定资产投资项目需要原始投资 100 万元，有 A、B、C、D 四个互相排斥的备选方案可供选择，各方案的净现值指标分别为 228.914 万元、117.194 万元、206.020 万元和 162.648 万元。

①评价方案的财务可行性：

∵ A、B、C、D 每个备选方案的 NPV 均大于零

∴ 这些方案均具有财务可行性

②按净现值法进行比较决策：

∵ 22.891 4 > 20.602 0 > 16.264 8 > 11.719 4

∴ A 方案最优，其次为 C 方案，再次为 D 方案，最差为 B 方案

（2）净现值率法。通过比较所有已具备财务可行性投资方案的净现值率指标的大小来选择最优方案的方法。在此法下，净现值率最大的方案为优。

在投资额相同的互斥方案比较决策中，采用净现值率法会与净现值法得到完全相同的结论；但投资额不相同时，情况就不同了。

【例 9-9】 甲项目与乙项目为互斥方案，它们的项目计算期相同。甲项目原始投资的现值为 150 万元，净现值为 29.97 万元；乙项目原始投资的现值为 100 万元，净现值为 24 万元。

①分别计算两个项目的净现值率指标（结果保留两位小数）：

$$甲项目的净现值率 = \dfrac{29.97}{150} \approx 0.20$$

$$乙项目的净现值率 = \dfrac{24}{100} = 0.24$$

②运用净现值法在甲项目和乙项目之间做出比较决策：

∵ 29.97 > 24

∴ 甲项目优于乙项目

在按照净现值率法下：

∵ 0.24 > 0.20

∴ 乙项目优于甲项目

由于两个项目的原始投资额不相同，导致两种方法的决策结论相互矛盾，似乎无法据此做出相应的比较决策。但前者再投资报酬率的基点是相对合理的资金成本，而后者再投资报酬率是基于一个相对较高的内含报酬（高于净现值法的资金成本）。考虑到两者在再投资报酬假设上的区别，净现值法将更具合理性。

（3）差额投资内部收益率法。在两个原始投资额不同方案的差量净现金流量（NCF）的基础上，计算出差额内部收益率（IRR），并据与行业基准折现率进行比较，进而判断方案孰优孰劣的方法。该法适用于两个原始投资不相同，但项目计算期相同的多方案比较决策。当差额内部收益率指标大于或等于基准收益率或设定折现率时，原始投资额大的方案较优；反之，则投资少的方案为优。

该法适用于两个原始投资不相同的多方案比较决策。其原理如下：

假定有 A 和 B 两个投资方案，A 方案的投资额大，B 方案的投资额小。我们可以把 A 方案看成两个方案之和。第一个方案是 B 方案，即把 A 方案的投资用于 B 方案；第二个方案是 C 方案。用于 C 方案投资的是 A 方案投资额与 B 方案投资额之差。因为把 A 方案的投资用于 B 方案会因此而节约一定的投资，可以作为 C 方案的投资资金来源。

C 方案的净现金流量等于 A 方案的净现金流量减去 B 方案的净现金流量而形成的差量净现金流量（ΔNCF）。根据 ΔNCF 计算出来的差额内部收益率（ΔIRR），其实质就是 C 方案的内部收益率。

在这种情况下，A 方案等于 B 方案与 C 方案之和；A 方案与 B 方案的比较，相当于 B 与 C 两方案之和与 B 方案的比较。如果 ΔIRR 大于基准折现率，则 C 方案具有财务可行性，这就意味着 A 方案优于 B 方案；如果 ΔIRR 小于基准折现率，则 C 方案不具有财务可行性，这就意味着 B 方案优于 A 方案。

总之，在此法下，当 ΔIRR 大于或等于基准折现率或设定折现率时，原始投资额大的方案较优；反之，则投资少的方案为优。

该法经常被用于更新改造项目的投资决策中，当该项目的 ΔIRR 大于或等于基准折现率或设定折现率时，应当进行更新改造；反之，就不应当进行此项更新改造。

该法的计算过程和计算技巧同 IRR 完全一样，只是所依据的是 ΔNCF。

【例 9-10】 承例 9-9。甲项目原始投资的现值为 150 万元，1~10 年的净现金流量为 29.29 万元；乙项目的原始投资额为 100 万元，1~10 年的净现金流量为 20.18 万元。行业基准折现率为 10%。

我们先来计算差量净现金流量和差额内部收益率，然后用差额投资内部收益率法做出比较投资决策。

①差量净现金流量：

$$\Delta NCF_0 = -150 - (-100) = -50 （万元）$$

$$\Delta NCF_{1\sim 10} = 29.29 - 20.18 = 9.11 （万元）$$

②差额内部收益率：

$$(P甲/甲, -\text{IRR}, 10) = \frac{50}{9.11} \approx 5.488\,5$$

∵ $(P甲/甲, 12\%, 10) = 5.650\,2 < 5.488\,5$

$(P甲/甲, 14\%, 10) = 5.216\,1 > 5.488\,5$

∴ $12\% < \Delta\text{IRR} < 14\%$，应用内插法：

$$\Delta\text{IRR} = 12\% + \frac{5.650\,2 - 5.488\,5}{5.650\,2 - 5.216\,1} \times (14\% - 12\%) \approx 12.74\%$$

③用差额投资内部收益率法决策：

∵ $\Delta\text{IRR} = 12.74\% > i_c = 10\%$

∴ 应当投资甲项目

（4）年等额净回收额法通过比较所有投资方案的年等额净回收额（NA）指标的大小来选择最优方案的决策方法。该法适用于原始投资不相同、特别是项目计算期不同的多方案比较决策。在此法下，年等额净回收额最大的方案为优。

某方案的年等额净回收额等于该方案净现值与相关回收系数（或年金现值系数倒数）的乘积。计算公式如下：

某方案年等额净回收额 = 该方案净现值 × 回收系数

或 = 该方案净现值 / 年金值系数

【例 9-11】 智董公司拟投资建设一条新生产线。现有三个方案可供选择：A 方案的原始投资为 1 250 万元，项目计算期为 11 年，净现值为 958.7 万元；B 方案的原始投资为 1 100 万元，项目计算期为 10 年，净现值为 920 万元；C 方案的净现值为 -12.5 万元。行业基准折现率为 10%。

我们先来判断每个方案的财务可行性，然后用年等额净回收额法做出最终的投资决策（计算结果保留两位小数）。

①判断方案的财务可行性：

∵ A 方案和 B 方案的净现值均大于零

∴ 这两个方案具有财务可行性

∵ C 方案的净现值小于零

∴ 该方案不具有财务可行性

②比较决策：

A方案的年等额净回收额 = A方案的净现值 × $\frac{1}{(P/A,10\%,11)}$ = $958.7 \times \frac{1}{6.495\,06}$ = 147.6（万元）

B方案的年等额净回收额 = B方案的净现值 × $\frac{1}{(P/A,10\%,10)}$ = $920 \times \frac{1}{6.144\,57}$ = 149.7（万元）

∵ 149.7 > 147.6

∴ B 方案优于 A 方案

（5）计算期统一法。通过对计算期不相等的多个互斥方案选定一个共同的计算分析期，以满足时间可比性的要求，进而根据调整后的评价指标来选择最优方案的方法。

该法包括方案重复法和最短计算期法两种具体处理方法。

1）方案重复法，也称计算期最小公倍数法，是将各方案计算期的最小公倍数作为比较方案的计算期，金额调整有关指标，并据此进行多方案比较决策的一种方法。应用此法，可采取两种方式。

第一种方式，将各方案计算期的各年净现金流量或费用流量进行重复计算，直到与最小公倍数计算期相等；然后，再计算净现值、净现值率、差额内部收益率或费用现值等评价指标；最后根据调整后的评价指标进行方案的比较决策。

第二种方式，直接计算每个方案项目原计算期内的评价指标（主要指净现值），再按照最小公倍数原理分别对其折现，并求代数和，最后根据调整后的净现值指标进行方案的比较决策。

【例9-12】 A、B方案均在年末投资，它们的计算期分别为10年和15年，有关资料如表9-30所示。基准折现率为12%。

表9-30 净现金流量资料　　　　　　　　　　　　　　单位：万元

项目	年份							净现值
	1	2	3	4～9	10	11～14	15	
A	−700	−700	480	480	600	—	—	756.48
B	−1 500	−1 700	−800	900	900	900	1 400	795.54

我们用计算期统一法中的方案重复法（第二种方式）做出最终的投资决策。

依题意，A方案的项目计算期为10年，B方案的项目计算期为15年，两个方案计算期的最小公倍数为30年。

在此期间，A方案重复两次，而B方案只重复一次，则调整后的净现值指标为：

$NPV_A' = 756.48 + 756.48 \times (P/F, 12\%, 10) + 756.48 \times (P/F, 12\%, 20) = 1\ 078.47$（万元）

$NPV_B' = 795.54 + 795.54 \times (P/F, 12\%, 15) = 940.88$（万元）

∵ $NPV_A' = 1\ 078.47$ 万元 > $NPV_B' = 940.88$ 万元

∴ A方案优于B方案

由于有些方案的计算期相差很大，按最小公倍数所确定的计算期往往很长。假定有四个互斥方案的计算期分别为15年、25年、30年和50年，那么它们的最小公倍数就是150年，显然考虑这么长时间内的重复计算既复杂又无必要。为了克服方案重复法的缺点，人们设计了最短计算期法。

2）最短计算期法，又称最短生命期法，是指在将所有方案的净现值均还原为等额年回收额的基础上，再按照最短的计算期来计算出相应净现值，进而根据调整后的净现值指标进行多方案比较决策的一种方法。

【例9-13】 承例9-12。我们用最小计算期法做出最终的投资决策。

A、B两方案中最短的计算期为10年，则调整后的净现值指标为：

$NPV_A'' = NPV_A = 756.48$（万元）

$NPV_B'' = NPV_B \times (A/P_A, 12\%, 15) \times (P_A/A, 12\%, 10)$

$= 795.94 \times (A/P_A, 12\%, 15) \times (P_A/A, 12\%, 10) = 718.07$（万元）

∵ $NPV_A'' = 756.48$（万元）> $NPV_B'' = 718.07$（万元）

∴ A方案优于B方案

3. 多方案组合排队投资决策

（1）组合或排队方案的含义。如果一组方案中既不属于相互独立，又不属于相互排斥，而是可以实现任意组合或排队，则这些方案被称作组合或排队方案，其中又包括先决方案、互补方案和不完全互斥方案等形式。在这种方案决策中，除要求首先评价所有方案的财务可行性，淘汰不具备财务可行性的方案外，在接下来的决策中需要反复衡量和比较不同组合条件下的有关评价指标的大小，从而做出最终决策。

（2）组合或排队方案决策的含义。这类决策分两种情况：

1）在资金总量不受限制的情况下，可按每一项目的净现值大小排队，确定优先考虑的项目顺序；

2）在资金总量受到限制时，则需按净现值率或获利指数的大小，结合净现值进行各种组合排队，从中选出能使ΣNPV最大的最优组合。

（3）组合或排队方案决策的程序。

1）以各方案的净现值率高低为序，逐项计算累计投资额，并与限定投资总额进行比较。

2）当截止到某项投资项目（假定为第 j 项）的累计投资额恰好达到限定的投资总额时，则第 $1 \sim j$ 项的项目组合为最优的投资组合。

3）若在排序过程中未能直接找到最优组合，必须按下列方法进行必要的修正。

①当排序中发现第 j 项的累计投资额首次超过限定投资额，而删除该项后，按顺延的项目计算的累计投资额却小于或等于限定投资额时，可将第 j 项与第 $(j+1)$ 项交换位置，继续计算累计投资额。这种交换可连续进行。

②当排序中发现第 j 项的累计投资额首次超过限定投资额，又无法与下一项进行交换，第 $(j-1)$ 项的原始投资大于第 j 项原始投资时，可将第 j 项与第 $(j-1)$ 项交换位置，继续计算累计投资额。这种交换亦可连续进行。

③若经过反复交换，已不能再进行交换，仍未找到能使累计投资额恰好等于限定投资额的项目组合时，可按最后一次交换后的项目组合作为最优组合。

总之，在主要考虑投资效益的条件下，多方案比较决策的主要依据，就是能否保证在充分利用资金的前提下，获得尽可能多的净现值总量。

【例9-14】 甲、乙、丙、戊、己五个投资项目为非互斥方案，有关原始投资额、净现值、净现值率和内部收益率数据如表9-31所示。

表9-31 原始投资额、净现值、净现值率和内部收益率数据　　单位：万元

项　目	原始投资	净 现 值	净 现 值 率	内部收益率
甲	300	120	0.4	18%
乙	200	40	0.2	21%
丙	200	100	0.5	40%
戊	100	22	0.22	19%
己	100	30	0.3	35%

分别就以下不相关情况做出多方案组合决策。

（1）投资总额不受限制；

（2）投资总额受到限制，分别为200万元、300万元、400万元、450万元、500万元、600万元、700万元、800万元和900万元。

那么，按各方案净现值率的大小排序，并计算累计原始投资和累计净现值数据。其结果如表9-32所示。

根据表9-32中的数据按投资组合决策原则做出如下决策。

（1）当投资总额不受限制或限额大于或等于900万元时，最优投资组合方案为甲＋丙＋乙＋己＋戊。

（2）当限定投资总额为200万元时，只能上丙项目，可获100万元净现值，比另一组合

己+戊的净现值合计 52 万多元。

表 9-32 累计原始投资和累计净现值数据　　　　单位：万元

顺　序	项　目	原 始 投 资	累计原始投资	净　现　值	累计净现值
1	丙	200	200	100	100
2	甲	300	500	120	220
3	己	100	600	30	250
4	戊	100	700	22	272
5	乙	200	900	40	312

（3）当限定投资总额为 300 万元时，最优投资组合为丙+己（因为甲和己可进行交换），净现值为 130 万元，大于其他组合：甲、丙+戊、己+乙和戊、乙。

（4）当限定投资总额为 400 万元时，最优投资组合为丙+己+戊（这里甲与己、戊分别交换一次）。

在这一组合下可获净利值 152 万元，大于以下组合：甲+己、甲+戊、丙+乙、己+戊+乙。

（5）当限定投资总额分别为 500 万元、600 万元和 700 万元时，最优的投资组合分别为：丙+甲、丙+甲+己、丙+甲+己+戊。

（6）当限定投资总额为 800 万元时，最优的投资组合为丙+甲+己+乙（这里戊与乙交换一次），获得净现值 290 万元，大于丙+甲+己+戊组合的净现值 282 万元。

（7）当限定投资总额为 450 万元时，最优组合仍为丙+己+戊，此时累计投资总额为 400 万元（200+100+100），小于 450 万元，但实现的净现值仍比所有其他组合的多。

三、对外投资项目的可行性研究

对外投资容易成为转移资产、逃废债务的手段，也是目前造成企业财务风险和投资者权益受损的渠道之一。因此，企业应当加强对外投资的管理，特别是要做好对外投资项目的可行性研究，将财务管理的环节前移至对外投资业务发生之前。

企业对投资项目进行可行性研究，必要时可以借助中介机构或者有关专家的力量，研究论证的内容主要包括表 9-33 所示的几个方面。

表 9-33 研究论证的内容

项　目	内　容　阐　释
产业、行业背景	产业、行业背景包括生命周期（成长期、稳定期、衰退期）进入壁垒高低、市场容量、整体发展速度等
法律政策条件	企业的投资项目应当符合法律、法规和国家有关政策特别是产业政策的规定和要求。集团成员企业对外投资，还应研究是否符合集团统一的发展战略和有关内部制度的要求
目标企业的经营情况和竞争力分析	分析内容包括：主营产品是否具有独特性和不可替代性，产品的开发周期、市场潜力、产业化情况，市场销售渠道，市场占有率，竞争者及市场份额调查，企业拥有技术的领先性，企业法人治理结构、内部控制的完善性，管理层素质和水平等
目标企业的财务状况和盈利能力	主要对企业历史财务信息进行分析，并在此基础上，对企业未来一定时间内的财务状况和盈利能力进行预测

续表

项　　目	内　容　阐　释
投资项目的收益与风险评估	评估包括：确定企业获得项目收益的形式、手段和时间表；选择合适的财务估价方法，对投资项目的收益额与收益率进行评估；分析、评估项目可能面临的市场和竞争风险、经营管理风险、技术研发和生产风险、退出风险、财务风险，并研究应对措施。
投资所需资金的筹集方式及资金成本评估	评估要根据企业的资金预算，比较各种资金筹集方式及其成本

四、投资项目现金流量

（一）投资项目现金流量的估计

1. 现金流量的概念

现金流量，在投资决策中是指一个项目引起的企业现金支出和现金收入增加的数量。这时的"现金"是广义的现金，它不仅包括各种货币资金，而且包括项目需要投入的企业现有的非货币资源的变现价值。

新建项目的现金流量包括现金流出量、现金流入量和现金净流量三个具体概念。

（1）现金流出量。一个方案的现金流出量，是指该方案引起的企业现金支出的增加额。例如，企业增加一条生产线，通常会引起以下现金流出：

1）增加生产线的价款。购置生产线的价款可能是一次性支出，也可能分几次支出。

2）垫支流动资金。由于该生产线扩大了生产能力，引起对流动资产需求的增加。企业需要追加的流动资金，也是购置该生产线引起的，应列入该方案的现金流出量。只有在营业终了或出售（报废）该生产线时才能收回这些资金，并用于别的目的。

（2）现金流入量。一个方案的现金流入量，是指该方案所引起的企业现金收入的增加额。例如，企业增加一条生产线，通常会引起下列现金流入：

1）营业现金流入。增加的生产线扩大了企业的生产能力，使企业销售收入增加。扣除有关的付现成本增量后的余额，是该生产线引起的一项现金流入。

$$营业现金流入 = 销售收入 - 付现成本$$

付现成本在这里是指需要每年支付现金的成本。成本中不需要每年支付现金的部分称为非付现成本，其中主要是折旧费。所以，付现成本可以用成本减折旧来估计。

$$付现成本 = 成本 - 折旧$$

$$营业现金流入 = 销售收入 - 付现成本 = 销售收入 - （成本 - 折旧） = 利润 + 折旧$$

2）该生产线出售（报废）时的残值收入。资产出售或报废时的残值收入，应当作为投资方案的一项现金流入。

3）收回的流动资金。该生产线出售（报废）时，企业可以相应收回流动资金，收回的资金可以用于别处，因此应将其作为该方案的一项现金流入。

（3）现金净流量。一定期间现金流入量和现金流出量的差额。这里所说的"一定期间"，有时是指一年内，有时是指投资项目持续的整个年限内。流入量大于流出量时，净流量为正值；反之，净流量为负值。

2. 现金流量的估计

估计投资方案所需的资本支出,以及该方案每年能产生的现金净流量,会涉及很多变量,并且需要企业有关部门的参与。例如,销售部门负责预测售价和销量,涉及产品价格弹性、广告效果、竞争者动向等;产品开发和技术部门负责估计投资方案的资本支出,涉及研制费用、设备购置、厂房建筑等;生产和成本部门负责估计制造成本,涉及原材料采购价格、生产工艺安排、产品成本等。

财务人员的主要任务是:为销售、生产等部门的预测建立共同的基本假设条件,如物价水平、折现率、可供资源的限制条件等;协调参与预测工作的各部门人员,使之能相互衔接与配合;防止预测者因个人偏好或部门利益而高估或低估收入和成本。

在确定投资方案相关的现金流量时,应遵循的最基本的原则是:只有增量现金流量才是与项目相关的现金流量。所谓增量现金流量,是指接受或拒绝某个投资方案后,企业总现金流量因此发生的变动。只有那些由于采纳某个项目引起的现金支出增加额,才是该项目的现金流出;只有那些由于采纳某个项目引起的现金流入增加额,才是该项目的现金流入。

为了正确计算投资方案的增量现金流量,需要正确判断哪些支出会引起企业总现金流量的变动,哪些支出不会引起企业总现金流量的变动。在进行这种判断时,要注意以下四个问题。

1)区分相关成本和非相关成本。相关成本是指与特定决策有关的、在分析评价时必须加以考虑的成本,如差额成本、未来成本、重置成本、机会成本等。与此相反,与特定决策无关的、在分析评价时不必加以考虑的成本是非相关成本,如沉没成本、过去成本、账面成本等。

例如,智董公司在2×17年曾经打算新建一个车间,并请一家会计公司做过可行性分析,支付咨询费5万元。后来由于本公司有了更好的投资机会,该项目被搁置下来,该笔咨询费作为费用已经入账了。2×19年旧事重提,在进行投资分析时,这笔咨询费是否仍是相关成本呢?答案应当是否定的。该笔支出已经发生,不管本公司是否采纳新建一个车间的方案,它都已无法收回,与公司未来的总现金流量无关。

如果将非相关成本纳入投资方案的总成本,则一个有利的方案可能因此变得不利,一个较好的方案可能变为较差的方案,从而造成决策错误。

2)不要忽视机会成本。在投资方案的选择中,如果选择了一个投资方案,则必须放弃投资于其他途径的机会。其他投资机会可能取得的收益是实行本方案的一种代价,被称为这项投资方案的机会成本。

例如,上述公司新建车间的投资方案,需要使用公司拥有的一块土地。在进行投资分析时,因为公司不必动用资金去购置土地,可否不将此土地的成本考虑在内呢?答案是否定的。因为该公司若不利用这块土地来兴建车间,则它可将这块土地移作他用,并取得一定的收入。只是由于在这块土地上兴建车间才放弃了这笔收入,而这笔收入代表兴建车间使用土地的机会成本。假设这块土地出售可净得15万元,它就是兴建车间的一项机会成本。值得注意的是,不管该公司当初是以5万元还是20万元购进这块土地,都应以现行市价作为这块土地的机会成本。

机会成本不是我们通常意义上的"成本",它不是一种支出或费用,而是失去的收益。这种收益不是实际发生的,而是潜在的。机会成本总是针对具体方案的,离开被放弃的方案就无从计量确定。

机会成本在决策中的意义在于它有助于全面考虑可能采取的各种方案,以便为既定资源寻求最为有利的使用途径。

3)要考虑投资方案对公司其他项目的影响。当我们采纳一个新的项目后,该项目可能对公司的其他项目造成有利或不利的影响。

例如，若新建车间生产的产品上市后，原有其他产品的销路可能减少，而且整个公司的销售额也许不增加甚至减少。因此，公司在进行投资分析时，不应将新车间的销售收入作为增量收入来处理，而应扣除其他项目因此减少的销售收入。当然，也可能发生相反的情况，新产品上市后将促进其他项目的销售增长。这要看新项目和原有项目是竞争关系还是互补关系。

当然，诸如此类的交互影响，事实上很难准确计量。但决策者在进行投资分析时仍要将其考虑在内。

4）对净营运资金的影响。在一般情况下，当公司开办一个新业务并使销售额扩大后，对于存货和应收账款等经营性流动资产的需求也会增加，公司必须筹措新的资金以满足这种额外需求；另一方面，公司扩充的结果，应付账款与一些应付费用等经营性流动负债也会同时增加，从而降低公司流动资金的实际需要。所谓净营运资金的需要，指增加的经营性流动资产与增加的经营性流动负债之间的差额。

当投资方案的生命周期快要结束时，公司将与项目有关的存货出售，应收账款变为现金，应付账款和应付费用也随之偿付，净营运资金恢复到原有水平。通常，在进行投资分析时，假定开始投资时筹措的净营运资金在项目结束时收回。

3. 固定资产更新项目的现金流量

固定资产更新是对技术上或经济上不宜继续使用的旧资产，用新的资产更换，或用先进的技术对原有设备进行局部改造。

固定资产更新决策主要研究两个问题：一个是决定是否更新，即继续使用旧资产还是更换新资产；另一个是决定选择什么样的资产来更新。实际上，这两个问题是结合在一起考虑的，如果市场上没有比现有设备更适用的设备，那么就继续使用旧设备。由于旧设备总可以通过修理继续使用，所以更新决策是继续使用旧设备与购置新设备的选择。

（1）更新决策的现金流量分析。更新决策不同于一般的投资决策。一般说来，设备更换并不改变企业的生产能力，不增加企业的现金流入。更新决策的现金流量主要是现金流出。即使有少量的残值变价收入，也属于支出抵减，而非实质上的流入增加。由于只有现金流出，而没有现金流入，就给采用贴现现金流量分析带来了困难。

【例 9-15】 智董公司有一旧设备，工程技术人员提出更新要求，有关数据如表 9-34 所示。

表 9-34 设备资料　　　　　　　　　　　　　　　　　单位：万元

项　　目	旧　设　备	新　设　备
原值	2 200	2 400
预计使用年限（年）	10	10
已经使用年限（年）	4	0
最终残值	200	300
变现价值	600	2
年运行成本	700	400

假设该企业要求的最低报酬率为 15%，继续使用与更新的现金流量如图 9-2 所示。

由于没有适当的现金流入，无论哪个方案都不能计算其净现值和内含报酬率。通常，在收入相同时，我们认为成本较低的方案是好方案。那么，我们可否通过比较两个方案的总成本来判别方案的优劣呢？仍然不妥。因为旧设备尚可使用 6 年，而新设备可使用 10 年，两个方案取得的"产出"并不相同。因此，我们应当比较其 1 年的成本，即获得 1 年的生产能力所付出的代价，据以判断方案的优劣。

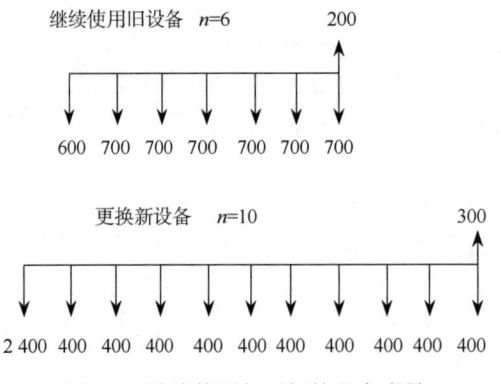

图 9-2 继续使用与更新的现金流量

我们是否可以使用差额分析法，根据实际的现金流动进行分析呢？仍然有问题。两个方案投资相差 1 800 元（2 400 - 600），作为更新的现金流出；每年运行成本相差 300 元（700 - 400），是更新带来的成本节约额，视同现金流入。问题在于旧设备第 6 年报废，新设备第 7～10 年仍可使用，后 4 年无法确定成本节约额。因此，这种办法仍不妥。除非新、旧设备未来使用年限相同（这种情况十分罕见），或者能确定继续使用旧设备时第 7 年选择何种设备（这也是相当困难的），根据实际现金流量进行分析会碰到困难。

因此，较好的分析方法是比较继续使用和更新的年成本，以较低者为好方案。

（2）固定资产的平均年成本。该资产引起的现金流出的年平均值。如果不考虑货币的时间价值，它是未来使用年限内的现金流出总额与使用年限的比值。如果考虑货币的时间价值，它是未来使用年限内现金流出总现值与年金现值系数的比值，即平均每年的现金流出。

1）不考虑货币的时间价值。依例 9-15 资料，不考虑货币的时间价值时：

$$旧设备平均年成本 = \frac{600 + 700 \times 6 - 200}{6} = \frac{4\,600}{6} = 767（元）$$

$$新设备平均年成本 = \frac{2\,400 + 400 \times 10 - 300}{10} = \frac{6\,100}{10} = 610（元）$$

2）考虑货币的时间价值。有三种计算方法。

①计算现金流出的总现值，然后分摊给每一年。

$$旧设备平均年成本 = \frac{600 + 700 \times (P/A,15\%,6) - 200 \times (P/S,15\%,6)}{(P/A,15\%,6)}$$

$$= \frac{600 + 700 \times 3.784 - 200 \times 0.432}{3.784}$$

$$= 836（元）$$

$$新设备平均年成本 = \frac{2\,400 + 400 \times (P/A,15\%,10) - 300 \times (P/S,15\%,10)}{(P/A,15\%,10)}$$

$$= \frac{2\,400 + 400 \times 5.019 - 300 \times 0.247}{5.019}$$

$$= 863（元）$$

②由于各年已经有相等的运行成本，只要将原始投资和残值摊销到每年，然后求和，亦可得到每年平均的现金流出量。

平均年成本＝投资摊销＋运行成本－残值摊销

$$\text{旧设备平均年成本} = \frac{600}{(P/A,15\%,6)} + 700 - \frac{200}{(S/A,15\%,6)}$$

$$= \frac{600}{3.784} + 700 - \frac{200}{8.753} = 158.56 + 700 - 22.85 = 836 \text{（元）}$$

$$\text{新设备平均年成本} = \frac{2\,400}{(P/A,15\%,10)} + 400 - \frac{300}{(S/A,15\%,10)} = \frac{2\,400}{5.019} + 400 - \frac{300}{20.303}$$

$$= 478.18 + 400 - 14.78 = 863 \text{（元）}$$

③将残值在原投资中扣除，视同每年承担相应的利息，然后与净投资摊销及年运行成本总计，求出每年的平均成本。

$$\text{旧设备平均年成本} = \frac{600-200}{(P/A,15\%,6)} + 200 \times 15\% + 700 = \frac{400}{3.784} + 30 + 700 = 836 \text{（元）}$$

$$\text{新设备平均年成本} = \frac{2\,400-300}{(P/A,15\%,10)} + 300 \times 15\% + 400 = \frac{2\,100}{5.019} + 45 + 400 = 863 \text{（元）}$$

通过上述计算可知，使用旧设备的平均年成本较低，不宜进行设备更新。

3）使用平均年成本法时要注意的问题。

①平均年成本法是把继续使用旧设备和购置新设备看成两个互斥的方案，而不是一个更换设备的特定方案。

也就是说，要有正确的"局外观"，即从局外人角度来考察：一个方案是用600元购置旧设备，可使用6年；另一个方案是用2 400元购置新设备，可使用10年。在此基础上比较各自的平均年成本孰高孰低，并做出选择。由于两者的使用年限不同，前一个方案只有6年的现金流动数据，后一个方案持续10年，缺少后4年的差额现金流量数据，因此不能根据各年现金流量的差额计算净现值和内含报酬率。对于更新决策来说，除非未来使用年限相同，否则，不能根据实际现金流动分析的净现值法或内含报酬率法解决问题。

②平均年成本法的假设前提是将来设备再更换时，可以按原来的平均年成本找到可代替的设备。

例如，旧设备6年后报废时，仍可找到使用年成本为836元的可代替设备。如果有明显证据表明，6年后可替换设备平均年成本会高于当前更新设备的市场年成本（863元），则需要把6年后更新设备的成本纳入分析范围，合并计算当前使用旧设备及6年后更新设备的综合平均年成本，然后与当前更新设备的平均年成本进行比较。这就会成为多阶段决策问题。由于未来数据的估计有很大主观性，时间越长越靠不住，因此平均年成本法通常以旧设备尚可使用年限（6年）为"比较期"，一般情况下不会有太大误差。如果以新设备可用年限（10年）为比较期，则要有旧设备报废时再购置新设备的可靠成本资料。另一种替代方法是预计当前拟更换新设备6年后的变现价值，计算其6年的平均年成本，与旧设备的平均年成本进行比较。不过，预计6年后尚可使用设备的变现价值也是很困难的，其实际意义并不大。

（3）固定资产的经济生命。通过固定资产的平均年成本概念，我们很容易发现，固定资产的使用初期运行费比较低，以后随着设备逐渐陈旧，性能变差，维护费用、修理费用、能源消耗等运行成本会逐步增加。与此同时，固定资产的价值逐渐减少，资产占用的资金应计利息等持有成本也会逐步减少。随着时间的递延，运行成本和持有成本呈反方向变化，两者之和呈马鞍形，这样必然存在一个最经济的使用年限，如图9-3所示。

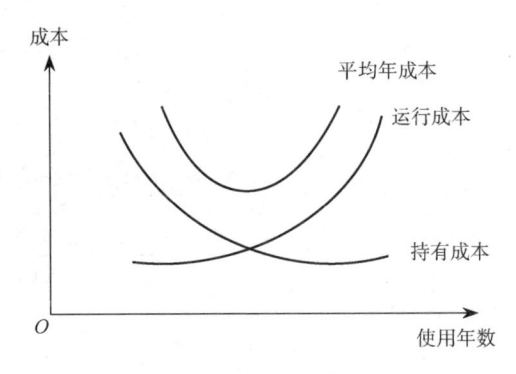

图 9-3 最经济的使用年限

$$\text{UAC} = \left[C - \frac{S_n}{(1+i)^n} + \sum_{t=1}^{n} \frac{C_t}{(1+i)^t} \right] \div (P/A, I, n)$$

式中，C 为固定资产原值；S_n 为 n 年后固定资产余值；C_t 为第 t 年运行成本；n 为预计使用年限；i 为投资最低报酬率；UAC 为固定资产平均年成本。

【例 9-16】 设某资产原值为 1 400 元，运行成本逐年增加，折余价值逐年下降。有关数据如表 9-35 所示。

表 9-35 固定资产的经济生命

更新年限	原值(1)	余值(2)	贴现系数(3)(i=8%)	余值现值(4)=(2)×(3)	运行成本(5)	运行成本现值(6)=(5)×(3)	更新时运行成本现值(7)=∑(6)	现值总成本(8)=(1)-(4)+(7)	年金现值系数(i=8%)(9)	平均年成本(10)=(8)÷(9)
1	1 400	1 000	0.926	926	200	185	185	659	0.926	711.7
2	1 400	760	0.857	651	220	189	374	1 123	1.783	629.8
3	1 400	600	0.794	476	250	199	573	1 497	2.577	580.9
4	1 400	460	0.735	338	290	213	786	1 848	3.312	558.0
5	1 400	340	0.681	232	340	232	1 018	2 186	3.993	547.5
6	1 400	240	0.630	151	400	252	1 270	2 519	4.623	544.9
7	1 400	160	0.583	93	450	262	1 532	2 839	5.206	545.3
8	1 400	100	0.541	54	500	271	1 803	3 149	5.749	547.8

该项资产如果使用 6 年后更新，每年的平均成本是 544.9 元，比其他时间更新的成本低，因此 6 年是其经济生命。

4. 所得税和折旧对现金流量的影响

所得税是企业的一种现金流出，它取决于利润大小和税率高低，而利润大小受折旧方法的影响，因此，讨论所得税问题必然会涉及折旧问题。在前面部分未讨论所得税问题，在那种情况下折旧与现金流量无关，自然也不可能讨论折旧问题。折旧对投资决策产生影响，实际是由所得税引起的。因此，这两个问题要放在一起讨论。

（1）税后成本和税后收入。因为租金是一项可以减免所得税的费用，所以应以税后的基础来观察。凡是可以减免税负的项目，实际支付额并不是真实的成本，而应将因此而减少的所得税考虑进去。扣除所得税影响以后的费用净额,称为税后成本。

【例 9-17】 智董公司目前的损益状况如表 9-36 所示。该公司正在考虑一项广告计划,每月支付 2 000 元,假设所得税税率为 40%,该项广告的税后成本是多少?

表 9-36 智董公司目前的损益状况　　　　　　　　　　单位:元

项　　目	目前(不做广告)	做广告方案
销售收入	15 000	15 000
成本和费用	5 000	5 000
新增广告	—	2 000
税前净利	10 000	8 000
所得税费用(40%)	4 000	3 200
税后净利	6 000	4 800
新增广告税后成本	1 200	

从表 9-36 可以看出,该项广告的税后成本为每月 1 200 元。这个结论是正确无误的,两个方案(不做广告与做广告)的唯一差别是广告费 2 000 元,对净利的影响为 1 200 元。

税后成本的一般公式为:

$$税后成本 = 支出金额 \times (1-税率)$$

据此公式计算广告的税后成本为:

$$税后成本 = 2\,000 \times (1-40\%) = 1\,200(元)$$

与税后成本相对应的概念是税后收入。由于所得税的作用,企业营业收入的金额有一部分会流出企业,企业实际得到的现金流入是税后收入:

$$税后收入 = 收入金额 \times (1-税率)$$

这里所说的"收入金额"是指根据税法规定需要纳税的收入,不包括项目结束时收回垫支资金等现金流入。

(2)折旧的抵税作用。我们知道,加大成本会减少利润,从而使所得税减少。如果不计提折旧,企业的所得税将增加许多。折旧可以起到减少税负的作用,这种作用称为"折旧抵税"。

【例 9-18】 假设怡昌祥公司和惠勤公司,全年销货收入、付现费用均相同,所得税税率为 40%。两者的区别是怡昌祥公司有一项可计提折旧的资产,每年折旧额相同。两家公司的现金流量如表 9-37 所示。

表 9-37 折旧对税负的影响　　　　　　　　　　单位:元

项　　目	怡昌祥公司	惠　勤　公司
销售收入	20 000	20 000
费用:		
付现销售费用	10 000	10 000
折旧	3 000	0
合　计	13 000	10 000
税前净利	7 000	10 000
所得税费用(40%)	2 800	4 000
税后净利	4 200	6 000

续表

项　　目	怡昌祥公司	惠勤公司
营业现金流入：		
净利	4 200	6 000
折旧	3 000	0
合　计	7 200	6 000
怡昌祥公司比惠勤公司拥有较多现金	1 200	

怡昌祥公司利润虽然比惠勤公司少 1 800 元，但现金净流入多出 1 200 元，其原因在于有 3 000 元的折旧计入成本，使应税所得减少 3 000 元，从而少纳税 1 200 元（3 000×40%）。这笔现金保留在企业里，不必缴付。从增量分析的观点来看，由于增加了一笔 3 000 元折旧，企业获得 1 200 元的现金流入。折旧对税负的影响可按下式计算：

$$税负减少额 = 折旧额 \times 税率 = 3\,000 \times 40\% = 1\,200（元）$$

（3）税后现金流量。在加入所得税因素以后，现金流量的计算有三种方法。

1）根据直接法计算。根据现金流量的定义，所得税是一种现金支付，应当作为每年营业现金流量的一个减项。

$$营业现金流量 = 营业收入 - 付现成本 - 所得税 \tag{9.1}$$

这里的"营业现金流量"是指未扣除营运资本投资的营业现金毛流量。

2）根据间接法计算。

$$营业现金流量 = 税后净利润 + 折旧 \tag{9.2}$$

式（9.2）与式（9.1）是一致的，可以从式（9.1）直接推导出来：

$$营业现金流量 = 营业收入 - 付现成本 - 所得税$$
$$= 营业收入 - （营业成本 - 折旧） - 所得税$$
$$= 营业利润 + 折旧 - 所得税$$
$$= 税后净利润 + 折旧$$

3）根据所得税对收入和折旧的影响计算。根据前边讲到的税后成本、税后收入和折旧抵税可知，由于所得税的影响，现金流量并不等于项目实际的收支金额。

$$税后成本 = 支出金额 \times （1 - 税率）$$
$$税后收入 = 收入金额 \times （1 - 税率）$$
$$折旧抵税 = 折旧 \times 税率$$

因此，现金流量应当按下式计算：

$$营业现金流量 = 税后收入 - 税后付现成本 + 折旧抵税$$
$$= 收入 \times （1 - 税率） - 付现成本 \times （1 - 税率） + 折旧 \times 税率 \tag{9.3}$$

这个公式也可以根据式（9.2）直接推导出来：

$$营业现金流量 = 税后净利润 + 折旧$$
$$= （收入 - 成本） \times （1 - 税率） + 折旧$$
$$= （收入 - 付现成本 - 折旧） \times （1 - 税率） + 折旧$$
$$= 收入 \times （1 - 税率） - 付现成本 \times （1 - 税率） - 折旧 \times （1 - 税率） + 折旧$$
$$= 收入 \times （1 - 税率） - 付现成本 \times （1 - 税率） - 折旧 + 折旧 \times 税率 + 折旧$$
$$= 收入 \times （1 - 税率） - 付现成本 \times （1 - 税率） + 折旧 \times 税率$$

上述三个公式，最常用的是式（9.3），因为企业的所得税是根据企业总利润计算的。在决定某个项目是否投资时，我们往往使用差额分析法确定现金流量，并不知道整个企业的利润及与此有关的所得税，这就妨碍了式（9.1）和式（9.2）的使用。

式（9.3）并不需要知道企业的利润是多少，使用起来比较方便。尤其是有关固定资产更新的决策，我们没有办法计量某项资产给企业带来的收入和利润，以至于无法使用前两个公式。

我们在分别研究了税后成本、税后收入和折旧抵税之后，下面用一个例子来说明存在所得税的情况下，投资决策的分析方法。

【例 9-19】 智董公司有 1 台设备，购于 3 年前，现在考虑是否需要更新。该公司所得税税率假设为 40%，其他有关资料如表 9-38 所示。

表 9-38 相关资料　　　　　　　　　　　　　　　　　　　　　　　　单位：元

项　　目	旧设备	新设备
原价	60 000	50 000
税法规定残值（10%）	6 000	5 000
税法规定使用年限（年）	6	4
已用年限	3	0
尚可使用年限	4	4
每年操作成本	8 600	5 000
两年末大修支出	28 000	
最终报废残值	7 000	10 000
目前变现价值	10 000	
每年折旧额：	（直线法）	（年数总和法）
第一年	9 000	18 000
第二年	9 000	13 500
第三年	9 000	9 000
第四年	0	4 500

假设两台设备的生产能力相同，并且未来可使用年限相同，因此可通过比较其现金流出的总现值，判断方案优劣（见表 9-39）。更换新设备的现金流出总现值为 39 107.80 元，比继续使用旧设备的现金流出总现值 35 973 元要多出 3 134.80 元。因此，继续使用旧设备较好。如果未来的尚可使用年限不同，则需要将总现值转换成平均年成本，然后进行比较。

表 9-39 判断方案优劣　　　　　　　　　　　　　　　　　　　　　　单位：元

项　　目	现金流量	时间（年次）	系数（10%）	现　　值
继续用旧设备：				
旧设备变现价值	（10 000）	0	1	（10 000）
旧设备变现损失减税	(10 000 − 33 000) × 0.4 = (9 200)	0	1	（9 200）
每年付现操作成本	8 600 × (1 − 0.4) = (5 160)	1～4	3.170	（16 357.2）
每年折旧抵税	9 000 × 0.4 = 3 600	1～3	2.487	8 953.2
两年末大修成本	28 000 × (1 − 0.4) = (16 800)	2	0.826	（13 876.8）
残值变现收入	7 000	4	0.683	4 781
残值变现净收入纳税	(7 000 − 6 000) × −0.4 = (400)	4	0.683	（273.2）
合　　计				（35 973）

续表

项　目	现　金　流　量	时间（年次）	系数（10%）	现　　值
更换新设备：				
设备投资	（50 000）	0	1	（50 000）
每年付现操作成本	5 000×（1－0.4）=（3 000）	1~4	3.170	（9 510）
每年折旧抵税：				
第一年	18 000×0.4＝7 200	1	0.909	6 544.8
第二年	13 500×0.4＝5 400	2	0.826	4 460.4
第三年	9 000×0.4＝3 600	3	0.751	2 703.6
第四年	4 500×0.4＝1 800	4	0.683	1 229.4
残值收入	10 000	4	0.683	6 830
残值净收入纳税	（10 000－5 000）×0.4＝（2 000）	4	0.683	（1 366）
合　　计				（39 107.80）

（二）项目投资的现金流量分析

1. 项目投资及其特点

项目投资是一种以特定建设项目为对象，直接与新建项目或更新改造项目有关的长期投资行为。下面所介绍的工业企业投资项目主要包括新建项目（含单纯固定资产投资项目和完整工业投资项目）和更新改造项目两种类型。

（1）项目投资的特点。与其他形式的投资相比，项目投资具有投资内容独特（每个项目都至少涉及一项固定资产投资）、投资数额多、影响时间长（至少一年或一个营业周期以上）、发生频率低、变现能力差和投资风险大的特点。

（2）项目计算期的构成。项目计算期是指投资项目从投资建设开始到最终清理结束整个过程的全部时间，包括建设期和运营期（具体又包括投产期和达产期）。其中，建设期是指项目资金正式投入开始到项目建成投产为止所需要的时间，建设期的第一年初称为建设起点，建设期的最后一年末称为投产日。在实践中，通常应参照项目建设的合理工期或项目的建设进度计划合理确定建设期。项目计算期的最后一年年末称为终结点，假定项目最终报废或清理均发生在终结点（但更新改造除外）。从投产日到终结点之间的时间间隔称为运营期，又包括试产期和达产期（完全达到设计生产能力）两个阶段。试产期是指项目投入生产，但生产能力尚未完全达到设计能力时的过渡阶段。达产期是指生产运营达到设计预期水平后的时间。运营期一般应根据项目主要设备的经济使用生命期确定。

项目计算期、建设期和运营期之间有以下关系成立，即：

$$项目计算期 = 建设期 + 运营期$$

【例 9-20】 馨伊公司拟购建一项固定资产，预计使用生命为 10 年。
我们就以下各种不相关情况分别确定该项目的项目计算期。
（1）在建设起点投资并投产；
（2）建设期为一年。

得到：
（1）项目计算期（n）＝0＋10＝10（年）
（2）项目计算期（n）＝1＋10＝11（年）
（3）项目投资的内容。从项目投资的角度看，原始投资（又称初始投资）等于企业为使该项目完全达到设计生产能力、开展正常经营而投入的全部现实资金,包括建设投资和流动资金投资两项内容。

建设投资,是指在建设期内按一定生产经营规模和建设内容进行的投资,具体包括固定资产投资、无形资产投资和其他资产投资三项内容。

①固定资产投资。项目用于购置或安装固定资产应当发生的投资。固定资产原值与固定资产投资之间的关系如下:

$$固定资产原值 = 固定资产投资 + 建设期资本化借款利息$$

②无形资产投资。项目用于取得无形资产应当发生的投资。

③其他资产投资。建设投资中除固定资产投资和无形资产投资以外的投资,包括生产准备和开办费投资。

流动资金投资,是指项目投产前后分次或一次投放于流动资产项目的投资增加额,又称垫支流动资金或营运资金投资。

项目总投资是反映项目投资总体规模的价值指标,等于原始投资与建设期资本化利息之和。

(4)项目投资资金的投入方式。原始投资的投入方式包括一次投入和分次投入两种形式。一次投入方式是指投资行为集中一次发生在项目计算期第一个年度的年初或年末;如果投资行为涉及两个或两个以上年度,或虽然只涉及一个年度但同时在该年的年初和年末发生,则属于分次投入方式。

【例 9-21】智董公司拟新建一条生产线,需要在建设起点一次投入固定资产投资 200 万元,在建设期末投入无形资产投资 25 万元。建设期为 1 年,建设期资本化利息为 10 万元,全部计入固定资产原值。流动资金投资合计为 20 万元。

根据上述资料可计算该项目有关指标如下:

①固定资产原值 = 200 + 10 = 210(万元)
②建设投资 = 200 + 25 = 225(万元)
③原始投资 = 225 + 20 = 245(万元)
④项目总投资 = 245 + 10 = 255(万元)

2. 项目投资现金流量分析。

(1)现金流量的内容。不同类型的投资项目,其现金流量的具体内容存在差异。

1)单纯固定资产投资项目的现金流量。只涉及固定资产投资而不涉及无形资产投资、其他资产投资和流动资金投资的建设项目。它以新增生产能力,提高生产效率为特征。

①现金流入量。单纯固定资产投资项目的现金流入量包括增加的营业收入和回收固定资产余值等内容。

②现金流出量。单纯固定资产投资项目的现金流出量包括固定资产投资、新增经营成本和增加的各项税款等内容。

2)完整工业投资项目的现金流量。完整工业投资项目简称新建项目,是以新增工业生产能力为主的投资项目,其投资内容不仅包括固定资产投资,而且包括流动资金投资的建设项目。

①现金流入量。完整工业投资项目的现金流入量包括营业收入、补贴收入、回收固定资产余值和回收流动资金。

②现金流出量。完整工业投资项目的现金流出量包括建设投资、流动资金投资、经营成本、税金及附加、维持运营投资和调整所得税。

3)固定资产更新改造投资项目的现金流量。固定资产更新改造投资项目可分为以恢复固定资产生产效率为目的的更新项目和以改善企业经营条件为目的的改造项目两种类型。

①现金流入量。固定资产更新改造投资项目的现金流入量包括因使用新固定资产而增加的营业收入、处置旧固定资产的变现净收入和新旧固定资产回收固定资产余值的差额等内容。

②现金流出量。固定资产更新改造投资项目的现金流出量包括购置新固定资产的投资、因使用新固定资产而增加的经营成本、因使用新固定资产而增加的流动资金投资和增加的各项税款等内容。其中，因提前报废旧固定资产所发生的清理净损失而发生的抵减当期所得税税额用负值表示。

（2）计算投资项目现金流量时应注意的问题和相关假设。在计算现金流量时，为防止多算或漏算有关内容，需要注意以下几点：必须考虑现金流量的增量；尽量利用现有的会计利润数据；不能考虑沉没成本因素；充分关注机会成本；考虑项目对企业其他部门的影响。

为克服确定现金流量的困难，简化现金流量的计算过程，特做相关假设（见表9-40）。

表9-40 相关假设

项　目	内　容　阐　释
投资项目的类型假设	假设投资项目只包括单纯固定资产投资项目、完整工业投资项目和更新改造投资项目三种类型
财务可行性分析假设	假设投资决策是从企业投资者的立场出发，投资决策者确定现金流量就是为了进行项目财务可行性研究，该项目已经具备技术可行性和国民经济可行性
项目投资假设	假设在确定项目的现金流量时，站在企业投资者的立场上，考虑全部投资的运动情况，而不具体区分自有资金和借入资金等具体形式的现金流量。即使实际存在借入资金也将其作为自有资金对待（但在计算固定资产原值和总投资时，还需要考虑借款利息因素）
经营期与折旧年限一致假设	假设项目主要固定资产的折旧年限或使用年限与经营期相同
时点指标假设	为便于利用货币时间价值的形式，不论现金流量具体内容所涉及的价值指标实际上是时点指标还是时期指标，均假设按照年初或年末的时点指标处理。其中，建设投资在建设期内有关年度的年初或年末发生，流动资金投资则在年初发生；经营期内各年的收入、成本、折旧、摊销、利润、税金等项目的确认均在年末发生；项目最终报废或清理均发生在终结点（但更新改造项目除外）。在项目计算期数轴上，0表示第一年的年初，1既代表第一年的年末，又代表第二年的年初，以下依次类推
确定性因素假设	在本节中，假定与项目现金流量有关的价格、产销量、成本水平、所得税税率等因素均为已知常数
产销平衡假设	在项目投资决策中，假定运营期同一年的产量等于该年的销售量。在这个假设下，假定按成本项目计算的当年成本费用等于按要素计算的成本费用

（3）完整工业投资项目现金流量的估算。由于项目投资的投入、回收及收益的形成均以现金流量的形式表现，因此，在整个项目计算期的各个阶段上，都有可能发生现金流量。必须逐年估算每一时点上的现金流入量和现金流出量。下面介绍以完整工业项目为代表的长期投资项目现金流量的估算方法。

1）现金流入量的估算。

①营业收入是运营期最主要的现金流入量，应按项目在经营期内有关产品的各年预计单价和预测销售量（假定经营期每期均可以自动实现产销平衡）进行估算。

②补贴收入是与经营期收益有关的政府补贴，可根据按政策退还的增值税、按销量或工作

量分期计算的定额补贴和财政补贴等予以估算。

③在终结点上一次回收的流动资金等于各年垫支的流动资金投资额的合计数。

回收流动资金和回收固定资产余值统称为回收额,假定新建项目的回收额都发生在终结点。

【例9-22】智董公司完整工业投资项目的流动资金投资为20万元,终结点固定资产余值为10万元。据此可估算出终结点的回收额为30万元(10+20)。

2)现金流出量的估算。

①建设投资的估算。固定资产投资是所有类型的项目投资在建设期必然会发生的现金流出量,应按项目规模和投资计划所确定的各项建筑工程费用、设备购置费用、安装工程费用和其他费用来估算。

无形资产投资和其他资产投资,应根据需要和可能,逐项按有关资产的评估方法和计价标准进行估算。

在估算构成固定资产原值的资本化利息时,可根据长期借款本金、建设期年数和借款利率按复利计算,且假定建设期资本化利息只计入固定资产的原值。

②流动资金投资的估算。在项目投资决策中,流动资金是指在运营期内长期占用并周转使用的营运资金。估算可按下式进行:

$$某年流动资金投资额(垫支数) = 本年流动资金需用数 - 截至上年的流动资金投资额$$

或

$$= 本年流动资金需用数 - 上年流动资金需用数$$

$$本年流动资金需用数 = 该年流动资产需用数 - 该年流动负债可用数$$

式中,流动资产只考虑存货、现实货币现金、应收账款和预付账款等项内容;流动负债只考虑应付账款和预收账款。

由于流动资金属于垫付周转金,因此在理论上,投产第一年所需的流动资金应在项目投产前安排,即最晚应发生在建设期末(为简化计算,我国有关建设项目评估制度假定流动资金投资可以从投产第一年开始安排)。

【例9-23】智董公司完整工业投资项目投产第一年预计流动资产需用额为30万元,流动负债可用额为15万元,假定该项投资发生在建设期末;投产第二年预计流动资产需用额为40万元,流动负债可用额为20万元,假定该项投资发生在投产后第一年年末。

我们根据上述资料估算下列指标:

A. 每次发生的流动资金投资额;

B. 终结点回收的流动资金。

得到:

A. 投产第一年的流动资金需用额 = 30 − 15 = 15(万元)

第一次流动资金投资额 = 15 − 0 = 15(万元)

投产第二年的流动资金需用额 = 40 − 20 = 20(万元)

第二次流动资金投资额 = 20 − 15 = 5(万元)

B. 终结点回收流动资金 = 流动资金投资合计 = 15 + 5 = 20(万元)

③经营成本的估算。经营成本又称付现的营运成本(或简称付现成本),是指在运营期内为满足正常生产经营而动用现实货币资金支付的成本费用。经营成本是所有类型的项目投资在运营期都要发生的主要现金流出量,它与融资方案无关。其估算公式如下:

$$\text{某年经营成本} = \text{该年外购原材料燃料和动力费} + \text{该年工资及福利费} + \text{该年修理费} + \text{该年其他费用}$$

或

$$= \text{该年不包括财务费用的总成本费用} - \text{该年折旧额} - \text{该年无形资产和开办费的摊销额}$$

式中，其他费用是指从制造费用、管理费用和销售费用中扣除折旧费、摊销费、材料费、修理费、工资及福利费以后的剩余部分。

【例9-24】智董公司完整工业投资项目投产后第1~5年每年预计外购原材料、燃料和动力费为60万元，工资及福利费为30万元，其他费用为10万元，每年折旧费为20万元，无形资产摊销费为5万元；第6~10年每年不包括财务费用的总成本费用为160万元，其中，每年预计外购原材料、燃料和动力费为90万元，每年折旧费为20万元，无形资产摊销费为0万元。

我们根据上述资料估算下列指标：

A. 投产后各年的经营成本；

B. 投产后第1~5年每年不包括财务费用的总成本费用。

得到：

A. 投产后第1~5年每年的经营成本 = 60 + 30 + 10 = 100（万元）

投产后第6~10年每年的经营成本 = 160 - 20 - 0 = 140（万元）

B. 投产后第1~5年每年不包括财务费用的总成本费用 = 100 + 20 + 5 = 125（万元）

④税金及附加的估算。在项目投资决策中，应按在运营期内应缴纳的消费税、土地增值税、资源税、城市维护建设税和教育费附加进行估算。

【例9-25】 承例9-24。智董公司投资项目投产后第1~5年每年预计营业收入为200万元，第6~10年每年预计营业收入为300万元，适用的增值税税率为17%[*]，城建税税率为7%，教育费附加率为3%。该企业不缴纳消费税。

我们根据上述资料估算下列指标：

A. 投产后各年的应交增值税；

B. 投产后各年的税金及附加。

得到：

A. 投产后第1~5年每年的应交增值税 = （每年营业收入 - 每年外购原材料燃料和动力费）× 增值税税率 = （200 - 60）× 17% = 23.8（万元）

投产后6~10年每年的应交增值税 = （300 - 90）×17% = 35.7（万元）

B. 投产后第1~5年每年的税金及附加 = 23.8 ×（7% + 3%）= 2.38（万元）

投产后第6~10年每年的税金及附加 = 35.7×10% = 3.57（万元）

[*]自2018年5月1日起，纳税人发生增值税应税销售行为或者进口货物，原适用17%和11%税率的，税率分别调整为16%、10%。2019年4月1日起将制造业等行业16%的税率降至13%，将交通运输业、建筑业等行业10%的税率降至9%；保持6%一档的税率不变，但通过采取对生产、生活性服务业增加税收抵扣等配套措施，确保所有行业税负只减不增。本书以下不再另行说明。

⑤维持运营投资的估算。本项投资是指为矿山、油田等行业为维持正常运营而需要在运营期投入的固定资产投资，应根据特定行业的实际需要计算估算。

⑥调整所得税的估算。为了简化计算，本节所称调整所得税等于息税前利润与适用的企业所得税税率的乘积。

【例9-26】 承例9-24和例9-25。假设智董公司适用的所得税税率为33%。

我们根据上述资料估算下列指标：

A. 投产后各年的息税前利润；

B 投产后各年的调整所得税。

得到：

A. 投产后第 1~5 年每年的息税前利润 = 200 − 125 − 2.38 = 72.62（万元）

　　投产后第 6~10 年每年的息税前利润 = 300 − 160 − 3.57 = 136.43（万元）

B. 投产后第 1~5 年每年的调整所得税 = 72.62 × 33% = 23.96（万元）

　　投产后第 6~10 年每年的调整所得税 = 136.43 × 33% = 45.02（万元）

（4）净现金流量的确定。净现金流量（又称现金净流量），是指在项目计算期内由每年现金流入量与同年现金流出量之间的差额所形成的序列指标。其理论计算公式为：

$$某年净现金流量（NCF_t）= 该年现金流入量 - 该年现金流出量$$
$$= C_{it} - C_{ot}（t = 0, 1, 2, \cdots）$$

显然，净现金流量具有以下两个特征：

1）无论是在经营期内还是在建设期内都存在净现金流量这个范畴；

2）由于项目计算期不同阶段上的现金流入和现金流出发生的可能性不同，使得各阶段上的净现金流量在数值上表现出不同的特点，如建设期内的净现金流量一般小于或等于零；在经营期内的净现金流量则多为正值。

净现金流量又包括所得税前净现金流量和所得税后净现金流量两种形式。其中，所得税前净现金流量不受融资方案和所得税政策变化的影响，是全面反映投资项目方案本身财务获利能力的基础数据。计算时，现金流出量的内容中不包括调整所得税因素；所得税后净现金流量则将所得税视为现金流出，可用于评价在考虑融资条件下项目投资对企业价值所做的贡献。可以在所得税前净现金流量的基础上，直接扣除调整所得税求得。

为了简化计算，这里假定只有完整工业投资项目和单纯固定资产投资项目考虑所得税前后净现金流量的两种形式；更新改造项目只考虑所得税后净现金流量一种形式。

现金流量表包括"项目投资现金流量表""项目资本金现金流量表"和"投资各方现金流量表"等不同形式。

项目投资现金流量表要详细列示所得税前净现金流量、累计所得税前净现金流量、所得税后净现金流量和累计所得税后净现金流量，并要求根据所得税前后的净现金流量分别计算两套内部收益率、净现值和投资回收期指标。

【例 9-27】智董公司生产线的建设投资估算额如例 9-21 的结果所示，其回收额的估算额如例 9-22 的结果所示，其流动资金投资的估算额如例 9-23 的结果所示，其经营成本的估算额如例 9-24 的结果所示，其税金及附加的估算额如例 9-25 的结果所示，其调整所得税的估算如例 9-26 的结果所示。

据此所编制的该项目投资的现金流量表如表 9-41 所示。

与全部投资的现金流量表相比，项目资本金现金流量表的现金流入项目没有变化，但现金流出项目不同，其具体内容包括项目资本金投资、借款本金偿还、借款利息支付、经营成本、税金及附加、所得税和维持运营投资等。此外，该表只计算所得税后净现金流量，并据此计算资本金内部收益率指标。

3. 项目投资净现金流量的简化计算方法

为简化净现金流量的计算，可以根据项目计算期不同阶段上的现金流入量和现金流出量具体内容，直接计算各阶段净现金流量。

表9-41　智董公司生产线投资项目现金流量表（项目投资）　　　金额单位：万元

项目计算期 （第t年）	建设期 0	建设期 1	运营期 2	运营期 3	运营期 4	运营期 5	运营期 6	…	运营期 9	运营期 10	运营期 11	合计
1　现金流入	0	0	200	200	200	200	200	…	300	300	330	2 530
1.1　营业收入			200	200	200	200	200	…	300	300	300	2 500
1.2　补贴收入								…			—	0
1.3　回收固定资产余值								…			10	10
1.4　回收流动资金								…			20	20
2　现金流出	200	40	107.38	102.38	102.38	102.38	102.38	…	143.57	143.57	143.57	1 474.75
2.1　建设投资	200	25										225
2.2　流动资金投资		15	5					…				20
2.3　经营成本			100	100	100	100	100	…	140	140	140	120
2.4　税金及附加			2.38	2.38	2.38	2.38	2.38	…	3.57	3.57	3.57	29.75
2.5　维持运营投资								…				0
3　所得税前净现金流量	−200	−40	92.62	97.62	92.62	97.62	97.62	…	156.43	156.43	186.43	1 055.25
4　累计所得税前净现金流量	−200	−240	−147.38	−49.76	47.86	145.48	243.1	…	712.39	868.82	1 055.25	—
5　调整所得税			23.96	23.96	23.96	23.96	23.96	…	45.02	45.02	45.02	344.9
6　所得税后净现金流量	−200	−40	68.66	73.66	73.66	73.66	73.66	…	11.41	111.41	141.41	710.35
7　累计所得税后净现金流量	−200	−240	−171.34	−97.68	−24.02	49.64	123.3	…	57.53	568.94	710.35	—

（1）单纯固定资产投资项目。若单纯固定资产投资项目的固定资产投资均在建设期内投入，则建设期净现金流量可按以下简化公式计算：

$$建设期某年的净现金流量 = -该年发生的固定资产投资额$$

运营期净现金流量的简化公式为：

$$运营前某年所得税前现金流量 = 该年因使用该固定资产新增的税前利润 + 该年因使用该固定资产新增的折旧 + 该年回收的固定资产净残值$$

$$运营期某年所得税后净现金流量 = 运营期某年所得税前现金流量 - 该年因使用该固定资产新增的所得税$$

【例9-28】已知企业拟购建一项固定资产，需在建设起点一次投入全部资金1 000万元，按直线法折旧，使用生命10年，期末有100万元净残值。建设期为一年，发生建设期资本化利息100万元。预计投产后每年可获息税前利润100万元。

我们用简化方法计算该项目的所得税前净现金流量。

$$固定资产原值 = 固定资产投资 + 建设期资本化利息 = 1\,000 + 100 = 1\,100（万元）$$

$$年折旧 = \frac{固定资产原值 - 净残值}{固定资产使用年限} = \frac{1100 - 100}{10} = 100（万元）$$

$$项目计算期 = 建设期 + 运营期 = 1 + 10 = 11（年）$$

$$建设期某年净现金流量 = -该年发生的固定资产投资$$

$$NCF_0 = -1\,000 \text{ 万元}$$

$$NCF_1 = 0 \text{ 万元}$$

$$运营期某年所得税前净现金流量 = 该年因使用该固定资产新增的息税前利润 + 该年因使用该固定资产新增的折旧 + 该年回收的固定资产净残值$$

$$NCF_{2-10} = 100 + 100 = 200（万元）$$

$$NCF_{11} = 100 + 100 + 100 = 300（万元）$$

计算指标:

净现值（所得税前）= 441.16 万元（行业基准折现率为 10%）;

净现值（所得税后）= 262.26 万元（行业基准折现率为 10%）;

内部收益率（所得税前）= 33.29%;

内部收益率（所得税后）= 25.45%;

包括建设期的投资回收期（所得税前）= 3.15 年;

不包括建设期的投资回收期（所得税前）= 2.51 年;

包括建设期的投资回收期（所得税后）= 4.33 年;

不包括建设期的投资回收期（所得税后）= 3.33 年。

【例 9-29】 某固定资产项目需要一次投入价款 1 000 万元，建设期为 1 年，建设期资本化利息为 100 万元。该固定资产可使用 10 年，按直线法折旧，期满有净残值 100 万元。投入使用后，可使运营期第 1~10 年每年产品销售收入（不含增值税）增加 780 万元，每年的经营成本增加 400 万元，税金及附加增加 7 万元。该企业适用的所得税税率假设为 33%，不享受减免税待遇。

我们分别按简化公式计算和按编制现金流量表两种方法计算该项目所得税前后的净现金流量（结果保留一位小数）。

①项目计算期 = 1 + 10 = 11（年）

②固定资产原值 = 1 000 + 100 = 1 100（万元）

③$年折旧 = \frac{1100 - 100}{10} = 100（万元）$

④经营期第 1~10 年每年不含财务费用的总成本费用增加额 = 400 + 7 + 100 = 507（万元）

⑤经营期第 1~10 年每年息税前利润增加额 = 780 − 507 = 273（万元）

⑥经营期第 1~10 年每年增加的调整所得税 = 273 × 33% = 90.09（万元）

净现金流量计算方法一:

按简化公式计算的建设期净现金流量为:

$$NCF_0 = -1\,000 \text{ 万元}$$

$$NCF_1 = 0$$

按简化公式计算的运营期所得税前净现金流量为:

$$NCF_{2-10} = 273 + 100 = 373（万元）$$

$$\text{NCF}_{11} = 273 + 100 + 100 = 473（万元）$$

按简化公式计算的运营期所得税后净现金流量为:

$$\text{NCF}_{2-10} = 273 \times (1 - 33\%) + 100 = 282.91（万元）$$

$$\text{NCF}_{11} = 273 \times (1 - 33\%) + 100 + 100 = 382.91（万元）$$

净现金流量计算方法二:

编制该项目的现金流量表,如表 9-42 所示。

表 9-42 某固定资产投资项目现金流量表(项目投资) 金额单位:万元

项目 计算期 (第 t 年)	建设期 0	1	运营期 2	3	…	8	9	10	11	合 计
1 现金流入量	0	0	780	780	…	780	780	780	880	7 900
1.1 营业收入	0	0	780	780	…	780	780	780	780	7 800
1.2 回收固定资产余值	0	0	0	0	…	0	0	0	100	100
2 现金流出量	1 000	0	407	407	…	407	407	407	407	4 070
2.1 固定资产投资	1 000	0	0	0	…	0	0	0	0	1 000
2.2 经营成本	0	0	400	400	…	400	400	400	400	4 000
2.3 税金及附加	0	0	7	7	…	7	7	7	7	70
3 所得税前净现金流量	−1 000	0	373	373	…	373	373	373	473	2 830
4 调整所得税	0	0	90.09	90.09	…	90.09	90.09	90.09	90.09	900.9
5 税后净现金流量	−1 000	0	282.91	282.91	…	282.91	282.91	282.91	382.91	1 929.1

由此可见,两种计算方法的结果完全一致。

(2)完整工业投资项目。若完整工业投资项目的全部原始投资均在建设期内投入,则建设期净现金流量可按以下简化公式计算:

$$\text{建设期某年净现金流量}(\text{NCF}_t) = -\text{该年原始投资额}$$
$$= -I_t \quad (t = 0, 1, \cdots, s, s \geqslant 0)$$

式中, I_t 为第 t 年原始投资额; s 为建设期年数。

由上式可见,当建设期 s 不为零时,建设期净现金流量的数量特征取决于其投资方式是分次投入还是一次投入。

如果项目在运营期内不追加流动资金投资,则完整工业投资项目的运营期所得税前净现金流量可按以下简化公式计算:

$$\text{运营期某年所得税前净现金流量} = \text{该年息税前利润} + \text{该年折旧} + \text{该年摊销} + \text{该年回收额} - \text{该年维持运营投资}$$

$$= EBIT_t(1-T) + D_t + M_t + R_t - O_t \quad (t = s+1, s+2, \cdots, n)$$

式中,$EBIT_t$ 为第 t 年的息税前利润;T 为使用的企业所得税税率;D_t 为第 t 年的折旧费;M_t 为第 t 年的摊销费;R_t 为第 t 年的回收额;O_t 为第 t 年维持运营投资。

完整工业投资项目的运营期所得税后净现金流量可按以下简化公式计算:

$$\text{运营期某年所得税后净现金流量} = \text{该年息税前利润} \times \left(1 - \text{所得税税率}\right) + \text{该年折旧} + \text{该年摊销} + \text{该年回收额} - \text{该年维持运营投资}$$

$$= \text{该年自由现金流量}$$

所谓运营期自由现金流量,是指投资者可以作为偿还借款利息、本金、分配利润、对外投资等财务活动资金来源的净现金流量。

如果不考虑维持运营投资,回收额为零,则运营期所得税后净现金流量又称为经营净现金流量。按照有关回收额均发生在终结点上的假设,经营期内回收额不为零时的所得税后净现金流量亦称为终结点所得税后净现金流量;显然,终结点所得税后净现金流量等于终结点那一年的经营净现金流量与该期回收额之和。

【例 9-30】 某工业项目需要原始投资 1 250 万元,其中,固定资产投资 1 000 万元,开办费投资 50 万元,流动资金投资 200 万元。建设期为 1 年,建设期发生与购建固定资产有关的资本化利息 100 万元。固定资产投资和开办费投资于建设起点投入,流动资金于完工时,即第 1 年末投入。该项目生命期 10 年,固定资产按直线法折旧,期满有 100 万元净残值;开办费于投产当年一次摊销完毕;流动资金于终结点一次回收。投产后每年获得的息税前利润分别为 120 万元、220 万元、270 万元、320 万元、260 万元、300 万元、350 万元、400 万元、450 万元和 500 万元。

我们按简化方法计算项目各年所得税前净现金流量和所得税后净现金流量。

①项目计算期 $n = 1 + 10 = 11$(年)

②固定资产原值 = 1 000 + 100 = 1 100(万元)

③固定资产年折旧 = $\dfrac{1100 - 100}{10}$ = 100(万元)(共 10 年)

④建设期净现金流量:

$$NCF_0 = -(1\,000 + 50) = -1\,050 \text{(万元)}$$
$$NCF_1 = -200 \text{(万元)}$$

⑤运营期所得税前净现金流量:

$$NCF_2 = 120 + 100 + 50 + 0 = 270 \text{(万元)}$$
$$NCF_3 = 220 + 100 + 0 + 0 = 320 \text{(万元)}$$
$$NCF_4 = 270 + 100 + 0 + 0 = 370 \text{(万元)}$$
$$NCF_5 = 320 + 100 + 0 + 0 = 420 \text{(万元)}$$
$$NCF_6 = 260 + 100 + 0 + 0 = 360 \text{(万元)}$$
$$NCF_7 = 300 + 100 + 0 + 0 = 400 \text{(万元)}$$

$NCF_8 = 350 + 100 + 0 + 0 = 450$（万元）

$NCF_9 = 400 + 100 + 0 + 0 = 500$（万元）

$NCF_{10} = 450 + 100 + 0 + 0 = 550$（万元）

$NCF_{11} = 500 + 100 + 0 + (100 + 200) = 900$（万元）

【例 9-31】 例 9-29 的计算结果，适用的企业所得税税率假设为 33%。我们来计算项目各年所得税后净现金流量。

①建设期净现金流量同例 9-29（略）；

②运营期所得税后净现金流量：

$NCF_2 = 120 \times (1 - 33\%) + 100 + 50 + 0 = 230.4$（万元）

$NCF_3 = 220 \times (1 - 33\%) + 100 + 0 + 0 = 247.4$（万元）

$NCF_4 = 270 \times (1 - 33\%) + 100 + 0 + 0 = 280.9$（万元）

$NCF_5 = 320 \times (1 - 33\%) + 100 + 0 + 0 = 314.4$（万元）

$NCF_6 = 260 \times (1 - 33\%) + 100 + 0 + 0 = 274.2$（万元）

$NCF_7 = 300 \times (1 - 33\%) + 100 + 0 + 0 = 301$（万元）

$NCF_8 = 350 \times (1 - 33\%) + 100 + 0 + 0 = 334.5$（万元）

$NCF_9 = 400 \times (1 - 33\%) + 100 + 0 + 0 = 368$（万元）

$NCF_{10} = 450 \times (1 - 33\%) + 100 + 0 + 0 = 401.5$（万元）

$NCF_{11} = 500 \times (1 - 33\%) + 100 + 0 + (100 + 200) = 735$（万元）

（3）更新改造投资项目。

$$\text{建设期某年净现金流量} = -\left(\text{该年发生的新固定资产投入} - \text{旧固定资产变价净收入}\right)$$

$$\text{建设期末的净现金流量} = \text{因旧固定资产提前报废发生净损失而抵减的所得税税额}$$

如果建设期为零，则运营期所得税后净现金流量的简化公式为：

$$\text{运营期第一年所得税后净现金流量} = \text{该年因更新改造而增加的息税前利润} \times (1 - \text{所得税税率}) + \text{该年因更新改造而增加的折旧} + \text{因旧固定资产提前报废发生净损失而抵减的所得税税额}$$

$$\text{运营期其他各年所得税后净现金流量} = \text{该年因更新改造而增加的息税前利润} \times (1 - \text{所得税税率}) + \text{该年因更新改造而增加的折旧} + \text{该年回收新固定资产净残值超过假定继续使用的旧固定资产净残值之差额}$$

在计算运营期第一年所得税后净现金流量的公式中，该年"因更新改造而增加的息税前利润"不应当包括"因旧固定资产提前报废发生的净损失"。之所以要单独计算"因旧固定资产提前报废发生净损失而抵减的所得税税额"，是因为更新改造不仅会影响到本项目，还会影响到企业的总体所得税水平，从而形成了"抵税效应"。如果将"因旧固定资产提前报废发生的净损失"计入"因更新改造而增加的息税前利润"，就会歪曲这种效应的计量结果。

因旧固定资产提前报废发生净损失而抵减的所得税税额的计算公式为：

$$\text{因旧固定资产提前报废发生净损失而抵减的所得税税额} = \text{旧固定资产清理净损失} \times \text{适用的企业所得税税率}$$

【例 9-32】 智董公司打算变卖一套尚可使用 5 年的旧设备，另购置一套新设备来替换它。

取得新设备的投资额为 180 000 元，旧设备的折余价值为 90 151 元，其变价净收入为 80 000 元，到第 5 年年末新设备与继续使用旧设备届时的预计净残值相等。新旧设备的替换将在当年内完成（更新设备的建设期为零）。使用新设备可使企业在第 1 年增加营业收入 50 000 元，增加经营成本 25 000 元；从第 2~5 年内每年增加营业收入 60 000 元，增加经营成本 30 000 元。设备采用直线法计提折旧。适用的企业所得税税率为 33%。

我们用简算法计算该更新设备项目的项目计算期内各年的差量净现金流量（不保留小数）。

①更新设备比继续使用旧设备增加的投资额 = 新设备的投资 - 旧设备的变价净收入 = 180 000 - 80 000 = 100 000（元）

②经营期第 1~5 每年因更新改造而增加的折旧 = $\frac{100\ 000}{5}$ = 20 000（元）

③运营期第 1 年不包括财务费用的总成本费用的变动额 = 该年增加的经营成本 + 该年增加的折旧 = 250 000 + 20 000 = 45 000（元）

④运营期第 2~5 年每年不包括财务费用的总成本费用的变动额 = 30 000 + 20 000 = 50 000（元）

⑤因旧设备提前报废发生的处理固定资产净损失为：旧固定资产折余价值 - 变价净收入 = 90 151 - 80 000 = 10 151（元）

⑥因旧固定资产提前报废发生净损失而抵减的所得税税额 = 10 151×33% ≈ 3 350（元）

⑦经营期第 1 年息税前利润的变动额 = 50 000 - 45 000 = 5 000（元）

⑧经营期第 2~5 年每年息税前利润的变动额 = 60 000 - 50 000 = 10 000（元）

按简化公式确定的建设期差量净现金流量为：

$$\Delta NCF_0 = -(180\ 000 - 80\ 000) = -100\ 000（元）$$

按简化公式计算的运营期差量净现金流量为：

$$\Delta NCF_1 = 5\ 000×(1-33\%) + 20\ 000 + 3\ 350 = 26\ 700（元）$$
$$\Delta NCF_{2-5} = 10\ 000×(1-33\%) + 20\ 000 = 26\ 700（元）$$

五、投资项目评价

投资项目评价是对企业资本支出项目的经济可行性所进行的分析和选优。相对于日常经营而言，资本支出项目的特点如表 9-43 所示。

表 9-43 资本支出项目的特点

项　目	内　容　阐　释
涉及时间长	资本支出项目是指收回时间在一年以上的投资，通常在若干年内对企业的收支产生较大影响
投资金额大	资本支出项目所涉及的投资金额通常较大，它一方面对投资收益要求较严，而且受到企业筹资能力和筹资成本的影响
投资风险大	一方面，由于资本支出项目的影响时间长，所涉及的不确定因素便越多；另一方面，长期投资的金额巨大，并且一经决定执行就难于改变，这些都加大了资本支出的风险。针对资本支出项目的这些特点，在进行投资项目评价时，除应尽可能准确地预测项目相关的收入、成本、现金流量外，还必须考虑货币时间价值、投资风险报酬、资本成本等特殊因素

（一）投资项目相关现金流量的内容

1. 现金流出的内容

投资项目相关的现金流出是指投资项目所直接导致的企业现金流出的增加额，通常包括的内容如表 9-44 所示。

表 9-44　现金流出的内容

项　目	内　容　阐　释
建设性投资	建设性投资包括固定资产、无形资产、开办费等方面的投资，如固定资产的购置、建造、安装、调试等支出。最为简化的建设性投资是一次性的支出，它仅表现为第 0 年的现金流出，但现实经济生活中也有不少为分期多次投入，即第 0 年始至整个建设期均有此现金流出
垫支营运资本	营运资本是指经营所需流动资产与当期流动负债的差额。资本支出项目相关的垫支营运资本是指项目投产前一次或分次投入的、用以应付项目投产后与该项目直接相关的材料购买、工资支付等所发生的垫付资本。垫支营运资本必须是该投资项目直接引起的，而且它在整个项目有效期内不能挪作他用，只有在该投资项目终了方能收回，并转移用途。当然，并不是所有投资项目均需要追加营运资本
经营支出	经营支出包括项目投产后生产经营过程中发生的各项付现成本及各项税金，是项目投产后最主要的现金流出。其中，税金应包括消费税、所得税等，但通常未包含增值税。而且由于消费税等均在所得税前列支，已经作为企业营业总成本的一部分，因此在确定经营支出所导致的现金流出时通常只将所得税项目单列。应该特别注意的是，年付现成本不同于各期与收入配比的营业总成本的概念，总成本中包含一部分非付现成本，如固定资产折旧、无形资产和递延资产摊销费等，它们均未构成项目生产经营中的实际现金流出，所以对现金流出没有直接影响。但是，这些非付现成本的存在，无疑会抵减各期的应税收入，从而抵减了部分所得税。当然，非付现成本的抵税额既然是现金流出的减少，其性质就相当于现金流入。另外，在全投资假设下，利息费用支出通常也不包括在相关现金流出中。所以，经营支出导致的现金流出就等于营业总成本加所得税减折旧等非付现成本及利息费用。 此外，经营支出的节约额本质上应是一种现金流入，但有时也将其以负值方式计入现金流出项目
其他现金流出	除上述内容以外的其他现金流出项目，比如项目导致的营业外支出、投资的机会成本等

2. 现金流入的内容

投资项目的现金流入是指投资项目直接引起的企业现金流入的增加额，通常包括的内容如表 9-45 所示。

表 9-45　现金流入的内容

项　目	内　容　阐　释
经营收入	投资项目直接引起的经营收入，如因此而扩大企业的生产经营能力所增加的销售收入或节约的经营支出等。它是投资项目的最主要的现金流入。在期初、期末应计项目基本相当的假设下，可用项目投产后预期实现的年销售收入额直接作为经营收入的现金流入额

续表

项　目	内　容　阐　释
固定资产残值收入	固定资产残值收入即投资项目终了处置固定资产所得的清理净收益，通常表现为第 N 年的一次性现金流入。至于更新改造决策中因购置新设备而处置旧设备所取得的中途变价收入，实为继续使用旧设备的机会成本，所以通常将其作为旧设备的初始投资考虑，而不作为现金流入处理。在此还应注意处置固定资产的收益或损失所导致的税收影响：当处置收入大于固定资产的账面净值时，发生营业外收入从而导致所得税支出的增加，因此，其对现金净流量的影响额就是其净收益额减所得税增加额的差额
垫支营运资本的收回	投资项目终了，垫支营运资本即可收回移作他用，因而亦是项目相关的现金流入
其他现金流入	除上述各项以外的其他现金流入

3. 现金流量按发生阶段分类

现实经济生活中，通常将与投资项目相关的现金流量按其在投资全过程中的发生阶段进行归类，这样既便于现金流量的预期，也更方便对其进行项目评价时所需的时间价值计算。项目投资过程往往包括建设期、经营期两个阶段，最后一个经营期又叫作终结点。与此相对应，现金流量也可归集为初始投资、营业现金流量、终结现金流量三类（见表9-46）。

表9-46　现金流量的分类

项　目	内　容　阐　释
初始投资	初始投资是指建设期所发生的现金流量总额，主要包括购建固定资产等建设性支出及营运资本的垫支，通常表现为第 0 年或建设期内各年的现金流出
营业现金流量	营业现金流量是指项目投产后，在整个生产经营期内正常经营所发生的现金流量，主要包括经营收入和经营支出两大部分，通常以其差额，即年营业现金净流量表示，通常表现为第 0～N 年间各年的现金净流入
终结现金流量	终结现金流量是指项目生命终结时发生的现金流量，包括固定资产的净残值收入、垫支营运资本的收回等，通常表现为第 N 年的现金流入

（二）投资项目相关现金流量的确定

1. 现金流量的预期

现金流量的预期是现金流量确定乃至整个资本预算的基础，投资项目评价中大量的前期工作即进行现金流量的预期。

预期现金流量必须考虑如下基本因素。

（1）相关成本。必须是投资项目直接相关的现金流入、流出量，也就是指将随投资项目取舍而增减的现金流量。沉没成本不能包含其中，上级主管部门或其他部门分配来的成本、费用亦不能包含其中。

（2）机会成本。机会成本尽管并未构成实际的现金流出，但它放弃了收益的机会，减少了现金流入，因此亦是项目相关的成本（流出）。

现金流量预期如表9-47所示。

表 9-47 现金流量的预期

项　目	内　容　阐　释
初始投资的发生金额及其发生时间的预期	不同的投资项目具有不同的初始投资。对其预期有时较简单，比如机器设备的更新决策，其初始投资往往在投资起点一次发生，其发生金额有机器设备的市价可资依据；有时此预期比较复杂，比如企业扩建的决策，其建设期往往较长，有的历时一年以上，资金分次投入，既涉及固定资产投资，又涉及流动资产投资。此时，最经济有效的预期依据是有关技术管理部门（如技改部门或建设部门）的预算及其与工程承建单位的合同
营业现金流量的预期	营业现金流量的预期最为关键，也最为复杂，它包括项目生命期的预期、相关经营收入的预期、相关付现成本的预期等。在经营收入的预期中，又包含着产销量预期、售价及其变动趋势预期，预期资料主要来源于营销部门；在经营付现成本预期中，则涉及各项生产要素的投入量情况及其价格变动趋势，预期资料主要来源于生产、技术管理部门及生产资料供给部门。对于老产品，预期收入和成本可建立在对相关历史资料及其变动趋势的分析基础上；对于新产品，预期收入必须建立在细致的市场调研基础上，并且参考行业内企业的具体情况，充分考虑市场需求和市场现有的供给数量、质量、价格等因素，而且应就试产期、达产期等不同阶段分别进行预测分析。预期成本则有赖于建立在有关生产、技术部门进行充分的生产、技术分析基础上。在市场经济环境中，预期营业现金流量时，无论是对有关数量的预期，还是对相关价格的预期，均应注意与市场对接。当然，在此还必须预计所得税因素及其变动对营业现金流量的影响。由于全投资假设下利息费用为不相关现金流出，所以在营业现金流量的预期时可对其忽略不计。正是基于此，在下列现金流量的计算中，我们不再将其单独列示
终结现金流量的预期	终结现金流量的内容较少、数额亦不大，对整个现金流量的分析影响较小，对其预期也相对较简单，通常只需根据财会部门的净残值率及其对项目相关的垫支流动资金预算进行估计即可。 现金流量预期正确与否，是长期投资决策正确与否的关键。由于投资项目相关的现金流量所涉及的不确定因素较多，因而不可避免地存在着取数风险和取数成本的问题，特别是其中营业现金流量尤其是经营收入的预期：若投入越多的人力和精力，选用更稳妥的取数方法时，取数风险将越小，但取数的外显成本会越大；反之，其外显成本会减少，但取数风险无疑会加大。所以，在此应进行风险与成本的权衡。现实中经常采用的权宜之法是：根据具体项目的预期内容，选择恰当的肯定当量系数，将预期现金流量调整为肯定当量现金流量

2. 现金流量的计量

由于现金流量由现金流入和现金流出两部分所组成，所以现金流量的计量通常是计算各期的现金净流量。

$$各期现金净流量 = 各期现金流入量 - 同期现金流出量$$

显然，其结果为正数时表示为现金净流入，结果为负数时表示为现金净流出。

现金净流量的计量有全额法和差额法两种基本方法，分述如下。

（1）全额计算法。即对投资项目各阶段所涉及的所有现金流量全额如实计算的方法。

根据各阶段现金流量的内容，可分别计算简单投资状况下的全额现金净流量如下：

$$建设期某年现金净流量 = 该年现金注入量 - 该年现金流出量$$
$$= 0 - （该年建设性投资额 + 该年垫支流动资金额）$$

$$=-该年初始投资额$$

经营期某年营业现金净流量 = 该年经营收入 - 该年经营支出

$$= 该年销售收入-（该年营业总成本-折旧等非付现成本额+该年所得税支出额）$$
$$= 该年销售收入-该年付现成本-该年所得税支出额$$
$$= 该年税后净利+折旧等该年非付现成本额$$
$$= 销售收入×（1-税率）-付现成本×（1-税率）+折旧等非付现成本×税率$$

终结点净现金流量 = 固定资产残值净收入额 + 垫支流动资金收回额

【例9-33】 智董公司拟组建一年产1 000台机床的分厂。该投资项目的有关资料为：

（1）固定资产投资总额400万元，分三年于各年年初投入。第一年投入200万元，第二年投入100万元，第三年投入100万元。固定资产生命期为6年，终结时有残值40万元。用直线法计提折旧。

（2）垫支流动资金200万元，于第三年年末一次投入。

（3）预计机床的年销售量与产量相同，其单位售价为1万元，单位成本为7 000元（其中折旧费600元）。所得税率为30%。

试确定该投资项目的现金流量。

在现金流量各部分内容中，营业现金流量所涉及的内容最为复杂，因此往往首先计算营业现金净流量。本例营业现金净流量以年金方式发生，不需逐期计算。营业现金净流量计算如下：

销售收入 = 1×1 000 = 1 000（万元）

销售成本 = 0.7×1 000 = 700（万元）

其中，折旧 = 0.06×1 000 = 60（万元）[或 =（400-40）/6=60]

税前净利 = 0.3×1 000 = 300（万元）

所得税 = 300×30% = 90（万元）

税后净利 = 300-90 = 210（万元）

所以，年现金净流量 = 210+60 = 270（万元）或 = 1 000-（700-60）-90 = 270（万元）或 = 1 000×（1-30%）-（700-60）×（1-30%）+60×30% = 270（万元）

将项目相关的全部现金流量编制为现金净流量表，如表9-48所示。

表9-48 现金净流量表　　　　　　　　　　　　　　　单位：万元

时　　间	0	1	2	3	4	5	6	7	8	9	合　计
固定资产投资	-200	-100	-100								-400
垫支流动资产				-200							200
年营业现金净流量					270	270	270	270	270	270	1 620
终结现金流量										40	40
各期现金净流量	-200	-100	-100	-200	270	270	270	270	270	310	1 060

当投资项目的现金流量数据充分，能够完整表述时，或者仅涉及单一投资项目的评价分析时，我们可以采用全额法进行现金流量的计量。

（2）差额计算法。即只计算确定投资项目相关的各类现金流量的差量（通常用"Δ"表示差量）的方法，即：

Δ初始投资 = A方案初始投资额 - B方案初始投资额

Δ营业现金净流量 = A方案营业现金净流量 - B方案营业现金净流量

$$= \Delta 销售收入 - \Delta 付现成本 - \Delta 所得税$$
$$= \Delta 税后净利 + \Delta 折旧等非付现成本$$
$$= \Delta 收入 \times (1-税率) - \Delta 付现成本 \times (1-税率) + \Delta 折旧等非付现成本 \times 税率$$
$$A 终结现金流量 = A 方案终结现金流量 - B 方案终结现金流量$$

【例9-34】 智董公司拟更新某旧设备，旧设备原值为100 000元，已用5年，账面净值为50 000元，若继续使用，估计还可用5年，期满后无残值。新设备购价100 000元，可用5年，期满有残值10 000元。使用新设备后，企业销售收入不变，但销售成本可节约20 000元。而且，可将旧设备出售，得款30 000元。又假设所得税率为30%。试计算确定该方案的现金流量。

此例中，是拟在继续使用旧设备和售旧换新两者之间进行选择。我们可计算售旧换新与使用旧设备之间的现金流量差量。分析如下：

旧设备账面净值为沉没成本，在此只应考虑其变现价值。

所以，Δ初始投资 = -100 000 - (-30 000) = -70 000（元）

又由资料知：旧设备年折旧额为10 000元，新设备年折旧额 = (100 000 - 10 000) ÷ 5 = 18 000元，据以计算营业现金流量差量如下：

Δ付现成本（1）-20 000
Δ折旧（2）+8 000
Δ税前净利（3）= 0 -（1）-（2）+12 000
Δ所得税（4）=（3）× 30% + 3 600
Δ税后净利（5）=（3）-（4）+8 400
Δ营业现金流量（6）=（5）+（2）= 0 -（1）-（4）+16 400

再计算终结现金流量差量，即两者残值之差。

Δ终结现金流量 = 10 000 - 0 = +10 000

最后，将计算结果归集为差量现金流量表，如表9-49所示。

表9-49 差量现金流量表　　　　　　　　　　　　　　　　单位：元

项　目	第0年	第1～4年	第5年
初始投资差异	-70 000		
营业现金流量差异		+16 400	+16 400
终结现金流量差异			+10 000
现金流量差量合计	-70 000	+16 400	+26 400

注：该例中初始投资差量负数值表示现金流出的增加额，营业现金流量差量和终结现金流量差量正值则表示现金流入的增加额。

差额计算法适用于多个方案间比较选优，而且方案相关的现金流量是用差量方式表达。此时采用差额法要么可简化计量，要么是不具备采用全额法的充分条件。

在现金流量的计量中，应特别注意所得税对此所产生的影响。所得税作为一种现金流出，它与企业或投资项目的纳税所得相关：收入增加时，所得税将增加；成本增加时，所得税将减少。由此而得出它与现金流量的关系是：各项收入增加时，一方面导致了现金流入量的增加，同时由于所得税因此增加而导致了现金流出量的部分增加，所以，与此相关的现金流入量的净增加额应是税后收入额；同理，各项成本增加时，一方面导致了现金流出量的增加，同时由于所得税因此减少而导致了现金流出量的部分减少，所以，与此相关的现金流出量的净增加额也应该是税后成本额。在此尤其应注意折旧等非付现成本：由于它们计入成本时并未付现，从而并没有构成现金流出。但是它们作为成本，必然由于其存在而减少了所得税支出，这就是所谓的抵税作用。正是由于折旧等非付现成本的抵税作用，在计算现金净流量时必须对它们加以考虑，具体表现为折旧等非付现成本增加所抵减的所得税额构成了现金净流量的增加额。上述营业现金净流量的计算公式正是因此而产生的。

现金流量是投资项目相关的成本、收入以收付实现制反映时的直接表现，因而也是评价投资项目财务效益好坏的主要依据。初始投资是投资项目最主要的现金流出，营业现金净流量则是投资项目最主要的现金流入，终结现金流量多数情况下也表现为现金流入，但并非必然存在。营业现金净流量和终结现金流量等现金流入相对于初始投资而言，是投资导致的未来收益。评价投资项目的效益好坏，即用比较现金流量的方式表示的项目初始投资及其未来收益。

(三) 货币的时间价值

1. 货币时间价值的概念

所谓的货币时间价值，是指在不考虑通货膨胀和风险的情况下，同一货币量在不同时间的价值量的差额。假设目前利率为10%，现在的1元钱在一年以后就不再是1元，而是1.1元，一年后的1元与现在的1元不等值，现在的1元钱相当于一年后的1.1元，这0.1元的差额即货币的时间价值。货币时间价值是一种客观存在的经济现象，西方学者对此较一致的解释是：投资者进行投资就必须推迟消费，对投资者推迟消费的耐心应该给予报酬，这种报酬的量应该与推迟消费的时间长度成正比，所以，单位时间（一般是年）的这种报酬对投资金额的百分比就是货币时间价值。然而，这种解释并没能说明货币时间价值的本质。货币时间价值的本质是价值增值，而且是货币投入使用后，在循环周转过程中所增加的价值。投资时间越长，循环周转的次数越多，价值增值便越多，货币时间价值也就越多。

应该说明的是，货币时间价值并未包含通货膨胀和风险因素。也就是说，并不是因为通货膨胀的存在会使货币贬值，也不是因为存在将来失去该货币的风险，所以现在的一元钱才比以后的一元钱更值钱。这些因素虽然是客观存在的，它们将在其他要素中另行考虑。在此我们仅仅考虑时间因素：不同时间的货币具有不同的价值量，其价值差量即货币的时间价值。

2. 货币时间价值的计量

从现象上看，货币时间价值非常近似于利息及利率，因此，货币时间价值的计量通常采取终值、现值的形式。不过，在此必须采取复利计息方法计算。现值即现在的价值，类似于本金；终值即未来值，类似于本利和，即一定数额的本金在若干时期后所拥有的本金和利息的总额。复利则是指复合利息，俗称利滚利，亦即不仅计算本金的利息，而且计算利息的利息。由于现金流量的发生方式不同，时间价值的计量通常有如下具体方式。

(1) 复利终值与复利现值：适用于一次性发生的现金流量。

1) 复利终值就是复利计息时的本利总和。如果设 P 为本金，i 为利率，n 为时期，S 为复利终值，则复利终值的计算公式为：

$$S = P \times (1+i)^n$$

式中，$(1+i)^n$ 称为复利终值系数，或称作一元的复利终值，亦可表示为 $(S/P, i, n)$。$(S/P, i, n)$ 可查复利终值系数表求得。因此，复利终值计算公式亦可表示为：

$$S = P \times (S/P, i, n)$$

由复利终值计算公式或终值系数表可知，复利终值随利率和时期同方向变动。利率越大，同期的复利终值越大；时期越长，同利率的复利终值也越大。

2）复利现值。一定时期后的一定货币量，按复利计息法折算所得的现在的价值。复利现值与复利终值可互为逆运算。终值是已知现在的值求未来值，现值则是已知未来值求现在的值。现值的计算亦称作折现，折算现值所用的利率亦称作折现率。

假设各符号命名同前，P 为现值，S 为未来值，i 为折现率，n 为折现期。

复利现值的计算公式则为：

$$P = S \div (1+i)^n = S \times 1/(1+i)^n$$

式中，$1/(1+i)^n$ 被称作复利现值系数，或称为一元的现值，也叫折现系数，亦可表示为 $(P/S, i, n)$。$(P/S, i, n)$ 可查复利现值系数表求得。因此，复利现值的计算公式亦可写作：

$$P = S \times (P/S, i, n)$$

由现值的计算公式或现值系数表可知：复利现值与折现率、时期的变动方向相反。折现率越大，同期折现的现值越小；时期越长，相同折现率时的现值也越小。

（2）年金终值与年金现值：适用于分期、等额方式发生的现金流量时间价值的计量。

所谓年金，是依照相同时期间隔在连续若干期收入或付出的一系列数额相等的款项。它必须同时具备两个特征：

A. 每次收付的数额相等；

B. 时间间隔相等，比如每年收付一次。

年金又包括普通年金、即付年金、递延年金、永续年金等多种形式。普通年金是指收付发生在每期期末的年金，所以又称为后付年金；即付年金是指收付发生在每期期初的年金，因而又称为预付年金；递延年金是指前一期或前几期没有收付款项，递延到一定时期后才开始发生收付的年金，所以又称为延期年金；永续年金是指没有确定收付款期限，近似于无穷数列的年金。

1）年金终值。年金终值是指各期年金终值的总和，亦即若干时期内连续收付的等额款项的复利本利和。由于递延年金的终值计算与普通年金终值的计算仅在于计算期不同，而永续年金终值的计算意义不大，因此下面仅介绍普通年金终值和即付年金终值的计算。

①普通年金终值。普通年金是最基本的年金形式，我们用 A 表示年金，SA 表示普通年金的终值。其他符号含义同前。

普通年金终值的计算过程如下：

第 1 期年金的终值 $= A \times (1+i)^{n-1}$

第 2 期年金的终值 $= A \times (1+i)^{n-2}$

……

第 $n-1$ 期年金的终值 $= A(1+i)$

第 n 期年金的终值 $= A$

所以，$SA = A(1+i)^{n-1} + A(1+i)^{n-2} + \cdots + A(1+i) + A$

整理得：

$$SA = A \times [(1+i)^{n-1}] \div i$$

式中，$[(1+i)^{n-1}] \div i$ 称为年金终值系数，或称为一元年金的终值，亦可表示为 $(S/A, i, n)$。$(S/A, i, n)$ 可查年金终值系数表求得。因此年金终值的计算公式亦可写作：

$$SA = A \times (S/A, i, n)$$

利用年金终值的计算公式，还可计算年金。

$$年金 = 年金终值 \div 年金终值系数$$

现实经济生活中偿债基金的建立，通常就需采取这种方式。所以，年金终值系数的倒数亦可叫作偿债基金系数。

②即付年金终值。收付发生在每期期初的年金的终值。由于年金终值系数表是以普通年金为基础编制而成的，因此，计算即付年金终值时必须首先弄清它与普通年金终值的关系：n 期即付年金终值实际上等于 $n+1$ 期普通年金终值减 A，或者等于 n 期普通年金终值乘 $(1+i)$。即：即付年金终值计算是在普通年金终值基础上"期数加 1，系数减 1"。因此，即付年金终值（表示为 SA'）的计算如下：

$$SA' = A \times [(S/A, i, n+1) - 1]$$

或

$$SA' = A \times (S/A, i, n) \times (1+i)$$

2）年金现值。各期年金复利现值的总额，是指若干时期内连续收付的等额款项，按复利计息法折现所得的现值总额。各类年金现值的计算分别介绍如下。

①普通年金现值。普通年金现值的计算是其他各类年金现值计算的基础。我们用 PA 表示普通年金现值，其他符号含义不变。

普通年金现值的计算过程如下：

第 1 期年金的现值 = $A/(1+i)$

第 2 期年金的现值 = $A/(1+i)^2$

……

第 $n-1$ 期年金的现值：$A/(1+i)^{n-1}$

第 n 期年金的现值 = $A/(1+i)^n$

所以，PA = $A/(1+i) + A/(1+i)^2 + \cdots + A/(1+i)^{n-1} + A/(1+i)^n$

整理得：

$$PA = A \times [1 - (1+i)^{-n}] \div i$$

式中，$[1-(1+i)^{-n}] \div i$ 称作年金现值系数，或者一元年金的现值，亦可表示为 $(P/A, i, n)$。$(P/A, i, n)$ 可查年金现值系数表求得。因此，普通年金现值的计算公式亦可写作：

$$PA = A \times (P/A, i, n)$$

②即付年金现值。由于年金现值系数表以普通年金为基础编制，因此，计算即付年金现值亦应该依据其与普通年金现值的关系。我们用 SA'表示即付年金现值，则：

$$PA' = A + A/(1+i) + A/(1+i)^2 + \cdots + A/(1+i)^{n-2} + A/(1+i)^{n-1}$$

可见，PA' = $PA \times (1+i)$

所以，PA' = $A \times [(P/A, i, n-1) + 1]$

或者，PA' = $A \times (P/A, i, n) \times (1+i)$

显然，两者关系可以描述为：期数减 1，系数加 1。

③递延年金现值。我们用以 PA″表示递延年金现值。m 为递延期数，$n-m$ 为普通年金期数。按照普通年金现值及复利现值的计算方法可知：

$$PA'' = PA \times (P/S, i, m)$$
$$= A \times (P/A, i, n-m) \times (P/S, i, m)$$

可见，递延年金现值比普通年金现值和即付年金现值均小，而且，递延期越长，递延年金现值越小。在现实经济生活中，投资项目收益的发生相对于投资支付而言多为递延发生，所以，递延年金现值的计算方式具有重要的现实意义。

④永续年金现值。在现实经济生活中，真正无限期支付的永续年金是不存在的。只要投资项目相关时期较长，而且期限不确定，我们即可按永续年金方式近似计算其现值。永续年金现

值计量与普通年金现值计量的区别仅在于其相关的期数 $n\to\infty$。

由普通年金现值系数计算式 $(P/A, i, n) = [1-(1+i)^{-n}] \div i$ 可知：当 $n\to\infty$ 时，$(1+i)^{-n}$ 趋于 0，所以 $(P/A, i, n) \to 1 \div i$。因此，永续年金现值（用 PA''' 表示）可计算如下：

$$PA''' = A \div i$$

⑤资本回收系数。资本回收系数（简称 CRF）是用以计算等额资本回收额时所采用的系数，其值为年金现值系数的倒数，即：

$$CRF_{i,n} = 1 \div (P/A, i, n)$$

在现实经济生活中，我们常常会遇到在已知现值和折现率的情况下求年金，即等额资本回收额的问题。例如，银行借款年等额偿还额的计算；此时存入银行一笔钱，在一定存续期内分期的提取额；此时进行设备的更新改造而导致的未来若干期的年均成本额，等等。

对此问题我们可以用年金现值系数直接计算，即：

$$年金 = 年金现值 \div 年金现值系数$$

为了方便计算，人们将年金现值系数的倒数编列从表，从而形成了资本回收系数表。这样，当我们遇到求解等额资本回收额的问题时，便可直接用资本回收系数求解，即：

$$等额资本回收额 = 现值 \times 资本回收系数$$

（3）系列不等额款项的终值和现值。相对于一次性收付款项或以年金方式收付款项的现金流发生方式而言，投资项目中更常见的是系列不等额款项的收付发生方式。系列不等额款项与年金的区别仅在于各期收付的款项是不等额的，其终值和现值的计算原理基本同上。

3. 货币时间价值在投资项目评价中的意义

货币具有时间价值，不同时间的一元钱是不等值的，或者说它们不具可比性。资本支出项目由于具有影响时间长的特点，资金的投入与收益往往发生在不同时间，而不同时间收付的资金不能直接相比，否则将导致决策错误。因此，在投资项目评价中，必须将发生于各不同时点的现金流入量和现金流出量进行时间价值的计算，将它们全部折算为同一时点上的值，如终值或现值，使之具有可比性后，方能比较、确定投资项目的财务收益好坏，才能进行可行与否的决策。所以，树立货币时间价值观念是正确进行投资项目评价的前提。

货币时间价值在投资项目评价中的具体应用主要包括如下几方面。

（1）通过终值或现值的计算，比较投资额和收益额，从而评价投资项目的财务可行性。

（2）根据已知的投资额和收益额，计算可获得的投资报酬率。

（3）根据终值、现值和投资报酬率，确定有效的投资年限下限。

（四）投资项目评价方法

常用的投资项目评价方法有两类：非折现法和折现法。

1. 非折现法

此类方法的共同特点：只考虑收益或现金流量的发生数额状况，而未考虑其发生时间，即不对其进行折现。常用的方法有会计收益率法、投资回收期法等。

（1）会计收益率法。通过计算比较会计收益率的大小评价投资项目优劣的方法。其评价标准是：会计收益率以最大为好。

1）会计收益率的确定。会计收益率是投资收益额与投资成本额之比。由于对投资收益和投资成本的看法不同，会计收益率的计算具有多种方式，其中较有代表性的是：

$$会计收益率 = \frac{年均税后净利润}{初始投资总额} \times 100\%$$

或

$$会计收益率=\frac{年均税后净利润}{平均投资额}\times100\%$$

式中，

$$平均投资额=\frac{初始投资+残值}{2}$$

平均投资额计算公式的原理是随着折旧的逐期计提摊销，投资成本逐期减少，所以应计算其整个有效期的平均投资额。

2）对会计收益率的评价。会计收益率所采用的数据基本与现有会计系统的数据产生方式相同，所以采用该指标具有取数成本较低、便于计算且简单易懂等优点；而且，会计收益率通常作为管理者对分部、项目或下属进行业绩评价的基础，将其用于资本预算中的决策制定阶段有利于保证目标导向上的一致性。但在用于投资项目评价时会计收益率又存在两个显著缺陷。

①会计收益率指标计算形式多样，口径不一，缺乏可比性且容易导致混乱；

②会计收益率未考虑货币时间价值。

我们知道，货币时间价值是客观存在的经济范畴，不同时间发生的1元钱是不等值的。而会计收益率的计算采用的是未来收益额与初始投资或平均投资额的直接、简单比较，非常容易导致投资价值判断的失误。比如，初始投资相同,年净利或年现金流入量分别为25 000元、20 000元、15 000元、10 000元、5 000元和5 000元、10 000元、15 000元、20 000元、25 000元的两个方案，其会计收益率相同，但无疑两者的价值量差异是显而易见的。因此，会计收益率很少单独作为有效的投资项目评价方法，一般用于事后的考核评价。

（2）投资回收期法。通过计算投资回收期的长短来比较投资方案好坏的方法。其评价标准为：投资回收期一般不能长于投资有效期的一半。多个方案中则以投资回收期最短者为好。

1）投资回收期的确定。投资回收期亦称投资偿还期，是指从开始投资到收回全部初始投资所需要的时间，一般用年表示。由于初始投资的收回主要依赖营业现金净流量，因此，投资回收期的计算因营业现金净流量的发生方式而异。

①营业现金净流量以年金形式发生：

$$投资回收期=\frac{初始投资}{年现金净流量}$$

②营业现金净流量逐年不等额发生：

首先计算逐年累计的现金净流量和各年末尚未收回的投资额。假设初始投资在第 n 年和第 $n+1$ 年之间收回，回收期计算如下：

$$投资回收期=\frac{第n年末尚未收回的投资额}{第n+1年的现金净流量}$$

2）对投资回收期的评价。投资回收期法简单易懂，而且根据投资收回时间长短评价投资方案的优劣，有利于加速资本回收，减少投资风险。但是，投资回收期同样存在两个严重缺陷：

一是投资回收期的确定没有考虑货币时间价值，使该指标值偏离实际值，因此而可能导致投资决策评价的失误；

二是投资回收期法没有考虑投资方案整体效益的好坏，亦容易导致错误的抉择。

由于投资回收期法的上述缺陷，使之难以独立承担投资项目评价的重任。但在众多方法中，唯有该法是从投资收回时间快慢的角度进行评价的，而这对投资风险的衡量确实具有重要意义。所以，投资回收期法通常作为决策分析中重要的辅助方法。

2. 现金流量折现法

现金流量折现法，即通过研究投资项目相关的所有现金流量的等现值进行投资项目评价的方法。此类方法的共同特点是：对所有现金流量进行折现，对投资项目评价诸要素进行综合考虑，因而更具科学性。常用的方法包括净现值法、现值指数法、内含报酬率法和等年值法等。

（1）净现值法。通过计算确定净现值进行投资项目评价的方法。其评价标准是净现值是否大于 0。

1）净现值的确定。所谓净现值是指从投资项目筹划开始直至项目生命终结，所有现金流量（包括现金流入量和现金流出量）按资本成本或其他特定的折现率计算的现值代数和。计算公式如下：

$$净现值 = \sum_{t=1}^{n}(NCF_t \times DF_{i,t})$$

式中，NCF 表示各年的现金净流量；$DF_{i,t}$ 表示复利现值系数。

净现值亦可表述为未来收益的现值总额与初始投资现值总额的差额，即：

净现值 = 未来现金流入的现值总额 − 未来现金流出的现值总额 − 初始投资现值总额

净现值的确定包含两个关键步骤：

① 正确确定投资项目相关的所有现金流量，尤其是其营业现金净流量；

② 运用资本成本或其他给定折现率对现金流量进行正确的现值计算。

2）净现值的特殊形式——等年值。等年值是指按照预定的资本成本，将投资项目相关的所有现金流量折算为各年相等的金额。实质上，等年值就是净现值的年金形式，其计算公式如下：

$$等年值 = \frac{投资方案的净现值额}{相应的年金现值系数}$$

由于投资项目相关的现金流量的具体内容和表现形式不同，等年值既可以表现为等年净流入，也可以表现为等年净流出。当各投资项目涉及不同投资有效期时，直接比较净现值显然意义不大，因为它们缺乏可比的时期基础，此时最好是比较其等年值。等年值采用统一的时间基础进行指标计算，具有更强的可比性，特别适用于更新改造等投资项目相关时间长度可能不一致时的投资项目评价。

3）对净现值的评价。货币具有时间价值，不同时期收付的货币量具有不同的价值量，因此不能对其进行简单的直接比较。在资本投资决策中，资本投入的时间和未来收益的发生时间往往不一致，或者说，现金流入和现金流出通常发生在不同时期。在评价投资项目的财务效益时便不能直接比较其值，而须将它们均折算为现值再进行比较，其差额即净现值。

可见，净现值意味着投资所能获取的净收益额，当净现值大于 0 时，说明投资净收益为正，投资报酬率大于资本成本，投资方案可行；当净现值小于 0 时，说明投资净收益为负，投资报酬率小于资本成本，投资方案不可行。若净现值等于 0，则说明投资方案的净收益为 0，这意味着投资项目所得的投资报酬率等于其资本成本，方案是否可行则取决于它在企业经营中的重要程度。当然，净现值大于 0 的项目也未必都可行，当我们在多个方案之间选优时，应尽可能选取净现值最大的方案。

净现值是投资项目评价的最重要指标之一，而且它也是其他现金流量折现法运用的基础。净现值法从投资净收益的角度评价投资项目的优劣，在独立的、互斥方案的选优中具有重要意义。但它是一个绝对值指标，因而未能反映投资的相对效益状况。

（2）现值指数法。通过计算比较现值指数指标评价投资项目好坏的方法。其评价标准是：现值指数是否大于 1。

1）现值指数的确定。所谓现值指数是指未来收益的现值总额和初始投资现值总额之比，其实质是每一元初始投资所能获取的未来收益的现值额。计算公式如下：

$$\text{现值指数} = \frac{\text{未来收益的现值总额}}{\text{初始投资的现值总额}} = \frac{\sum_{t=s}^{n}(\text{NCF}_t \times \text{DF}_{i,t})}{\sum_{t=0}^{s-1}(\text{NCF}_t \times \text{DF}_{i,t})}$$

2）现值指数的评价。现值指数以每元投资所得的相对收益形式评价投资方案的优劣，弥补了净现值指标不能适用于初始投资额差异较大的方案之间的评价问题，尤其适用于资本总量有限时组合投资决策方案的评价。

（3）内含报酬率法。内含报酬率法是通过计算比较内含报酬率指标进行投资项目评价的方法。其评价依据是：内含报酬率是否大于资本成本。

1）内含报酬率的确定。所谓内含报酬率是指投资项目在投资有效期内实际得到的投资报酬率。由净现值的确定可知：内含报酬率也就是使投资项目的净现值等于0时所用的折现率。由于投资项目相关现金流量的发生状况不同，内含报酬率的确定通常分为两种方法三种情况：

第一种方法是先求现值系数，再借助现值系数表求得使净现值为0的折现率。它适用于两种情况：

①投资于期初一次投入，未来收益以年金方式发生；

②初始投资于期初一次投入，未来收益于期末一次收回。

第二种方法是逐次测试法。它适用于第三种情况，即当投资方案相关的现金流量以系列不等额方式发生时，则必须采用逐次测试的方法。该法的操作程序为：首先估计一个折现率进行第一次净现值额的计算。若该净现值大于0，说明内含报酬率大于该折现率，提高折现率后，进行第二次测算；若净现值小于0，说明内含报酬率小于该折现率，降低折现率后，再次进行测算。如此不断变换折现率测算净现值，直至找出使投资方案净现值等于0时所用的折现率，或找出最接近0的正、负两个净现值，再用内插法求使净现值等于0的折现率，即内含报酬率。

2）内含报酬率的评价。内含报酬率能够明确各投资项目的投资报酬率，并通过内含报酬率与资本成本的直接比较评价投资项目的优劣。内含报酬率大于资本成本，方案可行；反之则不可行。在多个方案中择优时，则以内含报酬率大者为优。

（4）各种现金流量折现法的比较。现金流量折现法全面考虑了投资项目评价各要素，尤其是货币时间价值因素，因而较非折现法更为准确。但是，各种方法的评价结论有时相互矛盾。哪种方法更具说服力呢？我们进行比较分析如下。

1）净现值法与现值指数法的比较。我们知道，净现值法考虑的是投资收益的绝对值，现值指数法考虑的是投资收益的相对值。一般情况下，净现值为正时，未来收益的现值大于初始投资的现值，现值指数大于1，投资方案可行；净现值为负时，未来收益的现值小于初始投资的现值，现值指数小于1，投资方案不可行。两种方法的评价结论基本一致。但在进行互斥方案，尤其是初始投资额差异较大的互斥方案的评价时，两种方法的结论有可能相互矛盾。显然，在初始投资差异较大的投资项目之间比较其净现值额，评价结果的意义不大。但如果我们面临的是互斥方案的选择，而且企业有充足的投资资本，剩余资本又没有更好的用途时，运用净现值法选取净现值最大的方案也不失为合理的选择。当资本总额有限，而我们需要进行投资组合决策时，现值指数法则可帮助我们做出更好的选择。

组合投资决策是指多个项目之间可以实现任意的组合，并通过组合式的投资，获取最大的效益。组合投资效益的评价标准仍然是净现值总额最大，其实现前提是能够保证资本充分有效的利用。对此问题的具体分析应针对投资资本总量是否受到限制分别进行：当资本总量不受限制时，按每一项目的净现值大小排队，确定项目的先后顺序，就能得到净现值总额最大的投资组合；但在现实经济生活中，资本总量通常是有限的，当资本总量受到限制时，能使投资组合净现值总额最大的前提则是单个方案的现值指数最大，所以在此首先应按各项目现值指数的大小排队，由大至小选取累计投资额等于或最接近于投资限额时的投资组合，才能在充分利用投资资本的前提下，实现净现值总额最大。

2）净现值法与内含报酬率法的比较。通常情况下，净现值法和内含报酬率法的评价可得到相同结论。但是，由于现实经济生活中现金流量的发生情况非常复杂，如现金流量可能多次改变正负号、现金流量发生的时间和数量上的差异、多次重复投资等，都使内含报酬率法的实际运用变得异常复杂，甚至可能使我们无法进行准确的判断。

①现金流量多次改变符号时。一般情况下，我们都是假设投资方案在其有效期内现金流量只改变一次符号，即完成初始投资后，营业现金流量和终结现金流量将只有正值。此时，净现值是折现率 i 的单调减函数，净现值只在某一个折现率上为 0。因此，投资方案只有一个内含报酬率。但有时企业在其投资有效期内可能需追加投资、可能发生亏损等，从而使其投资有效期内的现金流量多次改变符号，此时净现值已不再是折现率的单调函数，因而呈现一个投资项目有多个内含报酬率共存的现象，通常是改变几次符号就有几个内含报酬率。

②现金流量发生的时间方式不同时。不同投资方案的现金流量发生时间方式有可能大不一样，有些方案的现金流入量主要发生在前期，有些方案的现金流入量则主要发生在后期；有些方案的现金流入量数额较大但获取时间较短，有些则数额虽小但获取时间较长。在这样的方案之间进行选择，内含报酬率法和净现值法也可能得出相互矛盾的结论。

在内含报酬率法中，内含报酬率不受资本成本的影响，是固定不变的，因而它不能针对资本成本的大小来做出对企业更为有利的选择。净现值法则不存在此问题。而且，两种方法对所得现金流量的再投资收益情况是建立在不同的假设前提之下的：内含报酬率法假设所有现金流量的再投资收益率与内含报酬率相同，而净现值法假设所有现金流量的再投资收益率与资本成本或所用折现率相同。显然，内含报酬率的假设过于乐观，而净现值的假设相对更现实。即使，资本成本随着环境、条件的变化发生变化，我们也可按照整个投资有效期内各个时期预期的不同资本成本对净现值进行重新评价，而内含报酬率却无法做到。因此，当净现值法与内含报酬率法的决策结论不同时，应以净现值法的结论为准。

综上所述，各种方法各有利弊。在实际运用时，应根据投资项目及其特征，选择合适的方法进行妥善的评价。

第 10 章

企业分配管理

第一节 收益分配概述

收益分配是指分配主体在各个分配参与者之间对分配对象（企业经营收益）进行的分割和平衡，即企业将净利润在投资者、经营者以及其他有特殊贡献的职工、企业留存之间进行的合理有效的分配。

收益分配管理，从企业外部看，体现了国家引导和监督企业合理确定对经营成果分配的办法和标准，以保证企业之间、职工之间应有的公平，保护分配主体的合法权益，保障国家财经法规的有效执行和经济秩序的正常运转。从企业内部看，则体现着企业是否遵守了国家有关收益分配的规定；是否贯彻了多贡献多回报的分配原则；是否实施了公平和效率的分配原则；是否存在个别分配主体侵害其他分配主体利益的不公平现象。

税收是对企业经营成果的法定分配，但它无法规范除此以外的收益分配行为，如企业是否允许职工参与收益分配，给经营者分配多少奖励，企业给投资者分配多少利润，分配方案是否合理等。而《企业财务通则》则对这些问题进行了具体的规范，较好地体现了公平合理的原则。

一、利润分配的基本原则

利润分配是企业的一项重要工作，它关系到企业、投资者等有关各方的利益，涉及企业的生存与发展。因此，在利润分配的过程中，应遵循如表 10-1 所示的原则。

表 10-1 利润分配的基本原则

项　　目	内　容　阐　释
依法分配原则	企业进行利润分配的对象是其缴纳所得税后的净利润，这些利润是其权益，其有权自主分配。国家有关法律、法规对企业利润分配的基本原则、一般次序和重大比例也做了较为明确的规定，旨在保障企业利润分配的有序进行，维护企业和所有者、债权人及职工的合法权益，促使企业增加积累，增强其风险防范能力。国家有关利润分配的法律和法规主要有《公司法》《外商投资企业法》等，企业在利润分配中必须切实执行上述法律、法规。利润分配在企业内部属于重大事项，企业必须在不违背国家有关规定的前提下，在章程中对本企业利润分配的原则、方法、决策程序等内容做出具体而又明确的规定，企业在利润分配中也必须按规定办事
资本保全原则	资本保全是责任有限的现代企业制度的基础性原则之一，是指企业在分配中不能侵蚀资本。利润的分配是对经营中资本增值额的分配，不是对资本金的返还。按照这一原则，企业如果存在尚未弥补的亏损，一般应首先弥补亏损，然后进行其他分配

续表

项　目	内　容　阐　释
充分保护债权人利益原则	按照风险承担的顺序及其合同契约的规定，企业必须在利润分配之前偿清所有债权人到期的债务，否则不能进行利润分配。同时，在利润分配之后，企业还应保持一定的偿债能力，以免产生财务危机，危及企业生存。此外，如果企业此前与债权人签订了某些长期债务契约，那么，其执行利润分配政策前还应征得债权人的同意经过其或审核后方能执行
多方及长短期利益兼顾原则	利益机制是制约机制的核心，而利润分配的合理与否是利益机制最终能否持续发挥作用的关键。利润分配涉及投资者、经营者、职工等多方面的利益，企业必须兼顾，并尽可能地保持稳定。在企业获得稳定增长的利润后，应增加利润分配的数额或百分比。同时，由于发展及优化资本结构的需要，除依法必须留用的利润外，企业不可以合理留用利润。在对积累与消费关系的处理上，企业应贯彻积累优先的原则，合理确定提取盈余公积金和分配给投资者利润的比例，使利润分配真正成为促进企业发展的有效手段

二、利润分配的内容

（一）提取公积金

盈余公积金是企业从税后利润中提取的积累资金，是企业用于防范和抵御风险，补充资本的重要资金来源，也是维护企业稳定经营和长期发展的必要措施和手段。盈余公积金的实质是企业经营中形成的盈余，从产权归属上看，它属于企业所有者权益的一个部分，为投资者所有。盈余公积金制度是企业在长期发展实践中逐步创立和完善起来的制度，其主要目的是保护投资者的利益。

盈余公积金包括法定盈余公积金和任意盈余公积金。法定盈余公积金是指按国家法律规定的比例提取的公积金，任意盈余公积金则是企业根据董事会决定的比例自行提取的公积金。此外，企业的公积金还包括非经营收益中增加资本净值的某些积累资金，即资本公积金，这主要包括接受的捐赠财产、资本折算差额、资本溢价收入、财产重估增值等。

法定盈余公积金的提取，不论其经济性质或组织形式如何，均应按税后利润（减弥补亏损）的10%提留，当其法定盈余公积金已达到注册资本的50%时，可不再提取。而提取任意盈余公积金，是企业为了满足经营管理的需要，控制向投资者分配利润的水平，以及调整各年度利润分配的波动，按公司章程或股东会议决议对利润分配所采取的限制措施，提取比例由董事会决定，提取顺序优先于投资者分配利润。股份有限公司可在分配优先股股东之后（但在分配普通股股利之前）提取任意盈余公积金，这是股份有限公司利润分配顺序的一个主要特点。

法定盈余公积金和任意盈余公积金可用于弥补亏损、转增资本金，也可用于分配股利。但企业用盈余公积金转增资本金后，必须保证法定盈余公积金的余额不低于注册资本的25%。资本公积金来源于非利润因素，其主要用于转增资本金，一般不得用于弥补亏损，更不能用于向投资者分配利润。

（二）向投资者分配利润

向投资者分配利润应遵循纳税优先、企业积累优先、无盈余不分利的原则，其分配顺序处在利润分配的最后大阶段。这体现了投资者对企业的权利、义务以及所应承担的风险。向投资者分配利润时应注意，企业在提取盈余公积金之前，不得向投资者分配利润；如企业当年无利润时，原则上不分配股利，但在用盈余公积金弥补亏损后，经股东大会特别决议，可按不超过股票面值6%的比率用盈余公积金分配股利，并保证在分配股利后企业法定盈余公积金不低于注册资本的 25%。这样做的目的是维护企业的信誉，避免股票价格大幅度波动。

分配给投资者利润的比例应遵守企业章程或董事会的决定，一般在年度终了后由董事会根据公司的资产和盈利情况提出分配的原则和方案。股份公司向股东分配股利时，应确认股东的股权，凭股票分配股利。优先股的股利应在分配普通股股利之前优先分配，股利应按约定的股利率支付，其计算公式为：

$$每股股利 = 股票面额 \times 约定的股利率$$

（三）弥补企业亏损

企业经营收入不足以抵偿经营支出时就会导致亏损。企业发生的亏损按其性质可分为政策性亏损和经营性亏损两大类。政策性亏损是企业为完成政府规定的社会公益目标生产或经营特定的产品，由于国家限价等原因而产生的亏损。此类亏损一般可由财政部门审核批准后予以弥补。经营性亏损及其弥补经营性亏损是由于企业经营管理不善而造成的亏损。这类亏损原则上应由企业自行解决。按照国际惯例，对亏损的弥补方法有三种，即税前利润弥补、税后利润弥补和使用盈余公积金弥补。税前利润弥补一般都有规定的期限，因为用税前利润补亏会影响国家的税收收入，不利于维护国家利益。

如果企业经营发生的亏损较大，不能由企业的保留盈余抵补，总资产已不足抵偿到期债务，企业就面临破产的危险。如债权人要求申请宣告该企业破产，就将导致企业的停业清算，所有者权益就会受到侵蚀。

三、利润分配的影响因素

企业总是处于不断发展的过程当中，而企业要发展就需要充足的资本。企业可以动用其自有资金，也可以通过举债或者发行股票等方式获得。而使用自有资金是成本最低、风险最小的筹资方式，因为使用自有资金不需要为资金支付任何利息和报酬，只需考虑资金的时间价值问题。企业使用的自有资金往往来自企业的未分配利润，该企业的利润分配水平直接决定了自有资金规模。但是，企业的盈余分配政策既是一个收益管理问题，又是一个涉及企业筹资和投资的战略问题，如果企业将所有的利润全部分配，必然会缺少进一步投资的资金保障，这对于处于快速成长期、实施迅速扩张战略的企业来说绝对不是什么好事，这会直接影响到企业的发展战略；而如果企业不分配任何利润，虽然企业的自有资金增加了，但同时会引起投资者的不满。在这种情况下，企业发展所需的资金可能得到保障，但是由于得不到激励，投资者很有可能卖出股票，导致公司股票价格下跌，最终使企业蒙受损失。因此，企业分配利润需要在兼顾稳定与发展之间，短期利益与长远利益之间进行权衡确定，既应支持企业战略，又要考虑股东利益取向。

利润分配政策和分配方式牵动着企业各方面的经济利益关系，分配的合理与否会直接影响着各项生产要素的配置倾向，并最终影响着企业经营效率。因此，企业在制定企业股利政策时需要综合考虑各方面的影响因素。

（一）与企业经营情况有关的因素

1. 企业战略与企业生命周期

一个企业的生命周期可以分为初创期、成长期、成熟期和衰退期四个阶段。在初创阶段，企业由于需要大量资金来开发新产品和市场，一般会采取不分配股利的政策，将利润作为留存收益，为以后公司的发展提供自有资金支持；在成长阶段，虽然产品开始获利，但因为业务的继续发展仍然需要大量的资金支持，所以，企业在该阶段一般不分配股利或者分配较低股利；在成熟阶段，虽然增长速度放慢，但由于获利水平相对稳定，会产生大量的现金流，企业此时通常会根据经营情况发放股利；在衰退期，企业的再投资机会枯竭，此时企业一般通过回购股票或者发放特殊股利将现金返还给投资者。股利政策与企业生命周期的关系，实质上是发放股利和投资之间的关系。以上的分析基于的假设为：投资机会会随着企业生命周期的变化而发生变化，而企业的股利政策和投资机会是相关的，企业偏向于优先使用企业内的可分配利润进行投资。

当企业预期未来有较好的投资机会且投资收益大于投资者期望收益率时，CFO 应考虑将应分配的收益用于再投资的可能性，减少分红数额。只有这样，才既会有利于企业的长期发展，又能为广大的投资者所理解；相反，如果企业缺乏良好的投资机会，保留大量盈余，会造成资金的闲置，这时可适当增大分红数额。

2. 市场信号传递效应

股利的变化向市场传递了一定的信号。通常，股利增加是一个积极的信号，表示企业有能力创造出支付股利所需的现金流量，这一信号会导致市场对企业价值的重新评估和股票价格的上扬。股利减少通常被认为是一个消极的信号，它会让市场认为企业陷入财务危机，或者业务收益不如以前，从而导致股价下跌。从实际情况来看，如果企业优先满足投资需要，在此前提下，才考虑股利分配。由于收益的波动性可能导致股利忽高忽低，容易使投资者认为企业的经营不稳定，因此大多数企业都会基于这种考虑采用低固定股利加额外分红的股利政策。

3. 法律因素

为了保护债权人和投资人的利益，国家法律对企业的利润分配做了硬性的限制，《公司法》明确的规定主要有：

（1）资本保全。要求企业所发放的股利或投资分红不得来源于初始投资额。其目的是防止企业任意减少资本结构中所有者权益（股东权益）的比例，以维护债权人的利益。

（2）税后利润要按照法定顺序进行分配。此外，其他的法律法规也对股利分配政策有一定的影响。在我国，部分公司一方面分派现金股利，一方面又对外筹资。这样做可能给投资者造成一种公司经营良好的假象，误导投资者的决策。这种现象产生的原因之一是证监会将现金分红作为上市公司进行再融资的条件之一，这样，准备再融资的公司就不得不分派现金。

（二）与投资者有关的因素

1. 投资目的

企业在进行利润分配时，可以通过对股票的转手频率来判断投资者的投资目的是长期持有还是为了赚取短期差价，从而采取相应的对策。股利支付可以起到安抚长期持有者的作用，而对于短期持有者来说，可能造成股价波动的影响，形成投资机会。

2. 股权集中度

通常而言，大股东抗风险的能力相对较强，更关注公司的长远发展，对派现的要求不如中小股东那么强烈，所以，股权结构集中的公司倾向于低派现，股权分散的公司倾向于高派现。这里要注意的是，这个结论的前提是，大股东关注企业的长期发展。然而在我国，大股东一旦获得了公司的绝对控制权，便不愿意与中小股东共享公司的经营成果，根本不发放股利，而是将公司的财富通过管理交易等手段转移到自己的腰包中去，从而侵害中小投资者的利益。

（三）与经营者有关的因素

当企业的现金流量充足时，经营者往往期望通过在职消费等方式来追求自身利益，如配备私人飞机、境外旅游等。为了防止这种现金浪费的情况出现，股东更愿意通过多发放股利的方式来限制在职消费，这也是降低代理成本的一种手段。

（四）与债权人有关的因素

企业的债务合同，特别是长期债务合同，往往有限制企业现金支付程度的条款，以保护债权人的利益。条款内容通常包括：未来的股利只能以签订合同之后的收益来发放，也就是说企业不能以过去的留存收益来发放股利；营运资金低于某一特定金额时企业不得发放股利；企业不得把利润的一部分以偿债基金的形式留存下来；利息保障倍数低于一定水平时企业不得支付股利。企业出于方便未来负债筹资的考虑，一般会自觉恪守与债权人事先签订的有关合同的限制性条款，以协调与债权人之间的关系。

四、利润分配方式和时间的选择

企业在选择采用分配方式对税后利润进行分配时，需要考虑所采用的利润分配政策、经营业绩、财务状况、现金流量、投资机会等影响因素。由于所考虑的影响因素不同，不同的企业采用的利润分配方式也不尽相同，同一个企业在不同时期采用的利润分配方式也可能不同。下面以股份公司为例讨论股利分配方式和时间的选择。

（一）理论上的股利分配方式

理论上，股份公司股利分配的方式主要有财产股利、现金股利、负债股利、股票股利等（见表10-2）。

表10-2　股利分配方式

项　目	内　容　阐　释
财产股利	股利以现金以外的财产支付，称为财产股利。这些财产主要包括企业所持有的其他企业的股票、债券，以及实物资产（如商品或其他物资等）。以实物资产来支付，又称为实物股利。实物股利多用于发放额外股利。
现金股利	股利以现金的形式支付，称为现金股利。这是最常见的股利分配方式。企业发放现金股利的多少取决于企业的股利政策、经营业绩及现金流量。现金股利满足了大多数投资者希望得到一定数额现金的这种实在的投资收益的需要，但也必然会增加企业支付现金的压力，使可用于再投资的现金减少，不利于企业发展
负债股利	股利以企业承担债务的形式支付，称为负债股利。负债股利可导致企业的权益减少、负债增加，但不会改变资产总额。负债股利通常是以企业向股东签发商业汇票的方式来实现。对于股东来说，拿到企业签发的商业汇票就相当于拿到了股利，但这种股利的兑现需要一段时间（时间长短视汇票的到期日而定）。在汇票到期之前，股东也可以拿汇票到银行贴现以换取现金。由于股东领取负债股利可获得额外的利息收入，对企业来说，负债股利虽然延长了企业支付现金的时间，但增加了支付利息的财务压力。负债股利除以企业向股东签发商业汇票的方式来实现之外，有时也以企业向股东交付自身发行的公司债券的方式来实现。 负债股利和财产股利都可以使企业在分配股利时减少现金的流出，其实际上是现金股利的替代形式。它们在我国实务中很少使用，但法律并不禁止它们的使用
股票股利	股利以股票的形式支付，称为股票股利。企业发放股票股利一般是在增发股票时将应付股利以股票的形式支付给股东。发放股票股利相当于把公司盈利转化为股票，它并不会导致公司资产的减少，也不会增加企业现金的流出。同时，由于股利分配是按股东持股比例来进行，因此，股票股利并不会改变每位股东的持股比例，但增加了股东的持股数。由于股东持股数的增加将导致每股收益、每股股利的降低，进而有可能导致每股市价的下跌，

续表

项　目	内　容　阐　释
股票股利	因此可在一定程度上有利于吸引更多的投资者购买企业的股票。发放股票股利既可使股东分享企业的盈余，又不导致企业的现金流出，从而节约企业的现金，这有利于企业利用节约下来的现金进行再投资，有利于企业的长期发展。它向社会传递了企业会继续发展的信息，可以起到稳定投资者信心和稳定股票价格的作用

【例 10-1】 智董公司在发放股票股利前，股东权益结构如表 10-3 所示。

表 10-3　股东权益结构

项　目	金额（元）
股本（面额 1 元，已发行 300 000 股）	300 000
资本公积	500 000
留存收益	3 000 000
股东权益合计	3 800 000

假设该公司宣布发放 10%的股票股利，即增发 30 000 股普通股，并规定现有股东每持 10 股可得 1 股增发的股票。若该股票当时的市价为 10 元，则需从"留存收益"项目划转出 300 000 元（10 元/股×30 000 股）的资金用于分配股票股利，其中，30 000 元为股本，另外 270 000 元应作为股票溢价转入"资本公积"项目。发放股票股利后，公司股东权益结构如表 10-4 所示。

表 10-4　公司股东权益结构

项　目	金额（元）
股本（面额 1 元，已发行 330 000 股）	330 000
资本公积	770 000
留存收益	2 700 000
股东权益合计	3 800 000

由表 10-4 可知，发放股票股利后，留存收益减少了 300 000 元，股本增加了 30 000 元，资本公积增加了 270 000 元，股东权益不变，仍然是 3 800 000 元。可见，股票股利并不会减少股东权益。

（二）我国上市企业的股利分配方式

实践中，我国上市企业的股利分配方式主要有现金股利、股票股利、公积金转增股本、混合分配四种方式（见表 10-5）。

表 10-5　我国上市公司的股利分配方式

项　目	内　容　阐　释
现金股利	在我国，现金股利通常称为"红利"。企业发放现金股利称为派现或分红。投资者之所以投资于股票，很大程度上是寄希望于股票的高收益，而收益最终的体现是现金的流入。派发现金比例的高低体现了企业的实力及其给股东的回报能力，即现金股利发放的多少，将直接影响到企业的股票价格。但并不是现金股利发放得越多越好，要综合上市企业自身的情况。因为发放现金股利除要有累计盈余外，还需要有充足的现金储备，因此往往给企业带来一定的资金压力。对于企业来说，基于长期成长与财务经营的需要，其必须保留现金以备置固定资产或用于其他途径。所以，当企业有足额未指定用途的累计盈利，并且有足够的现金时，可以支付现金股利；反之，则应选择其他股利形式

项　　目	内　容　阐　释
股票股利	在我国，发放股票股利称为送股。这种形式运用较多，是仅次于现金股利的常用股利发放形式。股票股利其实是一种两全齐美的股利分配方案。对股东来说，以股票的形式获取股利，随即将红股抛出便可兑现；若保有红股，则对其增值有着极大的想象空间。 对公司来说，以增发股票的形式作为股利有如下好处： • 可以控制现金流出。当企业利润增加，预期未来有许多不错的投资机会，准备扩展其业务时，或当年企业现金流入紧张，需要现金以供周转时，企业往往放弃现金股利而代之以股票股利； • 可以稀释流通在外的本企业股票价格，从而吸引更多的中小投资者； • 可以给股东某些有益的暗示。股票股利的发放说明企业可能有更好的投资机会，企业的增长潜力会因之放大，未来的收益可能抵补发放股票股利而稀释的每股收益，甚至有剩余等
公积金转增股本	公积金转增股本是我国上市企业一种常见的股本扩张方式，是指企业将资本公积或盈余公积转化为股本，该种做法并未改变股东的权益，却增加了股本的规模，因而客观结果类似于股票股利。其主要包括资本公积转增股本和盈余公积要转增股本。由于股票股利和公积金转增股本都具有扩大企业股本规模、股东不需要缴纳认购款项的特点，为此，投资者往往将二者混为一谈。其实，二者有着本质上的区别：股票股利来自企业的年度税后利润，只有在企业有盈余的情况下，才能向股东分派股票股利；而公积金转增股本则来自资本公积（资本公积转增股本可以不受企业本年度可分配利润多少的限制）或盈余公积，只需将账面上的资本公积或盈余公积减少一些，增加相应的注册资本金就可以了。因此从严格的意义上来说，公积金转增股本并不属于利润分配，但由于其会影响股价（公积金转增股本按股票面值计算，转增后二级市场的股价虽然经过除权，但仍然高于股票面值，若有填权行情，投资者还可以从二级市场上得到实惠），所以，我国的投资者和上市企业一般都将其视为股利分配的一种形式。在一些上市企业的股利分配方案中，采取资本公积转增股本的方式占了绝大部分，其主要的原因可能是与盈余公积转增股本相比，资本公积转增股本可以使股东免缴个人所得税，而且对于这种转增并没有严格的限制
混合分配方式	我国上市企业在股利发放中，既可单独使用某一形式，也可根据需要混合使用多种上述方式。混合分配方式是指上市公司在发放股利时，不是只选用一种方式，而是将几种方式进行组合使用。混合方式包含派现、送股和公积金转增股本三种方式，具体包括派现加送股、派现加转增、送股加转增、派现加送股加转增四种情况。在现实生活中，许多上市公司都会结合自身具体状况，在权衡股本扩张、收益增长速度、资金需求等各种要素后，采取混合的股利分配方式，以实现公司的经营目标

（三）利润分配的时间选择

与美国企业按季度支付股利的做法不同，我国上市企业一般是在企业营业年度结算以后才进行利润分配。但在实务中，有的上市企业会在一年内进行两次结算，一次在营业年度中期，另一次在营业年度终结，并相应地向股东分配两次股利，其目的是及时回报股东，吸引更多投资者。但年度中期分配股利不同于年终分配，它只能在中期以前的利润余额范围内分配，并且必须是在预期本年度终结时不可能是在亏损的前提下分配。

企业支付股利要经过一定的程序，各国公司法对此均有相应的规定。根据我国公司法的规定，上市企业分派股利的基本程序是，首先由企业董事会根据企业盈利水平和股利政策，确定股利分配方案，然后提交股东大会审议，审议通过后方能生效。股利分配方案生效后，董事会即可根据股利分配方案向股东宣布，并在规定的付息日在约定的地点以约定的方式派发。简而言之，股份公司向股东支付股利一般要经历股利宣告日、股权登记日、除息日、股利支付日四个过程（见表10-6）。

表10-6 股份公司向股东支付股利过程

项 目	内 容 阐 释
股利宣告日	股利宣告日是公司董事会将股利支付情况予以公告的日期。在董事会决定分红后，企业宣布并发出通知书，公告每股支付的股利、股权登记期限、除去股息的日期和股利支付日期等内容
股权登记日	股权登记日是对有权领取本期股利的股东进行资格登记截止日期，也称为除权日。只有在股权登记日之前被收入股东名册的股东，才有权分享已宣告的本期股利，未完成登记的股东不能领取。股权登记日通常安排在宣告发放股利后的2～3周
除息日	除息日是指领取股利的权利与股票相互分离的日期，即除去股利的日期。除息日一般安排在股权登记日的第二个营业日。在除息日之前，本期股利的领取权从属于股票，股票持有者享有领取本期股利的权利；从除息日开始，本期股利的领取权与股票相分离，本期股利的领取权不再从属于股票，新购入股票的股东不能分享本期股利。在除息日之后的股票交易称为无息交易，其股票称为无息股。因为无息股的持有者得不到本期股利，所以其交易的价格往往较低。新股东要想取得本期股利就必须在股权登记日之前购入股票，并将之持有至股权登记日
股利支付日	股利支付日是指实际给股东支付股利的日期，也称为付息日。届时企业将通过邮寄支票、汇款等方式将股利支付给股东。在股利支付日到来之前，公司应准备好充足的现金，并做好当现金不足以支付时的应急方案，比如临时采取现金股利以外的支付方式等

【例10-2】 假设智董公司在20××年4月15日发布公告："公司董事会在20××年4月15日的会议上决定，公司将给在20××年4月30日登记为本公司股东的人士支付每股1元的现金股利，股东可在20××年5月15日至31日期间到××交易所领取本期股利"从公告可以得知，20××年4月15日为股利宣告日，20××年4月30日为股权登记日，20××年5月1日为除息日（假设交易所节假日照常营业，若5月1日至7日不营业，则20××年5月8日为除息日），20××年5月15日至31日为股利支付日。

五、利润分配程序

利润分配制度是由国家规定的对企业利润总额进行分配的办法，是企业财务管理体制的重要内容。中华人民共和国成立以来，对我国国有企业的利润先后实行了利润全额上缴制、企业奖励基金制、超计划利润分成制、利润留成制、企业基金制、利改税制、承包经营责任制、利税分流制等办法，并从1994年1月1日起实行企业所得税制。

企业必须按照国家的制度规定，在国家、企业所有者、经营者和职工之间进行分配利润，形成国家的所得税收入、分给投资者的利润和企业的留用利润（包括盈余公积和未分配利润）等不同项目。按照我国《企业财务通则》的要求，企业首先应按国家规定对利润做相应的调整，增减有关收支项目，然后依法纳税。税后利润是可供企业及其投资者分配的利润。所以，税后利润的分配影响着投资者、企业和企业职工这些利润主体的不同利益和权利。为了保护各方面的合法权益，正确界定企业与投资者、职工个人的利益关系，以及投资者之间的利益分配关系，国家明文规定了企业税后净利润的分配程序，允许企业将前年度未分配利润并入本年度向投资者分配。

（一）税前利润总额的调整

税前利润总额是由企业财会部门从会计角度按照收入、费用发生额计算出来的账面利润。它与税法规定的应税利润在计算上有些不一致。所以，在分配利润之前，企业应将账面利润调整为税法规定的应纳税所得额，以利于随后计算应纳所得税额。

（1）弥补以前年度发生的亏损。按我国财务和税务制度规定，企业年度亏损可以由下一年度的税前利润弥补，下一年度税前利润尚不足以弥补的，可以由以后年度的利润继续弥补，但用税前利润弥补以前年度亏损的连续期限最多不得超过 5 年，而这 5 年内不论是盈利还是亏损都作为实际弥补年限计算，5 年后仍未弥补的亏损将由税后利润弥补。这里应特别注意的是：

1）弥补年度应自亏损年度的下一年度起进行连续 5 年不间断的计算；

2）连续或间断发生年度亏损，也必须从第一亏损年度算起，先亏先补，按顺序连续计算弥补亏损期，不得将每个亏损年度的连续弥补期相加，也不得断开计算；

3）税法认定的亏损概念，并不是企业财务报表列示的亏损额，而是其经主管税务机关按税法规定核实调整后的金额。

（2）调整计算标准。可用于调整同一费用在会计上和税法上因采用不同的计算口径与方法所引起的利润差异。企业超过国家规定在所得税前列支的费用开支（如业务招待费、折旧费）以及罚款、罚息、滞纳金等，在缴纳所得税前应对利润总额予以调整、追加，消除账面利润与应税利润之间的时间性差异和永久性差异。时间性差异是指由于有些收入和支出项目计入会计利润的时间与计入纳税所得的时间不一致，而形成的利润差异。例如，由于企业采用的折旧费的计提年限或方法与税法规定的不一致，虽然折旧总额没有发生差异，但会形成年度折旧费差异，造成所缴纳所得税差异，从而形成利润差异。永久性差异是由于企业把税收制度规定不能冲减纳税所得的某些支出，依会计制度列入营业外支出或费用中而造成的本年度利润总额与应纳税所得额的差异。例如，违法经营的罚金和被没收财物的损失、资本的利息、超过中国人民银行贷款最高利率计算的利息支出，以及其他各种超过财务制度规定的列支标准在所得税前列支的支出。

（3）调整计算范围。可用于调整税法规定的应作为收入、费用或支出，而会计上未作为收入、费用或支出的项目，如企业采用本单位生产的产品建设工程项目，对该项目在税收上应计算其收入、支出，从而计入应纳税所得额；而在会计上则应按成本转账，不得将之计入当期损益。还可用于调整会计上已作为收入、费用或支出，而税法上不能作为收入、费用或支出的项目，如企业购买国债的利息收入，该收入在会计上应计入当期损益，转入税后利润分配；而在税收上，不得将国债利息收入计入应纳税所得额，不必缴纳所得税。

（4）实行"先税后分"办法后，对于企业对外投资分回的利润、股利等应投资收益，在分回前企业已经缴纳所得税，应从税前利润总额中扣除。所得税税率不一致的，企业还应把少缴的部分按规定补足。

经过以上调整后的企业的利润总额，即应纳税所得额。

（二）所得税的计算和缴纳

企业所得税是国家依照法律的规定对企业某一经营年度所得，按照适用税率计算征收的税款。所得税是国家以其社会管理者的身份凭借其政治权力强制参与企业纯收入分配的一种重要手段。定期缴纳所得税是企业对社会和国家应尽的义务。

计算所得税的应遵循国家税法的规定，减免税应按照国家规定的条件执行。企业所得税是按利润的一定比例计算的，按前述的税前利润调整项目进行调整后的企业利润总额即应纳税所得额。企业所得税一般是每月预缴，按年计征，年终汇算清缴。计算公式为：

应纳所得税额 = 应纳税所得额 × 适用税率每月预缴额

本期累计应纳所得税额 = 本期累计应纳税所得额 × 适用税率

本期应纳所得税额 = 本期累计应纳所得税额 − 上期累计已缴所得税额

（三）提取盈余公积金

分配税后利润首先应当弥补被没收财物损失、支付各种税收的滞纳金和罚款，以及弥补超过用税前利润抵补期限的以前年度亏损，其剩余额才可用于提取盈余公积金。

盈余公积金是企业用于增强物质后备、抵御和防范风险的重要资金来源，也是维护企业稳定经营和长期发展的必要措施和手段。根据提取规定的不同，盈余公积金分为法定盈余公积金和任意盈余公积金两种。法定盈余公积金是非股份制的一般企业按照国家规定必须从税后利润中提取的盈余公积金，其数额是在税后利润扣除前述两项后的10%。当企业的盈余公积金达到企业注册资本50%时即可不再提取。任意盈余公积金是企业根据自身发展的需要按自行规定的或董事会决定的比例来提取的公积金。企业提取任意盈余公积金须在计提法定盈余公积金之后，在向投资者分配利润之前进行。其中股份公司提取任意盈余公积金必须在分配优先股股利之后，在分配普通股股利之前。

企业提取的公积金可用于弥补亏损和增加资本金。当企业的以前年度亏损数额较大，用税前利润、未分配利润尚不足以弥补时，经企业股东会议决议，企业可用公积金来补亏。企业未清算前，注册资本和资本公积金是不能用于弥补亏损的。盈余公积金可以用来转增资本金，国家规定用盈余公积金转增资本金后，法定盈余公积金的余额不得低于注册资本的25%。

（四）向投资者分配利润

企业向投资者分配利润应遵循纳税优先、企业积累优先、无盈余就不分利的原则。它是利润分配的最终阶段，体现了投资者对企业的权利、义务以及投资者所承担的风险。在通常情况下，企业在提取盈余公积金之前不得向投资者分配利润；企业当年无利润，也不能进行利润分配。股份公司当年无利润时，原则上不得分配股利，但在用盈余公积金弥补亏损后，经股东大会特别决议，可以用公积金向股东分配股利，但其支付额不得超过股票面值的6%，且在分配股利后，企业法定盈余公积金不得低于注册资本的25%。

企业用于向投资者分配利润的金额即在按照上述顺序分配四个方面后的余额再加上以前年度未分配利润。具体的利润分配方式与金额可由企业投资者集体商议决定。如果企业在向投资者分配利润后，税后利润存有余额，以及本年度未向投资者分配的利润，二者可一并作为本年度未分配利润，结转以后年度使用分配。

股份公司向股东分配股利时，应确认股东的股权，凭股票分配股利。企业须在普通股股利之前优先分配优先股股利，并取得股利率固定的股利。此外，企业分配给股东的股利所应缴纳的个人所得税应由企业按税法规定代扣代缴。

> **小知识**
>
> 利润分配表格式（见表10-7）
>
> 表10-7 利润分配表
>
> 编制单位： 　　　　年度： 　　　　　　　　　　　　　单位：元
>
> | 项　目 | 本年实际 | 上年实际 |
> |---|---|---|
> | 一、净利润 | | |
> | 　加：年初未分配利润 | | |
> | 　　　其他转入 | | |
> | 二、可供分配的利润 | | |
> | 　减：提取法定盈余公积 | | |
> | 　　　提取职工奖励及福利基金 | | |
> | 　　　提取储备基金 | | |
> | 　　　提取企业发展基金 | | |
> | 　　　利润归还投资 | | |
> | 三、可供投资者分配的利润 | | |
> | 　减：应付优先股股利 | | |
> | 　　　提取任意盈余公积 | | |
> | 　　　应付普通股股利 | | |
> | 　　　转作资本（或股本）的普通股股利 | | |
> | 四、未分配利润 | | |

第二节　利润分配理论

利润分配泛指企业的税后利润在企业本身和股东之间的分配，但就非股份公司的企业而言，因为企业的所有者人数一般较少，经济关系简单，企业是否分配利润、分多少利润、以什么形式分配利润等问题较为简单；而股份公司的利润分配（股利分配）则相对复杂一些。

作为企业理财的一部分，股利政策有其独特的重要作用，因此，不能盲目地、任意地选择某一种股利政策，而应仔细分析并判断股利政策是否会对企业价值（或股票价格）造成影响，从而根据本企业所处的资本市场的特点，制定适当的股利政策。

在股利分配对企业价值的影响这一问题上，主要存在以下不同的观点。

一、股利无关论

股利无关论认为股利分配对企业的市场价值（或股票价格）不会产生影响。这一理论建立在以下一些假定之上：

（1）不存在个人或公司所得税；

（2）不存在股票的发行和交易费用（不存在股票筹资费用）；

（3）公司的投资决策与股利决策彼此独立（投资决策不受股利分配的影响）；

（4）公司的投资者和管理当局可相同地获得关于未来投资机会的信息。

由于上述假定描述的是一种完美无缺的市场，因而股利无关论又被称为完全市场理论。

股利无关论认为：

（一）投资者并不关心公司股利的分配

若企业留存较多的利润以用于再投资，会导致企业股票价格上升；此时尽管股利较低，但需用现金的投资者可以通过出售股票换取现金。若企业发放较多的股利，投资者又可以用现金再买入一些股票以扩大投资。也就是说，投资者对股利和资本利得并无偏好。

（二）股利的支付比率不影响企业的价值

既然投资者不关心股利的分配，企业的价值也就完全为其投资的获利能力所决定，企业的盈余在股利和保留盈余之间的分配并不影响其价值（即使公司有理想的投资机会而又支付了高额股利，其也可以募集新股，新投资者会认可公司的投资机会）。

二、股利相关论

股利相关论认为企业的股利分配对公司市场价值有影响。在现实生活中，并不存在无关论提出的假定前提，企业的股利分配是在种种制约因素下进行的，企业不可能摆脱这些因素的影响。主要观点包括以下两种。

（一）股利重要论

股利重要论（又称"在手之鸟"理论）认为，用留存收益再投资给投资者带来的收益具有较大的不确定性，并且随着时间的推移投资的风险会进一步增大，因此，投资者更喜欢现金股利，而不愿意将收益留存在企业内部，去承担未来的投资风险。而根据证券市场中收益与风险正相关的理论关系，当公司提高股利支付时，投资者由于需要承担的投资风险较小，所要求的报酬率也较低，所以会使公司股票价格上升；而当企业降低股利支付时，投资者相对承担较高的投资风险，所要求的报酬率也较高，就会导致公司股票价格下降。因此，该理论认为公司的股利政策与公司的股票价格是密切相关的，即当公司支付较高的股利时，公司的股票价格会随之上升，所以公司应保持较高水平的股利支付政策。

（二）信号传递理论

信号传递理论认为，在信息不对称的情况下，企业可以通过股利政策向市场传递有关其未来获利能力的信息，从而会影响其股价。一般来讲，预期未来获利能力强的公司往往愿意通过相对较高的股利支付水平，把自己同预期获利能力差的公司区别开来，以吸引更多的投资者。对市场上的投资者来讲，股利政策的差异或许是反映公司预期获利能力的极有价值的信号。如果公司连续保持较为稳定的股利支付水平，那么，投资者就可能对公司未来的获利能力与现金流量抱有较为乐观的预期。另外，如果公司的股利支付水平在过去一个较长的时期内相对稳定，而现在却有所变动，投资者就会把这种现象看作公司管理当局将改变公司未来收益率的信号，导致股票市价对股利的变动做出反应。

三、所得税差异理论

所得税差异理论认为，由于普遍存在的税率的差异及纳税时间的差异，资本利得收入比股利收入更有助于实现收益最大化目标，企业应当采用低股利政策。由于股利收入和资本利得收入被认为是两种不同类型的收入，所以在很多国家，对它们征收所得税的税率不同。一般地，对资本利得收入征收的税率要低于对股利收入征收的税率。另外，即使不考虑税率差异因素的影响，股利收入纳税和资本利得收入纳税的时间也是存在差异的。相对于股利收入的纳税来说，投资者对资本利得收入的纳税时间选择更具有弹性。这样,即使股利收入和资本利得收入没有税率上的差别,仅就纳税时间而言,由于投资者可以自由后推资本利得收入纳税的时间,所以它们之间也会存在延迟纳税带来的收益差异。

因此,在其他条件不变的情况下,投资者更偏好资本利得收入而不是股利收入。而持有高股利支付政策股票的投资者,为了取得与低股利支付政策股票相同的税后净收益,则要求有一个更高的税前回报预期。因此而导致资本市场上的股票价格与股利支付水平呈反向变化,而权益资本成本与股利支付水平呈正向变化的情况。

四、代理理论

代理理论认为,股利政策有助于减缓管理者与股东之间的代理冲突,也就是说,股利政策是协调股东与管理者之间代理关系的一种约束机制。根据代理理论,在存在代理问题时,股利政策的选择至关重要。较多地派发现金股利至少具有以下几点好处:

(1)企业管理者将企业的盈利以股利的形式支付给投资者,则管理者自身可以支配的"闲余现金流量"就相应减少了,这在一定程度上可以抑制企业管理者过度地扩大投资或进行特权消费,从而保护外部投资者的利益;

(2)较多的派发现金股利,减少内部融资,就会导致企业进入资本市场寻求外部融资,从而接受资本市场的有效监督,这样便可以通过资本市场的监督减少代理成本。因此,高水平的股利支付政策有助于降低企业的代理成本,但同时增加了企业的外部融资成本。因此,理想的股利政策应当使两种成本之和最小。

第三节 利润分配政策

股利分配政策是指企业确定股利以及与之有关的事项所采取的方针和策略,其核心是正确处理企业与股东之间、当前利益与长远利益之间的关系,依据实际情况,确定出一个恰当的股利支付比例、支付形式和支付时间。在企业实现税后利润的情况下,选择股利分配政策就是要寻求股利与企业留存收益之间的最佳比例关系。

企业的股利分配政策受国家法律约束,并受企业经营环境、经营方针、经营情况和投资者(股东)要求等诸多因素的影响,因此,各企业股利分配的政策是不完全相同的。

一、确定收益分配政策时应考虑的因素

在确定企业的收益分配政策时,应当考虑相关因素的影响。

(一)法律因素

为了保护债权人和股东的利益,国家就企业的收益分配制定了系列法律法规,企业的收益分配政策必须符合相关法律规范的要求。相关要求主要体现在资本保全约束、偿债能力约束、资本积累约束、超额累积利润约束等几个方面(见表10-8)。

表10-8 法律因素对收益分配政策的影响

项 目	内 容 阐 释
资本保全约束	资本保全要求企业股利的发放不能侵蚀资本,即企业不能因支付股利而引起资本减少。其目的在于防止企业任意减少资本结构中的所有者权益的比例,以保护债权人的利益

项　目	内　容　阐　释
偿债能力约束	偿债能力是指企业按时足额偿还各种到期债务的能力,是企业确定收益分配政策时要考虑的一个基本因素。现金股利是企业现金的支出,而大量的现金支出必然会影响企业的偿债能力。因此,企业在确定股利分配数量时,一定要考虑现金股利分配对企业偿债能力的影响,保证在现金股利分配后企业仍能保持较强的偿债能力,以维护其信誉和借贷能力,从而保证其正常资金周转
资本积累约束	资本积累约束要求企业必须按照一定的比例和基数提取各种公积金,股利只能从企业的可供分配收益中支付,企业按照规定提取各种公积金后的当期净利润和过去累积的留存收益形成企业的可供分配收益。另外,在进行收益分配时,一般应当贯彻"无利不分"的原则,即当企业出现年度亏损时,一般不进行利润分配
超额累积利润约束	因为资本利得与股利收入的税率不一致,企业通过保留利润来提高其股票价格,即可使股东避税。有些国家的法律禁止企业过度地积累盈余,如果一个企业盈余的积累大大超过企业目前及未来投资的需要,则可看作过度保留,并被加征额外的税款。如美国《国内收入法》规定,如果国内税务局能够查实企业是故意压低股利支付率以帮助股东逃避缴纳个人所得税,就可对该企业的累积盈余处以惩罚性的税率。我国法律目前对此尚未做出规定

（二）企业因素

企业出于长期发展和短期经营的考虑,需要考虑如表10-9所示的因素来确定收益分配政策。

表10-9　企业因素收益分配政策的影响

项　目	内　容　阐　释
现金流量	企业资金的正常周转,是企业生产经营得以有序进行的必要条件。因此,保证企业正常的经营活动对现金的需求是确定收益分配政策的最重要的限制因素。企业在进行收益分配时,必须充分考虑企业的现金流量,而不仅仅是企业的净收益。由于会计规范的要求和核算方法的选择,有一部分项目增加了企业的净收益,但并未增加企业可供支配的现金流量,因此在确定收益分配政策时,企业应当充分考虑该方面的影响
投资需求	企业的收益分配政策应当考虑未来投资需求的影响。如果一个企业有较多的投资机会,那么,它更适合采用低股利支付水平的分配政策。相反,如果一个企业的投资机会较少,那么其就有可能倾向于采用较高的股利支付水平
筹资能力	企业收益分配政策受其筹资能力的限制。如果企业具有较强的筹资能力,随时能筹集到所需资金,那么企业就具有较强的股利支付能力
资产的流动性	企业现金股利的支付能力,在很大程度上受其资产变现能力的限制。较多地支付现金股利,会减少企业的现金持有量,使资产的流动性降低,而保持一定的资产流动性是企业正常运转的基础和必备条件。如果一个企业的资产有较强的变现能力,现金的来源较充裕,则它的股利支付能力也比较强
盈利的稳定性	企业的收益分配政策在很大程度上会受其盈利稳定性的影响。一般来讲,一个企业的盈利越稳定,则其股利支付水平也就越高
筹资成本	留存收益是企业内部筹资的一种重要方式,它同发行新股或举债相比,具有成本低的优点。因此,很多企业在确定收益分配政策时,特别是在负债资金较多、资本结构欠佳的时期,往往将企业的净收益作为首选的筹资渠道

续表

项 目	内 容 阐 释
股利政策惯性	一般情况下，企业不宜经常改变其收益分配政策。企业在确定收益分配政策时，应当充分考虑股利政策调整有可能带来的负面影响。如果企业历年采取的股利政策具有一定的连续性和稳定性，那么重大的股利政策调整有可能对企业的声誉、股票价格、负债能力、信用等多方面产生影响。另外，靠股利来生活和消费的股东也不愿意投资于股利波动频繁的股票
其他因素	企业收益分配政策的确定还会受企业其他因素的影响。如上市企业所处行业也会影响到它的股利政策。一般地，朝阳行业一般处于成长调整期，甚至能以数倍于经济发展速度的水平发展，因此就可能进行较高比例的股利支付；而夕阳产业由于处在发展的衰退期，会随着经济的高增长而萎缩，就难以进行高比例的分红；对公用事业来说，因其往往有及时、充裕的现金来源，而且可选择的投资机会有限，所以发放现金股利的可能性较大。另外，企业也可能有意多发股利使股价上升，使已发行的可转换债券尽快地实现转换，从而达到调整资本结构的目的或达到兼并、反收购的目的等

（三）股东因素

股东在收入、控制权、税赋、风险及投资机会等方面的考虑也会对企业的收益分配政策产生影响（见表10-10）。

表10-10 股东因素对收益分配政策的影响

项 目	内 容 阐 释
稳定的收入	有的股东依赖企业发放的现金股利维持生活，他们往往要求企业能够支付稳定的股利，反对企业留存过多的收益。另外，有些股东认为留存利润使企业股票价格上升而获得资本利得具有较大的不确定性，而取得现实的股利则比较可靠，因此，这些股东也会倾向于多分配股利
控制权	收益分配政策也会受到现有股东对控制权要求的影响。以现有股东为基础组成的董事会，在长期的经营中可能形成了一定的有效控制格局，他们往往将股利政策作为维持其控制地位的工具。当企业为有利可图的投资机会筹集所需资金，而外部又无适当的筹资渠道可以利用时，为避免由于增发新股，可能有新的股东加入企业中来，从而打破目前已经形成的控制格局，股东就会倾向于较低的股利支付水平，以便从内部的留存收益中取得所需资金
税赋	企业的股利政策会受股东对税赋因素考虑的影响。一般来讲，股利收入的税率要高于资本利得的税率，很多股东会由于对税赋因素的考虑而偏好于低股利支付水平。因此，低股利政策会使他们获得更多纳税上的好处
投资机会	股东的外部投资机会也是企业制定分配政策必须考虑的一个因素。如果企业将留存收益用于再投资的所得报酬低于股东个人单独将股利收入投资于其他投资机会所得的报酬，则股东倾向于企业不应多留存收益，而应多发放股利给股东，因为这样做，将对股东更有利

（四）债务契约与通货膨胀

1. 债务契约

一般来说，股利支付水平越高，留存收益越少，企业的破产风险越大，就越有可能损害到债权人的利益。因此，为了保证自己的利益不受损害，债权人通常都会在企业借款合同、债券契约及租赁合约中加入关于借款企业股利政策的条款以限制企业股利的发放。这些限制条款包括以下几个方面：

（1）只能以签订合同之后的收益来发放未来的股利，即不能以过去的留存收益来发放股利；

（2）营运资金低于某一特定金额时不得发放股利；

（3）将利润的一部分以偿债基金的形式留存下来；

（4）利息保障倍数低于一定水平时不得发放股利。

2. 通货膨胀

通货膨胀会带来货币购买力水平下降、固定资产重置资金来源不足，此时，企业往往不得不考虑留用一定的利润，以便弥补由于货币购买力水平下降而造成的固定资产重置资金缺口。因此，在通货膨胀时期，企业一般都会采取偏紧的收益分配政策。

二、股利分配政策的种类

从股份有限企业的股利分配政策来看，主要有以下几种。

（一）剩余股利政策

在企业有良好投资机会时，根据企业设定的目标资本结构（在此资本结构下，综合的资本成本将降到最低水平），确定目标资本结构下投资所需的股东权益资本，先最大限度地使用保留盈余来满足投资方案所需的所有者权益资本，然后将剩余的盈余作为股利发放给股东。

1. 股利分配方案的确定

股利分配与企业的资本结构相关，而资本结构又是由投资所需资金构成的，因此实际上股利政策要受到投资机会及其资金成本的双重影响。剩余股利政策就是在企业有着良好的投资机会时，根据一定的目标资本结构（最佳资本结构），测算出投资所需的权益资本，先从盈余当中留用，然后将剩余的盈余作为股利予以分配。

采用剩余股利政策时，应遵循四个步骤：

（1）设定目标资本结构，即确定权益资本与债务资本的比率，在此资本结构下，加权平均资本成本将达到最低水平；

（2）确定目标资本结构下投资所需的股东权益数额；

（3）最大限度地使用保留盈余来满足投资方案所需的权益资本数额；

（4）已经满足投资方案所需权益资本后若有剩余盈余，再将其作为股利发放给股东。

【例10-3】智董企业上年税后利润600万元，今年年初企业讨论决定股利分配的数额。预计今年需要增加投资资本800万元。企业的目标资本结构是权益资本占60%，债务资本占40%，今年继续保持。按法律规定，至少要提取10%的公积金。企业采用剩余股利政策。筹资的优先顺序是留存利润、借款和增发股份，则：

$$利润留存 = 800 \times 60\% = 480（万元）$$

$$股利分配 = 600 - 480 = 120（万元）$$

分析这类问题要注意以下几点：

1）关于财务限制。在股利分配中，财务限制主要是指资本结构限制。资本结构是长期有息负债（长期借款和企业债券）和所有者权益的比率。题意要求"保持目标资本结构"，就是指需要补充投资资金800万元时应当按目标比例筹集资金，也就是留存480万元，另外的320万元通过长期有息负债筹集。

保持目标资本结构不是指保持全部资产的负债比率，无息负债和短期借款不可能也不需要保持某种固定比率。短期负债筹资是营运资本管理问题,不是资本结构问题。

保持目标资本结构,不是指一年中始终保持同样的资本结构。利润分配后建立的目标资本结构,随着生产经营的进行会出现损益,导致所有者权益的变化,使资本结构发生变化。因此,符合目标资本结构是指利润分配后(特定时点)形成的资本结构符合既定目标,而不管后续经营造成的所有者权益变化。

那么,需要资金 800 万元是什么含义?是从什么基础增加 800 万元?如果以分配前的资金存量为基础,那么分出股利将减少资金存量,就要再补充资金,我们将陷入一个数字循环。因此,投资需要 800 万元是指需要 800 万元长期投资资本,不是指资产总额增加 800 万元。它要按照目标资本结构通过长期有息负债和权益资金(包括留存和增发股份)筹集。而分配股利的现金问题是营运资金管理问题,如果现金存量不足,可以通过短期借款解决,与筹集长期资本无直接关系。

2)关于经济限制。出于经济上有利的原则,筹集资金要在确定目标结构的前提下,首先使用留存利润补充资金,其次的来源是长期借款,最后的选择是增发股份。因此,800 万元资金只能由留存收益补充 480 万元,借款部分补充 320 万元。而不应当违背经济原则,把全部利润都分给股东,然后去按资本结构比率增发股份和借款。

3)关于法律限制。法律规定必须提取 10%的公积金,因此企业至少要提取 $600 \times 10\% = 60$(万元),作为收益留存。而当企业出于经济原因决定留存利润 480 万元,这条法律规定对此并没有构成实际限制。法律规定留存的 60 万元同样可以长期使用,它是 480 万元的一部分。

法律的这条规定,实际上只是对本年利润"留存"数额的限制,而不是对股利分配的限制。由于以前年度的未分配利润也可以用来分配股利,所以法律对股利分配的限制来源于"累计未分配利润"。就本题而言,"本年"利润中可用于股利分配的上限是 $600 \times 90\% = 540$(万元),如果有以前年度未分配利润,法律不禁止股利分配超过 540 万元。

在本题中,限制动用以前年度未分配利润分配股利的真正原因,来自财务限制和采用的股利分配政策。既然需要补充资金,为什么还要超过 540 万元的限制,动用以前年度未分配利润呢?只有在资金有剩余的情况下,才会超本年盈余进行分配。超量分配,然后再去借款或向股东要钱,这不符合经济原则。因此,该企业不会动用以前年度未分配利润,而只能分配本年利润的剩余部分(120 万元)给股东。

例如,假定例 10-3 中的这家企业除当年取得税后利润 600 万元外,还有以前年度的累计未分配利润 1 000 万元,那么如果不考虑增加投资资本和保持现有资本结构的需要,只满足提取法定公积金的要求,该企业可用于分配股利的最高额则为:

$$最高可分配股利额 = 600 \times (1 - 10\%) + 1\,000 = 1\,540(万元)$$

如果考虑增加投资资本的需要,按照剩余股利政策,即使留有以前年度的累计未分配利润,企业也只能以例 10-1 解答中的股利分配额 120 万元向股东分配股利。

2. 采用剩余股利政策的理由

奉行剩余股利政策,意味着企业只将剩余的盈余用于发放股利。这样做的根本理由是为了保持理想的资本结构,使加权平均资本成本最低。例 10-1 中,如果企业不按剩余股利政策发放股利,将可向股东分配的 600 万元全部留用于投资(这样当年将不发放股利),或全部作为股利发放给股东(这样当年每股股利将达到 6 元),然后再去筹借债务,这两种做法都会破坏目标资本结构,导致加权平均资本成本的提高,不利于提高企业的价值(股票价格)。

3. 剩余股利政策的优缺点

剩余股利政策的优点是：留存收益优先保证再投资的需要，从而有助于降低再投资的资金成本，保持最佳的资本结构，实现企业价值的长期最大化。

其缺点是：如果完全遵照执行剩余股利政策，股利发放额就会每年随投资机会和盈利水平的波动而波动。即使在盈利水平不变的情况下，股利也将与投资机会的多寡呈反方向变动：投资机会越多，股利越少；反之，投资机会越少，股利发放越多。而在投资机会维持不变的情况下，股利发放额将因企业每年盈利的波动而同方向波动。剩余股利政策不利于投资者安排收入与支出，也不利于企业树立良好的形象，它一般适用于企业初创阶段。

【例 10-4】 假设智董企业 20×5 年在提取了公积金之后的税后净利润为 2 000 万元。20×6 年的投资计划需要资金 2 200 万元，企业的目标资本结构为权益资本占 60%，债务资本占 40%。那么，按照目前资本结构的要求，企业投资方案所需的权益资本额为：

$$2\,200 \times 60\% = 1\,320（万元）$$

企业当年全部可用于分派的盈利为 2 000 万元，除可以满足上述投资方案所需的权益性资本额以外，还可以有剩余用于分派股利。20×5 年可以发放的股利额为：

$$2\,000 - 1\,320 = 680（万元）$$

假设该企业当年流通在外的普通股为 1 000 万股，那么，每股股利为：

$$680 \div 1\,000 = 0.68（元）$$

（二）固定或稳定增长的股利政策

固定或稳定增长的股利政策是指企业将每年派发的股利额固定在某一特定水平或者在此基础上维持某一固定比率逐年稳定增长。只有在确信企业未来的盈利增长不会发生逆转时，企业才会宣布实施固定或稳定增长的股利政策。在固定或稳定增长的股利政策下，首先应确定的是股利分配额，而且该分配额一般不随资金需求的波动而波动。

近年来，为了避免通货膨胀对股东收益的影响，最终达到吸引投资的目的，很多企业开始实行稳定增长的股利政策。即为了避免股利的实际波动，企业在支付某一固定股利的基础上，还制定了一个目标股利增长率，依据企业的盈利水平按目标股利增长率逐步提高企业的股利支付水平。

1. 分配方案的确定

这种股利政策是将每年发放的股利固定在某一固定的水平上并在较长的时期内不变，只有当企业认为未来盈余会显著地、不可逆转地增长时，才会提高年度的股利发放额。

2. 采用固定或稳定增长的股利政策的理由

这种股利政策的主要目的是避免出现由于经营不善而削减股利的情况。采用这种股利政策的理由在于：

（1）稳定的股利向市场传递着企业正常发展的信息，有利于企业树立良好形象，增强投资者对企业的信心，稳定股票的价格。

（2）稳定的股利额有利于投资者安排股利收入和支出，特别是对那些对股利有着很高依赖性的股东更是如此。而股利忽高忽低的股票，则不会受这些股东的欢迎，股票价格会因此而下降。

（3）稳定的股利政策可能不符合剩余股利理论，但考虑到股票市场会受到多种因素的影响，其中包括股东的心理状态和其他要求，因此为了使股利维持在稳定的水平上，即使推迟某些投资方案或者暂时偏离目标资本结构，也可能要比降低股利或降低股利增长率更为有利。

该股利政策的缺点在于股利的支付与盈余相脱节。同时不能像剩余股利政策那样保持较低的资本成本。当盈余较低时企业仍要支付固定的股利，这可能导致资金短缺，财务状况恶化。

3. 固定或稳定增长的股利政策的优点

（1）由于股利政策本身的信息含量，它能将企业未来的获利能力、财务状况以及管理层对企业经营的信心等信息传递出去。（固定或稳定增长的股利政策可以传递给股票市场和投资者一个企业经营状况稳定、管理层对未来充满信心的信号，这有利于企业在资本市场上树立良好的形象、增强投资者信心，进而有利于稳定企业股价。）

（2）固定或稳定增长股利政策，有利于吸引那些打算作长期投资的股东，这部分股东希望其投资的获利能够成为其稳定的收入来源，以便其安排各种经常性的消费和其他支出。

4. 固定或稳定增长的股利政策的缺点

（1）固定或稳定增长股利政策下的股利分配只升不降，股利支付与企业盈利相脱离，即不论企业盈利多少，均要按固定的或固定增长的比率派发股利。

（2）在企业的发展过程中，难免会出现经营状况不好或短暂的困难时期，如果这时仍执行固定或稳定增长的股利政策，那么派发的股利金额一旦大于企业实现的盈利，必将侵蚀企业的留存收益，影响企业的后续发展，甚至侵蚀企业现有的资本，给企业的财务运作带来很大压力，最终影响企业正常的生产经营活动。

因此，采用固定或稳定增长的股利政策，要求企业对未来的盈利和支付能力能做出较准确的判断。一般来说，企业确定的固定股利额不应太高，要留有余地，以免企业陷入无力支付的被动局面。固定或稳定增长的股利政策一般适用于经营比较稳定或正处于成长期的企业，且很难被长期采用。

（三）固定股利支付率政策

固定股利支付率政策是指企业每年将净收益的某一固定百分比作为股利分派给股东。这一百分比通常称为股利支付率，股利支付率一经确定，一般不得随意变更。固定股利支付率越高，企业留存的净收益越少。在这一股利政策下，只要企业的税后利润一经计算确定，所派发的股利也就相应确定了。

1. 分配方案的确定

固定股利支付率政策即企业确定一个股利占盈余的比率，并长期按此比率支付股利。在这一股利政策下，各年股利额随企业经营的好坏而上下波动，获得较多盈余的年份股利额高，获得盈余少的年份股利额低。

2. 采用本政策的理由

主张实行固定股利支付率的人认为，这样做能使股利与企业盈余紧密地配合，体现了多盈多分、少盈少分、无盈不分的原则，真正公平地对待了每一位股东。但是，在这种政策下各年的股利变动较大，极易造成企业不稳定的感觉，对于稳定股票价格不利。

3. 固定股利支付率政策的优点

（1）采用固定股利支付率政策，股利与企业盈余紧密地配合，体现了多盈多分、少盈少分、无盈不分的股利分配原则。

（2）由于企业的获利能力在年度间是经常变动的，因此，每年的股利也应当随着企业收益的变动而变动，并保持分配与留存收益间的一定比例关系。企业采用固定股利支付率政策，每年按固定的比例从税后利润中支付现金股利，从企业支付能力的角度看，这是一种稳定的股利政策。

4. 固定股利支付率政策的缺点（见表 10-11）

表 10-11　固定股利支付率政策的缺点

缺　点	内　容　阐　释
传递的信息容易成为企业的不利因素	大多数企业每年的收益很难保持稳定不变，而如果企业每年收益状况不同，固定支付率的股利政策将导致企业每年股利分配额的频繁变化。由于股利通常被认为是企业未来前途的信号传递，那么波动的股利向市场传递的信息就是企业未来收益前景不明确、不可靠等，很容易给投资者带来企业经营状况不稳定、投资风险较大的不良印象
容易使企业面临较大的财务压力	因为企业实现的盈利越多，一定支付比率下派发的股利就越多，但企业实现的盈利多，并不代表企业有充足的现金派发股利，只能表明企业盈利状况较好而已。如果企业的现金流量状况并不好，却还要按固定比率派发股利的话，那么就很容易给企业造成较大的财务压力
缺乏财务弹性	股利支付率是企业股利政策的主要内容，模式的选择、政策的制定是企业的财务手段和方法。在不同阶段，企业根据财务状况制定不同的股利政策，会更有效地实现企业的财务目标。但在固定股利支付率政策下，企业丧失了利用股利政策的财务方法，缺乏财务弹性
合适的固定股利支付率的确定难度大	如果固定股利支付率确定得较低，不能满足投资者对投资收益的要求；而固定股利支付率确定得较高，没有足够的现金派发股利时就会给企业带来巨大财务压力，另外当企业发展需要大量资金时，也要受其制约。所以确定较优的股利支付率的难度很大

由于企业每年面临的投资机会、筹资渠道都不同，而这些都可以影响到企业的股利分派，所以，一成不变地奉行一种按固定比率发放股利政策的企业在实际中并不多见，固定股利支付率政策只是比较适用于那些处于稳定发展且财务状况也较稳定的企业。

【例 10-5】智董企业长期以来采用固定股利支付率政策进行股利分配，确定的股利支付率为 40%。20×6 年可供分配的税后利润为 1 000 万元，如果仍然继续执行固定股利支付率政策，企业本年度将要支付的股利为：

$$1\ 000 \times 40\% = 400（万元）$$

但企业下一年度有较大的投资需求，因此，准备在本年度采用剩余股利政策。如果企业下一年度的投资预算为 1 200 万元，目标资本结构为权益资本占 60%，债务资本占 40%。按照目标资本结构的要求，企业投资方案所需的权益资本额为：

$$1\ 200 \times 60\% = 720（万元）$$

20×6 年可以发放的股利额为：

$$1\ 000 - 720 = 280（万元）$$

（四）低正常股利加额外股利政策

低正常股利加额外股利政策，是指企业事先设定一个较低的正常股利额，每年除按正常股利额向股东发放现金股利外，还在企业盈利情况较好、资金较为充裕的年度向股东发放高于每年度正常股利的额外股利。

1. 分配方案的确定

低正常股利加额外股利政策是指企业一般情况下每年只支付固定的、数额较低的股利，在盈余多的年份，再根据实际情况向股东发放额外股利。但额外股利并不固定化，不意味着企业永久地提高了规定的股利率。

2. 采用低正常股利加额股利政策的理由

（1）这种股利政策使企业具有较大的灵活性。当企业盈余较少或投资需用资金较多时，可维持设定的较低但正常的股利，股东不会有股利跌落感；而当盈余有较大幅度增加时，则可适度增发股利，把经济繁荣的部分利益分配给股东，使他们增强对企业的信心，这有利于稳定股票的价格。

（2）这种股利政策可使那些依靠股利度日的股东每年至少可以得到虽然较低，但比较稳定的股利收入，从而吸引住这部分股东。

以上各种股利政策各有所长，企业在分配股利时应借鉴其基本决策思想，制定适合自己具体实际情况的股利政策。

3. 低正常股利加额外股利政策的优点

（1）低正常股利加额外股利政策赋予了企业一定的灵活性，使其在股利发放上留有余地和具有较大的财务弹性，同时，每年可以根据自身的具体情况，选择不同的股利发放水平，以完善企业的资本结构，进而实现企业的财务目标。

（2）低正常股利加额外股利政策有助于稳定股价，增强投资者信心。由于企业每年固定派发的股利维持在一个较低的水平上，在企业盈利较少或需用较多的留存收益进行投资时，企业仍然能够按照既定承诺的股利水平派发股利，使投资者保持一个固有的收益保障，这有助于维持企业股票的现有价格。而当企业盈利状况较好且有剩余现金时，就可以在正常股利的基础上再派发额外股利，而额外股利信息的传递则有助于企业股票的股价上扬，增强投资者信心。

可以看出，低正常股利加额外股利政策既吸收了固定股利政策对股东投资收益的保障优点，同时又摒弃了其对企业所造成的财务压力这一方面的不足，所以在资本市场上颇受投资者和企业的欢迎。

4. 低正常股利加额外股利政策的缺点

（1）由于年份之间企业的盈利波动使得额外股利不断变化，或时有时无，造成分派的股利不同，容易给投资者以企业收益不稳定的感觉。

（2）当企业在较长时期持续发放额外股利后，可能被股东误认为是"正常股利"，而一旦取消了这部分额外股利，传递出去的信号可能使股东认为这是企业财务状况恶化的表现，进而可能引起企业股价下跌的不良后果。所以相对来说，对那些盈利水平随着经济周期而波动较大的企业或行业，这种股利政策是一种不错的选择。

第四节　年度利润分配

年度净利润是企业在一个会计年度内实现的税后净利润，也是企业年度经营所获得的剩余价值。依照《公司法》以及企业章程等的规定，企业实现的净利润归投资者所有，企业应当依法将其向投资者分配。利润分配就是将企业的净利润在投资者和企业再投资之间进行分配的过程。企业本年实现的净利润，加上年初未分配利润（或减去年初未弥补亏损），即可供分配的利润。

《企业财务通则》第五十条规定："企业年度净利润，除法律、行政法规另有规定外，按照以下顺序分配：

（一）弥补以前年度亏损

（二）提取10%法定公积金

法定公积金累计额达到注册资本50%以后,可以不再提取。

(三)提取任意公积金

任意公积金提取比例由投资者决议。

(四)向投资者分配利润

企业以前年度未分配的利润,并入本年度利润,在充分考虑现金流量状况后,向投资者分配。属于各级人民政府及其部门、机构出资的企业,应当将应付国有利润上缴财政。

国有企业可以将任意公积金与法定公积金合并提取。股份有限公司依法回购后暂未转让或者注销的股份,不得参与利润分配;以回购股份对经营者及其他职工实施股权激励的,在拟订利润分配方案时,应当预留回购股份所需利润。"

《企业财务通则》第五十一条规定:"企业弥补以前年度亏损和提取盈余公积后,当年没有可供分配的利润时,不得向投资者分配利润,但法律、行政法规另有规定的除外。"

一、年度利润分配的影响因素

可供分配的利润如何在投资者和企业再投资之间进行分配,构成了企业利润分配的基本内容。企业实现的净利润属于投资者所有,但为了保证企业相关利益者的利益,《企业财务通则》虽未规定企业应当采用何种政策理论来制订企业的利润分配方案,但要求企业应充分考虑现金流量状况,以利于企业长期稳健地发展。

通常,企业在制订分配方案时应考虑的因素如表10-12所示。

表10-12 制订分配方案应考虑的因素

项 目	内 容 阐 释
企业发展战略对利润分配的影响	一般而言,在可供分配的利润中,企业除按规定提取法定盈余公积以外仍可适当留存一部分,以用于扩大再生产。企业留用的利润,从产权关系上看,仍属于企业投资者所有,如果企业使用这部分资金带来了更多的收益,投资者的利益会更有保障。因此,企业在进行利润分配前,应依据企业发展战略的要求,结合企业的经营及财务状况、筹资能力、面临的投资机会,统筹处理好分配与积累的关系,不断增强企业的发展后劲。如果企业有很好的投资项目,又需要筹集大量的资金,而当前的现金流又不足以满足发展项目的需求,企业向投资者分配利润的水平可以从低确定,而将实现利润留存企业,作为投资和发展的资金。这样可以降低企业筹资成本,有利于实现企业发展战略
职工利益对企业利润分配的影响	企业的税后利润归投资者所有,这是投资者投资于企业的动力所在。但企业的利润与经营者和其他职工的辛勤工作是分不开的,没有全体职工的参与和努力,企业利润的实现及不断增长将极为困难。效益好的企业,更能够给经营者和其他职工的劳动报酬及福利待遇提供经济保障,也容易给经营者和其他职工带来成就感、荣誉感、归属感,从而激发他们的积极性和创造性。因此,在保障投资者利益的前提下,如何提高经营者和其他职工的参与意识,吸引人才,增强企业竞争力,一直是现代企业管理面临的重要而有意义的课题。国家允许一些企业实行多种分配形式改革,企业已经按规定实行分配制度改革的,在制订利润分配方案时,要适当考虑经营者和其他职工的利益,以调动各方面的积极性

续表

项目	内容阐释
研究分析利润分配的方式和比例	企业实施利润分配方案，可以采取派发现金和送红股的方式，不同的分配方式会对企业发展及股权结构产生不同的影响。如果采用现金分配方式，企业即须支付大量的现金，对现金流不足的企业而言，如果其筹资能力不强，这对其未来的发展就极为不利。而采用送红股分配方式，企业通过扩大股本来实现分配，企业的股权结构一般也不会因此而发生变化，同时由于不必支付现金，企业实现利润对应的现金仍然留在企业，这样对现金流不足的企业来讲，可以大大缓解其发展资金不足的压力，对其未来的发展就会产生积极的影响。因此，企业进行利润分配时，应当根据已经确定的投资机会和项目，进行可行性研究和分析，拟订合理的利润分配的形式和比例，并根据企业现金流的缓急情况，决定利润分配方案的实施时机
比较利润分配的资金成本	企业进行利润分配，实质是对投资者其他投资机会的再投资收益和企业本身再投资收益进行比较。投资者分取利润后，用于其他项目的投资收益如果超过留存企业用于企业本身投资项目的收益，投资者就会要求较高的分红比例。反之，投资者就会倾向于将利润留存企业以用于发展。因此，在进行利润分配时，企业应当对投资项目所需资金及其可能的筹集渠道进行分析，比较资金成本的大小，确定向投资者分配利润的比例
制订的利润分配方案应贯彻同股同权原则	企业制订利润分配方案，应依据同股同权原则，按照公开、公平、公正的要求，大股东不能侵蚀小股东的既得利益，也不能损害企业或者其他投资者利益。投资者在企业中只以其股权比例享有其合法权益，不得以在企业中的其他特殊地位谋取利益。同时，企业应当将利润分配方案提交股东会、股东大会等类似权力机构讨论，并充分尊重中小股东的意见。 利润分配贯彻同股同权原则的一个特例，是中外合作经营企业的外方合作者可以加大分红比例，以提前收回投资。但是，这必须符合法律法规的要求，并经全部投资者审议批准后，在企业章程、协议中予以明确

二、年度利润分配的顺序

（一）一般企业

《企业财务通则》第四十九条、第五十条、第五十一条分别规定了我国企业利润分配的一般顺序如下。

1. 企业发生的年度经营亏损，依照税法的规定弥补

税法规定年限内的税前利润不足弥补的，用以后年度的税后利润弥补，或者经投资者审议后，用盈余公积金弥补。

2. 企业年度净利润，除法律、行政法规另有规定外，按照以下顺序分配

（1）弥补以前年度亏损。

（2）提取10%法定公积金。法定公积金累计额达到注册资本的50%以后，可以不再提取。

（3）提取任意公积金。任意公积金提取比例由投资者决定。

（4）向投资者分配利润。企业以前年度未分配的利润，并入本年度利润，在充分考虑现金流量状况后，向投资者分配。属于各级人民政府及其部门、机构出资的企业，应当将应付国有利润上缴财政。

国有企业可以将任意公积金与法定公积金合并提取。

股份有限公司依法回购后暂未转让或者注销的股份,不得参与利润分配。

以回购股份对经营者及其他职工实施股权激励的,在拟订利润分配方案时,应当预留回购股份所需利润。

金融企业对本年实现净利润应当按照提取法定盈余公积金、提取一般(风险)准备金、向投资者分配利润的顺序进行分配。从事银行业务的,应当于每年年终根据承担风险和损失的资产余额的一定比例提取一般准备金,用于弥补尚未识别的可能性损失;从事其他业务的,应当按照国家有关规定,从本年实现净利润中提取风险准备金,以用于补偿风险损失。金融企业资本充足率、偿付能力充足率、净资本负债率未达到有关法律、行政法规规定标准的,不得向投资者分配利润。

3. 企业弥补以前年度亏损和提取盈余公积后,当年没有可供分配的利润时,不得向投资者分配利润,但法律、行政法规另有规定的除外

例如,经股东会、股东大会决议,金融企业可以用法定盈余公积金和任意盈余公积金弥补亏损或者转增资本。法定盈余公积金转为资本时,所留存的该项公积金不得少于转增前金融企业注册资本的25%。

应当看到,上述关于利润分配的规定与新《公司法》保持了高度的一致性。综观《企业财务通则》对利润分配的相关规定中,还有以下两个方面的闪光点值得关注:

(1)我国首次在企业财务通则中明确了财政部门在建立国有资本经营预算制度中的职责,确定了企业应付国有利润直接上缴国库:"属于各级人民政府及其部门、机构出资的企业,应当将应付国有利润上缴财政。"这样的规定有利于转变国有企业经营者的观念,规范企业与财政之间的收益分配关系,为建立国有资本经营预算制度奠定了基础。

(2)规范了政府补助的核算与管理办法。按照国际会计准则,政府补助作为企业本期利润核算。但从目前国内企业的情况来看,如果完全按照国际会计准则处理,会造成将财政拨款给股东分红,这显然违背财政扶持企业发展的初衷。所以,《企业财务通则》与新会计准则相衔接,对财政资金的财务处理做出了新规定。

政府补助是指企业从政府无偿取得货币性资产或非货币性资产。政府补助表现为政府向企业转移资产,通常表现为财政拨款、财政贴息、税收返还、无偿划拨非货币性资产等。《企业会计准则第16号——政府补助》指出:政府补助应当划分与资产相关和与收益相关,货币性资产补助和非货币性资产补助,并采用收益法和总额法分别不同情况进行处理。收益法是指企业将政府补助计入收益(递延收益或当期收益),而不是计入所有者权益;总额法是指在确认政府补助时,将其全额确认为收益,而不是作为相关资产账面金额或者费用的扣减。与资产相关的政府补助应确认为递延收益,并在相关资产使用寿命内对之平均分配,将之计入当期损益。与收益相关的政府补助用于补偿企业以后期间的相关费用或损失的,确认为递延收益,并在确认相关费用的期间,将之计入当期损益;对于用于补偿企业已发生的相关费用或损失的,直接计入当期损益。

《企业财务通则》第二十条明确规定:"企业取得的各类财政资金,区分以下情况处理:

(一)属于国家直接投资、资本注入的,按照国家有关规定增加国家资本或者国有资本公积。

(二)属于投资补助的,增加资本公积或者实收资本。国家拨款时对权属有规定的,按规定执行;没有规定的,由全体投资者共同享有。

(三)属于贷款贴息、专项经费补助的,作为企业收益处理。

(四)属于政府转贷、偿还性资助的,作为企业负债管理。

(五)属于弥补亏损、救助损失或者其他用途的,作为企业收益处理。"

(二)金融企业的净利润的分配顺序(见表10-13)

表10-13 金融企业的净利润的分配顺序

项　　目	内　容　阐　释
弥补以前年度亏损	金融企业对于当年实现的净利润,首先应按照规定弥补以前年度发生的亏损。也就是,将本年度实现的净利润与前期未分配利润或未弥补亏损合并,计算出本年累计盈利或累计亏损。需要说明的是,弥补的亏损是指超过了正常的税前弥补期限(5年)后,应当用所得税后利润弥补的亏损。金融企业实现的净利润在以前年度亏损未弥补完之前,不得提取法定公积金
提取法定盈余公积金	经计算有本年累计盈利的,按本年净利润抵减年初累计亏损后的余额,计提10%比例的法定公积金,累计提取的公积金总额达到注册资本50%以后,可以不再提取。需要说明的是,提取法定公积金的基数,不是累计盈利,也不一定是本年的税后利润。只有在年初没有未弥补亏损的情况下,才能按本年净利润计算提取数
提取一般(风险)准备金	金融企业应当按照规定的比例提取一般(风险)准备金,用于弥补损失,但不得用于分红、转增资本。其中: 从事银行业务的金融企业,应于每年年度终了根据承担风险和损失的资产余额的一定比例提取一般准备金,以用于弥补尚未识别的可能性损失。一般准备金的计提比例由金融企业综合考虑其所面临的风险状况等因素确定,原则上一般准备金余额不低于风险资产期末余额的1%。 从事保险业务的金融企业,应按本年实现净利润的10%提取总准备金,以用于巨灾风险的补偿。 从事证券业务的金融企业,应按本年实现净利润的10%提取交易风险准备金,以用于弥补证券交易的损失。 从事期货经纪业务的金融企业,应按本年实现净利润的10%提取风险准备金,以用于风险的补偿。 从事信托投资业务的金融企业,应按本年实现净利润的5%提取信托赔偿准备金,以用于弥补亏损。信托赔偿准备金累计总额达到公司注册资本的20%时,可不再提取。 主营担保业务的企业,应按本年实现净利润的10%提取一般风险准备金,以用于弥补亏损。 从事基金管理业务的金融企业,应按本年实现净利润的1%提取风险准备金,以用于弥补亏损。 从事金融租赁业务的金融企业,应按本年实现净利润的1%提取一般风险准备金,以用于弥补亏损。 属于财务公司性质的金融企业,应按本年实现净利润的1%提取一般风险准备金,以用于弥补亏损
提取任意公积金	金融企业提取法定公积金后,金融企业章程对提取任意公积金有规定的,可以按金融企业章程的规定提取任意公积金;金融企业章程没有规定的,可以根据股东会、股东大会决议的比例提取任意公积金

续表

项　目	内　容　阐　释
向投资者分配利润	金融企业应当按照"同股同权、同股同利"的原则，向投资者分配利润。金融企业可以将以前年度未分配的利润并入本年度利润一并进行分配。金融企业需要拿出多少比例的净利润用于向投资者分配利润，除要有足够的累计盈余外，还要考虑金融企业盈余的稳定性、投资机会、债务需要和举债能力等因素，尤其是发放现金股利（利润）时，需要重点考虑自身的现金流量状况
向投资者分配利润	需要特别说明的是，在弥补以前年度亏损、提取法定公积金、提取一般（风险）准备金之前，金融企业不得向投资者分配利润。《公司法》第167条规定："公司股东会、股东大会或者董事会违反规定,在公司弥补亏损和提取法定公积金之前向股东分配利润的，股东必须将违反规定分配的利润退还公司。"

三、法律、行政法规关于利润分配的例外规定（见表10-14）

表10-14　法律、行政法规关于利润分配的例外规定

项　目	内　容　阐　释
利润分配顺序例外	一般情况下，企业利润分配应按照上述程序进行，但法律、行政法规另有规定的，从其规定。如《中外合作经营企业法》第二十一条规定："中外合作者在合作企业合同中约定合作期满时合作企业的全部固定资产归中国合作者所有的，可以在合作企业合同中约定外国合作者在合作期限内先行回收投资的办法。合作企业合同约定外国合作者在缴纳所得税前回收投资的，必须向财政税务机关提出申请，由财政税务机关依照国家有关税收的规定审查批准。"
利润分配内容例外	企业实现的净利润中，如果包括法规或企业章程规定不属于投资者分享的净利润，则在拟定利润分配方案时，企业应按扣除不能由投资者享有部分的净利润计算。如按照我国有关法律、法规规定，外商投资企业按实现净利润的一定比例计提职工福利及奖励基金。这部分从净利润中提取的职工福利及奖励基金，属于中方职工权益资金，作为负债管理，投资者不能享有
投资者利润分配例外	企业弥补以前年度亏损和提取法定公积金后，当年没有可供分配的利润时，不得向投资者分配利润。但股份有限公司当年无利润时，在用盈余公积金弥补亏损后，经股东会、股东大会特别决议，可以按照不超过股票面值6%的比率，用盈余公积金分配股利

四、公司回购股份在利润分配中的处理

根据《公司法》的规定，公司回购本公司股份属于减少公司注册资本的，应当自收购之日起10日内注销；属于与持有本公司股份的其他公司合并或股东因对股东大会做出的公司合并、分立决议持异议两种情形的，应当在6个月内转让或者注销；属于将股份奖励给本公司职工的，回购的股份应当在1年内转让给职工。对于股份有限公司依法回购后暂未转让或者注销的股份，由于不具有投票权、收益分配权、优先认股权、资产清偿权以及相关义务，不得参与利润分配。

对于因实施股权激励办法而回购股份的，根据《公司法》的规定，其资金来源应当从公司的税后利润中支出。为此，财政部印发的《关于〈公司法〉施行后有关企业财务处理问题的通知》（财企〔2006〕67号）规定，回购股份不得超过本公司已发行股份总额的5%，所需资金应当控制在当期可供投资者分配的利润数额之内。如果股份回购日与股东大会通过职工股权激励

办法之日不在同一年度,那么,公司应当于通过职工股权激励办法时,将预计的回购支出在当期可供投资者分配的利润中做出预留,对此不再进行分配。

五、股利分配方案的确定

(一)选择股利政策

股利政策不仅会影响股东的利益,也会影响公司的正常运营以及未来的发展,因此,制定恰当的股利政策就显得尤为重要。由于各种股利政策各有利弊,所以公司在进行股利政策决策时,要综合考虑公司面临的各种具体影响因素,适当遵循收益分配的各项原则,以保证不偏离公司目标。

另外,每家公司都有自己的发展历程,就规模和盈利来讲,都会有初创阶段、增长阶段、稳定阶段、成熟阶段和衰退阶段等。在不同的发展阶段,公司所面临的财务、经营等问题都会有所不同,比如在初创阶段的获利能力、现金流入量水平、融资能力、对资金的需求等,和公司经历高速增长阶段之后的成熟阶段相比,是完全不同的,所以公司在制定股利政策时还要与其所处的发展阶段相适应。

公司在不同成长与发展阶段所采用的股利政策可用表 10-15 来描述。

表 10-15 不同阶段的股利政策

公司发展阶段	特　点	适用的股利政策
公司初创阶段	公司经营风险高,有投资需求且融资能力差	剩余股利政策
公司快速发展阶段	公司快速发展,投资需求大	低正常加额外股利政策
公司稳定增长阶段	公司业务稳定增长,投资需求减少,净现金流入量增加,每股净收益呈上升趋势	固定或稳定增长型股利政策
公司成熟阶段	公司盈利水平稳定,公司通常已经累积了一定的留存收益和资金	固定支付率股利政策
公司衰退阶段	公司业务锐减,获利能力和现金获得能力下降	剩余股利政策

(二)确定股利支付水平

股利支付水平通常可用股利支付率来衡量。股利支付率是当年发放股利与当年净利润之比,或每股股利除以每股收益。股利支付率的制定往往使公司处于两难境地。低股利支付率政策虽然有利于公司对收益的留存,有利于其扩大投资规模和未来的持续发展,但在资本市场上对投资者的吸引力会大大降低,并进而影响公司未来的增资扩股;而高股利支付率政策有利于增强公司股票的吸引力,有助于公司在公开市场上筹措资金,但由于减少了留存收益,又会给企业资金周转带来影响,加重公司的财务负担。

是否对股东派发股利以及股利支付率高低的确定,取决于企业对下列因素的权衡:
(1)企业所处的成长周期;
(2)企业的投资机会;
(3)企业的筹资能力及筹资成本;
(4)企业的资本结构;
(5)股利的信号传递功能;
(6)借款协议及法律限制;
(7)股东偏好;

(8) 通货膨胀等因素。

(三) 确定股利支付形式

按照股份有限公司对其股东支付股利的不同方式,股利可以分为不同的种类(见表10-16)。

表10-16 股利的种类

项 目	内 容 阐 释
现金股利	现金股利,是以现金支付的股利,它是股利支付的最常见的方式。由于发放现金股利将同时减少公司资产负债表上的留存收益和现金,所以公司选择支付现金股利时,除要有足够的留存收益之外,还要有足够的现金。而现金充足与否往往成为公司发放现金股利的主要制约因素
财产股利	财产股利,是以现金以外的其他资产支付的股利,主要是以公司所拥有的其他公司的有价证券,如公司债券、公司股票等作为股利发放给股东的
负债股利	负债股利,是以负债方式支付的股利,通常以公司的应付票据或公司债券的方式支付股利。 财产股利和负债股利实际上都是现金股利的替代方式,但目前这两种股利方式在我国公司实务中极少被使用
股票股利	股票股利,是公司以增发股票的方式所支付的股利,在我国,通常也称为"红股"。股票股利对公司来说,并没有现金流出企业,也不会导致公司的财产减少,而只是将公司的留存收益转化为股本。但股票股利会增加流通在外的股票数量,同时降低股票的每股价值。它不会改变公司股东权益总额,但会改变股东权益的构成

【例10-6】 智董公司(上市公司)在20×5年发放股票股利前,其资产负债表上的股东权益账户情况如下(单位:万元):

股东权益:
普通股(面值1元,流通在外2 000万股)　　　2 000
资本公积　　　　　　　　　　　　　　　　　4 000
盈余公积　　　　　　　　　　　　　　　　　2 000
未分配利润　　　　　　　　　　　　　　　　3 000
股东权益合计　　　　　　　　　　　　　　　11 000

假设该公司宣布发放30%的股票股利,现有股东每持有10股,即可获得赠送的3股普通股。该公司发放的股票股利为600万股,随着股票股利的发放,未分配利润中有600万元的资金要转移到普通股的股本账户上去,因而普通股股本由原来的2 000万元增加到2 600万元,而未分配利润的余额由3 000万元减少至2 400万元,但该公司的股东权益总额并未发生改变,仍是11 000万元,股票股利发放之后的资产负债表上股东权益部分如下:

股东权益:
普通股(面额1元,流通在外2 600万股)　　　2 600
资本公积　　　　　　　　　　　　　　　　　4 000
盈余公积　　　　　　　　　　　　　　　　　2 000
未分配利润　　　　　　　　　　　　　　　　2 400
股东权益合计　　　　　　　　　　　　　　　11 000

假设一位股东派发股票股利之前持有3 000股公司的普通股,那么,他拥有的股权比例为:

$$3\,000\,股 \div 2\,000\,万股 = 0.015\%$$

派发股利之后，他拥有的股票数量和股份比例为：

$$3\,000\,股 + 900\,股 = 3\,900\,股$$
$$3\,900\,股 \div 2\,600\,万股 = 0.015\%$$

从上例可以看出，由于公司的净资产不变，而股票股利派发前后每一位股东的持股比例也不发生变化，那么他们各自持股所代表的净资产也不会改变。

表面来看，除所持股数同比例增加之外，股票股利好像并没有给股东带来直接收益，但事实上并非如此。理论上，派发股票股利之后的每股价格会成比例降低，股东的持有价值会保持不变，但在实务中这并非是必然的结果。因为市场和投资者普遍认为，公司发放股票股利往往预示着公司会有较大的发展和成长，这样的信息传递不仅会稳定股票价格甚至可能使股价不降反升。另外，如果股东把股票股利出售，变成现金收入，还会给其带来资本利得的纳税上的好处。所以股票股利对股东来说并非像表面上看到的那样毫无意义。

对公司来讲，股票股利的优点主要有：

（1）发放股票股利既不需要向股东支付现金，又可以在心理上给股东以从公司取得投资回报的感觉。因此，股票股利有派发股利之"名"，而无派发股利之"实"。在再投资机会较多的情况下，如果发放股票股利公司就可以为再投资提供成本较低的资金，从而有利于公司的发展；如果公司资金紧张，没有多余的现金派发股利，而又面临市场或股东要求分派股利的压力时，股票股利不失为一种好的选择。

（2）发放股票股利可以降低公司股票的市场价格。公司在其股票价格较高，不利于股票交易和流通时，通过发放股票股利来适当降低股价水平，可以促进公司股票的交易和流通。

（3）发放股票股利，可以降低股价水平，如果日后公司将要以发行股票的方式筹资，则可以降低发行价格，有利于吸引投资者。

（4）发放股票股利可以传递公司未来发展前景良好的信息，增强投资者的信心。

（5）股票股利降低每股市价的时候，会吸引更多的投资者成为公司的股东，从而可以使股权更为分散，能有效地防止公司被恶意控制。

第五节　职工要素分配

一、职工要素分配的特点

与实物资产、货币资金等生产要素不同，经营者和其他职工的技术、管理等智力要素参与企业收益分配，有其自身的特点：

（1）其自身价值不容易度量；

（2）其对企业收益的贡献度大小不容易准确确定；

（3）其因存在个体差异而难以模仿，因须依托于企业其他生产要素才能发挥作用而难以鉴别；

（4）其仅存在于少数人身上或仅为少数人掌握而具有稀缺性，可为企业创造超常效益。

二、职工要素分配的原则

智力要素参与收益分配正是因为具有自身特点，在实施时，一般应当遵循如表 10-17 所示的原则。

表 10-17　职工要素分配的原则

原　则	内　容　阐　释
分配与贡献挂钩	即经营者和其他职工凭借智力要素获得的报酬或分得的收益,应该与其智力要素的转换效益结合起来。任何一项智力要素,如果它本身具有价值,但并未对企业的收益产生贡献,就不应参与分配
效率优先	智力要素对其他生产要素的转化和使用具有促进和催化作用,但对于其发挥的作用很难制度化和标准化,完全依赖于拥有者的良知,并具有较大的弹性。企业在制定收益分配制度时,应当制定相应的保障措施,将智力资本的作用充分发挥出来
以激励为主要目的	智力要素参与企业收益分配,主要目的应当是激励经营者和其他职工最大限度地发挥潜能,实现智力要素的资本价值,提高企业的劳动效率和经济效益
合法合理	智力要素参与企业收益分配,要符合国家相关法律、法规和企业财务制度的规定,避免内部人控制或者分配的随意性,防止因分配不当给国家、投资者和企业其他利益相关者的权益造成损失和侵害

三、职工要素分配的条件

企业对经营者和其他职工进行激励,通常采取中长期股权激励方式。因此,采取这种方式的企业一般应具备以下条件:

(1) 法人治理结构规范,股东会、董事会、经理层组织健全,职责明确,外部董事占董事会成员半数以上。

(2) 发展战略明确,产权清晰。

(3) 内部控制制度和绩效考核体系健全,基础管理制度规范,建立了符合市场经济和现代企业制度要求的劳动用工、薪酬福利制度。

(4) 资产质量和财务状况良好,经营业绩稳健,企业财务会计报告真实,近 3 年无违法违规行为和不良记录等。

四、职工要素分配的要求（见表 10-18）

表 10-18　职工要素分配的要求

项　目	内　容　阐　释
使企业实现资本增值	企业是以营利为目的的经济组织,其投资者设立企业的目的就是通过生产经营活动获得最大的收益。因此,在给予工资报酬和福利待遇的条件下,企业允许经营者和其他职工以管理、技术等智力要素参与收益分配,但前提应当是这些智力要素能够为企业或者已经为企业创造了超额的贡献,并且这样的贡献可通过一定的方法和标准予以估算确定
价值可以量化	参与分配的智力要素本身的价值可以通过评估确定,或者通过参考这些要素为企业创造的超额贡献进行估算,或者通过比较企业收益或者净资产的数额及其变化情况加以确定。这种量化结果不一定十分精确,但可供参考
与其他生产要素有密切关系	智力要素只有依赖于其他生产要素,才能发挥转化作用。因此,智力要素参与企业收益分配的主要目的是调动经营者和其他职工的积极性和创造性,激励智力要素最大限度地服务于其他生产要素,以实现全部生产要素增值的最大化

五、职工要素分配的主要方式

(一) 股权激励办法

根据国务院国资委、财政部联合印发的《国有控股上市公司（境内）实施股权激励试行办法》（国资发分配〔2006〕175号），国有控股上市公司可以对董事（不含独立董事）、高级管理人员以及对公司整体业绩和持续发展有直接影响的核心技术人员和管理骨干实施股权激励办法。

股权激励方式包括股票期权、限制性股票以及法律、行政法规所允许的其他方式。股票期权是上市公司授予激励对象在未来一定期限内以预先确定的价格和条件购买本公司一定数量股票的权利。限制性股票是上市公司按照预先确定的条件授予激励对象一定数量的本公司股票，激励对象只有在工作年限或业绩目标符合股权激励计划规定的条件时，才可将之出售并从中获益。

实行股权激励的公司，其股权激励计划应当包括激励方式、激励对象、激励条件、授予数量、授予价格及其确定方式、行权时间限制或解锁限制等内容。在报股东大会审议之前，国有股东应当将上市公司拟实施的股权激励计划上报履行国有资产出资人职责的机构或部门先行审核。

股权激励计划有效期一般不超过10年，激励对象在有效期内股权激励预期收益水平应当控制在其薪酬总水平的30%以内。上市公司实行股权激励的股票总数不得超过公司股本总额的10%，首次实施股权激励计划授予的股权数量应当控制在股本总额的1%以内，并不得为激励对象按照股权激励计划获得有关权益提供贷款以及其他任何形式的财务资助。

(二) 自主创新激励分配制度

根据《财政部 国家发展改革委 科技部 劳动保障部关于企业实行自主创新激励分配制度的若干意见》（财企〔2006〕383号），为了贯彻实施《国家中长期科学和技术发展规划纲要（2006—2020年）》，支持企业自主创新，维护企业及其研发人员的知识产权权益，改革和完善企业分配和激励制度，企业可以实行以下自主创新激励分配制度，但对同一研发人员或者同一知识产权不得重复实施不同形式的激励：

（1）企业在实施公司制改建、增资扩股或者创设新企业的过程中，对职工个人合法拥有的、企业发展需要的知识产权，可以依法吸收为股权投资，并办理权属变更手续。企业也可以与个人约定，待个人拥有的知识产权投入企业实施转化成功后，按照不高于其在近3年累计为企业创造净利润的35%折价入股。

（2）企业实现科技成果转化，且近3年税后利润形成的净资产增值额占实现转化前净资产总额30%以上的，对关键研发人员可以根据其贡献大小，按一定价格系数将一定比例的股权（股份）出售给有关人员。

对价格系数应当综合考虑企业净资产评估价值、净资产收益率和未来收益折现等因素合理确定。企业不得为个人认购股权（股份）垫付款项，也不得为个人融资提供担保。个人持有股权（股份）尚未缴付认购资金的，不得参与分红。

（3）高新技术企业在实施公司制改建或增资扩股过程中，可以对关键研发人员奖励股权（股份）或者按一定价格系数出售股权（股份）。

奖励股权（股份）和以价格系数体现的奖励额之和，不得超过企业近3年税后利润形成的净资产增值额的35%，其中，奖励股权（股份）的数额不得超过奖励总额的一半；奖励总额一般在3~5年统筹安排使用。

（4）没有实施技术折股、股权出售和奖励股权办法的企业，可以与关键研发人员约定，在其任职期间每年按研发成果销售净利润的一定比例给予奖励，或者根据盈利共享、风险共担的原则，采取合作经营方式，与拥有企业发展需要的成熟知识产权的研发人员约定，对合作项目的收益或者亏损按30%以内的一定比例进行分成或者分担。

国有及国有控股企业实行股权出售或者奖励股权的，近3年税后利润形成的净资产增加值应当占企业净资产总额的30%以上，且实施股权激励的当年年初未分配利润没有赤字。实行技术奖励或分成的，年度用于技术奖励或分成的金额同时不得超过当年可供分配利润的30%。

（三）企业国有产权向管理层转让

根据国资委、财政部联合印发的《企业国有产权向管理层转让暂行规定》（国资发产权〔2005〕78号），国有资产监管机构已经建立或政府已经明确国有资产保值增值行为主体和责任主体的地区或部门，可以探索中小型国有及国有控股企业国有产权向管理层转让，包括向管理层直接或间接出资设立的企业转让。

企业国有产权向管理层转让，除执行《企业国有产权转让管理暂行办法》的有关规定以外，还应当符合以下要求：

（1）国有产权持有单位应当按规定委托财务审计，包括经济责任审计；

（2）国有产权转让方案的制订以及相关的清产核资、财务审计、资产评估、底价确定、中介机构委托等重大事项应当由国有产权持有单位统一组织进行；

（3）管理层应当进场交易，并与其他拟受让方平等竞买，产权转让公告中的受让条件不得含有为管理层设定的排他性条款以及其他有利于管理层的安排；

（4）职工安置费用不得从净资产中先行抵扣，不得以各种名义压低国有产权转让价格；

（5）管理层应当提供其受让资金来源的相关证明，不得向国有及国有控股企业融资，不得以企业的国有产权或资产提供融资担保。

管理层存在以下情形的，不得受让拟转让企业的国有产权：经审计认定对企业经营业绩下降负有直接责任的；故意转移、隐匿资产，或者在转让过程中通过关联交易影响企业净资产的；向中介机构提供虚假资料，导致审计、评估结果失真，或者与有关方面串通，压低资产评估结果以及转让价格的；参与国有产权转让相关重大事项的；无法提供资金来源证明的。

企业国有产权向管理层转让后仍保留国有股份（权）的，受让国有产权的管理层不得作为改制企业的国有股东代表。

六、职工要素分配的一般程序（见表10-19）

表10-19 职工要素分配的一般程序

项　目	内　容　阐　释
确定分配对象和智力要素	应确定哪些人、哪些智力要素可以参加企业收益分配。根据《企业财务通则》规定，经营者、核心技术人员和其他职工属于分配对象。其中，经营者应当是企业的董事，对公司决策、经营、管理负有领导责任的经理、副经理、财务负责人、董事会秘书等高级管理人员，以及对上市公司整体业绩和持续发展有直接影响的管理骨干，不包括监事、独立董事及来自上市公司控股公司以外的外部董事；核心技术人员应当是关键技术成果的主要完成人、重大研发项目的负责人或者对企业主导产品、核心技术进行重大创新、改进的主要技术人员
对分配标准进行评估和量化	企业在确定参与收益分配的对象和智力要素后，要聘请具备资质的评估机构对这些要素的价值和作用，进行评估，以获得进行股权激励等分配的参考依据。评估结果应当由企业董事会或其他类似机构和持有智力要素的个人共同确认

续表

项 目	内 容 阐 释
确定分配方式	企业可以采用不同的方式确定管理、技术等智力要素参与收益分配的形式。上市公司应当以期权激励机制为导向，根据实施激励的目的，结合本行业及本公司的特点确定股权激励方式
拟订实施方案	实施方案应当明确激励对象、激励方式、激励条件、激励数量、激励价格、行权时间、绩效考核、权利义务、违约责任等内容
报批实施方案	实施方案应当由董事会提出，提交股东大会审议批准。属于本级人民政府及其部门、机构出资的企业，其经营者、核心技术人员和其他职工参与企业收益分配的，应当按照有关规定报经股东会或履行投资者职能的相关机构批准，并将批准部门的相关批复文件抄送同级财政部门备案
实施分配方案	由企业董事会（薪酬管理委员会或授权的管理层）对经过批准的分配方案予以兑现。实施分配方案时，应当符合法律、行政法规、规章的规定，有完备的审批文件，具体的分配方案，合法的合同或协议，完善的分配程序，以及有效的监督机制和管理机构

七、职工要素分配的财务处理

（一）取得企业股权的处理

管理、技术等智力要素在评估作价的基础上，通过企业增发或者回购转让的形式转化为企业股权，持有智力要素的经营者和其他职工同时具有了企业投资者的身份，因而应当根据企业章程或者有关合同的规定，与其他投资者一同参与利润分配。

（二）没有取得企业股权的处理

企业利用了经营者和其他职工持有的管理、技术等，实现了额外的收益，但是没有授予股权，经营者和其他职工并未取得企业投资者的身份。因此，企业应当依照有关合同约定的分配标准，对合作经营的相关业务所实现的利润给予分成。这种分成，作为企业取得额外收益的成本，应从当期费用中列支。

第六节 股票股利、股票分割和股票回购

一、股票股利

股票股利是公司以发放的股票作为股利的支付方式。股票股利并不直接增加股东的财富，不会导致公司资产的流出或负债的增加，同时并不因此而增加公司的财产，但会引起所有者权益各项目的结构发生变化。发放股票股利以后，如果盈利总额与市盈率不变，股票会由于普通股股数增加而引起每股收益和每股市价的下降。但由于股东所持股份的比例不变，每位股东所持有股票的市场价值总额仍保持不变，因而股票股利不涉及公司的现金流。

【例 10-7】 智董上市公司在 20×9 年度利润分配及资本公积转增股本实施公告中披露了分配方案的主要信息：

每 10 股送 3 股派发现金红利 0.6 元（含税），转增 5 股，即每股送 0.3 股派发现金红利 0.06 元（含税，送股和现金红利均按 10%代扣代缴个人所得税，扣税后每股实际派发现金 0.024 元），转增 0.5 股。

股权登记日：20×9 年 3 月 17 日（注：该日收盘价为 24.45）；除权（除息）日：20×9 年

3月18日（注：该日的开盘价为13.81元）；新增可流通股份上市流通日：20×9年3月19日；现金红利到账日：20×9年3月23日。

从智董上市公司的利润分配及资本公积转增股本实施公告披露的信息得知，该公司的股利分配包括现金股利分配和股票股利。而转增股本则是将资本公积转为股本，对企业而言属于所有者权益内项目之间的调整，对股东而言可以按照其所持有股份的比例获得相应的转增股份。从股东持有的股份数量上看，公司发放股票股利与从资本公积转增股本都会使股东具有相同的股份增持效果，但并未增加股东持有股份的价值。此外，股票股利与转增不同的是派发的股票股利来自未分配利润，股东需要缴纳所得税。我国部分上市公司的资本公积转增股本方案是单独实施的，也有许多上市公司的转增方案与其发放现金股利和股票股利方案一同实施。

智董上市公司在实施利润分配前，所有者权益情况如表10-20所示。

表10-20　智董公司所有者权益情况表（分配利润前）　　　　单位：万元

项　　目	金　　额
股本（面额1元，已发行普通股60 000万股）	60 000
资本公积	60 000
盈余公积	16 000
未分配利润	120 000
所有者权益合计	256 000

每10股派发现金红利0.6元，发放现金股利总额3 600万元，使公司的现金和未分配利润同时减少3 600万元，从而使现金流出企业，并减少了公司所有者权益，但不影响股本总额。

发放现金股利总额 = 60 000 × 0.06 = 3 600（万元）

每10股派送3股股票股利，我国上市公司是按照股票面值从未分配利润转入股本的，即减少了未分配利润18 000万元，同时增加股本18 000万元，此举只改变了所有者权益内部结构，不影响公司所有者权益总额。

发放股票股利增加的股本 = 60 000 × 0.3 = 18 000（万元）

从资本公积转增股本只是改变了所有者权益的内部结构，每10股转增5股，即减少了资本公积30 000万元，同时增加了总股本30 000万元，不影响所有者权益总额。

资本公积转增的股本 = 60 000 × 0.5 = 30 000（万元）

实施此次股利分配和转增方案后，通过发放股票股利和从资本公积转增后的股本总额变为：

股本总额 = 60 000+18 000+30 000 = 108 000（万元）

转增股本后的资本公积 = 60 000 − 30 000 = 30 000（万元）

实施利润分配方案后的未分配利润 = 120 000 − 3 600 − 18 000 = 98 400（万元）

智董上市公司20×8年度利润分配方案实施后的所有者权益各项目如表10-21所示。

表10-21　智董公司所有者权益情况表（分配利润后）　　　　单位：万元

项　　目	利润分配前	利润分配后
股本（面额1元，均为发行的普通股）	60 000	108 000
资本公积	60 000	30 000
盈余公积	16 000	16 000
未分配利润	120 000	98 400
所有者权益合计	256 000	252 400

从表 10-21 可以看出，利润分配后比利润分配前股本总额增加了 48 000 万元，分别来自股票股利从未分配利润中转出的 18 000 万元和转增股本从资本公积中转出的 30 000 万元。

所有者权益总额的变化 3 600 万元是现金股利分配与缴纳现金股利与股票股利所得税的结果，其中，全体股东实际收到的现金股利 = 60 000 × [0.06 – (0.06 + 0.3) × 10%] = 60 000 × 0.024 = 1 440（万元），缴纳所得税 360 万元；全体股东在收到 18 000 万股股票股利的同时，缴纳所得税 1 800 万元。

在美国等西方国家，发放股票股利通常是以发放前的股票市价为基础，将股票股利从留存收益项目转出，其中按照股票面额部分转至股本项目，股票市价与面值差额的部分转入资本公积项目。

【例 10-8】 假定智董公司宣布发放 10% 的股票股利，即发放 20 000 股普通股股票，并规定现有股东每持 10 股可得 1 股新发放股票。若该股票当时市价 20 元，随着股票股利的发放，按照股票市值需从留存收益划转出的资金为：

$$20 × 200 000 × 10\% = 400 000（元）$$

派发 20 000 股的股票股利后，使股本账户增加了 20 000 元，由于股票面额（1 元）不变，股本数量也增加了 20 000 股，即从派发前的 200 000 股增加到 220 000 股。其余 380 000 元（400 000 – 20 000）应作为股票溢价转至资本公积账户，而公司股东权益总额保持不变。公司股东权益各项目在发放股票股利前后的情况如表 10-22 所示。

表 10-22 股票股利发放前后对比表　　　　　　　　　　　　　　单位：元

项　　目	发放股票股利前	发放股票股利后
股本（面额 1 元，均为发行的普通股）	200 000	220 000
资本公积	400 000	780 000
留存收益	2 000 000	1 600 000
股东权益合计	2 600 000	2 600 000

由此可见，发放股票股利后，如果盈利总额和市盈率不变，股票会由于普通股股数增加而引起每股收益和每股市价的下降；但又由于股东所持股份的比例不变，每位股东所持股票的市场价值总额仍保持不变。

【例 10-9】 假定在例 10-8 中公司本年盈余为 440 000 元，某股东持有 20 000 股普通股。假设市盈率不变，发放股票股利对该股东的影响如表 10-23 所示。

表 10-23 股票股利发放前后对比表　　　　　　　　　　　　　　单位：元

项　　目	发　放　前	发　放　后
每股收益（EPS）	440 000 / 200 000 = 2.2	440 000 / 220 000 = 2
每股市价	20	20 / (1+10%) = 18.18
持股比例	(20 000 / 200 000) × 100% = 10%	(22 000 / 220 000) × 100% = 10%
所持股总价值	20 × 20 000 = 400 000	18.18 × 22 000 = 400 000

发放股票股利对每股收益和每股市价的影响，可以通过对每股收益、每股市价的调整直接算出：

$$发放股票股利后的每股收益 = \frac{E_0}{1+D_s}$$

式中，E_0 为发放股票股利前的每股收益；D_s 为股票股利发放率。

$$发放股票股利后的每股市价 = \frac{M}{1+D_s}$$

式中，M 为股利分配权转移日的每股市价；D_s 为股票股利发放率。

承例 10-9。

$$发放股票股利后的每股收益 = \frac{2.2}{1+10\%} = 2（元）$$

$$发放股票股利后的每股市价 = \frac{20}{1+10\%} = 18.18（元）$$

我国上市公司在实施利润分配方案时，可以单独实施发放现金股利或股票股利的分配方案，也可以实施现金股利与股票股利组合方案，或者同时伴随着从资本公积转增股本的方案。由于股票股利与转增都会增加股本数量，但每个股东持有股份的比例并未改变，结果将导致每股价值被稀释，从而使股票交易价格下降。

在除权（除息）日，上市公司发放现金股利与股票股利，

$$股票的除权参考价 = \frac{股权登记日收盘价 - 每股现金股利}{1 + 送股率 + 转增率}$$

承例 10-8。智董上市公司在 20×9 年 3 月 18 日除权（除息）日的参考价：$(24.45 - 0.06) \div (1 + 0.3 + 0.5) = 13.55$ 元，该公司股票的开盘价为 13.81 元，相对于股权登记日（20×9 年 3 月 17 日）的股价（该日收盘价为 24.45 元）有较大幅的下降，有利于使股价保持在合理的范围之内。

从纯粹经济的角度看，股票股利没有改变公司股东权益总额，它既不增加股东财富与公司的价值，也不改变财富的分配，仅增加了股份数量，但对股东和公司都有特殊意义。

二、股票分割

股票分割是指将面额较高的股票交换成面额较低的股票的行为。例如，将原来的一股股票交换成两股股票。股票分割不属于某种股利方式，但其所产生的效果与发放股票股利近似，故而在此一并介绍。

股票分割时，发行在外的股数增加，使得每股面额降低。如果盈利总额和市盈率不变，则每股收益下降，但公司价值不变，股东权益总额以及股东权益内部各项目相互间的比例也不会改变。这与发放股票股利时的情况既有相同之处，又有不同之处。

【例 10-10】智董公司原发行面额 2 元的普通股 200 000 股，若按 1 股换成 2 股的比例进行股票分割，分割前、后的每股收益计算如表 10-24、表 10-25 所示。

表 10-24 股票分割前的股东权益 单位：元

项 目	金 额
普通股（面额 2 元，已发行 200 000 股）	400 000
资本公积	800 000
未分配利润	4 000 000
股东权益合计	5 200 000

表 10-25　股票分割后的股东权益　　　　　　　　　　　　　单位：元

项　　目	金　　额
普通股（面额 1 元，已发行 400 000 股）	400 000
资本公积	800 000
未分配利润	4 000 000
股东权益合计	5 200 000

假定智董公司本年净利润 440 000 元，那么股票分割前的每股收益为 2.2 元（440 000÷200 000）。

假定股票分割后公司净利润不变，分割后的每股收益为 1.1 元，如果市盈率不变，每股市价也会因此而下降。

从实践效果看，由于股票分割与股票股利非常接近，所以一般要根据证券管理部门的具体规定对两者加以区分。例如，有的国家证券交易机构规定，发放 25%以上的股票股利即属于股票分割。

对于企业来讲，实行股票分割的主要目的在于通过增加股票股数降低每股市价，从而吸引更多的投资者。此外，股票分割往往是成长中企业的行为，所以企业宣布股票分割后容易给人一种"企业正处于发展之中"的印象，这种利好信息会在短时间内提高股价。从纯粹经济的角度看，股票分割和股票股利没有什么区别。

尽管股票分割与发放股票股利都能达到降低企业股价的目的，但一般来说，只有在企业股价暴涨且预期难以下降时，企业才采用股票分割的办法降低股价；而在企业股价上涨幅度不大时，往往通过发放股票股利将股价维持在理想的范围之内。

相反，若企业认为自己股票的价格过低，为了提高股价，会采取反分割（也称股票合并）的措施。反分割是股票分割的相反行为，即将数股面额较低的股票合并为一股面额较高的股票。例如，若上例中原面额 2 元、发行 200 000 股、市价 20 元的股票，按 2 股换成 1 股的比例进行反分割，该企业的股票面额将成为 4 元，股数将成为 100 000 股，市价也将随之上升。

三、股票回购

股票回购是指企业在有多余现金时，向股东回购自己的股票，以此来代替现金股利。

近年来，股票回购已成为企业向股东分配利润的一个重要形式，尤其当避税效用显著时，股票回购就可能成为股利政策的一个有效的替代方式。

（一）股票回购的意义

股票回购是指企业出资购回自身发行在外的股票。企业以多余现金购回股东所持有的股份，减少流通在外的股份，从而增加每股股利，致使股价上升，使股东因此获得资本利得，这相当于企业支付给股东现金股利。所以，股票回购可看作一种现金股利的替代方式。股票回购与现金股利对股东的同等效用，可以通过下例说明。

【例 10-11】智董公司普通股的每股收益、每股市价等资料如表 10-26 所示。

表 10-26　智董公司普通股资料

税后利润	4 000 000 元
流通股数	1 000 000 股
每股收益（4000000/1000000）	4 元

续表

每股市价	40 元
市盈率（40/4）	10

假定智董公司准备从盈利中拨出 1 000 000 元发放现金股利，每股可得股利为 1 元（1 000 000÷1 000 000），那么每股市价将为 41 元（原市价 40 元+预期股利 1 元）。

若智董公司改为用 1 000 000 元以每股 41 元的价格回购股票，可购得 24 390 股（1 000 000÷41），那么每股收益将为：

$$EPS = 4\,000\,000 \div (1\,000\,000 - 24\,390) = 4.1（元）$$

如果市盈率仍为 10，股票回购后的每股市价将为 41 元（4.1×10）。这与支付现金股利之后的每股相同。可见，智董公司不论采用支付现金股利的方式还是股票回购的方式，分配给股东的每股现金都是 1 元。

然而，股票回购却有着与发放现金股利不同的意义。

对企业而言，股票回购的有利于增加企业的价值如表 10-27 所示。

表 10-27 股票回购的有利于增加企业的价值

项 目	内 容 阐 释
向市场传递股价被低估的信号	企业进行股票回购的目的之一是向市场传递股价被低估的信号。股票回购有着与股票发行相反的作用。股票发行被认为是公司股票被高估的信号，如果公司管理层认为公司目前的股价被低估，通过股票回购，就向市场传递了积极信息。股票回购的市场反应通常是提升了股价，有利于稳定公司股票价格。如果回购以后股票仍被低估，剩余股东也可以从低价回购中获利
增加每股盈利水平	当公司可支配的现金流明显超过投资项目所需的现金流时，可以用自由现金流进行股票回购，这有助于增加每股盈利水平。股票回购减少了公司自由现金流，起到了降低管理层代理成本的作用。管理层通过股票回购可以使投资者相信公司的股票是具有投资吸引力的，公司没有把股东的钱浪费在收益不好的投资中
避免股利波动带来的负面影响	当公司剩余现金流是暂时的或者是不稳定的，没有把握能够长期维持高股利政策时，可以在维持一个相对稳定的股利支付率的基础上，通过股票回购发放股利
发挥财务杠杆的作用	如果公司认为资本结构中权益资本的比例较高，其可以通过股票回购提高负债比率，改变公司的资本结构，并有助于降低加权平均资本成本。虽然发放现金股利也可以减少股东权益，增加财务杠杆，但两者在收益相同情形下的每股收益不同。特别是如果是通过发行债券融资回购本公司的股票，可以快速提高负债比率
降低了公司被收购的风险	通过股票回购，可以减少外部流通股的数量，提高股票价格，在一定程度上降低了公司被收购的风险
调节所有权结构	公司拥有回购的股票（库藏股），可以用来交换被收购或被兼并公司的股票，也可用来满足认股权证持有人认购公司股票或可转换债券持有人转换公司普通股的需要，还可以在执行管理层与员工股票期权时使用，避免发行新股而稀释收益

我国《公司法》规定，公司只有在以下四种情形下才能回购本公司的股份：一是减少公司注册资本；二是与持有本公司股份的其他公司合并；三是将股份奖励给本公司职工；四是股东因对股东大会做出的合并、分立决议持异议，要求公司收购其股份。

公司因第一种情况收购本公司股份的，应当在收购之日起 10 日内注销；属于第二、第四种情况的，应当在 6 个月内转让或者注销。公司因奖励职工回购股份的，不得超过本公司已发行股份总额的 5%；用于回购的资金应当从公司的税后利润中支出；所收购的股份应当在一年内转让给职工。可见我国法规并不允许公司拥有西方实务中常见的库藏股。

2005 年 6 月 16 日，中国证券监督管理委员会发布了《上市公司回购社会公众股份管理办法（试行）》，是中国证券市场的一项长远性制度建设，赋予了上市公司管理层及其股东充分的决定权和选择权。该办法允许上市公司回购流通股，以稳定市场及实现公司价值的合理回归。上市公司董事会可以根据公司的股价表现和公司的现金流、债务结构和资产结构状况，在基于股票回购对公司持续发展能力产生积极影响的前提下，自主提出股票回购方案。

对股东而言，股票回购后其需对得到的资本利得缴纳资本利得税，发放现金股利后其则需缴纳股息税。在前者低于后者的情况下，股东将得到纳税上的好处。另外，上述分析是建立在各种假设之上的，如假设可以用 41 元（计算出的市价）回购股票、假设股票回购后市盈率不变，等等。实际上这些因素很可能会因股票回购而发生变化，其结果是否对股东有利难以预料。也就是说，股票回购对股东利益具有不确定的影响。

（二）股票回购的方式（见表 10-28）

表 10-28　股票回购的方式

划分标准	类　　别	内　容　阐　释
按照股票回购的对象不同	在资本市场上进行随机回购	在资本市场上随机收购的方式最为普遍，但往往受到监管机构的严格监控
	向全体股东招标回购	在向全体股东招标回购的方式下，回购价格通常高于当时的股票价格，具体的回购工作一般要委托金融中介机构进行，成本费用较高
	向个别股东协商回购	向个别股东协商回购时，由于不是面向全体股东，所以必须保持回购价格的公正合理性，以免损害其他股东的利益
按照回购价格的确定方式不同	固定价格要约回购	是指企业在特定时间发出的以某一高出股票当前市场价格的价格水平，回购既定数量股票的卖出报价。为了在短时间内回购数量相对较多的股票，公司可以宣布固定价格回购要约。它的优点是赋予所有股东向公司出售其所持有股票的均等机会，而且通常情况下公司享有在回购数量不足时取消回购计划或延长要约有效期的权利
	荷兰式拍卖回购	首次出现于 1981 年 Todd 造船公司的股票回购。此种方式的股票回购在回购价格确定方面给予公司更大的灵活性。在荷兰式拍卖的股票回购中，首先公司指定回购价格的范围（通常较宽）和计划回购的股票数量（可以上下限的形式表示）；而后股东进行投标，说明愿意以某一特定价格水平（股东在公司指定的回购价格范围内任选）出售股票的数量；公司汇总所有股东提交的价格和数量，确定此次股票回购的"价格—数量曲线"，并根据实际回购数量确定最终的回购价格
按照筹资方式不同	举债回购	是指企业通过银行等金融机构借款的办法来回购本公司的股份。其目的无非是防御其他公司的恶意兼备与收购
	现金回购	是指企业利用剩余资金来回购本公司的股票
	混合回购	如果企业既动用剩余资金，又向银行等金融机构举债来回购本公司股票，称为混合回购

续表

划分标准	类 别	内 容 阐 释
按照股票回购的地点不同	场内公开收购	是指公司把自己等同于任何潜在的投资者，委托证券公司代自己按照公司股票当前市场价格回购
	场外协议收购	是指公司与某一类或某几类投资者直接见面，通过协商来回购股票的一种方式。协商的内容包括价格与数量的确定，以及执行时间等。很显然，这一种方式的缺点就在于透明度比较低

第七节 股利支付管理

一、股利支付的程序

股份有限公司向股东支付股利，其过程主要经历股利宣告日、股权登记日和股利支付日（见表10-29）。

表10-29 股利支付的程序

项 目	内 容 阐 释
股利宣告日	即公司董事会将股利支付情况予以公告的日期。公告中将宣布每股支付的股利、股权登记期限、股利支付日期等事项
股权登记日	即有权领取股利的股东有资格登记截止日期。只有在股权登记日期在公司股东名册上完成登记的股东，才有权分享股利
股利支付日	即向股东发放股利的日期

股利支付程序可举例说明如下：

假定智董公司20×8年11月15日发布公告："本公司董事会在20×8年11月15日的会议上决定，本年度发放每股为5元的股利；本公司将于20×9年1月2日将上述股利支付给已在20×8年12月15日登记的股东。20×8年11月15日为智董公司的股利宣告日；20×8年12月15日为其股权登记日；20×9年1月2日则为其股利支付日。

二、股利支付的方式（见表10-30）

表10-30 股利支付方式

项 目	内 容 阐 释
现金股利	现金股利是以现金支付的股利，它是股利支付的主要方式。公司支付现金股利除要有累计盈余（特殊情况下可用弥补亏损后的盈余公积金支付）外，还要有足够的现金，因此公司在支付现金股利前需筹备充足的现金
财产股利	财产股利是以现金以外的资产支付的股利，主要是以公司所拥有的其他企业的有价证券，如债券、股票，作为股利支付给股东的
负债股利	负债股利是公司以负债支付的股利，通常以企业的应付票据支付给股东，在不得已的情况下也会发行公司债券以抵付股利。财产股利和负债股利实际上是现金股利的替代。这两种股利方式目前在我国公司实务中很少使用，但法律并未禁止
股票股利	股票股利是公司以增发的股票作为股利的支付方式

三、股利的发放

公司在选择了股利政策、确定了股利支付水平和方式后,应当进行股利的发放。公司股利的发放必须遵循相关的要求,按照日程安排来进行。一般情况下,股利的支付需要按照如表10-31所示的日程进行。

表10-31 股利支付的日程

项　目	内　容　阐　释
预案公布日	上市公司分派股利时,首先要由公司董事会制定分红预案,包括本次分红的数量、分红的方式,股东大会召开的时间、地点及表决方式等,以上内容由公司董事会向社会公开发布
宣布日	董事会制定的分红预案必须经过股东大会讨论。只有在股东大会讨论通过之后,董事会才能公布正式分红方案及实施的时间
股权登记日	这是由公司在宣布分红方案时确定的一个具体日期。凡是在此指定日期收盘之前取得了公司股票,成为公司在册股东的投资者都可以作为股东享受公司分派的股利。在此日之后取得股票的股东则无权享受已宣布的股利
除息日	在除息日,股票的所有权和领取股息的权利分离,股利权利不再从属于股票,所以在这一天购入公司股票的投资者不能享有已宣布发放的股利。另外,由于失去了"附息"的权利,除息日的股价会下跌,下跌的幅度约等于分派的股息
股利发放日	在这一天,公司按公布的分红方案向股权登记日在册的股东实际支付股利

第八节　经营亏损弥补

企业从事生产经营活动,其目标是尽可能获得利润。但在实际经营过程中,由于市场竞争,会导致产品价格下降;由于管理不善,会导致各项成本费用的上升;为了扩大销售或维持生产经营,会发生大量的财务费用、销售费用;甚至由于企业经营者私自转移资产、侵占企业资产、低价销售产品以及决策失误,也会导致大量的资产损失。在一定经营期间,当获得的所有收入小于为取得收入而发生的各项成本费用以及资产损失时,企业的经营成果就表现为亏损。因此,亏损是指企业在一定的经营期间内,全部收入不能抵补全部成本费用及损失而出现的差额。

企业产生的亏损,根据形成的原因可大致分为三类:
(1)由于企业自身经营管理不善造成的,称为经营性亏损,它属于非故意性亏损。
(2)由于执行国家政策造成的(这类业务不一定以盈利为目的)亏损,称为政策性亏损。
(3)由于经营者恶意经营企业或者贪污侵占、擅自转移企业资产等违法行为造成的亏损,称为恶意性亏损。从某种程度上说,这种亏损也属于经营性亏损,同时属于主观造成的舞弊性非正常亏损。

企业发生的年度经营亏损需要依照税法的规定予以弥补。税法规定年限内的税前利润不足弥补的,用以后年度的税后利润弥补,或者经投资者审议后用盈余公积弥补。

一、企业弥补经营亏损的规定

由于企业作为市场经济的主体,投资者以出资额为限对企业承担责任,因此企业发生的经营性亏损将导致企业所有者权益的减少。亏损弥补通常是指企业用现有的所有者权益或者以后年度实现的利润补偿以前年度发生的亏损（负收益）的财务活动过程。

根据《企业财务通则》第四十九条的规定，弥补亏损主要包括如表10-32所示内容。

表10-32 弥补亏损的内容

项　目	内　容　阐　释
弥补的是经营性亏损	企业用税前利润弥补的亏损应该是企业在经营过程中形成的亏损。对于政策性亏损，企业应当向国家申请财政补贴
依照税法规定弥补	依照税法的规定，企业发生的年度经营性亏损，可以用下一年度的税前利润弥补，下一年度的利润不足弥补的，可以连续5年用税前利润弥补，连续5年不足弥补的，用税后利润弥补。这里需要说明的是，5年的税前利润弥补期限内，无论企业是盈利年份还是亏损年份，均作为亏损弥补期来计算弥补年限。而对于5年的税前利润弥补期限内的任何一年发生的亏损，又都可以单独计算各自的亏损弥补期限
符合《公司法》的规定	依照《公司法》第一百六十七条的规定，法定公积金不足以弥补以前年度亏损的，在按规定提取法定公积金之前，应当先用当年利润弥补亏损。企业发生的亏损在税后利润不足弥补的情况下，通常可以用企业所提取的盈余公积加以弥补。但是，企业用盈余公积弥补亏损，应当由董事会提出弥补亏损方案，经股东会、股东大会或者类似的权力机构审议决定
按照规定的顺序和比例弥补	企业在以前年度亏损未弥补完之前，不得向投资者分配利润。也就是说，企业的未分配利润如果是负数（未弥补亏损），企业就不得向投资者分配利润。其目的是防止企业将债权人的资产用来向投资者分配，从而损害其他利益相关者的利益。同时，企业用资本公积弥补亏损，应该经过股东会、股东大会的审批。盈余公积属于全部投资者所有，要使用这项资金，也应该征得全体投资者同意

二、企业亏损弥补的程序（见表10-33）

表10-33 企业亏损弥补的程序

项　目	内　容　阐　释
税前利润弥补	企业本年度发生的亏损，可以用下一年度的所得税前利润来弥补，税前利润弥补亏损后有剩余的，剩余部分应该依法缴纳所得税。如果下一年度所得税前利润仍不足弥补亏损的，可连续弥补，但用税前利润连续弥补期限不得超过5年
税后利润弥补	企业本年度发生的亏损，当连续5年用税前利润弥补后仍不足弥补的，从第6年起，应当用税后利润弥补
盈余公积弥补	企业发生的亏损，依照税法的规定弥补后仍未弥补的亏损，由董事会提议，经股东会、股东大会或类似权力机构批准，可以用所提取的盈余公积来弥补
资本公积弥补	企业的资本公积从其形成来源看，它不是由企业实现的利润转化而来的，其本质上应当属于投入资本范畴。因此，它与留存收益有根本的区别。在我国，资本公积可以用来转增资本，但在具体工作中因现实需要，经过国家批准，国有企业的资本公积可以用来弥补政策性重大亏损

此外，由于国家政策或者企业依法改制过程发生的下列损失，可以依次用未分配利润、盈余公积、资本公积和实收资本进行弥补：

（1）企业重组过程中清查出来的价值减损；

（2）住房制度改革过程中出现的损失和一次性的住房补贴；

（3）企业会计核算制度转换造成的损失；

（4）企业依照国家规定分离办社会职能以及主辅分离过程中，经批准核销的特定损失。

第11章

企业成本控制管理

第一节 成本控制管理综述

成本控制是根据预定的成本目标,运用成本会计的方法,对企业生产经营过程中的劳动耗费进行约束和调节,发现偏差,纠正偏差,消除差异,以实现预定的成本目标,促使成本不断降低。

一、成本控制的特点(见表11-1)

表11-1 成本控制的特点

特 点	内 容 阐 释
成本控制具有内容多、项目细的特点	成本控制既包括成本控制,也包括费用控制,内容多、项目细。以成本控制为例,光是直接材料控制,一个企业就可能涉及几十、上百甚至几百、上千种材料的耗费,企业必须同时对这几十、上百甚至几百、上千种材料的耗费进行控制,控制内容之多由此可见一斑。再以管理费用控制为例,企业发生的管理费用也有几十个二级明细项目,每个二级明细项目又有若干个三级明细项目,因此,其控制所涉及的项目很多、很细
成本控制具有涉及部门多、协作性强的特点	企业的组织机构中,上下左右设有很多部门和单位,每个部门和单位在为企业创造价值的同时都在耗费企业的资源,而这些资源的耗费最终都形成企业的成本。因此,成本的控制涉及企业内部的每个部门和单位,需要这些部门和单位的相互协作。只有各个部门和单位协调地合作,成本控制才有可能达到预定的目标
成本控制具有不可逆转的特点	成本控制的直接结果就是成本的发生情况。通常情况下,成本一旦发生,就无法再挽回。由此可见,成本控制具有不可逆转性。针对这种不可逆转性,企业在成本控制过程中,必须强化成本的事前控制和事中控制,保证成本的发生合法、合理和有效,防止失控的现象发生
成本控制具有流程化、规范化的特点	成本控制不仅涉及的内容、项目多,而且涉及的部门多,控制的协作性强,同时还具有不可逆转性。因此,成本控制必须针对成本发生的过程设计一些严格的、规范的控制流程,把成本控制引入流程化、规范化的轨道。比如,生产成本的业务流程经历以下几个环节:制定定额与标准,编制计划,领料,记录工时与产量,记录动力消耗,办理核算等。为了保证生产成本控制目标的实现,应在流程中设置一些控制点,如审批、签发、审核、稽核、记账、对账等。通过设置这些控制流程和控制点,实现成本控制的流程化、规范化

二、成本控制目标（见表11-2）

表11-2　成本控制的目标

目　标	内　容　阐　释
保证成本发生的合法性	成本是企业利润的抵减项目，在收入确定的情况下，成本越多，利润就会越少；成本越少，利润就会越多。而企业利润是国家税收的重要来源，为了保证这一税收来源的真实性、充足性和稳定性，国家制定了有关法律法规对成本的开支范围、归集项目、确认条件、计量标准、记录规则、报告条例都做出了明确的规定。企业必须依据这些规定来进行成本控制，通过控制成本发生过程中的各项手续、程序、各种文件记录，以及账面的反映和财务报表的披露等，使成本的发生符合国家法律法规的规定
保证成本发生的合理性	企业的成本哪些应该发生，哪些不应该发生，国家的相关法律法规都做了原则性的规定，企业的规章制度也都做了具体的规定。成本的控制必须保证成本发生的合理性，应该发生的让其发生，不应该发生的就不让其发生。为此，企业应该制定严格的控制标准和控制程序来保证成本发生的合理性
保证成本发生的有效性	成本发生的有效与否与企业的内部控制制度直接相关。企业应当建立健全内部控制制度，完善业务处理流程，在业务流程上设置控制点，采取审批、签发、审核、稽核等措施，使整个成本的发生处于有序的控制之中，保证成本的发生能够有利于提高企业的经济效益
保证成本确认的正确性	企业在成本确认的过程中很容易出现将费用作为资产挂账，导致当期费用低估，资产价值高估的后果；将资产列为费用，导致当期费用高估，资产价值低估的结果；或者随意变更成本计算方法和费用分配方法，导致成本失真等问题。这些问题都严重影响了成本确认的正确性。因此，企业必须根据有关法律法规的规定，正确划分生产成本和期间费用的界限、资本性支出和收益性支出的界限、营业支出和营业外支出的界限以及本期成本与下期成本的界限等，根据成本的确认条件准确地对成本进行确认，以保证成本确认的正确性
保证成本计量的准确性	成本计量的正确性是以成本的正确确认为前提的。成本的计量不仅涉及会计信息载体，如记账凭证、明细账、总账等的可靠性，而且涉及财务报表的正确性。为了保证成本计量的准确，企业应在成本的计量过程中设置核查、稽查、对账等控制点，防止发生有意或者无意的计量错误，对于特殊产品、材料的计量还应请示专家的意见，采用物理或者化学等合理的计量方法进行计量。对于有损耗的存货应该制定合理的损耗额度，以此为标准对这些存货进行准确的计量。准确计量企业所发生的成本是正确计量企业利润总额、所得税和净利润的重要保证
保证成本记录和报告的真实性和及时性	企业每日进行账务处理，划分年度、季度、月度进行财务报表的编制，目的是利用真实、及时、有用的会计信息为企业的生产经营服务。成本信息的真实性、及时性是其有用性的重要前提，虚假、滞后的信息是无用的信息。企业应采取各种控制措施，加强对生产经营活动过程中成本的控制，保证成本记录和报告的真实性和及时性，从而确保成本信息的有用性

三、成本控制的原则（见表 11-3）

表 11-3　成本控制的原则

原　　则	内　容　阐　释
成本效益原则	成本控制的原则，是指因实施某项成本控制措施而付出的代价，不应超过其增加的效益。贯彻这条原则，要求企业全面考虑不同成本的重要性、可控性、利润弹性等特点。判断一项成本是否重要时，金额大小不是唯一标准，还应根据国家财务制度或企业的生产经营特点，辨别容易失控的成本，例如企业承担本应由个人承担的支出、销售时给予对方的商业贿赂、业务招待费等，即使其金额不大，也应严加控制。成本控制应当起到降低成本、纠正偏差的作用，具有实用性。成本的可控性决定了成本的控制难度，进而决定控制成本付出的代价或可降低成本的幅度。成本的利润弹性，指在其他成本不变的情况下，每减少一单位成本，将带来利润多大幅度的增加，弹性越大，越需要控制
因地制宜原则	因地制宜原则，是指成本控制系统必须个别设计，适合特定企业、部门、岗位和成本项目的实际情况，不可照搬别人的做法。 　　适合特定企业的特点，是指大型企业和小型企业，老企业和新企业，发展快和相对稳定的企业，这个行业和那个行业的企业，同一企业的不同发展阶段，其管理重点、组织结构、管理风格、成本控制方法和奖金形式都应当有区别。例如，新建企业的管理重点是销售和制造，而不是成本；正常营业后管理重点是经营效率，要开始控制费用并制定成本标准；扩大规模后管理重点转为扩充市场，要建立收入中心和正式的业绩报告系统；规模庞大的老企业，管理的重点是组织的巩固，需要周密的计划和建立投资中心。不存在适用所有企业的成本控制模式。 　　适合特定部门的要求，是指销售部门、生产部门、技术开发部门、维修部门和管理部门的成本形成过程不同，建立控制标准和实行控制的方法应有所区别。 　　适合职务与岗位责任要求，是指总经理、厂长、车间主任、班组长需要不同的成本信息，应为他们提供不同的成本控制报告。 　　适合成本项目的特点，是指材料费、人工费、制造费用和管理费用的各明细项目，以及资本支出等，有不同的性质和用途，控制的方法应有所区别
全面控制原则	全面控制，即全体职工参与，对企业生产经营全过程中所耗费的全部成本进行严格的限制和监督。要求：对企业全部的料、工、费支出进行控制；对产品成本形成的全过程，包括产品的设计和试制、物资的采购和储存、生产工艺的制定、生产组织、质量检查、供销、运输、售后服务等各环节发生的成本进行控制；企业内部所有职工参与的全员成本控制
管理层推动原则	由于成本控制涉及全体员工，并且不是一件令人欢迎的事情，因此必须由管理层来推动。成本控制对企业管理层的要求是： 　　• 重视并全力支持成本控制。各级人员对于成本控制是否认真办理，往往视管理层是否全力支持而定。 　　• 具有完成成本目标的决心和信心。管理层必须认定，成本控制的目标或限额必须而且可以完成。成本控制的成败，也就是他们自己的成败。 　　• 具有实事求是的精神。实施成本控制，不可好高骛远，更不宜急功近利、操之过急。唯有脚踏实地、按部就班，才能逐渐取得成效。 　　• 以身作则，严格控制自身的责任成本。在进行成本控制的过程中，管理层需要以身作则，对自身的责任成本进行严格的控制，以避免成本失控

续表

原 则	内 容 阐 释
节约原则	在节约原则下，成本控制绝不等同于消极地限制和监督，而是积极地干预和指导。因此，企业应把企业成本费用控制的侧重点放在产品投产前的事前控制，做好成本费用的预测工作，充分挖掘单位内部潜力，把浪费消灭在事前，做到"防患于未然"，发挥前馈性控制作用。各单位应加强项目和产品设计、开发阶段成本费用控制。通过强化设计、开发环节对零部件的供应单位采取竞争性的选择，保障货源充足，价格更优惠；通过进行价值工程分析，优化设计部件结构和加工工艺，使项目和产品寿命周期内成本费用最低
权责利相结合原则	每个成本费用中心都必须制定有一定的标准或预算，并赋予他们在规定范围内开支费用的权力，要求他们完成控制成本费用的职责，还必须定期对他们的业绩进行评价和考核，并同职工的经济利益紧密挂钩，做到奖惩分明
按目标管理的原则	目标管理是以既定的目标作为管理人力、物力、财力和各项重要经济指标的基础，成本费用控制是目标管理的重要组成部分，它要求以目标成本费用为依据，作为单位经济活动进行限制和指导的准绳，力求做到以最小的成本费用开支，获取最佳的经济效益
例外管理原则	例外管理原则是指在日常成本费用控制中，为了提高成本费用控制的工作效益，成本费用管理人员不应把精力和时间分散在全部成本费用差异上，而要把注意力大部分集中在那些属于不正常的、不符合常规的关键差异上，要追本求源，查明原因，并及时反馈给有关责任单位，重要问题要及时向单位负责人汇报，并迅速采取有效的措施加以纠正
合法性原则	对成本费用进行控制是为了企业本身的利益，但是在采用各种控制手段时不能违反国家的相关法律法规。在控制过程中要兼顾国家利益、企业利益和消费者利益。成本费用控制的基本目标是降低成本费用的消耗，从根本上说，对国家、企业、消费者三者都是有利的，但是如果在成本控制过程中采用不适当的手段损害国家和消费者的利益，则是不妥的，从长远来看对企业的发展也是不利的。企业不能为了自身的利益采取一些不符合法律法规规定的控制办法
合理性原则	不同的企业，甚至同一个企业的不同发展阶段，其成本费用发生的具体内容和形式是不完全相同的，其在成本费用控制上所采取的方法和措施也会有所差别。但不管哪一个企业或企业发展的哪一个阶段，其成本费用的发生都有其合理性要求。因此，成本费用控制必须坚持合理性原则。通过有效的控制，使成本费用的发生满足合理性的要求。即通过有效控制，只允许那些确实为企业生产经营活动所必需的成本费用发生，而对那些不是企业生产经营活动所必需的成本费用则限制或禁止发生
有效性原则	企业成本费用在合法合理的基础上还要达到有效，这是投入产出规律的必然要求。按照投入产出规律的要求，产出必须大于投入，投入方才有效。企业成本费用的发生昭示着企业资源的耗费，而企业资源的耗费从根本上说就是企业对生产经营活动的投入，这种投入必然要求能够得到合理的回报。因此，企业在成本费用的控制上还必须坚持有效性原则，从事前控制、事中控制和事后控制3个方面来加强有效性控制，使成本费用的发生能够取得合理的回报，从而提高企业的经济效益
分级归口管理原则	企业上下左右的每个部门、每个单位在参与创造企业价值的同时，也都耗费着企业的资源，发生着各种成本费用。按照企业内部的组织分工，每个部门、每个单位都有其各自的职责权限，相互之间不能逾越，但需要沟通和协调。把成本费用的控制按照各个部门和单位的职责权限进行分级归口控制，是成本费用控制的一个基本原则。通过分级归口控制，把成本费用控制的目标层层分解、层层归口、层层落实到各部门、各单位、各车间、各工段、各小组甚至每个人，使成本费用控制形成一个严密的组织系统，从而提高控制的效果

续表

原　　则	内　容　阐　释
激励与约束相结合原则	成本费用控制通过分级归口控制，把控制的目标层层分解、层层归口、层层落实到各部门、各单位、各车间、各工段、各小组甚至每个人之后，还需要建立相应的激励与约束制度，才能保证控制目标的实现。所谓激励，就是指对完成控制目标的部门、单位、车间、工段、小组和个人，企业要根据其完成的程度给予适当的物质和精神奖励。所谓约束，就是指对不完成控制目标的部门、单位、车间、工段、小组和个人，企业要根据其不完成的程度给予适当的物质和精神处罚。通过建立相应的激励与约束制度，使各部门、各单位、各车间、各工段、各小组甚至每个人在明确自身的职责的同时，还了解自身的利益，从而调动各部门、各单位、各车间、各工段、各小组甚至每个人的积极性，提高成本费用控制的效果

四、成本控制的层次与机制

（1）传统会计利润计量模式下成本绝对下降控制与利润额相对上升之间的相对分析，构成了传统成本控制的最基本语境，也就形成了成本控制的技术观。也就是说，成本控制观念单纯地界定在传统财务会计理论上的收支配比，割裂了利润表与资产负债表的内在逻辑，即企业成本在资产负债表角度上又表现为资产形成价值，进而对企业预期效益产生影响，因为企业利润终究主要源于资产运作效率。当成本发生与资产形成有内在的对称关系时，简单的成本绝对额下降极有可能伴随着资产质量的下降进而降低企业未来的盈利能力。

（2）传统利润观念由单一企业主体扩充到供应链管理，整体供应链上各相关利益者在合作博弈的基础上实行分享利润制，成本由原先的企业内部的环节耗费逐步外推到价值增值行为，成本发生的驱动因素开始注重因果关联性，基本特点或操作表现为围绕供应链的变化的分工与整合。也就是说，供应链管理使成本成为利益相关企业间的资源配置后果的评价性指标，绝对的基于单一企业主体的成本边界被打破，成本在一定程度上成为保证供应链上利益相关企业间利益均衡的机制。

（3）供应链与需求链对接，并以后者为起点，导致市场倒推成本标准的机制形成，这就是通常所说的依据客户导向建立合适的衡量标准，可以称为基于需求链买方价值实现的消费利润观念。现阶段及可预期的未来市场供需模式的显著特征是难以预见的突变。在一定程度上讲，固有模式的供应链还表现为较多刚性特征而少柔性特征并很难预见，而需求链则更是表现出多样化、隐性及较强的外部性。事实上，企业供应链管理创新与需求链多样性的同步是最基本而有效的避险方式。

（4）客户导向往往具有较强的不确定性，而且过于追随客户需求则导致价值创造的停滞和不必要的成本增加。现在的客户变得越来越有市场控制力了，技术使得客户能在全球范围内找到最适用和最廉价的产品，因此，客户对单一品牌的忠诚度是很难控制的，面对这样的不确定性，企业及其联盟创造一种新的生活方式引导或创造客户则是最佳选择。这可以称为新兴利润观念，在演绎消费者体验与精神的同时又引领潮流，这也是企业最高境界与最有效的避险方式。

（5）针对竞争者的成本行为而采取竞争策略的后果就是恶性同质竞争，竞争的最高境界是远离竞争，要从成本控制模式中发现竞争要素新组合方式以实现创新。这就需要企业重新进行价值定位，在量化的基础上用流程创新作为新竞争基础。显然，创新并不简单地意味着产品开发，它是企业综合行为的结果，例如，低端破坏性创新与高端全新产品创新就是差异化的两种创新表现。

当然,并不是说上述五个层次是完全的单独存在而且具有清晰边界的类别,因为递进性本身就意味着一种语境向另一种语境变迁的过程中不会是完全的一步到位,而是向更高层次语境的递进程度与其自身初始状态到其稳定状态的距离大致成正比。

上述具有递进关系的五个层面的内容揭示了具有竞争优势的企业的成本要素是与市场战略定位准确契合的,即企业成本结构与市场竞争结构间存在较小程度的背离或没有背离。要辩证地从成本与利润的关系角度来考虑成本控制机制,可以认为企业机制就是在有意义的领域做出独特或某种与众不同贡献而进行的成本流安排。

五、成本控制的风险

(一) 成本控制风险的含义

成本控制风险就是在成本控制活动中,受成本控制失效或不确定性因素的影响所产生的成本偏离实际的风险,它会使企业的成本上升,利润下降,市场竞争力削弱。

企业成本控制风险是指在一定条件下,使企业成本管理者的期望结果可能遭受损害的因素。基于风险管理的企业成本控制是一种创新的成本管理,其管理过程包括成本风险的识别、衡量、评估和应对等内容。

(二) 成本控制风险产生的原因

企业产生成本控制风险的原因很多,既有企业外部的原因,也有企业自身的原因,而且不同的成本控制风险形成的具体原因也不尽相同(见表 11-4)。

表 11-4　成本控制风险产生的原因

原　　因	内　容　阐　释
宏观环境复杂多变	企业管理的宏观环境复杂多变是企业产生风险的外部原因。宏观环境包括经济环境、法律环境、市场环境、社会文化环境、资源环境等因素。这些因素存在于企业之外,但对企业的经营管理产生重大的影响。宏观环境的变化对企业来说,是难以准确预见和无法改变的。宏观环境的不利变化必然给企业带来风险。例如,世界原油价格上涨导致成品油价格上涨,使运输企业增加了营运成本,减少了利润,无法实现预期的财务目标。成本管理的环境具有复杂性和多变性,外部环境变化可能为企业带来某种机会,也可能使企业面临某种威胁。企业如果不能适应复杂而多变的外部环境,对外部环境不利变化不能进行科学的预见,反应滞后,措施不力,就会产生成本风险,使企业经营举步维艰
成本控制意识淡薄产生的风险	企业作为经营活动的主体,必然面临成本风险,成本风险是客观存在的。但在现代企业管理中,许多企业风险意识淡薄,缺乏正确的市场风险意识,对成本控制的重要性认识不够,对可能产生的风险也没有一个足够的认知,从而使成本开支具有普遍的随意性和盲目性,预算仅当摆设,制度流于形式,成本控制的作用不能得到充分发挥,产生成本控制风险
成本转嫁产生的风险	当一个部门以不可控成本替代其可控成本时,成本转嫁就发生了。对于按可控成本评价的生产部门来说,它有动力用固定成本来替代变动成本,因为成本责任中心通常不对不可控成本的上升负责,结果是尽管该中心的可控成本降低了,但企业的整体成本可能上升了——固定成本随着变动成本的下降反而上升了。成本控制的有效运用,要求成本管理者预见这种转嫁,规避成本转嫁风险。成本转嫁降低了业绩评价系统的激励作用和公正性,所以成本管理者对成本转嫁应高度重视和关注,在制定各成本责任中心的成本时要通盘充分考虑各个责任中心之间的联系

续表

原因	内容阐释
过分关注短期成本目标产生的风险	应该引起企业注意的问题是许多业绩评价系统过分关注年度短期成本数据，使管理者只注意短期成本目标的实现而忽视长期战略因素对成本的影响，从而影响企业成本控制的可持续性及成本竞争优势的可持续性，使企业的可持续发展受到制约和威胁。许多企业缺乏科学完善的分析方法和评价考核方法，不能对被考核者的成本控制绩效进行客观公正的分析和评价，不能充分调动被考核者的主观能动性和责任感，反而使其产生消极、抵触等不利于成本控制的系统风险
成本预算宽余产生的风险	预算宽余是成本的预算值和期望值之间的差额。适度的预算宽余有助于公正地评价业绩和促进决策目标的实现，这种有限的、对外部环境不确定性因素的预算防护，可以降低成本责任中心的风险厌恶程度，有助于促进成本责任中心的工作目标与企业高层管理者的决策目标达成一致。成本责任中心常常在其预算中留有一定数额的宽余，以应付未预料到的不利事件，但数额较大的预算宽余可能是由于管理者企图使成本目标更容易实现而留有的余地，这意味着企业整体业绩可能低于应有水平。因此，为了规避预算宽余造成的成本控制风险，成本管理人员需要重视预算宽余的程度及合理性
成本控制的方法与措施不当产生的风险	成本控制是在生产经营活动中，利用会计所提供的各种信息，以不断降低成本和提高经济效益为目的，对影响成本的各种因素加以控制和管理，及时发现与预定目标成本之间的差异，找出产生差异的原因，采取措施，消除不利差异，保证成本目标与成本预算任务完成的活动。成本控制要求实施全员、全过程、全方位的控制。许多企业往往只重视对生产人员的管理，却忽视了对非生产人员的管理；只重视对生产环节的成本控制，却忽视了对产品设计、材料采购、商品销售等环节的成本控制；只重视对价值活动实施控制，对生产经营活动中的非价值活动或与价值活动无紧密关系的活动，如人事管理、生产计划、生产调度等却忽视了

企业在成本控制活动中，应根据不同的价值活动、不同的成本动因、不同的经营环节、不同的人员、不同的费用项目，采用不同的成本控制方法和措施。如果采取的方法和措施与实际控制对象不匹配，不但不能发挥成本控制的积极作用，反而会产生控制风险，使损失增加或成本上升。

（三）成本控制风险对企业的影响

成本控制风险的发生具有不确定性，但是一旦风险发生变为现实，对企业的生产经营必将产生不同程度的负面影响，严重的有可能给企业以重创（见表11-5）。

表11-5 成本控制风险的影响因素

影响因素	内容阐释
增加企业成本，降低企业的经营利润	企业实施的成本控制措施得当，企业的经营利润就有可能加倍地增加。经营利润增加了，企业就有足够的资金扩大再生产、增加投资、扩大企业的经营规模，从而使企业进入一个良性的发展循环系统。但如果企业实施的成本控制措施失误，企业的经营利润就会加倍地减少。企业的经营利润减少，企业的资金链就会紧张，不能大刀阔斧地利用资金扩大再生产，不利于企业规模发展

续表

影响因素	内 容 阐 释
成本控制失效造成企业资源的浪费，不利于企业资源的再利用	企业可以利用有效的成本控制措施，制定成本控制的管理目标，利用定额成本控制法，计算产品的单位定额成本，使企业的成本控制在定额以内，从而节约企业资源，降低企业成本。同时，企业把剩余的边角料经过加工再销售，促进企业的资源再利用，增加企业的营业收入。但是如果企业的成本控制措施失效，企业实际发生的成本会大大超过企业的定额成本，企业的成本就会增加，造成企业资源的浪费
不利于提高企业的市场竞争力	无论是在国内市场还是国际市场，企业提升市场竞争力的一个关键因素就是低成本。一个企业成本的高低，直接决定着企业的经济效益好坏，也影响着企业的生存与发展。一个企业的成本控制措施得当，会形成低成本竞争优势，不仅能扩大企业的市场份额，还有利于提高企业的市场竞争力。但是，一个企业的成本控制措施失效，不仅会增加企业的单位产品成本，在不考虑企业产品差异化经营的前提下，企业还会因为高产品成本丧失市场竞争力，出现亏损，甚至遭到市场的淘汰
不利于保证企业完成既定的目标	企业在生产经营过程中，为了实现预定的经营目标，一般应确定目标成本指标，以便于进行考核。目标成本的完成，需要企业采用切实可行的措施，而进行成本控制就是保证目标成本完成的一项重要举措。通过成本控制，可以及时揭示生产过程中成本指标脱离计划的差异，便于采取措施纠正偏差，保证既定目标的完成。在一般情况下，如果成本控制有效，都能使成本水平有所降低，达到计划的水平，但是如果企业的成本控制失效，不仅不能保证成本计划的完成，还会增加企业的成本风险
不利于保护企业财产物资的安全完整	企业各项财产物资的收发保管及使用，分别由不同的部门和人员完成，因此，更应加强内部控制制度的建设与管理。成本控制，特别是内部牵制制度，为搞好财产物资的管理和控制创造了条件。只要成本控制严密、完善并得到执行，就能保证财产物资的安全完整，也就降低了成本费用。如果企业的成本控制失误，不仅不利于保证企业财产物资的安全完整，还可能发生贪污盗窃的事情

（四）成本控制风险的特点（见表 11-6）

表 11-6 成本控制风险的特点

特 点	内 容 阐 释
客观性	风险的存在是客观的。成本控制风险来源于企业内外环境及一些难以预料或无法控制的因素，这些因素的客观存在决定了市场经济条件下的企业成本控制风险是不以人的意志为转移而客观存在的
普遍性	在市场经济条件下，成本控制风险是一种客观存在的经济现象，它贯穿于企业经营管理的全过程，是各种风险因素在企业成本管理上的集中体现
不确定性	成本控制风险的存在既是客观的又是普遍的，但是成本控制风险是否发生，何时、何地发生以及发生的范围和影响程度有多大，又是偶然的、具有不确定性的
可控性	成本控制风险具有不确定性，但它的发生并不是纯粹的"意外"，而是有一定规律可循的。企业可以根据以往类似事件的统计资料及其他相关信息，运用一定的技术方法，对可能产生的成本控制风险发生的时间、范围和程度进行预测和判断，并采取相关的措施防范和应对

续表

特 点	内 容 阐 释
可预测性	虽然成本控制风险具有不确定性,但是通过对企业外部环境和内部条件的分析,各种潜在的成本控制风险因素还是可以预见的。只要及时采取各种措施,加强对成本控制风险的防范,就能有效降低风险损失

(五)成本控制风险的类型

成本控制涉及的内容广泛而复杂,成本控制风险会存在于成本控制活动的各个方面,为了详细系统地对成本控制风险进行研究,防范受成本控制失效或不确定性因素的影响所产生的风险,充分发挥成本控制的作用,有必要对成本控制风险按不同的标准进行分类。

根据成本控制的特点、依据等,可以对成本控制风险进行分类(见表11-7)。

表11-7 成本控制风险的类型

划分标准	类别	内 容 阐 释
成本控制风险按控制的实施部门划分	宏观成本控制风险	是指国家综合经济管理部门采取各种措施来降低企业成本费用的过程中,受成本控制失效或不确定性因素的影响所产生的风险。国家宏观经济管理部门出台的各项政策方针,对企业成本费用的发生影响很大,如成本开支范围、税费的收取比例、价格政策、产业扶持政策等,都会对企业的成本费用造成重大的影响。如果国家综合经济管理部门制定一些有利于企业成本控制的政策,就可以从宏观上控制企业成本费用的发生,降低成本控制风险。如果宏观经济管理部门制定的方针政策不利于控制企业成本费用,企业的成本控制风险就会增加,企业所采取的降低成本、控制成本费用发生的各项措施,效果就不会非常明显
	微观成本控制风险	是指企业的成本管理部门在整个企业范围内所实施的成本控制措施的失效给企业带来的风险。实施有效的微观成本控制,可以使企业有效地防范成本控制风险,同时,企业内部各级核算单位(如基本生产车间、辅助生产车间、各职能科室等),也应根据企业成本管理部门下达给本核算单位的各项有关成本指标,并结合本核算单位的具体情况,制定出合理的成本控制程序和方法,进而确保企业控制目标的完成
成本控制风险按其与被控对象的关系划分	直接成本控制风险	是指企业制定了无效的成本控制制度、方法、标准等,直接对企业发生的经济活动进行控制所造成的风险。企业发生的各项经济业务都需要经过会计部门进行反映和控制,直接成本控制不需要经过许多中间环节,而是由会计部门直接实施,因而,不恰当的直接成本控制造成的不利的风险也是非常明显的
	间接成本控制风险	是指某些活动不是由会计部门直接实施控制而是由企业的其他职能部门和有关的职工参与,企业的会计部门只是通过有关的规章制度、方法间接地对其进行控制,由于这些部门错误的成本控制措施给企业带来的风险。例如,企业的材料采购成本控制风险、生产车间消耗控制风险、产品的销售费用成本控制风险等
成本控制风险按其控制的依据划分	政策成本控制风险	是指企业没有按照国家的方针政策对企业的成本进行控制所造成的风险。企业的任何经济活动都必须符合国家的各项方针政策,符合宪法和法律的要求,如果企业没有根据有关的政策和法令来控制企业成本费用的开支,其必定是不合理或违法的,不仅会增加企业的成本费用,而且会增加企业的违法处罚风险

第 11 章　企业成本控制管理　521

续表

划分标准	类别	内容阐释
成本控制风险按其控制的依据划分	制度成本控制风险	是指企业错误地运用内部各有关部门制定的各项规章制度对企业的成本费用进行控制所带来的风险。由于国家综合经济管理部门对企业的成本一般不再进行直接管理，因此，适用于企业内部的各项成本控制的规章制度应由企业自己制定，这就要求企业的成本管理部门根据本企业成本控制的特点，拟定出相应的成本控制的有关规章制度。制定出来的各项规章制度应是切实可行的，并且各单位都能认真贯彻执行，其具体要求就是这些规章制度应具有较强的可操作性。可操作性是制定规章制度的基本要求，如果一项规章制度没有可操作性，其制定得再好也不能得到很好的执行，结果必定将适得其反，增加企业的成本控制风险
	会计准则成本控制风险	是指根据国家颁布的会计准则的要求，在进行成本费用的处理时，企业没有自觉参照会计准则的要求或者由于理解差异的原因，没有完全将会计准则作为控制的依据所带来的风险，这样既没有达到成本控制的作用，又给企业带来成本控制风险
成本控制风险按其实施的时间划分	事前成本控制风险	是指在经济业务发生前，根据有关资料进行分析、综合、预测，制定出相应的成本控制措施，但由于制定不合理的成本控制措施使经济业务没有朝着预期的方向发展而带来的风险。例如，对开发新产品成本的控制，在产品尚未开始生产之前，就应根据该产品的特点、结构、所耗材料和工时等情况，制定出相应的消耗定额等资料，但市场环境等不确定因素的影响使成本控制没有达到预期的效果，增加了企业的成本控制风险
	事中成本控制风险	是指在成本形成过程当中，对成本开支错误地进行成本控制所带来的风险。事中控制是成本控制的重要阶段，因为事前控制是在预测的基础上所进行的控制，这种控制的实际效果是有限的，实际执行过程中会出现种种预先并不能完全预料到的突发或意外事件。所以，应在经济业务进行过程当中，根据已发生的经济业务并结合分析其今后的发展趋势，及时发现问题并采取有效的措施予以解决，只有这样，才能不断纠正实际执行中所出现的偏差，实现控制目标，从而达到控制的目的，最终降低事中成本控制风险
	事后成本控制风险	是指在经济业务完成后，企业根据实际执行的结果等信息资料将其与计划或预算控制目标对比时出现失误，提出错误的改进措施，使被控目标没有顺利完成而增加的风险。事后控制与事中控制不同，它们虽然都要对实际执行的信息资料进行收集、整理、加工，并与被控目标对比进行反馈控制，但事中控制是在经济业务并未完成时进行的，它起着预防本期偏差发生的作用。而事后控制是在经济业务发生之后进行的，它起着"亡羊补牢"的作用，预防下期偏差发生。正因为事后控制与事中控制的作用不同，所以二者给企业带来的成本控制风险也不同
成本控制风险按其控制手段划分	技术成本控制风险	是指将现代科学技术方法及控制论的方法运用于成本控制中而造成的风险，如成本控制过程中利用电子计算机造成的风险等
	管理成本控制风险	是指通过一些管理手段来对成本进行控制而造成的风险，如政策控制、制度控制等造成的成本控制风险

续表

划分标准	类别	内容阐释
成本控制风险按战略性与战术性之间的关系划分	战略性成本管理风险	是指在企业战略成本管理中,对保持企业持续适应变化的环境和影响环境的战略成本管理目标可能造成损害的各种因素。这类风险主要有战略成本管理者的素质、分析方法的运用,企业外部政治、法律、经济、社会、技术和自然环境等的影响,企业内部所有者与经营者的管理能力、职业操守和收入状况、企业资源的配置、企业文化的建设、经营管理的情况等
	战术性成本管理风险	是指在企业根据战略制订计划、预算、标准等,执行计划、预算、标准等过程中发生的可能对战术成本管理目标有影响的因素,这类风险涉及资料的收集、整理、计划和预算编制、执行及组织工作中的影响因素
成本控制风险按管理角度划分	成本信息扭曲产生的风险	是由于成本核算不正确产生的。例如,不能正确归集成本费用、不能正确划分期间费用、成本控制标准过时、制造费用分配标准不合理等。成本信息扭曲能影响甚至误导企业的相关管理决策
	成本上升产生的风险	是指成本升高,超过控制标准所带来的损失。例如,材料价格上涨、工资提高、汇率变动、技术进步等因素都会导致成本上升

(六)成本控制风险因素的识别

成本控制风险是指未来实际成本偏离目标成本的差异。由于在生产经营中企业面临的社会环境及内部条件的变化,实际成本随时可能偏离预定的成本目标。因此,首先应对引起风险的各种因素进行识别和判断(见表11-8)。

表11-8 识别和判断风险的各种因素

风险因素	内容阐释
综合性成本风险因素	• 企业经营管理者的经营战略选择、目标市场的选择、厂址选择、风险决策的偏好以及管理层变动等。 • 企业会计准则、财务制度的修订、企业会计政策的变更等。 • 企业经营决策及经营目标的设定、财务预算的状况等。 • 企业内部控制系统的适当性、完善性和有效性。 • 企业的组织、经营、技术、政策的变化等。 • 企业的员工数量、知识水平、技能状况和道德行为。 • 市场对企业产品的需求、消费者偏好、竞争条件及其变化。 • 材料供应渠道、质量及价格变动。 • 新产品、新技术的出现,电子商务、网络信息技术的发展。 • 产品价格、营销策略、营销渠道的变动。 • 税法修订及进出口政策、汇率变动。 • 企业的防火、防盗、环保、保卫条件及其变化。 • 企业风险管理的现状和能力。 • 销售成本率、可比产品成本降低率、成本利润率等指标的变化。 • 企业愿景,企业文化,企业管理机制、体制。

续表

风 险 因 素	内 容 阐 释
综合性成本风险因素	• 本企业的主要竞争者、客户、供应商的情况。 • 产品结构、新产品开发、市场开发。 • 国内外与本企业相关的政治、法律环境，经济形势，影响企业的新法律法规和政策
产品研发成本风险因素	• 研制活动过程及结果。 • 产品成本的 70%在研制阶段决定，因此，产品设计先天不足是成本控制最大的风险。 • 产品选型不正确、不合理。 • 产品结构不合理。 • 产品选用材料及配方。 • 工艺方案及生产工艺流程的选择。 • 工艺过程的改良
物资采购阶段的风险因素	• 材料未来价格变动趋势。 • 材料能否及时供应。 • 购买材料的运输费、保险费等的变化。 • 采购人员的差旅费等。 • 进口材料的汇率波动。 • 材料采购批量及库存变动。 • 收受贿赂及回扣，支付价款不合理。 • 采购价高质次，入库验收不认真、不准确
生产阶段成本风险因素	• 材料消耗定额、材料利用率、材料成材率变动。 • 劳动生产率、工时定额、劳动者的工作态度。 • 外购动力、燃料、水资源。 • 设备维修、安全保障、设备利用率、生产效率。 • 产品质量变动，产品合格率、废品率、返修率等。 • 技术滞后性，生产安全性，材料耗用失控，产品能否按期、按质、按量完成等。 • 生产部门之间缺乏协调性。 • 生产车间私自接活，私设仓库，各项消耗报告不实。 • 环境污染状况及举措
产品销售领域成本风险因素	• 广告宣传使用时间、地点、广告形式、广告效果等。 • 产品销售运输费、保管费、保险费等。 • 产品销售佣金、折扣、折让、销售奖励等。 • 产品库存、赊销比例、应收账款周转期、坏账损失等。 • 销售人员素质、推销艺术、销售渠道、"三包"费用等。 • 信用政策、虚假销售、隐瞒销售收入、截留销售收入等
人力资源成本风险因素	• 招聘人员不合格、人员配备不合理、技术水平低、不适应企业发展需要等。 • 薪酬制度落后、晋升渠道不畅、奖惩不明，人的积极性未能充分发挥等。 • 技术人员不稳定，培训及投资不足等。 • 职工出勤率、劳动生产率的变动。 • 企业文化缺失，缺乏团队精神

续表

风 险 因 素	内 容 阐 释
财会成本风险因素	• 会计制度不合理、预算脱离实际，货币资金控制不力等。 • 资产管理混乱、资金被挪用、贪污盗窃等。 • 核算出错、报表虚假、账实不符、预算失控等。 • 财会信息加工、储存、备份不善，纳税筹划不当等。 • 资产、负债、资产负债率、偿债能力、盈利能力、资金周转率。 • 产品存货及其占销售成本的比重。 • 成本预算、核算中曾经发生或容易发生错误的环节。 • 制造成本、管理费用、销售费用、财务费用预算控制执行情况

以上所列仅仅是普遍性的、对成本影响比较大的一些重要因素，有的能够用数据表达，有的难以用数据表达，而且风险因素本身处于经常的变化之中。因此，在实际工作中，必须根据实际情况以及企业自身的特点，进行风险的识别。

（七）成本控制风险的衡量

风险衡量就是在风险识别的基础上，通过对资料和数据的处理，得出关于损失发生的概率及影响程度，判断是否达到预警临界值、目前运行状况等的资料，为选择风险管理方法提供决策依据。

1. 成本控制风险衡量的步骤

在收集大量成本数据资料的基础上，衡量风险需要做好两方面的工作：一是估计损失发生频率；二是估计损失程度。

（1）概率的基本概念。概率是描述一个随机事件发生的可能性大小的数值。概率就是用给定的事件出现次数除以样本总体。假设有 N 个独立风险单位，在一定时期内，有 m 个单位遭受损失，则损失概率 $P(A)$ 为

$$P(A) = m/N$$

概率试图为一个事件发生的可能性提供相匹配的数值，这个数值处于 $0 \sim 1$，不可能大于1，也不可能为负值。概率为 0，表示事件不可能发生；概率为 1，表示肯定发生。在现实生活中，大多数事件的发生概率都介于 $0 \sim 1$。

损失概率越高，表明事故发生越频繁；损失概率越低，表明事故越少发生。在运用概率衡量风险时，需要注意：

①运用概率衡量风险是在假设发生风险事故的条件不变的情况下估算的。如果发生风险事故的条件发生变化，则根据以往发生事故统计资料预测的风险，不一定能代表未来风险事故发生的情况。

②确定风险事件的观察期。观察期越长，越能够说明风险事故发生的大致情况，反之，越无法说明风险事故发生的大致情况。

③风险的衡量具有时间单位的限制。

④损失的大致范围。确定损失频率或者损失程度的大致范围，实际上就是确定事故造成损失的大致范围，确定事故的期望损失和最大可能损失。例如，一种原材料价格可能上涨，就会影响几种产品的生产成本升高。

（2）风险频率的估计。在衡量损失频率时，需要考虑三项因素：一是风险单位数；二是损失形态；三是损失事件。这三项因素的不同组合，会使风险损失频率的大小不同。下面举例说

明风险单位数、损失形态、损失事件不同组合下的损失频率估计。

1）一个风险单位遭受单一事件所致单一损失形态的损失频率。如果某一事件发生，另一事件不可能发生，这两个事件是相互排斥事件，互斥事件的概率之和为1。

2）一个风险单位遭受多种事件所致单一损失形态的损失频率。如果两种或多种事件能在同一时期内发生，那么这些结果共同发生的概率就需要通过计算得到。例如，估计一幢建筑物同时遭受地震、火灾所致财产损失的损失频率。如果该建筑物遭受火灾所致财产损失频率为0.05，遭受地震所致财产直接损失的频率为0.002，则该建筑物同时遭受地震、火灾所致损失的概率为 $0.05 \times 0.002 = 0.00001$。

3）一个风险单位遭受单一事件所致多种损失形态的损失频率。例如，估计一幢房屋遭受火灾所致财产损失和责任损失的损失频率。假设房屋遭受火灾所致财产损失的概率是0.05，发生工伤的概率是0.1，那么，火灾引起财产损失和责任损失的概率是 $0.05 \times 0.1 = 0.005$。

4）多个风险单位遭受单一事件所致单一损失形态的损失频率。多个风险单位遭受单一事件所致损失的概率取决于这些风险单位是否独立。

①如果两个风险单位是相互独立的，其中，一个风险单位遭受事件的损失，不会影响另一个风险单位损失的概率。

例如，位于上海的仓库发生火灾，不可能影响位于成都的仓库发生火灾的概率。假设位于上海的仓库发生火灾的概率是0.005，位于成都的仓库发生火灾的概率为0.007，则两座仓库都发生火灾的概率为0.000035。

②如果两个风险单位是相关的，可以用条件概率来计算事故发生的概率。

如果两个风险单位不相独立，那么，计算多风险单位遭受一个风险事件的损失概率，就需要考虑条件概率。例如，有两座相邻的仓库。单独考虑时，两座仓库发生火灾的概率分别是0.05。但是，一座仓库发生火灾会使另一座仓库发生火灾的概率上升到0.03。那么，两座仓库都发生火灾的概率应该是：$0.05 \times 0.03 = 0.0015$。

5）多个风险单位遭受多种损失事件所致多种损失形态的损失频率。例如，智董公司有6个仓库，可能遭受火灾、地震、台风等风险事故，就需要估计这6个仓库遭受火灾、地震、台风等损失事件所致财产损失、责任损失和人身伤亡的损失频率。

（3）损失程度的估计。风险损失程度是指风险事故可能造成的损失值，即风险价值。在衡量风险损失程度时，除需要考虑风险单位的内部机构、管理机制、内部控制等以外，还需要考虑几个方面的因素，即损失形态、损失频率、损失金额和损失时间。

一般来说，风险事件发生的时间越长，损失频率越高，损失的程度越大，损失金额越大。例如，在10年里，每年损失2万元，连续发生10年的损失程度，显然比10年内的某一年发生20万元的损失程度大。在一些特殊的情况下，损失金额的大小使对损失频率、损失时间的估计变得微不足道。

从以上影响损失的因素可以看出，风险的大小取决于损失的程度，而不是损失发生的频率。风险是损失的不确定性，风险事件导致的损失频率和损失程度的大小具有随机性，损失频率和损失程度是衡量风险的两个重要指标，但是，风险的大小主要取决于损失的程度而不是损失的概率。

2. 成本控制风险的衡量方法

成本控制风险的衡量方法有很多，这里主要介绍几种常用的方法，如情景分析法、变动程度测试法、风险坐标图、关键风险指标分析法、压力测试法、敏感性分析法等。

（1）情景分析法。情景分析法是指通过假设、预测、模拟等手段生成未来情景，并分析其对目标产生的影响的一种分析方法。情景分析法是由荷兰皇家壳牌公司的科研人员 Pierre Wack 于 1971 年提出的。它是根据发展趋势的多样性,通过对系统内外相关问题的系统分析,设计出多种可能的未来前景,然后用类似于撰写电影剧本的手法,对系统发展态势做出自始至终的情景和画面的描述。当一个项目持续的时间较长时,往往要考虑各种技术、经济和社会因素的影响,可用情景分析法来预测和识别其关键成本风险因素及其影响程度。

情景分析法适用于对可变因素较多的项目进行风险预测和识别的系统技术,假定在关键影响因素有可能发生的基础上,勾选出多种情景,提出多种未来的可能结果,以便采取适当措施防患于未然。一些大型跨国公司在对一些项目进行风险预测和识别时都陆续采用了情景分析法。

情景分析法的步骤如表 11-9 所示。

表 11-9 情景分析法的步骤

步 骤	内 容 阐 释
明确情景确立的因素	一般来说,应该关注决定成本风险的两三项关键因素,根据这些因素确立各种情景
根据每个因素分析各种情景,确定情景数量	虽然情景越多,分析越有意义,但是收集数据有一定难度。情景的数量取决于各种情景之间的差异大小,以及每种情景下对成本风险预测的难度
各种情景下成本风险的衡量	如果关注的关键因素较少,确立的情景数量也较少,衡量就相对简单
各种情景概率的分配	对于涉及宏观经济因素的情景,可以请专家进行预测。涉及行业或竞争的情景,企业自己必须有清晰的认识和了解,从而估算概率

(2)变动程度测试法。衡量风险大小取决于不确定性的大小,取决于实际损失偏离预测损失的程度,而不确定性的大小可以通过对发生损失距离期望的偏离差来确定,即风险度。风险度是衡量风险大小的一个数值,这个数值是根据风险损失的概率和一定规则计算的。风险度越大,就意味着对将来越没有把握,风险越大;反之,风险越小。因此引入方差和标准差的概念对风险变动程度进行分析。

1)方差和标准差。对于随机变量 x,如果 $x_1, x_2, \cdots, x_n$ 是随机变量的 n 个观测值,x 是随机变量的算术平均数,称 $(x_i - \bar{x})^2 (i = 1, 2, \cdots, n)$ 为观测值 x_i 的平方偏差,

称 σ 算术平均数为这组数据的平均平方偏差,简称方差(或均差),即

$$\sigma_i^2 = \frac{1}{n} \sum_{i=1}^{n} (x_i - \bar{x})^2$$

方差的算术平方根是标准差或根方差(σ)。标准差公式为

$$\sigma_i = \sqrt{\frac{1}{n} \sum_{i=1}^{n} (x_i - \bar{x})^2}$$

标准差是衡量测量值与平均值离散程度的尺度,标准差越大,数据就越分散,损失波动的幅度就越大,较大损失出现的可能性就越大。

2)变异系数。风险的稳定性可以通过变异系数反映出来。变异系数越大,风险的稳定性越弱,风险也就越大;相反,风险的稳定性越强,损失的风险越小。变异系数(v)是标准差(σ)与均值或期望值(x)的比例,也称标准差系数或平均偏差系数,即 $v = \sigma/x$。

风险衡量中,风险的稳定性对衡量具有重要意义。一般情况下,变异系数越小,则偏差就越小,据此制定的风险管理策略就越可靠,重大风险事故发生的可能性就越小。

风险变异系数是影响风险管理主体财务稳定的重要因素,考察风险变异系数是衡量风险的

重要方面。

（3）风险坐标图。风险坐标图是把风险发生可能性的高低、风险发生后对目标的影响程度作为两个维度绘制在同一个平面上。对风险发生可能性的高低、风险对目标的影响程度的评估有定性、定量等方法。表11-10和表11-11分别为智董公司某项成本风险损失发生的可能性的定性、定量评估和风险发生后对目标的影响程度的定性、定量评估。

表 11-10 风险损失发生可能性的定性与定量评估分析

		1	2	3	4	5
定量方法一	评　分	1	2	3	4	5
定量方法二	发生的概率	10%以下	10%~30%	30%~70%	70%~90%	90%以上
定性方法	文字描述一	极低	低	中等	高	极高
	文字描述二	一般不会发生	极少发生	某些情况下发生	较多发生	经常发生
	文字描述三	今后10年发生可能少于1次	今后5~10年可能发生1次	今后2~5年可能发生1次	今后1年可能发生1次	今后1年至少发生1次

表 11-11 风险损失影响程度的定性与定量评估分析

		1	2	3	4	5
定量方法一	评　分	1	2	3	4	5
定量方法二	成本损失占利润比例	1%以下	1%~5%	6%~10%	11%~20%	20%以上
定性方法	文字描述一	极轻微	轻微	中等	重大	灾难性
	文字描述二	极低	低	中等	高	极高
	文字描述 企业日常运行	不受影响	轻度影响	中度影响	严重影响	重大影响
	文字描述 成本损失	极低损失	轻微损失	中等损失	重大损失	极大损失

对风险发生可能性的高低和风险对目标的影响程度进行定性、定量评估后，依据评估结果绘制风险坐标图，如图11-1所示。

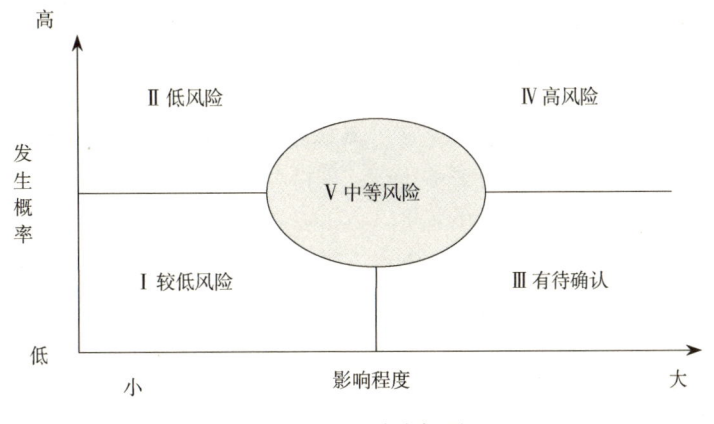

图 11-1 风险坐标图

（4）关键风险指标分析法。一项风险事件的发生可能有多种因素，但关键成因往往只有几种。关键风险指标管理是对引起成本风险事件发生的关键因素指标进行管理的方法。具体操作步骤如下。

1）分析成本风险因素，从中找出关键因素。

2）将关键因素量化，确定其度量，分析确定导致成本风险事件发生（或极有可能发生）时该因素的具体数值。

3）以该具体数值为基础，以发出风险预警信息为目的，加上或减去一定数值后形成新的数值，该数值即关键风险指标。

4）建立成本风险预警系统，关键因素数值达到关键风险指标时，发出风险预警信息。

5）制定出现风险预警信息时应采取的风险控制措施。

6）跟踪监测关键因素数值的变化，一旦出现预警，即实施风险控制措施。

该方法既可以管理单项风险的多个关键因素指标，也可以管理影响企业主要目标的多个主要风险。使用该方法，要求风险的关键因素分析准确，且易量化、易统计、易跟踪监测。

（5）压力测试法。压力测试法是指在评估那些具有极端影响事件的情景下，分析评估风险管理模型或内部控制流程的有效性，发现问题，制定改进措施的方法。与情景分析中关注一个更正常规模的变化相反，压力测试一般被用作概率度量方法的补充，用来分析那些通过与概率技术一起使用的分布假设可能没有充分捕捉到的低可能性、高影响事件的结果。与敏感性分析类似，压力测试通常用来评估成本控制中各种关键因素变化的影响。

压力测试法的具体操作步骤如下。

1）针对某一个成本风险管理模型或内部控制流程，假设可能发生哪些极端情景。极端情景是指在非正常情况下，发生概率很小，而一旦发生，后果十分严重的事情。假设极端情景时，不仅要考虑本企业或与本企业类似的其他企业出现过的历史教训，还要考虑历史上不曾出现，但将来可能出现的事情。

2）评估极端情景发生时，该成本风险管理模型或内部控制流程是否有效，并分析对目标可能造成的损失。

3）制定相应措施，进一步修改和完善成本风险管理模型或内部控制流程。

以采购风险管理为例。例如，某公司已有一个信用很好的交易伙伴，该交易伙伴除发生极端情景外，一般不会违约交货。因此，在日常交易中，该企业只需采取"常规风险管理策略和内部控制流程"即可。采用压力测试方法，是假设该交易伙伴将来发生极端情景，被迫违约对该企业的生产经营造成重大损失。而该企业"常规的风险管理策略和内部控制流程"在极端情景下不能有效防止重大损失事件。因此，企业应采取购买期货、寻找相应替代产品、开发多个交易伙伴等措施，防范该风险事件的发生。

（6）敏感性分析法。敏感性分析法是通过预测项目主要因素发生变化时对成本评价指标的影响，从中找出敏感因素，并确定其影响程度。项目对某种因素的敏感程度可以表示为该因素按一定比例变化时引起评价指标变动的幅度，也可以表示为评价指标达到临界点（如内部收益率等于基准收益率）时允许某个因素变化的最大幅度，即极限变化。简言之，敏感性分析法就是测定各种项目效益影响因素的变化对经济效益的影响程度。现以成本敏感性分析法为例，加以说明。

所谓成本敏感性分析，是研究和制约成本降低的有关因素发生某种变化时影响成本变化程度的一种分析方法。影响成本的因素很多，如产量、单位成本、品种结构等。在现实经济环境中，这些因素是经常发生变动的。有些因素略有变化就会使成本发生很大的变化；有些因素虽然变化幅度较大，却只对成本产生微小的影响。所以对于一个企业的管理者来说，不仅需要了解哪些因素变动对成本升降有影响，而且需要了解影响成本的若干因素中，哪些因素影响大，哪些因素影响小。

那些对成本影响大的因素，我们称为敏感因素，反之，则称为非敏感因素。反映敏感程度

的指标是敏感系数，即

$$某因素的敏感系数 = \frac{成本升降变化（\%）}{该因素变化（\%）}$$

其判别标准如下：

1）敏感系数的绝对值＞1，即当某影响成本因素发生变化时，成本会发生更大程度的变化，该影响因素为敏感因素。

1）敏感系数的绝对值＜1，即成本变化的幅度小于影响因素变化的幅度时，该因素为非敏感因素。

3）敏感系数的绝对值＝1，即影响因素变化会导致成本相同程度的变化，该因素也为非敏感因素。

一般而言，在对成本产生影响的各因素中，灵敏度最高的为单位成本。作为企业的管理者，在掌握了各有关因素对成本的敏感程度之后，下面的任务就是如何利用敏感性分析来帮助决策，以实现企业的既定目标。在这里，如何抓住关键因素，综合利用各有关因素之间的相互联系采取综合措施，是成功的关键。

（八）成本控制风险评估

1. 成本控制风险评估考虑的因素

随着风险管理越来越复杂，很多公司试图更加准确地评价成本风险，由此，引入了评价损失程度的几个重要概念，即正常损失期望、可能的最大损失、最大可能损失。

（1）风险评估的几个概念。正常损失期望是指风险管理部门在正常的风险防范措施下，遭受损失的期望值。在风险衡量中，根据过去发生的损失数据而进行加权平均计算的期望损失，就是风险评估中的正常损失期望指标。风险衡量中的期望损失指标侧重于对损失程度的计算和测量，而风险评估中的正常期望损失偏重于对风险的评价，侧重于对风险管理决策提供对策建议。

可能的最大损失是指风险管理部门在某些风险防范措施出现故障的情况下，可能遭受的最大损失。可能的最大损失评价可以矫正风险管理人员未曾预见的风险因素带来的损失，是风险管理的重要依据。

最大可能损失是指风险管理部门在最不利的条件下，估计可能遭受的最大损失额。最大可能损失为风险管理部门提供了评价损失造成最坏影响的依据，也是风险管理部门可能遇到的最大损失。一般来说，超过最大可能损失的风险事故很可能不会发生，但是，也不是绝对不可能发生的。

（2）确定风险评估标准需要考虑的因素。预测正常期望损失、可能的最大损失和最大可能损失，需要考虑的因素如表 11-12 所示。

表 11-12 确定风险评估标准需要考虑的因素

项　　目	内　容　阐　释
财产的物质特性和财产对损害的承受力的确定	财产的物质特性和财产对损害的承受力是确定正常期望损失、可能的最大损失和最大可能损失的依据
损失评价的主观性	正常期望损失、可能的最大损失和最大可能损失的确定具有主观性。尽管在多数情况下，风险管理经理对于正常期望损失、可能的最大损失和最大可能损失的估计，会受到主观因素的影响，但人们还是发展了一些复杂的模型化方法，来帮助风险经理和保险公司估计正常的期望损失、可能的最大损失和最大可能损失。

续表

项 目	内 容 阐 释
损失评价的主观性	如果有些风险管理经理不能容忍实际损失超过最大可能损失,那么,风险管理经理确定的最大可能损失就比较大;有些风险经理对实际损失超过最大可能损失持较宽容的态度,那么,风险管理经理确定的最大可能损失就可能小一些
损失评价可以是单独物体,也可以是许多物体	正常期望损失、可能的最大损失和最大可能损失估计的对象可以是单独的物体,如一幢大楼,也可能是许多物体,如汽车队、一个楼群、一段时间(如一年或几年)、一种产品、一批产品等
损失的管理成本	确定正常期望损失、可能的最大损失和最大可能损失是估计风险管理成本的依据。如果以年作为衡量损失的时间单位,就可以得到年度正常损失期望、年度可能的最大损失和年度最大可能损失。 年度正常损失期望是指客观条件不变的情况下,经过长期观察年度正常损失得出的,年度正常损失期望等于年度平均事故发生次数与每次事故的平均损失金额的乘积,其公式为 平均正常期望损失总额 = 年损失频率 × 平均每次损失金额 年度最大可能损失是指在某一特定年度内,单一风险单位或多个风险单位在最消极的条件下遭受一种或多种事故所致损失的总额。 年度可能的最大损失额是指在某一特定年度内,单一风险单位或多个风险单位在一般情况下遭受一种或多种事故所致损失的总额

2. 成本控制风险评估的方法

风险评估对风险管理决策的影响比较大,科学地分析和准确地评价风险是至关重要的,采用适当的风险评估方法具有重要意义。风险评估可以采取简单方式,也可以通过数理测算的方式进行评价。目前比较流行的方法有以下几种。

(1)风险度评价法。风险度评价法是指对事故造成故障的频率或者损害的严重程度进行评估。风险评估可以分为风险事故发生频率和风险事故造成损害程度评价。一般来说,风险度评价可分为1~10级,级别越高,危险程度越重。具体评价标准如表11-13所示。

表11-13 某种成本风险发生的评价标准和评价分值

风险事故发生的可能性	可能发生的概率	风险度评价
很高:风险事故发生几乎不可避免	≥1/2	10
	1/3	9
高:风险事故发生与以往经常发生的事故相似	≥1/8	8
	1/20	7
中等:风险事故的发生与以往有时发生的事故有关,但是与不占主要工艺的过程有关	1/80	6
	1/400	5
	1/2 000	4
低:风险事故的发生较少与以往偶尔发生的事故有关	≥1/15 000	3
很低:风险事故的发生很少与过去极少发生的事故完全相同	1/15 000	2
极低:风险事故不太可能发生,与过去极少发生的事故完全相同	1/150 000	1

为了评价风险,也可根据风险造成的损害分为几类,如表 11-14 所示。

表 11-14 生产成本风险度的评价标准和评价分值

损 害	风险度评价标准	风险度评价
无警告的严重危害	可能危害财产或设备的操作者。风险可以严重影响系统安全。运行或者不符合政府法规,风险度很高。事故发生时无警告	10
有警告的严重危害	可能危害财产或设备的操作者。风险可以严重影响系统安全。运行或者不符合政府法规,风险度很高。事故发生时有警告	9
很高	生产线严重破坏,可能使 100%的产品报废,系统无法运行,丧失基本功能	8
高	生产线破坏不严重,产品需要筛选,部分(低于 100%)报废,系统能够运行,性能下降	7
中等	生产线破坏不严重,部分(低于 100%)产品报废(不筛选),系统能运行,舒适性或方便性项目失效	6
低	生产线破坏不严重,产品需要 100%返工,系统能运行,舒适性和方便性项目性能下降	5
很低	生产线破坏不严重,产品经筛选,部分(少于 100%)需要返工,装配或涂装或尖响和喀响不符合要求,产品有缺陷	4
轻微	生产线破坏较轻,部分(少于 100%)产品需要在生产线其他工位返回,装配或涂装或尖响和喀响不符合要求,部分产品有缺陷	3
很轻微	生产线破坏较轻,部分(少于 100%)产品需要在生产线上原工位返工,装配或涂装或尖响和喀响不符合要求,极少部分产品有缺陷	2
无	没有影响	1

风险度评价法可以按照风险度评价的分值确定风险的大小,分值越大,风险越大;反之,则风险越小。

(2)检查表评价法。根据安全检查表,将检查对象按照一定标准给出分数,对于重要的项目确定较高的分值,对于次要的项目确定较低的分值。再按照每一检查项目的实际情况评定一个分数,每一检查对象必须在满足相应的条件时,才能得到这一项目的满分,当条件不满足时,按一定的标准将得到低于满分的评定分,所有项目评定分的总和不超过 100 分。由此,就可以根据被调查风险单位的得分,评价风险的程度和等级。

这种风险评价方式的优点是可以综合评价风险单位的状况,而检查表设计得是否翔实、是否考虑到引发成本风险的各方面因素是检查表评价是否准确的关键。

(3)优良可劣评价法。优良可劣评价法是从企业特点出发,根据企业以往风险管理的经验和状况,对人为因素、机械设备因素、物的因素、环境因素和管理因素等风险列出全面的检查项目,并将每一检查项目分成优良可劣若干个等级。在进行风险评价时,由风险管理人员和操作人员共同进行,以此确定被检查单位的风险状况。

优良可劣风险评价标准比较直观,可操作性强。例如,建筑施工、电气防爆、道路建设、工艺操作等,都可以采取这种方法评价风险。如果风险管理主体达不到规定的标准,评价结果为可以或者较差时,就需要采取相应的措施加以控制。

(4)单项评价法。单项评价法是指风险管理者列举各项符合标准的项目,凡是具有一项或者一项以上的项目符合标准者,就评价为风险管理项目。单项评价法的风险管理设计比较难,但风险评价比较简单,容易突出风险管理的重点。

3. 成本控制风险评估的指标体系

风险评估是风险管理部门对纳入风险范围的组织及活动的相关重要特征和要求,所做的最低和最高要求的标准,且具有的特点如表11-15所示。

表11-15 风险评估标准的特点

项 目	内 容 阐 释
相对高度概括	并指出风险管理需要的重要特征及标准
客观实际	需要将风险管理对象的实际情况反映出来
反映清晰	评级指标体系分类要清晰
具有弹性	风险评价指标应随着环境、条件的变化而进行相应调整

根据风险管理对象的不同,应建立相应的风险评价标准。

(1) 风险因素重要性评价指标。影响企业经营目标实现的风险因素很多,但每项因素对目标的影响程度各有不同,不同风险管理人员对同一风险因素重要性的认识也不同。为了统一评价标准,可根据风险因素指标对企业经营目标的影响程度的大小、发生概率的大小,将其影响程度分为A、B、C、D四级。A级说明高度影响,发生概率也高,一旦发生会带来致命影响;B级说明严重影响,风险损失较高;C级说明中度影响;D级说明低度影响。例如,目标成本指标的变化可以作为A级;坏账损失指标可以作为B级;材料消耗定额指标变动作为C级;人员配备作为D级管理等。

(2) 风险预警等级指标。风险预警是企业风险管理的重要组成部分。为了便于加强对风险的管理,一般根据风险因素的性质及其对目标的影响程度,用打分法设定为五级,各级表示的风险程度如下:

1级表示无风险征兆,不必采取风险控制措施。

2级表示低度风险,后果可以忽视,通常采用日常程序加以管理。

3级表示中度风险,后果影响较小,应考虑采取措施加以控制。

4级表示严重风险,后果严重,应立即采取措施加以控制。

5级表示高度风险,灾难性后果,应立即采取行动予以排除。

按以上设定风险等级后,根据不同风险因素指标的性质特点及完成值,设定等级预警标准临界值。例如,以某项成本费用每月实际发生数与该项成本费用的计划数进行比较,计算该项成本费用的预警参数。预警参数在95%以下时设定为无风险;预警参数在95%~96%时设定为低度风险;预警参数在96%~98%时设定为中度风险,应考虑采取措施加以控制;预警参数在98%~99%时设定为严重风险,应立即采取措施加以控制;预警参数在99%(含99%)以上时设定为高度风险,表示进入成本预警危险状态,需要立即重点排除和加以控制。

4. 成本控制风险评估应注意的关键环节

企业成本控制风险评估应注意的关键环节如表11-16所示。

通过对以上关键环节的评估,可以有效防范成本控制风险。

(九) 成本控制风险管理策略及解决方案

1. 成本控制风险管理策略

成本控制风险管理策略,是指企业根据自身条件和外部环境,围绕企业成本战略,确定风险偏好、风险承受度、风险管理有效性标准,选择风险承担、风险避免、风险转移、风险转换、风险对冲、风险补偿、风险控制等适合的风险管理工具总体策略,并确定风险管理所需人力和财力资源的配置原则。

表 11-16 成本控制风险评估应注意的关键环节

关键环节	内 容 阐 释
审批	目的是保证成本目标正确,切实可行。根据企业的经营目标和生产车间、职能部门提供的有关资料编制的成本计划,必须由企业领导层审批
分解	目的是保证成本目标的落实。财务部门把成本指标和费用预算,层层分解,落实到相应的归口部门和生产车间
执行	目的是保证各项成本指标的完成。职能部门、生产车间在组织生产时,要严格按照执行计划,控制成本费用不超预算
授权审批	目的是保证成本费用的真实、合法、合理。各职能部门、生产车间,在报销有关成本费用时,必须交由有关授权审批人审签
费用摊提	财务部门要按照规定对有关成本费用进行合理分摊和提取,保证成本费用核算真实、合法
审核	财务人员对有关成本费用的原始凭证,要进行认真审核,按照规定登记入账,并在期末进行核对,发现差错及时纠正
比较分析	目的是考核成本目标完成情况。财务人员在期末将成本实际数与计划数进行对比分析,发现差异,寻找原因,为未来的经营决策提供资料和信息

风险管理策略有时也称风险管理工具,通常包括风险保留、风险避免、风险转移、风险利用、风险抑制与控制等方法。

(1)风险保留。风险保留又称风险接受,是指企业自己承担风险损失。当某种风险不能避免时,企业只能自己保留承担风险,这是最为普遍与最小阻力的风险处理方式,例如,原材料物价上涨,企业不能避免,只能接受。

1)风险保留条件。一般情况下,企业遇到下列情形可以采用保留风险策略。

①接受管理风险的费用比采取其他方式的附加费用低。

②预测的最大可能损失比较低,而这些损失是企业在短期内能够承受的。

③企业具有自我保险和控制损失的优势,一般说来,企业每年接受管理的风险最高额为年税前收入的 5%左右,超过这个限度就不宜采取保留风险策略。

按照风险接受程度,保留风险策略可以分为全部保留风险和部分保留风险。全部保留风险是企业主动采取决策,全部承担某个项目可能出现的损失,并拥有充分的财力应对损失的发生。部分保留风险是指根据企业的实际情况,决定部分担负可能面临的风险损失。

2)风险保留处理方式。风险保留的处理方式如表 11-17 所示。

表 11-17 风险保留的处理方式

项 目	内 容 阐 释
将发生的损失计入当期损益	它通常适用于处理那些损失频率小、损失程度较低的风险,或损失频率高但损失程度低的风险。这些风险通常被企业视为摆脱不掉或不可避免的风险损失

项　目	内　容　阐　释
建立意外损失基金	意外损失基金又称自保基金或应急基金，是企业根据风险评估所了解的风险特征，并根据企业本身的财务能力，预先提取用以补偿风险事件损失的一种基金。它通常适用于处理风险损失较大，无法摊入经营成本的风险损失。这种做法的好处是可以节约附加保费、获取投资收效、降低道德风险和理赔迅速，缺点是受自保基金规模限制，可能发生财务周转困难，或应急基金严重不足
建立专项基金	专项基金为应付可能面临的各项损失风险，企业根据不同用途设置的专项基金，如意外损失基金、设备更新基金等。它要求企业每年从资金中提取一定数额的基金。采用此种方法，企业可以积累较多的资金储备，形成一定的抗风险能力。但是，专项基金的管理成本较高，管理不好会引发挪用资金等问题
从外部借入资金	当企业无法在风险损失发生后，从内部筹集到足够的资金时，可以选择从企业外部借入资金，弥补风险事故带来的损失。企业可以与金融机构达成应急贷款和特别贷款协议。当某些风险事故发生概率比较小且损失未发生时，签订应急贷款协议具有优势。当重大的损失事故发生后，企业无法从内部筹措到资金时，只能向外部金融机构申请特别贷款。金融机构批准这两种贷款的条件较高，都要求企业具有较强的竞争优势、资信状况较好、偿还贷款的能力较强等，尤其是特别贷款，要求条件会更加苛刻。例如，要求企业在未来一段时间内有条件偿还贷款、提供质押担保或第三方的担保等，企业获得贷款很不容易

3）风险保留的优缺点。风险保留的优点如表11-18所示。

表11-18　风险保留的优点

项　目	内　容　阐　释
成本较低	因为从长远来看，保险费等其他费用的总金额可能超过平均损失。以保险来说，其费用中除必须包含补偿损失所需的费用外，还包括保险公司的运营成本以及各种利税。因此，在保险费中只有一部分是用来补偿损失的，而另一部分则是保险公司的各种成本和税收。显然，接受风险可以使企业避免许多费用的发生
控制理赔进程	企业可以通过采用接受风险策略控制理赔进程。在很多情况下，保险公司复杂的理赔过程及赔偿数额不能使企业满意，而其理赔工作又常常不及时，使企业的损失不能得到赔偿，影响企业恢复生产的进程
提高警惕性	在采用接受风险策略的情况下，企业更注重损失控制，会尽可能减少损失发生的频率和损失的严重程度。企业一旦决定自己控制风险，就会以高度的警觉来实施这一计划，注重风险管理的教育与培训。相反，在采用购买保险等其他方式的情况下，企业往往不注意用控制手段的办法来防范风险
有利于资金的灵活运用	对于企业来说，与购买保险相比，如果不发生损失事件，就丧失了对所缴纳保险费用的所有权和使用权。在采用接受风险策略下，则可以使这笔资金得到较好的运用。虽然在损失发生之前，需要事先准备一定数量的货币资金，但是在损失发生之前，可以不必支付这笔费用，那么在一定时间内和一定程度上，企业可以灵活运用这笔资金并以此获得一定的效益

风险保留的缺点如表11-19所示。

表 11-19　风险保留的缺点

项　目	内　容　阐　释
可能的巨额亏损	在特殊情况下，如发生巨灾等，采用接受风险策略可能使企业面临承担巨额的风险损失，以致可能危及企业的生存与发展。这说明，接受风险策略只适用于风险保持在一定限度内的情况，超过则会给企业带来不利的后果
可能更高的成本费用	在接受风险策略下，企业往往需要聘请专家进行指导和评估，在某些情况下，可能比采用其他策略支出的费用更大，同时，如果采用购买保险的方式分散风险，保险公司可以将各种费用在很多投保公司之间分摊，具体到每个公司身上的部分不可能很多。而如果仅仅依靠企业自身的力量，其费用开支就远比保险公司大得多。因此，在某些情形下，接受风险的费用开支可能比其他方式更高
获得服务种类和质量的限制	由于企业自身实力有限，当采取风险保留策略时，本来由保险公司提供的一些专业化的服务就失去了作用
可能造成员工关系紧张	如果企业自己安排某些风险预防策略，如为企业职工安排福利补偿问题，无论怎样处理，在很多情况下都会有员工认为不公平，造成企业与员工、员工与员工之间的关系紧张，影响企业组织工作的效率和对外形象。而如果通过企业外部保险公司来处理，则会避免该类情况的发生

（2）风险避免。风险避免也称风险规避，即选择放弃、停止或拒绝等方式处理面临的风险。例如，采取中止交易、减少交易量、离开市场等方式避免风险发生。

风险避免是各种风险管理技术中最简单也最消极的一种方法。采取风险规避措施对风险损失的可能性消除，但一定的机会也可能丧失。例如，企业为避免坏账、呆账损失，采取风险规避策略，不予赊销。这种措施确实避免了呆账、坏账的发生，却失去了客户和销售机会。

1）风险避免的条件。采取风险避免策略，必须考虑的条件如表 11-20 所示。

表 11-20　风险避免的条件

项　目	内　容　阐　释
风险不可避免	欲避免某种风险也许是不可能的
经济上合得来	采用规避风险的方式最经济，可能未来收益大于控制成本
防范副作用发生	避免一项风险可能产生另外的新的风险，如赊销问题

2）风险避免的方式。企业应该恰当地调动自己的能动性，分情况采取的风险避免方式如表 11-21 所示。

表 11-21　风险避免的方式

项　目	内　容　阐　释
完全拒绝承担	通过风险评估后，企业直接拒绝承担某种风险
逐步试探承担	通过风险评估发现，进行某项经营活动一步到位的风险太大，企业难以承担，此时运用分步实施的策略，则可以回避掉一部分风险，也可以使得企业有机会、有时间，待竞争能力和抗风险能力增强后再进行该项经营活动
中途放弃承担	进行某项经营活动时，由于外在环境变化等原因，企业选择中途终止承担风险

3)风险避免的优缺点。

风险避免具有以下优点。

①有效避免了可能遭受的风险损失。采取此种策略在风险还没有时就可以将其消除掉。

②企业可以将有限的资源应用到风险效益更佳的项目上,这样就节省了企业资源,减少了不必要的浪费。

风险避免具有以下缺点。

①虽然企业主动放弃了对风险的承担,但这也是无奈的选择,风险避免的同时也意味着风险收益的丧失,即意味着经济收益的丧失。

②由于风险时时刻刻都存在,所以绝对的风险避免是不大可能实现的,而且过度避免风险也会使企业丧失驾驭风险的能力,降低企业的生存能力。

③虽然风险避免是消除风险比较有效的方法,但对于已经存在的风险,风险避免策略则不适用。风险避免一般适用于在某项工作的计划阶段确定,以避免投资失误或者中途改变工作方案造成的经济损失。

④风险避免必须建立在准确的风险识别的基础上,而企业的判断能力是有限的,对风险的认识总会存在偏差,风险避免并非总是有效的。

(3)风险转移。风险转移是指企业通过契约、合同、经济、金融工具等形式,将损失的财务和法律责任转嫁给他人,降低风险发生概率、缩小损失幅度。风险转移与风险避免相比,它不是通过放弃、中止的方法,而是寻求转移的方法积极防范风险。风险转移与风险抑制和控制相比,都属于积极应对风险的控制决策,只是从控制力量看,转移风险更注重与企业外部力量的合作来管理风险,而风险控制与抑制在于发挥自身的力量来管理和控制风险。从风险控制手段达到的结果看,风险控制与抑制是通过直接的控制手段来防范风险,风险转移则通过间接手段控制风险。

风险转移的形式有三种:控制型非保险转移、财务型非保险转移和保险转移。

1)控制型非保险转移。控制型非保险转移是通过契约、合同将损失的财务和法律责任转嫁给他人,从而解脱自身的风险威胁。控制型非保险转移包括外包、租赁、出售、回租等方式(见表11-22)。

表11-22 控制型非保险转移的方式

项 目	内 容 阐 释
外包	外包又称转包或分包。转让人通过转包或分包合同,将其认为风险大的业务转移给非保险业的其他人,从而将相应的风险全部或部分转移给承包人
租赁	出租人通过合同将有形或无形的资产交给承租人使用,承租人支付一定租金,承租人对所租物只有使用权
出售	通过买卖契约将与财产或活动相关联的风险转移给他人
售后回租	这是将出售和租赁合并操作的风险转移方式。为避免错过市场行情或由于资金紧张将资产整体卖掉,然后租回部分资产

2)财务型非保险转移。财务型非保险转移就是利用经济处理手段,转移经营风险。财务型非保险转移包括保证、再保证、中和或集合、证券化、股份化等方式(见表11-23)。

3)保险转移。企业对于自身既不能控制、抑制也不能转移的风险,或者根据外部与内部环境的变化对控制效果有一定的担忧,可以采用投保的方式转移风险。例如,商品运输途中的保险,可以避免由于意外事故给企业造成的损失。

表 11-23 财务型非保险转移的方式

项　目	内　容　阐　释
保证	保证是保证人与被保证人通过某种契约签署的、为使保证人履行相关义务以确保被保证人的合法和既得利益的文件，其中，有执行和约双方应尽责任的要求，如有违背，保证可能被取消或做相应调整
再保证	由于事项重大，为使被保证人的利益确实得到保护，在"保证"的基础上，由实力或声望更高的团体或个人通过合约或契约对被保证人所做的承诺
中和或集合	利用套期保值、远期合约等方式将损失机会与获利机会平衡，通常用于投机风险的处理
证券化	利用可转换债券、双汇率债券等金融工具方式，满足投资人、筹资方利益的需要。这是一种双赢风险转移
股份化	实际属于风险的分散。通过发行股票的方式，将企业风险转嫁给多数股东，这种操作实际上只是分散了原股东的风险，增强了企业抵抗风险的能力，企业的运营风险并未得到转移

控制型、财务型风险转移与保险型风险转移比较，各有优点，同时，又受到相关条款政策的限制，它们的优缺点比较见表 11-24

（4）风险利用。风险利用是把风险当作机遇，利用运营中的困难通过风险战略开拓市场，实现更大的战略目的。例如，利用价格低的国产材料替代进口材料、通过改进生产工艺提高材料利用率、降低原材料消耗等。风险利用是最积极的风险管理战略，对于培养经理人风险偏好、建立企业文化有重要的意义。

表 11-24 控制型非保险转移、财务型非保险转移和保险转移的比较

风险转移	控制型、财务型	保　险　型
优点	①适用对象广泛 ②直接成本低 ③操作手法灵活	①合同条款经过严格审查 ②保证系数大 ③损失保证相对确定
局限	①操作及面临损失时，存在不确定性 ②有关法律许可的限制 ③合同理解的差异，会引起效率与效果的问题	①受到合同条款的严格限制 ②成本相对较高
适用条件	①是以双赢为目的的合作关系 ②契约当事人对相关内容的理解争取一致 ③受让人有能力并愿意承担财务和法律责任	保险机构规定的业务事项

海尔集团正是利用劣质冰箱的风险事件，引以为戒，加强质量成本管理，把企业做大做强，培育了世界瞩目的"海尔文化"。

1）风险利用方式。风险利用的方式有配置、多样化、扩张、创造、重新设计、价格杠杆、仲裁、重新谈判等（见表 11-25）。

2）风险分散方式。在风险利用策略中还可通过对风险进行分散、分摊，以及对风险损失进行控制，将大风险化为小风险，变大损失为小损失，实现风险控制的目的（见表 11-26）。

表 11-25　风险利用的方式

项　目	内　容　阐　释
配置	通过增加或更换新的技术设施、人力资源或管理系统，使原来的系统发挥更大的效能，从而降低风险
多样化	多样化又叫多元化，即利用资源优势开拓市场，以纵向或横向为方向，开始多元化经营
扩张	企业为抢占市场或为获得财务的利益，有效利用资源，通过吸收合并、创立合并、控股合并等形式投资，实行战略扩张，可以分散和降低风险
创造	这是一种前瞻性风险管理战略。在企业产品的生命周期刚进入成长期不久，便利用技术和资源优势，开发设计新产品，引导消费者需求
重新设计	重新设计又叫企业流程再造，是对企业流程的根本性的再思考和重新设计，从而使成本、质量、服务和反应速度等具有时代特征的关键指标获得巨大的改善
价格杠杆	价格杠杆是指充分利用产品的竞争优势，结合市场状况调整产品价格，从而规避风险
仲裁	当出现某些未决事件时，可以充分利用法律，提请仲裁来转移风险
重新谈判	与利益相关者重新谈判来商定价格或服务，可以有效化解风险

表 11-26　风险分散方式

项　目	内　容　阐　释
风险分散	风险分散是指将企业面临的风险，划分为若干个风险较小而价值低的独立单位，分散在不同的空间，以减少企业遭受风险损失的程度。其目的是减少任何一次损失发生造成的最大可能损失的幅度。 　　风险分散管理最有名的一句话就是"不要把鸡蛋放在一个篮子里"。以投资为例，企业适当的投资组合可以降低机会成本并分散企业风险。但是，投资组合并不能降低企业面对市场的总体风险，只能降低单个投资项目的独有风险。在进行投资组合时，需要对可供选择的投资、项目、产品进行评价。 　　需要强调的是，在进行投资组合时，切忌盲目分散投资。将资金投入过多的项目，有可能使分给每个投资项目的资金不足，难以保证项目的顺利达成。同时，资金的分散也很难使企业形成核心竞争产品，没有竞争优势。这种"乱撒胡椒面"的现象不仅不会分散企业的风险，反而会加剧投资风险，甚至造成巨额风险损失。例如，巨人集团盲目追求多元化经营，涉足了计算机、房地产、保健品等行业，跨度太大，而新进入的领域并非优势所在，却急于铺摊子，有限资金被严重分散，其结果是导致资金链断裂，拖垮了整个公司
风险分摊	风险分摊是指由于单个企业抗风险能力有限，则选择与多个风险承受企业承担属于某个市场的一定风险，从而降低本企业所承担的风险。由于风险与收益相互配比，风险分摊与收益分摊是相辅相成的。 　　具体到单个具有一定风险的项目来说，风险分摊最常见的形式是联合投资。通过联合投资协议，投资企业根据各自的情况选择不同的资金进入时期、进入金额条件，在保证投资项目顺利实施的情况下，投资各方在共享收益的同时，分散各自承担的风险，从而达到提高资源利用效率、分担资金风险的目的，同时，可以减少市场上同行业的竞争度，从而降低整个领域的非系统风险。

续表

项　目	内　容　阐　释
风险分摊	但是，需要注意的是，联合投资的运作实施建立在多家企业合作的基础之上，各个投资企业都谋求以更少的成本获得更多的利润分配，而在合作契约通常不完备的情况下，各个投资主体之间可能存在利益冲突，出现"搭便车"的情况。例如，联合投资中某一企业付出的努力较少，但仍按照比例分摊了投资收益，另一投资企业同时承担了大部分风险。这样会严重打击联合投资人的积极性，不利于发挥联合投资的协同管理效果，也不利于项目的顺利进行，无法实现正常的风险分摊
备份风险单位	备份风险单位是指企业再备份一份维持正常的经营活动所需资源，在原有资源因各种原因不能正常使用时，备份风险单位可以代替原有资产发挥作用。需要注意的是，备份风险单位并没有使原有风险变小，而是重复设置风险或者风险单位的一部分，在风险事故发生时使用备份的风险单位。也就是说，备份风险单位可以减少一次事故的损失程度，但并未减少风险损失发生的概率。例如，计算机文件备份并将备份文件隔离存放，有助于起到减少损失的作用，而企业的重要财务资料的缺失，会给企业带来严重的问题和财务风险，备份风险单位可以起到损失抑制的作用

（5）风险抑制与控制。风险抑制与控制是指企业对既不愿放弃也不愿转移的风险，通过查找风险因素，借助风险事故形成损失的源头，降低损失发生的可能性、概率，缩小损失程度，达到风险控制目的的系统控制方法。风险抑制和控制是一种积极的风险管理策略。例如，对生产设备进行检查，可以发现安全隐患，从而及早采取措施加以防范，有效抑制风险的发生。

风险抑制与控制的方法有预防性控制、检查性控制、纠正性控制、指导性控制、补偿性控制等。

2. 成本控制风险管理解决方案

风险管理解决方案是在风险识别、风险衡量、风险评估、选择风险管理策略的基础上，根据企业所处的环境制订的。方案的制订与执行直接影响风险管理的效果。因此，制订科学、合理、可行的解决方案是风险管理的重点。

（1）成本风险管理解决方案制订的条件。企业在制订方案前，需要考虑面临的各种成本风险因素，这些因素是制订方案的前提条件。

1）应考虑企业面临的主要风险（见表11-27）。

表11-27　应考虑企业面临的主要风险

项　目	内　容　阐　释
环境风险	环境风险是指外部的能够影响企业经营模式的风险因素，如政治风险、行业风险、监管风险、灾难风险等
过程风险	过程风险是指由于企业未能有效地获得、管理、更新、处置其资产，或者未能有效满足客户的需求，或者存在资产滥用，或者成本费用失控，导致未能创造价值的风险
决策所需信息风险	决策所需信息风险是指用以支持企业经营模式、报告企业内外部经营业绩、评估企业经营绩效所需的成本信息的不相关性或可靠性导致的风险

2）考虑选择风险管理策略的因素。在制订风险管理方案时，要考虑与管理方案决策有关的因素和风险的性质。在制订方案前，应考虑未来会发生什么风险、对企业成本的影响程度等，只有把未来的发生情况弄清楚，方案才可行。

3）方案制订应遵循的原则（见表11-28）。

表11-28 方案制订应遵循的原则

项　目	内　容　阐　释
可行性	选择风险管理策略的目的是更好地进行风险管理。因此，确定的风险管理方案应该是可行的，其执行所需的条件是企业可以承担和接受的
全面性	企业面临的风险是复杂多样的，不同的风险对企业目标的影响不同，因此，制订的方案必须全面
成本效益性	不同方案会发生不同的成本，一般来说，成本越高，效果越好，安全保障越高。但是成本太高，有可能得不偿失，应该是以最少的投入获得最大的安全保障，即遵循成本效益
匹配性	由于风险管理策略方法有多种，每种方法各有优缺点，因此，应该做到风险管理方案与风险管理策略相匹配
综合性	风险管理解决方案的应用不仅仅针对个别风险，还包括分类风险和关联风险组合，其解决方案涵盖了组织职能设置、内部成本控制、风险理财和风险管理信息系统等，具有综合性
灵活性	风险管理解决方案来源于企业实践，没有一个标准的模式。企业可以根据自己的需要，灵活地选择和组合，形成符合自身特点的风险管理解决方案

（2）风险管理解决方案制订的程序。

1）确定风险管理目标。企业进行风险管理时，首先需要确定风险管理目标。企业风险管理的目标就是以最小的成本获得最大的安全保障。因此，企业应根据是否建立了整体的风险管理目标及监督结构、所面临的风险情况等实际，确定风险管理目标。

2）设计风险管理解决方案。根据风险管理目标、企业面临的特定风险和特定条件，企业可以设计特定的一个或多个风险管理解决方案，如表11-29所示。

表11-29 风险管理解决方案

程　度	可　能　性	
	高	低
高	避免/转移	转移/自留
低	转移/自留	接受

3）选择并执行风险管理最佳解决方案。在设计各种风险管理解决方案后，需要比较分析各种风险管理解决方案的实施成本，进行决策并寻求各种风险管理策略的最佳组合。由于风险管理解决方案的执行贯穿于整个风险管理活动的始末，在执行中由于企业内外环境的变化，面临的风险也可能发生变化，这就需要对风险管理解决方案进行调整与改进，以适应变化的需要。

4）风险管理解决方案的效果评价。风险管理解决方案的效果评价是指对风险管理解决方案的效益和实用性进行分析、检查、评估和修正。风险的特性，如隐蔽性、复杂性和多变性，有时可能使风险管理解决方案不能发挥其作用，达不到预期效果和目标。这就需要对风险管理解决方案执行效果进行实时评价与调整，使风险管理解决方案更加完善。

（3）成本控制风险管理解决方案。由于各个企业内外部环境不同，所面临的成本风险也不一样，因此，需要根据实际制订特定的风险管理解决方案（见表11-30）。

表 11-30　成本控制风险管理解决方案

项　　目	内　容　阐　释
战略成本风险管理方案	企业战略面临许多风险。这里以企业并购为例，说明面临风险应采取的解决方案。由于并购能够给企业带来规模经济、扩大市场占有率、财务协同及降低经营风险等优势，很多企业积极并购，并把它作为重要的发展战略手段。虽然并购活动发生率高，但是成功率较低。企业并购活动中隐含大量风险，企业必须采取有效措施，并购中，企业要从并购信息风险、并购决策风险、并购财务风险和并购整合风险等方面防范并购风险
财务成本风险管理方案	企业财务成本风险来源于自然和经济社会环境的不确定性、市场经济的复杂性、企业理财过程和经营活动的复杂性、经营者认识能力的滞后性以及手段方法的有限性。财务成本风险贯穿于企业资金运动的全过程，企业财务成本风险管理的目标是以最小的成本确保企业资金的连续性、稳定性和效益性。因此，企业应通过专家意见、指标分析、报表分析等方法对财务成本风险进行识别后，再采取不同的应对策略与方法
竞争成本风险管理方案	企业竞争就是在市场经济条件下，企业作为商品生产者和经营者，为了谋求长期生存发展，追求经济利益最大化，获得有利的生存能力和生存空间而争夺、较量和对抗的经济关系。由于企业现有的竞争性资源非常有限，企业为了获得对自己有利的各种资源，如资金、技术、人力资源，就必须参与竞争。因此，企业应针对不同的竞争态势，制订不同的解决方案，使企业有效降低或避免风险，获得成本竞争优势
组织风险管理	企业的组织结构是否合理决定了该组织在解决问题时是否有效，在遇到风险时是否能够及时做出反应。这在很大程度上决定了企业面临风险时的处理能力。不同类型的企业组织结构面临不同的风险，其采取的风险管理解决方案也会不同。因此，企业应结合自己的类型和组织结构，制订科学合理的成本风险管理解决方案

（十）成本核算的风险控制措施

准确及时地核算产品成本，是成本管理的重要组成部分。成本核算是否正确，信息是否真实，直接影响企业的损益，对企业经营决策有重大影响。成本核算过程，正是对企业生产经营过程中发生的各种生产耗费如实反馈的过程，也是为满足企业管理的要求而进行的成本信息反馈的过程，对企业成本计划的实施进行检查和控制的过程。因此，有效防范成本核算的风险应做到以下几点。

1. 真正做到管算结合、算为管用

所谓管算结合、算为管用，就是成本核算应当与加强企业成本管理相结合，做到管中有算，算中有管，所提供的成本信息应当满足企业经营管理和决策的需要。进行成本核算，首先，应根据有关法规和制度，以及企业成本计划和相关的消耗定额，对各种支出进行审核和控制，从而分析确定各项开支是否存在不合法或不合理的项目，并划分应计入生产费用和应计入期间费用的项目，对各项费用的发生情况以及费用脱离标准和定额的差异进行日常控制、核算和分析，将分析结果及时反馈给有关的预测和决策部门。凡是不合法、不合理、不符合企业规定的开支项目，应该尽量制止，如果已经无法制止，应追究责任，采取措施防止以后再发生；对于标准和定额脱离实际情况而发生的差异，应该按规定的程序予以修订。其次，对于已经发生的生产经营管理费用，应分别进行归集并处理，对于生产费用应按产品进行归集，以便正确计算各种产品的成本，为正确进行产品成本分析和考核，挖掘降低成本的潜力提供相关和可靠的成本信息；对于经营管理费用应按期间进行归集，直接计入当期损益。

成本核算的资料,必须真实可靠,使成本管理要用得上,否则,如果成本核算提供的资料信息不真实、不准确,就会给成本管理带来风险损失。同时,成本管理本身也需要成本核算的资料作为支撑,否则,成本管理就会没有依据,犹如空中楼阁,失去信息基础,凸显管理风险。

2. 正确划分各种费用界限

为了正确地进行成本核算,提供真实有效的成本信息,必须正确划分六个方面的费用界限(见表11-31)。

表11-31 费用界限

项 目	内 容 阐 释
划分正常支出和非正常支出的界限	企业发生的支出,大部分属于生产经营正常支出,但也有一些非正常损失项目的发生。例如,自然灾害、固定资产盘亏、毁损等,都不是由于日常的生产经营活动而发生的支出。这些支出既没有增加新的经济资源,也没有为创造收入做出任何贡献。因此,这些支出既不能列入资产,也不能作为报告期费用,而只能作为营业外支出,从收益中扣减。进行成本核算时,要注意将这类非正常支出与正常的生产经营费用区分开来,如果将两者混淆,就会导致成本费用虚增,影响成本核算的真实可靠性
划分资本性支出和收益性支出的界限	正常支出分为资本性支出和收益性支出两类。收益性支出是指该支出的发生仅与本期收入的取得有关。例如,用于产品的生产工人工资、固定资产的折旧等;资本性支出是指该支出的发生不仅与本期收入的取得有关,而且与其他会计期收入有关,如购置固定资产、无形资产等。区分资本性支出和收益性支出是为了正确计算各期的损益,正确反映资产的价值。如果把资本性支出作为收益性支出,就会少计资产的价值,多计当期费用,少计利润;反之,如果把收益性支出作为资本性支出,则会少计当期费用,多计资产的价值,虚计利润
划分产品成本和期间费用的界限	制造业的生产费用应该计入产品成本,产品成本要在产品生产完工并对外销售后才能计入企业的损益,并从当期收入中补偿。而当期投入生产的产品不一定都能完工,更不一定都在当期销售,而当月销售的产品也不一定都是当月投入生产的。所以,本月发生的生产费用不一定能够计入当月损益从当月收入中得到补偿,而期间费用不计入成本,直接计入当期损益。 因此,为了正确计算产品成本和期间费用,正确地计算企业在各个月的损益,还必须将收益性支出进行正确划分,以区分产品成本和期间费用的界限
正确划分各个月的费用界限	为了按月分析和考核成本计划的执行情况和结果,正确计算各月损益,必须正确划分各月的费用界限。核算各月成本费用时,要切实贯彻权责发生制的原则,不能混淆各月的生产费用
划清各种产品的费用界限	为了分析和考核各种产品的成本计划和成本定额的执行情况,应分别计算各种产品的成本。因此,应计入本月产品成本的生产费用,还应在各种产品之间进行分配。属于某种产品单独发生的,能够直接计入该种产品的费用,应直接计入该产品的成本;属于几种产品共同发生的,不能直接计入某种产品的费用,应采用适当的分配方法分配计入这些产品的成本
划清完工产品与在产品的费用界限	每个会计期末,各种产品所归集的费用都要在完工产品与月末在产品之间进行划分,以分别计算完工产品的成本和在产品的成本

如果不能正确划分上述费用界限,就会掩盖真实的成本水平和费用结构,使成本信息失真、失灵,增加成本预测决策和控制的风险。

3. 严格执行成本开支范围的规定

为了统一成本所包括的内容，规范成本补偿的标准，保持成本开支的可比性，防止乱挤乱摊成本，保证企业成本和损益计算的正确性，国家规定了统一的成本开支标准，作为企业进行成本核算工作的依据。企业在实际工作中应严格遵守成本开支范围的规定。

成本开支范围是国家根据成本的经济内涵、国家的分配方针等的具体要求而做出的规定。这种规定有利于企业做好成本核算工作，保证成本核算工作的质量，有利于正确确定企业的利润和税金，解决国家与企业之间的分配关系，而且应随着国家管理和政策变化的需要而相应改变。成本开支范围一经确定，应保持相对稳定，以保证不同年度的产品成本具有可比性，便于进行成本分析和考核。

如果企业不遵守国家的成本开支标准，随意扩大成本开支标准和范围，既不能提供真实的成本信息，影响信息使用者经营决策的正确性，也会大大增加企业违法处罚的风险，从而得不偿失。

4. 做好各项基础工作

为了加强成本审核、控制，正确、及时地计算成本，企业应做好各项基础工作（见表 11-32）。

表 11-32　计算成本的各项基础工作

项　目	内　容　阐　释
建立健全原始记录和凭证，并建立合理的凭证传递程序	原始记录和凭证是进行成本核算的首要条件，是反映生产经营活动的原始资料，是进行成本预测、编制成本计划、进行成本核算和成本分析的依据。因此，企业对生产经营过程中材料的领用、工时的消耗、动力消耗、费用开支、废品的发生、在产品的内部转移、产成品和半成品的入库、产品质量检验等，都要有真实完整的原始记录和凭证。同时，根据成本核算和管理的需要，做好各种原始凭证的填写、审核、传递和保管工作
建立健全材料物资的计量、收发、领退和盘点制度	为了进行成本核算和管理，必须对材料物资的收发、领退和结存进行计量，建立健全材料物资的计量、收发、领退和盘点制度。材料物资的收发、领退，在产品和半成品的内部转移以及产成品的入库等，均应填制相应的凭证，经过一定的审批手续，并经过严格的计量、验收和交接，对于库存的各种材料物资、车间的在产品和产成品等，均应按规定进行清查盘点。做好这些工作，不但是正确计算成本的必要条件，也是完善内部控制，加强企业管理，保护企业财产物资安全完整的有效措施
建立健全定额管理制度	定额是企业在生产经营中，对人力、财力、物力的配备、利用和消耗以及获得的成果等方面所应遵循的标准或应达到的水平。制造业中产品的各种定额，既是编制成本计划、分析和考核成本的依据，也是审核和控制成本的标准，而且在计算成本时，往往要用产品的原材料和工时的定额消耗量或定额费用作为分配实际费用的标准。因此，为了加强成本核算和管理，企业必须建立健全定额管理制度，制定先进、合理、切实可行的消耗定额，并随着生产的发展，技术的进步和管理上的要求不断修订，以充分发挥其应有的作用
建立健全内部结算价格制度	对于在企业内部各部门、车间之间进行转移的材料、燃料、动力、在产品、半成品和劳务等，都要制定合理的内部结算价格，作为内部结算的依据。采用内部结算价格在部门、车间之间相互进行结算，可以明确经济责任，简化和减少核算工作，便于考核厂内各单位成本计划的完成情况。内部结算价格一般以标准单位成本计算，也可以标准单位成本加上一定的利润作为内部结算价格，内部结算价格应保持相对稳定性，一般在年内不变

续表

项　　目	内　容　阐　释
建立成本信息系统	通过互联网的功能多样、资源共享、网络连通、系统兼容等优势,能够及时、便捷地生成和获得所需的各种信息资源,能够有效地学习先进经验,快捷地改善服务,满足信息使用需求,促进成本管理水平不断提高

上述基础工作是否建立健全,直接关系到企业成本信息的及时度、准确度和可靠度,也直接关系到企业有关财产物资的安全、完整。因此,健全的成本管理基础工作,必将有效规避和防范成本风险。

5. 正确确定财产物资的计价与价值转移方法

在制造业中,为了保证产品生产的顺利进行,需要购买大量的生产设备和原材料,这些财产物资的价值随着生产经营的使用和消费,转移到产品成本和期间费用中去。因此,这些财产物资的计价和价值转移方法会影响成本和费用计算的正确性,如固定资产原值的计价方法、固定资产的折旧方法、低值易耗品的摊销方法、材料的计价方法等。为了正确计算成本费用,对于这些财产物资的计价和价值转移方法,应当在合理基础上力求简便,对于国家有统一规定的项目,应采用国家规定的方法和标准。

各种方法一经确定,应保持相对稳定,不得随便改变,以保证成本信息的可比性,也可以防止由于随意变更计价方法和标准带来的成本不确定性风险。

6. 根据生产特点和管理要求,选择适当的成本计算方法

产品成本是在生产过程中形成的,产品的生产工艺流程和生产组织不同,所采用的产品成本计算方法也不同。计算产品成本是为了加强成本管理,因此,企业只有根据生产特点和管理要求,选择适当的成本计算方法,才能正确及时地计算产品成本,为成本管理提供有用的成本信息。

生产组织、生产工艺过程和管理要求不同,成本计算方法就不同。而生产特点和管理要求对产品成本计算方法的影响,主要表现在成本计算对象的确定不同。成本计算对象是成本计算的核心,是区别成本计算方法的主要标志。

为了适应各种类型的生产特点和管理要求,在产品成本计算工作中有三种不同的产品成本计算对象,以及以产品成本计算对象为标志的三种不同的产品成本计算方法。

(1) 以产品品种为成本计算对象的产品成本计算方法称为品种法,它一般适用于单步骤的大量生产,也可用于不要求分步骤计算成本的多步骤的大量、批量生产。

(2) 以产品批别为成本计算对象的产品成本计算方法称为分批法,它适用于单件、小批量的单步骤生产或管理上不要求分步骤计算成本的多步骤生产。

(3) 以产品生产步骤为成本计算对象的产品成本计算方法称为分步法,它适用于大量、批量的多步骤生产。

以上三种方法,是计算产品实际成本必不可少的方法,因而是产品成本计算的基本方法。因为这三种方法与不同生产类型的特点有着直接的联系,而且涉及成本计算对象的确定。由于产品成本计算对象不外乎就是分品种、分批别和分步骤三种,因而基本方法也就是这三种。

除上述三种基本方法外,在产品的品种、规格繁多的企业中,为简化成本计算工作,还采用了一种简便的产品成本计算方法——分类法。从计算产品成本的角度来说,分类法不是必不可少的,因而可以称为辅助方法。

根据企业实际选择合适的成本计算方法,能避免由于成本核算方法选择不当带来的成本核

算信息与实际产生偏差的风险。

六、成本控制制度

为保证生产经营活动所发生的成本合法、合理和有效，企业必须制定各种成本控制制度。这些成本控制制度通常包括以下几种。

（一）职务分离控制

1. 不相容岗位分离

企业应建立成本业务的岗位责任制，明确内部相关部门和岗位的职责、权限，确保办理成本业务的不相容岗位相互分离、制约和监督。同一岗位人员应定期做适当调整和更换，避免同一人员长时间负责同一业务。

（1）成本预算的编制与审批分离；

（2）成本支出的审批与执行分离；

（3）成本支出的执行与相关会计记录分离。

2. 成本管理职责（见表11-33）

表 11-33　成本管理职责

项　　目	内　容　阐　释
总经理职责	总经理对公司成本内部控制的建立健全和有效实施以及成本支出的真实性、合理性、合法性负责；对公司的成本管理进行职责合理划分和授权
财务总监	具体领导成本核算和成本管理工作；组织制定公司成本管理办法；组织相关部门编制成本、费用定额和标准成本；控制主管部门的成本
总工程师	组织改善生产工艺和技术，为降低生产成本提供技术支持；组织编制产品消耗定额；控制主管部门的成本
公司其他高管人员	按照公司职责分工，组织领导成本管理的相关工作；控制主管部门的成本
财务部门	负责拟定和修改公司成本管理制度；拟定公司成本、费用定额和标准成本，参与制定生产消耗定额；配备成本核算员，具体负责成本核算和管理工作；控制本部门费用和归口管理费用
审计部	对公司成本的真实性、合理性、合法性进行审计控制；控制本部门费用
各事业部	控制本部门的成本、费用；合理划分成本控制职责，分解成本控制指标，对产品生产的供、产、销和提供劳务各环节的成本进行全面控制；参与制定和严格执行公司的生产消耗定额、成本和费用定额；根据公司的有关规定制定各事业部的成本控制具体实施细则
其他职责部门	参与制定公司的成本、费用定额，按公司的部门职能描述，完成本部门的成本管理工作；控制本部门费用和归口管理费用

3. 人员素质要求

企业应配备合格人员办理成本的核算业务，并通过培训，不断提高他们的业务素质和职业道德水准。通过宣传培训和奖惩措施，增强全体员工自觉形成节约成本的意识。通常办理成本核算的人员应具备良好的职业道德和业务素质，熟悉国家有关的法律、法规，遵纪守法，客观公正，并符合公司规定的岗位规范要求。

(二) 授权批准控制

企业应建立严格的授权批准制度，明确审批人对成本业务的授权批准方式、权限、程序、责任和相关控制措施，规定经办人办理成本业务的职责范围和工作要求。审批人应根据成本授权批准制度的规定，在授权范围内进行审批，不得超越审批权限。经办人应在职责范围内，按照审批人的批准意见办理成本业务。

1. 授权方式

成本，除公司另有规定需经股东大会或董事会批准的成本项目外，由公司总经理审批；公司总经理对各级人员的授权在每年年初以文件的方式明确。

2. 审批权限（见表11-34）

表11-34　成本审批权限

项　目	审　批　人	审　批　权　限
成本预算	董事会	按公司预算管理办法规定审批
成本开支标准	董事会	董事会审批； 授权总经理审批
成本支出	股东大会、董事会	公司另有规定须由股东大会、董事会批准事项
	总经理	审批； 授权审批

3. 批准方式

由董事会批准的事项，经董事会决议后，由董事长签批；公司的成本预算、成本和费用定额、生产消耗定额、成本开支标准等，经董事会或经理办公会议批准后，以公司文件的形式批准下达；成本支出，按公司授权，在原始凭证上签批。

4. 批准和越权批准处理

审批人根据公司成本业务授权批准制度的规定，在授权范围内进行审批，不得超越审批权限；经办人在职责范围内，按照审批人的批准意见办理成本业务；对于审批人超越授权范围审批的成本业务，经办人有权拒绝办理，并及时向审批人的上一级授权部门报告。

(三) 财产安全控制

财产安全控制是指了为确保企业财产物资安全完整所采取的各种方法和措施。在生产过程中，材料物资应该采取永续盘存制、定期的实地盘存制与不定期的实地盘存制相结合的方法，以保证企业的材料物资在每个会计时点都账实相符。建立健全原材料、在产品、产成品等各项物资的收发、领退、转移、报废制度。对于盘盈盘亏存货必须及时查明原因进行正确的处理。对财产物资按照顺序编号与存放，便于清查、点数和保管等。还可以利用日益发达的计算机技术进行辅助管理。财产安全控制制度要和存货的保管制度相结合，有助于企业加强管理。

(四) 人员素质控制

生产经营活动离不开人的参与，企业人员素质的高低直接影响企业的发展。现代企业都应该重视人才的培养。

企业应该配备合格的技术、管理、生产人员。合格的技术人员具有较高的开发、设计新产品的能力。合格的管理人才具有丰富的生产管理经验和生产管理知识。合格的生产人员具有较高的生产技能，遵守生产纪律和操作规程。

企业应该实行员工的考核制度，对员工的职业能力进行全面的考查，对员工的工作业绩进行考核评估，员工凭合格证书上岗工作。建立员工定期培训制度，不断提高员工的职业道德素质和技术业务素质。

企业还应该建立奖惩制度和激励机制，鼓励员工积极创新和勤奋工作，提高生产质量和效率，奖励有功者。建立必要的升迁机制，对工做出色者给予升迁奖励；对玩忽职守者、不能胜任者给予降职或下岗等处分。

七、成本控制的具体要求（见表11-35）

表 11-35 成本控制的具体要求

项 目	内 容 阐 释
对企业进行技术研发所需经费的规定	新《企业财务通则》第三十八条规定："企业技术研发和科技成果转化项目所需经费，可以通过建立研发准备金筹措，据实列入相关资产成本或者当期费用。符合国家规定条件的企业集团，可以集中使用研发费用，用于企业主导产品和核心技术的自主研发。" 新《企业财务通则》第三十九条规定："企业依法实施安全生产、清洁生产、污染治理、地质灾害防治、生态恢复和环境保护等所需经费，按照国家有关标准列入相关资产成本或者当期费用。" 除此之外，国家还对企业的科研经费给予了减免税收的优惠，依据《财政部、国家税务总局关于促进企业技术进步有关财务税收问题的通知》（财工字〔1996〕41 号）的规定，企业控股并从事工业生产经营的股份制企业、联营企业，扩展到所有财务核算制度健全、实行查账征收企业所得税的各种所有制的盈利工业企业（包括从事矿业、制造业、电力、燃气及水的生产和供应业的企业），凡当年发生的技术开发费比上年实际发生额增长达到10%以上（含10%），其当年实际发生的费用除按规定据实列支外，经由主管税务机关审核批准后，可再按其实际发生额的50%，直接抵扣当年应纳税所得额。增长未达到10%以上的，不得再加计扣除。 对盈利的工业企业研究开发费用比上年增长达到10%以上的，其实际发生额的50%，如大于企业当年应纳税所得额，可就其不超过应纳税所得额的部分，予以抵扣；超过部分，当年和以后年度均不再抵扣。 亏损企业发生的研究开发费用，只能按规定据实列支，不实行增长达到一定比例抵扣应纳税所得额的办法
企业销售折扣、折让以及其他费用的处理	在企业的销售业务中，经常会出现销售折扣、折让，以及佣金、回扣、手续费、劳务费、提成、返利、进场费、业务奖励等支出。 销售折扣，是指债权人为鼓励债务人在规定的期限内付款，而向债务人提供的债务减让；销售折让，是指企业因售出商品的质量不合格等原因而在售价上给予的减让。 新《企业财务通则》第四十条规定："企业发生销售折扣、折让以及支付必要的佣金、回扣、手续费、劳务费、提成、返利、进场费、业务奖励等支出的，应当签订相关合同，履行内部审批手续。企业开展进出口业务收取或者支付的佣金、保险费、运费，按照合同规定的价格条件处理。企业向个人以及非经营单位支付费用的，应当严格履行内部审批及支付的手续。"
企业职工的薪酬、福利的相关规定	• 在薪酬办法上，不再一刀切，允许特事特办 新《企业财务通则》第四十一条规定："企业可以根据法律、法规和国家有关规定，对经营者和核心技术人员实行与其他职工不同的薪酬办法，属于本级人民政府及其部门、机构出资的企业，应当将薪酬办法报主管财政机关备案。"

续表

项 目	内 容 阐 释
企业职工的薪酬、福利的相关规定	新《企业财务通则》第四十二条规定："企业应当按照劳动合同及国家有关规定支付职工报酬,并为从事高危作业的职工缴纳团体人身意外伤害保险费,所需费用直接作为成本(费用)列支。经营者可以在工资计划中安排一定数额,对企业技术研发、降低能源消耗、治理'三废'、促进安全生产、开拓市场等做出突出贡献的职工给予奖励。" • 明确企业有义务为职工缴纳"四险一金" 新《企业财务通则》第四十三条规定："企业应当依法为职工支付基本医疗、基本养老、失业、工伤等社会保险费,所需费用直接作为成本(费用)列支。已参加基本医疗、基本养老保险的企业,具有持续盈利能力和支付能力的,可以为职工建立补充医疗保险和补充养老保险,所需费用按照省级以上人民政府规定的比例从成本(费用)中提取。超出规定比例的部分,由职工个人负担。" 新《企业财务通则》第四十四条规定："企业为职工缴纳住房公积金以及职工住房货币化分配的财务处理,按照国家有关规定执行。职工教育经费按照国家规定的比例提取,专项用于企业职工后续职业教育和职业培训。工会经费按照国家规定比例提取并拨缴工会。"
对企业承担个人消费支出的限制	由于我国的国有企业一直执行低工资、高福利的分配政策,很多企业以承担个人各项支出的形式,向职工提供了超过国家规定的薪酬。在本次《企业财务通则》的修订中,明确规定企业不得承担的属于个人的支出项目,确保了企业以这种方式变相地向职工提供超过国家标准的薪酬待遇。 新《企业财务通则》第四十六条规定："企业不得承担属于个人的下列支出: (1)娱乐、健身、旅游、招待、购物、馈赠等支出。 (2)购买商业保险、证券、股权、收藏品等支出。 (3)个人行为导致的罚款、赔偿等支出。 (4)购买住房、支付物业管理费等支出。 (5)应由个人承担的其他支出。"
企业有权拒绝的费用支出	长期以来,我国的企业尤其是国有企业负担较重。在国家正规的税收之外,一些地方政府、行业协会、社会团体等也向企业摊派、征收一些额外的费用。 在国有企业改革中,国家一直把减轻企业负担作为一项重要的工作来抓,在多部法规中规定了企业有拒绝摊派的权利,企业有权拒绝任何部门和单位向企业摊派人力、物力、财力。企业遇到摊派时,可以向审计部门或者其他政府有关部门控告、检举、揭发摊派行为,要求做出处理。除法律和国务院另有规定外,企业有权抵制任何部门和单位对企业进行检查、评比、评优、达标、升级、鉴定、考试、考核。 在《企业财务通则》的修订中,再次明确了企业有拒绝摊派的权利,新《企业财务通则》第四十五条规定："企业应当依法缴纳行政事业性收费、政府性基金以及使用或者占用国有资源的费用等。企业对没有法律法规依据或者超过法律法规规定范围和标准的各种摊派、收费、集资,有权拒绝。"

八、成本管理的监督检查

企业应制定相关制度,明确监督检查人员的职责权限,定期和不定期地开展检查工作。实时监控成本的预算执行情况和标准成本控制情况，按期（每月）编制成本内部报表，及时向公司领导层和各责任主体通报成本支出情况；并定期对成本报告进行分析，对于实际发生的预算差异或标准成本差异，及时查明原因，采取相应措施。

（一）监督检查主体

（1）监事会：依据公司章程对公司成本管理进行检查监督。
（2）审计部门：依据公司授权和部门职能描述，对公司的成本进行审计监督。
（3）财务部门：依据公司预算和标准成本，对成本支出进行实时监控。
（4）上级对下级进行日常工作检查监督。

（二）监督检查内容

（1）成本业务相关岗位及人员的设置情况。重点检查是否存在成本业务不相容职务混岗的现象。
（2）成本业务授权批准制度的执行情况。重点检查成本业务的授权批准手续是否健全，是否存在越权审批的行为。
（3）成本预算制度的执行情况。重点检查成本支出的真实性、合理性、合法性和是否超出预算范围。
（4）成本核算制度的执行情况。重点检查成本的记录、报告的真实性和完整性。

（三）检查结果处理

对监督检查过程中发现成本内部控制中的薄弱环节，公司有关责任部门和责任人应当采取措施，及时加以纠正和完善。

第二节　成本控制管理操作

一、成本控制的内容

1. 生产成本控制

生产成本指企业为生产产品而发生的费用，主要包括直接材料、直接人工和制造费用（见表11-36）。

表 11-36　生产成本控制

项　目	内　容　阐　释
直接材料控制	直接材料，包括企业生产经营过程中实际消耗的原材料、辅助材料、备品备件、外购半成品、燃料、动力、包装物以及其他直接材料。控制主要是通过制定消耗定额和严格有关制度、手续实施控制。要对材料出入库严格实行计量检验，大力推广新工艺、新技术，开展材料代用和综合利用；要及时发现和解决采购不合理、用料不经济、领发不严格，回收无制度以及废品多、单耗高等问题，从而使产品单位直接材料成本有所下降
直接人工控制	直接人工成本包括企业直接从事产品生产人员的工资、奖金、津贴和补贴及职工福利费等。直接人工控制主要是通过人员定岗定编，制定工资基金限额和工时消耗定额等实施控制。企业应根据生产任务合理安排使用劳动力，实行定员定额，控制各种产品的实际工时消耗。采用计件工资制的企业，应制定先进合理的产品计件单价，确保劳动生产率增长大于工资水平的增长，从而降低产品的直接人工成本

续表

项 目	内 容 阐 释
制造费用控制	制造费用包括企业各个生产单位（分厂、车间）为组织和管理生产所发生的生产单位管理人员工资，生产单位房屋、建筑物、机器设备等的折旧费、租赁费（不包括融资租赁费）修理费、机物料消耗、低值易耗品摊销、取暖费、水电费、办公费、差旅费、运输费、保险费、设计制图费、试验检验费、劳动保护费、职工福利费、在产品和毁损（含盘盈）季节性和修理期间的停工损失以及其他制造费用。制造费用控制主要是通过编制制造费用预算和有关的费用开支标准实施控制。制造费用开支不仅在绝对数上不得突破预算指标，而且在内容上要符合财务制度规定，严格遵守开支范围和开支标准

2. 特定成本控制

成本控制除对生产成本进行控制外，还应该对某一方面的特定成本进行控制，如产品设计成本控制、产品质量成本控制、产品周期成本控制、工艺方案成本控制、工艺装配成本控制、设备维修成本控制等。

（1）产品设计成本控制。构成产品成本的费用主要发生在生产过程中，而对成本控制不能仅限于产品生产阶段。产品设计成本控制就是在生产设计阶段，通过对产品的价值工程分析，选择最佳方案以控制投产后的产品成本。产品成本的高低在一定情况下主要是由该产品在设计、研制阶段的工作质量所决定的，所以在新产品设计研制阶段开展价值工程，效果最为显著。在这一阶段进行价值分析可以提高产品及其零件的标准；利用价值工程的分析方法，可以去掉无用的或不必要的零部件，采用先进的生产工艺和生产流程；通过价值工程，可以节约能源和材料的使用，从而使产品的功能与成本控制保持在最佳状态，降低产品成本，改进产品质量，最终提高企业的经济效益。

（2）产品寿命周期成本控制。产品寿命周期成本就是用户为获得某种功能而耗费的成本。在这里，用户购买某种产品的目的是某种功能。产品寿命周期成本包括产品的购买成本和运行维护成本（使用成本）两部分，产品寿命周期成本中的购买成本和使用成本因商品的不同而不同。对于耐用产品来说，购买成本与使用成本有密切关系，购买成本低的，往往使用成本高；购买成本高的，往往使用成本低。对产品寿命周期成本进行控制要求进行全面的成本管理，扩大成本控制范围，将成本控制延伸至产品的整个寿命期限。对降低产品成本的考虑不能只局限于生产成本，而应考虑成本与质量之间的关系，以及质量与销售、利润的关系。产品寿命周期成本控制还要求维护成本的节约必须大于购买成本的提高，或维护成本的提高必须小于购买成本的降低，即维护成本和购买成本的变动应以降低总的产品寿命周期成本为目标。

（3）设备维修成本控制。作为产品成本的一个组成部分，设备维修成本更应得到足够的控制。特别是随着现代科技的进步，设备的运行、维护成本在产品所占的份额也越来越大，对设备维修成本的控制也越来越受到重视。设备成本控制是通过制订合理的设备维修计划来实现的。

设备维修成本控制的目的并不限于降低设备维修成本。如果只注意于降低设备维修成本，可能造成为了节约维护成本而让设备带病运行，不仅会缩短设备的使用寿命，影响产品的质量水平，还有可能造成停工事故，给企业造成严重的损失。所以，设备维修成本预算要和设备定期维护制度相结合，在设备运行状态良好的前提下努力降低设备维护成本。

（4）质量成本的控制。在新技术环境下，质量、时间、成本是企业获得并保持竞争优势的重要法宝，产品或服务的质量在一定程度上决定了企业能否确保并扩展市场份额。质量成本是企业为了保证和提高产品质量而支出的一切费用以及因未达到质量标准而产生的一切损失。如何加强成本管理，提高产品的质量，让企业在产品竞争中靠质量、信誉取胜，是企业在市场竞争中立于不败之地的重要保证。质量成本包括预防成本、鉴定成本、损失成本（内、外部损失成本），如表 11-37 所示。

表 11-37　质量成本

项　目	内　容　阐　释
预防成本	为防止产品质量达不到预定标准而发生的成本，一般发生于研究开发阶段。如质量工程、质量培训、质量报告等方面发生的成本
鉴定成本	为保证产品质量达到预定标准而对产品进行检测所发生的成本，一般发生在生产阶段，例如原、辅材料检验与测试，包装检验，鉴定作业的监督，产品验收，过程验收等方面发生的成本
损失成本	分为内部和外部损失成本。内部损失成本是由于产品达不到预定标准而发生的故障成本，一般发生在生产阶段。指产品在进入市场之前，由于产品存在缺陷而发生的成本，如废料、返工、修复、停工、重新检验、重新测试以及改变设计等方面发生的成本等。外部损失成本是指产品进入市场之后，由于产品存在缺陷而发生的成本，一般发生于营销阶段。例如，由于产品未达到应有的质量水平而失去销售机会、质量低劣造成的退货与折扣、保修费、修理费，因客户不满意，进行投诉而发生的成本，以及由此而失去的市场份额形成的损失

通常把预防成本与鉴定成本称为质量保证成本，是企业为了减少故障成本而自愿发生的；把内部差错成本与外部差错成本称为质量损失成本（也称故障成本）。通常来说，由于预防和鉴定成本是预先可以控制的，也称为可控质量成本。质量损失成本（故障成本）则往往是事先难以控制的，称为不可控质量成本。质量损失成本会随着产品质量的提高而下降，质量保证成本却会随着产品质量的提高而提高。在低质量水平下，质量保证成本上升速度较慢；在高质量水平下，质量保证成本上升速度却加快了许多。即使产品质量有一个较小的提高，也必须花费较大的质量保证费用。因此企业在实施成本控制的过程中，要寻找一个合适的质量水平，使质量成本最低。

二、成本控制的方法

（一）成本制度控制

成本制度控制是指单位通过制定、健全和贯彻执行成本制度来对成本进行控制。各单位根据单位具体情况，制定必要的有关成本预测、决策、预算、控制、核算、监督、分析和考核制度，使单位在生产经营过程中，对成本的管理有章可循，消除浪费损失，确保目标成本的实现。

单位的成本形成过程是生产技术过程的价值反映，为了提高成本控制效果，成本控制必须深入科研生产技术领域。因此要搞好成本制度控制，除建立和完善与成本直接有关的制度外，还必须制定和健全与人、财、物的利用和消耗有关的制度，例如企业财产物资管理制度、材料消耗定额管理制度、劳动定额和定员制度、工资管理制度、职工培训制度、设备利用和管理制度，以及产品设计制度、工艺技术经济论证制度、质量管理制度等生产技术管理方面的制度。

（二）成本计价与计量控制

1. 成本计价控制法

成本计价是否正确，对于成本的正确性和成本流程中的资金安全性具有重要的影响。成本计价包括物资采购成本计价、存货发出计价、生产过程的计价等。成本计价控制就是对成本计价的过程和计价方法选择的控制。

(1)物资采购成本计价控制法。物资采购计价成本包括物资购买价、进口关税和其他税金、运输费、装卸费、保险费，以及其他可以直接归属于采购成本的费用。其价格的高低，对后续的存货生产与销售都有重要的影响。加强对物资采购的计价控制，可以防止存货购买中产生不合理因素，控制存货成本，提高存货管理水平，是降低生产与销售成本、提高企业产品的市场占有率的重要环节。

物资采购计价控制的重点是采购成本价格的合理性，强调成本构成的控制，其不同于采购业务的控制，后者强调的是物资采购业务活动的规范。其控制内容如表11-38所示。

表11-38 物资采购成本计价控制内容

项　　目	内　容　阐　释
对采购买价进行控制	按照采购的流程做如下控制： • 对物资采购的数量、品种、规格和价格进行全面预算； • 在预算的基础上制定严格的物资采购计划价格，制定采购计划价格时，应该以商品、产品的市场要求为标准，并结合企业生产经营特征，经过大量的市场调查以后确定； • 以计划价格为基准对采购价格进行管理。企业存货采购的价格必须以计划价格为标准，采购人员在执行采购计划时，须将采购价格报有关部门或人员审核，物资采购回来以后，要经常分析计划与实际价格的差异，激励其采购价格朝更合理的方向发展。凡有合理避税可能的，应该选择可以避税的物资，以便降低采购中的税金
对采购费用的控制	采购商品物资时都发生与之相适应的采购费用。采购费用包括运杂费、途中的保险费、装卸费、入库前的清选整理费等。发生的采购费用是否合理，同样影响着物资采购成本。因此，对物资采购费用的控制应该进行预算，并根据预算控制采购费用。按照企业以往物资采购情况，分析出采购费用发生的规律，并根据其规律制定出采购费用发生定额标准。通常对大额的商品物资采购制定采购费用率，对小额的物资采购制定每期每次费用开支标准，以月度结合次数作为标准进行费用控制
对采购物资损失的控制	物资采购中可能发生损失，企业应该将其降低到最低的程度。应该根据以往经验，分析损失产生的原因，对不合理的损失要坚决杜绝。分析损失的合理性方面，应该将人为引起的损失都确定为不合理的损失，只有自然原因引起的损失才能作为合理的损失。企业根据损失原因分析结果，制定出合理的损失率，控制其损失的发生

企业在对物资采购计价控制时，主要是通过对购货发票、采购费用票据、商品或材料验收单、商品损耗单的审核而实现的，在加强物资采购计价控制的同时，必须加强这些业务手续程序与凭证的控制。

(2)发出存货计价控制法。发出存货成本是企业物资采购与生产过程形成的成本费用。发出存货的价格高低，影响着生产企业后续环节的存货成本，或直接影响销售成本。因此，加强对发出存货成本的计价控制，是降低生产与合理确认销售成本的重要环节。发出存货计价控制能保证计价的正确性；能保证后续生产存货成本的相对稳定和销售成本的合理性；能保证企业整体计价协调，提高成本管理水平。

发出存货计价控制包括发出存货计价控制和材料成本差异计价控制两方面。

1)发出存货计价控制。存货购买入库后，陆续地被消耗或出售称为存货流转，存货流转包括实物流转和成本流转两个方面。按照流程来看，两方面的流转应该是一致的，即库存存货的成本应当随着存货的消耗和出售而结转。但在实际工作中，由于存货品种繁多，进出量大，单位成本多变等原因，难以保证各种存货的成本流转与实物流转一致。而同一种存货的单价尽管不同，但是均能满足销售或生产的需要。所以成本流转顺序和实物流转顺序可以分离。存货发出计价着重考虑存货的成本流转，而不同的成本流转产生了不同的存货成本流转假设，进而产生了不同的发出存货计价方法。发出存货的实际成本计价法主要有个别计价法、先进先出法、加权平均法、移动平均法和毛利率法、零售价法等。与实际成本法相对应的是计划成本计价法，不同的计价方法计算出来的结果是不一致的。上述的方法，有的适用于永续盘存法，有的适用于实地盘存法，不同的存货盘存法下计算出来的结果通常是不相同的。企业必须根据自身经营管理的特点，在财务、会计制度允许的范围内，选择自身适用的方法。企业在确定了方法以后，不能随意更改。企业对发出存货控制的主要目的是：方法选择的合理性和计算过程的正确性。

2）材料成本差异计价控制。生产企业对数额大的材料物资通常按计划价格计价，企业发出存货以后，应该按照相应的计划成本分配其材料成本差异。控制内容主要是差异率的计算正确性及分配量的计价、记录的合理性。

企业对发出物资的计价控制，主要通过对商品调拨单，或者材料领用单（领用单、领用表、限额领用单、配比发料单）等单据的审核而实现的，在加强物资发出计价控制的同时，也应加强这些业务手续程序与凭证的控制。

（3）生产过程的计价控制法。生产过程的计价主要包括生产用材料成本计价、人工成本计价与制造费用的计价等。生产过程的计价是生产成本过程形成过程中各种耗费的计量。生产耗费中各种耗费价格的高低，直接影响着生产成本的高低，最终影响销售成本。

加强对生产过程的计价控制能保证计价的准确性；能保证生产成本计量的相对稳定和合理；能保证企业生产过程整体的计价协调，提高成本管理水平。

生产过程的计价控制包括以下几个方面。

1）生产用材料的计价控制。生产用材料的计价包括发出材料计价、退料、盘点的计价，材料费用分配的计价等，前面已经讲述了发出材料计价，下面讨论其他几种控制。

①退料、盘点计价控制。对已经领用而未使用的材料要办理退料手续，对已经领用且下月不再使用的签发红字"领料单"，进行真实的退料；对已经领用，而且下个月将继续使用的材料，应该办理"假退料"手续。退料的计价，以真实的已领未用数量和发出材料的真实价格计价，不得利用退料调节生产成本。期末还应该加强盘点，通过盘点对实际成本库存进行确认，保证库存物资计价的正确性。

②材料成本分配计价控制。材料成本在计入生产成本过程中，能够直接计入的按照直接计入方法进行，不能直接计入的按重要性原则分配计入。原材料的分配计价标准有：重量比例法、体积比例法、定额耗用量比例法、产量比例法（简单产量比例和标准量比例法）。对外购动力还有功能比例法。在对其分配中，必须在相关手续中签字，履行其应负职责，杜绝随意的估价计价方法。企业应该根据其自身的特点，选择最适应与最合理的方法。

2）人工成本计价控制。人工成本计价包括工资和福利费的计价。

①分清人工成本的界限，不得将非人工成本的费用计入生产成本中，如改建工程人员的人工成本只能计入在建工程成本，离退休人员的工资只能计入期间费用。

②控制工资开支标准，严格按国家规定标准执行，不得随意发放工资、资金和津贴，通常应该以生产经营情况为基础，制定工资开支的预算标准，按国家规定项目结合企业管理要求做好计价控制工作。

③要正确分配工资，将归属于各产品的工资按合理的分配标准予以分配。对福利费计价的控制，主要是正确确定工资总额，在此基础上，按国家规定的比例对职工福利费用确认。

3)制造费用计价控制。制造费用是指企业生产产品或提供劳务而发生的费用应计入产品制造成本,但未专设成本项目的各项费用。其主要组成部分是车间、分厂为组织和管理产品生产而发生的各项生产管理费用,也有较少部分是产品在生产过程中为产品所耗用,但因其数额较少,或不好确定费用归属,为简化核算也纳入制造费用内核算,如设备折旧费等。

制造费用内容繁多,对间接材料的计价控制,应该做好预算或者定额管理的计价控制,严格按照预算标准开支各项费用,对间接人工的计价控制,应该比照人工费用控制进行;对其他制造费用的计价控制,要严格审核已发生数额,具体管理时也可以采用预算控制办法进行。

2. 成本计量控制法

生产成本计量是企业生产成本的计算过程。各企业都应该根据其自身的生产组织特点和生产工艺技术特点组织好生产成本的计量工作。

生产成本计量是在定额管理制度,原始记录制度,材料物资的收发、领退、清查制度,内部计划价格制度,责任控制制度建立健全的基础上进行控制。

(1)成本计量方法选择控制。产品成本计量方法包括品种法、分批法、分步法及分类法等。成本计量方法选择合理与否,对正确计量与控制生产成本具有重要作用。企业对成本计量方法选择控制,主要是根据企业生产管理要求,选择适应企业生产组织特点和生产工艺技术特点的计量方法。成本计量方法不同,其计量结果必然也不同。企业在选择成本计量方法时,要用发展的眼光,并根据企业需要而不断调整。

(2)成本计量方法运行控制。每一种成本计量方法都有其不同的运行过程与程序,对成本计量方法运行的控制实质上是对其运行过程的控制。成本计量方法运行控制的主要内容有成本计量程序控制、成本计量责任控制、成本计量依据控制。

1)成本计量程序控制。成本计量程序控制研究成本计量程序的设计、运行、调整的过程控制(见表11-39)。

表11-39 成本计量程序控制

项 目	内 容 阐 释
成本计量程序的设计控制	主要指要求企业必须根据其生产组织特点和生产工艺技术特点,结合自身成本核算条件,设计出科学而合理的程序制度。这里的科学、合理,是指其程序的层次清楚、过程清楚、过程之间各环节的职权与义务明确、操作时间与范围控制条件符合精简而有效能的原则
成本计量程序运行控制	要求成本计量程序的运行过程按照科学合理的管理要求,对成本计量中的基础数据收集、基本原始记录的传递、计量中的公式选择、人员手续制度等,严格按照成本计量控制制度进行,不得有随意性
成本计量程序调整过程控制	是指某些时候,或者某些生产经营条件的变化,导致原来的成本计量程序不再符合本单位成本计量的要求,应该重新对其计量进行调整。成本计量程序的调整必须依据生产组织特点和生产工艺技术特点变化的发展而调整变化,通过调整使成本计量的程序使之更科学合理

2)成本计量责任控制。生产成本计量环节包括直接材料计量、直接燃料计量、机物料消耗计量、直接人工计量、制造费用和辅助生产计量、废品损失计量、在产品及内部转移价格计量、完工产品计量等。其中涉及各方面计量人员的责任,因而必须对成本计量责任实施控制,即每个计量环节,都应有相配比的计量责任系统,要求对谁计量、谁复核、谁检查,职责分离,计量以后履行签字的责任等。

3）成本计量依据控制。成本计量必须严格按照其原始依据进行。例如，材料计量控制有生产材料预算表、材料请购申请单、材料请购批准单、材料领用凭证、材料分配凭证等；人工费用控制有人工考勤表、生产任务通知单、工序进程通知单、合格产品与废品通知单、代扣代收收款单、工资表、工资汇总表、工资分配汇总表等。成本计量依据控制，就是要求各环节的计量依据齐全、手续程序完善、数据正确合理、凭证流转正常。

（3）生产成本计量报告控制。生产成本报告是企业内部会计报告之一，通常应该编制的成本会计报告有产品生产成本表、主要产品单位成本表、产品成本项目表、制造费用明细表等。各企业在报送成本会计报告时，其报告的种类与格式由企业根据自身的需要而确定，只要能够全面反映企业成本运行信息、数据、有利于加强成本管理即可。

成本资料是企业自身加强企业内部管理需要的信息，其信息责任层次属于内部责任。正确及时的成本会计报告信息对成本计划的执行、产品成本的实施、成本的分析与决策起着重要作用。因此，强化成本报告的责任是成本控制的重要环节之一。

生产成本报告必须通过分析，才能真正用于企业成本管理。对成本分析的控制要求企业指定专门的分析人员，制定相应的分析制度，规范相关分析的步骤、程序与方法，利用成本报告的分析来推动成本管理。

（三）成本预算控制

预算作为一种计划是用数字表示的预期结果的报告书。预算管理是利用预算对企业内部各部门、各单位的各种财务及非财务资源进行分配、考核、控制，以便有效地组织和协调企业的生产经营活动，完成既定的经营目标。可以通过对成本进行预算，而后考核其成本控制的实际业绩，实现对成本的约束。

成本预算是企业成本控制的主要方法，是企业财务预算中最基本的预算。它要求企业加强成本预算编制、执行、分析、考核等环节的管理，明确预算项目，建立预算标准，规范预算的编制、审定、下达和执行程序，及时分析和控制预算差异，采取改进措施，确保预算的执行。

强化成本预算控制，要求企业严格按照预算执行。在日常控制中，企业应当健全凭证记录，完善各项管理规章制度，严格执行生产经营月度计划和成本的定额、定率标准，加强适时的监控。对预算执行中出现的异常情况，企业有关部门应及时查明原因，提出解决办法。企业可以结合自身情况，建立相应的成本预算，如产品成本预算、制造费用预算、营业成本预算、期间费用预算等。企业各职能部门应当充分利用自身管理优势，对在成本中占重要份额的能耗、成材率等重点指标进行全过程的控制，并有针对性地采取措施，使降低成本指标落到实处，最终形成一系列贯穿全生产过程的预算控制线，确保成本预算指标的全面完成。

（四）目标成本控制

目标成本控制是单位用确定的成本目标，来控制实际成本支出，以达到降低成本的一种控制方法。预算成本、标准成本、作业成本和定额成本都可以作为目标成本，也可以选择国内外同业同类产品的先进成本水平，或者本企业实现过的历史上最好的成本水平作为目标成本。在制定目标成本时，一方面要考虑本企业的设备条件，原材料供应的品种、质量，单位的生产能力和技术水平等具体情况；另一方面，也要注意到企业的外部因素，如市场对本单位的需求情况、国内外同行业同类产品的成本资料等，然后采用科学的方法加以制定。

（五）标准成本控制

标准成本控制是单位在产品生产过程中，根据制定的标准成本来控制实际成本的一种成本控制方法。标准成本控制是执行标准成本会计制度的主要目的。除在生产过程中对实际发生的生产费用进行控制外,还要在事后迅速、及时地将实际成本费用加以汇集整理,并与所制定的标准成本进行比较,对其发生的成本差异做出细致的分析,检查和研究发生不利差异的原因,制定和采取有效的改进措施,以达到控制成本的目的。

(六)作业成本控制

源于作业成本法,作业成本法是将辅助资源和间接成本更准确地分配到作业、生产过程、产品、服务及客户中的一种成本计算方法,是一个以作业为基础的管理和信息系统。作业成本计算的基本原理是产品消耗作业,作业消耗资源。也就是说,在计算产品成本时将作业作为核算的对象,首先要确认耗用企业辅助资源和间接成本的所有作业,并根据作业对资源的消耗情况将相应的资源费用分配到对应的作业中,直至将企业全部的辅助资源费用分配完为止。然后通过为每一种作业确定一个成本动因率,将所有的作业成本追溯到产品成本的形成和积累过程,由此得出最终的产品成本。

作业成本控制就是根据作业成本法下对产品(或提供劳务)所划分的各个作业的基础上,制定各个作业的标准作业成本,通过标准作业成本对实际作业成本进行控制的一种方法。由于种种原因,实际作业成本会偏离标准作业成本。作业成本控制的关键是进行作业分析和价值分析,消除不必要的、无效的作业,改进必要的、有效的作业,并对新作业链进行再次整合。

(七)成本全员管理和全过程控制

成本的全员管理,是指在加强专业成本管理的基础上,要求人人、事事、时时都按照定额、标准或者预算进行成本控制。要向全体职工宣传各种成本限额和考评标准,使人人皆知、人人明白。

全过程的成本控制,是指贯穿成本形成的全过程,扩大到产品寿命周期成本的全部内容,包括设计成本、研制成本、工艺成本、采购成本、制造成本、销售成本、管理成本、运行成本、维修成本、保养成本等。

企业实行全员成本管理,就要充分调动各个部门、职工的积极性和主动性,使每个职工都了解自己在成本控制中的作用,明确自己的职责和权限,建立广泛的责任成本制度,将企业的专业成本控制和群众性成本控制工作结合起来,才能使企业各项费用定额、费用开支标准、成本目标等更加趋于合理,降低成本的措施才能得到更好地执行。为了调动全体职工成本控制的积极性,企业应注意:需要有客观的、准确的、适用的控制标准;鼓励参与制定标准,至少也要让职工充分了解控制标准建立的依据和必要性;让职工了解企业的困难和实际情况,自觉适应工作的需要;建立适当的激励措施,激发全员成本控制的积极性;冷静地处理成本超支和过失,始终记住分析成本不利差异的根本目的,是寻求解决问题的办法,而不是处罚。

企业实行全过程成本管理,其成本控制不应当只局限于生产过程的制造成本,而应当贯穿成本形成的全过程,扩大到产品寿命周期成本的全部内容,即包括产品在企业内部所发生的规划成本、设计成本、研制成本、工艺成本、质量成本、功能成本、采购成本、销售成本、物流成本、管理成本,以及产品在用户使用过程中发生的运行成本、维修成本、保养成本等。实践证明,只有当产品的整个寿命周期成本得到有效控制,成本才会显著降低。

实行全面成本管理,对企业职工的要求比较高,主要包括:具有控制成本的愿望和成本意识,养成节约成本的习惯,关心成本控制的结果;具有合作精神,理解成本控制是一项集体的努力过程,而不是个人活动,必须在共同目标下齐心协力;能够正确理解和使用成本控制信息,据以改进工作,降低成本。

三、成本控制的程序

(一) 传统成本控制程序

从控制论的角度来说，控制分为三个步骤，即确定控制标准，计算实际执行结果与控制标准的差异额，采取措施逐渐消除差异。成本控制运用的正是这种反馈控制的方法。根据控制论的程序并结合传统成本控制的特点和基本内容，其程序一般如表 11-40 所示。

表 11-40 传统成本控制程序

项 目	内 容 阐 释
制定成本控制标准	制定成本控制标准是实施成本控制的基础和前提条件。没有标准就无所谓控制。标准的制定，要本着先进合理、切实可行、科学严谨等原则。 成本控制活动贯穿于企业经济活动的全过程，因而，在经济活动的每个阶段，每项因素都必须制定相应的标准，形成一个成本控制的标准体系。在这个标准体系里，既有总括性的标准指标，也有在该项总指标下的分解指标
成本控制标准的论证	成本控制标准制定后，该标准是否合理，能否对它进行考核，以及整个成本在体系中标准有无遗漏等，都需要论证。要组织有关部门和人员采用比较先进、科学的方法，对控制标准进行详细论证，以使控制标准更加科学合理并具有可操作性。同时，要论证各责任单位的各项控制标准能否保证企业总控制目标的完成
制定实施成本控制标准的措施	成本控制标准制定出来后，应将其进行分解，落实到具体的责任单位和人员。由于成本控制标准是需要经过一定的努力才能够完成的，所以，每个部门、每位职工，都应根据本单位、本人成本控制的任务，制订出相应的措施方案，以保证成本控制任务的完成
成本控制的实施	成本控制的实施是保证成本控制质量、达到预期控制目标的关键阶段。要依据企业所制定的各项成本控制措施和成本控制方法，对企业经济活动进行控制。 在成本控制的实施过程中，企业的成本管理部门应经常深入成本控制的基层中，进行调查研究，提出存在的问题和解决办法，对各部门之间出现的矛盾，应进行协调，使成本控制能达到预期的目标
差异的计算和分析	通过将成本控制实际资料和成本控制标准相对比，可确定实际脱离标准的差异额，并且要对差异产生的原因进行分析。差异产生的原因有很多，需要进行综合、全面的分析。有时，一种差异可能是由几个部门的工作引起的，不便于归属责任，而且差异的计算方法也直接影响到差异额的大小，这就为企业成本管理部门进行差异原因分析带来了一定的困难。所以，在进行差异计算和产生差异的原因分析时，应特别注意协调各方面的关系，找出问题的症结所在，提出真实可靠、各方面都能认可的原因来
差异的消除	对于成本控制中产生的差异，除要分析产生差异的原因及归属到具体哪些不同的责任单位外，还要提出具体的改进措施反馈到经济活动中，以便及时消除差异，使企业实现既定的目标，这也是反馈控制的关键环节。需要注意的是，提出各项改进措施，并具体落实到各责任单位和生产阶段，逐渐地消除差异，这样的过程可能不止一次，要经过几次反复，让提出的改进措施不断完善，才能最终消除差异。 如果差异经过几个成本控制过程都不能予以消除，则应查明原因。可能是控制标准制定得不合理、消除差异的措施不得力、差异产生的原因分析得不准确等，应查明原因逐一予以解决

(二)现代成本控制程序

现代企业成本控制是企业全员、全过程、全环节和全方位的控制,是商品使用价值和价值管理的结合,是经济和技术管理的结合。它既与企业现代成本会计核算和财务管理相结合,又是企业管理系统的主要组成部分,是一项涉及面广且较为复杂的系统工程。现代企业成本控制程序也称成本控制环节,具体包括成本预测、成本决策、成本计划、成本监控、成本核算、成本分析和成本考核(见表11-41)。

表11-41 现代企业成本控制程序

项目	内容阐释
成本预测	成本预测是企业在市场调查、品种预测、销售预测、价格预测等一系列预测的基础上,研究企业外部环境和内部因素等成本的依存关系,对一定时期的成本目标、成本水平及预见的成本变动趋势所做的科学的测算,从而有效规避和防范可能的风险,使成本管理工作更符合企业经营管理的要求;在进行成本预测时,既要参考历史资料,又要与同行业同类型竞争者的有关成本资料进行比较分析,还要研究人力、物力、财力的资源配置情况,以及市场情况等相关因素,以做出尽可能正确的预测
成本决策	成本决策是根据成本预测提供的数据和其他有关资料,在若干个与生产经营和成本有关的方案中,选择最优方案,做出正确的成本决策,确定目标成本,使之成为企业奋斗的目标。成本决策是制订成本计划的前提,也是提高经济效益的重要途径
成本计划	成本计划是根据成本决策所确定的目标成本,具体规定在一定时期内为完成生产经营任务应发生的生产费用,并提出保证成本计划顺利实现所应采取的各项措施。编好成本计划,使企业员工明确降低成本的目标,挖掘成本的潜力,是确保企业获取最优经济效益的关键环节之一。成本计划是成本考核的依据
成本监控	成本监控也称成本跟踪,是指在生产经营过程中,根据成本计划对各项实际发生或将要发生的成本费用进行审核、控制,观察成本动态,将其限制在成本计划之内,以保证成本计划的执行。成本监控是成本管理工作中的重要环节,通过成本监控,可以防止浪费,及时揭示存在的问题,消除生产中的损失,实现成本控制的目的
成本核算	成本核算是对生产经营过程中实际发生的成本费用,按照一定的对象和标准进行归集和分配,以计算确定各对象的总成本和单位成本。成本核算是成本管理的基础,没有成本核算所提供的成本资料,成本控制的其他工作就无法进行。成本核算方法一经确定,不得随便改变,以保证成本指标的可比性
成本分析	成本分析是根据成本核算提供的成本数据和其他有关资料,与本期计划成本、上年同期实际成本、本企业历史先进水平及国内外先进竞争者的成本水平、成本结构等进行比较,确认成本差异,并且分析其原因,查明相关经济责任,以便采取措施,改进生产经营管理,降低成本费用,以提高经济效益。通过成本分析,可以为成本考核提供依据,并为未来的成本预测和决策以及编制成本计划提供资料
成本考核	成本考核是在成本分析的基础上,定期地对成本计划的执行结果进行评定和考核。为了分清经济责任,使成本考核更加合理,在对企业成本计划和企业内部各责任成本指标的执行结果进行考核时,都应剔除客观因素(不可控因素)对成本的影响。成本考核应该与奖励制度相结合,以充分调动企业职工执行成本计划,提高经济效益的积极性。例如,邯钢实行"成本否决"并严格进行成本考核,就是成功经验之一

以上七个部分是相互联系、相互依存、缺一不可的整体,共同构成现代企业成本控制程

序。成本预测是成本决策的前提，成本决策是成本预测的结果，成本计划是成本决策所确定的目标的具体化，成本监控对成本计划的实施进行监督保障，成本核算是对成本决策目标是否实施以及控制效果的最后检验，成本分析能查明执行差异的原因，对决策正确与否做出判断，成本考核是实现决策目标的重要保障机制。只有七个部分形成一个有机整体，才能有效控制可能的风险。

四、成本控制系统

一个企业的成本控制系统包括组织系统、信息系统、考核制度和奖励制度等内容。

（一）组织系统

组织是指人们为了一个共同目标而从事活动的一种方式。在企业组织中，通常将目标划分为几个子目标，并分别指定一个下级单位负责完成。每个子目标可再划分为更小的目标，并指定更下一级的部门去完成。一个企业的组织机构可以用管理等级和平均控制跨度来描述。管理等级是最高级单位和最低级单位之间的等级，控制跨度是指一个单位所属下级的数目。一个企业的组织机构还可以用各级管理等级之间权力集中和分散的程度来描述。在一个高度集中的组织机构中，权力集中于较高级别的管理层次，低级管理人员只拥有很少的决策权。

在一个企业里，权力很可能在一个职能领域中高度集中，而在其他职能领域则高度分散。一般来说，生产、财务和人事管理都属于高度集中的领域。

成本控制系统必须与企业组织机构相适应，即企业预算是由若干分级的小预算组成的。每个小预算代表一个分部、车间、科室或其他单位的财务计划。与此有关的成本新体制，如记录实际数据、提出控制报告等，也都是分小单位进行的。这些小单位作为责任中心，必须有十分明确的、由其控制的行动范围。按其所负责任和控制范围不同，分为成本中心、利润中心和投资中心。成本中心是以达到最低成本为经营目标的一个组织单位；利润中心是以获得最大净利润为目标的一个组织单位；投资中心是以获得最大的投资收益率为经营目标的一个组织单位。按企业的组织结构合理划分责任中心，是进行成本控制的必要前提。

（二）信息系统

成本控制系统的另一个组成部分是信息系统，也就是责任会计系统。责任会计系统是企业会计系统的一部分，负责计量、传送和报告成本控制使用的信息。

责任会计系统主要包括编制责任预算、核算预算的执行情况、分析评价和报告业绩三个部分。

通常企业分别编制销售、生产、成本和财务等预算。这种预算主要按生产经营的领域来落实企业的总体计划。为了进行控制，必须分别考察各个执行人的业绩，这就要求按责任中心来重编预算，按责任中心来落实企业的总体计划。这项工作被称为责任预算，其目的是使各责任中心的管理人员明确其应负的责任和应控制的事项。

在实际业务开始之前，责任预算和其他控制标准要下达给有关人员，他们以此控制自己的活动。对实际发生的成本、取得的收入和利润，以及占用的资金等，要按责任中心来汇集和分类。为此，需要在各明细账设置时考虑责任中心分类的需要，并与预算的口径一致。在进行核算时，为减少责任的转嫁，分配共同费用时，应按责任归属选择合理的分配方法。各单位之间相互提供产品或劳务，要拟定适当的内部转移价格，以利于单独考核各自的业绩，报告预算的执行情况。在预算期末要编制业绩报告，比较预算和实际的差异，分析差异的产生原因和责任归属。此外，要实行例外报告制度，对预算中没有规定的事项和超过预算限额的事项，要及时向适当的管理级别报告，以便及时做出决策。

(三) 考核制度

考核制度是控制系统发挥作用如重要因素。考核制度的主要内容如表 11-42 所示。

表 11-42 考核制度的主要内容

项　　目	内　容　阐　释
规定代表责任中心目标的一般尺度	它因责任中心的类别而异，可能是销售额、可控成本、净利润或投资收益率。必要时还要确定若干次级目标的尺度，如市场份额、次品率、占用资金的限额等
规定责任中心目标尺度的唯一解释方法	例如，什么是销售额，是总销售额还是扣除折让和折扣后的销售净额。作为考核标准，对它们必须事先规定正式的解释
规定业绩考核标准的计量方法	例如，成本如何分摊，相互提供劳务和产品使用的内部转移价格，使用历史成本还是使用重置成本计量等，都应做出明确规定
规定采用的预算标准	例如，使用固定预算还是弹性预算，是宽松的预算还是严格的预算，编制预算时使用的各种常数是多少等
规定业绩报告的内容、时间、详细程度等	例如业绩报告是半年报告一次还是一个季度或者一年报告一次，季度报告是否应该和年度报告一样详细等

(四) 奖励制度

奖励制度是维持控制系统长期有效运行的重要因素。人的工作努力程度受业绩评价和奖励办法的影响。经理人员往往把注意力集中到与业绩评价有关的工作上面，尤其是业绩中能够影响奖励的部分。因此，奖励可以激励人们努力工作。

奖励有货币奖励和非货币奖励两种形式，如提升、加薪、表扬、奖金等。惩罚也会影响工作努力程度，惩罚是一种负奖励。

规定明确的奖励办法，让被考核人明确业绩与奖励之间的关系，知道什么样的业绩将得到什么样的奖励。恰当的奖励制度能引导人们去约束自己的行为，尽可能争取好的业绩。奖励制度是调动人们努力工作、以求实现企业总目标的有力手段。

第 12 章

企业财务预算

第一节 财务预算概述

企业财务预算，就是企业依据战略要求和发展规划，在财务预测、决策基础上，利用价值形式对未来一定期间的财务活动进行规划和安排，以明确财务目标，落实财务管理措施，并提供财务考核以及奖惩标准的一种管理手段。

财务预算的编制需要以财务预测的结果为根据，并受到财务预测质量的制约；财务预算必须服从决策目标的要求，使决策目标具体化、系统化、定量化。

一、财务预算的目的

财务预算的根本目的，是明确企业内部各部门、各单位的责、权、利关系，对各种财务及非财务资源进行分配、考核和控制，以便有效地组织和协调企业的生产经营活动，完成既定的财务目标。

二、财务预算的内容

财务预算的内容主要包括经营活动预算、投资活动预算、筹资活动预算、现金流量预算、财务状况预算和经营成果预算（见表 12-1）。

表 12-1 财务预算的内容

项 目	内 容 阐 释
经营活动预算	经营活动预算是指对一个单位在预算期内从事的各种经营活动所编制的预算，它主要包括目标利润（或目标成本）预算、主营业务收入预算、应收账款预算、主营业务量预算、主营业务成本预算、主营业务采购量预算、应付账款预算、间接费用预算、销售费用预算、管理费用预算、财务费用预算、其他业务收支预算、营业外收支预算、税费支出预算等
投资活动预算	投资活动预算是指对一个单位在预算期内从事的各种投资活动所编制的预算，它包括对内投资预算和对外投资预算、短期投资预算和长期投资预算、股权投资预算和债权投资预算等
筹资活动预算	筹资活动预算是指对一个单位在预算期内从事的各种筹资活动所编制的预算，它包括股权筹资预算和债权筹资预算、短期筹资预算和长期筹资预算、内部筹资预算和外部筹资预算等
现金流量预算	现金流量预算是指对一个单位在预算期内的现金流入量、现金流出量和现金净流量所编制的预算，它包括经营活动现金流量预算、投资活动现金流量预算和筹资活动现金流量预算
财务状况预算	财务状况预算是指对一个单位在预算期末各种资产、负债、所有者权益的构成情况所编制的预算，亦即资产负债表各项目期末余额的预算
经营成果预算	经营成果预算是指对一个单位在预算期内的利润及其分配情况所编制的预算，亦即利润表各项目本期发生额的预算

其中，经营活动预算、投资活动预算和筹资活动预算是对财务活动的过程所做的数量说明，现金流量预算、财务状况预算和经营成果预算是对财务活动的结果所做的数量说明。

三、财务预算目标值

（一）财务预算目标值的确定方法

预算目标的确定作为预算管理工作的起点，是预算机制作用发挥的关键，好的目标有利于预算管理工作的顺利推进，有利于企业日常管理的有序和协调，有利于企业战略意图的最终落实。预算目标不能凭空提出，必须以市场预测为基础。确定预算目标时，既要考虑产品或劳务的市场价格、成本、数量、质量的要求，也要考虑资本市场的平均资本成本等。

不同类型的企业，其预算目标确定的出发点不同，因而具体确定方法也有所不同。但归根结底，无论是何种预算目标，从财务的角度看，其核心目标最终都具体化为目标利润。目标利润制定的适当与否直接关系到企业预算管理的实施效果。企业确定目标利润时，一般应从两方面着手分析，进行预测：首先，应对企业所处的市场环境进行分析，明确企业在市场中的定位。这样有助于企业发现自己的竞争优势，并着眼于发挥优势制定措施，抢先占领相应的市场份额，企业应据此预测应有的销售额。其次，应对企业自身的战略能力进行分析，主要是对企业资源能力的分析。这样有利于企业正确评价自身实力，从企业的实际出发确定目标利润，以避免确定的目标利润脱离实际。确定目标利润最常用的方法有如下几种。

1. 本量利分析法

本量利分析法是一种利用产品销售量、销售额、固定成本、变动成本与利润之间的变动规律，对目标利润进行预测分析的方法。基本的损益方程可表示为：

$$利润 = 销售收入 - 变动成本 - 固定成本$$

基本的本量利分析和损益方程对于企业预算目标确定的意义在于：通过本量利之间的相互关系和损益方程的运用，明确成本、销售量和利润之间的变动方向，并将之作为确定预算目标的依据。如果企业依据现有的资源和人力、财力把目标利润先确定下来，再考虑销售收入和成本水平，则可以确定销售预算和成本预算。

2. 相关比率法

与目标利润相关的比率主要有销售利润率、成本利润率、经营杠杆率及资本净利率，管理者可根据分析，先对这些比率进行预测，根据预测来确定目标利润（见表12-2）。

表12-2　与目标利润相关的比率

项　目	内　容　阐　释
根据预测的销售利润率确定目标利润	目标利润率 = 预计销售收入总额 × 销售利润率 其中：销售利润率 = 产品销售利润 / 产品销售收入 × 100%
根据预测的成本利润率确定目标利润	目标利润 = 预计销售总成本 × 成本利润率 其中：成本利润率 = 产品销售利润 / 销售成本总额 × 100%
根据经营杠杆率确定目标利润	目标利润 = 基期利润 × （1 + 利润变动率） 　　　　　= 基期利润 × （1 + 销售变动率 × 经营杠杆率） 其中：DOL = $(\Delta P / P_0) \div (\Delta S / S_0)$ 式中，DOL 表示经营杠杆率，P_0 表示基期利润，ΔP 表示预算期利润变动额，S_0 表示基期销售量（额），ΔS 表示预算期销售变动量（额）
利用资本净利率法确定目标利润	目标利润 = 预期权益资本净利率 × 预算期所有者权益的加权平均数 其中：资本净利率 = 净利润 / 资本金 × 100%

3. 简单利润增长比率测算法

该方法是根据企业历史最好利润水平、上年度达到的利润水平及过去连续若干年（特别是近两年）利润增长率的变动趋势与幅度，结合预测期可能发生的变动情况，来确定预计利润增长率，然后测算出目标利润。其计算公式为：

$$目标利润 = 上年度实现利润额 \times (1 + 预计利润增长率)$$

目标利润草案确定以后，以同行业平均（或先进）资产收益率为基准对目标利润草案进行修正，在修正目标利润基础上，通过各部门及管理部门间的协调，最终确定企业各部门的预算目标。

（二）财务预算目标值的分解方法

预算目标在各责任中心之间的分解问题可以分为单一法人企业预算目标在内部各责任中心的分解和多级法人企业预算目标在各子公司之间的分解两方面问题。其中，单一法人企业预算目标分解是预算目标分解中的基本问题。"同等投入要求同等产出"的市场化经营原则和"各责任中心责权利对等"的可控性原则是预算目标分解的基本原则。

1. 单一法人企业预算目标的分解

单一法人企业预算目标的分解主要基于公司的组织结构和建立在组织结构基础上的责任中心的定位。

一般而言，对于费用中心或成本中心采用零基预算方法，在其工作职责和应完成作业量的基础上来确定其预算费用目标；对于利润中心，可以按其所占有的资产总额、人力资本总额或者营业使用面积等作为预算目标的分解依据。

在对各责任中心进行预算目标分解时，一般强调对可控性原则的运用。对总部的各项管理费用一般不在下级责任中心中进行分解。

2. 多级法人企业预算目标的分解

在进行预算目标分解时，基本的分解方法是依据各责任单位对财务资源（如资产总额、净资产）和非财务资源（如移动通信企业的经济发展水平、市场成熟度、客户消费偏好和消费能力等指标，沿海省份就比西部省份占有更高的非财务资源）的占有状况进行分解，并对其设置不同权重。

上述分解方法的一个基本前提是要求各子公司的业务类型相同，并且处于盈利水平。如果各子公司的业务类型不同，由于行业利润率的差异，各子公司占有的财务资源将不具备可比性；如果各子公司处于亏损水平，将出现财务资源占有越大，预算亏损目标分摊越大的情形，促使市场发展前景广阔盈利前景良好的子公司为了年度业绩考评的需要，出现缩减投资的行为。例如，新组建电信公司在进行预算目标分解时，部分东部沿海省份电信分公司出现减少投资、压缩市场开发支出的行为。

实际上，在对多级法人企业预算目标进行分解过程中，企业生命周期和预算管理模式是两种重要的影响因素。

（1）当企业处于初创期时，宜采用集权式的预算管理模式。战略标准（非财务标准）是企业预算目标分解的首要标准。从战略角度，它需要考虑不同的战略类型及相关因素分析对预算的影响，如市场竞争程度、规模经济、战略类型（如产品差异化型和成本领先型）、政府政策等。事实上许多企业的预算目标分解都是在综合考虑上述各种战略因素之后进行的。如通信行业为了提高语音通话质量、消灭盲区，需要提高其网络覆盖率，以此提高服务质量、强化市场占有率。在这种情况下，战略导向及其市场占有率标准将成为预算目标分解的主导标准。

（2）当企业处于发展期和成熟期时，宜采用适度分权的预算管理模式。此时财务标准成为企业预算目标分解的首要标准。在对企业预算目标分解时可以采用目标资产报酬率法（ROA法）和目标资本报酬率法（ROE法）两种方法。ROA法是将母公司对各子公司的预算目标利润除以各子公司所占用的总资产，求得ROA比率，然后根据各子公司所占用的资产总额分别乘以ROA来确定各子公司的预算目标。ROE法是将母公司对各子公司的预算目标利润，分别除以各子公司所占用的净资产求得ROE比率，然后用这一期望比率分别乘以各子公司占用的净资产确定各自的预算目标。ROA法适用于母公司对子公司采用集权管理方式，子公司没有对外筹资权限。ROE法适用于子公司是一个真正意义上的投资中心，具有对外筹资权限。

科学的企业预算目标是企业预算管理体系有效实施的前提。企业必须站在发展战略的基础上，结合企业外部经营环境和内部资源占有情况确定企业预算目标。同时，企业应适时评价预算目标的适用性。当企业的经营战略、经营环境发生重大变化时，企业预算目标也应随之改变。

第二节　财务预算编制

一、财务预算的编制部门

财务预算的编制主要是由财务部门利用各业务、职能部门传递来的各项经营预算和资本支出预算资料来完成的。

二、财务预算的编制原则

（1）坚持效益优先原则，实行总量平衡，进行全面预算管理。
（2）坚持积极稳健原则，确保以收定支，加强财务风险控制。
（3）坚持权责对等原则，确保切实可行，围绕经营战略实施。

三、财务预算的编制依据

企业编制财务预算应当按照业务预算、资本预算、筹资预算、财务预算的流程进行，并按照各预算执行单位所承担经济业务的类型及其责任权限，编制不同形式的财务预算。

四、财务预算的编制方法

财务预算是一系列专门反映企业未来一定预算期内预计财务状况和经营成果，以及现金收支等价值指标的各种预算的总称。本节介绍预算编制的主要方法。

（一）定期预算方法与滚动预算方法

编制预算的方法按其预算期的时间特征不同，可分为定期预算方法和滚动预算方法两大类。

1. 定期预算方法

定期预算是指编制预算的时间不变，一般以一个会计年度为一个完整的预算期。优点是预算期与会计期间相等，便于利用预算管理和考核企业；缺点是具有滞后性和间断性。

2. 滚动预算方法

滚动预算是预算的编制随着预算的执行不断补充，逐期向后滚动，使预算期保持不变的预算编制方法。滚动预算的优点是透明度高，及时反映企业的变化，使预算连续、完整；缺点是工作量大。

滚动预算按其预算编制和滚动的时间单位不同可分为逐月滚动、逐季滚动和混合滚动三种方式。

（1）逐月滚动方式。逐月滚动方式是指在预算编制过程中，以月份为预算的编制和滚动单位，每个月调整一次预算的方法。

如在 20×6 年 1 月至 12 月的预算执行过程中，需要在 1 月末根据当月预算的执行情况，修订 2 月至 12 月的预算，同时补充 20×7 年 1 月份的预算；到 2 月末可根据当月预算的执行情况，修订 3 月至 20×6 年 1 月的预算，同时补充 20×7 年 2 月份的预算；……；以此类推。

逐月滚动预算方式示意图如图 12-1 所示。

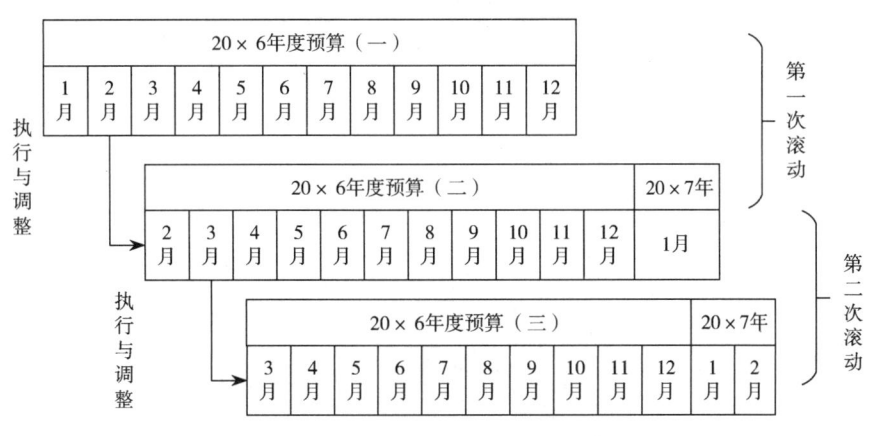

图 12-1　逐月滚动预算方式示意图

按照逐月滚动方式编制的预算比较精确，但工作量太大。

（2）逐季滚动方式。逐季滚动方式是指在预算编制过程中，以季度为预算的编制和滚动单位，每个季度调整一次预算的方法。

如在 20×6 年第 1—4 季度的预算执行过程中，需要在第 1 季末根据当季预算的执行情况，修订第 2—4 季度的预算；同时补充 20×7 年第 1 季度的预算；第 2 季度末根据当季预算的执行情况，修订第 3 季度至 20×7 年第 1 季度的预算，同时补充 20×7 年第 2 季度的预算；……；以此类推。

逐季滚动编制的预算比逐月滚动的工作量小，但预算精确度较差。

（3）混合滚动方式。混合滚动方式是指在预算编制过程中，同时使用月份和季度作为预算的编制和滚动单位的方法。它是滚动预算的一种变通方式。

这种预算方法的理论依据是：人们对未来的了解程度具有对近期把握较大、对远期的预计把握较小的特征。为了做到长计划短安排，远略近详，在预算编制过程中，可以对近期预算提出较高的精度要求，使预算的内容相对详细；对远期预算提出较低的精度要求，使预算的内容相对简单，这样可以减少预算工作量。

如对 20×6 年 1—3 月的头三个月逐月编制详细预算，其余 4—12 月分别按季度编制粗略预算；3 月末根据第 1 季度预算的执行情况，编制 4—6 月的详细预算，并修订第 3—4 季度的预算，同时补充 20×7 年第 1 季度预算；以此类推。混合滚动预算示意图如图 12-2 所示。

（二）增量预算方法与零基预算方法

编制成本费用预算的方法按其出发点的特征不同，可分为增量预算方法和零基预算方法两大类。

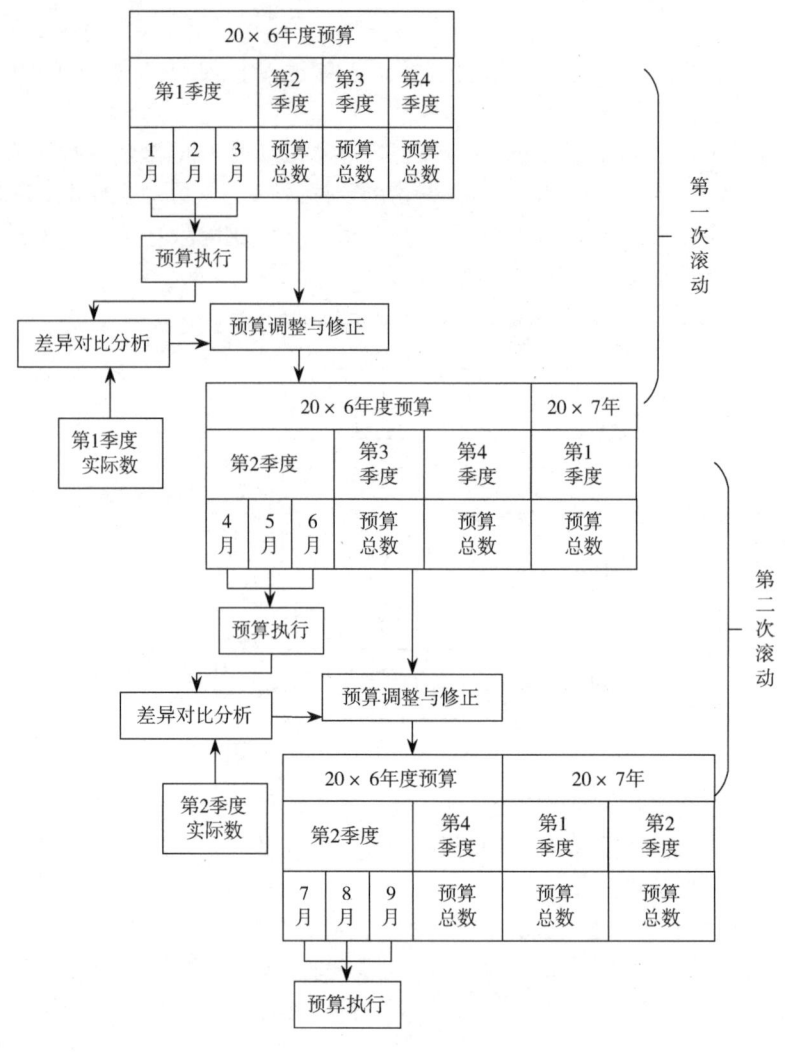

图 12-2　混合滚动预算示意图

1. 增量预算方法

增量预算方法简称增量预算，又称调整预算方法，是以基期成本费用水平为基数，结合预算期业务量水平及降低成本的措施，通过调整有关费用项目而编制的预算。

增量预算的优点是简单，工作量小；缺点是受原有项目制约，不利于根据情况的变化调整预算。

增量预算方法源于以下假定：

（1）现有的业务活动是企业所必需的。只有保留企业现有的每项业务活动，才能使企业的经营过程得到正常发展。

（2）原有的各项开支都是合理的。既然现有的业务活动是必需的，那么原有的各项费用开支就一定是合理的，必须予以保留。

（3）未来预算期的费用变动是在现有费用的基础上调整的结果。

2. 零基预算方法

零基预算方法的全称为"以零为基础编制计划和预算的方法"，简称零基预算，又称零底预算，是指在编制成本费用预算时，不考虑以往会计期间所发生的费用项目或费用数额，而是将所有的预算支出均以零为出发点,一切从实际需要与可能出发,逐项审议预算期内各项费用的内容及开支标准是否合理,在综合平衡的基础上编制费用预算的一种方法。

零基预算是在编制预算时,不考虑以前的情况,从零出发,根据企业的实际需要重新考察每一项的收入及支出是否合理,在综合平衡的基础上编制的预算。

零基预算的优点是一切从现实出发分析企业的各项收支,能调动各方面的积极性,有助于企业的长远发展;缺点是工作量大。

【例 12-1】 贵琛公司为深入开展双增双节运动,降低费用开支水平,拟对历年来超支严重的业务招待费、劳动保护费、办公费、广告费、保险费等间接费用项目按照零基预算方法编制预算。

经多次讨论研究,预算编制人员确定上述费用在预算年度开支水平如表 12-3 所示。

表 12-3　贵琛公司预计费用项目及开支金额　　　　　　　　　单位:元

费 用 项 目	开 支 金 额
(1) 业务招待费	180 000
(2) 劳动保护费	150 000
(3) 办公费	100 000
(4) 广告费	300 000
(5) 保险费	120 000
合　计	850 000

经过充分论证,得出以下结论:上述费用中除业务招待费和广告费以外都不能再压缩了,必须得到全额保证。

根据历史资料对业务招待费和广告费进行成本—效益分析,得到的数据如表 12-4 所示。

表 12-4　贵琛公司成本—效益分析表

成 本 项 目	成 本 金 额	收 益 金 额
业务招待费	1	4
广告费	1	6

然后,权衡上述各项费用开支的轻重缓急排出层次和顺序:

因为劳动保护费、办公费和保险费在预算期必不可少,需要全额得到保证,属于不可避免的且素性固定成本,故应列为第一层;

因为业务招待费和广告费可根据预算期间企业财力情况酌情增减,属于可避免项目,其中广告费的成本—效益较大,应列为第二层次;业务招待费的成本—效益相对较小,应列为第三层次。

假定该公司预算年度对上述各项费用可动用的财力资源只有 700 000 元,根据以上排列的层次和顺序,分配资源,最终落实的预算金额如下:

(1) 确定不可避免项目的预算金额:150 000 + 100 000 + 120 000 = 370 000(元)
(2) 确定可分配的资金数额:700 000 - 370 000 = 330 000(元)
(3) 按成本—效益比重将可分配的资金数额在业务招待费和广告费之间进行分配:

$$业务招待费可分配资金 = 330\,000 \times \frac{4}{4+6} = 132\,000(元)$$

$$广告费可分配资金 = 330\,000 \times \frac{6}{4+6} = 198\,000（元）$$

在实际工作中，某些成本项目的成本—效益的关系不容易确定，按零基预算方法编制预算时，不能机械地平均分配资金，而应根据企业的实际情况，有重点、有选择地确定预算项目，保证重点项目的资金需要。

（三）固定预算方法与弹性预算方法

编制预算的方法按其业务量基础的数量特征不同，可分固定预算方法和弹性预算方法两大类。

1. 固定预算方法

固定预算，又称静态预算，是以预算期内正常的、可实现的固定业务量作为编制预算基础的预算编制方法。它适用于业务量水平较为稳定的企业或非营利组织。固定预算编制方法简单、易行；但是它的可比性差，机械、呆板。

【例12-2】 贵琛公司采用完全成本法，其预算期生产的某种产品的预计产量为1 000件，按固定预算方法编制的该产品成本预算如表12-5所示。

表12-5 贵琛公司产品成本预算（按固定预算方法编制）

预计产量：1 000件　　　　　　　　　　　　　　　金额单位：元

成本项目	总成本	单位成本
直接材料	5 000	5
直接人工	1 000	1
制造费用	2 000	2
合　计	8 000	8

该产品预算期的实际产量为1 400件，实际发生总成本为11 000元，其中：直接材料7 500元，直接人工1 200元，制造费用2 300元，单位成本为7.86元。

该企业根据实际成本资料和预算成本资料编制的成本业绩报告如表12-6所示。

从表12-6中可以看出：实际成本与未按产量调整的预算成本相比，超支较多；实际成本与按产量调整后的预算成本相比，又节约不少。

在产量从1 000件增加到1 400件的情况下，如果不按变动后的产量对预算成本进行调整，就会因业务量不一致而导致所计算的差异缺乏可比性；但是如果所有的成本项目都按实际产量进行调整，也不够科学。因为制造费用中包括一部分固定制造费用，它们是不随产量变动的，即使按产量调整了固定预算，也不能准确说明企业预算的执行情况。

表12-6 贵琛公司成本业绩报告　　　　　　　　　　　　　金额单位：元

成本项目	实际成本	预算成本		差异	
		未按产量调整	按产量调整	未按产量调整	按产量调整
直接材料	7 500	5 000	7 000	+2 500	+500
直接人工	1 200	1 000	1 400	+200	−200
制造费用	2 300	2 000	2 800	+300	−500
合　计	11 000	8 000	11 200	+3 000	−200

2. 弹性预算方法

弹性预算，又称变动预算或滑动预算，是在成本习性分析的基础上，以业务量、成本和利润间关系为依据，根据各种业务量水平编制的预算。

弹性预算的适用范围宽、可比性强；但是编制比较复杂。弹性预算适用于与业务量有关的各种预算。

（1）编制弹性预算所依据的业务量。编制弹性预算所依据的业务量可以是产量、销售量、直接人工工时、机器工时、材料消耗量或直接人工工资等。

（2）特点。表 12-7 是一个生产制造部门制造费用的弹性预算。它和按特定业务量水平编制的固定预算相比，有两个显著特点。

1）弹性预算是按一系列业务量水平编制的，从而扩大了预算的适用范围。

就表 12-7 提供的资料来说，如若仅按 600 直接人工小时来编制，就成为固定预算，其总额为 2 000 元。这种预算只有在实际业务量接近 600 小时的情况下，才能发挥作用。如果实际业务量与作为预算基础的 600 小时相差很多，而仍用 2 000 元去控制和评价成本，显然是不合适的。在表 12-7 中，分别列示了 5 种业务量水平的成本预算数据。根据企业情况，也可以按更多的业务量水平来列示。这样，无论实际业务量达到何种水平，都有适用的一套成本数据来发挥控制作用。

表 12-7 制造费用预算（多水平法）

业务量（直接人工工时）	420	480	540	600	660
占正常生产能力百分比	70%	80%	90%	100%	110%
变动成本：					
运输（$b=0.2$）	84	96	108	120	132
电力（$b=1.0$）	420	480	540	600	660
消耗材料（$b=0.1$）	42	48	54	60	66
合计	546	624	702	780	858
混合成本：					
修理费	440	490	544	600	746
油料	180	220	220	220	240
合计	620	710	764	820	986
固定成本：					
折旧费	300	300	300	300	300
管理人员工资	100	100	100	100	100
合计	400	400	400	400	400
总　　计	1 566	1 734	1 866	2 000	2 244

2）弹性预算是按成本的不同性态分类列示的，这便于在计划期终了时计算"实际业务量的预算成本"（应当达到的成本水平），使预算执行情况的评价和考核，建立在更加现实和可比的基础上。

如果固定预算是按 600 小时编制的，成本总额为 2 000 元。在实际业务量为 500 小时的情况下，不能用 2 000 元去评价实际成本的高低，也不能按业务量变动的比例调整后的预算成本 1 666 元（2 000 × 500 / 600）去考核实际成本，因为并不是所有的成本都一定同业务量成正比例关系。

而如果采用弹性预算，就可以根据各项成本同业务量的不同关系，采用不同方法确定"实际业务量的预算成本"，去评价和考核实际成本。例如，实际业务量为500小时，运输费等各项变动成本可用实际工时数乘以单位业务量变动成本来计算，即变动总成本650元（500×0.2+500×1+500×0.1）。固定总成本不随业务量变动，仍为400元。对于混合成本则可用内插法逐项计算：500小时处在480小时和540小时两个水平之间，修理费应该在490～544元之间，设实际业务的预算修理费为X元，则：

$$\frac{500-480}{540-480}=\frac{X-490}{544-490}$$

$$X = 508（元）$$

油料费用在480小时和540小时的水平时均为220元，500小时当然也应为220元。可见：

500小时预算成本 =（0.2+1+0.1）×500+508+220+400=1 778（元）

这样计算出来的预算成本，比较符合成本的变动规律，用以评价和考核实际成本，比较确切并容易为被考核人所接受。

（3）步骤。编制弹性预算的基本步骤是：选择业务量的计量单位；确定适用的业务量范围；逐项研究并确定各项成本和业务量之间的数量关系；计算各项预算成本，并用一定的方法来表达。

编制弹性预算，要选用一个最能代表本部门生产经营活动水平的业务量计量单位。例如，以手工操作为主的车间，就应选用人工工时；制造单一产品或零件的部门，可以选用实物数量；制造多种产品或零件的部门，可以选用人工工时或机器工时；修理部门可以选用直接修理工时等。

弹性预算的业务量范围，视企业或部门的业务量变化情况而定，务必使实际业务量不至于超出确定的范围。一般来说，可将业务量范围定在正常生产能力的70%～110%，或以历史上最高业务量和最低业务量为其上下限。

弹性预算的质量高低，在很大程度上取决于成本性态分析的水平。

（4）运用。弹性预算的主要用途是作为控制成本支出的工具。在计划期开始时，提供控制成本所需要的数据；在计划期结束后，可用于评价和考核实际成本。

1）控制支出。由于成本一旦支出就不可挽回，只有事先提出成本的限额，使有关的人在限额内花钱用物，才能有效地控制支出。根据弹性预算和每月的生产计划，可以确定各月的成本控制限额。这个事先确定的限额并不要求十分精确，所以，采用多水平法时可选用与计划业务量水平最接近的一套成本数据作为控制成本的限额。采用公式法时，可根据计划业务量逐项计算成本数额，编制成本限额表，以作为当月控制成本的依据。

2）评价和考核成本控制业绩。每个计划期结束后，需要编制成本控制情况的报告，对各部门成本预算执行情况进行评价和考核。表12-8是部门成本控制报告的一种格式。

在这个报告中，"实际成本"是根据实际产品成本核算资料填制的；"预算成本"是根据实际业务量和弹性预算（见表12-7）逐项计算填列的；"差异额"是实际成本减去预算成本的差额，负数表示节约额，正数表示超支额；"差异率"是差异额占预算成本的百分比，表示节约或超支的相对幅度。这样计算出来的差异额和差异率，由于已将业务量变动的因素排除在外，用以评价实际成本比较有说服力。

表 12-8　部门成本控制报告

×××× 年 ×× 月　　　　　　　　实际业务量：580 小时　　　　　　　　　　　单位：元

项　　目	实际成本	预算成本	差异额	差异率
变动成本：				
运输费	108	116	−8	−7%
电力	616	580	+36	+6%
消耗材料	68	58	+10	+17%
合　　计	792	754	+38	+5%
混合成本：				
修理费	560	578	−18	−3%
油料	230	220	+10	+5%
合　　计	790	798	−8	−1%
固定成本：				
折旧费	300	300	0	0
管理人员工资	110	100	+10	+10%
合　　计	410	400	+10	+3%
总　　计	1 992	1 952	+40	+2%

（5）弹性成本预算的编制。

1）弹性成本预算的基本公式。编制弹性成本预算，关键是进行成本性态分析，将全部成本最终区分为变动成本和固定成本两大类。变动成本主要根据单位业务量来控制，固定成本则按总额控制。其成本的预算公式如下：

$$\text{成本的弹性预算} = \text{固定成本预算数} + \sum \left(\text{单位变动成本预算数} \times \text{预计业务量} \right)$$

在此基础上，按事先选择的业务量计量单位和确定的有效变动范围，根据该业务量与有关成本费用项目之间的内在关系即可编制弹性成本预算。

2）业务量的选择。编制弹性成本预算首先要选择适当的业务量。选择业务量包括选择业务量计量单位和业务量变动范围两部分内容。业务量计量单位应根据企业的具体情况进行选择。一般来说，生产单一产品的部门，可以选用产品实物量；生产多品种产品的部门，可以选用人工工时、机器工时等；修理部门可以选用修理工时等。以手工操作为主的企业应选用人工工时；机械化程度较高的企业选用机器工时更为适宜。

业务量变动范围是指弹性预算所适用的业务量变动区间。业务量变动范围的选择应根据企业的具体情况而定。一般来说，可将其定在正常生产能力的 70%～120%，或以历史上最高业务量或最低业务量为其上下限。

3）弹性成本预算的具体编制方法。编制弹性成本预算可以选择公式法和列表法两种具体方法。

①公式法。公式法是指通过确定成本公式 $y_i = a_i + b_i x_i$ 中的 a_i 和 b_i 来编制弹性预算的方法。

在成本性态分析的基础上，可将任何成本项目近似地表示为 $y_i = a_i + b_i x_i$（当 a_i 为零时，$y_i = b_i x_i$ 为变动成本；当 b_i 为零时，$y_i = a_i$ 为固定成本；当 a_i 和 b_i 均不为零时，y_i 为混合成本；

x_i可以为多种业务量指标如产销量、直接人工工时等）。

在公式法下，如果事先确定了有关业务量的变动范围，只要根据有关成本项目的 a 和 b 参数，就可以很方便地推算出业务量在允许范围内任何水平上的各项预算成本。

【例 12-3】 贵琛公司按公式法编制的制造费用弹性预算如表 12-9 所示。其中较大的混合成本项目已经被分解。

表 12-9　贵琛公司预算期制造费用弹性预算（公式法）

直接人工工时变动范围：70 000～120 000 小时　　　　　金额单位：元

项　　目	a	b
管理人员工资	15 000	—
保险费	5 000	—
设备租金	8 000	—
维修费	6 000	0.25
水电费	500	0.15
辅助材料	4 000	0.30
辅助工工资	—	0.45
检验员工资	—	0.35
合　　计	38 500	1.50

根据表 12-9，可利用 $y = 38\,500 + 1.5x$，计算出人工工时为 70 000～120 000 小时，任一业务量基础上的制造费用预算总额；也可计算出在该人工工时变动范围内，任一业务量的制造费用中某一费用项目的预算额，如维修费 $y = 6\,000 + 0.25x$，检验员工 $y = 0.35x$ 等。

这种方法的优点是在一定范围内不受业务量波动影响，编制预算的工作量较小；缺点是在进行预算控制和考核时，不能直接查出特定业务量下的总成本预算额，而且按细目分解成本比较麻烦，同时有一定误差。

在实际工作中可以将公式法与列表法集合起来应用。

②列表法。列表法是指通过列表的方式，在相关范围内每隔一定业务量范围计算相关数值预算，来编制弹性成本预算的方法。

【例 12-4】 贵琛公司按列表法编制的制造费用弹性预算如表 12-10 所示。

表 12-10　贵琛公司预算期制造费用弹性预算（列表法）　　　　金额单位：元

直接人工工时（小时）	70 000	80 000	90 000	100 000	110 000	120 000
生产能力利用	70%	80%	90%	100%	110%	120%
①变动成本项目	56 000	64 000	72 000	80 000	88 000	96 000
辅助工人工资	31 500	36 000	40 500	45 000	49 500	54 000
检验员工资	24 500	28 000	31 500	35 000	38 500	42 000
②混合成本项目	59 500	66 500	73 500	80 500	87 500	94 500
维修费	23 500	26 000	28 500	31 000	33 500	36 000
水电费	11 000	12 500	14 000	15 500	17 000	18 500
辅助材料	25 000	28 000	31 000	34 000	37 000	40 000

续表

③固定成本项目	28 000	28 000	28 000	28 000	28 000	28 000
管理人员工资	15 000	15 000	15 000	15 000	15 000	15 000
保险费	5 000	5 000	5 000	5 000	5 000	5 000
设备租金	8 000	8 000	8 000	9 000	8 000	8 000
制造费用预算	143 500	158 500	173 500	188 500	203 500	218 500

表 12-10 中的业务量间距为 10%，在实际工作中可选择更小的间距（如 5%），读者可以自行计算。

显然，业务量的间距越小，实际业务量水平出现在预算表中的可能性就越大，但工作量也就越大。

列表法的主要优点是可以直接从表中查得某个业务量下成本预算，便于预算的控制和考核，可以在一定程度上弥补公式法的不足。

但这种方法工作量较大，并且不能包括所有业务量条件下的费用预算，故使用面较窄。

（6）弹性利润预算的编制。弹性利润预算是根据成本、业务量和利润之间的依存关系，为使用多种业务量变化而编制的利润预算。弹性利润预算是以弹性成本预算为基础编制的，其主要内容包括销售量、价格、单位变动成本、贡献边际和固定成本。

编制弹性利润预算，可以选择因素法和百分比法两种方法。

1）因素法。该法是指根据受业务量变动影响的有关收入、成本等因素与利润的关系，列表反映在不同业务量条件下利润水平的方法。

【例 12-5】预计贵琛公司预算年度某产品的销售量在 7 000～12 000 件之间变动；销售单价为 100 元；单位变动成本为 86 元；固定成本总额为 80 000 元。

要求：根据上述资料以 1 000 件为销售量的间隔单位编制该产品的弹性利润预算。

解答：依题意编制的弹性利润预算如表 12-11 所示。

表 12-11 贵琛公司弹性利润预算　　　　　　　　　金额单位：元

销售量（件）	7 000	8 000	9 000	10 000	11 000	12 000
单价	100	100	100	100	100	100
单位变动成本	86	86	86	86	86	86
销售收入	700 000	800 000	900 000	1 000 000	1 100 000	1 200 000
减：变动成本	602 000	688 000	774 000	860 000	946 000	1 032 000
边际贡献	98 000	112 000	126 000	140 000	154 000	168 000
减：固定成本	80 000	80 000	80 000	80 000	80 000	80 000
营业利润	18 000	32 000	46 000	60 000	74 000	88 000

如果销售价格、单位变动成本、固定成本发生变动，也可参照此方法，分别编制在不同销售价格、不同单位变动成本、不同固定成本水平下的弹性利润预算，从而形成一个完整的弹性利润预算体系。

这种方法适于单一品种经营或采用分算法处理固定成本的多品种经营的企业。

2）百分比法。本法又称销售额百分比法，是指按不同销售额的百分比来编制弹性利润预算的方法。

一般来说，许多企业都经营多品种，在实际工作中，分别按品种逐一编制弹性利润预算是不现实的，这就要求我们用一种综合的方法——销售额百分比法对全部经营商品或按商品大类编制弹性利润预算。

【例 12-6】 贵琛公司预算年度的销售业务量达到 100%时的销售收入为 1 000 000 元，变动成本为 860 000 元，固定成本为 80 000 元。

要求：根据上述资料以 10%的间隔为贵琛公司按百分比法编制弹性利润预算。

解答：根据题意编制的弹性利润预算如表 12-12 所示。

表 12-12 贵琛公司弹性利润预算　　　　　　　　　　金额单位：元

销售收入百分比①	80%	90%	100%	110%	120%
销售收入②= 1 000 000 ×①	800 000	900 000	1 000 000	1 100 000	1 200 000
变动成本③= 860 000 ×①	688 000	774 000	860 000	946 000	1 032 000
边际贡献④=②-③	112 000	126 000	140 000	154 000	168 000
固定成本⑤	80 000	80 000	80 000	80 000	80 000
利润总额⑥=④-⑤	32 000	46 000	60 000	74 000	88 000

应用百分比法的前提条件是销售收入必须在相关范围内变动，即销售收入的变化不会影响企业的成本水平（单位变动成本和固定成本总额）。此法主要适用于多品种经营的企业。

在实际工作中，采用哪一种滚动预算方式应视企业的实际需要而定。

五、财务预算的基本步骤（见表 12-13）

表 12-13 财务预算的编制步骤

项　目	内　容　阐　释
分析经营环境，确定预算指标	企业应当根据其外部宏观环境和内部微观状况，运用科学方法，分析与所确定的经营目标有关的各种因素，按照总体经济效益原则，确定出主要的预算指标
协调财务能力，组织综合平衡	企业应当合理安排人力、物力、财力，使之与经营目标的要求相适应，资金运用同资金来源相平衡，财务收入同财务支出相平衡，还要努力挖掘企业潜力，从提高经济效益出发，对企业各方面的生产经营活动提出要求，制定好各单位的预算指标
选择预算方法，编制财务预算	以经营目标为核心，以平均先进定额为基础，编制财务预算，并检查各项有关的预算指标是否密切衔接、协调平衡。 预算的编制方法有固定预算法、弹性预算法、增量预算法、零基预算法、定期预算法和滚动预算法等

第三节　财务预算管理

财务预算管理是指一个单位围绕财务预算而展开的一系列管理活动，包括财务预算的编制、财务预算的执行、财务预算的调整、财务预算的监控、财务预算的考评和财务预算的奖惩等若干个管理环节。

一、财务预算管理的特点

以企业为例，财务预算管理的特点主要表现为全方位渗透、全过程监控、全量化实施和全员工参与四个方面。

（一）财务预算管理是一种全方位渗透的管理，内涵深、范围广

财务预算管理是围绕财务预算而展开的一系列管理活动，是财务管理的一项重要内容和一种重要手段。从管理的内容来看，财务预算管理不仅包括现金流量预算管理、财务状况预算管理、经营成果预算管理，而且包括营业活动预算管理、投资活动预算管理和筹资活动预算管理（见图 12-3），其管理的内容全方位地渗透到企业生产经营管理的每个过程、每个环节，具有内涵深、范围广的特点。现代企业的生产经营管理不仅需要关注日常营业活动的发生过程及其结果，还需要关注投资活动和筹资活动的发生过程及其结果。只有在对营业活动及其结果进行预算管理的基础上，把预算管理的内容延伸到投资活动和筹资活动以及它们所产生的结果，才能将企业资源的有效配置与相关的生产经营管理活动有机地结合起来，保证企业财务预算管理目标的顺利实现。

```
                    ┌─→ 营业活动预算管理 ─→ 销售预算、生产预算
                    │                      采购预算、成本预算
                    │                      费用预算、存货预算
                    │
                    ├─→ 投资活动预算管理 ─→ 对内、对外投资预算
                    │                      长期、短期投资预算
   财务             │                      股权、债权投资预算
   预算  ───────────┤
   管理             ├─→ 筹资活动预算管理 ─→ 对内、对外筹资预算
                    │                      长期、短期筹资预算
                    │                      股权、债权筹资预算
                    │
                    ├─→ 现金流量预算管理 ─→ 营业活动预算管理
                    │
                    ├─→ 财务状况预算管理 ─→ 营业活动预算管理
                    │
                    └─→ 经营成果预算管理 ─→ 营业活动预算管理
```

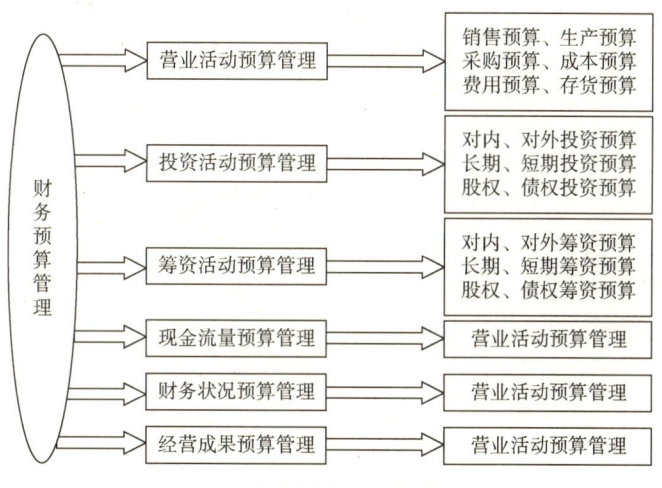

图 12-3　财务预算管理内容示意图

（二）财务预算管理是一种全过程监控的管理，过程长、监控难

从管理的过程来看，财务预算管理包括财务预算的编制、财务预算的执行、财务预算的调整、财务预算的监控、财务预算的考评、财务预算的奖惩等环节。其中，财务预算的监控并不仅仅是对预算执行环节的监控，还包括对预算编制环节、预算调整环节、预算考评环节和预算奖惩环节的监控，即对整个财务预算管理过程的全程监控，其监控的过程长，监控的主体和客体都比较复杂，因而监控起来难度大。单一对预算编制环节进行监控，会使其他的管理环节由于失控而问题百出，最终影响到财务预算管理成效的发挥。对预算编制环节的监控，主要是为了保证预算编制的准确性；对预算执行环节的监控，主要是为了保证预算执行到位；对预算调整环节的监控，主要是为了保证预算调整合理；对预算考评环节的监控，主要是为了保证预算考评客观公正；对预算奖惩环节的监控，主要是为了保证预算奖惩合理得当。财务预算监控的全程性可用图 12-4 描绘。

（三）财务预算管理是一种全量化实施的管理，指标烦琐、利益敏感、关系复杂

财务预算可以以价值形式表示，也可以以实物等多种数量形式表示，它侧重于数量，注重的是数学逻辑，是一种全量化实施的管理，这种量化既包括对目标的量化，也包括对责、权、利的量化。财务预算主要用数量形式来反映企业未来某一特定时期的有关生产经营活动、现金

收支、资金需求、成本控制以及财务状况等各方面的详细计划。预算管理即是依据企业编制的、以数量形式为主的定量描述且全方位地加强对企业生产经营活动的控制，使之有序运行。财务预算过程中涉及的指标烦琐，既有财务指标，也有非财务指标，这就要求预算管理人员在工作中要耐心、细致。财务预算管理的量化特征可用图 12-5 描绘。

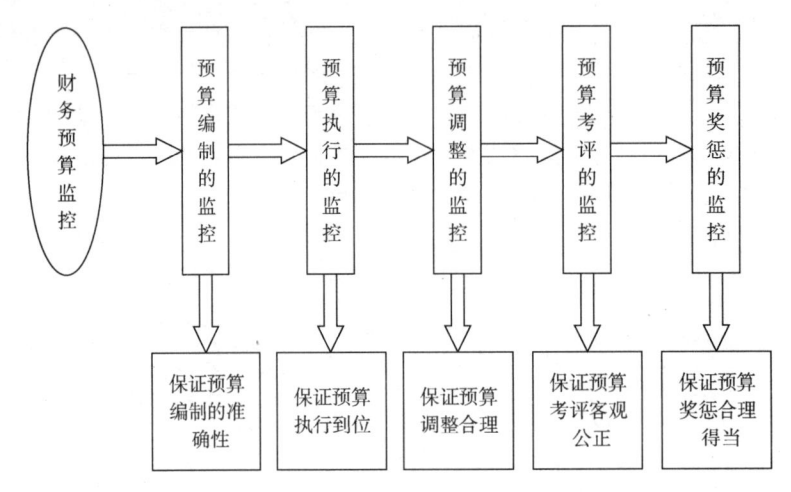

图 12-4　财务预算监控全程性示意图

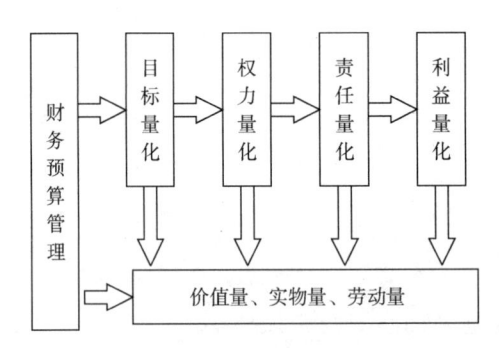

图 12-5　财务预算管理的量化特征

（四）财务预算管理是一种全员参与的管理，层次多、链条长

财务预算管理全方位渗透的特点衍生了其全员参与的特点。由于财务预算管理的内容涵盖了营业活动、投资活动、筹资活动的各个方面，所以，财务预算管理并不是有了高层管理者的组织和推动或者有了财务管理人员的参与就能做得好的，它需要企业全体员工的共同参与，是一种全员参与的管理。财务预算只不过是一个管理的载体，预算机制的良好运行需要企业全员参与和支持，特别是中层和基层管理者对预算管理的参与和支持。这就要求企业管理者在实施财务预算管理之前首先要对全体员工进行必要的预算管理教育，使其能认识到财务预算管理的重要性，都能了解到财务预算管理的一些必备知识，激励其主动地参与和支持财务预算管理机制的运行，为财务预算管理创造一个良好的精神环境或文化环境。当然，由于企业内部的组织分工不同，不同管理层的员工在财务预算管理过程中所担当的角色和所起的作用也是不同的。此外，企业组织结构的多层性和链状结构还决定了财务预算管理的多层性和链条性，特别是在大型企业或集团公司，财务预算管理层次多、链条长的特点表现得尤为明显。财务预算管理的这一特点可用图 12-6 描绘。

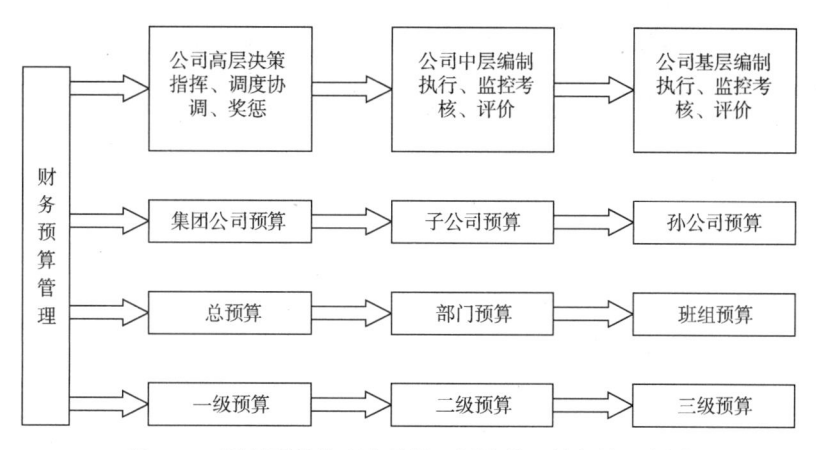

图 12-6　财务预算管理全员性、层次性、链条性示意图

二、财务预算管理的作用

财务预算能够将企业的经营活动对企业价值（财务状况和经营成果）的影响反映出来，它同时具有资源统筹配置、规划、沟通和协调、营运控制和绩效评估等功能，是保证企业财务目标得以实施的有效管理手段。

以企业为例，财务预算管理的作用主要表现在以下几个方面。

（一）支持企业战略管理

战略管理是现代企业竞争的一个重要法宝。无数成功（或失败）企业的实践经验（或教训）表明，科学的战略管理是企业在竞争中立于不败之地的重要保障。

从战略管理的过程来看，企业的战略管理包括战略调研、战略规划、战略实施、战略控制和战略评价五个阶段，每个阶段都需要财务预算管理的支持。在战略调研和战略规划这两个阶段，以往年度的财务预算管理实施情况是全面评价企业的战略环境和科学规划企业的总体战略、分部战略及职能战略的重要事实依据；在战略实施阶段，企业总体战略、分部战略、职能战略的目标都需要通过财务预算管理来层层分解，战略目标的实施需要财务预算管理提供保障；在战略控制阶段，无论是事前控制、事中控制还是事后控制，也无论是战略性控制、战术性控制还是业务性控制，财务预算管理控制都是一个非常重要的手段；在战略评价阶段，财务预算管理的实施结果更是评价战略管理效果的重要事实依据。财务预算管理与企业战略管理之间的关系可用图 12-7 反映。

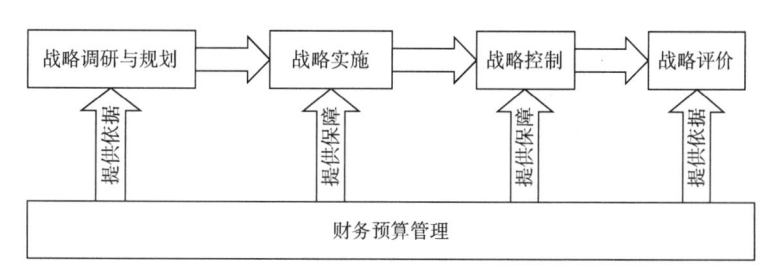

图 12-7　财务预算管理与企业战略管理应用的关系

（二）分解企业经营目标

企业在实施中长期战略目标的过程中必须将之分解为年度经营目标，并把年度经营目标分解为季度经营目标和月份经营目标，才能使中长期战略目标由思想变为行动、由理想变为现实。

而财务预算管理恰好是将年度经营目标分解为季度经营目标和月份经营目标的最好方式。企业通过实行财务预算管理，可以把年度经营目标依次地分解为季度经营目标和月份经营目标，使年度经营目标变得更加具体、更加细化、更加明确、更加清晰，从而保证年度经营目标的顺利实现。财务预算管理与企业经营目标分解之间的关系可用图12-8反映。

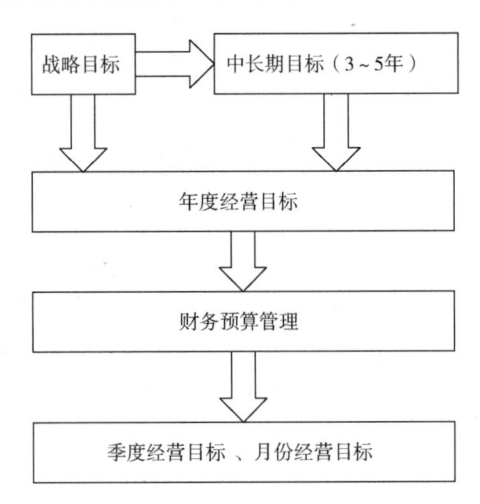

图12-8　财务预算管理与企业经营目标分解之间的关系

（三）明确部门（单位）经济责任

财务预算管理需要把企业经营目标从最高管理层向最低操作层逐层分解，每个管理（或操作）层的经营目标都需要有一个部门（单位）来承载。通过实行财务预算管理，企业可以把经营目标分解到企业内部上下左右各个部门（单位），使各个部门（单位）的经济责任变得更加具体和明确，这有利于企业经营目标的顺利实现。财务预算管理与部门（单位）经济责任明确之间的关系可用图12-9反映。

图12-9　财务预算管理与部门（单位）经济责任明确之间的关系

（四）协调部门（单位）经济关系

企业内部上下左右各个部门（单位）之间有着不同的经济责任，每个部门（单位）在完成自己的经济责任的时候，都要和其他部门（单位）发生经济关系。这种经济关系包括经济责任（各自将完成什么样的职责和目标）、经济权限（各自将拥有什么样的资源支配权）和经济利益（各自将受到什么样的激励与约束）三个方面，它们需要通过企业内部的有效管理来进行协调，而财务预算管理正是协调这种经济关系的一种有效方法。通过实行财务预算管理，把企业的年度经营目标合理地分解到各个部门（单位），使各个部门（单位）的经济责任、经济权限和经济利益都得以公开化、明晰化、具体化，从而达到有效协调部门（单位）之间经济关系的目的。财务预算管理与部门（单位）经济关系协调之间的关系可用图12-10反映。

（五）控制企业经济活动

控制经济活动是财务预算管理的一项基本职能。通过对财务预算编制过程的控制，可以预先设定哪些经济活动发生或不发生；通过对财务预算执行过程的控制，可以允许或不允许哪些经济活动发生；通过对财务预算考核过程的控制，可以了解哪些经济活动已经或尚未发生；通过对财务预算评价过程的控制，可以知道哪些经济活动应该或不应该发生；通过对财务预算奖惩过程的控制，可以激励或约束哪些经济活动发生。财务预算管理与企业经济活动控制之间的关系可用图12-11反映。

```
                  ┌─协调经济责任──→各自将要完成什么样的职责和目标
财务预算管理──────┼─协调经济权限──→各自将要拥有什么样的资源支配权
                  └─协调经济利益──→各自将要拥有什么样的激励和约束
```

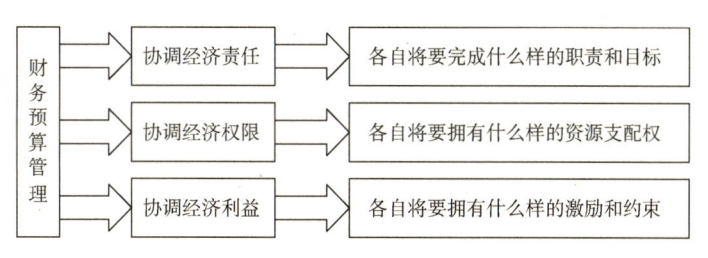

图 12-10　财务预算管理与部门（单位）经济关系协调关系

```
                      ┌─预算编制过程的控制──→预先设定哪些经济活动发生或不发生
                      ├─预算执行过程的控制──→允许或不允许哪些经济活动发生
财务预算管理控制经济活动┼─预算考核过程的控制──→了解哪些经济活动已经或尚未发生
                      ├─预算评价过程的控制──→知道哪些经济活动应该或不应该发生
                      └─预算奖惩过程的控制──→激励或约束哪些经济活动发生
```

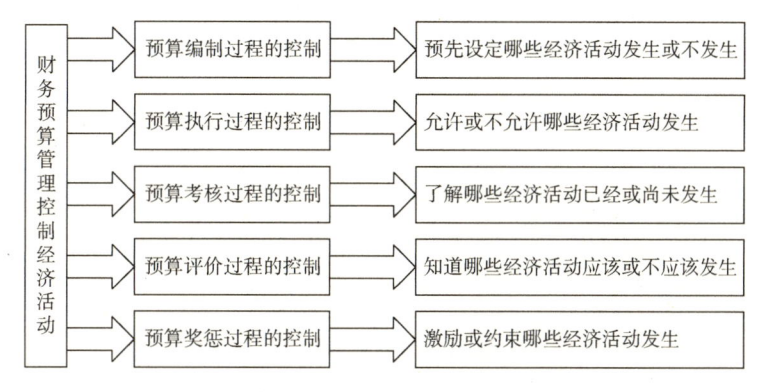

图 12-11　财务预算管理与经济活动控制之间的关系

（六）评价企业经营业绩

评价企业经营业绩是企业经营活动过程中的一项重要事项。通过经营业绩评价，企业可以了解各个经营期间的经营业绩好坏，如好，好在哪里，为什么好；坏，坏在哪里，为什么坏，今后如何改善。财务预算管理为企业的经营业绩评价提供了基本的评价标准、评价方法、评价范围和评价期间。首先，经过审批的各种预算指标，是评价经营业绩的基本标准；其次，把预算指标同历史指标、行业指标、当期实际指标进行对比，是评价经营业绩的基本方法；再次，各种预算指标中既有企业总体性指标，又有部门单位指标甚至岗位员工指标，这就为企业经营业绩评价提供了三个基本的评价范围，即企业整体经营业绩评价、部门单位经营业绩评价和岗位员工经营业绩评价；此外，财务预算不仅有年度预算，而且有季度预算和月份预算，经营业绩评价据此可以进行年度评价、季度评价和月份评价。财务预算管理与企业经营业绩评价之间的关系可用图12-12反映。

（七）激励企业全体员工

激励原理是管理学的一个基本原理。财务预算管理也不能不采用激励原理。财务预算管理过程的激励，从管理的层次来讲，包括决策层激励、管理层激励和操作层激励三个层次激励；从管理的环节来讲，包括预算编制过程激励、预算执行过程激励、预算调整过程激励、预算监控过程激励、预算考核过程激励、预算评价过程激励和预算奖惩过程激励等七个过程激励。财务预算管理与企业员工激励之间的关系可用图12-13反映。

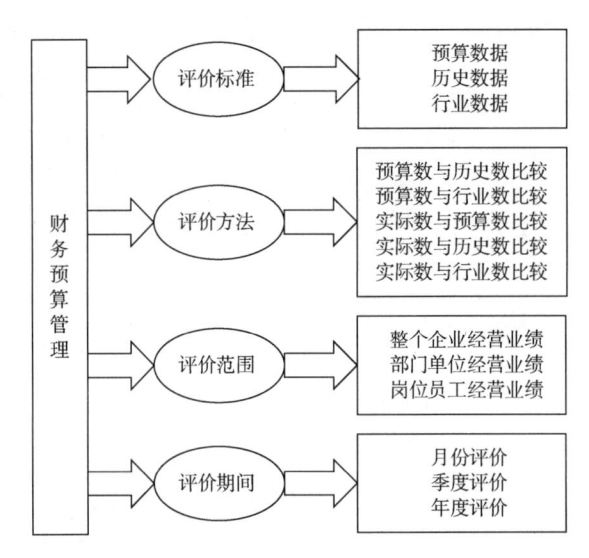

图 12-12　财务预算管理与企业经营业绩评价之间的关系

图 12-13　财务预算管理与企业员工激励之间的关系

（八）促进企业制度完善

财务预算管理涵盖了企业营业活动预算、投资活动预算、筹资活动预算、现金流量预算、财务状况预算和经营成果预算等多个方面的管理内容。每个方面的管理内容都需要有完善的管理制度作为保障。因此，实行财务预算管理可以促进企业加强管理制度的建设，使企业各方面的管理制度逐步臻于完善。财务预算管理与企业制度建设之间的关系可用图 12-14 反映。

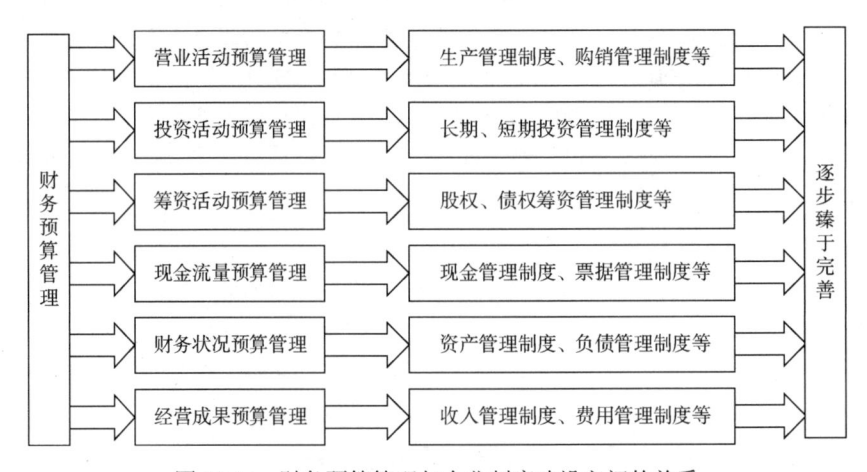

图 12-14　财务预算管理与企业制度建设之间的关系

（九）推动企业文化建设

企业文化包括物质层面的文化、行为层面的文化、制度层面的文化和精神层面的文化。财务预算管理需要企业文化的支持。例如，实行财务预算管理需要一定的物质基础，需要规范的员工行为，需要完善的管理制度，需要积极向上的企业精神等。但同时，财务预算管理对企业文化的建设也具有不可小觑的促进作用。例如，通过实行财务预算管理，可以提高企业的经济效益，改善企业的物质基础；可以增强员工的团队意识，规范员工的管理行为；可以促进企业的制度建设；可以使各种管理制度日臻完善；可以营造积极向上的良好氛围，锻造企业的崇高精神等。财务预算管理与企业文化建设之间的关系是一种相互需要、相互支持、相互促进的关系，这种关系可用图12-15反映。

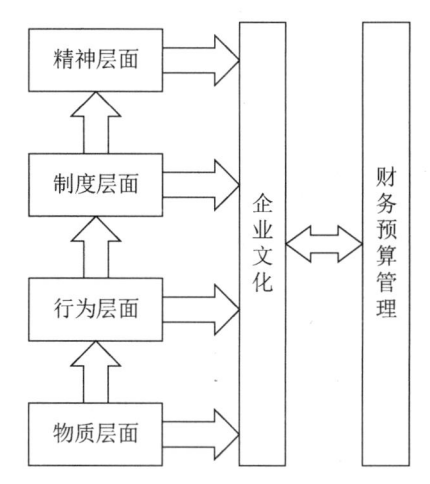

图12-15　财务预算管理与企业文化建设之间的关系

（十）提高企业管理水平

财务预算管理涉及采购管理、生产管理、销售管理、投资管理、筹资管理、现金流量管理、资产管理、负债管理、所有者权益管理、收入管理、费用管理、利润管理等内容。整个管理过程包括预算的编制、预算的执行、预算的调整、预算的监控、预算的考核、预算的评价、预算的奖惩等环节。上述管理内容和管理环节的管理水平的高低将直接影响到财务预算管理水平的高低；反言之，财务预算管理的有效实施也将有助于提高上述管理内容和管理环节的管理水平。财务预算管理水平与企业管理水平之间的关系是一种相互制约、相互促进的关系，这种关系可用图12-16反映。

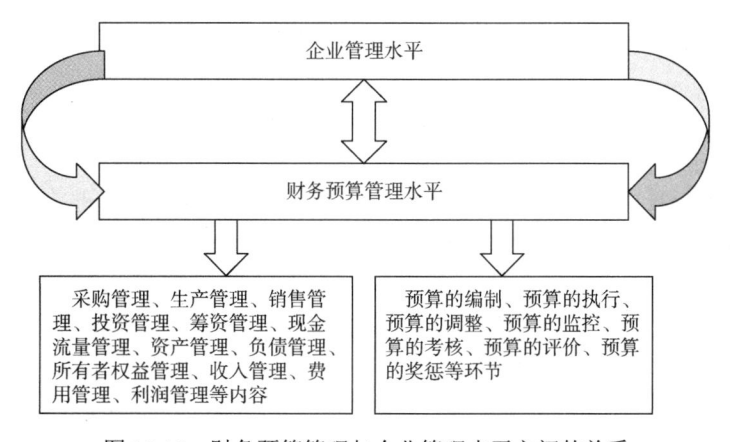

图12-16　财务预算管理与企业管理水平之间的关系

三、财务预算管理的目的

财务预算管理的目的，就是通过对未来一定时期的资金、费用的筹划和控制，来达到企业效益的最大化。

四、财务预算的管理体制

财务预算管理体制是指一个单位在财务预算管理的过程中对组织结构设置，责、权、利划分，人员配备与分工合作等问题进行通盘考虑和安排之后所形成的基本管理格局。它涉及单位的组织结构及其再造，管理流程及其再造，责、权、利的配置和团队的分工与合作等问题，是财务预算管理过程中的一个重大战略问题。一种好的财务预算管理体制应该是机构精简，流程科学，责、权、利明确，分工合理，合作和谐，运行高效的体制，它是财务预算管理能够顺利实施的重要组织保障。单位在确定实施财务预算管理的时候，必须首先考虑财务预算管理体制的构建问题。为了满足财务预算管理的需要，单位通常需要对原来的组织结构设置，责、权、利划分，人员配备与分工合作等问题进行重新考虑和安排，从而形成一种新的、能够适应财务预算管理需要的财务预算管理体制。下面以企业为例阐述财务预算管理体制的一些基本问题。

（一）基于财务预算管理的企业组织结构再造

基于财务预算管理的企业组织结构再造就是为了推行财务预算管理、满足财务预算管理的需要、保障财务预算管理的顺利实施、最大限度地发挥财务预算管理的作用，对企业原有的职能部门和下属单位或者它们的管理幅度和管理职权进行撤销、合并、分拆和新设，重新设置企业的职能部门和下属单位，或者重新划分这些职能部门和下属单位的管理幅度和管理职权。基于财务预算管理的企业组织结构再造需要考虑以下问题：

（1）要不要设置专门的财务预算管理机构？

关于这个问题，在目前实施了财务预算管理的企业中，存在两种模式：一是不设置专门的财务预算管理机构；二是设置专门的财务预算管理机构。

1）不设置专门的财务预算管理机构的企业，由董事会或经理层行使财务预算管理的最终管理权，财务部门和其他相关部门共同行使财务预算管理的日常管理权。

2）设置专门的财务预算管理机构的企业，由预算管理委员会行使财务预算管理的最终管理权，财务预算管理职能部门行使财务预算管理的日常管理权，其他相关部门配合财务预算管理职能部门做好财务预算管理的日常管理工作。

设置专门的财务预算管理机构的企业，其预算管理委员会的设立又有两种模式：一是预算管理委员会属于董事会领导下的非常设机构；二是预算管理委员会属于总经理领导下的非常设机构。不管哪种模式，预算管理委员会都属于一种非常设机构，这是各个企业的共性。设置专门的财务预算管理机构的企业，其财务预算管理职能部门又有两种模式：一是财务预算管理职能部门与财务部门合一；二是财务预算管理职能部门与财务部门分离。

财务预算管理职能部门与财务部门分离的方式主要是在财务部门之外单独设立专门的财务预算管理职能部门，如设立预算管理办公室、预算处、预算部、预算科等。

（2）原有的职能部门和下属单位，其管理幅度和管理职权是否符合统一领导、归口分级管理的原则？是否存在多头领导、机构重叠、职权交叉的情况？

如果不符合统一领导、归口分级管理的原则，或者存在多头领导、机构重叠、职权交叉的情况，就应该考虑对之进行组织结构再造。

（3）原有的职能部门和下属单位，是否存在管理幅度过宽、管理链条过长、授权级次过多的情况?

如果存在,也应考虑对之进行组织结构再造。

(4)原有的职能部门和下属单位,其组织结构安排是否达到机构精简、分工明确、职责清楚的要求?是否存在机构臃肿、分工不明、职责不清的情况?

如果达不到机构精简、分工明确、职责清楚的要求,或者存在机构臃肿、分工不明、职责不清的情况,也应考虑对之进行组织结构再造。

(二)财务预算管理机构常见模式

(1)不设置专门的财务预算管理机构,由董事会行使财务预算管理的最终管理权。其机构模式如图 12-17 所示。

(2)不设置专门的财务预算管理机构,由经理层行使财务预算管理的最终管理权和监督权。其机构模式如图 12-18 所示。

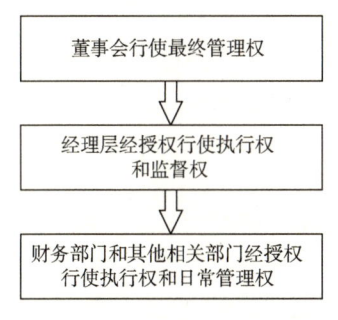

图 12-17　财务预算管理机构模式一 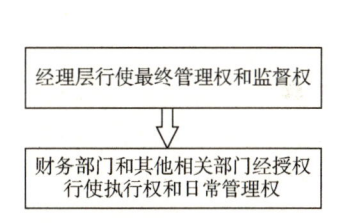　　图 12-18　财务预算管理机构模式二

(3)设置专门的预算管理委员会,预算管理委员会属于董事会领导下的非常设机构。其机构模式如图 12-19 所示。

(4)设置专门的预算管理委员会,预算管理委员会属于总经理领导下的非常设机构。其机构模式如图 12-20 所示。

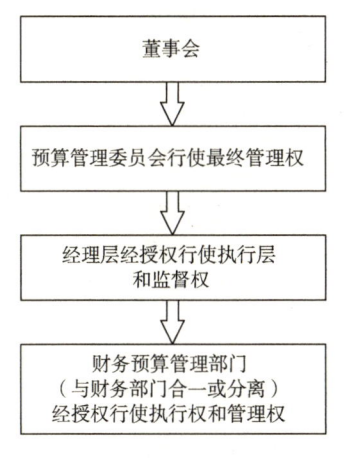

图 12-19　财务预算管理机构模式三 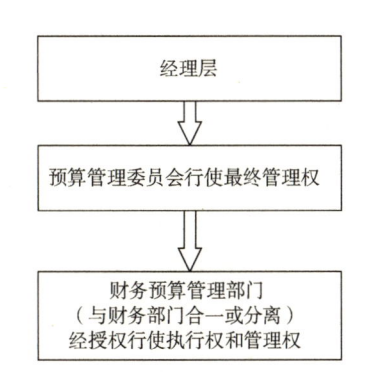　　图 12-20　财务预算管理机构模式四

(三)基于财务预算管理的企业管理流程再造

(1)基于财务预算管理的企业管理流程再造就是为了推行财务预算管理、满足财务预算管理的需要、保障财务预算管理的顺利实施、最大限度地发挥财务预算管理的作用而对企业原有

的一些管理流程进行重新设计或调整改造。

（2）基于财务预算管理的企业管理流程再造需要考虑财务预算管理全员工参与的特点，使每个管理流程中的每个管理环节的每个员工（或团队）都有其明确的工作职责、工作权限、工作流程和沟通合作方式。

（3）基于财务预算管理的企业管理流程再造需要考虑财务预算管理全方位渗透的特点，对企业生产经营活动中的各个管理流程都要进行动态实时的监测，发现问题及时调整改造或重新设计。

（4）基于财务预算管理的企业管理流程再造需要考虑财务预算管理全过程监控的特点，科学构建财务预算编制、调整、执行、考评、奖惩等各个环节的监控流程。

（5）基于财务预算管理的企业管理流程再造需要考虑财务预算管理全量化实施的特点，使每个管理流程中的每个管理环节的每个员工（或团队）都能做到目标量化、权限量化、职责量化、利益量化。

五、财务预算管理中的团队合作

财务预算管理既然是一种制度整合，就不是靠某个部门独立去完成，它强调全员参与，是一个全员参与的过程，所涉及的人员众多，不只是预算管理委员会、预算管理办公室和财务部门的事情，而是全体员工共同的事情。全体员工都应该自觉地参与到财务预算管理中去，多动脑筋、多提意见、集思广益、共同参与。

在预算管理过程中，企业的预算目标经过层层分解，最终落实到了各级责任单位。对于各级责任单位而言，要想完成本单位的预算目标，仅仅靠单打独斗或靠本单位负责人的努力是很难完成的，因为个人的力量毕竟是有限的。因此，各级责任单位必须充分依靠本单位的每一位员工，发挥团队协作精神，以圆满完成预算目标。对于整个企业而言，也要讲究团队协作。各级责任预算单位是具有一定权力并承担相应责任的利益关系人，自然而然地以自身利益为最大目标。一般情况下，企业与各级预算责任单位之间的利益目标具有一致性，在局部利益最大的同时实现整体利益的最大。然而局部利益和整体利益分别代表了两个层次的利益，因此它们之间不可避免地存在矛盾，有的责任单位有可能为实现局部利益最大化而损害整体利益最大化。例如，销售中心只重销售而不重资金的回收，生产中心只重产出数量而不重成本的节约和质量的提高等。因此，各级责任单位在完成自己单位预算的同时，必须着眼于企业的总预算目标，不能埋头苦干，只顾自己能完成目标而忽视了企业整体的目标，要顾及其他责任单位的工作。缺少了相互协作，单打独斗、画地为牢，很可能搞得企业没有生气，成为一盘散沙，只有发扬团队协作精神，整个企业的预算目标才能达到最优。

团队的精神和力量是企业可持续发展的内在动力，但如果团队中的员工不能有效合作，经常出现协作不力、沟通不善的现象，那么将破坏员工间相互学习和共同工作的良好氛围，从而影响企业预算目标的实现。因此，建立团队协作精神在财务预算管理中显得尤为重要。而要建立团队协作精神，应该做好如表12-14所示的工作。

表12-14 建立团队协作精神的关键工作

项 目	内 容 阐 释
建立共同愿景与目标	共同愿景是团队成员共同愿望的景象，是团队成员个人愿景的综合体现。个人愿景的产生是共同愿景得以建立的前提。共同愿景能使具有个性差异的团队成员凝聚在一起，朝着一个共同的目标迈进。目标是把人们凝聚在一起的重要基础，对目标认同才会形成坚强的团队，才能鼓舞成员团结奋进的斗志。在预算管理中，团队共同的目标应该说是很明确的，那就是完成本单位的预算目标

续表

项 目	内 容 阐 释
树立全局观念和整体意识	一个团队最终追求的是整体的合力、凝聚力和最佳的整体效益，所以必须树立以大局为重的全局观念，不斤斤计较个人利益和局部利益，自觉地为增强团队整体利益做出贡献
建立良好的沟通和协调机制	沟通主要是通过信息和思想上的交流达到认识上的一致，协调是取得行上的一致，二者都是形成团队的重要条件。上下级之间，各部门之间，团队成员之间，认识和意见不一致是经常的事，彼此产生误会也且常有之事，因而沟通工作对于培养团队精神来说是经常的、大量的。协调则包括工作关系的协调、利益关系的协调、人事关系的协调等诸多方面。企业领导要运用有效的管理方式，搞好各级责任单位之间的协调，把各方面关系理顺，提高工作效率，确保企业财务预算目标的完成
给予团队成员同等的机会	优秀的团队虽然能够给每一位成员分配不同的工作角色，但团队内部必须有良好的同等机会提供给以下成员：具有技术专长的成员；善于解决冲突及处理人际关系的成员；具有解决问题和决策的能力的成员。同等机会不能仅局限于报酬、工作晋升这些方面，还应包括同等的培训机会、塑造个人形象的机会等诸多方面
建立健全团队内部的管理制度	完善的团队内部管理制度主要包括团队纪律、上级对下级的合理授权、成员的岗位职责划分和工作规范、成员业绩的考核评价、成员业绩的激励与约束等。如果过分地把团队协作不力归结于人的意识问题，就会将团队置于很高的"道德风险"之中，这是种非常脆弱的约束。团队并不是"松散""虚拟"的代名词，团队的目标、工作场所布置、员工的绩效考核、团队成员岗位职责的划分和工作规范等，都应该形成规范化的制度文本，不折不扣地得到落实。没有有效的制度和规范，就会出现无序和混乱，就不会形成井然有序、纪律严明、凝聚力很强的团队
不断增强领导者自身的影响力	领导者由于其地位和责任而被赋予一定的权利，但仅凭权力发号施令，以权压人，是形不成凝聚力的，更重要的是靠其威望、影响力，令人心服，才会形成一股魅力和吸引力。企业及各级责任单位的领导都要增强自身的威望，这种威望一取决于领导者的人格、品德和思想修养，二取决于领导者的知识和才干，三取决于领导者能否严于律己，四取决于领导者能否公平、公正待人，与本团队成员同甘共苦、同舟共济等
努力打造学习型团队，鼓励团队成员不断学习	古语说得好，"活到老，学到老"。在这个不断变化的时代，每时每刻都有新事物不断涌现出来，要想立于不败之地，学习是个不二法则。企业预算目标能否实现，企业能否成功，主要看其是否比竞争者学习得更快。因此，应该在团队中形成良好的学习氛围，使团队中的成员在学习中不断提高、完善自己，在更高层次上实现自我，这样，团队也得到了不断地完善和超越，也有利于预算目标的顺利实现

六、财务预算管理的一般流程

财务预算管理系统由财务预算。编制、财务预算执行与控制、财务预算调整以及财务预算分析与考核几个主要环节构成。

（一）财务预算编制

预算编制是预算管理系统的基础，预算系统运行关键的开端即预算编制。预算编制与预算目标密切相关：预算编制必须以预算目标为依据，而预算目标正是通过预算编制而得以具体化和量化。责任预算是企业预算目标的细化，也是企业预算目标实现的基础。责任目标的确定和下达通过责任预算的编制来实现,责任预算编制一般应按照"上下结合、分级编制、逐级汇总"的程序进行,其主要步骤如表 12-15 所示。

表 12-15 责任预算编制的主要步骤

步 骤	内 容 阐 释
下达目标	企业董事会或经理办公会根据企业发展战略和预算期经济形势的初步预测,在决策的基础上,一般于每年 9 月底以前提出下一年度企业财务预算目标,包括销售或营业目标、成本费用目标、利润目标和现金流量目标,并确定财务预算编制的政策,由财务预算委员会下达各预算执行单位
编制上报	各预算执行单位按照企业财务预算委员会下达的财务预算目标和政策,结合自身特点及预测的执行条件,提出详细的本单位财务预算方案,于 10 月底以前上报企业财务管理部门
审查平衡	企业财务管理部门对各预算执行单位上报的财务预算方案进行审查、汇总,提出综合平衡的建议。在审查、平衡过程中,财务预算委员会应当进行充分协调,对发现的问题提出初步调整的意见,并反馈给有关预算执行单位予以修正
审议批准	企业财务管理部门在有关预算执行单位修正调整的基础上,编制企业财务预算方案,报财务预算委员会讨论。对于不符合企业发展战略或者财务预算目标的事项,企业财务预算委员会应当责成有关预算执行单位进一步修订、调整。在讨论、调整的基础上,企业财务管理部门正式编制企业年度财务预算草案,提交董事会或经理办公会审议批准
下达执行	企业财务管理部门对董事会或经理办公会审议批准的年度总预算,一般在次年 3 月底以前被分解成一系列的指标体系,由财务预算委员会逐级下达各预算执行单位执行

(二)财务预算的执行与控制

预算虽然编制完成了,但在预算执行之前,还需要经过预算的分解、下达和具体讲解等准备步骤来保证预算的有序执行,保证预算体系运转良好。

预算开始执行之后,必须以预算为标准进行严格的控制:支出性项目必须严格控制在预算之内,收入项目务必要完成预算,现金流动必须满足企业日常和长期发展的需要……预算控制的标准就是预算编制产生的各级各类预算指标,即经营预算、资本支出预算和财务预算。预算的执行与控制是整个预算管理工作的核心环节,需要企业上下各部门和全体人员的通力合作。

在预算执行与控制过程中和预算完成后,一个尤为重要的环节是实际与预算差异的分析。在分析实际和预算差异的时候,一般按照以下几个步骤进行:对比实际业绩和预算标准找出差异;分析出现差异的原因;提出恰当的处理措施。其中,对预算执行过程中的差异分析可以根据周围环境和相关条件的变化帮助调控预算合理而顺利地执行;对预算完成后的差异分析则可以总结预算完成情况,帮助评价预算期间工作的好坏,进而为企业评价激励制度的公平有效提供数据依据。因此,差异分析贯穿于预算管理的全过程,既为预算的执行与控制明确了工作重点,也为下期编制预测、预算提供了可资借鉴的丰富经验。

在财务预算的执行与控制过程中要注意以下几个方面。

(1)企业财务预算一经批复下达,各预算执行单位就必须认真组织实施,将财务预算指标层层分解,从横向和纵向落实到内部各部门、各单位、各环节和各岗位,形成全方位的财务预算执行责任体系。

(2)企业应当强化现金流量的预算管理,按时组织预算资金的收入,严格控制预算资金的支付,调节资金收付平衡,控制现金支付风险。对于预算内的资金拨付,按照授权审批程序执行。对于预算外的项目支出，应当按财务预算管理制度规范支付程序。对于无合同、无凭证、无手续的项目支出，不予支付。

（3）企业应当严格执行销售或营业、生产和成本费用预算，努力完成利润指标。在日常控制中，企业应当健全凭证记录，完善各项管理规章制度，严格执行生产经营月度计划和成本费用的定额、定率标准，加强适时的监控。对预算执行中出现的异常情况，企业有关部门应及时查明原因，提出解决办法。

（4）企业应当建立财务预算报告制度，要求各预算执行单位定期报告财务预算的执行情况。对于财务预算执行中发生的新情况、新问题及出现偏差较大的重大项目，企业财务管理部门以至财务预算委员会应当责成有关预算执行单位查找原因，提出改进经营管理的措施和建议。

（5）企业财务管理部门应当利用财务信息管理系统监控财务预算的执行情况，及时向预算执行单位、企业财务预算委员会以至董事会或经理办公会提供财务预算的执行进度、执行差异及其对企业财务预算目标的影响等财务信息，促进企业完成财务预算目标。

（三）财务预算调整

（1）企业正式下达执行的财务预算，一般不予调整。但财务预算执行单位在执行中由于市场环境、经营条件、政策法规等发生重大变化，致使财务预算的编制基础不成立，或者将导致财务预算执行结果产生重大偏差的，可以调整财务预算。

（2）企业应当建立内部的弹性预算机制，对于不影响财务预算目标的业务预算、资本预算、筹资预算之间的调整，企业可以按照内部授权批准制度执行，鼓励预算执行单位及时采取有效的经营管理对策，保证财务预算目标的实现。

（3）企业调整财务预算应当由预算执行单位逐级向企业财务预算委员会提出书面报告，阐述财务预算执行的具体情况、客观因素变化情况及其对财务预算执行造成的影响程度，提出财务预算指标的调整幅度。

企业财务管理部门应当对预算执行单位的财务预算调整报告进行审核分析，集中编制企业年度财务预算调整方案，提交财务预算委员会以至企业董事会或经理办公会审议批准，然后下达执行。

（4）对于预算执行单位提出的财务预算调整事项，企业在进行决策时，一般应当遵循以下要求：预算调整事项不能偏离企业发展战略和年度财务预算目标；预算调整方案在经济效益上能够实现最优化；预算调整重点应当放在财务预算执行中出现的重要的、非正常的、不符合常规的关键性差异方面。

（四）财务预算分析与考核

（1）企业应当建立财务预算分析制度，由财务预算委员会定期召开财务预算执行分析会议，全面掌握财务预算的执行情况，研究、落实解决财务预算执行中存在问题的政策措施，纠正财务预算的执行偏差。

（2）开展财务预算执行分析，企业财务管理部门及各预算执行单位应当充分收集有关财务、业务、市场、技术、政策、法律等方面的有关信息资料，根据不同情况分别采用比率分析、比较分析、因素分析、平衡分析等方法，从定量与定性两个层面充分反映预算执行单位的现状、发展趋势及其存在的潜力。针对财务预算的执行偏差，企业财务管理部门及各预算执行单位应当充分、客观地分析产生的原因，提出相应的解决措施或建议，提交董事会或经理办公会研究决定。

（3）企业财务预算委员会应当定期组织财务预算审计，纠正财务预算执行中存在的问题，充分发挥内部审计的监督作用,维护财务预算管理的严肃性。财务预算审计可以全面进行,或者抽样进行。在特殊情况下,企业也可组织不定期的专项审计。审计工作结束后,企业内部审计机构应当形成审计报告,将之直接提交财务预算委员会以至董事会或者经理办公会,作为财务预算调整、改进内部经营管理和财务考核的一项重要参考。

(4)预算年度终了,财务预算委员会应当向董事会或者经理办公会报告财务预算执行情况,并依据财务预算完成情况和财务预算审计情况对预算执行单位进行考核。企业内部预算执行单位上报的财务预算执行报告,应经本部门、本单位负责人按照内部议事规范审议通过,作为企业进行财务考核的基本依据。企业财务预算按调整后的预算执行,财务预算完成情况以企业年度财务会计报告为准。

(5)企业财务预算执行考核是企业效绩评价的主要内容,应当结合年度内部经济责任制考核进行,与预算执行单位负责人的奖惩挂钩,并作为企业内部人力资源管理的参考。具体考核办法,可以参照《企业国有资本与财务管理暂行办法》执行。

预算考评是对企业内部各级责任单位和个人预算执行情况的考核与评价。对预算的执行情况进行考评,监督预算的执行、落实,可以加强和完善企业的内部控制。在企业全面预算管理体系中,预算考评起着检查、督促各级责任单位和个人积极落实预算任务,及时提供预算执行情况的相关信息以便纠正实际与预算的偏差的重要作用,有助于企业管理当局了解企业生产经营情况,进而实现企业总体目标。同时,从整个企业生产经营循环来看,预算考评作为一次预算管理循环的结束总结,它为下一次科学、准确地编制企业全面预算积累了丰富的资料和实际经验,是企业以后编制企业全面预算的基础。

预算提供了明确的一定期间要求达到的经营目标,是对企业计划数量化和货币化的表现,为业绩评价提供了考评标准,是业绩评价的重要依据,便于对各部门实施量化的业绩考评和奖惩制度,使得企业有效激励相关部门和人员有了合理、可靠的依据。确立"考评与奖惩是预算管理工作生命线"的理念可以确保预算管理落实到位。严格考评不仅是为了将预算指标值与预算的实际执行结果进行比较,肯定成绩,找出问题,分析原因,改进以后的工作,也是为了对员工实施公正的奖惩,以便奖勤罚懒,调动员工的积极性,激励员工共同努力,确保企业战略目标的最终实现。由此可见,预算考评与激励在整个企业全面预算体系中占有极其重要的地位。

第四节 预算表格

一、预算报表

(1)本套报表为××企业向×××报送2×18年度预算的统一报告格式,各企业应当将所有内部业务机构、境内外子企业、事业单位、基建项目(基建财务)等独立核算经济单位纳入预算编制范围,并向×××报送企业集团、所属二级子企业及二级以下重要子企业(如主要业务整体上市企业所属上市公司的二级子企业)的预算报告,其中报送预算报告的二级以下重要子企业的范围,由企业报经×××(××)核准后确定。

(2)本套报表由预算报表和预算情况说明书等文字说明两部分组成。各企业应认真落实全面预算管理工作要求,梳理预算管理流程,明确内部职责分工,落实填报责任,按照×××统一制定的报表格式、指标口径和编制要求,认真组织做好2×18年度预算报表及预算情况说明书等文字资料的编制工作。对于涉及经营业务、投资、人员薪酬等管理预算报表,各企业应按照内部职责分工，明确经营、投资、人力资源等部门的具体填制责任，并由财务部门负责审核，以确保相关业务指标口径与财务指标口径的一致，实现企业业务预算与财务预算的有效衔接，进一步推进企业的全面预算管理工作。

（3）各企业应当结合内部预算编制工作流程，认真组织做好对所属子企业预算编制的指导与审核工作，以确保预算编制工作质量。审核重点包括 2×17 年度预算问题整改情况，2×18 年度预算编制基础、编制范围、编制口径、预算指标的合理性，以及表间重要指标是否衔接，与企业战略规划是否衔接，预算情况说明书内容是否翔实等。

（4）各企业在正式报送 2×18 年度预算报告前，应当做好 2×18 年度预算初步预报工作，在组织分析预测 2×18 年度主要经营目标的基础上，认真填报《2×18 年度主要指标预报表》，并于 2×17 年 11 月 15 日前将纸质文件及电子文档报送×××（××），同时抄送派驻本企业监事会。

（5）各企业在正式报送 2×18 年度预算报告前，应当按照规定履行内部核准程序，其中：设立董事会的国有独资公司，预算报告应当经董事会审议通过；尚未设立董事会的国有独资公司和国有独资企业，预算报告应当经总经理办公会审议通过；国有控股公司的预算报告应当经董事会审议并提交股东会批准。各类决策机构的审议决议是××企业向×××报送预算报告的必备附件。

（6）各企业在组织做好预算编制、审核、汇总和履行内部核准程序工作基础上，应于 2×18 年 1 月 31 日前将 2×18 年度预算报告报送×××（××），具体要求如下：

1）以正式文件报送企业预算报告，包括集团合并预算报表、集团预算情况说明书、集团预算工作总结及改进措施，以及相关附件，一式 2 份，同时抄送派驻本企业监事会。

2）以电子文档形式一并报送集团合并预算报表、集团预算情况说明书、集团预算工作总结及改进措施、所属二级子企业（含二级以下重要子企业）预算报表及预算情况说明书。

（7）各企业应当不断完善预算执行跟踪监控体系，强化预算执行分析，及时掌握预算执行进度与效果，并于 2×18 年 8 月 15 日前向×××（××）报送 2×18 年上半年预算执行情况报告。对于确因外部经济环境变化等不可抗因素影响需调整年度预算的企业，应于 2×18 年 8 月 15 日前向×××（××）报送《2×18 年度预算调整主要指标表》，并以正式文件形式对预算调整的原因和影响、预算执行的保障措施等内容予以说明，同时抄送派驻本企业监事会。

（一）编制范围

本套报表编制范围包括××企业及其所控制的全资或控股的子企业（含境外子企业、金融子企业、事业单位、实行法人责任制基建项目等）。

（二）录入级次

凡纳入本套报表范围的企业及其二级子企业都应逐户录入本套报表，所属二级以下子企业并入第二级进行填报。需单独上报预算报表的二级以下重要子企业，如主体上市企业所属上市公司的二级子企业等，由×××另行规定。

（三）报表组成

（1）报表封面。

（2）报表：主要业务经营预算表（××企预 01 表）、主要业务损益预算表（××企预 02 表）、固定资产投资预算表（××企预 03 表）、长期股权投资预算表（××企预 04 表）、金融工具情况预算表（××企预 05 表）、对外筹资预算表（××企预 06 表）、人工成本预算表（××企预 07 表）、成本费用预算表（××企预 08 表）、利润预算表（××企预 09 表）、现金流量预算表

（××企预10表）、资产负债预算表（××企预11表）、对外捐赠支出预算表（××企预12表）、经济增加值预算表（××企预13表）、2×18年度主要指标预报表（××企预补01表）、2×18年度预算调整主要指标表（××企预补02表）。

（四）报表封面（见表12-16）

表12-16　报表封面

[单位汇总封面]

2×18年度××企业预算报表

汇总单位名称：_____（公章）

单位负责人：_____（签章）

填表人：_____

编制日期：2×18年__月__日

××××印制

续表

[分户录入封面]	企业（单位）组织机构统一代码 （各级质检部门核发）	□□□□□□□□□—□ 本企业代码 □□□□□□□□□—□ 上一级企业（单位）代码 □□□□□□□□□—□ 集团企业（公司）总部代码
	隶属关系 （国家标准：行政隶属关系代码—部门标识代码）	□□□□□—□□
	所在地区 （国家标准：行政区划代码）	□□□□□□
	所属行业码 （国家标准：国民经济行业分类与代码）	□□□□
2×18年度企业预算报表	经营规模 1. 大型 2. 中型 3. 小型	□
企业名称：_____ （公章）	组织形式 1. 独资公司 2. 非公司制独资企业 3. 上市股份有限公司（股票代码□□□□□□） 7. 合资或合营企业 8. 企业化管理事业单位 9. 其他 (1. 事业单位 2. 基建项目 3. 其他 □)	□
单位负责人：_____ （签章） 总会计师：_____ （签章） 预算工作负责人：_____ （签章） 填表人：_____ 电话号码：（长途区号）_____（电话号）_____（分机号）_____	报表类型码 0. 单户表 1. 集团差额表 2. 金融合并企业表 3. 境外合并企业表 4. 事业合并企业表 5. 基建合并企业表 6. 集团合并表	□□□□
	成立年份	□□□□
编制日期：2×18年__月__日	备用码	□□□□

填制说明：

（一）封面左侧

1．企业名称：指在工商行政管理部门登记注册的企业全称。

2．单位负责人：指在工商行政管理部门登记的法定代表人。凡企业正在更换法定代表人，但尚未办理变更登记手续的，由实际负责人签字盖章。

3．总会计师：指按照干部管理权限通过一定程序被任命（或者聘任）为企业总会计师的高级管理人员。如企业预算工作由总会计师以外的其他企业负责人负责，则此项由实际主管预算工作的企业负责人签字盖章。

4．预算工作负责人：指企业内部负责预算编制工作的部门负责人。

5．填表人：指具体负责编制报表的工作人员。

（二）封面右侧

1．企业（单位）组织机构统一代码：指各级质检部门核发的企业法人代码证书规定的9位代码。尚未领取统一代码的企业，应主动与质检部门联系办理核发手续。如因客观原因暂不能办理的，可参照《自编企业、单位临时代码的规则》（××统发〔1995〕116号）自编企业临时代码使用。企业在领取质检部门核发的统一代码后，临时代码即停止使用。

本代码由本企业代码、上一级企业（单位）代码、集团企业（公司）总部代码三部分组成，具体填报方法如下：

（1）非集团型企业只需填列"本企业代码"，"上一级企业（单位）代码"和"集团企业（公司）总部代码"不填。

（2）集团型企业需区别以下情况填列：

①集团公司总部（一级）在填报集团企业合并报表时，"本企业代码"和"集团企业（公司）总部代码"均按集团公司代码填列，"上一级企业（单位）代码"不填。

②当本企业为集团二级子企业时，按要求填列"本企业代码"、"上一级企业（单位）代码"和"集团企业（公司）总部代码"。其中"上一级企业（单位）代码"与"集团企业（公司）总部代码"相同。

③集团公司本部视同集团二级企业填列，"本企业代码"、"上一级企业（单位）代码"与"集团企业（公司）总部代码"相同。

2．隶属关系：本代码由"行政隶属关系代码"和"部门标识代码"两部分组成。中央企业"行政隶属关系代码"均填"0"，后3位"部门标识代码"根据国家标准《中央党政机关、人民团体及其他机构名称代码》（GB/T 4657—2002）编制。

3．所在地区：根据国家标准《中华人民共和国行政区划代码》（GB/T 2260—2007），按企业主要办事机构所在的省、市、县或区的代码直接填列。境外企业所在地区代码统一填"900000"。

4．所属行业码："国民经济行业分类与代码"依据国家标准《国民经济行业分类与代码》（GB/T 4754—2011），结合企业主要从事的社会经济活动性质，按"小类"划分填列。

5．经营规模：按照工业和信息化部、发展改革委、财政部、统计局《关于印发中小企业划型标准规定的通知》（工信部联企业〔2011〕300号）、统计局《关于印发统计上大中小微型企业划分办法的通知》（国统字〔2011〕75号）规定的分类标准填列。

6．组织形式：根据企业在工商行政管理部门登记注册的类型及有关性质填列。国有独资有限责任公司选"1.独资公司"项填列。

上市股份有限公司还应填报其股票代码，为6位数字。如果企业已发行A股股票并有其他类别股票上市（如B股、H股、N股等），则填报A股股票代码；如果只发行了B股股票，则填报B股股票代码；如果只在境外发行股票，则该代码填"000000"。

集团所属事业单位、基建项目分别选择9项下的"1.事业单位"或"2.基建项目"项填列。

7．报表类型码：根据企业财务预算报表编制实际情况选择填列，具体填报方法如下：

（1）集团本部在填报集团合并报表时，按要求选择填列"6"；

（2）集团二级子企业在填报本企业报表时，按要求选择填列"0"；集团二级子企业为金融企业、境外企业、事业单位或基建项目，按要求分别选择填列"2"、"3"、"4"或"5"。集团本部视同集团二级企业填列"0"。

8．成立年份：指企业工商注册登记或批准成立的具体年份。

9．备用码：各企业根据实际需要可自行规定填报内容。

（三）主要业务经营预算表（××企预01表）（见表12-17）

（四）主要业务损益预算表（××企预02表）（见表12-18）

（五）固定资产投资预算表（××企预03表）（见表12-19）

（六）长期股权投资预算表（××企预04表）（见表12-20）

（七）金融工具情况预算表（××企预05表）（见表12-21）

（八）对外筹资预算表（××企预06表）（见表12-22）

（九）人工成本预算表（××企预07表）（见表12-23）

（十）成本费用预算表（××企预08表）（见表12-24）

（十一）利润预算表（××企预09表）（见表12-25）

（十二）现金流量预算表（××企预10表）（见表12-26）

（十三）资产负债预算表（××企预11表）（见表12-27）

（十四）对外捐赠支出预算表（××企预12表）（见表12-28）

（十五）经济增加值预算表（××企预13表）（见表12-29）

（十六）2×18年度主要指标预报表（××企预补01表）（见表12-30）

（十七）2×18年度预算调整主要指标表（××企预补02表）（见表12-31）

（十八）主要分析指标表（计算机自动生成）（见表12-32）

表 12-17　主要业务经营预算表

编制单位：　　　　　　　　　　　　2×18 年度　　　　　　　　　　　××企预 01 表

主要业务	指标名称	计量单位	上年数	本年预算数	增减率（%）	备注
栏　　次	1	2	3	4	5	6

填制说明：

（一）编制方法

1．本表反映企业 2×18 年度主要业务板块的预计生产经营情况。

2．表内"上年数"有关指标根据企业 2×17 年度实际完成生产经营指标分析填列。

3．表内"本年预算数"有关指标根据企业 2×17 年度实际完成生产经营情况并结合 2×18 年度预计情况填列。

4．表内"增减率"有关指标依据表内"上年数"和"本年预算数"由计算机自动生成。

（二）表内有关指标解释

1．主要业务：按照企业发展战略、年度生产经营计划和内部管理要求确定的主要业务板块分类填列。企业确定的主要业务及指标名称需事先报×××备案。

2．指标名称：反映企业各主要业务板块生产经营情况的重点指标，由企业根据不同业务板块的性质特点，挑选能突出反映各业务板块生产经营状况的指标填列。如水运企业集装箱运输板块，可选择集装箱运输量、单箱运价、运力规模等指标。

表内公式：5 栏＝（4－3）/3 栏×100%。

表 12-18　主要业务损益预算表

编制单位：　　　　　　　　　　　　　　　2×18 年度　　　　　　　　　　　　　××企预 02 表
金额单位：万元

主要业务	主营业务收入			主营业务成本			毛利			毛利率		
	上年数	本年预算数	增减率(%)	上年数	本年预算数	增减率(%)	上年数	本年预算数	增减率(%)	上年数(%)	本年预算数(%)	增减百分比(%)
栏次	1	2	3	4	5	6	7	8	9	10	11	12
合　计												

填制说明：

（一）编制方法

1. 本表反映企业2×18年度主要业务板块主营业务收入、主营业务成本、毛利及毛利率的预计情况。

2. 表内"上年数"有关指标，根据企业2×17年度财务报表相关指标分析填列。

3. 表内"本年预算数"有关指标，根据企业2×17年度财务报表并结合2×18年度预计情况填列。

4. 表内"毛利"及"增减率"，"毛利率"和"增减百分点"有关指标，依据表内"上年数"和"本年预算数"由计算机自动生成。

（二）表内有关指标解释

主要业务：按照企业发展战略、年度生产经营计划和内部管理要求确定的主要业务板块分类填列。本表填列的主要业务板块应与"主要业务经营预算表"填列一致。

表内公式：7栏＝（1－4）栏；8栏＝（2－5）栏；10栏＝（7/1）栏×100%；11栏＝（8/2）栏×100%；12栏＝（11－10）栏；合计行＝各浮动行之和。

表 12-19　固定资产投资预算表

编制单位：　　　　　　　　　　　　　　2×18 年度　　　　　　　　　　　　　　××企预 03 表
　　　　　　　　　　　　　　　　　　　　　　　　　　　　　　　　　　　　　　金额单位：万元

序号	项目名称	开工年月	竣工年月	项目计划总投资	自有资金	上年实际完成投资额	上年末累计完成投资额	本年计划投资额						备注
								合计	其中：			其中：		
									自有资金	对外贷款	其他	主业	非主业	
栏次		1	2	3	4	5	6	7	8	9	10	11	12	13
一	合　计	—	—			—	—					—	—	—
	一、新开工项目					—	—							
	其中：重点项目小计	—	—			—	—					—	—	—
	1.													
	2.													
	3.													
	……													
	10.													
	二、续建项目													
	其中：重点项目小计	—	—									—	—	—
	1.													
	2.													
	3.													
	……													
	10.													

填制说明：

（一）编制方法

1．本表反映企业2×18年度固定资产投资总体预算情况。

2．本表所称固定资产投资是指企业建造和购置固定资产的投资活动，本表固定资产还应包括油气资产和投资性房地产的内容。

3．本表由负责管理年度投资计划的部门根据固定资产投资项目有关情况填报，财务部门负责审核。

（二）表内有关指标解释

1．新开工项目：指预计在2×18年度开工建设的投资项目和购置的不需安装固定资产。

2．续建项目：指以前年度开工建设、预计2×18年度继续建设的项目。

3．重点项目：按照企业投资管理制度规定，由董事会或总经理办公会研究决定的项目。企业应当分项目填列计划总投资金额最大的前10项。

4．开工年月：指项目预计或实际开工时间。

5．竣工年月：指项目计划完成时间。对于购置的不需安装固定资产，以购买日作为竣工年月，不需填列开工年月。

6．项目计划总投资：指项目立项时计划的总投资额或总规模。

7．自有资金：指项目计划总投资中企业的经营积累和通过权益工具募集的资金。

8．上年实际完成投资额：指企业上年度实际发生的固定资产投资额。

9．上年末累计完成投资额：指上年度新增或存续的投资项目，从项目开工到上年末止，总计已完成的投资额。含在上年度已完工的项目。

10．本年计划投资额：指本企业计划在2×18年度安排的所有固定资产投资的总投资额。

11．对外贷款：反映企业2×18年度固定资产计划投资总额中向银行和非银行金融机构借入的各种借款。

12．其他：指在本年计划投资额中除自有资金和贷款以外的其他资金来源。"其他"部分超过本年计划投资额10%的，须在"备注"中具体说明。

13．主业：指经×××确认并公布的企业主要经营业务，反映在本年计划投资额中属于企业主业范围的投资额。

14．非主业：指在本年固定资产计划投资总额中不属于企业主业范围的投资额。

15．备注：简要说明项目建设内容、新增生产能力或工程效益等事项。

表内公式：第3、4、7、8、9、10、11、12栏合计行＝新开工项目＋续建项目；新开工项目≥新开工重点项目小计；续建项目≥续建重点项目小计；重点项目小计≥所属十项之和。

栏间公式：7栏＝（8＋9＋10）栏＝（11＋12）栏。

编制单位：

表 12-20　长期股权投资预算表

2×18 年度

××企预 04 表
金额单位：万元

序号	项目	投资主体	级次	投资性质	投资类别	被投资企业所属行业	是否主业投资	是否境外投资	本年预算投资额	年末预计累计投资额	年末预计持股比例（%）	预计当年投资收益	投资依据
	栏次	1	2	3	4	5	6	7	8	9	10	11	12
一	合计	—	—	—	—	—	—	—			—		—
一													

投资性质：1. 新增投资；2. 追加投资。
投资类别：1. 对子企业追加投资；2. 新设企业投资；3. 并购投资；4. 参股投资；5. 其他。
是否主业投资：1. 是；2. 否。
是否境外投资：1. 是；2. 否。

填制说明：

（一）编制方法

1．本表反映企业2×18年度预计增加的长期股权投资情况。

2．表内"本年预算投资额"有关指标根据企业2×17年度财务报表并结合2×18年度预计情况填列。

3．编制合并报表的，以合并口径填列。

（二）表内有关指标解释

1．投资性质：企业应分别按新增投资、追加投资两项内容选择填列。

2．投资类别：企业应分别按对子企业追加投资、新设企业投资、并购投资、参股投资和其他选择填列。

3．被投资企业所属行业：企业应按被投资企业所属的国民经济行业代码选择填列。

4．本年预算投资额：反映企业2×18年度该项目预计投入金额。

5．年末预计累计投资额：企业应按2×18年末预计对被投资企业的累计投资金额填列。

6．年末预计持股比例：企业应按2×18年末预计持有被投资企业的股权比例填列。

7．预计当年投资收益：反映企业2×18年度该项投资的预计投资收益。

8．投资依据：填列该项目预算实施的主要批准依据，如有关部门的批准文件、董事会决议、投资意向等。

表 12-21　金融工具情况预算表

2×18 年度

编制单位：　　　　　　　　　　　　　　　　　　　　　　　　　　　××企预 05 表
　　　　　　　　　　　　　　　　　　　　　　　　　　　　　　　　金额单位：万元

项　　目	行次	平均资金占用额			投资收益			投资回报率（%）	
^	^	上年数	本年预算数	增长率（%）	上年数	本年预算数	增长率（%）	上年数	本年预算数
栏次	—	1	2	3	4	5	6	7	8
一、股票投资	1								
二、债券投资	2								
三、基金投资	3								
四、委托贷款	4								
五、委托理财	5								
合　计	6								

填制说明：

（一）编制方法

1．本表主要反映企业2×18年度预计金融工具投资所占用的资金规模及获取的投资收益等情况。

2．表内"上年数"有关指标根据企业2×17年度财务报表相关指标分析填列。

3．表内"本年预算数"有关指标根据企业2×17年度财务报表并结合2×18年度预计情况填列。

4．表内未作解释内容以《企业会计准则》规定为准。

5．编制合并报表的，以合并口径填列。

（二）表内有关指标解释

1．平均资金占用额：反映企业预计2×18年度安排该类投资平均占用的资金金额。

2．投资收益：反映企业2×18年度预计通过该类投资获取的投资收益总额，包括实际收到的投资收益及公允价值变动产生的投资收益。

3．投资回报率：反映企业2×18年度预计该类投资的投资回报水平，根据"投资收益"占"平均资金占用额"的比例由计算机自动生成。

4．股票投资：反映企业在境内、外证券市场上买卖上市公司的流通股，不包括企业以参股、控股为目的在长期股权投资科目核算的内容。企业应按照《企业会计准则》的规定，结合业务特点和风险管理要求，按"交易性金融资产""可供出售金融资产"中的股票投资汇总填列。

5．债券投资：反映企业预计投资国债、金融债券、企业债券等债权性投资，企业应按照《企业会计准则》的规定，结合业务特点和风险管理要求，按"交易性金融资产""可供出售金融资产""持有至到期投资"中的债券投资汇总填列。

6．基金投资：反映企业预计购买的开放式基金和封闭式基金情况。企业应按照《企业会计准则》的规定，结合业务特点和风险管理要求，按"交易性金融资产""可供出售金融资产"中基金投资汇总填列。

7．委托贷款：反映企业预计通过金融机构（受托人）发放的贷款。

8．委托理财：反映企业预计通过委托证券公司、投资公司等金融机构进行的投资。委托理财填列委托投资资金总额，不区分具体投资项目填列。

表内公式：6行＝（1＋2＋3＋4＋5）行；3栏＝（2－1）/1栏×100%；6栏＝（5－4）/4栏×100%；7栏＝4栏/1栏×100%；8栏＝5栏/2栏×100%。

表 12-22　对外筹资预算表

编制单位：　　　　　　　　　　2×18 年度　　　　　　　　　××金预 06 表
金额单位：万元

栏次	项　目	行次	上年数	本年增加数	本年减少数	年末预算数	筹资费用
			1	2	3	4	5
	对外筹资合计	—					
	一、带息负债筹资	1					
	（一）带息流动负债	2					
	1. 短期借款	3					
	其中：银行借款	4					
	非银行金融机构借款	5					
	2. 其他带息流动负债	6					
	其中：短期债券	7					
	一年内到期的带息非流动负债	8					
	其中：一年内到期的长期借款	9					
	（二）带息非流动负债	10					
	1. 长期借款	11					
	其中：银行借款	12					
	非银行金融机构借款	13					
	2. 应付债券	14					
	3. 融资租赁	15					
	4. 其他带息非流动负债	16					
	二、股权筹资	17					
	其中：股票筹资	18					
	三、其他筹资	19					
		20					

填制说明：

(一) 编制方法

1．本表主要反映企业 2×18 年度对外筹集资金及筹资费用的预算情况。

2．表内"上年数"有关指标根据企业 2×17 年度财务报表相关指标分析填列。

3．表内"本年增加数"、"本年减少数"和"年末预算数"有关指标根据企业 2×17 年度财务报表并结合 2×18 年度预计情况填列。

4．表内未作解释内容以《企业会计准则》规定为准。

5．编制合并报表的，以合并口径填列。

(二) 表内有关指标解释

1．上年数：反映企业截至 2×17 年末通过该融资渠道对外筹集资金的余额。其中股权筹资仅填列上一年度通过发行股票等股权筹资方式筹集资金的余额。

2．本年增加数：反映企业 2×18 年通过该融资渠道对外筹集资金的预计发生额，其中长期筹资有关项目本年增加数包括按《企业会计准则》预计计入相关账户余额的利息费用。

3．本年减少数：反映企业 2×18 年通过偿还或回购等方式减少的该类对外筹资的预计发生额。

4．年末预算数：反映企业截至 2×18 年末预计通过该融资渠道对外筹集资金的余额。

5．筹资费用：反映企业 2×18 年度通过该融资渠道筹集资金预计发生的相关费用支出，包括预计的筹资手续费用和当年发生的股息、利息支出等。

6．短期债券：反映企业预计通过发行短期融资券或者其他短期债券等方式筹集的资金。

7．一年内到期的带息非流动负债：反映企业长期借款、中期票据、应付债券、融资租赁应付款等带息非流动负债将于一年内到期的金额。

8．应付债券：反映企业预计通过发行长期债券方式筹集的资金，包括企业债、普通公司债、可转换公司债、中期票据及各类资产证券化债券等。

9．融资租赁：反映企业预计通过融资租入固定资产方式筹集的资金，根据"长期应付款"项目分析填列。

10．其他带息非流动负债：反映除长期借款、应付债券、融资租赁之外的其他带息非流动负债。

11．股权筹资：反映企业预计通过发行股票、吸收直接投资及其他股权性筹资方式筹集的资金。

12．其他筹资：反映除以上情况之外的其他筹资，包括政府无息贷款等。

表内公式：1 行 = (2+18+20) 行；2 行 = (3+11) 行；3 行 = (4+7) 行；4 行 ≥ (5+6) 行；7 行 ≥ (8+9) 行；9 行 ≥ 10 行；11 行 = (12+15+16+17) 行；12 行 ≥ (13+14) 行；18 行 ≥ 19 行；4 栏 = (1+2-3) 栏。

表12-23　人工成本预算表

2×18年度

编制单位：　　　　　　　　　　　　　　　　　　　　　　　　　　　××企预07表
金额单位：万元

项　目	行次	上年数	本年预算数	增减率（%）	项目	行次	上年数	本年预算数	增减率（%）
一、企业人工成本总额	1				八、工资总额预算管理情况	16	—	—	—
其中：工资总额	2				（一）工资总额	17			
二、从业人员人工成本总额	3				（二）工资总额预算增长额	18	—	—	—
三、职工人工成本总额	4				其中：1. 与效益联动的工资总额增长额	19			
其中：（一）工资总额	5				2. 上年新增人员工资总额调整数	20	—	—	—
（二）保险费用	6				3. 当年新增人员工资总额	21	—	—	—
其中：社会保险费用	7				九、相关人员情况	22	—	—	—
（三）福利费用	8				（一）全年平均从业人员人数（人）	23			
（四）住房费用	9				（二）全年平均在职职工人数（人）	24			
（五）教育培训经费	10				（三）全年平均在岗职工人数（人）	25			
四、在岗职工人工成本总额	11				（四）参加基本养老保险职工人数（人）	26			
其中：工资总额	12				（五）全年平均劳务派遣用工人数（人）	27			
五、支付给内退及下岗职工工资总额	13					28			
六、支付给离退休人员的统筹外费用	14					29			
七、劳务派遣用工费用总额	15					30			

填制说明：

（一）编制方法

1．本表主要反映企业2×18年度的人工成本、工资总额预算管理、职工人数等预算情况。

2．表内"上年数"有关指标根据企业2×17年度财务报表的指标分析填列。

3．表内"本年预算数"有关指标根据企业2×17年度财务报表并结合2×18年度预计情况填列。

4．表内"增减率"有关指标依据表内"上年数"和"本年预算数"由计算机自动计算得出。

5．表内第八部分仅由企业集团层面填列。

（二）表内有关指标解释

1．企业人工成本总额：反映企业预计的在生产、经营和提供劳务活动中各项直接和间接人工费用的总和，不含劳务派遣用工支出（下同）。

2．从业人员人工成本总额：反映企业预计的全部从事生产经营活动人员的人工成本支出总额。

3．职工人工成本总额：反映企业预计的预算年度内人事关系或工资关系在本单位的固定职工及劳动合同制职工的人工成本支出总额。

4．保险费用：反映企业预计的为职工缴纳的各种保险费用。

5．社会保险费用：反映企业预计的为职工缴纳的养老保险、医疗保险、失业保险、工伤保险和生育保险等费用，包括企业上缴社会保险机构的费用和在此费用之外经上级主管部门批准为职工负担的补充养老保险（年金）以及补充医疗保险等。

6．福利费用：反映企业预计的在工资以外给职工个人以及用于集体的福利费用，主要包括企业负担的职工医疗卫生费、计划生育补贴、生活困难补助、集体福利设施、集体福利事业补助支出及丧葬抚恤救济费等。企业为职工负担的基本医疗保险等社会保险费用不在此项反映。

7．住房费用：反映企业预计的为改善职工居住条件而负担的所有费用，包括企业预计为职工负担的住房补贴（包括一次性发放的住房补贴和按月发放的住房补贴）、住房公积金、物业管理费、取暖费、宿舍的折旧费等。已纳入工资总额的住房费用不在本项目重复填列。

8．在岗职工人工成本总额：反映企业预计的预算年度内人事关系或工资关系在本单位、并在工作岗位上的固定职工及劳动合同制职工的人工成本支出总额。

9．支付给内退及下岗职工工资总额：反映企业预计支付给内退及下岗职工的工资总额。

10．支付给离退休人员的统筹外费用：反映企业预计支付给离休、退休人员的统筹外费用，包括养老金、福利费等。

11．劳务派遣用工费用总额：反映企业为将有关工作（如服务性工作）以劳务形式整体外包给劳务派遣单位而支付的费用总额。

12．工资总额预算管理情况：企业按照×××预算年度工资总额预算管理政策和调控要求，并结合预算年度生产经营和用工的预测情况合理预计填列。本部分内容仅由集团总部填列。

13．工资总额：指企业预算年度支付给全部人员的劳动报酬总额，包括全部从业人员的劳动报酬，离岗和内退下岗职工的生活费等。不包括劳务派遣费用。

14．工资总额预算增长额：反映企业基于预算年度主要经济效益指标预测、机构人员调整及人工成本管理需要，预计当年增加的各项工资总额。其中：

（1）与效益联动的工资总额增减额：反映企业基于工资效益联动机制，根据预算年度预计的经济效益指标和×××分行业工资增长调控要求等因素，预计的企业效益工资增减额。

（2）上年新增人员工资总额调整数：反映企业由于上一年度机构调整导致人数及工资总额

的调整数。同时，应在预算情况说明书中说明折合为年人均工资的情况。

（3）当年新增人员工资总额：反映企业预算年度因新建扩建项目、新设立子企业、新兼并收购企业、新减少企业等而导致的企业人员及工资总额的变化数。同时，应在预算情况说明书中说明因不同原因导致人员变化对应增加的工资总额折合为年人均工资的情况。

15．从业人员：指预算年度在本企业实际从事生产经营活动的全部人员，包括：在岗的职工（合同制职工）、临时工及其他聘用、留用的人员，不包括与法人单位签订劳务派遣合同的人员。

16．职工：指预算年度人事关系或工资关系在本单位的固定职工及劳动合同制职工，不包括离休、退休人员等，但包含内退下岗人员。

表内公式：1 行≥2 行；4 行≥（5＋6＋8＋9＋10）行；6 行≥7 行；11 行≥12 行；18 行≥（19＋20＋21）行。

表 12-24　成本费用预算表

2×18 年度

编制单位：　　　　　　　　　　　　　　　　　　　　　　　　　　××企预 08 表

金额单位：万元

项　　目	行次	上年数	本年预算数	增减率（%）	项　　目	行次	上年数	本年预算数	增减率（%）
一、营业成本	1				4. 办公费	21			
其中：主营业务成本	2				5. 租赁费	22			
二、金融企业营业成本	3				（三）财务费用	23			
三、营业税金及附加	4				其中：1. 利息支出	24			
其中：主营业务税金及附加	5				2. 利息收入	25	—	—	—
四、期间费用	6				3. 汇兑净损失（收益以"-"列示）	26			
（一）销售费用	7				五、勘探费用	27			
其中：1. 运输费	8				成本费用合计	28			
2. 广告费	9				六、专项支出情况	29	—	—	—
3. 销售服务费	10				（一）折旧费用	30			
4. 职工薪酬	11				（二）利息支出总额	31			
其中：职工工资	12				（三）差旅费用	32			
5. 业务经费	13				（四）节能减排支出	33			
6. 委托代销手续费	14				（五）安全生产支出	34			
7. 修理费	15				（六）科技费用	35			
（二）管理费用	16				其中：研究开发费用	36			
其中：职工薪酬	17				其中：企业自筹金额	37			
其中：职工工资	18				确认为无形资产的开发支出	38			
2. 业务招待费	19				（七）费助支出	39			
3. 差旅费	20				（八）信息化支出	40			

填制说明：

（一）编制方法

1．本表主要反映企业 2×18 年度的成本费用、专项支出等预算情况。

2．表内"上年数"有关指标根据企业 2×17 年度财务报表的指标分析填列。

3．表内"本年预算数"有关指标根据企业 2×17 年度财务报表并结合 2×18 年度预计情况填列。

4．表内"增减率"有关指标依据表内"上年数"和"本年预算数"由计算机自动计算得出。

5．表内未作解释内容以《企业会计准则》规定为准。

6．编制合并报表的，以合并口径填列。

（二）表内有关指标解释

1．营业成本：反映企业经营主要业务和其他业务所确认的成本总额。根据"主营业务成本"和"其他业务成本"科目的发生额填列。金融子企业不填列本项目。

2．折旧费用：反映企业预计年度在成本费用中列支的折旧费用总额。

3．利息支出总额：反映企业预计年度发生的利息支出总额，包括费用化的利息支出和资本化的利息支出。

4．差旅费用：反映企业预计年度在成本费用中列支的差旅费用总额。

5．节能减排支出：反映企业预计年度用于节约能源，减少废水、废气、废渣等排放的各项支出。

6．安全生产支出：反映企业预计年度因完善和改进安全设施建设、安全防护品配备等增加发生的各项支出费用。

7．科技支出：反映企业预计年度发生的用于科研技术等方面的支出，包括企业自行研究开发费用支出和购买新技术、新设备支出等。

8．研究开发费用：反映计入当期损益的研究开发支出。

9．确认为无形资产的开发支出：反映企业预计年度发生的资本化研究开发支出金额，根据"研发支出—资本化支出"科目分析填列。

10．企业自筹金额：反映企业预计年度从"科技支出"中剔除国家纵向拨款以及企业横向之间委托研发来款后的金额。

11．赞助支出：反映企业预计年度发生的用于非公益性活动的赞助支出。

12．信息化支出：反映企业预计年度在信息化建设方面的投入。

表内公式：1 行≥2 行；4 行≥5 行；6 行=（7+16+23）行；7 行≥（8+9+10+11+13+14+15）行；11 行≥12 行；16 行≥（17+19+20+21+22）行；17≥18 行；23 行≥（24-25+26）行（合理性）；28 行=（1+3+4+6+27）行；31 行≥24 行；35 行≥36 行；35 行≥37 行。

表 12-25　利润预算表

2×18 年度

编制单位：　　　　　　　　　　　　　　　　　　　　　　　　　金额单位：万元　　××企预 09 表

项　目	行　次	上年数	本年预算数	增减率（%）
一、营业总收入	1			
其中：主营业务收入	2			
其他业务收入	3			
二、营业总成本	4			
其中：主营业务成本	5			
其他业务成本	6			
营业税金及附加	7			
销售费用	8			
管理费用	9			
财务费用	10			
资产减值损失	11			
其他	12			
加：公允价值变动收益（损失以"-"填列）	13			
投资收益（损失以"-"填列）	14			
其中：对联营企业和合营企业的投资收益	15			
三、营业利润（亏损以"-"填列）	16			
加：营业外收入	17			
减：营业外支出	18			
四、利润总额（亏损总额以"-"填列）	19			
减：所得税费用	20			

续表

项目	行次	上年数	本年预算数	增减率（%）
五、净利润（净亏损以"-"填列)*	21			
减：少数股东损益*	22			
六、归属于母公司所有者的净利润	23			
七、提取法定盈余公积金	24			
八、应上交国家利润（国家股利）	25			

注：表中带 * 科目为合并会计报表专用。

填制说明：

（一）编制方法

1．本表反映企业2×18年度预计实现利润（亏损）及应上交国家利润等情况。

2．表内"上年数"有关指标根据企业2×17年度财务报表的指标分析填列。

3．表内"本年预算数"有关指标根据企业2×17年度财务报表并结合2×18年度预计情况填列。

4．表内"增减率"有关指标依据表内"上年数"和"本年预算数"由计算机自动计算得出。

5．表内"少数股东损益"仅由编制合并预算报表的集团企业填列。

6．表内未作解释内容以《企业会计准则》规定为准。

7．编制合并报表的，以合并口径填列。

（二）表内有关指标解释

1．营业总收入：反映企业2×18年度销售商品、提供劳务等主要业务和其他业务活动预计产生的收入总额。营业总收入包含金融子企业的收入总额，其中主营业务收入和其他业务收入项目仅反映非金融企业的收入情况，金融子企业单独填列（营业总成本填列口径与营业总收入一致）。

2．资产减值损失：反映企业年度各项资产预计发生的减值损失。

3．其他：仅反映石油石化企业的勘探费用。

4．公允价值变动收益：反映企业计入当期损益的资产或者负债预计公允价值变动收益，如为净损失，以"–"号填列。

5．投资收益：反映企业以各种方式对外投资所取得的预计收益，如为投资损失，以"–"号填列。

6．提取法定盈余公积金：反映企业按照规定预计提取的法定盈余公积金。

7．应上缴国家利润（国家股利）：反映企业根据有关国有资本收益管理办法，预计应上缴国家的年度利润（国家股利）金额。仅由企业集团总部填列。

表内公式：1行≥（2+3）行；4行≥（5+6+7+8+9+10+11+12）行；14行≥15行（合理性）；16行=（1-4+13+14）行；19行=（16+17-18）行；21行=（19-20）行；23行=（21-22）行；若封面"报表类型码"为0或2或3或4或5，22行=0（合理性）。

表间公式：5行=××企预08表2行；7行=××企预08表4行；8行=××企预08表7行；9行=××企预08表16行；10行=××企预08表23行；12行=××企预08表27行。

表 12-26 现金流量预算表

2×18 年度

编制单位：　　　　　　　　　　　　　　　　　　　　　　　　　　　　　　　　　　　　××企预 10 表
金额单位：万元

项　目	行次	上年数	本年预算数	增减率（%）
一、经营活动产生的现金流量：	1	—	—	—
销售商品、提供劳务收到的现金	2			
其他经营活动现金流入	3			
经营活动现金流入小计	4			
购买商品、接受劳务支付的现金	5			
其他经营活动现金流出	6			
经营活动现金流出小计	7			
经营活动产生的现金流量净额	8			
二、投资活动产生的现金流量：	9	—	—	—
收回投资收到的现金	10			
处置固定资产、无形资产和其他长期资产收回的现金净额	11			
处置子公司及其他营业单位收到的现金净额	12			
其他投资活动现金流入	13			
投资活动现金流入小计	14			
购建固定资产、无形资产和其他长期资产支付的现金	15			
投资支付的现金	16			
取得子公司及其他营业单位支付的现金净额	17			
支付的其他与投资活动有关的现金	18			
投资活动现金流出小计	19			
投资活动产生的现金流量净额	20			

续表

项目	行次	上年数	本年预算数	增减率（%）
三、筹资活动产生的现金流量：				
吸收投资收到的现金	21			
取得借款收到的现金	22			
发行债券收到的现金	23			
收到其他与筹资活动有关的现金	24			
筹资活动现金流入小计	25			
偿还债务支付的现金	26			
分配股利、利润或偿付利息支付的现金	27			
支付其他与筹资活动有关的现金	28			
筹资活动现金流出小计	29			
筹资活动产生的现金流量净额	30			
四、汇率变动对现金及现金等价物的影响	31			
五、现金及现金等价物净增加额	32			
加：期初现金及现金等价物余额	33			
六、期末现金及现金等价物余额	34			
	35	—	—	—

填制说明：

（一）本表反映企业 2×18 年度现金和现金等价物预计流入和流出情况。

（二）表内"上年数"有关指标，根据企业 2×17 年度财务报表的指标分析填列。

（三）表内"本年预算数"有关指标，根据企业 2×17 年度财务报表并结合 2×18 年度预计情况填列。

（四）表内"增减率"有关指标，依据表内"上年数"和"本年预算数"由计算机自动计算得出。

（五）其他经营活动产生的现金流入：反映除"销售商品、提供劳务收到的现金"外的经营活动产生的现金流入汇总数。

（六）其他经营活动产生的现金流出：反映除"购买商品、接受劳务支付的现金"外的经营活动产生的现金流出汇总数。

（七）其他投资活动产生的现金流入：反映除表上所列项目外的投资活动产生的现金流入汇总数。

（八）表内未作解释内容以《企业会计准则》规定为准。

（九）编制合并报表的，以合并口径填列。

表内公式：4 行 =（2+3）行；7 行 =（5+6）行；8 行 =（4-7）行；14 行 =（10+11+12+13）行；19 行 =（15+16+17+18）行；20 行 =（14-19）行；26 行 =（22+23+24+25）行；30 行 =（27+28+29）行；31 行 =（26-30）行；33 行 =（8+20+31+32）行；35 行 =（33+34）行；35 行 1 栏 = 34 行 2 栏。

表 12-27 资产负债预算表

编制单位：　　　　　　　　　　　　2×18年12月31日　　　　　　　　　　××全预11表

金额单位：万元

项目	行次	上年数	本年预算数	增减率（%）	项目	行次	上年数	本年预算数	增减率（%）
流动资产：					流动负债：				
货币资金	1	—	—	—	短期借款	40	—	—	—
交易性金融资产	2				交易性金融负债	41			
应收票据	3				应付票据	42			
应收账款	4				应付账款	43			
预付账款	5				预收账款	44			
应收股利	6				应付职工薪酬	45			
应收利息	7				其中：应付工资	46			
其他应收款	8				应付福利费	47			
存货	9				应交税费	48			
其中：原材料	10				其中：应交税金	49			
库存商品（产成品）	11				应付利息	50			
一年内到期的非流动资产	12				应付股利	51			
其他流动资产	13				其他应付款	52			
流动资产合计	14				一年内到期的非流动负债	53			
非流动资产：	15				其他流动负债	54			
可供出售金融资产	16	—	—	—	流动负债合计	55			
持有至到期投资	17				非流动负债：	56			
长期应收款	18				长期借款	57	—	—	—
长期股权投资	19				应付债券	58			
投资性房地产	20				长期应付款	59			
固定资产原价	21				专项应付款	60			
	22					61			

续表

项目	行次	上年数	本年预算数	增减率(%)	项目	行次	上年数	本年预算数	增减率(%)
减：累计折旧	23				预计负债	62			
固定资产净值	24				递延所得税负债	63			
减：固定资产减值准备	25				其他非流动负债	64			
固定资产净额	26				非流动负债合计	65			
在建工程	27				负债合计	66			
工程物资	28			—	所有者权益（或股东权益）：	67			
固定资产清理	29				实收资本（股本）	68			
生产性生物资产	30				资本公积	69			
油气资产	31				减：库存股	70			
无形资产	32				专项储备	71			
开发支出	33				盈余公积	72			
商誉	34				未分配利润	73			
长期待摊费用	35				外币报表折算差额	74			
递延所得税资产	36				归属于母公司所有者权益合计	75			
其他非流动资产	37				少数股东权益*	76			
非流动资产合计	38				所有者权益合计	77			
资产总计	39				负债和所有者权益总计	78			

注：表中带 * 科目为合并会计报表专用。

表内公式：10 行≥（11+12）行（合理性）；15 行=（2+3+4+5+6+7+8+9+10+13+14）行；24 行=（22-23）行；26 行=（24-25）行；38 行=（17+18+19+20+21+26+27+28+29+30+31+32+33+34+35+36+37）行；39 行=（15+38）行；46 行≥（47+48）行；49 行≥50 行；56 行=（41+42+43+44+45+46+49+51+52+53+54+55）行；65 行=（58+59+60+61+62+63+64）行；66 行=（56+65）行；75 行=（68+69-70+71+72+73+74）行；77 行=（75+76）行；78 行=（66+77）行；若封面"报表类型码"为 0 或 2 或 3 或 4 或 5，76=0（合理性）；39 行=78 行。

表间公式：41 行上年数=××企预 06 表 4 行上年数；41 行本年预算数=××企预 06 表 4 行本年末预算数；58 行上年数=××企预 06 表 12 行上年数；58 行本年预算数=××企预 06 表 12 行本年末预算数；59 行上年数=××企预 06 表 15 行上年数；59 行本年预算数=××企预 06 表 15 行本年末预算数。

填制说明：
（一）编制方法
1．本表反映企业2×18年末资产、负债及所有者权益的预算情况。
2．表内"上年数"有关指标，根据企业2×17年度财务报表分析填列。
3．表内"本年预算数"有关指标，根据企业2×17年度财务报表并结合2×18年度预计情况分析填列。
4．表内"增减率"有关指标，依据表内"上年数"和"本年预算数"由计算机自动计算得出。
5．表内"少数股东权益"仅由编制合并预算报表的集团企业填列。
6．表内未作解释内容以《企业会计准则》规定为准。
7．编制合并报表的，以合并口径填列。
（二）表内有关指标解释
1．交易性金融资产：根据"交易性金融资产"科目的预计期末余额填列。
2．预付款项：根据"预付账款"和"应付账款"科目的预计期末借方余额合计数，减去"坏账准备"科目中有关预付款项计提的坏账准备预计期末余额后的金额填列。
3．存货：根据"存货"下设各明细科目预计期末余额合计数，减去"存货跌价准备"科目预计期末余额后的净额填列。
4．其他流动资产：根据企业除货币资金、交易性金融资产、应收票据、应收账款、存货等流动资产以外的其他流动资产预计期末余额填列。
5．可供出售金融资产：根据"可供出售金融资产"科目的预计期末余额，减去"可供出售金融资产减值准备"科目预计期末余额后的净额填列。
6．持有至到期投资：根据"持有至到期投资"科目的预计期末余额，减去"持有至到期投资减值准备"科目预计期末余额后的净额填列。
7．长期股权投资：根据"长期股权投资"科目的预计期末余额，减去相关"长期股权投资减值准备"明细科目预计期末余额后的净额填列。
8．投资性房地产：反映企业持有的投资性房地产。企业采用成本模式计量投资性房地产的，本项目应根据"投资性房地产"科目的预计期末余额，减去"投资性房地产累计折旧（摊销）"和"投资性房地产减值准备"科目预计期末余额后的净额填列；企业采用公允价值模式计量投资性房地产的，本项目根据"投资性房地产"科目的预计期末余额填列。
9．无形资产：根据"无形资产"科目预计期末余额，减去"累计摊销"和"无形资产减值准备"科目预计期末余额后的净额填列。
10．开发支出：根据"研发支出"科目项下的"资本化支出"明细科目预计期末余额填列。
11．商誉：反映企业合并中形成的商誉价值，根据"商誉"科目的预计期末余额，减去相应减值准备后的净额填列。
12．其他非流动资产：根据企业除长期股权投资、固定资产、在建工程、工程物资、无形资产等资产以外的其他非流动资产预计期末余额填列。
13．预收款项：根据"预收账款"和"应收账款"科目的预计期末贷方余额合计数填列，如"预收账款"科目预计期末有借方余额，应在资产负债预算表"应收账款"项目内填列。
14．应付职工薪酬：根据"应付职工薪酬"科目的预计期末贷方余额填列，其中"应付工资"和"应付福利费"根据"应付职工薪酬"科目所属明细科目的预计期末余额填列。
15．库存股：反映企业持有尚未转让或注销的本公司股份金额，根据"库存股"科目的预计期末余额填列。
16．专项储备：反映高危行业企业按照国家规定提取的安全生产费、维简费等专项储备的预计期末余额，根据"专项储备"科目的预计期末贷方余额填列。

表 12-28 对外捐赠支出预算表

2×18 年度

编制单位：　　　　　　　　　　　　　　　　　　　　　　　　　　　　　　　　××企预 12 表
金额单位：万元

序号	捐赠单位	受赠对象	捐赠性质	是否为经常性项目	捐赠金额	备注
栏次	1	2	3	4	5	6
合计	—	—	—	—		—

填制说明：

（一）编制方法

1. 本表反映企业2×18年度各类对外捐赠支出情况，企业应逐笔填列预计发生的捐赠支出。

2. 本表由企业负责对外捐赠管理的部门根据企业对外捐赠的预计支出情况填列，财务部门负责审核。

（二）表内有关指标解释

"捐赠性质"栏按以下项目选择填列：1. 向受灾地区捐赠；2. 向定点扶贫地区捐赠（扶贫）；3. 援助新疆地区（援疆）；4. 援助西藏地区（援藏）；5. 其他定点援助地区；6. 向残疾人事业捐赠（助残）；7. 向教育事业捐赠（助学）；8. 向医疗卫生事业捐赠；9. 向文化体育事业捐赠；10. 向环境保护事业捐赠；11. 向节能减排事业捐赠；12. 向社会公共设施建设捐赠；13. 其他公益救济和公共福利事业捐赠；14. 其他捐赠。其中：向社会公共设施建设捐赠、其他公益救济和公共福利事业捐赠、其他捐赠应在备注栏注明具体项目。

"是否为经常性项目"反映是否为每年都发生的对外捐赠支出项目，按以下项目选择填列：1. 是；2. 否。

表内公式：5栏合计行＝各浮动行之和。

表 12-29　经济增加值预算表

编制单位：　　　　　　　　　　　　　　2×18 年度　　　　　　　　　　　　　　××企预 13 表
金额单位：万元

项　目	行次	上年数	本年预算数	增减率（%）
经济增加值（EVA）	1			
一、税后净营业利润	2			
其中：净利润	3			
加：利息支出	4			
研究开发费用调整项	5			
其中：在管理费用中核算的研究与开发费	6			
当期确认为无形资产的研究开发支出	7			
勘探费用	8			
所得税税率（%）	9		25%	
二、资本成本	10			
其中：调整后资本	11			
平均所有者权益	12			
加：平均负债	13			
减：平均无息流动负债	14			
其中：应付票据	15			
应付账款	16			
预收款项	17			
应交税费	18			
应付利息	19			
应付职工薪酬	20			
应付股利	21			

续表

项　目	行　次	上年数	本年预算数	增减率（％）
其他应付款	22			
其他流动负债	23			
专项应付款	24			
特种储备基金	25			
平均在建工程	26			
三、平均资本成本率（5.5%、4.1%或上浮0.5个百分点）	27			

填制说明：

（一）编制方法

1．本表反映企业2×18年度预计经济增加值（EVA）完成情况，根据《××企业负责人经营业绩考核暂行办法》（×××令第30号）有关规定及其他相关资料分析填列。

2．本表仅由集团总部填列。

3．表内"上年数"有关指标根据企业2×17年度财务报表相关指标分析填列。

4．表内"本年预算数"有关指标根据企业2×17年度财务报表并结合2×18年度预计情况分析填列。

5．表内"增减率"有关指标依据表内"上年数"和"本年预算数"由计算机自动计算得出。

（二）表内有关指标解释

1．经济增加值：是指税后净营业利润减去资本成本后的余额，等于"税后净营业利润－调整后资本×平均资本成本率"。

2．税后净营业利润：等于"净利润+（利息支出+研究开发费用调整项）×（1－25%）"。

3．利息支出：是指"财务费用"项下的"利息支出"。

4．调整后资本：等于"平均所有者权益+平均负债－平均无息流动负债－平均在建工程"。

5．勘探费用：仅由经×××认定的石油石化等企业据实填列，其他企业均应填0。

6．平均无息流动负债：根据"应付票据""应付账款""预收款项""应交税费""应付利息""应付职工薪酬""应付股利""其他应付款""其他流动负债"等科目分析填列。其中"其他流动负债"中不含短期融资券等带息流动负债。

7．平均在建工程：指企业财务报表中的符合主业规定的"在建工程"。

8．平均资本成本率：××企业资本成本率原则上定为5.5%，但对军工等资产通用性较差的企业，资本成本率定为4.1%；资产负债率在75%以上的工业企业和80%以上的非工业企业，资本成本率上浮0.5%。企业根据与×××综合局沟通确定的资本成本率据实填列。

表内公式：1行=（2-10）行；2行=[3+（4+5）×（1-25）%]行；5行=（6+7+8）行；10行=（11×27）行；11行=（12+13-14-26）行；14行=（15+16+17+18+19+20+21+22+23+24+25）行。

表间公式：3行2列=××企预09表21行本年预算数；4行2列=××企预08表24行本年预算数；7行2列=××企预08表38行本年预算数；8行2列=××企预08表27行本年预算数×50%；12行2列=××企预11表77行（上年数+本年预算数）/2；13行2列=××企预11表66行（上年数+本年预算数）/2；15行2列=××企预11表43行（上年数+本年预算数）/2；16行2列=××企预11表44行（上年数+本年预算数）/2；17行2列=××企预11表45行（上年数+本年预算数）/2；18行2列=××企预11表49行（上年数+本年预算数）/2；19行2列=××企预11表51行（上年数+本年预算数）/2；20行2列=××企预11表46行（上年数+本年预算数）/2；21行2列=××企预11表52行（上年数+本年预算数）/2；22行2列=××企预11表53行（上年数+本年预算数）/2；24行2列=××企预11表61行（上年数+本年预算数）/2；26行2列=××企预11表27行（上年数+本年预算数）/2。

表 12-30 2×18 年度主要指标预报表

编制单位：　　　　　　　　　　　　　　　2×18 年度　　　　　　　　　　　　　　　××企预补 01 表
金额单位：万元

项　目	行次	2×17 年预计完成数	2×18 年初步预算数	增减率（%）
一、营业总收入	1			
其中：主营业务收入	2			
其他业务收入	3			
二、营业总成本	4			
其中：主营业务成本	5			
其他业务成本	6			
营业税金及附加	7			
销售费用	8			
管理费用	9			
财务费用	10			
资产减值损失	11			
加：公允价值变动收益（损失以"-"填列）	12			
投资收益（损失以"-"填列）	13			
三、营业利润	14			
加：营业外收入	15			
减：营业外支出	16			
四、利润总额	17			
五、净利润（净亏损以"-"填列）	18			
减：少数股东损益*	19			
六、归属于母公司所有者的净利润	20			

续表

项　　目	行　次	2×17年预计完成数	2×18年初步预算数	增减率（%）
七、应上交国家利润（国家股利）	21			
八、科技支出	22			
其中：研究开发费用	23			

注：表中带 * 科目为合并会计报表专用。

填制说明：

（一）本表反映企业2×18年度主要指标的预计情况，由企业根据2×17年财务快报及2×18年业务发展等预计情况编制，并于2×17年11月15日前上报×××。

（二）表内"2×17年预计完成数"有关指标根据企业2×17年度财务快报相关指标及预计情况填列。

（三）表内"2×18年初步预算数"有关指标根据企业2×17年度财务快报相关指标并结合企业2×18年业务发展等情况预计填列。

（四）表内"增减率"有关指标依据表内"2×17年预计完成数"和"2×18年初步预算数"由计算机自动生成。

（五）编制合并报表的，以合并口径填列。

表内公式：1行≥(2+3)行；4行≥(5+6+7+8+9+10+11)行；14行=(1-4+12+13)行；17行=(14+15-16)行；20行=(18-19)行；22行≥23行。

表12-31 2×18年度预算调整主要指标表

编制单位：　　　　　　　　　　　　2×18年度　　　　　　　　　　　　××金预补02表
金额单位：万元

项　目	行次	本年预算上报数	调整后本年预算数	调整数	调整比例（％）
一、营业总收入	1				
其中：主营业务收入	2				
其他业务收入	3				
二、营业总成本	4				
其中：主营业务成本	5				
其他业务成本	6				
营业税金及附加	7				
销售费用	8				
管理费用	9				
财务费用	10				
资产减值损失	11				
加：公允价值变动收益（损失以"-"填列）	12				
投资收益（损失以"-"填列）	13				
三、营业利润	14				
加：营业外收入	15				
减：营业外支出	16				
四、利润总额	17				
五、净利润（净亏损以"-"填列）	18				
减：少数股东损益*	19				
六、归属于母公司所有者的净利润	20				
七、资产总额	21				

续表

项　　目	行　次	本年预算上报数	调整后本年预算数	调整数	调整比例（%）
八、负债总额	22				
九、所有者权益总额	23				
十、固定资产投资额	24				
十一、对外筹资余额	25				
其中：银行借款	26				
十二、工资总额	27				
十三、科技支出	28				
其中：研究开发费用	29				

注：表中带 * 科目为合并会计报表专用。

填制说明：

（一）本表反映企业 2×18 年度预算主要指标的调整情况。当企业面临的市场、政策等发生较大变动或因不可抗力的发生对企业造成重大影响时，可根据实际生产经营情况及未来市场、政策的变化或不可抗力的预计影响等调整预算，并根据调整情况填列本表。

（二）表内"本年预算上报数"有关指标根据企业已经上报的 2×18 年度预算报表相关指标填列。

（三）表内"调整后本年预算数"有关指标反映预算调整结果情况，按预算调整后相关指标填列。

（四）表内"调整数""调整比例"由计算机自动生成。

（五）编制合并报表的，以合并口径填列。

表内公式：1 行≥（2+3）行；4 行≥（5+6+7+8+9+10+11）行；14 行=（1-4+12+13）行；17 行=（14+15-16）行；20 行=（18-19）行；25 行≥26 行；28 行≥29 行。

表 12-32　主要分析指标表（计算机自动生成）

编制单位：　　　　　　　　　　　　　2×18 年度

项目名称	行次	本年预算数	项目名称	行次	本年预算数
一、效益指标：			（三）流动资产周转率（次）	20	
（一）净资产收益率（含少数股东权益）(%)	1	—	（四）存货周转率（次）	21	
（二）净资产收益率（不含少数股东权益）(%)	2		（五）应收账款周转率（次）	22	
（三）营业收入增长率(%)	3		（六）存货占流动资产比率(%)	23	
（四）主营业务收入增长率(%)	4		（七）应收账款占主营业务收入比率(%)	24	
（五）利润增长率(%)	5		（八）速动比率	25	
（六）营业报酬率(%)	6		（九）流动比率	26	
（七）总资产报酬率(%)	7		（十）资产负债率(%)	27	
（八）资产收益率(%)	8		（十一）现金流动负债比率(%)	28	
（九）已获利息倍数	9		（十二）带息负债比率(%)	29	
（十）盈余现金保障倍数	10		（十三）资本积累率(%)	30	
（十一）营业利润率(%)	11		（十四）固定资产投资占营业收入比率(%)	31	
（十二）成本费用利润率(%)	12		三、职工人均指标：	32	—
（十三）成本费用占主营业务收入比率(%)	13		（一）职工人均利润（元/人）	33	
（十四）人工成本占主营业务收入比率(%)	14		（二）职工人均工资（元/人）	34	
（十五）人工成本利润率(%)	15		（三）从业人员人均人工成本（元/人）	35	
二、资产运行状况指标：	16	—	四、科技投入指标：	36	—
（一）资产增长率(%)	17		技术投入比率(%)	37	
（二）总资产周转率（次）	18			38	
	19				

二、预算情况说明书

预算情况说明书是对年度预算报表的补充说明,是评估预算报表编制质量的重要依据,是年度预算报表的重要组成部分。企业预算情况说明书由企业集团和所属二级及二级以下重要子企业分别编写。

(一)企业预算情况说明书内容提要

1. 本年度预算编制基础

(1)企业编制年度预算所选用的会计政策,说明折旧率、资产减值等重大会计政策及会计估计发生变更的原因,对损益的影响金额。

(2)对于《企业会计准则》允许以公允价值计量的资产或负债,需说明是否考虑公允价值变动影响。凡是考虑公允价值变动影响的企业,应按资产及负债的类别逐项说明影响的金额及原因。凡是不考虑公允价值变动影响的企业,应说明理由。

(3)年度预算报表的合并范围说明,未纳入及新纳入年度预算报表编制范围的子企业名单、级次、原因以及对预算的影响等情况。

(4)对预算年度宏观经济形势的总体预测与分析,说明企业编制预算的宏观经济形势基础。

2. 本年度预算编制情况

(1)业务预算。业务预算是企业编制年度预算的基础,企业应在深入开展业务板块分析、重要子企业调查的基础上,对主要业务板块的发展趋势及生产经营情况进行客观的预测,对企业产生重大影响的生产经营决策进行说明。至少应包括以下内容:

1)通过对国内外宏观经济形势的研究与预测,说明宏观经济形势对企业生产经营和经济效益的影响。

2)从行业发展阶段与趋势、能源、原材料及主要产品价格、市场供求关系、行业监管政策等方面,说明行业经济形势变化对本企业的影响。

3)结合本企业整体战略规划、所处行业地位、市场供求关系及价格变动等情况,按主要业务板块说明生产经营指标增减变动情况和收入、成本等变动情况,以及指标变动对企业效益的影响程度等。

(2)投资预算。

1)说明企业预算年度内拟安排的重大固定资产投资项目(前十项)的目的、总规模、预期收益及预计实施年限等情况,对于资金来源与资金保障情况应重点说明。其中:对于重大新开工项目,还应结合企业对未来一定时期宏观经济形势和行业形势的判断,分析说明投资的依据与理由。

对于非主业投资占总投资的比重超过10%、自有资金占总投资的比重低于30%的固定资产投资,应予以详细分项说明。

对于境外固定资产投资项目,应予以详细分项说明。

2)说明企业预算年度拟计划实施的重大长期股权投资情况,具体包括:投资目的、预计投资规模、资金来源、持股比例、预计收益等情况;逐项说明预算年度拟实施收购项目的目的、收购方式,以及对企业生产经营和债务结构产生的影响。如有境外收购及投资项目的,应按上述项目逐项说明。

说明预算年度拟清理的长期股权投资,以及拟采取的清理手段和措施。

3)分类说明企业预算年度内拟安排的债券、股票、基金等风险业务的资金占用规模、资金来源和预计投资回报率等情况。

4）分类说明企业预算年度内拟开展金融衍生业务计划安排，包括选择的品种、交易规模、资金额度、交易场所、交易对手、交易策略、保值效果及风险控制等情况。

（3）筹资预算。说明企业预算年度内拟安排的重大筹资项目目的、筹资规模、筹资方式和筹资费用等情况，分析筹资行为对企业财务费用增长、债务结构以及资产负债率、速动比率及带息负债比率等财务指标带来的影响。如企业资产负债率连续增长且处于行业较高水平，应说明原因及控制措施。凡纳入我委债务风险重点关注范围的企业，筹资预算应与债务风险控制目标相衔接。

（4）资金预算。预算年度内资产负债及现金流量情况，重点说明经营性现金流量变化情况，同时结合当前信贷政策从紧、融资成本攀升的实际情况，综合考虑投资和筹资产生的现金流量变化，说明企业为保障资金安全所采取的具体应对措施。如加强应收款项回收管理、提高库存流动性、跟踪高负债子企业和亏损企业、加强重大工程项目资金管控等。

（5）费用预算。

1）预算年度期间费用发生情况，具体说明销售费用、管理费用和财务费用的预计发生金额、年度增减变动情况，以及本年度拟采取的费用增长控制措施及落实方法。对期间费用中前十项费用的名称、金额、与上年增减变动情况、变动原因等，应进行逐项说明。

2）预算年度企业人工成本情况，具体包括：预算年度内企业人工成本支出情况、人工成本占营业收入及成本费用比重变动情况、职工数量变化情况等。如果人工成本总额、人均人工成本或工资增幅超过收入及利润增幅，应详细说明原因。

3. 预算年度重大事项说明

（1）预算年度内拟出售固定资产、债务重组等重大营业外收支项目的原因、金额、对象、方式等情况。

（2）说明企业预算年度内担保、抵押等或有事项的规模控制情况，并说明对逾期担保等或有事项拟采取的清理措施。

（3）详细说明企业预算年度内对外捐赠支出项目、支出规模、支出方案等预算安排情况，并对上年度捐赠预算执行情况及实施情况进行总结。

（4）其他需要说明的情况。

4. 可能影响预算指标的事项说明

可能影响预算指标的事项说明是企业对预算年度可能对现有预算产生重大不确定影响事项的说明，如国家宏观经济形势和政策的变化、国际政治经济形势的变化、企业决策中的重大不确定事项等。企业应当充分说明各种不确定性因素可能对企业主要预算指标的影响程度，并对其进行敏感性分析等。

5. 预算执行的保障和监督措施

预算执行的保障和监督措施指企业在预算执行过程中，确保预算执行的有关制度保障和跟踪、监督、评价、考核等措施。

6. 其他需要说明的情况

（二）集团所属二级及二级以下重要子企业预算情况说明书内容提要

集团所属二级子企业预算报表情况说明书，应结合企业实际情况，至少包括以下主要内容：

（1）企业基本情况。说明本企业治理与组织结构；集团对本企业的发展定位，如为利润中心还是成本中心等；本企业所处行业、经营范围、主要业务板块、收入及利润占集团的比例等。

（2）本年度预算编制基础及生产经营情况。参考企业集团预算编制基础、生产经营情况等进行说明。

（3）预算年度主要指标情况。

1）作为集团利润中心或生产中心的企业，说明集团下达的主要收入和利润目标，以及与上年度预计完成情况的增减变化原因、金额，提出为完成上述目标企业拟采取的重大生产经营举措。

2）作为集团成本中心的企业，应逐项说明集团下达的主要成本费用控制目标，与上年度的增减变化原因、金额，以及企业拟采取的完成措施等。

3）作为集团其他定位的企业，应结合实际情况说明。

（4）预算年度重大事项说明。参考企业集团预算年度投资、筹资、资金等重大事项进行说明。

（5）预算年度主要财务指标说明。参考企业集团预算年度主要财务指标说明。

（6）可能影响预算指标的说明和其他需要说明的事项。

三、预算工作总结及改进措施

预算工作总结及改进措施内容提要包括以下内容：

（1）上年度预算工作开展情况。回顾上年度预算工作组织、编制、执行、监督、考核等方面取得的成效和存在的问题，结合×××对上年度预算的反馈意见，对上年度预算工作开展情况进行总结。

（2）上年度预算调整情况。对上年度预算调整情况进行说明，其中至少应包括主要财务及生产经营指标调整情况和调整原因等，调整原因包括市场形势变化、合并范围变化、会计政策调整、会计估计变更、公允价值变动等对损益和资产负债产生重大影响的事项。

（3）上年度预算完成情况。对上年度预算完成情况进行总结，一是分主要业务板块对上年度预算完成情况进行分析说明；二是对重要财务指标的实际完成数与调整后的预算数差异原因进行说明，其中至少应包括主营业务收入、主营业务成本、期间费用、利润总额等项目的差异原因说明，不得简单地以数字罗列。如果投资、筹资、人工成本等实际发生额与年初预算存在重大差异的，也应一并说明。

（4）本年度预算工作改进情况。结合上年度预算工作总结，重点说明本年度预算管理在工作组织、流程、标杆管理、关键指标选用等方面的改进情况及取得的成效。同时，结合管理提升活动，对企业全面预算管理提升工作中发现的短板、已采取或拟采取的改进措施、预期持续改进的目标、具体落实部门、时间节点等进行说明。

第 13 章

企业财务监控管理

第一节 财务监督

企业财务监督是指有关国家机关、社会中介机构、企业内部机构及其人员，根据法律、行政法规、部门规章以及企业内部制度的规定，对企业财务活动进行检查、控制、督促和处理处罚等活动的总称。

一、财务监督的主体和内容

企业财务监督的主体一般需要通过法律规范、企业章程及企业内部制度取得合法的监督权，主要有外部监督的行政机关、社会中介机构，以及内部监督的投资者和经营者。不同财务监督主体，其监督权力和监督内容不同。

1. 投资者监督及其内容

各级人民政府及其部门、机构，企业法人，其他组织或自然人等，是企业的投资者。监事会或者监事人员监督是投资者实施财务监督的重要形式。投资者的财务监督内容，可以涵盖资金筹集、资产营运、成本控制、收益分配、重组清算、信息管理等所有财务活动。但需要强调的是，投资者行使监督权力应当符合企业法人治理结构的要求，并通过特定的机构（如监事会）或者内部程序履行相关职责。

2. 经营者监督及其内容

企业经理、厂长或者实际负责经营管理的其他领导成员，统称为经营者。他们对企业生产经营承担直接的责任，通过内部财务控制、会计核算、内部审计、预算执行考核等方式、方法，对企业财务运行进行全方位、全过程监督，确保完成经营计划和财务目标。

在内部财务监督方面，企业可以按照法律规范或者根据其自身情况，设置内部机构或人员，如职工代表大会、内部审计委员会、财务总监等，并相应赋予其一定的财务监督权。

3. 行政机关监督及其内容

根据我国法律法规的规定，对企业财务活动履行监督职责的行政机关有：财政机关、审计机关、税务机关、银行业监管机构、保险业监管机构及证券业监管机构等。

上述行政机关根据各自职责，从不同方面对企业相关财务活动实施监督。

按照《公司法》《全民所有制工业企业法》《中外合资经营企业法》《中外合作经营企业法》等市场主体法的规定及各部门职责分工，国务院财政部门负责制定统一的财务制度，因此，其财务监督具有基础性和普遍性的特点，财政部门在整个财务监督体制中处于基础地位。其他行政机关应当以国家统一的财务制度为基础，在法定职权范围内有所侧重地实施财务监督。为了降低行政监督成本、实施有效的外部监督，应当探索建立财务监督行政机关之间沟通、协作机制，避免交叉监督、重复监督。

就企业财务监督的内容而言,主管财政机关财务监督主要包括以下内容:
(1)监督企业按照《企业财务通则》等国家统一财务规定,建立健全内部财务管理制度;
(2)监督企业在成本费用列支、收入确认、利润分配、国有资源处理、职工债务清偿等重大财务事项方面,遵守《企业财务通则》等国家统一财务制度的规定;
(3)监督企业按照国家规定披露财务信息;
(4)监督企业影响公共利益和经济秩序的其他财务活动。

除主管财政机关的监督外,审计监督是企业财务行政监督的重要组成部分。审计机关对企业实施审计监督主要包括以下内容:
(1)检查被审计单位的会计凭证、会计账簿、财务会计报告,以及其他与财政收支、财务收支有关的资料和资产,对国有企业的资产、负债、损益进行审计;
(2)就审计事项的有关问题向企业及其职工进行调查,并取得有关证明材料;
(3)对被审计企业正在进行的违反国家规定的财务收支行为予以制止;
(4)对被审计企业所执行的有关财政收支、财务收支的规定与法律、行政法规相抵触的,建议有关主管部门纠正。

4. 社会中介机构监督及其内容

《公司法》规定,公司应当在每一会计年度终了时编制财务会计报告,并依法经会计师事务所审计。《中外合资经营企业法实施条例》规定,合营企业的年度会计报表、清算的会计报表,应当经中国的注册会计师验证方为有效。《国有资产评估管理办法》(国务院令第91号)规定,发生法定情形的企业,应当委托资产评估机构进行资产评估。上述规定表明,社会中介机构作为专业、独立的机构,在社会主义市场经济中担当"经济警察"的角色,并在外部财务监督中发挥日益重要的作用。

社会中介机构的财务监督主要包括以下内容:
(1)对企业财务信息进行全面或专项审计,并对其真实性、合法性、效益性等出具独立的专业意见,以便为主管财政机关、投资者的监管提供基础;
(2)对企业转让资产、产权、以非货币资产对外投资或者接受非货币性资产的出资等涉及资产的价值进行独立、专业的评估,保证相关交易的公平性和合理性。

随着市场经济的发展和资本市场的完善,社会中介机构的企业资产公允价值评估、财产税税基评估等新兴业务,也将逐步开展起来。

二、财务监督的常见分类(见表13-1)

表13-1 财务监督的常见分类

划分标准	类 别	内 容 阐 释
根据实施企业财务监督活动的阶段不同	事前监督	事前监督是指有权监督企业财务活动的主体,对企业将要进行的财务活动进行审核,以保证其财务活动符合法律规范及企业内部财务制度规定和财务目标的活动。事前监督有利于预防企业财务违法行为,确保企业财务按照既定目标运行。但是,由于企业财务活动的经常性和复杂性,考虑到成本效益原则,有关监督主体一般只对企业重大财务活动进行事前监督
	事中监督	事中监督是指有权监督企业财务活动的主体,对企业正在进行的财务活动进行审查,以确保企业正在进行的财务活动符合法律规范及企业内部财务制度规

续表

划分标准	类 别	内 容 阐 释
根据实施企业财务监督活动的阶段不同	事中监督	定和财务目标的活动。事中监督主要是为了预防企业财务违法行为，并及时纠正正在进行的财务违法行为和偏离财务目标的行为
	事后监督	事后监督是指有权监督企业财务活动的主体，对企业已经结束的财务活动进行审查，以确认企业已经完成的财务活动是否符合法律规范及企业内部财务制度规定，检查财务目标完成情况，并及时采取一定的补救措施，依法进行处理、奖罚的活动
根据实施主体不同	企业内部财务监督	企业内部财务监督是指企业投资者、负有监督职责的企业内部机构及人员，依照法律规范以及企业内部制度的规定，对企业财务活动实施的监督检查活动
	企业外部财务监督	企业外部财务监督是指国家行政机关、社会中介机构及其工作人员，依照法律规范的规定，对企业财务活动实施的监督检查活动。其中，根据实施监督的行政机关的类别不同，可以将国家行政机关依照法定职权对企业财务监督分为财政监督、审计监督、税务监督等。社会中介机构对企业财务活动的监督则主要通过财务会计报告审计和资产评估的方式实施。应当看到，社会中介机构对企业财务活动实施监督，提高了企业财务信息的真实性，有效保障了企业财务活动的合法性和规范性

三、影响企业实施有效财务监督的主要因素

1. 信息不对称性（见表13-2）

表13-2　信息不对称性

项 目	内 容 阐 释
外部财务监督者（以下称为"监督者"）对经营信息获取的有限性	在现代企业，资产经营权由经营者（经理阶层）控制。经营者具体组织日常的生产经营活动，包括市场调查、生产经营决策、生产经营计划的实施与控制，以实现经营目标。监督者不参与经营者活动，因此对市场份额的大小与占有程度、产品的成本、质量以及其对未来的影响等实时信息知之较少，只能获取有限的历史数据，考评经营者的经营业绩，实施监督
监督者对财务信息获取的有限性	经营者具体组织日常的财务活动，以实现所有者拟定的财务目标。虽然重大财务决策由所有者或股东大会做出，但财务决策的实施与日常的财务活动，包括一般的资金筹集和正常的资金营运活动均由经营者控制。因此，日常的财务收支信息是监督者无法及时获取的，只能通过审计等手段获取有限的历史数据，考评经营者在特定的经营时期财务管理目标的实现程度
风险信息获取的有限性	监督者对经营信息、财务信息获取的有限性决定了对企业经营风险和财务风险认知的程度与经营者认知程度的差别。一旦法律环境、经济环境、金融环境等影响因素发生变化，监督者无法准确测定收益实现程度，难以把握现金流量，无法控制筹资风险、投资风险、资金营运风险，更无法保证债权人的利益，企业资产的价值便难以准确衡量。其表现在于监督者判定的风险，与企业财务报表所披露的信息体现出的风险大小不同。这些因素导致监督者不得不将精力放在财务收支和财务状况的监督上，对于风险监督的力度减弱

2. 经营者的利益驱动（见表 13-3）

表 13-3　经营者的利益驱动要素

项　　目	内　容　阐　释
追求实际报酬	经营者实际报酬的提高，包括年薪的多少与增幅大小、配置的办公设施、交通工具的优劣，甚至绩效股的多少都会成为经营者追求的目标。在所有者看来这些支出不可避免，但是不能超过一定的度；在经营者看来这些报酬是越高越好，因此，不惜弄虚作假通过提高经营业绩来提高其实际报酬水平，影响了企业经营目标和财务管理目标的实现
增加闲暇时间与享受度假	较少的工作时间、工作时间内较多的闲暇、较小的工作强度等，成为经营者追求的目标之二，可能导致正常的生产经营活动不能很好地规划、组织与实施，资金运作的难度加大
避免风险或漠视风险	一般企业里，经营者的利益水平是确定的，其努力工作并不会得到额外的报酬，其努力程度与所得利益不匹配，而且努力行为与结果之间具有不确定性。因此，经营者总是试图避免不确定性带来的风险，希望获得稳定的报酬，这直接影响了企业的获利能力与长远发展能力。经营者为了提高自己的社会地位，也可能设法提高其经营业绩，更好地实现企业的财务管理目标。为此，经营者总希望最大限度地提高市场占有率从而不适当地降低成本、增加负债比率等，以提高每股收益，提高社会认可度，由此带来额外的经营风险与财务风险。由于监督者与经营者的信息不对称，可能对经营者行为不加干涉，导致其行为目标与企业的财务管理目标背道而驰

3. 外部制约机制不健全

我国企业的经营者由董事会或国有资产管理局任命，并对其负责，但对经营者的外部制约机制未能到位，使得经营者的行为目标与所有者的目标相左。对经营者的外部制约机制一般由资本市场、产品市场和经营者市场构成。

4. 知识经济的冲击

随着知识经济时代的到来，电子技术的迅猛发展与应用、新的经营方式的出现、先进的管理理念的研究与应用、产品的技术含量的不断提高、交易方式的多维性变化等因素，导致外部财务监督的难度空前加大。相关财务监督主体不得不追赶时代的潮流，采用先进的监督手段，但由于知识的爆炸性与获取的有限性，总是滞后于科技发展与社会经济发展的速度，因此，外部监督力度更加弱化。

四、财务监督的手段和方法

企业财务活动具有多样性、复杂性的特点。因此，企业财务监督的手段和方法也呈现多样化，不同的监督主体所采用的手段和方法也不尽相同。

1. 企业内部财务监督的手段和方法（见表 13-4）

表 13-4　企业内部财务监督的手段和方法

项　　目	内　容　阐　释
建立健全企业法人治理结构	对公司制企业而言，完善的法人治理结构是构建内部监督约束机制的组织保证，通过明确划分股东会、股东大会、董事会（董事）监事会各自的权力与责任，形成三者之间的制衡关系，实现投资者对经营者的监督。对其他非公司制企业，国家也有类似的法人治理结构要求，如国有企业的党委会、经理（厂长）办公会、职工代表大会等

续表

项　目	内　容　阐　释
制度监督	企业各项内部控制制度，既是对企业经济活动的一种规范，也是企业对经营者和其他职工行为的一种约束，是一种"他律"与"自律"有机结合的监督方式。通过建立健全并有效执行各项内部控制制度，财务监督即可成为企业内部全体成员参与的一种监督形式。企业经营者借助一系列内部控制制度，实现对企业全体成员和全过程的财务监督，实现既定的管理方针、经营政策和财务目标
预算监督	投资者、经营者与企业各部门及职工之间的关系日趋复杂，借助预算管理，可以明确企业内部各部门的权、责、利，规范企业各部门之间的关系。由于企业的全部资源运用和业务开展都受预算的指导和控制，预算管理是现代企业权力监督和控制管理的有效形式
核算监督	它是对企业财务活动全过程的监督，主要包括对原始凭证的审核，对会计账簿的稽核，对实物、款项的清查，对财务收支的审查，对财务会计报告的核对等内容。企业内部财会机构及其人员是核算监督的责任主体
内部审计监督	内部审计是在核算监督的基础上，对企业财务活动实施的再监督，是经营者对企业实施全方位监督的有效形式。其主要作用是帮助经营者监督企业内部各单位及其下级管理人员的财务活动

　　构建内部财务监督制度，能够促成企业"自我约束"机制的形成，从而既有利于经营者实现投资者设定的财务目标，也有利于维护企业其他利益相关主体的利益。但是，由于各利益相关主体间的利益可能发生冲突，如内部的经营者与外部的国家、投资者、债权人之间存在矛盾，企业内部人员可能合谋破坏这种"自我约束"机制，产生"内部人控制"的弊端。因此，在完善企业内部财务监督制度的基础上，仍需要加强外部监督，依靠有效的"外部控制"机制来保障企业财务管理活动正常运行。

　　2. 社会中介机构对企业财务实施监督的手段和方法

　　（1）根据需要查阅企业有关会计资料和文件。社会中介机构可以要求企业提供有关会计资料和文件，与企业提供的财务信息进行比较、分析，以审阅、核实企业提供的财务信息的真实性、合法性。

　　（2）查看企业的业务现场和设施。社会中介机构为了核实企业的财务信息，可以查看与企业财务信息有关的业务现场和设施。

　　（3）要求企业就发生的经济行为向有关方面发函询证，或者当面查询企业发生的财务活动是否真实，或者要求提供其他必要的协助。

　　3. 行政机关对企业财务实施监督的手段和方法（见表13-5）

表13-5　行政机关对企业财务实施监督的手段和方法

项　目	内　容　阐　释
要求编报财务会计报告	行政机关有权要求被监督企业根据相关规定，按时编报财务会计报告等材料，作为对企业财务活动实施定期监督检查的依据
对企业财务活动实施检查	行政机关有权检查被监督企业的会计凭证、会计账簿、会计报表和其他有关财政、财务、会计等资料和财产；有权按照法定程序核查被监督企业以及有关个人的银行账户；有权对与被监督企业有经济业务往来的市场主体进行延伸检查
调查取证	行政机关有权对被调查企业贯彻国家法律规范的情况进行调查；有权就有关问题向有关单位及个人进行调查、了解、询问，并取得相关证明材料

续表

项 目	内 容 阐 释
登记保存证据	行政机关对被检查企业违法行为的证据,如被伪造、篡改的会计资料、会计账簿、会计报表等有关资料和非法获得的财产,依法登记保存,为实施相应的处罚处理收集证据
责令纠正违反财务规定的行为	行政机关有权对被检查企业正在进行的财务违法行为予以制止、责令纠正
提出处理建议	行政机关对被检查企业的财务违法行为可以提出处理意见,建议企业纠正财务违法行为。如果企业不在规定期限内纠正,则可以进行处理或者移送有权机关进行处理
实施行政处罚	行政机关对企业的财务违法行为查证属实后,可以在法定的权限范围内做出行政处罚决定,对其违法行为实施行政处罚

五、财务监控的一般程序

1. 制定控制标准

控制标准,是指为进行调节、控制所制定的各种标准。财务监控标准就是对企业中的人力、物力和财力,以及产品质量特性、工艺技术参数等所规定的数量界限。它是实行控制的定量准绳和衡量工作效果的规范。控制标准可以用实物数量来表示,也可以用货币数量来表示,主要有各项预算或计划指标、预期目标、各种消耗定额、产品质量标准、物资储备定额、费用开支限额等。

确定财务监控标准的方法如表 13-6 所示。

表 13-6 确定财务监控标准的方法

项 目	内 容 阐 释
分解法	分解法,即把企业经营目标按生产单位、管理部门、产品、零部件或工序等分解为具体的计划任务或小指标,作为控制的依据,如各产品(零件)的计划产量、计划成本、目标成本和目标利润等
预算法	预算法,即将企业生产经营活动中的一些固定费用和新产品开发费用等,按其明细项目确定出预算额,作为各使用部门的费用支出标准限额。采用这种方法要特别注意从实际出发,一般可根据季度的生产经营计划来制定较短期(如月份)的费用开支预算,并自下而上地层层制定
定额法	定额法,即根据技术测定法、统计分析法、经验估计法、定额日数法和比例计算法等,制定出各种工时消耗定额、物资消耗定额、物资储备定额和费用开支限额,作为对各生产环境和员工个人的控制标准
标准化法	标准化法,即根据国际标准、国家标准、部门标准或企业标准,确定出产品或零部件主要特性的技术参数,作为产品质量控制的依据。对企业设备状态的监测,操作方法和生产服务过程的工作程序等技术标准的监测,也可以采用这一方法加以制定。确定控制标准,应当在充分调查研究和科学计算的基础上进行,力求做到既先进又合理,并且可控性强

建立企业内部控制标准体系是一项国际惯例,是企业内部控制制度的升华和完善。只有当企业内部控制标准体系比较完善的时候,企业内部管理才会更有效益和效率,所提供的会计报告才能更加相关与可靠,国家的法规才能被更好地遵循,企业目标的实现才有切实的保障。

建立企业内部控制标准体系是提高内部控制质量的前提。企业的所有权与经营权高度分离以后，如果没有一套高质量的内部控制标准体系，企业内部人控制现象将更加严重，企业所有者的利益、政府及债权人的利益、社会公众的利益可能将难以得到切实保障。

建立企业内部控制标准体系还有利于统一思想，更新观念。现在，人们的思想和观念越来越多元化，这对企业内部管理带来一定冲击，甚至许多消极错误认识在企业中也很流行。企业只有构建完善的内部控制标准体系，才有可能统一人们的思想，才有可能有效地实施新的内部控制方法和策略。

2. 分解下达指标

财务预算、会计指标或企业目标确定之后，需要进一步将目标具体划分为可操作、可测量的调控指标，并根据经济组织系统的构成状况，将调控指标进行分解和落实。落实指标的思路可以有纵横两种：纵向落实是指明确上下级各单位之间各自承担的调控责任以及互相的联系方式；横向落实是指将调控指标分解并落实到各相关部门，使从事不同业务活动的部门均承担相应的财务责任。在纵横交错的调控体系中，一定要确定一个调控主线，一方面不能"只分不管"，不能分解了控制指标以后就各行其是；另一方面不能"只管不分"，权力过于集中。而要形成一个财务调控的组织系统，从机构设置上、人员配置上和制度分管上保证调控机制的有效运行。

3. 实施具体调控

制定调控目标、分解调控指标及建立健全调控组织体系，都只是调控的前期准备工作，还不是调控本身。调节和控制的实际内容大致可分为如表13-7所示的三个阶段。

表13-7　调节和控制的实际内容

阶　　段	内　容　阐　释
发出指令	指令的发出及其发出指令的具体内容构成了首要的调控环节。上级通过给下级发送指令，告诉他们该做什么，不该做什么，何时何地做，以及怎样做。横向各部门、各企业及企业内部各部门间的指令，仅具有指导性，即告知彼此关于财务目标、指标等各类信息，由他们在工作中执行或参考
执行指令	当企业接到来自上级的指令后，便将其作为行动指导，或转化为具体行动。例如，某一时期内降低消耗和成本、减少产品库存等，企业就应围绕这一指令，采取具体的生产经营措施，以完成上级的指令性财务目标。在此阶段要注意，财务指令务求切实可行，要求太高或太低都可能流于形式而无济于事
反馈执行情况	指令发出后，执行时往往产生一些始料未及的问题。客观环境的变化、执行人员素质的低下及执行手段的不当等，均会影响执行的结果。不管执行结果是否令人满意，是否完全符合初始的财务调控指令，执行人都有必要运用报告、报表等形式向指令发出者进行信息反馈。其目的在于通过反馈，找出指令与执行结果之间的偏差，以便提出调整意见和修改措施

4. 衡量控制成效

衡量控制成效，就是将被控对象所表示的状态或输出的管理特征（实际执行的结果）与原定标准（预期目标值或计划指标值）进行对比分析，及时发现脱离控制标准的偏差，并据以分析判断企业经济活动的成效。输出的管理特征值（或状态）优于控制标准（或状态空间的许可范围）的，称为顺差。出现顺差，表明被控对象取得良好成绩，应及时总结经验，肯定控制工作的绩效,并予以必要的奖励。输出的管理特征值(或状态)劣于控制标准(或状态空间的许可范围)的,称为逆差。出现逆差,表明被控对象的成效不好,必须准确找出原因,为纠正偏差提供方向和信息,并追查单位、部门和个人的责任,情节严重者,应给予一定的经济惩罚。如果是控制标准偏高,则应修正原定标准。衡量成效是在计划执行过程中进行的。为此,企业要切实搞好日常的统计记录、现场观测和技术测定等工作,以便掌握更翔实可靠的被控量的实际值,对工作绩效做出及时的、正确的评价。

5. 及时纠正偏差

通过信息反馈,可以发现执行结果与财务目标之间的偏差。这一偏差至少能说明两方面的问题:一是借此可以了解所定财务目标的切实可行性;二是了解执行中出现的问题。应用"5W1H方法"(见表13-8),可以对某项控制活动的各个方面加以审视研讨,并通过消除、合并、调整和简化等方式,提出并实施改良措施。

表13-8 5W1H方法

项 目	内 容 阐 释
何以做(Why)	为什么做,为什么这样做,不做有什么害处等
做何事(What)	所做的是什么,有哪一部分的工作要做等
何人做(Who)	由哪个部门来做,谁当负责人最合适等
何时做(When)	什么时间做最好,何时开始做,何时要做完等
何地做(Where)	在何处做最好,是否有其他更好的实施地点等
如何做(How)	怎样做最适当,是否有其他更好的实施方法等

上述"5W1H方法"的探究有助于及时克服偏差,保证系统状态的持续稳定运行。

另外,还可以通过"无缺点运动",提高管理的效率与效益。"无缺点运动"就是通过每个员工的积极努力,使生产作业和事务作业的工作失误减少到零的程度。当然,这里讲的"无缺点"并不是说绝对没有缺点,或缺点绝对要等于零,而是指要以缺点等于零为最终奋斗目标,每个员工都要在自己的职责范围内努力做到无缺点。

如何应用"无缺点运动"来控制经济活动并及时纠正偏差呢?

(1)要求企业全体员工树立"无缺点""不犯错误"的决心,从控制系统一开始运行就准确无误地进行工作,力求不产生因人为原因而造成的偏差。

(2)要求每个员工对其所担负的生产作业或事务作业,经常地自我检查个人的行为效果,想方设法消除工作缺点,主动及时地矫正自身的作业偏差。若是某些造成偏差的原因单靠直接工作者本人的力量难以消除的,应积极向上级领导提出消除产生错误的建议。

(3)要求在针对已经产生偏差(逆差而言)的原因拟定改进措施时,使这些措施尽可能地做到"无缺点"(针对性强、预计效果可靠、便于付诸实施等),并认真组织有关职工或小组进行讨论,提高有关员工落实这些措施的迫切感和责任心。

(4)要求在贯彻执行纠偏措施的过程中,各有关员工瞄准"无缺点"的目标不断前进,使系统输出所造成的偏差接近于零,保持系统运行的持久稳定。

六、内部财务监督

企业内部财务监督制度是企业内部控制制度的重要组成部分,它通过投资者、经营者及企业有关内设机构之间的相互制约,以及在财务活动各环节设置的复核、审计、检查等程序,确保企业财务行为符合法律法规和财务目标的要求。

(一) 当前我国企业内部财务监督的现状

现代企业的建立,标志着资产所有权与经营权分离,所有者与经营者之间形成了委托代理关系。为了保护所有者的自身权益,防止过高的投资风险,企业内部的财务监督应运而生。

从财务监督的实践考察,尽管我国的国有及国有控股企业已经拥有了财务部门、审计部门所实施的外部监督,但这种监督的力度有限,且很多监督是事后补救性的,很难起到防患于未然的效果,这就需要加强企业的内部财务监督。

我国经过了几十年的改革开放,经济生活逐步与国际接轨,企业财务监督体系逐渐建立,取得了长足的发展,但现阶段也还存在着不足。目前社会上,有一些部门和单位受局部利益或个人利益的驱动,会计工作违规违纪、弄虚作假的现象时有发生,造成会计工作秩序混乱,会计信息失真,严重影响了投资者、债权人及社会公众的利益。

就我国目前企业财务监督的现状而言,主要表现在以下几个方面:

(1) 我国企业财务监督法律约束机制不全,使企业的监事会、独立董事、财务部门不能有效地行使其监督职能,导致单位内部的企业财务监督不力。

(2) 企业管理体制不健全,内部控制制度失调。我国企业内部管理和控制制度不健全,主要体现在有的单位缺乏内部监督和控制制度,有的单位虽建立了相应的制度,但这些制度形同虚设,没有得到有效执行,以致会计秩序混乱,徇私舞弊现象经常发生。

(3) 企业单位负责人的约束机制不健全,阻碍了会计的有效监督。目前,在一些单位中企业管理者为了追求自身短期利益最大化,指使、授权会计机构、会计人员做假账,伪造会计凭证,办理违法会计事项,从而使会计工作受制于管理当局,不能独立行使其监督职能,破坏了正常的会计工作。

(4) 在企业中,实施财务监督的人员与机构的弱势地位依然存在。在实施企业财务监督的人员与机构中,无论是监事会监事、独立董事等,在企业中均处于弱势地位,在企业的重大决策中,均缺少发言权,不少"花瓶"董事对企业的实际经营情况不闻不问,何谈监督。

(二) 企业内部财务监督模式的选择

1. 监事会模式

监事会模式,是指在公司组织结构实行双层制的情况下由监事会对公司管理机关实行财务监督的模式。世界各国的公司立法中,监事会的基本职责是对公司进行财务监督,但各国立法所规定的监事会的职责范围存在较大差异。

德国的公司组织结构是垂直型,即股东大会、监事会、董事会。股东大会选举产生监事会成员,监事会除监督董事会之外,还参与决策管理。德国《股份公司法》规定:监事会可以任免董事会成员及主席,约束董事会成员的商业行为,决定董事会成员的薪酬,相当于董事会成员在法院内外代表公司。

日本的股份公司机关分为股东大会、董事会及代表董事、监事会,各机关的职责与我国相似,股东大会决定公司的基本事项,选举董事、监事;董事会及代表董事是执行业务的机关;监事会是监督经营的机关。

监事会的具体权限,《商法特例法》规定:

(1) 决定监察方法、调查公司业务及财产状况的方法,其他有关部门职务执行的事项;

(2) 监事调查会计监察人(也就是我国的独立审计人员)的监察报告书及其他监察事项结束,应该报告于监事会;

(3) 监事会可以得到董事会的报告；

(4) 监事会得到会计监察人的监察报告之日起 1 周内应向董事会提交监察报告书；

(5) 监事具有参与选任或解任会计监察人的权限。

2. 审计委员会模式

审计委员会模式是指公司组织结构在实行单层制的情况下，由审计委员会对公司管理机关实行财务监督的模式。审计委员会模式起源于美国，20 世纪 90 年代在世界上许多国家和地区得到了发展。在美国《标准公司法》（注：美国没有全国统一的《公司法》，《公司法》分别由各州立法。但全国有一个《标准公司法》，供各州议会采纳，其本身并不具备直接约束力）中没有设立审计委员会的条款，美国证券交易委员会（SEC）非常支持建立审计委员会，但没有强制要求上市公司建立审计委员会。不过，纽约证券交易所（NYSE）于 1978 年要求每一家上市公司都必须设立完全由独立董事组成的审计委员会；1987 年，美国国家证券商协会要求所有的纳斯达克上市公司必须设立绝大部分成员由独立董事组成的审计委员会。

在英国，《公司法》要求所有上市公司必须设立有非执行董事组成的审计委员会，就审计和控制中的重要问题进行磋商。在加拿大，1975 年修订的加拿大《商业公司法》要求所有的股份公司都必须设立审计委员会，还要求经营信贷业务的企业设立审计委员会。在新加坡，根据 1989 年的《公司法》，所有的上市公司都设立审计委员会。在马来西亚，只有大银行和保险公司按照要求设立审计委员会。

世界上各国的审计委员会都要求完全由或大部分由非执行董事担任，其职责有所不同，但其基本职责都包括：检查、复核财务报告；与外部独立审计师协调，并评价其工作；指导内部审计部门的工作。从审计委员会的发展来看，职责范围在不断扩大。

（三）企业内部财务监督的主要形式

由于企业所有权与经营权分离，为保护投资者权益，《公司法》等法律法规对投资者实施财务监督的方式等做了原则性规定。《企业财务通则》对投资者、经营者具体履行财务监督职责予以指导和规范。

投资者对企业财务活动监督的权力，来源于其对企业的出资。投资者通过企业内部的权力机构、决策机构、监督机构和执行机构来保障对企业的最终控制权，形成投资者、经营者和其他职工之间的激励和制衡机制，使企业财务活动规范有效地进行（见表 13-9）。

表 13-9　投资者对企业财务活动监督的权力

项　目	内　容　阐　释
股东会、股东大会	作为企业的权力机构，股东会、股东大会主要通过选举更换董事和监事，审议批准董事会、监事会或者监事的报告，以及审议批准公司的年度财务预算方案、决算方案等，对经营者进行财务监督
投资者个人（股东）	股东会、股东大会、董事会的会议召集程序、表决方式违反法律法规或者企业章程，或者决议内容违反企业章程的，股东可以在规定时间内请求人民法院撤销。当企业高级经营管理人员违法执行企业职务给企业造成损失，应当承担赔偿责任时，股东可以书面请求监事会或者监事向人民法院提起诉讼；监事有类似情形，股东可以书面请求董事会或者执行董事向人民法院提起诉讼；监事会或者监事、董事会或者执行董事收到股东书面请求后拒绝提起诉讼，或者在规定期限内未提起诉讼，或者情况紧急、不立即提起诉讼将使企业利益受到难以弥补损害的，股东有权为了企业的利益，以自己的名义直接向人民法院提起诉讼。他人侵犯企业合法权益，给企业造成损失的，股东也可以提起诉讼

续表

项　目	内　容　阐　释
董事会、执行董事、独立董事	除股东人数较少或者规模较小的有限责任公司可以不设董事会以外，公司制企业均需设立董事会，对股东会、股东大会负责。上市公司还需设立独立董事。董事会有权聘任或者解聘经理，经理对董事会负责。在日常经营决策和决策执行中，直接对经营者实施财务监督的是董事会
监事会或者监事	根据《公司法》的规定，监事会或者监事代表投资者履行财务监督职责。公司应当设监事会，其成员不得少于3人；监事会应当包括股东代表和不低于监事人数三分之一的公司职工代表；董事、高级管理人员不得兼任监事。股东人数较少或者规模较小的有限责任公司，可以设1至2名监事，不设监事会。国有独资公司监事会成员不得少于5人，由国有资产监督管理机构委派，其中的职工代表由职工代表大会选举产生。《国有企业监事会暂行条例》（国务院令第283号）规定，国有重点大型企业监事会由国务院派出，对国务院负责。 　　监事会或者监事的财务监督职责包括：检查公司财务；对董事、高级管理人员执行公司职务的行为进行监督，对违反法律法规、公司章程或者股东会决议的董事、高级管理人员提出罢免的建议；要求董事、高级管理人员纠正损害公司利益的行为；提议召开临时股东会会议，在董事会不履行召集和主持股东会会议职责时，召集和主持股东会会议；对给公司造成损失的董事、高级管理人员提起诉讼，要求其承担赔偿责任；可以列席董事会会议，并对董事会决议事项提出质询或者建议；发现公司经营情况异常时，可以进行调查，必要时，可聘请会计师事务所等协助其工作，费用由公司承担

除上述内部财务监督主体外，职工（代表）大会的民主监督是企业内部财务监督的有效补充。

（四）投资者对经营者责任的追究

在所有权与经营权分离的条件下，经营者有着不同于投资者的独立利益目标。由于信息不对称，经营者在实施对企业的控制方面处于有利地位，经营者的自由处置行为往往有损于投资者的利益。为了有效保护投资者以及其他利益相关者的合法权益，《企业财务通则》规定，对于违反《企业财务通则》有关规定的经营者，投资者可以依法追究其责任。

《企业财务通则》在第二章中对经营者的财务管理义务做了概括规定，例如，经营者应当依法组织实施企业筹资、投资、担保、捐赠、重组等财务方案，编制并提供如实反映财务信息的企业财务会计报告等。此外，经营者还应遵守《企业财务通则》有关"资金筹集""资产营运""成本控制""收益分配"等具体环节的规定，以及其他法律法规的规定。

根据《公司法》《全民所有制工业企业法》等法律的有关规定，投资者负责选任经营者，对经营者的经营行为进行考核、监督。国有及国有控股企业的投资者主要有各级人民政府及其部门、机构，国有企业事业单位、其他国有组织，代表国家履行出资人职责的机构及单位，应当在法律规范及企业章程规定的框架内，履行投资者财务监督职能，而不宜再采用过去的行政干预手段。投资者对负有责任的经营者，通常可以在法律或者合同规定的范围内，采取扣除业绩报酬、追回损失、要求赔偿等措施追究其经济责任。经营者的行为构成犯罪的，投资者应当依法提交司法机构，追究其刑事责任。

（五）经营者的财务监督义务

根据有关法律法规，公司的董事（或者执行董事）和经理、副经理、财务负责人，上市公司董事会秘书等高级管理人员、全民所有制企业的厂长或经理等企业领导成员，都属于经营者范畴。经营者对企业的经营情况负主要责任,他们需要依靠内部财务监督制度,对企业各部门的财务活动实行全面控制和约束,确保完成投资者的财务目标。此外,经营者的财务监督责任不仅限于实施内部财务控制,还应配合投资者、主管财政机关、中介机构等依法进行的检查、审计工作。

七、外部财务监督

外部监督系统主要是为协调出资者与经营者的关系,保证财务信息质量,由行政机关监督、国家审计监督和社会监督构成的有机整体,是企业财务监督体系的重要组成部分。

(一)主管财政机关的财务监督

1. 财政机关对企业财务监督的权力的主要来源(见表13-10)

表13-10 企业财务监督的权力的主要来源

项 目	内 容 阐 释
《公司法》	通过赋予财政部门对公司财务规则制定权和对企业财务违法行为的处罚权,肯定了财政机关对企业财务活动实施监督的权力。 • 财务规则制定权。公司建立财务、会计制度除应当遵守法律、行政法规的规定外,还应当遵守国务院财政部门的有关规定。根据职责分工,国务院财政部门负责制定规范市场主体财务、会计行为的规则,公司必须遵守其所制定的财务、会计制度 有关公司财务会计报告的规定是国务院财政部门制定的财务、会计制度中非常重要的组成部分,公司应当依照法律、行政法规和国务院财政部门的规定制作财务会计报告。 此外,关于资本公积金的规定也是国务院财政部门制定的财务、会计制度中非常重要的组成部分。股份有限公司应当遵守国务院财政部门关于资本公积金的规定,将有关收入列为公司资本公积金。 • 对公司财务违法行为的处罚权。《公司法》对国务院财政部门负责制定公司财务、会计制度的职责进行了肯定,同时规定县级以上人民政府财政部门负责对公司在法定的会计账簿以外另立会计账簿,以及公司不依照《公司法》规定提取法定公积金等情形实施罚款处罚
《全民所有制工业企业法》	十几年来,市场经济主体逐步实现了现代企业制度的转型,所有制形式已经不再是对市场经济主体进行划分的单纯依据。但是,目前《全民所有制工业企业法》相关规定仍然适用于许多非公司制的国有企业。该法明确规定,有关企业必须遵守国家关于财务等方面的规定,接受财政、审计等机关的监督
《企业财务会计报告条例》	授权国务院财政部门负责根据《企业财务会计报告条例》制定财务会计报告的具体编报办法,并另行制定不对外筹集资金、经营规模较小的企业编制和对外提供财务会计报告的办法。同时,规定县级以上人民政府财政部门负责对编制、对外提供虚假的或者隐瞒重要事实的财务会计报告等违法行为的企业和个人实施处罚
《财政违法行为处罚处分条例》	赋予县级以上人民政府财政部门、省级以上人民政府财政部门的派出机构在各自职权范围内,依法对财政违法行为做出处理、处罚决定的权力。财政部门依法进行调查或者检查时,被调查、检查的单位和个人应当予以配合,如实反映情况,不得拒绝、阻挠、拖延。 企业的财政违法行为主要有:隐瞒、截留等不缴或者少缴财政收入的行为;违反规定使用、骗取、挪用财政资金,以及政府承贷或者担保的外国政府贷款、国际金融组织贷款的行为等

2.《企业财务通则》中财政处罚的设置

（1）设置财政处罚的必要性。法律规范通常由行为规则和法律责任两部分组成。其中，行为规则主要是规定法律关系主体应当如何做；法律责任则明确法律关系主体不遵守行为规则所应当承担的后果。在法律规范中，行为规则是基础，法律责任是保障。《企业财务通则》作为我国财务制度体系的基石，其内容能否贯彻落实，在很大程度上取决于法律责任的规定。

（2）设置财政处罚的依据。《行政处罚法》第十二条规定，国务院部、委员会制定的规章可以在法律、行政法规规定的给以行政处罚的行为、种类和幅度的范围内做出具体规定。尚未制定法律、行政法规的，国务院部、委员会制定的规章对违反行政管理秩序的行为，可以设定警告或者一定数量罚款的行政处罚，罚款的限额由国务院规定。同时，《国务院关于贯彻实施〈中华人民共和国行政处罚法〉的通知》（国发〔1996〕13号）规定："国务院各部门制定的规章对非经营活动中的违法行为设定罚款不得超过1 000元；对经营活动中的违法行为，有违法所得的，设定罚款不得超过违法所得的3倍，但是最高不得超过30 000元，没有违法所得的，设定罚款不得超过10 000元；超过上述限额的，应当报国务院批准。"根据以上规定，财政部在《企业财务通则》第七十二条、第七十三条对企业及相关人员的财务规范行为设定了警告和罚款的处罚。

（二）国家审计机关的财务审计

1. 审计机关负责对国有企业的财务状况进行审计

《审计法》规定，审计机关对国有企业的资产、负债、损益，进行审计监督。同时，基于既要保证国有资产的保值增值，又要尊重其他利益相关主体合法权益的要求，明确了对国有控股企业的审计监督由国务院另行规定。据此，审计机关应以对企业财务收支真实性的审计为基础，如实反映经营成果和财务收支状况，对故意造假、损害国家和公众利益的有关责任人给予严肃查处，认真揭露和纠正会计信息失真问题，促进企业严格遵守财经法律法规和财务制度，规范会计核算。

2. 国有及国有控股企业应当接受审计机关的审计监督

依据《审计法》的规定，审计机关在履行审计职责的过程中，有权检查被审计单位的会计凭证、会计账簿、财务会计报告以及其他与财政收支有关的资料和资产，被审计单位不得拒绝。审计机关有权就审计事项的有关问题向有关单位和个人进行调查，并取得有关证明材料。有关单位和个人应当予以支持、协助，如实向审计机关反映情况，提供有关证明材料。因此，国有及国有控股企业应当依法接受国家审计机关的财务审计，不得拒绝和阻碍，否则将被依法追究法律责任。

> **小知识**
>
> **国家审计机关审计监督**
>
> 我国的最高国家审计机关是审计署，县级以上地方人民政府设立审计机关，国务院各部门和地方各级人民政府及其各部门的财政收支，国有的金融机构和企业事业组织的财务收支，以及其他依照本法规定应当接受审计的财政收支、财务收支，应接受国家审计监督。审计机关有权对国有企业的资产、负债、损益，进行审计监督。
>
> 审计机关有权要求被审计单位按照审计机关的规定提供预算或者财务收支计划、预算执行情况、决算、财务会计报告，运用电子计算机储存、处理的财政收支、财务收支电子数据和必要的电子计算机技术文档，在金融机构开立账户的情况，社会审计机构出具的审计报告，以及其他与财政收支或者财务收支有关的资料，被审计单位不得拒绝、拖延、谎报。

> 审计机关进行审计时，有权检查被审计单位的会计凭证、会计账簿、财务会计报告和运用电子计算机管理财政收支、财务收支电子数据的系统，以及其他与财政收支、财务收支有关的资料和资产，被审计单位不得拒绝。审计机关进行审计时，有权就审计事项的有关问题向有关单位和个人进行调查，并取得有关证明材料。有关单位和个人应当支持、协助审计机关工作，如实向审计机关反映情况，提供有关证明材料。
>
> 审计机关经县级以上人民政府审计机关负责人批准，有权查询被审计单位在金融机构的账户。
>
> 审计机关有证据证明被审计单位以个人名义存储公款的，经县级以上人民政府审计机关主要负责人批准，有权查询被审计单位以个人名义在金融机构的存款。
>
> 被审计单位的财政收支、财务收支违反国家规定，审计机关认为对直接负责的主管人员和其他直接责任人员依法应当给予处分的，应当提出给予处分的建议，被审计单位或者其上级机关、监察机关应当依法及时做出决定，并将结果书面通知审计机关。被审计单位的财政收支、财务收支违反法律、行政法规的规定，构成犯罪的，应依法追究刑事责任。
>
> 国有及国有控股企业应当接受审计机关的审计监督。依据《审计法》的规定，审计机关在履行审计职责的过程中，有权检查被审计单位的会计凭证、会计账簿、财务会计报告以及其他与财政收支有关的资料和资产，被审计单位不得拒绝。审计机关有权就审计事项的有关问题向有关单位和个人进行调查，并取得有关证明材料。有关单位和个人应当予以支持、协助，如实向审计机关反映情况，提供有关证明材料。因此，国有及国有控股企业应当依法接受国家审计机关的财务审计，不得拒绝和阻碍，否则将被依法追究法律责任。

（三）注册会计师审计监督

注册会计师审计监督是出资者对经营者监督的延伸，在公司制企业中，它又是出资者监督经营者的主要形式。两权分离要求经营者履行出资者赋予的经济责任和报告责任，就产生了认定监督这些责任的履行和证明财务报告真实的必要。显然，在现代大型企业中，受出资者的专业能力的限制，不可能亲自监督，于是就产生了专业化的独立审计监督。独立审计监督是维护财务监督系统平衡运行的关键制度安排。注册会计师一方面具有专业技术特长，在业务上能够胜任对财务监督进行再监督；另一方面具有严格的职业自律机制，提倡独立、客观、公正的职业道德标准，确保在利益冲突中不动摇公正的立场，在信息优势的条件下不谋取私利。因此独立审计监督能起到对企业内部会计有效的制约作用。

（四）集团公司对子公司的财务监督

集团公司的财务控制是集团控制的基本手段。集团公司如何实施对子公司的财务控制，是当前集团公司面临的一个十分重要的问题。集团公司的财务控制是在出资者所有权及企业法人财产权基础上产生的。从机制角度分析，财务控制的目标是企业财务价值最大化，而不仅仅是传统上控制一个企业的财务活动的合规性和有效性。财务控制应致力于将企业资源加以整合优化，使资源消费最小而其利用效率最高、企业价值最大，从而达到集团公司对其所属子公司能在经济效益上成为新的利润增长点的最终目标。

由于历史的原因，我国企业集团在财务监督方面存在许多问题，从集团总部来看，总部作为战略规划中心、决策中心、投融资中心的功能发挥不充分，导致整个企业集团的资源难以有效配置，财权配置不合理，集团总部缺乏对各子、分公司业绩的评价和监督等。随着企业规模的扩张，各项治理机制和管理水平的滞后暴露出了企业内部的许多问题。一般来讲，单个企业财务监督内容主要包括企业股东大会、董事会、经理层等权力机构之间的财权配置、财务决策机制以及财务约束与激励机制；企业集团的财务监督则不仅包括集团本身股东大会、董事会、经理层等之间的财务约束与激励机制，而且包括母子公司之间的财权划分以及财务约束和激励、成员企业之间财务关系的协调。具体来讲，集团公司对子公司的财务监督要点如下。

1. 立足于"产权清晰、权责明确、政企分开、管理科学"的现代企业制度和法人治理结构的要求

在现代企业制度下，法人治理结构框架中一个重要特点是董事会对经营者财务约束和控制的强化。从董事会的职权来看，公司治理结构以董事会为中心而构建，董事会对外代表公司进行各种主要活动，对内管理公司的财务和经营。只有董事会才能全方位负责财务决策与控制，决定公司的财务状况。从机制角度分析，财务控制是出资人对企业财务进行的综合的、全面的管理。一个健全的财务控制体系，实际上是完善的法人治理结构的体现。

集团公司要加强对子公司的财务控制，应建立以社会化、专业化为基本特征的董事会制度，充分发挥股东大会、董事会、监事会对经营者的监督效力。而董事会的关键是董事会的人员构成，从现代企业制度发展的经验看，只有社会化、专业化的董事会才能起到它应有的作用。社会化的标志是外部独立董事的介入，专业化的象征是专业委员会的形成与运作。董事会是公司的最高决策机构。只有最根本性的问题，如经营范围、产品方向、生产规模、投资安排、资金筹集、计划目标、重要职员任免等，方提交董事会及其所属的委员会讨论。董事会下可设六个委员会：经营委员会、任免委员会、分红和酬偿委员会、关系委员会、执行委员会和财务委员会。其中最重要的是执行委员会和财务委员会。执行委员会的任务是负责公司经营活动的全面领导，掌握财务以外的各项决策和指挥。财务委员会独揽公司财务大权，批准一定限额以上的固定资本投资，规定公司的长期财务目标，审查批准执行委员会提出的各种产品的价格方案，负责筹措资金，监督检查公司各部门的经济效果，年终对公司的决算进行审查，负责制订股利分配方案。

2. 对子公司进行授权控制

授权控制的方法是通过授权通知书来明确授权事项和使用资金的限额，特别是对有些易造成损失和资产流失的重要项目做出明确的规定，做到有章可循。例如，在母公司对子公司资金加以集中管理之后，可以对子公司的投资、贷款项目进行授权，即子公司有权制订一定金额以下的投资、贷款项目计划。同时，母公司应建立、健全子公司对外投资、贷款的立项、审批、控制和检查制度，并重视对投资、贷款项目的跟踪管理，以规范子公司的投资、贷款行为。对子公司的授权管理原则是对在授权范围内的行为给予充分信任；对授权之外的行为不予认可。授权通知书除子公司持有外，还应下达公司相关部门，据以对需授权的业务严格执行。通过授权控制，可以督促子公司日常财务活动的规范动作，从而保证企业集团整体的有序运行。

3. 实行预算控制，建立财务信息网络系统

预算是财务控制中目标管理的有效手段。预算的制定要以财务管理的目标为前提，根据企业的发展计划规划生产经营活动，并通过计划的形式，具体系统地反映出企业为达到经营目标所拥有的经济资源的配置情况。预算的编制就是将企业经营目标的主要指标分解、落实到每个责任单位，并作为对各责任单位经营管理业绩进行考核评价的依据。

集团公司可根据子公司的组织结构、经营规模及公司成本控制的特性进行预算控制：

（1）预算的编制采用从下到上的方法，这样既考虑了子公司的意见，照顾了子公司的利益，又有利于集团公司审视子公司的经营活动。

（2）预算的整体性及全面性使子公司在实施的过程中需要相互配合和协调，提高管理效率，减少摩擦，增强凝聚力。

（3）预算以集团公司的发展规划为依据，可保证集团目标计划的实现。预算给每个子公司以明确的经营管理目标和各方的责权关系，便于子公司进行自我控制、评价、调整。通过建立

大型计算机网络系统,将下属子公司的资金流转和预算执行情况都集中在计算机网络上,母公司的财务管理人员可以随时调用、查询任何子公司的财务状况,全面控制各个子公司的经营情况,及时发现存在的问题,减少子公司的经营风险和制止子公司的资产流失。

4. 实施集团公司对子公司股本结构的控制

一般而言,母公司可根据各子公司的生产产品、经营领域以及对集团公司的重要程度,决定其投入各子公司的股本比例。对集团有重要影响的子公司可考虑全资控制,而关联程度相对低一些的子公司可考虑控股。控股又可分为两种:一种是以50%以上的股权实施绝对控股,另一种是以掌握众多股东中最大股份的方式实施相对控股。母公司还需要根据自己的实力来通盘考虑其投入下属公司的整个投资额以及投资的分散程度。

5. 实行对子公司权益利润率和资产负债率的控制

权益利润率和资产负债率控制是集团公司对子公司的资本结构控制中非常重要的一种方法,集团公司可对子公司下达权益利润率和资产负债率的具体指标。

其中,权益利润率=资产利润率/(1-资产负债率)=净利润/所有者权益。

从权益利润率的公式来看,权益利润率与资产利润率和资产负债率成正比。权益利润率的高低由资产利润率和资产负债率的高低决定。

如果资产利润率不变,资产负债率提高则权益利润率提高;如果资产负债率不变,资产利润率提高则权益利润率提高。用权益利润率作为衡量子公司资本结构控制和资产回报的一个指标,可以使子公司管理者尽量减少资本的占用额,增加负债比率。然而,负债又与资本市场的供给状况、子公司本身的资信等有关,且负债越大,相应的财务风险也越大。企业集团对下属子公司的具体负债比率高低应视各子公司生产经营特点而定,一般可控制在该子公司自有资本的50%~70%,有的还应低些。

6. 完善子公司的考核指标体系

集团公司及其下属子公司的最终目标是获取盈利。子公司在获得运用集团公司投入的资本金进行经营活动的权利后,不但要确保资本金的安全和完整,还必须做到盈利,完成集团公司下达的投资回报指标。集团公司为确保投资回报的顺利实现,可以从以下两个方面着手:

(1)合理确定投资回报率,确保资产保值增值。集团公司可参照子公司的历年盈利水平,结合子公司的实际情况以及在一定经营期间所能达到的业绩,确定各子公司比较合理的投资回报率,核定各子公司的利润指标,促使各子公司在资产保值的前提下,达到资产增值的目的。对集团公司而言,子公司所获利润要按一定的投资比例返回母公司,以满足集团公司长远发展的需要。

(2)建立各项财务指标执行情况的指标管理体系,使考核和监督控制体系不断完善和科学化。其主要指标包括:

1)现金比率,即现金余额/流动负债。其中,现金余额是指企业会计期末现金流量表中的现金及其等价物的期末余额;流动负债是指会计期末资产负债表中流动负债合计。现金比率越高,说明企业的短期偿债能力越强。

2)经营净现金比率,经营净现金比率=经营活动的净现金流量/流动负债。该比率从经营净现金流入的角度反映企业短期偿债能力。

3)流动比率,是企业流动资产与流动负债之间的比值,反映某一时点现金及其等价物和可短期变现流动资产的偿债能力。

4)不良资产比率,是企业年末不良资产总额占年末资产总额的比重。不良资产主要包括三年以上应收账款、积压商品物资和不良投资。

5）资产损失比率，是企业一定时期待处理资产损失净额占资产总额的比重。

6）净资产收益率，是企业的净利润与平均净资产的比率。它反映企业按净资产计算的增值率。

7. 向子公司委派财务总监来实现日常的财务监控

集团公司委派的财务总监，其人事关系、工资关系、福利待遇等均在母公司，费用由子公司列支。被委派的财务总监，应组织和监控子公司日常的财务会计活动，参与子公司的重大经营决策；把母公司关于结构调整、资源配置、重大投资、技术发展等重大决策贯彻到子公司的预算中去，对子公司各类预算执行情况进行监督控制；审核子公司的财务报告，负责对子公司所属财务会计人员的业务管理，定期向集团公司报告子公司的资产运行和财务情况。集团公司通过委派财务总监来监督、控制子公司的重大财务会计活动和全部财务收支过程，不但使集团公司的总体经营方针和目标可以在子公司得到较完全的贯彻和实现，而且能监督子公司财务会计信息的真实性和客观性，切实维护集团公司的权益。

8. 加强定期或不定期审计，实现对子公司的财务监督

审计在集团公司治理结构中有着不可替代的作用。从监督子公司经营规范化和保证财务数据真实性、可靠性方面考虑，集团公司还必须对子公司开展定期或不定期的财务收支审计工作。

对子公司的审计有外部审计和集团内部审计。目前会计师事务所对子公司年度报表的审计属于外部审计。集团内部审计则主要应由集团公司的审计部门负责进行。内部审计部门的作用不仅在于监督子公司财务工作，也包括稽查、评价内部控制制度是否完善和企业内各组织机构执行指定职能的效率，也是监督、控制内部其他环节的主要力量。

集团公司对子公司进行内部审计的主要方法如下：

（1）以强化集团资产控制为主线，建立审计网络，坚持下审一级，各审计部门负责对下属公司的内部审计。

（2）设立集团公司审计委员会，在总经理的领导下由相关人员和职能部门组成。委员会的作用在于保证子公司的财务信息和业务信息的充分可靠性。

（3）对子公司的一些工程项目、经济合同、对外合作项目、联营合同等进行单项审计；实行离任审计制度，审查和评价子公司责任主体的经济责任履行情况。

（4）定期或不定期地对子公司的内部控制机制的有效性进行评估，监督和完善子公司的内部控制制度。

（5）集团公司实行总审计师制度，加强集团公司整体的审计规章制度的建设，重点是从管理者角度对下属企业进行控制。

集团公司通过对子公司的审计，可以及时发现和纠正所存在的问题，增强内部控制意识，发挥内部管理强有力的控制机制作用。

八、财务监控的检查与评价

（一）检查财务监控制度执行情况的重要性

内部财务监控应该是一个动态的过程。因为内部财务监控具有时效性，今天有效的内部财务监控明天不一定有效。所以，内部财务监控也是一个精益求精的过程，企业要定期检查与评估内部财务监控是否有效，以发现控制中的缺陷，采取措施加以补正。正所谓"小洞不补，大洞吃苦""千里之堤，溃于蚁穴"。

（二）内部财务监控评价的程序

内部财务监控评价的程序一般可分为组织、调查、测试、评价与报告（见表 13-11）。

表 13-11　内部财务监控评价的程序

项　　目	内　容　阐　释
组织	内部控制评价是独立于制定与执行制度的单位和部门的。要进行内部控制评价，必须建立相应的评价检查机构和决定有效的措施
调查	内部控制调查阶段包括两个方面内容：一是掌握足够的信息；二是进行初步评价
测试	内部控制测试，主要包括运行测试与效果分析两个过程
评价	评价工作主要是指对具体问题的评价，并且要在评价的基础上进行更深入的检查和采取相应的措施
报告	当评价工作结束后，评价人员应与单位负责人一起研究并编写报告。报告中应说明内部控制程序是否符合国家有关规定，内部控制是否符合单位的管理方针与政策，内部控制实施是否能满足单位管理的需要，今后改正的计划与进度安排等

（三）内部财务监控检查要点

企业内部财务监控既包括会计控制，也包括对会计的控制。会计控制是指通过会计工作和利用会计信息对企业生产经营活动所进行的指挥、调节、约束和促进活动，实现企业效益最大化目标。对会计的控制是对会计工作及其质量所进行的控制，它既可以由企业最高管理层来完成，也可以由企业所有者来完成。它是对会计控制的再控制。

企业应当十分重视对整个内部财务监控的过程及其结果的监督检查工作，应配备专门机构（如内部审计机构）或者指定专门人员（如内部审计人员）具体负责内部财务监控执行情况及其结果的监督检查，以确保内部财务监控的贯彻实施而不是徒有虚名。

内部财务监控检查应当包括调查内部财务监控的设置，审查内部财务监控的健全程度以及各项内部财务监控制度的执行情况，检查和评价内部财务监控的合理性与有效性，包括会计工作的各项经济业务、内部机构和岗位在内部控制上存在的缺陷，对内部财务监控进行评价等，其主要职责如下：

（1）对内部财务监控的执行情况进行检查和评价。

（2）写出检查报告，对涉及会计工作的各项经济业务、内部机构和岗位在内部控制上存在的缺陷提出改进建议。

（3）对执行内部财务监控成效显著的内部机构和人员提出表彰建议，对违反内部财务监控的内部机构和人员提出处理意见。

检查与评价的结果应当报告。所以，内部会计报告控制是企业内部控制的一个组成部分，它要求企业建立和完善内部财务监控报告制度，由此对企业的内部财务监控现状做出定期或不定期的恰当的评价。

企业应当重视对内部控制的监督检查后的报告工作，应当由专门机构或者指定专门人员具体负责内部控制执行情况的监督、检查与评价，并定期编制内部控制报告，确保下情上达与内部财务监控制度的贯彻落实。

企业也可以聘请中介机构或相关专业人员对本单位内部财务监控的建立健全及有效实施进行评价，接受委托的中介机构或相关专业人员应当对委托单位内部财务监控中的重大缺陷提出书面报告。

九、法律责任

法律责任是指因违反了法定义务或契约义务，或不当行使法律权利、权力所产生的，由行为人承担的不利后果。

（一）《公司法》规定的法律责任

由于《企业财务通则》与《公司法》密切相关，《公司法》在规范高级管理人员和财务会计责任方面有新的规定，应当引起关注，一并介绍如下。

1. 高级管理人员的义务与责任

高级管理人员（简称高管），是指公司的经理、副经理、财务负责人，上市公司董事会秘书和公司章程规定的其他人员。《公司法》从结构上专辟一章专门规定公司董事、监事和高管的资格和义务，明确了董事、监事和高管的任职资格以及对公司负有忠实义务和勤勉义务。在内容上对于董事、监事和高管侵害公司利益，或者侵害股东利益的，赋予股东提起损害赔偿的诉讼权。董事、监事和高管成为被诉对象的可能性较之以前增大，体现了"治人才能治本"的立法宗旨，加重了董事、监事和高管的义务及法律责任。

（1）总则规定了高管的责任。《公司法》第十一条规定："设立公司必须依法制定公司章程。公司章程对公司、股东、董事、监事、高级管理人员具有约束力。"第二十一条规定了公司的董事、监事、高级管理人员（包括控股股东、实际控制人）利用其关联关系损害公司利益，给公司造成损失的，应当承担赔偿责任。

（2）强调高管不得有违法行为。《公司法》第一百四十九条规定了董事、高管不得有下述行为：

1）挪用公司资金；

2）将公司资金以其个人名义或者以其他个人名义开立账户存储；

3）违反公司章程的规定，未经股东会、股东大会或者董事会同意，将公司资金借贷给他人或者以公司财产为他人提供担保；

4）违反公司章程的规定或者未经股东会、股东大会同意，与本公司订立合同或者进行交易；

5）未经股东会或者股东大会同意，利用职务便利为自己或者他人谋取属于公司的商业机会，自营或者为他人经营与所任职公司同类的业务；

6）接受他人与公司交易的佣金归为己有；

7）擅自披露公司秘密；

8）违反对公司忠实义务的其他行为。

（3）确立了股东代表诉讼制度。股东代表诉讼是一种赋予股东为了公司的利益而提起损害赔偿诉讼的制度安排。具体来说，它是指公司的董事、监事和高管人员在执行职务时违反法律、行政法规或者公司章程的规定，给公司造成损失，而公司又怠于行使起诉权时，符合条件的股东可以以自己的名义向法院提起损害赔偿的诉讼。

例如，公司连续5年不向股东分配利润，而该公司连续5年盈利，并且符合本法规定的分配利润条件的，对股东会该项决议投反对票的股东可以请求公司按照合理的价格收购其股权。自股东会会议决议通过之日起60日内，股东与公司不能达成股权收购协议的，股东可以自股东会会议决议通过之日起90日内，向人民法院提起诉讼。

（4）规定了股东可以起诉董事和高管。《公司法》第一百五十三条规定："董事、高级管理人员违反法律、行政法规或者公司章程的规定，损害股东利益的，股东可以向人民法院提起诉讼。"这里，监事不是被诉主体。

（5）股份公司的董事因董事会决议违法给公司带来损失的，也可能成为被诉对象。《公司法》第一百一十三条第三款规定："董事应当对董事会的决议承担责任。董事会的决议违反法律、行政法规或者公司章程、股东大会决议、致使公司遭受严重损失的，参与决议的董事对公司负赔偿责任。但经证明在表决时曾表明异议并记载于会议记录的，该董事可以免除责任。"这是一个集体负责的条款，有权提起索赔权的首先是公司，但如果公司怠于行使起诉权的，则股东可以代替公司起诉。

2. 财务会计的法律责任

《公司法》第八章"公司财务、会计"中涉及的财务会计责任主要有以下几个方面的新要求：

（1）公司应当依照法律、行政法规和国务院财政部门的规定建立本公司的财务、会计制度。公司除法定的会计账簿外，不得另立会计账簿。对公司资产，不得以任何个人名义开立账户存储。

（2）公司应当向聘用的会计师事务所提供真实、完整的会计凭证、会计账簿、财务会计报告及其他会计资料，不得拒绝、隐匿、谎报。每一会计年度终了时编制财务会计报告应当依法经会计师事务所审计。有限责任公司还应当依照公司章程规定的期限将财务会计报告送交各股东。股份有限公司的财务会计报告应当在召开股东大会年会的20日前置备于本公司，供股东查阅；公开发行股票的股份有限公司必须公告其财务会计报告。

（3）公司分配当年税后利润时，应当提取利润的10%列入公司法定公积金。公司的法定公积金不足以弥补以前年度亏损的，在依照规定提取法定公积金之前，应当先用当年利润弥补亏损。股东会、股东大会或者董事会违反前款规定，在公司弥补亏损和提取法定公积金之前向股东分配利润的，股东必须将违反规定分配的利润退还公司。但是，资本公积金不得用于弥补公司的亏损。

上述几个法律文件中所涉及的行政责任和刑事责任通常是由国家权力机构（如财政部门等）予以追究，直接体现了国家的强制力，不存在与当事人的调解或者和解。履行行政责任和刑事责任，体现了国家对某种行为的否定性评价，是以惩罚犯罪和行政违法行为为目标的，属于惩罚性责任。

（二）违反《会计法》应承担法律责任的行为

根据《会计法》规定，应承担法律责任的违法行为包括：

（1）不依法设置会计账簿的；
（2）私设会计账簿的；
（3）未按照规定填制、取得原始凭证，或者填制、取得的原始凭证不符合规定的；
（4）以未经审核的会计凭证为依据登记会计账簿或者登记会计账簿不符合规定的；
（5）随意变更会计处理方法的；
（6）向不同的会计资料使用者提供的财务会计报告编制依据不一致的；
（7）未按照规定使用会计记录文字或者记账本位币的；
（8）未按照规定保管会计资料，致使会计资料毁损、灭失的；
（9）未按照规定建立并实施单位内部会计监督制度或者拒绝依法实施监督或者不如实提供有关会计资料及有关情况的；
（10）任用会计人员不符合本法规定的。

（三）企业财务处理方面的法律责任

《企业财务通则》第七十二条规定："企业和企业负有直接责任的主管人员和其他人员有以

下行为之一的，县级以上主管财政机关可以责令限期改正、予以警告，有违法所得的，没收违法所得，并可以处以不超过违法所得3倍、但最高不超过3万元的罚款；没有违法所得的，可以处以1万元以下的罚款：

（1）违反本通则第三十九条、四十条、四十二条第一款、四十三条、四十六条规定列支成本费用的。

（2）违反本通则第四十七条第一款规定截留、隐瞒、侵占企业收入的。

（3）违反本通则第五十条、五十一条、五十二条规定进行利润分配的。但依照《公司法》设立的企业不按本通则第五十条第一款第二项规定提取法定公积金的，依照《公司法》的规定予以处罚。

（4）违反本通则第五十七条规定处理国有资源的。

（5）不按本通则第五十八条规定清偿职工债务的。"

1. 承担法律责任的形式

主管财政机关追究企业财务违法行为的法律责任，可以采取处理与处罚两种手段。其中，处理措施是指单位和个人的企业财务违法行为的制止和纠正措施；处罚措施主要是指依法对违反企业财务管理规定的相对人给予法律制裁的措施。对于不同的企业财务违法行为，应当区别情况采取有针对性的处理措施与处罚措施，以达到既能避免造成更大的损失，又对违法行为人予以必要和适度惩戒的目的。

（1）处理措施。主要是责令限期改正，即行政主体要求违法行为者在一定时限内停止并纠正其正在进行的违法行为的措施。其核心在于要求违法者及时停止并纠正违法行为。该项处理措施有两层含义。第一层含义为责令改正，即财政部门采取这一处理措施的依据，是相关行为在客观上违反了国家财务规章，处理的目的是使违法状态得以停止，将损失控制在最小范围内。为此，财政部门做出责令改正决定并不依赖于当事人是否具有主观恶意，该项决定也不是对相关当事人的惩戒与处罚。第二层含义为设定期限，即违法行为比较严重，必须在一定时限内改正以避免损失的扩大。

（2）处罚措施（见表13-12）。

表13-12 处罚措施

项 目	内 容 阐 释
警告	警告即行政机关向违法者申明其违法行为，并提出警戒。它是《行政处罚法》明确规定的一种行政处罚方式，属于行政处罚中的申诫罚
没收违法所得	没收违法所得即行政主体对违法行为人实施违法行为所获得的非法收入收归国有的处罚形式。它属于财产罚的一种。对于财务违法行为人因违法行为获得的财产，法律不仅不保护，还要剥夺其对上述财产的所有权
罚款	罚款即行政机关及法律法规授权的组织，强制违法相对人承担金钱给付义务，在一定期限内缴纳一定数额钱款的处罚形式。它属于财产罚的一种。不同法律层次的文件规定的罚款限额不尽相同，《企业财务通则》作为部门规章，可以规定的罚款限额是：对于有违法所得的行为，可以处以不超过违法所得3倍、但最高不超过3万元的罚款；对于没有违法所得的行为，可以处以1万元以下的罚款

2. 主管财政机关进行处理与处罚的情形

（1）违法列支成本费用的情形。根据《企业财务通则》第三十九条、四十条、四十二条第一款、四十三条、四十六条的规定，违法列支成本费用的情形主要有：

1）企业未按国家有关标准，将安全生产、清洁生产、污染治理、地质灾害防治、生态恢复和环境保护等经费列入相关资产成本或者当期费用；

2）企业对于发生的销售折扣、折让以及支付的佣金、回扣、手续费、劳务费、提成、返利、进场费、业务奖励等支出没有签订相关合同或者没有履行内部审批手续；

3）企业对于开展进出口业务收取或者支付的佣金、保险费、运费，没有按照合同规定的价格条件处理；

4）企业对于向个人以及非经营单位支付的费用，没有严格履行内部审批及支付手续；

5）企业未按照劳动合同及国家有关规定支付职工报酬、基本医疗、基本养老、失业、工伤等社会保险费或者没有为从事高危作业的职工缴纳团体人身意外伤害保险费；

6）企业未将职工报酬、基本医疗、基本养老、失业、工伤等社会保险费与人身意外伤害保险费直接作为成本（费用）列支；

7）企业承担了属于个人支出的相关费用。

（2）违法截留、隐瞒、侵占企业收入的情形。即投资者、经营者及其他职工截留、隐瞒、侵占其履行本企业职务或者以企业名义开展业务所得的收入，具体包括销售收入，以及对方给予的销售折扣、折让、佣金、回扣、手续费、劳务费、提成、返利、进场费、业务奖励等收入。

（3）违法进行利润分配的情形。

1）企业分配利润不符合法定条件，如违反《企业财务通则》第五十一条的规定分配利润。

2）未按照法定顺序进行利润分配。企业进行利润分配应当遵循的一般顺序是弥补亏损、提取公积金、向投资者分配利润。股份有限公司回购股份对经营者及其他职工实施股权激励的，在拟定利润分配方案时，应当预留回购股份所需利润。

3）未按照法定标准进行收益分配。法律法规以及《企业财务通则》对收益分配标准，如法定公积金的比例以及企业经营者和其他职工参与利润分配的限额和条件，都有明确规定，企业应当遵照执行。

除《企业财务通则》规定的处理与处罚措施外，根据《公司法》的规定，公司不依照规定提取法定公积金的，县级以上人民政府财政部门应当责令其如数补足应当提取的金额，并可以对其处以20万元以下的罚款。

（4）违法处理国有资源的情形。企业在进行重组时，对已经占用的国有划拨土地、水域、探矿权、采矿权、特许经营权等依法可以转让的国有资源，不按照法律法规以及《企业财务通则》第五十七条的规定进行处理的行为。

（5）不按规定清偿职工债务的情形。企业在重组过程中，未以企业现有资产优先清偿职工的工资和医疗、伤残补助、抚恤费用以及欠缴的基本社会保险费、住房公积金的行为。

（四）企业建立财务制度方面的法律责任

《企业财务通则》第七十三条规定："企业和企业负有直接责任的主管人员和其他人员有以下行为之一的，县级以上主管财政机关可以责令限期改正、予以警告。

（1）未按本通则规定建立健全各项内部财务管理制度的。

（2）内部财务管理制度明显与法律、行政法规和通用的企业财务规章制度相抵触，且不按主管财政机关要求修正的。"

1. 承担法律责任的形式

《企业财务通则》第七十三条规定财务违规行为的处理与处罚的主要目的是督促企业建立健全内部财务管理制度。鉴于这类行为与财务处理方面的违法行为不同，一般不会对企业经营、企业及其相关利益主体合法权益造成直接的损害，所以仅设置了责令限期改正和警告两种承担法律责任的形式。

2. 主管财政机关进行处理与处罚的情形

（1）没有按《企业财务通则》规定，建立健全各项内部财务管理制度的。根据《企业财务通则》的规定，企业应当建立有效的内部财务管理级次，建立财务决策制度、财务风险管理制度、财务预算管理制度以及有关资金管理、资产营运、成本控制、收益分配等内部财务管理制度。

（2）内部财务管理制度明显与法律、行政法规和国家统一的企业财务规章制度相抵触的。与前种情形不同，出现此种违法情形时，主管财政机关应当首先要求企业修正，企业拒绝修正的，主管财政机关才可以责令其限期改正，并予以警告。

此外，根据现行财政管理体制，基本实行一级政府一级财政。但是，只有县级以上主管财政机关才可对企业做出处理与处罚的决定，各级财政机关的派出机构应当按照派出机关的授权实施管理。

（五）企业编制财务会计报告方面的法律责任

《企业财务通则》第七十四条规定："企业和企业负有直接责任的主管人员和其他人员不按本通则第六十四条、第六十五条规定编制、报送财务会计报告等材料的，县级以上主管财政机关可以依照《公司法》《企业财务会计报告条例》的规定予以处罚。"

根据《企业财务通则》有关信息管理的规定，企业应当按照法律、行政法规和国家统一的会计制度的规定，按时编制财务会计报告；企业不得在报送的财务会计报告等材料上做虚假记载或者隐瞒重要事实，企业提供年度财务会计报告应当依法经过会计师事务所审计。因此，企业编报财务会计报告，要遵循及时、真实、全面、依法审计等要求，违反这些法定要求的，企业和企业负有直接责任的主管人员和其他人员应当承担相应的责任。

有关企业编报财务会计报告违法行为法律责任的规定，主要体现在《公司法》与《企业财务会计报告条例》中。《公司法》第二百零三条规定：公司在依法向有关主管部门提供的财务会计报告等材料上做虚假记载或者隐瞒重要事实的，由有关主管部门对直接负责的主管人员和其他直接责任人员处3万元以上30万元以下的罚款。

《企业财务会计报告条例》第三十九条和四十条对企业编报财务会计报告中的一些违规情形做出了规定，主要包括：

（1）随意改变会计要素的确认和计量标准；

（2）随意改变财务会计报告的编制基础、编制依据、编制原则和方法；

（3）提前或者延迟结账日结账；

（4）在编制年度财务会计报告前，未按规定全面清查资产、核实债务；

（5）拒绝财政部门和其他有关部门对财务会计报告依法进行的监督检查，或者不如实提供有关情况；

（6）企业编制、对外提供虚假的或者隐瞒重要事实的财务会计报告。对于企业的上述行为，财政部门可以责令限期改正，并对企业及相关人员处以一定金额的罚款。

(六）企业违反财政税收制度的法律责任

《企业财务通则》第七十五条规定："在财务活动中违反财政、税收等法律、行政法规的，依照《财政违法行为处罚处分条例》（国务院令第 427 号）及有关税收法律、行政法规的规定予以处理、处罚。"

1. 企业有关财政违法行为的法律责任

根据《财政违法行为处罚处分条例》的规定，企业以下 5 种财政违法行为应当追究企业及相关人员的法律责任：

（1）违反国家有关投资建设项目规定的行为。
（2）违反国家有关财政收入上缴规定的行为。
（3）违反国家有关财政支出管理规定的行为。
（4）违反财政收入票据管理规定的行为。
（5）将财政资金或者其他公款私存私放的行为。

对于上述 5 种行为，主管财政机关可以追究其法律责任的具体责任形式包括责令改正、调整有关会计账目、追回有关资金、没收违法所得、警告、通报批评、罚款等。

2. 企业税收违法行为的法律责任

企业税收违法行为的情形较多，主要规定体现在《税收征收管理法》与《税收征收管理法实施细则》中。

其中与企业财务行为密切相关的主要有以下几种：

（1）企业不按照规定设置、保管账簿或者登记保管记账凭证和有关资料。
（2）企业不按照规定将财务、会计制度或者财务、会计处理办法和会计核算软件报送税务机关备查。
（3）企业伪造、变造、隐匿、擅自销毁账簿、记账凭证，或者在账簿上多列支出或者不列、少列收入。
（4）企业编造虚假计税依据。
（5）企业非法印制发票。

对于企业的上述违法行为，税务机关应当依法追究企业的法律责任，具体形式包括责令限期停止违法活动、追缴税款与滞纳金、罚款等。

（七）企业财务监督中国家机关工作人员的法律责任

《企业财务通则》第七十六条规定："财政机关以及政府其他部门、机构有关工作人员，在企业财务管理中滥用职权、玩忽职守、徇私舞弊或者泄露国家机密、企业商业秘密的，依法进行处理。"

对主管财政机关以及政府其他部门、机构有关工作人员，在企业财务管理中滥用职权、玩忽职守、徇私舞弊或者泄露国家机密、企业商业秘密的，应当按照以下情况，分别依法进行处理，追究其行政责任和刑事责任。

1. 行政责任

行政责任主要是行政处分。从轻到重依次为警告、记过、记大过、降级、撤职、开除。

2. 刑事责任

相关刑事责任形式包括滥用职权罪、玩忽职守罪、故意泄露国家秘密罪和侵犯商业秘密罪（见表 13-13）。

表 13-13　相关刑事责任形式

项　目	内　容　阐　释
滥用职权罪	滥用职权罪是指国家机关工作人员滥用职权，致使公共财产、国家和人民利益遭受重大损失的行为。根据刑法第三百九十七条的规定，犯本罪的，处 3 年以下有期徒刑或者拘役，情节严重的，处 3 年以上 7 年以下有期徒刑。犯滥用职权罪且徇私舞弊的，处 5 年以下有期徒刑或者拘役；情节严重的，处 5 年以上 10 年以下有期徒刑
玩忽职守罪	玩忽职守罪是指国家机关工作人员严重不负责任，不履行或者不正确履行职责，致使公共财产、国家和人民利益遭受重大损失的行为。在认定其性质时，要注意区分玩忽职守罪与滥用职权罪的界限。玩忽职守罪与滥用职权罪在犯罪主体、犯罪客体、罪过性质、犯罪结果、加重情节等方面是相同的。二者的主要区别是渎职的客观行为方式不同。玩忽职守罪主要表现为以作为或者不作为的方式怠于履行职责或者不履行职责；滥用职权罪主要表现为以作为的方式超越权限处理无权处理的事务或者不顾程序随心所欲地进行处理。此外，二者在主观方面的表现为马虎草率、敷衍塞责等对工作严重不负责任的态度，但具体情况不尽相同：行为人对玩忽职守行为本身可能是有意的或者是无意的；滥用职权的主观方面主要表现为行使职权时自以为是、为所欲为的态度，行为人对渎职行为本身是有意为之的。 根据刑法第三百九十七条的规定，犯玩忽职守罪的，处 3 年以下有期徒刑或者拘役；情节严重的，处 3 年以上 7 年以下有期徒刑。犯玩忽职守罪且徇私舞弊的，处 5 年以下有期徒刑或者拘役；情节严重的，处 5 年以上 10 年以下有期徒刑
故意泄露国家秘密罪	故意泄露国家秘密罪是指国家机关工作人员违反《保守国家秘密法》的规定，故意泄露国家秘密，情节严重的行为。根据刑法第三百九十八条的规定，国家机关工作人员犯本罪的，处 3 年以下有期徒刑或者拘役；情节严重的，处 3 年以上 7 年以下有期徒刑
侵犯商业秘密罪	侵犯商业秘密罪是指采取不正当手段，获取、使用、披露或者允许他人使用权利人的商业秘密，给商业秘密的权利人造成重大损失的行为。本罪侵犯的客体既包括国家对商业秘密的管理制度，也包括商业秘密的权利人享有的合法权利。客观方面表现为采取不正当手段，获取、使用、披露或者允许他人使用权利人的商业秘密，给商业秘密的权利人造成重大损失。具体包括以下三种情形：一是以盗窃、利诱、胁迫或者其他不正当手段获取权利人的商业秘密；二是披露、使用或者允许他人使用以前项手段获取的权利人的商业秘密；三是违反约定或者违反权利人有关保守商业秘密要求，披露或者允许他人使用其所掌握的商业秘密。 根据《刑法》第二百一十九条的规定，侵犯商业秘密罪，给商业秘密的权利人造成重大损失的，处 3 年以下有期徒刑或者拘役，并处或者单处罚金；造成特别严重后果的处 3 年以上 7 年以下有期徒刑，并处罚金。单位犯本罪的，实行双罚制，即对单位判处罚金，并对其直接负责的主管人员和其他直接责任人员，按照上述规定处罚

（八）金融企业的法律责任

《金融企业财务规则》明确规定了财政部门依法对金融企业处罚的权力。第六十一条规定，金融企业有以下所述情形之一的，由财政部门责令限期改正，或者予以通报批评：

（1）不按规定提交设立、变更文件的；
（2）财务风险控制未达到规定要求的；

（3）筹集和运用资金不符合规定要求的；
（4）不按规定开设和管理资金账户的；
（5）资产管理不符合规定，形成账外资产的；
（6）不按规定列支经营成本、费用的；
（7）不按规定确认经营收益的；
（8）不按规定计提减值准备、提留准备金、分配利润的；
（9）不按规定处理财政资金、国有资源的；
（10）不按规定顺序清偿债务、处理财产的；
（11）不按规定处理职工社会保险费、经济补偿金的；
（12）其他违反金融企业财务管理有关规定的。

第六十二条还规定，金融企业有以下所述情形之一的，由财政部门责令限期改正，并对金融企业及其负责人和其他直接责任人员给予警告：
（1）不按照规定建立内部财务管理制度的；
（2）内部财务管理制度明显与国家法律、法规和统一的财务管理规章制度相抵触，且不按财政部门要求修改的；
（3）不按照规定提供财务信息的；
（4）拒绝、阻挠依法实施的财务监督的。

金融企业违反上述规则，有关法律、法规另有规定的，依照其规定处理、处罚。

第二节 财务控制

财务控制是指通过财务工作对财务活动，按规定标准对其调整以达到目标的过程，是财务管理的重要组成部分。

一、财务控制的特征（见表13-14）

表13-14 财务控制的特征

特 征	内 容 阐 释
财务控制是一种综合控制	财务控制不仅可以将各种性质不同的业务综合起来进行控制，也可以将不同岗位、不同部门、不同层次的业务活动综合起来进行控制。财务控制的综合性最终表现为其控制内容都归结为资产、利润、成本这些综合价值指标上
财务控制是一种价值控制	财务控制以财务预算为标准，财务预算所包括的现金预算、预计利润表和预计资产负债表，都是以价值形式予以反映的。财务控制既是借助价值手段进行的，无论责任预算、责任报告、业绩考核，也是企业内部各机构和人员之间的相互制约关系都需借助价值指标或内部转移价格
财务日常控制是以现金流量控制为目的	日常的财务活动过程表现为一个组织现金流量的过程，为此，企业要编制现金预算，作为组织现金流量的依据；企业要编制现金流量表，作为评估现金流量状况的依据

二、财务控制的功能

企业财务控制是对企业活动进行约束和调节、使之按设定的目标和轨迹运行的过程，因此它有两大功能：一是对企业财务流动进行监督，二是对企业财务活动进行调节。

对企业财务活动监督，是指保持企业财务活动按照企业财务计划运行，并随时揭示实际与计划的偏差，为财务活动调节提供依据。对企业财务活动调节，是指对企业财务活动实际与计划的偏差进行的纠正。

对企业财务活动的监督和调节是密切相关的。对企业财务活动监督，是对企业财务活动调节的前提，离开了对财务活动的监督，对财务活动的调节也就失去了依据；对企业财务活动调节是实现企业财务活动监督目的的必要手段。二者对立统一地贯彻于企业财务控制的整个过程之中。

三、财务控制的原则（见表13-15）

表13-15 财务控制的原则

原则	内容阐释
约束与调节相结合的原则	约束就是以财务预算、制度为依据对财务活动及财务行为实施限制，使之符合预定的标准和规范。调节则是当实际偏离标准或规范时，采取适当措施予以调整或纠正。约束与调节是财务控制的两项基本职能，也是财务控制过程的两个基本环节，两者相辅相成，缺一不可。具体来说，约束是调节的前提，为调节提供依据，调节则是约束的继续，为约束的实现提供保障；没有调节的约束是一种消极的约束，结果只能是"年初定指标，年终做检讨"；没有约束的调节则是一种盲目的调节。因此要有效实施财务控制，必须正确处理约束与调节的关系，实现两者的合理结合。依据该原则要求，公司不仅要健全预算管理体系，完善内部管理制度，而且要建立一套完善的差异分析和调节办法，并严格执行调节程序
责权利相结合的原则	公司财务控制过程是一个以特定的指标为责任，以相应的权力为条件，以一定的经济利益为动力的能动行为过程，财责、财权和财利是实施财务控制所必需的三个基本要素，缺一不可。若只有财责而无财权，可能导致控制主体因缺乏行为条件而无法履行其财务责任，但若有财责和财权而无财利，则可能导致因控制主体缺乏必要的利益驱动而使控制低效甚至无效。因此，要有效地实施财务控制，必须遵循责权利相结合的原则。按照该项原则，在对各控制主体落实财务责任的同时，应赋予其相应的权力，同时，建立一套完善的责任考核与奖惩办法，做到客观考核、奖罚分明
系统性原则	公司财务控制是公司财务管理系统的一个子系统，是一项复杂的系统工程。因此，要有效地实施财务控制，必须遵循系统性原则。依据该项原则要求，财务控制应做到层层有指标、环环有控制。并且在控制指标上应体现与控制目标相一致，即财务指标应是控制目标层层分解所形成的，是总体控制目标在各个层次上的分目标，是总体中的个体；在财务控制行为上则应体现与财务目标相协调，即每项财务行为都应是在总体目标约束下的个体行为，能体现实现总体财务的要求，防止因行为目标不一而导致控制低效或无效
例外管理原则	例外管理原则是指公司各级财务控制主体（特别是高层控制主体），在实施财务控制时，应区分主次，将精力集中于实际偏离目标的例外事项上。这里，"例外事项"的判断标准一般有以下几个方面：差异额相对较大的事项；差异出现频率较高的事项；差异性质严重的事项；有关公司全局或长远发展的重大差异事项。 对于这些例外事项，各级财务控制主体应实施重点控制。财务控制遵循例外管理原则，有利于将控制人员从烦琐的日常事务中解脱出来，集中精力抓住主要矛盾，提高控制效率

四、财务控制的内容

财务控制的内容是财务控制对象的具体化。财务控制的基本内容是指资金、成本费用和利润。

（一）资金控制

资金控制即对资金的筹集和运用的控制。它包括筹集资金控制，投出资金的控制和运用资金的控制。筹集资金控制是指按照筹资预算合理筹集企业所需要的资金，其控制内容包括质、量、时间三个方面。所谓质是指筹资条件和筹资成本，不同的资金来源具有不同的条件和不同的成本。筹资条件是指出资人对资金投放的要求，包括使用范畴的限制，使用时间的限制，使用区域的限制，以及其他一些附加条件。

筹资成本是指资金的筹集费用和使用费；筹资的量是指筹资的数量是否符合预算；筹资时间控制的目的在于筹资时间应与用资时间基本一致。在筹资过程中，应综合考虑以上三个影响筹资效果的因素，加以控制，做到筹集到的资金条件优惠，数量适中，时间吻合。

投出资金的控制包括投资方向的选择、投出资金数量的控制、投出资金时间的控制。投资方向的选择应按财务预算决策方案的要求，首先考虑投资效益比较好的项目，投资有对外投资和对内投资之分，对外投资按照形式不同又可分为联营投资、购买股票和债券等，对内投资可以分为长期投资和短期投资。不管是对外投资还是对内投资，效益是首先考虑的问题。投出资金数量的控制是指投出资金的数量应符合预算要求，否则，就会影响其他投资项目或影响该投资项目的质量。投出资金时间控制的目的在于既要做到资金按期到位，又要尽量节约资金，既不提前又不拖后。

运用资金的控制包括资金结构的控制、资金周转速度的控制和资金周转效益的控制。

资金结构是指长期债务和所有者权益的比例。资金结构的控制主要包括以下几个方面：

（1）负债与所有者权益的比例应当恰当，一般认为，企业欠债比率越高，风险越大；

（2）各种资产所占比例，不同的企业各项资产所占比例有不同要求，制造业固定资产所占比例较大，流动资产所占比例偏低，流通企业则反之；

（3）资产与负债和所有者权益要适应，即速动比率、流动比率要符合常规。

资金周转速度的控制。周转效益来源于速度，一般认为，资金周转速度越快，资金周转效益越好，因此要加速资金周转，但这并不排除在一定条件下，推迟收款时间，松弛信用政策，这是由资产占用的波动性、变动性所决定的。也就是说，当企业资金出现暂时宽松时，可通过延长收款期限为企业谋求利益。

资金周转效益的控制。加速资金周转是提高资金使用效益的手段，并非目的。也就是说，在资金利润率为正值的情况下，加速资金周转可以提高资金使用效益；反之，还会影响企业经济效益。因此在资金利润率为正值的情况下，应通过加速资金周转，实现较多的收益。

（二）成本费用控制

所谓成本费用控制，是指生产经营过程中，依据有关标准，对实际发生的生产费用进行严格的监督，及时发现和纠正偏差，把各种耗费限制在预先确定的范围之内的一项管理工作。

成本控制按其内容不同，可分为制造成本控制和非制造成本控制。制造成本控制包括材料费用控制、人工费用控制和制造费用控制。

1. 材料费用控制

材料费用包括原材料、辅助材料、燃料、低值易耗品等的费用，主要由供应部门归口管理。

这部分费用在成本中占有较大比重，所以，有效地控制材料费用，对降低成本有重要作用。

严格材料的采购和验收入库。材料采购要严格按材料采购计划，采购合同或协议进行，按规定的原材料品种、规格、数量以及合理的价格，分批、及时地采购，以保证生产的需要；不准无计划盲目采购，或将规定的分次采购变为集中采购，形成仓库积压，造成资金浪费。

采购材料要及时验收入库。材料经过验收，从数量、质量和价格上符合规定的才能办理入库手续，填制收料单，计算材料的实际成本。

实行定额领发材料。在材料消耗定额制定以后，仓库应严格执行发放定额。材料发放一般实行领料制和送料制，按材料消耗定额领发材料，对原材料、燃料和动力，实行限额领料，由供应部门依据生产计划和材料消耗定额，确定各车间或班组的领料在规定限额内，分期分批从仓库领料，经批准增加生产数量，可相应增加领料限额，出现废品需要增加领料时要查明原因，明确责任，经批准后才能补发。对不便制定消耗定额的一般辅助材料，实行金额控制，由供应部门按月根据生产计划，上年实际消耗量和节约要求，确定各车间或班组的消耗金额作为控制指标，车间或班组按辅助材料的金额限额填制费用手册，据以向仓库领用。

节约使用材料。降低材料或成本的关键是节约使用原材料，节约使用材料，不仅使单位产品消耗材料减少，降低材料成本，同时，节约原材料还可以增加产量。因此，企业应千方百计节约材料消耗。例如，采用集中下料办法，套材下料，利用边角余料，使其物尽其用，避免优材劣用，大材小用；开展综合利用，变一用为多用，变小用为大用，变无用为有用，回收和利用废旧物资，注意改革产品设计，既提高产量质量，又节约材料使用。

为了有效地控制材料成本，节约原材料耗用，还应建立严密的考核制度，分析实际脱离计划（定额）原因，实际脱离计划几种情况：工作制度不健全；机器失灵；原材料本身问题；工作人员疏忽。原因找出之后，应在分析报告中具体说明，并对每一原因所引起的损失，用金额来表示，同时举出改进理由和方法。

价格差异一般是外来因素，不便控制。一般有以下原因：经济采购量实施；运输方式；包装方式；供货来源。

2. 人工费用控制

人工费用也是生产成本的一项重要内容，应加强控制，人工费用控制的中心在控制劳动效率。

编制工资费用预算，是进行人工费用控制的依据。企业可根据有关劳动工资政策，计划年度劳动定额，职工人数变动，工资等级变化，工资标准，生产任务和劳动生产率水平，并根据奖金和津贴的标准，编制按季分月的年度费用计划。

工资费用预算编完后，应认真贯彻执行，在执行中，要贯彻国家规定的工资政策，严格控制工资开支范围。工资开支范围包括计时工资、计件工资、经常性奖金、工资性津贴。

企业计算和支付职工工资，要严格审核作为工资计划依据的原始记录。原始记录不准确，工资计算也不正确。原始记录包括职工人数、考勤记录和产量记录等。职工人数包括在职职工人数，增加和减少的职工人数，职工工资的等级及其变动情况；考勤记录包括职工出勤和缺勤的记录；产量记录包括职工和班组在考勤时间完成的产量或定额工时。

列入预算的工资费用，由于其资金来源不同，计入账户也不同，有的记入生产成本，有的记入期间成本。

人工费用控制的重心在于劳动效率。应加强控制，除准确计算工时定额外，实际和定额应经常进行对照。例如，将每一工人每日实际和标准工作时间，用黑板或布告在各部门公布，使个人明确其本身的工作进度和其他工人情况，借以发生警惕作用，造成竞争气氛。

在实行分批成本制度的企业，可将标准和实际时间分别列在记工单上，并注明差异的原因，以便改进。

时间差异，通常有领班负责，他们根据收到的日报资料，采取改进行为。同时，他们还必须向其主管报告差异原因，补救办法和改进的结果。至于阶层主管，可利用周报、月报，以明晰厂内整体效率状况，各部门效率高低情况，分析其可控制范围，确定其责任所在，并研究其改进措施。

3. 制造费用控制

制造费用是一种间接费用，其分摊、归属和控制，都比直接材料和直接人工复杂，归纳起来主要原因有：在制造费用的种种项目中，除部门间接材料、间接人工和动力等少数项目外，都无法用科学或精密方法衡量在一定的产量或一定的工作时间下，究竟需要多少成本。由于费用项目较多，成本责任的牵扯面较广，在成本计算过程中，各项费用必须经过辗转分摊，最后归集到生产成本账户，账面上成本资料往往难以确定其发生的责任。制造费用有固定和变动两大类。其性质不同，控制方法也各异，针对上述原因，制造费用的控制必须以弹性预算和责任会计的方法实施。

基于以上原因，应较多地掌握控制时机，这个时机主要是在制造费用发生之前和发生当时，前者称为营运控制，后者称为财务控制。

营运控制包括事前控制和实地观察。事前控制主要指编制制造费用预算。实地观察是指工人、领班和其他主管人员，应随时注意预算限额和实际开支情况，控制成本在未开支前。若干费用项目如部分间接材料，间接人工和劳动力等有控制标准的，应严格控制。

财务控制是指对重要的费用项目，应及时收集有关方面的资料，编制日报或周报，供基层管理人员作为控制依据。按月编制弹性预算，比较预算与实际成本差异，并依各主管控制责任，加以划分，供中层人员作为控制依据。分析预算差异的效率差异，供高层人员作为控制依据。

以上营运控制和财务控制，必须配合运用，在小规模企业，实施营运控制，可足以减少浪费，但在大规模企业，财务控制尤为重要。

4. 非制造成本控制

非制造成本控制也称期间成本，是指制造成本以外的一切成本，包括管理费用、销售费用、财务费用。

（1）管理费用控制。管理费用依据发生情况不同，采用不同的控制方法。

管理人员工资、租金、折旧，其开支额较为固定，每月可按标准编制预算，遇有特殊情况时，可予以加列。

捐赠、坏账准备金提取，仅在特殊月份内发生，应列入发生月份的预算内。

差旅费、咨询费、税捐等，每年控制一定金额，用毕为限。为便于控制，应以全年预算为基础，依上列各种情况，编制分月预算，同时，按成本责任预算，在实施责任会计的情况下，会计科目的设置，应和部门或职能划分相配合，通过实际和预算比较，找出差异，并确定差异归属。

编制预算以后，主要是依据预算加以控制。管理费用不同于制造成本，没有逐日规则性的成本支出，因此，应在费用发生前随时控制。例如，职工进退、工资标准，由劳动人事部门核准；管理用设备在资本支出时核准；捐赠、公费在支付前核准。

管理费用控制的实际执行也和其他费用一样，分为营运控制和财务控制。营运控制包括工作计划、费用预算、严密组织、权责划分、工作激励，以及实地观察；财务控制主要指实际与预算比较，确定差异，落实责任。

（2）销售费用控制。销售费用在整个制销成本中占有较大比重，随着商业竞争的日益激烈，销售费用所占比重也会不断增加。

在成本管理方面，迄今为止，制造成本的控制已总结出较成功经验，效果比较显著，但在销售费用方面过去未多加注意，潜力较大，控制难度较大，因为制造成本有材料耗用数量，人工时间，产品数量可以衡量，有成本材料可供比较。在销售费用方面，工作人员治理的对象不是机器、工具、材料等一些有形物体，而是建立产品信誉，争取消费者，所以没有客观的衡量标准，因此单位成本的意义并不重要。

销售费用的控制一般是通过对支出的核准进行的。例如，凡职工名额的增减、各员工工资标准的核定，应由销售经理核准；租金应以租赁合同核准；办公用品应由领导核准；捐赠应列入预算或由地区销售经理核准。

（3）财务费用控制。财务费用包括筹资费用、用资费用和汇兑损失。其控制重心在于正确选择筹资渠道，合理使用资金，加速资金周转速度，减少资金占用量；财务费用的控制依据是财务费用预算。

（三）利润控制

所谓利润控制，是指对营业收入、利润的形成及其分配的控制。营业收入的控制方法有以下几点：

（1）协助销售部门认真履行销售合同，组织商品计划的编制和执行，认真履行销售合同是生产经营活动正常进行的条件。履行销售合同，编制季度和月份发出商品计划，使企业的发货计划和生产作业计划联系起来，以便生产的安排与销售合同要求的发货进度相结合。该项计划应由销售部门会同生产和财务部门进行编制，财务部门应监督发出商品计划规定的季度或月度发货量以保证销售收入计划指标的实现，并把发货计划与产成品资金管理结合起来。

（2）及时办理结算，尽快取得销售货款。销售货款的结算一般由财务部门统一办理，产品发运之后，财务部门应及时办理结算，收回货款。对未按时偿还的货款，应与销售部门和银行密切配合，分别不同情况进行处理。

（3）认真做好让利销售的财务决策，扩大商品销售额，加速资金周转，提高资金利用效率。

（4）让利有多种形式，下面举例说明让利销售问题。

1）随着市场经济的发展，产品的更新换代日趋纷繁，在这种情况下，企业出现一些销小存大，积压过时并非偶然，以何种方式处理这些商品是摆在企业面前的一个现实问题。根据一些企业的经验，实行让利返本销售的办法，效果甚好。

2）让利销售是指企业本着不亏本的原则，把商品销售利润适当让渡给客户的一种销售方式；返本销售是指企业按照正常价格把商品销售出去，再逐年还本或一次还本的一种销售方式。让利返本销售方式对于扩大商品销售额，加速资金周转，缓解资金拮据局面，改善商品库存具有重要意义。让利多少，何时还本需要做出正确的财务决策。

3）让利销售包括折价销售、延期收款销售和分期收款销售三种形式，由于让利销售的形式不同，其财务决策的方法也不一样。折价销售是指按商品正常价格的百分比打一个折扣，作为商品销售新价的一种销售方式。折价的极限是商品销售利润，折价率的极限是商品销售利润率，在商品销售利润率的范畴之内，考虑商品的库存量，市场的需求程度，确定一个合理的折价率，然后计算出商品销售新价，折价率的确定可以通过概率分析加以预测。

【例13-1】 某种商品的库存量为2 000台，正常的销售单价为2 500元，毛利率为25%，销售利润率为20%，充分考虑该种商品的库存数量，市场变化，预测如表13-16所示。

表 13-16　预测期望利润

折价率	销售价格条件值（元）	概　率	销售量期望值（台）	期望利润（元）
5%	1 000	0.3	300	1 090 × 2 500 ×
	1 100	0.5	550	（20%～5%）
	1 200	02	240	
合计		1.00	1 090	408 750
10%	1 400	0.1	140	1 660 × 2 500 ×
	1 600	0.5	800	（20%～10%）
	1 800	0.4	720	
合计		1.00	1 660	415 000
15%	2 000	0.3	600	2 450 × 2 500 ×
	2 500	0.5	1 250	（20%～15%）
	3 000	0.2	600	
合计		1.00	2 450	306 250

根据以上概率分析，折价率应以 10% 为宜，即：

$$销售新价 = 2\,500 \times (1 - 10\%) = 2\,250（元）$$

延期收款销售是指延长客户的付款期限，以求扩大商品销售的一种销售方式。它实质上是一种消费信用，由于推迟了销售货款回笼，企业承担了被客户占用资金的利息，也就减少了利润。延期收款的期限越长，企业让渡的利润越大。因此，确定收款期限，应视企业让渡利润大小而定，也就是首先应确定商品的目标利润，然后据以确定延期收款期限。

仍依上例，设企业要求该商品目标利润率为 10%，银行借款年利率为 12%，延期收款年数的公式推导如下：

$$商品经营利润 - 目标利润 = 被客户占用资金 \times 延期收款年数 \times 年利率$$

整理后得：

$$延期收款年数 = \frac{商品经营利润 - 目标利润}{被客户占用资金 \times 年利率}$$

把上例有关数据代入公式，得

$$延期收款年数 = \frac{2\,500 \times 20\% - 2\,500 \times 10\%}{2\,500 \times (1 - 25\%) \times 12\%} = 1.11（年）$$

计算结果表明：企业欲实现 10% 的目标利润，延期收款期限应为 1.11 年，即 13 个月零 10 天。

分期收款销售是让利销售的另一种形式，是指在商品销售之后，企业实行分次收取货款的一种销售方式。它分为两种，一种是规则性的分期收款销售方式，另一种是不规则性的分期收款方式。规则的分期收款销售方式是指收款期限比较固定，如每年收一次或每月收一次，每次收款的额度相等；不规则性的分期收款销售方式是指收款期不固定，企业规定一个最迟还款期，在最迟还款期之前，客户可以选择最佳的还款期付款。规则性的分期销售方式在确定还款期时，应本着企业有盈利，分期要恰当，客户有支付能力，能诱发客户购买积极性的原则，选择最佳收款期限。财务决策程序是首先测算收款期限，然后确定每次收款额。计算公式推导如下：

$$商品经营利润 - 目标利润 = 平均每期被客户占用的资金 \times 分期收款月数 \times 银行借款月利率$$

式中，

$$\text{平均每期被客户占用资金} = \left[\text{应收货款（进价）} + \frac{\text{应收货款（进价）}}{\text{分期收款月数}} \right] \div 2$$

移项化简得

$$\text{分期收款月数} = \frac{\text{商品经营利润} - \text{目标利润}}{\dfrac{\text{应收货款（进价）}}{2} \times \text{银行借款月利率}} - 1$$

$$\text{每期应收货款（售价）} = \frac{\text{应收货款（售价）}}{\text{分期收款月数}}$$

【例 13-2】 智董公司经营一种电冰箱，每台成本价 2 200 元，售价 2 600 元，直接费率 3%，综合费率 2.4%，目标利润率为 6%，银行借款月利率 9‰，要求测算收款月数和每次收款额。

$$\text{该种电冰箱毛利率} = \frac{2\,600 - 2\,200}{2\,600} \times 100\% = 15.4\%$$

$$\text{该种电冰箱经营利润率} = 15.4\% - 3\% - 2.4\% = 10\%$$

$$\text{该种电冰箱经营利润} = 2\,600 \times 10\% = 260 \text{（元）}$$

$$\text{该种电冰箱目标利润} = 2\,600 \times 6\% = 156 \text{（元）}$$

将以上数字代入公式：

$$\text{分期收款月数} = \frac{260 - 156}{\dfrac{2\,200}{2} \times 0.9\%} - 1 = 9.5$$

$$\text{每月应收货款（售价）} = \frac{2\,600}{9.5} = 237.68 \text{（元）}$$

以上计算结果表明，该货款应在 9.5 个月收回，每月收款 273.68 元。

不规则的收款方式，其决策程序是首先确定客户的最迟付款期限，然后根据实际付款期计算出折扣额。

仍以经营电冰箱为例：

$$\text{最迟付款期} = \frac{\text{经营利润} - \text{目标利润}}{\text{银行借款月利额}} = \frac{160 - 156}{2\,200 \times 0.09\%} = 5.52 \text{（月）}$$

计算结果表明，该商品的最迟付款期是 5 个月零 7 天。客户若在最迟付款期之前承付货款，企业应根据提前的天数打一个折扣，退还部分货款。假设某客户购货一个月后要求承付货款，其折扣额应为：

$$\text{折扣额} = 2\,600 \times 9‰ \times 4.25 = 99.45 \text{（元）}$$

返本销售是在商品销售之后，按期偿还给客户全部货款的一种销售方式，在贷款紧缩，利率上升，库存量过大的情况下尤为适应，这种销售方式对客户吸引力较大，销售额往往成倍增长，因此，值得研究和探讨。

返本销售方式包括两种类型，一种是一次返本销售方式，另一种是分次返本销售方式。一次返本销售方式的财务决策是合理确定返本期。返本期的确定应视具体商品而定，也就是要充分考虑该种商品的库存量、积压程度、市场要求状况而定。

【例 13-3】 某种电冰箱的正常销售价格为 2 600 元，该种电冰箱库存量较大，质次价高，本应削价处理，经预测采取削价销售方式，最高售价为 1 800 元，银行借款年利率为 12%，现研究决定实行返本销售方式。要求测算一次返本期。

$$\text{一次返本期} = \frac{\text{削价后的销售价格}}{\text{正常销售价格} \times \text{银行借款年利率}} = \frac{1\,800}{2\,600 \times 12\%} = 5.77 \text{（年）}$$

计算结果表明，一次返本期为 5.77 年，即 5 年零 9 个月，应偿还客户 2 600 元的货款。

分次返本销售还本期的测算比较复杂，其计算公式可推导如下：

削价后的销售价格 = 平均每期占用客户款数 × 分期返本年数 × 银行借款年利率

式中，

$$\text{平均每期占用顾客款数} = \left[\text{正常销售价格（销售）} + \frac{\text{正常销售价格（售价）}}{\text{分次返本年数}}\right] \div 2$$

整理化简得

$$\text{分次返本年数} = \frac{\text{削价后的商品价格}}{\frac{\text{正常销售价}}{2} \times \text{年利率}} - 1$$

仍承上例，代入公式：

$$\text{分次返本年数} = \frac{1\,800}{\frac{2\,600}{2} \times 12\%} - 1 = 10.54 \text{（元）}$$

$$\text{每年还款额} = \frac{\text{应返还货款}}{\text{分次返本年数}} = \frac{2\,600}{10.54} = 246.48 \text{（元）}$$

以上计算结果表明，该项商品的返本期为 10.54 年，每年应偿还 246.48 元。

让利返本销售是一种很好的销售方式，但它并不适用于所有单位，而适用于那些实力雄厚、信誉良好的单位。不管今后经济体制如何变更，机构如何调整，法人如何更换，到期要不折不扣地返还给客户，如果分期收款和返本没有保障，就会给企业或客户带来损失。因此，凡实行分期收款和返本销售的企业，必须向主管部门、金融部门提出申请，经审查批准之后与消费者协会签订合同，经公证机关公证后方能有效。另外，在机构变迁时，应在报纸、电台、电视台向客户公告，由哪个单位负责收款和返本，以消除客户的顾虑。

企业为了完成利润预算，必须实行利润的目标管理，建立和健全利润目标责任制。利润目标责任制是根据企业内部各部门、单位和各级人员在利润管理中的地位和作用，将企业的利润指标实行分解，并分别下达给各职能部门、基层单位，实行利润的分级分口管理；规定各部门和单位为完成企业利润指标应承担的责任和完成或超额完成利润指标应获得的经济利润。

实行利润的目标管理，要严格控制利润标准。利润控制标准既是实行目标利润的保证，又是各责任单位的奋斗目标。企业的利润控制标准要按照可控的原则，层层落实，逐级下达。

利润分配的控制是指企业的利润总额在做有关调整之后，才能作为计算应交所得税的计税依据。在调整项目中，有的是调增，有的是调减，要严格遵守财政部规定的调整范围，任意调减只能扭曲国家与企业的分配关系。计算出应税所得额后，要按照税法，足额缴纳所得税，正确处理国家和企业的经济关系。

五、财务控制的模式

财务控制的模式指构成财务控制系统的各项要素之间的结合范式。

一般而言，公司的管理特点不同，管理要求不同，其拟采取的财务控制模式也不同。这里我们排除各个公司的具体特征和要求，而就一般情况下的财务控制模式予以抽象描述，如图 13-1 所示。

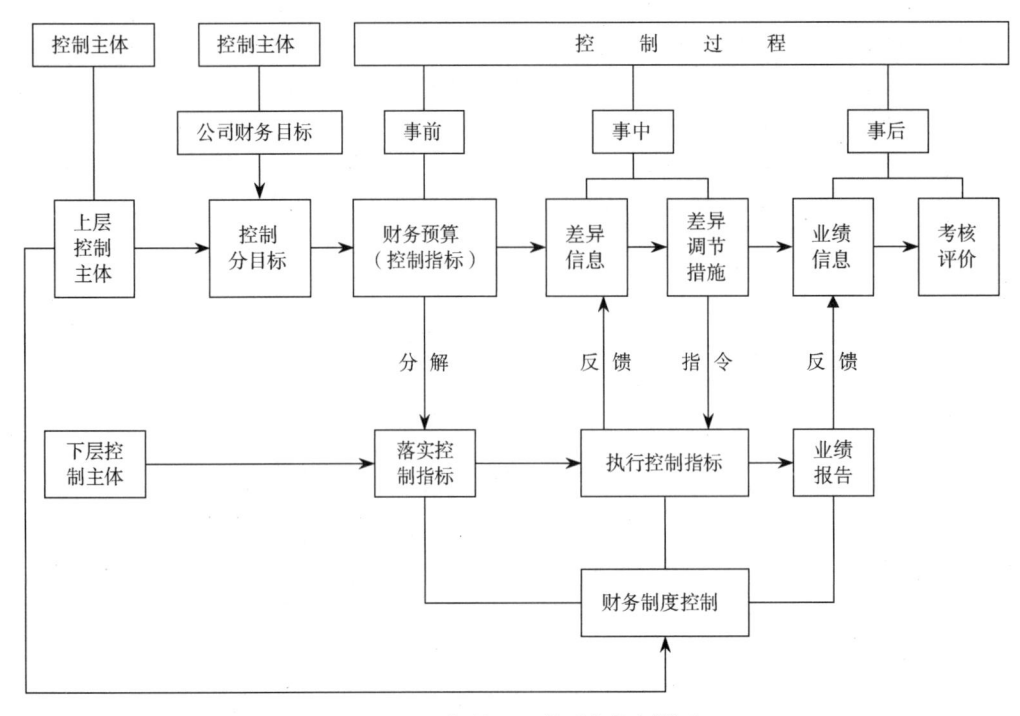

图 13-1 一般情况下的财务控制模式

图 13-1 表明，公司财务控制过程从本金价值运动的角度看，是一个预算管理过程，包括预算的制定和分解、差异的反馈与调节、业绩的报告与考核等；从财务行为方面看，则是一个制度控制过程，包括制度的制定、颁布和执行等。可见，要有效地实施公司财务控制，关键是做好两个方面的工作，即财务预算控制和财务制度控制。

六、财务控制权之争

代理制取代出资者直接控制是企业制度的一大进步，所有权与经营权分离是生产力发展的必然趋势。委托-代理制是与现代企业制度相适应的体现资本所有者与经营权分离与整合程度的组织机制。

在现代企业的委托-代理关系中，对代理人的监督，随着代理人控制权的增强而有不断弱化的趋势。代理人是负责生产经营决策的人力资本的所有者，一般在初始时，代理人需要与委托人及其他环境因素磨合，人力资本的显示信号较弱；但随着代理人对企业控制力度的加强，其信号显示逐渐由弱变强，代理人逐渐取得强势地位，形成"弱所有者，强管理者"的公司治理格局。代理人并不承担行动的全部经济后果，很可能将这些资源配置到那些并非能使公司价值最大化的用途上。

会计信息是委托人观察代理人的一个窗口，通过从这个"窗口"观察到的信息可以判断代理人执行契约的努力程度和效果；而财务控制权则是股东影响公司重大财务决策和利益分配的重要机制。因此，财务控制权在这场博弈中显得极有特殊意义。

然而，法律上的控股权并不直接等于实际的财务控制权。控股权只是一种潜在的控制权。控制权的主体未必是大股东，在所有权与控制权分离或内部人控制的情况下，公司财务营运和重大决策往往是由经营者来控制的。大股东只有有效行使其参与财务决策和控制活动的权利，潜在的控制权才能转变为现实的控制权，才能有效贯彻的自己的财务意志。

七、财务控制的类别

企业财务控制的方式是多种多样的，并且随着客观经济条件的变化而不断变化。

财务控制的各种分类不是相互孤立、相互排斥的，而是相互交叉、相互重叠的。一般而言，所有者控制属高层控制和事前控制，经营者控制则是包含着不同层次、不同时间、不同依据的全方位控制；事前控制通常属高、中层控制，事中控制则包含了控制的不同层次。而无论是所有者控制还是经营者控制，是高层控制还是基层控制，是事前控制还是事中控制，均包含着预算控制与制度控制的内容。

（1）按照财务控制的功能，可分为预防性控制、侦查性控制、纠正性控制、指导性控制和补偿性控制（见表13-17）。

表13-17　财务控制的类别（依功能分）

项　目	内　容　阐　释
预防性控制	预防性控制是指为防范风险、错弊和非法行为的发生，或减少其发生机会所进行的控制
侦查性控制	侦查性控制是指为了及时识别已经存在的风险、已经发生的错弊和非法行为，或增强识别能力所进行的控制
纠正性控制	纠正性控制是对那些通过侦查性控制查出来的问题所进行的调整和纠正
指导性控制	指导性控制是为了实现有利结果而进行的控制
补偿性控制	补偿性控制是针对某些环节的不足或缺陷而采取的控制措施

（2）按照财务控制的时序，可分为事前控制、事中控制和事后控制（见表13-18）。

表13-18　财务控制的类别（依时序分）

项　目	内　容　阐　释
事前控制	事前控制是在实际财务活动发生之前所实施的控制。这种控制的职能作用在于通过制定和分解财务预算，拟定和颁布财务制度等为事中的财务活动提供约束标准和行为规范
事中控制	事中控制则是在实际财务活动过程中所实施的控制，其职能作用在于通过预算、制度执行情况的检查、分析和调节，确保财务活动与财务行为符合预定的标准和规范
事后控制	事后控制是指对财务活动的结果所进行的分析、评价

（3）按照工作程序，可分为组织规划控制和授权批准控制（见表13-19）。

表13-19　财务控制的类别（依工作程序分）

项　目	内　容　阐　释
组织规划控制	根据财务控制的要求，在确定和完善组织结构的过程中，应当遵循不相容职务相分离的原则。企业的经济活动通常可以划分为五个步骤：授权、签发、核准、执行和记录。一般情况下，如果上述每一步骤由相对独立的人员（或部门）实施，就能够保证不相容职务的分离，便于财务控制作用的发挥。而组织规划控制主要包括两个方面： • 不相容职务的分离。例如，会计工作中的会计和出纳就属不相容职务，需要分离。应当加以分离的职务通常有：授权进行某项经济业务的职务要分离；执行某项经济业务的职务与审核该项业务的职务要分离；执行某项经济业务的职务与记录该项业务的职务要分离；保管某项财产的职务与记录该项财产的职务要分离，等等。

项　目	内　容　阐　释
组织规划控制	● 组织机构的相互控制。一个根据经济活动的需要而分设不同的部门和机构，其组织机构的设置和职责上应体现相互控制的要求
授权批准控制	授权批准控制是指在某项财务活动发生之前，按照既定的程序对其正确性、合理性、合法性加以核准并确定是否让其发生所进行的控制。授权管理的方法是通过授权通知书来明确授权事项和使用资金的限额。授权管理的原则是，对在授权范围内的行为给予充分信任，但对授权之外的行为不予认可。 　　从理论上分析，授权可以分为一般授权和特别授权。一般授权是指企业内部较低层次的管理人员根据既定的预算、计划、制度等标准，在其权限范围之内对正常的经济行为进行的授权。例如，因公出差的问题，只需要出差人的部门负责人按照工作计划和制度授权即可。特别授权是指对非经常经济行为进行专门研究做出的授权。与一般授权不同，特别授权的对象是某些例外的经济业务。这些例外的经济业务往往是个别的、特殊的，一般没有既定的预算、计划等标准所依，需要根据具体情况进行具体的分析和研究。例如，授权购买一项重要设备、授权降价出售商品等都是特别授权的事例

　　（4）按照控制主体的层次，可分为高层控制、中层控制和基层控制（见表13-20）。

表13-20　财务控制的类别（依控制主体的层次分）

项　目	内　容　阐　释
高层控制	高层控制是由公司高层管理组织和人员（如股东大会、董事会、总经理、财务副总经理、财务总监等），通过审议决定公司的财务发展规划及重大财务方案，制定和分解财务预算指标，拟定和颁布财务管理制度，确定和指令重大财务偏差的调节措施等形式对公司财务所实施的控制
中层控制	中层控制是由受公司高层管理人员领导的各级财务负责人（如集团公司及其各分、子公司经理与财务经理等），根据高层控制的目标和指令，通过分解落实财务预算，检查预算及制度的执行情况，分析和反馈差异信息，组织执行重大差异调节指令，确定和实施一般性差异调节措施等形式对公司财务所实施的控制
基层控制	基层控制则是由一般财务人员在其日常的财务工作中，根据预算控制指标、日常财务制度、差异调节指令等所实施的控制

　　上述各层次控制之间相互联系、相辅相成，上层控制为下层控制提供控制的目标和依据，下层控制则是上层控制的深层化和具体化，是实现上层控制目标的重要保证。

　　（5）按照控制权力的集中程度，可分为集中控制、分散控制和分级控制（见表13-21）。

表13-21　财务控制的类别（依控制权力的集中程度分）

项　目	内　容　阐　释
集中控制	集中控制是指由一个控制中心对所有子系统的信息进行集中加工、处理，集中做出指令，操纵所有子系统的财务活动的一种控制方式。 　　集中控制的优点是，当集中控制的整个系统，其规模不很大，一旦控制中心获得、储存信息和对其加工处理的效率及可靠性很高时，集中控制有利于客观整体的最优控制。 　　在控制系统较大时，集中控制的缺点有以下几个方面：

续表

项　目	内　容　阐　释
集中控制	• 信息的获得、存储、加工等工作量很大，就目前的科学技术来说，任何计算机网络都无法胜任，更何况用人脑来获得、存储和加工信息。这样，集中控制往往造成信息传输和加工的失误、丢失，决策的失误、迟缓，信息传输和加工费用高等，从而影响整个系统的控制效果。 • 系统内的高级分工，缺乏同级的多极竞争，不便于挖掘潜力，调动各方面的积极性。 • 决策集中使风险集中，从而增加系统控制失效的可能性
分散控制	分散控制是指由多个控制中心分别控制一定数量子系统的一种控制方式。其优点是： • 决策分散，风险也分散，个别系统控制失败，不至于使整个财务系统瘫痪。 • 控制中心分散，对信息的获得、存储、加工速度快，效率高，对环境的适应性强，灵活性高。 • 分散控制，有利于各控制中心内部的竞争，调动各控制中心的积极性。 分散控制的缺点是：不便于各子系统之间的协调，缺乏集中控制，难以实现整体的最优控制
分级控制	分级控制是指在一个最高控制中心的领导下，按照整个系统内在结构层次，设立若干不同级别的控制中心，层层控制。分级控制是集中控制与分散控制的统一，集中了二者的优点，这种控制方式现今得到了广泛的应用

（6）按照信息是否反馈，可分为固定程序控制、弹性程序控制和随动控制（见表13-22）。

表13-22　财务控制的类别（依信息是否反馈分）

项　目	内　容　阐　释
固定程序控制	固定程序控制又称非反馈程序控制，是指让受控者严格地按照控制者既定的程序运行，以达到预期目的的一种控制方式。固定程序控制有以下特点： • 程序一经制度，不可改变。固定程序控制方式，假定客观外在条件和受控者未来的行为具有完全的确定性，不存在意料之外的干扰。因此，一旦程序确定下来，受控者就只能严格地执行程序，不能改变。 • 由于受控者只能严格地执行既定的程序，因此，其行为具有机械性。 • 如果在客观外在条件和受控者的行为是有完全的确定性的条件下，采用固定程序控制，则其控制效益是非常高的。 • 也正因为固定程序控制只能适应于完全确定条件下的系统控制，因此，一旦客观条件与程序偏离，发生意外事故，就可能造成整个系统的停止运行，从而造成巨大的损失，因此采用固定程序控制的风险较大。 固定程序控制在企业财务控制中的表现为固定计划控制、定额控制、定员控制等。 必须指出，永恒的固定程序控制是不存在的。任何程序控制，都必须根据受控者实际行为的具体情况，检查原定程序与实际的偏差如何，从而适时调整原程序，保证其有效性。因此，从这个意义上说，任何程序控制都是弹性程序控制
弹性程序控制	弹性程序控制又称信息反馈程序控制，即控制者不断地吸收受控者实际行为的信息（反馈），补充调整原先确定的程序，进行控制，以达到预期目标的一种控制方式。

续表

项　目	内　容　阐　释
弹性程序控制	弹性程序控制的过程比固定程序控制多了一步，即根据受控者的行为反馈信息，调整原先的控制程序，弹性控制有以下几个特点： • 程序可以根据客观条件的变化，随时进行修订，具有弹性，从而提高了适用性。弹性程序控制方式，适用于一种系统控制：客观环境和受控者行为有一定的变化规律，但也存在着难以预料的因素影响。由于在现实中，大量的财务活动都不是完全确定的，而是部分确定的，因此，弹性程序控制方式的适用性要比固定程序控制方式强。 • 由于受控者行为的反馈信息是控制者修订程序的依据。因此，受控者的主动性和创造性在一定程度上得到发挥。 弹性程序控制在企业财务控制中的表现有弹性计划控制等
随动控制	随动控制又称跟踪控制或目标控制，是指由受控者在行为过程中根据客观条件的变化情况和控制者要求达到的目标，随时调节自身行为的一种控制方式。其特点是： • 控制者只规定受控者的目标，不规定其应采用的行为程序，其行为程序完全由受控者自行决定，因此能够最大限度地发挥受控者的主动性和创造性。 • 随动控制只适用于客观条件的变化情况无法准确地预计，受控者的行为完全是随机事件的系统控制。 随动控制在企业财务控制中的表现为承包经营、租赁经营、内部牵制等

（7）按照控制的依据，可分为预算控制和制度控制（见表13-23）。

表13-23　财务控制的类别（依控制的依据分）

项　目	内　容　阐　释
预算控制	预算控制是指以财务预算指标为依据所实施的控制。这种控制的职能作用在于通过制定、分解和执行财务预算，使公司财务活动按预定的目标运行
制度控制	制度控制是指按照国家和企业颁发制定的法令、条例、制度、办法等进行控制，其职能作用在于通过制定、颁布和执行财务制度，实现各级控制主体财务行为的规范化和有效化。政策制度控制的依据包括两个方面：一是国家的法律、政策、制度；二是企业内部财务管理制度

（8）按照控制的内容，可分为一般控制和应用控制（见表13-24）。

表13-24　财务控制的类别（依控制的内容分）

项　目	内　容　阐　释
一般控制	一般控制是指对企业财务活动赖以进行的内部环境所实施的总体控制，包括组织控制、人员控制、财务预算、业绩评价、财务记录等内容
应用控制	应用控制是指作用于企业财务活动的具体控制，包括业务处理程序中的批准与授权、审核与复核以及为保证资产安全而采取的限制措施等项控制

（9）按照控制工作的内容，可分为预算控制、实物控制、成本控制和审计控制。

1）预算控制，作为一种控制机制，财务预算将预算主体和预算单位的行为调和到"自我约束"与"自我激励"这一层面上。也就是说，预算作为一根"标杆"，使所有预算执行主体都知道自己的目标是什么，现在做得如何，以及如何努力地去完成预算，从而起到一种自我约束与自我激励的控制作用。预算控制是内部控制中相当重要的方法，它由预算编制、预算执行与预算考核等环节组成，可以涵盖生产经营和财务活动的全过程，从而控制企业管理的运行过程，并保证结果的实现。

2）实物资产控制。实物包括企业的资产、资金、物资等。实物资产控制是指为保护各种实物的安全和完整、防止舞弊行为所进行的控制。首席财务官要将企业财产的价值管理与实物管理有机结合起来，财务部门在将工作重心放在企业经营价值循环的反映和监督上的同时，要紧密结合其他业务部门的实物管理，及时发现差异、分析差异，避免不利差异的扩大和差错的产生。

实物控制的主要内容是：

①实物的限制接近。实物的限制接近是减少实物被盗或毁损的机会、划分责任、保护实物实体的重要措施。实物的接近应严格地限制在经过批准的人员范围内。企业应该根据各种实物的性质及管理的特点，合理地确定允许接近实物的人员，并对限制接近的遵守情况进行严格的检查监督。

②实物的保护。实物保护是指为使实物免遭盗窃、损伤、火灾及其他意外的损害，确保实物的完整性而采取各种对策。同时要定期检查实物的保护情况，消除隐患，尽可能地减少实物受损的机会。

③实物的清查。企业应根据其业务特点，采用定期盘点、轮番盘存的方法，检查财产物资的实存数量，妥善处理盘盈盘亏，保证实存数和账存数相符。

3）成本控制。现代成本控制可分为"粗放型"和"集约型"两种。粗放型成本控制，是指在生产技术、产品工艺不变的情况下，单纯依靠减少耗用材料，合理下料来降低成本的成本控制法；集约型成本控制，是指依靠提高技术水平来改善生产技术、产品工艺，从而降低成本的控制法。这两种方法结合起来，就是现代成本控制。

①粗放型成本控制。这种成本控制是从原材料的采购到产品的最终售出，贯穿始终，是一种最基本、最主要的控制方法。

A. 原材料采购的成本控制。对大宗常用材料一般采取公开招标法或择优厂家直接采购。

材料使用的成本控制一般有两种方法：

a. 目标成本控制法。它通过"目标成本＝目标售价－目标利润"来求得，这是采用成本否决法来控制成本。

b. 作业成本控制法，是通过对各种不同作业及成本动因的分析、成本及费用的归集，不仅更加合理真实地计算成本，还有利于找出收入与成本不配比或仅有投入无收益的原因，这样能在很大程度上降低成本。

B. 产品销售的成本控制，主要是宣传成本控制。值得注意的是，广告效应只能起到促销作用，产品质量才是用户信赖的基础。因此，应掌握投入与支出的配比原则。

②集约型成本控制又可分为两类：

A. 通过改善生产技术来降低成本控制。改善生产技术的方法很多，如引进新的生产线，采用高科技产品等。

B. 通过产品工艺的改善来降低成本的成本控制。集约成本控制有赖于智力成果，它能使成果带来超额利润。

4）审计控制。审计控制是对会计的控制和再监督。它既是内部控制的一个组成部分，又是内部控制的一种特殊形式。内部审计的内容十分广泛，一般包括内部财务审计和内部经营管理审计。根据内部控制的基本原理和我国会计工作实际情况，新《会计法》规定，各种企业应当在内部会计监督制度中明确"对会计资料定期进行内部审计的办法和程序",以使内部审计机构或内部审计人员对会计资料的审计工作制度化和程序化。

（10）按照各控制主体的目的、职责和任务不同,分为利益控制法、平衡控制法、限额控制法、比率控制法、区域控制法。

1）利益控制法。首先应当明确,参与财务活动的各行为主体的主要目的在于保证或增加自身的经济利益,不管是国家部门还是企业,概莫能外。当各行为主体间的利益界限清晰,各自的行为结果与其利益所得直接相关时,外来的利益调控措施就能发挥应有的作用。企业为了使自身的运行更顺利有效,常用留利分配比例、工资分配、奖金分配等杠杆调控内部的诸多财务关系。诚然,利益杠杆本身具有双向性,它一方面鼓励人们从事某种行为,另一方面也会抑制人们从事某种活动,通过利益的间接调控,尽可能地使各行为主体的财务活动符合调控主体的计划和目标。

2）平衡控制法。所谓平衡,就是指系统内部各部分、各要素间能够按其应有的比例搭配并以特有的规律协调、有效地运行。财务作为一个以资金收支运动为主要内容的生产与再生产体系,不仅在总体上、在整个过程中具有某种平衡性要求,且在每一局部和环节上也必然存在一个特定的配置比例要求。作为一种财务调控方式,主要表现在三个方面（见表13-25）。

表13-25　平衡控制法调控方式

项　　目	内　容　阐　释
财务收入与支出的平衡调控	财务的收入与支出、资金的供给与需求永远是一对矛盾,二者之间可能在一系列外在条件约束下暂时地达成某种平衡,但很难永久处于自发平衡之中。一般说来,对资金的需求总是大于资金的供给,即一方面财力有限,另一方面又需求"无限",这就要求财务调控积极发挥作用,分别轻重缓急,本着量入为出的原则,将有限的资金用于恰当的项目上,实现财务收支的平衡
资金运行与物资运动的调控	资金流与物资流是企业的两大"流体",这二者之间可以平衡运行,亦可交叉运动,即资金流可以变为物资流,物资流亦可以变为资金流,它们统一地归属于"信息流"。对于资金与物资的调控,应当以企业目标为出发点,适时地实现它们之间的衔接或转换,保证资金运动与物资运动的协调及企业生产经营活动的正常进行
财务活动内部结构的平衡调控	当一个经济系统的结构和运行轨迹确定之后,其内部的财务结构也便随之确定下来,处于一种相对稳定的暂时平衡状态。就拿一个企业来说,当其生产能力、产品品种、工艺过程等确定之后,它的生产经营资金结构、成本结构、销售收入结构和利润分配结构是相对稳定的。经过一段时间,当确认某一结构确实较为合理并有利于企业经济效益提高时,就应相对固定下来。一旦某一结构发生了变化,就应查找造成变化的原因,看其是企业内部的管理不善带来的畸变,还是其他经济、政治、社会因素的影响而导致的结构的必然变化。若是外界的不可控变量发生了变化,就应果断地改变原有的结构状态,适应形势的变化

3）限额控制法。所谓限额,实际是指根据经验或科学计算而对某种行为的消耗、占用或产出所做的数量规定,其主要理论依据是以前的行为具有时间的历史延续性、环境的相对稳定性及各种变量处于正常状态。显然,对于没有历史延续性的行为、对于外界环境处于飞速变化的事件及各种非线性变量不断产生的系统,限额调控是难以奏效的。在财务管理中,常用于调控财务行为的限额有收支总额、流动资金占有额、管理费用开支额、工资定额、奖励定额等。在执行过程中,可通过执行结果与所定限额的比较发现问题。

4）比率控制法。对于那些绝对额变动幅度较大但相对数变化有一定规律的财务行为,可用比率调控法进行调控。在许多情况下，运用绝对数无法说明问题，但使用具有可比意义的相对数能做出有效的比较，进而找出差距和不足。常用的产值利税率、成本利税率、销售收入利税率、流动资金周转速度等，都是考核企业行为并进行纵向和横向比较的有效方法。

5）区域控制法。区域调控也叫幅度调控，即根据财务活动的规律性而大致规定一个财务活动区域，凡是某一系列指标处于该区域内者，则视为"正常"，如果超过了区域的范围，便认为"超常"，从而查找造成超常的原因。由于此时的判别标准是，看它是否属于某一区域，因此，区域的位置、区域的大小便成为该种调控方式的重心所在。要求在确定区域时充分考虑各种相关因素，分析它们之间的关系及变化趋势，进而确定一个科学、合理的财务调控区域。

要正确运用以上各种调控方式，必须做到：

1）对所需的反馈信息，应进行认真的反复的预测，并对预测到的资料整理加工，以便于进行比较。

2）检测数据要尽量达到及时性、准确性、适用性的要求。

3）被控对象的状态空间要规定适当的限制界限

4）受控时间要适时，不要等系统已运行完一个周期（如月度计划完成后）再进行比较分析。

5）外部信息要真实、可靠，信息应以适当的计量单位表示。

6）信息的反馈循环应尽量减少层次，以加快反馈速度，提高信息反馈效率。

7）对有些事物的控制要建立一定的模型，运用各种现代数学的手段，进行数量分析和模拟仿真。

（11）按照控制主体的性质，可分为所有者控制和经营者控制。

1）所有者控制，是指由公司的投资者或股东，通过召开股东大会，以审议批准公司重大财务方案（如财务预算方案、利润分配方案等），决定公司财务发展战略规划（如决定公司经营方针和投资计划、做出公司增减注册资本的决议）等形式所实施的控制。

2）经营者控制，是指由公司内部的各级财务管理机构和人员通过制定和分解财务预算，拟定和颁布内部财务管理制度，分析和调节实际脱离预算的偏差等形式对公司财务所实施的控制。

所有者控制与经营者控制的相互关系在于：所有者控制为经营者控制提供约束依据，并为经营者控制指明努力的方向；经营者控制则是所有者控制的深层化和具体化，是所有者控制目标得以实现的重要保证。

八、财务控制的系统（见表13-26）

表13-26　财务控制的系统

项　　目	内　容　阐　释
预算目标	控制应该有的放矢。财务控制应以建立健全的财务预算为依据，面向整个企业的财务预算是控制企业经济活动的依据。财务预算应分解落实到各责任中心，使之成为控制各责任中心经济活动的依据。若财务预算所确定的目标严重偏离实际，财务控制就无法达到预定的目的
组织系统	组织系统解决控制和被控制问题，即控制主体和被控制对象。就控制主体而言，应围绕财务控制建立有效的组织保证。例如，为了确定财务预算，应建立相应的决策和预算编制机构；为了组织和实施日常财务控制，应建立相应的监督、协调、仲裁机构；为了便于内部结算，应建立相应的内部结算组织；为了考评预算的执行结果，应建立相应的考评机构。在实践过程中，可根据需要，将这些机构的职能合并到企业的常设机构中，或者将这些机

续表

项　目	内　容　阐　释
组织系统	构的职能进行归并。就控制对象而言，应本着有利于将财务预算分解落实到企业内部各部门、各层次和各岗位的原则，建立各种执行预算的责任中心，使各责任中心对分解的预算指标既能控制，又能承担完成责任
制度系统	制度系统包括组织机构的设计和企业内部采取的所有相互协调的方法和措施。这些方法和措施用于保护企业的财产，检查企业会计信息的准确性和可靠性，提高经营效率，促使有关人员遵循既定的管理方针。围绕财务预算的执行，也应建立相应的保证措施或制度，如人事制度、奖罚制度等
会计信息	控制论的理论告诉我们，信息是控制的基础，财务控制也必须以会计信息为前提。它包括两个方面的内容： • 财务预算总目标的执行情况必须通过汇总会计核算资料予以反映，通过这些会计资料可以分析企业财务预算总目标的执行情况、出现的差异及其原因，并提出相应的纠偏措施。 • 各责任中心以至各岗位的预算目标的执行情况必须通过各自的会计核算资料予以反映，通过这些会计资料可以了解、分析各责任中心以至各岗位预算目标的完成情况，将其作为各责任中心以至各岗位改进工作的依据和考核它们工作业绩的依据
信息反馈系统	控制的效果如何，必须依据反馈信息来做出判断以便不断地动态地实施控制。为此，必须建立一个信息的反馈系统。所建立的信息反馈系统必须达到以下要求：这个系统是一个双向流动系统，它不仅能由下至上反馈财务预算的执行情况，也能由上至下传输调整预算偏差的要求。这个系统是一个传输程序和传输方式都十分规范的系统。就传输程序而言，应明确规定传输的路径、环节以及每一环节的信息内容；就传输方式而言，应明确规定传输的媒体及其标准样式，如报告的格式等。这个系统应当及时、迅速。它要求确保传输的信息真实、可靠，并建立起相应的信息审查机构和责任制度
奖罚制度	财务控制指令的实施兼奖罚制度来支持奖罚制度及其执行包括以下内容： • 奖罚制度必须结合各责任中心的预算责任目标制定，体现公平、合理、有效的原则。 • 要建立严格的考评机制。是否奖罚取决于考评的结果，考评是否正确直接影响奖罚制度的效力。严格的考评机构包括建立考评机构、确定考评数据、依照制度进行考评和执行考评结果。 • 要把过程考核与结果考核结合起来。这一方面要求在财务控制过程中随时考核各责任中心的责任目标和执行情况，并根据考核结果当即奖罚；另一方面要求一定时期终了（一般为年度），根据财务预算的执行结果，对各责任中心进行全面考评，并进行相应的奖罚。这有利于控制系统有效地运行和企业经营目的的实现

九、财务控制有效性评估

财务控制有效性评估，是指主管财政机关运用一定的评估标准和方法，对企业内部财务控制进行考核和分析，并对其有效性做出评判。

1. 企业内部财务控制有效性评估的原则（见表13-27）

表13-27 企业内部财务控制有效性评估的原则

项　目	内　容　阐　释
合法性	企业内部财务控制制度应当符合国家现行法律、法规的规定，实施内部财务控制有效性评估的程序应当符合依法行政的要求
权威性	企业应当建立健全财务运行机制，实施内部财务控制有效性评估的结果对加强企业内部财务管理具有针对性和公信力
实效性	企业内部财务控制的关键是确保内部各项财务制度得到有效执行，开展内部财务控制有效性评估应当能够及时督促企业健全纠错机制

2. 实施企业内部财务控制有效性评估的基本要求

（1）准确、完整掌握企业内部财务控制操作流程和实施情况，客观分析和评估内部财务控制制度的执行效果。

（2）建立科学合理的评估标准和方法，做到定性分析与定量考核相结合，内部评估和外部评估相结合，企业自我评估和政府财政评估相结合。

（3）完善评估程序和操作流程，客观、公正评估企业内部财务控制制度的完整性及其实施的有效性。

（4）依法合理使用评估结果，不得损害企业合法利益。

第三节　责任中心财务控制

建立责任中心、编制和执行责任预算、考核和监控责任预算的执行情况是企业实行财务控制的一种有效的手段，又称为责任中心财务控制。

责任中心就是承担一定经济责任，并享有一定权力和利益的企业内部（责任）单位。

企业为了实行有效的内部协调与控制，通常都按照统一领导、分级管理的原则，在其内部合理划分责任单位，明确各责任单位应承担的经济责任、应有的权利，促使各责任单位尽其责任协同配合实现企业预算总目标。同时，为了保证预算的贯彻落实和最终实现，必须把总预算中确定的目标和任务，按照责任中心逐层进行指标分解，形成责任预算，使各个责任中心据以明确目标和任务。

责任预算执行情况的揭示和考评可以通过责任会计来进行。责任会计围绕各个责任中心，把衡量工作成果的会计同企业生产经营的责任制紧密结合起来，成为企业内部控制体系的重要组成部分。由此可见，建立责任中心是实行责任预算和责任会计的基础。

一、责任中心的特征

1. 责任中心具有承担经济责任的条件

它有两方面的含义：责任中心要有履行经济责任中各条款的行为能力；责任中心一旦不能履行经济责任，能对其后果承担责任。

2. 责任中心所承担的责任和行使的权力都应是可控的

每个责任中心只能对其责权范围内可控的成本、收入、利润和投资负责，在责任预算和业绩考评中也只应包括他们能控制的项目。可控是相对于不可控而言的，不同的责任层次，其可控的范围并不一样。一般而言，责任层次越高，其可控范围也就越大。

3. 责任中心具有相对独立的经营业务和财务收支活动

它是确定经济责任的客观对象，是责任中心得以存在的前提条件。

4. 责任中心便于进行责任会计核算或单独核算

责任中心不仅要划清责任而且要单独核算，划清责任是前提，单独核算是保证。只有既划清责任又能进行单独核算的企业内部单位，才能作为一个责任中心。

根据企业内部责任中心的权责范围及业务活动的特点不同，责任中心可以分为成本中心、利润中心和投资中心三大类型。

5. 责任中心是一个责权利结合的实体

它意味着每个责任中心都要对一定的财务指标承担完成的责任；同时，赋予责任中心与其所承担责任的范围和大小相适应的权力，并规定出相应的业绩考核标准和利益分配标准。

二、责任中心的类型和考核指标

（一）利润中心

利润中心往往处于企业内部的较高层次，如分公司、分厂、分店。一般具有独立的收入来源或能视同为一个有独立收入的部门，一般还具有独立的经营权。利润中心与成本中心相比，其权利和责任都相对较大，它不仅要降低成本，而且更要寻求收入的增长，并使之超过成本的增长。换言之，利润中心对成本的控制是联系着收入进行的，它强调相对成本的节约。

1. 利润中心的类型

利润中心分为自然利润中心和人为利润中心两种。

（1）自然利润中心。它是指可以直接对外销售产品并取得收入的利润中心。这种利润中心本身直接面对市场，具有产品销售权、价格制定权、材料采购权和生产决策权。它虽然是企业内部的一个部门，但其功能同独立企业相近。最典型的形式就是公司内部的事业部，每个事业部均有销售、生产、采购的机能，有很大的独立性，能独立地控制成本并取得收入。

（2）人为利润中心。人为的利润中心是指在企业内部，按照内部结算价格将产品或劳务提供给本企业其他责任中心取得"内部销售收入"的责任中心。

这类利润中心的产品（或劳务）主要在本企业内部转移，一般不直接对外销售。作为人为利润中心应具备两个条件：一是可以向其他责任中心提供产品（或劳务）；二是能合理确定转移产品的内部转移价格，以实现公平交易、等价交换。由于人为的利润中心能够为其他成本中心相互提供产品或劳务并规定一个适当的内部转移价格，使得这些成本中心可以"取得"收入进而评价其收益，因此，大多数成本中心都能转化成人为的利润中心。

2. 利润中心的成本计算

利润中心对利润负责，必然要考核和计算成本，以便正确计算利润，作为对利润中心业绩评价与考核的可靠依据。对利润中心的成本计算，通常有两种方式可供选择：

（1）利润中心只计算可控成本，不分担不可控成本，亦即不分摊共同成本。这种方式主要适应于共同成本难以合理分摊或无须进行共同成本分摊的场合，按这种方式计算出的盈利不是通常意义上的利润，而是相当于"边际贡献总额"。企业各利润中心的"边际贡献总额"之和，减去未分配的共同成本，经过调整后才是企业的利润总额。采用这种成本计算方式的"利润中心"，实质上已不是完整和原来意义上的利润中心，而是边际贡献中心。人为利润中心适合采取这种计算方式。

（2）利润中心不仅计算可控成本，也计算不可控成本。这种方式适用于共同成本易于合理分摊或不存在共同成本分摊的场合。这种利润中心在计算时，如果采用变动成本法，应先计算出边际贡献，再减去固定成本，才是税前利润；如果采用完全成本法，利润中心可以直接计算出税前利润。各利润中心的税前利润之和，就是整个企业的利润总额。自然利润中心适合采取这种计算方式。

3. 利润中心的考核指标

利润中心的考核指标为利润，通过比较一定期间实际实现的利润与责任预算所确定的利润，可以评价其责任中心的业绩。但由于成本计算方式不同，各利润中心的利润指标的表现形式也不相同。

（1）当利润中心不计算共同成本或不可控成本时，其考核指标是利润中心边际贡献总额，该指标等于利润中心销售收入总额与可控成本总额（或变动成本总额）的差额。值得说明的是，如果可控成本中包含可控固定成本，就不完全等于变动成本总额。但一般而言，利润中心的可控成本是变动成本。

（2）而当利润中心计算共同成本或不可控成本，并采取变动成本法计算成本时，其考核指标包括：利润中心边际贡献总额；利润中心负责人可控利润总额；利润中心可控利润总额等。

利润中心边际贡献总额 = 该利润中心销售收入总额 - 该利润中心变动成本总额

利润中心负责人可控利润总额 = 该利润中心边际贡献总额 - 该利润中心负责人可控固定成本

因此，公司利润总额 = 各利润中心可控利润总额之和 - 公司不可分摊的各种管理费用、财务费用

为了考核利润中心负责人的经营业绩，应针对经理人员的可控成本费用进行评价和考核。这就需要将各利润中心的固定成本区分为可控成本和不可控成本。这主要考虑有些成本费用可以划归、分摊到有关利润中心，却不能为利润中心负责人所控制，如广告费、保险费等。在考核利润中心负责人业绩时，应将其不可控的固定成本从中剔除。

【例13-4】 智董公司的 A 车间是一个人为利润中心，本期实现内部销售收入 80 万元，销售变动成本为 55 万元，该中心负责人可控固定成本为 5 万元，中心负责人不可控的且应由该中心负担的固定成本为 7 万元。

则该中心实际考核指标分别为：

利润中心边际贡献总额 = 80 - 55 = 25（万元）

利润中心负责人可控利润总额 = 25 - 5 = 20（万元）

利润中心可控利润总额 = 20 - 7 = 13（万元）

（二）成本中心

成本中心是对成本或费用承担责任的责任中心，它不会形成可以用货币计量的收入，因而不对收入、利润或投资负责；成本中心一般包括负责产品生产的生产部门、劳务提供部门，以及给予一定费用指标的管理部门。

成本中心的应用范围最广，从一般意义出发，企业内部凡有成本发生，需要对成本负责，并能实施成本控制的单位，都可以成为成本中心。工业企业，上至工厂一级，下至车间、工段、班组，甚至个人都有可能成为成本中心。成本中心的规模不一，多个较小的成本中心共同组成一个较大的成本中心，多个较大的成本中心又能共同构成一个更大的成本中心。从而，在企业形成一个逐级控制，并层层负责的成本中心体系。规模大小不一和层次不同的成本中心，其控制和考核的内容也不尽相同。

1. 成本中心的类型

（1）技术性成本中心。技术性成本是指发生的数额通过技术分析可以相对可靠地估算出来的成本，如产品生产过程中发生的直接材料、直接人工、间接制造费用等。其特点是这种成本的发生可以为企业提供一定的物质成果，投入量与产出量之间有着密切的联系。技术性成本可以通过弹性预算予以控制。

（2）酌量性成本中心。酌量性成本是否发生以及发生数额的多少是由管理人员的决策所决定的，主要包括各种管理费用和某些间接成本项目，如研究开发费用、广告宣传费用、职工培训费用等。这种费用发生主要是为企业提供一定的专业服务，一般不能直接产生可以用货币计量的成果。投入量与产出量之间没有直接关系。酌量性成本的控制应着重于预算总额的审批上。

2. 成本中心的特点

成本中心相对于其他责任中心（如利润中心和投资中心）有自身的特点，主要表现在：

（1）成本中心只考评成本费用而不考评收益。成本中心一般不具备经营权和销售权，其经济活动的结果不会形成可以用货币计量的收入，有的成本中心可能有少量的收入，但总体上讲，其产出与投入之间不存在密切的对应关系，因而，这些收入不作为主要的考核内容，也不必计算这些货币的收入。概括地说，成本中心只以货币形式计量投入，不以货币形式计量产出。

（2）成本中心只对可控成本承担责任。成本费用依其责任主体是否能控制分为可控成本与不可控成本。凡是责任中心能控制其发生及其数量的成本称为可控成本；凡是责任中心不能控制其发生及其数量的成本称为不可控成本。具体来说，可控成本必须同时具备以下 4 个条件：一是可以预计，即成本中心能够事先知道将发生哪些成本以及在何时发生；二是可以计量，即成本中心能够对发生的成本进行计量；三是可以施加影响，即成本中心能够通过自身的行为来调节成本；四是可以落实责任，即成本中心能够将有关成本的控制责任分解落实，并进行考核评价。凡不能同时具备上述四个条件的成本通常为不可控成本。属于某成本中心的各项可控成本之和即构成该成本中心的责任成本。从考评的角度看，成本中心工作成绩的好坏，应以可控成本作为主要依据，不可控成本核算只有参考意义。在确定责任中心的成本责任时，应尽可能使责任中心发生的成本成为可控成本。

成本的可控与不可控是以特定的责任中心和特定的时期作为出发点的，这与责任中心所处管理层次的高低、管理权限及控制范围的大小和经营期间的长短有直接关系。首先，成本的可控与否，与责任中心的权力层次有关。某些成本对于较高层次的责任中心或高级领导来说是可控的，对于其下属的较低层次的责任中心或基层领导而言，就可能是不可控的。反之，较低层次责任中心或基层领导的不可控成本，则可能是其所属较高层次责任中心或高级领导的可控成本。对企业来说，几乎所有的成本都是可控的，而对于企业下属各层次、各部门乃至个人来说，则既有各自的可控成本，又有各自的不可控成本。其次，成本的可控与否，与责任中心的管辖范围有关。某项成本就某一责任中心来看是不可控的，而对另一个责任中心可能是可控的，这不仅取决于该责任中心的业务内容，也取决于该责任中心所管辖的业务内容的范围。例如产品试制费，从产品生产部门来看是不可控的，而对研发部门来说就是可控的。但如果新产品试制也归口由生产部门负责进行，则试制费又成了生产部门的可控成本。最后，某些从短期看属于不可控的成本，但从较长的期间看，又成了可控成本。现有生产设备的折旧，在设备原价和折旧方法既定的条件下，该设备继续使用时，就具体使用它的部门来说，折旧是不可控的；但当现有设备不能继续使用，要用新的设备来代替它时，新设备的折旧则取决于设备更新所选用设备的价格及正常使用寿命，从这时看，新设备的折旧又成为可控成本。

另外，在责任控制中，应尽可能把各项成本落实到各成本中心，使之成为各成本中心的可控成本。而对那些一时难以确认为某一特定成本中心的可控成本，则可以通过各种方式与有关成本中心协商，共同承担风险，借以克服由于风险责任或难以控制而产生的种种问题和避免出现相互推诿和扯皮现象。对确实不能确认为某一成本中心的成本费用，则由企业控制或承担。

值得说明的是，成本不仅可按可控性分类，也可按其他标志分类。一般说来，成本中心的变动成本大多是可控成本，而固定成本大多是不可控成本。但也不完全如此，还应结合有关情况具体分析。管理人员工资属固定成本，但其发生额可以在一定程度上为部门负责人所决定或影响，因而，也可能作为可控成本；从成本的发生同各个成本中心的关系来看，各成本中心直接发生的成本是直接成本，其他部门分配的成本是间接成本。一般而言，直接成本大多是可控成本，间接成本大多是不可控成本。尽管如此，也要具体情况具体分析，一个成本中心使用的固定资产所发生的折旧费是直接成本，但不是可控成本。从其他部门分配来的间接成本又可分为两类：一类是某些服务部门为生产部门提供服务，只为生产部门正常开展生产活动提供必要的条件，与生产活动本身并无直接联系，如人事部门所提供的服务；另一类是某些服务部门提供的服务是生产部门在生产中耗用的，可随生产部门的生产需要而改变，如动力电力部门提供的服务。一般而言，前一种间接成本属于不可控成本，后一种间接成本如果采用按各成本中心实际耗用量进行分配，就是各成本中心的可控成本。

3. 成本中心的考核指标

成本中心的考核指标主要采用相对指标和比较指标，包括成本（费用）变动额和变动率两个指标，其计算公式是：

$$成本（费用）变动额 = 实际责任成本（费用）- 预算责任成本（费用）$$

$$成本（费用）变动率 = \frac{成本（费用）变动额}{预算责任成本（费用）} \times 100\%$$

在进行成本中心考核时，如果预算产量与实际产量不一致，应注意按弹性预算的方法先行调整预算指标，然后，再按上述指标计算。

【例 13-5】 智董公司内部某车间为成本中心，生产 A 产品，预算产量 6 000 件，单位成本 100 元，实际产量 7 000 件，单位成本 95 元。计算成本变动额和变动率。

$$成本变动额 = 95 \times 7\,000 - 100 \times 7\,000 = -35\,000（元）$$

$$成本变动率 = [-35\,000/（100 \times 7\,000）] \times 100\% = -5\%$$

计算结果表明，该成本中心的成本降低额为 35 000 元，降低率为 5%。

（三）投资中心

投资中心是指既对成本、收入和利润负责，又对投资效果负责的责任中心。投资中心同时是利润中心。它与利润中心的区别主要有两个：

（1）权利不同。利润中心没有投资决策权，它只是在企业投资形成后进行具体的经营；而投资中心则不仅在产品生产和销售上享有较大的自主权，而且能够相对独立地运用所掌握的资产，有权购建或处理固定资产，扩大或缩减现有的生产能力。

（2）考核办法不同。考核利润中心业绩时，不联系投资多少或占用资产的多少，即不进行投入产出的比较；相反，考核投资中心业绩时，必须将所获得的利润与所占用的资产进行比较。

投资中心是最高层次的责任中心，它具有最大的决策权，也承担最大的责任。投资中心的管理特征是较高程度的分权管理。一般而言，大型集团所属的子公司、分公司、事业部往往都是投资中心。在组织形式上，成本中心一般不是独立法人，利润中心可以是、也可以不是独立法人，而投资中心一般是独立法人。由于投资中心独立性较高，它一般应向公司的总经理或董事会直接负责。对于投资中心不应干预过多,应使其享有投资权和较为充分的经营权;投资中心在资产和权益方面应与其他责任中心划分清楚。如果对投资中心干预过多,或者其资产和权益与其他责任中心划分不清,出现互相扯皮的现象,也无法对其进行准确的考核。

1. 投资中心与成本中心利润中心的关系

由于投资的目的是获取利润,因而投资中心同时是利润中心,但两者又有区别:投资中心拥有投资决策权,即能够相对独立地运用其所掌握的资金,有权购置和处理固定资产,扩大或缩小生产能力;而利润中心没有投资决策权,它是在企业确定投资方向后进行的具体经营。

投资中心是分权管理模式的最突出表现,它在责任中心中处于最高层次,具有最大的经营决策权,也承担着最大的责任。在组织形式上,成本中心基本上不是独立的法人,利润中心可以是也可以不是独立的法人,但投资中心基本上都是独立的法人。

2. 投资中心的考核指标

为了准确地计算各投资中心的经济效益,应该对各投资中心共同使用的资产划定界限;对共同发生的成本按适当的标准进行分配;各投资中心之间相互调剂使用的现金、存货、固定资产等均应计息清偿,实行有偿使用。在此基础上,根据投资中心应按投入产出之比进行业绩评价与考核的要求,除考核利润指标外,更需要计算和分析利润与投资额的关系性指标,即投资利润率和剩余收益。

(1) 投资利润率。投资利润率又称投资收益率,是指投资中心所获得的利润与投资额之间的比率,可用于评价和考核由投资中心掌握、使用的全部净资产的获利能力。其计算公式为:

$$投资利润率 = \frac{利润}{投资额} \times 100\%$$

投资利润率这一指标,还可进一步展开:

$$投资利润率 = \frac{销售收入}{投资额} \times \frac{成本费用}{销售收入} \times \frac{利润}{成本费用}$$

$$= 资本周转率 \times 销售成本率 \times 成本费用利润率$$

以上公式中,投资额是指投资中心的总资产扣除负债后的余额,即投资中心的净资产。所以,该指标也可以称为净资产利润率,它主要说明投资中心运用"公司产权"供应的每一元资产对整体利润贡献的大小,或投资中心对所有者权益的贡献程度。

为了考核投资中心的总资产运用状况,也可以计算投资中心的总资产息税前利润率。它是投资中心的息税前利润除以总资产占用额。总资产是指生产经营中占用的全部资产。因资金来源中包含了负债,相应分子也要采用息税前利润,它是利息加利润总额。投资利润率按总资产占用额计算,主要用于评价和考核由投资中心掌握、使用的全部资产的获利能力。值得说明的是,由于利润或息税前利润是期间性指标,故上述投资额或总资产占用额应按平均投资额或平均占用额计算。

投资利润率是广泛采用的评价投资中心业绩的指标,它的优点为:一是投资利润率能反映投资中心的综合获利能力。从投资利润率的分解公式可以看出,投资利润率的高低与收入、成本、投资额和周转能力有关,提高投资利润率应通过增收节支、加速周转、减少投入来实现。二是投资利润率具有横向可比性。投资利润率将各投资中心的投入与产出进行比较,剔除因投资额不同而导致的利润差异的不可比因素,有利于进行各投资中心经营业绩的比较。三是投资利润率可以作为选择投资机会的依据,有利于调整资产的存量,优化资源配置。四是以投资利润率作为评价投资中心经营业绩的尺度,可以正确引导投资中心的经营管理行为,使其行为长期化。由于该指标反映了投资中心运用资产并使资产增值的能力，如果投资中心资产运用不当，会增加资产或投资占用规模，也会降低利润。因此，以投资利润率作为评价与考核的尺度，将促使各投资中心盘活闲置资产，减少不合理资产占用，及时处理过时、变质、毁损资产等。

总体说来，投资利润率的主要优点是，能促使管理者像控制费用一样地控制资产占用或投资额的多少，综合反映一个投资中心全部经营成果。但是该指标也有其局限性。一是世界性的通货膨胀，使企业资产账面价值失真、失实，以致相应的折旧少计，利润多计，使计算的投资利润率无法揭示投资中心的实际经营能力。二是使用投资利润率往往使投资中心只顾本身利益而放弃对整个企业有利的投资机会，造成投资中心的近期目标与整个企业的长远目标相背离。各投资中心为达到较高的投资利润率，可能采取减少投资的行为。三是投资利润率的计算与资本支出预算所用的现金流量分析方法不一致，不便于投资项目建成投产后与原定目标的比较。四是从控制角度看，由于一些共同费用无法为投资中心所控制，投资利润率的计量不全是投资中心所能控制的。为了克服投资利润率的某些缺陷，应采用剩余收益作为评价指标。

（2）剩余收益。剩余收益是指投资中心获得的利润扣减其最低投资收益后的余额。最低投资收益是投资中心的投资额（或经营资产平均占用额）按规定的投资报酬率计算的收益，而规定的投资报酬率一般是指企业各投资中心的平均投资报酬率或预期的最低报酬率。其计算公式如下：

$$剩余收益 = 利润 - 投资额 \times 规定的投资报酬率$$

剩余收益指标的含义是只要投资收益超过平均或期望的报酬额，该项投资是可行的。以剩余收益指标评价和考核投资中心的经营业绩，不仅具有投资报酬率指标的优点，而且克服了投资报酬率指标的缺陷。

投资利润率与剩余收益两个指标的差别可以举例说明如下。

【例 13-6】 智董公司下设投资中心 A 和投资中心 B，该公司加权平均最低投资利润率为 10%，现准备追加投资。有关资料如表 13-28 所示。

表 13-28 投资中心指标计算表　　　　　　　金额单位：万元

项　目		投资额	利润	投资利润率	剩余收益
追加投资前	A	20	1	5%	$1 - 20 \times 10\% = -1$
	B	30	4.5	15%	$4.5 - 30 \times 10\% = +1.5$
	Σ	50	5.5	11%	$5.5 - 50 \times 10\% = +0.5$
追加投资时	A	30	1.8	6%	$1.8 - 30 \times 10\% = -1.2$
	B	30	4.5	15%	$4.5 - 30 \times 10\% = +1.5$
	Σ	60	6.3	10.5%	$6.3 - 60 \times 10\% = +0.3$
追加投资后	A	20	1	5%	$1 - 20 \times 10\% = -1$
	B	50	7.4	14.8%	$7.4 - 50 \times 10\% = +2.4$
	Σ	70	8.4	12%	$8.4 - 70 \times 10\% = +1.4$

根据表 13-28 中资料 A、B 两个投资中心的经营业绩，可知：如以投资利润率作为考核指标，追加投资后 A 中心的利润率由 5%提高到恶劣 6%，B 中心的利润率由 15%下降到了 14.8%，按此指标向 A 中心投资比向 B 中心投资好。

但如果以剩余收益作为考虑指标，A 中心的剩余收益由原来的 −1 万元变成了 −1.2 万元，B

中心的剩余收益由原来的 1.5 万元增加到 2.4 万元,由此应当向 B 中心投资。

如果从整个公司进行评价,就会发现向 A 中心追加投资时,全公司总体投资利润率由 11% 下降到 10.5%,剩余收益由 0.5 万元下降到 0.3 万元;而向 B 中心追加投资时,全公司总体投资利润率由 11% 上升到 12%,剩余收益由 0.5 万元上升到 1.4 万元,这和以剩余收益指标评价各投资中心的业绩的结果一致。所以,以剩余收益作为评价指标可以保持各投资中心获利目标与公司总的获利目标达成一致。

在以剩余收益作为考核指标时,所采用的预期最低投资报酬率的高低对剩余收益的影响很大,通常可用公司的平均利润率(或加权平均利润率)作为基准收益率。

【例 13-7】 假定智董公司的投资利润率如表 13-29 所示。

表 13-29 甲、乙投资中心的相关信息表

投资中心	利润(万元)	投资(万元)	投资利润率
甲	150	1 000	15%
乙	90	1 000	9%
全公司	240	2 000	12%

假定甲投资中心面临一个投资机会,其投资额为 1 000 万元,可获利润 130 万元,投资利润率为 13%,假定全公司预期最低平均投资利润率为 12%。

要求:评价甲投资中心的这个投资机会。

解答:若甲中心接受该投资,则甲、乙投资中心的相关数据重新计算在表 13-30 中。

表 13-30 甲、乙投资中心的相关数据计算表

投资中心	利润(万元)	投资(万元)	投资利润率
甲	150 + 130 = 280	1 000 + 1 000 = 2 000	14%
乙	90	1 000	9%
全公司	370	3 000	12.3%

(1)用投资利润率指标来衡量业绩。就全公司而言,接受投资后,投资利润率增加了 0.3%,应该接受该项投资。但是,由于甲投资中心投资利润率下降了 1%,该责任中心可能不接受这项投资。

(2)用剩余收益指标来衡量业绩:

甲责任中心接受新投资前的剩余收益 = 150 − 1 000 × 12% = 30(万元)

甲责任中心接受新投资后的剩余收益 = 280 − 2 000 × 12% = 40(万元)

所以,若以剩余收益来衡量投资中心的业绩,则甲投资中心应该接受这项投资。

还要说明的是,随着市场竞争日趋激烈,市场销售工作也日趋重要。为了强化销售功能,加强收入管理,及时收回账款、控制坏账,不少企业还会设置以营销产品为主要职能的责任中心——收入中心。这种责任中心(公司所属的销售分公司或销售部)只对产品或劳务的销售收入负责。尽管这些从事销售的机构也发生销售费用,但由于其主要职能是进行销售,因此,以收入来确定其经济责任更为恰当。对销售费用,可以采用简化的核算,只需根据弹性预算方法确定即可。

综上所述,责任中心根据其控制区域和权责范围的大小,分为成本中心、利润中心和投资中心三种类型。它们各自不是孤立存在的,每个责任中心承担各自的经营管理责任。最基层的

成本中心应就其经营的可控成本向其上层成本中心负责；上层的成本中心应就其本身的可控成本和下层转来的责任成本——并向利润中心负责；利润中心应就其本身经营的收入、成本（含下层转来成本）和利润（或边际贡献）向投资中心负责；投资中心最终就其经营管理的投资利润率和剩余收益向总经理和董事会负责。所以，企业各种类型和层次的责任中心形成一个"连锁责任"网络，这就促使每个责任中心为保证企业总体的经营目标一致而协调运转。

【例 13-8】 智董公司有三个业务类似的投资中心，使用同样的预算进行控制。本年有关数据如表 13-31 所示。

表 13-31 甲、乙、丙三个投资中心的相关数据　　　　　单位：万元

项　　目	预 算 数	实 际 数 甲投资中心	实 际 数 乙投资中心	实 际 数 丙投资中心
销售收入	2 000	1 800	2 100	2 000
息税前利润	180	190	200	180
占用的总资产额	1 000	900	1 000	1 000

假设公司全部资金来源中有银行借款和普通权益两部分，两部分的比例是 4∶6。其中银行借款有两笔：一笔借款 600 万元，期限两年，利率 6.02%；另一笔借款 1 000 万元，期限 5 年，利率 7.36%。两笔借款都是每年付息一次，到期还本。公司管理层利用历史数据估计的净资产的 β 系数为 1.2。公司适用的所得税税率为 33%，政府短期债券收益率为 4%，股票市场平均收益率是 12%。假设公司要求的最低利润率水平不低于公司的综合资金成本。

要求：评价三个投资中心的业绩。

解答：

1. 首先计算综合资金成本，以便得到最低利润率指标

（1）计算权益资金的成本：

$$R_1 = 4\% + 1.2 \times (12\% - 4\%) = 13.6\%$$

（2）计算第一笔借款的成本：

$$R_2 = 6.02\% \times (1 - 33\%) = 4.03\%$$

（3）计算第二笔借款的成本：

$$R_3 = 7.36\% \times (1 - 33\%) = 4.93\%$$

（4）计算加权平均资本成本：

权益资本、第一笔借款、第二笔借款所占的比例分别是：

$$60\% \times (600 / 1 600) = 22.5\%$$

$$40\% \times (1000 / 1 600) = 25\%$$

综合资金成本 $= 13.6\% \times 0.6 + 4.03\% \times 0.15 + 4.93\% \times 0.25 = 10\%$

2. 计算各投资中心的投资利润率指标和剩余收益指标

（1）计算投资利润率指标：

甲投资中心 = 甲投资中心息税前利润/甲投资中心总资产占用额 = 190/900 = 21.11%

乙投资中心 = 200 / 1 000 = 20%

丙投资中心 = 180 / 1 000 = 18%

（2）计算剩余收益指标：

$$甲投资中心 = \frac{甲投资中心}{息税前利润} - \frac{甲投资中心}{总资产占用额} \times \frac{最低利润}{率指标}$$

$$= 190 - 900 \times 10\% = 100$$
$$乙投资中心 = 200 - 1\,000 \times 10\% = 100$$
$$丙投资中心 = 180 - 1\,000 \times 10\% = 80$$

通过比较三个责任中心的投资利润率指标和剩余收益指标认为，甲投资中心最好，乙次之，丙最差。

三、责任预算、责任报告与责任业绩考核

（一）责任预算

责任预算是指以责任中心为主体，以可控成本、收入、利润和投资等为对象编制的预算。它是企业总预算的补充和具体化。责任预算由各种责任指标组成。责任指标包括：

（1）主要指标。上述责任中心所涉及的考核指标，也是必须保证实现的指标。

（2）其他指标。为保证主要指标的完成而设定的，或者根据企业其他总目标分解的指标，通常有劳动生产率、设备完好率、出勤率、材料消耗率和职工培训等指标。

责任预算的编制程序有两种：

（1）以责任中心为主体，将企业总预算在各责任中心之间层层分解而形成各责任中心的预算。它实质是由上而下实现企业总预算目标。这种自上而下、层层分解指标的方式是一种常用的预算编制程序。其优点是使整个企业浑然一体，便于统一指挥和调度；不足之处是可能遏制责任中心的积极性和创造性。

（2）各责任中心自行列示各自的预算指标、层层汇总，由企业专门机构或人员进行汇总和调整，确定企业总预算。这是一种由下而上、层层汇总、协调的预算编制程序。其优点是有利于发挥各责任中心的积极性；不足的是，往往各责任中心只注意本中心的具体情况或多从自身利益角度考虑，容易造成彼此协调困难、互相支持少，以致冲击企业的总体目标；而且，层层汇总、协调，工作量大，协调难度大，影响预算质量和编制时效。

责任预算的编制程序与企业组织机构设置和经营管理方式有着密切关系。因此，在集权组织结构形式下，公司高层管理机构对企业的所有成本、收入、利润和投资负责，既是利润中心，也是投资中心。而公司下属各部门、各工厂、各车间、各工段、各地区都是成本中心，它们只对其权责范围内控制的成本负责。因此，在集权组织结构形式下，首先要按照责任中心的层次，从上至下把公司总预算（或全面预算）逐层向下分解，形成各责任中心的责任预算；然后建立责任预算执行情况的跟踪系统，记录预算执行的实际情况，并定期由下至上把责任预算的实际执行数据逐层汇总，直到高层的投资中心。

在分权组织结构形式下，经营管理权分散在各责任中心，公司下属各部门、各工厂、各地区等与公司自身一样，可以都是利润中心或投资中心，它们既要控制成本、提高收入和利润，也要对所占用的全部资产负责。而在它们之下，还有许多只对各自所控制的成本负责的成本中心。在分权组织结构形式下，首先也应该按照责任中心的层次，将公司总体预算从高层向低层逐级分解，形成各责任中心的责任预算；然后建立责任预算的跟踪系统，记录预算执行情况，并定期从基层责任中心把责任成本和收入的实际情况，通过编制业绩报告逐级向上汇总。

（二）责任报告

责任报告是对各个责任中心执行责任预算情况的系统概括和总结。

责任报告亦称业绩报告、绩效报告。它是根据责任会计记录编制的反映责任预算实际执行

情况，揭示责任预算与实际执行差异的内部会计报告。责任会计以责任预算为基础，对责任预算的执行情况进行系统的反映，用实际完成情况同预算目标对比，可以评价和考核各个责任中心的工作成果。责任中心的业绩评价和考核应通过编制责任报告来完成。

责任报告的形式主要有报表、数据分析和文字说明等。将责任预算、实际执行结果及其差异用报表予以列示是责任报告的基本形式。在揭示差异时，还必须对重大差异予以定量分析和定性分析。定量分析旨在确定差异的发生程度，定性分析旨在分析差异产生的原因，并根据这些原因提出改进建议。

在企业的不同管理层次上，责任报告的侧重点应有所不同。最低层次的责任中心的责任报告应当最详细，随着层次的升高，责任报告的内容应以更为概括的形式来表现。这一点与责任预算的由上至下分解过程不同，责任预算是由总括到具体，责任报告则是由具体到总括。责任报告应能突出产生差异的重要影响因素。为此，应突出重点，使报告的使用者能把注意力集中到少数严重脱离预算的因素或项目上来。

根据责任报告，可进一步对责任预算执行差异的原因和责任进行具体分析，以充分发挥反馈作用，以使上层责任中心和本责任中心对有关生产经营的活动实行有效的控制和调节，促使各个责任中心根据自身特点，卓有成效地开展有关活动以实现责任预算。

为了编制各责任中心的责任报告，必须进行责任会计核算，即要以责任中心为对象组织会计核算工作，具体做法有两种：一种做法是，首先由各责任中心指定专人把各中心日常发生的成本、收入，以及各中心相互间的结算和转账业务记入单独设置的责任会计的编号账户内，然后根据管理需要，定期计算盈亏。因其与财务会计分开核算，称为"双轨制"。另一种做法是简化日常核算，不另设专门的责任会计账户，而是在传统财务会计的各明细账户内，为各责任中心分别设户进行登记、核算，称为"单轨制"。

（三）责任业绩考核

责任业绩考核是指以责任报告为依据，分析、评价各责任中心责任预算的实际执行情况，找出差距，查明原因，借以考核各责任中心工作成果，实施奖罚，促使各责任中心积极纠正行为偏差，完成责任预算的过程。

责任中心的业绩考核有狭义和广义之分。狭义的业绩考核仅指对各责任中心的价值指标，如成本、收入、利润及资产占用等责任指标的完成情况进行考评。广义的业绩考评除这些价值指标外，还包括对各责任中心的非价值责任指标的完成情况进行考核（见表13-32）。

表13-32 责任中心的业绩考核

项　　目	内　容　阐　释
成本中心业绩考核	成本中心没有收入来源，只对成本负责，因而也只考核其责任成本。由于不同层次成本费用控制的范围不同，计算和考评的成本费用指标也不尽相同，越往上一层次计算和考评的指标越多，考核内容也越多。 　　成本中心业绩考核是以责任报告为依据，将实际成本与预算成本或责任成本进行比较，确定两者差异的性质、数额及形成的原因，并根据差异分析的结果，对各成本中心进行奖罚，以督促成本中心努力降低成本
利润中心业绩考核	利润中心既对成本负责，又对收入和利润负责，在进行考核时，应以销售收入、边际贡献和息税前利润为重点进行分析、评价。特别是应通过一定期间实际利润与预算利润进行对比，分析差异及其形成原因，明确责任，借以对责任中心的经营得失和有关人员的功过做出正确评价和奖罚

续表

项目	内容阐释
利润中心业绩考核	在考核利润中心业绩时，也只是计算和考评本利润中心权责范围内的收入和成本。凡不属于本利润中心权责范围内的收入和成本，尽管已由本利润中心实际收进或支付，仍应予以剔除，不能作为本利润中心的考核依据
投资中心业绩考核	投资中心不仅要对成本、收入和利润负责，还要对投资效果负责。因此，投资中心业绩考核，除收入、成本和利润指标外，考核重点应放在投资利润率和剩余收益两项指标上。 从管理层次看，投资中心是最高一级的责任中心，业绩考核的内容或指标涉及各个方面，是一种较为全面的考核。考核时通过将实际数与预算数的比较，找出差异，进行差异分析，查明差异的成因和性质，并据以进行奖罚。由于投资中心层次高、涉及的管理控制范围广，内容复杂，考核时应力求原因分析深入、依据确凿、责任落实具体，这样才可以达到考核的效果

四、责任结算与核算

（一）内部转移价格

内部转移价格是指企业内部各责任中心之间进行内部结算和责任结转时所采用的价格标准。

制定内部转移价格时，必须考虑全局性原则、公平性原则、自主性原则和重要性原则。全局性原则强调企业整体利益高于各责任中心利益，当各责任中心利益冲突时，企业和各责任中心应本着企业利润最大化或企业价值最大化的要求，制定内部转移价格。公平性原则要求内部转移价格的制定应公平合理，应充分体现各责任中心的经营努力或经营业绩，防止某些责任中心因价格优势而获得额外的利益，某些责任中心因价格劣势而遭受额外损失。自主性原则是指在确保企业整体利益的前提下，只要可能，就应通过各责任中心的自主竞争或讨价还价来确定内部转移价格，真正在企业内部实现市场模拟，使内部转移价格能为各责任中心所接受。重要性原则，即内部转移价格的制定应当体现"大宗细，零星简"的要求，对原材料、半成品、产成品等重要物资的内部转移价格制定从细，而对劳保用品、修理用备件等数量繁多、价值低廉的物资，其内部转移价格制定从简。

内部转移价格的类型包括以下四种。

1. 市场价格

市场价格是根据产品或劳务的市场价格作为基价的价格。

采用市场价格，一般假定各责任中心处于独立自主的状态，可自由决定从外部或内部进行购销，同时产品或劳务有客观的市价可采用。

2. 协商价格

协商价格也可称为议价，是企业内部各责任中心以正常的市场价格为基础，通过定期共同协商所确定的为双方所接受的价格。

采用协商价格的前提是责任中心转移的产品应有在非竞争性市场买卖的可能性，在这种市场内买卖双方有权自行决定是否买卖这种中间产品。如果买卖双方不能自行决定，或当价格协商的双方发生矛盾而又不能自行解决，或双方协商定价不能导致企业最优决策时，企业高一级的管理层要进行必要的干预。协商价格的上限是市价，下限是单位变动成本，具体价格应由各相关责任中心在这一范围内协商议定。当产品或劳务没有适当的市价时，也只能采用议价方式来确定。通过各相关责任中心的讨价还价，形成企业内部的模拟"公允市价"，作为计价的基础。

3. 成本转移价格

成本转移价格就是以产品或劳务的成本为基础而制定的内部转移价格。由于成本的概念不同，成本转移价格也有多种不同形式，其中用途较为广泛的成本转移价格有三种（见表13-33）。

表13-33　成本转移价格形式

项　目	内　容　阐　释
标准成本	标准成本即以产品（半成品）或劳务的标准成本作为内部转移价格。它适用于成本中心产品或半成品的转移
标准成本加成	标准成本加成即按产品（半成品）或劳务的标准成本加计一定的合理利润作为计价的基础。
标准变动成本	它是以产品（半成品）或劳务的标准变动成本作为内部转移价格。这种方式能够明确揭示成本与产量的关系，便于考核各责任中心的业绩，也利于经营决策。不足之处是产品（半成品）或劳务中不包含固定成本，不能反映劳动生产率变化对固定成本的影响，不利于调动各责任中心提高产量的积极性

> **小知识**
>
> **全部成本转移价格**
>
> 以全部成本或者以全部成本加上一定利润作为内部转移价格，可能是最差的选择。它既不是业绩评价的良好尺度，也不能引导部门经理做出有利于企业的明智决策。它的唯一优点是简单。只有在无法采用其他形式转移价格时，才考虑使用全部成本加成办法来制定转移价格。

4. 双重价格

双重价格就是针对责任中心各方面分别采用不同的内部转移价格所制定的价格。例如，对产品（半成品）的供应方，可按协商的市场价格计价；对使用方则按供应方的产品（半成品）的单位变动成本计价。其差额最终进行会计调整。之所以采用双重价格，是因为内部转移价格主要是为了对企业内部各责任中心的业绩进行评价、考核，故各相关责任中心所采用的价格并不需要完全一致，可分别选用对责任中心最有利的价格为计价依据。

双重价格有两种形式：

（1）双重市场价格。就是当某种产品或劳务在市场上出现几种不同价格时，供应方采用最高市价，使用方采用最低市价。

（2）双重转移价格。就是供应方按市场价格或议价作为基础，而使用方按供应方的单位变动成本作为计价的基础。

双重价格的好处是既可较好满足供应方和使用方的不同需要，也能激励双方在经营上充分发挥主动性和积极性。

（二）内部结算

内部结算是指企业各责任中心清偿因相互提供产品或劳务所发生的、按内部转移价格计算的债权、债务。

按照结算的手段不同，可分别采取内部支票结算、转账通知单和内部货币结算等方式（见表13-34）。

表 13-34　内部结算方式

项　目	内　容　阐　释
内部支票结算方式	内部支票结算方式是指由付款一方签发内部支票通知内部银行从其账户中支付款项的结算方式。内部支票结算方式主要适用于收、付款双方直接见面进行经济往来的业务结算。它可使收付双方明确责任
转账通知单方式	转账通知单方式是由收款方根据有关原始凭证或业务活动证明签发转账通知单，通知内部银行将转账通知单转给付方，让其付款的一种结算方式。转账通知单一式三联：第一联为收款方的收款凭证，第二联为付款方的付款凭证，第三联为内部银行的记账凭证。 　　这种结算方式适用于质量与价格较稳定的往来业务，它手续简便、结算及时，但因转账通知单是单向发出指令，付款方若有异议，可能拒付，需要交涉
内部货币结算方式	内部货币结算方式是使用内部银行发行的限于企业内部流通的货币（包括内部货币、资金本票、流通券、资金券等）进行内部往来结算的一种方式。 　　这一结算方式比银行支票结算方式更为直观，可强化各责任中心的价值观念、核算观念、经济责任观念。但是，它也带来携带不便、清点麻烦、保管困难的问题。所以，一般情况下，小额零星往来业务以内部货币结算，大宗业务以内部银行支票结算

上述各种结算方式都与内部银行有关。所谓内部银行，是将商业银行的基本职能与管理方法引入企业内部管理而建立的一种内部资金管理机构。它主要处理企业日常的往来结算和资金调拨、运筹，旨在强化企业的资金管理，更加明确各责任中心的经济责任，完善内部责任核算，节约资金使用，降低筹资成本。

（三）责任成本的内部结转

责任成本的内部结转又称责任转账，是指在生产经营过程中，对于因不同原因造成的各种经济损失，由承担损失的责任中心对实际发生或发现损失的责任中心进行损失赔偿的账务处理过程。

企业内部各责任中心在生产经营过程中，常常有这样的情况：发生责任成本的中心与应承担责任成本的中心不是同一责任中心，为划清责任、合理奖罚，就需要将这种责任成本相互结转。最典型的实例是企业内的生产车间与供应部门都是成本中心，如果生产车间所耗用的原材料是由于供应部门购入不合格的材料所致，则多耗材料的成本或相应发生的损失，应由生产车间成本中心转给供应中心负担。

责任转账的目的是划清各责任中心的成本责任，使不应承担损失的责任中心在经济上得到合理补偿。进行责任转账的依据是各种准确的原始记录和合理的费用定额。在合理计算出损失金额后，应编制责任成本转账表，作为责任转账的依据。

责任转账的方式有直接的货币计算方式和内部银行转账方式。前者是以内部货币直接支付给损失方，后者只是在内部银行所设立的账户之间划转。

各责任中心在往来结算和责任转账过程中，有时因意见不一致而产生一些责、权、利不协调的纠纷，为此，企业应建立内部仲裁机构，从企业整体利益出发对这些纠纷做出裁决，以保证各责任中心正常、合理地行使权力，保证其权益不受侵犯。

第 14 章

企业财务分析

第一节 财务分析综述

财务分析是以企业财务会计报告（又称财务报告）及其他相关资料为主要依据，运用一定的专业技巧和方法，对企业的财务状况、经营成果与现金流量等进行评价和剖析，反映企业在运营过程中的利弊得失和发展趋势，从而为改进企业财务管理工作和优化经济决策提供重要财务信息的管理工作。

一、财务分析的主体、目的

财务分析的不同主体由于利益倾向上的差异，决定了在对企业进行财务分析时，有其不同的分析目的和服务对象。

（一）投资者分析的目的

所有者或股东，作为投资者，他们的利益与企业的财务成果有密切的联系，各个投资者在企业中有利共享，有亏共担。因此，他们密切关心企业的经营状况和财务成果，高度关心其资本的保值和增值状况，对企业资本的投资回报率极为关注。

投资者对企业投资后，享有与投资额相适应的权益，可以通过一定的组织形式参与企业的决策，这也需要通过对企业财务活动的分析来评价企业经营管理人员的业绩，考核他们作为资产的经营者是否称职。投资者还需要通过财务分析，评价企业资本的盈利能力、各种投资的发展前景、投资的风险程度等方面，作为进行投资决策的依据。

对于一般投资者来说，关心的是企业能否提高股息、红利的发放。而对于拥有企业控制权的投资者，考虑更多的是如何增强竞争实力、扩大市场占有率、降低财务风险，追求长期利益的持续、稳定增长。

（二）债权人分析的目的

债权人因为不能参与企业剩余收益分享，决定了债权人必须对其投资的安全性首先予以关注。因此，债权人在进行企业财务分析时，最关心企业是否有足够的支付能力，以保证其债务本息能够及时、足额地得以偿还。

债权人与企业之间存在着借贷关系，对他们借给企业的资金，企业要按期付息，定期还本。债权人的利益与企业的财务成果不挂钩，与企业的关系不如投资者那么密切。尽管如此，企业经营管理的好坏，对银行、原材料供给者、债券持有者等的利益也会有很大的影响。如果企业经营不好，不能及时偿还债务，债权人的资金周转就会发生困难。如果企业发生亏损，资不抵债，债权人就会发生坏账损失甚至全部借款收不回来。因此，债权人也需密切关注企业的财务状况、偿债能力，要分析企业资产的流动性、负债对所有者权益的比率等。

(三）经营管理人员分析的目的

企业经营管理人员是企业生产经营活动的指挥者和组织者。他们有责任保证企业的全部资产合理使用，并得到保值和增值。在生产经营活动中，他们既要保持企业雄厚的偿债能力和良好的营运能力，又要为投资者赚取较多的利润。因此，他们对企业财务分析的目的与要求是全面的。通过分析要评价企业前一时期的经营业绩，如销售收入的大小、利润数额的多少、投资报酬率的高低等；要衡量企业当前的财务状况，如企业财务状况是否稳定、财务结构是否合理、企业资金的余缺情况如何等；还要预测企业未来的发展趋势，为进行财务决策提供依据。

（四）其他有关方面分析的目的

其他有关方面主要包括会计师事务所、财政部门、税收部门、银行等。会计师事务所作为社会中介机构，要对企业年中、年末的财务报告进行查证、分析，并向投资者和有关单位提供企业经营成果和财务状况；财政、税收和银行等部门和单位，也需要从税金的缴纳、贷款的运用等方面对企业进行分析，以便取得宏观调控需要的资料。

二、财务分析的局限性

财务分析的局限性主要表现为资料来源的局限性、分析方法的局限性和分析指标的局限性。其中，资料来源的局限性包括数据缺乏可比性、缺乏可靠性和存在滞后性等。财务会计报告分析的局限性主要有以下四个方面。

（一）财务会计报告本身的局限性

（1）财务会计报告没有披露公司的全部信息，管理层拥有更多的信息，得到披露的只是其中的一部分。

（2）已经披露的财务信息存在会计估计误差，不一定是真实情况的准确计量。

（3）管理层的各项会计政策选择，使财务会计报告会扭曲公司的实际情况。

（4）以历史成本报告资产，不代表其现行成本或变现价值。

（5）假设币值不变，不按通货膨胀率或物价水平调整。

（6）稳健原则要求预计损失而不预计收益，有可能夸大费用，少计收益和资产。

（7）按年度分期报告，只报告了短期信息，不能提供反映长期潜力的信息。

（二）财务会计报告的可靠性问题

只有根据符合规范的、可靠的财务会计报告，才能得出正确的分析结论。所谓"符合规范"，是指除以上局限性以外，没有更进一步的虚假陈述。外部分析人员很难认定是否存在虚假陈述，财务会计报告的可靠性问题主要依靠注册会计师解决。但是，注册会计师不能保证财务会计报告没有任何错报和漏报，而且并非所有注册会计师都是尽职尽责的。因此，分析人员必须自己关注财务会计报告的可靠性，对于可能存在的问题保持足够的警惕。

外部的分析人员虽然不能认定是否存在虚假陈述，但是可以发现一些"危险信号"。对于存有危险信号的财务会计报告，分析人员要进行更细致的考察或获取有关的其他信息，对财务会计报告的可靠性做出判断。

常见的危险信号如表14-1所示。

表 14-1　常见的危险信号

项　目	内　容　阐　释
财务会计报告的形式不规范	不规范的报告其可靠性也应受到怀疑。要注意财务会计报告是否有遗漏，遗漏违背充分披露原则，很可能是不想讲真话引起的；要注意是否及时提供财务会计报告，不能及时提供报告暗示公司当局与注册会计师存在分歧
要注意分析数据的反常现象	如无合理的反常原因，则要考虑数据的真实性和一贯性是否有问题。例如，原因不明的会计调整，可能是利用会计政策的灵活性"修饰"财务会计报告；与销售相比应收账款异常增加，可能存在提前确认收入问题；报告收益与经营现金流量的缺口增加，报告收益与应税收益之间的缺口增加，可能存在盈余管理；大额的资产冲销和第四季度的大额调整，可能是中期报告有问题，年底时受到外部审计师的压力被迫在年底调整
要注意大额的关联方交易	这些交易的价格缺乏客观性，会计估计有较大主观性，可能存在转移利润的动机
要注意大额资本利得	在经营业绩不佳时，公司可能通过出售长期资产、债转股等交易实现资本利得
要注意异常的审计报告	无正当理由更换注册会计师，或审计报告附有保留意见，暗示公司的财务会计报告可能粉饰过度

（三）比较基础问题

在比较分析时必然要选择比较的参照标准，包括本公司历史数据、同业数据和计划预算数据。

横向比较时需要使用同业标准。同业的平均数只有一般性的指导作用，不一定有代表性，不是合理性的标志。选一组有代表性的公司求其平均数，作为同业标准，可能比整个行业的平均数更有意义。近年来，更重视以竞争者的数据作为分析基础。不少公司实行多种经营，没有明确的行业归属，同业比较更加困难。

趋势分析以本公司历史数据做比较基础。历史数据代表过去，并不代表合理性。经营环境是变化的，今年比上年利润提高了，不一定说明已经达到应该达到的水平，甚至不一定说明管理有了改进。会计规范的改变会使财务数据失去直接可比性，要恢复其可比性成本很大，甚至缺乏必要的信息。

实际与计划的差异分析，以计划预算做比较基础。实际和预算出现差异，可能是执行中有问题，也可能是预算不合理，两者的区分并非易事。

总之，对比较基础本身要准确理解，并且要在限定意义上使用分析结论，避免简单化和绝对化。

（四）企业会计政策的不同选择影响可比性

对同一会计事项的账务处理，会计准则允许使用几种不同的规则和程序，企业可以自行选择。例如，存货计价方法、折旧方法、所得税费用的确认方法、对外投资收益的确认方法等。

虽然财务报表附注对会计政策的选择有一定的表述，但报表使用人未必能完成可比性的调整工作。

三、财务分析的原则

（1）要从实际出发，实事求是，反对主观臆断、结论先行、搞数字游戏。

（2）要全面看问题，坚持一分为二，反对片面地看问题。要兼顾成功经验与失败教训、有利因素与不利因素、主观因素与客观因素、经济问题与技术问题、外部问题与内部问题。

（3）要注重事物的联系，坚持相互联系地看问题，反对孤立地看问题。要注意局部与全局的关系、偿债能力与盈利能力的关系、报酬与风险的关系。

（4）要发展地看问题，反对静止地看问题。要注意过去、现在和将来的关系。

（5）要定量分析与定性分析结合，坚持定量为主。

定性分析是基础和前提，没有定性分析就弄不清本质、趋势和与其他事物的联系。定量分析是工具和手段，没有定量分析就弄不清数量界限、阶段性和特殊性。财务报表分析要透过数字看本质，没有数字就得不出结论。

四、财务分析的种类（见表14-2）

表 14-2　财务分析的种类

划分标准	类别	内　容　阐　释
根据企业财务会计报告分析的内容与范围的不同	全面分析	全面分析是指对企业在一定时期的生产经营活动各方面情况进行全面、系统、综合的分析与评价。全面分析正常情况下在年终进行，并形成财务分析报告，向职工代表大会或股东代表大会报告。全面分析可以总结企业在该时期生产经营活动的业绩，及时发现存在的问题，提出以后改进的意见。全面分析的特点是"全"，因此分析所需资料较多，涉及范围较广
	专题分析	专题分析是指对企业生产经营活动中某一方面情况进行较深入的分析与评价。专题分析可根据分析主体需要随时进行，可根据分析目的的不同选定分析范围与内容。专题分析的特点是"专"，因此能及时、深入地揭示企业生产经营某一方面的状况，为分析者提供详细的资料信息
根据分析的方法与目的的不同	静态分析	静态分析是根据某一时点或某一时期的财务会计报告或其他有关资料，分析财务报表中各项目或财务报表之间各项目关系的分析形式。运用财务比率法、结构分析法等分析都是静态分析。静态分析的目的在于找出财务活动的内在联系，揭示其相互影响与作用，反映经济效率和财务现状
	动态分析	动态分析是根据几个时期的财务会计报告或其他有关资料，分析财务变动状况，动态分析通过对不同时期财务活动的对比分析，揭示财务活动的变动、趋势及其规律。趋势分析就是动态分析
按企业财务会计报告分析主体的不同	内部分析	内部分析亦称内部财务会计报告分析，主要是指企业的经营者对企业财务状况和经营成果的分析。作为企业的经营者，其必须对企业经营和财务等各方面都有详尽的了解与掌握。他们关注的是企业生产经营是否正常、企业经营目标能否完成、货款及债务能否按期支付或偿还、资本结构是否合理、企业资本能否保值增值等。因此，内部分析是很全面的分析，除对企业财务会计报告进行分析外，他们还可以借助财务会计报告之外的其他有关报告和企业财务会计报告外部使用人无法得到的各种内部信息进行分析。通过分析可对企业盈利能力、偿债能力、营运能力做出评价，发现经营与理财方面的问题，及时采取措施，不断提高经营管理水平

续表

划分标准	类别	内 容 阐 释
按企业财务会计报告分析主体的不同	外部分析	外部分析亦称外部财务会计报告分析，主要是指企业的投资人和潜在的投资者、债权人及政府有关管理部门等，根据各自不同的目的，以财务会计报告为基础对企业进行的分析。企业所有者作为投资人不直接参与企业的经营管理活动，因此，他们所关心的企业经营情况、财务风险大小、现金流转情况、投资回报率和资本保值增值状况等只有通过对企业财务会计报告及相关资料进行分析才能获得。与企业所有者相比，企业的债权人更关心债权的安全程度。他们通过对企业财务会计报告进行分析，了解企业的资本结构、现金流转情况、资产的质量等，对企业的短期和长期偿债能力做出判断。政府有关管理部门通过分析了解企业的经营行为是否规范、合法，了解社会资源的配置状况与效益，预测财政收入的增长情况，评估企业的财务状况与经营成果对所在行业的影响等，以便据此加强宏观经济的调控及有关政策的制定，履行自己的监督管理职责。中介机构及其他有关人员对企业的财务会计报告所进行的分析也属外部分析

五、财务分析的内容

企业财务分析的内容是指分析的客体。

（一）企业的筹资活动

筹资活动是指导致企业资本及债务规模和构成发生变化的活动，即企业为了满足生产经营和投资的需要，筹措所需资金的过程。筹集资金也是企业资金运动的起点，企业需要筹集资金以实现其目标。企业筹资有多种渠道和方式，概括起来，其资金来源有以下三种：

（1）接受投资者投入的资金（如发行股票），即企业的资本金和资本公积金。

（2）通过企业的生产经营活动而形成的内部积累，即盈余公积金和未分配利润，它和第一种合在一起，被称为企业的所有者权益，形成所有者权益的资金被称为权益资金。

（3）向债权人借入的资金（如发行债券），即企业的负债，形成企业负债的资金称为负债资金。在筹资过程中，企业既要合理确定筹资总量和时间，选择好筹资渠道和方式，还要降低资金成本，合理确定资本结构，充分发挥财务杠杆的作用，降低财务风险。资本市场是企业筹集资金的潜在来源，筹资决策与资本市场的状况密切相关。企业在筹资活动中所作筹资决策的关键是选择合理的资本结构。筹资活动的目的在于以较低的资金成本和较小的风险取得企业所需要的资金。

（二）企业的投资活动

投资活动是指把筹集到的资金合理地投放到生产经营的各项资产的活动。资产是指企业拥有或者控制的能以货币计量的经济资源，包括各种财产、债权和其他权利，它们是企业从事生产经营的物质基础并以各种具体形态分布或占用在生产经营过程的不同方面。企业为了进行生产经营活动，一方面要兴建房屋、建筑物，购买机器设备、运输设备等固定资产，另一方面要使用货币资金购进材料、商品等，将资金投放在各种流动资产上。此外，企业还可以进行无形资产的购买或创立，形成无形资产的投资；也可以用现金、实物、无形资产购买股票、债券等有价证券方式对其他单位进行投资，形成短期投资和长期投资。企业在投资过程中，既要确定投资的规模，分析各种投资的经济效益，又要合理安排投资结构，以求降低投资风险。资产代表企业提供产品或服务的能力,目的是将来运用这些能力赚取收益。资产的效益在将来才能实现,而未来效益的不确定性导致投资必然包含风险。因此,投资决策的关键是对报酬和风险的衡量。筹资的目的是投资,而经营活动是投资所形成的生产经营能力的运用。因此可以说,投资是企业基本活动中最重要的部分,它制约着企业的筹资和经营活动。

(三)企业的经营活动

经营活动是指企业投资活动和筹资活动以外的所有交易和事项,即在必要的筹资和投资前提下,运用资产赚取收益的活动。企业的经营活动至少包括研究与开发、采购、生产、营销和人工等基本要素。经营活动的关键是使上述五个要素适当组合,使之适合企业的类型、目标和市场定位。企业的类型是指企业提供产品或服务的具体特征。经营活动要与企业的类型配合。企业的市场定位是指选择供应商市场、技术市场、劳动力市场和消费市场。管理当局要确定最具效率和效益的市场定位组合,并且应与其拥有的资产相配合,以使企业取得竞争优势,实现企业的目标。

经营活动是企业收益的主要来源。收益反映了企业作为一个整体在与市场进行交换时投入与产出的业绩。投资和筹资的效果,最终也要在经营收益中体现出来。因此,经营活动的分析是财务会计报告分析最重要的内容之一。

(四)企业财务活动效率

企业的筹资活动、投资活动和经营活动相互联系构成了企业的基本财务活动。尽管不同利益主体进行财务会计报告分析有不同的侧重方面,但总体来看,都是基于企业的财务活动。企业财务活动的效率分析如表14-3所示。

表14-3 企业财务活动的效率分析

项 目	内 容 阐 释
盈利能力分析	盈利能力是指企业获取利润的能力。企业盈利能力分析主要是分析企业利润的实现情况。追求利润最大化是现代企业管理的直接动因,企业实现利润的多少最能反映企业的经营成果。因此,对企业盈利能力的分析是现代企业财务分析的核心内容。企业盈利能力分析,主要是通过营业利润率、成本费用利润率、净资产收益率、总资产报酬率、资本金利润率等指标,揭示企业的获利情况
营运能力分析	营运能力是指企业资金周转运行的能力。营运能力分析主要是分析企业资产的周转情况,通过存货周转率、应收账款周转率、总资产周转率和流动资产周转率等指标来反映企业销售质量、购货质量、生产水平等,揭示企业资源配置的情况,促进企业提高资产管理效率
偿债能力分析	偿债能力是指企业偿还长短期债务的能力。偿债能力的大小直接关系到企业持续经营能力的高低。企业偿债能力分析,主要是通过资产负债率、流动比率、速动比率等指标,揭示企业举债的合理程度及清偿债务的实际能力等。偿债能力分析同时关注企业资产的质量、资产变现的能力及企业的盈利能力
综合财务分析	综合财务分析是将企业偿债能力、营运能力和盈利能力分析等诸多方面纳入一个有机的整体之中,通过进行相互关联的分析,采用适当的标准,对企业财务状况和经营成果做出全面的评价。通过综合财务分析建立一个指标要素齐全适当、主辅指标功能匹配、满足多方信息需要的综合财务指标体系

六、财务分析的基础

财务分析需要在做好有关准备工作的基础上进行，主要是收集财务会计报告的有关数据资料并对其进行分析和整理。财务分析包括：进行证、账、表核对；进行财务会计报告项目分析；进行财务会计报告结构分析；进行财务会计报告数据重述；进行企业内部控制制度评价等。这里仅讨论财务会计报告的数据资料的界定问题，以及当解释某一特定企业财务会计报告的比率时，运用行业平均比率作为比较基础所遇到的问题。

（一）财务报表

财务报表是财务会计报告的重要组成部分，也是财务会计报告的核心。财务报表是指企业对外提供的反映企业某一特定日期的财务状况和某一会计期间经营成果及现金流量状况的一种书面文件，主要由财务报表和财务报表附注构成。财务报表包括资产负债表、利润表、现金流量表、所有者权益变动表、中期财务报告、合并财务报表、分部报告及附注。

财务报表附注是指对财务报表主要项目及编制方法所做的解释。

（二）审计报告

审计报告是指注册会计师根据独立审计准则的要求，在实施审计程序的基础上对被审计单位年度财务报表发表意见的书面文件。注册会计师要在审计报告中清楚地表达对财务报表整体的意见，并对所发表的意见负责。在注册会计师出具的审计报告后应附已审计的财务报表。

1. 审计报告的内容

根据独立审计具体准则的规定，审计报告应当包括下列要素。

（1）标题。

（2）收件人。审计报告的收件人是指注册会计师按照业务约定书的要求致送审计报告的对象，一般是指审计业务的委托人。审计报告应当载明收件人的全称。

（3）引言段。审计报告的引言段应当说明下列内容。

1）已审计财务报表的名称、日期或涵盖的期间。

2）财务报表的编制是被审计单位管理当局的责任，注册会计师的责任是在实施审计程序的基础上对财务报表发表意见。

（4）范围段。审计报告的范围段应当说明下列内容。

1）按照独立审计准则计划和实施审计工作，以合理确信财务报表是否不存在重大错报。

2）审计工作包括在抽查的基础上检查支持财务报表金额和披露的证据，评价管理当局在编制财务报表时采用的会计政策和做出的重大会计估计，以及评价财务报表的整体反映。

3）审计工作为注册会计师发表意见提供了合理的基础。

（5）意见段。审计报告的意见段应当说明财务报表是否符合国家颁布的企业会计准则和相关会计制度的规定，在所有重大方面是否公允反映了被审计单位的财务状况、经营成果和现金流量。

（6）注册会计师的签名及盖章。

（7）会计师事务所的名称、地址及盖章。

（8）报告日期。

除以上内容外，注册会计师可以根据需要，在审计报告中增加说明段或强调事项段。

2. 审计报告的类型

注册会计师根据审计结论，可以出具无保留意见、保留意见、否定意见、无法表示意见四种类型的审计报告（见表 14-4）。

表 14-4　审计报告的四种类型

项　　目	内　容　阐　释
无保留意见	如果认为被审计单位财务报表符合国家颁布的企业会计准则和相关会计制度的规定，在所有重大方面公允反映了被审计单位的财务状况、经营成果和现金流量，注册会计师应当出具无保留意见的审计报告。无保留意见的审计报告应当以"我们认为"作为意见段的开头，并使用"在所有重大方面公允反映了"等专业术语
保留意见	如果认为被审计单位的财务报表就其整体而言是公允的，但还存在下列情形之一时，注册会计师应当出具保留意见的审计报告： • 会计政策的选用、会计估计的确定或财务报表的披露不符合国家颁布的企业会计准则和相关会计制度的规定，虽影响重大，但不至于出具否定意见的审计报告。 • 因审计范围受到限制，无法获取充分、适当的审计证据，虽影响重大，但不至于出具无法表示意见的审计报告。 保留意见的审计报告应当在意见段中使用"除……的影响外"等专业术语。如因审计范围受到限制，注册会计师还应当在范围段中提及这一情况
否定意见	如果认为被审计单位的财务报表不符合国家颁布的企业会计准则和相关会计制度的规定，未能公允反映被审计单位的财务状况、经营成果和现金流量，注册会计师应当出具否定意见的审计报告。否定意见的审计报告应当在意见段中使用"由于上述问题造成的重大影响""由于受到前段所述事项的重大影响"等专业术语
无法表示意见	如果审计范围受到限制可能产生的影响非常重大和广泛，不能获取充分、适当的审计证据，以致无法对财务报表形成审计意见，注册会计师应当出具无法表示意见的审计报告。无法表示意见的审计报告应当在引言段中省略对注册会计师责任的描述，删除范围段，并在意见段中使用"由于审计范围受到限制""我们无法对上述财务报表发表意见"等专业术语

当出具保留意见、否定意见或无法表示意见的审计报告时，注册会计师应当在意见段之前增加说明段，清楚地说明导致所发表意见的所有原因，并在可能情况下，指出其对财务报表的影响程度。

当存在不影响已发表的审计意见的下列情形之一时，注册会计师为提醒财务报表使用人关注，应当在审计报告的意见段之后增加强调事项段：

（1）存在可能导致对持续经营能力产生重大疑虑的事项或情况。

（2）存在可能对财务报表产生重大影响的不确定事项（持续经营问题除外）。

（三）招股说明书

为规范首次公开发行股票的信息披露行为，保护投资者合法权益，根据《中华人民共和国公司法》《中华人民共和国证券法》等法律、法规及中国证券监督管理委员会（简称证监会）的有关规定，凡是申请在中华人民共和国境内首次公开发行股票并上市的公司应按规定编制招股说明书、招股说明书摘要，作为向中国证监会申请首次公开发行股票的必备法律文件，经中国证监会核准后按规定披露。对投资者做出投资决策有重大影响的信息，发行人均应在招股说明书中披露。根据中国证监会发布的《公开发行证券的公司信息披露内容与格式准则第 1 号——招股说明书》规定，招股说明书主要有以下内容。

1. 封面、书脊、扉页、目录、释义

招股说明书全文文本扉页应刊登发行股票类型、发行股数、每股面值、每股发行价格、预计发行日期、申请上市证券交易所、主承销商、正式申报的招股说明书签署日期及董事会的声明与提示。

2. 概览

发行人应在概览中简介发行人及其主要发起人或股东，发行人的主要财务数据，本次发行情况及募股资金主要用途等。

3. 本次发行概况

发行人应披露本次发行的基本情况，主要包括：股票种类；每股面值；发行股数、占发行后总股本的比例；每股发行价；标明计量基础和口径的市盈率；预测盈利总额及发行后每股盈利（如有）；发行前和发行后每股净资产；发行方式与发行对象；承销方式；本次发行预计实收募股资金。

此外，还有发行费用概算。

发行人应披露下列机构的名称、法定代表人、住所、联系电话、传真，同时应披露有关经办人员的姓名，包括：发行人；主承销商及其他承销机构；推荐人；发行人聘请的律师事务所；会计师事务所；资产评估机构（若有）；股票登记机构；收款银行；其他与本次发行有关的机构。

此外，还应披露发行人与本次发行有关的中介机构及其负责人、高级管理人员及经办人员之间存在的直接或间接的股权关系或其他权益关系。

发行人应针对不同的发行方式，披露至上市前的有关重要日期，主要包括：发行公告刊登的日期；预计发行日期；申购期；资金冻结日期；预计上市日期。

4. 风险因素

风险因素是指与发行人相关的所有重大不确定性因素，特别是发行人在业务、市场营销、技术、财务、募股资金投向及发展前景等方面存在的困难、障碍、或有损失。发行人应主动披露上述因素及其在最近一个完整会计年度内受其影响的情况及程度。发行人在披露风险因素的顺序上应遵循重要性原则，对所披露的风险因素应尽可能进行定量分析，无法进行定量分析的，应有针对性地做出定性描述，并介绍已采取或准备采取的风险对策或措施。

5. 发行人基本情况

发行人基本情况主要包括：注册中、英文名称及缩写；法定代表人；设立（工商注册）日期；住所及其邮政编码；电话、传真号码；互联网网址、电子信箱。

此外，还应披露发行人的历史沿革及经历的改制重组情况；设立以来股本结构变化、重大资产重组的行为及对各方的影响；与发行人业务及生产经营有关的资产权属变更的情况；员工及其社会保障情况；有关股本的情况，发行人主要股东的持股比例及其相互之间的关联关系；发起人（应追溯至实际控制人）的基本情况；发行人组织结构情况等。

6. 业务和技术

发行人应披露其业务范围及主营业务、所处行业国内外基本情况、影响本行业发展的有利和不利因素、面临的主要竞争状况等。发行人还应披露与其业务相关的主要固定资产及无形资产、拥有的特许经营权的情况，合营、联营合同或类似业务安排，主要产品和服务的质量控制情况，主要客户及供应商的资料，核心技术的来源和方式，主导产品或业务及拟投资项目的技术水平，对其有重大影响的知识产权和非专利技术情况，产品生产技术所处的阶段以及研究开发情况等。

7. 同业竞争和关联交易

发行人应披露是否与实际控制人及其控制的法人（以下简称"竞争方"）从事相同、相似业务的情况。对于已存在或可能存在的同业竞争，发行人应披露解决同业竞争的具体措施，发行人可视实际需要披露可能采取的措施。

发行人所披露的关联方、关联关系和关联交易，除应遵循有关企业会计准则规定外，还应遵循从严原则。发行人应披露近三年关联交易对其财务状况和经营成果的影响，包括在营业收入或营业成本中所占的比例，对上述比例的披露应说明比较的口径；进行关联交易是否遵循市场公正、公平、公开的原则；是否在章程中对关联交易决策权力与程序做出规定；减少关联交易的措施；与各关联方签订的目前仍然有效的协议或合同等。

8. 董事、监事、高级管理人员与核心技术人员

发行人应披露董事、监事、高级管理人员、技术负责人及核心技术人员的情况，与上述人员所签订的协议，以及为稳定上述人员已采取及拟采取的措施。发行人应按个人持股、家属持股、法人持股类别披露上述人员在发行前持有发行人股份的情况，并具体列出持有人姓名、发行前三年股份增减变动情况、发行前三年年末持股数量及比例、本次发行后所占比例，以及所持股份的质押或冻结情况。

发行人应披露上述人员在最近一个完整会计年度从发行人及其关联企业，以及同上述人员职位相关的其他单位领取收入的情况，包括领取的工薪（月薪或年薪）奖金及津贴，所享受的其他待遇，退休金计划，所享有的认股权情况等。同时还应披露上述人员在股东单位或股东单位控制的单位、在发行人所控制的法人单位、同行业其他法人单位担任职务的情况；董事和独立董事（如有）的酬金及其他报酬、福利政策；董事、监事、高级管理人员和核心技术人员所持股份锁定的情况及契约性安排。

9. 公司治理结构

发行人应披露设立独立董事的情况；公司章程中有关股东的权利、义务，股东大会的职责及议事规则，保护中小股东权益的规定及其实际执行情况；章程中有关董事会、监事会的构成和议事规则；重大生产经营决策程序与规则，包括对外投资等重大投资决策的程序和规则，重要财务决策的程序与规则，对高级管理人员的选择、考评、激励和约束机制，利用外部决策咨询力量的情况；公司管理层对内部控制制度完整性、合理性及有效性的自我评估意见；发行人、董事长、经理、财务负责人、技术负责人在近三年内曾发生变动的，应披露变动的经过及原因；对董事、监事、高级管理人员和核心技术人员履行诚信义务的限制性规定等。

10. 财务会计信息

发行人应披露不少于最近三年的简要利润表、不少于最近三年末的简要资产负债表、不少于最近一年的简要现金流量表并明示对有关数据的口径。

发行人应披露财务报表的编制基准、合并报表范围及变化情况；报告期利润形成的有关情况；最近一期末财务报表中主要固定资产、主要对外投资、有形资产净值、主要无形资产的情况；经审计的最近一期资产负债表截止日的主要债项；报告期各会计期末的股东权益的情况；报告期经营活动产生的现金流量、投资活动产生的现金流量、筹资活动产生的现金流量的基本情况，以及不涉及现金收支的重大投资和筹资活动及其影响。

发行人应扼要披露或提醒投资者关注财务报表附注中的期后事项、重大关联交易、或有事项及其他重要事项。发行人可以披露盈利预测报告。

发行人应披露资产评估及历次验资情况；披露经审计财务会计报告期间的下列各项财务指

标：流动比率、速动比率、应收账款周转率、存货周转率、无形资产（土地使用权除外）占总（净）资产的比例、资产负债率、每股净资产、研究与开发费用占主营业务收入比例、每股经营活动的现金流量、发行前后的每股收益和净资产收益率等；公司财务分析的简明结论性意见。所有财务会计信息的披露尤其应采用简洁、通俗、平实和明确的文字表述。

11. **业务发展目标**

发行人应披露发行当年及未来两年内的发展计划，应说明拟订计划所依据的假设条件，实施计划将面临的主要困难；实现业务目标的主要经营理念或模式；本次募股资金运用对实现业务目标的作用。

12. **募股资金运用**

发行人应披露预计通过本次发行募股资金的总量及其依据；董事会或股东大会对本次募股资金投向项目的主要意见；募股资金运用对主要财务状况及经营成果的影响。

13. **发行定价及股利分配政策**

发行人应披露确定本次股票发行价格考虑的主要因素、股票估值的方法、定价过程、定价方法与最终商定的发行价格，以及本次股票发行后的摊薄情况；历年股利分配政策及发行后的股利分配政策；最近三年历次实际股利分配情况；本次发行完成前滚存利润或损失的分配或负担政策；本次股票发行后第一个盈利年度派发股利计划。

14. **其他重要事项**

发行人应披露建立严格信息披露的制度及为投资者服务的详细计划；交易金额在 500 万元以上或虽未达到 500 万元但对生产经营活动、未来发展或财务状况具有重要影响的合同内容；对财务状况、经营成果、声誉、业务活动、未来前景等可能产生较大影响的诉讼或仲裁事项；持有发行人 20%以上股份的股东、控股子公司，发行人董事、监事、高级管理人员和核心技术人员作为一方当事人的重大诉讼或仲裁事项；董事、监事、高级管理人员和核心技术人员受到刑事诉讼的情况。

15. **董事及有关中介机构声明**

发行人全体董事、主承销商、发行人律师、承担审计业务的会计师事务所、承担评估业务的资产评估机构、承担验资业务的机构等应就其所承担的法律责任在招股说明书正文的尾页做出声明，并签字、盖章。

16. **附录和备查文件**

招股说明书的附录是招股说明书不可分割的有机组成部分，主要包括审计报告及财务会计报告全文、发行人编制的盈利预测报告及注册会计师的盈利预测审核报告（如有）。发行人应将整套发行申请文件及发行人认为相关的其他文件作为备查文件，列示其目录，并告知投资者查阅的时间、地点、电话和联系人。

（四）上市公告书

为规范首次公开发行股票公司上市的信息披露行为，保护投资者合法权益，根据《中华人民共和国公司法》《中华人民共和国证券法》等法律、法规和中国证券监督管理委员会（以下简称"中国证监会"）的有关规定，在我国境内首次公开发行股票并申请在经国务院批准设立的证券交易所上市的公司（以下简称"发行人"），应编制上市公告书。

股票上市公告书主要有以下内容。

1. 重要声明与提示

发行人董事会应在上市公告书显要位置对上市公告书的真实性、准确性、完整性及法律责任等内容做出重要声明。

2. 概览

发行人应在上市公告书设一概览，提示性地说明本上市公告书的关键内容，以使投资者尽快了解上市公告书的主要内容。

3. 绪言

发行人应在绪言部分披露的内容包括：编制上市公告书依据的法律、法规名称；股票发行核准的部门和文号、发行数量和价格等；股票上市的批准单位和文号、上市地点、股票简称和代码等；本上市公告书与招股说明书所刊载内容的关系。

4. 发行人概况

发行人概况包括以下内容：发行人的基本情况；发行人的历史沿革；发行人的主要经营情况等。

5. 股票发行与股本结构

发行人应披露本次股票上市前首次公开发行股票的情况，主要包括：发行数量与价格；募股资金总额；发行方式；发行费用总额及项目；每股发行费用；配售比例及配售主要对象等。

发行人还应披露本次股票上市前首次公开发行股票的承销情况；注册会计师对本次上市前首次公开发行股票所募股资金的验资报告，以及募股资金入账情况；上市前股权结构及各类股东的持股情况；董事、监事、高级管理人员、核心技术人员的情况及持有发行人股份的简况。

6. 董事、监事、高级管理人员及核心技术人员

发行人应简要披露董事、监事、高级管理人员及核心技术人员的情况，以上人员在招股说明书披露日至上市公告书刊登日期间有变动的，应特别注明。发行人应按招股说明书准则的有关规定，披露以上人员持有发行人股份的简况、所持股份锁定的情况及契约性安排，以及自愿锁定所持股份声明的主要内容。

7. 同业竞争与关联交易

发行人应简要披露有关同业竞争的情况，发行人关联方、关联关系以及发生的重大关联交易的情况。

8. 财务会计资料

发行人应按要求简要披露在招股说明书中披露的财务会计资料及首次公开发行后的重大财务变化。发行人应说明会计师事务所对发行人财务会计报告出具审计报告的类型。发行人应转载在招股说明书已披露过的主要财务指标；简要披露在招股说明书中披露的盈利预测数据；补充披露最近一期未经审计的财务会计资料。

9. 其他重要事项

发行人应披露股票首次公开发行后至上市公告书公告前已发生的可能对发行人有较大影响的其他重要事项，主要包括：主要业务发展目标的进展；所处行业或市场的重大变化；主要投入、产出物供求及价格的重大变化；重大投资；重大资产（股权）收购、出售；发行人住所的变更；重大诉讼、仲裁案件；重大会计政策的变动；会计师事务所的变动；发生新的重大负债或重大债项发生变化等。

10. 董事会上市承诺、上市推荐人及其意见（略）

（五）上市公司定期报告

根据有关规定，我国上市公司应当在每个会计年度中不少于两次向公众提供公司的定期报告。定期报告包括中期报告和年度报告。中期报告指月报、季报和半年度报告。

1. 季度报告

上市公司季度报告应包括的内容为：

（1）公司简介。

（2）财务资料，包括报告期（期末）主要会计数据及财务指标。

（3）管理层讨论与分析，即管理层应当对财务会计报告与其他必要的统计数据以及报告期内发生或将要发生的重大事项进行讨论与分析，以有助于投资者了解其经营成果、财务状况。

2. 半年度报告

上市公司半年度报告正文的内容包括：重要提示、释义及目录；公司基本情况；股本变动和主要股东持股情况；董事、监事、高级管理人员情况；管理层讨论与分析；重要事项；财务会计报告。

3. 年度报告

上市公司年度报告正文的内容包括：重要提示及目录；公司基本情况简介；会计数据和业务数据摘要；股本变动及股东情况；董事、监事、高级管理人员和员工情况；公司治理结构；股东大会情况简介；董事会报告、监事会报告；重要事项；财务会计报告及备查文件目录。

（六）临时报告

上市公司的临时报告主要包括重大事件公告、公司收购公告和其他临时公告。

1. 重大事件公告

上市公司的重大事件是指可能对公司的股票价格产生重大影响的事件，主要包括以下事件：公司对外签订的合同可能对公司的资产、负债、所有者权益和经营成果中的一项或者多项产生显著影响；公司的经营政策或者经营项目发生重大变化；公司发生了重大投资行为或者购置金额较大的长期资产；公司发生重大债务或公司未能归还到期重大债务的违约情况；公司发生重大经营性或者非经营性亏损；公司资产遭受重大损失；公司生产经营环境发生重要变化；董事长、30%以上的董事或者总经理发生变动；持有公司5%以上的发行在外的普通股的股东，其持有该种股票的增减变化每达到该种股票发行在外总额的2%以上的事实；涉及公司的重大诉讼事项；公司进入清算、破产状态；公司章程的变更、注册资金和注册地址的变更；发生大额银行退票；公司更换为其审计的会计师事务所；公司公开发行的债券或者已发行债券的数额的变更或增减；公司增资发行股票，或者其可转换公司债券依规定转为股票；公司营业用主要资产的抵押、出售或者报废一次超过其资产的30%；发起人或者董事的行为可能依法负有重大损害赔偿责任；股东大会或监事会议的决定被法院依法撤销；法院做出裁定禁止对公司有控股权的大股东转让其股份；公司发生合并或者分立事件；等等。

2. 公司收购公告

根据有关规定，发起人以外的任何法人直接或者间接地持有一个上市公司发行在外的普通股达到30%时，应当自该事实发生之日起、45个工作日内，向该上市公司的所有股东发出收购公告书，该公告书除具有事实披露意义外，还具有收购要约的法律意义。

收购公告书的内容主要包括以下事项：收购人名称、所在地、所有制性质及收购代理人；

收购人的董事、监事、高级管理人员名单及简要情况，收购人为非股份有限公司者，应说明其主管机构、主要经营管理人员及主要从属和所属机构的情况；收购人的董事、监事、高级管理人员及其关联公司持有收购人和被收购人股份数量；持有收购人 5%以上股份的股东和最大的10名股东名单及简要情况；收购价格、支付方式、日程安排及说明；收购人欲收购股票数量（欲收购量加已持有量不得低于被收购人在外发行普通股的 50%）；收购人和被收购人的股东的权利与义务；收购人前 3 年的资产负债、盈亏概况及股权结构；收购人在过去 12 个月中的其他收购情况；收购人对被收购人继续经营的计划、资产的重整计划、员工的安排计划；被收购人资产重估及说明；收购后，收购人或收购人与被收购人组成的新公司的章程及有关内部规则；收购后，收购人或收购人与被收购人组成的新公司对其关联公司的贷款、抵押及债务担保等负债情况；收购人、被收购人各自现有的重大合同及说明；收购后，收购人或收购人与被收购人组成的新公司的发展规划和未来一个会计年度的盈利预测等。

3. 其他临时公告

除重大事件公告和公司收购公告外，根据有关规定，上市公司还对其他某些事实情况也有信息披露和公告的责任。例如，在任何公共传播媒介中出现的消息可能对上市公司股票市场价格产生误导性影响时，即使不存在真实意义上的重大事件或者公司收购行为，即使此种消息仅仅为谣言，上市公司也应当在知悉后立即对该消息做出公开澄清和公告说明，并应当将事情的全部情况立即通知中国证监会和其股票挂牌交易的证券交易所。

七、财务分析报告

财务分析报告是以财务会计报告为主要依据，结合其他会计核算资料、计划指标，以及统计资料，利用特定的财务指标，通过计算和比较对某单位的财务状况进行分析，找出差距，提出建议以指导企业经营活动的一种书面报告。

财务分析报告除能提供更加清晰明了的信息外，还可以帮助企业制定出符合客观规律的财务预算，任何财务预算都应该在对企业所处经济环境进行细致分析、对企业的能力进行客观的评价、对历史财务资料进行正确的计算和分析之后，在历史资料的基础上经过科学的预测来的。所以，财务分析是制定财务预算的基础工作之一。

另外，财务分析还有利于改善企业的经营管理，使企业及时回避风险，提高企业的效益。通过财务分析，往往能发现企业存在的问题和不足，这样使管理工作能够有的放矢，针对问题，提出措施，及时解决，最终达到避免风险、提高企业经济效益的目的。

（一）财务分析报告的种类

1. 全面分析报告

全面分析报告也叫综合分析报告或系统分析报告，是对某一部门或单位在一定时期的经济活动，利用各项主要经济指标做出全面系统的分析的报告。它在全面分析的基础上，抓住财务活动中的关键方面，找出存在的问题，并提出解决问题的建议。全面分析报告能从全局的角度来看问题，主要用于年度和季度分析。

2. 专题分析报告

专题分析报告是针对部门或单位的某一方面的问题或针对某一经营项目而编制的财务分析报告。

（二）财务分析报告的格式

财务分析报告的重点在于分析的过程和内容，要揭示真实的财务活动的状况，报告中应该有分析、有发现的问题,还要有解决问题的措施。财务分析报告的格式并不是很重要的,也没有严格要求。一般来讲,财务分析报告主要的组成部分如表 14-5 所示。

表 14-5 财务分析报告结构

项 目	内 容 阐 释
标题	财务分析报告的标题,是分析目的和分析内容的抽象和概括。全面分析报告的标题经常标明财务会计报告的期间,如"某公司某年度财务分析报告"。对于专题分析报告来说,标题一般是揭示分析的主要问题或内容范围,有时是直接表达分析的建议或意见,如"投资报酬情况分析报告"
开头	财务分析报告的开头多数是概括介绍企业当前的形势、报告的背景,并针对分析的问题用总括数字简要介绍一些基本情况或简要地说明分析的目的。开头应该简明扼要。有时财务分析报告的开头与正文并无明显的界限,也有不要开头直入正题的
正文	正文部分是财务分析报告的主体。首先,按照可比口径计算说明各项主要经济指标的完成情况,通过实际与计划或与上年同期的对比,反映经济指标的完成情况,并分析变动的原因,同时肯定所取得的成绩,揭示所存在的问题。正文部分要注意突出中心、突出重点、突出问题的症结所在。只有重点突出的财务分析报告,才能让人读了以后指出关键问题在哪里。具体协作时,应有重点地总结分析企业取得某一重要成绩的状况和经验,或者有重点地总结分析企业存在的薄弱环节的状况和造成的原因,切忌罗列数据、面面俱到,而又不分析问题、解决问题。这部分的写作还要注意情况具体、分析深入、结论公正,既不虚构或夸大成绩,也不掩饰或缩小问题,能对企业的经营活动和财务状况做一个客观、真实的描述和评价。 另外,正文部分在说明情况,分析问题时要注意形式的多样化,可以直接用数字对比说明,可以用表格的形式,也可以用文字说明。哪一种形式更有助于说明问题、更清晰地表现问题,就采用哪一种形式
结尾部分	财务分析报告的结尾,主要是提出改进意见、措施或建议,目的是改善经营管理和财务状况,提高经济效益。最后,还应有署名和报告日期

(三)财务分析报告的编制程序(见表 14-6)

表 14-6 财务分析报告的编制程序

步 骤	内 容 阐 释
确定分析内容及分析重点	不同的经营阶段有不同的要求,不同的企业经营状况不同,不同的行业有不同的特点。所以,对于财务分析来说,不同的行业、不同的企业,同一企业的不同发展阶段有各自不同的侧重点。例如,成长阶段的企业比较重视市场的占领,同时发展阶段一般对资金的需求比较旺盛。所以,在企业的成长阶段,对销售状况的分析,对资金周转状况的分析都比较重要。在企业的成熟阶段,又应该侧重于企业盈利能力及产品创新能力。所以,在进行财务分析之前,要根据企业的状况和自身特点确定合适的分析内容和分析重点
收集资料	确定了分析内容后,接下来是根据分析内容来收集资料。这是编制财务分析报告的基础工作,进行财务分析所需要的资料虽然不是很庞杂,但仅仅是本期的财务会计报告还是不够的,还需要很多其他相关资料。 首先,是本期的财务会计报告,为了发现本期经营过程中的问题,以及发生的变化,还

步　骤	内　容　阐　释
收集资料	需要和前期或前两期的财务会计报告比较分析。 　　其次，要想看企业的计划或预算完成情况如何，本期财务会计报告和计划或预算资料也要进行比较分析。财务分析是对企业财务状况进行多角度地分析，成本因素分析也是其中的一个方面，成本资料的获得需要依靠企业的会计核算。还有一些资料是会计核算资料中所没有的，需要统计部门的配合。所以，财务分析资料也是多种多样的，应根据分析内容的不同，从不同的方面收集资料。有些资料是直接可以利用的，有些则需要进行加工之后才能用，如统一口径
选择分析方法	财务分析方法有很多，如比率分析法、对比分析法、趋势分析法、杜邦分析法、沃尔分析法等。企业应根据自身特点和分析要求，选择合适的分析方法
进行财务分析并编写财务会计报告	财务会计报告的编写要结合当前生产经营的情况和财务管理的具体要求，抓住重点的、关键的问题，然后层层分解，抓住问题产生的本质原因，切忌面面俱到。分析结论要有确凿的数据作依据，要定性分析和定量分析相结合，肯定成绩与剖析缺点相结合，层次清楚，语言简练

第二节　财务分析细述

一、财务分析的方法

财务分析的方法主要有比较法、比率分析法、趋势分析法和因素分析法等。

（一）比较法

比较法是通过经济指标的数量上的比较，来揭示经济指标的数量关系和数量差异的一种方法。经济指标存在某种数量关系（大于或小于、增加或减少），能说明生产经营活动的一定状况，经济指标出现了数量差异，往往就说明有值得进一步分析的问题。比较法的主要作用，在于揭示财务活动中的数量关系和存在的差距，从中发现问题，为进一步分析原因、挖掘潜力指明方向。比较的方法是最基本的分析方法，没有比较就没有分析，不仅比较法本身在财务分析中被广泛应用，而且其他分析方法也是建立在比较法的基础上的。

根据分析的目的和要求的不同，比较法有三种形式（见表14-7）。

表14-7　比较法的三种形式

项　目	内　容　阐　释
实际指标同计划（定额）指标比较	可以揭示实际与计划或定额之间的差异，了解该项指标的计划或定额的完成情况
本期指标同上期指标或历史最好水平比较	可以确定前后不同时期有关指标的变动情况，了解企业生产经营活动的发展趋势和管理工作的改进情况
本单位指标同国内外先进单位指标比较	可以找出与先进单位之间的差距，推动本单位改善经营管理，赶超先进水平

应用比较法对同一性质指标进行数量比较时，要注意所利用指标的可比性。比较双方的指标在内容、时间、计算方法、计价标准上应当口径一致，可以比较。必要时，可对所用的指标按同一口径进行调整换算。

（二）比率分析法

比率分析法是通过计算经济指标的比率，来确定经济活动变动程度的分析方法。比率是一个相对数。采用这种方法，要把分析对比的数值变成相对数，计算出各种比率指标，然后进行比较，从确定的比率差异中发现问题。采用这种分析方法，能够把在某些条件下的不可比指标变为可以比较的指标，以利于进行分析。

1. 比率指标的类型（见表14-8）

表14-8 比率指标的类型

项 目	内 容 阐 释
构成比率	构成比率又称结构比率，用以计算某项经济指标的各个组成部分占总体的比重，反映部分与总体的关系。其典型计算公式为：$$构成比率 = \frac{某个组成部分数额}{总体数额}$$ 固定资产占总资产的比重、负债占总权益的比重、收不回来的应收账款占全部应收账款的比重等，都属于构成比率指标。利用构成比率指标，可以考察总体中某个部分的形成和安排是否合理，以便协调各项财务活动
效率比率	效率比率用以计算某项经济活动中所费与所得的比例，反映投入与产出的关系。如成本费用与销售收入的比率、成本费用与利润的比率、资金占用额与销售收入的比率、资金占用额与利润的比率等。利用效率比率指标，可以进行得失比较，考察经营成果，评价经济效益的水平
相关比率	相关比率用以计算在部分与总体关系、投入与产出关系之外具有相关关系的指标的比率，反映有关经济活动的联系。例如，资产总额与负债总额的比率、流动资产与流动负债的比率、负债与权益的比率等。利用相关比率指标，可以考察有联系的相关业务安排得是否合理，以保障生产经营活动能够顺畅运行。相关比率指标在财务分析中应用得十分广泛

2. 使用比率指标应该注意的问题

（1）比率指标中对比指标要有相关性。比率指标从根本上来说都是相关比率指标，对比的指标必须有关联性，把不相关的指标进行对比是没有意义的。在构成比率指标中，部分指标必须是总体指标这个大系统中的一个小系统，小系统只能处在这个大系统中而且必须全部处在这个大系统中，才有比较的可能。在效率比率指标中，投入与产出必须有因果关系，费用应是为取得某项收入而花费的费用，收入必须是花费相应的耗资而实现的收入，没有因果关系的得失比较不能说明经济效益水平。相关指标中的两个对比指标也要有内在联系，才能评价有关经济活动之间是否协调均衡，安排是否合理。

（2）比率指标中对比指标的计算口径要一致。同比较法一样，在同一比率中的两个对比指标在计算时间、计算方法、计算标准上也应当口径一致。特别要注意的是，比率指标中的对比指标是两个含义不同的指标，由于取得的资料来源不同，可能所包括的范围有一定差异，使用时必须使之口径一致，便于对比。有些容易混淆的概念，如营业收入和主营业务收入、销售收入和赊销收入、营业利润和净利润等，使用时也必须注意划清界限。

（3）采用的比率指标要有对比的标准。财务比率能从指标的联系中，揭露企业财务活动的内在关系，但它所提供的只是企业某一时点或某一时期的实际情况。为了说明问题，还需要选用一定的标准与之对比，以便对企业的财务状况做出评价。通常用作对比的标准有四种（见

表 14-9）。

表 14-9　采用对比的标准

项　目	内　容　阐　释
预定目标	预定目标是指企业自身制定的、要求财务工作在某个方面应该达到的目标。将实际完成的比率与预定的经营目标比较，可以确定差异，发现问题，为进一步分析差异产生的原因提供线索
历史标准	历史标准是指本企业在过去经营中实际完成的数据，它是企业已经达到的实际水平。将企业本期的比率与历史上已达到的比率对比，可以分析和考查企业财务状况和整个经营活动的改进情况，并预测企业财务活动的发展趋势
行业标准	行业标准是指本行业内同类企业已经达到的水平。行业内同类企业的标准有两种：一种是先进水平，另一种是平均水平。将本企业的财务比率与先进水平比，可以了解同先进企业的差距，发现本企业潜力之所在，促进挖掘潜力，提高经济效益；将本企业的财务比率与平均水平比，可以了解本企业在行业中所处的位置，明确努力的方向，处于平均水平以下者要追赶平均水平，达到平均水平者应追赶先进水平
公认标准	公认标准是指经过长期实践经验的总结，为人们共同接受，达到约定俗成程度的某些标准。例如，反映流动资产与流动负债关系的流动比率，公认应以 2∶1 比较稳妥，此 2∶1 即公认标准。企业分析时可以此为标准，借以评价企业的流动比率是否恰当，风险如何

（三）趋势分析法

趋势分析法是将两期或连续数期财务报告中的相同指标或比率进行对比，求出它们增减变动的方向、数额和幅度的一种方法。采用这种方法可以揭示企业财务状况和生产经营情况的变化，分析引起变化的主要原因、变动的性质，并预测企业未来的发展前景。

1. 趋势分析法的具体运用（见表 14-10）

表 14-10　趋势分析法的具体运用

项　目	内　容　阐　释
会计报表金额的比较	这是将连续数期的会计报表的金额数字并列起来，比较其相同指标的增减变动金额和增减变动幅度，来说明企业财务状况和经营成果发展变化的一种方法。 会计报表的比较，可以有资产负债表比较、利润表比较、所有者权益变动表、现金流量表比较等。比较时，既要计算出表中有关项目增减变动的绝对额，又要计算出其增减变动的百分比
重要财务指标的比较	重要财务指标的比较，是将不同时期财务报告中的相同指标或比率进行比较，直接观察其绝对额或比率的增减变动情况及变动幅度，考察有关业务的发展趋势，预测其发展前景
会计报表百分比的比较	会计报表百分比的比较是在会计报表比较的基础上发展而来的。它是以会计报表中的某个总体指标作为 100%，再计算出其各组成指标占该总体指标的百分比，比较各个项目百分比的增减变动，以此来判断有关财务活动的变化趋势。这种方法既可用于同一企业不同时期财务状况的纵向比较，也可用于不同企业之间或与行业平均数之间的横向比较。这种方法能消除不同时期（不同企业）之间业务规模差异的影响，有利于分析企业的耗费水平和盈利水平

对不同时期财务指标的比较,可以计算成动态比率指标,如利润增长的百分比。由于采用的基期数不同,所计算的动态比率指标可有两种:定基动态比率和环比动态比率。定基动态比率,是以某一时期的数额为固定的基期数额而计算出来的动态比率;环比动态比率,是以每一分析期的前期数额为基期数额而计算出来的动态比率。其计算公式如下:

$$定基动态比率 = \frac{分析期数额}{固定基期数额}$$

$$环比动态比率 = \frac{分析期数额}{前期数额}$$

2. 若干注意事项

(1)同其他分析方法一样,用以进行对比的各个时期的指标,在计算口径上必须一致。由于经济政策、财务制度发生重大变化而影响指标内容时,应将指标调整为同一口径。

(2)由于天灾人祸等偶然因素对财务活动产生特殊影响时,分析时应加以消除,必要时对价格变动因素也要加以调整。

(3)分析中如发现某项财务指标在一定时期内有显著变动,应作为分析重点研究其产生的原因,以便采取对策,趋利避害。

(四)因素分析法

因素分析法是用来确定几个相互联系的因素对分析对象——某个经济指标的影响程度的一种分析方法。采用这种方法的出发点在于,当有若干因素对分析对象发生影响作用时,假定其他各个因素都无变化,顺序确定每一因素单独变化所产生的影响。因素分析法的具体应用可以有不同的形式。差额计算法是其中常用的一种,它利用各个因素实际数同标准数的差额,来计算各该因素脱离标准对分析对象的影响。

若某财务指标 p 由 a、b、c 三个因素的乘积构成,其计划指标和实际指标同有关因素的关系如下:

计划指标:$p_0 = a_0 \times b_0 \times c_0$

实际指标:$p_n = a_n \times b_n \times c_n$

以实际与计划的差异 $p_n - p_0$ 为分析对象,它同时受 a、b、c 三个因素影响。运用差额计算法可确定各因素的影响程度如下:

a 因素变动的影响:$(a_n - a_0) \times b_0 \times c_0 = p_1 - p_0$

b 因素变动的影响:$a_n \times (b_n - b_0) \times c_0 = p_2 - p_1$

c 因素变动的影响:$a_n \times b_n \times (c_n - c_0) = p_n - p_2$

影响合计:$p_n - p_0$

上式中各字母的下标 0 为计划数,下标 n 为实际数,p_1、p_2 分别为第一、第二个因素变动后的结果。

因素分析法在财务分析中应用也颇为广泛,既可以全面分析各因素对某一经济指标的影响,也可以单独分析某个因素对某一经济指标的影响。后者如计算由于流动资金周转天数缩减而对流动资金计划需要量减少的影响,计算由于应收账款收账天数缩短、降低坏账损失率而对企业坏账损失减少的影响等。

小知识

财务分析指标的设计

1. 财务分析指标与财务评价指标的区别和联系

财务分析指标是为揭示公司财务目标实现程度及其影响因素,挖掘公司财务潜力及内在联系,而将公司财务按内在逻辑结构加以具体化和系统化所形成的、用于说明公司既定财务状况与经营业绩的成因,并揭示财务变化规律和预期趋势的指标。

财务分析指标与财务评价指标的区别如表14-11所示。

表14-11 财务分析指标与财务评价指标的区别

项 目	内 容 阐 释
运用的主体范围不尽相同	财务分析指标的运用主体一般只限于公司内部的各级管理人员,而财务评价指标的运用主体既包括公司内部的各级管理人员,也包括公司外部的投资者、债权人,甚至还包括与公司无直接利益关联的有关中介机构
运用的目的不同	财务分析指标的运用目的在于揭示既定财务状况及经营业绩的成因,以期为挖掘内部潜力、优化内部管理提供依据;而财务评价指标的运用目的在于对既定财务状况及经营业绩的合理性和有效性进行评价,以期为投资者的投资决策和实施内部财务考核提供依据。换句话说,财务分析指标的运用目的在于说明"为什么是这样",而财务评价指标运用的目的在于说明"怎么样"
指标的构建原则不尽相同	财务分析指标的构建原则主要是全面、深入、具体,以期从深层次上全面揭示既定财务状况和经营业绩的具体构成和成因,此外,还应遵循层次性和适应性等原则。财务评价指标的构建原则主要是相关性、综合性、可控性、层次性及与控制指标构成口径的一致性等
指标涉及的领域不尽相同	财务分析指标不仅涉及公司的财务领域,而且为深入揭示公司既定财务状况及经营业绩的成因,还须涉及作为财务运作之基础的生产领域,主要体现在公司财务分析指标体系中包含着若干反映生产性耗费方面的具体指标。财务评价指标则除对成本中心的管理性评价指标外,一般只涉及财务领域。就成本中心的评价指标而言,其所涉及的生产性耗费指标也仅限于相对综合的指标,而不包括用于因素测算方面的具体指标
指标的表现形式不尽相同	财务分析指标既有以相对数形式表示的各种比率指标,又有大量绝对数形式表示的指标,而财务评价指标则为适应综合性原则的要求,通常均以相对数形式出现

财务分析指标与财务评价指标的联系在于:财务评价指标是财务分析指标的有机构成内容,同时是构建财务分析指标的基础和起点。这种联系如图14-1所示。

2. 财务分析指标的构建原则(见表14-12)

不同公司具有不同的特点,我们就财务分析指标的构建原则作上述一般性论述,而不再研究分析指标的具体构建模式。就某一公司来说,可在依据上述原则的前提下,结合公司的实际情况和管理要求,自行构建与公司经营管理特点相适应的财务分析指标体系。

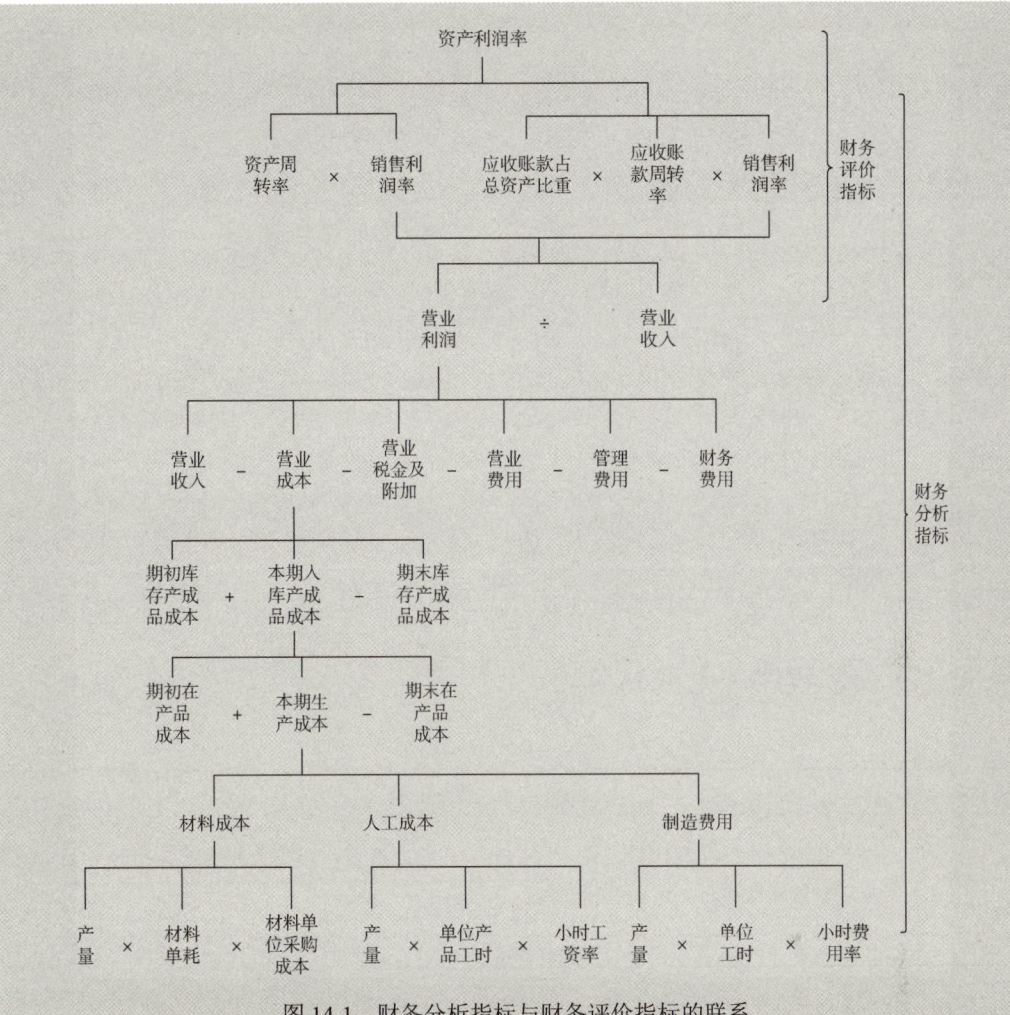

图 14-1 财务分析指标与财务评价指标的联系

表 14-12 财务分析指标的构建原则

项　目	内　容　阐　释
全面性原则	全面性原则是指所构建的指标要能够满足全面分析公司财务状况与经营业绩的需要。按照该项原则，凡是与公司财务状况与经营业绩相关的定量因素，无论是财务性质的因素还是非财务性质的因素，是可控因素还是非可控因素，是货币计量的因素还是非货币计量的因素，均应纳入分析指标体系，以便能多角度、全方位地实施公司财务分析
层次性原则	层次性原则是指财务分析指标的构建应自上而下层层分解，直至最基本的构成要素。按照该项原则，在构建财务分析指标体系时，首先须确立应予分析的综合性财务指标（如前述的各项评价指标）；然后以此为起点，按其构成要素（或影响因素）的内在逻辑联系，向下层层分解；最终形成由综合到具体的"金字塔"式的阶梯指标体系。需要说明的是，在指标分解过程中，应注意指标分解的有效性，即在将综合指标分解为具体指标时，应确保各具体指标具有实质性的经济意义，并与综合指标之间存在内在联系。例如，营业利润可按影响因素分解为营业收入和营业收入利润率两个指标，也可按构成要素分解为主营业务利润和其他业务利润两项指标，但若将其分解为设备台数和每台设备平均利润两项指标，就会显得毫无价值，因为设备台数与营业利润之间无明确的因果联系，因此也使得"每台设备平均利润"指标缺乏实质性的经济意义

续表

项　目	内　容　阐　释
深入性原则	深入性原则是指所构建的财务分析指标要能够满足深入揭示公司既定财务状况及经营业绩之成因的需要。按照该项原则，在分解综合指标，构建具体指标时，应纵向到底，使每一层次的每一项构成因素或影响因素均作为一项指标纳入分析指标体系，以便能从最基础、最根本的层次上揭示既定财务的成因，为公司改善和优化管理提供深层次的依据
适应性原则	适应性原则是指财务分析指标的构建应适应公司的生产经营及管理特点。不同的公司，在生产经营及管理方面具有不同的特点，包括经营管理的内部组织结构特点、生产工艺过程的特点、生产组织的特点、会计核算组织形式的特点等。这就要求在构建财务分析指标时，无论是在指标内涵及外延的界定方面，还是在指标分解的方式与方法方面，均应与上述特点相适应，以确保其能适应公司内部管理的需要。例如产品单位成本指标，在简单生产或采用集中核算形式的情况下，通常只需按成本项目分解，但在复杂生产或采用分级核算的情况下，除按成本项目分解外，还应按成本形成过程（生产步骤）或管理层次分解。再如营业收入指标，若公司只有一个利润中心，则只需按品种结构、销量和售价等进行分解，但若公司具有多个利润中心，则除按品种结构、销量和售价进行分解外，还须按利润中心进行分解

二、财务分析的程序（见表14-13）

表14-13　财务分析的程序

项　目	内　容　阐　释
明目的、制计划、确重点	为了提高分析效率和质量，做到有的放矢，在分析前，应将企业当前存在的主要问题作为分析对象和重点，并明确分析目的
收集信息	收集信息即收集进行企业财务分析的信息。进行企业财务分析的信息可以分为标准与实际两个方面。根据分析的目的与范围，分析人员应收集相关的行业信息、预算或计划信息、历史信息、实际信息等，这些信息来源于企业所在外部的中介咨询机构、行业公会、上市公司公开的数据，以及企业内部等
究本质	根据分析目的把整体的各个部分分割开来，予以适当组织，使之符合需要；深入探究各部分的特殊本质；进一步研究各个部分的联系
找差距	找差距即以实际资料同企业经营财务状况的标准资料进行对比，寻找企业实际与标准指标或资料的差异。 　　一般而言，采用的标准指标有经验数据、预算或计划、历史数据、国内外同行业的平均数据等，采用何种标准取决于企业分析的目的。可以将差异定为有利差异和不利差异。有利差异是指对企业生产经营具有积极影响的差异；不利差异是指对企业生产经营具有负面影响的差异
查原因	查原因即查明影响总体指标发生差异的具体原因。 　　因素的变动导致生产经营某一结果的变动可能是企业无力控制的客观因素造成的，也可能是有关责任者的管理效率，即主观因素影响的结果。对于主观因素变动的影响，应归属于具体的责任者，对于客观因素导致的不利结果，企业应采取相应的措施，将其予以消化
测影响	测影响即采用一定的技术方法，测定各因素变动对生产经营结果的影响程度

续表

项　目	内　容　阐　释
定措施	定措施即在全面评价企业经营及财务状况的基础上,针对影响企业经营或财务活动的不利因素,制定相应的改进措施,进一步挖掘企业生产经营的潜力,提高生产经营效率。 　　必须指出,对某一时期企业的生产经营成果做出分析结论后,制定相应的改进措施,应由企业生产经营的主要主管、财务管理人员等共同制定,履行审批程序批准实施后,财务部门应采取跟踪措施,反映措施的实施过程及结果
交结果	交结果即解释结果,提供对决策有帮助的信息

财务分析程序形成的成果是财务分析报告。

> **小知识**
>
> **财务会计报告分析的程序**
>
> 财务会计报告分析一般应按以下分析程序进行操作。
>
> **1. 确定分析目的、制订分析计划**
>
> 在进行财务会计报告分析时,首先是明确分析目的。例如,对盈利情况进行分析,据此预测未来年度的盈利能力,称为营利性分析;再如,对企业获取现金流量能力进行分析,以分析企业的支付能力,据此制定现金管理政策,称为流动性分析等。
>
> 由于不同利益主体进行财务会计报告分析有着各自的目的和侧重点,因此分析者必须明确自己侧重于哪一方面内容的分析,是偿债能力还是营运能力,抑或是盈利能力分析。企业短期投资者分析财务会计报告的目的在于了解企业的短期偿债能力,便于做出短期投资决策;企业长期投资者分析财务会计报告的目的则着重于企业的长期偿债能力,为长期行为提供决策依据;股东分析财务会计报告的目的在于获悉企业的经营业绩、盈利能力、财务状况及资本结构等因素,这些因素对股票价值的高低具有重大的影响;企业管理人员分析财务会计报告的目的在于及时掌握企业的财务状况及经营成果,检讨其得失,并及时发现问题所在,迅速采取有效的措施,使企业能够稳定发展;注册会计师分析财务会计报告的目的在于以独立超然的地位,采用合理的方法与程序,明确指明企业所提供的财务会计报告是否公允表达某特定日期或会计期间的财务状况及经营成果;税务机关分析财务会计报告的目的在于查核纳税义务人是否如实申报有关税收等。
>
> 目的明确后就要制订计划,如财务会计报告分析内容、时间、项目等范围,采用的分析方法、分析工作的组织分工、工作进度安排、资料来源、分析报告的撰写等。分析目的不同,计划的具体内容也有所不同。
>
> **2. 收集、整理和分析资料**
>
> 进行财务会计报告分析,单靠企业的几张财务报表是不够的,还必须收集相关信息。一般来说,收集的资料应包括宏观和微观信息。宏观信息是指国家有关的法令、法规、政策、制度、细则、经济环境、市场运行、通货膨胀、财务杠杆等方面的信息;同时还要收集评价企业在行业、部门的经济状况资料,如主要经济指标、行业特点、经济增长率、经营、投资、理财策略等。微观财务信息资料有定期性的财务会计报告和审计报告。在财务会计报告提供的信息中,财务会计报告分析者主要收集报告期内企业资产、负债、资产结构、资本结构、收入、费用、利润、现金流量资料等,并进行整理分析,分析其真实性、合理性、合法性、合规性、效益性等。在收集这方面资料时要注重分析会计政策的陈述。例如,在编制财务会计报告过程中所采用的会计方法和程序、行业特殊会计方法的采用和特殊会计准则的运用,同时还要注意收集报表附注中相关资料。因为这些附注资料能够揭示报表中无法揭示的某些业务活动或理财活动中的重要内容,对财务会计报告使用者客观地分析和决策有着不可低估的意义。而企业的审计报告对企业财务报表的分析,也具有极其重要的作用。审计报告是注册会计师接受委托人的授权,以独立的第三者的身份对被审计单位的财务会计报告进行审查后,对被审计单位财务会计报告的真实性、合法性和编制方法的一致性发表意见的书面文件。审计报告一般包括标准无保留和附带说明段无保留意见审计报告、有保留意见审计报告、否定意见审计报告和拒绝表示意见审计报告四种。财务会计报告分析者可以根据注册会计师出具的审计报告类型来判断企业财务会计

报告是否存在重大缺陷,从而明确分析重点。

在整理资料过程中,要注意资料的真实性、客观性、时效性,最终使分析结果论据充分、叙述清楚、分析透彻、说服力强、实用性强、操作性强,便于分析者自身做出科学、合理而又正确的决策。

财务会计报告是企业进行报告分析的主要资料来源。为了全面掌握企业的经营状况,还需要收集其他资料,如市场前景、产销情况、员工构成、技术开发以及预测、计划、定额和标准等资料。

财务会计报告分析所需资料的来源如表14-14所示。

表14-14 财务会计报告分析所需资料的来源

项　目	内容阐释
财务报表	企业在会计期间编制的、对外报送的财务报表,主要有资产负债表、利润表、现金流量表、所有者权益变动表及有关附表等
注册会计师查账验证报告	注册会计师依照国家有关法规及一般公认会计原则,采用必要的查账验证程序,对企业财务会计报告予以验证后,应提出查账验证报告,对验证后的财务会计报告发表意见。财务会计报告使用者,对于注册会计师所提出的查账验证报告,一般是比较信任的。因为注册会计师必须在查账验证报告中对验证后的财务会计报告是否公允、是否合理发表审计意见
企业的会计政策	企业的会计政策是指企业在编制财务会计报告时所依据的具体原则以及企业所采纳的具体会计处理方法,包括采用的行业特殊会计方法的和运用特殊会计准则的运用
其他途径取得的有关资料	有关资料是其他专业性机构,如投资咨询服务机构、行业性协会、证券交易所等所提供的有关资料。有关企业预算、计划、总结、规划的资料以及企业管理人员对企业当年度生产经营与未来展望的评价等。均可为财务会计报告分析者提供必要的信息资料
调查核实所获得的资料	收集到的原始资料是粗糙的、零碎的、表象的、感性的,甚至是有错的,所以需要对取得的资料按实事求是的原则进行调查核实、去粗取精、去伪存真,才能成为有用的信息,才能客观、公正、如实地反映企业经营的本来面目

对收集到的资料还要进行加工整理,在整理资料过程中,要注意资料的真实性、客观性、时效性,严格按企业生产经营活动的全貌进行加工整理,提供对经营决策有用的信息。

3. 选择分析方法

分析方法服从于分析目的。财务会计报告分析方法很多,应当根据不同的分析目的,采用不同的分析方法。最常用的方法有四种,即比较分析法、比率分析法、趋势分析法、因素分析法。例如,对未来发展趋势的预测,一般采用趋势分析法;对流动性的分析,一般采用比率分析法;对计划执行情况的分析,一般采用因素分析法等。

4. 进行分析计算

对整理过的数据资料,采用一定的分析方法,特别是采用一定的财务指标,进行指标计算,然后根据计算得出的指标,层层分解和辨析,找出指标之间的差距,分析形成差距的原因。在进行未来趋势预测时,就要在指标计算的基础上,剔除其中隐含的非正常因素,从而对未来趋势做出判断。通过分析矛盾,确定差距以后,还应当揭示各项报表资料所隐含的重要关系及相互间的影响程度。这是因为,进行财务会计报告分析所依据的报表资料都是综合性较高的经济信息,它们之间隐含着相互作用、相互影响的关系。它们之间关系的形成与变动,经常是很多正反因素交互作用、互相抵销的结果。对于这类综合信息就要进一步分析形成隐含关系的各因素及其影响程度,才能具体确定哪些是主要因素与次要因素,哪些是主观因素与客观因素,哪些是有利因素与不利因素等,以利于明确区分影响这些指标完成程度的原因及责任,查明影响企业财务状况和经营成果的主要因素和真正原因。

5. 撰写分析报告

财务会计报告分析者应根据自己的分析目的、分析重点,采用相应的分析方法和手段。对收集到的资料进行适当的加工整理和计算,形成各种指标,然后与本企业不同时期指标相对比,或与同行业不同企业之间指标相对比,做出分析报告并得出分析结论,并在此基础上,对企业做出总体判断和正确评价。在分析报告中，应对分析时期、分析过程、所采用的分析方法和依据做出说明，对分析的主要内容和结果做出概括。同时还应当对分析资料、分析方法的局限性做出说明等。这样才能做到分析正确、论据充分、叙述清楚、分析透彻、说服力强，才能为报告使用者做出科学、合理而又正确的决策。

三、财务分析体系

（一）传统的财务分析体系

传统的财务分析体系，由美国杜邦公司在20世纪20年代首创，经过多次改进，逐渐把各种财务比率结合成一个体系。

1. 传统财务分析体系的核心比率

权益净利率是分析体系的核心比率，它有很好的可比性，可以用于不同企业之间的比较。由于资本具有逐利性，总是流向投资报酬率高的行业和企业，使得各企业的权益净利率趋于接近。如果一个企业的权益净利率经常高于其他企业，就会引来竞争者，迫使该企业的权益净利率回到平均水平。如果一个企业的权益净利率经常低于其他企业，就得不到资金，会被市场驱逐，使得幸存企业的股东权益净利率提升到平均水平。

权益净利率不仅有很好的可比性，而且有很强的综合性。为了提高股东权益净利率，管理者有三个可以使用的杠杆：

$$权益净利率 = \frac{净利润}{销售收入} \times \frac{销售收入}{总资产} \times \frac{总资产}{股东权益}$$

$$= 销售净利率 \times 总资产周转率 \times 权益乘数$$

无论提高其中的那一个比率，权益净利率都会提升。其中，"销售净利率"是利润表的概括，"销售收入"在利润表的第一行，"净利润"在利润表的最后一行，两者相除可以概括全部经营成果；"权益乘数"是资产负债表的概括，表明资产、负债和股东权益的比例关系，可以反映最基本的财务状况；"总资产周转率"把利润表的和资产负债表的联系起来，使权益净利率可以综合整个企业的经营活动和财务活动的业绩。

2. 传统财务分析体系的基本框架

传统财务分析体系是一个多层次的财务比率分解体系。各项财务比率，在每个层次上与本企业历史或同业的财务比率比较，比较之后向下一级分解。逐级向下分解，逐步覆盖企业经营活动的每个环节，可以实现系统、全面评价企业经营成果和财务状况的目的。

第一层次的分解，是把权益净利率分解为销售利润率、总资产周转率和权益乘数。这三个比率在各企业之间可能存在显著差异。通过对差异的比较，可以观察本企业与其他企业的经营战略和财务政策有什么不同。

分解出来的销售利润率和总资产周转率，可以反映企业的经营战略。一些企业销售净利率较高，而资产周转率较低；另一些企业与之相反，资产周转率较高而销售净利率较低。两者经常呈反方向变化。这种现象不是偶然的。为了提高销售利润率，就是要增加产品的附加值，往往需要增加投资，引起周转率的下降。与此相反，为了加快周转，就要降低价格，引起销售净利率下降。通常，销售净利率较高的制造业，其周转率都较低；周转率很高的零售商业，销售利润率很低。采取"高盈利、低周转"还是"低盈利、高周转"的方针，是企业根据外部环境和自身资源做出的战略选择。正因为如此，仅从销售净利率的高低并不能看出业绩好坏，把它与资产周转率联系起来可以考察企业经营战略。真正重要的，是两者共同作用而得到的资产利润率。资产利润率可以反映管理者运用受托资产赚取盈利的业绩，是最重要的盈利能力。

分解出来的财务杠杆可以反映企业的财务政策。在资产利润率不变的情况下，提高财务杠杆可以提高权益净利率，但同时会增加财务风险。如何配置财务杠杆是企业非常重要的财务政策。一般说来，资产利润率较高的企业，财务杠杆较低，反之亦然。这种现象也不是偶然的。可以设想，为了提高权益净利率，企业倾向于尽可能提高财务杠杆。但是，贷款提供者不一定会同意这种做法。贷款提供者不分享超过利息的收益，更倾向于为预期未来经营现金流量比较稳定的企业提供贷款。为了稳定现金流量，企业的一种选择是降低价格以减少竞争，另一种选择是增加营运资本以防止现金流中断，这都会导致资产利润率下降。这就是说，为了提高流动性，只能降低营利性。因此，我们实际看到的是，经营风险低的企业可以得到较多的贷款，其财务杠杆较高；经营风险高的企业，只能得到较少的贷款，其财务杠杆较低。资产利润率与财务杠杆呈现负相关，共同决定了企业的权益净利率。企业必须使其经营战略和财务政策相匹配。

3. 财务比率的比较和分解

该分析体系要求，在每个层次上进行财务比率的比较和分解。通过与上年比较可以识别变动的趋势，通过同业的比较可以识别存在的差距。分解的目的是识别引起变动（或产生差距）的原因，并计量其重要性，为后续分析指明方向。

下面以智董公司权益净利率的比较和分解为例，说明其一般方法。

权益净利率的比较对象，可以是其他企业的同期数据，也可以是本企业的历史数据，这里仅以本企业的本年与上年的比较为例。

$$权益净利率 = 销售净利率 \times 资产周转率 \times 权益乘数$$

即，本年权益净利率

$$14.167\% = 4.533\% \times 1.5 \times 2.083\,3$$

上年权益净利率 $18.181\,8\% = 5.614\% \times 1.6964 \times 1.9091$

$$权益净利率变动 = -4.0148\%$$

与上年相比，股东的报酬率降低了，公司整体业绩不如上年。影响权益净利率变动的不利因素是销售净利率和资产周转率下降；有利因素是财务杠杆提高。利用连环替代法可以定量分析它们对权益净利率变动的影响程度：

（1）销售净利率变动的影响：

按本年销售净利率计算的

$$上年权益净利率 = 4.533\% \times 1.6964 \times 1.9091 = 14.682\%$$

$$销售净利率变动的影响 = 14.682\% - 18.1818\% = -3.5\%$$

（2）资产周转率变动的影响：

按本年销售净利率、资产周转率计算的

$$上年权益净利率 = 4.533\% \times 1.5 \times 1.9091 = 12.982\%$$

$$资产周转率变动的影响 = 12.982\% - 14.682\% = -1.7\%$$

（3）财务杠杆变动的影响：

$$财务杠杆变动的影响 = 14.167\% - 12.982\% = 1.185\%$$

通过分析可知，最重要的不利因素是销售净利率降低，使权益净利率减少3.5%；其次是资产周转率降低，使权益净利率减少1.7%。有利的因素是权益乘数提高，使权益净利率增加1.185%。不利因素超过有利因素，所以权益净利率减少4.015%。由此应重点关注销售净利率降低的原因。

在分解之后进入下一层次的分析，分别考察销售利润率、资产利润率和财务杠杆的变动原因。

4. 传统财务分析体系的局限性

传统财务分析体系虽然被广泛使用，但是也存在某些局限性（见表14-15）。

表14-15 传统财务分析体系的局限性

项 目	内 容 阐 释
计算总资产利润率的"总资产"与"净利润"不匹配	首先被质疑的是资产利润率的计算公式。总资产是全部资产提供者享有的权利，而净利润是专门属于股东的，两者不匹配。由于总资产净利率的"投入与产出"不匹配，该指标不能反映实际的回报率。为了改善该比率的配比，要重新调整其分子和分母。 为公司提供资产的人包括股东、有息负债的债权人和无息负债的债权人，后者不要求分享收益。要求分享收益的是股东、有息负债的债权人。因此，需要计量股东和有息负债债权人投入的资本，并且计量这些资本产生的收益，两者相除才是合乎逻辑的资产报酬率，才能准确反映企业的基础盈利能力
没有区分经营活动损益和金融活动损益	传统财务分析体系没有区分经营活动和金融活动。对于多数企业来说金融活动是净筹资，它们从金融市场上主要是筹资，而不是投资。筹资活动没有产生净利润，而是支出净费用。这种筹资费用是否属于经营活动的费用，即使在会计规范的制定中也存在争议，各国的会计规范对此的处理也不尽相同。从财务管理的基本理念看，企业的金融资产是投资活动的剩余，是尚未投入实际经营活的资产，应将其从经营资产中剔除。与此相适应，金融费用也应从经营收益中剔除，才能使经营资产和经营收益匹配。因此，正确计量基础盈利能力的前提是区分经营资产和金融资产，区分经营收益与金融收益（费用）
没有区分有息负债与无息负债	既然要把金融（筹资）活动分离出来单独考察，就会涉及单独计量筹资活动的成本。负债的成本（利息支出）仅仅是有息负债的成本。因此，必须区分有息负债与无息负债，利息与有息负债相除，才是实际的平均利率。此外，区分有息负债与无息负债后，有息负债与股东权益相除，可以得到更符合实际的财务杠杆。无息负债没有固定成本，本来就没有杠杆作用，将其计入财务杠杆，会歪曲杠杆的实际作用

针对上述问题，人们对传统的财务分析体系做了一系列的改进，逐步形成了一个新的分析体系。

（二）改进的财务分析体系

鉴于传统杜邦体系存在"总资产"与"净利润"不匹配、未区分经营损益和金融损益、未区分有息负债和无息负债等诸多局限，故应基于改进的管理用财务报表重新设计财务分析体系。

1. 改进的财务分析体系的核心公式

$$\begin{aligned}
\text{权益净利率} &= \frac{\text{税后经营净利润}}{\text{股东权益}} - \frac{\text{税后利息费用}}{\text{股东权益}} \\
&= \frac{\text{税后经营净利润}}{\text{净经营资产}} \times \frac{\text{净经营资产}}{\text{股东权益}} - \frac{\text{税后利息费用}}{\text{净负债}} \times \frac{\text{净负债}}{\text{股东权益}} \\
&= \frac{\text{税后经营净利润}}{\text{净经营资产}} \times \left(1 + \frac{\text{净负债}}{\text{股东权益}}\right) - \frac{\text{税后利息费用}}{\text{净负债}} \times \frac{\text{净负债}}{\text{股东权益}}
\end{aligned}$$

= 净经营资产净利率 +（净经营资产净利率 − 税后利率）× 净财务杠杆

根据该公式，权益净利率的高低取决于三个驱动因素：净经营资产净利率（可进一步分解为销售净利率和净经营资产周转次数）、税后利率和净财务杠杆。根据管理用财务报表计算的有关财务比率如表14-16所示。

表 14-16　主要财务比率及其变动

主要财务比率	本　年	上　年	变　动
1．销售净利率（税后经营净利润/销售收入）	6.891%	7.908%	−1.017%
2．净经营资产周转次数（销售收入/净经营资产）	1.7202	2.0372	−0.3170
3．=（1×2）净经营资产净利率（税后经营净利润/净经营资产）	11.853%	16.110%	−4.257%
4．税后利率（税后利息费用/净负债）	9.020%	12.595%	−3.575%
5．=（3−4）经营差异率（净经营资产净利率−税后利率）	2.833%	3.515%	−0.682%
6．净财务杠杆（净负债/股东权益）	0.8167	0.5898	0.2269
7．=（5×6）杠杆贡献率（经营差异率×净财务杠杆）	2.314%	2.073%	0.241%
8．=（3+7）权益净利率（净经营资产净利率+杠杆贡献率）	14.167%	18.182%	−4.015%

2．改进的财务分析体系的基本框架

根据管理用财务报表，改进的财务分析体系的基本框架如图 14-2 所示。

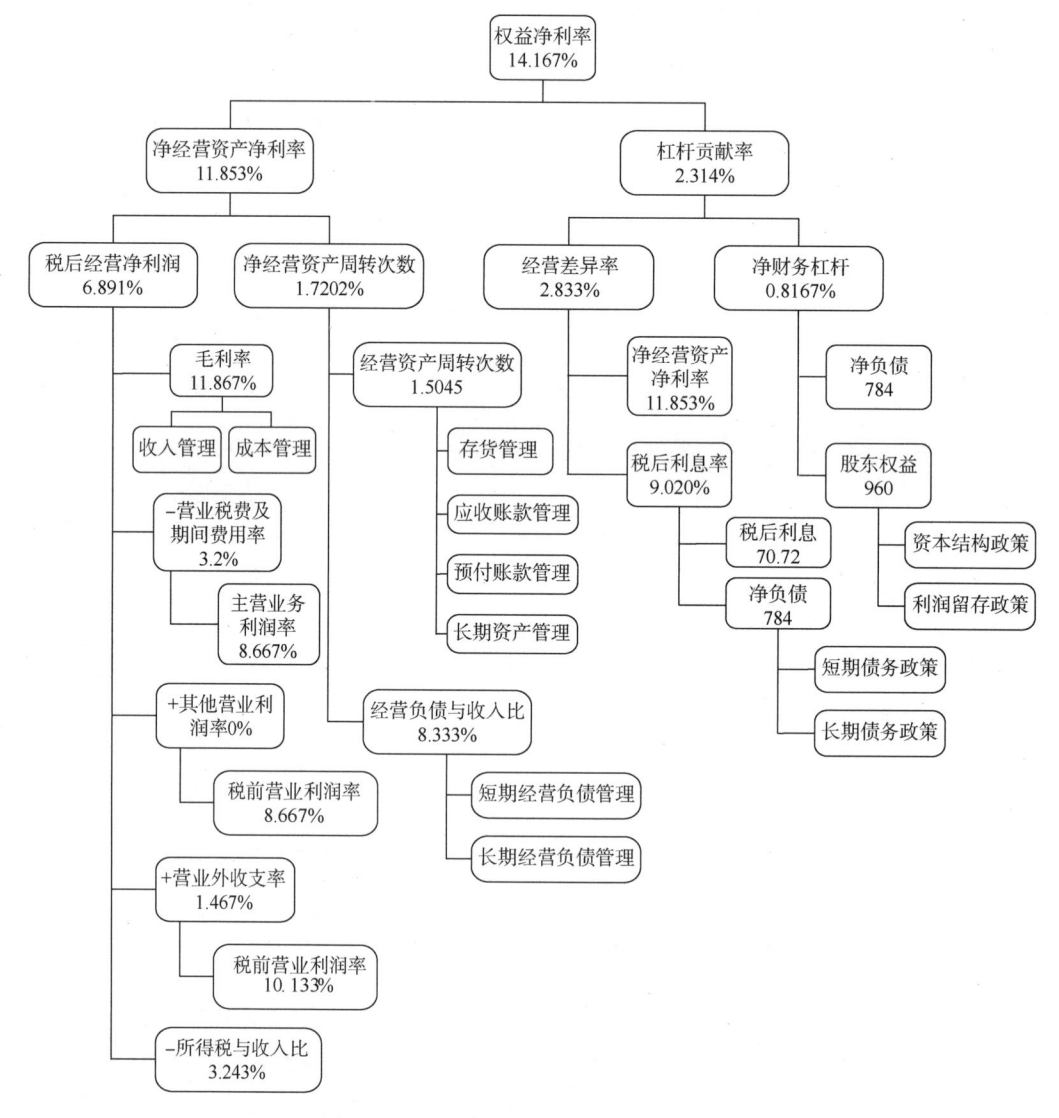

图 14-2　改进的财务分析体系的基本框架

3. 权益净利率的驱动因素分解

各影响因素对权益净利率变动的影响程度，可使用连环代替法测定，如表 14-17 所示。根据上述计算结果可知，权益净利率比上年下降 4.015%，其主要影响因素是：

1）净经营资产净利率下降，使权益净利率减少 6.767%；
2）税后利率下降，使权益净利率增加 2.109%；
3）净财务杠杆上升，使权益净利率增加 0.643%。

因此，可以判断是企业的基础盈利能力出现问题。

表 14-17 连环替代法的计算过程

影 响 因 素	净经营资产净利率	税后利率	经营差异率	净财务杠杆	杠杆贡献率	权益净利率	变动影响
上年权益净利率	16.110%	12.595%	3.515%	0.5898	2.073%	18.182%	
净经营资产净利率变动	11.853%	12.595%	−0.742%	0.5898	−0.438%	11.415%	−6.767%
税后利率变动	11.853%	9.020%	2.833%	0.5898	1.671%	13.524%	2.109%
净财务杠杆变动	11.853%	9.020%	2.833%	0.8167	2.314%	14.167%	0.643%

将净经营资产净利率分解为销售净利率和净经营资产周转次数的分析，与传统杜邦分析体系类似，只是数据更合理，得出的结论更准确。

4. 杠杆贡献率的分析

权益净利率被分解为净经营资产净利率和杠杆贡献率两部分，为分析杠杆贡献率提供了方便。影响杠杆贡献率的因素是净经营资产净利率、税后利率和净财务杠杆（见表 14-18）。其计算公式为：

$$杠杆贡献率 =（净经营资产净利率 - 税后利率）\times 净财务杠杆$$

表 14-18 杠杆贡献率的分析

项 目	内 容 阐 释
税后利率的分析	税后利率的分析，需要使用报表附注的明细资料。本年税后利率为 9.020%，比上年下降 3.575%。从报表附注可知，下降原因是市场贷款利率普遍下调。企业利用这个机会，以新债还旧债，提前归还了一些过去借入的利率较高的借款，同时借入了更多的利率较低的借款，使平均利率下降。不过，进一步降低的可能性已经不大，负债从高息到低息的转换已基本完成
经营差异率的分析	经营差异率是净经营资产净利率和税后利率的差额，它表示每借入 1 元债务资本投资于净经营资产所产生的净收益偿还税后利息后的剩余部分。该剩余归股东享有。净经营资产净利率越高，税后利率越低，剩余的部分越多。 经营差异率是衡量借款是否合理的重要依据之一。如果经营差异率为正，借款可以增加股东报酬；如果为负，借款会减少股东报酬。从增加股东报酬来看，净资产经营净利率是企业可以承担的借款税后利率的上限。 本年的经营差异率是 2.833%，比上年减少 0.682%。原因是净经营资产净利率下降 4.257%，税后利率下降 3.575%，前者大于后者。由于税后利率高低主要由资本市场决定，提高经营差异率的根本途径是提高净经营资产净利率

续表

项　目	内　容　阐　释
杠杆贡献率的分析	杠杆贡献率是经营差异率和净财务杠杆的乘积。如果经营差异率不能提高，是否可以进一步提高净财务杠杆呢？ 　　以"净负债/股东权益"衡量的净财务杠杆，表示每1元权益资本配置的净负债。该公司本年的净财务杠杆为0.816 7，说明每1元权益资本配置0.816 7元净负债。与行业平均水平相比，已经是比较高的杠杆比率。如果公司进一步增加借款，会增加财务风险，推动利率上升，使经营差异率进一步缩小。因此，进一步提高净财务杠杆可能是不明智之举。依靠提高净财务杠杆来增加杠杆贡献率是有限度的

第 15 章

企业绩效评价

第一节 绩效评价综述

一、绩效评价概述

企业绩效评价,是指运用数理统计和运筹学方法,采用特定的指标体系,对照统一的评价标准,按照一定的程序,通过定量定性对比分析,对企业一定经营期间的经营效益和经营者业绩,做出客观、公正和准确的综合评判。

企业绩效评价是评价理论方法在经济领域的具体应用,它是在会计学和财务管理的基础上,运用计量经济学原理和现代分析技术而建立起来的剖析企业经营过程,真实反映企业现实状况,预测未来发展前景的一门科学。

(一)绩效评价目标

评价目标是整个绩效评价系统运行的指南和目的,决定了评价指标的选择、评价标准的设置和评价方法的确定,而评价目标的确定更多的是以关键成功因素的形式与战略目标和战略规划联系在一起。从企业所面临的环境复杂性和动态性的特征来看,企业要想获得或者保持竞争优势,必须从本身独特的战略资源和核心能力出发,选择有吸引力的行业,制定正确的竞争战略,并且在战略目标和战略规划已经形成的前提下来选择评价目标。

企业绩效评价模式最具代表性也最具有广泛影响力的是平衡计分卡。平衡计分卡在综合分析企业内外环境和资源条件的基础之上,将目标归结为财务、客户、内部业务流程和员工与学习四个基本方面,帮助企业管理者理解并把握经营成功的关键动因,全面提升企业价值管理水平。这四个基本方面是根据多数企业的经验提炼出来的,而且被实践证明是影响企业竞争力的四个最关键的因素,因此,平衡计分卡应该成为探讨绩效评价目标选择的指导性框架。现代企业要不断实现战略目标、获得持续竞争优势,就必须在高度关注股东、客户和人力资源等方面的同时,强调创新和流程。企业不仅仅要重视技术创新,同时还应该重视管理创新。流程也不仅仅包括内部业务流程,还应该强调不同流程和不同环节之间的协同性。

综上所述,对于现代企业而言,其绩效评价目标的基本选择包括了财务、客户、创新、流程和员工几个因素,这些因素相辅相成,系统、全面、综合地反映企业实现战略目标和战略规划的关键成功因素。具体解释就是:财务目标是一个企业最终追求的目的,要实现企业的财务目标,关键是让客户满意,而要使企业所创造的价值被认同,企业就必须不断进行创新。只有调动员工的积极性和激发员工的创造力,才能使企业得到持续发展,取得战略成功。在实际操作中,企业可以根据自身的组织背景和战略目标,增加或减少一个或几个评价目标因素。

(二)绩效评价的功能（见表 15-1）。

表 15-1　绩效评价的功能

项　目	内　容　阐　释
激励与约束功能	绩效评价具有激励与约束功能，对于评价下属单位经理人员的工作成绩，进行调配、提升、奖励等决策提供有力的支持，具有重要的参考价值。正是在这个意义上，管理者可将绩效评价视为一种最有用的人力资源管理工具
战略管理功能	绩效评价在企业战略管理中发挥着重要作用。在战略设计阶段，绩效评价可以发挥项目再评估和资源再配置功能，为形成最优战略提供信息；在战略实施阶段，绩效评价可以发挥其人事管理功能，以激励各级人员努力实现战略目标。绩效评价是联系战略管理循环的纽带
资源再配置功能	现代企业的经营成功取决于企业能否在其所涉及的几个不同行业或同一行业几个不同产品线上具有竞争优势。将企业所涉及的这些行业或产品的业绩水平与其主要竞争者进行对比，可以使企业认清自己在哪些行业或产品具有竞争优势，在哪些行业或产品不具有竞争优势。根据这些信息，管理者可以重新对这些行业或产品从战略的高度进行分析并采取相应的措施，对原有资源配置进行重新调整，从不具有竞争优势或不可能具有竞争优势的行业或产品线撤出，增强其他行业或产品线已有的竞争优势，或重新选择新的竞争方向。 大型企业集团和跨国公司往往同时经营不同的行业或同一行业内几个不同的产品线，这就要求在其涉及的所有行业都具有一定的竞争优势。这时将企业所涉及的行业或产品的业绩水平与相同行业的主要竞争者进行对比，可以使企业认清自己在哪些行业或产品具有竞争优势，并根据这些信息对原有资源配置进行重新调整，增强其他行业及产品线已有的竞争优势，或重新选择新的经营方向
项目再评估功能	资本预算是企业对长期重大项目投资所进行的可行性研究和收支计划，一般包括投资报酬率、净现值、现值指数等指标。在编制资本预算时，这些指标往往根据预测的资料得出，这些投资的实际运行效果与设想的是否一致，是企业管理者极为关心的问题。以资本预算为绩效评价标准，将实际效果与预算进行比较，起到项目再评估的作用；同时，可以找出预测误差，不断提高预测的准确性

(三)绩效评价的种类（见表 15-2）

表 15-2　绩效评价的种类

划分标准	类　别	内　容　阐　释
根据绩效评价范围不同的分类	综合评价	综合评价是指对企业在一定时期的生产经营各方面的情况进行系统全面的评价。综合评价的目的是找出企业生产经营中带有普遍性的问题，全面总结企业在这一时期的成就与问题，为协调各部门的关系、搞好下期生产经营安排奠定基础或提供依据
	单项评价	单项评价是根据评价主体或评价目的的不同，对企业生产经营过程中某一方面的问题所进行的较深入的评价。单项评价能及时、深入地揭示企业在某方面的财务状况，为评价主体提供详细的资料信息，对解决企业关键性问题有重要作用

续表

划分标准	类别	内容阐释
根据绩效评价客体不同的分类	整体评价	整体评价是对企业整体业绩进行评价
	部门评价	部门评价是对企业中的各个部门的业绩进行评价,包括对业务部门和管理部门的评价
	个人评价	个人评价就是对个体业绩进行评价。从管理学角度看,业绩即组织期望的结果,是组织为实现其战略目标而展现在不同层面的有效输出,一个组织要实现其战略目标,需要将其目标进行分解,落实到部门和个人,只有部门和个人的目标实现了,组织的业绩目标才有可能得以实现
根据绩效评价主体不同的分类	外部评价	外部评价就是由企业的外部有关评价主体对企业业绩做出评价,内部评价就是由企业内部的有关评价主体对企业业绩做出的评价。 根据利益相关者理论,企业除股东以外还有其他利益相关者。由于利益相关者是通过契约与企业形成特定经济关系,期望从企业经营中获取回报,或者尽管没有契约关系,但其利益受企业经营影响。利益相关者需要通过各种机制对企业经营和管理施加影响,其中绩效评价系统就是其中之一,因此不同利益相关者都可能成为企业绩效评价的主体。具体到一个企业而言,其外部评价主体包括中小股东、潜在的投资者、现有的和潜在的债权人、政府有关部门、供应商和客户、社会公众等;内部评价主体包括大股东、各级管理者和基层职员等
	内部评价	内部评价的依据是企业的战略规划和战略计划,利用的是企业内部所产生的各种管理信息,包括财务信息和非财务信息;而外部评价则受信息获取方式的限制,主要以企业披露的财务信息和市场信息为主,因此内部评价通常比外部评价更为精确
根据绩效评价内容不同的分类	财务评价	财务评价主要是对企业的财务状况进行评价,并主要是利用财务指标,其评价内容具体又细分为盈利能力状况、偿债能力状况、营运能力状况和增长能力状况等方面
	非财务评价	非财务评价主要是对企业的非财务表现进行评价,其评价的内容主要包括客户、内部业务流程、员工和创新等

(四)绩效评价的原则(见表15-3)

表15-3 绩效评价的原则

项目	内容阐释
目标一致原则	目标一致原则是指长期目标和短期目标相一致。经验表明企业要想在未来取得成功,必须集中注意包括善待客户、获利能力、质量、创新、灵活性、管理者目标与企业目标一致等关键因素
定量与定性相结合的原则	知识经济时代,一个成功的企业不仅依赖于它对传统财务评价指标体系的运用,而且更多地取决于它对非财务指标体系(如企业创新能力、与客户的关系、内外部供应链的协调、员工的整体素质、企业可持续发展能力等)的重视。因此,企业绩效评价既要重视定量指标的考核,也要充分重视定性评价分析。企业财务指标注重的是对结果的反映,带有静止、

续表

项　目	内　容　阐　释
定量与定性相结合的原则	单一和被动反映的特点，不能全面地、动态地反映经营过程中可能出现的问题。市场竞争的激烈，客户对产品和服务更新换代的要求，企业危机感非常紧迫，使企业绩效评价的重心从事后评价转到为实现企业战略目标服务，把绩效评价工作融入整个战略管理过程，并将战略目标作为其绩效评价的起点，指标体系转变为既体现企业传统财务评价指标，又体现企业战略、企业核心竞争力和智力资本作用的财务与非财务指标有机结合的绩效评价指标体系
系统分析的原则	系统论告诉我们，世界上任何事物都可以看成一个系统，系统是普遍存在的。任何系统都是一个有机的整体，它不是各个部分的机械组合或简单相加，系统的整体功能是各要素在孤立状态下所没有的性质。企业是为实现一定的目标而将不同的要素结合起来的整体，绩效评价应当从系统论观点来对企业进行管理控制，要从战略的角度认识绩效评价系统在企业整体中的定位，把企业经营绩效评价按现代化企业管理的要求，融入整个战略管理过程，并将战略目标作为其绩效评价和管理的起点。不同企业的经营战略不同，其绩效评价重点也不同，例如，处在成长阶段重点评价销售额，处在维持阶段重点评价资本回报、盈利能力，处在成熟阶段重点评价现金流量等。此外，如产品质量、技术进步、生产率、市场占有率、核心竞争力等非财务性指标，都是全面评价企业业绩的重要方面
以净资产收益为核心原则	我国企业绩效评价指标体系曾出现过三次变革： 第一次变革是 1993 年财政部出台的《企业财务通则》所设计的一套财务绩效评价指标体系，企业绩效评价标准从计划经济时期以实物产量为核心转变为以产值和利润为主。 第二次变革是 1995 年财政部制定的企业经济效益评价指标体系，企业绩效评价标准由单一向全面、综合素质评价转变。 第三次变革是 1999 年由国家经贸委等四部委联合颁布实施的国有资本金效绩评价指标体系，企业绩效评价从企业资本效益状况、资产经营状况、偿债能力状况和发展能力状况等四方面全面反映企业的生产经营状况和经营者的业绩。 纵观我国企业绩效评价指标体系的变迁过程，企业绩效评价应坚持净资产收益评价为核心的原则，全面反映企业核心竞争力，加快企业建立现代企业制度
以人为本的原则	人是生产力最活跃的因素，离开了人，管理活动就失去了存在的基础。重视人的管理和发展，充分体现知识资本的价值，是知识经济时代的基本趋势和客观要求。绩效评价是企业出资人对经营者控制的一种手段，出资人定期对企业经营管理者的品德、履约情况、工作能力及工作成绩等方面进行综合评价，以调动管理者的积极性和创造性，健全的绩效评价系统应使经营者、员工体验到成就感、自豪感，从而提高其工作满意度，应引导企业经营者、员工为实现企业目标而努力
战略符合性原则	企业管理是一种战略性管理，它必须以长期发展的眼光来看待绩效评价，从而为实现战略目标服务。战略性原则是绩效评价体系建立时必须考虑的另一重要方面。它对绩效评价的要求是： 注重财务指标与非财务指标间的平衡。企业应该强调对引起收入和成本的作业进行管理，而不是等到作业发生之后再对收入和成本本身进行解释，基于这一原因较高层财务业绩通常服从其非财务业绩，从而做到财务业绩与非财务业绩的均衡。 注重营利性指标与流动性指标、结果性指标与过程性指标之间的均衡。 反映长期利益与短期利益、整体利益与局部利益的关系。为此，需要评价主体从战略的角度来评价管理业绩，在这一层面上评价是主观的，它反映评价主体的主观意志和战略目的

续表

项　目	内　容　阐　释
公正与公平原则	绩效评价本身是主观行为，但主观行为必须以客观事实为依据，只有这样才能公正、公平。为此应当： 强化绩效评价的市场性，增加市场本身对绩效评价不失为一种可行的方法，它要求在评价指标设计上加大市场的含量，减少人为水分。 在市场不能完全作为评价依据时，需要从内部机制设置上保证评价的公正与公平，即要让外部董事在绩效评价中充当"计票人"角色
可控性原则	可控是指直接受管理者控制的事件与区域，这一区域可以是成本中心，也可能是利润中心，从总部看则是投资中心。将绩效评价区分为可控与不可控，是出于对管理者责任范围限定的需要，它是相对的。成本中心的可控对象是其成本，管理者只对其成本负责；利润中心的可控对象是其利润，管理者只对现有资产的规模和使用效能与实现的盈利负责。由于可控与不可控的界限很难区分，因此在管理组织的设计与绩效评价的依据上，需要对其进行重新定位。 从组织设计上，为了保证组织内的可控界限明确合理，因此需要对可控范围内的管理事项进行完全放权，即做到彻底分权。 如果是由于外部市场环境变动而导致的不可控因素，则要求在绩效评价上剔除环境变动对业绩产生影响的因素，将管理者可控的业绩进行报告与评价
协调性原则	协调性是指在评价管理业绩时要注重评价体系与评价指标间的协调。不协调性会在很大程度上损害甚至抵销绩效评价的功能，是企业管理所不允许的。因此它要求评价主体必须站在战略角度，从宏观上对管理业绩进行评判，做到目标的唯一性、考核的唯一性，只有这样才能使得管理绩效评价作为目标与激励的桥梁，发挥其应有的功能与作用

> **小知识**
>
> **责任中心的业绩考评体系与考评原则**
>
> 　　企业应当建立健全财务评价制度，并按照财务评价制度的要求，对财务状况和经营成果进行总结、评价和考核。主管财政机关应当建立健全企业财务评价体系，主要评估企业内部财务控制的有效性，评价企业的偿债能力、盈利能力、资产营运能力、发展能力和社会贡献。评估和评价的结果可以通过适当方式向社会发布。主管财政机关及其工作人员应当恰当使用所掌握的企业财务信息，并依法履行保密义务，不得利用企业的财务信息谋取私利或者损害企业利益。
>
> 　　从投资者的角度来看，企业考评的重点是经营者的行为及其经营成果。虽然企业状况千差万别，经营活动纷繁多样，难以用一个模式或一项标准来统一规范，但考核一定要有目标、有重点，有利于监督与控制。
>
> 　　从国有企业来看，当前应当重点考核经营者在国资营运中的持续发展能力、核心竞争能力和资产效益质量状况等方面的业绩。考核的指标主要有：战略规划和预算执行情况；国有资产保值增值率或净资产收益率；盘活变现收入；核心业务收入增长率；国资收益收缴；等等。当然，根据国资营运机构的不同，考核指标可以有所侧重。
>
> 　　通常，业绩考评是以责任报告为依据，分析、评价各责任中心责任预算的实际执行情况，找出差距，查明原因，借以考核各责任中心工作成果，实施奖罚，促使各责任中心积极纠正行为偏差，完成责任预算的过程。
>
> 　　责任中心的业绩考评有狭义和广义之分。狭义的业绩考评仅指对各责任中心的价值指标，如成本、收入、利润及资产占用等责任指标的完成情况进行考评。广义的业绩考评除这些价值指标外，还包括对各责任中心的非价值责任指标的完成情况进行考核。责任中心的业绩考评还可以分为年终考评与日常考评。年终考评通常是指一个年度终了（或预算期终了）对责任预算执行结果的考评，旨在进行奖罚和为下年（或下一个预算

期)的预算提供依据。日常考评通常是指在年度内(或预算期内)对责任预算执行过程的考评,旨在通过信息反馈,控制和调节责任预算的执行偏差,确保责任预算的最终实现。业绩考评可根据不同的责任中心的特点进行。

业绩考评实质上是对实现预算的激励与约束,为此,业绩考评一般应该遵循的基本原则如表 15-4 所示。

表 15-4　业绩考评应遵循的基本原则

项　　目	内　容　阐　释
风险收益对等原则	业绩责任的分担及其利益的分配,实际上是现代代理理论的体现。代理理论的核心问题就是研究解决委托人与代理人之间的风险分担和利益分享问题。为了实现"分担"与"分享"的公平性,风险收益对等就是一个必须遵循的原则。如果说可控性原则解决了企业内部因素对业绩影响的责任归属问题,那么风险收益对等原则就可以运用于企业外部因素所导致的预算差异的处理。外部市场因素通常是预算执行主体所不能控制的,但是由此而导致的预算差异应该由谁来负责呢? 在委托代理关系中,通常有以下三种模式: ①委托人承担全部风险,对代理人实行固定报酬制,对代理人而言,其风险最小,但其期望收益也最小; ②风险在委托人与代理人之间实行完全的分担,代理人没有固定报酬,对代理人而言,其面临的风险最大,但其期望收益也可能最大; ③代理人承担部分风险,即对代理人实行部分固定报酬制,对代理人而言,其风险和收益介于上述两种模式之间。 以上三种模式各有利弊,其核心在于把握风险收益的均衡,实现委托人利益的最优。如果在公司预算编制与落实的过程中,采用上述第一种模式,不可控因素所带来的预算差异均应由委托人负责。通常,在较高层次的委托代理关系中,应倾向于由代理人承担较大的经营风险,以增强代理人的责任心和使命感;而在较低层次的委托代理关系中,应倾向于由代理人承担较小的经营风险,以便实现权责利的对等关系
总体优化原则	业绩管理客观上要求通过调动各责任预算主体的积极性、主动性来实现预算目标。责任预算主体是具有一定权力并承担相应责任的利益关系人,他们自然而然地以自身利益最大为目标。一般而言,双方的利益目标具有统一性:在局部利益最大的同时,实现整体利益的最大化。然而,局部利益和整体利益分别代表着两个层次预算主体的利益,因此它们又不可避免地存在着矛盾,有时会存在着为实现局部利益最大而损害整体利益最大化的实现。例如,销售中心只重销售而不重资金的回收,生产中心只重产出量而不重成本的节约和质量的提高,等等。为此,业绩考评要支持企业总目标,符合总体优化原则。在制定考评标准时,应该防止以局部利益损害全局利益。个人或部门目标的实现,应有助于企业整体目标的实现,而不是相反。 贯彻总体优化原则,首先,要求考评指标的设计要科学,例如,对利润中心用"部门投资报酬率"考评容易引发次优化,可以用"剩余收益"或 EVA 指标进行考评。其次,要求考评指标要体系化,例如,对仓库不仅要考评资金占用量,还要考评供应及时情况等。最后,必要时要在一定范围内实行集体考评,例如,公司目标没完成,每个经营者的奖金都被取消等
分级考评原则	分级考评原则要求业绩考评应与预算目标的确定及其分解相适应,针对每一层次责任主体所拥有的权力和承担的责任进行业绩考核评价,这是实现权责利相结合的基本要求,也是激励与约束机制作用得以发挥的重要保证。因此,一定要纠正"大河无水小河干"的概念。"大河"无水未必是"小河"的责任,不应由此而惩罚"小河",而可实施奖惩基金等方式。当然,有时为了总体最优化原则,也可能牺牲分级考评,而采取"捆绑"式,实行集体考评

续表

项　目	内　容　阐　释
公平、公开原则	● 考评必须公平。从理论上看，一个人的工作满意程度取决于个人报酬/投入比率与他人的平衡程度。如果他觉得自己的报酬比他人低，就会觉得不公平，并由此产生不满，降低产出的数量或质量，甚至离开这个企业。公平，就是相同的投入要得到相同的报酬，或者说，给每个人相同的报酬/投入比率。从实践上看，公平的考评发挥着积极的作用，不公平的考评起着消极的作用。不公平的考评会挫伤积极性，引起不信任，甚至造成不良的群众反映。公平的考评，除要有科学的考评标准和奖惩制度外，还要求主持考评的人以身作则、大公无私，敢于抵制各种不正之风，坚持按考评制度秉公办事。 ● 考评必须公开。任何考评都应有标准，它是考评的依据。考评标准应该公开。标准是指导人们工作的规范，而不是制裁人的秘密武器。考评标准是自我考评的依据，不公开标准就失去了自我考评的作用。考评标准公开是考评公正的前提，公开标准便于群众监督。考评公开，包括制定标准的过程对被考评者公开，考评标准要在执行之前公布，考评结果要在有关的范围内公布
可控性原则	业绩考评既是预算执行结果的责任归属过程，又是企业内部各预算执行主体间利益分配的过程，因此，客观、公正、合理是基本要求。这就要求各责任主体以其责权范围为限，对其可以控制的预算差异负责。也就是说，对各责任层次的考评评价的内容应该是各层次责任主体所能控制的业务或因素，所有可控因素带来的预算差异应该由相应的预算主体负责，利益分配也应以此为前提。但是，应该注意避免因为强调可控而导致的责任推诿。可控应该是相对的，而不应绝对地去理解。只要某责任主体对某因素具有重大的影响力和作用力，或者说没有比其更具控制力的责任主体，则该因素就被认定为该责任主体的可控因素

（五）绩效评价的模式

绩效评价模式按评价指标可划分为财务模式、价值模式和平衡模式三种模式（见表15-5）。

表15-5　绩效评价的模式

项　目	内　容　阐　释
财务模式	财务模式产生于20世纪初的生产管理阶段，当时巨大的市场空间使规模经济成为企业制胜的"法宝"，企业的目标主要是通过提高生产效率来追求利润最大化。由于不断地通过外部融资扩大生产规模，所以，庞大的投资使企业最为关心并评价以投资报酬率为核心的财务指标。 　　根据责权利一致的原则，企业通常划分了三种典型的责任中心，即成本中心、利润中心和投资中心。这种划分最大的好处是可以将企业的总目标层层分解为每个责任中心的子目标。这些子目标常常直接用财务报表中的数据或根据财务报表计算的财务指标来表示，如成本、利润、投资报酬率等，并且与总目标共同构成一个具有量化关系的逻辑分析体系。这些子目标一旦被分解后，企业总部常给予各子部门充分的自由以保证各部门目标的实现，进而保证企业总目标的实现。这个过程通常以年度预算的形式来实现。 　　财务模式中所使用的业绩指标主要是从会计报表中直接获取的数据或根据其中的数据计算的有关财务比率。这些数据的获取严格遵循会计准则，最大限度地减少数据的人为调整空间，具有较高的可比性。但是，由于会计准则从谨慎的角度反映了外部利益相关者要求，并且按照历史成本原则进行计量，是一种保守的评价模式，所以财务模式无法从战略角度反映企业决策的要求，即无法反映出财务指标和非财务指标之间的因果关系。另外，在预算执行过程中，如果某个部门的财务指标被修改，企业整体目标分解的逻辑性、系统性也将丧失。因而，在现实中，除预算中的财务指标外，还需要一些非财务指标来判断企业的得失成败。同时，为保证企业目标的实现，企业还需要建立健全完善的投资决策制度、资金管理制度等相关的财务管理制度

续表

项　目	内　容　阐　释
价值模式	财务指标虽具有可操作性的优点，但也存在被操纵的可能，因而未必能够真实地反映出企业的经济现实与未来价值。基于此，价值模式以股东财富最大化为导向，它所使用的评价指标主要是经过调整的财务指标，或根据未来现金流量得到的贴现类指标。价值模式中最有代表性的当属经济增加值。 　　经济增加值站在经济学的角度对财务数据进行一系列调整，通过对传统财务指标的调整，使经济增加值比会计利润更加接近企业的经济现实。企业经济增加值持续地增长意味着企业市场价值的不断增加和股东财富的增长，从而实现股东财富最大化的财务目标。在进行调整时，特别需要考虑企业的战略、组织结构、业务组合和会计政策，以便在简单和精确之间实现最佳的平衡。 　　价值模式站在股东的角度来评价企业的业绩，能够有效地将企业战略与日常业务决策与激励机制有机地联系在一起，最终为股东创造财富。但是，我们也不能忽视其不足的一面。尽管价值模式试图建立一种优于财务模式的绩效评价指标，但它的评价指标主要还是通过对财务数据的调整计算出来的货币量指标。由于对非财务指标的考虑不足，价值模式无法控制企业的日常业务流程。同时，价值模式也没有充分考虑企业的其他利益相关者
平衡模式	相对于财务模式和价值模式，平衡模式最大的突破就是引入了非财务指标。但这只是表面的。从深层来看，平衡模式以战略目标为导向，通过指标间的各种平衡关系及战略指标或关键指标的选取来体现出企业不同利益相关者的期望，从而实现企业价值最大化的目标。许多研究者认为，非财务指标能够有效地解释企业实际运行结果与预算之间的偏差。例如，市场占有率和产品质量等非财务指标长期以来就被企业用于战略管理，因为它们可以有效地解释企业利润或销售收入的变动。此外，非财务指标能够更为清晰地解释企业的战略规划以及对战略实施进行过程控制。非财务指标主要是企业业绩创造的动因指标，它是企业绩效评价体系纵向延伸的结果，强调了操作者在业绩控制体系中的作用，同时，非财务指标也是最为操作者理解的评价指标。因而，由财务指标与非财务指标组成的评价指标体系就犹如企业的"神经系统"一样：适时地"感触"企业的"健康"状况；精确地"定位"企业的"病处"；正确地"预示"企业的发展趋势。平衡模式中，比较有代表性并引起广泛关注的是平衡计分卡。平衡计分卡被视为一套能使高层经理快速而全面地考察企业的绩效评价系统。 　　平衡模式建立了财务指标与非财务指标相结合的绩效评价指标体系，它强调企业从整体上来考虑营销、生产、研发、财务、人力资源等部门之间的协调统一，而不再将它们割裂开来；它以实现企业的整体目标为导向，强调整体最优而非局部最优；它全面地考虑了各利益相关者；它强调企业从长期和短期、结果和过程等多个视野来思考问题。平衡模式采用竞争评价标准，有效地解决了各部门之间因争抢资源进而导致资源配置效率低下的问题，提高了企业的整体业绩。在战略规划阶段，通过对战略目标的量化与分解，将企业目标转化为部门及个人行动目标，极大地增强了企业内部之间沟通的有效性，使各个部门及全体员工对企业整体目标达成共识；在战略实施阶段，绩效评价反馈的信息有助于管理者及时发现问题，采取措施以保证既定战略的顺利实现

　　每种绩效评价模式的产生都有着深刻的背景，反映着企业管理面对环境挑战而涌现出来的与时俱进的创新精神。需要强调的是，绩效评价模式的划分只是出于理论研究的方便，现实中并不存在完全泾渭分明的绩效评价模式。每种绩效评价模式都有各自的优缺点，不同的绩效评价模式

之间不是互斥的关系，它们是可以相互补充的。企业绩效评价系统包括若干基本的组成要素，但由于每个企业所处的行业、竞争环境、限制因素、生命周期等内外环境不同，企业绩效评价系统的评价目的、评价指标、评价标准等都会有所不同。也就是说，绩效评价系统不可能脱离其服务的对象——企业。从这个角度来看，是不存在适用于任何企业的标准绩效评价系统的。

（六）绩效评价系统的构成要素

一个有效的绩效评价系统是由下列因素有机组成的：评价目标、评价对象、评价指标、评价标准、评价方法和评价报告。

1. 绩效评价目标

绩效评价系统的目标是根据主体的需求确定的，是从一定量的主体需求中归纳出来的，是整个系统运行的指南和目的，它服从和服务于企业的整体目标。企业在不同的发展阶段上，要实现的目标不同，因而绩效评价目标也不同。例如，在企业生命周期的最初阶段，企业开发的产品和服务有着巨大的成长潜力，要利用这一潜力，企业必须动用大量的人、财、物，增强经营能力。这一阶段企业的财务目标重点是销售的增加和获取源源不断的资金提供，因此，评价系统在选择指标上要适应这一目的，如用销售增长率来评价企业经营业绩。在企业发展的成熟阶段，企业已没有理由进行大规模投资或增强新的能力，任何投资项目都必须具有十分明确和短暂的报偿期限，企业的财务目标则转而注重现金流动，该阶段企业的目标是使企业以往所有的投资所能创造的现金流量最大化。这一阶段，企业的经营绩效评价指标用现金流量较为合适。

一般情况下，绩效评价主体往往是与企业有利益关系的不同群体，即利益相关者，包括政府部门、投资者、新闻媒体和资本市场的信息中介、管理当局等。也就是说绩效评价的主体和会计信息的使用者基本上是相同的，他们有时对信息的需要是相同的。因此，进行绩效评价时经常借鉴会计指标；同时，在绩效评价时应综合考虑各方要求，这种要求须具体体现于评价指标的设计上。事实上，在历史上某些阶段财务会计信息起着绩效评价作用，只是后来企业组织形式的变化以及企业周围的环境发生变化，财务会计信息不能满足评价的要求，才单独地发展了绩效评价。绩效评价的目标是为评价主体提供与决策相关的信息。在一定程度上，评价主体能收集真实信息的多少反映了资本市场的完善程度。不同评价主体在企业筹资、投资和收益分配等方面的活动都以实现自身利益最大化为前提，由于各自目标的不同和利益的不一致，往往形成一种经济利益冲突。为化解各种财务冲突，有必要构建一个在财务契约理论上的绩效评价体系，通过财务契约的指导和绩效评价的反馈，形成一个有机的循环体系，保持绩效评价的持续性，保证企业各利益相关者所做的决策服从利益相关者利益最大化的目的。

基于财务契约主体的多元性来看，绩效评价的目标各不相同（见表15-6）。

表15-6 契约主体的绩效评价目标

项　　目	内　容　阐　释
投资者	由于两权分离，它们评价的目的是反映管理当局对受托责任的完成情况，或者为其投资决策提供各种信息。由于专业能力和其在资本市场上博弈的特殊性，机构投资者是重要的评价主体，绩效评价能提供经理人的努力程度的信息等，让投资者更好地决定是否聘请该经理人来决定资本的投向
所有者	所有者评价目的，一方面是从委托人的角度了解企业投入资本的保值增值情况，另一方面是了解作为代理人的企业经营者在企业价值创造中的贡献
债权人	在进行信贷或赊销决策时，债权人要对企业的资信状况进行评价。绩效评价能够很好地评价企业的偿债能力，降低债权人的风险

续表

项　　目	内　容　阐　释
资本市场上的信息中介	资本市场上的信息中介包括资本市场的证券分析师、股票证券公司等。实证研究表明，证券分析师对被评价企业的业绩能做出很合理的评价，其评价的目的在于判断企业的股价走势，为市场上分析投资的可行性提供帮助。
关联企业	随着企业间战略合作关系的发展，企业间影响和控制的加强，企业的利益不仅和自身经营相关，而且和其他企业的剩余收益紧密地结合在一起。如果其他关联企业的发展与本企业的发展休戚相关，那么关联企业也会成为本企业绩效评价的主体。关联企业进行绩效评价的目的主要是了解企业之间的关联程度及其相互影响的高低
管理当局	管理当局进行绩效评价有两个目的：其一是找出工作中的优点及不足，为加强企业经营管理服务；其二是通过绩效评价为管理当局带来一份优厚的报酬。在后一种情形下管理当局有将其经营业绩主动传递给其他评价主体的动机
政府部门	作为社会公众利益的代表对企业进行绩效评价，其评价目的是了解企业提供税金、就业机会及环境保护等责任义务履行的情况

2. 评价主体

评价主体是指与评价对象的利益密切相关，关心评价对象业绩的相关利益人。评价主体的不同，直接决定主体的需要不同，进而影响评价标准的选择及主体对客体的价值判断。不同的评价主体与客体的关系不同，影响主体获取评价信息的能力和评价指标中具体指标的选择：企业外部的主体对企业绩效评价倾向于更多地采用财务业绩指标，而企业管理者进行绩效评价时则可以有一些衡量企业各方面的个性化指标。企业绩效评价存在多元化的评价主体——出资人、管理者及员工、债权人、政府部门，不同的主体由于自身的结构和规定性及同周围世界的特定联系，产生不同的主体需要。

3. 评价客体

评价客体是指实施评价行为的对象。由于在绩效评价中，评价客体——企业，本身是一个复杂的有机体，所以往往需要根据评价主体的需要，得到细化的评价对象，一般分为组织和组织成员两个层次。组织包括企业、分企业，也包括企业中的部门、车间、工段等单位；组织成员是管理人员及一般员工，或者是指团队。对于不同的评价对象，评价的要求、内容、指标等都不相同。评价对象的确定非常重要，评价的结果对评价对象今后的发展会产生重要的影响，对组织的评价影响到组织的扩张、维持、重组等问题，对组织成员的评价影响其奖惩、升迁等问题。

4. 绩效评价指标

业绩的衡量依赖于指标。绩效评价指标是指对评价对象的哪些方面进行评价。合理设计绩效评价指标，是保证系统功能的关键。一套先进的绩效评价指标应该具有较广的适用范围、严密的逻辑结构及可操作性。评价指标既要能满足各评价主体的信息要求，又要能体现各指标的关联性和协调性。为此，可以将企业经营业绩的评价指标分为基本指标和辅助指标两个层次。其中，基本指标是评价企业经营业绩的主要指标，是整个评价指标体系的核心；辅助指标是对基本指标的进一步说明，是对基本指标的必要补充。

作为战略管理的工具，绩效评价系统所关心的是评价对象与企业战略目标的相关方面，即所谓的关键成功因素。这些关键成功因素具体表现在评价指标上，有财务方面的，如投资报酬率、销售利润率等；也有非财务方面的，如售后服务水平、产品质量、创新速度和能力等。因此，作为用来衡量业绩的指标也分为财务指标和非财务指标。其中，财务评价指标由于有较好的可定量性和可操作性，所以得到了广泛的应用。与此同时，由于财务指标反映的是过去的绩效，并不能提供创造未来价值的动因，因此，非财务指标也成为体现管理层绩效和公司发展前景的指示器。由此，在企业绩效评价方法上出现了以美国纽约 Stern Stewart 咨询公司创立的经济增加值为代表的财务指标和以卡普兰和诺顿创建的平衡计分卡为代表的非财务指标创新。

不过，如何将关键成功因素准确地体现在各具体指标上，是绩效评价系统设计的重要问题。

5. 绩效评价标准

绩效评价标准是指判断评价对象业绩优劣的基准。绩效评价标准具有规划、控制、考核等功能，评价标准的选择取决于评价的目的。

企业绩效评价系统中常用的标准通常有五种（见表 15-7）。

表 15-7　企业绩效评价系统常用的标准

项　目	内　容　阐　释
公司的战略目标与预算标准	战略目标与预算标准也称计划（目标）标准，是指企业根据自身经营条件或经营状况制定的预算标准。在经济分析时必须检查预算标准的质量，对那些脱离实际的预算标准在分析过程中加以调整
行业标准或竞争者标准	行业标准或竞争者标准是指某些评价指标按行业的基本水平或竞争者的指标水平，是业绩评估中广泛采用的标准。尽管企业的情况不完全相同，但借助于这些标准作为比较的基础，对评价企业在同行业中的地位和水平还是有一定参考价值的
经验标准	它是依据人们长期、大量的实践经验检验而形成的。其实经验标准只是对一般情况而言，并不是适用于一切领域或任何情况的绝对标准。以流动比率为例，因行业或时期不同而各异，"二战"后日本流动比率就比战前大幅度降低，而且各行业降低幅度也不一样。因此财务评价在应用经验标准时，必须结合具体情况进行判断
公司制度和文化标准	在绩效评价中，经常使用一些非财务指标，这些指标的标准往往表现在公司的规章制度中，还有一些融合于企业文化判断中
历史标准	历史标准是指以企业过去某一时间的实际业绩为标准。采用历史标准具有较强的可比性，不足之处在于它只能说明被评估企业或部门自身的发展变化，在外部环境变化巨大时，仅用历史标准是不能做出全面评价的

以上五种标准均各有利弊，预算标准最具适用性，但是预算确定的前提是客观公正。在绩效评价时可以综合利用各种标准从不同角度对企业经营成果进行考核，以保证对企业经营业绩做出公正合理、准确可信的评价。

6. 绩效评价报告

绩效评价报告是企业绩效评价系统的输出信息，也是绩效评价系统的结论性文件。

绩效评价报告是绩效评价人员以绩效评价对象为单位，通过会计信息系统及其他相关信息系统，获取与评价对象有关的信息，经过加工整理后得出绩效评价对象的评价指标数据，再与预先确定的评价标准进行对比，分析差异产生的原因、责任及影响，得出评价对象业绩优劣的结论后形成的。其格式与写法因不同的评价对象与内容而不同，不应有统一的规定。

(七) 绩效评价的内容（见表15-8）

表15-8 绩效评价的内容

项 目	内 容 阐 释
财务效益状况的考核	评价企业绩效包括评价企业经济效益和评估经营者的业绩。而经济效益和经营者业绩主要体现在企业的财务效益状况上，出资人关心的是资本能否实现保值增值，所投资本能否带来预期的回报；而债权人关心的是借出资本的安全，但债权安全也要以企业良好的经营效益作为保障，没有正常的利润回报，企业将无力偿还债权人的债务。对于反映企业经营效绩的其他方面，如企业的成长性等也必须以企业良好的财务效益为基础。因此，企业财务效益作为企业经营绩效评价的核心内容。财务效益状况包括净资产收益率、总资产报酬率以及资本保值增值率、销售（营业）利润率、成本费用利润率
资产营运状况的考核	资产营运状况是指企业资产的周转情况，反映企业占用经济资源的利用效率。企业的经济资源是以资本—资产—费用—收益—资本的逻辑进行循环，周而复始地持续运转，并在周转过程中赚取利润的。作为企业的经营目标之一，就是要保证实有资产能够得到有效利用，通过加快周转速度创造更多的价值。资产利用效率可以反映出企业的生产状况和经营者的资产管理水平，是绩效评价不可或缺的内容。但应该注意的是，资产的周转速度在不同行业、不同类型企业之间的差别是存在的，即使是同一企业在不同的发展阶段也可能出现较大差异。因此，在评价企业资产周转效率时，要根据不同情况，考虑生产周期和行业差别因素
发展能力状况的考核	无论是出资者还是债权人都十分关注企业的发展能力或成长性。因为它不仅关系到企业的持续生存问题，也关系到出资人的未来收益和债权人长期债权的风险程度。影响企业发展能力的因素是多方面的，营业收入的增长、资本的扩大、利润的增加，都是企业进一步发展的基础。而管理水平的高低、发展战略的制定、技术与观念的创新、员工素质的提高等都是影响企业发展能力的重要因素。通过对这些因素的充分研究，就可以在不考虑外部环境变化因素的条件下判断企业未来发展能力。对企业发展能力的评价，可以在一定程度上防止企业经营者的短期行为，促进企业稳定、健康地发展
偿债能力状况的考核	企业偿还短期债务和长期债务的能力强弱，是企业经济实力和财务状况的重要体现，也是衡量企业是否稳健经营、财务风险大小的重要尺度。在市场经济体制下，市场竞争日益激烈，每个企业都存在资不抵债或无力偿还到期债务而导致破产的风险。因此，必须重视企业偿债能力的评价。 通过对企业偿债能力的评价： • 可以反映企业利用财务杠杆的水平，分析企业资产负债比例是否适度，促进企业合理负债； • 目前中国国有企业的负债绝大多数来自国有商业银行的贷款，评价国有企业的偿债能力，可以作为分析我国金融风险的重要依据，以便采取措施减轻我国金融风险的压力； • 可以确定企业资信状况； • 可以促进企业提高经济效益，降低负债比率，减少财务风险。对于偿债能力评价，主要是采取国际上较为通用的指标，如资产负债比率、已获利息倍数等。这些指标可以从不同角度反映企业的偿债能力、财务风险和安全状况

(八)绩效评价体系的实施步骤(见表15-9)

表15-9 绩效评价体系的实施步骤

项　目	内　容　阐　释
战略开发	绩效评价首先是为了测量战略目标和行动计划完成情况,因此作为绩效评价计划的起点必然是战略开发。它建立在彻底理解以取得竞争优势为目标的价值驱动因素基础上。在战略开发程序中,不仅应当计算追求未来财务结果,而且应当强调对价值创造活动做具体计划;不仅应当向内看注重内部的改善和提高,而且应当考虑到环境发展,重视与竞争者相对优势的变化情况
制定预算	这一程序将战略目标细化为具体经济业务和过程的目标,并通过预算形式分配资源。制定预算必须考虑经营环境的易变性,通过弹性预算、滚动预算等形式将变化纳入预算的范围内,从而使得预算具有更好的可操作性,能够成为衡量业绩的标准
绩效计测	这一程序及时收集、处理和归集与绩效有关的数据和信息,为有效执行后续子程序奠定基础。信息的相关性、可靠性、及时性都影响绩效评价的效果。造成绩效评价无法顺利进行的原因之一,就是人们对经济业务所产生的信息无法产生一致的认识,因此收集的信息应当能够体现经济业务发生的轨迹,并按照责任归属进行归集和汇总,以避免在考评时发生不必要的争执
绩效检查	这一程序及时检查实际绩效与目标差距,并进行必要的预测,以确保及时采取更正性和预防性行动,保证公司向着预期目标前进。随着技术的发展和人们对于预测和绩效评估质量要求的提高,差异分析可以及时进行,时效性得到提高;预测也以科学的模型和高速的数据处理为基础开展,可靠性得到提高。这样的绩效评价能够更好地实现控制的作用
激励性报酬	在前四个环节中,任意环节的工作缺乏有效性,激励性报酬程序都不能够对人们的行为形成正确的引导。但如果前面四个环节的工作都做好了,这一程序没有能够提供相应的报酬或者惩罚措施,那么将降低人们完成战略目标和计划的积极性。通过一种报酬和福利相结合的平衡政策,激励性的报酬计划把具体的运营行动和影响战略目标实现的关键价值驱动因素联系起来

最后应当强调的是,信息技术是提高绩效评价体系运行效果的重要工具,它对于实现信息透明化、实时化、集成化至关重要,使管理人员能获得满意的管理信息,有效的绩效评价系统离不开有效的信息系统的支持。

(九)绩效评价结果的运用(见表15-10)

表15-10 绩效评价结果的运用

项　目	内　容　阐　释
为企业领导班子考核、任免工作服务	企业绩效是对企业经营效益和经营者业绩进行综合评价的重要基础,它既能反映企业资本运营效益和资产管理水平,也能反映企业的财务风险和成长能力,可以较为客观、综合地反映企业经营者在一个期间的经营业绩及其经营管理国有资本的能力。因此,国资监管机构会同政府有关部门对所属企业进行年度考核与评价后,向同级人民政府提交考核与评价报告,作为对所委派出资人代表人员奖惩、推荐、任免的主要依据

项 目	内 容 阐 释
为建立企业经营者激励机制服务	实行经营者收入与企业的经营业绩挂钩，建立和健全经营者的激励和约束机制，是经营者收入分配制度改革的一项重要内容。企业符合国家规定条件，经政府有关部门批准，可以对经营者实行年薪制等激励政策；对已批准实行年薪制的企业，可以绩效评价结果作为确定年薪的基本依据
履行国有出资人对国有资本的监管	企业绩效评价，对企业国有资本和财务管理工作情况的综合检查，也是对企业资本营运水平和财务效益状况的客观评判。将考评结果提交给同级政府及其有关部门，可以作为经济决策、国有资本和财务监管的参考依据；反馈给企业，可以作为改进其经营管理的参考资料。因此，企业绩效评价是国资监管机构履行出资者职能的有效措施

（十）综合评价报告

综合评价报告是根据绩效评价结果编制、反映被评价企业业绩状况的文件，由报告正文和附件构成。

综合评价报告正文应当包括评价目的、评价依据与评价方法、评价过程、评价结果，以及评论结论、需要说明的重大事项等内容。

综合评价报告附件应当包括企业经营业绩分析报告、评价结果计分表、问卷调查结果分析、专家咨询报告、评价基础数据及调整情况等内容。

（十一）绩效评价与战略管理

绩效评价与战略管理之间存在密切的关系。

1. 绩效评价系统是企业战略管理控制的一部分

企业绩效评价系统与各种行为控制系统、人事控制系统共同构成一个整体控制体系，企业管理控制体系是其战略目标实现的重要保障。因此，绩效评价系统的设计与运行应该以企业战略目标为中心进行。

一般而言，企业外部环境因素、公司所在行业的产业特点以及公司自身资源的占用状况通常会限定管理层所采用的竞争战略。企业可以根据其内外部的影响因素来制定战略并加以实施。由于企业战略通常应针对企业的具体形势和行业的环境制定，各企业所采取的战略有许多差异，因此，不同企业具有不同个性的绩效评价系统。随着管理控制系统由反馈控制向同期控制和前馈控制的发展，绩效评价体系作为管理控制系统中信息反馈机制的一部分必然随之发生变化，即由主要提供事后的财务业绩信息向全面提供事后财务信息、事中、事前的其他业绩信息的方向进化，绩效评价体系从财务评价向综合评价的转变成为必然。

平衡计分卡评价的内容包括财务业绩、企业员工的学习和成长方面的业绩、客户的满意度方面的业绩、履行社会职责方面的业绩等。这些业绩内容又可以细分为更小的评价内容组成项目，如财务业绩就可以分为财务效益、资产运营、偿债能力、财务弹性、企业发展前景预测等。平衡计分卡的一个重要内容就是找出各项组织活动之间明确的因果关系，对其进行管理。而且，它所倡导的以客户为重，重视竞争优势的获取和保持的理念，不仅从观念上促进了企业内部各层次对于客户价值的重视，并提供了贯彻企业竞争战略的具体方式。当然，作为公司实现战略目标的通用工具，各公司有效的绩效评价系统也具有同质性。

2. 企业绩效评价应与企业财务战略管理相匹配

一种绩效评价制度不仅应来源于企业战略，而且也应反映企业战略，要把企业战略管理成功地转化为具体的评估指标和行动计划，在企业战略目标与企业各个具体行动指标之间建立清楚的因果关系。

从绩效评价的发展考察，评价的内容随着企业组织形式的演进而有所不同，并且在企业的不同发展阶段，企业所面对不同的评价环境，评价内容也会有所差异。因此，绩效评价的重点和指标的选择应与企业的战略相匹配，随着激励理念的变化而变化。在企业的不同发展阶段，根据企业不同的战略重点，选择不同的绩效评价标准，就能引导经营者的行为，使之与战略目标相一致。例如，当企业处于创业阶段时，开发新产品、设立组织机构等非财务事项比任何财务性指标更为重要，如何以有限的经济资源占据市场上的有利地位通常是最重要的关键因素。因此，销售收入的增长及营业活动的现金流量，通常比其他的财务性绩效评价指标更为重要。在企业进入成长阶段后，虽然应该注意销售收入的增长，但同时应该考虑企业的盈利率与资金管理效率，以求得收入与报酬率之间的平衡。但当资金变得越来越容易取得时，营业活动现金流量则变得相对不重要了。当企业步入成熟阶段时，其主要考虑的是如何有效地运用资产及相关的现金流量，注重盈利率，以获得较高的报酬率。在这一阶段，必须监控所有的财务性评价指标，企业才可能保持活力，免于老化。当企业步入衰退阶段时，现金流量就变得再度重要了，这时，企业必须仔细地评价各项有利于增进其获利能力的投资，以获得最大的资产报酬，而长期性的财务性绩效指标则相对变得不那么重要了。

现代企业理论将企业视为一组合约的联结。股东与经营者之间的合约就产生了两者之间的委托-代理关系。由于股东与经营者之间的信息不对称，而经营者与股东的效用函数不一致等原因，造成经营者存在机会主义行为动机（逆向选择和道德风险）。因此，利用绩效评价，可以减少经营者机会主义的做法，并引导其不仅朝着股东财富最大化的方向努力，更为重要的是能够按照企业财务战略管理要求从事各项活动。

3. 绩效评价系统为企业重要的财务战略实施系统

业绩管理必须建立在一种绩效评价制度基础上，并将财务战略、财务过程和管理人员联系在一起，提供一种综合的计划与控制系统，它是动态评价与静态评价相互统一的结果。财务指标与非财务指标相结合的革命性的绩效评价制度，也是推动企业可持续发展的绩效评价制度和以因果关系为纽带的战略实施系统。它一方面强调对财务业绩指标的考核，另一方面注重对非财务业绩的评价，并且它将结果（如利润或现金流量）与原因（如客户或员工满意）联系在一起，为企业管理提供了一种有效的、以因果关系为纽带的战略实施系统。

随着管理的变革，管理控制系统的控制实施环节有逐步前移的趋势。其已由最初的主要依靠财务会计信息实施事后反馈控制向依靠更为广泛的信息（如竞争者的信息、非财务业绩信息）对决策行为以及执行过程实施控制的方向转变；而且，管理控制系统已经开始涉足提供相关信息来支持战略目标制定、战略调整及战略实施。此时的绩效评价系统不仅要对财务资本的利用效果进行评价，而且要对包括智力资本在内的所有非财务要素的存量与流量进行衡量。

（十二）绩效评价与财务激励

激励机制是公司治理的核心内容。所谓激励机制，是指组织系统中激励主体通过激励因素或激励手段与激励客体之间相互作用的关系的总和，也就是指企业激励的内在关系结构、运行方式和发展演变规律的总和。激励机制是否合理有效对于公司治理的效率高低及目标是否实现具有重要意义。代理理论告诉我们，只要存在着委托-代理关系，就要求有激励机制，激励机制是解决代理问题的基本途径和方式。科学的激励机制还能解决因信息不对称而产生的逆向选择和道德风险问题，降低代理成本，保证公司治理目标的实现。

绩效评价是评价主体利用其所掌握的信息，对评价客体运用一定的方法、程序、指标等，进行分析进而对评价客体在一定时期内的行为表现做出某种判断的过程。而报酬契约是激励主体根据绩效评价的结果对激励客体的固定收入与风险收入、短期收入与长期收入按激励与约束相对称的原则形成的一整套报酬制度。绩效评价是激励机制的前提，是执行报酬契约的依据，公正的绩效评价是使报酬契约发挥其激励功能的基础，同时，有效的激励机制也会促使激励客体业绩的提高，形成良性循环。

二、绩效评价方法

（一）绩效评价方法综述

评价方法解决的是如何评价的问题，即采用一定的方法运用评价指标和评价标准，从而获得评价结果。

如果没有科学合理的评价方法，那么评价指标和评价标准就成了孤立的评价要素，也就失去了本身存在的意义。

目前，在实践中应用比较广泛的评价方法主要有单项评价方法和综合评价方法。

单项评价方法就是选择单项指标，计算该指标的实际值，并与所设置的评价标准进行比较，从而对评价客体的经营业绩做出评价结论。

综合评价方法就是以多元指标体系为基础，在评价指标、评价标准和评价结果之间建立一定的函数关系，之后计算出每个评价指标的实际数值，进而得出综合的评价结论。具体而言，又可以根据评价方法的特点分为指标分解评价方法和指标综合评价方法。前者以杜邦分析体系和帕利普财务分析体系为代表，后者包括综合指数法、综合评分法等。平衡计分卡从本质上讲属于指标综合评价方法，可以将其看作一种特例，因为平衡计分卡更多的是注重不同类型指标之间的平衡关系，强调不同类型指标之间的因果关系，在评价指标设计、评价程序确立等方面具有一定的创新性。

综合指数法就是首先将单项指标实际值与标准值进行比较，计算出指标的单项指数，之后根据各项指标的权重进行加权汇总，得出综合指数，最后根据综合指数的高低判断经营业绩水平。

综合评分法是由评价专家凭借自身的学识和经验，根据评价对象在某一方面的表现，采用主观分析判断的方法确定评价指标达到的等级，再根据相应的等级参数和指标权数计算得分。

对我国企业而言，绩效评价方法的基本选择应是综合评价方法，其中定量指标采用综合指数法和综合评分法，定性指标采用综合分析判断法。

在实际操作中，综合评价方法也存在许多问题。应用综合评价方法的难点在于指标权重的确定，指标权重的确定方法包括主观赋权法（如德尔菲法）和客观赋权法（如因子分析法、相关权重赋权法等）。在确定评价指标权重的过程中，应根据企业内部的具体情况具体分析，注意企业各部门的发展阶段、竞争地位和战略类型等现实存在的差异，将主观赋权法与客观赋权法结合起来考虑。也就是说，评价指标权重的设置应该遵循权变观念，充分考虑企业组织背景的影响。评价指标权重的确定并不意味着一成不变，一旦企业的组织背景发生了相应的变化，评价指标权重就应该动态、灵活地进行调整。

> **小知识**
>
> **企业绩效基本的分析方法**
>
> 由于企业财务效益状况是企业绩效的核心内容，因此分析企业经营绩效主要是分析企业的财务效益状

况，其基本的分析方法有比较分析法、比重分析法、比率分析法、趋势分析法、因素分析法等（见表 15-11）。

表 15-11 企业绩效基本的分析方法

项 目	内 容 阐 释
比较分析法	比较分析法是将彼此联系的指标进行对照，确定他们之间的差异，用以评价企业经营绩效的变化。例如，对比年度之间的绩效评价分数，包括每一部分的分数对比，从动态中研究发展趋势。也可以用企业评价指标的实际水平与五档评价标准进行对比，比较其差异，同时挖掘产生差异的原因
比率分析法	比率分析法是通过计算各种比率指标来确定经济活动变动程度的方法。在财务分析上，比率分析法是十分常用的方法。比率指标的类型主要有：一是构成比率；二是效率比率；三是相关比率。企业绩效评价的财务指标本身就是财务比率指标。在企业经营绩效分析中，可以直接运用这些指标进行分析。同时还要运用其他一些没有纳入评价的比率指标对一些重点内容进行分析，如财务杠杆比率、应收账款下降比率、不良资产下降比率等，以进一步说明企业经营绩效状况
趋势分析法	趋势分析法又称水平分析法，是将两期或连续数期财务报告中相同指标进行对比，确定其增减变动的方向、数额和幅度，以说明企业财务状况或经营成果的变动趋势的一种方法。趋势分析法的具体运用主要有三种方式：一是重要财务指标的比例；二是会计报表的比较；三是会计报表项目构成的比较。严格说来，趋势分析法是比较分析法和比率分析法的结合运用。大趋势分析主要通过对比发现变化趋势，特别是判断未来走势，提出预示和预警。在趋势分析中，一般要使用趋势图表进行辅助说明
比重分析法	比重分析法又叫结构分析法，它通过分析评价分数和指标结构变化，反映企业经营绩效的变化态势。评价指标和评价分数都由若干部分组成，通过比重分析，可以看出每一部分评价内容和评价指标对经营绩效变化的影响程度。例如，管理费用占企业费用支出的比重，主营业务利润在利润总额中的比重等，从而有针对性地提出企业需要加强什么，改进什么
因素分析法	因素分析法又称因素替换法、连环替代法，它是用来确定几个相互联系的因素对分析对象的影响程度的一种分析方法。采用这种方法的出发点在于，当有若干因素对分析对象发生影响作用时，假定其他各个因素都无变化，顺序确定每个因素单独变化所产生的影响。因素分析法主要用语言说明变化原因。它通过分析影响企业绩效和评价指标的各种因素，并计算或判断其影响程度。在企业经营绩效分析中，更多的是对影响企业经营绩效的定性因素进行分析，如管理制度、技术装备、营销管理、资金筹措等对企业经营效绩的影响

以上几种分析方法，各有利弊，各有侧重，在企业经营绩效分析中，通常综合使用。

小知识

绩效评估方法

1. 过去导向评估法

过去导向评估法的特点是对已实现的绩效加以衡量和考评。评估技术有下列几种：

（1）评核尺度法。一般是将员工所担任工作的各项特性、要求或因素作为绩效评估的项目，如人格、诚实、持续力、特质、创始（创新）力、想象力、可靠性、勤奋、热忱、态度、领导能力、进取心、适应力、判断力、忠诚、仪表、合作性等。每一项目分别用 5、4、3、2、1 五等分数，或超、优、中、次、劣五等级式评语，排列在评估表上。评估者对被评估者属于何种程度首先做出判断，然后在每一项目的尺度上做出登记，即可得到评定项目的分数，各项分数加总即得总分。评核尺度表如表 15-12 所示。

（2）检查表法。评估者并不考评员工的绩效，而只是报道其状况。评估者只需对评估表上的事实做出报告，对每项因素的性质可不加判断。企业可将每件事实陈述句加上权数，总分仍可加以计算以了解总体表现（见表 15-13）。

表15-12 评核尺度法——评核尺度表

注意：在下列各项绩效因素上，请指出你所评估的员工在表上的位置

员工姓名：　　　　　　　　部门：
评估人：　　　　　　　　　时间：

	非常好	良好	中等	普通	不太好
	5	4	3	2	1
（1）独立性					
（2）自主性					
（3）工作态度					
……					
（20）工作品质					
合计	+	+	+	+	+

表15-13 检查表法——绩效检查表

注意：检查下列每一绩效项目

员工姓名：	部门：
评估人：	时间：
权数：	检查：
（1）必要时员工会加班	……
（2）员工把工作站保持得很有条理	……
（3）别人需要帮忙时，他会很合作地给予帮助	……
……	……
（20）员工听从他人的建议，但很少实行权数总计	

（3）强迫选择法。强迫选择法的基本目标就是强迫评估者在几个看似同值的文字叙述题中做一选择，以避免或减少评估者的主观偏见。评估者必须在两题中选择最适于描述被评估者特质的一题，即使评估者认为两题都适合或两题都不适合，他都只能被迫选择较接近被评估者的一题。

（4）特殊事件法（重要事件法）。此种方法是由主管或专门人员针对各种不同工作，予以详尽地分析研究，而认定若干具有代表性的行为可辨别出人员在工作上的成效。主管必须记载或查核一些曾在被评估者工作中发生的事件，这些事件都必须是重要事件，如5月6日对工作厌烦或愤怒；9月12日拒绝帮助同事；11月19日对工作方法提出一项改善建议。通过对现职人员工作行为的研究，可找出若干特别的重要事件。评估者必须同意其中若干行为形态是重要的，然后将这些收集到的事件，按其出现的次数与重要性依序排列，就可得到数字的比重，成为评估分数的基础。

（5）行为评核尺度法。它是行为评核尺度法与重要事件法的合并，要求对任何特定的工作上或工作种类都必须有明确的绩效评估要求。评估者要决定哪一个描述或哪一个行为例子最能描述出员工的绩效，并且在评估表上为每个行为的绩效给予分数（见表15-14）。

表15-14 行为评核尺度法

非常好	7	有很好的销售业务并和客户维持良好的关系
良好	6	可以主动增加业绩
高于平均	5	可以保持存货整理得很好
平均	4	可以保持整洁有序
低于平均	3	主管提醒后会帮忙整理存货
不好	2	存货管理得不好
非常差	1	通常会延长休息时间

2. 未来导向评估法

未来导向评估法主要是评估员工的潜能或制定未来的绩效目标，包括：

（1）自我评估法。如果评估的目的在于进一步地自我发展，则让员工用自我评估的方式来评估自己是很好的评估技术。自我评估时，防卫性的行为不太会发生，因此也容易达到自我改进的目的。

（2）目标管理（Management Objective，MBO）。

1) MBO 首先是由 Drucker 提出的。他认为，理想中的 MBO 在实施时应包含下列 5 个程序：

①每位员工都与他的直接主管讨论其工作范围与内容。

②设立短期的绩效目标。

③与上级讨论达到目标的进度。

④建立测量进度的检查点。

⑤在所定期间终了时，上级与下属检讨其工作的成果。在上述建立目标的过程中，重要的一点是，各人员的负责目标并非由上级单位以命令方式赋予，而是由前者研究讨论后提出。

2) 在实施 MBO 时，一般希望能达到下列目标：

①测量及评判绩效。

②将个人的工作绩效与组织目标连接起来。

③确定应做的工作与期望获得的成果。

④协助下属工作能力的增进及成长。

⑤增强上级与下属之间的沟通。

⑥作为核算薪资及升迁的一种基础。

⑦激发下属的工作动机。

⑧作为组织控制及整合的一项工具。

（3）评估中心。此种方法，是将一群人员集中某地 2~3 天，在这期间，除采用面谈、测验等方法外，还举行若干实际的演习活动，如专题讨论、企业模拟、企业竞赛、角色扮演等。这样做的目的是尽量多方面观察评估对象，除客观的成绩外，还可以就其自信心、领导及行政能力等加以评估。

这种评估方法有五种（见表 15-15）。

表 15-15 评估方法

项　　目	内　容　阐　释
个人评估法	每次只个别评估某位员工而不与其他人相互比较。除包括前述之强迫选择法、目标管理、特殊事件法、检核表、行为评核尺度法外，还包括评述法，即由评估者将员工的绩效予以书面陈述。例如，主管要描述出在过去一年中他的工作成绩、需要改进之处、工作数量与品质、进一步的潜能等
多人评估法	评估员工绩效时，同时与其他人员相互比较，包括： • 排列法。将受评者与全部其他人员比较，而决定其在排列次序中的位置，再依次序之高低而定其成绩之优劣。主管首先要选出最佳及最差的员工予以分列两个极端，然后再就剩下的其他员工找出最佳与最差的，依次予以排列而确定绩效之高低。 • 成对比较法。通常仅就单一特质（现职胜任能力）加以评估等，必要时亦可适用于其他特质。程序是在卡片上写被评估的两位员工姓名，每一位员工与另一员工加以成对比较。评估者只要在每张卡片上就某一特质选出一位较优者即可。 • 强迫分配法。强迫分配法就是规定各个被评估者成绩所占的比例。例如，规定最优者应占总人数的 10%，次优者占 20%，中等者占 40%，次劣者占 20%，最差者占 10%。评估者由于必须将被评者按比例分配，所以需慎重地判断其人员的工作优劣
行为观察尺度法	具体步骤为： • 收集许多与问题主体（如成本）相关的行为叙述。 • 员工以五个尺度来加以判断。

续表

项　目	内　容　阐　释
行为观察尺度法	• 在所有项目中累计总分。 • 用统计分析找出最佳与最差的人员。 本法的优点是： • 可从一系统性的工作分析中发展出来。 • 可单独使用或配合工作规范使用，以使员工知道工作上的哪些行为是公司所需要的。 • 有相当的内容效度可区分出有绩效与无绩效的员工。 • 可促进明确的绩效回馈，对员工的优缺点可提供双方有意义的讨论
点数分配法	评估者设定总分，分配给某一群体的员工，表现较好的员工给予较多的分数，而评估者也可了解到员工之间的相对差异
群体评估法	群体评估法是指以整个工作群体、单位作为评估的对象，而不以个人来进行评估。员工为了使自己得到奖酬，就会以群体的利益为着眼点，而使整体的绩效最大化

（二）单一指标绩效评价模式

传统的绩效评价体系主要由财务指标构成，其最初形式为单一的财务指标，如利润、净资产收益率等（见表15-16）。

表15-16　单一的财务指标

项　目	内　容　阐　释
税后利润	税后利润可以直接从会计报表上取得，与其他评价指标相比，获取成本最小。但是，该指标很容易被企业管理层利用，因为在应计制会计制度下，会计制度的可选择性和会计报表的编制具有相当的弹性，从而造成这一指标有很大程度的失真
每股收益（EPS）	每股收益是指本年净收益与年末普通股股份数的比值。该指标是衡量上市公司盈利能力最重要的一个财务指标，它反映了普通股的获利水平。利用该指标可以对公司的经营业绩和盈利进行预测比较，以掌握该公司的管理能力。由于公司管理者一般相信投资者对这一指标高度重视，因此会导致企业采取操纵盈利的行为。同时，该指标采用相对数形式，使投资者不能对股价不同的公司进行比较，即使对同一公司，由于股价经常变动，也不能用于历史比较。因此，该指标仅仅能作为衡量财务绩效的一个传统指标，并不能完整地反映公司价值的真实性
市盈率（P/E）	市盈率是指普通股每股市价相对于普通股每股收益的倍数。 市盈率的计算公式如下： 　　　　市盈率 = 普通股每股市价/普通股每股收益 　　普通股每股收益 =（净利润 − 优先股股利）/普通股股数 该市盈率反映了在每股盈利不变，派息率为100%。所得股息没有进行再投资的条件下，经过多少年投资可以通过股息全部收回。一般情况下，如果一只股票市盈率越低，那么市价相对于股票的盈利能力越低，表明投资回收期越短，因此投资风险就越小，股票的投资价值就越大；反之则结论相反。 使用市盈率指标时应注意以下问题：该指标不能用于不同行业公司的比较。此外，充满扩展机会的新兴行业市盈率普遍较高，而成熟行业的市盈率普遍较低，但这并不说明后者的股票没有投资价值。在每股收益很小或亏损时，股票市价不会降至零，很高的市盈率往往不说明任何问题。市盈率高低受净利润的影响，而净利润受可选择的会计政策的影响，从而使得公司间比较受到限制。市盈率高低受股票市价的影响，影响市价变动的因素很多，包括投机炒作等，因此观察市盈率的长期趋势很重要

续表

项　目	内　容　阐　释
资产收益率（ROA）	资产收益率又称资产净利率，是另一个衡量企业收益能力的指标。其计算公式为： 总资产收益率 =（本期净利润/本期平均总资产）× 100% 其中，总资产是指资产负债表中的资产总额。 平均总资产 =（期初总资产 + 期末总资产）/2 资产收益率是一个综合指标，企业的资产是由投资人投入或举债形成的。净利润的多少与企业资产的多少、资产结构、经营管理水平有着密切的关系。此外，资产收益率不能消除财务结构的影响，甚至可以用基本业务以外的方法加以美化
净资产收益率（ROE）	净资产收益率又叫股权回报率、净值报酬率或权益报酬率，是指企业一定时期内的净利润同平均净资产的比率。其计算公式为： 净资产收益率 =（净利润/平均净资产）× 100% 该指标是评价企业自有资本及其积累获取报酬水平最具综合性与代表性的指标，其通用性强，适应范围广，不受行业局限，在我国上市公司业综合排序中，该指标居于首位。但该指标有容易被人为操纵的缺陷，上市公司对净资产收益率指标进行盈余管理的现象十分严重。此外，净资产收益率的衡量方法还有不考虑资本杠杆、经营风险与税收差异等缺陷
投资报酬率（ROI）	20世纪70年代，麦尔尼斯在研究业绩指标体系方面做出了重要贡献，他通过对30家美国跨国公司1971年的业绩进行评价分析后，提出企业最适用的绩效评价指标首先为投资报酬率，其次是预算比较和历史比较。投资报酬率是用净收入（扣除折旧但不扣除长期负债的利息）除以净资产（全部资产减去商誉和其他无形资产以及折旧准备和负债）来计算。 投资报酬率法在评价企业的业绩时有如下优点： • 评价企业业绩时第一次把净收入和所占用的资本相联系，充分考虑了规模差异对业绩评估的影响，一定程度上反映了企业经营效率的高低； • 数据的获得相对容易，计算简单； • 各期的投资报酬率具有相对的可比性。每期计算的投资报酬率是一个百分数，这样各期数据相比较时就在一定程度上弱化了，由于不同时期的通货膨胀和利率变化等因素引起的收入的相对变化。 投资报酬率法在评价企业业绩方面的缺点表现在：由于计算数据都来自财务报告，这样公司的经营者有可能通过有目的地增加分子（增加净收入）或减少分母（减少投资额）来增大投资报酬率。当企业管理者把投资报酬率作为衡量投资项目的标准时，一旦某项目低于企业目前的投资报酬率时就不会被采纳。在这种情况下，企业管理者就可能在提高投资报酬率的同时却降低了企业的长期价值，从而使管理者的投资决策偏离企业价值最大化的目标
经济增加值法（EVA）	1991年，美国斯特恩·斯图尔特咨询公司提出用经济增加值作为企业绩效评价的标准，并且申请了专利。经济增加值概念一被提出就引起了企业界和学术界的广泛关注。很多国际知名大公司，如美国电话电报公司、通用电气、可口可乐、康柏、西门子等，均采用这种方法来衡量公司业绩，并取得了良好的效果。发达资本市场的投资者也将经济增加值指标，作为预期未来业绩、评估公司价值的重要依据。 经济增加值定义为税后营业利润减去资本成本总额的差额，其计算公式为： 经济增加值 = 税后营业利润 − 资本成本总额 经济增加值 = 税后营业利润 − 加权平均资本成本 × 资本投入额

项　目	内　容　阐　释
经济增加值法（EVA）	其中，税后营业利润是会计报表中交纳所得税后本年度实现的净利润，资本成本总额以加权平均资本成本乘以资本投入额来计算。因此，计算 EVA 的关键在于计算税后营业利润、资产期初的经济价值、企业的加权平均资本成本三项。 　　经济增加值的含义为：经济增加值是正数时，说明企业创造了价值，公司为股东创造了额外财富；经济增加值是负数时，则表示企业发生了价值损失，公司耗损了股东财富；经济增加值是零时，说明公司恰好维持股东原有财富。 　　经济增加值作为企业绩效评价的标准具有以下优点： • 经济增加值概念简单，易于理解，便于操作； • 在一定程度上能够消除会计信息失真的影响； • 经济增加值作为评价指标能够使股东目标和管理者决策达到统一。 　　但经济增加值法仍然存在着一定的局限，如经济增加值是个绝对值，在企业间、部门间存在规模差异时就无法进行横向比较；经济增加值是对企业以往的绩效评价，很难对未来的业绩做出预测；特别是其采用的是单维指标，忽略了太多内在的财务运行机制，对非财务业绩的评价重视不够
托宾的 Q 比率	托宾的 Q 比率（Tobin's Q Ratio），由诺贝尔经济学奖得主詹姆斯·托宾（James Tobin）于 1969 年提出。托宾的 Q 比率是公司的市场价值对其资产重置成本的比率，反映的是一个企业两种不同价值估计的比值。分子上的价值是金融市场上所说的公司值多少钱，分母中的价值是企业的"基本价值"——重置成本。公司的金融市场价值包括公司股票的市场价值和债务资本的市场价值。资产重置成本是指今天要用多少钱才能买下所有上市公司的资产，也就是指我们不得不从零开始再来计算一遍，创建该公司需要花费多少钱。其计算公式为： $$Q = 企业的市场价值 / 企业资产重置成本$$ 　　当 $Q>1$ 时，购买新生产的资本产品更有利，这会增加投资的需求；当 $Q<1$ 时，购买现成的资本产品比新生成的资本产品更便宜，这样就会减少资本需求。所以，只要企业资产负债的市场价值相对于资产重置成本来说有所提高，那么，已计划资本的形成就会有所增加。 　　由于我国证券市场的分割性，存在着流通股和非流通股，因此，在计算上市公司的市场价值时存在着较强的主观性；上市公司资产的重置价值因缺乏旧货市场资料，没有足够的数据信息来准确计算上市公司总资产的重置成本。另外，我国学者受客观条件限制在计算托宾的 Q 比率时，采取的方法多种多样，缺乏可比性。因此，这种方法在我国实施存在较大困难

（三）多指标综合绩效评价模式

1. 沃尔评分法

沃尔评分法又叫比重评分法，由美国学者亚历山大·沃尔提出。亚历山大·沃尔是财务状况综合评价的先驱者之一，他在 20 世纪初出版的《信用晴雨表研究》和《财务报表比率分析》中提出了信用能力指数的概念，即把若干财务比率用线性关系结合起来，以此评价企业的信用水平。他选择了 7 种财务比率，分别给定了其在总评价中占的比重，总和为 100 分，然后确定标准比率，并与实际比率相比较，评出每项指标的得分，最后求出总得分，如表 15-17 所示。沃尔评分法的提出，开创了企业综合财务评价的先河，沃尔评分法是利用财务指标综合评价企业业绩的里程碑。

表 15-17 沃尔评分法

财务比率	比重	标准比率	财务比率	比重	标准比率
流动比率	25	2.00	销售额/应收账款	10	6
净资产/负债	25	1.50	销售额/固定资产	10	4
资产/固定资产	15	2.50	销售额/净资产	5	3
销售成本/存货	10	8			

但沃尔评分法存在诸多问题,如财务指标选择的缘由、赋予权重大小的依据、对某些指标异常值反应敏感等,在理论上都有待证明。同时沃尔评分法也没有对企业现金流量表数据进行分析,没有考虑企业收益质量的影响。尽管如此,沃尔评分法在实际中仍被广泛应用。

2. 杜邦分析法

杜邦财务分析体系及其分析方法首先由美国杜邦公司的经理创造,故称为杜邦财务分析体系。杜邦分析法基本的表达公式为:

$$权益净利率 = 销售净利率 \times 总资产周转率 \times 权益乘数$$

利用杜邦分析法进行综合分析时,可把各项财务指标间的关系绘制成杜邦分析图,如图 15-1 所示。

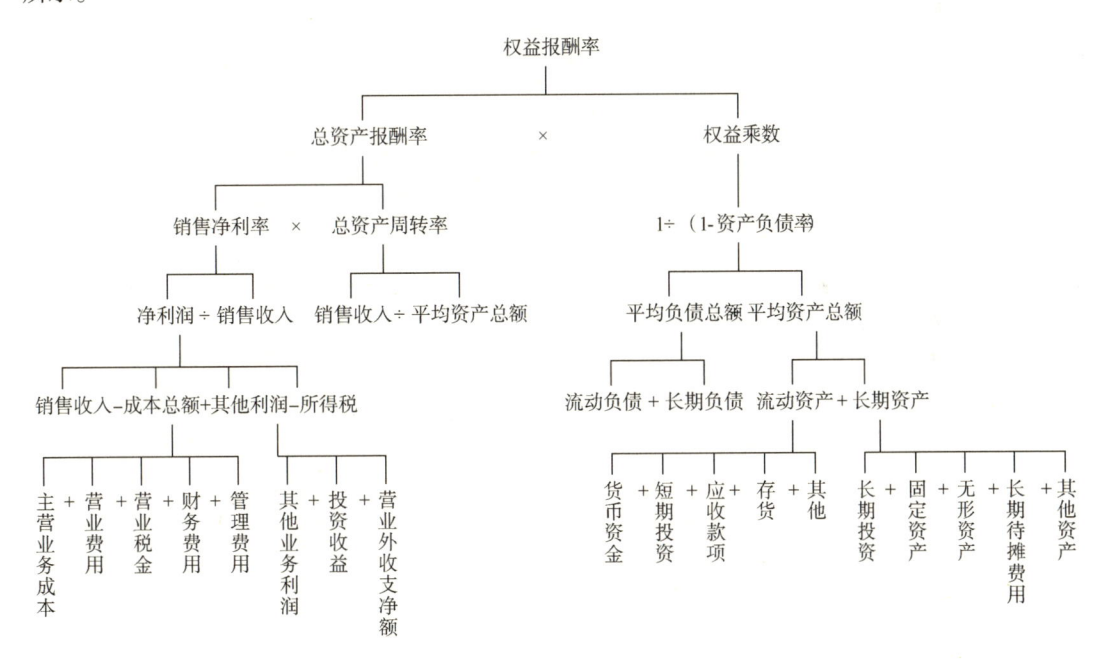

图 15-1 杜邦分析图

杜邦分析法以权益净利率为主线,将企业在某一时期的销售成果以及资产营运状况全面联系在一起,层层分解,逐步深入,构成一个完整的分析体系。它能较好地帮助管理者发现企业财务和经营管理中存在的问题,能够为改善企业经营管理提供十分有价值的信息,同时为投资者、债权人及政府评价企业提供依据,因而得到普遍的认同并在实际工作中得到广泛的应用。

杜邦分析法的不足之处在于:传统的杜邦分析法通常局限于事后的财务分析,一般不具有事前预测、事中控制的作用,因而不能对决策、计划、控制提供广泛的帮助;传统的杜邦分析法数据来源于财务报表,没有充分利用内部管理会计系统的数据资料展开分析。

3. 业绩金字塔

为了凸显战略性绩效评价中总体战略与业绩指标的重要联系，1990年，凯文·克罗斯和理查德·林奇提出了一个把企业总体战略与财务和非财务信息结合起来的绩效评价系统——业绩金字塔模型。

在业绩金字塔中，公司总体战略位于高层，由此产生企业的具体战略目标，战略目标呈多级瀑布式向企业组织逐级传递，直到基层的工作中心。在制定科学的战略目标后，作业中心就可以开始建立合理的经营业绩指标，以满足战略目标的要求，然后再将这些指标反馈给企业高层管理人员，作为企业制定未来战略目标的基础。其结构如图15-2所示。

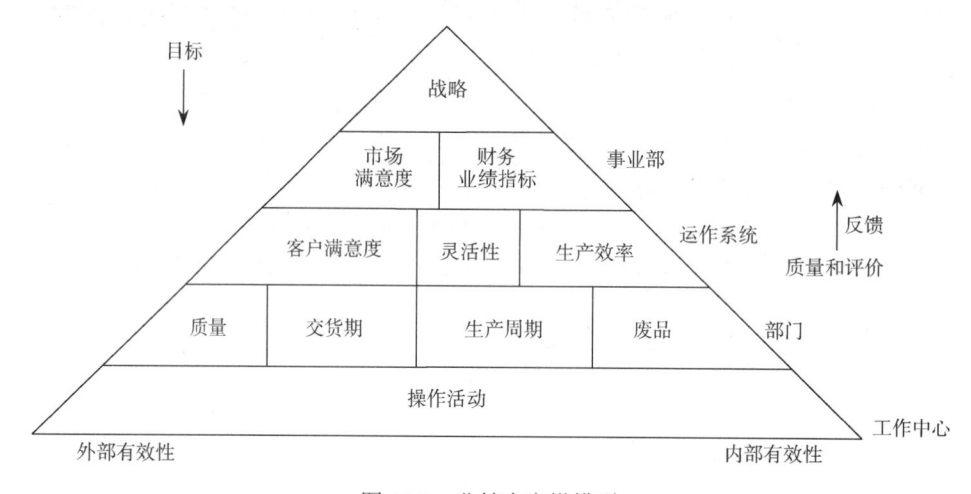

图 15-2 业绩金字塔模型

通过业绩金字塔可以看出，战略目标首先传递给事业部，由此产生了市场满意度和财务业绩指标。战略目标再继续向下传给企业的运作系统，产生的指标有客户满意度、灵活性、生产效率等，其中前两者共同构成企业组织的市场目标，生产效率则构成财务目标。

业绩金字塔的意义在于强调了组织战略在确定业绩指标中所扮演的重要角色，反映了业绩目标和业绩指标的互赢性，揭示了战略目标自上而下和经营指标自下而上逐级重复运动的等级制度。这个逐级的循环过程揭示了企业持续发展的能力，为正确评价企业业绩做出了意义深远的重要贡献。

业绩金字塔最主要的缺点是在确认组织学习的重要性上是失败的，因为在竞争日趋激烈的今天，对组织学习能力的正确评价尤为重要。因此，虽然这个模型在理论上是比较成型的，但实际工作中采用率较低。

4. 平衡计分卡

平衡计分卡是把任务和决策转化成目标和指标，并具体从四个方面来考察企业：

（1）客户方面，客户如何看待；

（2）内部经营过程方面，企业擅长什么；

（3）学习和成长方面，企业能否继续提高并创造价值；

（4）财务方面，怎样满足股东利益。

其相互关系如图15-3所示。

平衡计分卡是一种综合性的绩效评价指标体系，该方法弥补了单一财务指标评价的不足，增加了客户、内部经营过程、学习和成长三个层面的非财务指标。平衡计分卡能够较好地实现财务指标与非财务指标的结合,并在此基础上形成了一套完整的指标体系。由于指标体系的完整性,平衡计分卡的使用能够避免企业的短期行为,从而把其长期战略和短期行动联系起来。

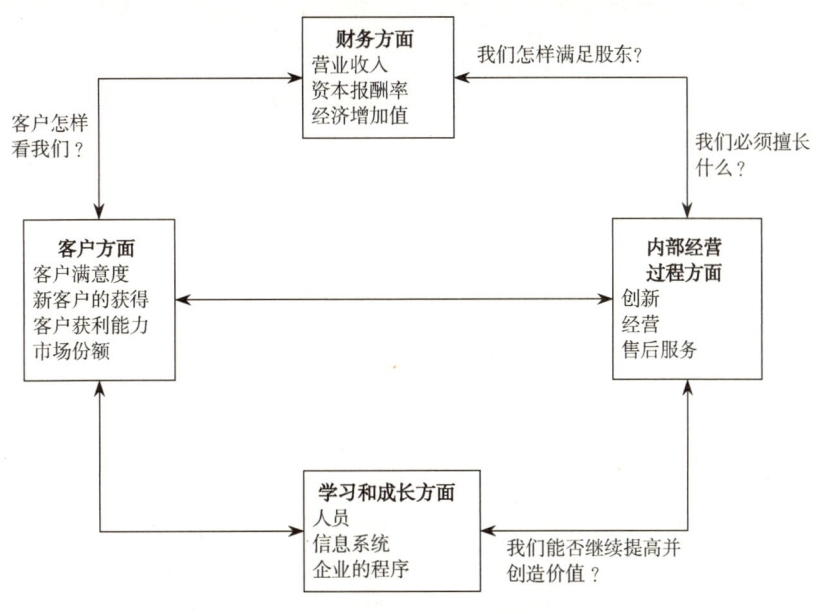

图 15-3 平衡计分卡各方面的关系

但平衡计分卡在应用过程中仍然存在一些问题,例如,平衡计分卡的编制和实施涉及大量绩效指标的取得和分析、指标的创建和分析、指标的创建和量化,存在一定的操作难度,尤其是在非财务指标的处理上存在相当难度。同时企业很难通过积分卡的 20 多个指标体系来阐述和表达他们的策略,管理者面对多个指标会分散注意力,而股东面对多个指标也不知如何取舍做出客观的评价。

5. 中国诚信公司绩效评价财务指标体系

在国内上市公司绩效评价中享有较高声誉的评估机构——中国诚信证券评估有限公司,自 1996 年以来与《中国证券报》合作,每年对上市公司的业绩进行综合评价。其评价的方法为综合指数法,选取的指标体系如表 15-18 所示,在这种评价方法下,各上市公司的最后分数是在各单项指标考核评分的基础上,乘以每项指标的权重,然后相加而得。

表 15-18 中国诚信公司绩效评价财务指标体系

指标	净资产收益率	资产总额增长率	利润总额增长率	负债比率	流动比率	全部资产优化率
权重	55%	9%	13%	7%	7%	9%

与国有资本金效绩评价体系相似,该方法对指标采用主观赋权的方式,忽视了整个系统中各个财务指标间的相互联系,容易放大某些指标的作用,导致经营者进行会计操纵,影响评价的客观性。

6. 清华大学与《中国证券报》联合推出的上市公司财务绩效排序体系

2001 年 5 月,《中国证券报》与清华大学企业研究中心研制的上市公司绩效评价模型,在企业财务分析所采用的 30 多项指标中,选取了 14 项,从盈利能力、偿债能力和成长能力等三个方面对上市公司的绩效进行综合评价。到 2004 年,又增加了运营改善效果类指标,从四个方面设置综合评价体系(见表 15-19)。此评价体系采用统计学方法选取指标,具备一定的科学性和客观性,但是指标计算程序复杂,影响其在企业中的实际运用能力,且采用主成分分析和交叉相关分析选取指标,忽视了财务指标本身的意义,影响了财务评价的目标。

表 15-19　上市公司综合评价体系

类别	指标名称	计算公式
盈利能力	净资产收益率	净利润/平均权益资本
	净资产经常性收益	扣除非经营性所得后的净利润/平均股本权益
	总资产报酬率	(利润总额+利息支出)/平均资产总额
	投入资本经营收益率	(利润总额+利息支出)/(资产总额 − 流动负债)
偿债能力	流动比率	流动资产总额/流动负债总额
	强制性现金支出比率	现金流入量总额/(经营现金流入量 + 偿还债务本息付现)
	现金流量负债比率	年经营现金净流量/年末流动负债
	资产负债率	负债总额/资产总额
成长能力	三年主营业务平均增长率	1/3 × 主营业务收入近三年增加额/三年前主营业务收入
	三年利润平均增长率	1/3 × 利润总额近三年增加额/三年前利润总额
	三年资产平均增长率	1/3 × 资产总额近三年增加额/三年前资产总额
	三年资本平均增长率	1/3 × 所有者权益近三年增加额/三年前所有者权益
	销售增长趋势	$0.2 \times \sqrt[3]{销售增长率_{00}} + 0.3 \times \sqrt[3]{销售增长率_{01}} + 0.5 \times \sqrt[3]{销售增长率_{02}}$
	利润增长趋势	$0.2 \times \sqrt[3]{利润增长率_{00}} + 0.3 \times \sqrt[3]{利润增长率_{01}} + 0.5 \times \sqrt[3]{利润增长率_{02}}$
运营改善效果	主营业务利润率	本年主营业务利润/本年主营业务收入 − 上年主营业务利润/上年流动业务收入
	流动资产周转	本年主营业务收入/本年流动资金平均额 − 上年主营业务收入/上年流动资金平均额
	总资产周转	本年主营业务收入/本年平均资产总额 − 上年主营业务收入/上年平均资产总额
	存货周转	年初存货净额/上年主营业务收入 − 年末存货净额/本年主营业务收入
	应收款周转	年初应收账款/上年主营业务收入 − 年末应收账款/本年主营业务收入

7. "证星-若山风向标"上市公司财务测评系统

2001 年,国内著名财经网络公司"证券之星"与复旦大学金融期货研究所联合开发了"证星-若山风向标"上市公司财务测评系统。该系统由我国著名的审计学家、财务分析专家、复旦大学会计学系博士生导师李若山教授亲自主持,该系统吸收了国际通用的沃尔评分法以及国内有关绩效评价指标体系,将财务指标划分为盈利能力、现金流量、偿债能力、资产负债管理能力和成长能力五大类,构成上市公司财务测评系统的指标体系(见表 15-20)。各个财务指标权重的确定,以 AHP(层次分析法)计算所得的数值为基础,经过统计资料的不断验证、调整而成。

表15-20 "证星-若山风向标"测评系统指标体系

类别	指标名称	定 义	性 质	数据来源
盈利能力	净资产收益率	净利润/平均净资产	正指标	财务报告 指标摘要
	每股收益	本年净收益/年末普通股股份数	正指标	财务报告 指标摘要
	主营业务比率	主营业务利润/利润总额	正指标	利润表
	营业利润比率	营业利润/利润总额	正指标	利润表
	主营业务毛利润	（主营业务收入净额－主营业务成本）/主营业务收入净额	正指标	利润表
	营业活动收益质量	经营活动产生的现金净流量/营业利润	正指标	利润表 现金流量表
现金流量	主营业务现金比率	销售活动产生的现金净流量/主营业务收入净额	正指标	利润表 现金流量表
	经营现金稳定率	折旧费用/经营活动产生的现金净流量	正指标	现金流量表
	经营现金比率	经营活动产生的现金净流量/总现金净流量	正指标	现金流量表
偿债能力	速动比率	速动资产/流动负债	适度指标	资产负债表
	流动比率	流动资产总额/流动负债总额	适度指标	资产负债表
	利息保障倍数	息税前利润/当年利息支出	正指标	资产负债表 利润表
	经营现金保障比率	经营活动净现金流量/流动负债	正指标	资产负债表 现金流量表
	资产负债率	负债总额/资产总额	适度指标	资产负债表
资产负债管理能力	应收账款周转率	主营业务收入净额/应收账款平均余额	正指标	利润表 资产负债表
	流动资产周转率	主营业务收入净额/平均流动资产	正指标	利润表 资产负债表
	负债结构率	流动负债余额/长期负债余额	适度指标	资产负债表
资产负债管理能力	现金股利支付率	本年度发放的现金股利/净利润	适度指标	利润表 现金流量表
	长期资产适合率	（股东权益＋长期负债）/（固定资产净值＋长期投资净值）	适度指标	资产负债表
成长能力	主营业务收入增长率	（本年主营业务收入－上年主营业务收入）/上年主营业务收入	正指标	利润表
	净利润增长率	（本年净利润－上年净利润）/上年净利润	正指标	利润表
	固定资产投资扩张率	（上年固定资产总额－上年资产总额）/上年固定资产总额	适度指标	资产负债表

"证星-若山风向标"测评系统的一个重要创新与优点是采用行业平均作为评价基础，测算出各个上市公司相对于行业平均的实际综合得分，依此排出上市公司的行业排名更可靠，更有参考价值。该方法的不足之处表现在以下几个方面：指标体系选用财务指标过多，试图涵盖全

部财务信息，使得分析系统过于复杂，大而全却敏感性不高；将现金流量指标引入评价体系与传统财务指标不能形成一个有机整体；该指标体系各指标权重全部采用 AHP 确定，缺乏一定的客观性。

8. 国有资本金效绩评价体系

国有资本金效绩评价体系分工商企业和金融企业两类，工商企业又分为竞争性企业和非竞争性企业。具体的评价指标分为定量指标和定性指标两大类，其中定量指标又分为基本指标和修正指标两类。

表 15-21 为竞争性工商企业评价指标体系，重点是评价企业财务效益状况、资产运营状况、偿债能力状况和发展能力状况四项内容，以全面反映企业的生产经营状况和经营者的业绩。对这四项的评价则由基本指标、修正指标和专家评议指标等共由 32 项组成。2002 年财政部对此又进行了修订，增加了"盈余现金保障倍数"指标，同时把"现金/流动负债比率"的权重由 4 提高到 10。

表 15-21 竞争性工商企业评价指标体系

指标类别（100分）	定量指标（权重80%）		定性指标（权重20%）
	基本指标（100分）	修正指标（100分）	评议指标（100分）
财务效益状况（42分）	净资产收益率（30分） 总资产收益率（12分）	资产保值增值率（16分） 销售利润率（14分） 成本费用利润率（12分）	领导班子基本素质（20分） 产品市场占有率（18分） 基础管理水平（20分） 员工素质（12分） 技术装备水平（10分） 行业（地区）影响（5分） 经营发展战略（5分） 长期发展能力预测（10分）
资产运营状况（18分）	总资产周转率（9分） 流动资产周转率（9分）	存货周转率（4分） 应收账款周转率（4分） 不良资产比率（6分） 资产损失率（4分）	
偿债能力状况（22分）	资产负债率（12分） 已获利息倍数（10分）	流动比率（6分） 速动比率（4分） 现金流动负债比率（4分） 长期资产适合率（5分） 经营亏损挂账比率（3分）	
发展能力状况（18分）	销售增长率（9分） 资本积累率（9分）	总资产增长率（7分） 固定资产成新率（5分） 三年利润平均增长率（3分） 三年资本平均增长率（3分）	

国有资本金效绩评价体系分类清楚，指标详细，但对指标采用主观赋权的方式，忽视了整个系统中各个财务指标间的相互联系，有可能人为地导致对某一个因素过高或过低地估计，人为地增加企业的绩效，影响评价的客观性。并且，该体系只是将非财务指标进行简单的罗列和赋权，没有实现财务指标和非财务指标的有机结合和层次分析。

> **小知识**
>
> **中央企业综合绩效评价指标体系及权重**
>
> 企业综合绩效评价指标由 22 个财务绩效定量评价指标和 8 个管理绩效定性评价指标组成。
>
> 财务绩效定量评价指标由反映企业盈利能力状况、资产质量状况、债务风险状况和经营增长状况四个方

面的 8 个基本指标和 14 个修正指标构成，用于综合评价企业财务会计报表所反映的经营绩效状况（见表 15-22）。

表 15-22　企业综合绩效评价指标及权重表

评价内容与权数		财务绩效（70%）				管理绩效（30%）	
		基本指标	权数	修正指标	权数	评议指标	权数
盈利能力状况	34	净资产收益率	20	销售（营业）利润率	10	战略管理	18
				盈余现金保障倍数	9		
		总资产报酬率	14	成本费用利润率	8	发展创新	15
				资本收益率	7		
资产质量状况	22	总资产周转率	10	不良资产比率	9	经营决策	16
				流动资产周转率	7		
		应收账款周转率	12	资产现金回收率	6	风险控制	13
债务风险状况	22	资产负债率	12	速动比率	6	基础管理	14
				现金流动负债比率	6		
		已获利息倍数	10	带息负债比率	5	人力资源	8
				或有负债比率	5		
经营增长状况	22	销售（营业）增长率	12	销售（营业）利润增长率	10	行业影响	8
		资本保值增值率	10	总资产增长率	7	社会贡献	8
				技术投入比率	5		

（四）战略计分卡

英国特许管理会计师公会（CIMA）提出了"战略计分卡"（Strategic Scorecard）概念，通过引入"企业治理：公司治理+业务治理"的理念，考虑了不同治理层次的主体在进行战略管理时的不同职责。他们给出的企业治理概念是为董事会或经营者在促进其遵循战略方向、完成业绩目标、控制适度风险、监督组织资源与组织责任的一致性的责任与体系。企业治理展示着一个企业组织的整体责任框架，包含了制度的符合（公司治理）和业绩的提升（业务治理）两个维度。

战略计分卡提供了一种制定战略的流程，注重企业所面临的重大问题，使董事会也参与到战略实施框架中，对战略制定和实施的全过程进行全面的监督考察。按照 CIMA 首席执行官 Roland Kaya 的看法，平衡计分卡和战略计分卡的综合运用，可以提高企业成功的概率。

战略计分卡具有四大模块：战略定位、战略方案选择、战略实施和战略风险。战略定位要求企业了解其外部环境，如客户需求、竞争者、市场障碍、政府监管、供应商动向等，通过分析，提示董事会应该如何做；战略方案选择主要是确定企业打算进入的市场、推出新产品的可能以及并购等重大问题；战略实施就是为已经做出的战略决策设定一些关键的时间节点并进行跟踪，公布战略完成程度的审计；战略风险的重点是通过权衡企业可能承担的风险，确保对其进行管理，以尽可能降低风险、控制风险。

总体来说，战略计分卡的基本功能是帮助董事会尤其是独立董事总揽公司战略制定的全过程，应对战略变化与选择，客观评估公司战略实施状态与总体结果。它关注的问题较为宏观，因为董事会成员在规划公司未来战略时主要关注大局，而并不是进行细节的可行性分析，也不是一份详细的战略计划。

(五) 绩效棱镜

绩效棱镜（Performance Prism），又译作绩效三棱镜、绩效棱柱，是埃森哲和格兰菲管理学院经营绩效中心开发的以促进创新为目标的绩效评价模式。这种绩效评价方法设计基于这样一种思想，即公司应当找出特定办法后的成因，并对此加以检讨和质疑，然后决定是废除还是保留。然而当企业试图改变做法时，有时候对做法背后的基本框架视而不见，这是创新的最大阻碍。这些假设在组织里早已根深蒂固，因此组织成员都习以为常，察觉不出有何异样。但企业必须找出这些规则与假设，并分析有没有办法把它们破除，如果可以破除，就可能发现有哪些新的契机因此而出现。所以绩效棱镜也是一种战略性思考的方法，它评价企业创新的可能来源，同时评价公司创新的潜力。

绩效棱镜共有五个面（见表15-23）。"利益关系人的满意度"与"利益关系人的贡献"构成棱镜上下两端的三角形，"战略""流程""能力"则是连接三角形的三个矩形面。绩效棱镜对组织提出了五个基本问题：

表15-23 绩效棱镜的五个面

项　　目	内　容　阐　释
"利益关系人的满意度"是棱镜的第一面（也是最后一面），它的次序要在战略之前	利益关系人正逐渐变成公司绩效中愈来愈重要的部分，因为公司发现假如它们亏待客户、员工、供应商或周围的社团，他们就无法长期满足股东的需要。此外，各利益关系人的重要性也正与时迁移。例如，随着公司把愈来愈多的非核心业务外包出去，它们对供应商的依赖也愈来愈深。最显著的互赖现象出现在电子商务领域。在这个领域中，交付售出产品或服务所需要的销售和物流工作往往与中间人有很密切的关系，甚至创造了一种新的利益关系人，即所谓"互补业者"。互补业者就是联盟伙伴，专门为企业提供产品服务，以扩展企业本身的产品价值。可以预见，电子商务正逐渐成为一种非常重要的交易模式。有一点必须明确，利益关系人对组织的要求与需要可能和组织对关系人的要求与需要产生冲突与紧张关系。换句话说，企业要求利益关系人做出的贡献不一定对利益关系人本身有利，所以两者必须分开评估。绩效棱镜的做法可以把这种变动的紧张关系纳入考虑之中，并以合理的方式量化以便组织评估满意度
棱镜的第二、三面是"战略"和"流程"	但"流程质量"的概念其实并不容易界定，因为它不像产品一样可以直接看到缺点。就某程度来说，如果要判断流程质量，可以观察流程所产出的产品或服务质量（输出），以及它们是否让客户觉得满意（成果）。此外，管理阶层也可以直接评估一些与流程有关的要点，如数量、运转次数、成本等
棱镜的第四面是"能力"，也就是能力式创新的五个要素	"能力"是指结合不同的要素，通过不同的运营层面为组织的利益关系人创造出价值。这些要素可能包括公司员工的技能、作业方式、优异的技术，以及实体基础结构等。公司如果想要在现在与未来的竞争获胜，这些要素都是不可或缺的基石
棱镜的第五面又回到利益关系人，它反映利益关系人的贡献	有一点要注意的是，在设计评估架构时，在前面所提到的五个基本问题中与利益关系人有关的两个问题可能必须在一开始就同时解决，以便让管理团队更加了解利益关系人之间的相互关系有多重要。等到界定完必备的"能力"后，通常必须再次回到贡献的问题上，整个循环才算完成

（1）谁是主要利益关系人？他们想要和需要的东西有哪些？

（2）要用什么样的"战略"才能满足这些要求与需要？

（3）要用什么样的，"流程"才能达到上述的"战略"？
（4）所需要的"能力"有哪些？
（5）公司如果要维持及发展这些能力，需要哪些"利益关系人的贡献"？
这些问题依据一定的次序提出和回答。

> **小知识**
>
> **绩效棱镜方法对绩效评价的影响**
>
> 绩效棱镜提供了一种绩效评价的分析思路，它将对创新能力的评价融入一个战略框架中，在此框架下综合了更多需要评价的内容。这种综合不是毫无关联的，而是建立在对棱镜5个面相互联系与次序理解的基础上。这样绩效评价内容的扩大并未造成评价体系变得庞杂而无重点和导向性，相反，它能够更好地服务于提高企业创新能力这一目标。只有通过这样战略性的分析和评价，才可以深入理解隐藏在现实活动过程背后的那些假设，并分析这些假设是否成立、需不需要摒弃，在此基础上创新才成为可能，创新也才能服从于公司的整体战略。通过绩效棱镜的分析方法，绩效评价成为企业整体创新机制中有力的一环，可以更有效地作用于企业持续创新的过程。

三、公司内部的绩效评价

公司实行分权管理体制，必须建立和健全有效的绩效评价和考核制度。公司整体的业绩目标，需要落实到内部各部门和经营单位，成为内部单位绩效评价的依据。根据内部单位职责范围和权限大小，可以将其分为成本中心、收入中心（比较简单，不予介绍）、利润中心和投资中心。

（一）成本中心的绩效评价

对各级主管人员的绩效评价，应以其对企业完成目标和计划中的贡献和履行职责中的成绩为依据。他们所主管的部门和单位有不同的职能，按其责任和控制范围的大小，这些责任单位分为成本中心、利润中心和投资中心。

一个责任中心，如果不形成或者不考核其收入，而着重考核其所发生的成本和费用，这类中心称为成本中心。

成本中心往往是没有收入的。例如，一个生产车间，它的产成品或半成品并不由自己出售，没有销售职能，没有货币收入。有的成本中心可能有少量收入，但不成为主要的考核内容。例如，生产车间可能取得少量外协加工收入，但这不是它的主要职能，不是考核车间的主要内容。一个成本中心可以由若干个更小的成本中心组成。又如，一个分厂是成本中心，它由几个车间所组成，而每个车间还可以划分为若干个工段，这些工段是更小的成本中心。任何发生的责任领域，都可以确定为成本中心，大的成本中心可能是一个分公司，小的成本中心可能是一个台卡车和两个司机组成的单位。成本中心的职责，是用一定的成本去完成规定的具体任务。

成本中心有两种类型：标准成本中心和费用中心。

标准成本中心，必须是所生产的产品稳定而明确，并且已经知道单位产品所需要的投入量的责任中心。通常，标准成本中心的典型代表是制造业工厂、车间、工段、班组等。在生产制造活动中，每个产品都可以有明确的原材料、人工和间接制造费用的数量标准和价格标准。实际上，任何一种重复性的活动都可以建立标准成本中心，只要这种活动能够计量产出的实际数量，并且能够说明投入与产出之间可望达到的函数关系。因此，各种行业都可能建立标准成本中心。银行根据经手支票的多少，医院根据接受检查或放射治疗的人数，快餐业根据售出的盒饭多少，都可建立标准成本中心。

费用中心，适用于那些产出物不能用财务指标来衡量，或者投入和产出之间没有密切关系的单位。这些单位包括一般行政管理部门，如会计、人事、劳资、计划等；研究开发部门，如设备改造、新产品研制等；以及某些销售部门，如广告、宣传、仓储等。一般行政管理部门的产出难以度量，研究开发和销售活动的投入量与产出量之间没有密切的联系。对于费用中心，唯一可以准确计量的是实际费用，无法通过投入和产出的比较来评价其效果和效率，从而限制无效费用的支出，因此，有人称其为"无限制的费用中心"。

1. 成本中心的考核指标

一般说来，标准成本中心的考核指标，是既定产品质量和数量条件下的标准成本。标准成本中心不需要做出价格决策、产量决策或产品结构决策，这些决策由上级管理部门做出，或授权给销货单位做出。标准成本中心的设备和技术决策，通常由职能管理部门做出，而不是由成本中心的管理人员自己决定。因此，标准成本中心不对生产能力的利用程度负责，而只对既定产量的投入量承担责任。如果采用全额成本法，成本中心不对闲置能量的差异负责，他们对于固定成本的其他差异要承担责任。

值得强调的是，如果标准成本中心的产品没有达到规定的质量，或没有按计划生产，则会对其他单位产生不利的影响。因此，标准成本中心必须按规定的质量、时间标准和计划产量来进行生产。这个要求是"硬性"的，很少有伸缩余地。完不成上述要求，成本中心要受到批评甚至惩罚。过高的产量，提前产出造成积压，超产以后销售不出去，同样会给企业带来损失，也应视为未按计划进行生产。

确定费用中心的考核指标是一件困难的工作。由于缺少度量其产出的标准，以及投入和产出之间的关系不密切，运用传统的财务技术来评估这些中心的业绩非常困难。费用中心的业绩涉及预算、工作质量和服务水平。工作质量和服务水平的量化很困难，并且与费用支出关系密切。这正是费用中心与标准成本中心的主要差别。标准成本中心的产品质量和数量有良好的量化方法，如果能以低于预算水平的实际成本生产出相同的产品，则说明该中心业绩良好。而对于费用中心则不然，一个费用中心的支出没有超过预算，可能该中心的工作质量和服务水平低于计划的要求。

通常，使用费用预算来评价费用中心的成本控制业绩。由于很难依据一个费用中心的工作质量和服务水平来确定预算数额，一个解决办法是考察同行业类似职能的支出水平。例如，有的公司根据销售收入的一定百分比来制定研究开发费用预算。尽管很难解释为什么研究开发费与销售额具有某种因果关系，但是百分比法还是使人们能够在同行业之间进行比较。另一个解决办法是零基预算法，即详尽分析支出的必要性及其取得的效果，确定预算标准。还有许多企业依据历史经验来编制费用预算。这种方法虽然简单，但缺点也十分明显。管理人员为在将来获得较多的预算，倾向于把能花的钱全部花掉。越是勤俭度日的管理人员，将越容易面临严峻的预算压力。预算的有利差异只能说明比过去少花了钱，既不表明达到了应有的节约程度，也不说明成本控制取得了应有的效果。因此，依据历史实际费用数额来编制预算并不是个好办法。从根本上说，决定费用中心预算水平有赖于了解情况的专业人员的判断。上级主管人员应信任费用中心的经理，并与他们密切配合，通过协商确定适当的预算水平。在考核预算完成情况时，要利用有经验的专业人员对该费用中心的工作质量和服务水平做出有根据的判断，才能对费用中心的控制业绩做出客观评价。

2. 成本中心的责任成本

责任成本是以具体的责任单位（部门、单位或个人）为对象，以其承担的责任为范围所归集的成本，也就是特定责任中心的全部可控成本。

可控成本是指在特定时期内、特定责任中心能够直接控制其发生的成本。其对称概念是不可控成本。

可控成本总是针对特定责任中心来说的。一项成本，对某个责任中心来说是可控的，对另外的责任中心则是不可控的。例如，耗用材料的进货成本，采购部门可以控制，使用材料的生产单位则不能控制。有些成本，对于下级单位来说是不可控的，而对于上级单位来说则是可控的。例如，车间主任不能控制自己的工资（尽管它通常要计入车间成本），而他的上级则可以控制。

区分可控成本和不可控成本，还要考虑成本发生的时间范围。一般说来，在消耗或支付的当期成本是可控的，一旦消耗或支付就不再可控。有些成本是以前决策的结果，如折旧费、租赁费等，在添置设备和签订租约时曾经是可控的，而使用设备或执行契约时已无法控制。

从整个企业的空间范围和很长的时间范围来观察，所有成本都是人的某种决策或行为的结果，都是可控的。但是，对于特定的人或时间来说，则有些是可控的，有些是不可控的。

可控成本与直接成本、变动成本是不同的概念。

直接成本和间接成本的划分依据，是成本的可追溯性。可追溯到个别产品或部门的成本是直接成本；由几个产品或部门共同引起的成本是间接成本。对生产的基层单位来说，大多数直接材料和直接人工是可控制的，但也有部分是不可控的。例如，工长的工资可能是直接成本，但工长无法改变自己的工资，对他来说该成本是不可控的。最基层单位无法控制大多数的间接成本，但有一部分是可控的。例如，机物料的消耗可能是间接计入产品的，但机器操作工却可以控制它。

变动成本和固定成本的划分依据，是成本依产量的变动性。随产量正比例变动的成本，称为变动成本。在一定幅度内不随产量变动而基本上保持不变的成本，称为固定成本。对生产单位来说，大多数变动成本是可控的，但也有部门不可控。例如，按产量和实际成本分摊的工艺装备费是变动成本，但使用工装的生产车间未必能控制其成本的多少，因为产量是上级的指令，其实际成本是制造工装的辅助车间控制的。固定成本和不可控成本也不能等同，与产量无关的广告费、科研开发费、教育培训费等酌量性固定成本都是可控的。

责任成本计算、变动（边际）成本计算和制造成本计算，是三种不同的成本计算方法。他们的主要区别是：

（1）核算的目的的不同。计算产品的完全成本是为了按会计准则确定存货成本和期间损益；计算产品的变动成本是为了经营决策；计算责任成本是为了评价成本控制业绩。

（2）成本计算对象不同。变动成本计算和制造成本计算以产品为成本计算的对象；责任成本以责任中心为成本计算的对象。

（3）成本的范围不同。制造成本计算的范围是全部制造成本，包括直接材料、直接人工和全部制造费用；变动成本计算的范围是变动成本，包括直接材料、直接人工和变动制造费用，有时还包括变动的管理费用；责任成本计算的范围是各责任中心的可控成本。

（4）共同费用在成本对象间分摊的原则不同。制造成本计算按受益原则归集和分摊费用，谁受益谁承担，要分摊全部的间接制造费用；变动成本计算只分摊变动成本，不分摊固定成本；责任成本法按可控原则把成本归属于不同责任中心，谁能控制谁负责，不仅可控的变动间接费要分配给责任中心，可控的固定间接费也要分配给责任中心。责任成本法是介于制造成本法和变动成本法之间的一种成本方法，有人称为"局部吸收成本法"或"变动成本和吸收成本法结合的成本方法"。

责任成本与标准成本、目标成本既有区别又有密切关系。标准成本和目标成本主要强调事先的成本计算,而责任成本重点是事后的计算、评价和考核,是责任会计的重要内容之一。标准成本在制定时是分产品进行的,事后对差异进行分析时才判别责任归属。目标成本管理要求在事先规定目标时就考虑责任归属,并按责任归属收集和处理实际数据。不管使用目标成本还是标准成本作为控制依据,事后的评价与考核都要求核算责任成本。

计算责任成本的关键是判别每一项成本费用支出的责任归属。

通常,可以按以下原则确定责任中心的可控成本:

(1)假如某责任中心通过自己的行动能有效地影响一项成本的数额,那么该中心就要对这项成本负责。

(2)假如某责任中心有权决定是否使用某种资产或劳务,它就应对这些资产或劳务的成本负责。

(3)某管理人员虽然不直接决定某项成本,但是上级要求他参与有关事项,从而对该项成本的支出施加了重要影响,则他对该成本也要承担责任。

将发生的直接材料和人工费用归属于不同的责任中心通常比较容易,而制造费用的归属则比较困难。为此,需要仔细研究各项消耗和责任中心的因果关系,采用不同的分配方法。一般是依次按五个步骤来处理(见表15-24)。

表 15-24 制造费用的归属处理步骤

项　　目	内　容　阐　释
直接计入责任中心	将可以直接判别责任归属的费用项目,直接列入应负责的成本中心。例如,机物料消耗、低值易耗品的领用等,在发生时可判别耗用的成本中心,不需要采用其他标准进行分配
按责任基础分配	对不能直接归属于个别责任中心的费用,优先采用责任基础分配。有些费用虽然不能直接归属于特定成本中心,但它们的数额受成本中心的控制,能找到合理依据来分配,如动力费、维修费等。如果成本中心能自己控制使用量,可以根据其用量来分配。分配时要使用固定的内部结算价格,防止供应部门的责任向使用部门转嫁
按受益基础分配	有些费用不是专门属于某个责任中心的,也不宜用责任基础分配,但与各中心的受益多少有关,可按受益基础分配,如按装机功率分配电费等
归入某一个特定的责任中心	有些费用既不能用责任基础分配,也不能用受益基础分配,则考虑有无可能将其归属于一个特定的责任中心。例如,车间的运输费用和试验检验费用,难以分配到生产班组,不如建立专门的成本中心,由其控制此项成本,不向各班组分配
不能归属于任何责任中心的固定成本,不进行分摊	例如,车间厂房的折旧是以前决策的结果,短期内无法改变,可暂时不加控制,作为不可控费用

(二)利润中心的绩效评价

成本中心的决策权力是有限的。标准成本中心的管理人员可以决定投入,但产品的品种和数量往往要由其他人员来决定。费用中心为本企业提供服务或进行某一方面的管理。收入中心负责分配和销售产品,但不控制产品的生产。当某个责任中心被同时赋予生产和销售职能时,该中心的自主权就会显著地增加,管理人员能够决定生产什么、如何生产、产品质量的水平、价格的高低、销售的办法,以及生产资源如何在不同产品之间进行分配等。这种责任中心出现在大型分散式经营的组织中，小企业很难或不必采用分散式组织结构，如果大企业采用集权式管理组织结构也不会使下级具有如此广泛的决策权。这种具有几乎全部经营决策权的责任中心，可以被确定为利润中心或投资中心。

一个责任中心，如果能同时控制生产和销售，既要对成本负责又要对收入负责，但没有责任或没有权力决定该中心资产投资的水平，因而可以根据其利润的多少来评价该中心的业绩，那么，该中心称为利润中心。

利润中心有两种类型：一种是自然的利润中心，它直接向企业外部出售产品，在市场上进行购销业务。例如，某些公司采用事业部制，每个事业部均有销售、生产、采购的职能，有很大的独立性，这些事业部就是自然的利润中心。另一种是人为的利润中心，它主要在企业内部按照内部转移价格出售产品。例如，大型钢铁公司分成采矿、炼铁、炼钢、轧钢等几个部门，这些生产部门的产品主要在公司内部转移，它们只有少量对外销售，或者全部对外销售由专门的销售机构完成，这些生产部门可视为利润中心并称为人为的利润中心。再如，企业内部的辅助部门，包括修理、供电、供水、供气等部门，可以按固定的价格向生产部门收费，它们也可以确定为人为的利润中心。

通常，利润中心被看成一个可以用利润衡量其一定时期业绩的组织单位。但是，并不是可以计量利润的组织单位都是真正意义上的利润中心。利润中心组织的真正目的是激励下级制定有利于整个公司的决策并努力工作。仅仅规定一个组织单位的产品价格并把投入的成本归集到该单位，并不能使该组织单位具有自主权或独立性。从根本目的上看，利润中心是指管理人员有权对其供货的来源和市场的选择进行决策的单位。一般说来，利润中心要向客户销售其大部分产品，并且可以自由地选择大多数材料、商品和服务等项目的来源。根据这一定义，尽管某些企业也采用利润指标来计算各生产部门的经营成果，但这些部门不一定就是利润中心。把不具有广泛权力的生产或销售部门定为利润中心，并用利润指标去评价它们的业绩，往往引起内部冲突或次优化，对加强管理反而是有害的（见表15-25）。

表15-25 利用利润指标评价业绩

项　　目	内　容　阐　释
利润中心的考核指标	对于利润中心进行考核的指标主要是利润。但是，也应当看到，任何一个单独的业绩衡量指标都不能够反映出某个组织单位的所有经济效果，利润指标也是如此。因此，尽管利润指标具有综合性，利润计算具有强制性和较好的规范化程度，但仍然需要一些非货币的衡量方法作为补充，包括生产率、市场地位、产品质量、职工态度、社会责任、短期目标和长期目标的平衡等
部门利润的计算	在计量一个利润中心的利润时，我们需要解决两个问题：第一，选择一个利润指标，包括如何分配成本到该中心；第二，为在利润中心之间转移的产品或劳务规定价格。我们在这里先讨论第一个问题，后一个问题将单独讨论。 "利润"并不是一个十分具体的概念，在这个名词前边加上不同的定语，可以得出不同的概念。在评价利润中心业绩时，我们至少有四种选择：边际贡献、可控边际贡献、部门边际贡献和税前部门利润
内部转移价格	分散经营的组织单位之间相互提供产品或劳务时，需要制定一个内部转移价格。转移价格对于提供产品或劳务的生产部门来说表示收入，对于使用这些产品或劳务的购买部门来说则表示成本。因此，转移价格会影响到这两个部门的获利水平，使得部门经理非常关心转移价格的制定，并经常引起争论

制定转移价格的目的有两个：防止成本转移带来的部门间责任转嫁，使每个利润中心都能作为单独的组织单位进行绩效评价；作为一种价格引导下级部门采取明智的决策，生产部门据此确定提供产品的数量，购买部门据此确定所需要的产品数量。但是，这两个目的往往有矛盾。能够满足评价部门业绩的转移价格，可能引导部门经理采取并非对企业最理想的决策；而能够正确引导部门经理的转移价格，可能使某个部门获利水平很高而另一个部门亏损。我们很难找到理想的转移价格来兼顾绩效评价和制定决策，而只能根据企业的具体情况选择基本满意的解决办法。

可以考虑的转移价格有以下几种。

1. 市场价格

在中间产品存在完全竞争市场的情况下，市场价格减去对外的销售费用，是理想的转移价格。

产品内在经济价值计量的最好方法是把它们投入市场，在市场竞争中判断社会所承认的产品价格。由于企业为把中间产品销售出去，还需追加各种销售费用，如包装、发运、广告、结算等，因此，市场价格减去某些调整项目才是目前未销售的中间产品的价格。从机会成本的观点来看，中间产品用于内部而失去的外销收益，是它们被内部购买部门使用的应计成本。这里失去的外销收益并非是市场价格，而需要扣除必要的销售费用，才是失去的净收益。

完全竞争市场这一假设条件，意味着企业外部存在中间产品的公平市场，生产部门被允许向外界客户销售任意数量的产品，购买部门也可以从外界供应商那里获得任意数量的产品。由于以市场价格为基础的转移价格，通常会低于市场价格，这个折扣反映与外销有关的销售费，以及交货、保修等成本，因此可以鼓励中间产品的内部转移。如果不考虑其他更复杂的因素，购买部门的经理应当选择从内部取得产品，而不是从外部采购。

如果生产部门在采用这种转移价格的情况下不能长期获利，企业最好是停止生产此产品而到外部去采购。同样，如果购买部门以此价格进货而不能长期获利，则应停止外部购买并进一步加工此产品，同时应尽量向外部市场销售这种产品。这样做，对企业总体是有利的。

值得注意的是，外部供应商为了能做买卖可能先报一个较低的价格，同时期望日后抬高价格。因此，在确认外部价格时要采用可以长期保持的价格。另外，企业内部转移的中间产品比外购产品的质量可能更有保证，并且更容易根据企业需要加以改进。因此，在经济分析无明显差别时，一般不应该依靠外部供应商，而应该鼓励利用自己内部的供应能力。

2. 以市场为基础的协商价格

如果中间产品存在非完全竞争的外部市场，可以采用协商的办法确定转移价格，即双方部门经理就转移中间产品的数量、质量、时间和价格进行协商并设法取得一致意见。

成功的协商转移价格依赖于下列条件：首先，要有一个某种形式的外部市场，两个部门经理可以自由地选择接受或者拒绝某一价格。如果根本没有可能从外部取得或销售中间产品，就会使一方或双方处于垄断状态，这样谈判结果不是协商价格而是垄断价格。在垄断的情况下，最终价格的确定受谈判人员的实力和技巧影响。其次，在谈判者之间共同分享所有的信息资源。这个条件能使协商价格接近一方的机会成本，如双方都接近机会成本则更为理想。再次，最高管理阶层的必要干预。虽然尽可能让谈判双方自己来解决大多数问题，以发挥分散经营的优点，但是，对于双方谈判时可能导致的企业非最优决策，最高管理阶层要进行干预，对于双方不能自行解决的争论有必要进行调解。当然，这种干预必须是有限的、得体的，不能使整个谈判变成上级领导裁决一切问题。

协商价格往往浪费时间和精力，可能导致部门之间的矛盾，部门获利能力大小与谈判人员的谈判技巧有很大关系，是这种转移价格的缺陷。尽管有上述不足之处，协商转移价格仍被广泛采用，它的好处是有一定弹性，可以照顾双方利益并得到双方认可。少量的外购或外卖是有益的，它可以保证得到合理的外部价格信息，为协商双方提供一个可供参考的基准。

3. 变动成本加固定费转移价格

这种方法要求中间产品的转移用单位变动成本来定价，与此同时还应向购买部门收取固定费，作为长期以低价获得中间产品的一种补偿。这样做，生产部门有机会通过每期收取固定费来补偿其固定成本并获得利润；购买部门每期支付特定数额的固定费之后，对于购入的产品只需支付变动成本，通过边际成本等于边际收入的原则来选择产量水平，可以使其利润达到最优水平。

按照这种方法，供应部门收取的固定费总额为期间固定成本预算额与必要的报酬之和，它按照各购买部门的正常需要量比例分配给购买部门。此外，为单位产品确定标准的变动成本，按购买部门的实际购入量计算变动成本总额。如果总需求量超过了供应部门的生产能力，变动成本不再表示需要追加的边际成本，则这种转移价格将失去其积极作用。反之，如果最终产品的市场需求很少时，购买部门需要的中间产品也变得很少，但它仍然需要支付固定费。在这种情况下，市场风险全部由购买部门承担了，而供应部门仍能维持一定利润水平，显得很不公平。实际上，供应和购买部门都受到最终产品市场的影响，应当共同承担市场变化引起的市场波动。

4. 全部成本转移价格

以全部成本或者以全部成本加上一定利润作为内部转移价格，可能是最差的选择。

（1）它以目前各部门的成本为基础，再加上一定百分比作为利润，在理论上缺乏说服力。以目前成本为基础，会鼓励部门经理维持比较高的成本水平，并据此取得更多的利润。越是节约成本的单位，越有可能在下一期被降低转移价格，使利润减少。成本加成百分率的确定也是个困难问题，很难说清楚它为什么会是5%、10%或20%。

（2）在连续式生产企业中成本随产品在部门间流转，成本不断积累，使用相同的成本加成率会使后序部门利润明显大于前序部门。如果扣除半成品成本转移，则会因各部门投入原材料出入很大而使利润分布失衡。

因此，只有在无法采用其他形式转移价格时，才考虑使用全部成本加成办法来制定转移价格。

（三）投资中心的绩效评价

投资中心是指某些分散经营的单位或部门，其经理所拥有的自主权不仅包括制定价格、确定产品和生产方法等短期经营决策权，而且包括投资规模和投资类型等投资决策权。投资中心的经理不仅能控制除公司分摊管理费用外的全部成本和收入，而且能控制占用的资产，因此，不仅要衡量其利润，而且要衡量其资产并把利润与其所占用的资产联系起来。

评价投资中心业绩的指标通常有以下两种选择。

1. 投资报酬率

这是最常见的考核投资中心业绩的指标。这里所说的投资报酬率是部门边际贡献除以该部门所拥有的资产额。

假设某个部门的资产额为 20 000 元，部门边际贡献为 4 000 元，那么投资报酬率为 20%：

$$投资报酬率 = \frac{4\ 000}{20\ 000} = 20\%$$

用投资报酬率来评价投资中心业绩有许多优点：它是根据现有的会计资料计算的，比较客观，可用于部门之间，以及不同行业之间的比较。投资人非常关心这个指标，公司总经理也十分关心这个指标。用它来评价每个部门的业绩，促使其提高部门的投资报酬率，有助于提高整个企业的投资报酬率。投资报酬率可以分解为投资周转率和部门边际贡献率两者的乘积，并可进一步分解为资产的明细项目和收支的明细项目，从而对整个部门的经营状况做出评价。

投资报酬率指标的不足也是十分明显的：部门经理会放弃高于资本成本而低于目前部门投资报酬率的机会，或者减少现有的投资报酬率较低但高于资金成本的某些资产，使部门的业绩获得较好的评价，却伤害了企业整体的利益。

假设前边提到的企业资金成本为15%。部门经理面临一个投资报酬率为17%的投资机会，投资额为10 000元，每年部门边际贡献1 700元。尽管对整个企业来说，由于投资报酬率高于资本成本，应当利用这个投资机会，但它使这个部门的投资报酬率由过去的20%下降到19%：

$$投资报酬率 = \frac{4\ 000 + 1\ 700}{20\ 000 + 10\ 000} = 19\%$$

同样道理，当情况与此相反时，假设该部门现有一项资产价值5 000元，每年获利850元，投资报酬率为17%，超过了资金成本，部门经理却愿意放弃该项资产，以提高部门的投资报酬率：

$$投资报酬率 = \frac{4\ 000 - 850}{20\ 000 - 5\ 000} = 21\%$$

当使用投资报酬率作为绩效评价标准时，部门经理可以通过加大公式分子或减少公式的分母来提高这个比率。实际上，减少分母更容易实现。这样做，会失去不是最有利但可以扩大企业总净利的项目。从引导部门经理采取与企业总体利益一致的决策来看，投资报酬率并不是一个很好的指标。

2. 剩余收益

为了克服由于使用比率来衡量部门业绩带来的次优化问题，许多企业采用绝对数指标来实现利润与投资之间的联系，这就是剩余收益指标。

$$剩余收益 = 部门边际贡献 - 部门资产应计报酬$$
$$= 部门边际贡献 - 部门资产 \times 资本成本$$

剩余收益的主要优点是可以使绩效评价与企业的目标协调一致，引导部门经理采纳高于企业资本成本的决策。

根据前边的资料计算：

$$目前部门剩余收益 = 4\ 000 - 20\ 000 \times 15\% = 1\ 000（元）$$
$$采纳增资方案后剩余收益 = (4\ 000 + 1\ 700) - (20\ 000 + 10\ 000) \times 15\% = 1\ 200（元）$$
$$采纳减资方案后剩余收益 = (4\ 000 - 850) - (20\ 000 - 5\ 000) \times 15\% = 900（元）$$

部门经理会采纳增资的方案而放弃减资的方案，这正是与企业总目标相一致的。

采用剩余收益指标还有一个好处，就是允许使用不同的风险调整资本成本。从现代财务理论来看，不同的投资有不同的风险，要求按风险程度调整其资本成本。因此，不同行业部门的资本成本不同，甚至同一部门的资产也属于不同的风险类型。例如，现金、短期应收款和长期资本投资的风险有很大区别，要求有不同的资本成本。在使用剩余收益指标时，可以对不同部门或者不同资产规定不同的资本成本百分数，使剩余收益这个指标更加灵活。而投资报酬率评价方法并不区别不同资产，无法分别处理风险不同的资产。

当然，剩余收益是绝对数指标，不便于不同部门之间的比较。规模大的部门容易获得较大的剩余收益,而它们的投资报酬率并不一定很高。在这里,我们再次体会到引导决策与评价业绩之间的矛盾。因此,许多企业在使用这一方法时,事先建立与每个部门资产结构相适应的剩余收益预算,然后通过实际与预算的对比来评价部门业绩。

(四)部门业绩的报告和考核

业绩的考核涉及成本控制报告、差异调查和奖惩等问题。考核的目的是纠正偏差,改进工作。

1. 成本控制报告

成本控制报告是责任会计的重要内容之一,也称为业绩报告。其目的是将责任中心的实际成本与限额比较,以判别成本控制业绩。

(1)控制报告的目的。

1)形成一个正式的报告制度,使人们知道他们的业绩将被衡量、报告和考核,会使他们的行为与没有考核时大不一样。这就与学生对于考试课及非考试课花费的精力不同类似。当人们明确知道考核标准并肯定知道面临考核时,会尽力为达到标准而努力。

2)控制报告显示过去工作的状况,提供改进工作的线索,指明方向。

3)控制报告向各级主管部门报告下属的业绩,为他们采取措施纠正偏差和实施奖惩提供依据。

(2)控制报告的内容如表 15-26 所示。

表 15-26 控制报告的内容

项　　目	内　容　阐　释
实际成本的资料	它回答"完成了多少"。实际资料可以通过账簿系统提供,也可以在责任中心设置兼职核算员,在账簿系统之外收集加工
控制目标的资料	它回答"应该完成多少"。控制目标可以是目标成本,也可以是标准成本,一般都要按实际业务量进行调整
两者之间的差异和原因	它回答"完成得好不好,是谁的责任"

(3)良好的控制报告应满足的要求。

1)报告的内容与其责任范围一致。

2)报告的信息要失和使用人的需要。

3)报告的时间要符合控制的要求。

4)报告的列示要简明、清晰、实用。

2. 差异调查

成本控制报告将使人们注意偏离目标的表现,但它知识指出问题的线索。只有通过调查研究,找到原因,分清责任,才能采取纠正行动,收到降低成本的实效。

发生偏差的原因很多,可以分为三类:

(1)执行人的原因,包括过错、没经验、技术水平低、责任心差、不协作等。

(2)目标不合理包括原来制定的目标过高或过低,或者情况变化使目标不再适用等。

(3)实际成本核算有问题,包括数据的记录、加工和汇总有错误,故意的造假等。

只有通过调查研究,才能找到具体原因,并针对原因采取纠正行动。

3. 奖励与惩罚

奖励是对超额完成目标成本行为的回报，是表示赞许的一种方式。目前奖励的方式主要是奖金，也会涉及加薪和提升等。奖励的原则是：奖励的对象必须是符合企业目标、值得提倡的行为；要让职工事先知道成本达到何种水平将得到何种奖励；避免奖励华而不实的行为和侥幸取得好成绩的人；奖励要尽可能前后一致。

惩罚是对不符合期望的行为的回报。惩罚的作用在于维持企业运转所要求的最低标准，包括产量、质量、成本、安全、出勤、接受上级领导等。如果达不到最低要求，企业将无法正常运转。达不到成本要求的惩罚手段主要是批评和扣发奖金，有时涉及降级、停止提升和免职等。惩罚的目的是避免类似的行为重复出现，包括被惩罚人的行为和企业里其他人的行为。惩罚的原则是：在调查研究的基础上，尽快采取行动，拖延会减弱惩罚的效力；预先要有警告，只有重犯者和违反尽人皆知准则的人才受惩罚；惩罚要一视同仁，前后一致。

4. 纠正偏差

纠正偏差是成本控制系统的目的。如果一个成本控制系统不能揭示成本差异及其产生原因，不能揭示应由谁对差异负责从而保证采取某种纠正措施，那么这种控制系统仅仅是一种数字游戏，白白浪费了职能人员的许多时间。

纠正偏差是各责任中心主管人员的主要职责。如果成本控制的标准是健全的并且是适当的，评价和考核也是按这些标准进行的，则产生偏差的操作环节和责任人已经指明。具有责任心和管理才能的称职的主管人员就能够通过调查研究找出具体原因，并有针对性地采取纠正措施。

纠正偏差的措施通常包括：

（1）重新制订计划或修改目标；
（2）采取组织手段重新委派任务或明确职责；
（3）采取人事管理手段增加人员，选拔和培训主管人员或者撤换主管人员；
（4）改进指导和领导工作，给下属以更具体的指导和实施更有效的领导。

成本指标具有很强的综合性，无论哪一项生产作业或管理作业出了问题都会引起成本失控。因此，纠正偏差的措施必须与其他管理职能结合在一起才能发挥作用，包括计划、组织、人事及指导与领导。

纠正偏差最重要的原则是采取行动。一个简单的道理是不采取行动就不可能纠正偏差。由于管理过程的复杂性和人们认识上的局限性，纠正行动不一定会产生预期的效果，从而会出现新的偏差。这种现象不是拒绝采取行动的理由，反而表明需要不断地采取行动。这就如同在高速公路上驾车，要不断调整方向盘，才能确保汽车顺利前进，把定方向盘不动的后果是尽人皆知的。

第二节　财务评价专述

一、财务评价的方法

企业财务绩效评价中最常见的是基于财务会计报告的财务评价指标，包括盈利能力指标、偿债能力指标、营运能力指标、发展能力指标等。综合评价方法即在应用各种财务评价方法的基础上，将财务指标与非财务指标结合起来，得出财务评价结论，如沃尔比重分析法、战略平衡计分卡、综合指数法等。

二、财务评价的标准（见表15-27）

表15-27 常用的财务评价标准

项 目	内 容 阐 释
行业标准	行业标准即按行业的基本水平或竞争者的指标水平所选择的标准
经验标准	它是依据长期的、大量的实践经验检验形成的标准，如流动比率为2∶1，速动比率为1∶1，等等
历史标准	它是依据本企业过去某一时期的实际业绩数据形成的标准，可以选择企业历史最好水平，也可以选择企业正常经营条件下的水平

三、财务评价的内容及指标体系

企业财务评价主要评价企业的偿债能力、盈利能力、资产营运能力、发展能力和社会贡献等方面（见表15-28）。

表15-28 企业财务评价指标内容

项 目	内 容 阐 释
盈利能力	盈利能力即企业投入一定的资源赚取利润的能力，可以用绝对数表示，也可以用相对数表示。其主要指标包括： $$净资产收益率 = \frac{净利润}{平均资产总额} \times 100\%$$ $$总资产报酬率 = \frac{息税前利润总额}{平均资产总额} \times 100\%$$ $$主营业务利润率 = \frac{主营业务利润}{主营业务收入净额} \times 100\%$$ $$资本保值增值率 = \frac{扣除客观因素后的年末所有者权益}{年初所有者权益} \times 100\%$$ $$盈余现金保障倍数 = \frac{经营现金净流量}{净利润} \times 100\%$$ $$成本费用利润率 = \frac{利润总额}{成本费用总额} \times 100\%$$ 一般来说，以上指标越高，盈利能力越好。其中，净资产收益率是反映盈利能力的核心指标，评价标准通常可用社会平均利润率、行业平均利润率或资本成本率等
资产营运能力	资产营运能力即企业营运资产的效率。其主要指标包括： $$总资产周转率（次）= \frac{主营业务收入净额}{平均资产总额}$$ $$流动资产周转率（次）= \frac{主营业务收入净额}{平均流动资产总额}$$ $$存货周转率（次）= \frac{主营业务成本}{存货平均余额}$$ $$应收账款周转率（次）= \frac{主营业务收入净额}{应收账款平均余额}$$ 一般来说，资产营运能力指标中，周转率指标越大，周转速度越快，资产营运能力越好

项　目	内　容　阐　释
发展能力	发展能力即企业未来生产经营的增长趋势和增长水平。此类指标首先考虑销售增长率、净利润增长率，再考虑固定资产增长率、技术投入比率。其计算公式如下： $$销售（营业）增长率 = \frac{本年主营业务收入增长额}{上年净利润} \times 100\%$$ $$净利润增长率 = \frac{本年净利润增长额}{上年净利润} \times 100\%$$ $$固定资产增长率 = \frac{当年技术转让费支出与研发投入}{主营业务收入净额} \times 100\%$$ 一般来说，发展能力指标越高，反映企业发展能力状况越好
偿债能力	偿债能力即企业偿还本身所欠债务的能力。一般来说，包括短期偿债能力指标和长期偿债能力指标。其主要指标包括： $$资产负债率 = \frac{负债总额}{资产总额} \times 100\%$$ 资产负债率是衡量企业长期偿债能力的一个重要指标，从债权人角度看，该指标越小越好；从所有者和经营者的角度看，适当的负债是有益的，一般认为该指标为50%比较合适。 $$已获利息倍数 = \frac{息税前利润总额}{利息支出}$$ 一般来说，以上该指标越高，长期偿债能力越强，反之，企业的偿债能力越差。 $$现金流动负债比率 = \frac{经营现金净流量}{流动负债} \times 100\%$$ 从稳健角度出发，现金流动负债比率用于衡量企业偿债能力最为保险。一般来说，该指标越高，长期偿债能力越强。 $$速动比率 = \frac{速动资产}{流动资产} \times 100\%$$ 一般经验认为，企业速动比率为100%就说明企业短期偿债能力较强，低于100%则说明企业偿债能力不强，指标越低，企业偿债能力越差。 $$不良资产比率 = \frac{年末不良资产总额}{年末资产总额} \times 100\%$$
社会贡献	它衡量企业对国家或社会贡献水平的高低。此类指标主要考虑社会贡献率、社会积累率。其计算公式如下： $$社会贡献率 = \frac{企业社会贡献总额}{企业平均资产总额} \times 100\%$$ 企业社会贡献总额包括：工资（含奖金、津贴等工资性收入）社会保险费支出、公益救济性捐赠支出、利息支出净额、应交税费、净利润等。 $$社会积累率 = \frac{上缴国家财政总额}{企业社会贡献总额} \times 100\%$$ 上交国家财政总额包括：应交税费及政府非税收入等

此外，还可以评价企业的职工人数、企业对投资者和债权人的分红和付息总额、企业到期偿付债务的财务信誉等。

> **小知识**
>
> **企业内部财务控制有效性评估**
>
> 企业内部财务控制有效性评估,是指主管财政机关运用一定的评估标准和方法,对企业内部财务控制进行考核和分析,并对其有效性做出评判。
>
> **1. 企业内部财务控制有效性评估的必要性**
>
> 实施企业内部财务控制有效性评估的必要性,主要体现如表15-29所示。
>
> 表15-29　内部财务控制有效性评估的必要性
>
> | 项　目 | 内容阐释 |
> | --- | --- |
> | 推进企业建立健全内部财务控制制度 | 建立有效的内部财务控制制度,是现代企业财务管理的基础,实施企业内部财务控制有效性评估,有利于推进企业内部财务控制制度建设 |
> | 履行主管财政机关的企业管理职能 | 企业管理职能是:一方面,可以将财政对企业的财务管理,由事后监督改为事前和事中监督,关口前移,有利于控制企业财务风险以及由此带来的财政风险。另一方面,内部财务控制相对有效的企业,一般能够较好地保证财政资金的安全性和使用效率。因此,主管财政机关能够结合内部财务控制有效性评估结果,选择支持对象,确定支持力度 |
> | 从源头上预防和控制违法违纪行为 | 近年来,国有企业违法违纪事件时有发生,一个重要原因是企业内部财务控制制度不健全,有的没有建立内部财务控制制度,有的内部财务控制制度没有得到有效执行。实施企业内部财务控制有效性评估,有利于从源头上预防和控制违法违纪行为的发生,维护国家、企业和职工的权益 |
>
> **2. 企业内部财务控制有效性评估的原则**(见表15-30)
>
> 表15-30　内部财务控制有效性评估的原则
>
> | 项　目 | 内容阐释 |
> | --- | --- |
> | 合法性 | 企业内部财务控制制度应当符合国家现行法律、法规的规定,实施内部财务控制有效性评估的程序应当符合依法行政的要求 |
> | 权威性 | 企业应当建立健全财务运行机制,实施内部财务控制有效性评估的结果对加强企业内部财务管理具有针对性和公信力 |
> | 实效性 | 企业内部财务控制的关键是确保内部各项财务制度得到有效执行,开展内部财务控制有效性评估应当能够及时督促企业健全纠错机制 |
>
> **3. 实施企业内部财务控制有效性评估的基本要求**
>
> (1)准确、完整掌握企业内部财务控制操作流程和实施情况,客观分析和评估内部财务控制制度的执行效果。
>
> (2)建立科学合理的评估标准和方法,做到定性分析与定量考核相结合,内部评估和外部评估相结合,企业自我评估和政府财政评估相结合。
>
> (3)完善评估程序和操作流程,客观、公正评估企业内部财务控制制度的完整性及其实施的有效性。
>
> (4)依法合理使用评估结果,不得损害企业合法利益。

四、财务评价和评估结果的发布形式

为了使企业的利益相关者获得所需的信息,企业财务评价和内部财务控制有效性评估的结果,在不泄露企业商业秘密的条件下,可以采取摘要、排行榜、分析报告、通报等形式,通过报刊、网络等媒体向社会发布。

第 16 章

企业财务信息管理

第一节 财务信息管理综述

财务信息管理是企业财务管理的基础和要素之一,是国家综合经济管理部门和企业经营者为提高决策水平和管理效率,运用现代信息技术和管理手段,对企业财务信息进行收集、整理、分析、预测和监督的活动。它具有涉及面广、综合性强等特点,贯穿于企业财务管理的全过程。

一、财务信息管理的总目标

财务信息管理的总目标是提高决策水平和管理效率。

具体来讲,作为企业经营者主要是通过财务信息管理,提高决策能力,强化内部财务控制,提升企业价值;作为国家综合经济管理部门主要是利用财务信息进行宏观监管。

二、财务信息管理的对象

财务信息管理对象是企业财务信息。

企业信息分业务信息和财务信息两大类。业务信息反映企业经营全过程各类资源流入流出的情况,财务信息则以价值量形式反映业务信息。在实际工作中,企业财务信息与会计信息常常被混淆。实质上,两者既相互联系又有区别:会计信息是"原材料",是财务信息的主要来源;财务信息是对包括会计信息在内的信息进行"加工"后形成的反映企业业务活动价值形态的信息。

三、财务信息管理的主体

财务信息管理主体是国家综合经济管理部门和企业经营者。

企业经营者负责财务信息的编报工作,并对财务信息的真实性、完整性及合法性负责。财政部门作为国家综合经济管理重要部门,主要负责制定财务信息管理规章制度,对企业财务信息进行日常监管。

四、财务信息管理的原则(见表16-1)

表 16-1 财务信息管理的原则

项　　目	内　容　阐　释
真实及时原则	企业财务信息必须真实、准确、完整,并按规定及时向主管财政机关及有关各方提供财务信息资料,不得借口拖延
重点突出原则	财务信息管理应根据财务信息的重要程度,采用不同的管理方法,对影响财务信息真实性和可能误导财务信息使用者的重要财务信息,应当充分、准确地披露

续表

项　目	内　容　阐　释
便捷适用原则	财务信息管理必须具有方便、快捷、简单、适用等特点，并能满足有关各方的需要，提高财务信息利用效果
安全有效原则	企业对外提供财务信息，信息使用者使用财务信息，都应当依法采取切实有效的管理措施，确保财务信息安全，不得非法利用和传播企业财务信息
合法合规原则	财务信息管理应当符合《会计法》《企业财务会计报告条例》等法律法规，以及国家统一制定的企业财务、会计制度的规定

五、财务信息与业务信息一体化系统

（一）业务流程与财务管理流程的整合

企业管理以财务管理为核心，将财务管理的理念融合到企业业务活动的全过程，是现代企业管理模式的体现。为此，企业应当优化业务流程，建立财务和业务一体化的信息处理系统，实现财务、业务相关信息一次性处理和实时共享。

业务流程与财务流程的整合，首先应当建立在业务流程优化基础上；然后，将财务预测、财务决策、财务预算控制、会计核算处理、财务分析评价与业务流程整合起来。其目的在于，将基于价值管理的思想和追求企业价值最大化的目标，与企业业务行为紧密联系，以开拓企业价值增长的空间。

对我国大型企业和企业集团信息化建设过程的调查研究结果显示，按照传统的职能化的财务管理方式，企业或企业集团每增加一个分厂、一个子公司，不仅要增加一个完整的财务部门，还要在总部相应增加财务核算人员汇总账目。这样虽然可以保证分厂、子公司的财务职能化，使整个集团的财务管理更加健全，但由此也带来了以下几个方面的问题：

（1）相关财务处理和核算科目设置缺乏统一性，数据统计和数据分析的难度较大。
（2）数据缺乏共享，部门与部门、机构与机构间存在信息孤岛。
（3）财务监督管理存在部分权力真空，难以有效开展财务资源的整合管理。
（4）重复性的信息处理工作过多，相关管理环节重复多余，降低了管理的效率。
（5）信息传递的时效性较差，信息处理、传递的成本较高。

为了提高管理效率，跟上信息化的时代潮流，我国的许多企业财务部门曾先后采用一些电算化系统或财务软件（如 dBASE、Access 数据库），但是，由于系统本身的安全性较差、数据处理能力较弱、维护量也很大，数据传递也不及时，无法实现公司统一的财务信息汇总。同时，分支机构的上报数据仅仅限于简单报表，总部很难对其业务具体情况进行及时查询，更无法及时进行管理与分析，为决策提供依据。

由此可见，如果不进行统一的企业、企业集团业务流程和财务管理流程的整合，单单在分支机构设立财务部门，并利用一些电算化系统或财务软件，所能发挥的作用是十分有限的。

在这种情况下，许多企业从 20 世纪初开始，通过启用金蝶 K/3 集团财务系统，开始实施"统一财务"信息化改造，并伴随着一场流程优化改革。

信息化改造和流程优化改革的目标如表 16-2 所示。

（二）物流、资金流、信息流的集成运作

物流、资金流、信息流的一体化管理和集成运作，一直是现代企业管理和企业信息化应用的主流方向。20 世纪 70 年代，西方企业的 MRP（Material Requirement Planning，物资需求计

划），首次将物流和资金流的信息集成起来。随后，西方企业又在 MRP 基础上发展了 MRP Ⅱ（Manufacturing Resources Planning Ⅱ，制造资源计划），实现了利用计算机管理系统，完成物流、资金流、信息流的集成运作。

表 16-2　信息化改造和流程优化改革的目标

项　目	内　容　阐　释
统一公司财务信息系统	统一公司财务信息系统，尤其强调会计科目等基础资料处理的统一
建立集中管理系统	一方面建立集中的网络服务器和数据服务器，另一方面将系统管理权限集中到公司总部。这样既可以实现数据的集中服务和共享，也保证了系统运行的安全。同时，上级机构从计算机上能做到即时查询、审计，严格公司的内部监管制度，强化财务管理
强化系统处理能力	充分运用计算机系统的自动处理能力，通过人为的程序设定，实现业务自动生成会计实时凭证、财务数据的及时自动上报，强化数据汇总、合并和分析的能力
减少审批程序、强化控制体系	减少相关的审批程序，缩短业务流程运行的时间，通过强化控制机制，实现对内部业务的管理和控制，例如通过预算管理、目标管理等加强内部管理力度
建立有效的信息反馈机制	及时准确地将各种财务报告和业务报告反馈给决策者

在 MRP Ⅱ 的实际操作中，它首先根据市场需求预测和客户订单编制生产计划；然后对产品进行分解，列出物料清单；进而对物料清单进行分析，得出基本零件和原材料不同的需求时间，最终确定物料的采购品种、数量和时间。在整个过程中，要不断进行信息反馈并适时做出调整，从而达到整个系统的动态优化。

由于 MRP Ⅱ 的基本原理是利用电子计算机把企业的各子系统有机结合起来，通过动态地监察产、供、销的全部过程，寻求最有效的资源配置，以实现减少库存、优化库存的目的，因此，对企业的采购、生产、销售的业务流程起到了良好的财务控制作用。

随着现代企业管理所要求的管理目标的不断提高，MRP Ⅱ 的缺陷也逐渐显现出来。其中最大的缺陷是无法反映经济效益。90 年代，西方企业实施的 ERP（企业资源计划），进一步扩充了企业财务管理的功能，并支持了企业资本运作管理。例如，一些先进的 ERP 系统（如 SAP、R/3 系统等），内含了管理会计模块，使管理会计信息也能为企业价值管理提供服务。

2002 年美国 IT 咨询顾问公司率先提出了 RTE（Real Time Enterprise，实时企业）概念，并将其定义为"通过最新信息来积极消除关键业务流程中管理与执行的延误，从而开展竞争的企业"。由此可见，RTE 不同于 ERP 的特点在于：ERP 仅仅是产品的动态业务管理，而 RTE 却强调企业的动态业务管理。这就需要物流、资金流、信息流的充分配合和集成运作。

通过以上回顾可以看出，企业物流、资金流、信息流的一体化管理和集成运作，是一个管理领域和操作水平不断提高的过程。相信在未来企业发展的过程中，创新的管理模式还会出现。企业应当逐步创造条件，来迎接创新管理模式所带来的机遇和挑战。

六、财务信息管理的方法和手段（见表16-3）

表16-3　财务信息管理的方法和手段

项　　目	内　容　阐　释
信息化财务管理	它是现代企业财务管理的发展方向，其内涵远远大于会计电算化。它要求企业优化业务流程，建立财务业务一体化信息处理系统。鉴于我国企业财务管理现状，《企业财务通则》要求企业逐步建立财务和业务一体化的信息处理系统，体现了制度的灵活性和可操作性
企业资源计划系统	它是现代企业普遍采用的一种企业信息化管理工具，目前，在我国部分企业已开始实施。为此，《企业财务通则》要求企业结合实际，逐步创造条件，实施企业资源计划系统
财务评价	现代企业财务目标是实现企业价值最大化，企业价值最大化不等于企业利润最大化。建立企业财务评价体系不仅是企业微观管理的需要，也是财政宏观管理的需要。为此，《企业财务通则》要求主管财政机关要建立科学合理的企业财务评价体系，以客观公正反映企业经营状况和社会贡献
财务预警	我国实行的是市场经济体制，竞争是市场经济的主要特征。面对激烈竞争的市场，企业要有危机意识，建立财务预警机制，及时采取措施，化解财务危机
企业内部财务控制有效性评估	内部财务控制制度是企业自主开展财务活动的保障。针对我国企业内部财务控制不健全的实际情况，《企业财务通则》要求主管财政机关对企业内部财务控制制度的合法性、健全性和实效性进行评估，并对社会公布，以引导和督促企业建立健全内部财务控制制度

七、财务信息的披露

公司需要披露哪些信息？从世界各国关于公司治理信息披露的要求来看，披露的信息可分为三部分内容：一是财务会计信息，包括公司的财务状况、经营成果、股权结构及其变动、现金流量等，财务会计信息主要被用来评价公司的获利能力和经营状况；二是审计信息，包括注册会计师的审计报告、监事会报告、内部控制制度评估等，该方面信息主要用于评价财务会计信息的可信度及公司治理制衡状况；三是非财务会计信息，包括公司经营状况、公共政策、风险预测、公司治理结构及原则、有关人员薪金等，非财务会计信息主要被用来评价公司治理的科学性和有效性。

通常公司财务信息披露从需求层次和受托责任上可分为三个层次：一是经营管理者向董事会进行信息披露；二是董事会向股东大会进行信息披露或说明责任；三是公司（作为法人代表）向社会各利益相关者进行信息披露。但随着资本市场的发展，股权日益分散化，董事会向股东大会和公司向社会进行信息披露的界线变得越来越模糊，大量的小股东只能通过公司向社会披露的信息来进行决策，这些少数股东无权或无意参与公司的重大决策及政策选择，"用脚投票"是其唯一经济的选择。鉴于上述事实，不少国家都加大了对公司向社会信息披露的管制，要求公司广泛向社会披露财务会计信息和非财务会计信息，这不只是针对潜在投资者和债权人，对小股东而言也有极大的益处。

应当说，高质量的信息披露是进行公司治理和决策的前提条件，从世界各国的情况来看，各国都非常重视公司治理信息披露的质量。为实现这一目标，各国都提出要采用高标准来规范公司治理信息披露，如采用国际会计准则，或披露公司是否能够"持续经营"等，这无疑是股东和其他利益相关者进行公司治理所最希望获取的信息。从公司治理信息披露的相关性上来考察,世界各国都给予充分的关注,要求公司所提供的信息不仅能满足股东的需要,同时还能满足其他利益相关者,如债权人、潜在投资者、一般公众的需要。在信息披露的完整性上,不少国家都针对公司治理信息披露的现状进行了客观分析,提出公司治理信息披露除国家法律法规的规定外,还要披露所有能影响公司股票价格以及对股东决策有影响的信息,如韩国、瑞典主管部门等更是对这些信息进行了全面解释。从公司治理信息披露的现实要求和各国的做法上,人们普遍关注信息披露的及时性,包括经济合作与发展组织在内的各个研究报告和治理原则,都要求公司利用现代通信技术披露信息。这样不仅可使公司治理的信息披露更加迅速快捷,还可使公司治理信息进一步公开,增加信息的透明度,更有利于信息使用者进行评估和决策。在具体做法上,各国通常要求或提倡利用互联网设立公司网页,同时在网上召开股东大会、投票或发表意见,对公司治理的信息逐步或全部在网上披露。

总之,随着经济的发展,进行公司治理所需要的信息是全面而综合的,但不同的利益相关者对公司信息的关注点各不相同。因此,未来公司治理信息披露应对信息需求者的要求给予全面考虑。从公司治理的现实情况来看,世界各国公司治理信息披露的重点为财务信息。

财务信息披露的相关规范可参阅《关于发布〈公开发行证券的公司信息披露编报规则第 15 号——财务报告的一般规定(2007 年修订)〉等 3 项信息披露规则的通知(证监会计字〔2007〕9 号)》"公开发行证券的公司信息披露编报规则第 15 号——财务报告的一般规定(2007 年修订)""公开发行证券的公司信息披露规范问答第 1 号——非经常性损益(2007 年修订)"。

八、财务信息内部公开制度

财务信息内部公开是企业为了维护职工的合法权益,将涉及职工利益的财务信息,在规定时间内、以一定方式向职工公布。

企业应当在内部公开的财务信息,主要是国家有关法律法规和政策明确要求公开的事项,包括涉及职工劳动报酬、福利待遇的政策信息,国有及国有控股企业、集体企业实行民主管理所需的财务信息。

《企业财务通则》第六十六条规定:"企业应当在年度内定期向职工公开以下信息:

(一)职工劳动报酬、养老、医疗、工伤、住房、培训、休假等信息。

(二)经营者报酬实施方案。

(三)年度财务会计报告审计情况。

(四)企业重组涉及的资产评估及处置情况。

(五)其他依法应当公开的信息。"

(一)财务信息内部公开的法律依据

国家有关法律法规对企业向内部职工公开相关财务信息做出了明确的规定,为《企业财务通则》提供了法律依据(见表 16-4)。

表 16-4 财务信息内部公开的法律依据

项 目	内 容 阐 释
涉及职工劳动报酬、福利待遇方面	《公司法》规定,有限责任公司和股份有限公司研究决定有关职工工资、福利、安全生产以及劳动保护、劳动保险等涉及职工切身利益的问题,应当事先听取公司工会和职工的意见,并邀请工会或者职工代表列席有关会议。《乡镇企业法》规定,投资者在确定企业经营管理制度和企业负责人,做出企业的重大经营决策和决定职工工资、生活福利、劳动保护、劳动安全等重大问题时,应当听取本企业工会或者职工的意见,实施情况要定期向职工公布,接受职工监督

项　目	内　容　阐　释
民主管理方面	《公司法》规定，公司决定生产经营的重大问题，制定重要的规章制度时，应当听取工会和职工的意见和建议。《乡镇企业法》也规定，乡镇企业依法实行民主管理
国有及国有控股企业、集体企业的特殊规定	《公司法》对国有企业实行民主管理做出特殊规定。《全民所有制工业企业法》规定企业职工有参加民主管理等权利，并对职工代表大会的职权做出了明确的规定。《企业财务会计报告条例》规定，国有企业、国有控股的或者占主导地位的企业，应当至少每年一次向本企业的职工代表大会公布财务会计报告，并重点说明与职工利益密切相关的信息、注册会计师审计的情况、重大的投资、融资和资产处置决策及其原因等事项

掌握相关财务信息，是职工履行民主管理权利，乃至参与企业管理的基本前提，也是对具有信息优势的经营者的有效约束。因此，企业应当建立财务信息内部公开制度。

（二）财务信息内部公开需要注意的问题

企业在建立、完善和实施财务信息内部公开制度的过程中，应注意处理好以下问题：

（1）恰当处理财务信息公开与保护国家秘密和企业商业机密的关系。关键在于把握好财务信息公开的范围，保证财务信息公开带来的好处，避免财务信息公开对企业产生的不利影响。对于《企业财务通则》规定必须公开的内容，要如实向职工公开。

（2）建立和完善财务信息内部公开机制，保障企业职工行使知情权、参与权和监督权。企业不能把财务信息公开当成临时任务，走过场、走形式，隐瞒职工真正关心的财务信息，以保密为由而实际暗箱操作。

（3）国有及国有控股企业、集体企业应加强民主理财制度建设，实行民主决策，向职工公开经营者报酬实施方案及其职务消费信息、年报审计情况、企业重组涉及的资产评估及处置情况等重大财务事项。

（4）上市公司既要按照中国证监会的规定，向社会公开披露企业财务信息，同时应当遵循《企业财务通则》的规定，向公司职工公开相关财务信息。

九、财务信息使用制度

《企业财务通则》第六十八条规定："主管财政机关及其工作人员应当恰当使用所掌握的企业财务信息，并依法履行保密义务，不得利用企业的财务信息谋取私利或者损害企业利益。"

（一）法律法规对合法使用财务信息的规定

根据《会计法》的规定，依法对企业会计资料实施监督检查的部门及其工作人员，对在监督检查中知悉的国家秘密和商业秘密负有保密义务。《企业财务会计报告条例》也规定，接受企业财务会计报告的组织或个人，在企业财务会计报告未正式对外披露前，应当对其内容保密。这是出于维护企业利益和社会经济秩序的考虑。

《企业财务通则》延续了这样的立法精神，明确规定主管财政机关及其工作人员要恰当使用企业财务信息，履行保密义务，不得谋取私利或者损害企业利益。换言之，主管财政机关对按《企业财务通则》履行企业财务管理职责时取得的企业财务信息，承担相应的法律责任，不能违法使用财务信息。

（二）财务信息使用应遵循的原则

《企业财务通则》规定的"恰当使用"，即财务信息使用应遵循的原则，其内涵包括：

（1）主管财政机关及其工作人员对企业财务信息的使用领域和方法，必须在法律、法规、规章限定的范围之内。

（2）主管财政机关及其工作人员对获得的企业财务信息负有保密义务，除依法向特定对象提供相关信息外，禁止以任何形式、向任何与职责工作无关的人员泄露。

（3）主管财政机关及其工作人员不得谋取私利。例如，向企业的竞争者等特定对象有偿提供企业财务信息，利用所掌握的商业秘密从证券市场获利。

（4）主管财政机关及其工作人员使用企业财务信息时，不得损害企业正当利益。

十、财务信息的审计

公司信息披露的核心是财务信息，它之所以成为公司信息披露的重点是由其性质所决定的。公司财务状况和经营成果是评价公司股票价值最直接的依据。任何投资者都会对公司的财务会计信息极为敏感，即使是有关董事和经理人员的薪金都是人们关注的焦点，经常被用来作为评估其业绩的指标。在公司治理过程中，无论股东还是其他利益相关者，都会对财务会计信息的真实性、相关性、完整性和及时性非常关注，人们通过对财务会计信息的分析可获得许多重要而有价值的结论，这些结论直接或间接地支持了信息使用者的决策和行动。

财务会计信息披露之所以受到公司治理者的重视，还在于财务会计信息要经过双重审计，具有较强的可信度。所谓"双重审计"，是指公司披露的财务会计信息一是要经过监事会（或董事会的审计委员会）的审查，二是要经过注册会计师的审计。对信息利用者而言，虽然审计后的财务会计信息不能绝对保证其真实和准确，但对一般股东和公众来说，完全掌握财务会计信息的生成需要相当的专业知识和时间，大多数人对财务会计信息的理解也只能依赖审计这一环节来保证其真实与公允。

另外，也正是由于财务会计信息披露的重要性，才使得该方面的信息必须通过注册会计师审计来加以社会保证。因此，由财务会计信息披露这一特性所决定，该方面的信息披露较之公司治理的其他信息更加具有可利用价值和可信度。鉴于上述理由，可以看到世界各国公司治理原则或报告中均对保证财务会计信息质量的会计准则、审计人员独立性、内部控制给予了充分关注和明确的要求，提出了多项控制措施。世界上第一份公司治理研究报告（卡德伯利报告）的诞生与公司财务会计信息披露有着直接的关系，其原因就是财务会计信息质量问题影响了股东及其他利益相关者的决策。为了实现公司的有效治理，真实与公允的财务信息必不可少。日本、韩国、瑞典和经济合作与发展组织等在其公司治理原则或报告中也都对财务信息的披露做出了规定。

可见现代公司有效治理需要财务会计信息的支持，具体而言，公司治理财务会计信息披露应包括以下主要内容：资产负债表；利润表；现金流量表；股东权益增减变动表；财务情况说明书；各种财务会计报告附注事项；各种会计政策运用的说明；合并会计报表；审计报告；其他财务会计信息。

第二节 财务会计报告管理

财务会计报告（也称财务报告）是指企业对外提供的反映企业某一特定日期的财务状况和某一会计期间的经营成果、现金流量等会计信息的文件。

财务报表是对企业财务状况、经营成果和现金流量的结构性表述。

一、财务报告的目的

编制财务报告的目的是为企业现在和潜在的投资者、债权人及其他报告使用者做出有效决策提供有用信息;更进一步说,财务报告应当在企业和经济活动中提供对稀缺资源做出合理选择的备选方案,并据以进行经济决策。

有关资源分配的决策主要依靠可信的和可以理解的会计信息,因此高质量的会计准则对经济的有效运行是十分重要的。财务报告的主要目的主要是满足外部使用者(投资者、债权人及他们的顾问)的需要,因为他们无权命令企业按照他们的要求去报告财务信息,而只能利用由管理当局传递给他们的信息——通用的财务报表和其他财务报告。因此,企业的财务报告应当体现外部使用者的共同需要,最重要的,是有助于使用者的投资、信贷等决策。

财务报告具体有以下五方面的目的:

(1)财务报告有助于投资者做出投资决策。投资者可以根据财务报告提供的信息,知晓企业经营业绩、盈利能力及偿债能力,并对企业资产、负债及所有者权益等财务状况作真实的了解,据此做出有效的投资决策。

(2)财务报告有助于债权人做出信贷决策。债权人根据财务报告提供的信息,获悉企业财务状况及偿债能力、资金运用方式和效果,做出正确的信贷决策。

(3)财务报告为经理层管理企业提供必不可少的信息。财务报告是企业某一会计期间财务状况和经营成果最集中、最全面的反映,企业的管理人员根据财务报告分析过去经营管理的得失,进而确定未来的经营方针和经营计划,促使企业达到最佳经营绩效。

(4)财务报告为国家税务当局计算税金提供了依据。

(5)财务报告为国家宏观调控经济提供了决策参考。

二、财务报告的局限性

运用财务信息进行决策时,应认识到报表的固有缺陷。财务报表揭示的业已发生的会计事项,提供的是历史信息;而决策则是面向未来,过去对未来只不过是一种借鉴、指导。财务报表的局限性具体体现如表 16-5 所示。

表 16-5 财务报表的局限性

项　目	内　容　阐　释
不能揭示质量信息和不能数量化的事实	财务报表提供的信息都是货币信息、数量信息,不能提供非货币信息;而许多非货币信息对决策是非常有用的,如企业的市场地位、人力资源情况等
人为估计的缺陷	许多会计方法都带有主观因素,例如坏账的确认、固定资产折旧等,都必须经过估计。编制报表所采用的这些人为估计方法,受估计人员学识、经历等方面差异的影响,使财务报表提供信息发生一定程度的差错,甚至会使财务报表信息严重失真
历史成本信息的缺陷	财务报表揭示的是历史成本信息,在历史成本与现行价值差异较大时,财务报表提供的信息将严重失实。特别是在通货膨胀时期,财务报表提供的信息可能出现如下情况:历史成本可能大大低于现行的重置成本;货币成为一种不统一的计量单位;持有非货币资产损益未加以确认,致使收入与费用不相配比

三、财务报告的潜在风险

企业编制、对外提供和非分析用财务报告,至少应当关注下列风险:

（1）提供虚假财务报告，误导财务报告使用者，造成决策失误，干扰市场秩序。

（2）不能有效利用财务报告，难以及时发现企业经营管理中存在的问题，可能导致企业财务和经营风险失控。

（3）编制财务报告违反会计法律法规和国家统一的会计准则制度，可能导致企业承担法律责任和声誉受损。

四、财务报告的类别、内容

财务报告包括财务报表和其他应当在财务报告中披露的相关信息和资料。其中，财务报表由报表本身及其附注两部分构成。附注是财务报表的有机组成部分。

资产负债表是指反映企业在某一特定日期的财务状况的会计报表。

利润表是指反映企业在一定会计期间的经营成果的会计报表。

现金流量表是指反映企业在一定会计期间的现金和现金等价物流入和流出的会计报表。

附注是指对在会计报表中列示项目所做的进一步说明，以及对未能在这些报表中列示项目的说明等。

（1）按编报时间，可以分为中期财务会计报告和年度财务会计报告。其中，中期财务会计报告包括月度、季度、半年度财务会计报告。

（2）按服务对象，可以分为外部财务会计报告和内部财务会计报告。

1）外部财务会计报告。外部财务会计报告是企业对外提供的财务会计报告，其格式和内容根据《企业财务会计报告条例》和国家统一的会计制度的规定编制。

2）内部财务会计报告。内部财务会计报告是企业根据其内部经营管理需要编制的，供内部管理人员使用的财务会计报告，其格式和内容由企业自行确定，如成本明细表、应收账款明细表、综合会计报表等。

（3）按反映内容，可以分为个别财务会计报告和合并财务会计报告。

1）个别财务会计报告。个别财务会计报告反映单个企业的财务状况、经营成果和现金流量情况。

2）合并财务会计报告。合并财务会计报告是由母公司编制的，反映纳入合并范围的所有控股子公司的财务状况、经营成果和现金流量情况。

五、财务报告的编制

（一）财务报告的编制目标

财务报告的编制目标是向财务会计报告使用者提供与企业财务状况、经营成果和现金流量等有关的会计信息，反映企业管理层受托责任履行情况，有助于财务会计报告使用者做出经济决策。

财务报告主要包括以下两个方面的内容。

1. 向财务报告使用者提供决策有用的信息

企业编制财务报告的主要目的是满足财务报告使用者的信息需要，有助于财务报告使用者做出经济决策。因此，向财务报告使用者提供决策有用的信息是财务报告的基本目标。如果企业在财务报告中提供的会计信息与使用者的决策无关，没有使用价值，那么财务报告就失去了其编制的意义。

2. 反映企业管理层受托责任的履行情况

在现代公司制下，企业所有权和经营权相分离，企业管理层是受委托人之托经营管理企业及其各项资产,负有受托责任,即企业管理层所经营管理的企业各项资产基本上均为投资者投入的资本(或者留存收益作为再投资)或者向债权人借入的资金所形成的,企业管理层有责任妥善保管并合理、有效地运用这些资产。尤其是企业投资者和债权人等,需要及时或者经常性地了解企业管理层保管、使用资产的情况,以便于评价企业管理层受托责任的履行情况和业绩情况,并决定是否需要调整投资或者信贷政策,是否需要加强企业内部控制和其他制度建设,是否需要更换管理层等。因此,财务报告应当反映企业管理层受托责任的履行情况,以有助于评价企业的经营管理责任和资源使用的有效性。

(二)财务报告的编制原则(见表16-6)

表16-6 财务报告的编制原则

项 目	内 容 阐 释
合法性	企业财务会计报告要根据有关法律、法规和国家统一的财务、会计制度的规定编制,不得违反国家统一规定,随意改变财务会计报告的编制基础、编制依据、编制原则和方法
及时性	企业应当依据法律、行政法规和国家有关财务会计报告提供期限的统一规定,及时对外提供财务会计报告,经营者或者投资者不得拖延或阻挠
真实性	企业财务会计报告应根据真实的交易、事项进行编制,做到数据真实、计算准确,不得编制和对外提供虚假的或者隐瞒重要事实的财务会计报告
完整性	企业应当按照国家统一规定的会计报表格式和内容编制会计报表,做到内容完整,不得漏报或者任意取舍。报表附注应按规定内容披露

(三)财务报告的编制流程(见图16-1)

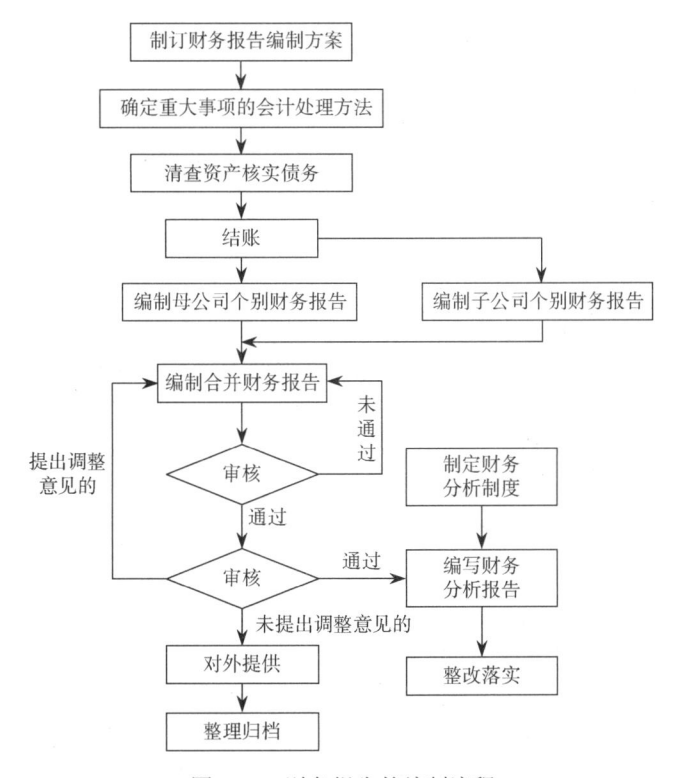

图16-1 财务报告的编制流程

(四) 财务报表编制和信息披露的关键控制要点 (见表 16-7)

表 16-7 财务报表编制和信息披露的关键控制要点

项　　目	内　容　阐　释
年度财务报告的审议	总会计师、总经理办公会对年度财务报告进行审议,对近期会计制度变化、有关财务报告的重要假设、调整、重大非经常性事项,以及审计过程中发现的问题进行讨论和表决,经总经理办公会决议后的财务报告才能予以披露
信息披露管理办法的制定	公司制定了信息披露管理办法,规定公司信息披露分为定期报告和临时报告两种类型。定期报告(年度报告、半年度报告和季度报告)格式和内容需按中国证监会《公开发行股票信息披露的内容与格式准则》的要求,以及中国证监会和深圳证券交易所的其他规定与要求编制。临时报告的格式应当严格遵照深圳证券交易所《上市公司主要临时公告格式指引》的有关标准格式要求
信息披露前的审查程序	公司应制定信息披露管理办法,规定公司信息披露前的审查程序。提供信息的部门负责人核对相关信息资料,相关部门负责人进行合规性审查,并根据提供的相关信息资料编制信息披露公告,报告总经理办公会审批后签发
对下属公司财务报表的复核	财务部门会计人员对下属公司每月填制上报的财务报表进行整体复核,审核内容包括报送时间、数据填制情况等方面,同时确保报送的报表经过下属公司恰当管理层的审批。对于汇总审核过程中所发现的异常情况,会计人员联系相应的下属公司财务部予以调查处理
合并报表范围的确定和审核	财务部门会计人员负责编制和维护合并报表单位清单,列示应纳入合并和汇总范围的公司内各分、子公司。当股权结构发生变化合并报表单位范围需要发生变化时,会计人员提请财务部门负责人对纳入合并范围进行判断和识别。获得财务部门负责人批准后,会计人员更新合并报表单位清单,纳入合并程序。财务部门负责人审核合并报表准确性的同时检查合并报表单位范围的准确性
内部往来抵销分录的编制和复核	财务部门会计人员根据核对一致的内部往来明细编制合并报表内部往来抵销分录,由财务部门独立人员进行复核
财务分析	财务部每季度进行财务分析,主要分析内容包括主要指标完成情况、营业收入分析、主营业务收入分析、毛利率分析、利润总额分析、净利润分析、销售费用分析、管理费用分析、应收账款分析。分析项目包括实际完成指标、预计完成指标、去年同期完成指标、同比增长额、同比增长率、完成目标率及应收账款周转率、存货周转率等。财务分析结果形成财务分析报告,作为公司生产经营分析会议的基础资料

(五) 财务报告编制的风险控制

财务报告编制是企业对外提供财务信息的首要环节,对保证报告真实完整,规避报告风险至关重要。

1. 财务报告编制的主要风险

(1) 会计政策未能有效更新,不符合有关法律法规;

(2) 重要会计政策、会计估计变更未经审批,导致会计政策使用不当;

(3) 会计政策未能有效贯彻、执行;

(4) 各部门职责分工不清,导致数据传递出现差错、遗漏和格式不一致等;

(5)各步骤时间安排不明确,导致整体编制进度延后,违反相关报送要求。

2. 风险应对措施

企业编制财务报告,应当重点关注会计政策和会计估计,对财务报告产生重大影响的交易和事项的处理应当按照规定的权限和程序进行审批。

企业在编制年度财务报告前,应当进行必要的资产清查、减值测试和债权债务核实。

为了正确理解上述要求应搞清下列相关概念。

会计政策,是指企业在会计核算时所遵循的具体原则以及会计所采纳的具体会计处理方法。具体原则是指企业按照国家统一的会计核算制度所制定的、适用于本企业的会计制度中所采用的会计原则。具体会计处理方法是指企业在会计核算中,从诸多可选择的方法中选择适用于本企业的会计处理方法。

会计估计,是指会计对其结果不确定的交易或事项以最近可利用的信息为基础所做的判断。

为防范财务报告风险,在编制会计报表时应关注以下几点:

(1)财务报告的编制要规范。企业应当按照国家统一的会计准则制度规定,依据登记完整、核对无误的会计账簿记录和其他有关资料编制财务报告,做到内容完整、数字真实、计算准确,不得漏报或随意进行取舍(见表16-8)。

表16-8 财务报告的编制要规范

项 目	内 容 阐 释
关注会计政策和会计估计	企业的会计政策和会计估计要符合国家会计法规和监管有关规定,还要结合企业自身实际情况制定,如发现矛盾应及时调整;会计政策和会计估计的调整需要按照规定的权限和程序审批。企业内部会计规章制度至少要经财务部门负责人审批后生效。财务报告流程年报编制方案应经公司主管财务负责人审核批准
关注重大影响的交易和事项	影响会计报告的重大交易和事项(如债务重组、非货币性交易、公允价值的计量、收购兼并、资产减值等),应明确授权和处理流程,报适当管理层审批后予以执行。不得任意处理
关注资产清查和债务核实	关注资产清查和债务核实的目的是指导并要求企业在编制会计报表前应进行必要的资产清查、减值测试和债权债务核实,做到账实相符。它是确保财务报告真实可靠、内容完整、计算准确的基础。否则可能出现漏报、重报或任意取舍

(2)经营成果的列示要真实完整。企业财务报告应当如实列示当期收入、费用和利润。

为防范经营成果报表风险,指引列示了以下具体要求:

1)各项收入的确认应当遵循规定的标准,不得虚列或者隐瞒收入,推迟或提前确认收入。

2)各项费用、成本的确认应当符合规定,不得随意改变费用、成本的确认标准和计量方法,多列、不列或者少列费用、成本。

3)利润由收入减去费用后的净额、直接计入当期利润的利得和损失等构成。不得随意调整利润的计算、分配方法,编造虚假利润。

上述规定对收入、费用、利润的确认与计量提出了严格要求。可以减少企业的随意性,对防范利润表的舞弊行为有重要意义。

(3)现金流量列示要划清界限。企业财务报告列示的各种现金流量由经营活动、投资活动和投资活动的现金流量构成,应当按照规定划清各类交易和事项的现金流量的界限。

为防范现金流量表的风险,现金流量表的编制应遵循《企业会计准则第31号——现金流量表》及应用指南的相关规定。现金流量表是按收付实现制编制的，资产负债表和利润表是按权责发生制编制的。通过现金流量能够帮助企业及时了解现金流向、现金充足性、偿债能力及收益质量等情况，从而制定有效的管理策略，提高企业经营效率和效果，促进经营战略目标的实现。

（4）财务状况的列示要真实可靠。企业财务报告列示的资产、负债、所有者权益金额应当真实可靠。

为防范财务状况报表风险，指引对资产、负债及所有者权益计价提出了严格要求：

1）各项资产计价方法不得随意变更，如有减值，应当合理计提减值准备，严禁虚增和虚减资产。

2）各项负债应当反映企业的现实义务，不得提前、推迟或不确认负债，严禁虚增或虚减负债。

3）所有者权益应当反映企业资产扣除负债后由所有者享有的剩余权益。

剩余权益由实收资本、资本公积、留存收益等构成。企业应当做好所有者权益保值增值工作，严禁虚假出资、抽逃出资、资本不实。

上述要求对防范报表舞弊具有针对性和现实性，企业应认真执行。

（5）报表附注应说明报表中相关事项。附注是财务报告的重要组成部分，对反映企业的财务状况、经营成果、现金流量的报表中需要说明的事项，做出真实、完整、清晰的说明。企业应当按照国家统一的会计准则编制附注。

会计准则要求，附注应对企业债权、债务及资产的构成，企业担保、诉讼、未决事项、资产重组等重大或有事项，关联方及关联交易等做出真实、完整、清晰的说明。为报告使用者提供翔实的资料。

（6）合并会计报表应关注合并范围及方法。企业集团应当编制合并财务报表；明确合并财务报表的合并范围和合并方法；如实反映企业集团的财务状况、经营成果和现金流量。

合并报表编制的范围应该以控制为基础，抵销公司内部交易，反映整个集团的财务报表。控制是指一个企业能够决定另一个企业的财务及经营政策，并能据以从另一个企业的经营活动中获取利益的权利。公司应当及时归集、整理、合并抵销基础事项和数据，编制合并抵销分录，并依据纳入合并范围的子公司之间的内部交易及往来对账结果，经核实无误后进行编制，并保留合并报表的书面记录。

（7）计算机技术应用要充分。企业编制财务报告，应当充分利用信息技术，提高工作效率和工作质量；减少或避免编制差错和人为调整因素。

通过上述措施可以有效地防范财务报告的风险，提高财务信息质量。但是还应注意财务报告是由财会人员编制的，提高财务人员的业务水平及责任感、确定报表编制流程、明确编制分工进度、实施相互核对等，也是防范风险的一项有效的重要措施。

（六）财务报告的编制要求

编制财务报告的目的是向现有的和潜在的投资者、债权人、政府部门及其他机构等信息使用者提供企业的财务状况、经营成果和财务状况变动信息，以有利于正确地进行经济决策。

1. 编制时间要求

各单位必须按照国家统一会计制度规定，定期编制财务报告。财务报告可以分为月度、季度、年度等编制。公开发行股票的股份有限公司还应发布半年编报一次的财务报告。

财务报告提供的信息有较强的时间性，各单位必须及时编制和报送。

2. 编制格式要求

对外报送的财务报告的格式，应当符合国家有关规定；单位内部使用的财务报告，其格式要求由各单位自行规定。

国家统一会计制度对于对外报送的会计报表及其附表格式都有统一规定，各单位在编制会计报表时应当严格执行统一规定，不能随意增列或减并表内项目，更不能任意变更表内各项目的经济内容，以免引起使用方面的混乱。

对于内部使用的财务报告格式，各单位在自行规定时，格式要科学合理、体系完整、结构严谨、简明实用。

对于会计报表的封面，单位名称应当填写全称；单位公章应当使用单位行政公章，不能用财务专用章代替；同时还要盖齐单位负责人、总会计师、会计机构负责人、制表人等人员的印章；随同报表的财务状况说明书，应在封面之内与报表装订在一起，并在封面上注明"内附财务状况说明书一份"字样；报送文件一般应贴在报表封面上，不能与财务状况说明书订在一起；因为财务状况说明书是财务报告的组成部分，报送文件只是一种履行报送程序的方式。

3. 编制程序和质量要求

会计报表应当根据登记完整、核对无误的会计账簿记录和其他有关资料编制，做到数字真实、计算准确、内容完整、说明清楚。任何人不得篡改或者授意、指使、强令他人篡改财务报告数字。这是编制财务报告程序和质量最基本的要求，各单位必须严格执行（见表16-9）。

表16-9 编制程序和质量要求

项　目	内　容　阐　释
数字真实	财务报告应当与单位的财务状况和经营成果相一致。要求一切会计资料必须真实反映单位经济活动的实际，每一项会计记录都要有合法的会计凭证为依据，会计的计量、记录和确认必须根据国家统一会计制度和相关法规的规定处理；编制财务报告，必须以登记完整、核对无误的会计记录和其他有关资料为依据。任何弄虚作假隐瞒财务状况的行为，都是编制财务报告所不能允许的
计算准确	在会计账簿和其他有关资料真实可靠的前提下，严格按照国家统一会计制度规定的会计报表编制说明，编制会计报表；做到表内各项目之间、报表与报表之间相互衔接，本期报表与上期报表之间有关数字，应当相互衔接；严禁任何人用任何方式篡改财务报告数字
内容完整	财务报告各项目的内容必须严格按照国家统一会计制度规定的内容编制，要能满足各方面对财务信息的需要；不能任意改变报表项目的内容，不能增列或减并报表项目，更不能漏报或谎报
说明清楚	财务报告所附的财务状况说明书，必须准确、简明、清晰地说明各个重要会计事项，如会计方法的变动及其影响、有关表内的综合项目（货币资金、存货等）构成情况说明等。通过说明，使财务报告使用者增强对财务报告的理解和掌握

实际工作中存在的会计信息失真问题，很大程度上是在编制财务报告环节有意违纪或技术性差错造成的，为了从源头根治财务报告失真的问题，《会计基础工作规范》规定："单位领导人对报送财务报告的合法性、真实性负法律责任。"这一规定既可以促使单位领导明确法律责任，强化法律意识，自觉遵守法规，根除授意、指使、强令他人篡改财务报告数字的不法行为；又能够促使单位领导人严格把关，要求财会人员保证财务报告的真实性、合法性，使财务报告的质量从根本上得到保证。

特别需要强调的是，《会计法》和《会计基础工作规范》都规定，各单位对外报送的会计报表应当由单位领导人、总会计师等签章。对此规定，切不可理解为仅是简单的工作程序，而是为了明确责任，表明单位有关领导已经认真审阅了报表的内容，并对会计报表的真实性、合理性承担法律责任。在实际工作中，有些单位领导人不认真审阅会计报表内容，随便签章了事；有的甚至将个人印章放在会计部门，由会计部门代替其在会计报表上签章。这是一种极不负责的表现，也是一种违法行为。

六、财务报告的表外揭示

（一）财务报告表外揭示概述

1. 表外揭示的含义

财务报告是由会计报表主表、附表、附注、财务状况说明书、补充报表和明细附表等共同构成的。资产负债表、利润表和现金流量表这三种通用会计报表是财务报告的主体；附注、财务状况说明书、补充报表及明细附表等共同构成通用会计报表以外揭示会计信息的基本形式，即财务报告的表外揭示。

财务报告的表外揭示，又称补充揭示，主要是对资产负债表和利润表本身所无法或难以揭示的重要细节或重大的财务信息进行补充揭示。

2. 表外揭示的理由

（1）通用会计报表的局限性。补充揭示之所以必要，根本原因就在于通用会计报表虽是揭示会计信息最为重要的形式，但在揭示会计信息上又有其局限性。具体表现为：

1）资产负债表和利润表的项目都必须符合会计要素的定义，所揭示的财务信息都必须同时满足相关性和可靠性的质量特征。

2）被纳入通用会计报表的只能是货币化的数量信息，对会计信息使用者决策具有重要意义的非货币化或非数量化信息则无法反映。

3）通用会计报表具有固定的格式、固定的项目以及较为固定的填列方式，无法反映企业发生的特殊经济业务。

4）通用会计报表无法反映报表数字处理的会计程序和方法方面的信息。

5）通用会计报表反映的会计信息是一种以历史成本揭示的账面信息，不能反映物价变动和经济环境发生变动情况下的会计信息。

因此，资产负债表和利润表会将一些可以定性但难以定量的，以及虽然相关和重大但可靠性较弱的财务信息排除在外，这些信息只能通过补充揭示的方式予以反映。可见，会计信息的表外揭示在财务报告中占有举足轻重的地位，提高表外揭示会计信息的质量，是弥补通用会计报表揭示会计信息局限性、提高财务报告总体水平的一个重要环节。

（2）企业自愿进行表外揭示的动因。对企业来说，之所以需要也愿意对其财务信息进行补充揭示，其原因也是多方面的。首先，国际资本市场的激烈竞争是导致公司不断提高其补充揭示水准的最大推动力。很多公司，尤其是跨国公司，它们需要在国际资本市场上寻求新的资本来源，必须大幅度提高其财务信息的表外揭示程度和水准。其次，对财务报表进行充分的表外揭示有利于扩大外界对企业本身的了解，因为表外揭示的内容同样也是让外界了解企业经营情况的重要信息来源。最后，对财务报表进行充分的表外揭示，还可以克服国与国之间在会计准则和会计实务方面存在的差异而导致的设有海外分支机构的公司在财务管理上的困难。

（二）财务报告表外揭示的改进方向

我国现行法规主要规定了财务报告表外揭示需要揭示以下六类财务信息：

（1）会计方针及其变动；
（2）期后事项；
（3）财务报告中有关项目的明细资料；
（4）对本期或下期财务状况发生重大影响的事项；
（5）企业管理当局的若干重要分析；
（6）其他有助于理解和分析报表需要说明的事项。

一般来说，一个企业对财务报表应补充揭示到何种程度，主要取决于四个因素：会计准则的要求，会计信息用户的需要，会计信息用户的影响，企业管理层所奉行的管理哲学。

财务总监在主持制作公司财务报告时，以下财务信息是应该通过表外揭示方式予以披露的（见表16-10）。

表16-10 财务信息的披露

项 目	内 容 阐 释
对分部业务的揭示	随着企业的多种经营和国外业务的发展，特别是通过合并或购买一些业务不相关的企业，使财务信息的聚合问题变得更为突出。因为，企业的经营业务多种多样，企业各分支机构又处于不同的地理位置，有不同的销售市场业务的增长趋势，风险亦各不相同，难以依据一种聚合的数据对整个企业进行评价
对与公司股票有关信息的揭示	在与公司股票的有关信息中，每股收益率是一个最为重要的指标，将每股收益率的数据放在年度报告的补充信息中是必要的。除每股收益率指标外，还应揭示其他一些与公司股票有关的信息，如股票的上市地点和上市情况、对A种股票或B种股票的描述、股价的发展趋势和日均成交量、股权分布及结构情况等
编制增值表	为社会最大限度地创造就业机会和做出其他贡献，是企业的当然目标之一。编制增值表是为了向公众表达企业是社会财富的创造者这种价值观念。企业的存在，不但创造了就业机会，使国家增加了税收收入，还让各类投资者得到了回报
对员工情况的揭示	企业的持续成功也要依赖于员工的贡献，因此，对企业人力资源或人力资本情况予以揭示是必要的。对员工情况进行揭示的内容包括主要地区和分部雇员人数、相应的薪金和社会福利成本的金额及比例
对环境性信息的揭示	随着社会公众和企业对环保问题的日益重视，企业揭示其在对环保支出方面的信息逐渐成为一种趋势。提供企业环保方面的开支情况，不仅仅是为了让传统的财务报表信息使用者了解这方面的情况，也是为了给企业产品的消费者及与企业共存的其他任何人传达一种有责任感的企业形象方面的信息

（三）财务报表附注

财务报表附注主要以文字的形式对基本财务报表的项目、内容和有助于正确理解财务报表的有关事项进行必要的说明和解释。财务报表附注对会计信息的使用者做出正确的决策起着重要作用。

1. 编写财务报表附注的原因

财务报表由于受格式、反映形式的限制，所提供的信息在某些情况下不能完全满足使用者的需要，这体现在：

（1）由于财务报表格式中所规定的内容具有一定的固定性和规定性，只能提供货币化的定量财务信息，对会计信息的使用者决策具有重要意义的非货币化或非数量化的会计信息则无法反映，必须借助于财务报表附注的形式来反映。

（2）由于列入财务报表的各项信息都必须符合会计要素的定义和确认的标准，因此一些对企业有重要影响但与现行的确认标准不一致的项目，就无法在财务报表中列示，必须在附注中予以说明。

（3）基本财务报表反映的会计信息是一种以历史成本原则揭示的账面信息，不能反映物价变动和经济环境发生变动等情况下的会计信息，而报表使用者除要了解历史成本，更关心现行的市场价值。对于这类的使用需求，企业只能通过报表附注形式予以满足。

2. 财务报表附注所揭示的内容

财务报表附注主要以文字形式对基本财务报表的项目和内容及有助于正确理解财务报表的有关事项进行必要的说明和解释，如表 16-11 所示。

表 16-11 财务报表附注所揭示的内容

项　　目	内　容　阐　释
基本会计假设	编制会计报表是以基本会计假设为前提的，根据符合公认的基本会计假设而编制的会计报表不会对使用者造成误解，因此一般情况下不需要加以说明。但是，如果编制的会计报表未遵守基本会计假设，则必须予以披露并说明其理由
会计政策的揭示	会计政策是指企业编制会计报表时所采用的特定原理、基础、惯例、规则和做法。由于会计政策在具体使用中可有不同的选择，因此会计政策的揭示是财务报表附注中的一项非常重要的内容。会计政策揭示涉及的内容很多，如合并政策、外币折算政策、存货计价、固定资产折旧、无形资产摊销、各项收入的确认、费用及所得税的递延与摊转、某些债务的处理、每股盈余额的计算方法等方面所遵循的原则和运用的方法，这些都属于会计政策所揭示的内容
会计政策的变更	企业在会计核算中所采用的会计政策应当前后一致，不应随意改变。但企业依据现行法令或会计准则的要求可进行变更，或者企业认为采用新政策能使其会计报表中对事项或交易的编报更为恰当时，也可以对以往所采用的会计政策做出某些变更。在这种情况下，应在财务报表附注中对变更的原因和产生的影响加以说明，以便报表的使用者能够按照一致性和可比性原则分析有关资料，得出符合实际的结论
财务报表中某些项目的补充说明	这部分内容包括的范围很广，财务报表中的主要项目几乎都可能被涉及。在注释中，不仅对该项目有关的情况需要进行说明和解释，而且在许多情况下，还要列出一系列的明细表格和算式，详细说明数字的含义和产生过程
财务报表格式内难以反映或不能反映的内容	例如租赁业务合同、退休养老金计划、关联单位交易、债务重组措施、或有项目等，这些对企业有重大影响而又未在表内反映的事项，应根据实际情况在注释中加以说明
其他内容	例如企业的合并、分立、重大投资、融资活动、重要资产转让及其出售情况等

3. 编写财务报表附注应注意的问题

（1）揭示要充分、系统、完整，否则，信息揭示遗漏会造成会计资料的误导或误解。

（2）坚持重要性原则，对不同信息应选择不同的披露方式，对重要信息资料应详细、充分地披露，一般事项的说明则要简略。判断重要性的标准，主要看会计信息与报表使用者经济决策的相关程度的大小。

（3）确保附注资料真实可信。只有真实可信的会计信息才能发挥附注资料的作用；否则，只会对报表使用者产生误导。为此，应做到附注资料来源真实可靠，信息产生程序科学合理，信息表述恰当、清晰。

（4）保守商业秘密。企业的商业秘密是企业的重要资源，它关系到企业的经营成果甚至生存安全。财务报表附注中应披露的全部信息应是可公开的信息，不能泄露商业秘密。

4. 财务报表附注的形式

财务报表附注一般是由括号注释和底注两部分组成。两者的内容不同，各自发挥的作用也不同。在注释或财务报表正文括号中提供的信息，被认为是按照公认会计原则编制的财务报表整体的一部分。

（1）括号注释。括号注释是指直接在报表上对有关项目做补充说明。它有两个特点：一是直接注在报表内；二是简短，以免影响有关项目金额的填列。

括号注释的作用主要体现在：

1）指标所采用的会计程序和计价方法。如"短期投资（按成本加利息）25000"。

2）说明某一个项目的特征。如"应收账款（已减备抵坏账 10000）70000"。

3）列示某个标题中所包括的构成项目的具体金额。如"应收票据（已含贴现应收票据8000）50000"。

4）按替代性计价得出的金额。如"存货（按市价，成本为 200000）190000"。

5）需参见其他报表或本表其他部分的说明。如"所得税退还（见底注）45000"。

（2）底注。底注是指在报表正文后面用一定的文字和数字进行的补充说明。它不能用来代替报表本身正常的分类、计数，不能与报表内的信息重复、矛盾。底注的内容如表 16-12 所示。

表 16-12 底注的内容

项 目	内 容 阐 释
会计政策	会计政策，如存货的计价基础
会计变动	会计变动包括：计算程序或方法的变化，如存货的计价从先进先出法改变为加权平均法；估价的变动，如改变坏账计提的比例，变更固定资产折旧年限和预计残值等；主体的变动，如企业由于兼并、重组而引起的报表数据变化等
债权人优先权益的说明	如在有关负债项目中用作抵押的资产、可转换股权、清算资产的特别求偿权等做说明
或有资产和或有负债	如外单位或个人有条件捐赠的资产、待决诉讼等
股利支付限制	如股利能否从缴入资本的溢价中支付，留存收益是否分配等
有关权益持有人权利的说明	如企业给予高层职员的优先认股权的条件、要求，以及对未来企业收益和股东权益的影响等的说明
待履行的合同	待履行的合同是指企业已签订的还没履行的，但企业将要承担责任的合同

（四）财务情况说明书

1. 财务情况说明

财务情况说明书是对企业一定会计期间内财产成本情况进行分析总结的书面文字报告，是以文字形式为主结合数字指标的书面财务情况报告，是企业年度财务报告的重要组成部分。

财务情况说明书能全面提供企业生产经营情况，分析总结企业工作成绩和不足，因而是企业管理层和相关政府部门了解和考核企业业绩的重要依据。

2. 说明的问题

（1）企业的背景信息。这些信息的主要作用是帮助报表相关者们判断企业的经营战略和未来前景与企业的经营环境相适应与否等问题。企业的背景信息包括：企业所处的国家、行业、企业的技术水平和技术进步能力，企业国外业务份额、企业经营业务与资产的范围内容、企业过去盈利能力、主要竞争者、企业近期及远期目标等。

（2）企业生产经营情况。利润实现和分配情况；资金增减和周转情况；税金缴纳和遵守税法情况；各项财产物资的变动情况等。

（3）企业前瞻性信息。这主要指的是企业管理者或其他报表相关者对于企业未来经营环境的事先评估，特别是对本期或下期财务状况发生重大影响的事件的说明。其内容包括：企业面临的机会与风险，企业重大的投资计划，企业可能存在哪些重大的技术进步，企业管理部门的主要计划，企业主要财务安排，以及企业管理部门对一些主要财务信息和非财务信息的分析与评价。

（4）资产负债表编制日后至报表报出前发生的、对企业财务状况变动有重大影响的期后事项。

（5）其他有助于理解和分析财务报表需要说明的事项。

3. 主要作用

（1）有利于财务报表使用者领会财务报表所提供的信息。因为财务情况说明书在一定程度上对财务报表中某些事项进行了揭示。

（2）有利于财务报表使用者进一步了解企业生产经营情况和经营成果，以便做出正确决策。因为财务报表提供的信息一般比较抽象，说明问题不够详尽，难以透彻了解企业的财务状况，而财务情况说明书通过文字或数字指标进行了说明。

（3）能提供更为有用的决策信息。因为财务报表着重提供已经完成了的、过去的财务信息，而财务情况说明书不仅提供当期对企业财务状况发生重大影响的事项，而且也提供当时发生的（资产负债表编制日以后）和下期即将发生的对企业财务状况产生重大影响的事项。

七、财务报告的阅读与分析

企业财务报告的阅读与分析包括对企业会计报表、会计报表附注的理解与掌握，以及对财务情况说明书的有关情况的评估、分析。其中，资产负债表、利润表、现金流量表及相关附表这些会计报表的阅读与把握是关键。

下面简要说明资产负债表、利润表、现金流量表的性质、作用。

（一）企业三大会计报表的性质与作用

1. 资产负债表的性质与作用

资产负债表以"资产＝负债+所有者权益（或股东权益）"这一基本会计恒等式为基础，将企业的资产、负债和所有者权益（或股东权益）等会计要素及其在特定日期的余额按照一定的分类标准和次序编排而成。编制资产负债表的主要目的在于向会计报表使用者反映企业在某一特定日期的财务状况，即企业特定日期的资产、负债、所有者权益（或股东权益）的构成及其相互关系。资产负债表在会计报表体系中具有举足轻重的地位，它所传递的信息既有助于会计报表使用者分析、评价和预测企业的偿债能力、资产变现能力和财务弹性，也有助于其分析、评价和预测企业的经营业绩。

2. 利润表的性质与作用

利润表是反映企业在某一特定会计期间的经营成果的基本报表。利润表主要是根据收入实现原则和配比原则编制的。就是说，企业的会计人员必须首先确定营业收入中哪些属于当期的营业收入，哪些应递延至以后会计期间确认。确定了当期的营业收入后，会计人员还必须依照收入与费用的因果关系，将同一会计期间的营业收入与销售费用进行配比，据以确定报告期的净利润。

利润表所提供的信息不仅有助于投资者评估企业的盈利能力，而且有助于评价企业的偿债能力。事实上，从持续经营的角度看，盈利能力比资产的变现能力给债权人提供了更大的安全保证。盈利能力是企业创造稳定可靠的现金流量的根本保证。此外，利润表提供的信息还有助于投资者考核企业的管理层是否有效地履行了经管责任，有助于税务部门确定企业应当缴纳的税收。

3. 现金流量表的性质与作用

现金流量表反映的是企业经营活动、投资活动和融资活动的现金流量，有利于评估企业净收益的质量、企业的偿债能力、预测企业的财务风险。具体表现在：

（1）反映净收益与现金余额的关系，现金余额与企业盈亏并不一定成正向变化。净收益与现金流量的关系可以反映企业净收益的质量。一般来说，有现金流量支持的净收益是高质量的，反之，则是质量不高的净收益。

（2）报告过去一年中的现金流量，以便预测未来现金流量，评研企业取得和运用现金的能力，确定企业支付利息、股利和到期债务的能力。

（3）反映企业现金的来源、去向，能使出资人全面掌握企业的资金运用情况。

综上所述，企业会计报表从计量的角度看，资产负债表反映的是企业经营活动、投资活动和融资活动的存量——财务状况。利润表反映的是企业经营活动、投资活动和融资活动的增量——经营成果。现金流量表反映的是企业经营活动、投资活动和融资活动的流量——现金流量。掌握了这三个报表的变化情况，就能抓住企业财务的本质，所以，财务分析是财务总监最重要的工作，财务分析也是财务总监必须掌握的基本技能之一。

（二）财务报告的分析利用

对财务报表提供的数据进行加工分析是财务管理一项重要工作，它可以发现问题，提出改进建议，有效利用企业资源，增加企业效益。

1. 财务报告分析风险及控制

该环节的主要风险是：财务分析制度不符合企业的实际情况，财务分析流于形式，未突出企业经营中重大事项、未充分利用企业现有的资源，财务分析流程、要求不明确，财务分析制度未经审批等。

2. 财务报告分析利用的要求

（1）建立财务报告分析制度。企业应当重视财务报告分析工作，定期召开财务分析会议，充分利用财务报告反映的综合信息，全面分析企业的经营管理状况和存在的问题，不断提高经营管理水平。

1）财务报告分析制度内容。它包括定期召开分析会议、明确财务报告分析的组织形式，确定分析方法和指标体系、分析报告撰写及报送等。并报经有关领导批准，列入业务流程。

企业财务分析会议应吸收有关部门负责人参加，总会计师或分管会计工作的负责人应当在财务分析和利用工作中发挥主导作用。

2）财务报告分析的方法。有定性和定量两类，常用定量方法有比较分析法、比率分析法、因素分析法及趋势分析法等。

3）财务报告分析指标体系。企业应建立一套适合本企业的指标体系。既有定量指标，也有定性指标，才能全面系统反映企业的经营状况、潜在风险及持续发展能力。常用的财务报告评价的定量指标有盈利能力、偿债能力、资产运营能力、发展能力、社会贡献、净资产收益率、经济增加值等；定性指标有经营者及职工素质、产品市场占有率（服务满意度）内部财务控制的有效性、发展创新能力等。定性指标需要通过主观分析得出判断结果。企业可结合自身的特点组成具有全面、系统及内在联系的指标体系，如所有者权益收益率分析指标体系和杜邦财务分析指标体系。

通过财务报告分析企业领导可全面了解企业经营管理现状和存在问题，寻找问题产生根源，拟定应对措施，改进经营管理，充分利用企业资源，促进经营目标的实现。

（2）财务状况报表分析。企业应当分析企业的资产分布、负债水平和所有者权益结构；通过资产负债率、流动比率、资产周转率等指标分析企业的偿债能力和营运能力；分析企业净资产的增减变化，了解和掌握企业规模和净资产的不断变化过程。

通过分析上述指标现状及过去，可全面、系统地把握企业的财务状况及偿债能力。了解企业规模及净资产的变化过程。

（3）经营成果报表分析。企业应当分析各项收入、费用的构成及其增减变动情况，通过净资产收益率、每股收益等指标，分析企业的盈利能力和发展能力，了解和掌握当期利润增减变化的原因和未来发展趋势。

通过分析上述指标，可了解和掌握企业经营成果的形成，收入、费用的构成，当前的水平、变化的原因、未来的趋势。

（4）现金流量报表分析。企业应当分析经营活动、投资活动、筹资活动现金流量的运转情况，重点关注现金流量能否保证生产经营过程的正常运行，防止现金短缺或闲置。

通过分析上述指标，可了解和掌握企业现金在经营活动、投资活动和筹资活动之间流动状况及能否正常运行，使现金得到充分利用。

（5）财务报告分析利用。企业定期的财务分析应当形成分析报告，构成内部报告的组成部分。财务分析报告结果应当及时传递给企业内部有关管理层级，充分发挥财务报告在企业生产经营管理中的重要作用。

要充分发挥财务报告分析的作用，在撰写报告分析时应关注的问题如表16-13所示。

表16-13 撰写报告分析注意的问题

项　目	内　容　阐　释
重点突出	财务分析涉及企业的方方面面，指标可多达上百个。因此，分析一定要明确目的，突出重点，针对报告反映的当前经营活动偏离目标的重大事项进行分析，充分发挥"听诊器""显微镜"的功能，找出问题症结，指出产生原因、说明改进措施
及时准确	企业经济瞬息万变，财务分析必须及时准确地为抓住机遇、规避风险、改善经营管理提出建议，及时报送有关部门，充分发挥财务分析功能。否则，时过境迁其作用将大打折扣
落实整改	经领导审批的财务分析报告，应及时传递给有关部门。各部门负责人应当根据分析的结果及提出的改进建议，研究本部门的整改落实策略及措施。财务部门应跟踪、监控责任部门的改进落实情况，并及时向有关负责人反馈落实状况。经营中发生的资金问题，财务部门应积极地协助解决，促进目标的完成

> **法律依据**

企业内部控制应用指引第 14 号——财务报告

第一章 总 则

第一条 为了规范企业财务报告，保证财务报告的真实、完整，根据《中华人民共和国会计法》等有关法律法规和《企业内部控制基本规范》，制定本指引。

第二条 本指引所称财务报告，是指反映企业某一特定日期财务状况和某一会计期间经营成果、现金流量的文件。

第三条 企业编制、对外提供和分析利用财务报告，至少应当关注下列风险：

1. 编制财务报告违反会计法律法规和国家统一的会计准则制度，可能导致企业承担法律责任和声誉受损。

2. 提供虚假财务报告，误导财务报告使用者，造成决策失误，干扰市场秩序。

3. 不能有效利用财务报告，难以及时发现企业经营管理中存在的问题，可能导致企业财务和经营风险失控。

第四条 企业应当严格执行会计法律法规和国家统一的会计准则制度，加强对财务报告编制、对外提供和分析利用全过程的管理，明确相关工作流程和要求，落实责任制，确保财务报告合法合规、真实完整和有效利用。

总会计师或分管会计工作的负责人负责组织领导财务报告的编制、对外提供和分析利用等相关工作。

企业负责人对财务报告的真实性、完整性负责。

第二章 财务报告的编制

第五条 企业编制财务报告，应当重点关注会计政策和会计估计，对财务报告产生重大影响的交易和事项的处理应当按照规定的权限和程序进行审批。

企业在编制年度财务报告前，应当进行必要的资产清查、减值测试和债权债务核实。

第六条 企业应当按照国家统一的会计准则制度规定，根据登记完整、核对无误的会计账簿记录和其他有关资料编制财务报告，做到内容完整、数字真实、计算准确，不得漏报或者随意进行取舍。

第七条 企业财务报告列示的资产、负债、所有者权益金额应当真实可靠。

各项资产计价方法不得随意变更，如有减值，应当合理计提减值准备，严禁虚增或虚减资产。

各项负债应当反映企业的现时义务，不得提前、推迟或不确认负债，严禁虚增或虚减负债。

所有者权益应当反映企业资产扣除负债后由所有者享有的剩余权益，由实收资本、资本公积、留存收益等构成。企业应当做好所有者权益保值增值工作，严禁虚假出资、抽逃出资、资本不实。

第八条 企业财务报告应当如实列示当期收入、费用和利润。

各项收入的确认应当遵循规定的标准，不得虚列或者隐瞒收入，推迟或提前确认收入。

各项费用、成本的确认应当符合规定，不得随意改变费用、成本的确认标准或计量方法，虚列、多列、不列或者少列费用、成本。

利润由收入减去费用后的净额、直接计入当期利润的利得和损失等构成。不得随意调整利润的计算、分配方法，编造虚假利润。

第九条 企业财务报告列示的各种现金流量由经营活动、投资活动和筹资活动的现金流量构成,应当按照规定划清各类交易和事项的现金流量的界限。

第十条 附注是财务报告的重要组成部分,对反映企业财务状况、经营成果、现金流量的报表中需要说明的事项,做出真实、完整、清晰的说明。

企业应当按照国家统一的会计准则制度编制附注。

第十一条 企业集团应当编制合并财务报表,明确合并财务报表的合并范围和合并方法,如实反映企业集团的财务状况、经营成果和现金流量。

第十二条 企业编制财务报告,应当充分利用信息技术,提高工作效率和工作质量,减少或避免编制差错和人为调整因素。

第三章 财务报告的对外提供

第十三条 企业应当依照法律法规和国家统一的会计准则制度的规定,及时对外提供财务报告。

第十四条 企业财务报告编制完成后,应当装订成册,加盖公章,由企业负责人、总会计师或分管会计工作的负责人、财会部门负责人签名并盖章。

第十五条 财务报告须经注册会计师审计的,注册会计师及其所在的事务所出具的审计报告,应当随同财务报告一并提供。

企业对外提供的财务报告应当及时整理归档,并按有关规定妥善保存。

第四章 财务报告的分析利用

第十六条 企业应当重视财务报告分析工作,定期召开财务分析会议,充分利用财务报告反映的综合信息,全面分析企业的经营管理状况和存在的问题,不断提高经营管理水平。

企业财务分析会议应吸收有关部门负责人参加。总会计师或分管会计工作的负责人应当在财务分析和利用工作中发挥主导作用。

第十七条 企业应当分析企业的资产分布、负债水平和所有者权益结构,通过资产负债率、流动比率、资产周转率等指标分析企业的偿债能力和营运能力;分析企业净资产的增减变化,了解和掌握企业规模和净资产的不断变化过程。

第十八条 企业应当分析各项收入、费用的构成及其增减变动情况,通过净资产收益率、每股收益等指标,分析企业的盈利能力和发展能力,了解和掌握当期利润增减变化的原因和未来发展趋势。

第十九条 企业应当分析经营活动、投资活动、筹资活动现金流量的运转情况,重点关注现金流量能否保证生产经营过程的正常运行,防止现金短缺或闲置。

第二十条 企业定期的财务分析应当形成分析报告,构成内部报告的组成部分。

财务分析报告结果应当及时传递给企业内部有关管理层级,充分发挥财务报告在企业生产经营管理中的重要作用。

八、年度财务会计报告抽查制度

年度财务会计报告抽查是指财政部门对企业提供的年度财务会计报告及注册会计师出具的审计报告,就其真实性和合法性进行重点抽查,其目的在于加强财务会计报告管理,严肃查处编造、篡改财务会计报告和其他弄虚作假的行为。

九、财务会计报告审计制度

企业对外提供的年度财务会计报告,应当经过会计师事务所和注册会计师根据《独立审计准则》和其他执业规范的规定进行独立审计。

（一）财务会计报告的审计范围

根据财政部印发的《关于改进和加强企业年度会计报表审计工作管理的若干规定》（财企〔2004〕5 号），除继续保留或者封存军工科研生产能力的军工企业（不包括其投资兴办的具有独立法人资格的民品企业），以及监狱劳教企业、边境农场、新疆生产建设兵团和黑龙江垦区所属农业企业等特殊行业的国有企业暂不实行年报审计制度外，境内各类国有及国有控股的非金融企业应当接受年度审计。外商投资企业和上市公司年度会计报表审计，国家另有规定的，从其规定。企业集团内纳入合并年度财务会计报告范围的子公司，必须全部委托审计。

（二）企业年报审计一般应当遵循的要求

（1）企业应当根据董事会或者经理（厂长）办公会的决定进行委托审计。企业集团所属全资企业年度审计由集团公司统一委托。政企尚未脱钩的企业，由直接向政府主管部门报送年报的企业，统一委托会计师事务所对所属企业年报进行审计。

（2）企业应当在每年 9 月 30 日以前委托或者变更委托会计师事务所，并签订业务约定书，明确审计的范围、内容、双方的权利与责任、收费金额与付款方式、违约责任。

（3）审计业务约定书签定后，企业应当在每年 10 月 31 日以前向主管财政机关办理备案手续。企业向主管财政机关备案，应提交备案报告，说明企业选择与更换会计师事务所的理由、约定的审计范围、审计委托方式、审计付费标准等情况。

（4）接受企业委托审计的会计师事务所，承接的审计业务必须由本所的注册会计师完成，不得分拆后转给其他会计师事务所承担。

（5）企业可以采取招标方式选择会计师事务所，企业集团公司选择多家会计师事务所实行联合审计的，应当确定牵头审计的会计师事务所，并协助牵头审计的会计师事务所制订集团审计方案，组织子公司或者所属企业配合实施。

（6）企业年报审计，按照"谁委托、谁付费"的原则支付审计费用。

（7）企业对于上年委托审计的、符合规定且没有出现违纪违规问题的会计师事务所，一般不应随意变更；需要变更的，须说明理由，并予披露。

（8）企业在审计年度内实施企业重组，需要进行整体资产评估或者财务咨询等，不得将年度财务会计报告审计业务委托给执行资产评估或者财务咨询业务的同一家会计师事务所或者相同出资人的会计师事务所。

（9）企业应当及时提供注册会计师审计所需的年度内全部会计凭证、会计账簿、内部财务控制制度和会计政策及会计核算方法、重大购销合同、重大投资及融资合同、资产重组与企业改制等重大经济事项的决策或者审批文件以及其他相关资料，不得隐瞒或者随意编造。

特别需要指出的是，选择和更换会计师事务所虽然属于企业投资者的权利，但是依照《公司法》等法律法规及企业章程的规定，相关决定应当通过股东会、股东大会、董事会等类似机构做出，任何单位不得以任何方式直接干预，即使是作为企业投资者的政府及其部门也一样。例如，通过招标选择会计师事务所时，主体是企业或者企业集团中的母公司，政府部门不能通过统一组织招标等形式，变相为企业指定事务所。又如，为了防止企业通过更换事务所逃避对其财务违法违规行为的审计，国家相关法律规范要求企业更换事务所必须有正当理由，履行一定程序，并允许会计师事务所陈述意见，政府部门不得以任何理由，硬性规定企业必须定期更换事务所。

对按照特殊目的编制基础编制的财务报表的审计请参阅《中国注册会计师审计准则第 1601

号——对按照特殊目的编制基础编制的财务报表审计的特殊考虑（2010 年 11 月 1 日）》及其应用指南。

十、财务会计报告的对外提供

财务会计报告编制完成后，需要报送的部门主要有财政部门（国有企业需要报送）、审计部门、税务部门、上级主管部门（有上级主管部门或管理机构的企业需要报送）、工商行政管理部门（企业在年度公示时需要报送）、人民银行（在银行取得贷款的企业需要报送）、证券监管部门（上市公司需要报送）和保险监管部门（保险公司需要报送）。

（一）财务报告对外提供的要求（见表 16-14）

表 16-14　财务报告对外提供的要求

项　目	内　容　阐　释
报告提供时间要求	企业应当依照法律法规和国家统一的会计准则制度的规定，及时对外提供财务报告
报告报送形式要求	企业财务报告编制完成后，应当装订成册加盖公章，由企业负责人、总会计师和分管会计工作的负责人、财会部门负责人签名并盖章
报告报送基本要求	财务报告须经注册会计师审计的，注册会计师及其所在的事务所出具的审计报告，应当随财务报告一并提供。企业对外提供的财务报告应当及时整理归档，并按有关规定妥善保存

（二）财务报告对外提供风险控制

财务报告对外提供是报告最后环节，企业领导层把好关非常重要。

1. 财务报告对外提供潜在风险

（1）对外提供报告的编制基础、编制依据、编制原则和方法不一致，可能导致财务报告漏报、错报及欺诈，不能做到真实及完整。

（2）由于会计核算等原因，未能及时对外提供财务报告，可能导致违反法规规定，降低财务报告信息使用价值，影响企业信誉。

（3）财务报告在对外提供前泄露财务信息，或使不应知晓的对象获悉，可能导致内部交易发生等，使公司或投资者蒙受损失。

（4）审计机构不符合相关法律法规的规定，或审计机构与企业串通作弊，可能导致被监督机构审查或社会监督者揭露，受到违规惩罚。

2. 财务报告对外提供风险的应对（见表 16-15）

表 16-15　财务报告对外提供风险的应对

项　目	内　容　阐　释
完善财务报告编制的基础	报送会计报表中的问题，大都发生在编制过程，遵照有关法规的规定及要求，认真负责地编报财务报告，是防范报告风险的基础
从制度中明确对财务报告的监督	财务报告对外提供的对象或监督部门，应在相关文件中予以规定，并由企业负责人监督。例如，国有企业的财务报告应定期向监事会提供。每年至少一次向企业的职工代表大会公布。上市公司的财务报告须经董事会、监事会审核通过后向社会提供

续表

项　　目	内　容　阐　释
认真履行财务报告的审批程序	财务报告从编制者→财会部门负责人审核→总会计师或分管会计工作的负责人审核→企业负责人审核，并签字盖章后报出。各环节的负责人都能对报告内容的真实性、完整性，格式的合规性负责，发挥审核监督的职责，就可避免或减少报告风险
企业应制定严格的保密程序	对能接触财务报告信息的人员进行权限设置，保证财务报告信息在对外提供前控制在适当的范围，并对财务报告信息的访问情况予以记录，以便掌握情况及时发现可能的泄露行为，有利于泄露后追查责任

第 17 章

企业财务流程再造

第一节　财务流程概述

　　财务流程是企业流程中重要的组成部分，它将企业业务流程中采集的数据，经过加工后生成企业管理活动所需的信息。

　　财务流程有狭义和广义之分。从狭义的角度看，财务流程是指局限于财务部门内部的工作流程，是业务流程内部财务职能的体现。也就是说，会计通过对各单位的经济业务、主要运用货币形式的信息计量，借助于专门的方法和程序进行核算、控制，产生了一系列财务信息和其他经济信息，为企业内外部的信息使用者提供服务来创造价值，是连接业务流程和管理流程的桥梁。从广义的角度看，财务流程和企业业务流程紧密相关，凡涉及企业资金运动、资源消耗和会计处理的业务流程均属于财务流程的范畴。

　　财务流程的设计思想、数据采集方法、效率，加工的正确性和有效性，将直接影响企业管理活动的质量。财务流程再造是整个企业流程再造的重要环节和关键内容。由于是在对企业财务流程进行分析的基础上，对其进行改进或重新设计以获得绩效重大改善的活动，其基本思路是通过重新设计组织经营及财务运作的流程，旨在使得这些流程的增值最大化，相关的成本费用以及风险最小化，从而获得绩效的改进。其中，从整个组织角度进行的财务流程重组能够给企业带来革命性变革。

一、传统企业财务流程的缺陷（见表 17-1）

表 17-1　传统企业财务流程的缺陷

项　目	内　容　阐　释
会计信息系统与企业其他业务流程相对独立	传统财务流程导致会计信息系统与企业其他业务流程的相对独立，使会计信息不能满足管理的需要。有些企业应收账款和应付账款与其上游流程脱离，应付账款和采购流程、应收账款和销售订单完成过程衔接不畅，重复录入数据、审核和检查
传统财务流程无法实现企业实时监控的需要	在传统财务流程下，一些企业的财务预算、财务分析和控制能力很弱，除缺乏必要的人力外，还缺乏必要的工具支持。 因此，财务流程再造就是要克服传统财务流程存在的缺陷，目的就是要减少重复劳动，提高工作效率，改善财务预算和分析能力，提高财务控制的有效性
企业财务部门任务分解过细，影响流程效率	传统财务流程是建立在传统分工理论基础上的，数据间联系和控制相对松散。由于劳动分工的影响，许多企业财务部门中，每个工作或任务分解过细，各个子部门之间的信息不能共享，重复劳动多。每个成员或小组都集中在一个非常具体和有限的范围内，尽管局部效率可能比较高，但往往对整个流程的效率以及它对整个组织的增值性考虑不到

二、财务流程的逻辑基础

企业是由各式各样的流程组成,不同的流程组合形成了不同的企业。财务流程是企业的主要流程之一,甚至可以称为企业的核心流程,这是因为财务流程关系到企业价值的创造和各类资源的消耗,而企业的目标正在于此。但财务流程毕竟还是比较笼统的概念,为此必须弄清楚流程产生的基础以及流程是如何与员工的各项工作联系起来的。

企业财务流程是由分工导致的,而分工的基础是工作的可分性,也就是说,工作本身是由独立可分的作业按照一定的顺序结合而成的。广义地讲,企业财务流程中包含的工作内容可以抽象为服务于价值创造的各项作业,在一定的条件下,这些独立的作业分解至不同的部门来完成,这就构成了完整地服务于价值创造的财务流程。也就是说,企业财务价值创造的各项工作被分解为许多作业,并交由不同的人来共同完成,他们完成具体作业的工作方法有可能不同,但其工作顺序一般来说是不会变化的。这种固有的工作顺序就是作业之间的逻辑关系,这种逻辑关系决定了分工所形成的流程形式。作业之间不同的逻辑关系即构成不同的财务流程。

财务流程逻辑产生的特性,决定了在设计和执行财务流程时必须遵守活动之间的这种内在逻辑。这些逻辑的内在关系必须符合企业管理的基本原理和财务价值创造的内在规律性特征,任何违反这些原则的流程设计或执行都将带来混乱的企业秩序和低下的流程绩效。

三、财务流程的基本构造和分类

企业的每个财务流程都包含一些最基本的成分,这些成分组合方式的变化会导致不同流程的产生。我们知道,财务流程是分工的产物。原本一个人从事的工作,经过多次分工,所形成的各项作业交由不同的人来共同完成,通过这些人的共同协作完成整个流程的任务。这些作业以一定的方式连接,构成了完成该项工作的特定流程。由此可以看出,作业是组成流程的一个基本要素。组成流程的作业并非简单的叠加,而是通过一定的方式连接起来,作业之间的连接方式不同,形成不同的流程,因此作业之间的逻辑关系成为财务流程的另一基本要素。财务流程中的任一作业都必须由人来完成,作业的承担者构成了流程的第三个基本要素。此外,作业的承担者往往可以借助不同的技术和工具或采用不同的方式来完成作业,也就是说,完成作业的方式构成了财务流程的第四个基本要素。由此可以看出,企业任一财务流程都包含作业、作业间逻辑关系、作业的承担者以及作业的执行方式四个要素。这四要素中的任何一个要素发生变动都会导致一个新流程的产生。

从流程在企业财务价值创造过程中的不同地位来看,财务流程可以分为三类(见表 17-2)。

表 17-2 财务流程的分类

项 目	内 容 阐 释
财务战略流程	通过这些流程组织、规划和开拓它的未来,包括财务战略规划、产品/服务开发以及新财务流程的设计等
财务运营流程	通过这些流程组织实现其日常功能,如"赢得"客户、满足客户、客户支持、现金与收支管理、财务报告等
财务保障流程	这些流程是为财务战略流程和财务运营流程的顺利实施提供保障的流程,如人力资源价值管理、管理会计、财务信息系统管理等。上述三个组织流程具有相互衔接的关系,前一个流程可以向下分解,具体分为下一层次的流程,后者还可以继续分解,直到到达具体的单项作业。财务流程再造就是要重新设计这些流程,从而显著地改善组织的财务绩效

四、财务流程优化

（一）财务流程优化及重构的基本方法

1. 财务流程优化及重构的一般模式及应关注的问题

无论是采用系统化改造法还是全新设计法，都必须经历三个阶段，即计划和了解阶段、初步流程方案设计阶段及流程方案完善阶段。在这三个阶段，实施小组会遇到不同的问题，并应该创造性地对这些问题加以解决。从这一意义上说，在财务流程优化及重构阶段，再造小组应充分做好计划工作，对可能出现的问题事先做好准备，并提出解决方案。只有这样财务流程再造的系统工程才有可能走向成功。一般来说，在以上三个阶段，再造小组应该对一些问题（见表17-3）进行回答并提出解决方案。

表 17-3 新流程设计阶段及应关注的问题

新流程设计阶段	应关注的问题
流程分析及理解阶段	有哪些相关流程？ 对这些流程，有没有相关的计划？由谁制订、审批？计划的内容是什么？谁应该遵照这些计划？ 现有这些流程里，是哪些部门的哪些岗位，做了哪些活动，活动之间的关系是什么？这些部门和岗位做这些活动，受哪些制度中哪些规定的约束？ 对这些流程，有没有相关的监控要点？谁来监控？谁对监控要点负责？怎么考核？ 对这些流程，有没有相关的报表？谁来提交？提交给谁？是分析报表还是在线查看？报表的内容是什么？接收者能采取哪些措施以保证流程运营？ 这些活动是手工还是IT支撑的？效果怎样
新流程设计计划和了解阶段	有关财务流程管理问题的要点，国内同行业可以做到怎样？ 新的管理理论发展怎样？ 企业的战略要求做到怎样？ 相关领导期望做到怎样？具体执行人期望做到怎样？ 有关这个问题要点，要达到标杆，有哪些改进的前提条件难以达到？有哪些资源难以落实？有哪些观念需要改变？达到标杆可能引发什么问题
初步流程方案设计阶段	流程中，哪些可以清除，哪些可以简化，哪些可以整合，哪些是可以自动化的？ 流程对岗位流程的计划是否完善？ 流程对计划提出什么要求？ 流程对岗位提出什么要求？ 流程对部门提出什么要求？ 流程对制度提出什么要求？ 流程对绩效提出什么要求？ 流程对报表提出什么要求？ 流程对IT提出什么要求
流程方案完善阶段	企业的战略定位如何通过计划的逐层制订和实施来指导目标流程？目标流程要顺利运营，需要由谁来制订哪些计划？计划的内容如何审批，计划对谁有指导作用？ 目标流程要顺利运营，对岗位知识、能力、态度提出什么新的要求？ 目标流程要顺利运营，需要进行哪些部门职能的调整？

续表

新流程设计阶段	应关注的问题
流程方案完善阶段	目标流程要顺利运营，需要由谁来制定和维护哪些制度？制度内容要在现有制度基础上做哪些修订？制度如何审批？对谁有约束力？ 目标流程要顺利运营，需要关注哪些关键绩效指针？计算公式是什么？这些关键绩效指针？ 可能变动的原因是什么？谁对每个关键绩效指针负责？谁来监控？监控者能采取哪些措施来推动流程良性运营？ 目标流程要顺利运营，有必要建立哪些报表？报表的内容是什么？谁来提交？提交给谁？是分析报表还是在线查看？ 目标流程要顺利运营，需要有哪些信息系统？用到这些系统的哪些功能？哪些部门或者岗位要用到这些功能？这些功能如何集成？目标流程要顺利运营，需要哪些基础资料？谁对这些基础资料负责

2. 确定新流程设计的策略

在确定了企业的关键财务流程并对其进行分析、理解之后，首先应考虑的问题是现有流程是否应该并可以作为新流程的基础。对这一问题的回答将直接决定在新财务流程设计时是对现有流程予以改造还是构建全新的流程取代现有流程。在财务流程再造过程中，由于全新流程与现有的实际工作会存在较大的差异，员工可能无法适应新流程，从而阻碍了新流程的实施；另外，在现有流程上进行改造可能造成新流程易受传统管理模式的约束，难以发挥财务流程再造的巨大潜力。因此在新财务流程的设计过程中，必须在对现有流程进行理解的基础上，再从现有流程中汲取知识与按理想状态设想工作方式之间选定平衡点。

基于此，财务流程再造的基本策略共分为两大类：一是系统化改造法，即在辨析理解现有流程的基础上系统地对现有流程进行优化，并创建提供所需产出的新流程；二是全新设计法，即从根本上重新考虑产品或服务的提供方式，以零为起点设计新流程。与此同时，企业在进行新流程设计时，也可以采用两种方式相结合的方式，或对处于不同位势的流程采用不同的策略。以上两类方法的选择取决于组织的具体情况和再造涉及的时间范围。一般来说，系统化改造方式最常用于短期绩效改进，而全新设计方式则是公司开拓中长期竞争优势的有效途径。不论选择哪种方式，都要注意不能过于立足于现有流程，对系统化改造法尤其应该注意这一点。必须明确的是不论用什么方法，财务流程再造的目标都是获得显著的绩效改善。因此，应该对新流程而不是对现有流程给予更多的关注，现有流程仅仅是流程改造的起点。

（二）系统化改造法

1. 系统化改造法的基本特征

相对于全新设计法来说，系统化改造法的风险比较低，但其可能获得的收益也较低，并且这种收益随着时间的推移会越来越小，最后将到达绩效改进的"拐点"，如图 17-1 所示。

从图 17-1 可以看出，在原有流程的改进曲线中，随着时间的推移，流程绩效得到改进的程度越来越低，甚至会使现有流程绩效变得更低。因此，系统化改造法虽然在初期会产生显著的流程绩效改进，但更应强调随着时间推移不断地大量渐进变革。也就是说，只有当持续地使用系统化改造，组织的绩效及其与环境的适应性才能够得到保证；系统化改造应该最终成为组织整体生命的一部分。

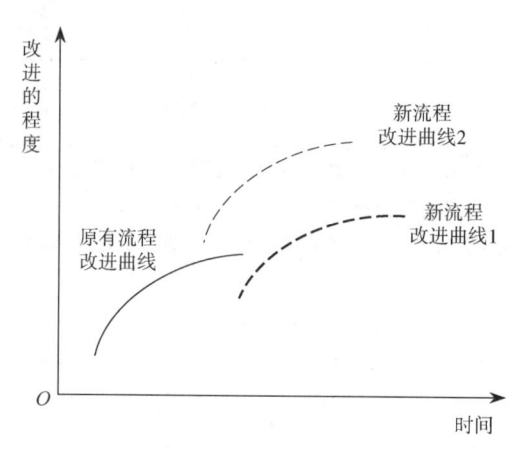

图 17-1　新流程改进与绩效改进转折点

需要注意的是，系统化改造法下全新设计的流程并不一定立即就能超越原有流程。出现这种情况并不意外，因为组织对新流程需要有适应期，此时重要的是要看新流程是否具有能大大提高中长期绩效水平的潜力。

2. 系统化改造法的具体程序

系统化改造现有财务流程或重新设计现有财务流程的工作重点，应从客户价值出发，消除流程内部的非增值作业和调整核心增值作业，其基本框架可以概括为 ESIA，即清除（eliminate）、简化（simply）、整合（integrate）和自动化（automate），如表 17-4 所示。

表 17-4　系统化改造法 ESIA 改造程序

改造程序	工 作 内 容
清除	清除非增值作业。主要包括：过量生产或过度供应；等待时间；运输；转移和移动；不增值或失控流程中的加工处理环节；库存缺陷、故障与返工；重复任务；信息格式重排或转换；调停、检验、监视和控制等
简化	在尽可能地清除非必要性的活动之后，应该对余下的必要活动进行简化：程序和流程；沟通；技术；问题区域等
整合	整合经过简化的任务，使之更加流畅、连贯并能满足客户需要。应注意以下几点：整合后的工作流程应实现面向订单的单点接触的全程服务，即由一位项目员工独立承担一系列任务；整合后的团队以高效满足客户为前提进行组建，以承担单个成员无法独立承担的一系列任务
自动化	在完成流程与任务的清除、简化和整合基础上，充分运用与发挥信息技术的强大功能，实现流程加速与客户服务准确性提升的自动化，主要包括：脏活、难活和险活；乏味工作；数据采集、传送与分析

在以上程序中，清除和自动化工作较为确定，只需要按照既有的程序和方法进行操作就能够实现流程系统化改造的目标。但流程的简化工作需要创造性的思维和灵活的方法，而整合工作必须建立在正确的流程简化工作基础之上，否则经整合后的流程将难以满足创造客户价值的需要。下文将主要介绍流程简化的具体方法和程序。在实践过程中，通常可以对以下三种流程进行简化：问题流程耗费的时间或成本存在改进可能；与竞争者相比，企业在产品或服务的配送成本或对客户需求的响应速度上存在明显劣势；对满足客户需要贡献甚微或几乎无贡献的流程或流程中的作业。通过将非增值性作业从财务流程中剔除出去或尽可能地进行压缩，流程简

化能显著提高为客户提供产品与服务的效率与品质，提高客户价值获得的空间。从流程简化实现目标的角度来进行流程简化的定义，有三种方法（见表 17-5）。

表 17-5　流程简化定义的方法

方　　法	内　容　阐　释
再造性流程简化	这是一种立足长期流程能力大幅改进，对整个业务流程进行根本性再设计的方法。该方法强调在企业组织的现有业务流程、绩效及其战略发展需要之间寻找差距与改进空间。其实施要求组织自上而下，制订跨部门的执行计划，相应的资源投入也是非常可观的
成本导向的流程简化	这是一种最基本的流程简化方法，它旨在通过对特定流程进行的成本分析，来识别并减少那些诱致资源投入增加或成本上升的因素。该方法适用于对产品的价格或成本影响较大的活动，其操作前提是必须避免损害那些确保客户需要满足的关键流程或活动
时间导向的流程简化	这是一种在降低产品周转期方面运用得越来越广泛的流程简化方法，其特点是注意对整个流程中各环节占有时间以及各环节之间的协同时间进行深入的量化分析

（三）全新设计法

1. 全新设计法的基本特征

全新设计法的优点是抛开现有财务流程中所隐含的全部假设，从根本上重新思考企业开展业务的方式。这种方式提供了绩效飞跃的可能性，使得财务流程的绩效飞速地提升。"全新设计"是从目标开始并逐步倒推，设计能够达到要求的财务流程。全新设计法具有相当高的实施风险，所要求的组织变革会相当困难。在实际应用过程中，还可以将全新设计法和系统化改造法结合起来。在新财务流程设计好以后，对实施前后的流程可以遵循持续改进的原则，应用系统化改造方法进行改善。

全新设计法实施之前，必须针对客户的需要和各类标杆进行分析和思考，对各类客户导向和标杆瞄准的问题予以回答（见表 17-6）。

表 17-6　全新设计法应关注的问题

集中思考的领域	应关注的问题
客户导向 （5W 模式）	• 什么（What）是我们要满足的需要？都是谁的需求？即"服务任务" • 为什么（Why）我们要满足这些需求？这个目标同组织的战略一致吗 • 何处（Where）需要我们提供满足需求的服务？客户家里，商业区里，还是另外的地方 • 何时（When）需要我们满足这些需求？我们在什么时间范围经营 • 如何（How）实现上述各项任务？需要什么流程？谁来运营这些流程？有哪些增强流程和人员绩效的技术机会
标杆瞄准	• 作为竞争者应该怎么做 • 理想的流程应该是什么样的 • 如果新建一个组织，应该是什么样的 • 如果由你承包此项业务，你会如何去做？如果组织将业务承包出去，你如何衡量承包商的表现

2. 全新设计法的基本程序（见表 17-7）

表 17-7　全新设计法的基本程序

项　目	内　容　阐　释
从高层次理解现有财务流程	在全新设计法下，没有必要像系统改造方式下那样了解所有细节，但是必须找出所有核心财务流程。一般来说，企业通常会有 6~8 个核心财务流程。在结束这一阶段之前，应该分析每个流程的关键步骤。这个阶段的工作还包括对现有流程产出结果的分析
标杆瞄准、集思广益	标杆瞄准对于发现不同的工作方式非常有用，但应注意不能完全以此作为财务流程设计的标准。集思广益，特别是从客户角度出发的思考，将能激发新流程设计的灵感，同时应避免过快地放弃提出的各种思路
新财务流程设计	在这一阶段，要对集思广益出来的流程思路细节进行探讨。在将思路转变成设计的过程中，非常重要的是要坚持"全新设计"的立场，应综合考虑客户价值、财务流程的必要性和贡献、人力资源能力以及技术能力和标杆瞄准，确保新流程设计出来后不会再回到传统的管理模式中去，所有这些考虑一方面构成对设计者的约束，另一方面也是对新的可能性的提示。在对多轮设计进行改进完善后，最终设计的财务流程必须满足这些约束。需要说明的是，在设计过程中应对流程进行充分的检讨，在新流程中应用 ESIA 规则，以便保证它是高效措施所需结果的最佳选择
检验	新流程设计出来之后，应使用流程图对其进行描述，并通过模拟它在现实中的运行对设计进行检验。检验的原则是新流程应能解决大多数事件并创造出不同以往的绩效。值得说明的是，在检验过程中并不要求新财务流程能够满足所有的事件需要，只要流程能够处理绝大多数事例，个别意外事件完全可以作为例外管理项目进行处理

（四）新财务流程的实施与运转

新财务流程设计出并经检验后，就可以进入实施阶段。在全面实施之前，在组织内部应先经过一定时期的小范围试验。这是因为经过检验和试验的新流程也许难以适应真实环境的要求，毕竟真实环境比模拟环境要复杂得多；同时技术的运行方式也许和期望并不完全一致，组织成员也可能抵触新财务流程的运作。在小范围试验成功后，针对试验过程所暴露出来的问题，对新流程方案进行适当调整。经反复论证无误后即可投入企业运行。

财务流程再造是一项系统工程，其实施虽然是众多烦琐工作的最后一步，却是财务流程再造能否成功的关键。流程再造可能涉及许多企业内部关系的调整，也很可能涉及既有权利的再分配，可能遭到组织内部的强大阻力。因此，流程再造小组不仅应取得企业最高管理当局的支持，更应在实施阶段请企业最高管理人员亲自主持并监督新流程的运行状况。只有这样财务流程再造才能真正再造出成果，所承担的再造风险也才具有真正的价值。

五、财务流程分析

财务流程分析解决的主要问题是充分理解和把握公司现有流程的特征、基本内涵和缺陷，并找出核心的价值创造流程，对其与外部环境的协调性和内部经营管理模式的一致性进行分析，寻找价值提升的再造空间。

一般来说，财务流程分析主要包含以下三个步骤：首先，对当期财务流程进行全面描述，充分了解现有流程的运作情况；其次，对现有流程进行分类和筛选，按照特定的原则寻找需要再造的财务流程；最后，对需要再造的流程进行详细分析，充分把握其形成的背景和问题所在，为流程重新设计或优化打下基础。

（一）财务流程描述

流程描述是对现有财务流程的基本流转状况进行全面、准确的了解，并形成相应的流程图，它是财务流程再造的基础工作。通过流程描述，我们可以全面了解和梳理企业管理和财务流程的现状和问题，帮助企业诊断识别企业症结，为流程优化与设计寻找切入点。流程描述其实就是对现状进行描述，前期要做好准备工作并了解以下信息：各部门主要业务职责及岗位设置；各项业务流程的总体框架及其层次划分；业务流程所涉及的部门及岗位；完成各项业务流程的时间顺序；各项信息的形成及传递等。了解以上信息，不仅是为了对现状进行描述，更重要的还是为了发现问题为以后更为有效的财务流程建立和运作打下基础。一般来说，财务流程描述应遵循的步骤如表 17-8 所示。

（二）寻找需要再造的关键财务流程

通常来说，并不是所有的财务流程都需要再造，企业可针对以下业务流程实施再造：不完整的财务流程、对全局工作有影响的核心财务流程、高附加值的财务流程、提供客户服务的财务流程、属于瓶颈的财务流程、跨职能或职能部门的财务流程等。企业管理的"二八"原理揭示，企业 80% 的价值是由 20% 的工作创造的。由于流程是建立在每一位员工的工作基础之上的，那么，对于流程绩效来说也存在着上面所讲的"二八"原理，即企业 80% 的价值是由 20% 的流程所创造的，在财务流程再造工作中首先应对那些处于 20% 范围内的流程进行再造。

表 17-8　财务流程描述应遵循的步骤

步　骤	内　容　阐　释
提出财务流程清单	此项工作的目的是确定财务流程的基本体系和流程之间的界限，只有在科学合理的流程体系基础上，流程描述的工作才具有实质性意义。同时财务流程清单是整个再造活动的起点和基础工作，对再造活动能否成功至关重要。一般来说，财务流程清单应由部门领导牵头整理出部门业务流程的主线，界定出关键和核心的业务有哪些，进而确定主要业务流程，并确定这些流程之间的关系。实施财务流程再造的部门或团队对清单进行整理并报送流程再造主管或公司高级管理层进行确认
财务流程的要素描述	针对清单上的每一流程，流程再造项目组应和业务部门的专职人员及具体经办人员分析并识别现有业务所包含的作业、各作业的执行主体、作业之间的关系、作业需要接收的信息，以及所产生的信息及其传送路径等。为此要把精力主要放在抓住核心业务和主要活动点、在流程中突现问题点上，包括部门内外之间的衔接、工作烦琐与反复的环节、成本高与效率低及时间长的环节、任务转手次数多的环节等
绘制财务流程图	流程再造项目组应根据流程要素描述的结果，自己定义一套业务流程描述符号体系来绘制流程图。项目组人员可以邀请业务部门的相关联络人员修订流程图，并听取业务部门领导及业务人员的意见，保证流程图与现有流程的一致性，最终审核确定所有的财务流程

1. 寻找再造流程的基本原则

总体而言，企业应对那些对价值创造最为关键的流程、效率低下的流程以及能够改造的流程进行再造。在对需要再造的流程进行寻找的过程中，企业应遵循以下几个基本原则（只有这些基本原则都满足的财务流程才可以成为再造的对象）。

（1）位势的重要性。财务流程位势的重要性应以是否对创造客户价值有重大影响为判断标准。这是因为客户价值的获得是企业价值获得的基础，企业只有在内部发展出具有为客户创造价值的核心财务流程，企业的价值才能够获得不断地提升。企业通过流程的运作来满足客户的需求，但这些流程对外在客户的重要性并非是相同的。有些财务流程运作的好坏对客户有相当大的影响力，这种流程自然就是企业中的高位势流程，也就是最重要的流程。它的低效运作会严重地影响其他流程的运作；相反，它的高效运作则会对其他流程的运作产生"乘数效应"。在再造过程中，这类流程也就理所应当成为再造的关键流程。

怎样的财务流程才是对客户有重大影响力的流程？客户仅关心企业流程的输出结果，对其输出过程往往并不关心，事实上他们也难以了解到流程的细节，因此这样的询问很难得到令人满意的回答。但客户总是比较关注不同企业流程的相对重要性，这些可以成为企业对哪些业务流程特别吸引客户做出判断的依据。企业可以观察和了解哪些问题是客户最关心的，如产品成本、准时交货、产品的性能等，然后针对这些问题，追踪其在企业内部实现的流程，再把它们与流程进行相关分析，看哪些流程、哪些指标影响最大，从而根据流程位势的重要性大小，排列出再造流程的先后次序。

（2）绩效的低下性。财务流程是通过多个活动的有序集合，从而产生出对客户有价值的结果。若一个财务流程的运作效率十分低下，对客户价值的创造贡献非常小，难以产生效益，那么这种流程肯定有问题。财务流程绩效低下的常见弊病在于在职能制组织结构的基础上，处于非常顺畅流转状态下的流程被强迫分裂开来，即本来应由一个流程小组来承担的工作，被强硬地分裂成由不同部门的人来承担。当部门间的协调难以实现时，财务流程绩效的低下就难以避免了。

（3）落实的可行性。企业再造流程需要一定的条件，如再造的技术水平、再造小组成员的素质、再造的风险承受能力等，这些因素往往制约着再造流程的可行性。落实可行性的原则应着重关注的因素如表17-9所示。

表17-9 落实可行性的原则应关注的因素

因　　素	内　容　阐　释
流程的范围因素	一般来讲，一个流程越大，所牵连的组织单位就越多，那么其范围越广，而所要再造流程的范围越广，相对地，再造成功后所得到的报偿就可能越多；不过再造的成功率就越低，风险则更大。因此，企业在挑选准备再造的财务流程时，就要考虑好再造范围因素
再造的成本因素	企业再造财务流程需要花费一定的成本，再造的成本越高，就越会降低再造的可行性。因此，一个企业在挑选需要再造的流程时，要量力而行，否则可能因成本过高、企业无力承担而使再造半途而废
再造者自身因素	企业的再造流程是由再造小组来承担的，小组成员的能力、素质、再造激情以及流程负责人投入的程度等都会影响到再造的实施。再造还是一个新生事物，有很多方面还不成熟。企业的绝大部分再造小组成员对再造手段、方法等还不是很习惯，如果再造之初就让再造小组去再造很复杂的流程，就会勉为其难，不仅再造小组成员吃力，企业也会面临再造失败的可能。因此，就再造者自身因素而言，也应该量力而行

2. 寻找再造流程切入点的基本工具

（1）绩效表现-重要性矩阵。绩效表现-重要性矩阵是一个虽然简单但却非常有用的工具，它可以帮助发现企业财务流程中最需要改进的领域。这个工具可以用在组织的各个层次，也可以用于分析客户的反馈。财务流程或其运作的结果标在矩阵上的位置代表它们的重要程度以及组织中它们运行的好坏程度。其中，财务流程重要性的资料可以以客户反馈资料为判断基础，绩效资料可以以组织内部资料作为判断基础。对每个流程都在其重要性和绩效方面设计一系列判断指针，并按不同取值给予1~5分的评价，根据最后的综合得分可以将企业所有的财务流程分为如图 17-2 所示的四类，并以之作为再造流程的判断基础。

```
          何处入手？——优先级
高  ┌─────────────┬─────────────┐
重  │  集中精力于此  │  保持目前绩效  │
要  ├─────────────┼─────────────┤
性  │    不重要    │  重要度很低   │
低  └─────────────┴─────────────┘
     低        绩效        高
```

图 17-2　绩效表现-重要性矩阵

（2）学习五角星。公司可以从不同的来源学习了解需要改进的领域：客户、供货商、员工、咨询顾问以及标杆瞄准最佳实践的过程（见表 17-10）。这五个学习的来源被称为"学习五角星"，如图 17-3 所示。

表 17-10　五个学习的来源

来　源	内　容　阐　释
客户和供货商的反馈	客户是关于组织表现如何信息最为重要的来源。最重要的客户是最好的入手之处，当然对那些非常有创新性的客户和世界级运营水平的客户也有必要包括在内。有些特别挑剔的客户提出的观点往往可能正是全新设计方式应该考虑的目标。面对客户的流程通常会提供最好流程再造的机会，并能极大地提高组织运作的绩效。因此同非面对客户的流程相比，其影响更大、更快
员工	组织的员工对财务流程有深入的了解，也是改进流程思路的重要来源。利用员工知识和专业技能的主要机制是绘制流程图
咨询顾问	咨询顾问和学术研究人员能够提出有用的外部观察。通常来讲，财务流程再造的实施工作一定要由承受变化的企业员工完成，外部人员可以以合作者或支持者的身份参与
标杆瞄准	标杆是流程再造的理想目标，通过指出财务流程再造可能达到的水平，标杆瞄准可以使需要改进的领域显露出来。标杆瞄准可以在各个层次针对各种对象展开，包括组织中的其他部门或其他事业部、公司所处行业的领袖、其他行业的领先者等。 标杆瞄准可以覆盖各项作业，且不一定局限在绩效指针和流程上。具体来说，可以比较预算或财务绩效、客户服务提供系统及其度量指针、生产率、技术、计划与项目管理业绩、人力资源管理、财务控制系统等。 标杆瞄准尤其有助于开阔人们的视野，其结果能够成为强有力的激励因素，推进非常需要的财务流程变革。在这一阶段，通过他人已经取得的成就，标杆瞄准还能帮助人们认识什么是能够做到的，以及如何借鉴他人的经验，更好地管理变革

图 17-3　学习五角星示意图

（3）再造成本-客户重要性分析矩阵。与绩效表现-重要性矩阵方法类似，可以从财务流程对客户的重要性和流程再造的成本角度出发分析流程再造的必要性和可行性。绩效表现-重要性矩阵把着眼点放在流程绩效的表现和其位势的重要性上，但没有考虑再造成本的因素。再造成本-客户重要性分析矩阵主要对绩效低下的流程进行分析，根据一项流程对客户的重要性和对该流程进行再造所需花费的资源多少，来确定是否将其作为流程再造的对象并以此分为如下几类：第一类流程是业务流程再造的优先目标，其实施成本较小，而对客户的重要性又较大，因此应该成为企业倾其资源来确保再造成功实施的对象。第二类流程是对客户重要性较高而再造成本也较高的流程，它们一般是融入了企业核心能力的核心流程，从长远来看，这类业务流程的再造对企业可持续发展意义深远。因此应该结合企业战略规划的要求，有计划地把这类流程的再造项目作为增加客户满意度的有效手段来实施。第三类流程是对客户满意度影响不大，而再造成本较低的流程，这类支持性流程可以被作为那些资金充裕企业的再造候选对象；第四类流程对客户满意度影响不大且再造成本偏高，属于企业应尽早放弃或取消的流程。

（三）财务流程的分析与理解

重新设计财务流程之前，必须充分认识当前的流程，对该流程的功能、绩效及其影响因素进行准确的把握。如果对当前财务流程不能很好地认识，对其运作的关键不能把握，那么对其进行再造就必然成为纸上谈兵，流程再造的效果也很难保证。当然由于再造小组的目标是建立能够创造客户价值的财务流程，所以不能仅仅满足于对现有流程的状况进行分析和了解，而应从战略角度去理解现行流程。在这一过程中要区别好对流程的理解与对流程的分析两者之间的差异，不要落入流程描述的陷阱中去。

1. 分析、理解财务流程的内在含义

财务流程再造应将着眼点放在流程的目标属性上，所以过于关注当前流程、花费过多的时间关注现有流程可能效果并不好。事实上，企业在重新设计新财务流程之前，不应满足于简单的流程分析，而应在流程分析的基础上充分理解它。理解流程意味着对现行流程有一个高着眼点的、目标型的总览，以使对流程有一种整体的把握。简单的流程分析仅能对流程的各个方面获得非常详细的了解，这就要求在流程分析的过程中，不能以获得流程运作方面的细节为目标，而应以掌握流程运作的机制为目标。在流程分析的过程中，应把重点放在流程的理解上，着眼于"流程是什么"和"为什么是这样"，以及"流程做的是什么，它想达到什么目标"。所以在流程分析和理解过程中，必须在以下两个方面对工作进行限制：

（1）应限制花在研究现行流程上的时间。在财务流程再造的过程中，不能在对既有流程研究透彻的基础上再进行再造活动，这是因为由于种种限制因素使得无法对既有流程做到透彻理解。所以流程分析和理解应在严密的计划下进行，流程再造开始就应计划好这一工作的时间。一般来说，这一阶段的工作时间 4~6 周就足够了。

（2）应限制财务流程分析所整理出的、用于描述流程的资料数量。这是因为在分析流程时，企业会很容易地制造出篇幅巨大的资料，但这不仅对流程的理解帮助不大，还大大加重了流程再造人员的工作量，使他们无法将精力集中在最需要发挥作用的地方。一般来说，对流程进行充分的观察，只需要撰写一份篇幅不大的报告就足够了。在报告中，只需要对当前流程是什么、其绩效的好坏、难以发挥作用的原因所在进行准确剖析，不必描绘出流程运作所采用的每个机制，因为再造的目标在于为流程创造出一个新的运作机制。

2. 分析、理解财务流程的具体方法

财务流程是为满足客户的需要而存在的。因此要想准确地理解流程，在实际操作中最好是从客户开始着手,也就是说,去了解客户真正的要求是什么。在实践中,可以采用微软公司发明并推广的用于了解客户真正需要的技术——基于行为制订计划。基于行为制订计划从对用户行为做系统研究开始,然后根据产品特性在支持重要的或经常用户行为上的重要性来对其进行评价。这样做的优点是对产品特性取舍进行更理性的讨论,对客户想要做什么可以进行更好的排序,对某个给定产品特性是否提高客户价值进行更科学的分析。基于行为制订计划的关键点在于按用户行为、产品特性以及行为和特性之间的内在联系来分析产品和公司内部流程的适应性。从实践的角度讲,基于行为制订计划的技术是指到人们和客户中去,对他们到底在做什么进行研究。也就是说,在了解客户价值的过程中应试图弄清客户做事的步骤,而不是简单地让客户提供他们的需求。

值得注意的是,基于行为制订计划的技术用于理解财务流程时,其目标在于了解流程的内容与成因,而不是使它怎样运作。因为在重新设计财务流程时,再造小组关心的是在新流程中将要怎么做,而不是现存的流程究竟如何运作。得知流程的内容和成因后,接下来再造小组便可以着手重新设计流程。

第二节　财务流程再造

财务流程再造是指对企业的财务流程进行根本性的再思考和彻底性的再设计,从而获得以成本、质量、服务和速度等指标来衡量的经营业绩的显著提升。实质就是通过优化财务流程,达到快速反应、快速决策、有效控制,达到全面增强企业竞争优势的目的。

一、财务流程再造的组织理念

在传统劳动分工影响下,财务流程被分割成各项简单的作业,并根据作业的类别组成各个职能管理部门,经理们将精力集中于本部门个别作业效率的提高上,这可以极大地提高员工工作的效率,这就是传统组织为什么绝大多数都是职能制组织的根本原因。在这种组织形式下,每个职能部门只负责整体工作的一部分。这种结构有许多优点:它能集中专家力量,少数专家就能向较多领域的需求提供服务,这正是取得劳动分工效益的关键所在;同时职能制有利于将特定专门领域的最新思想引入组织内部,帮助组织在该领域快速发展;此外,它是专业化发展,促进各专门领域诸如市场营销、生产制造、信息技术、人力资源管理等最佳运作的途径。这种组织形式较好地适应了传统经济时代的需求,在企业内部获得了广泛的运用。但职能制的组织形式也存在一些不足,主要表现在以下几个方面:

(1)组织的注意力集中在组织内部,尤其容易产生行政导向的现象,客户的需要往往被忽视;

(2)对于需要部门之间协调的工作缺乏统一的控制和沟通,并且各部门的日程表还经常发生冲突;

(3)组织对外的接触点较多,负责经营和管理的各个部门都可能成为客户服务的窗口,但这种服务很难统一并协调一致,如客户需要解决发票问题不能只找和其先前接触的销售部门,必须到财会部门去解决;

(4)职能部门之间的界限会导致一些无效工作的存在,许多工作仅仅是为了满足部门内部的需要。

职能制的这些弊端在传统经济形态下表现得并不突出。这是因为在传统经济条件下,企业的技术水平比较均等,客户拥有多样化的需求,但企业很难做出快速调整来满足这种多样化的需求。所以在传统经济时代下产品多是标准化、大批量生产的,大多数情况下是企业引导客户的需求并满足它,而不是主动适应其多样化的需求并满足它们;但当今的经济时代已经越来越体现出"后工业化"时代的特征,技术的发展使得企业能够实现快速的生产调整,并在此基础上满足客户越来越个性化的需求。职能制的弊端在这一经济背景下暴露得越来越明显,各部门缺乏从企业整体目标角度考虑问题的意识,也无法以最快的速度满足客户不断变化的需求。

在新的经济形态下,企业需要在内部业务运作过程中取消不必要的步骤,这样既可以大大节约成本,又能为客户提供更快的服务,而这必须打破职能部门之间的界限。财务流程再造就是要对这种"功能"式的思考方式提出疑问,强调组织要把"流程"作为关注的核心;它要求把企业作为一个系统来研究,强调企业整体最优而不是单个环节或作业任务的最优,这就意味着企业要从如何完成客户订单、如何开发出新产品或者如何实施营销计划的角度考虑问题,而不仅仅局限于职能和分工的界限。

二、财务流程再造的原则

(一)财务流程再造的核心原则

由于财务流程是企业流程重要的组成部分,因此企业流程再造的核心原则同时就是财务流程再造的核心原则。这里所谓的财务流程再造的核心原则,就是那些指导财务活动变革方向的根本性原则(见表17-11)。

表17-11 财务流程再造的核心原则

项 目	内 容 阐 释
以流程为导向的原则	一般而言,成功的流程再造都是循序渐进的,其好处是避免再造带来的猛烈冲击。坚持以流程为导向的原则,就是使财务流程再造的目的由过去的以职能部门和分工为中心改造成以流程为中心。 流程是直接面对客户需求的,随着市场的变化,流程必须随时变化。一个企业必须持续集中关注它的流程,才能与不断变化的企业环境相协调。那些在再造中取得巨大成功的企业,无一例外地贯彻了这一原则。 为了贯彻流程导向的原则,使企业真正走上以流程为中心的道路,企业必须做几件事: • 企业必须识别和命名它的各种流程。一些典型的流程是获得订单、完成订单、产品开发、选择市场、提供售后服务和研发等,它们是企业的基本流程。通常将基本流程划分为若干子流程,这些子流程可以用基本任务或活动来描述。 • 保证企业中的每个人,无论是高级管理人员还是基层车间工作人员,每个人都必须认识企业流程,清楚它们的投入、产出和相互关系。 • 打破已有的职能框架,重新设计企业的流程体系。以便以新的观点看待企业运营,并以一种全新的完整的方式运转。 • 认真实施流程管理,以便流程不断得到改进。流程是直接面对客户需求的,随着市场的变化,流程必须随时变化,管理层要专注于流程,使之与不断变化的企业环境相协调,确保它们能够发挥潜力,寻找使流程得到改进的机会
以企业战略为指导原则	企业流程再造是一项战略性的进行企业重构的系统工程,企业实施流程再造的根本动力和出发点就是企业长期可持续发展的战略需要
客户导向原则	现代市场竞争,在很大程度上可以归结为对客户的争取,一家能充分满足客户需要的企业必然是一家以客户为导向的企业。以客户为导向,意味着企业在判断流程绩效时,要站在客户的角度考虑问题。必须使企业的各级人员都明确,企业存在的理由是为客户

项　目	内　容　阐　释
客户导向原则	提供价值，而价值是在流程进行中创造的。只有改进为客户创造价值的流程，企业的改革才有意义，任何流程的设计和实施都必须以客户标准为标准。以客户为中心，是流程再造成功的保证
以人为本的团队式管理原则	传统企业中除管理层外，其他工作人员思考问题的出发点是如何完成本职工作。衡量一个职员称职与否的标准也是他工作是否努力、是否能完成本职工作。在这样的企业里，每个人都不关心自己工作所属流程的进展。而现代企业必须以流程为中心，每个人都应关心整个流程的运转情况，作为流程小组的成员，他们共同关心的是流程的绩效。当然，作为个人，他们有不同的背景，不同的兴趣，因而，他们还要学习一些其他的技术，为未来一旦需要离开流程时做准备。同时，企业领导者要将主要流程编制在一起，既要分配资源，还要制定战略；既要确保产品开发与订货方面的投资保持在合理的水平上，还要调动大家的积极性。这些领导者是现代的领导者和管理者，需要按团队式管理要求开展工作。为了进一步营造企业中的再造氛围，再造领导人要把他们制订的流程再造的远景规划传达到企业的各个角落，使企业中的每个人都清楚地意识到一场事关企业命运和他们自身前途的流程再造运动即将展开，让他们从不知道到知道，从被动接受到主动思考和欢迎。与此同时，管理层应该密切关注再造小组的工作进展情况，主动配合

（二）企业财务流程再造的操作性原则

企业财务流程再造的操作性原则就是那些保障财务活动得以顺利进行的原则（见表17-12）。

表17-12　企业财务流程再造的操作性原则

项　目	内　容　阐　释
使财务信息的处理和传递更有效原则	传统的以职能为核心的企业里，工作程序间的信息传递是标准化的。而在流程为核心的企业里，面对的是客户不断变化的需要，因此，要利用计算机网络，不仅使财务信息处理和传递在速度上及质量上都得到最好的保证，而且要通过对财务流程的重新设计，使财务信息的产生和传递之间的连接方式更为合理
必须顾及利益相关者各方切身利益原则	任何变革都不是变革者个人的事，它涉及很多人的切身利益。如果不关注人们的所思所想，就不能指望人们的理解和支持。应该明确，财务流程再造是一个有机的系统，它不仅要求各环节的相互联系，而且财务流程的再造方案必须顾及企业各利益相关者的切身利益
围绕企业活动结果进行组织原则	在传统的以职能为核心的企业里，财务流程被分割成独立的任务，按照工作顺序分配给不同的职能部门完成。因而，呈现在企业管理层面前的是明显的工作顺序。其结果很容易使企业进行财务流程再造时，陷入围绕财务工作顺序进行再造组织的陷阱里。如果把重点放在各职能部门上，再造的领导者就会失去进行彻底变革所需要的宽广视野，使财务流程再造方案设计的思路受到限制。所谓围绕企业活动结果进行财务流程再造，就是指围绕企业最终为客户提供的产品和服务进行财务流程的设计和组织。从结果出发，才能拥有进行真正彻底再造所需要的财务活动的灵活性

续表

项　目	内　容　阐　释
让资金使用者参与财务流程管理原则	传统企业中流程延误、资金使用效率低的现象普遍存在，究其原因在很大程度上是由于使用资金的人没有参与财务流程。从而，既不利于调动企业财务流程实施者的积极性，又使流程无人负责，很容易形成相互扯皮、相互推诿的局面。因此，让那些利用生产结果的人能够参与财务流程设计和管理，有利于做到责任和利益相统一
随财务流程再造工作过程而决策原则	财务流程再造是创造一个新的财务活动流程，没有已有的经验可以照搬。所以，无法规定和衡量再造的每个任务的完成情况，甚至事先根本不知道每一步该如何去做，决策只能在再造工作中逐渐总结经验，不断完善而形成

（三）企业财务流程再造的基本原则（见表 17-13）

表 17-13　企业财务流程再造的基本原则

项　目	内　容　阐　释
从战略的高度来理解和实施财务流程再造	业务流程再造是一项战略性企业重构的系统工程。这是因为企业实施财务流程再造的根本动力和出发点就是企业长期可持续发展的战略需要。达文波特曾指出："流程必须在企业战略范围之内，以未来的理想模式为指导。只有一个明确的战略，才能提供流程再造的内容和实现它的动机，否则，（企业组织）是不可能在没有明确方向的情况下，完成彻底改变的。"纵观财务流程再造的历史，许多企业实施再造的效果并不理想，其主要原因就在于"将本来是战略层次上的流程再造当作一种管理技术而加以战术运用"。在这种错误做法引导下，财务流程再造与公司战略割裂开来，被认为是企业众多管理技术改进努力中的一个细小分支，结果导致再造成了一系列改进方案群中一座孤零零的小岛，被淹没在管理技术的汪洋大海中，从而使寄希望于业务流程再造产生巨大绩效改进的可能性变得微乎其微。这就要求企业高级管理层应亲自领导再造过程，并把它当作企业当期的重要事务，充分认识它在企业财务绩效改进中的重要地位，创造组织环境并为其服务
从职能管理转变为面向流程的管理	传统的劳动分工理论将企业管理划分为一个个职能部门，各职能部门根据级别高低组成一个金字塔式的结构，即所谓的"层级制"管理。财务流程再造把管理的重点放在流程上，实际上是抛弃了官僚体制，使管理变得更加务实。对业务流程的管理以客户为中心，在财务流程中建立控制程序，其结果是可以大大消除原有各职能部门之间的摩擦，降低管理费用，减少无效劳动，提高对客户的反应速度。在传统劳动分工的理论指导下，财务流程被分割为各种简单的任务，并根据任务建立各种职能部门。经理们思考的问题是如何提高本部门个别任务的工作效率，而忽视了相互协作和企业整体目标。这种思维方式不利于价值链的整体优化，无法以最快的速度满足客户不断变化的需求
财务流程再造的核心是面向客户价值的业务流程	市场或客户需求，是企业一切活动的目标和中心。企业组织的使命就是要了解市场和市场上客户的需要，并有针对性地提供产品与服务，为客户提供价值的增值。应该清醒地认识到，客户需要的不仅仅是产品，他们最终需要的是消费品的功能以及消费过程为他们带来的效用。因此面向客户价值增值应是财务流程改造的出发点和归宿。 这就要求在企业各项财务流程再造过程中，应打破原有科层组织中的职能与部门界限，使企业的活动重新构建在跨越职能部门与分工界限的"客户需要导向"基础上。与此同时，还应对既有流程进行审视，识别企业的核心业务流程和对客户价值不具有价值增值的作业活动，对其进行简化或合并，并将所有具有价值增值的作业活动重新

续表

项　　目	内　容　阐　释
财务流程再造的核心是面向客户价值的业务流程	组合，优化企业的整体业务流程，缩短交货周期，提高企业运营效率。在这一过程中，企业应从中分离出相互独立的能创造价值的财务流程并对之进行分类。通常可以分为如下三类：实现价值增值的核心流程、提高核心流程性能的增强流程以及不直接为客户创造价值但为其他流程提供必要支持的支持流程，在此分类基础上企业就可以按照前述原则进行流程再造
以人为本	职能制是工业经济时代的产物。采用职能制管理的企业，员工被局限在某个部门的职能范围内。按照工业经济的管理原理，机器是人类器官的延伸，人是系统的一部分，对人力资源工作绩效的评价指针是他在一定边界范围内工作的效率，这种导向实际上不鼓励创新，冒险和革新在组织内部并不受到欢迎。这种体制极大地限制了个人的能动性与创造性。财务流程再造要求在设计流程时，使每个流程在业务处理的过程中最大限度地发挥个人的工作潜能与责任心，流程与流程之间则强调人与人之间的合作精神。在知识经济时代，个人由"系统人"转变为"社会人"，个人的成功与自我实现，取决于这个人所处的环境和环境中人与人的关系。这种管理理念的变化必然要求企业建立以人为主体的流程化"有机组织"，在以团队为单元的有机组织中充分发挥每个人的主观能动性与潜能。流程作为联系人的纽带发挥着巨大的作用
信息集成和共享	企业财务流程再造应通过建立统一的信息系统，实现企业内外信息的共享和集成、在层级制管理主导的管理模式中，各部门是分离的，横向联系和交换信息比较困难。为了工作方便，每个部门都存储和管理自己常用的信息，由于信息的交叉使用，相同的信息往往被不同部门同时存储、加工和管理，于是出现了信息的不一致性。为了实现信息的一致性，在早期计算机应用中，一些企业让计算机专业人员兼管信息的收集和处理。由于专业分工的局限性，这并没有从根本上解决企业所面临的问题。根据财务流程再造的原理，信息共享应该在流程中自然体现出来，即应确保流程中相关信息的唯一性，应在信息产生的源头对流程人员按权限共享信息，确保做到信息一次输入、充分共享。在新流程设计时，要确定每个流程应该采集的信息以及对信息处理的方式，同时还应把信息传递到指定的地点

三、企业财务流程再造的阻力（见表17-14）

表17-14　企业财务流程再造的阻力

项　　目	内　容　阐　释
来自高层的障碍	高层财务管理人员不必担心财务流程再造会给他们带来失业。所以，推行财务流程管理信息系统，高层主要是熟悉问题，熟悉这种变革的重要性，是如何处理眼前利益与长远利益的矛盾，还有如何克服阻力的问题。但是，信息系统支持下的财务业务流程再造对高层的决策方式也有影响，进而可能影响其利益要求，这一切使得他们也可能采取消极的态度对待财务流程再造
来自中层的障碍	来自中层的阻力是最大的，因为中层财务人员最担心的是组织和权力结构的变化。他们会较多地考虑财务流程管理方式的改变，以及自己在这种变革中所受到的影响，他们随时在想是否能跟上和适应这种变革，或者是退下来会付出怎样的代价，他们开始不赞成变革，继而表现为观望、等待

续表

项　　目	内　容　阐　释
来自基层的障碍	随着计算机的广泛应用，基层担心系统代替人的传统记账工作会导致相关业务程序消失，可能引起自己的失业或工作负担过重，也有的人是不愿意学习新的知识和不愿意放弃旧的工作方式

四、企业财务流程再造的实现

现在已有一些比较成熟的财务信息系统，集成了企业采购系统、制造系统、销售系统等主要系统，在实现了物流和资金流的基础上，结合企业的实际情况，通过进行综合分析，加强预算管理以及各项财务指标的分析，辅助进行财务分析和决策。这种系统还可以进一步扩展到股权管理系统、全面核算系统、资金计划系统、财务分析系统等，从核算、分析、预算和管理等角度来支持财务流程（见表17-15）。

表17-15　企业财务流程再造

项　　目	内　容　阐　释
建立面向流程的组织结构	随着企业流程的不断创新，许多组织可以通过建立面向流程的组织结构，使应收、应付及成本会计都将作为一个子过程参与到相应的上游过程中。换言之，应付账款应作为采购制造流程的一部分，应收账款应作为订单获取和完成流程的一部分，成本会计作为制造流程的一部分。同时，通过建立一个集成的财务数据库，将所有应收或应付等记录输入一次，后续的财务和分析活动可以获取这些数据，而不管其业务属于组织结构中哪个领域。因此，很明显在未来的组织中，财务职能将可能分散在组织的各个层面中，集成到组织企业运营流程中
加强财务供应链管理	所谓财务供应链管理就是运用信息技术手段，通过供应链上下游及金融机构间的业务流程整合，优化收付流程和减少支付成本，有效降低企业的营运资本占用。财务供应链管理使供应链理论更为完善，在战略、营运、成本之外，关注到现金资本的效率。 财务供应链管理是建立在上、下游企业间的信任和互利基础之上的，它拥有一个高效的流动性管理系统，能快速地利用电子化进行支付处理，以动态实时地支持整个企业的财务运作。这个流动性管理系统除可以进行短期的头寸调度外，还能通过一个现金预测的辅助管理视图，结合企业收支项目较长周期的现金分析决策，使企业能够对现金流有一个提前和相对准确的规划。同时，及时准确的现金管理和规划系统也是财务供应链管理的一个组成部分。快速有效地实施财务供应链管理，可以使企业在资金层面的操作变得更为快捷，不但可以极大地降低资金成本和交易成本，还可以使企业的整个营运流程的运作更为顺畅，提高企业乃至整个企业网络的动态财务能力
找出对客户价值创造起重大影响作用的关键流程	不是所有的财务流程都需要通过流程再造。企业应对那些对价值创造最为关键的流程、效率低下的流程进行再造。通常情况下，财务流程是通过多个活动的有序集合，从而产生出对客户有价值的结果。若一个企业的财务流程运作效率低下，对客户价值的创造贡献很小，则这种流程肯定有问题，或者至少是在整个流程中，某些关键性的环节设计存在不足。为使流程再造获得期望的效果，企业先应通过分析，找出关键问题所在
落实财务流程再造所需的各项其他条件	优化财务流程不仅受流程设计是否合理的制约，而且受诸如企业的技术水平、员工素质、财务实力以及风险的承受能力等其他条件的约束。一般地，企业财务流程再造需要花费一定的成本，成本越高，再造的风险相对增大。一个企业不能不顾自身的资金条件，进行无力承担的再造

五、企业财务流程再造的程序及方法

一般来说，财务流程再造涉及的面比较广，并且再造的失败率较高，所以需要做好充分的计划和准备工作。在这一过程中，企业应充分借鉴其他企业流程再造成功的经验，吸取他们的教训，并在流程再造计划中对之进行全面考虑。与此同时，企业在可能的情况下可以选择合适的外部专家机构进行指导，尽可能地借助外力推动再造的成功。

一般来说，企业可以进行财务流程再造的实施程序如表 17-16 所示。

表 17-16 财务流程再造实施程序

阶　　段	工　作　程　序
计划和启动阶段	识别准备变革的关键业务并评估如果不进行变革将产生的结果； 识别重组的关键财务流程； 任命高级主管并成立专门再造委员会； 获得高层经理人员对财务流程再造项目的支持； 准备一份项目计划书，定义项目范围，确定可以量化的目标，精心挑选的实施方法以及详细的项目进度计划； 与高层经理人员在项目的目标和范围上取得一致； 成立经过挑选的财务流程再造小组； 精心挑选咨询顾问或外部专家； 培训业务重组小组； 启动项目并设计科学的工作程序
调查研究发现阶段	研究其他公司财务流程再造的经验和教训； 通过初步调研，核心小组识别当前需求及未来需求； 进行广泛的内部员工与管理人员的沟通与交流，以了解实际业务并通过头脑风暴法获取流程再造的灵感； 研究相关著作及期刊，以了解财务流程再造的趋势并寻找最佳实践方法；回顾技术改造及可选项； 和中层管理人员充分交流； 深入现场或参加学术交流； 从外部专家和咨询顾问获取有用的信息
设计阶段	创新设计财务流程，充分运用创造性思维； 进行"如果……那么"设想，借鉴其他公司的成功经验； 建立理想的流程场景； 定义新的财务流程模型并用流程图描述这些流程； 设计与新流程适应的组织结构模型； 定义技术需求，选择能够支持新流程的平台； 将短期成果与长期效益分开
审批阶段	代价与收益分析报告； 明确的投资回报； 对客户及雇员影响的评估； 对竞争地位变化的评估； 为高级经理人员准备实际案例； 在评估会上向委员会和高级经理人员展示并获得批准（项目实施）

续表

阶　段	工作程序
实施阶段	财务流程及组织模型的详细设计，详细定义新的任务角色； 实施的导航方案及小范围的实验； 与员工就新的方案进行沟通； 制订并实施变更管理计划； 制订阶段性实施计划并实施； 制订新财务流程和培训计划并对员工进行培训
后续工作阶段	定义关键的衡量标准以进行周期性的评估； 评估新财务流程的效果； 对新财务流程实施持续改进方案

在上述程序中，企业应着重抓好现有财务流程的分析和流程优化、重构两项工作。这是因为只有在充分把握现有流程、对其进行正确理解、摸清其来龙去脉的基础上，企业财务流程再造才有成功的基础，所以应对流程进行详细、科学的分析；同时，流程优化或重构的设计工作是新财务流程确立的基础，也是确定新财务流程是否符合企业经营特征及外部环境需要的关键所在，所以这一阶段的工作也应做扎实。当然财务流程再造是一项系统工程，各项工作都不能偏废，应在综合计划的指导下分步进行。

1. 财务流程分析

财务流程分析的根本目的是要运用多种不同的技术手段，来理解现有的财务流程，从而为组织财务流程再造提供决策依据。通常在流程分析之前，与业务开展过程中所牵涉的企业内外部人员应进行充分的沟通。只有在此基础上，才能准确界定财务流程分析的目标与范围以及流程改进或重构过程中可能遇到的阻力、风险和收益。

财务流程分析通常可以从以下三个层面进行：

（1）外部因素分析，主要分析影响企业价值及其内部活动的各类因素，抓住主要价值波动因素。

（2）内部因素分析，主要分析企业内部流程对外部环境的适应性以及价值创造能力。

（3）针对特殊业务流程对作业的效率及其效益进行分析，从而探讨内部财务流程优化的空间及其和财务战略甚至企业战略的一致性。

2. 流程优化及重构

随着企业外部经营环境和内部能力的变化，企业财务流程会和环境与经营方式的要求产生不一致性，这就要求在流程分析的基础上对其进行优化或重构。核心能力理论认为，企业只有拥有能够不断发展并适应企业经营环境变化的能力，才能在竞争中立于不败之地，而不断审视自身财务流程并展开持续优化无疑是核心能力构建的一种有效途径。具体的流程优化或重构步骤主要包括：理解和总结企业财务流程的现行做法；面向客户需要，建立衡量财务流程改进的标准体系；执行改进流程；评估改进绩效；改进财务流程优化方案并贯彻实施；随着企业内外部环境的变化持续进行上述步骤。

六、财务流程价值空间再造

财务流程再造应以客户价值的创造为目标，只有在客户价值不断增值的前提下，企业的经营策略和内部管理才能产生源源不断的利润。考察客户价值导向的管理思想和理论起源，20多年前企业管理大师彼得·德鲁克就提出了"企业的目的是要让客户满意"的说法；1982年，汤姆·彼得斯和罗伯特·沃特曼在《追求卓越》一书中也主张管理阶层应该要"亲近客户"。伴随企业经营环境和经营理念的变化，企业纷纷将经营的重点从纯粹的销售转移到对客户满意度的关注之上。随着市场竞争的进一步加剧，企业日益察觉到仅关注客户满意度也是不够的，因为客户满意度只是客观的表面现象，其根本原因在于企业的经营能够为客户带来价值。因此，财务流程再造作为一种基本的企业变革理念和工具，必须和追求客户价值的经营理念结合起来，这正是强调财务流程再造应以客户价值创造为目标的根本原因。

（一）财务流程再造与价值空间

财务流程再造应以客户价值为导向，应着眼于客户价值的创造来对企业内部流程进行设计。前文已经介绍了财务流程分析再造的一般程序和方法，但并没有回答应该设计什么样的财务流程。这是因为企业经营的模式各不相同，所处的经营环境也大相径庭；虽然企业在财务流程设计上应该遵循一定的原则，但从财务流程本身角度分析不可能存在统一的模式。

另外，由于面向客户价值创造的财务流程设计必须以客户价值作为参照，那么就带来一个新的问题，客户的价值到底在哪里？客户价值是否存在具有一定规律性的模式？只有对这个问题做出正面的回答，才能在财务流程再造的过程中有的放矢，再造成功的可能性也就越大。事实上每个行业的领导者都非常尊重客户，认为关注客户的价值空间是在为企业"寻找价值"。并且这些行业领导者正是通过努力为客户创造价值的方式实现自身价值的提升，创造了企业和客户双赢的局面。因而客户的价值空间就成为其真正的需求与价值，也是所有企业经营过程应关注的焦点。需要明白的是，客户价值空间的开创和扩大是公司保持持续成长的唯一途径，也是公司价值的源泉所在。

（二）价值空间的构成及其扩展

1. 价值空间的构成要素及其内在关系

客户的价值空间由三个基本要素构成，即效用价值空间、价格价值空间和个人化价值空间。其中，效用价值空间是指产品与服务所能为客户带来的基本功能及由此而产生的消费效果和满足感；价格价值空间是指购买产品或服务及相关运输、维修等售后事项所花费的财务成本最小化，客户消费在产品价格上的价值就是产品或服务的最低终身成本；个人化价值空间是指公司能够提供非常方便、快捷和最大满足客户个性化需求的服务，这也构成了客户价值的内容。客户在购买商品或服务时，就是根据以上三个方面所提供的综合价值进行决策的。在具体决策时，客户必然希望同时获得这三种价值。以上三项价值空间包含的具体要素各不相同（见表17-17）。

表17-17 客户价值空间的构成要素

价值空间的构成要素	基 本 含 义	关 系 解 读
效用价值空间（由质量、创新、量身打造三个要素组成）	质量价值空间分为三层含义：基本层次的质量观是指减少生产产品的缺陷，使产品或服务符合设计规格；第二个层次的质量观是指满足客户需求及相关服务的所有要求；最高层次的质量观指质量已经成为组织的生活方式，组织会改善内部流程以及每一项作业，进而满足活动服务对象的要求；创新价值空间指通过持续不断创新来扩大原有价值空间范围从而为客户带来额外的效用价值；	质量可以带来良好的效用，创新可以把效用提升到更高的层次，量身打造则能带来超越质量与创新的效用价值

续表

价值空间的构成要素	基本含义	关系解读
效用价值空间（由质量、创新、量身打造三个要素组成）	量身打造价值空间是指产品可以针对个人的需要与要求来设计，把一般产品调整或设计成更符合个人的特定需求，从而为客户带来效用价值	
价格价值空间（由公道价格、超值价格两个因素组成）	公道价格是指客户根据自己对产品价格的判断而能够接受的价格，客户对价格的判断依据通常有类似产品价格、替代产品价格、生产成本或能为自己带来的价值增值；公司应尽力提供最低的公道价格，使客户获得"公道价格"价值空间； 超值价格是指客户为了获得产品能够带来的价值乐于付出的价格；同样公司也应尽力为客户提供最低的超值价格，从而获得客户的忠诚支持	价格价值空间有两股动力：一是目标成本；二是精益运营。其中目标成本特别适用于公道价格，精益运营则特别适用于超值价值
个人化价值空间（由容易接近、迅速响应、培养关系三个因素组成）	容易接近价值空间是指客户能够以简单的方式方便地获得公司的产品、服务以及技术支持，从而提升产品给自己带来的价值； 迅速响应价值空间是指客户的交易需要能够得到公司的快速响应，并能够在出现问题时及时进行令人满意的解决或完整补救； 培养关系是指公司和客户通过建立核心要素是"信任"的关系，包括尊重、重视、同情心和人情味，增进客户的个人化价值空间	"容易接近"和"迅速响应"是个人化价值空间的基础，能够带来长期客户的稳固关系。"培养关系"必须建立在这两者基础之上，并且将能带来个人化价值空间的飞速增长

注：①目标成本是开发、制造、配送和销售产品时的成本管理方案，目的是把成本控制在固定的范围内，使公司能制定出对客户有吸引力的产品价格，并产生预定的利润。

②精益运营是在既定设计和制造工艺条件下，对生产流程、管理流程及其相关作业进行持续改进，同时控制相应的管理成本，从而获得组织所需要的运营结果。

从表 17-17 可以看出，共有 8 项要素最终组成了客户价值空间。其中，质量、创新和量身打造共同构成了客户的效用价值空间；公道价格和超值价格组成价格价值空间；容易接近、迅速响应和培养关系则组成了个人化价值空间。以上价值空间的要素存在层次高低的差别，公司必须首先满足较低层次的客户价值空间要求，才能考虑为客户提供更高层次的价值空间。这是因为在客户购买产品和服务时最先要求的是效用，如果产品的效用不能满足要求，客户根本不会考虑进行购买决策，更不会进行询价；同样，只有当效用和价格的价值达到标准后，客户才会追求个人化的价值。从这一意义上说，效用价值是客户价值的基础，在此基础上价格价值和个人化价值能够依次强化客户价值的获得。与此同时，客户价值空间内部各构成要素也有先后次序。从实践角度分析，公司必须依此顺序构建这些要素。

2. 价值空间的扩展方式

将上面所列出的价值空间构成要素列示于图 17-4。从图 17-4 中可以看出，最外层圆圈表示的是由价值项目所构成的价值空间扩大方式。价值项目是指能够提高客户从公司产品或服务中所取得价值的经营方式，具体来说，可以通过将效用价值空间、价格价值空间或个人化价值空间各个构成要素中的一个或数个项目加以延伸来实现。如可通过为客户提供更为个性化的定制扩大其效用价值空间；通过目标成本管理方式提供更为便宜的产品价格扩展客户价格价值空间；通过扩展售后服务网络的方式提升个人化价值空间。扩展价值空间的经营能够给客户带来额外的价值，并能使公司的产品具有与众不同的竞争优势。

图 17-4　价值空间的扩展方式

（三）价值空间构建方法

企业必须为客户创造更好的价值空间，只有这样企业自身的价值才能得到源源不断的提升。在价值空间的构建过程中，需要两个前提条件：

（1）企业必须以客户价值空间的构建与不断创新作为首要任务，公司的所有经营策略和内部运作都必须以之为导向。就财务流程的运作来说，在实践过程中只有不断再造内部财务流程以适应客户价值空间创造的需要才能保持企业快速成长和持续的市场价值流入。

（2）价值空间的构建过程必须得到企业高级管理层的支持和亲自参与。这一过程中，企业高级管理层必须就价值空间构成要素中的价值创造事项授权给各执行部门，并努力创造组织环境，为价值空间的构建提供条件。班瓦利·米托和贾格迪胥·谢兹在《再造企业价值空间》一书中详细说明了客户价值空间建造的一般方法（见表 17-18）。

表 17-18 价值空间及其要素构建方法

价值空间的构建方法	内　　容
客户价值的基础程序	把客户本位当成企业存活之道；高级管理层支持并参与构筑价值空间；与目标市场资源紧密结合的良好策略
建立效用价值空间（质量推动、创新推动、量身打造推动的结果）	质量推动：以客户的观点来定义质量；建立生产程序与成品的标准；计量每个环节；为质量而部署技术；施行"持续追踪质量进步状况"；对人力资源加以投资；对优异的表现加以奖励与回馈； 创新推动：勇于创新的文化；鼓励并奖励"小组研发"；研究与实用的结合；强烈的未来导向； 量身打造推动：深入的客户相关知识；大量定做的产品制程；员工广泛的技术基础与交叉训练；无穷的变化
建立价格价值空间（公道价格推动、超值价格推动的结果）	公道价格推动：为目标成本而设计；较佳的原料来源或向国外采购零件；供货商伙伴； 超值价格的推动：低成本厂址；资产利用管理；及时出货的生产方式制造程序再设计；自动化与技术进步；大量定做
建立个人化价值空间（容易接近推动、迅速响应推动、培养关系推动的结果）	容易接近推动：无所不在的服务网络；全天候营业；各种接触渠道；高效率的响应和接触； 迅速响应推动：第一线的信息系统；训练完善、授权充分的客户服务人员；配合强制手段的客户满意度调查；弹性资源； 培养关系推动：以留住客户为企业导向；将客户数据库信息化的能力；绝不投机的行为伦理标准；社会联结

（四）价值空间构建及再造的程序

企业要建立更能创造客户价值的空间并不断地扩展它，首先必须明白从哪里入手。这就要求，首先应明确企业当前为客户创造的价值空间状况如何以及消费者所需要的价值空间在哪里；只有如此才能清楚努力的方向。在初步评估基础上，应对公司情况和客户理想价值空间的差异进行分析，并做出具体方案对之予以消除。在此基础上，企业就可以开创新价值空间并引导客户进入这一价值空间（见表 17-19）。

表 17-19 价值空间构建及再造

项　　目	内　容　阐　释
价值评估	价值评估的首要任务是评估企业自身的价值空间各要素在客户价值空间中所占的位置以及影响客户价值空间定位的主要因素，同时应站在本企业立场和所能获得信息的基础上去评估竞争者价值空间的状况；最后更重要的是，要从客户的角度对其价值空间进行评估。值得说明的是，这种评估和客户满意度调查比较类似，但它们也存在两点根本的不同：首先，不应只评估企业自身的客户群，还要对竞争者的客户群做相同评估；其次，在客户满意度调查中是针对客户对产品的各项功能及相关服务做评估，而此价值评估是针对价值空间的基本条件进行评估。在评估过程中应针对客户价值空间的构成要素进行评估，必要时可以采用打分程序，对企业价值空间的状况进行综合评估，并在此基础上明确企业价值空间再造的重点和方向

续表

项　　目	内　容　阐　释
分析差异	通过对以上各项指标的打分，可以比较公司与竞争者的差异，并将落后于其他公司或理想状态的价值空间进行详细分析，为全面弥补价值空间的差距打下基础。在这一过程中企业必须列出详细的价值空间及其各要素能够改进的方面，这些改进指针已经做了详细的列示。企业高级管理层应针对这些差异进行详细分析，并针对改进计划对下期经营管理计划做出调整。必须注意的是，价值评估和差异分析应是企业高级管理层必须持续坚持的管理方法，并在此方法的框架内不断检验自己对价值空间预设目标的推动情况
价值空间再造	在差异分析结束后就应该立即转入价值空间再造计划和实施阶段，其中心任务是根据改进价值空间各个要素的状况配置合适的资源并进行再造实施。在此阶段，企业中层管理人员必须全面参与进来，参照计划—试验—检查—实施的具体模式，同时对创造客户价值空间的企业内部财务流程再造进行指导

第 18 章

企业财务共享服务

第一节 财务共享服务概述

财务共享服务（Financial Shared Service，FSS），最初源于一个很简单的想法：将集团内各分公司的某些事务性的功能（如会计账务处理、员工工资福利处理等）集中处理，以达到规模效应，降低运作成本。

财务共享服务中心（Financial Shared Service Center，FSSC）作为一种新的管理会计模式正在许多跨国公司和国内大型集团公司中兴起与推广。财务共享服务中心是企业集中式管理模式在管理会计上的最新应用，其目的在于通过一种有效的运作模式来解决大型集团公司财务职能建设中的重复投入和效率低下的弊端。

当前国内一些大型企业集团建立了财务共享服务中心。财务共享自 20 世纪 80 年代，由美国通用、福特等大型制造业企业集团提出后，经过约 30 年的发展，已经被广泛应用于企业运营管理中。世界财富 100 强企业中，已经有超过 80% 建立了财务共享服务中心。根据埃森哲公司（Accenture）在欧洲的调查，30 多家在欧洲建立"财务共享服务中心"的跨国公司平均降低了 30% 的财务运作成本。在我国，越来越多的企业开始关注、规划并实施财务共享。例如，国家开发银行、中国人寿、中国电信、中兴通信、宝钢集团、海尔、华为、联想等企业已经实施财务共享，把财会人员从烦琐的记账、算账等日常性事务中解放出来，将主要精力投入企业的战略决策、投融资分析、经营管理、绩效评价等领域，有效降低了财务成本，取得了很好的管理效益。

一、财务共享服务中心的概念

财务共享服务中心是近年来出现并流行起来的会计和报告业务管理方式。它是将不同国家、地点的实体的会计业务拿到一个共享服务中心来记账和报告。这样做的好处是保证了会计记录和报告的规范、结构统一，而且由于不需要在每个公司和办事处都设会计，节省了系统和人工成本，但这种操作受限于某些国家的法律规定。

> **小知识**
>
> **财务集中与财务共享的关系**
>
> 国内不少企业提出"集中共享中心""共享式集中"等名词，国外亦经历了从集中到共享的发展阶段，可见财务集中与财务共享之间的渊源。虽然集中和共享服务都是将分散的资源和业务集中在一起，都存在启动成本和人员转移，但二者并非同一回事。共享服务管理凝聚了分散和集中的优越之处，如图 18-1 所示。
>
> 国内部分企业推行的财务集中以加强控制为主要目的，并在很多特点上与财务共享非常相似。通过比较清楚地看到集中和共享的相同点和不同点，从表 18-1 可以看到，集中方式对集中后的流程再造给予了较少的关注，简单的集中主要是地域性的；而共享服务则是在集中后对流程进行再造。

```
      分散                共享                集中
   ┌───┴───┐          ┌───┴───┐          ┌───┴───┐
   ↓       ↓          ↓       ↓          ↓       ↓
```

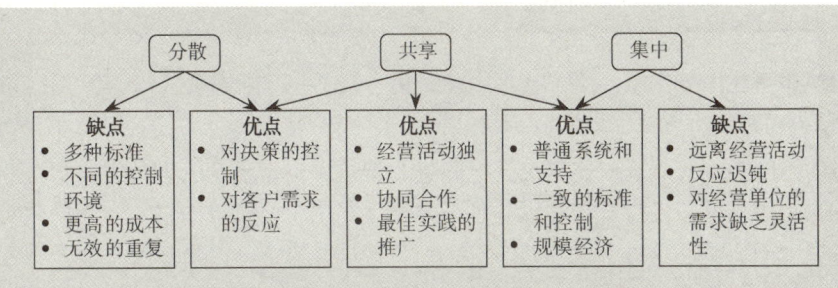

缺点	优点	优点	优点	缺点
• 多种标准 • 不同的控制环境 • 更高的成本 • 无效的重复	• 对决策的控制 • 对客户需求的反应	• 经营活动独立 • 协同合作 • 最佳实践的推广	• 普通系统和支持 • 一致的标准和控制 • 规模经济	• 远离经营活动 • 反应迟钝 • 对经营单位的需求缺乏灵活性

图 18-1　分散、集中、共享的优缺点比较

表 18-1　财务集中与财务共享服务的不同点

财 务 集 中	财务共享服务
一种企业战略	一种商业经营
注重集中控制降低成本	降低成本、提高效率、标准化、资源整合
原流程、标准不变	一致的标准、流程、系统和模式
简单集中	关注流程优化与流程再造
向管理层负责	以客户需求为中心
事务处理者	服务提供者
业务单元无选择权	客户有选择权
业务单位不参与监督	客户可参与服务质量的监督
一般设在总部	地点选择与总部无关

（1）集中化是企业的一种经营战略，侧重于资源的集中管理、控制和成本降低。而共享服务是将企业分散进行的重复性业务活动整合到共享服务中心处理，减少业务部门的一些重复工作，促进企业集中精力和时间专注于高增值的核心业务，增强企业竞争力。共享服务是一种商业经营，根据市场和服务协议向客户提供专业化服务，并通过服务收费来弥补成本。共享服务的目标是提高效率、降低成本、提高客户满意度。

（2）共享服务是商业经营，其运作活动必须以客户需求为导向，通过与客户签订服务水平协议，明确服务的内容、期限、质量等，必须想客户之所想，向客户提供及时有效、质优价廉的服务，以便与其他服务供应商竞争。如果共享服务中心不能提供更好的服务质量或更低廉的服务成本，不能满足客户要求，客户有权选择其他供应商以获得更高质量、更高效率、更低成本的服务。因此，客户的满意度直接影响合同是否续约；而集中化仅对企业的高级管理层负责，业务部门除将业务交给它们处理之外没有其他选择。因此，不需要与外部服务供应商竞争，没有失去客户的压力。

此外，在共享服务中心模式下，业务部门或外部客户参与对共享服务中心的监督，共享服务中心对其提供的服务成本和质量都承担责任，而在集中化管理的模式下，业务部门无权参与对服务质量和成本的监管。

另外，在办公地点的选择上也不相同。共享服务中心考虑到业务的特点和要求、成本节约、运作灵活和雇员态度等，一般会选择成本较低的地区，而不一定会选择在企业总部；而集中化管理则为了方便集中管理和控制，通常将其设在企业总部。

同时，两者对发展方向的关注点也是不同的。实施财务集中的企业，未来的发展主要是面向企业集团内部进行拓展，强调业务的可靠性和稳定性，对于规模的扩张和营利性的要求并不突出。而财务共享服务对未来的发展则更多关注业务的拓展，这种拓展包括内部业务及企业集团外部业务。财务共享服务中心将成为独立运营的利润中心（可独立外包），并将盈利作为其首要考虑的发展因素。正因为财务集中更关注控制、而财务共享更关注成本节约与优化服务，主导意图的差别使两者在做法上也各有所重。例如，财务集中规定成员单位不得开设账户、会计审核尽量看到原始凭据，财务共享允许但不强求这些。财务共享需对人员工作定量与服务标准做出规定、要求机构选址前有可行性论证，财务集中则很少提到。

二、财务共享服务的发展

财务共享服务在国外大致经历了从集中化到第一代共享,再到第二代、第三代共享的演变。

1. 财务集中化阶段

企业按照不同类型对可获取的资源进行归集,管理层根据经营管理的需要将这些归集到的资源集中到某个组织部门进行管理,以达到最大化地利用企业资源的目的。集中化更多的是企业的一种经营上的战略,侧重于资源的集中、控制和降低成本,但是并没有解决所有的问题。

2. 第一代共享阶段

强调以规模经济与消除冗余所带来的成本节约,比较注重中心选址、人员测算和最优工作量的标准核定等。这一阶段主要有四方面的特点,即流程优化与再造、组织的灵活化、分工的专门化和能力的核心化。

3. 第二代共享阶段

作为一种管理手段,第二代共享服务强调形成完全服务传递的模式,改进第一代共享模式中服务质量不高等缺陷,实现可持续的成本节约;同时,保留与改善体现便捷服务的呼叫中心,提供标准的服务协议约定。以上这些提高了第二代共享服务的质量,而只有提高服务质量才能使共享服务成为可持续的普遍接受的商业模式。因此,第二代共享模式在人员方面、流程方面和技术方面均有显著改进。在这一时期,企业探讨的内容和课题往往是从管理手法如何采用企业流程再造、作业成本管理、平衡计分卡、服务水平协议等方法进行更好的管理。当然,在业务服务品质提高的同时,共享服务中心还在平衡如何同时满足成本削减的目标。另外,简单重复性的劳动,会使得共享服务中心的人员流失,如何在人力资源的设计上满足这些人员持续的工作动力,将成为人力资源管理的核心内容。财务共享服务由第一代向第二代演变如图18-2所示。

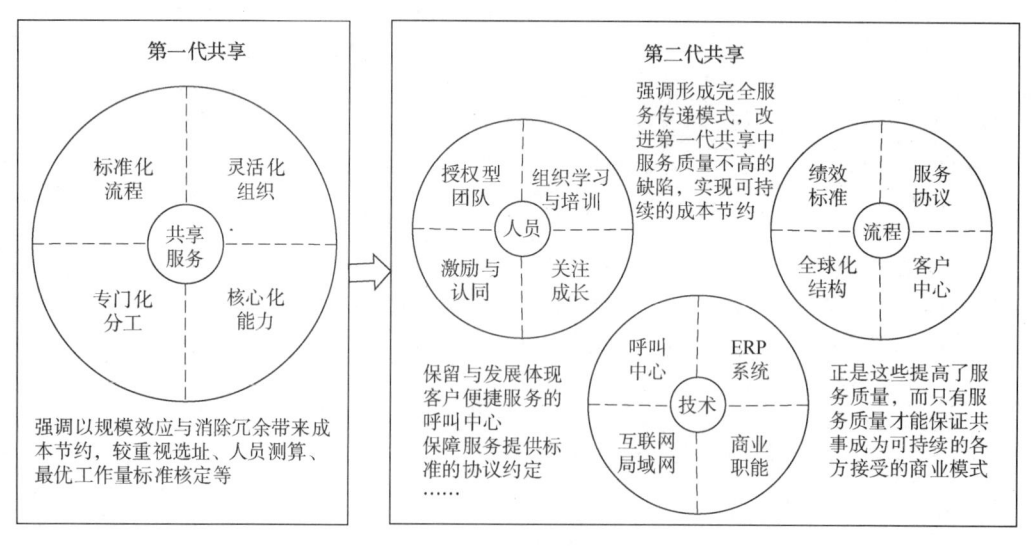

图 18-2 财务共享服务由第一代向第二代演变

4. 第三代共享阶段

第三代财务共享服务是在互联网新技术的变化环境下产生的。例如,财务共享服务中心与云计算的结合所产生的财务云,它使得分散的信息系统进行了进一步的整合,使得财务共享服务中心成为财务信息的集散地、数据仓库,使得分散的需求用户可以随时随地实现财务信息的共享,这样财务共享服务的数据信息优势及管理控制将覆盖到企业集团的每个角落。

三、企业集团实施财务共享的实践

(一) 国外企业集团实施共享服务的实践

国外的共享服务中心自 1980 年诞生以来，主要经历了三个发展阶段，如图 18-3 所示。

图 18-3 国外共享服务中心三个发展阶段

进入 21 世纪：共享服务的挑战主要集中在如何使共享中心具有盈利性

20 世纪 90 年代后期：共享服务被广泛应用于众多《财富》500 强企业中，应用于保险运营、财务管理、人事管理等功能

20 世纪 80 年代：共享服务被某些大型企业集团广泛应用在 IT、财务和采购领域，以实现降低成本的目的

1. 20 世纪 80 年代

从 80 年代中期开始，共享服务就被某些大型企业集团广泛应用在 IT、财务和采购领域，以实现降低成本的目的。例如，80 年代初，福特在欧洲成立了财务服务共享中心。随后，杜邦和通用电气也在 80 年代后期建立了相似的机构。

2. 20 世纪 90 年代后期

共享服务被广泛应用于众多的财富 500 强企业中，共享服务被广泛应用于保险运营（承保、理赔、客服）、财务管理（报销、应收、应付、资产等）、人事管理（薪酬、档案等）等方面。90 年代初期，惠普、道尔、IBM 和 Allied Signal 公司也相继采用了共享服务的组织运营形式。

3. 进入 21 世纪

进入 21 世纪，共享服务的挑战主要是集中在如何使共享中心具有营利性。目前多数大型企业已经建立了自己的共享服务中心，例如，美国有超过 70%的 "财富 500 强公司"、欧洲有 50%的跨国企业。有些公司开始利用 "共享服务中心" 向其他公司提供有偿服务。例如，壳牌石油建立的 "壳牌石油国际服务公司" 每年约 8%～9%的收入来自向外界提供服务。其中，部分国外跨国集团的下属共享服务中心独立为经营性子公司（如简伯特公司），为市场上的公开客户提供服务外包业务，并获取利润。

集团企业是共享服务的最大受益者。特别是在跨国运营模式下，共享服务中心的导入将为企业带来巨大的成本降低和效率提升。共享模式把公司内各业务群或业务部门中共有的一些功能分离出来，由共享服务中心集中处理。从国外成功企业的实践来看，共享服务中心在未来将呈现如下发展趋势：

（1）共享服务中心从区域性中心向全球性中心发展。

（2）共享服务中心的功能将逐步从客户端一直到供应商，扩展成整个供应链的过程，继续着重于强化企业信息流的管理，使管理层能更迅速地得到高质量的业务数据。

（3）将共享服务中心外包以节省企业集团的人力成本。

（4）随着信息技术的发展，实现虚拟共享服务中心。

（二）我国企业集团实施共享服务的实践

我国自改革开放以来大力推进公司集团化战略，同时鼓励有实力的企业集团"走出去"，参与国际化竞争，成为跨国公司。中国企业集团规模的扩大，产业类型和管理层次的增多，也同样容易产生信息阻隔、信息传递速度变慢或内容失真、决策执行出现偏差、企业成本增加等"大企业"问题。迈入成熟期的企业集团制度烦琐、组织机构官僚化使得企业管控能力下降、市场反应速度降低，无法及时应对激烈竞争的市场环境，集团公司竞争力下降。而现实中的中国企业集团公司由于管理模式落后，明显处于劣势。集权和分权是现实中集团公司管理的常用模式，理想状态是取得集权和分权的平衡，避免两极分化，造成管理失控。共享服务作为一种先进的管理模式，较好地解决了这一难题，并在实践中取得了成功。

因此，同样出于节约成本、加强管控、消除重复性业务所带来的效率低下等"大企业"问题的目的，我国的部分企业集团在2005年之后，也开始尝试在财务领域率先实施共享服务。中兴通信、物美集团等在2005年分别提出"财务共享服务"的理念；中国移动、华为、国泰君安等企业在2006年陆续开始正式实施财务共享服务模式；中国电信在2008年启动全集团财务省级共享服务中心的建设；四川长虹于2009年协助泸州老窖形成财务共享服务中心的建设方案；华为在2011年已在瑞典的斯德哥尔摩、美国的达拉斯及硅谷、印度的班加罗尔、俄罗斯的莫斯科设立财务共享中心，此后在四川成都建立全球财务共享服务中心，并逐渐将全球全流程财务业务纳入；中英人寿为实现 10×10×10 的发展战略，建立财务共享服务系统；中国网通国际公司也有计划、有步骤地打造专业的、跨地区、跨部门、具有规模经济效应的财务服务；2012年阳光保险集团启动建立全国财务共享服务中心，并在北京和成都分别设立财务共享服务中心，员工规模达到250人；2013年新华人寿启动建立财务省级共享服务中心，全面提升了公司风险控制水平。此外，在近10年的中国共享服务发展历程中，苏宁、海尔、宝钢、美的等诸多公司均实现了财务共享管理模式。

随着国内企业实践的不断深入，政策层面对于企业实施财务共享服务的支持力度也在加强。财政部发布《企业会计信息化工作规范》并于2014年1月6日起执行，其中第三十四条明确提出"分公司、子公司数量多、分布广的大型企业、企业集团应当探索利用信息技术促进会计工作的集中，逐步建立财务共享服务中心"。随着共享服务中心在欧美等发达国家的应用逐渐成熟以及中国市场的快速成长与发展，在华的跨国公司和国内的大型企业对这项服务的需求也日渐增多。惠普在大连建立共享服务中心，面向北亚地区以及日本、韩国和中国提供共享服务；摩托罗拉全球会计服务中心落户天津滨海新区，该中心目前负责摩托罗拉公司90%的全球应付账款业务，80%以上的公司间往来业务，80%以上的旅行和费用报销业务以及70%以上的固定资产业务，堪称摩托罗拉公司的财务部，为全球摩托罗拉提供财务支付，而服务人员仅有180人；诺基亚、GE、ABB等诸多在华企业也都建立了共享服务中心。

四、财务共享服务为财务变革带来的积极效应

财务共享服务中心的优势在于其规模效应下的成本降低、知识集中效应下的管理会计水平及效率的提高，扩展效应下的集团管控水平提高和聚焦效应下的企业核心竞争力的上升。

1. 规模效应

财务共享服务中心通过将大量子公司的会计运营工作集中到一个机构中，实行会计处理的规模化"生产"，以大幅度降低运作成本。财务共享服务中心的规模效应也为实现利用特定区域的成本优势，实现成本节约创造了条件，即充分利用欠发达地区的用工成本、办公成本等与发达地区相比所具有的显著优势。例如，在欧美国家雇用一个普通会计人员至少需月薪3000美元，

而在中国，月薪1000美元就可以雇到一个各方面条件都不错的会计人员。至于在东南亚或非洲，成本则更低。即使同样在中国，北京和天津的成本差距也很大。所以中国企业完全可以把部分财务功能转移到国内的二线、三线城市，有条件的可以考虑设在国外低成本区域。美国管理会计师协会对500强企业中实施和未实施财务共享的公司进行了比较，表明选择了财务共享的公司成本平均下降83%。其中，29%的企业第二年收回了实施财务共享的成本，48%的企业则在第三年和第四年收回成本。由此可见，成本节约是建立财务共享中心的强大动力。

2. 知识集中效应

实施财务共享后，对所有子公司采用相同的标准作业流程，废除冗余的步骤和流程外，特别是因为财务工作具有的特殊性，其部分岗位必须分离，由不同的人担任。例如，网银付款流程，通常由一人负责导入数据，一人负责核对，一人负责审批。这意味着，一家再小的子公司，也需要三人介入一个简单的网银付款流程。通过建立财务共享服务中心，三个在网银付款中负有不同职责的员工，可以负责五家或更多子公司相同付款流程的操作，进而通过员工熟练度的提升达到提高效率、降低成本的目的。财务共享服务中心拥有相关子公司的所有财务数据，数据汇总、分析不再费时费力，更容易做到跨地域、跨部门整合数据。

某一方面的专业人员相对集中，公司较易提供相关培训，培训费用也大为节省，同时招聘资深专业人员也变得可以承受。这使得共享服务中心人员的总体专业技能得以提高，可提供更为专业的服务。在财务共享服务中心，专业化的分工和大规模的业务量，会很自然地产生财务各子模块的专家。

由于财务共享服务中心可以成为单独核算的利润中心，出于对本身经营利润的要求，财务共享服务中心会专注于流程再造以提高工作效率。以付款流程为例，70%的付款障碍来自采购流程。例如，采购预算与实际采购的差异，采购认可的价格与实收发票的差异以及付款条件与采购合同的差异。财务共享服务中心为了以较少的人工进行更多的付款业务，势必全力关注于采购与付款循环的整体流程的效率。

此外，财务共享服务中心的模式也使得财务信息系统的标准化和更新变得更迅速、更易用、更省钱。也就是说，通过知识、经验的积累和集中，能够促进管理会计水平与效率的提高。

3. 扩展效应

财务共享服务中心除依托自身运营带来的规模效应和知识集中效应外，还能够带来提升集团管控水平的扩展效应。分散财务模式下，集团总部对于分子公司的管控水平有限。在人员管控方面，由于财务人员的物理位置分散在各分子公司，当地公司领导对于财务人员行为导向的影响能力远远高于集团公司。即使一些公司采用了财务人员的逻辑上的集中管理，但物理位置带来的影响仍然不可忽视。

如图18-4所示，智董公司在实施财务共享服务项目前对其财务体系进行了管控关系的现状调研。结果显示，尽管在包括工作指导、工作汇报和工作安排的工作关系方面能够相应地实现垂直化管控，但在包括人员任免、岗位调动、薪酬定级、绩效考核等人员管理方面，总公司对分支机构的垂直化管控力度明显薄弱。在风险管控方面，由于财务信息分散在分支机构，总公司和分支机构之间信息不对称，导致总公司难以保证所获取的数据、报表等内容的真实性。同时，由于财务人员分散，总公司所要求的政策、制度等内容在分支机构的执行会存在较多的随意性，导致执行结果严重偏离。这种情况下，财务风险管控水平显著薄弱。

财务共享服务中心的出现，为集团管控水平的改进提供了一个很好的平台和工具。从事会计运营的财务人员在物理上实现了从分散到集中的转变，所有的人员能够基于统一的制度、标准、流程开展工作。人员管理、绩效考核能够得到有效的贯彻落实。同时，财务信息也实现了集中共享，集团公司能够随时获取各分子公司的财务经营结果，并基于财务共享服务中心产生的数据进行财务分析。

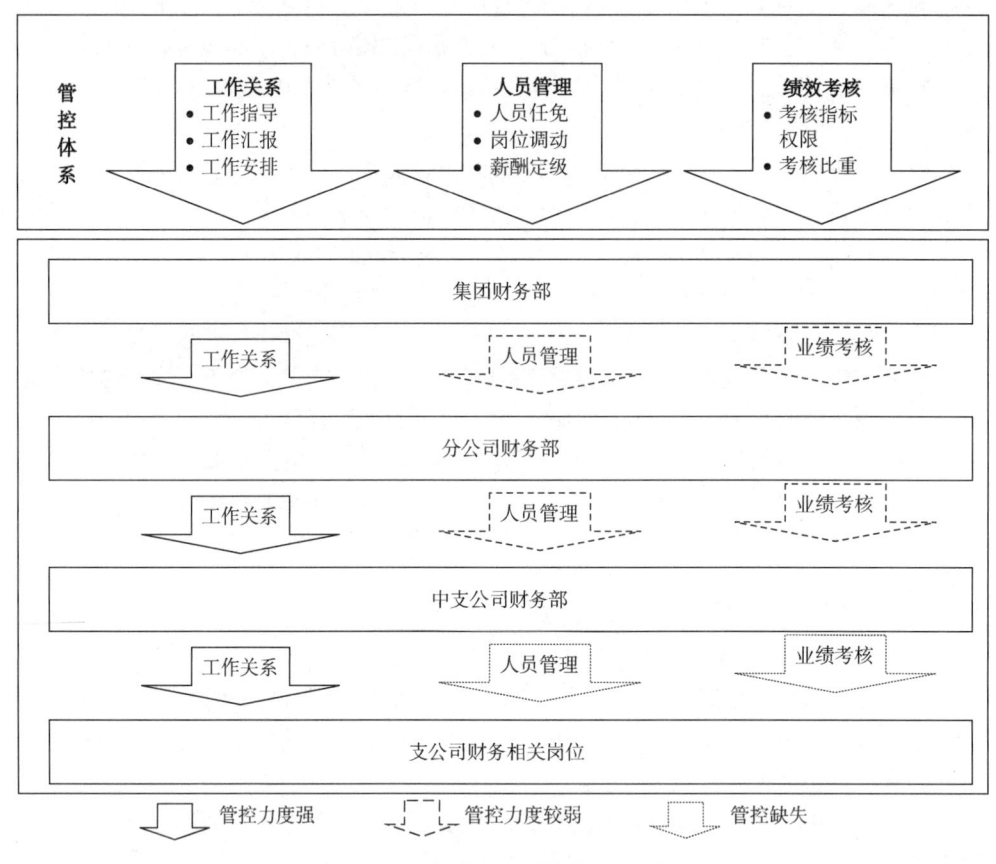

图 18-4　智董公司财务管控关系

4. 聚焦效应

财务共享中心带来的另一个优势是聚焦效应。财务共享服务能够将传统模式下相对分散的各类财务工作和财务相关职能进行有效整合，从而实现内部信息的快速传输和有效交流，使企业财务流程和业务流程联系起来，运转更为顺畅。

在财务共享模式下，业务信息和财务信息之间实现了高度的集成，财务核算、结算的信息来源全部自业务前端产生。例如，费用报销流程中，业务部门在费用控制系统中录入财务核算以及预算管理、财务分析所需要的各类业务信息，通过系统接口能够自动记账，并进行预算的过程控制和预算执行结果的即时反馈。依托前端业务部门录入的支付信息，形成支付请求，并发送资金系统完成自动结算。在资产流程中，实物资产管理系统由业务部门进行日常管理维护，执行结果直接体现至财务资产模块，并进而形成总账凭证。在保险行业的案例中，聚集效应更为显著，所有的业务系统将收付信息传递至收付费系统，并对接资金管理系统和总账系统，实现高度的业务、财务一体化。

五、财务共享服务中心给管理会计带来的变化

管理会计与财务会计的分离，是现代市场经济条件下企业管理会计的必然趋势。从职能上

看，财务会计工作主要是账务处理，对它的要求是真实客观地反映企业经营状况，并符合各项规章制度的要求；管理会计主要涉及企业理财，即资金的筹措和运用提供决策依据。在共享服务中心模式下，与决策成功相关性较低、重复度高、工作量大的会计核算工作被集中起来统一处理，使管理会计与财务会计的分离成为可能。

另外，在共享服务中心模式下，对财务人员的要求不再像从前那样全面。没有共享服务中心之前，各地分公司都设有自己的财务部门，在控制成本的前提下，要求每个财务人员都熟悉整套财务系统，能独立完成所有的账目处理。但在共享服务中心的财务中心，每个财务人员只需完成整个账目处理中的一个或某几个环节。例如应收账款一项，对中国、日本、韩国的分公司都是同样的业务内容，一个财务人员就不需要做一个国家的全套账目处理，而只是需要处理某几个国家的同一个账目处理环节。这就如同工业化的流水线，降低了对每个流水线上员工的要求，即使是刚毕业的大学生也能胜任。在大量节省人力资源及人力成本的同时，还保证了操作的准确性和可靠性，并且明确了各人的责任，有助于员工的绩效考核。

> **小知识**
>
> ### 财务共享服务的未来使得集团管理会计更具现实意义
>
> 共享服务是企业集中式管理模式在管理会计上的最新应用，其目的在于通过一种有效的运作模式来解决大型集团公司财务职能建设中的重复投入和效率低下的弊端。财务共享服务在集团管理会计方面的应用主要是将集团下属公司的各种财务流程集中在一个特定的平台完成，通常包括财务应收、应付、总账、固定资产、现金管理等的处理。这种模式在提高效率、控制成本、加强控制、信息共享、提升客户满意度以及资源管理等方面，都会产生明显的收效。财务共享服务未来的转变如图18-5所示。
>
> | 现在 | 未来 |
> |---|---|
> | 财务流程 | 全业务流程 |
> | 客户端 | 供应商 |
> | 区域中心 | 全球性中心 |
> | 单纯的成本中心 | 真正的利润中心 |
> | 财务共享服务中心 | 财务管理中心 |
> | 实体财务共享服务 | 虚拟财务共享服务 |
>
> 图18-5 财务共享服务未来的六个转变
>
> **（一）从财务流程到全业务流程的持续改进**
>
> 由于企业业务领域的拓展、组织结构的变化、战略目标的转变，流程管理不可能一次完成，而是一个持续性的过程。这就需要在财务共享服务中心内部建立不断进行自我优化的机制，从而实现作业流程的持续评估、

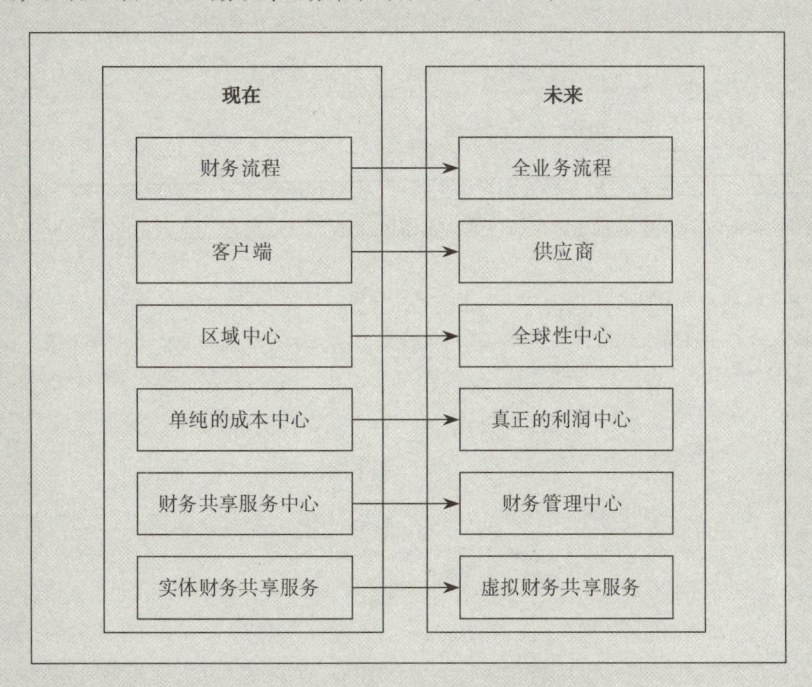

改进和提升，以满足公司成本、战略、合规性上的要求，避免由于流程等相关内容不能适应变化而导致财务共享服务质量的下降。财务共享服务中心业务流程的持续改进同样可以通过细节改进、流程再造的方式实施。但无论通过何种方式落实，财务共享服务中心的持续流程改进的目标不能脱离企业整体对于公司战略、成本、效率或者合规性方面的要求。同时，持续改进也对财务共享服务中心尤其是管理者团队提出了较高的要求，管理者不但需要具有改进变革流程的技能技巧，更重要的是要有持续改进的意识、敏锐的洞察力及坚定的信念去推进一项项改革。因此，财务共享服务中心需要为此配置合适的管理团队去不断推进持续改进工作。

财务流程的持续优化无法与企业的业务流程完全分割开来，财务流程或多或少会涉及业务流程，这也正是通过财务共享服务中心达到集团管控目标的重要手段之一。无论是会计核算作业的集中、资金结算的集中，还是财务信息的集中，都迫使企业的业务流程、业务系统实现集中化的管理。这就使原本分散的风险，处于集中、可控的状态。由此，无论业务前端意愿如何，都会在不知不觉中带来企业一系列业务流程的改变。

（二）从客户端到供应商的全过程转变

随着地域概念的模糊，IT系统不断完善，尤其是基于互联网的电子商务的广泛使用，财务共享服务中心的功能将进一步扩展，作用也将逐渐扩展到从客户端到供应商的全过程，继续注重企业信息流的管理，使得管理层更快捷地获得高质量的业务数据。

财务共享服务的规模化效应，更多地体现在端对端的作业方面。员工完全实现自助报销，基层的财务部门在这个过程中不再承担主要的职责，而是完全由财务共享服务中心来完成。当然，这要求财务的处理流程尽量简化，财务系统的操作界面非常友好。另外，如果想要进一步实现会计核算向业务前端甚至是供应商的延伸，离不开便捷的支持服务。例如，财务共享服务中心可以为企业提供商旅服务等拓展性的服务。这些服务，使得企业的任何一项经济活动的结果直接体现在会计核算系统中。员工在出差过程中发生的供应商选择、付款、审批等环节，完全处于后台运作，不需要企业员工的直接参与。此外，企业建立供应商门户也是典型的财务共享服务向供应商延伸的应用。供应商通过企业供应商门户可以实现和财务共享服务中心之间的直接信息交互，大幅减少中间流程和环节。

（三）从区域中心向全球性中心发展

建设一个区域的财务共享服务中心还是全球中心，取决于企业的发展战略。更多的大型跨国企业集团会建立一个全球统一的财务共享服务中心，解决其全球的会计核算操作。或者他们会在美洲、欧洲、亚洲分别建立洲际财务共享服务中心，让更多的员工享受财务共享服务的便捷。

目前大多数公司的财务共享服务中心还是分地域的，如跨国企业在北美洲、欧洲和亚洲建立财务共享服务中心来覆盖全球业务。随着经济全球化的进展，财务共享服务中心将跨更大的地域提供统一服务，形成全球化的共享中心。

随着中国大陆财务共享服务管理理念、信息系统、业务流程的提升与改进，依托地区成本优势以及在英语及日韩语系人才储备的逐步充足，中国大陆在跨国集团全球选址中地位逐步提升，成为建立区域中心或全球中心的重要选择。例如，爱立信在中国北京的财务共享服务中心承担了全球费用报销的角色，同时是亚太地区其他业务的区域中心。

（四）从单纯的成本中心到真正的利润中心

从财务共享服务中心运营的方式来看，可以包括企业内部运营、外部独立经营以及内外结合运营三种形式。其中，内部运营的财务共享服务中心的客户多为集团子公司或下属分公司，根据其业务的不同特点和要求，抽取共性内容设计通用标准方案，并在此基础上进行方案补充设计，以满足客户个性需求。外部独立经营是指面向市场的专业共享服务供应商，它可以从企业集团的财务共享服务中心分化出来，也可以在成立之初就定位于独立经营的共享服务机构。内外部结合运营是由内部运营演变而来，拥有成熟的企业内部运营基础和客户资源，具有较强的抗风险和盈利能力。企业可以通过内部共享服务市场化的方式，向内外部出售服务、转让或外包共享服务中心业务，从而实现服务收费和经营获利，使共享服务中心以灵活化、利润化的方式最大程度地满足市场需求和企业切身利益，发挥经济实体的功效。

对于大型企业集团而言，提供外包服务，不仅可以满足自身财务共享服务的需求，而且可以充分利用已经建设的财务共享服务中心，进一步扩大业务范围、降低运营成本。事实证明，一个良性运营的财务共享服务中心，将从内部的官僚机构逐渐变为服务机构，从成本中心变为利润中心，最终成为企业创造新价值的独立经济实体。要想成为集团公司的一个利润中心，而且要真的为企业带来利润，对于一个财务共享服务中心来讲并不是件容易的事。要求它在内部运营的时候，积累丰富的运营经验；建立完全的内部成本核算体系，与服务的下属子公司或分公司签订服务水平协议，对所提供的服务计价管理；通过一系列的措施，降低运营成本。只有运营成本足够低的时候，财务共享服务中心才能够考虑从事外包业务，否则没有竞争优势，给企业带来的不是利润而是亏损。真正走向市场，对于财务共享服务中心的管理人员也提出了更高的要求，他们不仅仅需要专业知识、管理经验，更为重要的是市场营销的能力、成本控制的能力。财务共享服务中心的经营，不再是通过服务补偿成本，而是通过服务赚取利润。它将面临外部咨询机构、外包服务供应商的竞争。当然，本行业的专业知识和技能也会使他们具有明显的竞争优势。

【例 18-1】 某外资企业亚太地区财务共享服务中心定价及收费模式

1. 定价模式

（1）基础定价模式是实际成本+关联交易利润。

（2）每年根据年度财务共享服务中心预算的直接及间接成本预算收费单价，经全球服务中心及客户共同审批通过，年底按照实际成本多退少补。

（3）收费单价以服务人员为单位。

2. 收费模式

每月按照各营运部门的营运人数乘以预算的收费单价计算当月账单金额，并出具发票。

根据成本中心的性质，依据实际各营运部门发生的总成本，附加一定的关联交易利润加成比，每半年核算实际应收费金额，多退少补。

对于中小型企业而言，由于财务共享服务中心的初始投入成本较大，很可能存在后期成本的降低无法弥补前期投入的问题。在这种情况下，中小企业可以选择将部分业务外包，享受财务共享服务所带来的成本降低和服务提升。这也为成熟的财务共享服务中心提供了市场。为了满足不同的企业规模和企业经营情况，财务共享服务未来的另一发展趋势是共享服务模式和外包模式的并存。

（五）从财务共享服务中心到管理会计中心

财务共享服务中心的建立，将企业的会计核算职能剥离出来，使管理会计与财务会计区分得更加清晰。但是，仅仅将二者分开并非最终目的，最终目标是使二者各司其职，充分发挥出各自的作用，使财务工作在企业发展过程中发挥举足轻重的作用。

为此，我们不妨提出大胆的设想：将财务共享服务的设计理念应用于管理会计的领域，对管理会计中的操作流程进行进一步的再造，成立企业的管理会计中心，这个设想无论从方法上还是技术上都不存在障碍。管理会计当中有一部分资源配置以及数据分析的工作，无论是预算的编制、执行、监控以及财务数据的整合与分析，完全可以依赖目前信息系统进行集中化的操作。只要我们将标准设定清晰，这些工作完全可以在统一的系统平台上实现，即便不能够完全系统化，也可以进行集中操作，这样基层的财务工作将所剩无几。

对于财务工作的二次剥离，使得财务工作更多的是集中化、标准化的作业，大大提升了财务数据的完整性，这无疑是对财务共享服务的延伸与完善，也将有助于财务的决策支持能力的提升。

（六）从实体财务共享服务到虚拟财务共享服务

共享服务中心的虚拟化，即虚拟共享服务。随着 ERP 系统的完善和互联网技术的发展，使共享服务中心不再集中在某一个地点而分布于世界任何地方变得可行，虚拟共享服务中心的设立将成为现实。

持续的成本节约是财务共享服务中心赖以生存的根本。当办公场所的选择、人力成本已经没有降低的空间时，互联网技术的发展使人们大胆地想到了虚拟财务共享服务中心。虚拟财务共享服务中心的员工可以分布在全球，从而突破了语言障碍，解决了招募优秀人才难、成本压力大等问题。虚拟财务共享服务中心的某些服务和功能不设在同一个地点，利用全面电子化、网络化实现成员之间的工作沟通和联系。试想一下，通过互联网成立财务共享服务中心，共享服务中心的服务内容、服务标准以及对服务人员的用人要求都会通过网络清晰地传递给每个想要加入的成员，这些成员不限国家、地域、性别、年龄，只要通过了一系列的网上测评之后，就可以成为财务共享服务中心的虚拟员工。其工作就是在一个派工池里获取一天的工作量，并在规定的时间按照标准来完成，而不必在乎是在家里还是在咖啡厅。

【例 18-2】 虚拟财务共享服务中心的初步尝试

> 某跨国外资企业已在全球多个国家和地区建立财务共享服务中心，其财务共享服务中心管理运营模式已经发展较为成熟。但是，在其实体财务共享服务中心发展过程中，曾不断遇到这样的问题：由于大部分员工属于应届毕业生，且女性占多、年龄相差不大，她们一般在工作3~5年后，会陆续结婚、怀孕，在怀孕期间，上下班、行动、休息及饮食等都存在诸多不便和潜在风险，而财务共享服务中心的标准化集中流水作业，需要每日不断处理来自各地的不同业务和事项，其工作性质导致无法间隔、停滞。
>
> 面对这种局面，公司管理层立即展开讨论，并提出能否将财务共享服务中心工作通过网络和终端机实现员工在家办公，在咨询IT部门并给予相应信息网络支持和保障后，得到了肯定的结论。公司出台了相应的解决方案：由财务共享服务中心派工，并明确处理标准和规定时间，员工只需通过家用计算机以及VPN接入网络，足不出户即可轻松实现异地办公，处理各类业务事项。这种方法不仅使孕妇受惠，使其能够在舒适的条件下安全、健康、心情愉悦的工作、生产，同时对于生病的员工，也变相增加了其全薪在家休养的时间。这种做法增强了员工的归属感与忠实度。
>
> 随着这一政策的普遍施行，公司管理层逐渐意识到这种方式给员工和公司带来的诸多好处。因此，管理层决定将这一政策衍生为一项员工福利。类似于休假，员工可每年申请一段时间在办公场所以外的地点工作，这样既能使员工在紧张的工作环境中得到放松，同时保证了工作的有序进行。
>
> 该项福利政策在财务共享服务中心得到有效的贯彻，在公司外办公时长也逐渐增加，员工在家工作模式呈现常态化发展。但是这一革新，使得财务共享服务中心办公场所工位时常闲置，部分资源被浪费。随着公司各地业务量的增加，财务共享服务中心的工作量也成比上升，相应地，财务共享服务中心也需要补充新鲜血液。公司管理层决定，在不扩大现有财务共享服务中心办公场所规模甚至缩减现有规模的情况下，员工轮流实现在家中办公。这直接导致了硬件、办公场所等一系列运作成本得到缩减，实体财务共享服务中心正向虚拟财务共享服务中心发生着悄然转变。
>
> 会计与财务会计在作业流程上的分离。如何通过财务共享服务中心的建立，推动企业集团财务的整体转型以及未来的财务共享服务将走向何方，是每个致力于财务共享服务理论研究与实践者共同关注的问题。从某种意义上来说，建成企业的财务共享服务中心，仅完成了财务共享服务模式的第一步，未来的路还很长，还需要我们不断地探索与创新。财务共享服务中心的发展没有既定的路径，它的未来与企业的现实情况相关，与信息技术的发展程度相关，与管理者的前瞻性与魄力相关。正因为财务共享服务的未来充满了各种可能，因此，集团财务的变革显得更加具有吸引力。

六、建立财务共享服务中心面临的风险及防范

（一）财务共享服务中心面临的风险

（1）对财务共享业务的自我评估以及对共享业务的选择，在这一过程，如果发生偏差，就会导致整个服务中心失去良好的信息基础，从而难以实现对信息的快速高质量共享；

（2）初始投入资金较多，且需要经过一段较长的盈亏平衡期，这过程中稍有不慎就会引起资金运营和管理风险；

（3）制定新规则时，难以准确把握企业内部各个部门和实体间的关系，从而使制定出的规则很可能偏离企业实际情况；

（4）共享服务中心的建立可能同企业原有的制度和文化相抵触，从而在内部造成观念不合，进而影响整个服务中心的后续运行。

（二）财务共享服务中心的风险防范

（1）要控制好财务共享服务中心的构建速度，逐步深入地进行模式转变和完善，应从某一地区或者某个领域开始入手，进行试点，等到效果比较理想再将体系推广到整个企业。

（2）资金投入不宜一次到位，要按照一个流程逐步进行。

（3）在共享服务中心构建过程中，应有一个长期的发展规划，从系统化的角度建立和完善

服务中心结构。

第二节　财务共享服务实务

我国企业当前需要的是实行集权管理为主的财务控制型的管理方式，以保证集团企业整体财务战略能够及时有效地得到贯彻和落实，从而降低企业的财务运营风险。随着市场需求的不断变化，现代企业对管理会计的需求已经不只限于提供简单的流程化管理和控制，而在于通过先进技术手段对财务活动进行整体控制。因此，我国企业要建立的财务共享模式应是以管控内容为重要职能的财务共享管控服务模式。

一、财务共享服务模式的管理会计要点

财务共享服务模式下，管理会计主要应做好以下两个方面的内容。

1. 对企业各项费用进行实时控制

实施共享管控服务后，企业内外部各个环节产生的每一笔费用都要通过财务系统，由相关负责部门直接审批。通过对费用的实时控制，还可以将实际财务消耗情况与财务预算进行随时对比，从而为节省开支创造了便利的信息条件。

2. 对资本性支出实行全程控制

通过财务信息共享服务中心，企业的各项资本性支出都能准确地反映到财务部门以及上级管理部门，这样一来企业就能够对资本性支出进行全过程的控制，从而有效避免各个流程中存在的问题。

二、财务共享服务中心的处理流程

财务共享服务模式具体运作通常为：公司选址建立财务共享服务中心，通过共享服务中心向其众多的子公司（跨国家、跨事业部）提供统一的服务，并按一定的方式计费，收取服务费用，各子公司因此不再设立和财务共享服务中心相同功能的部门。最典型的服务是财务方面账务处理的服务，称为"共享会计服务"，是一种以事务性处理功能为主的服务。还有一类"共享服务"以提供高价值的专业建议为服务内容，如税务、法律事务、资金管理等。

从原理上来看，财务共享服务中心是通过在一个或多个地点对人员、技术和流程的有效整合，实现公司内各流程标准化和精简化的一种创新手段。通常在财务共享服务中心的业务按循环可以分为总账、应付账款、应收账款和其他四大类。下面以财务共享服务中心的应付账款业务循环为例来介绍财务共享服务中心的运作流程。

在财务共享服务中心内，应付账款循环一般设有三种职位：出纳，负责共享服务中心所有本外币付款；员工报销专员，审核负责所有员工日常费用；供应商付款会计。在财务共享服务中心的应收账款循环通常可以分为申报、审批及入账和付款三大块（见表18-2）。

表18-2　在财务共享服务中心的应收账款循环模块

项　目	内　容　阐　释
申报	各分公司员工将实际业务中发生形成的业务票据进行初步整理，并在分公司通过全公司财务信息管理系统中填报并形成一份独立的报销申请单，在由该分公司的相关负责人批复后由专门管理部门收集并寄往财务共享服务中心

续表

项 目	内 容 阐 释
审批及入账	财务共享服务中心在收到分公司单据后，由专门管理部门进行登记和分类并根据分类情况发送到相应部门。应付账款小组在收到凭证后进行逐一确认并在公司的财务系统中进行审核。审核通过后生成文档导入财务模块，自动生成相关凭证；如果审核不通过，应付账款小组人员用电子邮件或电话形式通知分公司相应人员进行联系沟通以确认信息的准确性和完整性。在确认完信息后，如果在应付账款小组人员可直接修改情况下应该要求分公司员工发送一份书面修改请求。对于不能够由应付账款小组直接修改的情况，应付账款小组将在公司财务信息系统中将报告驳回并要求相关人员对报销进行重新批复
付款	在生成凭证后应付账款小组进行付款，并对相关凭证进行归档。对于公司参股控股的独立法人的凭证将寄回原法人单位

四、财务共享服务中心的技术支撑需求

财务共享服务中心模式虽然具有许多优势，但这种模式并不适用于所有的企业，其有效运行需要强大的信息系统、管理模式和员工素质作为技术支撑（见表18-3）。

表18-3 财务共享服务中心的技术支撑

项 目	内 容 阐 释
信息系统支撑	财务共享服务中心模式下，远程财务流程需要建立强大的网络系统，需要强大的企业信息系统作为IT平台。IT技术的发展，特别是"企业资源规划系统"（ERP系统）的出现，推动了"财务共享服务"概念在企业界的实践和推广。利用ERP系统和其他信息技术，"财务共享服务"模式可以跨越地理距离的障碍，向其服务对象提供内容广泛的、持续的、反应迅速的服务。 在财务共享服务模式下，只有通过IT平台来强化内部控制、降低风险、提高效率，才能实现"协同商务、集中管理"。所以必须建立一个财务共享服务的IT信息平台，让分子公司把数据导入系统，做到事前提示、事中控制、事后评价；可以在平台上建立财务模板，尽可能取消人工作业，让业务数据自动生成有用的财务信息；可以运用系统标准执行减少偏差及各业务单元可能的暗箱操作，降低各种隐含风险；可以通过设置让系统自动提示例外和预警；可以利用系统的开放性建立各数据共享接口和平台，满足各方不同需求；可以通过系统定期生成不同会计准则要求的报表及特殊报表等。 在满足信息化的环境下，财务人员可以更好地使财务直接用于支持战略决策的增值分析，为公司战略发展提供及时正确的导向，根据市场快速调整业务策略、经营战术等。所以共享服务的模式是在信息技术支持下的管理变革，只有利用现代的IT技术，才能使企业集团的财务共享服务真正落到实处
管理模式变革	财务共享服务模式不是财务部门发起的，而是随着企业、集团公司的管理变革而产生的。当企业规模扩大、业务类型和管理层级不断增加时，企业分子公司的多套财务机构会使企业财务人员与管理费用快速膨胀、财务流程效率降低、重复设备投资规模加大、内部控制风险上升，多个独立、粗放而臃肿的财务"小流程"使总部统一协调财务变得越来越困难，增加盈利的代价就是加大风险。当这些现实严重毁损着企业的核心价值时，传统的管理会计模式已经成为制约企业发展的瓶颈。这时，企业必须站在战略的高度上，进行自身的管理变革，在变革中寻求突破

续表

项　　目	内　容　阐　释
财务组织变革	在共享服务模式里面，必须进行财务组织结构的深度变革。管理变革以后，要求财务部门高效多维度提供信息满足企业管理与发展的需求，而传统的分权式或集权式财务架构无法完全满足这些需求。分权管理的优势是客户导向、商业智能，弊端是分支机构在一线有比较大的管理部门，流程与制度繁杂，很多工作难以实现标准化；集权的优势是经济规模化、流程标准化，弊端是反应迟钝、不灵活、与业务分离。而财务共享服务是将共性的、重复的、标准化的业务放在共享服务中心，它同时汲取了分权和集权的优势，摒除各自的弊端，使财务共享中心成为企业的财务集成芯片，日常业务集中处理，总体职能向广阔和纵深发展，让财务在共享管理中直接体现出价值增值。通过财务共享方案的实施促使财务人员转型，使财务人员由记账转向财务建议、管理会计，为各个部门、各项业务提供财务支持，对市场变化做出反应，只有把工作重心转到高价值的决策支持上来，才能更好实现财务职能，满足企业战略、组织的需要
财务制度与政策统一	如果没有一个统一的制度政策，即使进行组织架构改革，仍然会出现问题。所以必须有统一规范的财务作业标准与流程，通过有效整合后，把制度政策配套起来切入系统中去，保证前端业务部门按照制度和政策去运营，并根据外部环境和内部管理的需要不断完善与改进
人力资源配置	由于整个流程的规模统一性要求所有员工对流程对一定基础的了解，所以在财务共享服务中心建立初期应大规模对各地员工进行培训。同时，财务共享服务中心模式下，远程交流使得其对员工的沟通技术及能力提出了较高的要求

五、财务共享服务的推进

作为一种新型的管理模式，共享服务的本质是由信息网络技术推动的运营管理模式的变革与创新。在财务领域，它是基于统一的系统平台、ERP系统和统一的会计核算方法、操作流程等来实现的。建立共享服务既是机遇也是挑战，任何新生事物都面临巨大的挑战，财务共享服务也不例外。财务共享是基于提高工作效率及成本效益两方面考虑而实施的，要成功地实施共享服务，如下因素非常关键：

（1）实施共享服务成功的最重要因素是有效的管理创新和思维方式的改变，这需要高层管理人员、基层经理和工作人员强有力的支持。

（2）共享服务在技术上要有统一的系统支持。企业的财务信息系统是实现财务共享服务的基础和保障，因此，系统平台的统一搭建和整合是实现共享服务的第一步。统一的ERP系统是保证共享服务平台顺利搭建的关键因素。建立一个好的平台很重要，需要有一个统一的IT标准和一个流程标准，这样整合可以更快。

（3）财务共享服务中心作为一个独立的运营实体，需要有一个非常好的商业模型，即使是内部的一个事业部门，也需要一个内部结算体系。因此，共享服务中心需要向服务对象提供一个能为他们所接受的低成本服务，同时又需要在低成本之上建立合理的价格体系。

管理是门艺术。任何先进的管理方法都要和自己公司的实际情况结合起来，变成适合自己的方法，才能发挥其最大效用。对财务共享服务中心这种模式，企业也应取其精华，去其糟粕，最大限度地利用这种模式获得增值。

六、财务共享服务中心的常见问题（见表18-4）

表18-4　财务共享服务中心的常见问题

项　　目	内　容　阐　释
企业通常在什么情形之下会考虑设立财务共享服务中心	企业通常在下列情形发生的时候会考虑设立财务共享服务中心： • 集团企业下属单位众多； • 核算工作标准化低； • 核算工作重复性高、核算人员被认为有减少转型的空间被认为业务报账、核算和资金管理流程不整合、不规范
国内国外企业想透过财务共享服务中心的设立达到什么目标	一般而言，国外企业多数想透过财务共享服务中心达到效率提升、成本降低以及提升内部客户满意度的效果，因为透过规模效益的发挥可以发挥成本效益，再加上"服务协议"的拟订达成内部客户满意，因为"服务协议"是共享服务中心定价的重要依据。国内企业的状况略有不同，国内企业通常想通过财务共享服务中心的设立提升核算质量、提高核算标准化、一致性以及信息透明度，更希望能达到集团内核算一体化的效果
财务共享服务中心和财务集中化有何不同	严谨定义上的共享服务中心是一个单独的组织，具有定价、服务协议等功能，背负着利润中心的定位（接受委托负责交易处理的外包供应商）；而财务集中化只是将核算流程的具体执行由各单位上收至一个集中的部门（或核算中心）来执行，多数可能还只是成本中心的定位，并不涉及与被服务部门之间的正式服务协议关系
建议哪些财务流程纳入财务共享服务中心范围内	最典型的就是应付账款和应收账款这种交易货结算数量大、流程相对标准，可集中面对客户供货商的财务流程较适合，另外，总账处理、法定报表的出具也多数纳入财务共享中心范围之内。其实，除交易性的流程处理之外，知识型的财物质能也能够纳入财务共享中心，称为"专家中心"，针对会计准则、税务或法令法规等问题提供财务人员专业支持，使得财务共享服务中心不再只是会计工厂的概念
财务共享服务中心流程（包括管控环节）设计应如何考虑？	财务共享服务中心流程设计首先应考虑目前业务现况与集中的模式，当业务一体化程度越高的时候，可以设计的集中程度就越高，纳入财务共享中心的财务流程就越前置（如报账单据的收集与初核）；反之，业务一体化程度越低的时候，共享的程度也就越低，集中管控的效果的实现的成就越低
财务共享服务中心内部组织应如何设计	对于认知度高但实际准备度并不高的企业而言，分步走还是一个比较可行的方法，因为这牵涉到管控模式的改变、流程的改变、需要信息系统支撑的程度改变，甚至只是小到个人工作方法的改变，一步到位的冲击似乎太大。因此，建议先按准备度高的流程先行共享，先进行流程的梳理、标准化与集中设计，系统建设、人员培训的配套等作为试点流程。也可以将某一事业单位下属多个分/子公司或销售渠道的财务共享作为试点